D1654395

TEXTIL-WÖRTERBUCH

BAND II

DEUTSCH-ENGLISCH

von

PAUL HOHENADEL und JONATHAN RELTON

OSCAR BRANDSTETTER VERLAG KG · WIESBADEN

A MODERN TEXTILE DICTIONARY

VOLUME II
GERMAN-ENGLISH

by

PAUL HOHENADEL and JONATHAN RELTON

OSCAR BRANDSTETTER VERLAG KG · WIESBADEN

CIP-Kurztitelaufnahme der Deutschen Bibliothek

Hohenadel, Paul:
Textil-Wörterbuch / von Paul Hohenadel u.
Jonathan Relton. – Wiesbaden: Brandstetter.
Parallelt.: A modern textile dictionary / by
Paul Hohenadel and Jonathan Relton.

NE: Relton, Jonathan:

Bd. 2. Deutsch-englisch. – 1979.
ISBN 3-87097-085-5

In diesem Wörterbuch werden, wie in Nachschlagewerken allgemein üblich, etwa bestehende Patente, Gebrauchsmuster oder Warenzeichen nicht erwähnt. Wenn ein solcher Hinweis fehlt, heißt das also nicht, daß eine Ware oder ein Warenname frei ist.

In this dictionary, as in reference works in general, no mention is made of patents, trademark rights, or other proprietary rights which may attach to certain words or entries. The absence of such mention, however, in no way implies that the words or entries in question are exempt from such rights.

Dieses Werk ist urheberrechtlich geschützt. Die dadurch begründeten Rechte, insbesondere die der Übersetzung, des Nachdruckes, der Funksendung, der Wiedergabe auf photomechanischem oder ähnlichem Wege und der Speicherung in Datenverarbeitungsanlagen bleiben, auch bei nur auszugsweiser Verwertung, vorbehalten.

All rights reserved. No part of this book may be translated, reproduced, stored in information retrieval systems, or transmitted, in any form or by any means – electronic, mechanical, photocopying, recording, or otherwise – without the prior written permission of the publishers.

1. Auflage 1979
Copyright © 1979 by
OSCAR BRANDSTETTER VERLAG KG, WIESBADEN
Textverarbeitung und Lichtsatzsteuerung:
Siemens Programmsystem TEAM
Satz: Digiset-Lichtsetzanlage der Satz AG, Zürich
Druck: Oscar Brandstetter Druckerei KG, Wiesbaden
ISBN 3-87097-085-5
Printed in Germany

VORWORT
zur ersten Auflage

Bei dem schnellen Fortschritt auf dem Textilsektor in den letzten Jahren wurde die einschlägige Terminologie tiefgreifenden Veränderungen unterzogen. Für alle auf dem Textilgebiet Tätigen ergibt sich daraus die Notwendigkeit, mit dieser Entwicklung Schritt zu halten.

Mit dem vorliegenden zweiten Band des TEXTIL-WÖRTERBUCHs hoffen wir, eine schon längere Zeit bestehende Lücke zu schließen und der internationalen Verständigung auf dem in der Weltwirtschaft so bedeutenden Textilgebiet zu dienen.

Das Anfertigen von Textilien kann wohl mit zu den ältesten Beschäftigungen des Menschen gerechnet werden, zum einen auf Grund des wichtigen Bedürfnisses nach Schutz vor Witterungseinflüssen, und zum anderen durch den schon frühzeitig sich abzeichnenden Wunsch nach schmückender Gewandung.

Als Folge davon ergibt sich ein Kernwortschatz, der historisch gewachsen und über die Jahrhunderte — regional und kulturell geprägt — überliefert ist, und darüber hinaus ein Vokabular, das die modernsten Entwicklungen einer fortschrittlichen Technologie in ihrer ganzen Mannigfaltigkeit bis hin zur Automation widerspiegelt.

Unsere Aufgabe war es nun, sowohl für den Textiltechniker als auch für den Übersetzer und Exportkaufmann die verschiedenen Gebiete so vollständig wie möglich zu erfassen, angefangen bei den Natur- und Chemiefasern als den Ausgangsstoffen über die Verarbeitungsverfahren und die dabei eingesetzten Hilfsmittel sowie die maschinellen Einrichtungen bis hin zu den Endprodukten und Einsatzgebieten.

Das Ergebnis ist eine Zusammenstellung, die in ihrer Reichhaltigkeit und Vollständigkeit alle bisherigen Veröffentlichungen in dieser Richtung weit übertrifft. Dabei wurden Füllwörter grundsätzlich weggelassen und Querverweise auf ein Mindestmaß beschränkt.

Es bedarf keines besonderen Hinweises, daß sämtliche uns zugänglichen einschlägigen Werke zu Rate gezogen wurden, um zu gewährleisten, daß alle Teilgebiete so lückenlos wie möglich abgedeckt sind. In diesem Zusammenhang ist das „Wörterbuch der industriellen Technik", Band I und Band II, von Dr.-Ing. Richard Ernst hervorzuheben, das uns auch in Konzept und Ausführung

Vorbild war. Der zweite Band ist jedoch keine mechanische Umkehrung des ersten Bandes, sondern eine auf den deutschen Wortschatz ausgerichtete Bearbeitung.

Besonders verpflichtet sind wir Herrn Dr. A. Kučera — Cheflektor, Oscar Brandstetter Verlag KG, Wiesbaden — für seine zahlreichen wertvollen Hinweise und Herrn O. Vollnhals von der Dienststelle „Terminologie und maschinelle Verfahren" des Sprachendienstes der Siemens AG., München, für seine tatkräftige Unterstützung.

Wir erhielten wiederum von vielen zuständigen Fachleuten bereitwilligst Rat und Auskunft, wofür wir uns an dieser Stelle nochmals bedanken. Die Verantwortung für Auswahl und Richtigkeit des Wortmaterials liegt jedoch ausschließlich bei uns, und wir würden es begrüßen, von den Benutzern kritische Stellungnahmen und Vorschläge für Verbesserungen zu erhalten.

Herbst 1979

PREFACE
to the first edition

With the rapid growth in the field of textiles over recent years, the relevant terminology has undergone considerable changes. Keeping abreast of these changes is a must for all involved in some way or other in the textile industry.

We hope that with the second volume of A MODERN TEXTILE DICTIONARY we have been able to fill a long existing gap and made a contribution to international understanding in the important field of textiles.

The making of textiles is probably one of man's oldest occupations. It evolved not only from an important need to obtain protection from the weather but also from the early emerging desire for decorative garmenture.

The result is a combination of basic vocabulary, characterized by both regional and cultural differences and handed down through the centuries, and a wealth of modern terminology that reflects the latest developments in a progressive industry.

Our aim has been to provide the textile technologist, translator, export sales representative and student with a comprehensive survey of the various fields, beginning with natural and manmade fibres as the starting products, through the different processing methods — including the auxiliaries and machines used — down to the end-products and areas of application.

The result is a comprehensive dictionary that surpasses all previous publications in this field. "Padding-out" words have been deliberately omitted and cross-reference kept to a minimum.

Needless to say, all available sources were consulted to ensure that every sector was covered as fully as possible. Special mention should be made in this connection of the „Wörterbuch der industriellen Technik" by Dr. Richard Ernst.

This second volume is not simply a direct inversion of the first one, but has been adapted to the requirements of the German vocabulary.

We are particularly grateful to Dr. A. Kučera — Editor, Oscar Brandstetter Verlag KG, Wiesbaden — for his numerous helpful suggestions and to Herr O. Vollnhals of the "Terminology and Linguistic Data Processing Department" of the "Language Services" of Siemens AG, Munich, for his active assistance.

We again received advice and information from many colleagues and specialists and would like to thank them for their help and cooperation. We are nevertheless fully aware that the responsibility for selection and accuracy of the terminology has been entirely ours and we would welcome any criticism and suggestions for improvement from users of this dictionary.

Autumn 1979

LISTE DER VERWENDETEN ABKÜRZUNGEN
ABBREVIATIONS USED IN THIS DICTIONARY

m	Maskulinum	masculine noun
f	Femininum	feminine noun
n	Deutsch: Neutrum Englisch: Substantiv	German: neuter noun English: noun
pl	Plural	plural
v, vt, vi	Verb, transitiv, intransitiv	verb, transitive, intransitive
adj	Adjektiv	adjective
adv	Adverb	adverb
i.e.S.	im engeren Sinne	in the narrower sense
in Zssgn.	in Zusammensetzungen	in compounds
s.a.	siehe auch	see also
~	Tilde	swung dash
Fr	französisch	French
It	italienisch	Italian
Span	spanisch	Spanish
AU	Österreichisch	Austrian
GB	britisches Englisch	British English
US	amerikanisches Englisch	US English

SACHGEBIETSSCHLÜSSEL · CLASSIFICATION LABELS

allg	allgemein	generally
Ausrüst	Ausrüsten, Ausrüstung	finish(ing)
Beschicht	Beschichtung	coating
Bleich	Bleichen	bleaching
Bw	Baumwolle	cotton
Chem	Chemie	chemistry
Chrom	Chromatographie	chromatography
Druck	Druck	printing
Extr	Extrudieren	extrusion
Färb	Färben	dyeing
Fehler	Fehler	defect
Fil	Filamentgarn	filament
Flock	Beflocken, Flockdruck	flocking
Gew	Gewebe	fabric
Handdr	Handdruck	hand printing
hist	historisch	historical
Hutm	Hutmacherei	hat making
Kard	Kardieren	carding
Kasch	Kaschieren	laminating
Kol	Kolorimetrik, Farbmetrik	colorimetry
Konf	Konfektion	making up
krist	kristallin(isch)	crystalline
Ku	Kunststoffe	plastics
Masch	Maschinen und Apparaturen	machines
Matpr	Materialprüfung	material testing
med	medizinisch	medical
Mil	Militär	military
Mode	Mode	fashion
Näh	Nähen	sewing
opt	optisch	optical
Pigm	Pigmente	pigments
Plv	Pulver	powder
Reißv	Reißverschluß	zip(per), slide fastener
Rundstr	Rundstricken	circular knitting
Seifenherst	Seifenherstellung	soap manufacture
Siebdr	Siebdruck	screen printing
Spinn	Spinnerei	spinning
Sprüh	Sprühausrüstung	spray finishing
Stick	Stickerei	embroidery
Strick/Wirk	Stricken/Wirken	knitting
Strumpf	Strumpfwaren	hosiery
SuW	Seife und Waschmittel	soap (and detergents)
Tepp	Teppich	carpet
Textil	Textil	textile
Textdr	Textildruck	textile printing
Transdr	Transferdruck	transfer printing
Tuchh	Tuchherstellung	cloth manufacture
Veredl	Vered(e)lung	processing
Vliesst	Vliesstoffe	nonwovens
Waschmasch	Waschmaschine	washing machine
Waschmitt	Waschmittel	detergent
Web	Weberei	weaving
Wolle	Wolle	wool
Zett	Zetteln	warping

A

Aba *f* (sackartiger Mantelumhang der Araber; grober Wollstoff) / aba *n*
Abaka·faser *f* / abaca *n*, abaca fibre, agotai fibre, bandala fibre, manila hemp || **≈faserseil** *n* / manila rope || **≈garn** *n* / manila yarn
abarbeiten, einen Ballen ~ (Kard) / reduce a bale
Abassi *f*, Abassibaumwolle *f* / abassi cotton (a fine, almost white, silklike cotton from Egypt)
Abaya *f*, Abaje *f*, Abadjeh *f* (Mantelumhang der Araber aus derber Wolle oder Kamelhaar) / aba *n*, abaya *n*, abba *n*
Abbau *m* (Chem) / degradation *n*, disintegration *n*, decomposition *n* || **≈ durch Säure** / acid degradation || **≈ durch Wärmeeinfluß** / thermal degradation || **≈beständigkeit** *f* / stability against decomposition || **≈beständigkeit bei Lichteinwirkung** / stability against decomposition on exposure to light, light stability || **≈eigenschaft** *f* / degradation property
abbauen *v* (Chem) / decompose *v*, disintegrate *v*
Abbau·geschwindigkeit *f* / rate of decomposition || **≈mechanismus** *m* / decomposition mechanism
abbäumen *v* / take from the beam, unbeam *v*
Abbaumittel *n* (Chem) / disintegrating agent
Abbäumvorrichtung *f* (Web) / unrolling device
Abbauprodukt *n* / decomposition product
abbimsen *v* / buff *v*, burnish *v*
Abbindefaden *m* / skeining thread
abbinden *v* / skein *v*, tie *v* (with tie bands) || **≈** *n* / skeining *n*
Abbindepunkt *m* (Web) / point of interlacing
Abbinderverfahren *n* **vor dem Färben** / tie-and-dye method
Abbindetechnik *f* / skeining process (space dye), tie technique
Abbindung *f* / tie band (skeining), tie thread
Abblase-Absaug-Anlage *f* (Spinn, Web) / blowing and suction system
abblassen *v* / lose colour
abblättern *v* / scale off, peel off
abbluten *vt* (Färb) / stain *vt*, mark off || **≈** *n*, Abfärben *n* / staining *n*, marking-off *n*, smudging of colour
Abbot-Cox-Färbeverfahren *n*, Abbot-Cox-Verfahren *n* (Färb) / Abbot-Cox method, Abbot-Cox process
abbrennen *v* / burn off || ~ (Spinn, Web, Ausrüst) / singe *v*, gas *v*, gas-singe *v*, genappe *v* || **≈** *n* / burning off || **≈** (Spinn, Web, Ausrüst) / singeing *n*, gassing *n*, gas singeing, genapping *n*
abbrühen *v* / scald *v* || ~ (Färb) / boil out, smother with boiling water || **≈** *n* / treatment with boiling water
Abbrüh·kessel *m* (Ausrüst) / scalding vat || **≈wanne** *f* / scalding tub
abbügeln *v* / iron *v* || ~ (Näh) / off-press *v*
Abdampf *m* / exhaust steam
Abdämpfen *n* / steaming *n*
Abdampfrückstand *m* / exhaust steam residue, residue of evaporation
abdecken *v* (Färb) / dye *v* || **≈** *n* **der Fondfärbung** / covering deep-dyed grounds
Abdecker *m* **mit Knie** (Strickmasch) / point with crank
abdestillieren *v* / distil off
abdichten *v* / seal *v* || **≈** *n* / sealing *n*
Abdichtung *f* / sealing *n*
abdocken *v* / batch off, unwind *v*, wind off, unreel *v*, reel off || **≈** *n* / unwinding *n*, winding-off *n*, unreeling *n*, reeling off
Abdock·wagen *m* / batch-off carriage, batch-off trolley || **≈walze** *f* / batch-off roller
Abdruck *m* / print *n* || **≈blech** *n* (Strick/Wirk) / covering knife
abdrücken *v* / squeeze out, force out (liquor) || **eine Kette vom Kettbaumzylinder** ~ / burst a beam
abdunkeln *vi* (Färb) / become darker *v*, deepen *v* || ~ *vt* (Farbe) / sadden *vt*, darken *v*, increase the depth || **≈** *n* / darkening *n* (of shade), saddening *n*, deepening *n*
Abdunkelung *f* / saddening *n*
Abdunklungs·farbstoff *m* / darkening dyestuff, saddening dyestuff || **≈mittel** *n* / darkening agent, saddening agent
abdunsten, im Vakuum ~ / concentrate in vacuo || **≈** *n* **des Lösemittels** (Beschichtung) / solvent flash-off
Abelmoschusfaser *f* (indische Faserart) / abelmoschus fibre
Abend·anzug[s]stoffe *m pl* / evening wear suitings || **≈farbe** *f* / shade in artificial light, change of shade when viewed in artificial light, change of shade when viewed in incandescent light, (misnomer) evening shade || **≈farbendifferenz** *f* / difference of shade under artificial light || **≈kleid** *n* / evening dress, evening gown || **≈mantel** *m* / evening cloak, cloak *n* || **≈mode-Stoffe** *m pl* (z.B. Matelassé, Lamé, Chiffon) / evening wear cloths || **≈strumpf** *m* (Mode) / evening sheer
abfädeln *v* (Näh) / trim *v* || **≈** *n* (Näh) / trimming *n*
Abfall·-Absaugvorrichtung *f* (Näh) / vacuum-type waste disposal unit || **≈abscheider** *m* / waste extractor
Abfallauge *f* / spent lye, waste lye, waste liquor
Abfallbaumwolle *f* / cotton waste, waste cotton, cotton strip
Abfälle *m pl* (beim Zuschneiden) (Näh) / trimmings *pl*
Abfall·garn *n* / waste yarn || **≈klopfwolf** *m* (Spinn) / waste beating willow, waste shaker || **≈krempel** *f* (Spinn) / waste card || **≈kretonne** *f m* / creas *n* (type of cretonne) || **≈reiniger** *m* (DIN 64160), Abfallreinigungsmaschine *f* (Spinn) / waste cleaner || **≈reinigungstrommel** *f* / waste shaker || **≈reißer** *m* (Spinn) / waste breaker || **≈säure** *f* / spent acid
Abfallseide *f* / waste silk, silk waste, silk noil, schappe silk, floret silk || **≈ aus fehlerhaften Kokons** / rugginose *n* (silk), tarmate silk
Abfallseidengarn *n* / spun silk, galette silk, shave silk || **≈ aus Doppelkokonen** / strassé *n*
Abfall·spinnerei *f* / waste spinning || **≈vorreißer** *m* / first waste breaker || **≈wolle** *f* / waste wool
abfärben *vt* (Färb) / stain *vt*, mark off || ~ *v* (durch Reibung) (Textdr) / crock *v* || **≈** *n* / staining *n*, marking-off *n*, smudging of colour || **≈ durch Reibung** (Textdr) / crocking *n*
abfasern *v* / fray *v*
abfiltern *v* / filter *v*
Abfiltration *f* (Färb) / filter effect || **≈ der Farbstoffe** (Fehler) / filtration of the dyes
Abfiltrationswirkung *f* (Färb) / filter effect
abfiltrieren *v* / filter *v*
Abfiltrierung *f*, Abfiltrierungseffekt *m* (Färb) / filter effect
abflammen *v* (Spinn, Web, Ausrüst) / singe *v*, gas *v*, gas-singe *v*, genappe *v* || **≈** *n* (Spinn, Web, Ausrüst) /

singeing *n*, gassing *n*, gas singeing, genapping *n*
abflecken *v*(Färb) / stain *v*, mark off || ~ / tarnish *v* (rollers), cause objectionable stains || ≃ *n*, Abfärben *n* / staining *n*, marking-off *n*, smudging of colour
Abfluß *m*, Abwasser *n* / effluent *n*
Abfühlhebel *m*(Web) / feeler *n*
abführen *v*(allg) / discharge *v* || ≃ *n*(Tuchh) / unloading *n*
Abführung *f*(allg) / discharge *n*
Abführwalze *f*(Masch) / discharging roll[er], take-away roll[er]
Abfütterung *f*(Näh) / lining *n*(clothing)
Abgabespindel *f* / delivery spindle
Abgangs·gruppe *f*(Färb) / leaving group || ≃**gruppe** (Chrom) / mobile group || ≃**säure** *f* / spent acid
Abgas *n* / waste gas, exhaust gas, exit gas || ≃**beständigkeit** *f* / fastness to [gas] fume fading, gas fume fastness, resistance to fume fading || ~**echt** *adj* / fast to gas fading || ≃**echtheit** *f* / fastness to [gas] fume fading, gas fume fastness, resistance to fume fading || ≃**echtheitsprüfung** *f* / gas fume fastness testing || ~**empfindlich** *adj* / sensitive to gas fume fading || ≃**empfindlichkeit** *f* / fume fading property, gas fume fading property, sensitivity to gas fume fading || ≃**unempfindlichkeit** *f* / insensitivity to gas fume fading
abgautschen *v*, leicht ausdrücken / couch *v*
abgebaute Zellulose / degraded cellulose
abgeben, Trennmittel ~ / exudate the release agent
abgebunden·e Garnsträhnen *f pl*(Bleich) / chain *n* || ~**e Strähne** / skeined hank
abgedeckte Mischung / covered mixture
abgefitzte Strähne / skeined hank
abgekocht·es Leinen / boiled linen || ~**es Leinengarn** / boiled linen yarn || ~**er Linon** / boiled lawn || ~**e Seide** / soft silk || ~**e Seide, gefärbt ohne Beschwerung** / pure dye silk
abgekühlt *adj* / cool *adj*
abgekürzt·es Spinnverfahren / abbreviated spinning process, abridged spinning process, curtailed spinning process || ~**es Verfahren** / shortened method
abgelegte Kleidung / cast off clothing
abgeleitete Bindungen *f pl* / derived weaves
abgenähte Fältchen *n pl* / gathers *pl*
abgepaßt *adj* / fully fashioned || ~**er Artikel** / fully fashioned article || ~**es Gestrickteil** / stitch-shaped length of knit [garment] || ~**es Gewebe** (auf bestimmten Raum symmetrisch gemusterte Stoffe, z.B. Tafeltücher, Halstücher usw.) / bordered fabric || ~**es Maschen** (Vorgang) / fully fashioned knitting || ~**e Maschenware** / fully fashioned knitwear, fully fashioned fabric, fully fashioned goods || ~**es Muster** / bordered design || ~**es Stricken**, abgepaßtes Wirken / fully fashioned knitting || ~**e Strickware** / fully fashioned knitwear || ~**e Strumpfware** / fully fashioned hosiery || ~**er Teppich** / bordered carpet, rug *n*(US), square *n* || ~**es Wirken** / fully fashioned knitting
abgepreßte Zellulose / pressed cellulose
abgerissene Leiste, abgerissene Webkante, abgerissener Webrand, abgerissenes Salband, abgerissene Salleiste / torn selvedge
abgerundete Ferse (Strumpf) / modified round heel without holes
abgescheuertes Garn / chafed yarn
abgeschlagen·er Schuß (Fehler) (Web) / slough-off *n*, sloughed-off pirn || ~**e Schußwindung** (Web) / sloughed-off weft
abgeschliffen *adj* / ground-off *adj*
abgeschrägte Fangklappe (Strick/Wirk) / bevelled clearing cam
abgeschrecktes Filament / quenched filament
abgeschwitzte Hautwolle / fellmongered wool, dead wool, plucked wool
abgesetzt·e Ferse (Strumpf) / coloured heel || ~**e Ferse und Spitze** (Strumpf) / tipped heel and toe, coloured heel and toe || ~**e Kernseife** / soap boiler's neat soap || ~**er Köper** / interrupted twill, intersected twill
abgesteppt *adj* / quilted *adj* || ~**e Falten** *f pl*(Näh) / stitched-down pleats
abgetafeltes Gewebe / rippled fabric
abgeteilte Menge / batch *n*(lot)
abgetragen *adj* / well-worn *adj* || ~**e Kleider** / cast off clothing
abgetrenntes Kantenende, abgetrennte Webkante / loose selvedge
abgetriebener Rollfuß (Näh) / driven roller presser
abgiften, Wolle ~ / loosen the wool by arsenic
abglänzen *v* / remove lustre || ~ (durch Reiben) (Ausrüst) / rumple *v* || ≃ *n* / removal of lustre
Abgleich *m*(Färb) / levelling *n*
Abgleitbügel *m* **des Webschützen** (DIN 64685) (Web) / pirn guide of shuttle
abhaaren *v*(Hutm) / shave off the hairs || ≃ *n* / removal of hair || ≃ (Hutm) / scraping off the hairs
Abhäkeln *n*(Web) / taking down the threads from the hooks
abhaspeln *v* / reel off, unwind *v*, wind off, unreel *v* || ≃ *n* / unwinding *n*, winding-off *n*, unreeling *n*, reeling off
Abheben *n*(Strick/Wirk) / knocking-over *n*
abheizen *v*(fin) / cure *v*, heat-set *v*
Abietat *n* / abietate *n*
Abieten *n* / abietene *n*
Abietin·säure *f* / abietic acid || ≃**säureester** *m* / abietate *n* || ≃**säuresalz** *n* / abietate *n*
Abkalken *n* / treatment with lime
abkämmen *v*(Spinn) / detach *v*(from the doffer)
Abkanter *m*(der Nähmaschine) / folder *n*(of sewing machine)
abketteln *v*(Strumpf) / fix the meshes, hook up, bind off || ~ (Näh) / chain off || ~ (von Hand) (Strick/Wirk) / bind off
abketten *v* / cast off, slip a stitch
abklären *v* / filter *v* || ~ (Färb) / boil off *v*
Abklatschbürste *f* / dabbing brush
abklatschen *v*(Textdr) / pick off || **ein Muster ~** (Färb) / transfer a design || ≃ *n* **auf den Walzen** (Fehler) / marking off on the rollers
abknöpfbar *adj* / removable *adj*(garment can be unbuttoned)
Abkoch·apparat *m* / boil-off machine, scouring apparatus, boiling apparatus || ≃**bad** *n* / scouring bath (silk), degumming bath || ~**echt** *adj* / fast to boiling-off (silk), fast to degumming (silk) || ≃**echtheit** *f* / fastness to boiling-off (silk), fastness to degumming (silk)
abkochen *v* / boil off, scald *v*, scour *v*(silk), degum *v* (silk) || ≃ *n* / boiling off, degumming (of silk) || ≃ **in breitem Zustand** / open-width boilout || ≃ **mit Soda** / soda-boil *n*
Abkoch·flotte *f* / degumming liquor || ≃**hilfsmittel** *n* / boiling-off auxiliary, kier-boiling auxiliary, kier-boiling assistant || ≃**maschine** *f* / scouring machine

|| ≗**maschine** (Wolle) / crabbing machine || ≗**mittel** *n* / boiling agent, decocting medium || ≗**prozeß** *m* / boiling process
Abkochung *f* / boiling off *n*, decoction *n*
Abkoch·verlust *m* (Färb) / boiling-off loss || ≗**verlust** / scouring loss, scouring waste
Abkömmling *m* / derivative *n*
Abkühlbad *n* (Fil) / quench bath
abkühlen *v* / cool *vt* || ~ (sich) / cool [down]
abkürzen *v* / shorten *v*, abridge *v*, abbreviate *v*
Ablage·bleiche *f* / depositing bleach || ≗**entschlichtung** *f* / depositing desizing || ≗**falte** *f* / plaiting-down crease || ≗**höhe** *f* (Glasfasern) / layer thickness (depth of layer of chopped rovings which falls on to moving belt)
ablagern *v* (altern) / age *vt* || ~ (sedimentieren) / deposit *v*, settle *v*, precipitate *v*
Ablagerung *f* / deposit *n*, sediment *n* || ≗ (Waschlauge) / lees *pl*
Ablage·system *n* / plaiting-down system (crease removal) || ≗**tisch** *m* (Näh) / storage table
Ablaß *m*, Ablauf *m* / outflow *n* || ≗ **des Nadelbettes** / needle bed lowering
ablassen *v* (ablaufen lassen) / drain [off] (e.g. the liquor) *v* || ~ (ableiten) / draw off (e.g. a liquid) || ≗ *n* / drainage *n* (e.g. of the liquor)
Ablaß·regulator *m* (Web) / warp let-off motion, warp regulator || ≗**ventil** *n* / outlet valve
ablativer Kunststoff (Kunststoff, der Hitze aufnimmt) / ablative plastic(s) (material which absorbs heat)
Ablauf *m* (Spinn) / pull-off *n* || ≗ **der Zwirnmaschine** / direction of downtwist || ≗ **über dem Kopf** / overend take-off || **Abläufe** *m pl* (Färb) / styles produced by means of special engravings, i.e. with a gradual and continuous lessening of the intensity of shade from full depth to pale tints || **Abläufe** *m pl* (Fehler, Endenablauf) (Textdr) / tailing *n* || ≗**brett** *n* / draining board || ≗**einrichtung** *f* / outlet device
ablaufen lassen / drain [off] (e.g. the liquor) *v* || ≗ *n* (Tuchh) / unloading *n*
Ablauf·gatter *n* / unwinding creel, ring frame creel || ≗**haspel** *f* / running-off reel, unwinding reel || ≗**kappe** *f* (Fasern) / bobbin cap || ≗**öse** *f* / first guide || ≗**richtung** *f* / direction of withdrawal || ≗**spindel** *f* / delivery spindle || ≗**spule** *f* / feeding bobbin, delivery spool, delivery bobbin || ≗**teil** *n* (Strick/Wirk) / dog *n* || ≗**walze** *f* (Web, Spinn) / delivery roller
Ablauge *f* / spent lye, waste lye, waste liquor
ablaugen *v* / steep in lye, leach *v*, buck *v* || ≗ *n* / alkali removal
Ableereinrichtung *f* (Strick/Wirk) / pressing off equipment
ableeren *v* (Strick/Wirk) / press off || **eine Masche** ~ / press off a loop || ≗ *n* (Strick/Wirk) / pressing off || ≗ (der Färbeflotte) (Färb) / knock-over *n*, draining off (dye liquor)
Ableer·schloß *n* (Strick/Wirk) / press off cam || ≗**stellung** *f* (Strick/Wirk) / press off position || ≗**system** *n* (Strick/Wirk) / press off feeder || ≗**teil** *n* (Strick/Wirk) / press off part || ≗**vorrichtung** *f* (Strick/Wirk) / press off device
Ablege·höhe *f* s. Ablagehöhe || ≗**methode** *f* (Vliesst) / lapping method
ablegen *v* / pile *v* (padding) || ~ (Tuchh) / cuttle *v*, lay up, pile down || **als Band** ~ / coil *v* || ≗ *n* / cuttling *n* || ≗ **zum Zuschneiden** / laying up
Ableger *m* (DIN 64990) (Ausrüst) / folder *n*, plaiter *n*, folding machine
Ablegevorrichtung *f* / plaiting device, cuttler *n*, cuttling machine
ableiten *v* / draw off (e.g. a liquid)
Ableitung *f* (von Wärme) / dissipation *n*
Ableserichtung *f* (Strick/Wirk) / direction of reading off a pattern
Ablösegeschwindigkeit *f* (bei Reaktivfarbstoffen) / desorption rate (of the unfixed dye)
ablösen *vt* (Beschicht) / peel off *vt*, strip *v* || ~ *v* (Färb) / remove *v* (colour), strip *v* || ~ (sich) (Beschicht) / become detached *v*, detach *v*, separate *v* || ≗ *n* (Beschicht) / stripping *n*, peeling off, separation *n* || ≗ **des Farbstoffs** (Färb) / bleeding *n* || ≗ **von Farbe** / removal of colour
Abluft *f* / exhaust air, exit air, waste air
abmahlen *v* / mill *v*, grind *v*
Abmischung *f* / mix *n*, mixture *n* || ≗ (Beschicht) / cut *n*
abmustern *v* (Färb) / match off || **die Farbe** ~ / strike off the shade, match the shade || ≗ *n* / matching *n*, matching off, striking off [the shade] || ≗ **mittels Prüfgeräten** / instrumental colour matching
Abmusterung *f* / matching *n*, matching off, striking off [the shade] || ≗ **mit dem Auge** / visual inspection
Abmusterungsleuchte *f* / colour matching lamp
Abnadelwächter *m* / unneedling guard
abnähen *v* (Näh) / take in (garment), make a dart || ~ (einen Rock) / dart *v* (a skirt), to make tucks || **einen weißen Kragen rot** ~ / stitch a white collar with red || ≗ *n* / taking-in *n* (garment)
Abnäher *m* / dart *n* || ≗**-Automat** *m* / automatic dart sewer
Abnahme *f* / doffing *n* (of card) || ≗ (Strick/Wirk, Strumpf) / narrowing *n*, fashioning *n* || ≗**tisch** *m* / inspection table
abnehmbar·er Möbelbezug[s]stoff / snap-on cushioned upholstery || ~**er Strumpfhalter** / detachable garter
abnehmen *v* (Strick/Wirk) / fashion *v*, decrease *v*, narrow *v* || ~ (die vollen Spulen) / doff *v* || **[Maschen]** ~ (Strick/Wirk, Strumpf) / narrow *v*, take off, fashion *v*, diminish *v*, cast off (a loop) || **vom Rahmen** ~ / remove from the stenter || **vom Sternrahmen** ~ / remove from the star frame || **von der Haspel** ~ / doff from the reel || ≗ *n* (Strick/Wirk) / decreasing *n*, narrowing *n*, fashioning *n* || ≗ (die vollen Spulen) / doffing *n*
Abnehmer *m* (Spinn) / doffing cylinder || ≗**hacker** *m* / doffer comb || ≗**haube** *f* (Spinn) / doffer cover, doffer hood || ≗**hebel** *m* / barrow lever || ≗**kamm** *m* / doffer comb, fly comb, noil stripping comb || ≗**krempel** *f* / doffer card || ≗**rad** *n* / barrow wheel || ≗**rolle** *f* (Spinn) / stripping roller || ≗**system** *n* (Spinn) / doffer system || ≗**trommel** *f* / doffing drum || ≗**walze** *f* / doffer [beater], doffer roller, stripping roller
abnutschen *v* / filter by means of suction, filter by means of vacuum
abnutzen *vi* / wear out *vi* (clothes)
Abnutzung *f* / wear *n* || ≗ **durch Abrieb** / abrasive wear, abrasion wear || ≗ **durch Stuhlrollen** / castor chair wear
abnutzungs·beständig *adj* / wear-resistant *adj* || ≗**beständigkeit** *f* / wear resistance || ≗**prüfmaschine** *f* / wear tester, wear abrasion test machine, endurance test machine || ≗**prüfung** *f* / wear testing || ≗**- und Scheuerprüfung** *f* / wear and rubbing test || ≗**versuch** *m* / wear test ||

⁓widerstand *m* / fastness to normal use, fastness to wear [and tear], resistance to wear [and tear]
Abperl·effekt *m* / drop-repellent effect, water repellency, water-repellent effect || **⁓phase** *f* / water-repellent phase || **⁓stufe** *f* / drop-repellent phase, water-repellent phase || **⁓zeit** *f* (gibt die Zeit in Minuten an, während der der Prüfling innerhalb einer Beregnungsdauer von zehn Minuten noch einwandfrei abperlt) (Beregnungsversuch nach Bundesmann) (DIN 53888) / drop-repellent time (time in minutes during which drops are repelled from the fabric before the fabric becomes permeable to water if exposed to experimental shower for ten minutes) (Bundesmann Rain Test)
abplatzen *v* (Druckverdickung) / flake *v* (printing thickener) || **⁓** *n* (Textdr) / breaking *n* (of film)
abpressen *v* / squeeze [out], force out (liquor)
Abquetsch·druck *m* / squeezing pressure || **⁓effekt** *m* / squeezing effect, quetch effect (US)
abquetschen *v* / squeeze [out] *v*, nip *v*, mangle *v*, express *v*, quetch *v* (US) || **auf ungefähr 100% ~** / express to about 100% pick-up || **⁓** *n* / squeezing *n*, quetching *n* (US)
Abquetschfoulard *m* / squeezing mangle
Abquetschung *f* / squeezing *n*, quetching *n* (US)
Abquetsch·vorrichtung *f* / squeezing device (GB), quetching device (US) || **⁓walze** *f* / squeeze roller, quetching roller (US)
abrakeln *v* (Beschicht) / wipe off
abranden *v* (Färb) / stain the walls of the vessel by agglomeration
Abrandung *f* **an den Apparatewänden** / staining (of) the walls of the vessel
abrauchen, Paraffin ~ *v* / evaporate paraffin [by fuming]
Abraumsalz *n* / abraum salt
abrechten *v* / back-shear *v*, dress the wrong side of the cloth
abreiben *v* / abrade *v* || ~ (Färb) / rub off *v*, crock *v* || **[mit Sandpapier] ~** (Hutm) / sandpaper *v*, pounce *v* || **⁓** *n* **auf der Farbmühle** (dye) / grinding on the dyestuff mill
abreibende Wirkung / abrading effect, abrasive effect
Abreibfestigkeit *f* s. Abriebfestigkeit
Abreißbewegung *f* (Spinn) / tear-off movement
abreißen *v* (Spinn) / end down || **⁓** *n* / breaking *n* (of yarn)
Abreißerleistung *f* / detaching efficiency
Abreiß·zange *f* / detaching nippers || **⁓zylinder** *m* / detaching roller
Abrichtmaschine *f* (Web) / truing machine
Abrieb *m* (Scheuern) / abrasion *n*, abrasive effect, rubbing *n* || **~beständig** *adj* / wear-resistant *adj* || **⁓beständigkeit** *f* / wear resistance || **~fest** *adj* / abrasion-proof *adj*, abrasion-resistant *adj*, scuff-resistant *adj* || **⁓festigkeit** *f* / abrasion resistance, scuff resistance || **⁓festigkeit** (Färb) / rub[bing] fastness, fastness to crocking (US), crock[ing] fastness (US) || **⁓festigkeit** (Beschicht) / fastness to rubbing off || **⁓gerät** *n* / abrasion tester || **⁓prüfgerät** *n* / abrasion tester || **⁓stellen** *f pl* **auf Seidenstoffen** / break-marks *pl*
abrinden *v* / strip off the bark, decorticate *v*
Abrolleinheit *f* (Tepp) / derolling unit
abrollen *v* / unwind *v*, unbatch *v*, wind off, unreel *v*, reel off || ~ (Web) / unbatch *v* || **⁓** *n* / reeling off, unwinding *n*, winding-off *n*, unreeling *n*
abrollende Scheibenspule / rolling flanged bobbin
Abroll·gatter *n* / roll-off creel || **⁓gestell** *n*, Abrollrahmen *m* / unrolling creel, unwinding stand, unrolling stand || **⁓spule** *f* / revolving bobbin, rolling bobbin, reel-off bobbin, movable pirn, rotating pirn, loose cop
Abromafaser *f* (feine, seidenartige Faser) / abroma fibre
abrupfen *v* (Wolle) / pull *v*, pluck *v* || **⁓** *n* **der Wolle** / fellmongering *n*, plucking of wool
Abrusen *n* (starkes Abreiben) / severe abrasion effect
abrußen *v* (Färb, Druck) / bleed *v*, crock *v* || **⁓** *n* (Färb, Druck) / bleeding *n*, crocking
abrutschen *v* (Faden von der Spule) / slough off
ABS, Alkylbenzolsulfonat *n* / alkyl benzene sulphonate, ABS
absacken *v* (Wickelkörper) / sag *v* || **⁓** *n* (Wickelkörper) / sagging *n*
Absatz *n* / deposit *n*, deposition *n*, precipitate *n*
absäuern *v* / acidify *v*, pass through an acid bath, acidulate *v*, sour *v* || **⁓** *n*, Absäuerung *f* / acidification *n*, souring *n*
Absäuerungsbad *n* / acidifying bath
Absauganlage *f* / exhausting system
absaugen *v* / extract *v* (waste air etc.), exhaust *v*, suck off, filter by means of vacuum, suction off || **⁓** *n* / exhaustion *n* (of air, gas etc.), suction *n*, filtering *n*, extraction *n*
Absauger *m* / exhaust fan, exhaust device
Absaug·maschine *f* / suction extractor, suction machine || **⁓trichter** *m* (normalerweise aus Porzellan) / Buchner funnel
Absaugung *f* / suction *n*, exhaustion *n* (of air, gas etc.), filtering *n*, extraction *n*
Absaug·vorrichtung *f* / exhaust device, extractor *n* (waste air etc) || **⁓vorrichtung** (DIN 64050) / broken-end collector || **⁓wringmaschine** *f* / hydrosuction wringing machine
Abschabeplatte *f* / stripping plate
abschälen *v* (Beschicht) / peel off *vt*, delaminate *v* || **⁓** *n* (Beschicht) / delamination *n*
abschattierte Farbe / shaded colour
abschäumen *v* / scum *v*
abscheidbar *adj* / precipitable *adj*
Abscheidbarkeit *f* / precipitability *n*
abscheiden *v* / precipitate *v* || **⁓** *n* / precipitation *n*
Abscheider *m* (DIN 64076) (Chem) / separator *n* || **⁓** (DIN 64100) / blow room condenser (cotton spinn)
Abscheidung *f* / deposit *n*, precipitation *n*, precipitate *n*, deposition *n*
Abscheidungsmittel *n* / precipitant *n*
abscheren *v* / clip *v*, shear *v* || **⁓** *n* / shearing *n*
abscheuern *v* / fray *v*, rub *v*
Abscheuerung *f* / abrasion *n*, abrasive effect, rubbing *n*
Abscheuerungswiderstand *m* / abrasion resistance, rub[bing] fastness, fastness to crocking (US)
Abschieferung *f* / exfoliation *n*
Abschirmweichmacher *m* / shielding plasticizer
Abschlag *m* (Strick/Wirk) / knitting cam system clearing, knocking-over *n* || **⁓ der Rippnadeln**, Abschlag *m* der Rippscheibennadeln (Strick/Wirk) / dial knock-over || **⁓barre** *f* (Strick/Wirk) / knock[ing]-over bit || **⁓blech** *n* (Strick/Wirk) / knocking-over bar || **⁓bremse** *f* / backing-off friction || **⁓drehzahl** *f* / backing-off speed || **⁓ecke** *f* (Strick/Wirk) / knock[ing]-over point ||

≗einrichtung *f* (Strick/Wirk) / knock[ing]-over device
abschlagen *v* (Spinn) / back off || ~ (Web) / slam off, unbatch *v* || ~ (Strick/Wirk) / knock over, slough off || ~ (eine Masche) (Strick/Wirk) / cast off (a loop) || **den Faden** ~ / slough off the thread || ≗ *n* (Strick/Wirk) / knocking-over *n*, sloughing *n* || ≗ (Web) / slamming off, unbatching *n* || ≗ (Spinn) / backing-off *n* || ≗ (letzter Arbeitsgang bei der Maschenbildung der Kulierware) (Strick/Wirk) / knock-over *n*
Abschlag[e]schloß *n* (Strick/Wirk) / cast off cam, knock[ing]-over cam || **≗exzenter** *m* (Strick/Wirk) / cast off cam, knock[ing]-over cam || **≗exzenter** (Spinn) / backing-off cam || **≗kamm** *m* (Strick/Wirk) / evener comb, knocking-over comb, knock-over comb || **≗kamm** (Spinn) / [noil] stripping comb, doffing comb, evener comb, stripper || **≗kammsteg** *m* (Strick/Wirk) / knock-over verge wall || **≗kante** *f* (Strick/Wirk) / knock-over edge || **≗kante einer Platine** / knitting surface of a sinker || **≗keil** *m* (Strick/Wirk) / cast off cam, knock[ing]-over cam || **≗klinge** *f* / plough knife || **≗platine** *f* (Strick/Wirk) / jack *n*, knocking-over sinker, down sinker, holding-down sinker, sinker *n* || **≗platine** (Spinn) / stripping bar || **≗platine** (Cotton-Maschine) (Strick/Wirk) / knock[ing]-over bit || **≗platine ohne Haken** / dummy sinker || **≗platinenhülse** *f* (Strick/Wirk) / sinker sleeve || **≗punkt** *m* (Strick/Wirk) / knock[ing]-over point || **≗quadrant** *m* / backing-off quadrant || **≗rad** *n*, Abschlagrädchen *n* / knocking-over wheel || **≗schiene** *f* (Strick/Wirk) / knocking-over bar || **≗segment** *n* (Strick/Wirk) / knocking-over segment || **≗stellung** *f* (Strick/Wirk) / cast off position, knocking-over position || **≗vorrichtung** *f* (Strick/Wirk) / knock[ing]-over device || **≗zahn** *m* (Strick/Wirk) / tooth *n*
abschlämmen *v* / elutriate *v*, flush *v* || ≗ *n* / elutriation *n*, flushing *n*
Abschleudereffekt *m* **von 20 %** / hydroextracting down to 20 %
abschleudern *v* / centrifuge *v*, spin *v*, hydroextract *v* || ~ (Wäsche) / whiz *v* (US), spin *v* (GB) || ≗ *n* / hydroextraction *n*
abschließend·e Behandlung / final treatment || **~es Durchsehen der Ware** / final inspection
Abschlußkappe *f* **am Spulengestell** / bonnet *n*
abschmelzen, einen Faden ~ / fuse a thread
abschmieren *v* / tarnish *v* (rollers), cause objectionable stains || ~ *vt* (Färb) / stain *vt*, mark off, set off || ≗ *n* (Färb) / smearing *n*, staining *n*, marking-off *n*, smudging of colour, setting-off, n.
Abschmierneigung *f* (Schlichten) / smearing tendency
abschmirgeln *v* / grind *v* (with emery) || ≗ *n* / emerizing *n*
abschmutzen *v* (Färb) / bleed out, stain *vt*, mark off || ≗ *n* (Färb, Druck) / bleeding *n*, staining *n*, marking-off *n*, smudging of colour
abschneiden *v* (Fadenreste) (Näh) / trim *v*
Abschneidevorrichtung *f* (Fasern) / cutting device
abschnellen *v* (Web) / pick *v*, insert the filling, insert the weft || ≗ *n* (Web) / picking *n*, shuttle pick, shuttle shot, shuttle stroke, shuttle throw, picker motion
Abschnitt *m* / cutting *n*, swatch *n*, sample *n*, specimen *n* || ≗ (Web) / length *n*
abschnittsweise Behandlung / space-treating *n* || **~s Schären**, Schären *n* in Abschnitten / section[al] warping || **~s Anfärben von Garn oder Kabel** / random multi-coloured design of yarn or tow
abschrecken *v* / cool down rapidly || ≗ *n* **an der Spinndüse** (Fil) / jet quenching
abschuppen *v* (Beschicht) / peel off *v* || ~ / scale off || ≗ *n* **der Beschichtung** / coating chipping
abschwächen *v* (Spinn) / attenuate *v* || ~ (Farbe) (Färb, Druck) / tone down, subdue *v* (shade) || **ein Bad** ~ (Färb) / lessen a bath
Abschwächer *m* / thinner *n*
Abschwächung *f* / damping *n* (colour), toning down
Abschwächungsmittel *n* / thinner *n*
Abschwitzen *n* **der Wolle** / fellmongering *n*
Abseite *f* / wrong side (of fabric), reverse side, back (of fabric) *n*, cloth back, fabric back, reverse (of a fabric) *n* || ≗ (Tepp) / underside *n*, back *n*
Abseiten·krepp *m* / crepe reversible || **≗stoff** *m* (beidseitig verwendbares Gewebe) (Gew) / reversible *n*, double-face[d] fabric
Absengen *n* / singeing *n*, gassing *n*, gas singeing, genapping *n*
Absetz·behälter *m* / sedimentation tank, settling tank || **≗bottich** *m* / precipitation vat, settling tank
absetzen *v* (chem) / settle *v*, precipitate *v*, settle out, deposit *v* || ~ (die Spulen) / doff the bobbins || ≗ *n* / sedimentation *n* || ≗ **der Farbstoffe** / dyestuff settling-out || ≗ **der Pigmente** / pigment settling || ≗ **von Faserstaub** / fibre shedding || **das** ≗ **der Farbstoffe verhindern** / prevent dyestuffs from settling out
Absetzgeschwindigkeit *f* / settling-out speed
absieden *v* (Seide) / decoct *v*
absinth·gelb *adj* / absinth(e) yellow *adj* || **~grün** *adj* / absinth(e) green *adj*
absolut trocken / bone-dry *adj*
absondern *v* / exude *v*
Absorbat *n* / absorbate *n*
Absorbens *n* / absorbent *n*
absorbierbar *adj* / absorbable *adj*
absorbieren *v* / absorb *v*
absorbierend *adj* / absorptive *adj*, absorbent *adj* || **~e Wirkung** / absorbing effect
Absorption *f* / absorption *n* (absorbing process)
Absorptions·bande *f* / absorption band || **~fähig** *adj* (Färb) / receptive *adj* || **≗färbung** *f* / absorption colouring, absorption dyeing || **≗gleichgewicht** *n* / absorption equilibrium || **≗koeffizient** *m* / absorption coefficient || **≗kolonne** *f* / absorption column || **≗kurve** *f* (Färb) / exhaustion curve, absorption curve || **≗maximum** *n* / absorption maximum, maximum of absorption || **≗mittel** *n* / absorbent *n* || **≗phase** *f* (Färb) / exhaustion phase || **≗prüfgerät** *n* / absorption tester || **≗spektrum** *n* / absorption spectrum || **≗verlust** *m* / absorption loss || **≗vermögen** *n* / absorptive capacity, absorptive power, absorbency *n*
abspalten *v* (Chem) / split off, dissociate *v*
Abspaltung *f* (Chem) / splitting-off *n*
abspindeln *v* / unspindle *v*
absplittern *vi* (Textdr) / peel off *vi* || ≗ *n* (Textdr) / breaking *n* (of film)
Absprengˑabsteller *m* (Strick/Wirk) / cloth fall-out detector || **≗einrichtung** *f* (Strick/Wirk) / pressing off equipment
absprengen *v* (Strick/Wirk) / press off || **eine Masche** ~ / press off a loop || ≗ *n* (Strick/Wirk) / pressing off || ≗ **des Stoffes** (Strick/Wirk) / cloth fall-out
Absprenger *m* (knitt) / press off device

Absprengmuster *n* (Strick/Wirk) / press-off design || **⁓schloß** *n* (Strick/Wirk) / press off cam || **⁓stellung** *f* (Strick/Wirk) / press off position || **⁓system** *n* (Strick/Wirk) / press off feeder || **⁓teil** *n* (Strick/Wirk) / press off part || **⁓vorrichtung** *f* (Strick/Wirk) / press off device
abspringen *vi* (Textdr) / peel off *vi*
Abspülbad *n* / rinsing bath
Abspulbarkeit *f* **beim Rückspulen** (Garn) / runnability in rewinding
abspulen *v* / unwind *v*, wind off, unreel *v*, reel off || **⁓** *n* / reeling off, unwinding *n*, winding-off *n*, unreeling *n*
abspülen *v* / rinse *v* || **⁓** *n* / rinse *n*
Abspulvorrichtung *f* / unwinding device, winding-off device
ABS-Spinnverfahren *n* (Acrylnitril-Butadien-Styrol) / ABS spinning
Abstand *m* **zwischen den Walzen** / roll nip clearance
abstauben *v* (Staub entfernen) / dust *v*
abstechen *v* / contrast *v* || **ein Muster ~** / prick out a pattern
abstechende Farbe / contrasting colour
abstehende Faser / projecting fibre
absteifen *vt* / stiffen *vt*
Abstellapparat *m* / stopping device || **⁓bock** *m* / trestle *n*
abstellen *v* / stop *v* || **⁓** *n* **der Webmaschine** / loom knock-off
Absteller *m* / stop motion, stopping device
Abstellfeder *f* / stop motion spring || **⁓fühler** *m* / stop motion feeler || **⁓hebel** *m* / stop lever || **⁓-Lamelle** *f* (Web) / drop pin, dropper *n* || **⁓ring** *m* (Rundwirkmaschine) / annular ring || **⁓stange** *f* / shipper rod (loom), stop rod (loom)
Abstellvorrichtung *f* / stop motion, stopping device || **⁓** (bei Fadenriß) / knocking-off motion || **⁓ für volle Kötzer** / full cop stop motion || **die ⁓ auslösen** / actuate the stop motion
absteppen *v* (Näh) / topstitch *v*, quilt *v*
Absteppmaschine *f* / quilting machine || **⁓naht** *f* (Näh) / topstitch seam, run-stitching seam
Absterben *n* (der jungen Baumwolle) / damping-off *n*
abstimmen, die Farbe ~ / match the shade
Abstopper *m* (Web) / repulser tongue
abstoßen *v* (Tuchh) / plait *v*, plait down || **~** (sich) (Manschette usw.) / fray *v* || **~** *v* (z.B. Wasser) / repel *v*
Abstreichbürste *f* (Schermaschine) / smoothing brush (shearing machine)
abstreichen *v* / strip *v* || **⁓** *n* / stripping *n*
Abstreicher *m* (Beschicht) / stripper *n*, scraper *n* || **⁓** (Spinn) / [noil] stripping comb, evener comb, stripper
Abstreichhacker *m* / detaching comb || **⁓kamm** *m* (Wolle) / evener comb || **⁓kamm** (Spinn) / [noil] stripping comb, evener comb, stripper || **⁓messer** *n* / mote knife, scraper *n*, stripping knife || **⁓messer** (ohne Walze) (Beschicht) / doctor *n*, film applicator || **⁓walze** *f* / stripping roller
Abstreifbewegung *f* (Spinn) / stripping movement || **⁓blech** *n* / stripping plate
abstreifen *v* (Spinn) / detach *v*, strip *v* || **⁓** *n* / stripping-off *n*, stripping *n*
Abstreifer *m* (Spinn) / evener *n*, stripper *n*, stripping machine || **⁓** (Druck) / stripper *n*
Abstreifkamm *m* (Spinn) / [noil] stripping comb, evener comb, stripper *n* || **⁓lattentuch** *n* (Spinn) / stripping lattice || **⁓messer** *n* (Beschicht) / knife *n*, mote knife, stripping knife remover of the circular knitter || **⁓rad** *n* **des Rundstuhls** / remover of the circular knitter || **⁓rakel** *f* (Beschicht) / doctor *n*, film applicator || **⁓schiene** *f* / stripping rail || **⁓vorrichtung** *f* (Spinn) / stripping device, stripper motion, stripping motion || **⁓walze** *f* (Spinn) / stripping roller || **⁓walze** (Beschicht) / doctor roll[er], evener roll[er]
abstufen, den Farbton ~ / shade off *vt*, graduate *v*
Abstufung *f* (Färb) / graduation *n*
abstumpfen *v* / flatten *v* (shade), subdue *v* (shade), dull *v*, matt *v*, deaden *v* (colour) || **~** (Chem) / neutralize *v* || **~** *vi* (Farbton) / become weaker || **⁓** *n*, Abstumpfung *f* (Färb) / delustring *n*, dulling *n*, flattening *n*, matting *n* || **⁓** (Chem) / neutralization *n*
Abstumpfungsmittel *n* (Färb) / dulling agent, delustring agent || **⁓** (Chem) / neutralizing agent *n*, neutralizer *n*
absublimieren *v* / sublime off || **~ von der Faser** / [re]sublimate from the fibre
Absuchen *n* **auf Fehler** / perching *n*
Absud *m* / extract *n*, decoction *n*
Abtafelmaschine *f* (Tuchh) / plaiting machine, cuttler *n*
abtafeln *v* (Tuchh) / cuttle *v*, plait *v*, take off, flat-fold *v* || **⁓** *n* (Tuchh) / plaiting down, flat-folding *n*, cuttling *n*
abtäfeln *v* (Tuchh) / plait down
Abtafelrahmen *m* / lapping frame with reciprocating trolley || **⁓vorrichtung** *f* (Ausrüst) / folding frame || **⁓vorrichtung** (Tuchh) / cuttler *n*, cuttling machine
Abtafler *m* (Tuchh) / cuttler *n*, plaiting machine, cuttling machine
Abtaster *m* (Web) / scanner *n*, feeler *n*
Abtastlichtstrahl *m* / scanning beam of light || **⁓vorrichtung** *f* (Web) / scanner *n*
Abteil *n* / box *n* (of washer, e.g. eight-box washer), section *n*, compartment *n* || **⁓ einer Breitwaschmaschine** / box of an open-width washer, box of an open soaper || **⁓e zum Spülen und zur Nachbehandlung** / compartments for rinsing and aftertreatment
abteilen *vt*, (Garn, bes. Seide) in Strähnen einteilen *vt*, fachen *vt* / sleave *vt*
abtönen *v* (Färb) / shade *v*, tint *v*, tinge *v*, tone *v* || **⁓** *n* (Färb) / shading *n*, tinting *n*, tingeing *n*, toning *n*
Abtönfarbe *f* / shading paste, tinting paste || **⁓paste** *f* / shading paste, tinting paste || **⁓pigment** *n* / shading-off pigment
Abtönung *f* / shade *n*, cast *n*
Abtönungsfarbstoff *m* / shading dyestuff, toning dyestuff
Abtöten *n* (Chem) / extinction *n*
abtragen *vi* / wear out *vi* (clothes) || **⁓** *n* / wear *n*
abtrennen *v* / sever *v* (thread) || **~** (allg) / separate *v*, detach *v* || **⁓** *n* / separation *n*
Abtrockentuch *n* / tea cloth, tea towel
Abtrocknen *n* **des Lösemittels** / evaporation of solvent
Abtropfbrett *n* / draining board
abtropfen lassen (allg) / allow to drip || **~ lassen** (bes. Wolle) / drain [off] (the wool) *v* || **⁓** *n* (Bildung von Schmelztropfen) (Brennverhalten von Textilien) / dripping formation of melted droplets
Abtropfer *m* / drainer *n*, drip[ping] board, draining horse

Abtrüber *m*, Nuancierfarbstoff *m* / dull component, duller *n*
Abtrübungsfarbstoff *m* / dulling dyestuff
abwärts·gehender Faden / descending thread || **≈zwirnen** *n* / downtwisting *n* (of yarn)
Abwasser *n* / effluent *n* || **≈abgabengesetz** *n* / waste water levy law, "polluter pays" principle || **≈behandlung** *f* / effluent treatment, waste water treatment || **≈belastung** *f* / pollutant content in effluent wastes || **≈beseitigung** *f* / effluent disposal
abweben *v* / weave out (finish the warp) || ≈ *n* / weaving out (finishing of the warp)
abwechselnder Eintrag von zwei Schußfäden verschiedener Farbe oder Art (Web) / pick-and-pick *n*
abweichende Nuance / off-shade *n*
Abweichungskoeffizient *m* / coefficient of variation
abweifen *v* / reel off
Abweisung *f* **nassen Schmutzes von nassen Wäschestücken** / anti-soil redeposition
abwerfen *v* (Textdr) / discard *v* || ~ (Strick/Wirk) / press off || **eine Masche** ~ / press off a loop || ≈ *n* (Strick/Wirk) / pressing off || ≈ **von überfallenden Konturen** / elimination of outlines in fall-on styles
Abwerfreihe *f* (Strick/Wirk) / knocking-over row
Abwickel·bock *m* / running-off frame, winding-off frame, unwinding stand, unrolling stand, trestle *n* || **≈einrichtung** *f* / unbatcher *n* || **≈gestell** *n* / unrolling creel, unwinding stand, unrolling stand || **≈maschine** *f* / unwinding machine
abwickeln *v* (Web) / unbatch *v* || ~ / reel off, unwind *v*, wind off, unreel *v*, unroll *v*, batch off || ≈ *n* / reeling off, unwinding *n*, winding-off *n*, unreeling *n*, running-off *n*
Abwickel·spule *f* (Web, Spinn) / delivery spool, delivery bobbin || **≈vorrichtung** *f* / take-off device, unwinding device, unwinder *n*, winding-off device || **≈walze** *f* / lap roll[er], winding-off roller, take-off roller || **≈werk** *n* / unwinder *n*
Abwickler *m* / unbatcher *n*
Abwiegen *n* **des Farbstoffes** (Färb) / weighing-off of the dyestuff
abwinden *v* / reel off, unwind *v*, wind off, unreel *v* || ~ (Spinn) / back off || ≈ *n* / reeling off, unwinding *n*, winding-off *n*, unreeling *n* || ≈ (Spinn) / backing-off *n*
Abwinde·regler *m* (Spinn) / backing-off control, backing-off regulator || **≈vorrichtung** *f* / unwinding device, unreeling motion, winding-off device || **≈vorrichtung** (Spinn) / backing-off device
abwischen *v* / sponge off
Abzeichen *n* / badge *n* || **≈stickerei** *f* / badge embroidery
Abzeichnen *n* **von Kluppen** / clip mark, pin mark || ≈ **von Nadeln** / pin mark
abzetteln *v* (Web) / take off the warp, undo *v*, unweave *v*, unravel *v* || ≈ *n* (Web) / unravelling *n*
Abzieh·apparat *m* / doffing apparatus || **≈bad** *n* (Färb) / stripping bath
abziehbare Beschichtung / strip coating, strippable coating
Abzieh·bild *n* / metachromotype *n*, transfer *n* || **≈effekt** *m* (Färb) / stripping effect
abziehen *v* (Beschicht, Textdr) / detach *v*, separate *v* || ~ (Färb) / remove *v* (colour), take off, strip *v* || ~ (Garn) / draw off (yarn), doff *v* || ~ *v* (Trägermaterial) / strip off || **die Nadel** ~ (Strick/Wirk) / take the needle into the knock-over position || **die Spulen** ~ / doff the bobbins || **im Dampf** ~ (Färb) / take off in the presence of steam || ≈ *n* (Färb) / stripping *n* || ≈ (Garn) / doffing *n* || ≈ **von Farbe** / removal of colour || ≈ **von Fehlfärbungen** / stripping of faulty dyeings, stripping of faulty shades || ≈ **von Strümpfen** / stocking stripping
Abzieher *m* / stripper *n* (print)
Abzieh·flotte *f* (Färb) / stripping liquor || **≈hilfsmittel** *n* / stripping agent || **≈maschine** *f* / doffing apparatus || **≈messer** *n* / mote knife, stripping knife || **≈mittel** *n* / stripping agent || **≈prozeß** *m* (Färb) / stripping process || **≈rolle** *f* / doffing cylinder || **≈- und Filmschneideverfahren** *n* / knife-cut film method || **≈walze** *f* / stripping roller, doffer roller || **≈walze** (Spinn) / drawing-off roller || **≈wirkung** *f* (Färb) / stripping effect
Abzug *m* / take-down [device] || ≈ (Druck) / proof *n*, pull *n*, print *n* || ≈ (Spinn) / pull-off *n* || ≈ (von der Karde) / doffing *n* || ≈ **für Ferse und Spitze** / heel and toe tension || ≈ **über dem Kopf** / overend unwinding, overend withdrawal || **≈platine** *f* (Strick/Wirk) / holding-down sinker, sinker
Abzugs·beschleuniger *m* / unwinding accelerator || **≈beschleunigungsvorrichtung** *f* (Web) / can coiler accelerator, thread unwinding accelerator || **≈drehwerk** *n* / can coiler || **≈düse** *f* (Spinn) / draw-off jet || **≈einrichtung** *f* / draw-off mechanism || **≈exzenter** *m* / take-down cam || **≈geschwindigkeit** *f* / drawing-off speed, winding-off speed, unwinding speed || **≈geschwindigkeit** (Glasfasern) / pay-off speed || **≈gewicht** *n* / take-down weight || **≈kraft** *f* (beim Abwickeln von Geweben) / take-off force || **≈kratze** *f* / drawing-off wire card, draw-off card roller || **≈lattentisch** *m* (Spinn) / delivery lattice || **≈rolle** *f* / draw-off roller, take-off roll[er], take-down roll[er] || **≈spannung** *f* / drawing-off tension, take-down tension, take-off tension || **≈system** *n* (Spinn) / draw-off system || **≈tisch** *m* (Spinn) / delivery table || **≈trichter** *m* (Spinn) / draw-off funnel || **≈vorrichtung** *f* / detaching device, drawing-off device || **≈vorrichtung** (DIN 62500) (Spinn) / feeding device, pulling-off mechanism || **≈walze** *f* (Web, Spinn) / delivery roller, take-off roll[er], take-down roll[er], draw-off roller || **≈winkel** *m* / take-down angle, angle of take down || **≈winkel** (Spitzenherstellung, Spinnerei) / angle *n* (in lace manufacture, the angles of the warp threads with regard to the horizontal perforated steel bars; in spinning, the angle of the yarn from the tip of the spindle to the front of the roller nip) || **≈zylinder** *m* (Spinn) / sliver calender
Abzug·vorrichtung *f* (Spinn) / [noil] stripping comb, evener comb, stripper || **≈walzen** *f pl* / draw-box *n*
abzupfen *v* / pluck *v*, pull *v*
Acajougummi *n m* (aus Anacardium occidentale), Acajouharz *n* / acajou resin
Acaj[o]unuß *f* / cashew nut
Acaj[o]uöl *n* / cashew [nut] oil
Accastoff *m* (für festliche Kleidung) / acca *n*
Accelerotor *m* (Scheuerfestigkeitsprüfung) / accelerotor *n*
Acenaphthen *n* / acenaphthene *n* || **≈chinon** *n* / acenaphthenequinone *n*
Acetal *n* / acetal *n*
Acetaldehyd *m* / acetaldehyde *n*, acetic aldehyde, ethanal *n*
Acetalharz *n* / acetal resin
Acet·amid *n* / acetamide *n*, acetic acid amine,

ethanamide *n* || ≈**anhydrid** *n* / acetic [acid] anhydride, acetyl oxide || ≈**anilid** *n* / acetanilide *n*

Acetat *n*, CA / acetate *n* (manmade textile fibres and filaments of cellulose acetate with less than 92 pc, but at least 74 pc acetylated hydroxyl groups) || ≈ **endlos** / acetate continuous filament, acetate filament || **2 1/2-**≈ / secondary acetate continuous filament || ≈**-Baumwolle-Mischgewebe** *n* / blended acetate and cotton fabric || ≈**cellulosefasern** *f pl* / estron *n* || ≈**farbstoff** *m* / acetate dyestuff || ≈**faser** *f*, Acetatfaserstoff *m* / acetate cellulose fibre, acetate fibre || ≈**faser-Baumwolle-Mischgewebe** *n* / blended acetate and cotton fabric || ≈**filamentgarn** *n* / acetate filament yarn || ≈**folie** *f* / acetate film || ≈**garn** *n* / acetate yarn || ≈**haifischhautgewebe** *n* (gaufriertes Gewebe; vielfach für Sportbekleidung verwendet) / acetate sharkskin || ≈**-Halbleinen** *n* / linen/acetate blend *n*, celalinen *n* || ≈**-Hohlfaser** *f* / hollow-filament acetate || ≈**-Ion** *n* / acetate ion || ≈**krepp** *m* / acetate crepe || ≈**kunstseide** *f* s. Acetatseide || ≈**kunstseiden-Satin** *m* / acetate rayon-satin || ≈**langfaser** *f* / cellulose acetate [continuous] filament || ≈**moiré** *m n* / acetate moiré || ≈**-Reyon** *m n* (alter Name für Acetatviskose) / acetate rayon, acetate silk || ≈/**Reyon-Mischgewebe** *n* (veraltet) / acetate and rayon fabric || ≈**roßhaar** *n*, Acetatroßhaarimitat *n* / acetate horsehair || ≈**seide** *f* / acetate continuous filament, acetate filament, acetate silk, acetate rayon || ≈**seidenfaden** *m* / cellulose acetate [continuous] filament || ≈**seiden-Satin** *m* / acetate rayon-satin || ≈**seidenstoff** *m* / acetate rayon fabric || ≈**seidentrikot** *m* / acetate jersey, acetate rayon stockinet || ≈**spinnfaser** *f* / acetate staple fibre || ≈**spinnfasergarn** *n* / acetate spun yarn || ≈**spinnmaschine** *f* / acetate spinning machine || ≈**stapelfaser** *f* / acetate staple fibre || ≈**stoff** *m* / acetate fabric || ≈**taft** *m* / acetate taffeta || ≈**-Viskose** *f*, (früher:) Acetat-Reyon *m n* / acetate rayon || ≈**-Viskosefilament-Mischgewebe** *n*, (früher:) Acetat/Reyon-Mischgewebe *n* / acetate and rayon fabric || ≈**/Viskoseseiden-Mischgewebe** *n* / acetate and viscose rayon fabric || ≈**voile** *m* / acetate voile || ≈**waren** *f pl* / acetate goods || ≈**wolle** *f* / spun acetate rayon || ≈**-Woll-Mischgewebe** *n* / acetate and wool fabric || ≈**zellulosefasern** *f pl* / estron *n* || ≈**zellwolle** *f* / acetate staple fibre || ≈**zellwollgarn** *n* / acetate spun rayon

Acetessig·äther *m* / acetoacetic ether || ≈**ester** *m* / ethyl acetoacetate, acetoacetic ester || ≈**säure** *f* / acetoacetic acid, acetyl acetic acid || ≈**säureäthylester** *m* / acetoacetic ester

Acetin *n* / acetin[e] *n*, glyceryl monoacetate || ≈**blau** *n* / acetin[e] blue || ≈**druck** *m* / acetin[e] printing

Acetochinonfarbstoff *m* / acetoquinone dye

Acetol *n* / acetonyl alcohol, hydroxyacetone *n*, acetol *n*

Acetolyse *f* / acetolysis *n*

acetolytischer Abbau / acetolytic degradation

Aceton *n* / acetone *n* || ≈**alkohol** *m* / acetone alcohol, acetol *n* || ≈**harz** *n* / acetone resin

Acetonitril *n* / acetonitrile *n*

Aceton·kollodium *n* / acetone collodion || ≈**öl** *n* / acetone oil

Aceto·phenon *n* / acetophenone *n* || ≈**purpurin** *n* / acetopurpurin *n* || ≈**sol** *n* / acetosol *n* || ≈**tartrat** *n* / acetotartrate *n*

acetoxylieren *v* / acetoxylate *v*

Acetsäure *f* / acetic acid

Acetursäure *f* / aceturic acid, acetylglycine acid

Acetyl *n* / acetyl *n* || ≈**benzol** *n* / acetophenone *n* || ≈**carbonsäure** *f* / pyruvic acid || ≈**chlorid** *n* / acetyl chloride, ethanoyl chloride

Acetylen *n* / acetylene *n* || ≈**dichlorid** *n* / acetylene dichloride

Acetylenid *n* / acetylide *n*

Acetylen·kohlenwasserstoff *m* / acetylene *n* || ≈**ruß** *m*, Acetylenschwarz *n* / acetylene black || ≈**tetrachlorid** *n* / acetylene tetrachloride || ≈**verbindung** *f* / acetylene linkage

Acetylenyl *n* / acetylenyl *n*

Acetyl·essigsäure *f* / acetoacetic acid || ≈**formaldehyd** *m* / pyruvic aldehyde

Acetylid *n* / acetylide *n*

Acetyliden *n* / acetylidene *n*

acetylieren *v* / acetylate *v*, acetylize *v* || ≈ *n* (chemische Modifikation zur Resistenzverbesserung gegen Mikroben, Fäulnis, Hitze usw.) / acetylation *n* || ≈ **von Baumwolle** / acetylating of cotton

acetyliert·e Baumwolle / acetylated cotton || ~**er Farbstoff** / acetylated dyestuff

Acetylierungs·gemisch *n* / acetylating mixture || ≈**grad** *m* / degree of acetylation || ≈**mittel** *n* / acetylating agent || ≈**verfahren** *n* / acetylation process

Acetyl·triäthylcitrat *n* / acetyltriethyl citrate || ≈**wasserstoffperoxid** *n* / peracetic acid || ≈**zahl** *f* / acetyl number, acetyl value || ≈**zellulose** *f* / acetyl cellulose, acetylated cellulose, cellulose acetate

achat *adj*, achatbraun *adj* (Kol) / agate *adj* || ~**grau** *adj* / agate grey *adj*

Achromasie *f* / achromasia *n*, achromatism *n*

Achse *f* (Teilkettbaum) / shaft *n*

Achsel·band *n* / shoulder strap || ≈**bänder** *n pl* / tags *pl* (uniform) || ~**elastische Hülse** / spool with flexible axle || ≈**klappe** *f* / epaulet[te] *n* || ≈**polster** *n* / shoulder pad || ≈**schnur** *f* / aglet *n*

achtbindig *adj* / eight-harness *adj*, eight-shaft *adj* || ~**er Atlas** / eight-end satin

acht·eckige Musterfläche (Strick/Wirk) / eight-sided pattern area || ≈**eckmuster** *n* (Tepp) / octagon design || ~**facher Verzug** / draft of eight || ≈**farbendruckmaschine** *f* / eight-colour printing machine || ~**flächig** *adj* (krist) / octahedral *adj* || ~**fonturige Cottonmaschine**, achtfonturiger Cottonstuhl (Strick/Wirk) / eight-at-once *n*

Achtschloß·flachstrickmaschine *f* / eight-cam flat knitting machine || ≈**maschenware** *f* / eight-lock knitted fabric || ≈**maschine** *f* / eight-cam machine, eight-lock machine || ≈**muster** *n* (Strick/Wirk) / eight-lock type pattern || ≈**nadel** *f* (Strick/Wirk) / eight-lock machine needle || ≈**rundstrickmaschine** *f* / eight-lock circular knitting machine || ≈**strickmaschine** *f* / eight-cam machine || ≈**ware** *f* (Strick/Wirk) / eight-lock fabric

achtseitig *adj* (krist) / octahedral *adj*

Acidität *f* / acidity *n*

Ackerdistel *f* / Canada thistle

Acridin·farbstoff *m* (ein basischer Beizenfarbstoff) / acridine dyestuff || ≈**gelb** *n* / acridine yellow || ≈**orange** *n* / acridine orange

Acridonfarbstoff *m* / acridone dyestuff

Acrolein *n*, Acrylaldehyd *m* / acrolein *n*

Acrylamid *n* / acrylamide *n*

Acrylatbinder *m* / acrylic resin

Acryl·faden *m* / acrylic filament || **~farbstoff** *m* / acrylic dyestuff

Acrylfaser *f* / acrylic [staple] fibre, polyacrylonitrile fibre || **~arten** *f pl* / acrylics *pl* || **~färben** *n* / acrylic dyeing || **~flocke** *f* / acrylic fibre loose stock || **~-HB-Garn** *n*, Acrylfaser-Hochbauschgarn *n* / acrylic [fibre] HB (high bulk) yarn || **~stoff** *m* / acrylic [staple] fibre, polyacrylonitrile fibre

Acryl·filament *n* / acrylic filament || **~gewebe** *n pl* / acrylics *pl* || **~harz** *n* / acrylic resin || **~-HB-Garn** *n*, Acryl-Hochbauschgarn *n* / acrylic [fibre] HB (high bulk) yarn || **~kabel** *n* / acrylic tow || **~nitril** *n* / acrylonitrile *n* || **~nitril-Acrylsäureester** *m* (Hilfsmittel) / acrylonitrile-acrylic ester || **~-Polgewebe** *n* / acrylic pile fabric || **~salz** *n* / acrylic salt

Acrylsäure *f* / acrylic acid || **~amid** *n* / acrylamide *n* || **~butylester** *m* / butyl acrylate || **~ester** *m* / acrylic ester || **~ester-Styrol-Mischpolymerisat** *n* / acrylic ester styrene copolymer

Acryl·schlichte *f* / acrylic size || **~spinnfaser** *f* / acrylic staple fibre, acrylic fibre || **~stapelfaser** *f* / acrylic staple fibre, acrylic fibre || **~stoff** *m* / acrylic *n* || **~velours** *m* / acrylic velvet || **~velours mit Baumwollrücken** / acrylic velvet with cotton back

Acyl *n* (Säurerest) / acyl *n* (acid radical) || **~estersulfonat** *n* / acyl ester sulphonate || **~gruppe** *f* / acyl group || **~hydroperoxid** *n* / peracid *n*

acylieren *v* / acylate *v*

Acylrest *m* / acyl group, acyl radical

Adapangia-Seide *f* (indische Rohseide) / adapangia *n*

Adarsamusselin *m* (erstklassige indische Seide) / adarsa muslin

Additions·färbung *f* / addition dyeing || **~kopieren** *n* (Siebdr) / step-up method || **~kopiergerät** *n*, Additionskopiermaschine *f* (Siebdr) / step-up copying apparatus, addition copying machine || **~polymerisat** *n* / addition polymer || **~polymerisation** *f* / addition polymerisation || **~produkt** *n* / addition product || **~reaktion** *f* / additional reaction || **~verbindung** *f* / addition compound || **~vordruckverfahren** *n* (Siebdr) / step-up method with prepared screen

additiv·e Farbe / additive colour || **~er Farbeffekt** / additive colour effect || **~e Farbmischung** / additive colour mixing, additive colour mixture || **~er Mehrfarbeneffekt** / additive multi-colour effect || **~e Polykondensation** / polyaddition *n* || **~e Verbindung** / additive compound, addition compound || **~** *n* / additive *n* || **~ zur Knitterechtausrüstung** / anticrease finishing assistant || **~verfahren** / additive method

Addukt *n* / adduct *n*

Adelaidewolle *f* / Adelaide wool

Adenos·baumwolle *f* (aus der Levante) / adenos cotton || **~gewebe** *n* / adenos fabric

adern *v* / marble *v*

Adhäsion *f* / adhesion *n*, adherence *n*, adhesive power

Adhäsions·-Diffusions-Lösemechanismus *m* / adhesion diffusion dissolving mechanism || **~energie** *f* / adhesion energy || **~fähig** *adj* / adhesive *adj*, adherent *adj* || **~fähigkeit** *f* / adhesion *n*, adhesive power, adhesive strength, adherence *n* || **~fett** *n* / adhesive fat, adhesive grease || **~filz** *m* / pressure adhesive felt || **~fläche** *f* / surface of adhesion || **~vermögen** *n* / adherence *n*, adhesion *n*

adhäsiv gebundenes Fadengelege (Vliesst) / adhesion-bonded fibre web, adhesion-bonded scrim, scrim *n* || **~e Lamination** / adhesive laminating || **~e Vliesverfestigung** (Vliesst) / adhesive bonding, adhesive laminating

Adiabate *f* / adiabatic *n*

adiabatisch *adj* / adiabatic *adj*

adiathermische Gewebeeigenschaft / fabric adiathermic property

Adipaldehyd *m* / adipaldehyde *n*

Adipat *n* (Salz oder Ester der Adipinsäure) / adipate *n*

Adipinsäure *f* / adipic acid || **~ester** *m* / adipic acid ester || **~faser** *f* / adipic acid fibre

adjektiver Farbstoff / adjective dyestuff

adjustieren *v* (Fertiggewebe) (AU) / adjust *v*

Adria *m* (Wollkleiderstoff mit abgeleiteter Schrägripsbindung) (in Österreich - kräftiger, versetzter Schrägrips aus Baumwolle, meist schwarz oder dunkelblau) / adria *n* || **~bindung** *f* (Web) / corkscrew weave, diagonal rep [weave], diagonal rib [weave]

Adrianopelköper *m* (mit Rechtsgratköperbindung) / adrianopel twill

Adsorbens *n*, Adsorber *m* / adsorbent *n*

adsorbieren *v* / adsorb *v*

adsorbierend *adj* / adsorbent *adj*

Adsorption *f* / adsorption *n* || **~-Fixier-Verfahren** *n*, Adsorptions-Fixierungsverfahren *n*, AF-Verfahren *n* (Färb) / adsorption/fixation process, AF process

adsorptions·fähig *adj* / adsorbent *adj* || **~geschwindigkeit** *f* / adsorption rate || **~gleichgewicht** *n* (Färb) / adsorption equilibrium || **~mittel** *n* / adsorbent *n* || **~vermögen** *n* / adsorptivity *n* || **~wärme** *f* / heat of adsorption

adsorptiv *adj* / adsorbent *adj*, adsorptive *adj* || **~e Anlagerung** / adsorptive association || **~e Behandlung** / adsorptive treatment

adstringent, wenig ~ sein / to have low astringency

Adstringenz *f* / astringency *n*

adstringierend *adj* / astringent *adj*

ÄDTE, Äthylendiamintetraessigsäure *f* / ethylenediamine tetraacetic acid (EDTA)

aerob *adj* / aerobic *adj*

aerodynamisch·e Karde / aerodynamic card || **~es Kardieren** / aerodynamic carding

Aerofan *m*, Aerophan *m* / aerophane *n* (a fine-dyed silk gauze used for millinery)

Affen·brotbaumfaser *f* (aus Adansonia sp) / adansonia fibre || **~haut** *f* (Velveton), Affenhautmuster *n* (Mode) / ape skin [pattern]

affin *adj* (Färb) / substantive *adj*, direct *adj* || **hoch ~er Farbstoff** s. hochaffiner Farbstoff

Affinität *f* / affinity *n*, substantivity *n*

Affinitätsschwankungen *f pl* / affinity fluctuations

Afghalaine *f* (poröser Wollstoff aus hochgezwirnten Garnen) / afgalaine *n*, afghalaine *n*

Afghan·-Dalhi *m* (handgeknüpfter Teppich aus Turkestan) / Afghan-Dalhi *n* || **~decke** *f* / Afghan blanket || **~-Kerki** *m* (handgeknüpfter Teppich aus Turkestan) / Afghan-Kerki *n*

Afiumeflachs *m* (grober ägyptischer Flachs) / afiume *n*

AF-Prozeß *m* (Adsorption-Fixierung) (Färb) / adsorption/fixation process, AF process, AF

process
Afridi-Batik *m* (Baumwoll-Batikgewebe, hergestellt durch Wachsreserve) / afridi *n*
Afrika-Druck *m* / Africa print, African print
afrikanisch·e Ölpalmenfaser / oil palm fibre || **~es Rotholz** / barwood *n* || **~er Safran** (Orangefarbstoff aus Lyperia crocea) / African saffron *n*
Afrikawolle *f* / African wool
Afshari-Chila *m* / Afshari-Khila *n* (Caucasian hand-knotted carpet)
AF-Verfahren *n*, Adsorption-Fixier-Verfahren *n* (Färb) / adsorption fixation process, AF process
Agafaser *f* (für Seile und grobe Stoffe, aus den Philippinen) / aga *n*, agafibre *n*
Agar-Agar *m n* / agar *n*
Agave·faser *f* (Gattung fourcraea), Agavenfaser *f* / agave fibre, maguey fibre (strong fibre for cordage, ropes, mats) || **²hanf** *m*, Agavenhanf *m* / agave hemp, American hemp
Agfareyon *m n* (Kunstseide) / agfa *n*
Agglomerat *n* / agglomerate *n*
agglomerierend wirkendes Hilfsmittel / agglomerating auxiliary agent
Agglomerierung *f* / agglomeration *n*
agglutiniert *adj* / agglutinated *adj*
Aggregat *n* / aggregate *n* || **²zustand** *m* / state of aggregation
Agilon *n* (hauchzartes und voluminöses Kräuselgarn aus Nylon - für Damenstrümpfe und Bekleidung) / Agilon *n* (trade name of a stretch nylon yarn made by Deering Milliken, Inc.)
Agnelin *m* (grobes, langgeschorenes Wollgewebe, hydrophobiert) / agneline *n*
Agra *m* / Agra *n* (Indian handmade carpet)
Agragaze *f* / agra gauze (from Agra, India)
ägyptisch·e Baumwolle / Egyptian cotton, Nubari cotton || **~es Makogarn** / Egyptian maco yarn || **~blau** *adj* / Egyptian-blue *adj*
Ahle *f* / bodkin *n*
Ahramigewebe *n* (Baumwollgewebe in Leinwandbindung mit Streifenmuster und Blumeneffekten) / ahrami *n*
Aidakanevas *m* / ada canvas (coarse stiff fabric, made chiefly from cotton yarns)
Ailanthusseide *f* / ailanthus silk, atlas silk
airblau *adj* / air blue
Airflow-Methode *f* (Luftstromtest zur Messung des mittleren Wollfaser-Durchmessers) / airflow method
Air-Jet-Färbeverfahren *n* (zum Breitfärben von Stückwaren) / air-jet dyeing
Ajiji-Baumwollmusselin *m* / ajiji *n* (fine cotton muslin)
Ajour·apparat *m*, à-jour-Apparat *m* / à jour mechanism, machine for open-weave texture || **²apparat**, à-jour-Apparat *m* (Strick/Wirk) / lacework mechanism || **²arbeit** *f* / drawnwork *n*, network *n*, open-work *n* || **²bindung** *f* / open-work weave || **²effekt** *m* / open-work effect || **²einrichtung** *f* (Strick/Wirk) / à jour attachment, lace attachment || **²musterung** *f* / open-work *n*, filigree *n*, cagework *n* || **²rad** *n* (Strick/Wirk) / wheel for open weave || **²stickerei** *f* / broderie anglaise || **²stoff** *m* / à jour fabric || **²stoff** (Strick/Wirk) / open-texture fabric, lacework || **²streifen** *m pl* / open-worked stripes || **²ware** *f* / open-texture fabrics, open-weave knits *pl*, lacework *n* || **²wirkware** *f* (Strick/Wirk) / open-work [fabric]
Akala-Baumwolle *f* / acala cotton (Mexican cotton)
Akaroidharz *n* (aus Xanthorrhoea sp) / acaroid gum, acaroid resin
Akazie *f* / acacia *n*
Akaziengummi *n m* / gum arabic, acacia gum
Akhisar *m* (handgeknüpfter Teppich aus Kleinasien) / Ak-hissar *n*
Akiafaser *f* (grobe Bastfaser aus Hawaii für Seile) / akia fibre
Akkordeonfalten *f pl* / accordion pleats
Akon *f* (Pflanzenhaar) / calotropis *n*
Akstauden-Samenhaar *n* (aus Calotropis procera, Indien) / akund floss
aktinisch *adj* (fotochemisch wirksam) / actinic *adj*
aktiv *adj* / active *adj* || **~es Chlor** / active chlorine || **~e Komponente** (Färb) / primary component || **~es Lösungsmittel** / active solvent || **~e Schutzausrüstung** / soil-repellent finish, anti-soil[ing] finish, soil repellency, stain-repellent finish, dirt-repellent finish || **~e Substanz** / active ingredient, active substance
Aktivator *m* (Chem) / initiator *n*, catalyst *n*
Aktivchlor *n* / active chlorine, chlorine in solution || **²gehalt** *m* / content of activated chlorine
aktivierbarer Tracer / activatable tracer
aktivieren *v* (Seide) / brighten *v* (silk)
aktivierende Wirkung / activating action
Aktivierungs·energie *f* / activating energy, activation energy || **²mittel** *n* / activator *n*
Aktiv·kohle *f* / activated carbon || **²sauerstoff** *m* / active oxygen || **²stoff** *m*, Aktivsubstanz *f* / active ingredient, active substance
aktuell *adj* / fashionable *adj*
akustische Eigenschaft / acoustic property
Akwet-Longyi *m* (indisches Gewebe mit Karomuster) / akwet-longyi *n*
Akzeptant *m*, Akzeptor *m* / acceptor *n*
Akzidenzdruck *m* / job printing
AL, Alginatfaser *f* / alginate fibre
Alabamabaumwolle *f* / garber cotton
alabasterweiß *adj* / alabaster white *adj*
Aladia *m* (schwerer indischer Taft) / aladja *n*
Alagoas·baumwolle *f* / alagoas cotton (Brazilian raw cotton) || **²spitze** *f* (aus Brasilien) / alagoas lace
Alamba-Baumwolle *f* / alamba *n* (Alabama cotton)
Alaska·garn *n* / Alaska [yarn] || **²stoff** *m* / Alaska fabric
Alaun *m* / alum *n*, potash alum || **mit ² beizen** / alum *v* || **²bad** *n* / alum bath || **²beize** *f* / alum mordant, alum bath || **~haltig** *adj* / aluminous *adj*
alaunieren *v* / alum *v*, steep in alum
Alaunisieren *n* / treatment with alum
Alaun·lauge *f* / alum liquor || **²wasser** *n* / alum water
albanische Stickerei / Albanian embroidery
Albarizinewolle *f* / albarizine *n* (medium-quality wool from Aragón, Spain)
Albatros *m* (Reyongabardine für Regenkleidung) / albatross *n*
Albe *f* (klerikale Amtstracht) / alb *n*
Albert·krepp *m* / Albert crepe || **²tuch** *n* / Albert cloth
Albesinwolle *f* / albesine *n*
Albolith *n* / albolit *n*
Albumin *n* / albumin *n*, albumen *n* || **~artig** *adj* / albuminoid *adj* || **²bad** *n* / albumin bath, albumen bath
Albuminoid *n* / albuminoid *n*

Albumose *f*(Eiweißspaltprodukt) / albumose *n*
Alcantara-Baumwolle *f* / alcantara *n* (low-grade Spanish wool)
Alcatquenteppich *m* / Alcatquen rug (Persian knotted rug)
Aldehyd *m* / aldehyde *n* || **≗behandlung** *f* / aldehyde treatment || **≗harz** *n* / aldehyde resin || **≗veredlung** *f* / aldehyde treatment
Alençonnes-Leinen *n pl* / alençonnes *pl*
Alençonspitze *f* / Alençon lace, point d'Alençon (Fr)
Alepine *m* (köperbindiger Damenkleiderstoff aus Schappe mit Wollkammgarn) / alapine *n*
Aleppo-Kammwolle *f* / Aleppo combings || **≗-Wolle** *f* / Aleppo wool
Alexanderköper *m* (Alpakafutterstoff) / alexander twill
Alexandrettebaumwolle *f* / alexandrette cotton
Alfa *f*, Espartogras *n* (Stipa tenacissima) / alfa *n*, esparto *n*, Spanish grass
Algen·faser *f* / seaweed fibre || **≗säure** *f* / alginic acid
Algerienne *f*(Art Markisenstoff) / algerienne *n*
algicide Ausrüstung / algicide finish
Algin *n* / algin *n*
Alginat *n* / alginate *n* || **≗chemieseide** *f* / alginic man-made silk || **≗faden** *m* / alginate thread || **≗faser** *f*, AL (Hilfsfaser für Durchbrucheffekte [Alguatverfahren]) / alginate fibre || **≗faserstoff** *m* / alginate fibre || **≗filament** *n* / alginate filament || **≗filamentgarn** *n* / alginate filament yarn || **≗garn** *n* / alginate yarn || **≗seide** *f*, ALS / alginate filament, alginate silk, alginate yarn || **≗seide aus Grundgewebe herauslösen** / dealginate *v* || **≗spinnfaser** *f*, Alginatstapelfaser *f* / alginate staple fibre || **≗verdickung** *f* / alginate thickener || **≗verfahren** *n* / open work process
Alginsäure *f* / alginic acid
algizide Ausrüstung / algicide finish
Algofarbstoff *m* / algo dyestuff
Alhambra *m*, Alhambra-Steppdecke *f* / alhambra quilt (jacquard figured fabric with plain ground weave, which requires two beams)
Aliphat *n* / aliphatic *n*
aliphatisch *adj* / aliphatic *adj* || **~e gesättigte Verbindung** / saturated aliphatic compound || **~er Kohlenwasserstoff** / aliphatic hydrocarbon
aliquoter Teil (Färb) / aliquot part
Alizarin *n* (1,2-Dihydroxy-anthrachinon) / alizarin *n*, alizarine, madder red || **≗altrot** *n* / alizarin old red || **≗blau** *n* / alizarin blue || **≗brillantgrün** *n* / alizarin cyanine green || **≗chromlack** *m* / alizarin chrome lake || **≗färberei** *f* / alizarin dyeing || **≗farbstoff** *m* / alizarin dyestuff || **≗gelb** *n* / alizarin yellow || **≗gründeldruck** *m* / alizarin blotch printing || **≗indigo** *m* / alizarin indigo || **≗krapplack** *m* / alizarin madder lake || **≗neurot** *n* / alizarin new red || **≗öl** *n* / alizarin oil || **≗rot** *n* / alizarin red || **≗rotlack** *m* / alizarin red lake || **≗schmelze** *f* / alizarin fusion || **≗schwarz** *n* / alizarin black || **≗viridin** *n* / alizarin viridine || **≗zyaningrün** *n* / alizarin cyanine green
alizyklisch *adj* / alicyclic *adj*
Alkali *n* / alkali *n*, base *n* || **≗ zusetzen** / alkalize *v*, render alkaline || **≗abkochung** *f*, Alkaliabkochbehandlung *f* / alkali boil-off || **~absorbierend** *adj* / alkali-absorbing *adj* || **≗aluminat** *n* / alkali aluminate || **≗behandlung** *f* / alkaline treatment || **~beständig** *adj* / fast to alkali[s], alkaliproof *adj*, alkali-resistant *adj* || **≗beständigkeit** *f* / alkali resistance, fastness to alkali[s], stability to alkali[s] || **≗bindemittel** *n* / alkali binding agent || **≗bisulfat** *m* / alkali bisulphate || **≗blau** *n* / alkali blue || **≗chelat** *n* / alkali chelate || **~echt** *adj* / fast to alkali[s], alkali-resistant *adj* || **≗echtblau** *n* / alkali fast blue || **≗echtfarbstoff** *m* / alkali fast dyestuff || **≗echtheit** *f* / fastness to alkali[s], alkali resistance || **≗echtrot** *n* / alkali fast red || **≗-Einwirkung** *f* / effect of alkali || **~empfindlich** *adj* / sensitive to alkali
Alkalien *n pl* / alkali compounds, alkalis *pl*
Alkali·enolat *n* / alkali-enolate *n* || **~fest** *adj* / alkaliproof *adj*, fast to alkali[s], alkali-resistant *adj* || **≗gehalt** *m* / alkali content, alkalinity *n* || **≗halogenid** *n* / alkali halide || **~haltig** *adj* / containing alkali, alkaline *adj*, alkali-containing *adj*, alkaliferous *adj* || **≗hydrolyse** *f* / alkaline hydrolysis || **≗karbonat** *n* / alkali carbonate || **~labil** *adj* / sensitive to alkali || **~-labile Bindung** (Reaktivfarbstoffe) / alkali-instable bond || **≗lauge** *f* / alkaline liquor, lye *n*, alkaline lye, leach *n*, leaching solution, buck *n* || **~löslich** *adj* / alkali-soluble *adj* || **≗löslichkeit** *f* / alkali solubility, alkaline solubility || **≗lösung** *f* / alkali solution, alkaline solution, alkaline liquor, alkaline lye || **≗metallkarbonat** *n* / alkali carbonate || **≗meter** *n* / alkali meter, alkalimeter || **≗mittel** *n* / alkaline agent || **≗naphtholat** *n* / alkaline naphtholate
Alkalinität *f*, alkalische Beschaffenheit / alkalinity *n*, basicity *n*
Alkali·peroxid *n* / alkali peroxide || **≗reserve** *f* / alkali resist, alkaline resist, alkali reserve || **≗rückstand** *m* / alkaline residue || **≗salz** *n* / alkali salt
alkalisch *adj* / alkaline *adj*, alkali *adj*, basic *adj* || **~er Abbau** / alkali degradation || **~e Ätze** / alkaline discharge || **~es Bad** / alkaline bath, lye bath || **~ einstellen** / make alkaline || **~es Fällmittel** / alkaline precipitant || **~e Kochwäsche**, alkalisches Kochwaschen / alkaline washing at the boil || **~e Lösung** / alkali solution, alkaline solution || **~ machen** / alkalify *vt*, alkalize *vt* || **~es Medium** / alkaline medium || **~es Mittel** / alkaline agent || **~ reagieren** / react alkaline || **~e Reaktion des Gewebes** / alkaline reaction of the fabric || **~es Reinigungsmittel** / alkaline detergent || **~e Schweißechtheit** / fastness to alkaline perspiration || **~es Sodabad** / alkaline soda bath || **~e Verdickung** / alkaline thickening || **~e Walke** / alkaline milling, alkali milling || **~e Walkechtheit** / alkaline milling fastness, fastness to alkaline milling || **~es Walken** / alkali milling, alkaline milling || **~ werden** / alkalify *vi* || **[schwach] ~** / alkalescent *adj*
Alkali·schaden *m* / alkali damage || **≗schmelze** *f* / alkali fusion || **≗schockmethode** *f* / alkali shock method, wet development by alkali shock, shock fixation method in a concentrated alkaline electrolyte bath on an open-width machine
alkalisch-reduktiv entwickeln / develop by a reduction treatment || **~e Behandlung** / reductive treatment with alkali || **~e Nachbehandlung** / reduction aftertreatment with alkali || **~e Nachbehandlung aus ätzalkalischer Flotte** / reduction clearing treatment with caustic soda || **~e Nachreinigung** / alkaline reduction clearing aftertreatment || **~e Reinigung** / alkaline reduction clearing || **~e Zwischenreinigung** / reduction intermediary treatment with alkali
Alkaliseife *f* / alkali soap

alkalisieren *v* / alkalify *vt*, make alkaline, alkalize *vt* || ≈ *n*, Alkalisierung *f* / treatment in alkaline solution, alkalizing *n*, treatment with caustic soda, treatment with alkali
Alkalisierungsmittel *n* / alkalizing agent
Alkali·silikat *n* / alkali silicate || ≈**spender** *m* / alkali donor || ≈**stabilität** *f* / alkali stability || ≈**stärke** *f* / alkali starch || ≈**sulfat** *n* / alkali sulphate || ≈**sulfid** *n* / alkali sulphide
Alkalität *f* / alkalinity *n*, basicity *n*
Alkaliüberschuß *m* / excess of alkali
Alkalium *n* / alkalium *n*
alkali·unlöslich *adj* / alkali-insoluble *adj*, insoluble in alkali || ≈**verbindung** *f* / alkali compound || ≈**verdickung** *f* / alkaline thickening || ≈**violett** *n* / alkaline violet || ≈**vorreife** *f* / alkali steeping || ≈**walke** *f* / milling in an alkaline medium || ≈**zellulose** *f*, Alkalizellstoff *m* / alkali cellulose || ≈**zellulosexanthat** *n*, Alkalizellulosexanthogenat *n* / alkali cellulose xanthate, alkali cellulose xanthogenate || ≈**zentrifugenwert** *m*, AZW / alkali centrifuge value (ACV)
Alkaloid *n* / alkaloid *n*
Alkan *n* / alkane *n* || ≈**halogenid** *n* / alkyl halide
Alkanna *f* / alkanet *n*, alkanna *n* || ≈**extrakt** *m* / alkanna extract || ≈**farbstoff** *m* / alkannin *n* || ≈**rot** *n* / alkanna red, anchusin *n*, alkannin *n* || ≈**wurzel** *f* / alkanna root
Alkannin *n* / alkannin *n*, anchusin *n*, alkanna extract
Alkanol *n* / alkanol *n* || ≈**amid** *n* / alkanolamide *n* || ≈**amin** *n* / alkanolamine *n* || ≈**aminseife** *f* / alkanolamine soap
Alken *n* / alkene *n*, alkylene *n*
Alkin *n* / alkyne *n*
Alkohol·farbstoff *m* / alcohol-soluble dyestuff || ≈**färbung** *f* / alcohol dyeing || ~**löslicher Farbstoff** / alcohol-soluble dyestuff || ≈**sulfonat** *n* / alcohol sulphonate
Alkydharz *n* / alkyd resin
Alkyl·amin *n* / alkyl amine || ≈**aminsulfonat** *n* / alkylamine sulphonate || ≈**anilin** *n* / alkyl aniline
Alkylans *n* / alkylating agent
Alkyl·aryläthylenoxidphosphat *n* / alkylarylethoxy phosphate || ≈**aryläthylenoxidsulfat** *n* / alkylarylethoxy sulphate || ≈**aryloxyäthylsulfonat** *n* / alkylaryloxyethyl sulphonate || ≈**arylpolyglykoläther** *m* / alkylaryl polyglycol ether || ≈**arylsulfonat** *n* (für den Aufbau synthetischer Waschmittel) / alkylaryl sulphonate || ≈**äthersulfonat** *n* / alkylether sulphonate || ≈**äthylenoxidphosphat** *n* / alkylethoxy phosphate || ≈**äthylenoxidsulfat** *n* / alkylethoxy sulphate
Alkylation *f* / alkylation *n*
Alkyl·benzolsulfonat *n*, ABS / alkyl benzene sulphonate, ABS || ≈**biphenylsulfonat** *n* / alkyl biphenyl sulphonate
Alkylen *n* / alkylene *n*, alkene *n* || ≈**karbonat** *n* / alkylene carbonate
Alkyl·glycerosulfat *n* / alkyl glycerosulphate || ≈**halogenid** *n* / alkyl halide || ≈**harnstoff** *m* / alkyl urea
alkylieren *v* / alkylate *v* || ≈ *n* / alkylation *n*
alkylierendes Mittel / alkylating agent
Alkylierung *f* / alkylation *n*
Alkylierungs·grad *m* / degree of alkylation || ≈**mittel** *n* / alkylating agent || ≈**verfahren** *n* / alkylation process
Alkyl·naphthalinsulfonsäure *f* / alkyl naphthalene sulphonic acid || ≈**phenolharz** *n* / alkylphenol resin || ≈**phosphat** *n* / alkyl phosphate || ≈**phosphonsäure** *f* / phosphonic acid || ≈**polyglykoläther** *m* / alkyl polyglycol ether || ≈**pyridiniumbisulfat** *n* / alkyl pyridinium bisulphate || ≈**sulfat** *n* / alkyl sulphate || ≈**sulfonat** *n* / alkyl sulphonate || ≈**xanthogenat** *n* / alkyl xanthate || ≈**zellulose** *f* / alkyl cellulose
Allagitverfahren *n* / allagite process
Alleanthusfaser *f* (Bastfaser aus Sri Lanka) / alleanthus fibre
Allfuß-Schloß *n* (Strick/Wirk) / all-butt cam
Allgäuer Teppich *m* s. Fleckerlteppich
Alligatortuch *n* / alligator cloth (plain-weave, cotton or bast fibre cloth, finished to resemble alligator skin)
„All-in"-Methode *f* (Ein-Bad/Ein-Stufen-Färbeverfahren) / all-in dyeing method
Alloawolle *f*, Alloawollgarn *n* / Alloa wheeling, Alloa yarn, Alloa *n* (heavy, high-quality virgin wool hand knitting yarn)
Allophansäureamid *n* / biuret *n*
allo·trop *adj* / allotropic *adj* || ≈**tropie** *f* / allotropy *n* || ~**tropisch** *adj* / allotropic *adj*
All-Over-Druck *m* / allover print
All-Over-Muster *n* / allover pattern
Allround-Farbstoff *m* / workhorse dyestuff
Alltags·kleid *n* / everyday dress || ≈**kleidung** *f* / everyday wear *n*
Allwetter·echtheit *f* / all-round fastness to weathering even on exposure to extreme weather and light conditions || ≈**mantel** *m* / all-weather coat, trench coat, stormcoat *n*
Allyl·aldehyd *m* / acrolein *n* || ≈**alkohol** *m* / allyl alcohol || ≈**chlorid** *n* / allyl chloride || ≈**stärke** *f* / allyl starch || ≈**sulfid** *n* / allyl sulphide || ≈**sulfoharnstoff** *m* / allylsulphourea *n* || ≈**zellulose** *f* / allylcellulose *n*
Allzweckfarbstoff *m* / workhorse dyestuff (US)
Aloe·extrakt *m* / aloe extract || ≈**faser** *f* / aloe fibre || ≈**hanf** *m* / aloe hemp, Mexican fibre || ≈**spitze** *f* / aloe lace
Alostspitze *f* / alost lace (Belgian bobbin lace)
Alpaka *m* (Wolle von in Südamerika gezüchteten Alpakas (Schafkamelen); Lüsterstoff mit Baumwollkette und Alpakaschuß) / alpaca *n* || ≈**haar** *n* / alpaca hair || ≈**wolle** *f* / alpaca fleece, paco wool, paco *n*, alpaca wool
Alpakka *n* / alpaca rayon || ≈ (Reißwolle Klasse IV) / reclaimed wool, Class IV || ≈**garn** / alpaca yarn || ≈**haar** *n* / alpaca fibre || ≈**krepp** *m* / alpaca crepe
Alpha·-Beta-Umwandlung *f* / alpha beta transformation || ≈**-Drehungsbeiwert** *m* (für Gespinste) (Spinn) / alpha twist factor || ≈**-Keratin** *n* / alpha keratin || ≈**zellstoff** *m*, Alphazellulose *f* / alpha-cellulose *n* || ≈**zellulosefaser** *f* / alpha fibre
ALS, Alginatfilament *n*, Alginatseide *f* / alginate filament, alginate silk
alt·es Bad, alte Flotte (Färb) / standing bath, old bath || ~**er Fustik** / old fustic
Altar·decke *f* / altar cloth || ≈**spitze** *f* / altar lace || ≈**tuch** *n* / altar cloth
Alter *n* / age *n*
altern *v* / age *v*
alternierend·e Drehung / alternating twist || ~**e Flottenpulsation** / alternating liquor pulsating effect || ~**e Stoffandrückerfüße** *m pl* (Näh) / alternating pressers *pl*
Alterung *f* / ageing *n* (GB), aging *n* (US) || ≈ **durch Licht** / light ageing || ≈ **im sauren Medium** / acid

ageing
Alterungs·beanspruchung *f* / deterioration on ageing || ~**beständig** *adj* / non-ageing *adj* || ²**beständigkeit** *f* / resistance to ageing, ageing stability || ²**schutzmittel** *n* / antioxidant *n*, anti-ager *n*, conservation agent, age resistor, preserving agent || ²**test** *m* / ageing test
Alt·gold *n* / old gold || ~**modisch** *adj* / unfashionable *adj*, old-fashioned *adj*, out-of-fashion *adj* || ²**mungo** *m* / mungo from old rags || ~**rosa** *adj* / old rose || ~**rosa** *adj* (RAL 3014) / antique pink *adj* || ²**rotgrundierung** *f* / old red ground || ²**rotölung** *f* / old red oiling || ²**rotverfahren** *n* / old red process || ²**säure** *f* / spent acid || ²**wolle** *f* / regenerated wool, shoddy wool, softs *pl*
Aluchiharz *n* / aluchi resin
Alufolie *f* / aluminium foil
Aluminat *n* / aluminate *n*
Aluminium *n* / aluminium *n* (GB), aluminum *n* (US) || ²**acetat** *n* (essigsaure Tonerde) / aluminium acetate || ²**beize** *f* / aluminium mordant || ²**bronze** *f* / aluminium bronze || ²**chlorat** *n* (chlorsaure Tonerde) / aluminium chlorate || ²**chloratätze** *f* / aluminium chlorate discharge || ²**chlorid** *n* / aluminium chloride || ²**diformiat** *n* / aluminium diformate || ²**druck** *m* / aluminium printing || ²**farblack** *m* / alumina lake || ²**farbstoff** *m* / aluminium dyestuff || ²**folie** *f* / aluminium foil || ²**formiat** *n* / aluminium formate || ~**haltig** *adj* / aluminous *adj* || ²**hydroxid** *n* / aluminium hydroxide || ²**hydroxiddiformiat** *n* / aluminium diformate || ²**hypochlorit** *n* / aluminium hypochlorite || ²**hyposulfat** *n* / aluminium hyposulphate || ²**laktat** *n* / aluminium lactate || ²**nitrat** *n* / aluminium nitrate || ²**nitroacetat** *n* / aluminium nitroacetate || ²**oxid** *n* / aluminium oxide, alumina *n* || ²**oxidfaser** *f* / alumina fibre || ²**rhodanid** *n* / aluminium sulphocyanate, aluminium thiocyanate, aluminium rhodanide || ²**rizinoleat** *n* / aluminium ricinoleate || ²**salz** *n* / aluminium salt || ²**silikatfaser** *f* / aluminium silicate fibre || ²**spule** *f* / aluminium bobbin || ²**stearat** *n* / aluminium stearate || ²**sulfat** *n* (schwefelsaure Tonerde) / aluminium sulphate || ²**thiocyanat** *n* / aluminium rhodanide, aluminium sulphocyanate, aluminium thiocyanate || ²**triformiat** *n* / aluminium triformate
Aluminogel *n* (Aluminiumoxidhydrat) / alumina gel
Amadurebaumwolle *f* / amadowry *n* (Egyptian cotton), amadaure *n*
Amarant[h] *n* / amaranth *n*
amaranten *adj*, amarant[h]rot *adj* / amaranth *adj*
Amazon-Wollstoff *m* / amazon *n* (woollen-worsted dress goods)
Ambari *m*, Ambarifaser *f*, Ambarihanf *m* / deccan hemp, ambari fibre, ambari hemp, ambaree fibre, gambo hemp, kenaf *n*
Amberharz *n* / ambrein *n*
Ambra *f* / ambergris *n*
Ambrin *n* / ambrein *n*
Ameisen·gang *m* / irregular crêpe effect || ~**saure Zellulloseacetatlösung** / formic acid cellulose acetate || ²**säure** *f* / formic acid || ²**säureäthylester** *m* / formic ether || ²**säure-Nachweis** *m* / formic-acid test
amerikanisch·e Makobaumwolle / American-Egyptian cotton || ~**es Merinoschaf** / American merino || ~**e Standard-Anforderungen für gewebte Regenbekleidung** / American Standard Performance Requirements for Woven Rainwear Fabrics || ~**e Sumachfaser** / false hemp || ~**es Wäscherei- und Chemischreinigungs-Forschungsinstitut** (Sitz: Silver Spring) / IFI (International Fabricare Institute)
Amerikanische Vereinigung für Textiltechnologie u. -technik / AATT (American Association for Textile Technology) || ² **Vereinigung von Textil- und Färbereichemikern** / AATCC (American Association of Textile Chemists and Colorists)
amerikanisch-ägyptische Baumwolle / American-Egyptian cotton
amethystfarben *adj* / amethyst-coloured *adj*
Amiant *m* / amianthus *n*
Amid *n* / amide *n*
Amidase *f* / amidase *n*
Amid·gruppe *f* / amido group || ²**harz** *n* / amide resin
Amidierung *f* / amide formation
Amido·amin *n* / amidoamine *n* || ²**diphenylamin** *n* / amidodiphenylamine *n*
Amidöl *n* / amide oil
Amido·methylol-Ausrüstung *f* / amidomethylol finish || ²**naphtholsulfosäure** *f* / amidonaphtholsulphonic acid
AMI-Effekt *m* (Unegalität oder Farbtonverschiebung zwischen Außen-, Mittel- und Innenlagen bei Wickelkörpern) / unlevelness of dyeing between outside, middle and inside of wound packages
Amin *n* / amine *n*
aminieren *v* (Baumwolle) / aminize *v*
Amino·alkylkarboxylat *n* / aminoalkyl carboxylate || ²**alkylsulfat** *n* / aminoalkyl sulphate || ²**alkylsulfonat** *n* / aminoalkyl sulphonate || ²**anthrachinon** *n* / aminoanthraquinone *n* || ²**äthylalkohol** *m* / monoethanolamine *n* || ~**äthylieren** *v* / aminoethylate *v* || ²**azobenzol** *n* / aminoazobenzene *n* || ²**azofarbstoff** *m* / aminoazo dyestuff || ²**azotoluol** *n* / aminoazotoluene *n* || ²**azoverbindung** *f* / aminoazo compound || ²**benzoesäure** *f* / aminobenzoic acid || ²**benzol** *n* / aminobenzene *n*, phenylamine *n*, aniline *n* || ²**essigsäure** *f* / aminoacetic acid, glycine *n*, glycocoll *n* || ²**harz** *n* / amino resin || **2-**²**isokapronsäure** *f* / leucine *n* || ²**karbonsäure** *f* / amino acid, aminocarbonic acid, aminocarboxylic acid || ²**naphthol** *n* / aminonaphthol *n* || **1-**²**-8-naphthol-3,6-disulfonsäure** *f* (Farbstoffzwischenprodukt) / H-acid *n* || **1-**²**-8-naphthol-4,6-disulfonsäure** *f* (Farbstoffzwischenprodukt) / K-acid *n* || ²**nitrobenzol** *n* / nitroaniline *n*, nitraniline *n* || ²**phenol** *n* / aminophenol *n* || ²**plast** *m* / aminoplast *n*, aminoplastic *n* || ²**plastharz** *n* / aminoplastic resin || ²**salizylsäure** *f* / aminosalycilic acid || ²**säure** *f* / amino acid || ²**sulfosäure** *f* / aminosulphonic acid || ²**tensid** *n* / amine surfactant || ²**triazin** *n* / aminotriazine *n*
Ammoniak *m* / ammonia *n* || ² **enthaltend** / ammoniacal *adj* || ²**alaun** / ammonia alum
ammoniakalisch *adj* / ammoniacal *adj* || ~**e Küpe** / ammonia vat || ~**e Seifenlösung** / ammoniacal soap solution || ~**es Waschen** / ammoniacal scouring
Ammoniak·chlorid *n* / ammonia salt || ²**dampf** *m* / ammonia vapour || ²**entwicklung** *f* / development of ammonia, formation of ammonia || ²**flüssigkeit** *f* / ammonia solution || ²**gas** *n* / ammonia gas ||

~haltig *adj* / ammoniacal *adj* || **≗lösung** *f* / aqueous ammonia, ammonia solution || **≗probe** *f* / ammonia test || **≗salpeter** *m* / nitrate of ammonium || **≗salz** *n* / ammonia salt || **≗seife** *f* / ammonia soap || **≗soda** *f* / ammonia soda || **≗türkischrotöl** *n* / ammonia turkey red oil || **≗verbindung** *f* / ammonia compound || **≗verfahren** *n* / ammonia process || **≗verflüssiger** *m* / ammonia condenser || **≗wasser** *n* / ammonia water

Ammonium *n* / ammonium *n* || **≗acetat** *n* / ammonium acetate || **≗alaun** *m* / ammonia alum || **≗bichromat** *n* / ammonium dichromate || **≗bikarbonat** *n* / bicarbonate of ammonia, ammonium bicarbonate || **≗biphosphat** *n* / ammonium biphosphate || **≗bisulfit** *n* / ammonium bisulphite || **≗chlorid** *n* / ammonium chloride, sal ammoniac || **≗chlorostannat(IV)** *n* / ammonium stannic chloride || **≗chromat** *n* / ammonium chromate || **≗dichromat** *n* / ammonium dichromate || **≗eisenalaun** *m* / ammoniacal iron alum || **≗ferrocyanid** *n* / ammonium ferrocyanide || **≗fluorid** *n* / ammonium fluoride || **≗glukonat** *n* / ammonium gluconate || **≗hexacyanoferrat(II)** *n* / ammonium ferrocyanide || **≗hexafluorosilikat** *n* / ammonium fluosilicate

Ammoniumhydrogen·karbonat *n* / ammonium bicarbonate || **≗orthophosphat** *n*, Ammoniumhydrogenphosphat *n* / ammonium biphosphate || **≗sulfid** *n* / ammonium hydrosulphide || **≗sulfit** *n* / ammonium bisulphite

Ammonium·hydroxid *n* / ammonium hydrate, ammonium hydroxide, caustic ammonia || **≗karbonat** *n* / ammonium carbonate || **≗kaseinat** *n* / caseinate of ammonia || **≗nitrat** *n* / ammonium nitrate, nitrate of ammonium || **≗oxalat** *n* / ammonium oxalate || **≗persulfat** *n*, Ammoniumperoxydisulfat *n* / ammonium persulphate || **≗phosphat** *n* / ammonium phosphate || **≗rhodanid** *m* / ammonium rhodanide, ammonium thiocyanate || **≗sulfat** *n* / ammonium sulphate || **≗tartrat** *n* / ammonium tartrate || **≗thiocyanat** *n* / ammonium rhodanide, ammonium thiocyanate || **≗(meta-,tetra)vanadat** *n* / ammonium vanadate || **≗zinnchlorid** *n* / ammonium stannic chloride

Ammon·nitrat *n* s. Ammonsalpeter || **≗oxylat** *n* / ammonium oxalate || **≗salpeter** *m* / ammonium nitrate, nitrate of ammonium || **≗salzküpe** *f* / ammonia vat

amorph *adj* / amorphous *adj*

amphiphil *adj* / amphiphilic *adj* || **~es Produkt** / amphiphilic product

Ampholyt *m* / ampholyte *n*

ampholytisches Tensid, Amphotensid *n* / ampholytic surface-active agent

amphoter·es Reaktionsvermögen / amphireactivity *n* || **~e Verbindung** / amphoteric compound

amphoterisches Tensid / amphoteric surfactant

Amrad-Gummi *n m* / amrad gum

Amritsar *m* / Amritsar *n* (Indian handmade carpet) || **≗wolle** *f* / amritsar *n* (coarse Indian wool)

Amtskleidung *f*, Amtstracht *f* / official dress *n*, official robes

Amyl *n* / amyl *n* || **≗acetat** *n* / amyl acetate || **≗alkohol** *m* / amyl alcohol || **≗amin** *n* / amylamine *n*, pentylamine *n*

Amylase *f* / amylase *n*

Amyl·äther *m* / amyl ether || **≗chlorid** *n* / amyl chloride || **≗harz** *n* / amyl resin || **≗naphthalinsulfonat** *n* / amylnaphthalene sulphonate

amyloid *adj* / amyloid *adj* || **≗** *n* / amyloid *n*

amylolytisches Enzym, stärkespaltendes Ferment / amylolytic enzyme

Amylopektin *n*, Stärkegranulose *f* / amylopectin *n*

Amylose *f* / amylose *n*

Amylpropionat *n* / amyl propionate

anaerob[isch] *adj* / anaerobic *adj*

Ananas·batist *m* / pineapple cloth || **≗faser** *f* / pineapple fibre, abacaxi fibre || **≗fasergewebe** *n* / pina cloth || **~förmige Mischdüse** / pineapple type mixing nozzle || **≗gewebe** *n* / pineapple cloth || **≗hanf** *m* / ananas hemp, pineapple fibre || **≗muster** *n* / ananas pattern, pineapple pattern || **≗muster** (Strick/Wirk) / porcupine pattern || **≗musterung** *f* / pelerine work, porcupine work

Anaphe·seide *f* / anaphe silk || **≗spinner** *m* / anaphe silkworm

anatolisch·e Seide / Anatolian silk || **~er Teppich** / Anatolian carpet (Turkish handmade carpet), Asia Minor carpet || **~e Wolle** / Anatolian wool

Anbindung *f* (Web) / tying *n*

Anblas·luft *f* (Faserherst) / quench air || **≗schacht** *m* (Fil) / quench duct, quenching cell

Anbläuen *n* / blueing *n*

anbluten *v* (Färb) / bleed into, stain *vt* || **≗** *n* (Färb) / bleeding *n*, staining *n* || **≗ der Begleitfasern** / staining of the accompanying fibres, staining of the adjacent fibres || **≗ der unbedruckten Partien** / staining of the unprinted parts || **≗ der weißen Begleitmaterialien** / staining of the white adjacent materials || **≗ vom Baumwoll-Begleitgewebe** / staining of the cotton component

Anbringung *f* **der Schußhülsen** / donning of pirns

Anbürsten *n* / initial brushing

Anchusin *n* / anchusin *n*, alkanna red

Ancubeteppich *m* / ancube *n* (Belgian wool rug)

andalusische Wolle / Andalusian wool

Änderung *f* / change *n* || **≗ des Weißgrades** / change of whiteness

Änderungsabteilung *f* (Näh) / alteration department

andrehen *v* / twist in (yarn) || **~** (Web) / join by twisting || **die Fäden ~** / join the ends || **einen Faden ~** / join by twist (thread) || **≗** *n* (Spinn) / piecing *n*, piecing-up *n* (thread), twisting-in *n* || **≗** (Web) / twisting *n*, twisting-on *n* || **≗ des Fadens** (Spinn) / piecing *n* (the yarn)

Andreher *m* / piecing-up point || **≗** (Web) / piecer *n*, twister *n*

Andreh·gestell *n* / piecing-up stand, twisting-in frame || **≗stelle** *f* / piecing-up point

Andruck·papier *n* / proofing stock || **≗rolle** *f* (zum Zusammen- bzw. Andrücken einer bereits aufgewickelten Stoffbahn) / compacting roller

Andrückrolle *f* / billy roller, tension roll[er]

Andruck·skala *f* (Textdr) / progressive proof || **≗walze** *f* (Textdr) / pressure roll[er]

Andrückwalze *f* / tension roll[er]

aneinander haften / block *v* || **~gereihte Rapporte** *m pl* (Textdr) / adjacent repeats

Anfälligkeit *f* **gegen Verschmutzung** / dirt retention || **≗ gegenüber Bakterienbefall** / susceptibility to attack by bacteria || **≗ gegenüber Pilzbefall** / susceptibility to attack by fungi || **≗ gegenüber Schimmel** / susceptibility to mould infestation

Anfang *m* **der Kette** (Web) / porter *n*

Anfangs·aufziehgeschwindigkeit *f*(Färb) / initial rate of absorption || **~bremswirkung** *f*(eines Retarders) / initial braking effect of a retarder, initial retarding effect || **~bund** *m* / starting coils *pl* || **~einreißfestigkeitsprüfung** *f* / initial tear strength test || **~faden** *m* / starting thread || **~farbe** *f* / starting colour, initial shade || **~feuchte** *f* / initial moisture content || **~feuchtigkeit** *f* / initial humidity || **~feuchtigkeitsgehalt** *m* / initial moisture content || **~kegel** *m* **für Superkopse** (DIN 61805) / initial cone for supercops || **~klebrigkeit** *f*(Beschicht) / initial tack, initial tackiness, green tack (US) || **~konzentration** *f* (Färb) / initial concentration, original concentration || **~länge** *f* / original length || **~lösung** *f*(Färb) / initial solution, original solution || **~nuance** *f* / initial shade || **~reihe** *f*(Strick/Wirk) / first course, starting course, ground row, initial course, starting course || **~temperatur** *f* / initial temperature
anfärbbar *adj* / dye-absorbing *adj*, dyeable *adj*
Anfärbbarkeit *f* / affinity *n* (for or to dyestuffs), dyeing affinity, dyeability *n*, absorbing power (of fibre), dye absorption, dye affinity (of fibre)
Anfärbe·geschwindigkeit *f* / dyeing rate, rate of dyeing || **~geschwindigkeit der Faser** / staining speed of the fibre || **~methode** *f* **zur Fasererkennung** / staining for identification of fibres
anfärben *v* / dye *v*, tint *v*, tinge *v*, tone *v* || ~ *vt* (unerwünscht) / stain *vt* || **~** *n* / dyeing *n*, tinting *n*, tingeing *n*, toning *n* || **~** (unerwünscht) / staining *n* || **~ der Effekte** / staining of effects || **~ mit Kennfarben** / tinting [with fugitive dyes] *n* || **~ mit Signierfarbstoffen** / tinting [with fugitive dyes] *n* || **~ von Begleitfasern** / staining of the accompanying fibres, staining of the adjacent fibres || **das ~ blockieren**, das Anfärben verhindern / block the dyeing
anfärbend *adj* (unerwünscht) / staining *adj*
Anfärbe·probe *f* / staining test || **~-Reaktion** *f* / staining reaction, reaction to staining
Anfärbung *f* / dyeing *n*, staining *n* || **~ der Einrichtung** / staining of the equipment
anfersen *v*(Strumpf) / heel *v* || **~** *n* (Strick/Wirk) / heeling *n*
Anfeuchtemaschine *f*, Anfeuchter *m*, Anfeuchtmaschine *f* / damping machine, moistener *n*, humidifier *n*, moistening apparatus, moisture applicator
anfeuchten *v* / damp *v*, moisten *v*, humidify *v*, dampen *v* || **~** *n* / moistening *n*, dampening *n*, damping *n*
Anfeuchtmaschine *f* s. Anfeuchtemaschine
Anfeuchtung *f* / moistening *n*
Anfeuchtungsprozeß *m* / humidifying treatment
Anfeuchtvorrichtung *f* / humidifier *n*, humidifying plant, moistening apparatus, moisture applicator
anfilzen *v* / full lightly (US), plank *v*
Anfingermaschine *f* / finger knitting machine (for gloves), glove finger knitting machine
Anfixieren *n* (unerwünscht) (Färb) / premature fixation
Anflug *m* (Färb) / tint *n*, tinge *n*
anfußen *v*(Strumpf) / foot *v*
Angabe *f*(Web) / reading of the patterns
angearbeitete Unterlage (Tepp) / combined underlay
angeblaute Wolle / wool from the blue vat
Angebot *n* (an Farbstoff) / quantity of dyestuff added
angedrehte Rohseidenfäden *m pl* / singles *pl*
angefertigt, vom Schneider ~ / tailor-made *adj*, made-to-measure *adj*
angekräuselt·es Garn / abraded yarn (textured) || **~es synthetisches Garn** / abraded manmade yarn
Angelschnur *f* / fish line (US), fishing line (GB)
angenehmer Griff / attractive handle
angepaßt *adj* / fitted *adj* || **~es Kleidungsstück** / fitted garment
angepfropftes Copolymer[es] / grafted copolymer
angequollen *adj* / swollen *adj*
angerauht *adj* / brush-finished *adj*, napped *adj*, brushed *adj* || **~es Flachgewebe** / raised flat woven fabric || **~es Möbelbezug-Flachgewebe** / raised flat woven upholstery fabric
angerieben·es Endlosgarn (texturiert) / abraded filament yarn || **~es Garn** / abraded yarn (textured)
angeschmolzener Schaum (Beschicht) / tacky foam, mollified foam
angeschmutzt·es Gewebe / test soiled fabric || **~er standardisierter Teststoff** / standard soiled fabric
angeschnitten·er Ärmel / dolman sleeve (sleeve cut in one piece with the garment) || **~es Kleidungsstück** (Näh) / grown-on garment (US)
angetriebene Walze / driven roller
Anglerjacke *f* / fishing jacket
Anglesey-Wolle *f* (aus Wales) / Anglesey wool
Angola Cloth (Mischgarnflanelle für Hemden und Pyjamas) *n* / Angola cloth || **~strumpfstopfgarn** *n* / Angola mending (GB) || **~tuch** *n*, Angola Cloth (Mischgarnflanelle für Hemden und Pyjamas) *n* / Angola cloth
Angora *f* / angora wool || **~garn** *n* / angora yarn, Turkish yarn, mohair yarn || **~haar** *n* / mohair *n* (hair of angora goat) || **~kaninchenwolle** *f*, Angorakaninwolle *f* / angora rabbit hair || **~kaningarngewebe** *n* / angora fabric || **~teppich** *m* / angora carpet || **~wolle** *f* / angora wool, mohair *n* (hair of angora goat) || **~ziegenhaar** *n*, Angoraziegenwolle *f* / angora goat hair || **feines ~ziegenhaar** / kid mohair
angreifen, die Faser ~ / attack the fibre
Angriff *m* (Web) / upper end of the web
Anguillabaumwolle *f* / Anguilla cotton
anhaften *vi* / stick *vi*, adhere *v*
anhaftend *adj* / adhesive *adj*
anhalten *v* (Maschine) / stop *v*
Anhänger *m*, Anhänge-Etikett *n*, Anhänger-Etikett *n* / tie-on label, swing ticket, tag *n*, swing tag
Anhäufung *f* / agglomeration *n*, agglomerate *n*
Anheben *n* **der Maschenhenkel** / lifting of the pile || **~ des Velourshenkels durch die Rauhkratzen** (Web) / raising the sinker loop by the clothing rollers, raising the sinker loop by the teasels
anheften, den Unterschuß ~ / stitch the backing weft
Anhydrid *n* / anhydride *n*
anhydrisch *adj* / anhydrous *adj*, non-aqueous
Anilid *n* (Säureamidderivat des Anilins) / anilide *n*
Anilidoessigsäure *f* / phenylglycine *n*
Anilin *n* / aniline *n*, phenylamine *n*, aminobenzene *n* || **~acetat** *n* / aniline acetate || **~blau** *n* / aniline blue, azuline *n* || **~druck** *m* / aniline printing || **~farbstoff** *m* / aniline dyestuff || **~ferrocyanid** *n* / aniline ferrocyanide || **~gelb** *n* / aniline yellow || **~hydrochlorid** *n* / aniline salt || **~klotzschwarz** *n* / slop-padded aniline black || **~öl** *n* / aniline oil ||

≗punkt *n* / aniline point || **≗purpur** *m* / aniline purple || **≗rot** *n* / aniline red *n*, tyraline *n* || **≗salz** *n* / aniline salt || **≗schwarz** *n* / aniline black || **≗schwarzbeize** *f* / aniline black mordant || **≗schwarzfärberei** *f* / aniline black dyeing || **≗schwarzklotzfärbung** *f* / aniline black pad dyeing || **≗sulfat** *n* (schwefelsaures Anilin) / aniline sulphate || **≗violett** *n* / aniline violet, regina purple
Anilobastfaser *f* / anilo *n* (Philippine bast fibre)
animalische Faser / animal fibre (e.g. wool and silk)
animalisieren *v* (z.B. regenerierte Zellulosefasern) / animalize *v* || ≗ *n* (Beeinflussung des Farbstoffaufnahmevermögens von Zellulosefasern) / animalizing
animalisierte Baumwolle / animalized cotton
Animeharz *n* (aus Hymenaea courbaril) / gum anime, anime resin
Anion *n* (negativ geladenes Ion) / anion *n*
anion[en]aktiv *adj* / anion-active *adj*, anionic *adj*
anionaktiv·er Stoff / anion-active agent, anionic agent || **~er Weichmacher** / anionic softener
Anion[en]austauschharz *n* / anion exchange resin
Anionenaustauscher *m* / anion exchanger
Anionfarbstoff *m* / anionic dyestuff
anionisch *adj* / anionic *adj* || **~er Charakter** / anionic character || **~ dispergiert** / anionically dispersed || **~e Eigenschaft** / anionic character || **~es Enthärtungsmittel**, anionisches Wasserenthärtungsmittel / anionic water softening agent || **~e grenzflächenaktive Verbindung** / anionic surface-active agent, anionic tenside || **~ modifizierte Polyesterfaser** / anionic modified polyester fibre || **~e Polymerisation** / anionic polymerization || **~e Stelle** / anionic site
Anion·seife *f* / anionic soap || **≗tensid** *n* / anionic surface-active agent, anionic tenside
Anis *m* / aniseed *n*
Anisolblau *n* / anisol[e] blue
anisotrop *adj* / anisotropic *adj*
Anisotropie *f* / anisotropy *n*
Anissäure *f* / anisic acid
Ankerrührer *m*, Ankerrührwerk *n* / anchor stirrer, anchor mixer
Anketteln maschine *f* (Näh) / stitching machine || ≗ (Strick/Wirk) / stitching-on machine
anketteln *v* (Strick/Wirk) / link on *v*, loop into chain, stitch *v*
ankleben *v* / adhere *v*, stick *vt*, gum *v*, glue *v* || ≗ *n* (Strick/Wirk) / pasting *n*
Ankleb[e]-Etikett *n*, Anklebezettel *m* / stick-on label
Ankleidepuppe *f* / dress-up doll
anknoten *v* / join *v* (warping) || ≗ *n* / joining *n* (warping) || **≗ der Ketten** / chain twisting
Anknüpfen *n* (Web) / tying *n*, burling *n* || ≗ (Spinn) / piecing *n*
Anknüpfer *m* (Web) / piecer *n*
Anknüpf·maschine *f* (Web) / knotter *n* || **≗maschine** / tying apparatus, tying-in machine
Ankondensation *f* / initial curing
ankräuseln *v* (texturieren durch Aufscheuern) / abrade *v* (texturing)
anlagern *v* (sich) / accumulate *v*, add on *v*
Anlagerungs·produkt *n* / addition product, additive product || **≗reaktion** *f* / addition reaction || **≗verbindung** *f* / addition compound, additive compound
anlängern, die Kette ~ (Strick/Wirk) / attach the warp thread
anlaufen *v* (Färb) / blush *v* || ≗ *n* (Färb) / blush *n*, blushing *n*
Anlegemaschine *f* (Spinn) / spread board, spreading machine, spreader *n*
anlegen *vt* (Spinn) / spread *vt*
Anlege·stab *m* (Seidenspinn) / piecer *n* || **≗stelle** *f* / piecing-up point
anleimen *v* / gum *v*
anliegend·es Kleidungsstück / fitted garment || **~e Taille** / fitted bodice
Anlösen *n* (Vliesst) / initial dissolving || **≗ der Fasern** (Vliesst) / plasticizing by solvent treatment of the fibres || **≗ einer Schicht** (Beschicht) / partial dissolving of a layer
annähen *v* / sew on
Annatto *m n* (aus Bixa orellana) / annatto *n* (orange dye), annatta *n*
annehmen *v* (die Beize) / seize *v* (the mordant) || ~ (Farbstoff) (Färb) / take up
annetzbar *adj* / wettable *adj*
Annetzbarkeit *f* / wettability *n*
Anodendronbastfaser *f* / anodendron *n* (bast fibre in Sri Lanka and India)
anodisch·e Fällung / anodic precipitation || **~e Oxydation** / anodic oxidation, electrolytic oxidation
Anon *n* / cyclohexanone *n*
Anorak *m* / anorak *n*, wind-cheater *n* (GB), windbreaker *n* (US), windjacket *n*, mountaineering jacket
anorganisch *adj* / inorganic *adj* || **~e Faser** / inorganic fibre || **~es Lösungsmittel** / inorganic solvent || **~es Salz** / inorganic salt || **~e Säure** / inorganic acid, mineral acid || **~e Verbindung** / inorganic compound
Anpastungsmittel *n* / pasting agent, pasting compound
Anpreßdruck *m* / contact pressure
Anprobe *f* / fitting *n* (garments) || **≗kabine** *f* / fitting room
Anprober *m* / fitter *n* (of garments)
Anpuderung *f* (Spinnfärben) / dry tumbling
anquellen *vi* / swell *vi* || ≗ *n* / initial swelling || **≗ der Fasern** (Vliesst) / plasticizing by solvent treatment of the fibres
Anrändernaht *f* (Strick/Wirk) / flat seam
anrauhen *v* / roughen *v*, shag *v*, nap *v* || ~ (Tuchh) / raise slightly || ≗ *n* / napping *n*
anreiben *v* / abrade *v* (texturing) || ~ (Pigm) / grind *v* || ~ (Färb) / paste *v* || ≗ *n*, Anreibung *f* (Vorgang) (Pigm) / grinding *n*
Anreibung *f* (Färb) / grinding paste || ≗ (Pigm) / mill base formulation || **≗ eines Farbrußes** / mill base of a carbon black
anreichern, die Lösung ~ / strengthen the solution
Anreißen *n* (erste erkennbare Farbänderung eines Musters) / first break (first perceptible change of colour of a sample) || **≗ der Rakel** (Fehler) / pitting of the doctor blade (defect)
Anrührgefäß *n* / mixing vessel
Ansatz *m* (Stamm) (Färb) / stock *n*, mixture *n*, batch *n* || ≗ (Ausgangsgemisch) (Färb) / formulation *n* || ≗ (Vorgang) (Färb) / setting *n* (bath) || **≗ des Nachbehandlungsbades** / setting of the aftertreatment bath || **auf Bestellung angefertigter ≗** / custom formulation || **≗bad** *n* / initial bath, starting bath || **≗behälter** *m* (Färb) / feed tank, container for initial solution, dissolving

tank || ²flotte f(Färb) / initial liquor, starting liquor, original liquor || ²gefäß n(Färb) / formulating tank, preparing vessel, formulating vessel || ²gewicht n / weight of the slivers to feed up || ²hilfsmittel n / preparation assistant || ²kanne f / drawing can || ²kegel m / cop bit, cop bottom, cop base || ²kurve f / cop bottom curve || ²lösung f(Färb) / initial solution, stock solution, starting solution, original solution || ²menge f / initial quantity || ²schaltlinie f / cop bottom curve || ²schicht f / layer of the cop-bit || ²verstärkung f(um Abläufe zu vermeiden) (Färb) / increasing the concentration of the initial bath

ansäuern v / acidify v, pass through an acid bath, acidulate v, sour v || ² n, Ansäuerung f / acidification n, souring n

Ansaugen n **trockener Luft** / suction of dry air

Ansaug[e]kopf m / suction inlet

anschieren, eine Kette ~ / build a warp

anschirren v(Web) / warp v || **die Schäfte** ~ (Web) / fix the heald frames

Anschlag m, Blattanschlag m(Web) / reed beat-up || ² (Strick/Wirk) / dog n, first course, starting course, ground row, initial course || ² (Feinteig) / batch n, run n

anschlagen v(Web) / loop by hand || ~ (eine Masche) (Strick/Wirk) / cast on (a loop) || **den Schuß** ~ (Web) / beat up the weft || **die Lage** ~ / beat the lathe || ² n (Web) / beating up || ² **des Pigments** / batching of pigment

Anschlag·hebel m / striking lever || ²**kamm** m(Web) / [weaver's] reed, [weaver's] comb, weaving reed, beater n || ²**kante** f(Web) / knock-off n || ²**reihe** f (Web) / commencing course, first course, initial course

anschlämmen v / paste up || **einen Farbstoff mit Wasser** ~ / paste up a dyestuff with water

Anschlämmung f / suspension n (paste)

anschleifen, die Ziehschnüre ~ (Web) / tie v

anschmieren vt, anfärben vt / stain vt || ² n, Anfärben n / staining n

Anschmutzbarkeit f / tendency to soil, soiling ability

anschmutzen v / soil v || ~ (Färb) / bleed into, stain v || ² n / soiling n || ² (Färb) / staining n, bleeding n || ² **verzögerndes Mittel** / soil retardant

Anschmutzung f / soil n

Anschmutzungs·neigung f / tendency to soiling || ²**widerstand** m / soil resistance

Anschmutzverhalten n / soiling behaviour

Anschnall·gurt m, Anschnallriemen m / safety belt, seat-belt n, safety harness (US) || ²**riemenstoff** m / seat-belt webbing

anschnellen v(allg) / twist in (yarn) || ~ (Garn) (Web) / join by twisting

anschnüren v(Web) / cord v, cord up

Anschnürung f(Web) / tying n

Anschweißauge n **zur Schlagspindel** (DIN 64524) / weld-on eye for picking shaft (jute loom)

Ansengen n / scorching n

ansetzen v(Näh) / join v || ~ (das Färbebad) (Färb) / set v(a bath), charge v, prepare v, make up, formulate v, start v || **eine Deckfarbe** ~ (Beschicht) / formulate a pigment finish || **Klotzflotte** ~ / formulate the pad liquor || ² n(Färb) / setting n (bath) || ² **der Klotzflotte** / setting the pad liquor || ² **des Bades** (Färb) / preparation of the bath || ² **des Färbebades** / preparation of the dyebath || ² **einer Deckfarbe** / formulation of a pigment finish

anspannen v / strain v, tension v

Anspannung f **der Kette** (Web) / pacing n, warp tension || ² **des Fadens** / tension of the thread || **feste** ² **des Fadens** / high tension of the thread

anspinnen v / start spinning || **einen Faden** ~ (Spinn) / join a thread, attach the thread, piece v || ² n / spinning start, piecing n

Anspringtemperatur f(Chem) / kick-off temperature

anstechen v(Web) / reed v || ~ (Näh) / tack v(edge)

anstecken v(Näh) / pin v

Anstoß m **und Überfall** (Färb) / outlines and overprints pl

anstoßen v / plank v || ² n / planking n (light polishing) || ² (Färb) / blank n || ² (Walken) / milling n, fulling n || ² **auf Maß** / planking to measure || ² **der Filze** / planking of felts || ² **von Drucken** / adjoining patterns

Anstoß·maschine f / planking machine, fulling mill, fulling machine || ²**naht** f(Näh) / rentering seam

Anstrich m, Anstrichmittel n, Anstrichstoff m / surface coating

anstricken v / join by knitting || ² n / knitting-on n

Anstückelmaschine f / piecing machine

anstückeln v / patch v || ² n(Näh) / piecing n || ² **der Züge** (Spinn, Web) / planking n

antailliert adj(Mode) / semi-fitted adj

Anteigemittel n / pasting agent, pasting compound

anteigen v / make into a paste, paste v, stir to a paste, prepare (paste) v, mix into a paste || ² n, Anteigung f(Färb) / pasting n, preparation of the paste

Anteigungs·hilfsmittel n / pasting auxiliary || ²**mittel** n / pasting agent, pasting compound

Anthracen n / anthracene n

anthrachinoid adj / anthraquinoid adj || ~**er Farbstoff** / anthraquinone-type dyestuff

Anthrachinon n / anthraquinone n || ²**abkömmling** m / anthraquinone derivative || ²**azin** n / anthraquinone azine || ²**farbstoff** m / anthraquinone dye[stuff] || ²**glyzin** n / anthraquinone glycine || ²**imid** n / anthraquinone imide || ²**imidazol** n / anthraquinone imidazol || ²**karbazol** n / anthraquinone carbazol || ²**küpenfarbstoff** m / anthraquinone vat dye[stuff] || ²**merkaptan** n / anthraquinone mercaptan || ²**oxazol** n / anthraquinone oxazol || ²**pyrimidin** n / anthraquinone pyrimidine || ²**thiazol** n / anthraquinone thiazole

Anthraflavin n / anthraflavine n

Anthraflavon n / anthraflavone n

Anthraknose f(Fleckenkrankheit der Baumwollkapseln) / anthracnose n

Anthranilsäure f / anthranilic acid, orthobenzoic acid

Anthrasol n / anthrasole n || ²**farbstoff** m / anthrasole dyestuff

Anthrazen n / anthracene n || ²**farbstoff** m / anthracene dyestuff || ~**gelb** adj / anthracene yellow adj || ~**rot** adj / anthracene red adj || ²**säurefarbstoff** m / acid anthracene dyestuff || ~**schwarz** adj / anthracene black adj

anthrazit adj, anthrazitfarben adj / anthracite adj || ~**grau** adj (RAL 7016) / anthracite grey adj

Anthrimid n / anthrimid n

Anthronfarbstoff m / anthrone dyestuff

anthropometrische Messung / anthropometric measurement

Anti·absetzmittel n / antisettling agent || ~**bakteriell**

adj / antibacterial *adj* || ~**bakterielle Ausrüstung** / antibacterial finish, bactericidal finish || ~**bakterielles Mittel** / antibacterial agent || ~**bakterienausrüstung** *f* / antibacterial finish, bactericidal finish
Antiballon·platte *f* **mit halbringförmigen Öffnungen** / open anti-balloon plate || ~**vorrichtung** *f* / antiballooning device
Anti·-Beschlagtuch *n* / antimist cloth || ~**block-Ausrüstung** *f* / antiblocking finish || ~**blocking-Mittel** *n* / antiblocking agent || ~**blocking-Verhalten** *n* / slip properties *pl* || ~**chlor** *n* / antichlor *n* || ~**cling-Ausrüstung** *f* / anticling finish || ~**diazosulfonat** *n* / antidiazosulphonate *n* || ~**diazotat** *n* / antidiazotate *n* || ~**elektrostatikum** *n* / antistat *n*, antistatic agent
antielektrostatisch·e Ausrüstung / antistatic finish || ~**es Ausrüstungsmittel** / antistat *n*, antistatic agent
Anti·felt-Ausrüstung *f* / antifelt finish || ~**felt-Behandlung** *f* / antifelt[ing] *n* || ~**ferment** *n* / antiferment *n*
Antifilz·ausrüstung *f* / antifelt finish || ~**behandlung** *f* / antifelt[ing] *n* || ~**chlorieren** *n* / chlorination shrink proofing *n* || ~**mittel** *n* / antifelting agent
Anti·friktionsbehandlung *f* / antifriction treatment || ~**fungal** *adj* / antifungal *adj* || ~**glissausrüstung** *f*, rutschfeste Ausrüstung (Skibekleidung) / antigliss finish || ~**haftausrüstung** *f* / antiblocking finish || ~**haftmittel** *n* / antiblocking agent
antik·es Motiv / ancient motif || ~**er Purpur** / Phoenician purple, Tyrian purple
Antikatalysator *m* / anticatalyst *n*
Antik·effekt *m* (Tepp) / antique effect || ~**-Handklöppelspitze** *f* / antique lace
Antikisier·verfahren *n* (Teppichwäsche) / antiques effect process || ~**wirkung** *f* (Tepp) / antique effect
Antiklebe·effekt *m* (Beschicht) / anti-tack effect, anti-adhesive effect || ~**mittel** *n* / anti-tack agent, anti-adhesive agent || ~**wirkung** *f* / anti-adhesive effect, anti-tack effect
Antikletten-Effekt *m* (Strumpf) / non-clinging effect
Antikoagulans *n* / anticoagulant *n*
Antikoagulation *f* / anticoagulation *n*
Antikoagulier[ungs]mittel *n* / anticoagulant *n*
Antikorrosionsmittel *n* / anticorrosive *n*
Antilopenfilz *m* / antelope felt
Anti·makassar *m* / antimacassar *n* || ~**migriermittel** *n* (Färb) / antimigrant *n* || ~**mikrobiell** *adj* / antimicrobial *adj* || ~**mikrobielle Ausrüstung** / antimicrobial finish || ~**mikrobiotika** *n pl* / antimicrobiotics *pl* || ~**mikrobische Ausrüstung** / antimicrobial finish
Antimon *n* / antimony *n* || ~**chlorid** *n* / antimony chloride || ~**farbe** *f* / antimony pigment || ~**fluorid** *n* / antimony fluoride || ~**gelb** *n* / antimony yellow
Antimonin *n* / antimonine *n*, antimony lactate *n*
Antimon·laktat *n* / antimony lactate, antimonine *n* || ~**oxid** *n* / antimony oxide || ~**reserve** *f* / antimony resist || ~**salz** *n* / antimony salt || ~**tannat** *n* / antimony tannate || ~**weiß** *n* / antimony white
Anti·mykotikum *n* / antimycotic *n* || ~**mykotisch** *adj* / antifungal *adj* || ~**mykotische Ausrüstung** / antimycotic finish, fungicide finish || ~**netzwirkung** *f* / antiwetting effect || ~**oxydans** *n* (pl. Antioxydantien), Antioxydationsmittel *n* / antioxidant *n*, age resistor || ~**picking-Ausrüstung** *f* (gegen flusiges Aussehen) / antipicking finish || ~**pilling-Ausrüstung** *f* (gegen Knoten- und Noppenbildung [„Pills"] bei Textilien aus Fasergarn) / antipilling finish || ~**reduktionsmittel** *n* (Textdr) / antireducer *n*, antireducing agent || ~**schaummittel** *n* / antifoam [agent], antifoaming agent, defoaming agent, defoamer *n*, foam inhibitor, froth preventing agent, foam suppressor || ~**schmutzausrüstung** *f*, aktive Schutzausrüstung / anti-soil[ing] finish, soil-repellent finish, dirt-repellent finish || ~**schrumpfausrüstung** *f* / antishrink finish, non-shrink finish || ~**schrumpfbehandlung** *f* / antishrink treatment || ~**septikum** *n* / disinfectant *n* || ~**septikum gegen Schimmel** / antimildew agent || ~**septisch** *adj* / antiseptic *adj* || ~**snag-Ausrüstung** *f*, Antisnagging-Ausrüstung *f* (laufmaschensichere Ausrüstung) (Strumpf) / anti-snag finish, anti-snare finish || ~**snagmittel** *n* / anti-snag agent || ~**snarl-Vorrichtung** *f* / anti-snarl device
Antisoiling-Effekt *m* / anti-soiling effect
Antisoil-Mittel *n* / antisoil agent
Antistatik·behandlung *f* / antistatic treatment || ~**gerät** *n*, Antistatikum *n* / antistat, destaticizer *n* (US), antistatic agent || ~**mittel** *n* / static eliminator
antistatisch *adj* / antistatic *adj* || ~ **ausrüsten** / make antistatic || ~**e Ausrüstung** / antistatic finish || ~**es Ausrüstungsmittel** / antistat, antistatic agent || ~**e Eigenschaft** / antistatic behaviour || ~**es Öl** / antistatic oil
Anti·vergrauungsmittel *n* / anti-redeposition agent || ~**weinsäure** *f* / mesotartaric acid
antönen *v* (unerwünscht) (Färb) / stain *v*
antreiben *v* / drive *v*
Antriebswalze *f* / driving roller
Antwerpener Blau *n* / Antwerp blue || ~ **Spitze**, Antwerpspitze *f* / Antwerp lace, Flanders lace, Flemish lace
anwalken *v* / full lightly (US)
Anwalzen *n* (Ausrüst) / light calendering, light rolling
anwärmen *v* / preheat *v*
Anwebstelle *f* (Web, Defekt) / starting bar, starting place
Anwendungs·gebiet *n* / field of application || ~**methode** *f* / method of application || ~**technische Eigenschaften** / performance properties || ~**vorschrift** *f* / application directive || ~**weise** *f* / method of application
Anzahl *f* **der Maschenreihen** / number of courses || ~ **der Maschenstäbchen** / number of wales
anzetteln *v* (Web) / warp *v*
anziehen *v* / attract *v*
Anzug *m* / suit *n* || ~ **mit Nadelstreifen** / pin-striped suit || ~**hose** *f* / dress slacks *pl* || ~**stoff** *m* / suiting *n* || ~**stoff für Geistliche** / cassock cloth
anzünden *v* / ignite *vt* || ~ *n* / ignition *n*
Anzwirner *m* (Web) / piecer *n*
apart *adj* (Mode) / stylish *adj*, distinctive *adj*
apfelgrün *adj* / apple-green *adj*
Äpfelsäure *f* / malic acid
Apfelsinenschaleneffekt *m* (Defekt: Durchdrücken der Oberflächenstruktur) (Beschicht) / orange-peel effect
apolar·e Adsorption / non-polar adsorption || ~**er Rest** (oberflächenaktives Mittel) / non-polar residual group
Apothekerzwirn *m* / druggists' twine
Apparat *m* (Färb) / circulating-liquor machine || ~ **für dreifache Fadenwechsel** / three-colour striping

tackle || ² **nach dem Packsystem** (Färb) / machine of the pack system, pressure type apparatus
Apparatefärben *n*, Apparatefärberei *f*, Apparatefärbung *f* / package dyeing, machine dyeing (moving liquor), dyeing on circulating liquor machines
apparativ·e Anschmutzung (Tepp) / mechanical soiling || ~**e Farbabmusterung** / instrumental colour matching
Apparatschnellfärberei *f* / rapid package dyeing
Appenzeller Stickerei *f* / Appenzell embroidery
Applikation *f* / appliqué [work] *n*, ornament *n* || ² (Putzmacherei) / motif *n* || ²**en** *f pl* / ornamentations *pl*, ornaments *pl*
Applikations·arbeit *f* / appliqué [work] *n* || ²**foulard** *m* (Färb) / pad *n*, padder *n*, padding machine, padding mangle, slop-padding machine, finishing on the padder, foulard *n* || ²**spitze** *f* / appliqué lace || ²**spitze mit Blumen- und Blattmuster** / sprig lace || ²**stich** *m* / appliqué stitch || ²**stickerei** *f* / appliqué embroidery || ²**teppich** *m* / felt carpet with inlaid ornamentation || ²**verfahren** *n* / coating method
Applizierung *f* / trimming *n*, facing *n*
Appositionsfärbung *f* / apposition dyeing
Appret *n* (Ausrüst) / appret *n*, finish *n* || ²**analyse** *f* / finish analysis || ²**brechen** *n* / button breaking || ²**brecher** *m*, Appreturbrechmaschine *f*, Appretbrechmaschine *f* / [fabric] softening machine, finish breaking machine, cloth breaking machine, softener *n*, finish breaker || ²**brecher** (Knopfbrechmaschine) (DIN 64990) / button breaker
Appreteur *m* / [chemical] finisher
Appretgemisch *n* / finishing mix
Appretieranlage *f* / chemical finishing plant
appretieren *v* / finish *v*, dress *v*, proof *v* || ~ (Tepp) / size *v* || ² *n* / finish[ing] *n*, textile finishing, proofing *n*, dressing *n* || ² (bes. Tepp) / sizing *n*
appretier·fähig *adj* / capable of taking a finish || ²**hilfsmittel** *n* / finishing agent (cotton) || ²**kalander** *m* / finishing calender || ²**maschine** *f* / [chemical] finishing machine, dressing machine || ²**mittel** *n* / finishing agent, finishing auxiliary, chemical finishing agent || ²**spannrahmen** *m* / finishing stenter
appretiert·er Rücken (Tepp) / sized backing || ~**er Stoff** / finished fabric
Appretier- und Dekatiermaschine *f* / finishing and decat[iz]ing machine || ²**- und Imprägnierfoulard** *m* / padding and impregnating machine
Appretkessel *m*, Appretkocher *m* / starch boiler, finish boiler, size cooker
Appretur *f* / finish[ing] (cotton) *n*, proofing *n*, finish[ing] (cotton) *n* || ² **durch Heißpressen** / hot-pressed finish || ²**anstalt** / chemical finishing plant || ²**brechmaschine** *f* (DIN 64990) (Ausrüst) / finish breaker, finish breaking machine || ²**echtheit** *f* / fastness to finishing operations || ²**effekt** *m* / chemical finishing effect, finish effect || ²**eigenschaft** *f* / finish property || ²**fähigkeit** *f* / capacity to take the finish || ²**flotte** *f* / finishing liquor, finishing bath || ²**foulard** *m* (DIN 64990) / chemical finishing padder, finishing padder, padding and impregnating machine, impregnation padder || ~**freier Musselin** / mull muslin || ²**hilfsmittel** *n* / auxiliary chemical finishing agent, dressing auxiliary, wet processing assistant || ²**leim** *m* / finishing size || ²**lösung** *f* / finishing liquor, finishing bath || ²**maschine** *f* (DIN 64990) / [chemical] finishing machine, textile finishing machine, dressing machine || ²**masse** *f* / finishing dope, finishing paste, finishing material || ²**meister** *m* / foreman finisher || ²**mittel** *n* / finishing agent, dressing *n*, finishing auxiliary, chemical finishing agent || ²**nachbehandlung** *f* (DIN 64990) / final finish || ²**öl** *n* / finishing oil, textile oil, batching oil, tearing oil || ²**paste** *f* / finishing paste || ²**saal** *m* / finishing room || ²**seife** *f* / soap for finishing purposes || ²**umschlag** *m* / change in shade due to finishing process || ²**verfahren** *n* / finishing process, [chemical] finishing method || ²**walze** *f* / finishing bowl || ²**wanderung** *f* / finish migration || ²**wirkung** *f* / finish effect
aprikosen·farben *adj*, aprikosengelb *adj* / apricot *adj* || ²**gummi** *n m* / apricot gum || ²**haut** *f* / duvetine *n*, duvetyn *n* || ²**kernöl** *n* / apricot kernel oil
aquamarin·blau *adj* / aquamarine blue *adj* || ~**grün** *adj* / aquamarine green *adj*
Aquarellfarbe *f* / water-colour shade
äquivalent·e Garnnummer / equivalent count || ²**gewicht** *n* / equivalent weight
Äquivalenz *f* / equivalence *n*
AR, Ardein *n* / ardeine *n*
Arabeske *f* / arabesque *n*
Arabias *m*, Arabienne *m* (grobfädiges buntgewebtes [Bauern-]Taschentuch aus Halbleinen oder Baumwolle) / arabias *n*, arabiennes *n*
Arabingummi *n m* / gum arabic, acacia gum
arabischer Teppich / Arabian carpet
Arachisöl *n* / arachis oil, groundnut oil, nut-oil *n*
Arachne-Verbundstoff *m* / arachne fabric
Aralacfaser *f*, Aralac-Proteinfaser *f* / casein aralac
Aralkylsulfonat *n* (für den Aufbau synthetischer Waschmittel) / aralkyl sulphonate
Araminafaser *f* / guaxima fibre
Aran-Strickware *f* / Aran *n* (patterned knitwear)
Aräometer *n* / areometer *n*, densimeter *n*, hydrometer *n* || ² **mit Bauméskala** / Baumé tester || ² **mit Twaddle-Skala** [für schwere Flüssigkeiten; x ° Tw. = (Dichte - 1) · 200, Bezugstemperatur = 60° F] / Twaddle hydrometer
Arbeiten *n* **mit geschlossenem Fach** (Web) / working with a closed shed || ² **mit offenem Fach** (Web) / working with an open shed
Arbeiter *m* (Spinn) / worker [roller], working roller || ²**krempel** *f* (Vlies) / worker *n*, working roller || ²**walze** *f* (Spinn) / working roller, worker [roller]
Arbeits·anzug *m* / work dress, workmen's overall || ²**breite** *f* (Tuchh) / working width || ²**fuß** *m* **der Nadel** / needle heel || ²**gemeinschaft** *f* **deutscher Strumpfstrickereien** / Association of German Hosiery Manufacturers || ²**haken** *m* (Strick/Wirk) / lug *n* || ²**handschuhe** *m pl* / industrial gloves || ²**handschuhflanell** *m* / glove flannel (for work gloves) || ²**hemd** *n* / working shirt || ²**hürde** *f* (wird bei der Lumpensammlung verwendet) / sorting screen || ²**kittel** *m* / [industrial] overall[s], coverall[s] (US), frock *n*, smock *n* || ²**kleid** *n* / work dress || ²**kleidung** *f* / industrial clothing, work clothing, working clothes *pl*, working wear, workwear *n* || ²**kleidungsstoff** *m* / work clothing fabric, workwear fabric || ²**kombination** *f* / coverall[s] (US) || ²**köper** *m* / overall twill, twill for

working clothes || ²**muster** *n* / sample *n* (esp of fabric)
Arbeitsschutz·bekleidung *f*, Arbeitsschutzkleidung *f* / worker's protective clothing, protective working clothes *pl*, industrial clothing, workwear *n* || ²**kleidung** *f* (DIN 23325, DIN 4847) / worker's protective clothing || ²**qualität** *f* / quality for workers protective clothing
Arbeits·tasche *f* / reticule *n* || ²**tisch** *m* (Färb) / operating table || ²**uniform** *f* / fatigues *pl* (US), fatigue clothes (US) || ²**vermögen** *n* (des Garns) / springiness *n* (yarn), stretch recovery || ²**walze** *f* (Spinn) / worker [roller], working roller || ²**weise** *f* / mode of operation
Archimedeswicklung *f* / Archimedean winding
Ardamu-Rohseide *f* / ardamu silk (from Iran)
Ardasse-Rohseide *f* / ardasse *n*
Ardassinestoff *m* (feine persische Seide) / ardassine *n*
Ardein *n*, AR / ardeine *n* || ²**faser** *f* / ardeine fibre, arachin fibre
Ardil *n* (Erdnußproteinfaser) / ardil *n*, Ardil *n* (synthetic peanut protein fibre)
A_{rel}, relative Absättigung (Färb) / relative saturation value, sat rel
Argalischafwolle *f* / argali wool
Argentanklöppelspitze *f* / point d'Argentan (Fr)
Argentellaspitze *f* / argentella lace
argentinische Wolle / Argentine wool, Buenos Aires wool
Arginin *n* / arginine *n*
Argudanbaumwolle *f* **aus China** / argudan *n*
Argyle-Muster *n* / Argyle [pattern] *n*
Aridyedruck *m* (Verfahren zur Fixierung von Pigmentfarben) / aridye *n*
Ariminafaser *f* / ariminya *n* (a bast fibre from Brazil, used to make ropes)
Aristoteppich *m* / aristo carpet
arithmetisches Mittel / arithmetic mean
Arizonabaumwolle *f* / Arizona cotton
Arkaden *f pl* / cords to raise the threads
Arm *m* (Web) / sword *n* || ²**abwärtsnähmaschine** *f* / upwards arm sewing machine, feed-off-the-arm sewing machine || ²**aufwärtsnähmaschine** *f* / feed-up-the-arm sewing machine || ²**binde** *f* / armband *n*, armlet *n* || ²**blatt** *n* / [dress] shield, underarm pad, dress preserver || ²**blattbatist** *m* / dress shield batiste || ²**blattkattun** *m* / dress shield calico
Ärmel *m* / sleeve *n*, arm *n* || **mit kurzen ~n** / short-sleeved *adj* || ²**aufschlag** *m* (Näh) / sleeve cuff || ²**ausschnitt** *m* (Näh) / armhole *n*, arm scye, sleevehole *n* || ²**bügelbrett** *n* / sleeve-board *n* || ²**bund** *m*, Ärmelbündchen *n* / cuff *n* || ²**einnähmaschine** *f* / sewing machine for applying sleeves || ²**futter** *n*, Ärmelfutterstoff *m* / sleeve lining || ²**halter** *m* / sleeve-band *n* || ²**keil** *m* (Näh) / sleeve gusset || ²**loch** *n* (Näh) / armhole *n*
ärmellos *adj* / sleeveless *adj* || **~e Kleiderschürze** / pinafore *n* || **~es Trikot** (für Akrobaten) / leotard *n* || **~er Umhang** / mantle *n*
Ärmel·maschine *f* / sleeve machine || ²**plättbrett** *n* / sleeve-board *n* || ²**saum** *m* / sleeve hem || ²**schlitz** *m* / sleeve opening || ²**schoner** *m* / protective sleeve, oversleeve *n*
Armierung *f* (Strumpf) / reinforcement *n*
Arm·loch *n* (Näh) / armhole *n* || ²**nähmaschine** *f* / cylinder-bed sewing machine || ²**ständer** *m* (Näh) / arm standard
Armure *f* (webgemusterter Stoff), Armüre *f* / armure *n* || ²**stoffe** *m pl* (kleingemusterte Seidengewebe in diagonalversetzter Querripsbindung) / armure dress goods
Arnika·blütenöl *n* / arnica [flowers] oil || ²**wurzel** *f* / arnica root
aromaten·arm *adj* / containing only small amounts of aromatic compounds || **~haltiges Testbenzin** / white spirit containing aromatic compounds
aromatisch *adj* / aromatic *adj* || **~er Kern** / benzene ring || **~er Kohlenwasserstoff** / aromatic hydrocarbon
Arras·-Spitze *f* / Arras lace || ²**-Wandteppich** *m* / Arras tapestry [wall covering]
Arretierungstrommel *f* (Strick/Wirk) / index drum
Arrowroot *n* (für Appreturzwecke) / arrowroot *n*
Arsen *n* / arsenic *n*
Arsenat(III) *n* (früher Arsenit) / arsenite *n*
Arsendampf *m* / arsenic vapour
arsenigsaures Salz / salt of arsenious acid
Arsenitreserve *f* / arsenite resist
Arsen·säure *f* / arsenic acid || ²**trisulfid** *n* / arsenic trisulphide
artfremde Farben *f pl* / dissonant colours
Artikel *m* / goods *pl*, piece *n*, fabric *n*, fabrics *pl*
Artischockengrün *n* / artichoke green
Aryl·amin *n* / arylamine *n* || ²**äther** *m* / aryl ether
Arylid *n* / arylide *n*
arylieren *v* / arylate *v*
Arylsulfo·chlorid *n* / aryl sulphochloride || ²**säure** *f* / aryl sulphonic acid
Asbest *m* / asbestos *n*, asbestus *n* || **aus ² hergestelltes Tuch** / abestrine cloth || **~artig** *adj* / amianthine *adj* || ²**faser** *f* / asbestos fibre || ²**filter** *m n* / asbestos filter || ²**filz** *m* / asbestos felt || ²**flocken** *f pl* / asbestos wool || ²**garn** *n* / asbestos yarn || ²**gewebe** *n* / asbestos cloth, asbestos fabric || ²**gewebe mit Baumwolle** / asbeston *n* || ²**handschuhe** *m pl* / asbestos gloves || ²**kleidung** *f* / asbestos clothing || ²**leinwand** *f* / asbestos linen || ²**mischgarn** *n* / asbestos yarn
Asbeston *m* / asbeston *n*
Asbest·schnur *f* / asbestos cord || ²**schutzkleidung** *f* / asbestos clothing || ²**spinnmaschine** *f* / asbestos spinning machine || ²**spinnstoffwaren** *f pl* / asbestos textile goods *pl* || ²**tuch** *n* / asbestos cloth, asbestos fabric || ²**vorgespinst** *n* / asbestos roving || ²**wolle** *f* / asbestos wool || ²**-Zement-Filz** *m* / asbestos cement felt, A/C felt
asche·arm *adj* / having a low ash content || **~frei** *adj* / ash-free *adj*
Aschen·bestimmung *f* / ash determination || **~frei** *adj* / ash-free *adj* || ²**gehalt** *m* / ash content || ²**probe** *f* / ash test
asch·farben *adj*, aschfarbig *adj* / ash-coloured *adj*, ashy *adj* || **~farbige Nuance** / ash shade || **~grau** *adj* / ash-grey *adj*, cendre *adj*
Ascot-Krawatte *f* / ascot *n* (GB)
Ashmarajute *f* (aus Indien) / ashmara jute
Ashmouni-Baumwolle *f* (aus Ägypten) / ashmouni cotton
asiatische Seide / Asiatic silk
Asklepiasfaser *f* / milkweed fibre (used as stuffing for mattresses and pillows), silkweed fibre, asclepias cotton, asclepias fibre
Askotkrawatte *f* / ascot *n* (GB)
Asparagin *n* / asparagine *n* || ²**säure** *f* / aspartic acid
Assam-Baumwolle *f* (Indien) / assam *n*
Assemblieren *n* (DIN 62500) / assembly beaming

Assili-Baumwolle *f* (aus Ägypten) / Assili cotton
Assouplierbad *n* (Seide) / half-boil bath, partial boiling bath
assouplieren *v* (Seide) / half-boil *v* || **≈** *n* (Halbentbasten von Seide) / assouplissage *n*, half-boiling *n*, partial boiling
assoupliert *adj* / partially scoured (silk)
ästhetische Wareneigenschaft / aesthetic fabric property
Astrachan *m* / astrakhan *n* (fur) || **≈gewebe** *n* / astrakhan fabric (base fabric of cotton, pile of mohair, silk or rayon), astrakhan cloth || **≈imitation** *f* / curl pile
astrachanisieren *v* (kräuseln) / astrakhanize *v*
Astrachan·-Plüschgewebe *n* / astrakhan fabric (base fabric of cotton, pile of mohair, silk or rayon), astrakhan cloth || **≈stoff-Imitat** *n* / knitted astrakhan || **≈wolle** *f* / astrakhan wool
Astroquarzgewebe *n*, Astroquarzlaminat *n* / astroquartz fabric (ablative fabric laminate)
Asymmetrie *f* / dissymmetry *n*, asymmetry *n*
asymmetrisch·er Ausschnitt / asymmetric neckline || **~e Hitzetexturierung** / asymmetric heating (texturing)
ataktisch *adj* (Polymer) / atactic *adj*
Äthan *n* / ethane *n*
Äthanal *n* / ethanal *n*, acetic aldehyde, acetaldehyde *n*
Äthanamid *n* / acetamide *n*, acetic acid amine, ethanamide *n*
Äthanol *n* / ethanol *n*, ethyl alcohol || **≈amin** *n* / ethanolamine *n*
Äthanoyl *n* / acetyl *n* || **≈chlorid** *n* / acetyl chloride, ethanoyl chloride
Äthansäure *f* / acetic acid || **≈anhydrid** *n* / acetic [acid] anhydride, acetyl oxide
Äthen *n* / ethylene *n*
Äther *m* / ether *n* || **≈harz** *n* / ether resin
ätherisches Öl / ethereal oil
äther·löslich *adj* / ether-soluble *adj* || **≈seide** *f* / cellulose ether rayon || **~unlöslich** *adj* / ether-insoluble *adj*
Äthinyl *n* / acetylenyl *n*
äthoxylieren *v* / ethoxylate *v*
Äthoxylierung *f* / ethoxylation *n*
Äthoxylierungs·grad *m* / degree of ethoxylation || **≈produkt** *n* / ethoxylation product
Äthoxylin *n* / ethoxylene *n* || **≈harz** *n* / ethoxylene resin
Äthyl *n* / ethyl *n* || **≈acetat** *n* / ethyl acetate || **≈alkohol** *m* / ethyl alcohol, ethanol *n* || **≈amin** *n* / ethylamine *n*
Äthylat *n* / ethylate *n*
Äthyl·äther *m* / ethyl ether || **≈benzol** *n* / ethyl benzene || **≈butyrat** *n* / ethyl butyrate
Äthylen *n* / ethylene *n* || **≈-Äthylacrylat-Kopolymerisat** *n* / ethylene ethyl acrylate copolymer || **≈carbonat** *n* / ethylene carbonate || **≈chlorhydrin** *n* / ethylene chlorohydrin || **≈chlorid** *n* / ethylene chloride || **≈diamin** *n* / ethylenediamine *n* || **≈diamintetraessigsäure** *f*, AeDTE, ÄDTE / ethylenediamine tetraacetic acid (EDTA) || **≈dichlorid** *n* / ethylene chloride || **≈glykol** *m* / ethylene glycol || **≈harnstoff** *m* / ethylene urea, imidazolidone *n* || **≈imin** *n* / ethylene imine || **≈oxid** *n* / ethylene oxide, oxirane *n* || **≈oxidaddukt** *n* / ethylene oxide adduct || **≈tetrachlorid** *n* / ethylene tetrachloride || **≈trichlorid** *n* / ethylene trichloride
Äthyl·ester *m* / ethyl ester || **≈formiat** *n* / ethyl formate, formic ether || **≈glykol** *n* / ethyl glycol || **≈glykolacetat** *n* / ethyl glycol acetate || **≈hexanol** *n* / ethyl hexanol || **≈hydrosulfid** *n* / ethyl mercaptan
Äthylidenmilchsäure / lactic acid
äthylieren *v* / ethylate *v*
Äthylierung *f* / ethylation *n*
Äthyl·laktat *n* / ethyl lactate || **≈merkaptan** *n* / ethyl mercaptan || **≈nitrat** *n* / nitric ether || **≈propionat** *n* / ethyl propionate || **≈schwefelsäure** *f* / ethyl sulphuric acid || **≈tartrat** *n* / ethyl tartrate || **≈weinsäure** *f* / ethyl tartaric acid || **≈zellulose** *f* / ethyl cellulose
Atlas *m* (kräftigeres atlasbindiges Gewebe) / atlas *n* || **≈ mit zwei Steigungszahlen** / two-step sateen
atlasartig angeordnete Florschüsse *m pl* / pile picks arranged as a satin weave || **~er Einzug** / skip draft
Atlas·band *n* / satin ribbon || **≈barchent** *m* / satin top || **≈bindepunkt** *m* / satin binding point
atlasbindig·e Baumwolle / sateen *n*, satin *n* || **~er Damast** / double damask || **~ gemusterter Damast** / damask satin || **~er Krepp** / crepe-back satin, crepe satin (double-sided fabric for dresses and blouses), satin crepe || **~e Viskose-Filament-Duchesse** / cote satinée (Fr) || **mit ~er Oberseite** / satin-faced
Atlasbindung *f* / satin weave, atlas weave, sateen weave || **vierbindige ≈** / four-end satin weave
Atlas·brokat *m* / brocaded satin || **≈einreihung** *f* / satin draw-in draft || **≈filet** *n* / atlas net || **vierbindiges ≈gewebe** / four-shaft satin weave || **≈grat** *m* / satin rib || **≈grund** *m* / satin ground || **≈-Launder-Ometer** *n* (Schüttelapparat) (Matpr) / Atlas Launderometer || **≈legung** *f* (Strick/Wirk) / atlas lapping || **≈punkt** *m* / satin point || **≈reihung** *f* / satin draw-in draft || **≈spinner** *m* / attacus altissima || **≈trikot** *n* / atlas tricot
atmen *v* / breathe *v* (of cloth)
atmend *adj* / breathing *adj* (cloth) || **~es Gewebe** / breathable fabric
atmosphärische Trocknung / open-air drying, air drying, drying in the open air
atmungs·aktiver Stoff / fabric with good breathing properties || **≈fähigkeit** *f* / breathability *n*
atro *adj* (absolut trocken) / bone-dry *adj*
Attritor *m* / attritor *n*
ätzalkalisch *adj* / caustic alkaline || **~e Fällflüssigkeit** / caustic alkaline precipitant || **~es Mittel** / caustic alkaline medium
Ätz·ammoniak *n* / caustic ammonia, ammonium hydroxide, ammonium hydrate || **≈artikel** *m pl* / discharge style
ätzbar *adj* / dischargeable *adj* || **~e Grundfarbe** / dischargeable ground || **weiß ~** / dischargeable to white
Ätzbarit *m* / caustic baryta
Ätzbarkeit *f* / dischargeability *n*
Ätz·beizdruck *m* (Textdr) / enlevage *n* || **≈beize** *f* (Färb) / chemical discharge, discharge mordant || **≈beschleuniger** *m* (Textilhilfsmittel) / discharge accelerator || **~beständig** *adj* / discharge-resistant *adj* || **≈beständigkeit** *f* / fastness to discharge || **≈boden** *m* (Textdr) / discharge ground, discharge bottom || **≈druck** *m* / discharge print, discharge printing || **≈druckartikel** *m pl* / discharge print articles, discharge style, discharge prints || **≈druckfarbe** *f* / discharge printing colour ||

≗druckpaste *f* / discharge printing paste

Ätze *f*(Textdr) / discharge *n*, discharge paste || **mit einer ~ bedrucken** / discharge-print *v*

Ätzeffekt *m* / discharge effect

ätzen *v*(Chem) / etch *v* || ~ (Textdr) / discharge *v*, mordant *v* || ≗ *n*(Textdr) / discharging *n* || ≗ (Chem) / etching *n* || ≗ **mit Chloraten** / chlorate discharge

ätzend *adj* / caustic *adj*

Ätz·farbe *f* / etching ink, discharge colour || **≗fläche** *f* / discharged area, discharged portion || **≗fond** *m* / discharge ground, discharged ground || **≗gewebe** *n* / fabric with burnt-out effects || **≗grund** *m* / discharge ground, discharged ground || **≗hilfsmittel** *n* / discharging assistant || **≗kali** *n* / caustic potash, potassium hydroxide, potassium hydrate || **≗kaliküpe** *f* / caustic potash lye || **≗kalk** *m* / caustic lime, unslaked lime || **≗kombination** *f* / combination of discharging agents || **≗kraft** *f* / causticity *n* || **≗lauge** *f* / caustic liquor || **≗lösung** *f* / etching solution || **≗maschine** *f* / etching machine, cauterizing machine || **≗mittel** *n*(Chem) / caustic agent || **≗mittel** (Textdr) / discharge agent, discharging agent || **≗mittel** (Färb) / chemical discharge || **≗muster** *n* / discharge design || **≗natron** *n* / caustic soda, white caustic, sodium hydroxide, sodium hydrate || **≗natronlauge** *f* / soda lye || **≗papp** *m* / discharge paste || **≗paste** *f* / discharge paste, resist[ing] agent, resist paste, discharge printing paste, reserving agent || **≗pastenkombination** *f* / combination of discharging pastes

Ätzreserve *f* / discharge resist, discharged resist || **≗artikel** *m* / discharge resist article || **≗druck** *m* / discharge resist printing || **≗verfahren** *n* / discharge resist process

Ätz·rezept *n* / discharge formula || **≗salz** *n* / discharge salt || **≗samt** *m* / burnt-out velvet || **≗schablone** *f* / etched rotary screen || **≗spitze** *f*, Luftspitze *f* / air-lace *n*, etched lace, burnt-out lace || **≗stelle** *f* / discharged portion || **≗stickerei** *f* / burnt-out embroidery, burnt-out pattern || **≗tiefe** *f* / etching depth

Ätzung *f*(Chem) / etching *n* || ≗ (Textdr) / discharge *n*

Ätz·verfahren *n*(Chem) / etching method, etching process || **≗verfahren** (Textdr) / discharge process, discharge method || **≗vorschrift** *f* / discharge formula || **≗weinstein** *m* / caustic tartar || **≗weiß** *n* (Textdr) / white discharge || **≗wirkung** *f* / discharge action, discharge effect, discharging action

aubergine *adj*(Kol) / aubergine [violet]

Aufbau *m*(Chem) / build-up *n*

aufbäumen *v*(Web) / wind up *v*, take up, batch *v*, roll on the beam, beam *v* || ≗ *n*(Web) / batching-up *n*, turning-on *n*, take-up *n*, setting *n*, winding-up *n*, beaming *n* || ≗ (Baumwolle) / dressing *n*(cotton)

Aufbäum·gestell *n*(Web) / beaming frame || **≗maschine** *f* / warp beaming machine

Aufbäumung *f* / beaming *n*

Aufbau·stoff *m*, Builder *m*(Detergent.) / builder *n* || **≗vermögen** *n*(Farbstoff) / build-up *n*

aufbereiten *v*(Hadern) / break *v*(rags)

Aufbereitung *f*(Färb) / finish *n* || ≗ (von Hadern) / breaking *n*(rags)

Aufbereitungsanlage *f* **für Laugen** / installation for preparing liquors

aufblasbar·es Gewebe / inflatable fabric || **~e Schwimmweste** / Mae West

Aufbrausen *n* / effervescence *n*

Aufbreitmaschine *f* / blower and spreader

Aufbringen *n* **von Avivagen** / finishing *n*

aufbügeln *v* / fuse on

aufbürsten *v* / brush on

aufdecken *v*(Strumpf) / widen *v* || ≗ *n*(Strick/Wirk) / transferring *n* || ≗ (Strumpf) / widening *n*

Aufdeck·masche *f* / eyelet stitch || **≗maschine** *f* / eyelet machine || **≗maschine für Ananasmuster** (Strick/Wirk) / pelerine machine || **≗muster** *n*(Strick/Wirk) / eyelet pattern || **≗platine** *f*(Strick/Wirk) / eyelet jack, pelerine jack

Aufdockbleiche *f* / batch bleaching process, pad roll bleaching, cold roll bleach

aufdocken *v* / batch [up], wind *v*(yarn), wind up, wind into skeins || ≗ *n*(Spinn) / reeling *n* || ≗ / winding *n*, winding up || ≗ **bei konstanter Spannung** / constant tension winding, winding under constant tension || ≗ **mit konstantem Brems-Drehmoment** / constant torque winding, winding under constant torque

Aufdock·maschine *f* / roll-up mechanism || **≗rahmen** *m* / winding frame, winder *n*, winding machine || **≗spule** *f* / winding bobbin, take-up bobbin, take-up spool, doubler bobbin || **≗verfahren** *n* / batch-up method, winding-up method, roll-up method || **≗vorrichtung** *f* / batching equipment

aufdrehen *v* / untwist *v*, detwist *v*(twisted yarn), unravel *v* || ~ (ein Seil) / unlay *v*(a rope) || ~ *v*(sich) / feaze *v*(yarn) || ≗ *n* / untwisting *n*

aufdrehendes Zwirnen / doubling in the opposite direction of the twist

Aufdrehverfahren *n* / untwisting method

aufdrieseln *v* / take off the warp

Aufdruck *m* / application printing, applied printing

Aufdrucken *n* **eines Bindemittels** / print bonding || ≗ **von Lackfarben** / enamel printing

Aufdruckmaschine *f* / blocker *n*

Auffangwanne *f*(Textdr) / collecting basin

auffärben *v* / redye *v*, new-dye *v*

Auffärbung *f* / redyeing process

auffasern *v* / fray *v* || ~ (die Flachsfaser vom Stengel befreien) / defibre *v*

auffetten *v*(Pigm) / let down

Aufflammen *n*(Matpr) / afterflaming *n*

Aufformziehen *n*(Strumpf) / boarding *n*

auffrischen *v*(Bad) / replenish *v*, feed up, regenerate (a bath) *v*

auffüllen *v* / bulk *v*

Auffüllflotte *f* / bulking liquor

aufgedeckte Platinenmasche / transferred [cylinder] needle loop, transferred cylinder needle stitch, transferred sinker loop, transferred stitch

aufgedreht·es Seil / unlaid rope || **~es Seilende** / fag end (rope)

aufgedrucktes Muster / printed fabric pattern, printed pattern

aufgeflockter Flor / flocked pile

aufgehen *v*(Näh) / come unstitched

aufgeklotzte Flotte / liquor taken up by the fabric

aufgelegte Arbeit / appliqué [work] *n*

aufgemacht *adj* / made-up *adj*

aufgenähtes Muster / appliqué pattern

aufgenommen werden (Färb) / take *v*

aufgepreßtes Muster / goffered design

aufgerauht *adj* / brushed-up *adj* || **~e Abseite** (Strick/Wirk) / fleece lining || **~e Futterseite von Wirkwaren** / fleece of knit goods || **~es Gewebe** / raised fabric, emerized fabric || **~er Jeansstoff** / brushed denim || **~e Oberseite** / fleeced surface ||

~**e Wolldecke** / burry blanket
aufgerichtet·er Flor / napped pile || ~**e Flornoppe** / raised loop
aufgeschlagene Manschette / turned-back cuff
aufgeschnitten·e Breite der Rundstuhlware / cut-open width (of tubular fabric) || ~**er Fadenflor** (Tepp) / cut pile || ~**e Flornoppe** (Tepp) / cut loop || ~**er Schlingenflorteppich** / cut-pile tufted carpet
aufgesetzt·e Spitze / lace insertion || ~**e Tasche** / patch pocket || ~**e Tasche mit Blasebalgfalte** (Mode) / bellows pocket
aufgespleißtes Garn (Folienfäden) *n* / split yarn
aufgesteppt *adj* / stitched-on *adj*, quilted *adj* || ~**e Kappnaht** / lap seam felling
aufgezogener Farbstoff / dyestuff taken up
aufhängen *v* / hang *v*, suspend *v*, hang up
Aufhänger *m* / tag *n* (garment)
Aufhängevorrichtung *f* / suspending arrangement
aufhaspeln *v* / reel *v*, spool *v*, wind *v*[up], wind *v* [on], batch *v*[up] || ~ (Spinn) / spool off || ≈ *n* / winding up
Aufheber *m* (Web) / neck twine, cord to raise the threads
aufheizen *v* / heat *v*, heat up || ≈ *n* / heating *n*
Aufheiz·geschwindigkeit *f* / heating-up rate, rate of heating up || ≈**phase** *f* (Färb) / heating-up phase || ≈**schacht** *m* (Bleich) / vertical steamer || ≈**zeit** *f* (Färb) / heating-up time
Aufhelleffekt *m* (Färb) / brightening effect
aufhellen *v* (Farbton) (Färb) / lighten *v*, clarify *v* || ~ (mit optischen Aufhellern) (Färb) / brighten *v* || ~ *v* (bleichen) / clear *v* || ~ *v* (eine Färbung) / reduce *v* (a dyeing) || ≈ *n* / brightening *n*, whitening *n* || ≈ **einer Färbung** / reduction of a dyeing || ≈ **und Abziehen von Fehlfärbungen** / reduction and stripping of faulty shades
Aufheller *m* / whitener *n*, fluorescent whitening agent (FWA), fluorescent whitener, optical brightening agent (OBA), optical brightener, brightening agent, brightener *n* || ≈**paste** *f* / brightener paste || ≈**wirkung** *f* / brightening effect
Aufhellung *f* / brightening *n* || ≈ **des Farbtones** / clearing of the shade || ≈ **des Purtons einer Färbung**, Aufhellung *f* des Volltons einer Färbung / reduction of full shade || ≈ **einer Fehlfärbung** / reduction of faulty shade
Aufhellungs·bad *n* / brightening bath || ≈**grad** *m* / whiteness degree || ≈**mittel** *n* (Färb) / partial stripping agent || ≈**mittel** s. Aufheller || ≈**verhältnis** *n* / reduction ratio || ≈**vermögen** *n* (DIN 5033) / excitation purity || ≈**wert** *m* / brightening value
Aufhellvermögen *n* (Pigm, Färb) / brightening power, reducing power, lightening capacity
Aufhockabsteller *m* (Strick/Wirk) / load up stop motion
aufhocken *v* (Strick/Wirk) / bunch-up *v* || ≈ *n* **der Maschen auf den Nadeln** (Strick/Wirk) / loading up on the needles
Aufhocker *m* (Strick/Wirk) / bunch-up *n*, bunching-up *n*
Aufkalandrieren *n* / calender coating
Aufkarter *m* / card winder, card winding machine
Aufkaschieren *n* / calender coating
aufkaulen *v* / batch [up]
Aufkleb[e]-Etikett *n* / stick-on label
Aufklebe·maschine *f* / gumming apparatus || ≈**vorrichtung** *f* / gumming device || ≈**zettel** *m* / stick-on label
aufklotzen *v* (Färb) / pad *v*
aufknäueln *v* / ball *vt*
Aufkratzen *n* (Tuch) / raising *n*, napping *n*, raising the nap, teasing *n*, brushing *n*, gigging *n*
Aufkratzmaschine *f* / napper *n*, gigging machine, gig *n*
Aufladung, statische ≈ **an der Karde** / static charge at the card
Auflage *f* (Beschicht) / add-on *n*, coating add-on, coating weight || ≈**gewicht** *n* (Beschicht) / solid add-on || ≈**länge** *f* **der Druckwalze auf der Unterwalze** / length of top roller nip || ≈**menge** *f* (Beschicht) / add-on *n* || ≈**walze** *f* / feed roller
Auflaufen *n* / winding-on *n*
Aufläufer *m* / wrap *n*
Auflauf·geschwindigkeit *f* / winding-on speed || ≈**spule** *f* / winding bobbin, take-up bobbin, take-up spool, doubler bobbin || ≈**winkel** *m* / winding-on angle, winding angle || ≈**zeit** *f* (DIN 53211) (Beschicht) / flow time
Auflege·apparat *m* / laying-on device || ≈**matratze** *f* / overlay mattress
auflegen, den Faden ~ / reach the thread || ≈ *n* **(der Folie) von Hand** / hand lay-up (of sheet) || ≈ **der Schnittmuster auf den Stoff** / making the lay
Aufleger *m* / feeder *n* (carding)
Auflegetisch *m* / feed board
auflockern *v* (allg) / open *v* || ~ (Strick/Wirk) / loosen the loops || ~ (das Gewebe) / disaggregate *v* (the fabric) || ≈ *n*, Auflockerung *f* (allg) / opening *n*, loosening *n*
Auflockerung *f* **des Fasergefüges** (Vliesst) / relaxation of the fibre structure
auflösen *v* / dissolve *vt* || ≈ *n* **der chemischen Verbindung** / bond breaking
Auflösewalze *f* / opening cylinder || ≈ **an der OE-Turbine** / opening roll[er]
Auflösung *f* / dissolution *n*
Auflösungs·prozeß *m* / dissolving process || ≈**vermögen** *n* / dissolving capacity
aufmachen *v* (Gew) / make up
Aufmachung *f* / winding *n* (bobbin), making-up *n*, make-up *n* (e.g. of fibre), presentation *n*, form of supply || ≈ **auf konischen Kreuzspulen** (DIN 62511) / cone winding
Aufmachungs·art *f* / winding *n* (bobbin) || ≈**einheit** *f* (Spinn) / package *n* || ≈**form** *f* / make-up *n* (e.g. of fibre), presentation *n* (fibre), form of supply || ≈**maschine** *f* / making-up machine || ≈**maschinen** *f pl* / cloth making-up machinery, clothier's machinery
aufnadeln *v* / pin *v* || ≈ *n* / pinning *n*
Aufnageln *n* / toggling *n*
Aufnäharbeit *f* / appliqué [work] *n*
aufnähen *v* / stitch on, sew on
Aufnäher *m* (Näh) / tuck *n*
Aufnahme *f* / absorption *n* (absorbing process) || ≈ **des Farbstoffs** / dye pick-up, dye uptake || ≈ **des Imprägniermittels** / dip pick-up || ~**fähig** *adj* / absorptive *adj*, absorbent *adj* || ~**fähig** *adj* (Färb) / receptive *adj*, of good affinity || ≈**fähigkeit** *f* / absorptive capacity, absorptive power || ≈**fähigkeit für Farben** / absorbing power (of fibre), receptivity *n*, dye affinity (of fibre) || ≈**geschwindigkeit** *f* / absorption rate, rate of dye pick-up || ≈**kopf** *m* (Electronic-Style-Verfahren) / scanning head || ≈**raster** *m* / photographic screen disc || ≈**spule** *f* / doubler bobbin, winding bobbin, take-up bobbin, take-up spool || ≈**- und Streichwalze** *f* / pick-up roll || ≈**vermögen** *n*

(Chem) / absorbing power, absorptive power, absorptive capacity || ²vermögen (Phys) / capacity *n*, loading capacity || ²vermögen (Färb) / absorbing power (of fibre), receptivity *n*, dye affinity (of fibre) || ²walze *f* / pick-up roll
Aufnähmuster *n* / appliqué pattern
aufnehmbar *adj* / absorbable *adj*
aufnehmen *v* / absorb *v* || ~ (Farbstoff) (Färb) / take up
Aufnehmer *m* (Strumpf) / taker-up *n*
aufpinseln / apply by brush
aufplattieren *v* (Strick/Wirk) / plate *v* || ² *n* / plating *n* (embroidery)
Aufplattier·faden *m* / wrap thread || ²**muster** *n* (Mode) / wrap thread design, wrap thread pattern || **Einrichtung für ²muster** / wrap patterning unit || ²**musterung** *f* (für Umlegemusterung) (Mode) / embroidery plating, wrap plating, wrap striping
aufplattierter Zwickel (Strumpf) / embroidered clock, shadow clock
Aufplattierung *f* (für Umlegemusterung) (Mode) / embroidery plating, wrap plating, wrap striping
Aufplattiervorrichtung *f* / embroidery plating attachment, plating mechanism
aufpolstern *v* / pad *v*
Aufputzen *n* / trimming *n*
aufrahmen *v* (Emulsion) / cream *v*, form a cream || ~ (Tuch) / stenter *v* (GB), tenter *v* (US) || ² *n* (Emulsion) / creaming *n* || ² (Tuch) / stentering *n* (GB), tentering *n* (US)
Aufrahmung *f* / creaming *n*
Aufrahmungs·fähigkeit *f* / creamability *n* || ²**mittel** *n* / creaming agent
aufrakeln *v* / apply with a doctor blade
aufrastern *v* (Textdr) / separate into screen dots
aufräufeln *v* (Strick/Wirk) / unravel *v* || ² *n* (Strick/Wirk) / unravelling *n*
aufrauhen *v* / raise *v*, nap *v*, tease *v*, brush *v*, brush up *v* || ~ (auf der Rauhmaschine) / gig *v* || ² *n* / raising *n*, napping *n*, raising the nap, teasing (cloth) *n*, brushing *n*, gigging *n*
Aufrauh- und Bürstenstreifen *m* / raising and brush fillet
aufrecht stehender Flor (Tepp) / erect pile, upright pile, raised pile || ~ **stehende Noppe** / upright pile || ~ **stehender Teil eines Webstuhls** / cape of a loom
Aufreihen *n* (Web) / stringing *n*
Aufreihschiene *f* (Web) / stringing rail
aufreißen *v* (Tuch) / ruff *v* || **Widerstand** *m* **gegen** ² (Beschicht) / snag resistance
aufribbeln *v* (Strick/Wirk) / unravel *v* || ² *n* (Strick/Wirk) / unravelling *n*
aufrichten *v* / raise *v* (pile)
Aufriefelkraft *f* / unravelling force
aufriefeln *v* (Strick/Wirk) / unravel *v* || ² *n* (Strick/Wirk) / unravelling *n*
Aufriffelkraft *f* / unravelling force
aufriffeln *v* (Strick/Wirk) / unravel *v* || ² *n* (Strick/Wirk) / unravelling *n*
Aufroll·apparat *m* (Tuch) / winding apparatus || ²**ärmel** *m* (Mode) / roll-up sleeve
aufrollen *v* / batch [up], wind up || ² *n* / batching [up], winding up || ² **der Bänder** / balling the slivers || ² **der Kanten** / edge curling || ² **nicht gefalteter Stoffe** (Tuchh) / flat fold
Aufroller *m* (Spinn) / lap winder, fleece roller
Aufroll·maschine *f* / cloth rolling machine, rolling machine, roll-up mechanism || ²**spule** *f* / winding-on bobbin, winding bobbin, take-up bobbin, take-up spool, doubler bobbin || ²**vorrichtung** *f* / rolling-up device || ²**walze** *f* / take-up roll[er]
Aufsatz-Evakuierungs-Rührwerk *n* (Beschicht) / vacuum stirrer placed on the mixing vessel
aufsaugbar *adj* / absorbable *adj*
aufsaugen *v* / absorb *v*
aufschäumbar *adj* / expandable *adj* (plastics)
aufschäumen *v* (Kunststoffe) / expand *v* (plastics)
Aufschiebeneigung *f* (Garn) / "shifting" tendency
Aufschieber *m*, Aufschiebung *f* / sloughing *n* (yarn)
Aufschlag *m* (einer Hose) / turnup *n* (GB), cuff *n* (US) || ²**draht** *m* / faller wire, upper wire, guide wire, building wire, front faller, yarn guide
aufschlagen *vt* (Gew) / spread *vt*
Aufschlag·hut *m* (Mode) / off-the-face hat, halo hat || ²**manschette** *f* / fold-back cuff, French cuff || ²**tuch** *n* / facing *n*
aufschlämmen *v* (Chem) / suspend *v*
Aufschlämmung *f* (Chem) / suspension *n*
aufschließen *v* / solubilize *v* || **durch Erhitzen** ~ (Verdickung) / prepare by boiling || **mit Säure** ~ / acidulate *v* || ² *n*, Aufschließung *f* / preliminary swelling (e.g. tragacanth)
Aufschließzeit *f* / time required for solubilizing
aufschlitzen *v* / split *v*
Aufschluß *m* **mit Natronlauge** / dispersion with caustic soda || ²**mittel** *n* (Chem) / disintegrating agent, hydrolyzing agent, solubilizer *n*
Aufschmelzaggregat *n* (Beschicht) / remelting unit
aufschmelzbarer Schaumstoff für die Gewebekaschierung / flame-laminable foam
Aufschmelzen *n* **von Schaumstoff** / fusion-lamination of foam, flame-lamination process
aufschnappbarer Bezugstoff (gepolstert) / snap-on cushioned upholstery
aufschneiden *v* (Wirkerei) / cut up || ~ (Rundstrickware) (Strick/Wirk) / open *v* (tubular knitted fabric), cut the loops || ² *n* (Rundstrickware) / opening *n* (tubular knitted fabric) || ² **der Laufmasche** / cutting open the mesh
aufschnüren *v* / unlace *v*
Aufschöpfstelle *f*, Aufschüttstelle *f* (Beschicht) / pouring mark
aufschwimmen *v* / float out (pigment) || ² *n* / floating *n* (pigment)
aufschwimmendes Färbegut (Färb) / floats *pl*
aufsetzen, Schwarz auf Rot ~ (Färb) / put a black colour on red
aufspalten *v* (Kasch) / delaminate *v* || ² *n* **von Seidenfäden** / exfoliation of silk filaments
Aufspanndorn *m* / arbour *n* (GB), arbor *n* (US)
aufspannen *v* / stenter *v* (GB), tenter *v* (US) || ² *n* / stentering *n* (GB), toggling *n*, tentering *n* (US) || ² **der Gaze** (Siebdr) / fixing the gauze
Aufspann·kluppe *f* / stenter pincer (GB), tenter pincer (US) || ²**stift** *m* / pitch pin
Aufspindelmaschine *f* (Spinn) / roller forcing machine
aufspindeln *v* (Spinn) / creel *v*
aufspleißen *v* / split *v* (rope)
Aufspritzen *n* **einer Kunststoff-Schutzhaut** / cocooning *n*
aufspulen *v* (Spinn) / reel *v*, bobbin *v*, quill *v*, spool *v*, wind *v*, wind up *v* || ² *n* / reeling *n*, spooling *n*, winding *n* || ² **des Spitzenwickels** / nose bunching
Aufspulmaschine *f* / spooling frame, spooler *n*
Aufstäuben *n* (Färb) / spraying *n*

Aufsteck·apparat *m* / creeling device || **~apparat für Hülsen** (Spinn) / tubing apparatus || **~brett** *n* / creel board || **~dorn** *m* / arbour *n* (GB), arbor *n* (US) || **~einrichtung** *f* / yarn supply creel
aufstecken, die Spulen ~ / creel the bobbins || **~** *n* / creeling *n* || **~ der Schußhülsen** (DIN 62510) / donning of pirns || **~ der Spulen** / creeling the bobbins
Aufsteck·gatter *n* / [bank] creel, spool rack, bobbin creel || **~hülse** *f* (DIN 61805) / cylindrical tube for pegs, cylindrical tube for skewers || **~hülse für die Kammgarnvorbereitung** / skewer for worsted yarn preparation || **~kopf** *m* (Spinn) / spindle crown, spindle head, spindle cap, spindle point || **~latte** *f* / creel board || **~platte** *f* / creel board || **~rahmen** *m* / creeling frame, [bank] creel, bobbin creel, spool rack || **~rahmenständer** *m* / creel bracket || **~spindel** *f* (Spinn) / bobbin carrier, bobbin holder, spool carrier, spool holder, bobbin skewer, creel pin || **~spule** *f* / creel bobbin || **~system** *n* (Färb) / self-supporting system || **~system** (in der Stranggarnfärberei) / metal rods to support the hanks
Aufsteckung *f* / creeling up
Aufsteck·vorrichtung *f* / creeling device || **~zeug** *n* **der Kettspulmaschine** / creel system of warping and beaming machine
aufsteigend·e Chromatographie / ascending chromatography || **~er Faden** / rising thread
aufstellen, ein Rezept ~ (Färb) / set up a recipe, formulate *v*
Aufstellung *f* **eines Rezepts** (Färb) / formulation *n*, setting up a recipe
aufsteppen *v* / quilt *v*
Aufstoß·apparat *m* (Strick/Wirk) / topping stand || **~apparatnadel** *f* (Strick/Wirk) / topping point needle || **~decker** *m* (Strick/Wirk) / topping point || **~einrichtung** *f* (Strick/Wirk) / transferring device
aufstoßen *v* / run on (loops) || **~** *n* (Strick/Wirk) / transferring *n*
Aufstoß·kamm *m* (Strick/Wirk) / transferring comb || **~nadel** *f* (Strick/Wirk) / point *n*, topping point, transfer needle || **~nadelbarre** *f* (Strick/Wirk) / points bar || **~rechen** *m* (Strick/Wirk) / running-on bar (Cotton loom), transferring bar || **~reihe** *f* (Strick/Wirk) / transferring course || **~ring** *m* (Strick/Wirk) / transfer ring || **~stellung** *f* / running-on position (loops)
Aufstreichbürste *f* (Schermaschine) / raising brush
Aufstreichen *n* / spread coating
Aufstreichkamm *m* / napping comb
Auftrag *m* (Beschicht) / coat *n* || **~ durch Walzen** (Beschicht) / roll coating
auftragen *vt* (Beschicht) / spread *v*, apply *v*, coat *v* || **~** *v* (den Farbstoff) / apply the dyestuff || **~** *v* (eine Masche) (Strick/Wirk) / cast on (a loop) || **~** *n* (Beschicht) / coating *n*
Auftrag·farbe *f* (Färb) / topical colour || **~gewicht** *n* / coating weight || **~maschine** *f* (Beschicht) / coater *n*, coating machine
Auftrags·färbung *f* / dyeing on commission || **~galette** *f* / sizing pad || **~menge** *f* (Beschicht) / add-on *n*, solid add-on || **~mischung** *f* / coating compound, coating substance || **~veredlung** *f* / commission finishing, job finishing || **~verfahren** *n* / coating method || **~vorrichtung** *f* (Beschicht) / coating equipment
Auftrag·walze *f*, Auftragswalze *f* (Beschicht) / applicator roll, coating roller, spreading roller, doctor roll[er] || **~walze**, Auftragswalze *f* (Kasch) / casting roll[er] || **~walze** (Speisewalze) (Beschicht) / feed roller || **~wanne** *f* / coating pan || **~werk** *n* (Beschicht) / applicator *n*
auftrennen *vt* / undo *v*, unstitch *v*, unravel *v* || **~** (Gewebe usw.) / unweave *v*, ravel *v* [out] || **~** *vt* (Gestricktes) / unknit *v*, undo *v* || **~ und wiederaufrollen** / backwind *v* || **eine Naht ~** / undo a seam || **sich ~** / come unstitched, come undone
Aufwallen *n* / ebullience *n*, ebulliency *n*, ebullition *n*
aufwärmen *v* / heat *v*, heat up
Aufwickel·abzug *m* / take-down mechanism with winding-up roll[er] || **~apparat** *m* / reeling apparatus, winding apparatus, take-up roll[er], winding-up apparatus, winding-on attachment || **~art** *f* / reeling system || **~einrichtung** *f* / reeling device, batching device || **~geschwindigkeit** *f* / reeling speed, winding speed || **~gestell** *n* / winding frame, winder *n*, winding machine, rolling stand || **~haspel** *f* (Spinn) / winch *n*, winding reel || **~hülse** *f* / winding sleeve || **~hülse** (Spinn) / winding tube || **~kraft** *f* (beim Aufwickeln von Geweben) / winding force || **~lage** *f* / winding layer || **~maschine** *f* (Web) / winding-on frame, winding-on machine, batching machine (for cloth)
aufwickeln *v* / reel *v*, batch [up], spool *v*, wind *v* [up] || **~** (Spinn) / take up, cop *v* || **~** (auf eine Spule) / wind [on] (to a bobbin) || **wieder ~** / backwind *v* || **zu einem Knäuel ~** / ball *vt* || **~** *n* / reeling *n*, winding up, winding *n*, batching *n* (of cloth) || **~** (auf eine Spule) / winding-on *n* (to a bobbin), take-up *n* || **~ bei konstanter Spannung** / winding under constant tension, constant tension winding || **~ der Bänder** / balling the slivers || **~ des Fadens auf die nackte Spindel** / winding the yarn on the bare spindle || **~ mit konstantem Brems-Drehmoment** / winding under constant torque, constant torque winding
Aufwickel·regler *m*, Aufwickelregulator *m* (Spinn) / winding regulator || **~schicht** *f* / winding layer || **~spannung** *f* / winding tension || **~spule** *f* / winding bobbin, take-up bobbin, take-up spool, doubler bobbin || **~stelle** *f* / winding position || **~trommel** *f* / take-up drum, winding drum, winding cylinder || **~verfahren** *n* / winding-up method || **~vorrichtung** *f* / winding mechanism, rolling-up device, reeling device || **~walze** *f* / batch roller, take-up roll[er], wind-up roller, winding roller, batching roller
Aufwickler *m* (Ausrüst) / batching device
Aufwinde·apparat *m* / winding-up apparatus || **~art** *f* / reeling system || **~draht** *m* (Spinn) / winding wire || **~draht** / faller wire, front faller || **~einrichtung** *f* / winding motion || **~geschwindigkeit** *f* / winding speed || **~haspel** *f* / winding reel
aufwinden *v* / reel *v*, batch [up], wind [on], spool, wind, wind up || **~** *n* / winding up, reeling *n*, batching [up] || **~** (auf eine Spule) / winding-on *n* (to a bobbin), take-up *n*, spooling *n*
Aufwinder *m* / guide wire, yarn guide || **~** / beamer *n* || **~** (Spinn) / winding faller || **~bewegung** *f* (Selfaktor) / faller motion || **~bügel** *m* (Selfaktor) / faller sickle
Aufwinde·regler *m* (Strick/Wirk) / governing motion || **~regler** (Spinn) / winding regulator, governor motion, strapping motion
Aufwinderwelle *f* / faller shaft
Aufwinde·spule *f* / winding bobbin, take-up bobbin,

take-up spool, doubler bobbin || **≈trommel** *f* / winding drum || **≈verfahren** *n* / winding-up method || **≈vorrichtung** *f* / take-up motion, winding mechanism || **≈walze** *f* / winding roller
Aufwindung *f* **in Kötzerform** / winding in cop form
Aufzeichenschablone *f*(Näh) / marker *n*
Aufzieh-Ausgleichtest *m*(Färb) / exhaust level test || **≈baum** *m*(Kardieren) / winder beam || **≈bereich** *m*(Färb) / pick-up range, range of dye exhaustion, uptake range, temperature range for the dyeing phase
aufziehen *v* / absorb *v* || ~ (Färb) / strike *v*, go on (to the fibre) || ~ (Strick/Wirk) / unravel *v* || **≈** *n* / absorption *n* || **≈** (Färb) / pick-up *n*, take-up *n*, absorption *n* || **≈** (Strick/Wirk) / unravelling *n* || **≈ der Farbe** / dye take-up || **≈ durch Kapillarität** / absorption by capillarity
Aufzieh·geschwindigkeit *f* / absorption rate || **≈geschwindigkeit** (Färb) / rate of dye absorption (fibre), dye absorption rate, pick-up rate, rate of strike, speed with which the dye goes on the fibre, exhaustion rate, building-up rate || **≈kurve** *f*(Färb) / absorption curve, graph of affinity, (häufig verwendet, aber nicht so korrekt) exhaustion curve || **≈optimum** *n*(Färb) / optimum affinity || **≈phase** *f*(Färb) / phase during which the dye goes on the fibre || **≈schnüre** *f pl*(Web) / lift cords || **≈verhalten** *n*, Aufziehvermögen *n*(des Farbstoffs) / affinity *n* || **≈vermögen** *n*(der Faser) / dyeing properties, absorbing power, dye affinity
Aufzugsstängelchen *n*(Web) / spring shaft
Aufzupfwalze *f* / plucker roller
Auge *n*(Web) / mail *n*
Augen·helfe *f*(Web) / mailed heddle || **≈knopfloch** *n* / eye buttonhole, eyelet buttonhole, eyelet *n* || **≈litze** *f*(Web) / eyed heddle
Auma-Maschine *f* / Auma machine
Auramin *n* / auramine *n*
Aureole *f*(Textdr) / halo *n*, corona *n*
Aureolen·bildung *f* / halo formation, halation *n* || **~frei** *adj*(Färb) / free of halo, free from halo
Aureolin *n* / aureolin *n*
Aurillac-Klöppelspitze *f* / Aurillac lace
Auripigment *n*(Färb) / orpiment *n*, king's yellow
Auronalfarbstoff *m* / auronal dyestuff
Ausarbeitung *f* **einer Färbung** / dyeing specimen
ausäthern *v*(mit Äther ausschütteln) / extract with ether
Ausbatteur *m*(Spinn) / finishing picker, finishing scutcher, finisher picker, finisher scutcher
Ausbauchung *f*(der Spule) / swell *n*(of the bobbin) || **≈** (Ballonwinkel) / ballooning angle
ausbessern *v*(Näh) / mend *v*, darn *v*, patch *v* || **≈** *n* (Näh) / mending *n*, darning *n* || **≈** (Tepp) / picking *n* || **≈ von Strumpffüßen** (Strumpf) / footing *n*
Ausbesserung *f* / darn *n*
ausbeulen *v*(einer Hose) / bag *vi*(of trousers)
Ausbeulneigung *f* / bagginess *n*
Ausbeute *f* / yield *n*
Ausbeutelung *f* / irregular sagging
Ausbeuteverlust *m*(Färb) / loss of yield
Ausblasvorrichtung *f*(Näh) / air-blast ejector
ausbleichen *vt* / bleach *vt* || ~ *vi* / fade *vi* || **≈** *n* / fading *n* || **≈ an der Luft** / atmospheric fading || **≈ durch Ozon** / o-fading *n* || **≈ in Abgasatmosphäre** / gas fume fading, gas fading || **≈ in Licht bestimmter Wellenlängen** (Färb) / phototropy *n*
Ausbleichkurve *f*(Färb) / fading curve
Ausbleichungsgrad *m* / degree of discoloration, degree of fading
Ausblühechtheit *f*(Beschicht) / fastness to blooming
Ausblühen *n* / blooming *n*
ausblut·echt *adj* / fast to bleeding || **≈echtheit** *f* / fastness to bleeding, resistance to bleeding
ausbluten *v*(Färb, Druck) / bleed *v* || ~ (Färb) / stain *vt*, mark off || **≈** *n*(Färb, Druck) / bleeding *n* || **≈** (Färb) / staining *n*, marking-off *n*, smudging of colour || **≈ der Farbe** (Textdr) / flushing *n*
Ausblutung *f*(Färb, Druck) / bleeding *n*
Ausblutungsprüfung *f* / bleeding testing
Ausbogung *f* / scallop *n*
ausbrechbare Musterscheibe / disc-type pattern wheel
Ausbrechspule *f* / break-out bobbin
Ausbreiteinrichtung *f* / expander device
ausbreiten *v* / unroll *v* || ~ *vt*(Gew) / spread *vt*, expand *v*(cloth), open out, scutch (cloth) *v*, spread out, unfold *vt* || ~ *v*(sich) / spread *vi*, diffuse *v*, spread out || **die Fäden in einer Ebene** ~ / spread out the threads on a level surface || **≈** *n*(Gew) / opening out, spreading *n*, unfolding *n*, scutching *n* (cloth) || **≈** (allg) / opening *n*
Ausbreiter (DIN 64990) *m*(Gew) / spreader *n*, expander *n*, stretcher *n*, scrimp rail, opening rail, spreading machine, stretcher bar, tension rod || **≈** *m*(Spinn) / evener frame
Ausbreit·leiste *f* / scrimp rail || **≈maschine** *f* / lap[ping] machine || **≈maschine** (DIN 64990) / stretcher *n*, spreading machine || **≈tisch** *m* / spreading table
Ausbreitungsmaschine *f*(Web) / expander *n*
Ausbreit·vorrichtung *f*(Gew) / spreading device || **≈walze** *f* / opening roll[er], rotary stretcher, spreading roller, expanding roller
Ausbrenn·artikel *m pl* / etched-out articles, soda print style, burnt-out goods || **≈druck** *m* / burnt-out print, soda print || **≈effekt** *m* / burnt-out effect
ausbrennen *v* / etch out *v*, cauterize *v*, burn out || **≈** *n* / burning out printing
Ausbrenner·paste *f*(Textdr) / burn-out paste || **≈ware** *f* / burnt-out goods
Ausbrenn·gewebe *n* / burnt-out fabric || **≈muster** *n* / etched-out pattern, devorant pattern, burnt-out pattern, aetz (manufacture of lace on a Schiffli embroidery frame) (US) *n* || **≈stickerei** *f* / burn-out embroidery || **≈teig** *m* / cauterizing paste || **≈verfahren** *n* / burn-out process, burnt-out process (for lace etc)
Ausbuchtung *f* **des Kötzers** / bulge *n*(of the cop), swell *n*
ausbügeln *v* / iron out
Ausbügelnaht *f*(Näh) / press-open seam
ausdecken *v*(Strumpf) / widen *v* || **≈** *n*(Strick/Wirk) / back-racking || **≈** (Strumpf) / widening *n*
Ausdeck·exzenter *m* / back-rack cam || **≈muster** *n* (Strick/Wirk) / transfer stitch pattern, transfer pattern, transfer design || **≈vorrichtung** *f*(Strick/Wirk) / widening attachment, widening machine, widening device
ausdehnen *vt* / stretch *vt*, expand *v*, distend *v*, dilate *v*
Ausdehnung *f* / stretch[ing] *n*, dilation *n*, expansion *n*, extension *n*, dilatation *n* || **auf das Garn einwirkende ≈** / stretch in the yarn
Ausdehnungs·gefäß *n* / expansion tank || **≈koeffizient** *m* / coefficient of [thermal] expansion, dilatation coefficient || **≈messer** *m* /

extensometer *n* || ≗**stufe** *f* / degree of stretch || ≗**zahl** *f*, Ausdehnungsziffer *f* / coefficient of [thermal] expansion
ausdrücken *v*, auspressen *v* / nip *v*
Ausdruckskala *f* / set of colour proofs
Ausdünngerät *n* **für Baumwollplantagen** / cotton chopper
ausegalisieren *v* / level out || ≗ *n* **von Fehlfärbungen** / levelling of faulty shades
auseinanderfalten *vt* / spread *vt*
Ausfahrgarnitur *f* / pram set
Ausfahrtdraht *m* (Spinn) / twisting during outward run
Ausfall *m*, Aussehen *n* / final look (of fabric), final appearance, final quality
ausfällbar *adj* / precipitable *adj*
ausfällen *v* / precipitate *v* || ≗ *n* / precipitation *n*
ausfällend *adj* / precipitative *adj*
Ausfallmuster *n* / actual result of [particular] trial, outturn sample
Ausfällung *f* / precipitation *n* || ≗ **auf der Oberfläche** / surface precipitation
Ausfällungsmittel *n* / precipitant *n*
ausfärben *v* / exhaust *v*, dye completely || **den Farbstoff voll** ~ / exhaust the dye || ≗ *n* / completion of the dyeing, exhaustion of the dye
Ausfärbung *f* / dyeing *n*, staining *n*
Ausfaserbürste *f* **der Kettelmaschine** / clearing brush
ausfasern *v* / feaze *v*, fuzz *v* || ~ (Wolle) / rove *v*, tease *v* || ~ *v* (Gewebe) / unravel *v*, ravel out || ~ *v* (sich) (von Stoffkanten) / fray *v* || ≗ *n* (Web) / unravelling *n* || ≗ (Tepp) / shedding *n* || ≗ (von Stoffkanten) / fraying *n*
Ausfließen *n* (Textdr) / flushing *n* (result: unsharp outlines) || ≗ (Färb, Druck) / bleeding *n*
ausflocken *v* / flocculate *v*, settle out in flakes || ≗ *n* / flocculation *n*, coagulation *n*
Ausflockschutzmittel *n* / antiflocculating agent
Ausflockung *f* / flocculation *n*, coagulation *n*, flocculence *n*
Ausflockungsmittel *n* / flocculant *n*, coagulant *n*, coagulating agent, coagulator *n*
Ausfluß *m*, Abwasser *n* / effluent *n* || ≗**widerstand** *m* / outflow resistance
ausfransen *v* / frazzle *v*, fray *v*
ausfransende Kante (Näh) / raw edge
ausfrans·fest *adj*, ausfransecht *adj* / ravel-proof *adj*, frayproof *adj* || ≗**festigkeit** *f* / ravelling strength
Ausfüllung *f* / stuffing *n*
Ausfüllungsfaden *m* / stuffer thread, stuffer yarn
ausfüttern *v* / stuff *v*, pad *v*
Ausfütterung *f* / stuffing *n* || ≗ (Bekleidungsstücke) / lining *n* (clothing)
Ausgabewickel *m* / finisher lap
Ausgang *m* (Kettfäden) / length of draw
Ausgangs·bad *n* / starting bath || ≗**einheit** *f* (Spinn) / count on delivery side || ≗**farbe** *f* / initial colour || ≗**flotte** *f* / starting liquor || ≗**konzentration** *f* / initial concentration || ≗**produkt** *n* / initial product, starting product || ≗**spalt** *m* (Beschicht) / roll nip at the delivery end || ≗**walze** *f* / front roll[er] || ≗**walze** (Spinn) / withdrawal roll[er]
ausgebesserte Stelle / patch *n*
ausgebeult *adj* / baggy *adj* (of trousers)
ausgebogte obere Knopfleiste / scalloped front panel
ausgebreitetes Gewebe / fabric at full width
ausgefällter Faden / coagulated thread
ausgefaserter Faden / ravelled thread
ausgefranst *adj* / frayed *adj* || ~**er Faden** / ravelled thread
ausgeglichene Drehung / balanced twist
ausgehobenes Fach (Web) / formed shed
ausgekleidet *adj*, ausgelegt *adj* / lined *adj*
ausgerichteter Faserflor / oriented web
ausgerüstete Stoffe / converted fabrics *pl*, finished fabrics *pl*
ausgesalzene Natronkernseife / salted-out hard curd soap
ausgeschlagen *adj*, ausgekleidet *adj* / lined *adj*
ausgeschnitten *adj* (Mode) / low-necked *adj*
ausgeschrumpfte Faser (N-Typ) / non-shrinking type of fibre (N-type)
Ausgesetztsein *n* / exposure *n*
ausgestellter Damenrock (Mode) / flared skirt
ausgestreckter Faden, ausgestrecktes Fädchen / drawn filament
ausgewählte Stricknadel / selected needle
ausgewalztes Beschichtungsmaterial / sheeted coating compound
ausgewaschen *adj* (Farbe) / washy *adj*
ausgezackter Rand / vandyke edge
ausgezehrtes Bad / exhausted bath
ausgezogen·es Bad / exhausted bath || ~**e Flotte** / exhausted liquor
ausgiebiger Farbstoff / high-yield dyestuff
Ausgiebigkeit *f* (von Färbung) / holdout *n* (US) || ≗ **eines Farbstoffes** (Färb) / yield *n*, covering property, covering capacity, covering power
Ausglättung *f* / crease recovery, recovery from creasing, wrinkle recovery
Ausgleich *m* **materialbedingter Affinitätsunterschiede** (Färb) / levelling of differences in affinity due to the material || ≗ **materialbedingter Streifigkeit** (Färb) / compensation of barréness due to physical differences in the fibre || ≗ **von Streifigkeit** (Färb) / levelling of barré, covering of differences in affinity
ausgleichendes konisches Fournisseurrad (Strick/Wirk) / compensating feedwheel
Ausgleicher *m* (Spinn) / evener *n*
Ausgleichkamm *m* (Spinn) / evener comb
Ausgleichs·blech *n* / paddle board || ≗**gelenkfuß** *m* (Näh) / compensating pressure foot || ≗**getriebe** *n* (Web) / jack-in-the-box *n* || ≗**kurve** *f* / migration curve || ≗**länge** *f* (Warenlänge bis egale Färbung erreicht wird) (Färb) / levelling length || ≗**riet** *n* (Web) / spacing reed || ≗**strecke** *f* / drafting equalizer || ≗**streckmaschine** *f* / equalizer *n* (drafting) || ≗**vermögen** *n* (s.a. Egalisiervermögen) (Färb) / migration *n*, migrating capacity, migrating power || ≗**vermögen materialbedingter Affinitätsunterschiede** (Färb) / levelling power on materials of unequal affinity || ≗**vermögen von Fadenstrukturdifferenzen** (Färb) / covering of [physical] differences in the fibre, covering of differences in filament structure, levelling capacity of filament structure differences || ≗**walze** *f* (Spinn) / evener roller || ≗**zahl** *f* (der Streifigkeit) / levelling coefficient (of barréness) || ≗**zeit** *f* (Zeit bis egale Färbung erreicht wird) (Färb) / levelling time
Ausgleich·vermögen *n* (Farbstoff) s. Ausgleichsvermögen || ≗**wirkung** *f* / levelling effect || ≗**wirkung von Verstreckungsdifferenzen** / levelling effect of differences in drawing

aushakbar *adj* / zipper *adj* (US)
Aushärtebedingungen *f pl* (Beschicht) / cure conditions
aushärten *v* (Beschicht) / cure *v*, set *v*, harden *v* || ≗ *n* (Beschicht) / crosslinking *n* || ≗ **des Harzes** / curing of resin
Aushärtezeit *f* (Beschicht) / crossslinking time
Aushärtung *f* (Beschicht) / curing *n*, crosslinking *n*
Aushärtungs·geschwindigkeit *f* / rate of cure || ≗**mittel** *n* / curing agent || ≗**temperatur** *f* / curing temperature (resin)
Aushebenetz *n* / lifting net
Ausheber *m* (Wolle) / lifter *n*, lifting fork || ≗**rahmen** *m* / nipper frame
Aushebe·vorrichtung *f* (Wolle) / lifter device, lifting appliance || ≗**walze** *f* (Spinn, Web) / fancy roll[er]
Aushebung *f* **der Kettfäden** / raising of the warp threads
ausheften *v* (Näh) / baste out
Ausheizzeit *f* (Beschicht) / period required for crosslinking, crossslinking time
auskämmen, den Bart ~ / comb out the tuft || ≗ *n* **der Wickelwatte** / combing out the lap || ≗ **von Flachs** / flax rippling
auskleiden *v* / line *v*
ausklopfen *v* (z.B. Staub) / beat out (e.g. dust) || ≗ *n* / batting *n* (beating)
auskochen *v* / extract by boiling, boil out, decoct *v* || ~ (Seide) / degum *v*, scour *v* || ≗ *n* / extraction by boiling
Auskondensationsgeschwindigkeit *f* / speed of cure
auskörnen *v* (Baumwolle) / clean *v* (cotton), gin *v*
auskrempeln *v* / card thoroughly
Auslaß *m* / outlet *n*, outflow *n*
auslassen, eine Naht ~ / ease a seam || **einen Faden** ~ (Web) / miss a thread
Auslauf *m* / outflow *n*, outlet *n* || ≗**becher** *m* (DIN 53211) (Matpr) / flow cup
auslaufen *v* (Färb, Druck) / run *v*, bleed *v* || ≗ *n* (von Färbungen) / bleeding *n* || ≗ **der Farbe** (Textdr, Defekt) / tailing *n*
Auslauf·feld *n* (Ausrüst) / delivery end || ≗**gestell** *n*, Auslaufrahmen *m* (Tuchh) / delivery frame || ≗**punkt** *m* **einer Rolle** / delivery point || ≗**walze** *f* (DIN 64990) (Ausrüst) / delivery roller
auslaugbar *adj* / extractable *adj*
Auslaugbehälter *m*, Auslaugebehälter *m* / leaching tank, lixiviating tank
auslaugen *v* / lixiviate *v*, steep in lye, soak in the lye, leach [out] *v*, extract *v*, buck *v* || ≗ *n*, Auslaugung *f* / leaching [out] *n*, leach *n*, lixiviation *n*
auslegen *vt* (auseinanderfalten) / spread *vt* || ~ (auskleiden) / line *vt* || **mit Teppich** ~ / carpet *v* || ≗ *n* / spreading *n* (unfold)
Auslege·platte *f* / bluff plate || ≗**teil** *n* / bluff piece || ≗**teppich** *m*, Ausleg[e]ware *f* / fitted carpet[ing], wall-to-wall carpet[ing]
Auslesemaschine *f* / sorting machine
auslöschen *v* / sponge out
Auslöseverfahren *n* (Electronic-Style-Verfahren) / washing off the screen after exposure to light
Ausmachehechel *m*, Ausmachhechel *f* (Spinn) / switch *n*, fine hackle, finishing hackle
ausmustern *v* / sample *v* || ≗ *n*, Ausmusterung *f* / sampling *n*, selection *n*
Ausnadeleinrichtung *f* (DIN 64990) (Ausrüst) / device for unspinning
Ausnadeln *n* / de-needling *n*
Ausnehmnadel *f* / designer's needle
ausnoppen *v* / nop *v*
Ausnummer *f* (Spinn) / count on delivery side
Ausnutzungsgrad *m* / yield factor
auspolstern *v* / pad *v*, upholster *v*, stuff *v* || ≗ *n* / bolstering *n*, upholstering *n*
auspressen *v* / express *v*, squeeze [out], nip *v* || **unter Druck** ~ / force out under pressure
Auspreßgeschwindigkeit *f* / speed of discharge
auspumpen *v* / exhaust *v* (air, gas etc.) || ≗ *n* / exhaustion *n* (of air, gas etc.)
Ausputz *m* (Spinn) / strip waste || ≗ (Mode) / trimmings *pl* || ≗ (Näh) / trimmings *pl*
ausputzen *v* (Näh) / clean *v*, trim *v* || ~ / burl *v*, pinch *v* || ≗ *n* (Näh) / trimming *n* || ≗ **der Karden** (Spinn) / stripping of the cards
Ausputz·kratze *f* / cleaning card, cleaning wire || ≗**walze** *f* (Spinn) / stripping roller
ausraufen *v* / burl *v*, pinch *v* || ≗ *n* / burling *n*
ausreagiert *adj* (Beschicht) / fully crosslinked, fully cured
Ausreaktionsgeschwindigkeit *f* / rate of cure
ausreiben *v* / rub down (seam)
ausreifen *v* / mature *v* || ≗ *n* (allg) / maturation *n*
Ausreißfutter *n* / zip-out lining
ausrichten *v* / orientate *v*, straighten *v* || ≗ *n* **der Fasern** / straightening of the fibres
Ausrichtung *f* (Flock) / orientation *n*
Ausrückarm *m* / clearing lever
ausrücken *v* (Strick/Wirk) / stop *v*
Ausrückvorrichtung *f* (Web) / release motion || ≗ (Strick/Wirk) / stop motion
ausrupfen *v* / burl *v*, pinch *v*
ausrüsten *v* / finish *v*, dress *v*
Ausrüster *m* / textile finisher, finisher *n*, dresser *n*
Ausrüstung *f* / finishing *n*, finish *n*, dressing *n* || ≗ **der Flocke** / fibre stock finishing || ≗ **gegen das Ausbeulen** (von Kleidungsstücken) / anti-sag finish || ≗ **ohne Glanz** / soft finish (yarn) || ≗ **ohne Schlichten oder Chargierung** / pure finish || **auf besondere Zwecke zugeschnittene** ≗ / functional finish || **Fäden aufzeigende** ≗ / thready finish (finish that allows every thread to be clearly seen)
Ausrüstungs·anlage *f* / finishing plant || ≗**bad** *n* / finishing liquor, finishing bath || ≗**maschine** *f* / finishing machine || ≗**mittel** *n* / finishing agent, finishing auxiliary, chemical finishing agent || ≗**verfahren** *n* / finishing method, finishing process || ≗**vorgang** *m* / finishing operation
Aussalzen *n* / salting out
Aussalzung *f* (Seifenherst) / graining out
ausschaltbare Nadel (Näh) / disengageable needle
ausscheiden *v* / separate *v*, precipitate *v*, exude *v* || ≗ *n*, Ausscheidung *f* (Chem) / separation *n*, precipitation *n*
Ausscheidungsprodukt *n* / lees *n*
ausscheren *v* / crop the pile, nap the pile || ≗ *n* (Ausrüst) / final shearing
ausschlagen *v* / line *v*
Ausschläger *m* (Spinn) / finisher picker, finishing scutcher
Ausschlagmaschine *f* / reading and cutting machine, punching machine
Ausschleifen *n* (Seife) / finishing soap manufacture
ausschleudern *v* / centrifuge *v*, hydroextract *v* || ~ *vt* (Wäsche) (Wäsche) / spin *v*, whiz *v* (US)
ausschließen, einander ~ (Färb) / to be mutually antagonistic
Ausschneidebogen *m* (Näh) / pattern *n*

ausschneiden *v* / pink out || **die Kante bogenförmig** ~ / scallop *v*
Ausschnitt *m* / cut-out *n* || ≗ (Halspartie eines Kleidungsstückes) (Mode) / neckline *n*, neck *n*
Ausschuß·ware *f* / damaged goods *pl*, rejects *pl* || ≗**wolle** *f* / off-sorts *pl*
ausschwemmen *v* (Färb) / flush *v*
ausschwenken *v* / rinse *v* || ≗ *n* / rinse *n*
ausschwimmen *v* (Pigm) / float out || ≗ *n* / floating *n* (pigment)
Ausschwimmerscheinung *f* (Pigm) / floating [out] phenomenon
ausschwingen *v* (Flachs) / peel *v*
ausschwitzen *v* / exude *v* (resins) || ~ (Beschicht) / spew *v*
Aussehen *n* / look *n* (of the goods) || ≗ (Chem) / physical form || ≗ **der Fertigware** / final look (of fabric), final appearance, final quality
Außen·beständigkeit *f* / outdoor resistance, exterior durability || ≗**durchmesser** *m* / outside diameter || ≗**luft** *f* / surrounding atmosphere, ambient air || ≗**schere** *f* (Web) / exterior cutter || ≗**schere** / outside scissors *pl* || ≗**schicht** *f* / outer layer || ≗**seite** *f* (eines Stoffes) (Gew) / front *n*, face *n* (of fabric) || ≗**seite des Doppelrandes** (Strumpf) / outer welt || ≗**tritt** *m*, Außentrittvorrichtung *f* (Web) / outside treadle motion, outside treading motion
äußere Faserschicht / exterior layer of the fibres || ~**er Platinenring** / outside sinker ring || ~**es Spulentriebrad** / outside bobbin wheel
aussetzen *v* (einer Einwirkung) / expose to *v* || **dem Licht** ~ / expose to light || **dem Tageslicht** ~ / expose to daylight || **der Sonnenbestrahlung** ~ / expose to insolation || **Licht und Luft** ~ / expose to atmospheric influence || ≗ *n* / exposure *n*
ausspannen *v* (Strumpf) / extend *v*, stretch *vt*, equalize *v* || ≗ *n* (Strumpf) / stretching *n*, equalizing *n*
Ausspanner *m* (Web) / temple *n*
ausspinnen *v* / extrude *v* (manmade fibres) || ≗ *n* / final spinning, final count spinning, fine spinning, extrusion
Ausspinngrenze *f* / spin-out limit, spinning limit
Ausspülbad *n* / rinsing bath
ausspülen *v* / rinse *v* || ≗ *n* / rinse *n*
Ausstanzen *n* / blanking *n* (punching)
Ausstattung *f* / outfit *n*
ausstauben *v* / dust *v*
aussticken *v* / apply embroidery
ausstopfen *v* / pad *v*, stuff *v* || ≗ *n*, Ausstopfung *f* / stuffing *n*
Ausstoß *m* **und Überfall** (bei Reaktivfarbstoff als Begleitstoff) / outlines and overprints || ≗**arm** *m* (Strick/Wirk) / ejector arm || ≗**band** *n* (Strick/Wirk) / ejector band || ≗**bürste** *f* (Spinn) / stripping brush
ausstoßen *v* (Spinn) / eject *v*, strip *v* || ≗ *n* (Spinn) / stripping *n*
Ausstoß·kamm *m* (Spinn) / [noil] stripping comb, evener comb, stripper || ≗**reihe** *f* (Strick/Wirk) / ravel[ing] course, roving course || ≗**vorrichtung** *f* (Spinn) / stripper motion, stripping motion || ≗**walze** *f* (Spinn) / stripping roller
Ausstrecke *f* (Spinn) / finisher drawing frame, finishing draw frame, finishing drawing, third passage of drawing
ausstreichen *v* (Färb, Textdr) / blot out || ~ (Falten) / take out creases
Austafeln *n* / plaiting down
Austausch·bindung *f* / reversible weave || ≗**reaktion** *f* / exchange reaction
austergrau *adj* / oyster-grey *adj*
austordieren *v* (den Faden) / destroy the torsion (of the fibre)
australische Merinowolle / Australian merino
austreiben, eine Nadel ~ / raise a needle
Austriebsteil *n* **der Nadelweiche** (Strick/Wirk) / clearing cam
Austrittsöffnung *f* (Extr) / orifice *n*
austrocknen *v* / dry *v*, dehydrate *v*, desiccate *v*, dry out, dehumidify *v*
Austrocknung *f* / desiccation *n*, dehydration *n*, dehumidification *n*
Auswähl·platine *f* / selector *n* || ≗**platte** *f* / selecting plate || ≗**schiene** *f* / selector bar
Auswaschartikel *m pl* / washed-off goods
auswaschbar *adj* / removable by washing
Auswaschbarkeit *f* / property of being washed out, wash removal ability || ≗ (Textdr) / wash[ing] off properties *pl* || ≗ (von Schmälzmitteln) (DIN 53904) / removability (of lubricating agents) by washing || ≗ **von Schmutzflecken** / soil release (SR)
Auswascheffekt *m* / wash-out effect
auswaschen *v* / wash out, rinse *v*, launder *v*, lixiviate *v*, leach [out] || ~ (Textdr) / wash off, clean up || **auf der Lisseuse** ~ / wash off in the backwash || ≗ *n* / rinse *n*, rinsing *n*, washing out || ≗ (Färb, Textdr) / washing off [process] || ≗, Auslaugen *n* / leaching [out] *n*, leach *n*, lixiviation *n* || ≗ **mit Säurebrause** (Bleich) / degging
auswässern *v* / rinse *v* || ≗ *n* / rinse *n*
auswattieren *v* / pad *v*, wad *v*
auswechselbar *adj* / interchangeable *adj*
Auswechseln *n* **der Schußspule** / cop change
auswerfen *v* (Spinn) / eject *v*
Auswerfer *m* / ejector *n*
auswringen *v* (allg) / wring [out] || ≗ *n* (allg) / wringing *n*
Auswringmaschine *f* / wringer *n*, wringing machine
Auswuchten *n* / balancing *n*
Auswurf *m* **des Schützen** / ejection of the shuttle || ≗**einrichtung** *f* (Web) / ejection device
Auszackapparat *m* (Näh) / pinking attachment
auszacken *v* / scallop *v* || ≗ *n* / pinking *n*, jimping *n* (GB)
Auszack·naht *f* (Näh) / pinked seam || ≗**schere** *f* / pinking scissors *pl*, pinking shears *pl*
Auszackung *f* / serration *n*
auszehren *v* (Färb) / exhaust *v*
Auszeichnungspflicht *f* / labelling regulations *pl*
Auszieharbeit *f* / drawnwork *n*, network *n*, openwork *n*
ausziehbar *adj* / extractable *adj*, ductile *adj*, stretchable *adj* || ~**e Spinnlösung** / ductile spinning solution
Ausziehbarkeit *f* / ductility *n*, stretchability *n*
Ausziehbereich *m* (Färb) / exhaustion range
ausziehen *v* (Färb) / exhaust *v* || ~ (Chem) / extract *v* || ~ / lixiviate *v*, leach [out] || **das Bad** ~ (Färb) / exhaust the bath || **das Bad klar** ~ (Färb) / exhaust the bath completely || ≗ *n* (Färb) / exhaustion *n* || ≗ (Chem) / extraction *n* || ≗, Auslaugen *n* / leaching [out] *n*, leach *n*, lixiviation *n* || ≗ **des Bades** / exhaustion of the bath
Auszieh·färben *n*, Ausziehfärbeverfahren *n* / exhaust dyeing [process], exhaust method || ≗**hilfsmittel** *n* (Färb) / exhausting agent || ≗**kurve** *f*

(Färb) / exhaustion curve, exhaustion diagram || **~tusche** *f* / Indian ink || **~verfahren** *n* / exhaust dyeing, exhaust method || **~verhalten** *n* (eines Farbstoffs) / exhaust properties || **~wagen** *m* (Spinn) / extension carriage || **~wagen an Selfaktor** (Spinn) / selfactor carriage, forming machine || **~walze** *f* / drawing roller

Auszug *m* / extract *n*, extraction *n* || **~ aus saurem Bad** / dyeing from an acid bath

Auszugs·länge *f* (Spinn) / length of draft, length of stretch, length of draw || **~seil** *n* (Spinn) / carriage driving rope || **~vorrichtung** *f* (Spinn) / carriage displacement motion || **~welle** *f* / back shaft || **~zylinder** *m* / front roll[er]

auszupfen *v* / tease *v* (tow), pluck *v* || **~** *n* / tease *n* (tow)

Auszwirnen *n* (Spinn) / twisting at the head

Auto-Coat *m* / car coat

Autoconer *m* / autoconer *n*

Autocopser *m* / autocopser *n*

Autodachfutterstoff *m* / headlining *n*

autogen *adj* / autogenous *adj* || **~es Binden** (Vliesst) / autogenous bonding

Auto·katalyse *f* / autocatalysis *n* || **~klav** *m* / autoclave *n* || **~klavendämpfung** *f* / autoclave steaming

Automaten·jigger *m* / jig [dyeing] machine || **~-Kunststoffspule** *f* / plastic pirn for automatic winder || **~schützen** *m* (DIN 64685) / shuttle for automatic loom || **~spule** *f* / weft pirn for automatic loom || **~spulerei** *f* / automatic winding || **~stuhl** *m* / automatic loom || **~weberei** *f* / weaving mill with automatic looms

automatisch·e Abstellvorrichtung / automatic stop motion || **~es Abziehen von Spulen** / automatic doffing || **~er Abzug für Ferse und Spitze** (der Autoswift-Doppelzylindermaschine) (Strumpf) / pouch tension equalizer (P.T.E.) || **~es Anknoten** / automatic knotting || **~e Anreibmaschine** (Pigm) / automatic muller || **~es Anspinnaggregat** / automatic spinning start device || **~e Bändchenzuführungseinrichtung** / automatic tape feeder || **~e Bandregelung** / autolevelling *n* || **~e Breithaltungsvorrichtung** / self-acting temple || **~e Doppelrandumhängungsvorrichtung** / automatic welt turning attachment || **~e Einführung des Doppelrandrechens** (Strumpf) / hook-up attachment || **~ eingestrickte Imitationsnaht** (Strumpf) / knitted-in seam || **~ eingestrickte Naht** / automatic seam || **~ einstellbarer Fangteil** / automatic tuck bar || **~e Entzwirnungsmaschine** / automatic untwisting machine || **~e Fadenregulierung** (DIN 64990) / automatic thread straightener || **~e Fersenmaschine** / automatic heeler || **~ feststellbarer Schieber** (Reißv) / automatic lock slider, self-locking slider, SL slider || **~er Filmdruck** / automatic screen printing || **~ fortlaufendes Spinnverfahren** / automated spinning || **~es Gebläse** (Spinn) / automatic cleaner || **~es Jacquardpatroniergerät** / jacquard design preparation apparatus || **~e Kartenbindemaschine** / automatic lacing machine || **~e Knopfzuführung** (Näh) / automatic button feeder || **~e Kreuzspulmaschine** / autoconer *n* || **~e Mehrfarben-Filmdruckmaschine** / multicolour automatic screen printing machine || **~e Mehrweiteneinarbeitungssteuerung** (Näh) / automatic fullness control || **~e Nadelpositioniereinrichtung** (Näh) / automatic needle positioner || **~er Öler** / self-acting lubricator || **~e pH-Regelung** / automatic pH adjustment || **~e Rapporteinstellvorrichtung** (Textdr) / repeating machine || **~e Rapportierung** / automatic registration || **~e Ripprandübertragungsvorrichtung** / automatic rib transfer attachment || **~e Rundstrickmaschine** / automatic circular knitter || **~e Schnittmustergradierung** / automatic pattern grading, automatic piecing, automatic peeling || **~er Schußspulenwechsel** / automatic pirn change || **~e Schußspulenwechselvorrichtung** / automatic pirn change motion || **~e Schützenauswechslung** / automatic shuttle changing || **~e Spannungsausgleichvorrichtung** / self-compensating tension mechanism || **~e Spannungsausschaltung** (Näh) / automatic tension release || **~e Spulenzuführung** / automatic bobbin loading || **~er Stichfestigkeitsveränderungshebel** (Näh) / automatic stitch control lever || **~e Strumpfabtrennung** / automatic hosiery separation || **~ umgehängter Doppelrand** / automatically turned welt || **~e Verriegelungseinrichtung** (Näh) / automatic backtacking mechanism || **~e Webmaschine** / magazine loom || **~er Wickelapparat** (DIN 64100) / automatic lap doffer (cotton spinn) || **~e Zuführung** / mechanical feed

Automatte *f* / car mat, automobile mat (US)

Automobilreifenkord *m* / car tyre cord (GB), automobile tire cloth (US)

Auto·polster *n pl* / car furnishings, car upholstery || **~polsterbezugsstoff** *m* / car upholstery fabric, car seat covering fabric || **~polsterschonbezug** *m* / automobile slip-cover (US), car seat covering (GB) || **~polsterstoff** *m* / automotive fabric || **~polymerisation** *f* / autopolymerization *n* || **~sicherheitsgurt** *m* / car safety-belt || **~sitzbezug** *m* / motor car seat covering || **~sitzbezugsstoff** *m* / motor car upholstery fabric, automobile slip-cover fabric (US) || **~sitzschonbezug** *m* s. Autopolsterschonbezug || **~sitzveloursschonbezug** *m* / napped car seat cover || **~teppich** *m* / car carpet, automobile mat (US) || **~verdeck** *n* / car hood, motor hood, car top || **~verdeckfutterstoff** *m* / automobile top lining (US), car hood lining, car top lining, headlining *n* || **~verdeckstoff** *m* / car hood fabric, car top fabric

Autoxydation *f* / autoxidation *n*, self-oxidation *n*

Auxochrom *n* (Färb) / auxochrome *n*

Avabaumwolle *f* / ava cotton (Indian cotton of fair staple and working properties)

Avanttrain *m* (Spinn) / taker-in *n*

Avignon-Futterstoff *m* / avignon *n*

Avivage *f* / finish *n*, finishing *n* || **~** (Weichmachen) / softening *n*, avivage *n*, soft finish || **~** (Aufhellen) / brightening *n* || **~** (Seide) / scrooping *n* || **~bad** *n* / softener bath, brightening bath || **~mittel** *n* / finishing agent, aftertreating agent || **~mittel** (zum Weichmachen) / softener *n*, softening agent || **~mittel** (Seide) / scrooping agent

Avivier·bad *n* / softener bath, brightening bath || **~echt** *adj* / fast to brightening || **~echtheit** *f* / brightening fastness

avivieren *v* / finish *v* || **~** (weichmachen) / soften *v* || **~** *v* (aufhellen) / brighten *v* || **~** *v* (Seide) / scroop *v* ||

≗ *n* / finishing *n* || ≗ (Weichmachen) / softening *n* || ≗ (Aufhellen) / brightening *n*
Avivier·kessel *m* / brightening vessel || **≗säure** *f* / acid for brightening
Awassi-Teppichwolle *f* / Awassi wool
Axminster·bindung *f* / Axminster weave || **≗-Rollenware** *f* **bis max. 150 cm Breite** / Axminster body carpet || **≗-Rollenware großer Breite** / Axminster-broadloom *n* || **≗teppich** *m* / Axminster [carpet] || **≗webstuhl** *m* / Axminster loom
Ayleshamleinwand *f* / Aylesham cloth
Ayrshire-Wolldecke *f* / Ayrshire *n*
Azenaphthen *n* / acenaphthene *n*
azeotrop *adj*, azeotropisch *adj* / azeotropic *adj*
Azetal *n* / acetal *n*
Azetamid *n* / acetamide *n*, acetic acid amine, ethanamide *n*
Azetol *n* / acetonyl alcohol, hydroxyacetone *n*, acetol *n*, hydroxy-2-propanone *n*
Azeton *n* / acetone *n*
Azetophenon *n* / acetophenone *n*
Azetylzellulose *f* / cellulose acetate || **≗flocken** *f pl* / cellulose acetate flakes || **≗garn** *n* / cellulose acetate yarn
A/Z-Filz *m* (Asbest-Zement-Filz) / A/C felt (asbestos cement felt)
Azid *n* / azide *n*
Azidin·echtgelb *n* / azidine fast yellow, curcumin *n* || **≗farbstoff** *m* / azidine dye || **≗gelb** *n* / chrysamine *n*
Azidität *f* / acidity *n*
Azidosulfonylfarbstoff *m* / azidosulphonyl dyestuff
azikulär *adj* / needle-shaped *adj*, acicular *adj*
Azin·farbstoff *m* / azine dyestuff || **≗grün** *n* / azine green
Aziridinverbindung *f* / aziridine compound
Azo·benzol *n* / azobenzene *n* || **≗bordeaux** *n* / azo bordeaux || **≗diisobuttersäuredinitril** *n* (unlöslicher, auf der Faser erzeugter Azofarbstoff) / azodiisobutyrodinitrile *n* || **≗druck** *m* / azoic print[ing] || **≗echtfarbe** *f* / fast azo dye || **≗-Entwicklungsbad** *n* / azoic developing bath || **≗farbe** *f* / ingrain colour || **≗färberei** *f* / azoic dyeing || **≗farbstoff** *m* / azo dyestuff, azo colour || **≗flavin** *n* / azoflavine *n* || **≗gelb** *n* / azo yellow || **≗gruppe** *f* / azo group
azoisch *adj* / azoic *adj*
Azo·komponente *f* (bei unlöslichen Azofarbstoffen) / azoic diazo component || **≗körper** *m* / azo compound || **≗kupferkomplexfarbstoff** *m* / copper azo dyestuff || **≗kupplungsfarbstoff** *m* / azoic coupling dyestuff || **≗kupplungskomponente** *f* / azoic coupling component
Azol *n* / pyrrole *n*
Azo·pigment *n* / azo pigment || **≗rot** *n* / azo red || **≗säurefarbstoff** *m* / acid azo dyestuff || **≗säuregelb** *n* / azoflavine *n* || **≗schwarz** *n* / azo black || **≗toluol** *n* / azotoluene *n* || **≗veilchenblau** *n* / azo violet || **≗verbindung** *f* / azo compound, azoic compound || **≗violettblau** *n* / azo mauve || **≗walkrot** *n* / azo milling red
Azoxy·benzoesäure *f* / azoxybenzoic acid || **≗benzol** *n* / azoxybenzene *n* || **≗farbstoff** *m* / azoxy dyestuff || **≗verbindung** *f* / azoxy compound
azur·blau *adj* (RAL 5009) / azure [blue] *adj*, sky blue || **≗garn** *n* / hard-twisted mungo
azurn *adj* / azure [blue] *adj*
AZW (Alkali-Zentrifugenwert) / alkali centrifuge value, AVC
AZ-Wert *m* (= Ausgleichszahl der Streifigkeit) / levelling coefficient (of barréness)

B

Babool-Gummi *n m* / amrad gum
Baby·artikel *m pl* / baby garments || **˜ausstattung** *f* (Wäsche) / layette *n* || **~blau** *adj* / baby-blue *adj* || **˜cord** *m* / baby cord || **˜cordanzug** *m* / baby cord suit || **˜-Delaine** *f* (Wollklasse) / baby delaine || **˜-Doll** *n* / baby-doll pyjamas || **˜-Garnitur** *f* / pram set || **˜-Irish** *m* / baby Irish || **˜kammwolle** *f* / baby combing wool || **˜kleidung** *f* / babywear *n* || **˜-Mütze** *f* / bonnet *n* || **˜-Pullover** *m* / baby pullover || **˜wäsche** *f* / babywear *n*, baby linen || **˜-Westchen** *n* / baby's cardigan || **˜windel** *f* / baby's napkin *n*, baby's nappy (GB), diaper (US) *n*
backen *v* / bake *v* || **˜** *n* / baking *n*
Bäckerei-Duck *m* (Gew) / biscuit duck
Bad *n* (Färb) / bath *n*, liquor *n* || **˜ mit konstanter Temperatur** / constant-temperature bath || **das ˜ ansetzen** / start the bath, make up the bath, formulate the bath, prepare the bath, set the bath || **das ˜ ausziehen** (Färb) / exhaust the bath || **durch ein ˜ nehmen**, durch ein Bad passieren (Färb) / pass through a bath, take through the bath || **˜beständigkeit** *f* / stability of the bath
Bade·anzug *m* / bathing costume, swimming costume, swim-suit *n*, bathing suit || **˜bekleidung** *f* / bathing wear *n*, swimwear *n* || **˜bekleidung aus Wirkfrottee** / knitted terry swimwear || **˜hose** *f* / bathing trunks, trunks *pl*, swimming trunks *pl*, swim shorts *pl* || **˜kleidung** *f* / bathing wear *n*, swimwear *n* || **˜mantel** *m* / bathrobe *n*, bath gown, beach robe, beach gown || **˜mantelstoff** *m* / bathrobing *n* || **˜matte** *f* / bath mat || **˜moden** *f pl* / bathing wear *n*, swimwear *n*
Baden-Aufnäharbeit *f* / Baden embroidery
Bad·erschöpfung *f* / bath exhaustion, dye-bath exhaustion || **˜-Erschöpfungsgeschwindigkeit** *f* (Färb) / exhaustion rate
Bade·shorts *pl* / swim shorts *pl* || **˜tasche** *f* / beach bag || **˜tuch** *n* / bath towel, bath sheet || **˜tuchstoff** *m* / Turkey towelling, Turkish towelling || **˜- und Strandbekleidung** *f* / swimming suits and beach wear
Bad·konzentration *f* / bath concentration, concentration of the bath || **˜volumen** *n* / volume of the bath
Baffetas *m*, Baftas *m* / bafta(h) (Iranian term meaning woven. Narrow grey goods) *n*, baffeta *n*, bafts *n*
Baftas *m* / Bufta *n* (heavily sized cloth)
Bagdadwolle *f* / Bagdad wool
Bagdalin *n* (feines Gewebe aus Baumwolle oder Halbwolle) / bagdalin *n*
Baggings *pl*, Sackleinwand *f* / bagging *n*
Bagherakrepp *m* / bagheera *n*
Baghere *m* (feiner Samtstoff) / bagheere *n*
Bahama-Sisalhanf *m* / Bahama hemp
Bahiabaumwolle *f* / Bahia cotton
Bahmiabaumwolle *f* / Bahmia cotton
Bahn *f* (Tuch) / width *n*, run *n*, line *n* || **˜** (Beschicht) / sheeting *n* || **˜** (Vlies) / web *n* || **˜** (Rock) / gore *n*
Bahnen·rock *m* (Mode) / gored skirt || **˜trockner** *m* / sheeting drier || **˜trockner** (Vliesst) / web drier || **˜trockner mit horizontaler Bahnenführung** / horizontal multipass drier
Bahn·greifer *m* (Näh) / oscillating shuttle || **˜länge** *f* / table *n* (cloth) || **˜schwinggreifer** *m* (Näh) / CB (central bobbin) shuttle || **˜spannung** *f* / web tension
Bahrtuch *n* / pall *n*
Bajadere-Streifenstoff *m* / bayadère *n*
Bajonettpflanzenfaser *f* / Florida bowstring hemp
Bakelit *n* / bakelite *n* || **˜reserve** *v* / bakelite resist || **˜-Verdickung** *f* / bakelite thickening
Bakrabadi-Jute *f* (indische Jutefaser) / Bakrabadi jute
bakteriell·er Angriff / bacteria attack || **~e Gärung** / bacterial fermentation || **~e Verschmutzung** / bacterial contamination
Bakterien·amylase *f* / bacteria amylase || **˜befall** *m* / bacteria attack || **~beständig** *adj* / bacteria-resistant *adj* || **˜beständigkeit** *f* / resistance to bacteria, bacteria resistance || **˜diastase** *f* / bacteria diastase || **~fest** *adj* / bacteria-resistant *adj*, germ-resistant *adj* || **˜festigkeit** *f* / bacteria resistance || **~hemmend** *adj* / antibacterial *adj* || **˜hemmung** *f* / bacterial inhibition || **˜röste** *f* / bacterial retting || **˜schäden** *m pl* / bacteria damage, damage by bacteria || **˜schutzmittel** *n* / antibacterial agent, germicide *n* || **~tötend** *adj* / bactericidal *adj*
bakteriologischer Abbau / bacterial degradation
bakteriostatisch·e Ausrüstung / bacteriostatic finish || **~e Wirkung** / bacteriostatic effect
bakterizid *adj* / bactericidal *adj* || **~e Ausrüstung** / bactericidal finish || **˜** *n* / bactericide *n* || **˜ausrüstung** *f* / bactericidal finish
Baku *m* / Baku *n* (Caucasian hand-knotted carpet) || **˜-Stroh** *n* / baku *n*
Balaklava-Strickhaube *f* / balaclava [helmet]
balanzierte Ware / balanced cloth
Balaster-Goldstoff *m* / balaster *n*
Balata·gummi *n m* / balata gum || **˜-Riemenduck** *n*, Balata-Textilriemen *m* / balata belt duck
Baldachin *m*, Überdachung *f*, Betthimmel *m* / canopy *n*, tester *n* (of bed), baldachin *n* || **˜** (Seidengewebe) / baldachin *n* || **mit einem ˜ versehen** / canopied *adj*
Baliergewebe *n* / baling fabric
Balken·rührer *m* / paddle agitator || **˜waage** *f* / beam scales (US)
Ballen *m* / bale *n* (cotton) || **˜brecher** *m* / bale breaker || **˜länge** *f* (Gew) / rolled length || **˜lisseuse** *f* / bale backwashing machine || **˜öffner** *m* (DIN 64100) / [mixing] bale breaker, [mixing] bale opener, bale picker || **˜packer** *m* / baler *n* || **˜presse** *f* / baling machine, baling press (cotton) || **˜schnur** *f* / bale tie, packing cord, packing twine || **˜stift** *m* / baling stud || **˜umreifen** *n* / bale strapping || **˜zupfer** *m* / bale plucker
Ballerinarock *m* / ballerina [dress]
Ballettkostüm *n* / leotard *n*
ballförmige Quaste / pompon *n*
Ballkleid *n* (Mode) / ball dress
Ballon *m* / balloon *n* || **˜bildung** *f* (Spinn) / ballooning *n* || **˜einengungsring** *m* (Spinn) / balloon checking ring, balloon control ring || **˜filter** *m n* / filtering flask || **˜form** *f* (Spinn) / balloon shape || **˜hülle** *f* / balloon cover || **˜kipper** *m* / carboy tilter || **˜netz** *n* / balloon net || **˜regelung** *f* (Spinn) / balloon control || **˜seide** *f* / balloon silk || **˜spinnen** *n* / balloon spinning || **˜stabilität** *f* (Spinn) / balloon stability || **˜stich** *m* (Näh) / balloon stitch || **˜stoff** *m* (dichtgeschlagenes Seiden-, Synthetic- oder Baumwollgewebe) / balloon fabric, balloon cloth, airship fabric || **˜trenner** *m* (Spinn) / balloon separator || **˜trennplatte** *f* (Spinn) / balloon

separating plate || ≈zug *m* (Spinn) / balloon tension || ≈zusammenbruch *m* (Spinn) / balloon collapse
Ballushar-Brokatseide *f* / ballushar *n*
Ballymenaleinen *n* (aus Irland) / ballymenas *n*
Balmoral·tartan *m* (ausschließlich der britischen Königsfamilie vorbehalten) / balmoral tartan || ≈**wollstoff** *m* / balmoral *n*
Balsafaser *f* (aus Ochroma pyramidale) / balsa fibre
Balsam *m* (flüssiges Harz oder Lösung von Harz in ätherischen Ölen) / balsam *n* || ≈**öl** *n* / balm oil
Balsofaser *f* (seidenähnliche Pflanzenfaser) / balso fibre
Balulgummi *n m* (aus Acacia nilotica o. vestita) / amrad gum
Balzarin-Baumwollbrokat *m* / balzarine brocade
Bambus·faser *f* / bamboo fibre || ≈**rohr** *n* / bamboo cane
Bananen·faser *f* / banana fibre (leaves of Musa sapientum; used for cordage and mats) || ~**gelb** *adj* / banana *adj*, banana yellow
Banbury-Plüsch *m*, Banbury-Polstermöbelplüsch *m* / Banbury plush
Bancroft-Baumwolle *f* (aus Alabama und Georgia) / Bancroft cotton
Band *n* / ribbon *n*, band *n*, tape *n* || ≈ (Spinn) / sliver *n*, card sliver, carded sliver, fibre band, slubbing *n* || ≈ (Strick/Wirk) / tape *n* || ≈ (Web) / cover *n*, selvedge *n* || ≈ (Reißv) / tape *n* || ≈ (Befestigung) / strap *n*, tie *n* || ≈ (Feinkarde) / card end || ≈ **mit voller Dopplung** / sliver with complete doubling || **als** ≈ **ablegen** / coil *v* || ≈**abhebewalze** *f* (Spinn) / lifter roll[er] || ≈**ablauf** *m* / sliver delivery (card) || ≈**ablegen** *n* (parallele Schleifen legen) / folding in layers || ≈**ablegen** (kreisförmiges Ablegen) / coiling *n* || ≈**ablieferung** *f* / sliver delivery (card) || ≈**abschneideautomat** *m* / automatic ribbon cutter || ≈**abstellöffel** *m* / sliver stop-feeler || ≈**abstellung** *f* / sliver stop-motion || ≈**abzug** *m* **aus dem Karton** (Druckdämpfer) / tow feed ex carton (pressure steamer) || ≈**abzug[s]gerät** *n* (Näh) / tape pull-off unit, tape puller || ≈**abzugswalze** *f* / sliver calender, sliver delivery roller || ≈**abzugszylinder** *m* / sliver calender
Bandage *f* / [surgical] bandage
Bandagenstoff *m* / bandage cloth, surgical cloth
Bandanna *n* (buntes Taschen- o. Halstuch) / bandanna *n*
band·artiger Geweberand / tape selvedge || ≈**artikel** *m* / narrow goods *pl*
Banda-Streifenstoffe *m pl* / banda stripes, bandy stripes
Band·aufnäher *m* / ribbon sewer || ≈**ausrüstungsmaschine** *f* / ribbon finishing machine || ≈**bedruckmaschine** *f* / tape printing machine, ribbon printing machine || ≈**beschlag** *m* / wire clothing (carding) || ≈**bleichanlage** *f* / narrow fabric bleaching plant || ≈**breite** *f* / spread *n*, sliver width || ≈**bruch** *m* / end down, sliver break[age] || ≈**-Bürstmaschine** *f* (DIN 64990) (Ausrüst) / belt brushing machine
Bändchen *n* / [narrow] tape, narrow ribbon, narrow band || ≈**faser** *f* / ribbon-like fibre, chopped ribbon || ≈**fuß** *m* (Näh) / tape sewing foot || ≈**garn** *n* / tape yarn, slit film yarn || ≈**gewebe** *n* / tape fabric || ≈**spinnfaser** *f* / chopped ribbon || ≈**stickerei** *f* / braid embroidery
Band·doppler *m* / lap machine, sliver lap machine || ≈**drehung** *f* / sliver twist (card) || ≈**druckmaschine** *f* / ribbon printing machine
Bande *f*, Blitzer *m*, Spannschuß *m* (Gewebefehler in der Schußrichtung) (Web, Defekt) / tight pick *n*, tight weft, stripe *n*
Bandeau *n* (Hutm) / bandeau *n*
Band·einfaßapparat *m* / binding machine || ≈**einfassung** *f* / ribbon binding, lacing *n*, ribbon border || ≈**einführstange** *f* / sliver rod || ≈**einlauf** *m* / sliver feed (card) || ≈**einlaufplatte** *f* / sliver funnel, sliver guide plate || ≈**einlaufrichtung** *f* / sliver feed (card) || ≈**einlegen** *n* (in die Kanne) (Spinn) / coiling of the sliver || ≈**eisen** *n* **für Baumwollballen** / bale tie
Bandelierstoff *m* / bandoleer cloth, bandolier cloth
Banden *f pl* (Färb) / barré [effect] || ≈**bildung** *f* (Web) / bar formation || ~**freie Färbung** / non-barry dyeing
Bänder *n pl* (Schmalgewebe mit festen Leisten) / smallware *n*, narrow fabrics *pl*, ribbons *pl*, tapes *pl* || **gewirkte und gestrickte** ≈ *n pl* / knitted smallwares || ≈**fallschirm** *m* / ribbon parachute || ≈**flachstrickmaschine** *f* / flat knitting machine for ribbons || ≈**kanne** *f* / sliver can, spinning can, spinning pot
Banderoliermaschine *f* / band-rolling machine
Bänderstrickmaschine *f* / ribbon knitting machine
Band·färbemaschine *f* / ribbon dyeing machine || ≈**färberei** *f* / ribbon dyeing || ≈**flechtmaschine** *f* / ribbon braiding machine || ≈**former** *m* / slub former || ≈**fournisseur** *m* / tape feeder, band yarn feeder, tape yarn feeder
Bandführer *m* (DIN 64050) / sliver guide, roving guide, slubbing guide, traverse guide, traverse motion || ≈**öse** *f* / sliver guide eye || ≈**schiene** *f* (DIN 64050) / sliver guide rail
Bandführung *f* (Näh) / tape guide
Bandführungs·apparat *m* (Näh) / tape guide attachment || ≈**blech** *n* / sliver guide plate || ≈**einrichtung** *f* (Näh) / tape guide attachment || ≈**rolle** *f* / sliver guide roller || ≈**tisch** *m* / sliver table
Band·gewebe *n* / smallware *n* || ≈**gleichmäßigkeit** *f* (Kard) / sliver regularity || ≈**greiferwebmaschine** *f* / tape gripper loom || ≈**haftung** *f* (Fasern) / fibre cohesion, tow cohesion
Bandhana·druckverfahren *n* / knot dyeing || ≈**-Seidenstoff** *m* / bandhana silk
Bandhor-Teppich *m* / Bandhor rug
Band·industrie *f* / narrow fabric industry || ≈**kalander** *m* / ribbon calender || ≈**klinge** *f* (Konfektion) / band knife || ≈**leger** *m* / sliver coiler || ~**los** *adj* (Reißverschluß) / tapeless *adj* (fastener) || ≈**manschette** *f* / band wrist || ≈**maschine** *f* / draught frame || ≈**maß** *n* / tape measure, measuring tape || ≈**messerschneidemaschine** *f* / band knife cutting machine || ≈**messerspaltmaschine** *f* (Vliesst) / rotation hoop knife splitting machine || ≈**nummer** *f* / sliver count, count of the sliver || ≈**rand** *m* / tape selvedge || ≈**reinheit** *f* (Spinn) / sliver purity || ≈**rolle** *f* / bobbin of the bar loom || ≈**rücklauf** *m* / sliver reversal || ≈**schermaschine** *f* / ribbon shearing machine, smallware shearing machine || ≈**schlitz** *m* (Reißv) / tape gap (of slider) || ≈**schneideeinrichtung** *f* (Näh) / tape chopper || ≈**schneidemaschine** *f* (DIN 64990), Bandschneider *m* / sliver cutter, ribbon cutter, tape cutter || ≈**siegeln** *n* (mit Kleblöser) / heat-solvent tape saling || ≈**spannung** *f* / sliver tension (card) || ≈**spinnen** *n* / ribbon spinning
bandstreifig *adj* / barry *adj* || ~**es Gewebe** / barré fabric

Bandstreifigkeit *f* / barré marks *pl*, bar marks, barriness *n*, barréness *n*, barry marks *pl*
Band·strickmaschine *f* / ribbon knitting machine || **≗stuhl** *m* / ribbon loom, bar loom || **≗tafeleinrichtung** *f* / ribbon feed device (card) || **≗tresse** *f* / livery lace || **≗trichter** *m* / sliver funnel || **≗trockner** *m* / drying conveyor, conveyor drier, ribbon drier, belt drier || **≗trommel** *f*(Näh) / tape reel || **≗überstände** *m pl*(Reißv) / tape ends || **≗übertrager** *m* / ribbon feeder || **~umwickelt** *adj* (Kabel) / taped *adj*(cable) || **≗- und Flechtindustrie** *f* / narrow fabric and braiding industry || **≗verdichter** *m* / sliver condenser || **≗verdickung** *f*(Streckband) / slubbing *n*(sliver) || **≗vereiniger** *m* / lap doubler, sliver lapper || **≗vereinigungsmaschine** *f* / lap machine, sliver lap machine || **≗verzug** *m* / sliver draft || **≗walke** *f* / band milling machine (GB), band fulling machine (US) || **≗ware** *f* / narrow goods *pl*, tape goods *pl*, narrow fabrics *pl*, smallware *n*, tapes *pl*, ribbons *pl* || **≗warenspeicher** *m*(DIN 64990)(Ausrüst) / accumulator on conveyor || **≗webautomat** *m* / [automatic] narrow-fabric loom || **≗weber** *m* / fringe maker || **≗weberei** *f* / ribbon weaving || **≗weblade** *f*(Web) / ribbon loom sley || **≗webmaschine** *f* s. Bandwebstuhl || **≗webschützen** *m*(Web) / ribbon loom shuttle || **≗webstuhl** *m* / loom for narrow fabrics, tape loom, narrow fabric loom, bar loom, smallware loom, ribbon loom || **~weise schären** / warp in sheets || **≗wendel-Schneckenpresse** *f* / helical ribbon extruder || **≗wickel** *m* / ribbon lap || **≗wickelapparat** *m*(Web) / comber lap machine || **≗wickelmaschine** *f*, Bandwickler *m*(DIN 64100) / ribbon folder, [sliver] lap machine, Derby doubler, tape winding machine || **≗wirker** *m* / fringe maker || **≗zettelmaschine** *f* / ribbon warping machine || **≗zuführ- und Abschneidvorrichtung** *f* / tape feeder/cutter
Bankurribaumwolle *f* / bankurri cotton
Banner *n* / banner *n*
Bannockburn-Tweed *m* / Bannockburn tweed
Bantine-Rohseide *f* / bantine silk
Bar *n*, bar *n*, b (1b = 10^6 dyn/cm^2 = 750,06 Torr = 1,01972 at) / bar *n*(unit of pressure), b
Barakan *m*(feiner Musselin) / baracan *n*, perkan *n* (thin muslin)
Barathea *m*(hochwertiger Kleidungsstoff aus Bradford, England) / barathea *n*
Baratte *f* / baratte *n*
Barbadosbaumwolle *f* / Barbados cotton
Barchent *m*(linksseitig aufgerauhtes, flanellartiges Köpergewebe) / dimity *n*, barchent *n*, barchant *n*, flannelette *n*, fustian *n*, swansdown *n* || **≗-Bettuch** *n* / flannelette sheeting || **≗garn** *n* / barchent yarn, condenser yarn || **≗rauhmaschine** *f*(Web) / top gig || **≗spinnerei** *f* / barchent spinning
Barège *m*(leichter Kattun ohne Appretur), Bareige *m* / barège *n*(gauzelike fabric for women's dresses, veils, etc.), barrège *n* || **≗garn** *n* / barège yarn || **≗seide** *f* / barège silk
Bärenfell *n* / bearskin *n*
Barfuß-Strumpf *m* / bare-leg[ged] stocking, nude heel stocking, sheer heel stocking
Bargamot-Polstermöbel *n* / bergamot *n*
Barium *n* / barium *n* || **≗acetat** *n* / barium acetate || **≗aktivzahl** *f* / barium activity number || **≗chlorat** *n* / barium chlorate, chlorate of barium || **≗chlorid** *n* / barium chloride, chloride of barium || **≗chromat** *n* / barium chromate, baryta yellow, barium yellow || **≗gelb** *n* / barium chrome, permanent yellow, lemon yellow || **≗hydroxid** *n* / barium hydroxide, caustic baryta || **≗karbonat** *n* / barium carbonate, carbonate of barium || **≗peroxid** *n* / barium peroxide || **≗rhodanid** *n* / barium thiocyanate || **≗ricinoleat** *n* / barium ricinoleate || **≗sulfat** *n* / barium sulphate, barium white || **≗thiocyanat** *n* / barium thiocyanate
Barke *f*(Färb) / shallow vat, back *n*(US), beck *n*(GB)
Barmer Bogen *m*, Barmer Einfaßborte *f* / Barmen lace || **≗-Maschine** *f* / Barmen machine
Barnettbaumwolle *f*(aus Alabama) / barnett cotton
Barnsley-Grobleinen *n* / Barnsley crash
Barotor-Färbemaschine *f*(Färb) / barotor machine
Barrad *m*(spitze irische Mütze) / barrad *n*
Barrage-Leinen *n* / barrage *n*
Barrakan *m* / barracan *n*(a fabric of the Levant)
Barré *m*(Mode) / barré fabric || **≗-Effekt** *m*(Färb) / barré [effect]
Barrenstuhl *m*, Ein-Walzenfarbmühle *f* / single-roller mill
Barréstreifen *m pl*(auf Herrenhemden)(Mode) / barré effect
Bart *m*(Vliesst) / barb *n* || **≗** (Web) / beard *n*(of needle) || **den ≗ auskämmen** / comb out the tuft
Barteingriff *m*(Nadelfilz) / needle engagement
Bartelwerg *n* / hackled tow waste
Bartnadel *f*(Strick/Wirk) / barbed needle
Bar-Warp-Spitzenmaschine *f* / bar warp machine
Baryt *m* / barite, baryta *n* || **≗erde** *f*(BaO) / baryta *n* || **≗gelb** *n* / barium yellow, baryta yellow || **≗lauge** *f* / barium hydroxide solution || **≗wasser** *n* / baryta water || **≗weiß** *n* / baryta white, permanent white, blanc fixe, barium sulphate, barium white
Basalt·faser *f* / basalt fibre || **~grau** *adj*(RAL 7012) / basalt grey *adj*
Baschlik *m*, Baschlyk *n*(kaukasische Wollkapuze) / bashlyk *n*
Base *f*(Chem) / base *n* || **≗ zur Herstellung der unlöslichen Azofarbstoffe** / azoic base
Basen·aufdruck *m* / base printing, printing on naphtholated ground alongside bases || **≗austausch** *m* / base exchange || **≗austauscher** *m* / base exchanger, base exchanging compound || **≗austauschverfahren** *n* / base exchanging process || **≗bildner** *m*(Chem) / base former, basifier *n* || **≗nachsatz** *m*(Färb) / base feeding solution
Bashyr *m*, Bashyren *m* / Beshir *n*(Turkestan handmade carpet)
Basin *m*, Federleinwand *f* / basin royal
Basinetto-Abfallseide *f* / basinetto *n*
basisch *adj*(Chem) / basic *adj*, alkaline *adj* || **~e Eigenschaft** / basic character || **~ färbbar** / basic dyeable || **~es Färben** / basic dyeing || **~er Farbstoff** / basic dyestuff || **~ modifiziert** / basic modified || **~ übersetzen** / top *v* with basic dyes || **~es Zinksalz** / basic zinc salt
Basis·gewebe *n* / base fabric || **≗träger** *m*(Beschicht) / base *n* || **≗vlies** *n*(Vliesst) / coating substrate
Basizität *f* / basicity *n*, alkalinity *n*
Basizitätszahl *f* / basicity number
Basken·hemd *n* / Basque shirt || **≗mütze** *f* / beret *n*
basophil *adj*(durch basische Farbstoffe leicht färbbar) / basophilic *adj*
Basselisse *m*(waagrechte Kette in der Bildteppichweberei) / basse-lisse *n* || **≗stuhl** *m* / low warp loom
Bassinas-Abfallseide *f* / bassinas silk, pelettes *n*

Bassoragummi *n m* (eine Art Tragant von geringer Qualität) / gum bassora, bassora gum
Bast *m* / bast *n* || ² (Seide) / gum *n*
Bastard·bindung *f* / bastard weave || **²küpe** *f* / bastard vat
Bast·band *n* / bast band, bast ribbon || **²bandmaschine** *f* / parcelling tape machine || **~farbig** *adj* / ecru *adj*
Bastfaser *f* / bast fibre || **²garn** *n* / bast fibre yarn || **²spinnerei** *f* / bast fibre spinning mill
Basthanf *m* / bast hemp, broken hemp
Bastisseuse *f*, Haarfilzfachmaschine *f* / bastisseuse *n*
Bast·maschine *f* / filling machine || **²matte** *f* / bast mat || **²seide** *f* (nicht entbastet) / bast silk, raw silk, ecru silk, unboiled silk, unscoured silk || **²seife** *f* / bast soap, degumming soap, degumming liquor || **²seifenbad** *n* / bast soap bath || **²seifenlösung** *f* / boiled-off liquor
Batanores-Leinwand *f* / batanores *n*
Batavia *f* / Batavia silk || **²bindung** *f*, gleichseitige Köperbindung / Batavia weave
Bâteau-Ausschnitt *m* (kragenloser ovaler Halsabschluß bei Strickwaren) (Mode) / bateau neck
Batesbaumwolle *f* / Bates' big boll cotton
bathochrom *adj*, farbvertiefend *adj* / bathochrome *adj*, bathochromic *adj*
Batiafaser *f* (für Seile) / batia *n*
Batik *m*, Malreserve *f* / batik *n* || **²artikel** *m* / batik style || **²druck** *m* / batik print[ing] || **²effekt** *m* / batik effect
batiken *v* / batik *v*
Batik·färbemaschine *f* / batik dyeing machine || **²färben** *n*, Batikfärberei *f*, Batikfärbung *f* / batik dyeing || **²reserve** *f* / batik resist, wax resist
Batist *m* (aus Baumwolle) / batiste *n*, lawn *n* || ² (fein) / lawn *n* || ² (aus Leinen) / linen cambric || **²garn** *n* / unbleached yarn for cambric || **²musselin** *m* / cotton cambric, cambric *n*
Batschemulsion *f* / batching emulsion
batschen *v* (Jute) / batch *v* || ² *n* (Einweichen oder Gären von Stengelfasern, bes. Jute) / batching *n*
Batsch·flüssigkeit *f* / batching liquor || **²maschine** *f* / batching machine (jute), softening machine (jute) || **²mittel** *n*, Batschöl *n* / batching agent, textile oil, batching oil, batching medium, tearing oil || **²vorrichtung** *f* (Jute) / batching apparatus
Battenbergspitze *f* / Battenberg lace
Batteur *m* / scutcher *n* (flax) || **²wickel** *m* / scutcher lap
Batteuse *f* (Teil einer Waschmaschine) / batteuse *n*
Battle-Jacket *n* (Mode) / battle jacket
Batzen *n* s. Batschen
Bauch·binde *f* / body warmer || **²binde** (OE-Spinnen) / "belly band" || **²haar** *n* / belly wool *pl*, bellies *pl*, skirting
bauchig·e Spule / convex bobbin, barrel-shaped bobbin || **~e Walze** / cambered cylinder
Bauch·kontrolle *f* (Miederwaren) / tummy control || **²wolle** *f* / belly wool *pl*, bellies *pl*, skirting *n*
Bauelemente *n pl* / modular constructional units
Bauern·leinen *n* / burlap *n* || **²tracht** *f* / peasant costume
Bauhiniafaser *f* / bauhinia fibre (bast fibre used for nets, ropes and coarse fabrics)
Baukastensystem *n* / modular [construction] system
Baum *m* (Web) / beam *n*, loom beam, warp beam, warping beam, weaver's beam, yarn beam, yarn roller
Baumégrad *m* / Baumé *n*, degree Bé, ° Bé
bäumen *v* / beam *v* || ² *n* / beaming *n*, beam warping || **² der Kette** / warp beaming
Bauméskala *f*, Bé-Grad *m*, ° Bé / Baumé *n*, degree Bé, ° Bé
Baum·färbeanlage *f* / beam dyeing plant, beam dyeing system || **²färbeapparat** *m* / fabric beam dyeing machine || **²färbeautoklav** *m* / beam autoclave || **~färben** *v* / dye on the beam || **²färben** *n* / beam dyeing || **²färbung** *f* / beam dyeing
Bäumgeschwindigkeit *f* (DIN 62500) / beaming speed
Baumgestell *n* / beam creel
Bäummaschine *f* (DIN 62500) / beamer *n*, beaming machine, beaming headstock (warping)
Baum·rindenfaser *f* / bark fibre || **²rindenkrepp** *m* / bark crepe, tree bark crepe || **²schären** *n* / beam warping || **²scheibe** *f* / beam flange
Bäum·stuhl *m* / beaming creel || **²- und Zettelmaschine** *f* / beaming and warping machine
Baumwollabfall *m* / cotton waste, cotton fly, waste cotton, orts *pl* || **²garn** *n* / cotton waste yarn || **²molton** *m* / cotton waste molleton || **²reinigungsmaschine** *f* / cotton waste cleaner || **²spinnerei** *f* / cotton waste spinning
Baumwoll·-Abstreifmaschine *f* / picker *n*, cotton picker, cotton picking machine, cotton stripper, mechanical cotton picker, cotton scutching machine, cotton sled, mechanical tripper || **²affinität** *f* / affinity for cotton || **~ähnlich machen** / cottonize *v* (flax) || **~artig** *adj* / cottony *adj* || **²atlas** *m*, Kettatlas *m* / sateen *n*, satin *n* || **²atlas mit Kammgarnfäden im Stoffrand** / worsted edge sateen || **²aufbereitung** *f* / cotton dressing || **²ausbreitemaschine** *f* / picker machine || **²ausrüstung** *f* / cotton finishing || **²azofarbstoff** *m* / cotton azo dyestuff || **²-Bademantelstoff** *m* / cotton bathrobing
Baumwollballen *m* / cotton bale || **², der verdeckt geringwertige Qualität enthält** / false pack, false packed cotton || **²öffner** / cotton bale breaker || **²presse** *f* / cotton baling press
Baumwoll·band *n* / cotton ribbon, cotton tape, cotton sliver || **schmales ²band** / ferret *n* || **²band** *n* **für Stabjalousien** / ladder tape || **²bandware** *f* / cotton smallwares *pl* || **²barchent** *m* (weicher dicker Wollstoff) (Gew) / swansdown *n* || **²batist** *m* / cotton batiste, cotton cambric, cambric *n* || **²begleitgewebe** *n* / adjacent cotton fabric || **²besatz** *m* / cotton ferrets *pl* || **²biber** *m* / cotton beaver, beaverteen *n* || **²binde** *f* / cotton bandage || **²blau** *n* / cotton blue || **²bleiche** *f* / cotton bleaching || **²blüte** *f* / cotton bloom || **²borte** *f* / cotton braid || **²borte mit Spitzenverbindungsstellen** / spaced braid || **²chenille** *f* / cotton chenille || **²cheviot** *m* / cheviot shirting || **²cord** *m* / cotton corduroy || **²covercoat** *m* / cotton covert cloth || **²crepon** *m* / cotton crepon || **²damast** *m* / cotton damask || **²deckelkarde** *f* / cotton flat card || **²-Dekorationsstoffe** *m pl*, Baumwolldekostoffe *m pl* / cotton furnishings *pl* || **²dichtung** *f* / cotton packing || **²direktfarbstoff** *m* / direct cotton dyestuff || **²drell** *m* / cotton drill || **²drill** *m* / cotton ticking || **²drill** *f* **für Arbeitshandschuhe und grobe Fausthandschuhe** / husking cloth
Baumwolldruck *m* / cotton print[ing], printed calico || **²gewebe** *n* / cotton print cloth || **²nessel** *m* /

cotton print cloth || **~satin** *m* / cotton screen printed sateen
Baumwoll·d[o]ublierer *m* / cotton doubler || **~duck** *m* / cotton duck || **~-Duvetine** *m* / cotton duvetine
Baumwolle *f*, Co, (früher:) Bw / cotton *n*, Co || **~ aus Südkarolina** / Carolina pride cotton, Crawford cotton || **~ in Strangform** / cotton in the form of hanks || **~ mit Knötchen** / neppy cotton || **~ mit natürlicher Drehung** / bony cotton || **~ mit schwarzen Blättern** / black leaf cotton || **~ mit schwarzen Samen** / black seed cotton || **~ mit übermäßigem Hülsengehalt** / shell cotton || **auf der Säge-Egreniermaschine entkörnte ~** / saw-ginned cotton || **~, aus kleinen Kapseln gewonnen** *f* / bollies cotton || **Blätter oder Blätterstaub enthaltende ~** / leafy cotton || **in Büscheln wachsende ~** / clustered cotton || **Kurzfasern enthaltende spröde ~** / mossy cotton || **noch nicht entkörnte ~** / seed cotton || **permanent chemisch modifizierte ~** / chemmod (chemically modified) cotton || **unreife Fasern enthaltende ~** / fuddy cotton || **unter künstlicher Bewässerung kultivierte ~** / irrigated cotton || **von Hand entkörnte ~** / HG cotton (hand-ginned) || **wiederholt entkörnte ~** / reginned cotton
Baumwoll·echtfarbstoff *m* / fast dyestuff for cotton goods || **~effektfaden** *m* / cotton effect thread || **~egreniermaschine** *f* / cotton gin || **~einschlag** *m* / cotton weft
baumwollen·es Batiktuch / cotton batik || **~e Bettdecke** / cotton blanket || **~er Covercoat** / covert twill coating || **~e Einfaßspitze** / footing lace || **~e Einlage** / cotton ground thread || **~er Futter-Kettsatin** / foulardin *n* || **~e Futterstoffe** *m pl* / doublings *pl* || **~er Genuasamt** / Genoa plush, Genoa velveteen || **~es Gewebe** / cotton fabric || **~er Stoff** / cotton fabric || **~er Tropenanzugsstoff** / cotton tropical || **~es Webgarn** / cotton twist, cotton yarn
Baumwoll·entkörnungsmaschine *f* / cotton gin || **~entstaubungskasten** *m* / dust trunk || **~entwachsen** *n* / cotton dewaxing || **~fabrik** *f* / cotton mill || **~faden** *m* / cotton thread, spun cotton, cotton yarn || **~färbeapparat** *m* / cotton dyeing machine || **~färben** *n* / cotton dyeing || **~färber** *m* / cotton stainer (insect) || **~farbstoff** *m* / cotton dyestuff || **~faser** *f* / cotton fibre || **~faserdichtung** *f* / cotton fibre gasket || **~faservlies-Verdichten** *n* / cotton condensing || **~feingewebe** *n* / fine weave cotton || **~feuerwanze** *f* (Dysdercus suturellus) / cotton stainer (insect) || **~filztuch** *n* / cotton felt || **~flanell** *m* / cotton flannel, flannelette *n* || **~flanell für Tischdeckenunterlagen** / silence cloth || **~flocke** *f* / cotton flock || **~flug** *m*, Baumwollflugstaub *m* / cotton dust, fly cotton, flyings *pl*, fly waste || **~frottiergarn** *n* / yarn for cotton terry cloth || **~frottiergewebe** *n* / cotton terry cloth || **~-Füllstoff** *m* / chopped cotton cloth || **~futterstoff** *m* / cotton lining || **~gabardine** *f* / cotton gabardine || **~garn** *n* / cotton yarn, cotton thread, spun cotton || **~garnnummer** *f* / count of cotton yarn || **~gaze** *f* / cotton gauze || **~georgette** *f m* / cotton georgette
Baumwollgewebe *n* / cotton fabric, cotton *n*, cotton material, cotton cloth || **~ in Leinwandbindung** / plain weave cotton fabric || **~-Vorreinigung** *f* / cotton fabric prescouring
Baumwoll·glattzwirn *m* / lisle thread || **~grobgewebe** *n* / coarse weave cotton || **~gurt** *m* / cotton strap, cotton webbing || **~hadern** *m pl* / cotton rags || **~handschuh** *m* / cotton glove || **~handschuhstoff** *m* / cotton glove material || **~harz** *n* / cotton resin || **~haspelei** *f* / cotton winding || **~hemd** *n* / cotton shirt || **~hosenstoffe** *m pl* / cotton trouserings || **~imitationen** *f pl* **von Kammgarnstoffen** / cotton suitings *pl* || **~interlock** *m* / cotton interlock || **~interlockfeinripp** *m* / cotton interlock fine rib || **~isolierter Draht** / cotton-covered wire || **~jigger** *m* / cotton jig || **~kämmaschine** *f* / cotton combing machine, cotton comber || **~kämmen** *n* / cotton combing || **~kämmer** *m* / cotton comber, cotton combing machine || **~kämmerei** *f* / cotton combing || **~kammgarn** *n* / combed cotton yarn || **~kanevas** *m* / net canvas (used for foundation material in needle and lace work)
Baumwollkapsel *f* / cotton seed pod, cotton boll || **~fäule** *f* / boll rot || **~käfer** *m* (Anthonomus grandis) / boll weevil || **~wurm** *m* (Larve von Heliothis armigera) / boll worm
Baumwoll·karde *f* / cotton card || **~karden** *n* / cotton carding || **~kardenabfall** *m* / cotton card waste, fly waste, fly cotton, flyings *pl* || **~kardieren** *n* / cotton carding || **~kattun** *m* (stark appretiert, meist zweiseitig gerakelt) / calico *n*, plain cotton cloth || **~kernfaden** *m* / cotton ground thread, cotton core thread || **~kettatlas** *m* / warp sateen || **~kette** *f* / cotton warp || **~kettsatin** *m* / cotton warp satin || **~klasse** *f* / cotton class || **~klassierer** *m* / cotton classer, cotton grader || **~klassierung** *f* / cotton classing, cotton grading || **~kleiderstoff** *m* / cotton dress goods *pl* || **~köper** *m* / cotton twill, overall twill, twilled cotton cloth, twill cotton cloth, cotton serge || **~krepon** *m* / cotton crepon || **~krepp** *m* / cotton crepe, crinkle cloth || **~kreppfrotté** *n m*, Baumwollkreppfrottee *n m* / crepe sponge cloth || **~kreuzspulfärbeapparat** *m* / cotton cheese dyeing machine, cotton wound package dyeing machine, cotton cross-wound bobbin dyeing machine || **~kurzhaar** *n* / cotton fuzz || **~-Leiste** *f* / cotton list, cotton selvedge || **~-Linters** *m pl* / linters *pl*, cotton linters || **~-Lumpen** *m pl* / cotton rags || **~melierung** *f* / cotton mottling || **~merino** *m* / cotton merino || **~mischgarn** *n* / blended cotton yarn || **~mischung** *f* / cotton blend, cotton mixture || **~mitläufer** *m* / cotton back grey, cotton carrier blanket || **~mokett** *m*, Baumwollmokette *f* / cotton moquette || **~molton** *m* / cotton molleton, beaverteen *n* || **~musselin** *m* / cotton muslin, leno muslin || **~nähgarn** *n* / cotton thread
Baumwollnessel *m* / calico *n*, cotton cambric, grey cotton cloth || **~, gebleicht, stark appretiert, beidseitig stark geglänzt** (shirtingartig), **für Afrika-(Marokko)Exporte** / waterfinish *n* || **~filtertuch** *n* / grey cotton filter cloth, cotton cambric filter cloth, calico filter cloth || **~tuch** *n* / calico *n*, plain cotton cloth
Baumwoll·noppe *f* / cotton burl, cotton slub, cotton knop || **~numerierung** *f* / cotton count, numbering system for cotton || **~nummer** *f* / count of cotton yarn || **~öffner** *m* / opener *n* || **~packung** *f* / cotton packing || **~papier** *n* / cotton paper || **~pflanze** *f* / gossypium *n* || **~pflanzer** *m* / cotton grower || **~pflücker** *m*, Baumwollpflückmaschine *f* / picker *n*, cotton picker, cotton picking machine, cotton stripper, mechanical cotton picker, cotton

scutching machine, cotton sled || **~piqué** *m n* **in Waffelbindung** / waffle piqué || **~plüsch** *m* / cotton plush, cotton pile fabric, plush velveteen, cotton shag || **~-Popelin** *m*, Baumwoll-Popeline *f* / cotton poplin || **~preßanlage** *f* / cotton pressing plant || **~presse** *f* / cotton press || **~prüflaboratorium** *n* / cotton testing laboratory || **~prüfverfahren** *n* / cotton testing method || **~putzerei** *f* / opening room || **~putzereianlage** *f* / cotton blowing room || **~rand** *m* **an Strümpfen** / cotton top || **~reife** *f* / cotton maturity || **~reifenkord** *m* / breaker type cloth || **~reifeprüfung** *f* / cotton fibre maturity testing || **~reiniger** *m* / cotton cleaner || **~reinigungsmaschine** *f* / cotton cleaning machine, depurator *n* || **~riemen** *m* / cotton belting || **~ringspindel** *f* **mit Gleitlager** (DIN 64043) / cotton ring spindle with plain bearings || **~ringspinnmaschine** *f* / cotton ring spinning frame || **~rips** *m* / cotton rep || **~rohware** *f* / grey cloth || **~rücken** *m* **für Pol- und Florartikel** / cotton backing (pile fabrics)

Baumwollsamen *m* / cotton seed || **~entferner** *m* / seed cleaner || **~hülse** *f* / hull *n* (cotton) || **~kapsel** *f* / cotton boll, cotton seed hull || **~kuchen** *m* / cotton cake || **~mehl** *n* / cotton seed meal || **~öl** *n* (Oleum gossypii) / cotton oil || **~schale** *f* / cotton husk, hull *n* (cotton), cotton seed husk

Baumwoll·samt *m* / cotton velvet, velveteen *n*, beggar's velvet || **~samt mit festgebundenem Flor** / fast pile velveteen, lashed pile velveteen || **~satin** *m* / sateen *n*, satine *n* || **~schabe** *f* / cotton shive || **~schalen** *f pl* / cotton husks *pl* || **~schnitzel** *pl* / chopped cotton cloth || **~schuß** *m* / cotton weft || **~schußsamtware** *f* / Manchester velvet || **~seele** *f* (Seile) / cotton core (rope making) || **~seiden...** / silk-and-cotton covered || **~serge** *f* / cotton serge || **~sohle** *f* / cotton sole

Baumwollspinnen *n* / cotton processing

Baumwollspinner *m* / cotton spinner

Baumwollspinnerei *f* (Betrieb) / cotton mill, cotton spinning mill || **~** (DIN 60305) / cotton spinning

Baumwollspinn·garn *n* / cotton spun yarn || **~maschine** *f* / cotton spinning machine || **~maschine** (Strick/Wirk) / cotton machine, cotton frame, Cotton's fully fashioned knitting machine, Cotton patent full-fashioned knitting machine || **~system** *n* / cotton system processing

Baumwoll·spitze *f* / thread lace || **~stapel** *m* / cotton fibre length, cotton staple || **~staub** *m* / flyings *pl*, fly cotton, fly waste || **~staubpneumokoniose** *f*, Baumwollunge *f* / byssinosis *n*, mill fever || **~staude** *f* / cotton plant, cotton shrub

Baumwollstoff *m* / cotton fabric, cotton *n*, cotton cloth || **~ für Bettbezüge** / bed sheeting || **~ mit Tweedcharakter** / cotton tweed || **~e** *m pl* / cotton goods || **~krause** *f* / dimity ruffling || **~strecker** *m* / cotton stenter (GB), cotton tenter (US)

Baumwoll·stramin *m* / cotton canvas, cotton duck || **~strecke** *f*, Baumwollstreckmaschine *f* / cotton drawing frame || **~streckwerk** *n* / cotton drawing system

Baumwollstreichgarn *n* / condenser [cotton] yarn, barchent yarn || **~verfahren** *n* / condenser system

Baumwoll·streifen *m* / cotton ferrets *pl* || **~streifenkrepp** *m* / seersucker *n* || **~-Stretchgarn** *n* / cotton stretch, cotton stretch yarn || **~-Stretchgewebe** *n* / cotton stretch fabric || **~strumpf** *m* / cotton hose || **~strumpfgarn** *n* / cotton hosiery yarn || **~stückveredlung** *f* / cotton piecegoods finishing || **~taft** *m* / cotton taffetta || **~tara** *n* / bale tare || **~-Testverfahren** *n* / cotton testing method || **~tragegefühl** *n* / cotton touch || **~trikot** *m n* / cotton tricot, cotton interlock || **~trikothemd** *n* / cotton T-shirt || **~trikotware** *f* / cotton knitwear || **~trockenfilz** *m* / cotton dry felt || **~-T-Shirt** *n* / cotton T-shirt || **~twist** *m* / cotton twist, darning cotton

Baumwollunge *f* / byssinosis *n*, mill fever

Baumwoll·unterlage *f* / cotton foundation || **~verband** *m* / cotton bandage || **~veredlung** *f* / cotton processing || **~verstärkung** *f* **an Strümpfen** (Strumpf) / cotton splicing || **~-Vorbehandlungsmaschinen** *f pl* / cotton preparing machinery || **~vorgarnspinnmaschine** *f* / cotton roving frame || **~-Vorhangstoff** *m* / casement *n* || **~vorspinnmaschine** *f* / flyer *n*, flier *n*, fly frame, flyer spinning frame, speed frame || **~wachs** *n* / cotton wax

Baumwollware in Leinwandbindung / plain cotton goods *pl* || **~** *f* **mit Taffetglanz** / taffetized fabric || **~ mit Zweifachkettgarn** / double warp (GB)

Baumwollwaren *f pl* / cotton goods || **~herstellung** *f* / cotton cloth manufacture

Baumwoll·watte *f* / cotton wool, cotton wadding || **~webautomat** *m* (Web) / automatic cotton loom || **~weberei** *f* / cotton mill, cotton weaving mill || **~wirkstoff** *m* / cottonette *n* || **~zephir** *m*, Baumwollzephyr *m* / cotton zephyr || **~zeug** *n* / cotton *n*, cotton cloth || **~zuführer** *m* / cotton feeder || **~zug** *m* / cotton sliver || **~zwickel** *m* (Strumpf) / cotton crotch, cotton lined crotch (briefs) || **~zwirn** *m* / cotton twist, spun cotton, cotton thread || **~zwirnerei** *f* / cotton thread mill

Bausch *m* (med) / wad *n*, pad *n*, swab *n* || **~** (Volumen) / bulk *n*, volume *n* || **~** (Polster) / pad *n*, bolster *n* || **~** (Tournüre) (Mode) / bustle *n* || **~appretur** *f* / blow finish || **~elastizität** *f* / bulk elasticity || **~elastizitätsprüfgerät** *n* / bulk elasticity tester

bauschen *n* (Spinn) / bulk *v* || **~** *n* / bulking *n*

Bausch·entwicklung *f* / bulk development || **~garn** *n* / bulk yarn, bulked yarn, bulky yarn, bulked filament yarn, bulky thread, textured yarn, texturized yarn

bauschig *adj* / bulky *adj* (of yarn), bulked *adj*, voluminous *adj* (of fabric)

Bauschigkeit *f* / bulkiness *n* (of yarn), bulk *n*, voluminosity *n*, volume *n* (of fabric) || **von hoher ~** / high-bulk *adj*

Bausch·kraft *f* / bulk *n*, bulking power || **~maschine** *f* (Spinn) / bulking machine || **~modul** *m* / bulk modulus || **~verfahren** *n* / bulking *n* || **~vermögen** *n* / bulk *n* || **~volumen** *n* / volume *n*, bulk *n*

Bau·teil *n* / component part || **~teil der Kettschlichtmaschine** (DIN 62500) / component part of the warp sizing machine

bayerische Torchonspitze / Bavarian lace

Bayeux-Spitze *f* / Bayeux lace

Baykogarn *n* (Baumwoll- oder Reyongarne mit Metallstaub überzogen) / bayko yarn

Bayrisch-Loden *m* / Bavarian loden

Bazan-Streifensatin *m* / bazan *n*

Bazargarn *n* / Bazar yarn

bazillentötend *adj*, bazillenvernichtend *adj* / bacteri[o]cidal *adj*

BB-Filztuch *n* (DIN 61205) / batt-on-base woven felt

BB-Sack *m*, Blitz- und Biwaksack *m* / anti-

hypothermia bag, survival bag
BCF-Garn *n* / BCF (bulk continuous filament)
BDH Lovibond Nessleriser (Farbmessung) *m* / BDH Lovibond Nessleriser
Beach-cotton *m*, Popeline *f* mit grober Rippe / beach cotton
beanspruchen *v* / strain *v*, stress *v*, stretch *v*
Beanspruchung *f* / strain *n* (load applied), stress *n* || **≗ auf Biegung** / bending stress, transverse stress || **≗ der Kettfäden** / strain on the warp threads
Beanspruchungsgeschwindigkeit *f* / rate of loading
bearbeiten *v* / machine *v*
Beaufort *m* (englischer Cutaway-Mantel - wird nur oben zugeknöpft) / Beaufort *n*
Beauvais-Teppich *m* / Beauvais tapestry
Beaverteen *n* / beaverteen *n*
Becher·färbeapparat *m* / beaker-type dyeing machine || **≗glas** *n* (Färb) / beaker *n*
Bedarf, Salz- und Alkali-≗ / salt and alkali additions
bedecken *v* / overlay *v*, cover *v*
Bedeckung *f* **des Vorreißers** / licker-in cover
Bedeckungsgrad *m* (Textdr) / coverage *n*
Bedford-Ripsgewebe *n* / Bedford cord
bedingt gleich, metamer *adj* (Färbungen mit unterschiedlichen Remissionskurven jedoch gleichem Aussehen) / metameric *adj*
Bedruckbarkeit *f* / printability *n*
bedrucken *v* / print *v*, imprint *v* || **mit einer Reserve ~** / print a resist || **≗** *n* / printing *n* || **≗ auf photochemischem Wege** / photochemical textile printing || **≗ beider Gewebeseiten** / register print
Bedruckstoff *m* (Textdr) / stock *n*
bedruckt·er Baumwollstoff / cotton print || **~e Baumwollwaren** *f pl* / cotton prints || **~er Bodenbelag** / printed floor covering || **~e Fläche** / printed area || **~es Flammengarn** / printed flake yarn || **~er Flanell** / golgas *n* (printed flannel raised on both sides) || **~es Garn** / printed yarn || **~es Gewebe** / printed cloth || **~er Gingham** / gingham print, printed gingham || **~er Grund** / blotch ground || **~er Kammzug** / printed top || **~er Kattun** / cotton print[ing] || **~e Maschenware** / printed knit fabric || **~e Seidenkette** / jaspé silk || **~er Stoff** / printed fabric || **~er Taft** / taffeta imprimé || **~er Teppich** / printed carpet
Beetel·effektimitation *f* / imitation beetle finish || **≗kalander** *m* s. Beetle-Kalander
beeteln *v* (Ausrüst) / beetle *v* || **≗** *n* / beetling *n*
Beetle·-Effekt *m* / beetle finish, beetled finish || **≗-Kalander** *m*, Beetlemaschine *f* / beetle calender, chasing calender, chaising calender, beetler calender, beetling calender
befestigen *v* / anchor *v*
Befestigungs·leiste *f* **für das nagellose Spannen** (Tepp) / tackless strip || **≗stich** *m* (für Knöpfe) / tying stitch (button)
befeuchten *v* / damp *v*, wet *v*, sprinkle *v*, humidify *v*, dampen *v*, moisten *v* || **≗** *n* / moistening *n*, wetting *n*, sprinkling *n*
Befeuchter *m* / humidifier *n*, moistening apparatus, moisture applicator
Befeuchtung *f* / damping *n*, dampening *n*
Befeuchtungs·anlage *f* / humidifying plant || **≗dämpfer** *m* / steam applicator || **≗einrichtung** *f* / humidifier *n*, moistening apparatus, moisture applicator || **≗grad** *m* / degree of humidity || **≗kammer** *f*, Befeuchtungskasten *m* / moistening chamber || **≗maschine** *f* (DIN 64990) (Ausrüst) / humidifying machine, humidifier *n*, moistener *n*, damping machine || **≗mittel** *n* / moistening agent, conditioning agent || **≗probe** *f* / damping test, wetting test || **≗vorrichtung** *f* / humidifier *n*, moistener, moistening apparatus, moisture applicator || **≗zahl** *f* / humidity index
beflecken *v* / blot *v*, blotch *v* || **~** / spot *v*, stain *v*, soil *v* || **≗** *n* / spotting *n*, staining *n*, soiling *n*
befleckend *adj* / staining *adj*
befleckt, durch pflanzliche Partikel ~e Ware / specky goods *pl*
Beflocken *n* (Veredlungsverfahren zur Herstellung von Velourseffekten [Velourieren]) / flock coating, flock spraying, flocking *n*
Beflockmaterial *n* / flock *n* (flocking)
beflockt·es Garn / flocked yarn || **~e Ware** / flocked article, flocked goods *pl*
Beflockung *f* s. Beflocken
Beflockungs·effekt *m* / flocked effect || **≗kleber** *m* **auf Lösemittelbasis** / flocking adhesive on solvent base || **≗maschine** *f* (DIN 64990) / flocking machine, flocker *n* || **≗vorrichtung** *f* / flocking unit
Beförderungstuch *n* / travelling apron || **endloses ≗** / creeper *n*
befransen *v* / fringe *v*
befreien, die Faser vom Stengel ~ / fibrillize *v*
Begehtest *m* **für Teppiche** (Tepp) / traffic resistance test, treading test, walking test
Begehungsfrequenz *f* (Tepp) / pedestrian traffic count
Begleit·farbe *f* / secondary colour, illuminating colour || **≗farbstoff** *m* / accompanying dyestuff || **≗faser** *f* / accompanying fibre || **≗gewebe** *n*, Begleitmaterial *n* / adjacent fabric, adjacent material
Bé-Grad *m*, ° Bé / Baumé *n*, ° Bé
begrenzt permanent flammhemmend / S.P.F.R. (semi-permanent flame-retardant) || **~e Waschbeständigkeit** / limited wash fastness
Begrenzungsspachtel *f* (Kasch) / side knife
Behälter *m* / vessel *n*, tank *n*
Behandlung *f* **mit Weichmachungsmitteln** / mellowing *n*
Behandlungs·anweisung *f* / working instructions *pl* || **≗behälter** *m* / treatment tank || **≗dauer** *f* / time of treatment || **≗temperatur** *f* / processing temperature || **≗vorschrift** *f* / working instructions *pl* || **≗zeit** *f* / treatment time
Beharzungs- und Imprägniermaschine *f* (Kasch) / varnishing machine
beheizte Textilware / heating fabric
Behördenkleidung *f* / civilian uniforms *pl*, corporate clothing
Beiderwand *f n* (Web) / two-sided stuff
beidrecht *adj* / double-faced *adj*, reversible *adj* || **~er Bademantelstoff** / bathrobe blanketing, bathrobe cloth || **~er Bettuchstoff** / duplex sheeting || **~er Köper** / double-face twill || **~er Wollstoff** (Gew) / through-and-through *n*
beidseitig *adj* / face and back || **~e Appretur** / full finish || **~es Bedrucken** / double-face printing || **~ bedruckte[r] Cretonne** / reversible cretonne || **~ bedruckte Ware** / double print, duplex prints || **~ beschichtet** / double-coated *adj* || **~er Druck** / both-side printing, duplex print[ing] || **~es Drucken** / duplex print[ing] || **~ tragbar** / reversible *adj* || **~ verwendbar** / reversible *adj*
beige *adj* / beige *adj*, fawn *adj* || **~braun** *adj* (RAL 8024) / beige brown *adj* || **≗garn** *n* / beige yarn ||

~**grau** *adj* (RAL 7006) / beige grey *adj* || ~**rot** *adj* (RAL 3012) / beige red *adj*
Beilastmaterial *n* (für zusätzliches Gewicht) / makeweights *pl*
Beileger *m* (Web) / rod of the warp beam
Beilstein-Probe *f* (Chem) / Beilstein['s] test
Beimengung *f* / addition *n*
Beimischung *f* / admixture *n* || ≗ (Anteil einer Fasermischung) / component *n* || ≗ **einer hellen Farbe** / illumination *n*
Bein *n* (Strumpf) / leg *n* || **breit ausgestelltes** ≗ / wide flare (of trousers) || ≗**abschluß** *m* (Miederhose) / elastic leg band || ≗**abschluß in Spitzenform** / elastic leg band lace || ≗**länge** *f* / length of trouser leg
Beinling *m* (Strumpf) / leg *n* || ≗**e** *m pl* / footlocks *pl*, "legwarmers" *pl*
Bein·schwarz *n* / drop black, bone black || ≗**wolle** *f* / breech wool *n*, shanking *n*
beißen, Farben ~ sich (d.h. Tönungen sind nicht miteinander vereinbar) / colours clash with each other
beißend *adj* (Geruch) / pungent *adj*
Beiz·artikel *m* / mordant style || ≗**bad** *n* / mordanting bath, mordanting liquor
beizbar *adj* / mordantable *adj*
Beiz·chemikalie *f* / chemical mordanting agent || ≗**druck** *m* / mordant print, mordant printing
Beize *f* (Färb) / mordant *n*, preparation *n*, mordanting agent, fastener *n* || ≗ / stain *n* (colour) || ≗ (Chem) / caustic *n*, mordant *n* || ≗**n** *pl* / mordanting chemicals
beizen *v* (Färb) / steep in mordant, mordant *v* || ~ (Chem) / attack *v*, corrode *v* || ~ (Hutm) / carrot *v* || **in Alaun** ~ / steep in alum || ≗ *n* (Vorgang) / mordanting operation, mordanting *n*, mordanting process || ≗**-Chemikalien** *f pl* / mordanting chemicals || ≗**dampffarbe** *f* / mordant steam colour
Beizendruck *m* / mordant print, mordant printing || ≗**artikel** *m*, Beizendruckware *f* / mordant-printed article, mordant-printed goods, mordant-printed style
Beizen·farbe *f* / chrome dyestuff, chrome developed dyestuff, chrome mordant dyestuff || ≗**färben** *n* / mordant dyeing || ~**färbend** *adj* / dyeing on a mordant || ~**färbender Farbstoff** / adjective dyestuff || ≗**farbstoff** *m* / mordant dyestuff, lake *n*, adjective dyestuff || **mit** ≗**farbstoff geklotztes Gewebe** / mordant-colour pad-dyed fabric || ≗**färbung** *f* / mordant dyeing || ≗**klotzartikel** *m*, Beizenklotzware *f* / mordant-padded article, mordant-padded goods, mordant-padded style || ≗**-Nachbehandlung** *f* (Textdr) / dunging *n*, fixing the mordant || ≗**verfahren** *n* / chromate process || ~**ziehend** *adj* / capable of fixing mordants
Beiz·farbe *f* / mordant colour, stain *n* || ≗**färbung** *f* / mordant dyeing || ≗**flotte** *f* / mordanting liquor, mordanting bath || ≗**grund** *m* / mordanted bottom, mordanted ground || ≗**hilfsmittel** *n* / mordant auxiliary || ≗**kraft** *f* / mordanting power || ≗**kufe** *f* / mordanting vat || ≗**mittel** *n* / mordant *n*, mordanting agent || ≗**salz** *n* / mordant salt || ≗**vorgang** *m* / mordanting operation, mordanting process || ≗**wirkung** *f* / mordanting action, mordanting effect
Bejukofaser *f* (aus Peru) / bejuco fibre, caro fibre
bekanten *v* / form a selvedge
beketteln *v* (Strick/Wirk) / overedge *v*, overlock *v*
Bekleben *n* / gumming *n*
beklecksen *v* / blotch *v*
bekleiden *v* / apparel *v* (US), clothe *v* || ~ (z.B. einen Kessel) / jacket *v*, line *v*, cover *v*
Bekleidung *f* / apparel *n*, clothes *n*, clothing *n* || ≗ (z.B. eines Kessels) (außen) / jacket *n* || ≗ (z.B. eines Kessels) (innen) / lining *n*
Bekleidungs·artikel *m* / article of clothing || ≗**fabrik** *f* / clothing factory || ≗**fertigungsmaschinen** *f pl* / clothier's machinery || ≗**filz** *m* / clothing felt, garment felt || ≗**hersteller** *m* / apparel manufacturer || ≗**industrie** *f* / clothing industry, garment industry || ≗**kunstleder** *n* / artificial clothing leather || ≗**leder** *n* / leather for clothing, garment leather || ≗**maschine** *f* / garment manufacturing machine, making-up machine || ≗**maschinen** *f pl* / clothier's machinery || ≗**physiologie** *f* / physiology of clothing || ≗**plüsch** *m* / clothing plush || ≗**stoff** *m* / clothing material || ≗**zubehör** *n* / clothing accessories *pl*
Belag *m* (allg) / cover *v*, covering *n* || ≗, Beschichtung *f* / coating *n* || ≗**brettchen** *n* / lag *n* (dobby)
belasten *v* / strain *v*, stress *v*, load *v*
Belastung *f* / loading *n* (exposure to stress), strain *n*, load *n* [applied], stress *n* || ≗ **der Streckwalzen** / weighting of the drawing rollers
Belastungs·arm *m* (DIN 64050) / weighting arm || ≗**diagramm** *n* / load diagram || ≗**grenze** *f* / stress limit || ≗**schaumzahl** *f* (Seife) / lather value in the presence of dirt || ≗**verformungsdiagramm** *n* / stress/strain curve
Beldiawolle *f* / beldia wool (Moroccan)
Belebtschlammverfahren *n* (Abwässer) / activated-sludge process
Beledinrohseide *f* / beledin silk
belegen *v* (friktionierte Gewebe) / apply a skim-coat || ≗ *n* **der Krempeln** / card mounting
Belegstreifen *m* / facing strip
belesen *v* (Garn oder Gewebe auf Fehler) / burl *v*, pinch *v* || ≗ *n* / burling *n*
beleuchten *v* / illuminate *v*
Beleuchtung *f* / illumination *n*
Beleuchtungsmittel *n* (Kol) / illuminant *n*
belgisch·er Flachs / Belgian flax, Flemish flax, blue flax || ~**er Kanevas** / Brabant *n* || ~**e Leinwand** / Belgian linen || ~**e Spitze** / Belgian lace, renaissance lace
belichten *v* / expose to light
Belichtung *f* / exposure to light, exposure *n* || ≗ **der Druckmuster** / exposing the printed patterns (Fadeometer)
Belichtungs·dauer *f* / exposure time, duration of exposure || ≗**probe** *f* / exposure test, light test, light fading test || ≗**zeit** *f* / exposure time, duration of exposure
belüften *v* / air *vt*
Belüftungs·anlage *f* / airing plant, air plant || ≗**prozeß** *m* / airing process, airing treatment
Belutschistan-Teppich *m* / Baluchistan carpet
bemaltes Cordleinen / tapestry painting
Bembergisierung *f* / bembergizing *n*
Bemberg-Kupferkunstseide *f* (Zelluloseregeneratfaserstoff) / Bemberg silk
bemustern *v* / sample *v*
Bemusterung *f* / sampling *n*, patterning *n*
benadelte Walze (Ausrüst) / studded roller
Benadelung *f* / needle setting, setting the needles, needling *n* || ≗ (Spinn) / wire mounting, wire setting || ≗ (Tuchh) / pinning *n*

Benares-Dekorationsstoff *m* / benares *n*
Benennungen *f pl* **der Webstuhlteile** (DIN 63000) / nomenclature of loom parts
benetzbar *adj* / wettable *adj*
Benetzbarkeit *f* / wettability *n*
benetzen *v* / wet *v*, damp *v*, moisten *v*, dampen *v* || **≗** *n* / wetting *n*, moistening *n*
Benetzungs·apparat *m* / wetting apparatus, damping machine || **≗energie** *f* / wetting energy || **≗fähigkeit** *f* / wetting power, wettability *n*, wetting capacity, wetting-out property || **≗hysterese** *f* / wetting hysteresis || **≗spannung** *f* (oberflächenaktives Mittel) / wetting tension || **≗spannung bei rückläufiger Randlinie**, Benetzungsspannung *f* bei rückläufigem Randwinkel / receding wetting tension (surface active agent) || **≗spannung bei vorrückender Randlinie**, Benetzungsspannung *f* bei vorrückendem Randwinkel / advancing wetting tension (surface active agent) || **≗tendenz** *f* / wetting tendency || **≗vermögen** *n* / wetting power || **≗winkel** *m* / wetting angle
Bengalin *n*, Bengaline *f* (popelinartiger Seidentaft) / bengaline *n* (heavy poplin o. rib effect fabric)
Bengalischer Hanf / Bengal hemp, Bombay hemp, brown hemp, false hemp
Bengal·-Rohseidengarn *n* / Bengal silk yarn || **≗rosa** *n* / Bengal pink
Bentonit *m* / bentonite *n*
Benzaldehyd *m* (künstliches Bittermandelöl) / benzaldehyde *n*, benzoic aldehyde, bitter almond oil
Benzalgrün *n* / malachite green *n*, benzal green
Benzamid *n* / benzamide *n*
Benzaminblau *n* / benzamine blue
Benzanilid *n* / benzanilide *n*
Benzanthren *n* / benzanthrene *n*
Benzanthron *n* / benzanthrone *n* || **≗farbstoff** *m* / benzanthrone dyestuff
Benzidin *n* / benzidine *n* || **≗farbstoff** *m* (substantiver Diazofarbstoff) / benzidine dyestuff || **≗probe** *f* / benzidine test || **≗sulfat** *n* / benzidine sulphate
Benzimidazol *n* / benzimide azole
Benzin *n*, Leichtbenzin *n* / benzene *n*, benzine *n* || **≗**, Treibstoff *m* / gasoline *n* (US), gas *n* (US), petrol *n* (GB) || **≗** (als Lösungsmittel und in der chem. Reinigung) / white spirit, Stoddard solvent
benzinarm *adj* / low white spirits content || **~er Pigmentdruck** / pigment printing with low white spirits content
Benzin·bad *n* / dry cleaning || **≗emulsion** *f* / white spirit emulsion || **≗festigkeit** *f* / resistance to white spirits, stability to white spirits
benzinfrei·er Druck mit Pigmentfarbstoffen / solvent-free printing process with pigment dyestuffs || **~e Druckpaste** / printing paste containing no white spirit || **~er Pigmentdruck** / solvent-free pigment printing, pigment printing without white spirits || **~e Verdickung** / thickener containing no white spirit
Benzingehalt, mit niedrigem ≗ / low white spirits content
benzin·reiche Emulsion / emulsion with high white spirit content || **~reicher Pigmentdruck** / pigment printing rich in white spirits || **≗reinigung** *f* / dry cleaning with white spirits, dry cleaning with petroleum || **≗seife** *f* / benzine soap, dry cleaning soap
Benzoat·ester *m* / benzoate ester || **≗faser** *f* / benzoate fibre
Benzochinon *n* / benzoquinone *n*
Benzoe *f* / benzoin resin, benzoin gum
Benzoecht·farbstoff *m* / benzo fast dyestuff || **≗kupferfarbstoff** *m* / benzo fast copper dyestuff
Benzoe·harz *n* / benzoin resin, benzoin gum || **≗säure** *f* / benzoic acid || **≗säureanhydrid** *n* / benzoic anhydride
Benzo·furan *n* / coumarone *n* || **≗karbazol** *n* / benzocarbazole *n* || **≗kupferfarbstoff** *m* / benzo copper dyestuff
Benzol *n* / benzene *n*, benzol *n* || **≗abkömmling** *m*, Benzolderivat *n* / benzene derivative || **≗disulfo[n]säure** *f* / benzene disulphonic acid
Benzolichtfarbstoff *m* / benzo light dyestuff
Benzol·kern *m* / benzene ring, benzene nucleus || **≗kohlenwasserstoff** *m* / benzene hydrocarbon, aromatic hydrocarbon || **≗lack** *m* / benzol lacquer || **≗ring** *m* / benzene ring || **≗sulfo[n]säure** *f* / benzene sulphonic acid
Benzo·phenon *n* / benzophenone *n* || **≗purpurin** *n* / benzopurpurine *n*, Sultan red (US) || **1,4-≗pyron** *n* / chromone *n* || **≗thiazol** *n* / benzothiazole *n*
Benzoxazol *n* / benzoxazole *n*
Benzoylchlorid *n* / benzoyl chloride
benzoylierte Baumwolle / benzoylated cotton
Benzoylperoxid *n* / benzoyl peroxide
Benzyl·alkohol *m* / benzyl[ic] alcohol, phenyl carbinol || **≗anilin** *n* / benzyl aniline || **≗benzoat** *n* / benzyl benzoate || **≗chlorid** *n* / benzyl chloride
benzylieren *v* / benzylate *v*
Benzylierungsmittel *n* / benzylating agent
benzyl·sulfanilsaures Natrium / sodium benzylsulphanilate || **≗zellulose** *f* / benzyl cellulose
Berberitze *f* / barberry *n*
berechnet auf das Gewicht der Ware / calculated on the weight of the goods
Berechnung *f* **der Ergiebigkeit** (Färb) / calculation of yield
beregnen *v* / expose to rain, sprinkle *v*, spray *v* (with water etc) || **≗** *n*, Beregnung *f* / spraying *n* (with water etc)
Beregnungs·anlage *f* / shower apparatus || **≗kopf** *m* (Bundesmann) / sample holder || **≗probe** *f* / spray test || **≗prüfgerät** *n* **nach Dr. Bundesmann** (DIN 53888) / rain tester according to Dr. Bundesmann || **≗prüfung** *f*, Beregnungstest *m*, Beregnungsversuch *m* / rain test, shower test, water penetration test || **≗versuch** *m* **nach Dr. Bundesmann** (DIN 53888) / Bundesmann shower test, Bundesmann water repellency test || **≗zeit** *f* / wetting time
Bergamo-Teppich *m* / Bergamo rug
Bergamot-Öl *n* / bergamot oil
Berg·flachs *m* / mountain flax || **≗mütze** *f* / alpine cap
Bergsteiger·jacke *f* / mountaineering jacket || **≗seil** *n* / mountaineering cord (rope)
Bergwolle *f* / mountain wool
Berieseler *m* / sprinkler *n*
berieseln *v* / expose to rain, sprinkle *v*, spray *v* (with water etc) || **≗** *n*, Berieselung *f* / sprinkling *n*, spraying *n* (with water etc), exposure to rain
Berieselungs·apparat *m* / spray test apparatus (AATCC 22-1971) || **≗versuch** *m* / rain test, shower test, water penetration test || **≗vorrichtung** *f* / spraying machine
Berliner Blau *n* / ferric ferrocyanide, Paris blue, Prussian blue, blue prussiate, Berlin blue
Bermuda-Shorts *pl* / Bermuda shorts || **≗-**

Tropenanzugstoff *m* / Bermuda cloth
Bernia-Wollserge *f* / bernia *n*
Bernstein *m* / amber *n* || **˜farbe** *f* / amber shade, amber colour || **~farben** *adj* / amber *adj* || **˜öl** *n* / amber oil || **˜säure** *f* / succinic acid
Berrywolle *f* / berry wool
Berstdruck *m* / bursting limit, bursting pressure || **˜festigkeit** *f* / bursting resistance || **˜meßgerät** *n* / burst tester, bursting tester
bersten *v* / burst *v*
Berst·festigkeit *f* / burst strength, bursting strength || **˜festigkeitsprüfer** *m* / bursting strength tester
Berstorff Auma *f* (Masch) / Auma machine
Berst·probe *f* / burst test, bursting test || **˜reißlänge** *f* / bursting limit || **˜versuch** *m* / burst test, bursting test || **˜zahl** *f* (Matpr) / burst factor (BF)
Berthelotstuhl *m* / Berthelot circular knitter
Berufs·anzugköper *m* / denim *n* || **˜kittel** *m* / coverall[s] (US), [industrial] overall[s] || **˜kleidung** *f* / industrial clothing, professional clothing, occupational clothing, work uniform, work clothing, working clothes *pl*, workwear *n*, career apparel, working wear || **˜kleidungsinstitut** *n* (hervorgegangen aus dem amerikanischen Verband der Uniformhersteller) / Career Apparel Institute (outgrowth of the National Assosiation of Uniform Manufacturers) (US) || **˜kleidungsstoff** *m* / work clothing fabric, workwear fabric || **˜köper** *m* / denim *n*, dungaree *n*, bluette *n* || **˜- und Sportbekleidung** (BESPO) *f* / professional and sports wear
beruhigen, den Drall ~ / stabilize the torque
Berührungs·fläche *f* / contact surface || **˜fleck** *m* / contact stain || **~freier Schachttrockner** / vertical non-touch drier || **~freier Trockner** / contact-free drier || **˜linie** *f* **zweier Walzen**, Berührungspunkt zweier Walzen / nip *n*
Beryllium *n* / beryllium *n* || **˜chlorid** *n* / beryllium chloride || **˜hydroxid** *n* / beryllium hydroxide
Besatz *m* / facings *pl* (on uniform), lace *n* (on uniform) || **˜** (eines Kleides usw.) / trimmings *pl*, trim *n*, facing *n*, edging *n*, braid *n* || **˜artikel** (Mode) / decorative trimming, trimming *n*, trimming material, facing *n* || **˜band** *n* / binding tape, trimming ribbon || **˜dichte** *f*, Besatzfeinheit *f* (Spinn) / wire spacing || **˜garn** *n* / yarn for trimmings || **˜nadel** *f* (Spinn) / clothing needle, clothing wire || **˜schnur** *f* / gimp cord || **˜spitze** *f* / edging lace, braid lace, trimming lace || **˜stoff** *m* / trimming fabric, trimming material || **˜streifen** *m* / trimming *n*, trimming ribbon, facing *n* || **˜teile** *n pl* (Mode) / trimmings *pl* || **˜tuch** *n* / face cloth, facing *n*
beschädigen *v* / damage *v*
beschädigt *adj* (z.B. Faser) / tendered *adj*, injured *adj* (fibre) || **~e Ware** / damaged goods *pl*, tendered fabrics
Beschaffenheit *f* **des Vorgarns** / slubbing quality
beschauen *v* (Web) / examine *v*, inspect *v* || **˜** *n* / inspection *n*
Beschaumaschine *f* / fabric examining machine
Beschäumen *n* (Beschicht) / foaming *n*
beschichten *v* / coat *v*, spread *vt* || **~** (an der Rückseite) / back *vt* || **˜** *n* (Beschicht, Färb) / coating *n* || **˜** (an der Rückseite) / backing *n* || **˜ an der Walzendrucklinie** / nip coating || **˜ mit der Rakel** / knife coating || **˜ mit Klebefolie** / adhesive laminating || **˜ mittels Extruder** / extrusion coating, extrusion laminating, extrusion lamination
Beschichter *m* / coater *n* || **˜ mit Umkehrwalze** (Beschicht) / reverse roll coater
beschichtet *adj* / coated *adj* || **~es Garn** / coated yarn || **~es Gewebe**, beschichteter Stoff / coated fabric || **~es Substrat** / coated substrate || **~es textiles Flächengebilde** / coated textile substrate || **~e Textilien** *pl* / coated textiles, coated fabrics
Beschichtung *f* / coating *n*, surface coating || **˜ mit Kunststoff-Filmen** / impregnating with latices || **˜ mit Rakelstreifen** / streaky coating
Beschichtungs·anlage *f* / coating line, coating unit, coating plant || **˜anlage** (Kasch) / laminator *n* || **˜aufbau** *m* (Beschicht) / coating system || **˜aufbau** (Masch) / coating attachment || **˜auflage** *f* / coating add-on, solid add-on, coating weight || **˜auftrag** *m* / coating add-on || **˜automat** *m* / automatic coating machine || **˜düse** *f* / coating die || **˜film** *m* / coating film || **˜kalander** *m* / calender coater || **˜kopf** *m* / coating head, coating station || **˜maschine** *f* / coating machine || **˜masse** *f* / coating material, coating composition, coating paste || **˜masse** (für Gewebe) / dope *n* (to make fabric impervious to water or air or both) || **˜material** *n* / coating material *n*, coating substance, coating compound || **˜mittel** *n* / coating agent || **˜oberfläche** *f* / coating surface || **˜produkt** *n* / coating product || **˜rakel** *f* / coating doctor || **˜technik** *f* / coating practice, coating technique || **˜verfahren** *n* / coating method || **˜viskosität** *f* / coating viscosity
beschicken *v* / feed *v*, load *v* || **~** (ein Bad) / set *v* (a bath), charge *v* (a bath) || **˜** *n* / feeding *n*, loading *n*
beschickter Materialträger (Färb) / charged goods carrier
Beschickung *f* / feed *n*, charge *n*
Beschickungs·dauer *f* / charging time || **˜öffnung** *f* **der Färbeanlage** / loading door of dyeing vessel || **˜tür** *f* / charging door || **˜zone** *f* / feed zone
Beschlag·nadel *f* (Spinn) / clothing needle, clothing wire || **˜nummer** *f* (Karde) / card clothing number, wire clothing number || **˜zange** *f* (Spinn) / clothing pincers *pl*
beschleunigen *v* (z.B. eine Reaktion) / promote *v*
beschleunigende Wirkung / accelerating effect
Beschleuniger *m* / accelerator *n*, accelerating agent
beschleunigte Prüfung / accelerated test
Beschleunigung *f* / acceleration *n*
Beschleunigungs·messer *m* / accelerometer *n* || **˜mittel** *n* / accelerator *n*, accelerating agent || **˜trocknung** *f* / forced drying
Beschlichtungsgrad *m* / degree of sizing
beschmieren *v* (Textdr) / smear *v*
beschmutzen *v* / soil *v*, stain *v* || **~** (Textdr) / smear *v* || **˜** *n* / soiling *n*, staining *n*
beschmutzt·e Stuhlware / dirty loomstate fabric || **~e Wolle** / stained wool
Beschneide·maschine *f* / trimming machine || **˜maschine** (Tepp) / clipping machine || **˜messer** *n* / clipping knife
beschneiden *v* / trim *v* (selvedge) || **˜** *n* (Näh) / trimming *n*
Beschnürung *f* / tie-up *n* (gaiting), harness mounting || **˜ einkreuzen** / cross the ties
Beschußprüfung *f* / ballistic testing
beschweren *v* (einen Stoff) / weight *v*, fill *v*, load *v*, charge *v*, increase the body, increase the fullness || **˜** *n* (Ausrüstung zur Erhöhung des Warengewichtes bei gleichzeitiger Erzielung

eines fülligeren Griffes) (Ausrüst) / loading *n*, weighting *n*
beschwert·es Garn / loaded yarn, weighted yarn || **~er Stoff**, beschwertes Tuch, beschwerte Ware / filled fabric, weighted cloth, loaded cloth
Beschwerung *f* (Ausrüst) / filling *n*, loading *n*, weighting *n* || **~** (die Appretur) / filling finish, filling size, weighting size
Beschwerungs·mittel *n* (Ausrüst) / filling material, filler *n*, weighting agent, loading agent || **~schlichte** *f* / filling size
besehen *v* / perch *v* (cloth examination)
beseitigen *v* / remove *v*
Besetzband *n* / binding tape
besetzen *v* (Näh) / trim *v*, border *v*, face *v*, edge *v* || **mit Borten ~** / braid *v*, galloon *v* || **mit Fransen ~** / fringe *v* || **mit Nadeln ~** (Spinn) / wire *v*, apply needles || **~** *n* **mit Nadeln** / needle setting, needling *n*
Besetzgerät *n* **der Nähmaschine** (Näh) / binder *n*
besetzt, mit Schnüren ~ / frogged *adj*
Beshir *m* / Beshir *n* (Turkestan handmade carpet)
bespannen *v* / upholster *v* (cover with fabric)
Bespann·stoff *m* / upholstery cloth, upholstery fabric, covering fabric || **~stoff** (vor Lautsprecheröffnung) / grille cloth (for loudspeakers)
Bespannung *f* / upholstering *n* (covering) || **~** (Umhüllung des Rohbaugerüsts von Segel- und kleinen Motorflugzeugen mit Gewebe hoher Reißfestigkeit) / covering *n*
BESPO (Berufs- und Sportkleidung) / professional and sports wear
besponnen·es Garn / plated yarn || **~es Kabel** / wrapped cable
besprengen *v* / spray *v* (with water etc) || **~** *n* / spraying *n* (with water etc)
besprenkelt *adj* / flecked *adj*
bespulen *vt* / load the loom
beständig gegen... / resistant to..., stable to ...
Beständigkeit *f* / resistance *n*, stability *n* || **~ der Effekte** / stability of the effects || **~ des Aussehens** (Tepp) / appearance retention || **~ gegen Abbau bei Lichteinwirkung** (Färb) / stability to decomposition on exposure to light || **~ gegen Belichtung und Bewetterung** / light and outdoor stability || **~ gegen Bewetterung** / outdoor stability, weatherability *n* || **~ gegen Härtebildner**, Beständigkeit *f* gegen hartes Wasser (DIN 53905) / resistance to salts causing hardness of water, hard water resistance, resistance to hard water, stability to hard water || **~ gegen hohe Temperatur** / resistance to high temperature, stability to high temperature || **~ gegen niedrige Temperatur** / stability to low temperature || **~ gegen oxydative Einflüsse** / resistance to oxidation || **~ gegen Pilzbefall** / resistance to fungal attack || **~ gegen Schimmelbefall** / resistance to attack by mildew
Bestandteil *m* / ingredient *n* (e.g. of recipe)
bestäuben *v* / dust *v*
bestellen *v* / prepare *v* (bath), make up
besticken *v* / embroider *v* || **in einem Rahmen ~** / tambour *v*
bestickt *adj* / embroidered *adj*, brodé *adj* (Fr) || **~er Atlas** / embroidered satin, satin brodé (Fr) || **~e Handschuhrückseite** (Strick/Wirk) / embroidered back of glove
Bestiftung *f* **der Walze** / pin covering of roll[er]
Bestimmung *f* **der Entflammbarkeit von Textilien** / determination of flammability of textiles || **~ der Korngröße** / measurement of particle size, particle size analysis || **~ der Stichausreißfestigkeit** (Beschicht) / stitch tear test
Bestimmungsmethode *f* / method of determination
bestrahlen *v* / expose to rays, irradiate *v*
Bestrahlung *f* / exposure to rays, exposure *n*, irradiation *n*
Bestreicher *m* / coater *n*
bestrichen *adj* / coated *adj*
bestücken *v* (Strick/Wirk) / load *v*
Bestückung *f* **des Rüstgatters** / creeling *n*
Besuchsanzug *m* / morning dress (for men)
Betain *n* / betaine *n* || **~tensid** *n* / betaine surfactant
Beta·-Keratin *n* / beta keratin || **~naphthol** *n* / beta-naphthol *n* || **~zellulose** *f* / beta-cellulose *n*
beton·grau *adj* (RAL 7023) / concrete-grey *adj* || **~kufe** *f* / concrete vat
Betriebs·anweisung *f* / operating instructions *pl* || **~versuch** *m* / factory trial, factory test || **~vorschrift** *f* / operating instructions *pl*, plant procedure, specification
Betropfen *n* **mit Wasser** / water spotting
Bett·bezüge *m pl* / sheets and pillow-cases *pl* || **~bezugstoff** *m* / bed linen, bedding linen || **~biber** *m* / bed beaver-cloth || **~couch** *f* / studio couch, davenport *n* (US), sofa bed || **~damast** *m* / bed damask || **~decke** *f* / blanket *n* || **~decke** (Tagesdecke) / bedspread *n*, counterpane *n* || **~deckenstoff** *m* / blanketing *n*, blanket cloth || **~drell** *m* / bed tick[ing], ticking *n* || **~drell mit unterseitiger Appretur** / sheeting ticking || **~feder** *f* / bedding feather || **~flanell** *m* / bed flannel || **~himmel** *m* / tester *n* (of bed) || **~jacke** *f* / bed jacket || **~laken** *n* / bed sheet, sheet *n*, linen sheet || **~lakenstoff** *m* **aus Baumwollabfall** / cotton waste sheetings *pl* || **~lakentuch** *n* / sheeting *n* || **~lakenunterlage** *f* / protective bed sheet || **~leinen** *n* / linen sheeting || **~pers** *m* / floral ticking || **~schuhe** *m pl* / scuffs *pl*, bedsocks *pl*, stuffies *pl* (US) || **~stout** *m* (je nach der Bindung auch Köperstout [köperbindig] oder mit doppelfädiger Kette Waterstout genannter einfarbiger, meist aber kettfarbiger Inlettstoff für Federkissen) / bedstout *n* || **~überwurf** *m* / bedspread *n*, coverlid *n*, coverlet *n*, counterpane *n*, bed cover
Bettuch *n* / sheet *n*, bed sheet || **~ mit abgepaßten Ecken** / fitted sheet || **~biber** *m* / fleecy cotton sheeting || **~leinen** *n*, Bettuchleinwand *f* / sheeting *n*
Bett·umrandung *f* (Tepp) / bed set, rug set, bed surrounds *pl* || **~vorlage** *f*, Bettvorleger *m* / bedside mat, bedside rug || **~wäsche** *f* / bed clothes *pl*, sheets and pillow-cases *pl*, bedding linen, bed linen || **~wäschebesatz** *m* / bed lace || **~wäschegarnitur** *f* / bedding set || **~wäschepaket** *n* / bedding bale || **~zeug** *n* / bedding *n* || **~zeug** s. auch Bettwäsche
betupfen *v* / apply with pad, dab *v* || **~** *n* / spotting *n*, padding *n*
Beuch·anlage *f* (Färb) / kier-boiling plant || **~apparat** *m* / kier *n* || **~apparat** (DIN 64990) / apparatus for scouring in autoclaves || **~chlorbleiche** *f* / chlorine kier bleach || **~chlorperoxidbleiche** *f* / chlorine-peroxide kier bleach
Beuche *f* (Abkochen von Baumwollwaren unter Druck) / kier boiling, buck *n*, kiering *n*, kier scouring

beuchecht *adj* / fast to kier-boiling
Beuchechtheit *f* / fastness to kier-boiling, kier-boiling fastness
beuchen *v* (Baumwollwaren in Lauge unter Druck abkochen) / kier-boil *v*, boil out in lye, scour *v*, buck *v* || **≗** *n* / boiling [out] in lye, bucking *n*, scouring *n* (cotton), kiering *n*, kier boiling
Beuch·faß *n* / kier *n* || **≗fleck** *m* / kier mark, kiering stain || **≗flotte** *f* / kiering liquor || **≗hilfsmittel** *n* / kier assistant, kier-boiling auxiliary, kier-boiling assistant || **≗jigger** *m* / kier-boiling jig, kier jig || **≗kessel** *m* (DIN 64990) / kier *n*, boiling kier, bucking kier, scouring boiler || **≗mittel** *n* / kiering agent || **≗öl** *n* / kiering oil || **≗peroxidbleiche** *f* / kier-boiling peroxide bleach || **≗prozeß** *m* / kiering *n* || **≗seife** *f* / kiering soap
Be- und Entlastungsprüfung *f* / cyclic test
Beutel *m* / bag *n*, pouch *n*, pocket *n* (card web) || **≗ärmel** *m* (Mode) / poke sleeve || **≗filter** *n* / bag filter || **≗gaze** *f*, Beuteltuch *n* / bolting cloth *n*, filter [press] cloth, sieve cloth, straining cloth || **≗probe** *f* / shaking test (permeability)
bewegen, im Bad ~ / agitate in the bath, move in the bath || **≗** *n* / agitation *n*
beweglich·er Abschlag (Strick/Wirk) / movable knocking-over || **~es Blatt** / loose reed || **~es Endstück** (Reißv) / movable retainer || **~e Klinge** (einer Fadenabschneidevorrichtung) (Strick/Wirk) / moving trapper || **~e Phase** (Chrom) / moving phase, mobile phase || **~e Spindelbüchse** / movable inner tube of spindle || **~er Spindelträger** / lifter plate || **~er Streichbaum** (Spinn) / oscillating back rest || **~er Streichbaum** (Web) / roving beam
Beweglichkeit *f* (Färb) / diffusibility *n* (of dye in the fibre)
bewegt·es Bad / circulating bath, moving bath || **~e Flotte** / circulating liquor, moving liquor || **~e Flotte/ruhende Ware** / stationary material/ flowing liquor
Bewegtbettverfahren *n* / moving bed process
Bewegung *f* / motion *n*, tumbling *n* (when measuring rate of shrinkage)
Bewegungsfreiheit *f* (z.B. bei Sportkleidung) / freedom of movement
bewerten *vt* (Kol) / weigh *vt*
Bewertung *f* **der Anfärbung des Baumwollnessels nach Graumaßstab** (DIN 54002) / grading of staining of grey cotton in accordance with Grey Scale
bewettern *v* / expose to atmospheric influence, expose to weathering
Bewetterung *f* / exposure to weather[ing]
Bewetterungsprobe *f* / weathering test
Bewickeln *n* / winding-on *n*
Bewicklungs·breite *f* / dressed width of warp || **≗gewicht** *n* / yarn weight, net bobbin weight || **≗härte** *f* / hardness of winding
bewittern *v* / expose to weathering, expose to atmospheric influence
Bewitterung *f* / exposure to weather[ing]
Bewitterungs·beständigkeit *f* / outdoor stability, weatherability *n* || **≗probe** *f* / weathering test
Bezette *f*, Färbelappen *m* / bezetta *n*
beziehen *v* / upholster *v* (cover with fabric) || **eine Walze ~** / cover a roller
bezogen *adj* / coated *adj* || **~er Gummifaden** / covered rubber yarn || **~e Walze** / covered roll[er]
Bezug *m* / cover *v*, upholstering *n*, covering *n*
Bezugs·durchmesser *m* / reference diameter || **≗stoff** *m* / cover fabric
Bhurra *f* / bhurra [scarf]
Biarritz-Wollstoff *m* / Biarritz cloth
biaxial·e Festigkeit / biaxial strength, biaxial stress || **~es Gewebe** / biaxial fabric || **~es Wickeln** / helical-type winding
Biber *m* (köperbindiges Baumwollgewebe) / beaver *n* (cloth) || **≗appretur** *f* / beaver finish || **≗braun** *n* / beaver *n* (colour) || **≗fustian** *m* / beaver fustian || **≗garn** *n* / beaver yarn || **≗haar** *n* (Hutm) / beaver hair || **≗lamm** *n* / fur imitation of beaver on lambskin || **≗plüsch** *m* / beaver plush
Bichromat *n* / bichromate *n*
Bicolor-Effekt *m* / two-colour effect, bicolour effect, two-tone effect || **≗-Färbung** *f* / bicolour dyeing || **≗-Ware** *f* / two-colour article
Bi-coloured-Mischtonfärbung *f* / bicolour dyeing
Bi-Cone *f* / biconical package, bicone [bobbin], pineapple cone
Biebricher Scharlach *m* (Färb) / scarlet red *n*, Sudan IV
Biedermeierstil *m* (Mode) / early Victorian
Biege·beanspruchung *f* / bending strain, bending load || **≗beständigkeit** *f* (Beschicht) / resistance to flex cracking, resistance to repeated flexing, resistance to flexing || **≗bruchfestigkeit** *f* / ultimate bending strength || **≗eigenschaft** *f* / flexural property || **≗elastizität** *f* / flexing elasticity, bending elasticity || **≗energie** *f* / bending energy || **≗erholung** *f* / bending recovery || **≗ermüdung** *f* (Beschicht) / flexural fatigue, flex cracking || **≗fähigkeit** *f* / bending capacity || **≗fähigkeit** (Beschicht) / flexibility *n* || **≗festigkeit** *f* / flexing resistance, flexural strength, bending strength, cross breaking strength || **≗festigkeit** (Beschicht) / flex fastness, flex resistance || **≗länge** *f* / bending length || **≗moment** *n* / bending moment || **≗momentdiagramm** *n* / bending moment diagram
Biegen *n* / bending *n*
Biege·probe *f* (Beschicht) / flexing test || **≗probe**, Biegeprüfung *f* / bend test, bending test[ing] || **≗rißbildung** *f* (Beschicht) / flex cracking || **≗rißfestigkeit** *f* (Beschicht) / flex cracking resistance || **≗rißwiderstand** *m* (Beschicht) / flex cracking resistance || **≗scheuerwiderstand** *m* / flex abrasion resistance || **≗spannung** *f* / bending stress || **≗steifigkeit** *f* / bending rigidity, flexural rigidity, flexural strength || **≗wechselfestigkeit** *f* / resistance to alternate flexing || **≗winkel** *m* / bending angle || **≗zugfestigkeit** *f* / flexural tensile strength
biegsam *adj* (Beschicht) / flexible *adj*, supple *adj* || **~es Webblatt** / flexible reed
Biegsamkeit *f* / flexibility *n*, suppleness *n*
Biegung *f* / flexure *n*
Biegungs·festigkeit *f* s. Biegefestigkeit || **≗rißwiderstand** *m* (Beschicht) / resistance to flex cracking, resistance to repeated flexing, resistance to flexing
Bielefelder Leinen *n* / bielefeld *n*
Bienenwachs *n* / beeswax *n*
Biese *f* (Näh) / tuck *n* || **≗** (an Uniformen) / piping *n* || **≗n abnähen** (Näh) / take in || **≗n einnähen** (Näh) / tuck *v* || **≗n in die Ärmel nähen** / to make tucks in sleeves
Biesen·apparat *m* / cording attachment || **≗fuß** *m* / cording foot (making up), cording tool (making up) || **≗gewebe** *n* / twill-backed cloth ||

²nadelhalter *m*(Näh) / twin-needle holder || **²nadelkopf** *m*(Strick/Wirk) / cording needle clamp, cording needle holder || **²nadelstange** *f*(Strick/Wirk) / needle bar for cording || **²nähfuß** *m* / presser foot for piping work || **²nähmaschine** *f* (Näh) / cording machine || **²stich** *m*(Näh) / air tuck stitch, cording stitch || **²streifen** *m pl*(Strick/Wirk) / cording stripes

Bifaser *f*, Bikomponentenfaser *f* / bi-fibre *n*, bicomponent fibre

Biguanid *n* / biguanide *n*

Bikarbonat *n* / bicarbonate *n* || **²-Druckpaste** *f* (Druck) / bicarbonate print paste || **²härte** *f* / bicarbonate hardness

Bikini *m* / bikini *n*

bikomponente Struktur / bicomponent structure

Bikomponenten·faser *f*, Bifaser *f* / bicomponent fibre, conjugate[d] fibre || **²faser**, M/F-Typ *m* (Matrix/Fibrillen-Typ) / M/F conjugate[d] fibre (matrix fibril type) || **²faser**, S/S-Typ *m* (Seite-an-Seite-Typ) / S/S (side-by-side) conjugated fibre || **²faser**, C/C-Typ *m* (Mantel-Kern-Typ) / C/C (centric cover core) fibre, sheath/core bicomponent fibre || **²fasergarn** *n* / bicomponent staple spun yarn || **²filament** *n* / bicomponent filament || **²filamentgarn** *n* / bicomponent filament yarn || **²garn** *n* / bicomponent yarn, conjugate[d] yarn || **²spinnen** *n* / bicomponent spinning

Bikone *f* / bicone [bobbin], pineapple cone

Bikonenspule *f* / pineapple package

bikonische Hülse (DIN 61805) / biconical tube

Bikonstituenten·faser *f* / biconstituent fibre || **²faser der Type M/F** / M/F biconstituent fibre, matrix fibril biconstituent fibre || **²filament** *n* / biconstituent filament || **²filamentgarn** *n* / biconstituent filament yarn || **²garn** *n* / biconstituent fibre spun yarn

bilaterale Faserstruktur / bilateral fibre structure

bilden *v* / form *v* || **²** *n* **von Verschlingungen** (Fehler) / kinking *n*, formation of kinks, formation of snarls

bildende Kötzerschicht (Spinn) / winding part of the layer

bildern *v* / figure up || **²** *n*(Web) / formation of patterns (defect) || **²** (Färb) / patterning *n* (space dyeing) (defect) (= repeat of the design) || **² beim Weben** / patterns formed by weaving

Bild·gewebe *n* / broché fabric, figured fabric, swivel fabric || **²musterung** *f* / jacquard effect || **²-Störeinrichtung** *f*(DIN 61801), Bildstörgetriebe *n* / anti-patterning device (winding), ribbon formation eliminator, ribbon breaker || **²störung** *f* (Web) / ribbon breaking || **²störung** (erwünscht) **durch ungleichmäßige Aufwicklung** / prevention of ribboning (desired) || **²teppich** *m* / picture rug, tapestry [wall covering] || **²weber** *m* / figured linen weaver || **²weberei** *f* / fancy weaving, figure weaving, figured weaving, picture weaving, fancy jacquard weave || **²wicklung** *f*(Fehler) / [constant] pattern winding, ribboning *n*, ribbon winding || **²wirkung** *f* / constant repeat effect, pattern effect || **²wirkung** s. auch Bildwicklung

Billard·filz *m*, Billardtuch *n* / billiard cloth, billiard felt, baize *n* || **lebhaftgrünes ²tuch** / chuddar *n*, chudder *n*

Billrothbatist *m* / cerecloth *n*

Billy-Roller *m* / billy roller

Bimlijute *f*, Bimlipatamjute *f* / Bimlipatam jute (strong Indian hemp fibre), deccan hemp, bastard jute, ambari jute, gambo hemp, kenaf *n*

bimsen *v*(Hutm) / pounce *v*

Bims·maschine *f* / buffing machine || **²maschine** (Hutm) / pumicing machine

binäre Farben *f pl* / binary colours

Binche-Spitze *f* / binche [lace]

Binde *f* / [surgical] bandage || **²art** *f*, Webart *f* / construction of the weave || **²energie** *f* / bond energy || **²faden** *m* / binding thread, binding end || **²fadenfutter** *n* / [three-thread] fleecy fabric || **²fadenfutterware** *f* / fleece with building-thread, inlay fabric (US), genuine fleecy || **²fadengarn** *n* / binding yarn || **²fähigkeit** *f* / bonding power || **²faser** *f* / binding fibre || **²faser** (Vliesst) / thermoplastic fibre || **²festigkeit** *f* / bonding strength || **²garnfaden** *m* / binding yarn || **²gürtel** *m* / tie belt || **²kette** *f* / binder warp, binding warp, stitching warp || **²kette** (Tepp) / chain warp || **²kraft** *f* / binding capacity, binding strength, binding power, bonding power || **²kraftverhältnis** *n* / binding strength ratio || **²litze** *f* / cord for lacing || **²loch** *n* / lacing hole (jacquard) || **²maschine** *f* / strapping machine || **²mittel** *n* / binder *n*, bonding medium, binding agent || **²mittel** (Kleber) / adhesive *n*, adhesive material || **²mittel für Textilverbundstoffe** / nonwoven binder || **²mittelwanderung** *f* / binder migration

binden *v* / bind *v*, bond *v*, tie *v*, hold *v* || ~ (härten) / set *v*, harden *v* || **zu einer Schleife** ~ / tie in a bow || **²** *n* / bonding *n* || **² durch Aufsprühen** / spray bonding

Binden-Schneid- und Wickelmaschine *f* / cutter and rolling machine for bandages

Bindenwickelmaschine *f* / bandage roller, bandage winding machine

Bindepunkt *m* / binding point || **²** (Vliesst) / bonding point || **²** (Web) / crossing point, tie-up point, interlacing point || **gezeichneter ²** (Web) / sinker *n* (small square rectangle in a woven design that indicates where the warp passes under the weft), raiser *n*, riser *n*

Binder *m* / binder *n*, binding agent || **²**, Schlips *m* / tie *n*, necktie *n* || **²faser** *f* / binding fibre || **²haftung** *f* (Textdr) / binder adhesion || **²matte** *f* / binder mat, bonded mat || **²vernetzung** *f* / binder crosslinkage

Binde·schaft *m*(Web) / binder heald frame, front leaf || **²schnur** *f* / tying string, tying twine || **²schnur für Jacquardkarten** / card lacing, jacquard cord, jacquard leash || **²schuß** *m* / binder filling, binding weft, binding pick, binder weft, binder pick || **²stelle** *f* / binding point || **²streifen** *m* / bonding strip, binding tape || **²- und Glanzmittel für Seidenglanz** / binder and lustring agent for silky lustre || **²vermögen** *n* / binding capacity, binding strength, binding power

Bindfaden *m* / string *n*, twine *n*, packing cord, pack thread, packing twine || **²brücke** *f* / twine holder || **²herstellungsmaschine** *f* / twine manufacturing machine || **²knäuel** *n* / ball of string

Bindung *f* / bond *n*, binding *n*, tie *n* || **²** (Chem) / link *n*, linkage *n*, bond *n* || **²** (Web) / weave *n*, texture *n*, cross-weaving *n* || **²** (Strick/Wirk) / knitting construction || **² eines Gestricks** / structure of a knitted fabric || **² für würf[e]lige Stoffe** / checkerboard weave

Bindungs·art *f*(Strick/Wirk) / knitting construction || **²art** (Web) / texture *n*, weave structure, weave *n*, weave construction || **²bild** *n* / weave design, weave pattern, weaving design, weaving pattern || **≗einheit** *f*(Web) / rapport *n* || **≗fehler** *m*(Web) / weaving fault, weave fault || **≗festigkeit** *f* / firmness of the bond || **≗lehre** *f* / theory of interlacing || **≗muster** *n*(Web) / weave design, weave pattern, weaving design, weaving pattern || **≗muster** (Strick/Wirk) / knit pattern || **≗musterung** *f* / textural design || **≗ombré** *m* / ombré weave, shaded weave, shadow weave || **≗ombré-Effekt** *m* **in Kettrichtung** / reed ombré || **≗patrone** *f* / weave design || **≗punkt** *m*(Web) / crossing point, interlacing point, stitcher *n* || **≗rapport** *m*(Web) / pattern repeat, rapport *n*, repeat of weave, repeat of pattern || **≗skizze** *f* / weave design, weave pattern, weaving design, weaving pattern || **≗technik** *f*(Filz) / felt construction

Binsenginster *m*(Spartium junceum) / Spanish broom || **≗faser** *f* / spartium fibre

bio·abbaubar *adj* / biodegradable *adj* || **≗abbaubarkeit** *f* / biodegradability *n*

biochemisch·e Behandlung / biochemical treatment || **~e Eigenschaft** / biochemical property

Biokatalysator *m* / biocatalyst *n*, biochemical catalyst

biologisch·er Abbau / biodegradation *n* || **~ abbaubar** / biodegradable *adj* || **~e Abbaubarkeit** / biodegradability *n* || **~er Abbaugrad** / degree of biodegradation || **~er Angriff** / biological attack || **~e Behandlung** / biological treatment || **~ „hartes" Tensid** / non-biodegradable surface active agent || **~e Röste** / biological retting || **~er Sauerstoffbedarf (BSB)** / biochemical oxygen demand (BOD)

Biphenol *n* / biphenol *n*

Biphenyl *n* / biphenyl *n*, diphenyl *n*

Bi-Plain-Bindung *f*(Web) / bi-plain weave

Birdjand *m*, Biredschaend *m*, Birjand *m* / Biredshend *n*(handmade Persian carpet)

birkengrau *adj* / birch grey *adj*

Birnen·äther *m* / banana oil || **≗muster** *n*(Tepp) / pear design || **≗öl** *n* / banana oil

Bisamhaar *n* / musk hair

Bisazofarbstoff *m* / disazo dyestuff

Bis-Benzimidazolaufheller *m* / bis-benzimidazole brightener

BISFA, Bureau International pour la Standardisation de la Rayonne et des Fibres Synthétiques (Internationale Vereinigung für Chemiefaser-Normung. Sitz des Generalsekretariats: CH - 4000 Basel, Lautengartenstr. 12) / International Association for the Standardization of Manmade Fibres, BISFA

Bisindolindigo *m* / bisindolindigo *n*

biskuitfarben *adj* / biscuit-coloured *adj*

Bismarckbraun *n* / aniline brown, Manchester brown, gold brown, Bismarck brown

Bisonne-Wollstoff *m* / bisonne *n*

Bisphenol *n* / bisphenol *n*, bisulphate

Bister *m*, Bisterbraun *n* / bister *n*, bistre *n* || **~braun** *adj*, bisterfarben *adj* / bister-brown *adj* || **≗reserve** *f* / bister resist

Bisulfat *n* / bisulphate *n*, acid sulphate, hydrogen sulphate

Bisulfit *n* / bisulphite *n* || **≗bleiche** *f* / bisulphite bleach || **≗lauge** *f* / bisulphite liquor [base] || **≗zinkküpe** *f* / bisulphite zinc vat

Bitter·erde *f* / magnesia *n* || **≗mandelgrün** *n* / malachite green *n*, benzal green || **≗mandelöl** *n* / bitter almond oil || **≗salz** *n* / Epsom salt, bitter salt, magnesium sulphate || **≗salzappretur** *f* / bitter salt finish, magnesium sulphate finish, Epsom salt finish || **~sauer** *adj* / acerb *adj*

Biuret *n* / biuret *n* || **≗probe** *f* / biuret test || **≗reaktion** *f* / biuret reaction

bivalent *adj* / bivalent *adj*, divalent *adj*

Bivalenz *f* / bivalency *n*, divalence *n*, divalency *n*

Biwak-Stoff *m* / bivouac fabric

Bixin *n*(Farbstoff des Orleans) / bixin *n*

Blachenstoff *m* / duckcloth *n*, canvas *n*, sailcloth *n*, awning *n*, tarpaulin cloth

Blähen *n* / intumescence *n*

Blamierapparat *m*(Vliesst) / cross layer

Blamire-Zuführung *f*(Spinn) / blamire feed

Blanc fixe *n* / blanc fixe, permanent white, baryta white, barium sulphate, barium white

Blanc-fixe-Teigware *f* / blanc fixe paste, blanc fixe pulp

blanchieren *v* / blanch *v*, whiten *v*, brighten *v*

Blanchiert-Melangegarn *n* / blanched mixture yarn

blank·es Garn / bare yarn || **~ scheuern** / rub bright through wear || **≗fix** *n* / permanent white

Blankitbleiche *f* / blankit bleaching

Blarney *n*(irländischer Tweed) / blarney tweed

Bläschen *n*(Beschicht) / blister *n* || **≗bildung** *f* (Beschicht) / pinholing *n*(defect)

Blase *f* / bubble *n* || **≗** (Beschicht) / blister *n* || **≗n werfen**, Blasen ziehen (Beschicht) / blister *v*

blasen *v*(allg) / blow *v*

Blasen·bildung *f* / bubbling *n*, formation of bubbles || **≗bildung** (Beschicht) / blistering *n* || **≗bildung** (Fehler bei Stoffen) / puckering *n*(of coated fabrics which were washed or dry cleaned) || **≗gewebe** *n*, Blasenkrepp *m* / blister cloth, crimped fabric, crimped cloth, blister style, cloqué [cloth o. fabric] *n*, crinkle crepe || **≗krepp** *m* **mit Metallfäden** / cloqué lame

Blasfolie *f* / blown film

blasig *adj* / blistery *adj*, cloky *adj*(US)

Blasmaschine *f*(Hutm) / blower *n*, first blower, spreading machine, spreader *n*, first machine

blaß *adj* / pale *adj*, fallow *adj*, washy *adj* || **~blau** *adj* / pale-blue *adj*, Cambridge-blue *adj*, Eton blue *adj* || **~braun** *adj*(RAL 8025) / pale-brown *adj* || **~gelb** *adj* / pale-yellow *adj* || **~grau** *adj* / pale-grey *adj* || **~grün** *adj* / celadon [green] *adj* || **~grün** *adj*(RAL 6021) / pale-green *adj* || **~rot** *adj* / light-red *adj*, pink *adj*, pale-red *adj* || **≗rot** *n* / carnation *n*

Blas·-Texturierung *f* / jet bulking || **≗verfahren** *n* (Vliesst) / air-lay system || **≗vlies** *n*(Vliesst) / air-laid web

Blatt *n*(Web) / reed *n*, caam *n* || **≗ mit Steig- und Sinkbewegung** (Web) / paquet reed || **das ≗ anstechen** (Web) / reed *v* || **≗anordnung** *f* **für wellige Gewebe** (Web) / ondulé reed || **≗anschlag** *m* / reed beat-up || **≗binden** *n* / reed binding, reed making || **≗binder** *m* / reed maker, reeder *n* || **≗brand** *m* **der Baumwolle** / cotton leaf blight || **≗breite** *f* / reed space, reed width, width of reed || **≗bürster** *m* / reed brushing machine || **≗dichte** *f* (Web) / count of the reed, sett of the reed, set of the reed, pitch of reed || **≗draht** *m* / reed wire || **≗einstellung** *f*(Fadendichte)(Web) / ends per dent || **≗einzug** *m*(Web) / reeding *n*, reed fill, reed drawing-in || **≗einzugsfehler** *m* / wrong denting || **≗einzugsschema** *n* / reed draft ||

≗einzugsvorschrift *f* / reed draft || ≗faser *f* / leaf fibre || ≗fehler *m pl* (Web) / reed marks *pl* (defect), reed rake (defect), reediness (defect) *n* || ≗fliegereinrichtung *f* / loose reed mechanism, reed relief motion || ≗fuge *f* / reed joint, reed slit || ~grün *adj* / leaf green, foliage green || ≗höhe *f* / reed height || ≗leiste *f* / reed stay || ≗marken *f pl* (Web) / reed marks *pl* (defect), reed rake (defect), reediness (defect) *n* || ≗messer *n* / reed blade, reed dent, reed hook, reeding hook || ≗numerierung *f* / reed counting || ≗numerierung **für Leinenwaren** (Web) / linen reed count || ≗nummer *f* / reed number || **gelber** ≗rost (Blattkrankheit der Baumwolle) / yellow leaf blight || ≗stab *m* / reed dent || ≗stechen *n* (DIN 62500) (Web) / reeding *n*, sleying *n*, reed fill, reed drawing-in, reed denting || ≗stecher *m*, Blattstechmesser *n* / reed blade, reed dent, reed hook, reeding hook || ≗stechmaschine *f* (Web) / denting machine, reeding machine || ≗stickerei *f* / flat embroidery, loose reed embroidery || ≗stiel *m* / leaf stalk || ≗stielfaser *f* / leaf fibre || ≗streifen *m* (Web) / dent bar || ≗streifen *m pl* (Fehler), Blattstreifigkeit *f* (Web) / reed marks *pl*, reed rake, reediness *n* || ~**streifiger Köper** / reeded twill || ~**streifige Ware** [in Kettrichtung] (Web) / reed-marked fabric, reedy fabric || ≗uhr *f* / reed counter, reed index || ≗weite *f* / maximum reed width || ≗zahn *m* / reed dent

blau *adj* / blue *adj* || ~**er Berufsköper** / blue dungaree || ~ **färben** / blue *v*, dye blue || ~**er Farbton** / blue shade || ~**e Färbung** / blueness *n* || ~**er Uniformstoff** / army blue || **mit Waid** ~ **färben** / woad *v* || ≗ *n* / blue *n*

Bläuapparat *m* / blueing machine

Blau·ätze *f* / blue discharge || ≗**bad** *n* / blueing bath || ≗**druck** *m* / blue printing, indigo printing, indigo print, printing of indigo || ≗**druckartikel** *m* / indigo print style

Bläue *f* / blue *n*, blueness *n*, blueing material

blauen *v* / bleach and blue *v*

bläuen *v* / blue *v* || ≗ *n* / blueing *n*

Blau·färbebad *n* / blueing bath || ≗**färbung** *f* / blue coloration || ≗**fresser** *m* (Färb) / blue eater || ≗**-Gel** *n* / self-indicating silica gel || ~**gestreifte leinwandbindige Baumwollware** / marine stripes *pl* || ~**grau** *adj* (RAL 7031) / blue grey *adj*, bluish-grey *adj* || ~**grün** *adj* (RAL 6004) / blue green *adj*, bluish-green *adj* || ≗**grund** *m* / blue ground, blue bottoming

Blauheit *f* / blueness *n*

Blauholz *n* / Campeach bay wood *n*, logwood *n*, campeachy wood, campeche wood || ≗**-Einbadschwarz** *n* / single-bath logwood black || ≗**-Eisenbeize** *f* / logwood-iron mordant || ≗**extrakt** *m* (Färb) / logwood extract, hematein *n*, hematine *n* || ≗**färberei** *f* / logwood dyeing || ≗**farbstoff** *m* / logwood-extract dyestuff || ≗**schwarz** *n* / logwood black

Blauküpe *f* / blue vat, indigo vat

bläulich *adj* / bluish *adj* || ~**-lila** *adj* / lilac-blue *adj*

blau·lila *adj* (RAL 4005) / blue lilac *adj* || ≗**maßstab** *m* / blue scale || ≗**reihe** *f* / range of blue shades || ≗**reserve** *f* / blue resist || ~**rot** *adj* / blue-red *adj* || ≗**rot** *n* / bluish red || ≗**säure** *f* / hydrocyanic acid, prussic acid || ~**schwarz** *adj* / blue-black *adj* || ≗**skala** *f* / blue scale || ≗**stellung** *f* (eines Farbtons) / blue design (of a shade) || ≗**stich** *m* / blue cast, blue tint, bluish tinge, blue tinge || ~**stichig** *adj* / bluish *adj* || ~**stichiges Rot** / bluish red || ≗**ton** *m* / blue shade

Bläuung *f* / blueing *n*

Bläuungshilfsfarbstoff *m*, Bläuungsmittel *n* / blueing agent

blau·violett *adj* / bluish-violet *adj* || ~**vogelblau** *adj* / butterfly-blue *adj* || ≗**ware** *f* / blue goods *pl* || ~**weiß** *adj* / bluish white *adj* || ~**-weiß-fleckiger Musselin** / blue mottle

Blazer *m* (Freizeitjacke) / blazer [jacket]

Blei *n* / lead *n* (chemical element)

bleibend·e Dehnung / permanent stretch || ~**e Falte** / memory creasing || ~**e Fixierung** / permanent setting || ~**e Gewebedehnung** / fabric growth || ~**e Verformung** / permanent set (fibres) || ~**e Verschmutzung** / permanent soiling

Bleich·aktivator *m* / bleaching activator || ≗**aktivierungsmittel** *n* / activating bleaching agent || ≗**anlage** *f* / bleaching plant, bleachery *n*, bleaching range || ≗**apparat** *m* / bleaching apparatus, bleacher *n*, bleaching machine || ≗**artikel** *m pl* / bleach style, goods for bleaching, bleached goods || ≗**bad** *n* / bleaching bath, bleaching liquor, bleach bath

bleichbar *adj* / bleachable *adj*

Bleichbarkeit *f* / bleachability *n*

Bleich·behälter *m*, Bleichbottich *m* / bleaching tank, bleaching vessel, bleaching vat || ≗**chemikalien** *f pl* / bleaching chemicals || ≗**chlorid** *n* / chloride for bleaching || ≗**-Druckapparat** *m* (DIN 64990) / apparatus for bleaching in autoclave

Bleiche *f* / bleach *n*, bleaching *n*, whiting *n*

bleich·echt *adj* / fast to bleaching || ≗**echtheit** *f* / fastness to bleaching, bleaching fastness, bleach fastness || ≗**effekt** *m* / bleaching effect

bleichen *v* / bleach *v*, whiten *v*, clear *v*, brighten *v* || **auf dem Rasen** ~ / grass bleach *v* || **mit Schwefeldampf** ~ (Bleich) / stove *v*, sulphur *v* || ≗ *n* / bleach *n*, bleaching *n*, whiting *n* || ≗ **auf Bandablage** / bleaching on a conveyor belt, depositing bleach || ≗ **der Farbe** / fading *n* || ≗ **(von Baumwollstoff) mit Chlorkalk in einer Waschmaschine** / chemicking *n* || ≗ **mit Hypochloritbleichmittel** / chemicking *n* || ≗ **nach dem Packsystem** / package bleaching || ≗ **unter Druck** / pressure kier bleaching

bleichende Seifenlauge / bleach suds

Bleicher *m* / bleacher *n*

Bleicherde *f* / bleaching earth, fuller's earth

Bleicherei *f* / bleach works, bleaching plant, bleaching house, bleachery *n*

Bleich·fähigkeit *f* / bleachability *n* || ≗**fleck** *m* / bleach stain, bleaching stain, bleaching spot || ≗**flotte** *f* / bleaching liquor, bleach bath, bleaching bath || ≗**flüssigkeit** *f* / bleaching liquor || ≗**gefäß** *n* / bleaching tank, bleaching vessel, bleaching vat || ≗**grad** *m* / bleaching intensity, degree of bleaching || ≗**hilfsmittel** *n* / bleaching assistant || ≗**holländer** *m* / bleaching kier || ≗**kalk** *m* / bleaching lime, chloride of lime, calcium hypochlorite, bleaching powder || ≗**katalysator** *m* / bleaching catalyst || ≗**kessel** *m* / bleaching boiler, bleaching vat, bleaching kier || ≗**kuchenöffner** *m* / bleach package opener || ≗**kufe** *f* / bleaching tank, bleaching vat, bleaching vessel || ≗**lauge** *f* / bleaching lye, Javel[le] water (sodium hypochlorite, bleaching agent for vegetable fibres), bleaching solution || ≗**laugenbehälter** *m* / bleaching liquor tank || ≗**mittel** *n* / bleach *n*, decolorant *n*, bleaching medium, bleaching agent

|| ²mittel *n pl* / bleaching chemicals || ²mittelaufwand *m*, Bleichmittelbedarf *m* / bleaching requirement || ²prozeß *m* / bleaching process, bleaching *n*, whiting *n* || ²pulver *n* / bleaching powder, chlorinated lime, calcium hypochlorite || ²reaktion *f* / reaction during bleaching

Bleichromat *n* / Leipzig yellow || **²schwarz** *n* / lead chromate black || **²verfahren** *n* (Färb) / lead chromate process

Bleich·rückstand *m* / bleach residue || **²salz** *n* / bleaching salt || **²schaden** *m* / bleaching damage || **²schädiger** *m* / bleaching tenderer || **²soda** *f* / bleaching soda, hypochlorite of soda || **²stabilisator** *m* / bleaching stabilizer || **²stiefel** *m* (DIN 64990) / J-box *n*, bleaching J-box *n*, J-tube *n* || **²verfahren** *n* / bleaching process, bleaching-out process || **²verlust** *m* / loss in bleaching || **²vermögen** *n* / bleaching power || **²vorbereitungsmittel** *n* / preparatory bleaching assistant || **²vorgang** *m* / bleaching process || **²ware** *f* / bleach goods || **²wasser** *n* / bleaching liquid, chlorine water, Javel[le] water || **²wirkung** *f* / bleaching action, bleaching effect

Blei·diacetat *n*, Blei(II)-acetat *n* / lead acetate || **~grau** *adj* / lead grey || **²mennige** *f* / minium *n*, red lead || **²rotätze** *f* / red lead discharge || **²weiß** *n* / Cremnitz white

Blende *f* / trimming *n*, braiding *n*, facing *n*

Blenden·ausschnitt *m* (Mode) / cardigan neckline || **²kragen** *m* (Mode) / banded collar

Blend·farbe *f* / sighting colour || **²farbstoff** *m* / sighting dyestuff

blind angesetztes Bad / blank bath || **~ annähen** / sew on blind || **~es Chor-Füllgarn** (Tepp) / dead frame yarn || **~e Färbeflotte** / blank dyebath, blank dyeing liquor || **~ färben** / blank dye || **~es Knopfloch** / dummy buttonhole || **~e Kreuzung** (Web) / blank crossing || **~e Küpe** (ohne Farbstoff) / blank vat || **~e Legungen** *f pl* (Strick/Wirk) / blind laps *pl* || **~e Platine** / bluff sinker, dummy sinker || **²anschlag** *m* (Näh) / blind stitch guide || **²bundapparat** *m* / blind waistband sewing attachment || **²färbung** *f* / blank dyeing || **²karte** *f* (Web) / blank card || **²küpe** *f* / blank vat || **²legevorrichtung** *f* (Strick/Wirk) / blind lap device || **²nähen** *n* / blind stitching || **²saum** *m* (Näh) / blind hem || **²saumapparat** *m* (Näh) / blind hemmer || **²schieber** *m* (Reißv) / dummy slider || **²stich** *m* / blind stitch || **²stichfuß** *m* / blind stitch foot || **²stichmaschine** *f* / blind stitcher || **²stichnaht** *f* / blind stitch seam || **²stichsaum** *m* / plain edge || **²versuch** *m* / blank test || **²walze** *f* (Färb) / low back roller

Blitzdämpfen *n* (Textdr) / flash ageing

Blitzer *m*, Spannschuß *m*, Bande *f* (Gewebefehler in der Schußrichtung) (Web) / tight pick, tight weft, stripe *n* || **²**, Rakelschnapper *m* (Textdr) / blank space || **²** *m pl* (Fehler, durch ungleichmäßige Garne) (Web) / rawkiness *n*

Blitz- und Biwaksack *m*, BB-Sack *m* / anti-hypothermia bag, survival bag

Block *m* (Textdr) / block *n* || **²druck** *m* / block printing || **~echt** *adj* (Hutm) / fast to boiling water || **~fest** *adj* / fast to blocking || **²festigkeit** *f* / fastness to blocking || **²filz** *m* / block felt

blockieren *v* (Färb) / block *v* || **²** *n* (Färb) / blocking *n* (of dyes)

blockierte Masche (Strick/Wirk) / non-running stitch

Blockierungseffekt *m* (beim Färben von PA-Geweben oder -Gewirken mit Säurefarbstoffen) / blocking effect

blockingfrei *adj* (Textilien) / blocking-free *adj* (of textiles)

Block·karo *n* / plaid *n* (pattern) || **²polymer(es)** *n*, Blockpolymerisat *n* / block polymer || **²polymerisation** *f* / block polymerisation, bulk polymerization

Blonde *f*, Blondespitze *f* / blonde lace, nankins lace

Blouson *n m* / blouse with pouched back, overblouse *n* || **²** (kurze blusenartige Jacke) / blouson *n*

Blue-Denim-Artikel *m* / blue denim article

Bluejeans *pl* / blue jeans

Blume *f* (Färb) / bloominess *n* || **²** (Beschicht) / flower *n* || **²** / bloom *n* (on liquor) || **die ² der Küpe nehmen** (Färb) / skim off the flurry

blümen *v* / diaper *v*

Blumen·damast *m* / floral damask || **²motiv** *n*, Blumenmuster *n* / floral design, floral pattern

blumige Färbung / bloomy dyeing

Bluse *f* / blouse *n*, frock *n*

Blusen·einsatz *m* / bodice front, dickey *n* || **²stoff** *m* / blouse fabric, blousing *n* || **²stoffe** *m pl* / waistings *pl* (US)

Blutalbumin *n* / blood-albumin *n*

bluten *v* (Färb, Druck) / bleed *v* || **²** *n* (Färb, Druck) / bleeding *n* || **² der Farbe** (Textdr) / flushing *n*

blütenweiß *adj* / pearl white *adj*

Blut·farbstoff *m* / blood pigment || **²fleck** *m* / blood stain || **²holz** *n* (Haematoxylum campechianum) / Campeach bay wood *n*, logwood *n*, campeachy wood, campeche wood || **gelbes ²laugensalz** / ferrocyanide of potassium || **~orange** *adj* (RAL 2002) / vermilion *adj* || **~rot** *adj* / blood-red *adj* || **²wolle** *f* / fellmongered wool, plucked wool, dead wool, skimmer wool

Boa *f* (langer, schmaler Schal aus Pelz oder Federn) / boa *n*

Bobine *f* / bobbin *n* (full), cop *n*

Bobinenwelle *f* / bobbin axle

Bob[b]inet *m* / bobbinet *n* || **²gewebe** *n* / bobbinet fabric || **²maschine** *f* / bobbinet machine, bobbinet frame, transverse machine, rotatory machine, roller locker, rolling locker || **²spitze** *f* / net lace || **²spule** *f* / net bobbin || **²stuhl** *m* / bobbinet loom || **²-Tüll- und Bob[b]inet-Spitzenmaschine** *f* / bobbinet and net lace machine || **²ware** *f* / bobbinet fabric || **²weberei** *f* / bobbinet weaving || **²webstuhl** *m* / bobbinet loom

Bockmühle *f* / beating mill

Boden *m* (Färb) / back *n*, ground *n* || **²** (Textdr) / blotch *n*, bottom *n* || **²belag** / flooring *n*, floor-covering *n* || **²belag aus SL-(selbstliegenden)-Teppichfliesen** / self-adhesive sectional carpet || **²belag aus Teppichfliesen** / sectional carpet || **²kette** *f* (Web) / main warp || **²körper** *m*, Sediment *n* / lees *n* || **²lattentuch** *n* (Spinn) / bottom lattice || **²satz** *m* / sediment *n*, lees *n*, deposit *n*

Bodystocking *n* (hauchdünnes Hosenkorselett, das hauteng anliegt) / bodystocking *n*

Bögchen *n* / small bend (of needle)

Bogen *m* / scallop *n* || **²ausschnitt** *m* (Mode) / scalloped neckline || **²dämpfer** *m* / gantry ager

bogenförmig·e Sohle (Strumpf) / bow-shaped splicing || **~e Verzierung** / scallop *n*

Bogen·gimpe *f* / Argyle gimp || **²hanf** *m* / bowstring hemp, morva fibre || **²hanffaser** *f* / sansevieria fibre || ²kante f / scallop n || ²kante nach dem Doppelrand (Strumpf) / figured openwork effect, fancy garter, pattern after-welt, lace after-welt || ²lampe f / arc lamp || ²leiste f / bowed selvedge || ²lichtlampe f / arc lamp || ²nadel f / arc needle || ²naht f / curved seam || ²rand m / shell hem || ²randstickerei f / festoon stitch (embroidery) || ²schläger m / curved shuttle race || ²schuß m (Fehler) / bowed filling || ²schußgleichrichter m / bow straightener || ²sehne f / bowstring n || ²sohle f (Strumpf) / cradle feature || ²tester-Verfahren n / semi-circle tester method || ²verzug m (Defekt) / fabric distortion, [fabric] bowing || ²verzugsrichter m (DIN 64990) / bowed weft adjuster

bogig·er Schuß (Fehler) / bow n || ~e **Webkante** / dog-legged selvedge

Böhmische Bandspitze f / Bohemian lace || ² **Mangel** / Bohemian mangle

Bohnen·mehl n / bean flour || ²**öl** n / bean oil

bohnern v / wax v (winding department)

Bohrmarkiermaschine f / cloth drill

Bohta-Chila m / Botah-Khila n (Caucasian hand-knotted carpet)

Boi m / baize n, billiard cloth, billiard felt

Bokhara m / Bokhara n (Turkestan handmade carpet)

bolderig adj / baggy adj (of trousers)

Boldrigkeit f / irregular sagging, bagginess (of trousers)

Bolero m / bolero n || ²**jäckchen** n / bolero n

Bolivar-Wollflanell m / bolivar n

Bollen m / boll n

Bologna·maschine f / Bologna machine || ²**rundkettenwirkmaschine** f / Bologna machine || ²**-Seidengaze** f / Bologna gauze || ²**-Trauerkrepp** m / Bologna crepe

Bologneserhanf m / Bologna hemp, Piedmontese hemp

Bolton·-Baumwollgarne n pl / Bolton counts || ²**-Baumwollköper** m / Bolton sheeting || ²**-Blattnumerierung** f / Bolton reed count

Bombage f / elastic covering, wrapping n, wrapping for a sizing roller || ² (Textdr) / lapping n

bombagieren v / wrap with cloth || ~ (Textdr) / lap with cloth

bombagierte Walze / wrapped roller

Bombasin m (geköperter Stoff für Trauerkleidung) / bombazin[e] n

Bombax·faser f / bombax fibre || ²**wolle** f / bombax cotton, bombax fibre, lana fibre

Bombay·-Aloehanffaser f / Bombay aloe fibre || ²**hanf** m (Crotalaria juncea) / Bengal hemp, Bombay hemp, brown hemp, false hemp

bombieren v / wrap with cloth || ~ (Textdr) / lap with cloth

Bombyxfaser f / bombyx fibre

Bondieren n **durch Tränken** / saturation bonding || ² **mit Pulver** / dry powder bonding

Bonnaz-Maschinenstickerei f / bonnaz embroidery

Boot-Dekolleté n (Mode) / boat neck

Boots·abdeckung f / tarpaulin for boats || ²**dekolleté** n (Mode) / boat neck || ²**verdeckstoffe** m pl / boat roof covering fabrics

Bor n / boron n

Borat n (Salz oder Ester der Borsäure) / borate n || ²**peroxohydrat** n, Boratperoxyhydrat n / peroxyborate n, perborate n

Borax m (Dinatriumtetraborat) / borax n, sodium borate

Borde f / border n, trimming ribbon, trimming n, facing n || ² (Strick/Wirk) / welt n

Bordeaux B n / acid bordeaux || ~**rot** adj / bordeaux adj, claret red adj || ²**-Ton** m / claret shade || ~**violett** adj (RAL 4004) / claret violet adj

Bordenführer m (Näh) / welt guide

Bordierapparat m / border sewing attachment

bordieren v (Strick/Wirk) / edge v, trim v

bordo adj / bordeaux adj || ~**rot** adj / claret red adj || ~**violett** adj / claret violet adj

Bordüre f / bordure n (Fr), trimming ribbon, trimming n, bordering n (making-up), facing n || ² (Tepp) / border n

Bordüren·band n / trimming ribbon || ²**gewebe** n / bordered fabric || ²**leiste** f / border hem || ²**muster** n / edge pattern, pattern for trimmings, border pattern || ²**stoff** m / fabric with bordered design

Bor·faser f / boron fibre || ²**fluorwasserstoffsäure** f / boron hydrofluoric acid || ²**hydrid** n / boron hydride

Borken·gewebe n / bark weave || ²**krepp** m / bark crepe, crepon n, tree bark crepe

borkig adj / barky adj

Bornitridfaser f / boron nitride fibre

Borsäure f (Orthoborsäure, Trioxoborsäure H_3BO_3) / boric acid

Borste f / bristle n, brush filament

Borstenhaar n / kemp n

borstig adj (Stoffbeschreibung) / brushy adj (of cloth)

Börtchen n (Näh) / split tube border

Borte f / braid n, braiding n, edging n, trimming ribbon, galloon n, lace n, border n, trimming n || ² (Strick/Wirk) / welt n || ² **aus Mohairgarn** / mohair braid || ² **aus Spiralgarnfäden** / pearl braid || ² **mit Pikotkante** / crete braid || **mit** ²**n besetzen** / braid v, galloon v

Borten·stuhl m / braid loom, ribbon loom || ²**weberei** f / braid weaving, tape weaving, galloon weaving

Bor·trichlorid n / boron trichloride || ²**verbindung** f / boron compound || ²**wasserstoff** m / boron hydride

bosnische Wolldecke / Bosnia rug

Boston·-Drehergewebe n / Boston leno || ²**-Marquisette** f / Boston net

Botany·garn n / Botany yarn || ²**-Gewebe** n pl / Botany fabrics || ²**köper** m / Botany twill || ²**serge** f / Botany serge || ²**wolle** f (australische Wollsorte feinster Qualität) / Botany wool

Böttgers Grün n / Cassel green

Bottich m (Färb) / tub n, tun n, cat n, back n (US), beck n (GB)

Bouclé·-Garn n / bouclé yarn, snarl yarn, loop yarn || ²**-Gewebe** n / bouclé fabric, bouclé n || ²**-Teppich** m / bouclé carpet, loop pile carpet, Brussels carpet, looped carpet, Brussels tapestry || ²**-Zwirn** m / bouclé ply yarn

Bougram m (undicht eingestelltes Baumwoll- oder Zellwollgewebe, stark appretiert für Zwischenfutter, meist schwarz oder grau) / buckram n

Bourdon-Spitze f / bourdon n

Bourette-Gewebe n (noppiger, unifarbiger oder bedruckter Kleiderstoff aus Seidenabfällen) / bour[r]ette fabric

Bourette-Spinnerei f (eine Art Schappespinnerei) / bour[r]ette spinning

Bourreletmaschenware *f* / bourrelet knitted fabric
Bourrette-Seide *f* / bour[r]ette silk, short silk noils *pl*, stumba *n*, silk noil || **⁓-Seidengarn** *n* / bourette [silk] yarn || **⁓-Zwirn** *m* / bourette twist (silk)
Bovenhut *m* / boven hat
Boxschultern *f pl* (Mode) / square shoulders
Boy *m* / billiard cloth *n*, baize *n*, billiard felt
Boyau *n* (hochgedrehtes Mehrfachgarn aus Baumwolle) / boyau *n*
Boybezug *m* / baize covering
Bradford-Glanzwaren *f pl* / Bradford lustre fabrics || **⁓-Kammgarn-Spinnverfahren** *n* / Bradford system || **neues ⁓-Spinnsystem** / new Bradford system processing || **⁓-Spinnverfahren** *n* / Bradford spinning, Bradford system || **nach dem ⁓-Spinnverfahren hergestelltes Garn** / Bradford-spun yarn (wet-spun with an oil emulsion) || **⁓-Streckverfahren** *n* / Bradford open drawing || **⁓-Verfahren** *n* / Bradford process, English drawing || **⁓-Zanella** *m* / Bradford twill
Bragg-sches Gesetz / Bragg's law || **⁓sches Spektrometer**, Bragg-Spektrometer *n* / Bragg's spectrometer
Brand-ausbreitungs-Index *m* / Fire Propagation Index, FPI || **~beständig** *adj* / fire-resistant || **⁓fleck** *m* / burn *n* || **~hemmend** *adj* / fire-retardant || **~marken** *v* / brand *v* || **~rot** *adj* / flame red *adj*, fiery red, fire red || **⁓schutzverhalten** *n* / fireproof properties || **~sicher** *adj* / fireproof *adj* || **⁓sichermachen** *n* / fireproofing *n* || **⁓sohle** *f* / insole *n* || **⁓verhalten** *n* / fire (resisting) behaviour || **~verzögernd** *adj* / flammability retardant, FR || **⁓wolle** *f* / stained wool
Branntkalk *m*, Ätzkalk *m* / quicklime *n*, anhydrous lime
brasilianische Baumwolle / Brazilian cotton || **~ Piassava** / para bass, para piassava
Brasilin *n* / brazilin *n* (red dyestuff from Caesalpina echinata and Caesalpina sappan)
braun färben / brown *v* || **⁓** *n* / brown *n* || **⁓ätze** *f* / brown discharge || **~beige** *adj* (RAL 1011) / brown beige *adj*
bräunen *v* / brown *v*
braun-gefleckte Baumwolle / brown-stained cotton || **~gelb** *adj* / fallow *adj* || **~grau** *adj* (RAL 7013) / brown grey *adj* || **~grün** *adj* (RAL 6008) / brown green *adj*
bräunlich *adj* / brownish *adj* || **~-orange** *adj* / terra-cotta *adj*
braun-oliv *adj* (RAL 6022) / olive-drab *adj* || **~rot** *adj* (RAL 3011) / brown red *adj*
Braunschweiger Blau *n* / blue verditer, copper blue, Brunswick blue || **⁓ Grün** / Bremen green
Braunsteinätze *f* / manganese dioxide discharge || **⁓verfahren** *n* / manganese dioxide discharge process
braun-stichig *adj* / brownish *adj* || **⁓ton** *m* / brown shade
Brause *f* / sprinkler *n* || **⁓kopf** *m* / spray nozzle, spraying nozzle
Braut-kleid *n* / bridal gown, wedding dress || **⁓schleier** *m* / bridal veil
Brazilin *n* / brazilin *n* (red dyestuff from Caesalpina echinata and Caesalpina sappan)
brechen *v* / break *v* || ~ (Wolle) / open *v* || ~ (den Flachs) / brake *v* || **den Pelz** ~ / break the lap || **⁓** *n* / breaking *n* (of emulsion, flax) || **⁓** (Beschicht) / cracking *n* || **⁓** (Wolle) / opening *n*
Brech-maschine *f* (Flachs) / scutcher *n*, breaking machine, breaker *n* || **⁓maschine** (DIN 64950) (Wolle) / milling machine (processing of wool) || **⁓rolle** *f* (Spinn) / breaking roller || **⁓schwinge** *f* (Spinn) / breaking scutcher || **⁓tisch** *m* (Spinn) / breaking table
Brechung *f* **des Lichts** / refraction of light
Brechungs-index *m*, Brechungskoeffizient *m*, Brechungsquotient *m*, Brechungsexponent *m* / refractive index || **⁓vermögen** *n* / refractivity *n* || **⁓zahl** *f* / refractive index || **⁓zahlmesser** *m* / refractometer *n*
Brechwalze *f* / breaking roller || **⁓** (Spinn) / roller *n*, toothed roller, toothed feed roller
Brechweinstein *m* / antimony potassium tartrate, tartar emetic || **⁓ersatz** *m* / tartar emetic substitute || **⁓passage** *f* / passage through tartar emetic
Breeches *pl* / breeches *pl*, riding breeches *pl*, pair of breeches
Brei *m* / paste *n* || **~förmig** *adj* / pasty *adj*
breit arbeitend (Färb) / working in open width || **~ aufwickeln** / wind in full width || **~ ausgestelltes Bein** / wide flare (of trousers) || **~er Deckfinger** (Strick/Wirk) / wide narrowing finger || **~ dekatieren** / decatize in full width || **~e Fadenschar**, breite Garnschar / wide band of filaments || **~ gerippt** (z.B. 6:3, 7:4, 5:2) / broad-ribbed *adj* || **~es gummielastisches Baumwollgewebe** / cotton webbing || **~ hergestellter Teppich** / broadloom carpet || **~e Krawatte** / ascot *n* (US), neck scarf || **~ laufen** / run in full width, run in open width || **~e Riemchenteilung** (Kard) / wide tape || **~er Saum** (Näh) / wide hem || **~es Taillenband** / [waist-shaping] cuff-top || **~e Webmaschine** / full-width loom || **in ~em Zustand** / open-width *adj*
Breit... (in Zssg.) / open-width *adj*
Breit-abkochanlage *f* / open-width boiling range || **⁓abquetschvorrichtung** *f* / open-width squeezing device, open-width squeezing rollers *pl* || **⁓absaugmaschine** *f* / open-width hydroextractor || **~arbeitende Einrichtung** / open-width equipment || **~arbeitende Maschine** / open-width machine
Breitband-folie *f* / flat sheet || **⁓meterware** *f* / material in continuous lengths || **⁓übertragung** *f* / open-width ribbon transfer
Breit-behandlung *f* / full-width treatment, open-width treatment || **⁓beuche** *f* / full-width kier boiling, open-width kier boiling || **⁓beuchmaschine** *f* / full-width kier boiling machine, open-width kier boiling machine || **⁓bleichanlage** *f* / full-width bleaching system, open-width bleaching plant || **⁓bleiche** *f* / full-width bleaching, open-width bleaching || **⁓bleichen** *n* / bleaching in full width || **⁓bleichmaschine** *f* / open-width bleaching frame, open-width bleaching machine
Breite *f* **des Schärbandes** (Web) / passage width, warping section width || **⁓ zwischen Führungsschienen**, Breite zwischen Gleitschienen, Breite zwischen Leitschienen / width between guide rails
Breiteinseifmaschine *f* / full-width soaping machine, open-width soaper
Breiten-ablauf *m* (Fehler) (Färb) / side-to-centre shading || **⁓eingang** *m*, Breitenschrumpf *m*, Breitenschrumpfung *f* / contraction in width, shrinkage in width || **⁓schrumpf** *m* **der Warenbahn** / width shrinkage of roll of fabric ||

~̊**schrumpfeffekt** *m* / width shrinkage effect || ~̊**spannung** *f* (der Warenbahn) / widthwise tension (of roll of fabric)

Breitentschlichtung *f* / open-width desizing

Breit-Entschlichtung-Abkoch-Bleichanlage *f* / full-width desizing-crabbing-bleaching-washing plant

Breitenverstellung *f* / width adjustment

breit·falten *v* (Tuchh) / cuttle *v* || ~̊**falten** *n* / cuttling *n*, plaiting *n* || ~̊**falter** *m* (Tuchh) / cuttler *n*, plaiting machine, cuttling machine || ~̊**färbekufe** *f* / full-width back (GB), full-width beck (US), full-width vat || ~̊**färbemaschine** *f* / full-width dyeing machine, open-width dyeing machine, jig *n* || ~̊**färben** *n*, Breitfärberei *f* / open-width dyeing, full-width dyeing || ~**gestreifte Pyjamastoffe** *m pl* / pajama stripes (US) || ~̊**gewebe** *n* (über 18" (GB) o. 12" (US) breites Gewebe) / broad-width fabric, broad fabric || ~**halten** *v* / hold out (the fabric), spread *vt*, distend *v*, stretch *vt* (the goods) || ~̊**halten** *n* / stretching *n* (the goods), spreading *n*

Breithalter *m* (Tuchh) / fabric spreader, guider *n*, stretcher *n*, stretcher bar, tension rod || ~̊ (Web) / expander *n*, expander roller, temple *n* || ~̊ **für Schlauchgewebe** / internal stretcher || ~̊ **und Kantenausroller** / spreader and selvedge opener || ~̊**fleck**, Breithalterschaden *m* / temple mark (defect) || ~̊**schiene, die durch entsprechende Drehung eine Spannung erzeugt oder deren Regulierung ermöglicht** / twitch rail || ~̊**walze** *f* / expander roller

Breit·haltestab *m* (DIN 64990) (Ausrüst) / expander rod || ~̊**haltevorrichtung** *f* / expander device || ~̊**haltewalze** *f* / spreading roller, scroll roller || ~̊**imprägniermaschine** *f* (DIN 64950) / open-width impregnating machine, machine for impregnating in open width || ~̊**imprägnierung** *f* / open-width impregnation || ~̊**karbonisiermaschine** *f* / open-width carbonizing machine || ~**krempiger Damenhut** (Mode) / sun-bonnet *n* || ~**krempiger Hut** (der Geistlichen) / shovel hat (GB) || ~**liegende Kettstuhlware** / open-width warp-knitted goods *pl* || ~̊**-Neutralisiermaschine** *f* (DIN 64990) / machine for neutralizing in open-width, neutralizer for fabrics in open width, open-width neutralizer || ~̊**-Neutralisier- und -Spülmaschine** *f* (DIN 64950) / open-width neutralizing and rinsing machine || ~̊**passage** *f* / passage in full width || ~̊**quetschen** *n* / squeezing in full width || ~**randiger Hut** / broad-brimmed hat || ~**rauhen** *v* / raise in open width || ~̊**rauhen** *n* / cross raising || ~̊**säuermaschine** *f* (DIN 64990) / open-width acidifier, beck for acidifying in open width, acidifier for fabrics in open width, open-width acidifying beck || ~̊**säureanlage** *f* / open-width souring plant || ~̊**säureeinrichtung** *f* / souring equipment in open-width || ~̊**schären** *n* / full-width warping || ~̊**schärmaschine** *f* / direct warper, speed warper, full-width warper || ~̊**schleuder** *f* / full-width hydro-extractor, wide-open hydroextractor, open-width centrifuge || ~**schlichten** *v* / size the yarn from the beam || ~̊**schlichten** *n* / beam sizing, full-width sizing || ~̊**schlichtmaschine** *f* / full-width sizing machine || ~̊**schlitzdüse** *f* (Kasch) / sheeting die || ~̊**schnitt** *m* / square edge || ~̊**schwanzschaf** *n* / fat-tailed sheep || ~**seifen** *v* / soap in full width || ~̊**seifen** *n* / soaping in full width || ~̊**seifmaschine** *f* / open-width soaper || ~**spannen** *v* / expand *v*, stretch *vt* (the goods) || ~̊**spannen** *n* / width stentering (GB), width tentering (US), stretching *n* (the goods) || ~̊**spannmaschine** *f* / broad stretching machine, stenter frame (GB), tenter frame (US) || ~̊**spannrahmen** *m* / full-width stenter (GB), open-width tenter (US), open-width stenter (GB), full-width tenter (US) || ~̊**spülen** *n* / full-width rinsing || ~̊**-Spülmaschine** *f* (DIN 64990) / machine for rinsing in open-width, open-width rinsing machine || ~̊**stellen** *n* **der Ware** / cloth stentering (GB), cloth tentering (US) || ~̊**stiefelbleichanlage** *f* / open-width J-box bleach unit || ~̊**stiefelbleiche** *f* / open-width J-box bleach || ~̊**streckegalisiermaschine** *f* (Web) / broad drawing equalizing machine || ~**strecken** *v* / extend to full width || ~̊**streckmaschine** *f* / machine for adjusting the width, width adjusting machine || ~̊**streckvorrichtung** *f* / expanding device || ~̊**streckvorrichtung für die Ausrüstung von Stückware** / palmer *n* || ~̊**streckwalze** *f* (DIN 64990) / rotary stretcher, expanding roller, expander roller || ~̊**stuhlteppich** *m* / broadloom carpet || ~̊**veredlung** *f* / open-width processing || ~̊**verweileinrichtung** *f* (DIN 64950) / machine for storage and reaction in open-width, open-width machine for storage and reaction || ~̊**verweilgerät** *n* (Färb) / dwelling chamber, dwelling compartment || ~̊**verweilverfahren** *n* / open-width dwelling process || ~̊**vorbehandlung** *f* / open-width pretreatment || ~̊**walke** *f*, Breitwalken *n* / open-width milling (GB), open-width fulling (US) || ~̊**walkmaschine** *f* / full-width fulling machine, open-width milling machine, open-width fulling finisher || ~̊**waschanlage** *f* / open-width washer || ~̊**wäsche** *f*, Breitwaschen *n* / full-width washing, washing in open width, open-width scouring || ~**waschen** *v* / wash in open width || ~̊**waschmaschine** *f* / full-width washer, open-width washing machine, open-width washer, open soaper, full-width washing machine || ~̊**waschmaschine mit Hammerstauche** / open-width washing machine with fulling hammers || ~̊**waschmaschine mit vier Abteilen** / four-compartment open-width washing machine || ~̊**weberei** *f* / weaving of wide fabrics || ~̊**zettlerei** *f* / full-width warping

Bremer Blau *n* / blue verditer, copper blue, Bremen blue || ~̊ **Grün** / Bremen green

Bremsdauer *f* / retarding action

Bremse *f* / friction *n*

Brems·mittel *n* / retardant *n*, retarder *n* || ~̊**stab** *m* (Strick/Wirk) / braking shaft || ~̊**vorrichtung** *f* **für Spulmaschinen** / ball drags for winders || ~̊**wirkung** *f* / retarding action

brennbar *adj* / flammable *adj* || ~**es Lösemittel** / combustible solvent

Brennbarkeit *f* / flammability *n*

Brennbarkeits·prüfung *f* / flammability test || ~̊**verzögerer** *m* / burning retardant

Brennbock *m* (DIN 64990) (Wolle) / crabbing jack, crabbing machine, crabbing roller

brennen *v* / burn *v* || ~ (Textdr) / bake *v* || ~ (Wolle) / crab *v* || ~̊ *n* (Ausrüst) / crabbing *n*, wet setting || ~̊ **ohne Oberwalze** / crabbing without upper roll[er]

Brennesselfaser *f* / grass cloth fibre, nettle fibre

Brenn·flotte *f* (Ausrüst) / crabbing bath, crabbing liquor || ~̊**palmenfaser** *f* (aus Caryota urens) /

jaggery palm fibre || ≗**probe** *f* / burning test, ignition test || ≗**verhalten** *n* / burning behaviour, combustion behaviour || ≗**verhalten von Teppichen** / carpet combustion properties *pl*
Brenz·catechin *n* / pyrocatechol *n* || ≗**traubensäure** *f* / pyruvic acid || ≗**traubensäurealdehyd** *m* / pyruvic aldehyde
Bretonne-Spitze *f* / Breton lace, Bretonne lace
Brettchenwebetechnik *f* / skeleton board weaving technique
brettiger Griff / boardy handle, hard handle
Brighton-Bindung *f* / brighton weave
brillant *adj* / bright *adj* (shade, fibre), brilliant *adj*, glossy *adj*, lustrous *adj*, shiny *adj* || ≗**alizarinblau** *n* / brilliant alizarine blue || ~**blau** *adj* (RAL 5007) / brilliant blue *adj* || ≗**farbe** *f* / brilliant colour || ≗**farbstoff** *m* / brilliant dyestuff || ≗**flor** *m* / brilliant lisle || ≗**garn** *n* / brilliant yarn, lisle yarn || ≗**gelb** *n* / brilliant yellow, curcumin *n*, azidine fast yellow || ~**grün** *adj* / emerald[-green] *adj* || ≗**grün** *n* / solid green, emerald green, brilliant green
Brillantin *n*, Brillantine *f* (Gew) / brilliantine *n*
Brillant·reyon *m* / brilliant rayon || ≗**säuregrün** *n* / brilliant acid green || ≗**wolle** *f* / brilliant wool
Brillanz *f* / brilliance *n* (of colour or dye), brilliancy *n*
Brille *f* (Strumpf, Strick/Wirk) / dividing cam
Briseur *m* (Spinn) / licker-in *n*, taker-in *n* || ≗**abfall** *m* / licker-in waste, taker-in droppings *pl* || ≗**-Abstreifmesser** *n* / mote knife, stripping knife || ≗**flug** *m* (Spinn) / licker-in fly, taker-in fluff || ≗**-Messerplatte** *f* / knife plate || ≗**sieb** *n* / licker-in screen || ≗**walze** *f* (Spinn) / licker-in roller, taker-in roller
Britischgummi *n m* / British gum, maize starch gum || ≗**verdickung** *f* / British gum thickening
British Gum *n* / British gum
Broach-Baumwolle *f* (aus Indien) / broach cotton
Broché *m* (Stoff mit eingewebten, stickereiartig wirkenden Mustern) / broché *n*, brocade *n*, broché fabric, figured fabric, swivel fabric || ≗... / brocaded *adj* || ≗**atlas** *m* / broché satin || ≗**faden** *m* / broché thread || ≗**gewebe** *n* / brocaded fabric, broché fabric, loom-embroidered fabric || ≗**-Imitation** *f* / imitation brocade || ≗**kette** *f* (Web) / broché warp, brocade warp || ≗**schuß** *m* (Web) / broché filling, brocade weft, broché weft || ≗**teppich** *m* / broché carpet || ≗**-Weben** *n* / broché weaving, swivel weaving
Broderie *f* / embroidered braid || ≗ **anglaise** / broderie anglaise
brodierte Gewebe *n pl* / broderie façonnée
Brokat *m* / brocade *n*, broché *n* || ≗**damassé** *m* / damassé brocat
Brokatell *m*, Brokatelle *f* (Gew) / brocatelle *n* (Fr)
brokat·gemusterte Grenadine / grenadine broché || ≗**gewebe** *n* / brocaded fabric, brocade *n*, broché fabric
Brokatin *n* (gewebtes Stickereiimitat) / brocatine *n*
Brokatmuster, mit ≗ **versehen** / brocade *v*
Brokat·seide *f* / floret *n* (Fr), florette || ≗**stickerei** *f* / brocade embroidery || ≗**stoff** *m* / brocade fabric || **durch Gazeeffekte gemusterter** ≗**stoff** / leno brocade
Brom *n* / bromine *n*
Bromatätze *f* / bromate discharge
Bromeliefaser *f* (aus den Ananasgewächsen) / bromelia fibre
Bromhydridsäure *f* / bromhydric acid
Bromid *n* / bromide *n*
bromieren *v* / brominate *v*
Bromothymolblau *n* / bromothymol blue
Bromsäure *f* / bromic acid
Brönner-Säure *f*, Brönnersche Säure / Brönner's acid
Bronze *f* / bronze *n* || ~**blau** *adj* / bronze-blue *adj* || ≗**blau** *n* (Färb) / bronze-blue *n*, reflex blue || ≗**druck** *m* / bronze print || ≗**farbe** *f* / bronze pigment || ≗**gaze** *f* (Färb) / bronze gauze
bronzieren *v* / bronze *v* || ≗ *n* / bronzing *n*
bronzierende Färbung / bronzy dyeing
bronzig·e Färbung / bronzy appearance of the dye || ~**er Schimmer** / bronzy sheen
Brookstropp *m* / web sling
Broschierbindung *f* / swivel weave
broschieren *v* (Web) / brocade *v*, figure *v*, embroider, weave broché fabrics || ≗ *n* / figuring *n*, embroidering
Broschier·gewebe *n* / broché fabric, figured fabric, swivel fabric || ≗**kette** *f* (Web) / brocade warp || ≗**lade** *f* (Web) / swivel embroidery sley || ≗**schiffchen** *n* (Web) / small broché shuttle, swivel shuttle || ≗**schuß** *m* (Web) / brocade weft, figure weft, broché weft, broché filling, figuring filling, figuring shoot || ≗**schützen** *m* / stick shuttle, swivel shuttle
broschiert *v* / brocaded *adj*, figured *adj*, broché *adj*, fancy-figured *adj* || ~ **gemustert** / figured *adj*, fancy-figured *adj* || ~**es Gewebe** / broché fabric, figured fabric, swivel fabric || ~**er Korsettdrell** / broché drill || ~**er Seidenfrisé** / frisé broché (Fr) || ~**e Seidenpopeline** / poplin broché (Fr)
Broschierung *f* / brocading *n*
Broschier·weberei *f* / broché weaving, swivel weaving || ≗**webmaschine** *f*, Broschierwebstuhl *m* / swivel loom (for embroidered effects, by the use of an extra filling), broché weaving machine
Bruch *m* / break *n*, breakage *n* || ≗ (Beschicht) / crack *n* || ≗ (Matpr) / burst *n* || ≗**arbeit** *f* / breaking energy || ≗**beanspruchung** *f* / breaking strain || ≗**belastung** *f*, Höchstzugbelastung *f* / breaking force *n*, breaking load || ≗**dehnung** *f* (Längung der Probe durch Zug bis zum Bruch, ausgedrückt in Prozenten bezogen auf die Ausgangslänge) / extension at break, elongation at rupture (BISFA), elongation at break || ≗**dehnung** (Gummi) / ultimate elongation || ≗**dehnungswinkel** *m* / elongation break angle || ≗**drehzahl** *f* / twist factor at break || ≗**enden** *n pl*, Bruchfäden *m pl* / breakings *pl* || ≗**energie** *f* / energy at break || ≗**festigkeit** *f* / breaking strength, resistance to breaking || ≗**fläche** *f* / break surface || ≗**grenze** *f* / breaking point
brüchig machen / tender *v* || ~ **werden** / become tendered (of fabric)
Brüchigkeit *f* (Beschicht) / brittleness *n*
Bruch·kraft *f* (die unmittelbar vor der völligen Trennung der Probe gemessene Kraft) / force at rupture || ≗**last** *f* / breaking load, stress at break, stress at failure || ≗**lastspielzahl** *f* / number of cycles to failure || ≗**probe** *f* / breaking test || ≗**spannung** *f* / breaking tension, ultimate stress || ≗**stelle** *f* / location of break, break point, break *n*, breakage *n* || ≗**stellen** *f pl* **in Mehrfadengarnen** (Web) / split ends || ≗**strecke** *f* / extent of break, length of break || ≗**verformung** *f* / deformation at break || ≗**zerreißprobe** *f* / stress-to-rupture test
Brücke *f* (Strick/Wirk) / bridge *n* (in knitting machine) || ≗ (Tepp) / rug *n* (GB), strip of carpeting || **[kleine]**

~ (Tepp) / scatter rug
Brückenglied *n* (Chrom) / linking agent
Brühe *f* (Färb) / scouring *n*, liquor *n*, bath *n*
brühen *v* / scald *v*, kier-boil *v* || ~ *n* / scalding *n*, treatment with boiling water || ~ (Ausrüst) / crabbing *n*, wet setting
Brüh-Peroxidbleiche *f* / scour-peroxide bleach
Brushed-Denim *m*, aufgerauhter Jeansstoff / brushed denim
Brussa-Rohseide *f* / Brussa silk
Brüsseler Baumwollrüsche *f* / Brussels quilling || ~ **Klöppelspitze** / Brussels pillow lace || ~ **Nadelspitze** / Brussels point lace || ~ **Spitze** / Brabant lace, Flemish lace, Flanders lace, point de Bruxelles (Fr), Brussels lace || ~ **Teppich** *m* / Brussels carpet, Brussels tapestry || ~ **Tüll** / Brussels bobbinet
Brusselette-Teppichgewebe *n* **aus Jute** / brusselette *n*
Brust·abnäher *m* (Näh) / bust dart || ~**baum** *m* (Web) / breast beam, front roll[er], forebeam *n* || ~**baum** (Wolle) / breast roller || ~**riegel** *m* / breast-beam bar || ~**tasche** *f* / breast pocket || ~**tuch** *n* / neckcloth *n*, fichu *n* (Fr) (woman's scarf, knotted with ends hanging loose) || ~**tuch** (der Frauenkleidung im 17. und 18. Jh.) (hist) / tucker *n* || ~**walze** *f* / breast roll
Bruttogewicht *n*, Bruttomasse *f* / gross weight, gross mass
BSB (biologischer Sauerstoffbedarf) / BOD (biochemical oxygen demand)
BTE = Bundesverband des Deutschen Textileinzelhandels
Bubikragen *m* (Mode) / Peter Pan collar
Buchara *m* / Bokhara *n* (Turkestan handmade carpet) || ~**-Baumwolle** *f* / Bokhara cotton || ~**-Teppich** *m* / Bokhara rug
Buchbinden *n* / book binding
Buchbinderei, Gewebe für die ~ / publisher's cloth
Buchbinder·leinen *n*, Buchbinderkaliko *m*, Buchbinderleinwand *f* / book cloth, shagreen *n*, book linen, bookbinder's cloth || ~**musselin** *m* / binding muslin, book muslin || ~**zwirn** *m* / bookbinder's thread
Buch·einband *m* / book binding, book cover || ~**form** *f* **auf offener Kufe** / book form in an open vat || ~**förmiges Falten** (Tuchh) / book fold || ~**gewebe** *n* / book cloth
Büchnertrichter *m* (Chem) / Buchner funnel
Buckskin *m* (Woll- bzw. Halbwollstoff, köperbindig, vielfach mit Reißmaterial im Schuß), Buckskinstoff *m* / buckskin *n* || ~**webmaschine** *f* / buckskin loom
Buenos-Aires-Wolle *f* / B.A. wool, Buenos Aires wool
buffen *v* / velour-finish *v*
Bügel *m* (Reißv) / bail *n* (of slider) || ~ (Mieder) / bone *n* (foundation garments)
bügelarm *adj* / minimum-iron *adj* || ~**es Gewebe** / rapid iron fabric || ~**ausrüsten** *n* / no-iron finishing || ~**ausrüstung** *f* / no-iron finish, non-iron finish || ~**-Eigenschaft** *f* / minimum-iron property
Bügel·automat *m* / automatic ironing machine || ~**brett** *n* / ironing board, ironing table || ~**büste** *f* / ironing dummy || ~**druck** *m* (Thermoplastizität des Films wird durch Hitze hervorgerufen) / transfer printing by ironing || ~**echt** *adj* / fast to ironing, unharmed by ironing, unaffected by ironing, fast to pressing || ~**echtheit** *f* (DIN 54022) / fastness to ironing, fastness to pressing, ironing fastness || ~**echtheit feucht** / fastness to ironing, moist || ~**echtheit trocken** / fastness to ironing, dry || ~**echtmachen** *n* / iron proofing
Bügelei *f* / press room
Bügeleisen *n* / [flat] iron, smoothing iron, press iron, ironing press || ~ **zum Kräuseln von Stoffen** / fluting iron || ~**test** *m* / flat iron test
bügel·empfindlich *adj* / sensitive to ironing || ~**falte** *f* / crease *n* || ~**faltenbeständigkeit** *f* / crease-proofness *n*, durable press rating || ~**fest** *adj* / unaffected by ironing, fast to pressing, fast to ironing, unharmed by ironing || ~**festigkeit** *f* / fastness to ironing, ironing fastness, fastness to pressing || ~**filz** *m* / damping felt || ~**fleck** *m* / ironing mark
bügelfrei *adj* / drip-dry *adj*, wash-and-wear *adj*, non-iron *adj*, no-iron *adj* || ~**es Hemd**, bügelfreies Oberhemd / non-iron shirt, wash-and-wear shirt || ~**ausrüsten** *n* / no-iron finishing, non-iron finishing || ~**ausrüstung** *f*, bügelfreie Ausrüstung / no-iron finish, non-iron finish, drip-dry finish, wash-and-wear finish, wash'n wear finish || ~**-Effekt** *m* / no-iron effect, non-iron effect, drip-dry effect
Bügel·hilfsmittel *n* / ironing auxiliary || ~**kissen** *n* / ironing pad || ~**leicht** *adj* / easy-to-iron *adj*, easy-iron *adj* || ~**leichtausrüstung** *f* / easy-ironing finish || ~**maschine** *f* / ironer *n*, ironing press, ironing machine
bügeln *v* / iron *v*, press *v* || ~ *n* / ironing *n*, pressing *n* || ~ **auf der Presse** / flat pressing
Bügel·presse *f* / ironing press, steam press, laundry press, ironing machine, tailor's press || ~**probe** *f* / ironing test || ~**probeapparat** *m* / ironing tester || ~**sparend** *adj* / minimum-iron *adj* || ~**sparende Ausrüstung** / minimum-iron finish || ~**sparende Hochveredlung** / minimum-iron resin finish || ~**temperatur** *f* / ironing temperature || **zulässige** ~**temperatur** / safe ironing temperature || ~**test** *m* (im „Fixotest") / ironing test || ~**tisch** *m* / ironing table || ~**tuch** *n*, Bügelunterlage *f* / ironing blanket, ironing cloth
Builder *m* (Waschmitt) / builder *n* || ~**vorlage** *f* (Waschmitt) / builder mixture
Bulgarenlitze *f* / Bulgarian trimmings *pl*
Bulkgarn *n* / bulk yarn, bulked yarn, bulky yarn, bulked filament yarn, bulky thread, textured yarn, texturized yarn
Bump *m* (Aufmachungsform; spiralförmig, abgetafeltes Band) / bump *n* || ~**garn** *n* (Tepp) / bump yarn || ~**garnschußware** *f* / bump cloth
Bund *m* / waistband *n* || ~ (am Strumpf) (Strick/Wirk) / top *n* || ~ (an Hose) / band *n* (trousers) || ~ *n* (Aufmachung) / skein *n*, bunch *n* || ~ **Flachs** / hank *n* (of flax) || ~ **Leinen** / linen bundle of 60,000 yards of yarn || ~**abschlüsse** *m pl* / trimmings *pl* || ~**apparat** *m* (Näh) / waistband machine, waistband sewing attachment
Bündchen *n* / cuff *n*, wristband *n* || ~ *n pl* / sleeve trims
Bündel *n* / bunch *n* || ~**festigkeit** *f* (Wolle) / bundle strength || ~**festigkeit** (Tepp) / bundle wrap || ~**festigkeitsprüfung** *f* / fibre bundle strength test || ~**garn** *n* / bundle yarn, yarn in bundles || ~**klammer** *f* (Näh) / bundle clamp || ~**klammerwagen** *m* / mobile clamp stand
Bündeln *n* **der Garne** / yarn bundling
Bündel·packpresse *f*, Bündelpresse *f* / bundle press, bundling press || ~**system** *n* (Näh) / bundle system

Bündelung *f* (Hohlsaum) / fag[g]oting *n* (hemstitching)
Bündelungskoeffizient *m* / bunching coefficient
Bundesmann-Test *m* / Bundesmann shower test, Bundesmann water repellency test
Bundesverband des Deutschen Textileinzelhandels (BTE) / Federal Association of German Textile Retailers
Bund·futter *n* / waistband lining || **≗hosenanzug** *m* / knickerbocker suit || **≗hosenstrumpf** *m* / boot sock
bündig *adj* (z.B. fünfbündiger Atlas) / -end (e.g. 5-end satin)
Bund·nähapparat *m* (Näh) / waistband machine, waistband sewing attachment || **≗schnürung** *f* (Mode) / drawstring waist
bunt *adj* / coloured *adj*, multicoloured *adj* || **~es Baumwollgewebe** / coloured cotton fabric || **~es Baumwollzeug** / common prints *pl* || **~e Färbung** (Fehler) / unlevel dyeing, uneven dyeing || **~e Faserabgänge** *m pl* / coloured fibre blends || **~e Ferse** (Strumpf) / colour heel || **~es Muster** / coloured design || **~es Noppengarn** / knickerbocker yarn || **~e Ware** / coloured goods *pl*
Bunt... / coloured *adj*
Bunt·artikel *m pl* / coloureds *pl* || **≗ätzartikel** *m* / coloured discharge style || **≗ätzdruck** *m* / colour discharge printing, illuminated discharge printing, coloured discharge print[ing] || **≗ätze** *f* / colour[ed] discharge, coloured discharge print[ing], illuminated discharge || **≗ätzeffekt** *m* / coloured discharge effect, illuminated discharge effect || **≗ätzen** *n* / coloured discharge || **≗ätzfarbstoff** *m* / coloured discharge dye[stuff] || **≗ätzfarbteig** *m* / coloured discharge paste || **≗ätzmattdruck** *m* / coloured discharge delustre printing || **≗automat** *m* (Web) / automatic multicolour loom, automatic multishuttle loom, automatic drop box loom || **≗bemusterung** *f* / colour discharge || **≗bettlaken** *n pl* / coloured sheets || **≗bleichartikel** *m pl* / coloured bleach goods || **≗bleiche** *f* / bleaching of coloured goods, coloured bleach goods || **≗bleichechtheit** *f* / resistance to bleaching of coloureds || **≗druck** *m* / multicolour print[ing], polychrome printing || **≗druckmaschine** *f* / multicolour printing machine || **≗effekt** *m* / coloured effect, multicolour[ed] effect, illuminated effect
Bunte-Salze *n pl* (Färb) / Bunte's salts
Bunt·färberei *f* / polychromatic dyeing || **~farbige Karos** *n pl* / harlequin checks || **≗garn** *n* / multicolour yarn, multicoloured yarn || **≗gewebe** *n* / coloured fabric, fancy fabric || **~gewebt** *adj* / coloured woven *adj*, colour-woven *adj* || **~gewürfelter Stoff**, buntkarierter Stoff / tartan cloth, tartan plaid cloth || **~karierter Flanell** / plaid flannel || **≗ketten** *f pl* / coloured warps || **≗laken** *n pl* / coloured sheets || **≗matteffekt** *m* / coloured delustre effect || **≗mattierung** *f* / coloured delustring || **≗muster** *n* / colour design, multicolour[ed] pattern || **≗musterbändermaschine** *f* / coloured pattern smallwares knitting machine || **≗musterstrickmaschine** *f* / coloured pattern knitting machine, knitting machine for multicoloured patterns || **≗paste** *f* / colour paste || **≗pigment** *n* / colour pigment || **≗prägung** *f* (Beschicht) / coloured embossing || **≗reserve** *f* (Färb) / colour resist || **≗reserve mit Küpenfarbenüberdruck** / colour resist under vat print || **≗reserve unter Klotzfärbung im Überdruck** / coloured resist under overprinted pad dyeings || **≗reservendruck** *m* / coloured resist print || **~reservieren** *v* (Färb) / apply colour resist || **≗reservierung** *f* / coloured resisting || **≗reservierung unter [oder von] Anilinschwarz** / colour resist under aniline black, coloured resist under aniline black || **≗reservierung von Schwefelfärbungen** / colour resist under sulphur colours || **~scheckig** *adj* / motley *adj*, pied *adj* || **≗spinnerei** *f* / spinning of coloured yarns || **≗stickerei** *f* / coloured embroidery, fancy embroidery || **~streifig** *adj* / panache *adj* (Fr), with coloured stripes || **≗töne** *m pl* / multicoloured shades || **≗waschmittel** *n* / detergent for the coloured wash || **≗webartikel** *m pl* / coloured woven goods, coloured wovens || **≗webautomat** *m* (Web) / automatic multicolour loom, automatic multishuttle loom, automatic drop box loom || **~weben** *v* / weave in colours, weave multi-coloured goods || **~weben** *v* (moirieren) / water *v* || **≗weberei** *f* / fancy weaving mill, multicolour weaving mill || **≗webwaren** *f pl* / coloured woven goods
Burano-Spitze *f* / Burano lace
Buratin *n* (eine persische Rohseide) / buratine [silk]
Burberry-Regenmantelstoff *m* (geschützte Bezeichnung für imprägnierte Baumwollgewebe) / burberry *n* (GB)
burgunderrot *adj* / Burgundy *adj*
Buripalmenfaser *f* / buntal fibre, buri raffia, burberry fibre
Buritistroh *n* / burity fibre
Burka *m* (halbkreisförmiger Wettermantel der Kaukasier aus zottigem dunklem Wollstoff) / burka *n*
Burnley-Baumwollstoffe *m pl* / Burnley printers
Burnus *m* (arabischer Mantel mit Kapuze) / burnous *n*
Bürstauftragmaschine *f* / brush machine
Bürste *f* / brush *n* || **mit ≗ auftragen** / brush on
Bürsteinsprengmaschine *f* (DIN 64990) (Ausrüst) / brush damper with brushes
bürsten *v* / brush *v* || **gegen den Strich ~** / brush against the nap || **mit dem Strich ~** / brush with the nap || **≗** *n* / brushing *n* || **≗abgang** *m* / brush waste wool || **≗auftrag** *m* / brush coating || **≗auftragsmaschine** *f* / brush coater || **≗behandlung** *f* / brushing treatment || **≗berieselungsmaschine** *f* / brush-dewing machine || **≗büschel** *n* **aus Nylon** / nylon brush tufts *pl* || **≗druck** *m* / brush printing || **≗-Einsprenger** *m* / brush sprinkling machine || **≗färberei** *f* / brush dyeing || **≗faser** *f* / brush fibre || **≗maschine** *f* / brush coater || **≗reinigung** *f* / scrubbing *n* || **≗reinigungskamm** *m* / gill frame (flax), hackle comb || **≗streichmaschine** *f* / brush spreader || **≗streichverfahren** *n* / brush coating (process), brush spreading || **≗stuhl** *m* / brushing frame || **≗walze** *f* / brush roller, brush cylinder, revolving brush, brushing roller || **≗zerstäuber** *m* / brush atomizer, brush sprayer || **≗zungenöffner** *m* / brush latch opener || **≗zylindermaschine** *f* / brush finish machine
Bürst·färberei *f* / brush dyeing || **≗kasten** *m* (Merzerisieren) / brush[ing] box, brushing device || **≗maschine** *f* / cloth brushing machine || **≗-Übertragungswalze** *f* / brush coating roller || **≗-**

und Dämpfmaschine *f* / brushing and steaming machine || **≗- und Schlichtmaschine** *f* / sizing and brushing machine, dressing and brushing machine || **≗verlust** *m* / brushing loss || **≗vorrichtung** *f* (Merzerisieren) / brushing box, brushing device || **≗walze** *f* / raising brush || **≗waschechtheit** *f* (Pigmentdruck) / wet scrubbing fastness, fastness to wet scrubbing || **≗waschprobe** *f*, Bürstwaschprüfung *f* / brush-washing test, washing with scrubbing test, fastness to crocking test
Büschel, in ≗n wachsende Baumwolle / clustered cotton
büschelförmige Baumwolle / clustered cotton
büschelig *adj* / tufty *adj*
Büschel·teiler *m* (Web) / ravel *n*, separator *n* || **≗verzugstheorie** *f* / cluster drawing theory
Busentuch *n* / neckcloth *n*, fichu *n* (Fr) (woman's scarf, knotted with ends hanging loose)
Büßerhemd *n* / hairshirt *n*, cilicium *n* (penitential garment)
Büste *f* / bust *n*
Büstenhalter *m* / bra *n*, brassiere *n* || **≗ für großes Dekolleté** / low-cut bra, low-plunge bra || **≗ mit nahtlosen Spitzenkörbchen und Unterbruststütze** / seamless lace-cup underwire bra || **≗ mit Spitzenkörbchen** / lace-cup bra || **≗ mit Spitzenkörbchen und Unterbruststütze** / lace-cup support bra || **≗körbchen** *n* / cup *n* (of bra) || **≗stoff** *m* / brassiere cloth || **≗tüll** *m* / brassiere net
Büsten·hebe *f* / uplift brassière || **≗körbchen** *n* / brassiere cup || **≗schale** *f* / cup *n* (of bra)
Butadien *n* / butadiene *n* || **≗binder** *m* / butadiene resin || **≗faser** *f* / butadiene rubber fibre || **≗-Mischpolymerisat** *n* / butadiene copolymer || **≗-Styrol-Binder** *m* / butadiene styrene bonding agent
Butan *n* / butane *n*
Butanol *n* / butanol *n*, butyl alcohol
Buten *n* / butene *n*, butylene *n*
Butoxyl *n* / butoxyl *n*
Bütte *f* (Färb) / vat *n*, butt *n* (beck), chest *n*, tub *n*, tun *n*
Butter·bohnenfett *n* (aus Vateria indica) / malabar tallow || **≗gelb** *n* (Färb) / orlean *n*, methyl yellow || **≗säure** *f* / butyric acid || **≗säureäthylester** *m* / ethyl butyrate
Button-Down-Hemd *n* (Hemd mit anknüpfbaren Kragenspitzen) / button-down shirt
Butyl·acetat *n* / butyl acetate || **≗alkohol** *m* / butyl alcohol, butanol *n* || **~beschichtetes Textil**, butylbeschichtete Textilie / butyl coated fabric
Butylen *n* / butylene *n*, butene *n*
Butyl·glykol *n* / butyl glycol || **≗naphthalinsulfonat** *n* / butylnaphthalene sulphonate
Butyrat *n* / butyrate *n*
Butyrolakton *n* / butyrolactone *n*
Butzenknopf *m* / self-shank button
Bw *f*, Baumwolle *f*, Co / cotton *n*, Co
Bw-Nessel *m* / cotton cambric, cambric *n*
Bw-Rohware *f* / grey cloth
Bw-Stückveredlung *f* / cotton piecegoods finishing
Bw-Trikot *m n* / cotton interlock
Byssinose *f* / byssinosis *n*, mill fever
Byssusseide *f* / byssus silk, shell silk, mussel silk, sea silk
Byzantinischer Purpur / Phoenician purple, Tyrian purple

C

CA, Acetat *n* / acetate *n* (manmade textile fibres and filaments of cellulose acetate with less than 92 pc, but at least 74 pc acetylated hydroxyl groups)
Cablégarn *n* / cable silk, cable yarn, cabled yarn
Cabujafaser *f* / cabuja fibre, cabuya fibre
Cachou·braun *n* / catechu brown || **~töne** *m pl* / cachou shades
Cadaverin *n* / pentamethylene diamine
Cadett *n* / cadet cloth
Cadmium·äthylendiaminchelat *n* / cadmium ethylenediamine chelate || **~äthylendiaminhydroxid** *n* / cadmium ethylenediamine hydroxide || **~beize** *f* / cadmium mordant || **~chlorid** *n* / cadmium chloride || **~farbe** *f* / cadmium colour || **~gelb** *n* / cadmium yellow || **~hydroxid** *n* / cadmium hydroxide || **~jodid** *n* / cadmium iodide || **~selenid** *n* / cadmium selenide || **~sulfid** *n* / cadmium sulphide || **~verbindung** *f* / cadmium compound
Caesium·hydroxid *n* / caesium hydroxide || **~verbindung** *f* / caesium compound
Caincawurzel *f* (aus Chiococca racemosa) / cahinca root
Cajunhanffaser *f* / cajun fibre
Calais-Spitze *f*, Calaiser Spitze / Calais [lace]
Calcium *n* / calcium *n* || **~acetat** *n* / calcium acetate || **~alginatfaser** *f* / calcium alginate fibre || **~antimonyllaktat** *n* / calcium antimonyl lactate || **~beize** *f* / calcium mordant || **~bindevermögen** *n* / calcium chelating power || **~carbonat** *n* / calcium carbonate, carbonate of lime || **~chlorid** *n* / calcium chloride, chloride of calcium || **~hydroxid** *n* (Löschkalk, Kalkhydrat) / calcium hydroxide || **~hypochlorit** *n* / calcium hypochlorite || **~karbid** *n* / calcium carbide || **~nitrat** *n* / calcium nitrate || **~oxid** *n* (gebrannter Kalk) / calcium oxide || **~phosphat** *n* / calcium phosphate || **~rhodanat** *n* / calcium rhodanate || **~rhodanid** *n* / calcium sulphocyanide || **~seife** *f* / calcium soap || **~stearat** *n* / calcium stearate || **~sulfat** *n* / calcium sulphate || **~sulfid** *n* / calcium sulphide || **~thiocyanat** *n* / calcium thiocyanate, calcium sulphocyanate, calcium rhodanate || **~verbindung** *f* / calcium compound
Calgon *n* (eingetragenes Markenzeichen von Benckiser) / calgon *n* (sodium hexametaphosphate) (water softener)
Calicot *m* / calico *n*, plain cotton cloth
Calisaya-Rinde *f* / calisaya bark
Calmuc *m* / calmuc *n* (in German usage usually denotes a cotton double-weave fabric), kalmuck *n*, frieze *n* (heavy woollen overcoating) || **~-Schafswolle** *f* / calmuc wool
Cambric *m* / cotton cambric, cambric *n*
Camilla *f* / Scotch gauze
Camisette *n*, Kurzhemdchen *n* (Mode) / camisette *n*
Campbell-Feinköper *m*, Campbell-Twill *m* (Web) / Campbell twill
Campecheholz *n* / Campeach bay wood *n*, logwood *n*, campeachy wood, campeche wood
Camping·-Liegebett *n* / chaisette *n* || **~stoff** *m* / camping [tent] fabric || **~zeltstoff** *m* / tent fabric
Candlewick·-Garn *n* / candlewick yarn || **~-Nadelflorware** *f* / tufted candlewick fabric
Canette *f* (Spinn) / pirn *n*, quill *n* || **~** (kleine konische Schußspule in der Seidenweberei) / cannette *n* (Fr)
Cannelé·bindung *f* / cannele weave || **~rips** *m* / cannele rep
Cannettegarn *n*, Cannetteseide *f* / cannette *n* (Fr)
Cape *n* / cape *n*, wrap *n* || **~kragen** *m* / cape collar
Cappa *f* / cope *n* (liturgical vestment)
Caprolactam *n* / caprolactam *n*
Capronsäure *f* / hexanoic acid
Capryl·diäthanolamid *n* / capryl[ic] diethanolamide || **~säure** *f* / capryl[ic] acid
capsicumrot *adj* / capsicum-red *adj*
Cap-Zwirnmaschine *f* / cap yarn twisting frame, ring doubling machine, downtwister *n*
Caravonica-Baumwolle *f* / caravonica cotton
Carbamat *n* / carbamate *n*
Carbamid·harz *n* / carbamide resin || **~säure** *f* / carbamic acid
Carbanilsäure *f* / carbanilic acid
Carbanylat *n* / carbanilate *n*
carbanyläthylierte Baumwolle / carbamoylethylated cotton
Carbodiimid *n* / carbodiimide *n*
Carbonamid *n* / carbonamide *n*
Carbonat *n* (Chem) / carbonate *n*
Carbon·-Black *n* / carbon black || **~säure** *f* / carboxylic acid || **~säureester** *m* / carboxylic acid ester
Carbonyl *n* / carbonyl group || **~gruppe** *f* / carbonyl group
Carbostyril *n* / carbostyrile *n*
carboxy·äthylierte Baumwolle / carboxyethylated cotton, carboxylethylated cotton || **~cellulose** *f* / carboxycellulose *n*
Carboxyl *n* / carboxyl *n*
Carboxylation *f* / carboxylation *n*
Carboxylat-Tensid *n* / carboxylate surfactant
Carboxyl·endgruppe *f* / carboxyl end group || **~gehalt** *m* / carboxyl content || **~gruppe** *f* / carboxyl group
Carboxylierung *f* / carboxylation *n*
Carboxy·methylcellulose *f*, CMC / carboxymethylcellulose, CMC || **~methylierte Baumwolle** / carboxymethylated cotton || **~methylierung** *f* / carboxymethylation *n*
Cardigan *m* / cardigan *n*
Carminsäure *f* / carminic acid (extracted from the cochineal insect, Coccus cacti)
Caroáfaser *f* / craua *n*
Carrageen *n* / carrageen [moss], carragheen [moss] || **~schlichte** *f* / carrageen size, carragheen size
Carrickmacross-Ausschneidespitze *f* / carrickmacross lace
Carrier *m*, Färbebeschleuniger *m*, Färbecarrier *m* (Färb) / carrier *n*, dyestuff carrier, dyeing carrier || **~aufnahme** *f* **der Fasern** / carrier uptake of fibres || **~-Beständigkeit** *f* / fastness to carriers, carrier fastness, resistance to carriers || **~färbung** *f* / carrier dyeing || **~fleck** *m* / carrier mark || **~-frei färbbare Faser** / carrierless dyeable fibre, no-carrier dyeable fibre || **~haltige Flotte** (Färb) / bath set with carriers || **~-Methode** *f* (Färbeverfahren) (Färb) / carrier method || **~weißtönung** *f* / carrier whitening
Carthamin *n* / carthamine *n*
Casablanca-Spinnsystem *n* (Spinn) / Casablanca system
Cassiaöl *n* / cassia oil
Cassienrinde *f* / cassia bark
Cassinet *m* (halbwollener Sommerbuckskin in

Köperbindung), Cassinet-Anzugstoff *m* / cassinet *n*
Castor *m*, Sommer-Eskimo *m* / castor *n* (heavily fulled, smooth-finish broadcloth)
„Catalytic Fading" *n* / catalytic fading (of dyestuff)
Catappenöl *n* (aus Terminalia catappa) / catappa oil
Catchbar-Spitze *f* / catch bar lace
Catechu *n* (Färb) / cashoo *n*, catechu *n*
Cauchy-Verteilungsgleichung *f* (Kol) / Cauchy dispersion equation
Causticaire-Index *m* / causticaire value (cotton testing) || **˜-Skala** *f* / causticaire scale (cotton testing)
Caynurchlorid *n* / cyanuric chloride
C/C-Bikomponentenfasertyp *m* (konzentrisch oder exzentrisch aufgebauter Hülle/Kern-Typ) / C/C conjugate fibre, centric cover-core bicomponent fibre, C/C bicomponent fibre
Cearawachs *n* / carnauba wax
Ceba-Baumwolle *f* (aus Mexiko) / ceba cotton
Cebuhanf *m* (Art Manilahanf) / cebu hemp
Ce-Es(Chlor-Superoxid) -Bleiche *f* (Kombinationsbleiche, spez. für Baumwolltrikotagen) / chlorine-peroxide bleaching
Ce-Es(Chlor-Superoxid)l-Packbleiche *f* / chlorine-peroxide pack bleach[ing]
celadongrün *adj* / celadon green *adj*
Celanesegarn *n* / celanese yarn
Cellulon *n* (feuchte Zellstoff-Faserbrei-Streifen) (DIN 60001) / cellulon *n*
Cellulose·faser *f*, Cellulosefaserstoff *m*, CZ / cellulosic fibre || **˜fasermischung** *f* / cellulose blend || **˜nitrat** *n* **in 10-12%iger Lösung** / colloxylin *n*
Cellulosics *n pl* / cellulosics *pl*
cendré *adj* / cendre *adj*
Cera-Baumwolle *f* (aus Brasilien) / Ceara cotton
Cerchlorat *n* / cerium chlorate
Ceresfarbstoff *m* / oil-soluble dyestuff
cerise *adj* / cerise *adj*
Cerverbindung *f* / cerium compound
Cevennenrohseide *f* / cevennes *pl*
Ceylonette *n*, Ceylonimitat *n* / ceylonette *n* (all-cotton fabric, made as an imitation Ceylon; dyed, white or printed)
Ceylonmoos *n* (Gracilaria lichenoides, dient zur Bereitung von Agar-Agar) / Ceylon moss
Chagrin *m*, Chagrinleder *n* / chagrin fabric, shagreen *n* (kind of untanned leather with artificially granulated surface made from skin of horse, ass, shark etc.) || **˜borte** *f* / chagrin braid || **˜lederimitat** *n* / shagreen *n* || **˜leinwand** *f* (Buchbinderleinen) / chagrin *n*
Chaineuse *f* (Strick/Wirk) / backing wheel || **˜** (Gew) / laid-in fabric
Chaiselongue *f* / chaise-longue *n* || **˜decke** *f* / couch cover
Chaising-Kalander *m* / chaising calender, chasing calender
Chaly *m* (musselinähnlicher taftbindiger Kleiderstoff aus Seide u. Wolle), Chalinet *m* / challis *n*, chaly *n*, chalinet *n*, challie *n*
Chamäleontaft *m* / chameleon taffeta
Chambery-Halbseide *f* / chambery *n*
Chambray *m* (leinwandbindiges Baumwollgewebe, Kette weiß, Schuß farbig für Spiel- und Arbeitskleidung) / chambray *n* || **˜-Gingan** *m* / chambray gingham

chamois *adj* / chamois *adj* || **˜** *n* (essigsaures Eisen) (Färb) / chamois *n* || **˜reserve** *f* / beige resist
changeant *adj* / iridescent *adj*, glacé *adj*, shot *adj*, shot-through *adj* || **~ färben** / shot-dye *v* || **˜** *m* / iridescent style, changeant *n*, shot silk, shot cloth || **˜-Effekt** / changeant effect, changeable effect, shot effect, iridescent effect, nacre effect, nacreous effect, mother-of-pearl effect || **˜gewebe** *n* / changeant *n*, shot cloth || **˜seide** *f* / shot silk, nacre velvet || **˜taft** *m* / changeable taffeta, shot taffeta
Changiereinrichtung *f* (DIN 64990) (Ausrüst) / jig motion device, to-and-fro motion, reciprocating device, oscillator unit
Changieren *n* / shot effect
changierend *adj* / shot *adj*, iridescent *adj*, changeable *adj*, shot-coloured *adj* || **~e Farbe** / changeable colour, shot colour, changeant colour || **~er Glanz** / changeable lustre || **~er Stoff** / changeant *n*, shot cloth
Changier·fadenführer *m* / traversing thread guide || **˜hub** *m* / traversing lift || **˜rad** *n* / traversing wheel || **˜rahmen** *m* (DIN 64990) / jig stenter (GB), jig tenter (US), jigging frame
Changierung *f* / traversing *n*, traverse *n* (card)
Changierwalze *f* / traversing roller
Chantilly-Spitze *f* / Chantilly lace
Chaponmaschine *f* / Chapon's cop spinning machine
Chardonnet-Seide *f* (der erste Chemiefaserstoff aus Zellulosenitrat) / chardonnet silk, nitro silk, collodion silk
Charge *f* / drum load, batch *n* (lot) || **˜** / feed *n* || **˜** (Seide), Erschwerung *f*, Zinn-Phosphat-Silikat-Erschwerung *f* / silk weighting, weighting *n*, loading *n*
Chargen·mischer *m* / batch mixer || **˜nummer** *f* (zeigt Größe, Farbe und Partienummer an) / lot card || **~weise** *adj* / batchwise *adj* || **˜zeit** *f* / treatment time
Chargierbad *n* (Seide) / weighting bath
chargieren *v* (Seide) / load *v*, weight *v*, charge *v*
chargierte Seide / weighted silk
Chargiertür *f* / charging door
Chargierung *f* (Seide) / weighting *n*, silk weighting, loading *n*
Charmelaine *n* (Abseitenstoff - feiner Damenkleiderstoff) / charmelaine *n*
Charmeuse *f* / charmeuse *n* (staple dress silk) || **˜** (Strick/Wirk) / locknit *n* || **˜-Trikot** *m* (Strick/Wirk) / charmeuse *n*
chartreuse·gelb *adj* / chartreuse yellow *adj* || **~grün** *adj* / chartreuse green *adj*
Chasing·-Effekt *m* / chasing finish || **˜-Kalander** *m* / chasing calender, chaising calender || **˜-Vorrichtung** *f* (mehrwalziger Rollkalander) / chasing device
Chassis *n* (Färb) / carriage *n*, trough *n* || **˜rahmen** *m* / dye box frame
Chayroot *m*, Chaywurzel *f* (Färb) / chay root
CH-Bindung *f* (Chem) / CH-bonding *n*
Chee-Foo-Seide *f* / chefoo silk
Chelat *n* (cyclische Verbindung, bei der Metalle oder Wasserstoff Bestandteile des Ringsystems sind) / chelate *n* || **~bildend** *adj* / chelating *adj* || **~bildendes Austauscherharz** / chelate resin || **˜bildner** *m* / chelating agent || **˜bildung** *f* / chelation *n*, chelate formation || **˜bildungsvermögen** *n* / chelating power ||

~gebunden *adj* / chelated *adj* || ²harz *n* / chelate resin
Chelatiermittel *n*, Chelator *m* / chelating agent
Chelatometrie *f* / complexometry *n*
Chemie·borsten *f pl* / manmade bristles || ²**draht** *m* / manmade wire || ²**endlosgarn** *n* (aus einem einzigen Filament) / monofilament *n*, monofil yarn, monofilament yarn || ²**endlosgarn** (aus einer gleichbleibenden Vielzahl von Filamenten) / multifilament *n*, multifilament yarn
Chemiefaser *f* / manmade fibre, chemical fibre, artificial textile fibre (obsolescent) || ²**garn** *n* / manmade fibre yarn || ²**gewebe** *n pl* / manmades *pl*, manmade fibre fabrics, synthetics *pl*, synthetic textiles (superseded by the term "manmade" after the Textile Fiber Products Identification Act of July 3, 1959, effective on March 3, 1960) || ²**herstellung** *f* / manufacture of manmade fibres || ²**verarbeitung** *f* / processing of manmade fibres
Chemie·kupferfaser *f* / cuprammonium filament || ²**kupferseide** *f* / cuprammonium rayon, lustracellulose *n*, cuprammonium silk, cuprated silk, cuprated rayon, copper rayon, cuprammonium filament yarn, cupro *n* || ²**laborant** *m*, Chemielaborantin *f* / laboratory assistant || ²**schnittfaser** *f* / manmade staple fibre || ²**seide** *f* / artificial filament || ²**spinnfaser** *f* / manmade spinning fibre, manmade staple fibre || ²**spinnkabel** *n* / tow *n* || ²**stapelfaser** *f* / manmade staple fibre, manmade spinning fibre || ²**werkstoff** *m* / engineering plastic || ²**zellstoff** *m* / rayon pulp, chemical conversion pulp
Chemikalien·bad *n* / chemical bath || ²**beständigkeit** *f* / resistance to chemicals, stability to chemicals, inertness to chemicals || ²**chassis** *n* **des Dämpfers** (Färb) / chemical trough of the steamer (GB), chemical trough of the ager (US) || ²**flotte** *f* (Färb) / chemical liquor || ²**foulard** *m* (Färb) / chemical padder, chemical padding mangle || ²**klotzflotte** *f* / chemical pad liquor || ~**unempfindlich** *adj* / insensitive to chemicals
Chemiker-Kolorist *m* / colour chemist
Chemilumineszenz *f* / chemiluminescence *n*, phosphorescence *n*
chemisch·er Abbau / chemical degradation || ~**e Appretur** / chemical cloth finish, chemical proofing, chemical finish[ing] || ~**es Auftragsmittel** / add-on chemical material || ~**e Ausrüstung** / chemical finish[ing], chemical proofing || ~**e Behandlung** / chemical processing, chemical treatment || ~**e Beständigkeit** / chemical stability, chemical resistance || ~**e Bindung** (Zustand) / chemical bond || ~**e Bindung** (Vorgang) / chemical bonding || ~**e Eigenschaften** *f pl* / chemical properties || ~**es Entfetten** / chemical degreasing || ~**e Faserveredlung** / chemical fibre modification || ~ **fixiertes (hochgedrehtes Woll-)Garn** / chemically set (highly twisted woollen) yarn || ~ **fixiertes Teppichgarn** / chemically set carpet yarn || ~ **gereinigt** / dry-cleaned *adj* || ~ **hergestellte Spitze** / artificial lace || ~ **indifferent** / chemically inert || ~**e Indifferenz** / chemical inertness || ~**e Krumpfung** (Ausrüst) / chemical shrinkage || ~**e Kupplung** / coupling *n* || ~ **modifizierte Baumwolle** / chemically modified cotton || ~ **modifizierte Eiweißfaser** / chemically modified protein fibre || ~ **modifizierte Zellulosefaser** / chemically modified cellulosic fibre || ~**e Nebenreaktion** / chemical side reaction || ~ **reinigen** / dry-clean *v* || ~**e Reinigung** / dry cleaning, French cleaning || ~**es Reinigungsmittel** / dry cleaning agent || ~**e Röste**, chemische Rotte / chemical retting || ~**er Sauerstoffbedarf (CSB)** / chemical oxygen demand (COD) || ~**es Schrumpffreiausrüsten** / chemical shrink proofing || ~**e Schutzkleidung** / chemical protective clothing || ~**e Struktur** / chemical structure || ~**es System** / chemical system || ~**es Texturieren** / chemical texturing || ~**e Trägheit** / chemical inertness || ~**e Untersuchung** / chemical testing || ~**e Verbindung** / chemical compound || ~**e Vered[e]lung** / chemical processing || ~**er Verhaltensfaktor** / chemical response || ~**e Vernetzung** (Beschicht) / chemical crosslinking || ~**e Widerstandsfähigkeit** / chemical resistance || ~**e Zusammensetzung** / chemical composition, chemical constitution
Chemischreinigen *n*, Chemischreinigung *f* / dry cleaning, French cleaning
Chemischreinigungs·anlage *f* / dry cleaning plant || ~**beständig** *adj* / unaffected by dry cleaning || ²**beständigkeit** *f*, Chemischreinigungsechtheit *f* / resistance to dry cleaning, dry-cleanability *n*, dry cleaning fastness, fastness to dry cleaning || ~**echt** *adj* / fast to solvents, unaffected by dry cleaning, solvent-resistant || ²**maschine** *f* / dry cleaning machine || ²**mittel** *n* / dry cleaning solvent
Chemise *f* / chemise *n*
Chemisette *f*, Chemisett *n* (Einsatz an Damenkleidern) / chemisette *n*, tucker *n*, guimpe *n* (chemisette worn with low-cut dress to fill the neck) || ², Chemisett *n* (Hemdbrust) / shirt front
Chemisierkleid *n* (Mode) / shirt dress
Chemnitzer Grobstich *m* (Web) / Chemnitz coarse pitch || ² **Teilung** *f* (Web) / Chemnitz pitch
Chemo·lumineszenz *f* / chemiluminescence *n*, phosphorescence *n* || ²**techniker** *m* / laboratory technician
Chenille *f* / chenille *n* || ²**axminster** *m* / chenille Axminster || ²**axminsterteppich** *m* / chenille Axminster carpet || ²**band** *n* / chenille ribbon || ²-**Effektgarn** *n* / chenille effect yarn || ²**garn** *n* / chenille yarn || ²-**Litze** *f* / chenille cord || ²**maschine** *f* / chenille machine || ²**stoff** *m* / chenille cloth, chenille *n*, chenille fabric || ²-**Tagesdecke** *f* / chenille spread || ²**teppich** *m* / chenille carpet, Smyrna rug, Smyrna carpet, royal Axminster carpet, patent Axminster carpet || ²**ware** *f* / chenille goods || ²**zwirn** *m* / candlewicking *n*
Chesterfield *m* (ein streng geschnittener Herrenmantel) / chesterfield *n* (overcoat)
chevillieren *v* / gloss *v* (esp. silk) || ~ (Näh) / join by pins || ² *n* (Seide) / wringing and lustring, glossing *n*, chevilling *n*
Chevilliermaschine *f* (DIN 64990) / lustring machine, glossing machine, glazing machine, chevilling machine, softener, stretcher and polisher for hanks
Cheviot *m* / cheviot *n* (rough woollen suiting and overcoating cloth) || ²**schaf** *n* / cheviot sheep || ²**stoff** *m* / cheviot fabric || ²**wolle** *f* / cheviot wool || ²**wollgarn** *n* / cheviot yarn
Chevron *m* / chevron *n*, chevron twill || ²**bindung** *f* / chevron weave, buckskin weave || ²**gewebe** *n* / chevron twill
chicarot *adj* / chica red *adj*

Chiffon *m* / chiffon *n* || **hauchdünner** ≗ / chiffonette *n* || ≗**batist** *m* / chiffon batiste || ≗**samt** *m* / chiffon velvet, velours chiffon || ≗**taft** *m* / chiffon taffeta
Chignon *m* (Haarknoten), Nackenknoten *m*, Nackenzopf *m* (Mode) / chignon *n*
Chila *m* / Khila *n* (Caucasian hand-knotted carpet, variation of Baku carpet)
Chilana-Wolle / chilana *n* (Chinese wool)
chilenische Wolle / Patagonian wool
China·-Alkaloid *n* / cinchona alkaloid || ≗**base** *f* / cinchona base || ~**blau** *adj* / China blue *adj* || ≗**blau** *n* (Färb) / soluble blue, water blue
China Clay *m n*, Chinaclay *n* / china clay *n*, kaolin *n*, porcelain clay, porcelain earth
China·cridin *n* / quinacridine *n* || ≗**cridon** *n* / quinacridone *n* || ≗**extrakt** *m* / cinchona extract || ≗**gelb** *n* / king's yellow || ≗**gras** *n* (aus Boehmeria nivea) / ramie fibre, ramie *n*, China grass fibre, cambric grass fibre, caloee fibre, rhea *n* || ≗**grün** *n* / Chinese green || ≗**krepp** *m* / crepe-de-Chine *n* || ≗**krepp aus Viskosefilament** / rayon crêpe-de-chine || ≗**leinen** *n* / Chinese linen, ramie fabric, grass cloth, ramie cloth, China grass cloth || ≗**rinde** *f* / chinchona bark || ≗**rindenalkaloid** *n* / cinchona alkaloid || ~**rot** *adj* / China red *adj* || ≗**rot** *n* / cinchona red, lead oxychromate || ≗**seide** *f* / China silk || ≗**seide mit Kreppcharakter** / crepe-de-Chine *n* || ≗**wurzel** *f* (aus Smilax china) / chinaroot *n*, cinchona root
Chinchilla *n* / chinchilla cloth || ≗**-Pelzimitat** *n*, Chinchilla-Pelzimitation *f* (Gew) / chinchilla *n*
Chiné *m* / chiné cloth (speckled or variegated; for warp-printed bed coverings and summer dress goods), chiné [fabric], warp printed fabric || ≗**druck** *m* / chiné printing || ≗**faden** *m* / chiné yarn || ≗**samt** *m* / chiné velvet
chinesische Baumwolle / China cotton || ~**er Ramiestoff** / canton linen || ~**er Talg** / Chinese tallow || ~**es Zimtöl** / cassia oil
Chinesisch·es Gelb / Chinese yellow || ≗**es Grün** / Chinese green || ≗**er Hanf**, Chinesische Jute (Abutilon theophrasti) / Chinese jute, China jute || ≗**es Rot** / Chinese red
Chinesischgrün *n* / lokao *n*
Chingmafaser *f* / chingma fibre, Chinese jute
Chinieren *n* / chiné printing
Chinoid-Formel *f* (Färb) / quinonoid formula
Chinolin *n* / quinoline *n* (GB), chinoleine *n* (US) || ≗**blau** *n* / cyanine *n*, quinoline blue (GB), cyanine blue, chinoleine blue (US) || ≗**-Derivat** *n* / quinoline derivative (GB), chinoleine derivative (US) || ≗**farbstoff** *m* / quinoline dyestuff (GB), chinoleine dyestuff (US) || ≗**gelb** *n* / quinoline yellow (GB), chinoleine yellow (US)
Chinon *n* (Färb) / quinone *n* || ≗ (Acrylfaser mit eingelagertem Kasein) / chinon fibre
Chinonoid-Formel *f* (Färb) / quinonoid formula
Chinophthalonfarbstoff *m* / quinophthalone dyestuff
Chinoxalin *n* / quinoxaline *n*
Chintz *m* (Baumwollkretonne oder -kattun) (Gew) / chintz *n* (glazed cotton fabric) || ~**artiges Appretieren** (Glanzeffekt) / chintzing *n* || ≗**ausrüstung** *f* / chintz finish || ≗**druck** *m* / chintzing printing || ≗**effekt** *m* / chintz effect
Chintzen *n* / chintzing *n*
Chintz·kalander *m* / chintz calender, chintzing calender || ≗**paspel** *f m* / chintz braid || ≗**verfahren** *n* / chintzing process || ≗**vorhang** *m* / chintz curtain
chirurgisch·er Hüftgürtel / abdominal belt || ~**er Nähfaden** / surgical thread || ~**es Textil**, chirurgische Textilie / bandage cloth, surgical cloth
Chiton *m* (altgriechisches Untergewand) / chiton *n*
Chlamys *f* (knielanger, mantelartiger Überwurf für Reiter und Krieger im griechischen Altertum) / chlamys *n*
Chlor *n* / chlorine *n* || ≗**acetylaminfarbstoff** *m* / chloroacetylamino dyestuff || ≗**ameisensäureester** *m* / chloroformate ester || ≗**amin** *n* / chloramine *n* || ≗**aminbleiche** *f* / chloramine bleaching || ≗**aminfarbstoff** *m* / chloramine dyestuff || ≗**ammonium** *n* / ammonium chloride, sal ammoniac || ≗**anil** *n* / chloranil *n*, tetrachloro-p-benzoquinone || ≗**anilin** *n* / aniline chloride, chloroaniline *n* || ≗**anilsäure** *f* / chloranilic acid
Chlorat *n* / chlorate *n* || ≗**-Blutlaugensalzverfahren** *n* / chlorate and potassium ferrocyanide process || ≗**-Ferrocyanidätze** *f* / chlorate ferrocyanide discharge || ≗**-Prussiatmethode** *f* / chlorate-prussiate process || ≗**reserve** *f* / chlorate resist
Chlor·ätzartikel *m* / chlorate discharge style || ≗**ätze** *f* / chlorate discharge || ≗**aufnahme** *f* / absorption of chlorine || ≗**bad** *n* / scouring bath containing chlorine || ≗**badwasserbeständigkeit** *f*, Chlorbadwasserechtheit *f* / fastness to chlorinated [bath] water || ≗**benzothiazolfarbstoff** *m* / chlorobenzothiazole dyestuff || ~**beständig** *adj* / fast to chemicking, fast to chlorine || ≗**beständigkeit** *f* / stability to chlorine, fastness to chlorine, chlorine fastness, chlorine resistance, resistance to chlorine, resistance to chemicking, fastness to chemicking || ≗**bestimmung** *f* / chlorine determination, chlorometry *n* || ≗**bleichbad** *n* / chlorine bleaching bath || ≗**bleiche** *f* / chlorine bleaching *n*, solution of calcium hypochlorite, chemic *n*, chemick *n* || ≗**bleichhilfsstoff** *m* / chlorine bleaching agent || ≗**bleichmittel** *n* / chlorine bleaching agent *n*, solution of calcium hypochlorite, chemic *n*, chemick *n* || ≗**chrom** *n* / chromic chloride || ≗**chrombeize** *f* / chromic chloride mordant, chromium chloride mordant || ≗**dioxid** *n* / chlorine dioxide || ~**echt** *adj* / fast to chemicking, fast to chlorine || ~**echte Ausrüstung** / chlorine resistant finish || ≗**echtheit** *f* (DIN 54034/5) / fastness to chlorine, chlorine fastness, chlorine resistance, resistance to chlorine, resistance to chemicking, fastness to chemicking || ≗**echtheitsveredlung** *f* / chlorine fastness finishing
chloren *v* / chlorinate *v*, chemic *v*, chemick *v* || ≗ *n* / chlorinating *n*, chlorination *n*, chemicking *n*
Chlor·endbleiche *f* / final chlorine bleach || ≗**entwickler** *m* / chlorine generator || ≗**essigsäure** *f* / chloroacetic acid, monochloroacetic acid || ≗**faser** *f* / chlorofibre *n* || ~**feste Ausrüstung** / chlorine resistant finish || ≗**fettsäure** *f* / chlorinated fatty acid || ≗**gehalt** *m* / chlorine content || ≗**hydrin** *n* / chlorohydrin *n* || ≗**hydrochinon** *n* / chlorohydroquinone *n*
Chlorid *n* / chloride *n*
chlorieren *v* / chlorinate *n*, chemick *v* || ≗ *n* / chlorinating *n*, chlorination *n*
chloriert·er Kohlenwasserstoff / chlorinated hydrocarbon || ~**es Lösungsmittel** / chlorinated solvent || ~**e Sole** / chlorinated brine || ~**e Wolle** /

chlorinated wool || ~e **Wollware** / chlorinated cloth

Chlorierungs-Harz-Verfahren *n* (Ausrüst) / chlorination resin process

chlorig *adj* / chlorous *adj* || ~e **Säure** / chlorous acid

Chlorit *n* / chlorite *n* || **≗aufdockbleiche** *f* / chlorite batch bleaching, chlorite bleaching by the pad roll system || **≗bleiche** *f* / chlorite bleach[ing] || **≗bleichechtheit** *f* / fastness to chlorite bleaching, chlorite bleaching fastness || **≗bleichflotte** *f* / chlorite bleach liquor || **≗echtheit** *f* (DIN 54036/37) / chlorite fastness || **≗stabilisator** *m* / chlorite stabilizer

Chlorkalilösung *f* / potassium hypochlorite solution

Chlorkalk *m* / chloride of lime, calcium hypochlorite, bleaching powder || **≗bleiche** *f* / chloride of lime bleaching || **≗küpe** *f* / chlorine discharge, discharge with chlorine || **≗lösung** *f* / chloride of lime solution || **≗nachbehandlung** *f* / chloride of lime aftertreatment

Chlor·kohlenstoff *m* / carbon chloride || **≗kohlenwasserstoff** *m* / chlorinated hydrocarbon || **≗lauge** *f* / sodium hypochlorite solution || **≗maschine** *f* / chlorine machine || **≗messer** *m* / Berthollet's tester, Berthollet's tube, chlorometer *n*, chloridometer *n* || **≗messung** *f* / chlorometry *n* || **≗meter** *n* / Berthollet's tester, Berthollet's tube || **≗natron** *n* / chloride of soda || **≗nitrobenzol** *n* / nitrochlorobenzene *n* || **≗öl** *n* / chlorinated oil

Chlorometrie *f* / chlorometry *n*

Chloropren *n* / chloroprene *n* || **≗kautschuk** *m* / chloroprene rubber

Chloro·pyrimidinfarbstoff *m* / chloropyrimidine dyestuff || **≗triazinfarbstoff** *m* / chlorotriazine dyestuff

Chlor·paraffin *n* / chlorinated paraffin || **≗-Peroxidbleiche** *f* / chlorine-peroxide bleach || **≗-Peroxid-Packbleiche** *f* / chlorine-peroxide pack bleach || **≗probe** *f* (bei Zellulose zum Nachweis der Farbklasse) / chlorine test || **≗retention** *f*, Chlorrückhaltevermögen *n* / chlorine retention, chlorine retentivity || **≗sauerstoffbleiche** *f* / chlorine-oxygen bleach || **≗säure** *f* / chloric acid || ~**saures Chrom** / chromium chlorate || **≗schädigung** *f* / chlorine damage || **≗schnelltitriergerät** *n* / rapid titration apparatus for active chlorine || **≗schnelltitrierung** *f* / rapid chlorine titration || **≗soda** *f* / chloride of soda || ~**sulfoniertes Polyäthylen** / chlorosulphonated polyethylene || **≗sulfonsäure** *f* / chlorosulphonic acid || **≗-Superoxid-Bleiche** *f* / peroxide of chlorine bleach || **≗-Superoxid-Packbleiche** *f* / pack bleach with active chlorine and oxygen || **≗verbindung** *f* / chlorine compound || **≗wäsche** *f* / scouring bath containing chlorine || ~**waschecht** *adj* / fast to chlorine || **≗waschechtheit** *f* / fastness to chlorine, stability to chlorine, chlorine fastness, chlorine resistance, resistance to chlorine, resistance to chemicking, fastness to chemicking || **≗wasser** *n*, Bleichwasser *n* / chlorine water, chloruretted water

Chlorwasserstoff *m*, Hydrochlorgas *n* / hydrogen chloride, hydrochloric gas, chloric acid gas || **≗-Peroxidbleiche** *f* / hydrogen chloride peroxide bleach || **≗säure** *f*, Salzsäure *f* / hydrochloric acid, (formerly:) muriatic acid || **≗säureglyzerinester** *m* / chlorohydrin *n*

Chlor·zellstoff *m* / chlorinated cellulose || **≗zink** *n* / zinc chloride || **≗zinkbad** *n* / zinc chloride bath || **≗zinkreserve** *f* / zinc chloride resist

Chor *n* (Tepp) / frame *n* || ≗ (Web) / jacquard harness || **≗brett** (DIN 63001) (Web) / cord board, comber board, harness board, hole board

Chotan *m* / Khotan *n* (Chinese handmade carpet)

Chrom *n* / chromium *n* || **≗acetat** *n* / chromium acetate || **≗(II)-acetat** *n* / chromous acetate || **≗acetatbeize** *f* / chromium acetate mordant, chromium acetate liquor || **≗alaun** *m* / chrome alum || **≗alaunlauge** *f* / chrome alum solution

Chromat *n* / chromate *n* || **≗ätzartikel** *m* / chromate discharge style || **≗ätze** *f* / chromate discharge || **≗behandlung** *f* / chromate treatment || **≗beize** *f* / chromate mordant || **≗färbeverfahren** *n* / chromate dyeing method || **≗farbstoff** *m* / chromate dyestuff

chromatieren *v*, chromatisieren *v* / chromatize *v*

Chromatik *f* / chromatics *pl*

Chromato·gramm *n* / chromatogram[me] *n* || **≗graphie** *f* / chromatography *n*, chromatographic analysis || ~**graphieren** *v* / chromatograph *v* || ~**graphisch** *adj* / chromatographic *adj* || **≗metrie** *f* / chromatometric method, chromatometry *n*

Chromat·-Säuredämpfverfahren *n* / chromate-acid ageing process || **≗verfahren** *n* / chromate method, chromate process || **≗weiß** *n* / chromate white

Chrom·aufnahme *f* (Färb) / chrome uptake || **≗azofarbstoff** *m* / chrome azo dyestuff || **≗bad** *n* / chrome bath, chroming bath || **≗beize** *f* / chrome mordant, chromium mordant || **≗beizendruck** *m* / chrome mordant printing || **≗beizenfarbstoff** *m*, Chrombeizstoff *m* / chrome dyestuff, chrome developed dyestuff, chrome mordant dyestuff || **≗beizverfahren** *n* / chrome mordant process, prechrome process || **≗bisulfit** *n* / chroming bisulphite || **≗braun** *n* / chrome brown || **≗chlorat** *n* / chromium chlorate || **≗chlorid** *n* / chromium chloride || **≗(III)-chlorid** *n* / chromic chloride || **≗dichlorid** *n* / chromous chloride || **≗druck** *m* / chrome printing || ~**echt** *adj* / fast to chrome || **≗entwicklungsfarbstoff** *m* / afterchroming dyestuff, afterchromed dyestuff, chrome developed dyestuff || **≗färben** *n* / chrome dyeing || **≗farbenteig** *m* / chrome dye printing paste || **≗färberei** *f* / chrome dyeing || **≗farbstoff** *m* / chrome dyestuff, chrome developed dyestuff, chrome mordant dyestuff || **≗fluorid** *n* / chromium fluoride || **≗fluorid-Entwicklungsverfahren** *n* / chromium fluoride developing method || **≗formiat** *n* / chromium formate || **≗gelatine** *f* / chrome gelatine || ~**gelb** *adj* (RAL 1007) / chrome yellow *adj* || **≗gelb** *n* / Leipzig yellow || **≗gelb im Teig** / chrome yellow paste || **≗gelbätze** *f* / chrome yellow discharge || ~**grün** *adj* / ascot green *adj* || **≗grün** *n* / chrome green (mixture of chrome yellow and Berlin blue) || **≗(III)-hydroxid** *n* / chromic hydroxide

Chromichromat *n* / chromium chromate

Chromierartikel *m* / chrome style

chromierbar *adj* (Färb) / capable of being chrome-developed || ~**er Säurefarbstoff** / chrome developed acid dyestuff

chromieren *v* / chromate *v*, chrome *v* || ≗ *n* / chroming *n* || ≗ **mit Chromsäuresalzen** / chroming with monochromate and ammonium sulphate

Chromierfarbstoff *m* / chrome dyestuff, chrome developed dyestuff, chrome mordant dyestuff

Chromierung *f* / chroming *n*
Chromierungs·dauer *f* / chroming time || **^-farbstoff** *m* / chrome dyestuff, chrome developed dyestuff, chrome mordant dyestuff || **^-geschwindigkeit** *f* (Färb) / chrome rate
Chromi·salz *n* / chromic salt || **^-verbindung** *f* / chromic compound
Chromkali *n* / potassium dichromate, dichromate *n* || **^-Faktor** *m* / dichromate [of potash] factor || **^-Weinsteinbeize** *f* / dichromate-tartar mordant
Chrom·karbid *n* / chromium carbide || **^klotz** *m* / chrome padding liquor || **^kollagen** *n* / chrome collagen || **^komplex** *m* / chromium complex || **^komplexfarbstoff** *m* / chrome complex dyestuff || **^lack** *m* / chrome lacquer || **^laktat** *n* / chromium lactate || **^leim** *m* / chrome glue || **^nitroacetat** *n* / chromium nitroacetate
Chromocker *n* / chrome ochre
Chromogen *n* / chromogen *n*
Chromon *n* / chromone *n*
chromophor *adj*, farbgebend *adj* / chromophoric *adj* || **~e Gruppe** / chromophoric group, chromophore *n* || **~es System** / chromophoric system, colouring component || **^** *m*, Farbträger *m* / chromophore *n*
Chromorange *n* / chrome orange
Chromoverbindung *f* / chromous compound
Chromoxangrün *n* / chromoxane green
Chrom(III)-oxid *n* / chromic oxide
Chromoxid·farbstoff *m* / chrome oxide dyestuff, chromic oxide pigment || **~grün** *adj* / green cinnabar *adj*, viridian *adj*, veridian *adj* || **~grün** *adj* (RAL 6020) / chrome green *adj*, chrome oxide green || **^grün** *n* / chrome green, chrome oxide green || **^grün, feurig** / veridian *n* || **^hydratgrün** *n* / hydrated chrome oxide green, viridian *n*, Guignet's green, veridian *n*
Chrom·phosphatgrün *n* / Plessy's green || **^resinat** *n* / chromium resinate || **^rhodanid** *n* / chromium thiocyanate || **^rot** *n* / chrome red, chromate red, Persian red || **^salz** *n* / chromium salt || **^säure** *f* / chromic acid || **^säureverfahren** *n* / chromic acid process || **^schwarz** *n* / chrome black || **^stückfärberei** *f* / chrome dyeing of piece goods || **^sulfacetat** *n* / chromium sulphoacetate || **^sulfat** *n* / chromium sulphate || **^(II)-sulfat** *n* / chromous sulphate || **^(III)-sulfat** *n* / chromic sulphate || **^sulfochromat** *n* / chromium sulphochromate || **^tiefschwarz** *n* / chrome deep black || **^trichlorid** *n* / chromic chloride || **^trifluorid** *n* / chromic fluoride || **^trifluorid-Nachbehandlung** *f* / chromic fluoride aftertreatment || **^verbindung** *f* / chromium compound || **^(III)-verbindung** *f* / chromic compound || **^verdickung** *f* / chrome paste || **^violett** *n* / chrome violet || **^vorbeize** *f* / prechrome mordant || **^zinnober** *m* / chromate red, Persian red, chrome red
Chrysalide *f* / chrysalis *n*
Chrysalidphase *f* (bei der Seidenraupe) / chrysalis stage
Chrysamin *n* / chrysamine *n*
Chrysanilin *n* / chrysaniline *n*
Chrysoidin *n* / chrysoidine *n* (shade) || **^bister** *m* / chrysoidine bistre
Chrysoin *n* (Färb) / chrysoine *n*
Chrysopheninfarbstoff *m* / chrysophenine dyestuff
Chrysotil *m* / chrysotile *n* (yields strong and flexible fibres for spinning)
CIE-·Farbkoordinate *f* / CIE colour coordinate || **^-Normfarbtafel** *f* / CIE tristimulus diagram
Cinchona-Alkaloid *n* / cinchona alkaloid
Cinchoninsäure *f* / cinchoninic acid
Cinchonsäure *f* / cinchonic acid
CI-Nummer *f*, Colour Index Nr. *f* / Colour Index number
Circas *m*, Circassienne *f* (Kleiderstoff in gleichseitiger Köperbindung, dem Kaschmir ähnlich) / circassian *n* (dress goods fabric)
Ciré *m* (ursprünglich: Seidengewebe mit harter Glanzschicht; heute: bunt bedruckter, wachsappretierter Baumwoll- oder Chemiefaserstoff) / ciré *n*, cire *n* || **^-Gewebe** *n* / ciré fabric || **^-Kalander** *m* / ciré calender
Giselé-Samt *m* / giselé velvet
cis-trans-Isomerie *f* / cis-trans isomerism
Citronin *n* **A** / citronin A, sulphur yellow S (for natural fibres)
Clantartan *m* / clan plaid
Clantuch *n* / clan plaid
Classics *pl* (Mode) / classics *pl*
Clemson-Festigkeitsprüfung *f* / Clemson strength testing
Clip Dyeing (stellenweises Abbinden des Garnstranges und vollständiges Eintauchen des Garnstranges in das Färbebad) *n* / clip dyeing
Clipspot-Bindung *f* / clipspot weave
Cloqué *m* / blister cloth, crimped fabric, crimped cloth, blister style, cloqué [cloth o. fabric] *n*, crinkle crepe || **^-Effekt** *m* / blister effect || **^-Lamé** *m* / cloqué lame
Cluny·spitze *f* / Cluny lace || **^wandbehangstoff** *m* / Cluny tapestry
CMC, Carboxymethylcellulose *f* / carboxymethylcellulose *n*, CMC
Co, Baumwolle *f*, (früher:) Bw / cotton *n*, Co
Coating *m* (Mantelstoff) / coating *n*
Cochenille *f* (Nopal-Schildlaus) / cochineal *n* (Coccus cacti) || **^rot** *n* / cochineal red
Cocktailkleid *n* / cocktail dress
Coconade·baumwolle *f* (indische Baumwolle) / coconada cotton || **^garn** *n* / coconada yarn
Coerulein *n* (Färb) / coerulein *n*
Cœurausschnitt *m* / heart-shaped neckline
Coinings *n pl* (Zweiseitenstoffe, die durch Klebstoffe oder direktes Zusammenschmelzen unter Hitzeeinwirkung der beiden aufeinanderliegenden Flächen laminiert wurden) / coinings *pl*
College-Stil *m* (Mode) / college style
Colloresindämpfer *m* / Colloresin ager, Colloresin steamer
Colombogarn *n* / colombo yarn
Color Eye (amerikanisches Farbmeßgerät) *n* / Color Eye
Colorimeter *n* / colorimeter *n* (used to measure colour intensity) || **^** / dyeometer *n* (used to determine the strength of the dye bath)
coloristische Kennzahl / coloristic index, coloristic code number, coloristic reference number
Colorit *n* / set *n*, colouring *n*
Color-Kontrast-Verfahren *n* / Colour contrast process
Colour Index, CI (von der Society of Dyers and Colourists und der American Association of Textile Chemists and Colorists herausgegebenes Nachschlagwerk für Handelsfarbstoffe) / Colour Index
„Colour-Combination"-Farbstellung *f* / Colour

combination (Electronic Style Process)
Colour-Index-Nummer *f* / Colour Index number
Combinggarn *n* (Flachswerggarn) / combing yarn
Combistrumpf *m* / fully fashioned stocking with heel knitted on
Comeback-Wolle *f* (DIN 60004) (Wolle von Schafen aus Rückkreuzungen zwischen Crossbred- und Merinoschafen) / comeback wool
Comfort-Stretch *m* (Bezeichnung für Textilien mit beschränkter Elastizität) / Comfort-Stretch *n*
Commercial Standard CS3-41 (amerikanische Norm, die die Bedingungen festlegt, die an ein Standardlösungsmittel (Stoddard-Solvent) von seiten der Chemischreinigung gestellt werden) / Commercial Standard CS3-41
Common-Wolle *f* / common wool grade
Complet *n* (Mode) / ensemble *n*
Composé *m* (Mode) / companion fabrics *pl*
Compound·-Nadel *f* (Strick/Wirk) / compound needle || **≗öl** *n* / compound oil || **≗wicklung** *f* / compound winding
Cone *f* (DIN 61800) / cone *n*
Conen *n* / coning *n*
Converter *m* (Maschine) / converter *n*, cutting converter || ≗ (Grossist, Konfektionär) / converter *n* || **≗züge** *m pl* / converter tops, converter tow
Co-Ordinates *pl* (aus mehreren Kombinationsmöglichkeiten bestehend, z.B. Rock, Jacke, Hose, kurze und lange Jacke) / co-ordinates *pl*
Cop *m* / cop *n*
Copolymerisat *n*, (früher:) Mischpolymer[isat] *n* / copolymer[ide] *n*
Coquille-Spitze *f* (französische Spitze mit fächerartigem Rand) / coquille lace
Coram *m* (gebleichtes leinwandbindiges Leinengewebe) / coram *n*
Cord *m* (Gew) / cord *n*, corduroy *n* || **≗barchent** *m* / corded fustian || **≗bindung** *f* (Hohlschußbindung) / corduroy weave, cord weave || **≗garn** *n* / tyre yarn || **≗gewebe** *n* / cord fabric, corduroy *n* [fabric] || **≗hose** *f* / cords *pl*, corduroys *pl* || **≗läufer** *m* (Tepp) / rep runner
Cordonnet *m* / cordonnet *n*
Cord·samt *m*, Rippensamt *m* (geschnittene Ware, zum Unterschied von Cordgeweben) / rib velvet, cord velvet, cannele cord || **≗schneidemaschine** *f* (DIN 64990) / corduroy cutting machine, cord cutting machine || **≗schneidemesser** *n* / corduroy cutting blade || **≗stoff** *m*, Corduroy *n* (Gew) / cord *n*, corduroy *n* || **≗velours** *m* / corded velvet, corduroy fabric, corduroy *n* || **≗viskosefilament** *n* / rayon cord || **≗zwirn** *m* / cabled yarn, cord thread, cordonnet *n*
Core·-Garn *n* / core spun yarn, core spun thread, core twisted yarn, core twisted thread, core yarn || **≗garn-Zwirn** *m* / core spun twist || **≗-Spinnverfahren** *n* / core spinning || **≗-spun-Garn** *n*, Corespungarn *n* (hergestellt auf der Ringmaschine) / core spun yarn, core spun thread, core twisted yarn, core twisted thread || **≗-spun-Gewebe** *n* / core spun fabric || **≗-twisted-Garn** *n* (umzwirntes Garn) / core twisted yarn
Corkscrew *m* (Wollzwirn, bestehend aus einem dickeren und einem dünneren Wollgarn, scharf verdreht, wodurch ein korkzieherartiges Aussehen entsteht) / corkscrew *n*, corkscrew yarn || ≗ (ein Kammgarngewebe in abgeleiteter und flach verlaufender Schrägripsbindung) / corkscrew [cloth], corkscrew fabric
Coronizing-Verfahren *n* (beim Glasseidengewebe) / Coronizing-process *n* (US)
Corozopalme *f* / corozo palm
Corsage *f* / bodice *n*, strapless brassiere
Côtelé·-Bindung *f* / bengaline weave || **≗-Stoff** *m* (Damenkleider-, -mantel- und -blusenstoff mit figurierten Längs-, auch Diagonalrippen) / côtelé fabric
Coteline *m* (besonders fein gerippter Cotelé oder ein Möbelstoff mit abwechselnd dicken und dünnen Rippen) / coteline *n*
Cotswold-Wolle *f* / Cotswold wool
Cottonade *f* / cottonade *n*
Cotton Belt *m* (Baumwollanbaugebiet im Süden der USA) / cotton belt
Cotton·-Colorimeter *n* (automatisch arbeitendes fotoelektrisches Instrument für den Baumwolltest) / Cotton Colorimeter || **≗-Flachwirkmaschine** *f*, Cottonmaschine *f* (Strick/Wirk) / cotton machine, cotton frame, Cotton's fully fashioned knitting machine, Cotton patent full-fashioned knitting machine, fully fashioned hosiery knitting machine, hosiery [knitting] machine (fully fashioned), flat weft knitting machine, fully fashioned knitting machine || **≗maschine** *f* **für regulär gewirkte Oberbekleidung und Unterwäsche** / fully fashioned outerwear and underwear machine || **≗maschine für Strumpfwaren** / fully fashioned hosiery machine || **≗nadel** *f* / cotton frame needle || **≗öl** *n* / cotton oil || **≗rändermaschine** *f* (Strick/Wirk) / Cotton rib frame || **≗schlauch** *m* / fully fashioned hosiery || **≗-Stretch** *m* (Falschdraht-Thermosetting-Methode) / cotton stretch, cotton stretch yarn || **≗strumpf** *m* / fully fashioned stocking (F/F stocking), fully fashioned hose || **≗strumpfware** *f* / fully fashioned hosiery || **≗stuhl** *m* (Strick/Wirk) s. Cotton-Flachwirkmaschine || **≗stuhlnadel** *f* / cotton frame needle || **≗wirkmaschine** *f* s. Cotton-Flachwirkmaschine
Couch *f* / couch *n*, settee *n*, sofa *n* || **≗decke** *f* / couch cover
Coumarin *n* / coumarin *n*
Coumaron *n* / coumarone *n* || **≗harz** *n* / coumarone resin
Coupagemittel *n* / reducing agent, reduction agent, reductant *n*
Coupon *m*, Stoffabschnitt *m* (Näh) / suit length || **≗druckmaschine** *f* / coupon printing machine
Coupüre *f*, Coupure *f* (Druckpasten) / reduced print, reduction *n* (of print pastes)
Coupure-Verdickung *f* (Chem) / cut *n*
Couratarifaser *f* / cascara fibre
Coutil *m* (Baumwollköper für Oberbekleidung) / coutil *n* (Fr)
Couturier *m* / apparel designer
Covercoat *m* (Gew) / covert coating || **≗bindung** *f* (Steilköperbindung) / covert weave || **≗stoff** *m* / covert cloth
Cover-Faktor *m*, Deckungsfaktor *m* (Textdr, Färb) / cover factor
Cowrikopal *m* (aus Agathis australis) / kauri copal [gum]
Craquelé *n* (Damenkleiderkrepp mit narbigem Aussehen, erzeugt durch Prägekalandereffekt oder durch Hohlschußbindung) / craquelé *n* (Fr), crinkle fabric
Creas *n* / creas *n* (type of cretonne)

Creme·farbe *f* / cream colour, cream shade || **~farben** *adj* / cream *adj* || **~förmig** *adj* / creamy *adj* (paste) || **~stichig** *adj* / cream-tinged *adj* || **~stichiges Weiß** / cream-tinged white || **~weiß** *adj* (RAL 9001) / cream *adj*
cremig *adj* / creamy *adj* (paste)
Crêpe *m* / crepe *n* || **~ de Chine** / crepe-de-Chine *n* || **~ Georgette** / crepe georgette (transparent blouse and dress fabric) || **~ Georgette aus Baumwollgarn** / cotton georgette || **~ Marocain** / marocain *n* (plain weave dress fabric with crinkled appearance), crepe Marocain || **~ ondulé** / crepe ondulé || **~ Romain** / crepe romaine || **~-Chiffon** / chiffon *n* || **~-de-Chine-Band** *n* / crepe-de-Chine ribbon || **~-Garn** *n* / georgette twist
Crepeline *m* / crepeline *n*
Crêpe·-Satin *m* / crepe satin (double-sided fabric for dresses and blouses), satin crepe, crepe-back satin || **~-Zwirn** *m* / georgette twist
Crepon *m* (Sammelbezeichnung für einige Kreppgewebe) / crepon *n* || **~artige Effekte** *m pl* / crepon effects, crimped effects
Creponne *m* (grobes Kreppgewebe) / creponne *n*
Cretonne *f m* (Web) / cretonne *n* (printed cotton fabric, usually of heavier weight than a chintz) || **~-Ärmelfutter** *n* / cretonne sleeve lining
Crewel *n* (Kammgarnzwirn aus zwei hart gedrehten Garnen, die bei der Verzwirnung ungleich stark gespannt werden, ähnlich dem Perlzwirn), Crewelgarn *n* / crewel *n*, crewel yarn (slackly twisted worsted yarn) || **~stickerei** *f* / crewel work
Crimp Rigidity *f* / crimp rigidity
Crimps *m* (durch Webeeffekt gekräuselt) / crimp cloth
Crinkle·-Garn *n* / crinkle type yarn, knit-deknit yarn || **~-Verfahren** *n* / crinkle process, knit crimping, knit-deknit process
Crochet-Decor-Maschine *f* / Crochet Decor machine
Crockmeter *n* / crocking meter, crockmeter *n*, rub[bing] fastness tester
Croisé *n* / croisé *n* (double twist), twilled cloth, twill cloth, twill *n*, four-end twill || **~-Baumwollköper** *m* / croisé *n* (double twist)
Crossbredwolle *f* / crossbred wool, half-bred wool
Crosslinking·-Ausrüstung *f* / crosslinking finish || **~-Verfahren** *n* / crosslinking process
Croton·aldehyd *m* / crotonaldehyde *n* || **~säure** *f* / crotonic acid
Crutchings *pl* (DIN 60004) / crutchings *pl*, daggings *pl*, dags *pl*
CSB (chemischer Sauerstoffbedarf) / COD (chemical oxygen demand)
CT = Triacetat
Cudbear *m* / cudbear *n* (a lilac colour dyestuff)
Cuen *n* / cupriethylenediamine *n*
Cuiteseide *f* (völlig entbastete Seide) / cuite silk, boiled-off silk, bright silk
Cumarin *n* / coumarin *n*
Cumaron *n* / coumarone *n* || **~harz** *n* / coumarone resin
Cumol *n* / cumene *n*
Cup *n*, Büstenhalterschale *f* / cup *n* (of bra)
Cuprafaser *f* / cuprammonium spun yarn, cupro fibre
Cupro *f* / cupro *n* || **~faser** *f* / cupro fibre, cuprammonium spun yarn, cuprammonium fibre || **~-Filament** *n* / cuprammonium rayon || **~-Ionen-Färbemethode** *f* / cuprous [ion] dyeing method || **~-Spinnvliesstoff** *m* / cupro spun-bounded nonwoven || **~-Verfahren** *n* / cuprammonium process
currygelb *adj* / curry yellow *adj*
Curtain-Coater *m* (Beschicht) / curtain coater
Cut *m*, Cutaway *m* (Mode) / morning coat, tails *pl*, tailcoat *n*
CuZ = Kupferzahl
CV, Viskose-Spinnfaser *f* / viscose rayon, staple rayon
Cyanamid *n* / cyanamide *n*
Cyanat *n* / cyanate *n*
cyan·äthylieren *v* / cyanoethylate *v* || **~äthylierte Baumwolle** / cyanoethylated cotton || **~äthylierung** *f* / cyanoethylation *n* || **~äthylzellulose** *f* / cyanoethylcellulose *n* || **~blau** *adj* / cyan-blue *adj* || **~hydridsäure** *f* / cyanhydric acid
Cyanid *n* / cyanide *n*
Cyanin *n*, Cyaninfarbstoff *m* / cyanine *n*, cyanine dyestuff || **~blau** *n* / cyanine *n*, quinoline blue (GB), cyanine blue, chinoleine blue (US) || **~farbstoff** *m* / cyanine dyestuff
Cyansäure *f* / cyanic acid
Cyanur[säure)farbstoff *m* / cyanuric dyestuff || **~säure** *f* / cyanuric acid || **~säurechlorid** *n* / cyanuric chloride
Cyanwasserstoffsäure *f* / hydrocyanic acid, prussic acid
Cyclo·hexan *n* / cyclohexane *n*, hexanaphthene *n*, hexamethylene *n* || **~hexanol** *n* / cyclohexanol *n* || **~hexanon** *n* / cyclohexanone *n* || **~paraffin** *n* / cycloparaffin *n* || **~propan** *n* / cyclopropane *n*
Cymol *n* / cymene *n*
Cystein *n* / cysteine *n* || **~säure** *f* / cysteinic acid
Cystin *n* (das Disulfid des Cysteins) / cystine *n* || **~-Bindeglied** *n* / cystine link || **~-Brücke** *f* / cystine link
CZ, Zellulosefaser *f*, Zellulosefaserstoff *m* / cellulosic fibre

D

D, Diffusionskoeffizient *m* / diffusion coefficient
Dacca·baumwolle *f* (aus Bangladesch) / Dacca cotton || **~musselin** *m* / Dacca muslin
Dachzahnung *f* (Näh) / pyramid tooth cut
Dagestanteppich *m* / daghestan carpet (Caucasian carpet)
D'Alembert-Kraft *f* / d'Alembert's force
Dalmatik *f*, Dalmatika *f* / dalmatic *n* (ecclesiastical vestment or portion of the coronation robes of sovereign princes)
dalmatische Klöppelspitze / Dalmatian lace
Damassé *m* (ein- oder mehrschüssig gewebter Stoff für Krawatten oder Steppdecken, meist aus Seide oder Viskose) / damassé *n*, damassé fabric || **~stoff** *m* **mit Längsstreifung** / damassé rayé (Fr) || **~stoff mit Punktmusterung** / damassé pointillé (Fr)
Damast *m* / damask *n* || **~bindung** *f* / damask weave || **~druck** *m* / damask print || **~effekt** *m* (Textdr) / damask effect || **durch Druck erzielte ~effekte** *m pl* / printed damask effects || **~futter** *n* / damask lining || **~leinen** *n* / damask linen, dornick *n* || **~velours** *m* / damask velour
Damen·bekleidung *f* / ladies' wear, women's wear, women's clothes || **~binde** *f* / sanitary napkin (US), sanitary towel (GB) || **~feinstrumpfhosen** *f pl* / pantyhose *n* || **~größen** *f pl* / women's sizes || **~hemdhose** *f* / cami-knickers *pl*, camiknickers *pl* || **~hose** *f* / slacks *pl* || **~hüte** *m pl* / ladies' hats || **~kleid** *n* / frock *n* || **~kleider** *n pl* / women's clothes || **~kleidung** *f* / ladies' wear, women's clothes, women's wear || **~konfektionsstoffe** *m pl* / ladies' dress goods, ladies' dress materials || **~kostüm** *n* / ladies' suit || **~morgenrock** *m* / dressing gown, duster *n* (US), negligé *n*, peignoir *n* || **~oberbekleidung** *f*, DOB / ladies' outerwear, ladies' outer garments, women's outerwear || **~reitanzug** *m* / riding habit || **~schlüpfer** *m* / knickers *pl* (GB), briefs *pl*, panty *n* (US), panties *pl* (GB) || **~schlüpfer mit elastischem Beinabschluß** / bloomers *pl*, directoire knickers *pl* || **~schlupfhose** *f* (veraltet) / knickers *pl* (GB) || **~schneider** *m* / dressmaker *n* || **~schneiderei** *f* / dressmaking *n* || **~schneiderei-Zubehör** *n* / findings *pl* (small articles used in the dressmaking trade - buttons, thread, zippers etc.) || **~schneiderin** *f* / dressmaker *n* || **kurze ~strickjacke** / polka jacket || **~strickwaren** *f pl* / women's wear knits || **~strumpf** *m* / ladies' hose, stocking *n* || **auf Rundstrick-Strumpfautomaten hergestellter ~strumpf** / seamless hose, circular knit stocking, seamless stocking || **~strümpfe** *m pl* / women's hosiery || **~trikotwäsche** *f* / women's knitted underwear || **~übergrößen** *f pl* / ladies' outsizes || **~überschuh** *m* / bootee *n* || **~unterhose** *f* **mit halblangem Beinansatz** / pantalets *pl* (GB) || **~unterhose mit kürzerem Beinansatz** / pantalettes *pl* (GB) || **~unterhose mit längerem Beinansatz** / pantaloon *n* (GB) || **~unterwäsche** *f*, Damenwäsche *f* / ladies' lingerie, women's underwear, undies *pl*, lingerie *n*, ladies' underwear || **~unterwäschegarnitur** *f* / lingerie set
Dammar *n*, Dammarharz *n* / dammar gum, dammar resin
dämmen *v* / insulate *v*
dämmergrau *adj* / dawn grey
Dämmschicht *f* / insulating layer
Dampf *m* / steam *n*, vapour *n* || **mit ~ behandeln** / steam *v*, vaporize *v* || **~abzug** *m* / fume exhaust || **~anilinschwarz** *n* / steam aniline black, Prud'homme [aniline] black
Dämpfapparat *m* / ager *n* (US), steam ager, steamer (GB) *n*, steaming device, steaming machine
Dampfätze *f* / steam discharge
Dämpfautoklav *m* / steam autoclave
Dampfbad *n* / steam-bath *n*
Dämpfbehandlung *f* / steaming treatment, ageing *n*, vaporization *n*
dampfbeheizt *adj* / steam-heated *adj*
Dämpfbeständigkeit *f* / resistance to steaming, fastness to steaming
Dampf·blasen *n* / blowing *n* (a type of crabbing), pot decatizing || **~blastexturierung** *f* / steam jet texturing || **~blasverfahren** *n* (Fil) / steam injection method || **~bügeleisen** *n* / steam iron || **~bügelmaschine** *f* / steam pressing unit, steam press || **~bügeln** *v* / steam-press *v* || **~bügeln** *n* / steam pressing || **~bügelpresse** *f* / steam pressing unit || **~bürsten** *n* / brushing with steam || **~bürstmaschine** *f* / steaming and brushing machine || **~chloren** *n* / steam chemicking
Dämpfdauer *f* / duration of ageing, steaming time, duration of steaming
Dampf·dekatierkalander *m* / steaming calender || **~dekatur** *f* / steam blowing, steam decatizing || **~druck** *m* / steam pressure, vapour pressure || **~durchlässig** *adj* / vapour-transmitting *adj*, permeable to steam || **~durchlässigkeit** *f* / vapour transmission || **~durchlässigkeitszahl** *f* / moisture vapour transmission [rate] (MVT[R]) || **~düse** *f* / steam nozzle, vapour nozzle
dämpf·echt *adj* / fast to steaming || **~echtheit** *f* / fastness to steaming, resistance to steaming, steam fastness
Dampfeinlaß *m*, Dampfeintritt *m* / steam inlet
Dämpfeinwirkung *f* / effect of ageing, effect of steaming
Dampfempfindlichkeit *f* / susceptibility to steaming
dämpfen *v* / steam *v*, vaporize *v* || ~ (Ausrüst) / damp *v*, dampen *v* || ~ (den Farbton) / subdue *v* (shade), mellow *v* (shade) || ~ **mit Überdruck** / steam with superpressure (dye development by steaming in textile printing) || ~ **ohne Überdruck** / age *vt* (dye development by steaming without superpressure) || ~ *n* (Färb) / ageing *n*, vaporization *n*, steaming *n* || ~ **im Unterdruck**, Dämpfen *n* im Vakuum / vacuum steaming || ~ **unter Druck** / steaming under pressure
Dampfentwicklung *f* / steam generation
Dämpfentwicklung *f* / age-development *n*
Dampfentwicklungs·farbstoff *m* / steam developing dyestuff || **~verfahren** *n* (Färb) / steam developing process
Dämpfer *m* / ager *n* (US), steamer *n* (GB), steaming machine || ~ **für Schußgarn** / weft steaming oven || **~leinen** *n* (Druck) / greys *pl*
Dampf·farbe *f* / steam colour || **~farbendruck** *m*, Dampffärberei *f* / steam colour printing || **~feuchtigkeit** *f* / moisture in the steam || **~fixierapparat** *m* / steam setting unit || **~fixieren** *v* / steam-set *v* || **~fixierung** *f* / steam fixation, steam setting || **~fleck** *m* / steam spot || **~geschwefelter Stoff** / vapour-cured fabric || **~glocke** *f* (Hutm) / steaming hood || **~haube** *f* / steaming cone || **~heizung** *f* / steam heating || **~injektor** *m* / steam

injector
Dämpf·kalander *m* / steam calender || **∼kammer** *f* / steam box, steaming box, steam chest || **∼kasten** *m* / steam box, steam ager, steamer (GB) *n*, steaming device, cottage steamer, ager (US) *n*, steaming box, steam chest
Dampfkrimpe *f*, Dampfkrumpe *f* / decatizing *n*, damping by steam (cloth), steaming *n*, hot pressing
Dämpf·kufe *f* / steam bark || **∼mansarde** *f* / cottage steamer
Dampfmantel *m* / steam jacket
Dämpf·maschine *f*, Dämpfofen *m* / steaming machine, steam ager, steamer (GB) *n*, steaming device, ager *n* (US) || **∼nessel** *m* / steaming cloth
Dampf·passage *f* / steam passage || **∼phase** *f* / vapour phase || **∼plattenpresse** *f* (DIN 64990) (Ausrüst) / flat steam press || **∼plissierechtheit** *f* / fastness to steam pleating || **∼plissieren** *n* / steam pleating || **∼presse** *f* / steam press || **∼pressen** *v* / steam-press *v* || **∼pressen** *n* / steam pressing
Dämpfprozeß *m* / ageing process, vaporizing process, steaming process
Dampf·puppe *f*, Dämpfpuppe *f* / steam ironing dummy, garment steamer || **∼purpur** *m* (Färb) / steam purple
Dämpfraum *m* / steam box, steaming box, steam chest
Dampf·röste *f* / steam retting || **∼schlange** *f* / steam coil || **∼schwarz** *n* / steam black, noir réduit || **∼spinnen** *n* / steam spinning || **∼-Spray-Automat** *m* / steam/spray iron || **∼sublimierechtheit** *f* (Textdr) / fastness to steam sublimation
Dämpf·tisch *m* / steaming table || **∼topf** *m* / steaming vat
Dampf·-Trockenbügeleisen *n* / steam/dry iron || **∼trockenschrank** *m* / steam-heated drying oven || **∼trockner** *m* / steam drier || **∼trocknung** *f* / steam drying || **∼trommel** *f* / steam cylinder
Dämpftrommel *f* / steaming drum, steaming cylinder, steaming roller
Dampf- und Bürstapparat *m*, Dampf- und Bürstmaschine / steaming and brushing machine
Dämpf- und Aufwickelmaschine *f* / steaming and rolling machine || **∼- und Bügelgerät** *n*, Dämpf- und Bügelpresse *f* / steaming and pressing machine, steaming and ironing press || **∼- und Fixiermaschine** *f* / steaming and setting machine || **∼- und Kalandriervorrichtung** *f* / steaming and calendering device || **∼- und Krumpfmaschine** *f* / steaming and shrinking machine || **∼- und Lustriermaschine** *f* / steaming and lustring machine || **∼- und Oxydationsapparat** *m* / steaming and oxidizing machine
Dämpfung *f* (Ausrüst) / damping *n*, steaming *n*, ageing *n*
Dämpf·verfahren *n* / steaming *n*, steaming process || **∼vorrichtung** *f* / ager *n* (US), steam ager, steamer (GB) *n*, steaming device, steaming machine
Dampfwäscherei *f* / steam laundry
Dämpfzeit *f* / duration of ageing, steaming time, duration of steaming
Dampfzerstäuber *m* / steam atomizer
Dämpfzone *f* / steaming zone
Dampf·zufuhr *f* / steam supply || **∼zuleitung** *f* / steam inlet || **∼zylinder** *m* / steam cylinder
Dämpfzylinder *m* / steaming cylinder, steaming roller, steaming drum
Dandy·walze *f* / dandy roller || **∼-Webstuhl** *m* / dandy loom
Dattelpalme *f* (Phoenix dactilifera) / date palm
Dauer *f* **der Flammentwicklung** / duration of flaming (burning performance of textiles) || **∼appretur** *f* / permanent press, permanent finish || **∼belichtung** *f* (Matpr) / long-duration exposure to light || **∼biegefestigkeit** *f* (Beschicht) / flex life, flexing fatigue limit, permanent flex resistance || **∼biegeprüfer** *m* / bending fatigue tester || **∼biegespannung** *f* / repeated flexural stress || **∼bügelfalte** *f* / permanent press pleat || **∼falte** *f* / durable crease, permanent crease, memory creasing || **∼faltenlegen** *n* / permanent pleating || **∼farbe** *f* / durable colour, permanent colour || **∼fixierung** *f* / permanent setting || **∼geschwindigkeit** *f* / constant speed || **∼glanz** *m* / permanent glaze, permanent lustre, permanent gloss || **∼glanz** (Spezialkunstharzausrüstung) / everglaze finish || **∼glanzappretur** *f* / permanent sheen finish || **∼glasur** *f* / everglaze finish
dauerhaft *adj* / durable *adj* || **∼e Falte** / memory creasing
Dauerhaftigkeit *f* / durability *n* || **∼ von Farben** / permanence of colours
Dauer·hitzebeständigkeit *f* / stability to prolonged exposure to heat || **∼knickversuch** *m* / bending fatigue test, creep flexure test || **∼kragen** *m* / everclean collar (US)
dauernde Fleckenbildung / fast staining
Dauer·plissee *n* / durably pleated fabric, permanent pleating || **∼prägung** *f* / permanent embossing, permanent goffering || **∼probe** *f* / endurance test || **∼prüfmaschine** *f* / endurance test machine, wear abrasion test machine || **∼prüfung** *f*, Dauerversuch *m* / endurance test || **∼wäsche** *f* / continuous washing || **∼waschtest** *m* (mehr als fünf Waschgänge), Dauerwaschversuch *m* / continuous washing test, long-time washing test, repeated washing test
Daumen·drücker *m* (Strick/Wirk) / frame handle || **∼zeichen** *n* / thumb draw thread
Daune *f* / down *n*
daunen·artiger Griff / downy handle || **∼batist** *m* / down-proof batiste || **∼decke** *f* / eiderdown *n*, comforter *n* (US), down comforter (US) || **∼dicht** *adj* / down-proof *adj*, feather-proof *adj*, down-resistant *adj* || **∼dichte Appretur** / down-proof finish || **∼dichte Waren** *f pl* / downproofs *pl* || **∼dichtheit** *f* (von Geweben) / downproof properties *pl* || **∼steppdecke** *f* / eiderdown quilt, down quilt || **∼weiches Wollgarn** / eider yarn
daunig *adj* / downy *adj*
DC = Dünnschichtchromatographie
DD-Zwirnmaschine *f* / DD twisting frame
deaktivieren *v* / deactivate *v*
Decitex *n*, dtex / decitex *n*
Deck·appretur *f* (Beschicht) / coating finish, finishing coat, top coat, top finish || **∼bad** *n* (Färb) / burling bath, filling-in liquor, covering bath || **∼beize** *f* (Färb) / burl[ing] ink || **∼beize** (Textdr) / resist paste, resist[ing] agent, reserving agent || **∼blümchen** *n* (Strick/Wirk/Strumpf) / fashion mark, fashioning mark || **∼blümchen** *n pl* (Strumpf) / narrowings *pl* || **∼bogen** *m* (Kasch) / cover sheet || **∼braun** *n* / opaque brown || **∼druck** *m* (Textdr) / overprint *n*, cover print
Decke *f* / blanket *n* || **∼** (allg) / cover *v*, covering *n* || **∼ mit Veloursbandeinfassung** / satin-bound blanket || **∼n und Bezüge für den Zeugdruck** /

calico printer's blankets and lappings
Deckel *m* (der Krempel) (Spinn) / card top, flat *n* || **≈ausstoß** *m* (Spinn) / flat strippings *pl* || **≈ausstoßanlage** *f* (Spinn) / flat stripping device || **≈garnitur** *f* (Spinn) / flat clothing || **≈haken** *m* (DIN 64685) (Web, Schützen) / cover hook || **≈halter** *m* (Spinn) / flat support (card) || **≈karde** *f*, Deckelkratze *f*, Deckelkrempel *f* (Spinn) / fillet card, [revolving] flat card || **≈kette** *f* (Spinn) / flat chain, flat driving chain || **≈lager** *n* (Spinn) / flat bearing (card) || **≈lehre** *f* (Spinn) / gauge for flats || **≈putzwalze** *f* (Spinn) / flat stripping roll[er] || **≈schleifmaschine** *f* (Spinn) / flat grinding machine || **≈schützen** *m* (DIN 64685) / shuttle with cover
decken *v* / cover *v* || ~ (Strick/Wirk, Strumpf) / narrow *v*, fashion *v* || ~ (Färb) / top *v*, cover *v* || ≈ *n* (Strick/Wirk, Strumpf) / narrowing *n*, fashioning *n* || ≈ **der toten Baumwolle** (Färb) / covering of dead cotton || ≈ **materialbedingter Fadenstrukturdifferenzen** (Färb) / levelling power on materials of unequal affinity || ≈ **materialbedingter Streifigkeit** (Färb) / covering of barriness due to properties of the material, covering of streakiness caused by chemical and physical differences in the fibre || ≈ **mit Rückzug** (Strick/Wirk) / French narrowing || ≈ **von Fadenstrukturdifferenzen** (Färb) / covering of [physical] differences in the fibre, covering of differences in filament structure || ≈ **von Streifigkeit** (Färb) / covering of barré, covering of streaky dyeings, covering of differences in affinity, covering of barry dyeings
deckend *adj* (Färb) / opaque *adj* || **~er Farbton** / opaque shade || **~er Finish**, deckender Schlußstrich (Beschicht) / opaque finish
Decken·druckmaschine *f* / blanket printing machine || **≈filz** *m* / blanket felt || **≈garn** *n* / blanket yarn || **≈rauhmaschine** *f* / blanket carding machine, blanket raising machine || **≈shoddy** *n* / blanket shoddy || **≈spannwalze** *f* / blanket-stretching roller || **≈stoff** *m* / blanket cloth, blanketing *n* || **≈tuch** *n* / endless cloth || **≈waschmaschine** *f* / blanket washer || **≈weberei** *f* / blanket weaving
Decker *m* (Strick/Wirk) / narrowing comb, narrowing finger || ≈, Vollschablone *f* (Druck) / overall blotch print || **≈druck** / blotch printing, large-area printing || **≈einrichtung** *f* (Strick/Wirk) / lace clock attachment || **≈griff** *m* / tickler narrowing finger || **≈kette** *f* / narrowing chain (fully fashioned knitt machine) || **≈muster** *n* (Strick/Wirk) / lace clock design || **≈nadel** *f* (Strick/Wirk) / covering needle, point *n*, narrowing point, narrowing needle, working needle || **≈nadelhalter** *m* (Strick/Wirk) / narrowing comb || **≈schablone** *f* (Textdr) / blotch printing template || **≈schiene** *f* (Strick/Wirk, Strumpf) / lockstitch bar || **≈schiene** (Strick/Wirk) / narrowing rod, point bar || **≈walze** *f* (Textdr) / blotch roller
Deck·faden *m* / face yarn, face thread || **≈faden des Bindefadenfutters** (Strick/Wirk) / covering thread, plating thread || **≈fadenfutter** *n* / fleecy fabric || **≈fähigkeit** *f* (Färb) / coverage *n*, covering property, opacity *n*, covering capacity, covering power || **≈farbe** *f* / covering colour, coating colour, body colour, opaque colour || **≈farbe** (Siebdr) / opaque ink || **≈farbe**, überdruckte Farbe / overprinted colour || **eine ≈farbe ansetzen** (Beschicht) / formulate a pigment finish || **≈farbenzurichtung** *f* (Beschicht) / pigment finish || **≈form** *f* (Textdr) / ground block || **≈garn** *n* / facing yarn || **≈grün** *n* / chrome green (mixture of chrome yellow and Berlin blue) || **≈karo** *n* / overcheck *n* || **≈kette** *f* (Strick/Wirk) / covering warp || **≈kette** / narrowing chain (fully fashioned knitt machine) || **≈knopf** *m* (Strick/Wirk) / narrowing link || **≈kraft** *f* (Beschicht) / coating property || **≈kraft** (Färb) / covering capacity, covering power, opacity *n* || **≈kraft** (Tepp) / covering power, covering property || **≈kraft** (Pigm, Beschicht) / hiding power, obliterating power || **≈kraft von Fasern** / pile density || **≈masche** *f* (Strick/Wirk) / facing loop, narrowing loop || **≈maschine** *f* (Web) / tickler machine || **≈maschine** (Strick/Wirk) / narrowing machine, decreasing machine || **≈maschine für Ananasmuster** (Strick/Wirk) / porcupine machine || **≈maschinenhebefußhebel** *m* (Strick/Wirk) / narrowing lift foot treadle || **≈maschinenhubhebel** *m* (Strick/Wirk) / narrowing lift lever || **≈maschinenhubwelle** *f* (Strick/Wirk) / narrowing machine lifting shaft || **≈maschinenwelle** *f* (Strick/Wirk) / narrowing shaft || **≈messer** *n* (Strick/Wirk) / covering knife || **≈messerapparat** *m* (Strick/Wirk) / covering motion || **≈messerexzenter** *m* (Strick/Wirk) / covering cam || **≈messerstab** *m* (Strick/Wirk) / covering shaft || **≈mittel** *n* (Färb) / covering agent || **≈muster** *n* (Strick/Wirk) / eyelet pattern || **≈muster** / stitch transfer design || **≈nadel** *f* (Web) / covering needle || **≈nadel** (Strick/Wirk) / narrowing needle, working needle, transfer needle, point *n*, narrowing point || **≈nadel für halbe Maschen** (Strick/Wirk) / half point || **≈nadelhalter** *m* (Strick/Wirk) / narrowing finger || **≈pappdruck** *m* / resist cover print || **≈patent** *n* (Strick/Wirk) / narrowing head || **≈patent** (Strumpf) / spindle control mechanism for the narrowing rod travel || **≈patentarretiervorrichtung** *f* (Strick/Wirk) / narrowing head locking device || **≈patentführungsschiene** *f* (Strick/Wirk) / narrowing head guide bar || **≈patentgrundplatte** *f* (Strick/Wirk) / narrowing head base plate || **≈patentmutter** *f* (Strick/Wirk) / narrowing nut || **≈patentsicherung** *f* (Strick/Wirk) / safety stop for narrowing || **≈patentspindel** *f* (Strick/Wirk) / narrowing spindle || **≈platte** *f* (Strick/Wirk) / cover plate, pattern wheel cover || **≈rad** *n* (Strick/Wirk) / narrowing wheel || **≈ring** *m* (Strick/Wirk) / sinker ring, sinker cup || **≈schicht** *f* (Beschicht) / covering layer, pigment coat || **≈schiene** *f* (Strick/Wirk) / point bar, narrowing rod || **≈spindel** *f* (Strick/Wirk) / narrowing spindle || **≈stelle** *f* (Strumpf) / fashioning mark || **≈stich** *m* (Näh) / cover stitch || **≈strich** *m* (Beschicht) / pigment coat, top finish, top coat, finishing coat
Deckungsfaktor *m* (Färb) / cover factor, covering power
Deck·vermögen *n* Pigm, Beschicht) / hiding power, obliterating power || **≈vermögen** (Färb) / opacity *n* || **≈vermögen** (einer Faser) / covering power || **≈vorrichtung** *f* (Strick/Wirk) / narrowing attachment, narrowing motion || **≈welle** *f* (Strick/Wirk) / narrowing shaft || **≈wirkung** *f* (Färb) / covering effect || **≈zeichen** *n* (Strumpf) / fashioning mark
Defekt *m* / damage *n*, flaw *n*
defibrillieren *v* / fibrillate *v*
Defibrillierung *f* (Seide) / fibrillation *n*
Deformation *f* (Defekt) / deformation *n*, distortion *n*
deformieren *v* / distort *v*, deform *v*

degallieren *v*(Färb) / degall *v*
Degummier·bad *n* / degumming bath || **~echt** *adj* (Seide) / fast to boiling-off, fast to degumming || **≗echtheit** *f*(Seide) / fastness to boiling-off, fastness to degumming
degummieren *v*(Seide) / degum *v*, boil off the gum, scour *v* || **≗** *n* / silk degumming, silk washing, scouring *n*, boiling off (the gum) || **≗ von Seidenabfällen durch Fermentation** / schapping *n*
Dehnauswirkung *f* **auf Garn** / stretch imposed on yarn
dehnbar *adj* / extensible *adj*, elastic *adj*, ductile *adj*, stretchable *adj* || **~e Faser** / elastic fibre || **~e Strumpfform** (Strumpf) / expanding examining form
Dehnbarkeit *f* / dilatability *n*, stretching properties *pl*, extensibility *n*, elasticity *n*, stretching ability, ductility *n*, stretchability *n* || **≗ des Fadens** / yarn stretching ability
dehnen *v* / elongate *v*, extend *v*, expand *v* || **~** (sich) / stretch *vi*
Dehn·kraft *f* / elongation strength, elongation force || **≗probe** *f* / stretch test
Dehnung *f* / elongation *n*, stretch[ing] *n*, expansion *n*, extension *n*
dehnungs·arme Faser / low-extension type fibre, low-elongation fibre || **Verhalten** *n* **bei ≗beanspruchung** / elongation behaviour || **≗eigenschaft** *f* / elongation property || **≗geschwindigkeit** *f* / strain rate || **≗grenze** *f* / elongation limit || **≗kraft** *f* / elongation force, tractive force || **≗messer** *m* / elongation meter, strain gauge, dilatometer *n*, extensometer *n*, elongation tester || **≗modul** *m* / modulus of elasticity || **≗prüfung** *f* / elongation test || **≗spiel** *n* (Matpr) / pull *n* || **≗vermögen** *n* / extensibility *n* || **≗weiten** *f pl*(Fasern) / elongation in length and width || **≗zahl** *f* / modulus of elongation
Dehn·vermögen *n* / elongation strength || **≗wert** *m* / stretch rate || **≗zahl** *f* / elongation index
Dehydration *f* / dehydration *n*
dehydratisieren *v* / dehydrate *v*
dehydrieren *v* / dehydrate *v*, dehydrogenate *v*
Dehydro·abietinsäure *f* / dehydro-abietic acid || **≗thiotoluidin** *n*(Färb) / dehydrothiotoluidine *n*
DEK = Deutsche Echtheitskommission
Dekatier·anlage *f* / decatizing plant || **≗apparat** *m* / decatizing apparatus || **~echt** *adj* / fast to decating (US), fast to decatizing (GB) || **≗echtheit** *f* / fastness to decating (US), fastness to hot pressing, fastness to decatizing (GB)
dekatieren *v* / decatize *v*(GB), hot-press *v*, steam *v*, decate *v*(US) || **≗** *n* / decatizing *n*(GB), steaming *n*, hot pressing, decating (US) *n*
Dekatier·falte *f* / decatizing crease (GB), decatizing fold (GB), decating crease (US), decating fold (US) || **~fest** *adj* / fast to decating (US), fast to decatizing (GB) || **≗kalander** *m* / decatizing calender || **≗maschine** *f*(DIN 64990) / decatizing machine (GB), steam ager, steamer (GB) *n*, steaming device, steaming machine, decatizer *n*, ager *n*(US), hot-pressing machine, decating machine (US), steam press || **≗maschine** (Tuchh) / sponger *n* || **≗mitläufer** *m* / decatizing blanket || **≗molton** *m* / decatizing molleton || **≗tuch** *n* / decatizing cloth || **≗zylinder** *m*(DIN 64990) (Ausrüst) / decatizing cylinder
Dekatur *f* / decatizing *n* || **≗echtheit** *f* / fastness to decating (US), fastness to hot pressing, fastness to decatizing (GB) || **≗falte** *f* / decatizing crease (GB), decatizing fold (GB), decating crease (US), decating fold (US) || **~fest** *adj* / fast to decating (US), fast to decatizing (GB) || **≗fleck** *m* / decatizing spot, decatizing stain || **≗maschine** *f* (DIN 64990) / decatizing machine (GB), decatizer *n* || **≗tuch** *n* / decatizing cloth || **≗walze** *f* / decatizing roller
Dekkan-Hanf *m* / deccan hemp, ambari fibre, ambari hemp, ambaree fibre, gambo hemp, kenaf *n*
Deko-Artikel *m pl* / furnishings *pl*
Dekolleté *n* / low-cut neckline, decolletage *n*(Fr), decolleté *n*
dekolletiert *adj* / decolleté *adj*(Fr)
Dekomposition *f*(Analyse eines Gewebes) / decomposition *n*
Dekor *m*(Mode) / trimmings *pl*
Dekorations·blume *f* / artificial flower || **≗plüsch** *m* / decoration plush || **≗stoffe** *m pl* / furnishing fabrics, decorative fabrics, curtaining [fabrics], drapery *n*
Dekortisation *f* / decortication *n*
dekortisieren *v* / decorticate *v*
Dekostoffe *m pl* / furnishing fabrics, decorative fabrics, curtaining [fabrics], drapery *n*
Delaine-Wolle *f* / delaine wool
delftblau *adj* / Delft-blue
Delta·-Baumwolle *f*(aus Missouri, Arkansas, Tennessee, Mississippi und Lousiana) / delta cotton || **≗pine-Baumwolle** *f* / deltapine cotton
Demararabaumwolle *f*, Demerarabaumwolle *f* / akasce fibre (yielded by Conchurus siliquosus in British Guiana)
Demineralisierung *f* / demineralizing *n*, demineralization *n*
denaturieren *v* / denature *v*, denaturate *v*
denaturierter Alkohol, denaturierter Spiritus / denaturated alcohol, industrial methylated spirit (I.M.S.), methylated spirit
Denaturierungsmittel *n* / denaturant *n*
Denier *n*(den) (frühere Einheit für die Fadenstärke) / denier *n*, count *n* || **≗** (den) (siehe auch Tex) || **≗ des Filaments** / filament denier
Denim *m*, Denim-Gewebe *n*, Denim-Stoff *m* / denim *n*
denitrieren *v* / denitrate *v*
Denitrierung *f* / denitration *n*
Denitrierungsmittel *n* / denitrating agent
Densimeter *m* / densimeter *n*
Deodorant *n* / deodorant *n*
depilieren *v* / depilate *v*
depolarisieren *v* / depolarize *v*
Depolymerisation *f*, Depolymerisieren *n* / depolymerization *n*
Depolymerisationsanlage *f* / depolymerization plant
Depot·-Grundmatte *f*(Polyestervlies vernadelt mit grober Nylonfaser) / depot base mat || **≗matte** *f* (Fasermatte zur Armierung der Randzonen im Bootsbau usw.) / depot mat || **≗-Sandwichmatte** *f* (Glasgewebe u. Polyestervlies, vernadelt mit grober Nylonfaser) / depot sandwich mat || **≗verbindung** *f* / donor *n* || **≗-Verfahren** *n* / depot technique
derb *adj* / coarse *adj*, rough *adj* || **~er Stoff** / coarse fabric
Derbent *m* / Derbend *n*(Caucasian hand-knotted

carpet)
Derby·-Socken *f pl* / Derby socks || **˜-Ware** *f* / Derby fabric
Derivat *n* / derivative *n*
Derry *m* (grobe irische Leinwand) / derry *n*
desacetyliertes Acetat (DIN 60001) / deacetylated acetate
desaminieren *v* (Wolle) / desaminate *v*
Design *n* / design *n*
Desinfektion *f* / disinfection *n*
Desinfektionsmittel *n*, Desinfiziens *n* / disinfectant *n*
desinfizieren *v* / disinfect *v*, sanitize *v*
desinfizierend *adj* / disinfectant *adj*, germicidal *adj*, antiseptic *adj*
Desintegrator *m* / disintegrator *n*, disintegrating machine
Desodorans *n* / deodorant *n*
desodorieren *v* / deodorize *v*
desodorierend *adj* / deodorant *adj*
Desodorierung *f* / deodorizing *n*
Desodorierungsmittel *n* / deodorant *n*
desodorisieren *v* / deodorize *v*
Desodorisierung *f* / deodorizing *n*
Desorientierung *f* / disorientation *n*
Desorption *f* (Entweichen oder Entfernen sorbierter Gase aus dem Sorptionsmittel) / desorption *n*
Desorptionskurve *f* / desorption curve
Desoxydation *f* / deoxidation *n*
Desoxydationsmittel *n* (Färb) / deoxidant *n*, deoxidizing agent
desoxydieren *v* / deoxidize *v*
Desoxyindigo *n* / desoxyindigo *n*
Dessin *n* / design *n*, figure *n*, pattern *n*, figuring *n*
Dessinateur *m* (Mode) / fabric designer, pattern designer, stylist *n*
Dessin·beflockung *f* / design flocking, pattern flock application, flock printing, figured flocking || **˜druck** *m* / pattern printing
dessinieren *v* / design *v* || **˜** *n* / designing *n*
Dessiniermaschine *f* / punching machine, reading and cutting machine
dessiniert·es Gewebe / broché fabric, figured fabric, swivel fabric || **~e Zinkblechschablone** / zinc sheet screen with cut-outs
Dessinierung *f* / pattern definition, patterning *n*
Dessin·karte *f* (Web) / lags and pegs || **˜maschine** *f* (Textdr) / figuring machine || **˜papier** *n* (Web) / design paper, endless pattern card, pattern paper || **˜stift** *m* **für Schaftmaschinenkarte** (Web) / pattern peg for dobby lag || **˜walzenauftrag** *m* (Beschicht) / pattern roll application || **˜zylinder** *m* / design cylinder
Dessous *n pl* / sheer lingerie
Destatisator *m* / destaticizer *n* (US)
Destillat *n* / distillate *n*
Destillation *f* / distillation *n*
Destillations·anlage *f* / distilling plant || **˜gefäß** *n* / distilling vessel || **˜kolonne** *f* / distillation column || **˜produkt** *n* / distillation product || **˜rückstand** *m* / distillation residue
Destillator *m* / distillator *n*
Destillierapparat *m* / distilling apparatus
destillierbar *adj* / distillable *adj*
destillieren *v* / distil *v* || **˜** *n* / distillation *n*
Destillier·gefäß *n* / distilling vessel || **˜kolonne** *f* / distillation column
destilliertes Wasser / distilled water
desulfurieren *v* / desulphurate *v*, desulphurize *v* || **˜** *n*, Desulfurierung *f* / desulphurization *n*, desulphurizing *n*
detachieren *v* / remove stains, clean *v* || **˜** *n* / spot removal, removal of stains, stain removal
Detachier·mittel *n* / spot remover, scourer *n*, stain remover, spotting agent || **˜tisch** *m* / spotting table || **˜verfahren** *n* / spotting technique || **˜verfahren mit Lösungsmittel** / dry solvent spotting technique
Detachur *f* / removal of stains, stain removal, spot removal
Detergent *n* (häufiger pl: Detergentien, Detergentia) / detergent *n*
Detersion *f* / detersion *n* (cleaning)
Deutsche Cochenilleschildlaus (Porphyrophora polonica) / Polish berry || **˜ Echtheitskommission (DEK)** / German Fastness Commission
Deux-pièces *n* (kostümähnlicher Rock mit Jacke) (Mode) / two-piece *n*, deux-pièces *n*
Dévorant *n* / devorant pattern || **˜-Artikel** *m* / fabric with burnt-out effects || **˜-Effekt** *m* / burnt-out effect
Dewsbury-Wollgarn-Numerierung *f* / Dewsbury system
Dextran *n* (ein Polysaccharid) / dextran *n*
Dextrin *n* / dextrin *n*, British gum, starch gum || **˜stärke** *f* / dextrinized starch || **˜verdickung** *f* / dextrin thickening, starch-gum thickening
Dextrose *f* / dextrose *n*
dezent *adj* / subdued *adj* (shade) || **~er Farbton**, dezenter Ton / discreet shade, refined shade
Dezimal-Titer (Td) *m* / decimal titre, Td
Dhaura-Gummi *n* / ghatti gum, gum ghatti
Diabolo *n* **für Falschdraht** / false twist diabolo || **˜spindel** *f* / diabolo spindle (false twisting)
Diacetat *n* / diacetate *n* || **˜faser** *f* / diacetate fibre || **˜zellulose** *f* / cellulose diacetate
Diacetonalkohol *m* / diacetone alcohol
diagonal *adj* / transverse *adj* || **~es Aufrollen der Stückenden** / dog-earing *n* || **~ gestreift** (meist rot/weiß oder blau/weiß) / candy striped || **˜** *m* (Sammelbezeichnung für alle Gewebe mit ausgeprägtem Diagonalgrat) / diagonal cloth || **˜bindung** *f* / diagonal weave, diagonal rib [weave], twill weave, diagonal rep [weave], corkscrew weave || **˜bürstmaschine** *f* (DIN 64990) / diagonal brushing machine || **˜cord** *m* / diagonal cord || **˜dessin** *n* / diagonal pattern, transverse pattern || **~gerippter Régence** / régence diagonal || **~gestreiftes Muster** / transverse-striped pattern || **˜köper** *m* / cantoon *n*, corkscrew twill fabric || **˜maschine** *f* / angle cutting machine || **˜muster** *n* / diagonal pattern, transverse pattern || **˜rips** *m* / diagonal rep (fabric) || **˜-Rundketten-Strickmaschine** *f* / diagonal circular latch needle warp knitting machine || **˜schlag** *m* / diagonal arrangement (of the layers of the double fabric) || **˜schneidemaschine** *f* / bias fabric cutting machine || **˜schotten** *m* / diagonal tartan || **˜serge** *f* / wide-wale serge || **˜speisung** *f* (Spinn) / diagonal feed || **˜stich** *m* / diagonal stitch (making up) || **˜stoff** *m* / biassed cloth || **˜trikot** *m* / diagonal tricot (fabric) || **˜walke** *f* / diagonal fulling, diagonal milling
Dialdehyd *n* / dialdehyde *n* || **˜stärke** *f* / dialdehyde starch || **˜zellulose** *f* / dialdehyde cellulose
Dialysator *m* / dialyzer *n*
Dialyse *f* / dialysis *n*

dialysieren *v* / dialyze *v*
Diamant *m* (Reißv) / diamond *n* || **≗bindung** *f* / diamond weave || **≗litze** *f* / diamond braid, five-thread soutache braid || **≗muster** *n* / diamond pattern
Diamin *n* / diamine *n* || **≗echtrot** *n* / diamine fast red || **≗farbstoff** *m* / diamine dyestuff || **≗goldgelb** *n* / diamine gold yellow
Diamino·benzol *n* / diaminobenzene *n* || **≗hexansäure** *f* / lysin[e] *n* || **≗stilben** *n* / diaminostilbene *n* || **≗toluol** *n* / toluenediamine *n*, toluylenediamine *n*
Diamin·rot *n* / diamine red, benzopurpurine *n* || **≗schwarz** *n* / diamine black
Diammoniumphosphat *n* / diammonium phosphate
Diamylphthalat *n* / diamyl phthalate
Dianilblau *n* / dianil blue
Dianisidin *n* / dianisidine *n* || **≗blau** *n* / dianisidine blue
Diaper *m* / diaper *n*
Diaphanometer *n* / diaphanometer *n*
Diarylmethanfarbstoff *m* / diarylmethane dyestuff
Diarylpyrazolin *n* / diarylpyrazoline *n*
Diastase *f* / diastase *n* || **≗bad** *n* / diastase bath
diastatische Gärung / diastatic fermentation
Diäthanolamid *n* / diethanolamide *n*
Diäthanolamin *n* / diethanolamine *n*
Diäthyl·amin *n* / diethylamine *n* || **≗aminoäthanol** *n* / diethylaminoethanol *n* || **≗anilin** *n* / diethyl aniline || **≗äther** *m* / diethyl ether || **≗diphenylharnstoff** *m* / diethyldiphenyl urea
Diäthylen·diamin *n* / piperazine *n* || **≗dioxid** *n* / dioxan *n* (GB), dioxane *n* (US) || **≗glykol** *n* / diethylene glycol || **≗triamin** *n* / diethylene triamine
Diatomeenerde *f* / diatomaceous earth
Diazanilschwarz *n* / diazanile black
Diazo·amidgruppe *f* / diazoamido group || **≗aminobenzol** *n* / diazoaminobenzene *n* || **≗bad** *n* / diazo bath || **≗benzol** *n* / diazobenzene *n* || **~benzolierte Baumwolle** / diazobenzoylated cotton || **≗druck** *m* / diazotype printing || **≗echtfarbe** *f* / fast diazo colour || **≗echtfarbstoff** *m* / diazo fast dyestuff || **≗färbebad** *n* / diazotation bath, diazotizing bath, diazotization bath || **≗farbstoff** *m* / diazo dyestuff
diazoische Base / azoic base, diazotized base
Diazo·komponente *f* (Färb) / primary component || **≗lösung** *f* / diazo solution || **≗methan** *n* / diazomethane *n*
Diazoniumsalz *n* / diazo salt, diazonium salt
Diazo·phenylfarbstoff *m* / diazophenyl dyestuff || **≗reaktion** *f* / diazo reaction || **≗schwarz** *n* / diazo black || **≗sulfonat** *n* / diazosulphonate *n*
diazotierbar *adj* / diazotizable *adj*
diazotieren *v* / diazotize *v*
Diazotier·kufe *f* / diazotization vat || **≗kurve** *f* / diazotation curve, diazotization curve || **≗salz** *n* / diazotizing salt
Diazotierung *f* / diazotation *n*, diazotization *n*
Diazotierungs·bad *n* / diazotizing bath, diazotization bath, diazotation bath || **≗bedingung** *f* (Färb) / diazotation condition || **≗komponente** *f* (Färb) / primary component
Diazoverbindung *f* / diazo compound
Dibenzanthron *n* / dibenzanthrone *n*
Dibenzyl·adipat *n* / dibenzyl adipate || **≗anilin** *n* / dibenzyl aniline
Diboran *n* / diborane *n*
Dibutyl·adipat *n* / dibutyl adipate || **≗phthalat** *n* / dibutyl phthalate || **≗zinndilaurat** *n* / dibutyl tin dilaurate
Dicarbonsäure *f* / dicarboxylic acid || **≗ester** *m* / dicarboxylic acid ester
Dichlor·anilin *n* / dichloroaniline *n* || **≗äthan** *n* / dichloroethane *n* || **≗äthylen** *n* / dichloroethylene *n* || **≗benzol** *n* / dichlorobenzene *n* || **≗chinoxalinfarbstoff** *m* / dichloroquinoxaline dyestuff || **≗dimethyläther** *m* (Färb) / dichlorodimethyl ether
Dichlorid *n* / dichloride *n*
Dichlor·methan *n* / dichloromethane *n* || **≗pyrimidinfarbstoff** *m* / dichloropyrimidine dyestuff || **≗triazinfarbstoff** *m* / dichlorotriazine dyestuff
Dichroismus *m* / dichroism *n*
dichroitisch·er Druck / dichroic print || **~es Verhältnis** / dichroic ratio
Dichromat *n* / dichromate *n*
dichromatisch *adj* / dichromatic *adj*
Dichromat·verfahren *n* / dichromate process || **≗zahl** *f* / bichromate number
Dichromtrioxid *n* (Laubgrün) / chromic oxide
dicht *adj* / dense *adj* (of pile, weave etc.), heavy *adj* (of cloth), tight *adj* || **~ anliegen** / fit closely || **~ eingestellt** / densely woven || **~ eingestellte Gewebe** *n pl* / tightly constructed fabrics, closely woven fabrics || **~ eingestellte Kette** / closely set warp || **~ eingestellter Stoff** / tightly constructed fabric, tight-textured fabric || **~es Gewebe** / close fabric, tight weave, heavy fabric (closely woven) || **~e Gewebestelle** / closely woven area || **~ gewebt** / closely woven, densely woven || **~e Litze** / solid braid || **~er Rand** / crammed border || **~es Tuch** / strong cloth || **~e Walke** / hard milling || **~e Ware** / close fabric, tightly constructed fabric, close goods || **~e Wicklung** / close wind, tight wind
Dichte *f* (Web) / thickness *n*, pick count, sett *n* (GB) (number of warp ends and filling picks [woof and weft] per inch in a fabric), set of the fabric, fabric construction (US) || **≗** (Masse je Volumeneinheit) / density *n* || **≗** (DIN 53193) / specific gravity || **≗ der Färbeflotte** / concentration of the dye bath, concentration of the dye liquor || **≗ des Garnkörpers**, Dichte *f* des Wickelkörpers / package density
Dichtemessung *f* / measurement of density (liquid)
dichten *v* / seal *v*
Dichteverhältnis *n* / specific gravity
dichtgeschlagen *adj* / closely woven *adj*, thick-woven *adj*, tightly woven *adj* || **~es Gewebe** / heavy fabric (closely woven), tight weave || **~e Ware** (Strick/Wirk) / tightly constructed goods *pl*
dicht·gestellte Kette (Web) / closely set warp || **~gewalkt** *adj* / hard-milled *adj* || **~gewebt** *adj* / tightly woven *adj*, closely woven *adj*, thick-woven *adj* || **~gewickelt** *adj* / hard-wound *adj* || **~gewirkte Ware** (Strick/Wirk) / close-knit fabric
Dichtigkeit *f* / denseness *n*, density *n* (compactness)
Dichtungs·filz *m* / packing felt, sealing felt || **≗masse** *f* / sealing compound
dick·er Fadenknoten / dog knot || **~e Faser** / heavy fibre || **~e Garnstelle** (Fehler) / bead *n* (defect) || **~e Socken** *f pl* / thick socks, boot socks || **~e wollene Reisedecke** / rug *n* (GB)
Dicke *f* / thickness *n*
Dicken·messer *m*, Dickenmeßgerät *n* / thickness gauge, thickness tester, caliper *n* || **≗meßgerät** *n*

mit Betastrahlen / beta gauge || ≗quellung *f*(Fil) / thickness swelling
dickflüssig *adj* / viscous *adj* || ~es Spindelöl / heavy spindle oil
Dicköl *n* / bodied linseed oil
Dickstelle *f*(Spinn) / undrafted part || ≗ / nib *n*(in silk, wool, fabric) || ≗ (im Garn) / slub *n*
dickwerden *vi*(Verdickungsmittel, unerwünscht) / stiffen *vi*
Dicyandiamid *n*(Ausrüst) / dicyandiamide *n*
Die-Coater *m* / die coater
dielektrisch·e Beanspruchung / dielectric stress || ~e Eigenschaft / dielectric property || ~e Festigkeit / dielectric strength || ~es Material / dielectric material
Dielektrizitätskonstante *f* / dielectric constant
Dien *n* / diene *n*
Dienst·gradabzeichen *n* / chevron *n*(badge) || ≗uniform *f* / service dress
Diepoxid *n* / diepoxide *n*
Differential·-Dyeing-Färbemethode *f* / differential dyeing (DD) [method], DD || ≗-Dyeing-Fasern *f pl*(mit unterschiedlicher Farbstoffaffinität) / differential dyeing fibres (fibres of dissimilar dye affinity) || ≗färben *n* / differential dyeing [method] || ≗flyer *m* / differential fly frame || ≗reibung *f* / differential friction || ≗selfaktor *m* / self-acting differential mule || ≗spindelbank *f* / differential fly frame || ≗thermoanalyse *f* / differential thermal analysis || ≗thermometer *n* / differential thermometer || ≗verteilung *f*(Vernetzung) / differential distribution || ≗wickler *m*(Spinn) / box of tricks, differential *n*
Differenziervermögen *n*(Färb) / differentiation capacity
diffundieren *v* / diffuse *v*(penetrate)
diffus *adj* / diffuse *adj* || ~es Licht / diffused light || ~es Tageslicht / overcast-sky daylight
Diffusion *f* / diffusion *n*
Diffusions·beschleuniger *m* / diffusion accelerator || ~dicht *adj* / impermeable to diffusion || ≗dichtigkeit *f* / impermeability to diffusion || ≗fähigkeit *f* / diffusivity *n* || ≗hilfsmittel *n*(Färb) / penetrant *n* || ≗klebung *f* / diffusion adhesion || ≗koeffizient *m* / diffusion coefficient || ≗vermögen *n* / diffusion capacity, diffusibility *n* (of dye in the fibre) || ≗widerstand *m* / diffusion resistance || ≗zahl *f*(Färb) / coefficient of diffusion
Difluorpyrimidin *n*(Färb) / difluoropyrimidine *n*
Digester *m* / digester *n*
Digestorium *n* / fume hood
Diglycidyläther *m* / diglycidyl ether
Diglykolester *m* / diglycol ester
Diharnstoff *m* / diurea *n*
Dihydroxy·äthylenharnstoff *m* / dihydroxyethylene urea || ≗dichlordiphenylmethan *n* / dihydroxy dichlorodiphenyl methane || ≗verbindung *f* / dihydroxy compound
Diisocyanat *n* / diisocyanate *n*
Dilatanz *f* / dilatancy *n*(opposite of thixotropy), shear thickening
Dilatation *f* / dilatation *n*, dilation *n*
Dilatometer *n* / dilatometer *n*
Dilauroylperoxid *n* / dilauroyl peroxide
Dimensions·änderungsverhalten *n*(von Geweben) / dimensional changes *pl*(of fabrics) || ≗stabilisierung *f* / dimensional stabilization || ≗stabilität *f* / dimensional stability
Dimethyl·acetal *n* / dimethyl acetal || ≗acetamid *n* / dimethyl acetamide || ≗amin *n* / dimethylamine *n* || ≗aminobenzol *n* / dimethylaminobenzene *n* || ≗äther *m* / methyl ether || ≗formamid (DMF) *n* / dimethyl formamide, DMF || ≗gelb *n* / methyl yellow || ≗indigo *n* / dimethylindigo *n* || ≗keton *n* / acetone *n*
Dimethylol·alkandioldiurethan *n* / dimethylol-alkanediol diurethane || ≗-Äthylenharnstoff (DMEU) *m* / dimethylolethylene urea (DMEU) || ≗-Dihydroxyäthylenharnstoff (DMDHEU) *m* / dimethyloldihydroxyethylene urea (DMDHEU) || ≗harnstoff *m* / dimethylol urea || ≗methylkarbamat *n* / dimethylol methyl carbamate || ≗propylenharnstoff (DMPU) *m* / dimethylolpropylene urea (DMPU)
Dimethyl·siloxan *n* / dimethylsiloxane *n* || ≗sulfoxid *n* / dimethylsulphoxide *n* || ≗terephthalat *n* / dimethylterephthalate *n*
Dimity *n*(engl. Bezeichnung für Barchent bzw. Flanell) / dimity *n*
dimorph *adj* / dimorphous *adj*, dimorphic *adj*
Dimorpholin-Weißtöner *m* / dimorpholine FWA
Dinatrium·hydrogenphosphat *n* / dibasic sodium orthophosphate, disodium orthophosphate || ≗phosphat *n* / disodium phosphate || ≗zellulose *f* / disodium cellulose
Dinitrilfaser *f*, Dinitrilfaserstoff *m* / dinitrile fibre, polyvinylidene cyanide fibre
Dinitro·benzol *n* / dinitrobenzene *n* || ≗phenol *n* / dinitrophenol *n* || ≗phenylaminosäure *f* / dinitrophenylamino acid || ≗toluol *n* / dinitrotoluene *n* || ≗verbindung *f* / dinitro compound
Dioctylsulfosuccinat *n* / dioctyl sulphosuccinate
Dioktylphthalat *n* / dioctyl phthalate
Diol *n* / diol *n*
Diolefin *n* / diene *n*
Dioxan *n* / dioxan *n*(GB), dioxane *n*(US)
Dioxydiphenylurethan *n* / dioxydiphenyl urethane
Dip-Dyeing *n* / dip dyeing
Diphenyl *n* / biphenyl *n*, diphenyl *n* || ≗amin *n* / diphenylamine *n* || ≗äther *m* / diphenyl ether || ≗carbazid *n* / diphenyl carbazide || ≗chromfarbstoff *m* / diphenyl chrome dyestuff || ≗farbstoff *m* / diphenyl dyestuff || ≗guanidin *n* / diphenyl guanidine || ≗methan *n* / diphenylmethane *n* || ≗methanfarbstoff *m* / diphenylmethane dyestuff || ≗schwarz *n* / diphenyl black || ≗thioharnstoff *m* / diphenylthiourea *n*
Diphosphat *n* / pyrophosphate *n*
diphosphorige Säure / diphosphorous acid, pyrophosphorous acid
Diphosphorsäure *f* / diphosphoric acid, pyrophosphoric acid
Dipol *m* / dipole *n* || ≗kraft *f* / dipole force || ≗molekül *n* / dipole *n* || ≗moment *n* / dipole moment
direkt·er Dampf / open steam || ~ färben / direct-dye *v* || ~e Garnnumerierung / direct count || ≗-Bäum- und Zettelmaschine *f*(Web) / direct beaming and warping machine || ≗baumwollfarbstoff *m* / direct cotton dyestuff || ≗beschichtung *f* / direct coating || ≗blau *n* / direct blue || ≗druck *m* / direct print[ing], application printing || ≗druckartikel *m* / direct printing style, direct style || ≗farbstoff *m* / direct dystuff, substantive dyestuff || ≗färbung *f* / direct dyeing *n* || ≗spinnen *n* / direct spinning, sliver-to-yarn spinning, tow-to-yarn spinning || ≗spinngarn *n* /

direct spun yarn || ≈**spinnmaschine** *f* / direct spinning machine, tow-to-yarn machine || ≈**spinnverfahren** *n* / direct spinning process, tow-to-yarn process, sliver-to-yarn conversion [process] || ≈**spulenvorlage** *f* / direct bobbin feed || ≈**tiefschwarz** *n* / direct deep black || ≈**verfahren** *n* (zum Flushen von Farbpigmenten) / flushing process || ~**wirkende Spanneinrichtung** (Web) / direct tension device || ~**ziehend** *adj* (Färb) / direct dyeing *adj*, substantive *adj*, direct *adj* || ~**ziehender Farbstoff** / direct dyestuff, substantive dyestuff

Dirndl·kleid *n* / dirndl *n* || ≈**stoff** *m* / dirndl material, peasant cloth (US)

Disazofarbstoff *m* / disazo dyestuff

Dischwefel·pentoxiddichlorid *n* / pyrosulphuryl chloride || ≈**säure** *f* / pyrosulphuric acid

dischweflige Säure / pyrosulphurous acid

Disko-Look *m* / discothèque style (dress with low neck and short hem)

Diskontinue·-Bleiche *f* (DIN 64990) (Ausrüst) / discontinuous bleaching plant || ≈**-Breitbleiche** *f* (DIN 64990) / discontinuous open width bleaching || ≈**-Dämpfer** *m* (DIN 64990) (Ausrüst) / discontinuous steamer || ≈**-Färbeanlage** *f* (DIN 64990) / discontinuous dyeing range || ≈**-Strangbleiche** *f* (DIN 64990) / discontinuous rope bleaching plant || ≈**-Verfahren n.** / discontinuous process

diskontinuierlich *adj* / batchwise *adj* || ~**es Färben** / discontinuous dyeing, batch dyeing || ~**es Substrat** / discontinuous substrate || ~**es Verfahren** / discontinuous process, batch process || ~**e Verteilung** / discrete distribution

diskret *adj* / subdued *adj* (shade)

Dislokation *f* (Färb, Ausrüst) / dislocation *n*

Dispergator *m* (Färb) / dispersant *n*

dispergierbar *adj* / dispersible *adj* || **in Wasser** ~, in Wasser dispergierend / water-dispersible *adj*

Dispergierbarkeit *f* / dispersibility *n* (ability to attain a certain state of dispersion)

Dispergiereigenschaft *f* / dispersing property

dispergieren *v* / disperse *v* || ≈ *n* / dispersing *n*

dispergierend *adj* / dispersing *adj* || ~**e Wirkung** / dispersing action

dispergier·fähig *adj* / dispersible *adj* || ≈**fähigkeit** *f* / dispersibility *n* (ability to disperse), dispersing capacity || ≈**hilfsmittel** *n* / dispersing auxiliary || ≈**kennzahl** *f* (DIN 53193) (Färb) / dispersibility index || ≈**kraft** *f* / dispersibility *n* (ability to disperse) || ≈**mittel** *n* / dispersing agent, dispersing medium, dispersant *n*

dispergiert *adj* / dispersed *adj*, disperse *adj* || ~**es Harz** / dispersion resin

Dispergierung *f* / dispersing *n*, dispersion *n*

Dispergier·vermögen *n* / dispersing property, dispersing capacity || ≈**wirkung** *f* / dispersing action || ≈**zustand** *m* / state of dipersion

dispers *adj* / disperse *adj*, dispersed *adj* || ~**e Phase** / disperse phase, dispersed phase || ~**es System** / disperse system

Dispersant *n* (Färb) / dispersant *n*

Dispersion *f* / dispersion *n*

Dispersions·druck *m* / disperse print || ≈**färben** *n* / disperse dyeing || ≈**farbstoff** *m* / disperse dyestuff || ≈**grad** *m* / degree of dispersion || ≈**hilfsmittel** *n* / dispersing auxiliary || ≈**kleber** *m* / disperse adhesive || ≈**kolloid** *n* / dispersion colloid || ≈**kraft** *f* / dispersion force, dispersing capacity || ≈**mittel** *n* / dispersing agent, dispersing medium || ≈**vermögen** *n* / dispersing capacity || ≈**wirkung** *f* / dispersing action || ≈**zahl** *f* / dispersion coefficient || ≈**zustand** *m* / state of dispersion

Dispersolfarbstoff *m* / dispersol dyestuff

Disposables *pl* / disposables *pl*, disposable goods

Dissipation *f* (der Energie) / dissipation *n*

Dissolution *f* / dissolution *n*

Dissolver *m* (Färb) / dissolver *n*

Dissoziation *f* (Chem) / dissociation *n*

Dissoziations·grad *m* / degree of dissociation || ≈**produkt** *n* / dissociation product || ≈**wärme** *f* / dissociation heat

dissoziieren *v* (Chem) / dissociate *v*

Disulfat *n* / pyrosulphate *n*

Disulfid *n* / disulphide *n*, bisulphide *n* || ≈**austausch** *m* / disulphide interchange || ≈**bindung** *f* / disulphide bond || ≈**-Brücke** *f* / cystine link

Disulfit *n* / pyrosulphite *n*

Disulfonsäure *f*, Disulfosäure *f* / disulphonic acid

Disulfurylchlorid *n* / pyrosulphuryl chloride

dithionige Säure / hyposulphurous acid

Dithionit *n* / dithionite *n*, hyposulphite $M_2^IS_2O_4$

Divan *m* / davenport *n* (US) || ≈**decke** *f* / couch cover

Divinylsulfon *n* / divinyl sulphone

DK-Maschine *f* (Strick/Wirk) / double-knitting machine, D-K machine

DMDHEU = Dimethylol-Dihydroxyäthylenharnstoff

DMEU = Dimethylol-Äthylenharnstoff

DMF, Dimethylformamid *n* / DMF, dimethyl formamide || ≈**-Kreislaufprozeß** *m* / DMF recycling process

DMPU = Dimethylolpropylenharnstoff

DMT, Dimethylterephthalat *n* / DMT, dymethyl terephthalate

DNS, DN-Strecke *f*, Doppelnadelstabstrecke *f* (DIN 64100) (Spinn) / D.N. draft (double needle draft), pin drafter, intersecting *n*, intersecting gillbox

DOB, Damenoberbekleidung *f* / ladies' outer garments *pl*, ladies' outerwear, women's outerwear

Dobby *m*, Schaftmaschine *f* (weav) / dobby *n*, dobby head, dobby machine

Döbners Violett (Färb) / Doebners violet

Docht *m* (Spinn) / slab *n*, slub *n* || ≈ (allg) / wick *n* || ≈**garn** *n* / wick roving, roving yarn, wick yarn || ≈**gewebe** *n* / circular goods, circular fabric || ≈**material** *n*, Dochtstoff *m* / wicking *n*

Docke *f* / cloth batch, rap *n* (a skein of 120 yards of yarn), skein *n*, fabric batch || ≈ **zu fünf Strähnen** / knot of five hanks

docken *v* (Färb) / batch up *v*, roll up || ~ (Spinn) / wind into skeins, reel *vt*, wind up || ≈**kasten** *m* / batch box || ≈**wagen** *m* (Bleich) / batch carriage, closed batch carriage || ≈**wickler** *m* (DIN 64990) / batch winder

Dodecyl·sulfat *n* / dodecyl sulphate || ≈**trimethylammoniumchlorid** *n* / dodecyl trimethyl ammonium chloride

Dodekansäure *f* / lauric acid

Doeskin *m* (eine Art Buckskin) / doeskin *n* (used esp. for suits and coats), winter buckskin

Doffer *m* / doffing apparatus || ≈**abfall** *m* / doffer strip [waste]

Dolman *m* / dolman *n* (a cape-like wrap or coat) || ≈**ärmel** *m* (Mode) / dolman sleeve

Dolomit *m* / dolomite *n*

Domestic *m* (Kingleinen – grobfädiger

Baumwollnessel, auch buntgestreift), Domestik *m* / domestic *n* (plain-weave cotton cloth)
Domingohanf *m* / Domingo hemp
dominierende Wellenlänge (Kol) / dominant wavelength
dominoschwarz *adj* / domino *adj*
Donator *m* (Chem, Färb) / donor *n*
Donegal *m* (grobfädiges Streichgarngewebe aus heller Noppenkette und dunkelfarbigem Schuß) / Donegal tweed || **≗teppich** *m* / Donegal carpet
Dongery *m* (Denimgewebe) / dongery *n* (made with one weft and two warps)
Donnan·-Gleichgewicht *n* / Donnan equilibrium || **≗-Theorie** *f* / Donnan theory
Donor *m* (Chem, Färb) / donor *n*
Doppel·abnehmerkrempel *f* (Spinn) / double doffer card || **≗abschlag** *m* (Strick/Wirk) / double knocking-over || **≗armkneter** *m* / double-arm kneader || **≗atlas** *m* / satin double-face (Fr) || **≗atlasbindung** *f* (Web) / double satin weave || **≗band** *n* / double ribbon || **≗batteur** *m* (Spinn) / double beater picker (US), double scutcher || **≗bäumvorrichtung** *f* (DIN 62500) / double beaming device || **≗baumwollatlas** *m* / double sateen, double satin || **~bettige Ware** (Strick/Wirk) / rib fabric, rib stitch goods, plain rib goods, rib knit || **≗bindung** *f* (Chem) / double bond || **≗bindung** (Web) / double weave || **≗blindversuch** *m* / double-blind test || **≗brechung** *f* / birefrigence *n* (an optical determination of the degree of molecular orientation of nylon filaments), double refraction || **~breites Gewebe** / double-width fabric, fabric of double width || **≗chassis** *n* (Färb) / double trough || **≗diagonalstich** *m* / double diagonal stitch
Doppeldraht·garn *n* / double-twist yarn || **≗maschine** *f* / two-for-one machine || **≗spindel** *f* / double twist spindle, two-for-one twisting spindle || **≗zwirnen** *n* / two-for-one twisting || **≗zwirnmaschine** *f* (DIN 64100) (Spinn) / two-for-one twister, double-twist frame, two-for-one twisting machine, double-twist machine || **≗zwirnspindel** *f* / two-for-one twisting spindle
Doppel·druck *m* / double print, duplex prints || **≗druckmaschine** *f* / duplex printing machine || **≗etagenmaschine** *f* / double-deck machine || **≗fach** *n* (Web) / double shed, double step || **≗faden** *m* (allg) / double filament, double end || **≗faden** (Fehler) (Web) / double thread (defect), flat *n* || **≗fäden** *m pl* **beim Haspeln der Rohseide** (Fehler) / mariages *pl* || **≗fadenfehler** *m* / married yarns || **≗fancy** *n* / double flannel || **≗fang** *m* / double tuck stitch || **~farbig** *adj* / dichromatic *adj* || **≗farbigkeit** *f* / dichroism *n* || **≗feinflyer** *m* / jack frame || **≗feinripp** *m* (Strick/Wirk) / 2/2 fine rib
doppelflächig *adj* / double-faced *adj*, reversible *adj* || **~e Gestricke** *n pl* / double-bed knitgoods || **~e Kettenwirkware** / simplex *n* (double-faced fabric usually made on two needle-bars of a bearded needle warp-knitting machine) || **~er Stoff** / double-sided fabric || **~e Strickware** / double jersey, double-knit goods, double knits, double knit fabrics (made by interlocking the loops from two strands of yarn with a double stitch), double-face[d] fabric || **~er Teppich aus Zweidrahtgarnen** / fine carpet || **~e Trikotware für Badebekleidung** / two-way tricot for swimwear || **~es Umhängemuster** (Strick/Wirk) / two-way stitch transfer || **~e Ware** s. doppelflächige Strickware
Doppel·flanell *m* / double flannel || **≗flockstrahler** *m* / double flock beamer, double flock radiator || **≗flor** *m* / double pile *n*, double web || **≗florbindung** *f* / double pile weave || **≗florgewebe** *n* / double-faced pile fabric || **~florig** *adj* / double pile *adj* || **~floriger Samt** / two-pile velvet || **≗flor-Zweikrempelsatz** *m* / two-doffer two-card set || **~fonturige Großrundstrickmaschine** / double-section large-diameter circular knitting machine || **~fonturiges Gestrick** / fabric knitted on two sets of needles || **≗fontur-Maschenware** *f* s. doppelflächige Strickware || **≗fußnadel** *f* (Strick/Wirk) / double butt needle || **≗futter** *n* (Strick/Wirk) / double fleece || **≗futter** (Näh) / double lay-in || **≗futterserge** *f* / serge double cloth || **≗garn** *n* / twofold yarn, two-ply yarn || **≗gewebe** *n* / double cloth, double weave, two-ply fabric, lined cloth, double fabric || **≗gewebe** *n pl* **in Flechtmuster** / braided fabrics || **≗gewinde-Einstellschraube** *f* (Strick/Wirk) / compound thread adjusting screw || **≗greifer-Florwebmaschine** *f* / double-hook pile weaving loom || **≗greifer-Jacquard-Webmaschine** *f* / double gripper jacquard loom || **≗haken** *m* (Strick/Wirk) / double hook || **≗hakennadel** *f* / double-hook needle || **≗haspel** *f* / double reel
Doppelhub *m* / double lift || **≗** (hin und zurück) (DIN 61801) / cycle *n* (to and fro) (winding) || **≗-Ganzoffenfach-Jacquardmaschine** *f* / double-lift open-shed jacquard machine || **≗-Jacquardmaschine** *f* / double-lift jacquard machine || **≗-Schaftmaschine** *f* / double-lift dobby
Doppel·jersey *m* / double jersey || **≗jigger** *m* / double jig, twin jig, tandem jig || **≗kalander** *m* / double calender, tandem calender || **≗kammwalzmaschine** *f* / drawing rollers || **≗kapper** *m* (Näh) / double lap seam folder || **≗kappnaht** *f* / lapped seam, double lap[ped] seam (making up) || **≗kappnahtmaschine** *f* / sewing machine for double lapped felling || **≗karde** *f* (Spinn) / double card || **≗kegelspule** *f* (Spinn) / cheese with tapered ends, double conical bobbin || **≗kegelspule** (DIN 61800) (Strick/Wirk) / bicone [bobbin], biconical package || **≗kegelwindung** *f* / pineapple winding || **≗kette** *f* / double warp || **≗kette aus abwechselnd aufgenommenen Kettfäden** / end and end warp || **rückseitig mit ≗kette verstärkter Stoff** / warp-backed fabric
Doppelketten·naht *f* / double chain stitch seam || **≗stich** *m* (Näh) / double chain stitch, double-locked stitch, two-thread chain stitch, double in-and-out stitch || **≗stichnähmaschine** *f* / double chain stitch sewing machine || **≗stichnaht** *f* / double chain stitch seam || **≗stoff** *m* (Strick/Wirk) / double warp fabric, simplex *n* (double-faced fabric usually made on two needle-bars of a bearded needle warp-knitting machine) || **≗stuhl** *m*, Doppelkettstuhl *m*, Doppelkettenwirkmaschine *f* (Strick/Wirk) / double warp frame, warp knitting loom with two needle bars, double warp knitting machine, simplex machine
Doppel·kettgarn *n* / double warp || **≗kokon** *m* / twin cocoon (silk) || **≗köper** *m* / double twill, four-end twill || **≗kopfnadel** *f* / double-ended needle, double-headed needle, double-head needle || **≗kopierrädchen** *n* (Näh) / double tracing wheel || **≗krempel** *f* (Spinn) / double card || **≗litze** *f* / double braid || **≗manschette** *f* / fold-back cuff, French

cuff || ~**masche** *f*(Strick/Wirk) / double loop, tuck float, double stitch, tuck loop, tuck stitch, tucked loop, welt float || ~**-Maschenware** *f* / double knit fabrics (made by interlocking the loops from two strands of yarn with a double stitch), double-knit goods, double knits, double-face[d] fabric || ~**mechanik-Strickmaschine** *f* / knitting machine with double mechanism, double system flat knitting machine || ~**mustereinrichtung** *f* / double pattern attachment

doppeln *v*(Spinn) / twist *v*, double *v* || ~ (Gewebe) / double *v*, fold *v* || ~ *v*(Garn) / ply *v*, fold *v*, double *v* || ~ *n* / doubling *n*, folding *n*

Doppelnadel *f* / double-head needle, double-headed needle || ~**barrige Schnelläufer-Raschelmaschine** / double needle-bar high-speed raschel machine || ~**stabstrecke** *f*(DIN 64100)(Spinn) / D.N. draft (double needle draft) *n*, pin drafter, intersecting *n*, intersecting gillbox || ~**walzenstrecke** *f* / double-head porcupine drawing

Doppel·nadler *m*(Spinn) / gill-box with double set of fallers || ~**öffner** *m*(Spinn) / double opener || ~**passage** *f*(Färb, Spinn) / double passage, double pass || ~**pikotband** *n* / double picot elastic braid || ~**planrahmen** *m* / double stenter || ~**platine** *f* / double sinker || ~**plüsch** *m* / double plush || ~**polige Gewirke** / double-pile knitgoods || ~**rakel** *f* / double doctor

Doppelrand *m*(Strumpf) / double top, inturned welt, garter welt, garter top, afterwelt (heavier knitted portion between the leg and welt of women's stockings) *n*, shadow welt, hose top, spliced top, welt *n*, double welt || ~ **am Strumpf** / welt of a stocking || ~ **mit Phantasiemusterung** (Strumpf) / fancy welt || ~**abzugsband** *n*(Strick/Wirk) / welt strap || ~**ansatz** *m*(Strumpf) / shadow welt, spliced top, welt *n*, double welt || ~**bremse** *f*(Strick/Wirk) / welt friction box || ~**einrichtung** *f* / welt turner attachment, welt turning device, welt turning attachment || ~**festigkeit** *f* / welt quality || ~**garn** *n* / welt yarn || ~**nadel** *f*(Strick/Wirk) / welt hook || ~**nadelbeschlag** *m* / welt hook sleeve || ~**rechen** *m*(Strumpf) / hook-up *n* || ~**rechen** (Strick/Wirk) / welt bar, welt hook || ~**schloß** *n* / welt cam || ~**spule** *f* / double-flanged bobbin || ~**stäbchen** *n* / welt rod, welt wire || ~**-Umhängevorrichtung** *f*, Doppelrand-Umhängungsvorrichtung *f* / welt turner attachment, welt turning device, double edge covering device, welt turning attachment || ~**-Umhängevorrichtungsrolle** *f* / welt turner roller || ~**vorrichtung** *f*(Strick/Wirk) / inturned welt mechanism

doppel·reihig *adj* / double-breasted *adj* || ~**reihstich** *m* / double row stitch || ~**riemchen** *n*(Spinn) / double apron || ~**riemchenstreckwerk** *n*(Spinn) / double apron drawing equipment || ~**riet** *n*(Web) / double reed || ~**ripp** *m* / 2/2 rib || ~**rippware** *f*(Gew) / interlock *n*, interlock fabric || ~**rollfuß** *m*(Näh) / double roller presser || ~**röste** *f* / double retting || ~**rücken** *m*(Tepp) / double back || ~**rückenkaschierung** *f*(Beschicht) / double backing || ~**-Rundstrickware** *f* / double knit fabrics (knitted on circular knitting machine), double-knit goods, double knits || ~**sackleinen** *n* / double warp bagging || ~**salz** *n* / double salt || ~**samt** *m* / double velvet || ~**saum** *m* / double seam || ~**schaufliges Rührwerk** / double-blade mixer || ~**schlag** *m*(Web) / double beat-up || ~**schlagmaschine** *f*(Strick/Wirk) / double picker (US) || ~**schlagmaschine** (Spinn) / double scutcher || ~**schlichtmaschine** *f*(Web) / double slasher sizing machine || ~**schloßflachstrickmaschine** *f* / double system flat knitting machine, twin cam flat knitting machine || ~**schloßmaschine** *f* / two-cam knitting machine || ~**schuß** *m*(Fehler)(Web) / double pick, double weft || **rückseitig mit** ~**schuß beschwerter Stoff**, rückseitig mit Doppelschuß verstärkter Stoff / filling-backed fabric || ~**schußeintrag** *m* / double picks insertion || ~**schußfäden** *m pl* / double picks (defect) || ~**schützen** *m* / shuttle with two threads

doppelseitig *adj* / double-faced *adj*, reversible *adj* || ~**er Atlas** / double-faced satin || ~**es Band** / double ribbon || ~**e Beschichtung** (Beschicht) / two-faced coat || ~**es Gewebe** / double-face[d] fabric || ~**er Köper** / fancy twill || ~**e Kreuzspulmaschine** (DIN 63403) / double-sided cross winder || ~**e Maschenware** / double-face[d] knitted fabric || ~**es Rauhen** / fleecy nap on both sides || ~**e Reserve** / double-face[d] resist || ~**e Schußspulmaschine** (DIN 63403) / double-sided pirn winder || ~**er Stoff**, doppelseitige Ware / double-sided fabric, double-face[d] fabric

Doppel·sohle *f*(Strumpf) / double sole, spliced sole, reinforced sole || ~**sohlenfadenführer** *m*(Strumpf) / double-sole thread carrier || ~**sohlvorrichtung** *f* (Strumpf) / double sole attachment || ~**spindel** *f* (Strick/Wirk) / double spindle || ~**spitzeinzug** *m* (Web) / double point drafting || ~**spitzennadel** *f* / double-ended bearded needle, double-headed bearded needle || ~**stäbchen** *n* / double crochet || ~**stander** *m* / pennant *n* || ~**starker Teig** / double-strength paste || ~**steppstichnaht** *f* / double saddle stitch seam || ~**stern** *m*(Färb) / star dyeing machine, star frame || ~**stich** *m* / double stitch || ~**stock-Stranggarnfärbemaschine** *f* / double stick hank dyeing machine || ~**stretchware** *f* / double-stretch articles || ~**stuhlteppich** *m* / face-to-face carpet || ~**stürznaht** *f* / double lap[ped] seam (making up)

doppelt·er Balloneinengungsring / double ring system || ~**er Flottenweg** (Färb) / double liquor flow || ~ **kämmen** / recomb *v* || ~**e Knöpfe** *m pl* (Mode) / link buttons || ~**e Sohle** (Strumpf) / double sole, spliced sole || ~**e Sohlenverstärkung** (Strumpf) / sole-in-sole [splicing] (additional reinforcement in the sole section) || ~**es Strecken** / double drawing || ~ **zwirnen** (Seide) / organzine *v* || ~**beschichtet** *adj* / double-coated *adj*

Doppel·teig *m*(Textdr) / double paste || ~**teppich** *m* / double carpet, face-to-face carpet

doppelt·gefärbt *adj* / double-dyed *adj* || ~**genäht** *adj* / double-sewn *adj* || ~**laufen** *n* **der Watte** / lap licking

Doppelton·artikel *m* / two-tone style || ~**druck** *m* / double-tone printing, two-colour printing, two-tone printing || ~**färben** *n* / two-tone dyeing || ~**konversionsartikel** *m* / two-tone style

Doppeltrikot *m* / double tricot (fabric), lined tricot

Doppeltrommel-Rauhmaschine *f*, Doppeltrommel-Strichrauhmaschine *f* / raising machine with two drums

Doppel·verbindung *f*(Chem) / double bond || ~**vorgespinst** *n* / double roving || ~**walke** *f* / double fulling mill (US) || ~**wandiger Trog** / jacketed trough || ~**wirkware** *f* / double knit fabrics (made by interlocking the loops from two strands of yarn with a double stitch), double-knit goods, double knits, double-face[d] fabric || ≗**wollstoff** *m* **mit gewürfelter Unterseite** / check-back *n*, plaid-back *n* || ≗**zackenstich** *m* / double overlock stitch (making up) || ≗**zungennadel** *f*(Strick/Wirk) / double-ended latch needle, two-latch needle, double latch needle, double-headed latch needle || ≗**zwirn** *m* / double twist || ≗**zwirn** (Spinn) / two-cord *n*, double thread, two-threads *n* || ≗**zwirn** (Kabelfaden) / corded thread, elephant thread || ≗**zwirner** *m* / doubler twister || ≗**zwirnmaschine** *f* / double-twist frame, double-twist machine

Doppelzylinder·automat *m* / automatic double-cylinder knitting machine || ≗**nadel** *f*(Web) / double cylinder needle || ≗**-Rundstrickmaschine** *f* / circular purl [stitch] knitting machine, circular links and links [knitting] machine, double cylinder circular knitting machine || ≗**-Strickmaschine** *f* / double cylinder knitting machine || ≗**-Strumpfautomat** *m* / double cylinder hose machine, automatic double-cylinder hosiery knitting machine

Doppler *m*(Spinn) / doubler *n*

Dopplung *f*(Garn, Tuchh) / doubling *n*

Doria-Streifen *m pl* / doria stripes

Dorn *m* / mandrel *n*, arbor *n*(US), arbour *n*(GB)

Dornenstich *m* / chevron stitch

dörren *v* / desiccate *v*(e.g. flax) || **den Kokon** ~ / bake the cocoon

Dorset-Wolle *f* / Dorset wool

Dosen·spindel *f*(Spinn) / pot spindle || ≗**spinnmaschine** *f*(DIN 64100) / box spinning frame, centrifugal spinning machine, pot spinning frame, can spinning frame

dosieren *v* / dose *v*, meter *v*, measure out

Dosier·gerät *n* / metering device, volumetric measuring device || ≗**maschine** *f* / dosing machine || ≗**pumpe** *f* / metering pump, spinning pump || ≗**rakel** *f*(Beschicht) / doctor *n*, film applicator || ≗**rinne** *f* / metering channel || ≗**stab** *m* **für Maschinen[beschichtungs]auftrag** / metering rod for machine coating

Dosierung *f* / dosage *n*, addition *n*

Dosis *f* / dose *n* || ≗**leistung** *f*(Färb) / quantum efficiency

dotter·gelb *adj* / yolk yellow || ≗**öl** *n* / cameline oil *n*

Double *m*(Doppelgewebe) / double *n*, doubled fabric, backed fabric

Doubleface *m n*(Mantelstoff) / double satin (wool) || ≗ (beidseitig gemusterter Kleiderstoff mit zwei rechten Warenseiten) / double-face[d] fabric || ≗-... (in Zssg.) (Gew) / reversible *n*, double-face[d] fabric || ≗**-Effekt** *m*(Färb) / two-sided effect, two-sidedness *n* || ≗**-Mantel** *m*(Mode) / reversible coat

Doublegewebe *n* / double cloth, double fabric

Double-Jersey *m* / double jersey

Double-tie *n* / double tie

D[o]ublierbruch *m* / doubling fold

d[o]ublieren *v* / double *v*, ply *v*(yarn), fold (yarn) || ~ *v*(Spinn) / twist *v*, double *v* || ≗ *n*(Garn) / doubling *n*, twisting *n* || ≗ **auf der Cottonmaschine** / cotton machine doubling || ≗ **beim Strecken** / drafting doubling

D[o]ublierer *m*(Spinn) / doubler *n*

D[o]ublier-Faltmaschine *f* / doubling and folding machine || ≗**-Kalander** *m* / doubling calender || ≗**-Legemaschine** *f* / doubling and pleating machine, doubling and plaiting machine || ≗**maschine** *f* (Spinn) / doubler *n*, doubler winder, folding frame, doubling frame || ≗**maschine** (Tuchh) / doubling machine || ≗**strecke** *f*(Spinn) / doubling draw frame

d[o]ubliert *adj*(Spinn) / cabled *adj* || ~**es Garn** / doubled yarn, folded yarn || ~**es Glanzgarn** / lace yarn || ~**er Stoff**, d[o]ubliertes Gewebe / doubled fabric, folded fabric

D[o]ublierung *f*(Garn) / doubling *n*

D[o]ublierungszahl *f* / doubling number

D[o]ublierwickelmaschine *f* / doubling and balling machine, folding and rolling machine

Doupion *m* / twin cocoon (silk)

Dowlas *m*(schweres Leinengewebe) / dowlas *n*

Downtwister *m* / downtwister *n*

Drachenblut *n*, Drachenblutharz *n*(Färb) / dragon's blood [resin]

Draht *m*(gröberes Monofil) / technical monofil, wire *n*(monofilament) || ≗**arm** *m*(Spinn) / wire arm || ≗**band** *n*(Spinn) / wire gauze ribbon || ≗**bügeldecke** *f* / wire ironing cloth || ≗**erteilung** *f* (Spinn) / twisting *n* || **durch Kompression in Querrichtung zur Längsachse expandierbare** ≗**geflechtröhre** / flex tube || ≗**gewebe** *n*(Vliesst) / screen fabric || ≗**konstante** *f* / constant number for twist, twist constant of yarn || ≗**litze** *f*(Web) / wire heald, wire heddle || ≗**nadel** *f*(Kard, Strick/Wirk) / wire latch needle, wire needle || ≗**nitschelhose** *f* (Spinn) / rubber made of wire netting || ≗**öse** *f* / wire eyelet || ≗**platine** *f* / wire hook || ≗**verteilung** *f* (Spinn) / distribution of twist || ≗**wechselzahnrad** *n* (Spinn) / torque change wheel, twist change wheel || ≗**wirtel** *m*(Spinn) / rim wheel, rim pulley || ≗**zahl** *f* / twist factor, twist multiplier, twist value, constant number for twist

Drall *m*(allg) / twist *n* || ≗ (Spinn) / coefficient of twist || **ohne** ≗ (Spinn) / free from twist || ≗**apparat** *m* (Spinn) / torsion apparatus || ≗**apparat** / twist counter, twist tester || ≗**berechnung** *f*(Spinn) / twist calculation || ≗**beruhigung** *f*(Spinn) / twist deadening || ≗**beruhigungsprüfer** *m*(Fil) / torque stabilizing tester, twist relaxing tester || ≗**bestimmung** *f* / twist testing || ≗**erhöhung** *f* / increase of twist || ≗**erteilung** *f* **über dem Nullpunkt** / twist insertion above the zero-twist point || ≗**fixieranlage** *f* / twist setter || ≗**fixieren** *n*, Drallfixierung *f* / twist setting || ≗**fixierung** *f* **durch Dämpfen** / twist setting by steaming || ≗**geber** *m* (Web) / false twist spindle || ≗**geberrichtung** *f* / rotation of twisting element || ≗**geometrie** *f* / twist geometry || ≗**höhe** *f* / twist level || ≗**konstante** *f* / twist constant of yarn || ≗**-Lebendigkeit** *f* / twist liveliness (card) || ≗**messer** *m* / twist counter, twist tester || ≗**regulierung** *f* / twist control || ≗**richtung** *f* / twist direction, twist sense || ≗**richtung des Kräuselgarns**, Dralltendenz *f* von texturiertem Garn / torque direction of textured yarn, torque of textured yarn || ≗**verlust** *m* / loss of torque (yarn), loss of twist (yarn) || ≗**verteilung** *f* / twist distribution || ≗**wechselzahnrad** *n*(Spinn) / twist change wheel || ≗**zwirn** *m* / cabled yarn

Drängbügel *m* / presser bracket

Drap-de-soie *m* / drap-de-soie *n*(Fr) (a skein-dyed or piece-dyed silk fabric made on a small twill weave)

Drapeometer *n* / drapeometer *n*

Draperie *f* / drape *n*(of a fabric), draping *n*

drapieren *v* / drape *v*

Drapierfähigkeit *f* / drapeability *n*, draping property, flexural rigidity

Drapierung *f* / draping *n*

Drapierverhalten *n*, Drapiervermögen *n* /

drapeability *n*, draping property
Draufreihe *f* (Strick/Wirk) / roving course, ravel[ling] course
Draves-Prüfung *f* / Draves test (to evaluate efficiency of wetting-out and penetrating agents)
Dreh·bewegung *f* **des Zylinders** / circular movement of the cylinder || **≗bottich** *m* / rotating tub || **≗düse** *f* / rotary nozzle
Drehen *n* **der Spindel** (Spinn) / turn of the spindle
Dreher·bindung *f* / cross weave, leno weave, rotary weave, gauze weave, doup weave || **≗fach** *n* / leno shelf || **≗faden** *m* (Web) / doup end, leno thread, crossing thread, right-hand thread || **≗faden** (Strick/Wirk) / turning thread || **≗gewebe** *n* / gauze cloth, gauze fabric, leno, leno cloth, leno fabric || **≗grundlitze** *f* / leno ground heddle || **≗kante** *f* / leno selvedge || **≗kette** *f* / doup warp || **≗leiste** *f* / leno selvedge || **Einrichtung für ≗leiste** / false selvedge device || **≗litze** *f* / gauze heddle, doup heald, doup heddle, leno heddle || **≗schaft** *m* / doup warp heald frame || **≗weben** *n* / leno weaving || **≗webgeschirr** *n* / leno harness || **≗webmaschine** *f* / leno loom || **≗werk** *n* (Web) / gauze harness, doup harness
Dreh·faden *m* / crossing thread, doup end, doup thread, whip thread || **≗kanne** *f* (Spinn) / coiler *n*, mason *n* || **≗kette** *f* / crossing warp || **≗kettenstuhl** *m* (Strick/Wirk) / rotary shaft machine || **≗ladenwechsel** *m* / circular box motion || **≗platine** *f* (Jacquardmaschine) / twisting hook || **≗richtung** *f* / direction of rotation || **≗richtung** (Spinn) / direction of twist || **≗richtung des Drallgebers** / direction of spindle rotation || **≗röhrchen** *n* (Spinn) / revolving tube || **≗seide** *f* / twisted silk || **≗stababtrockner** *m* / rotating rod drier || **≗stäbchen** *n* (Spinn) / revolving rod || **≗stabtrockner** *m* / revolving drier || **≗streckwerk** *n* (Spinn) / draw-twister head, twisting drawing frame || **≗teller** *m* (Spinn) / revolving plate || **≗topf** *m* (Spinn) / revolving can, coiling can, coiler can || **≗topfvorrichtung** *f* (Spinn) / coiler *n* || **≗trichter** *m* (Spinn) / revolving funnel, rotating funnel, revolving trumpet
Drehung *f* / twist *n* || **≗** (Ummantelung) / wrap *n* || **≗ beim Fachen** (Strick/Wirk) / plying twist || **≗ des Garns bei der rotierenden Aufwickelvorrichtung** / traverse pitch (yarn winding) || **≗en im Schußgarn** (Web) / filling twist, weft twist || **≗en pro Meter** / turns per metre || **≗en pro Zoll** / turns per inch
Drehungs·beiwert *m* / twist factor || **≗berechnung** *f* (Spinn) / twist calculation || **≗bestimmung** *f* / twist testing || **≗erhöhung** *f* / increase of twist || **≗fehler** *m* / mixed twist || **≗festigkeit** *f* / strength of twist || **≗fixieranlage** *f* / twist setter || **≗fortpflanzung** *f* (Spinn) / twist communication || **~freier Textilglasroving** (DIN 61850) / no-twist glass roving || **≗grad** *m* (Spinn) / hardness of twist || **≗höhe** *f* / twist level || **≗koeffizient** *m* (Drall) (Spinn) / twist factor, twist value, twist multiplier, coefficient of twist, torque multiplier || **≗konstante** *f* / twist constant of yarn || **≗linie** *f* / spiral of twist
drehungslos *adj* / free from twist, zero-twist *adj*, twistless *adj*, twist-free *adj* || **~es Garn** / zero-twist yarn || **~es Spinnen** / twistless spinning
Drehungs·messer *m* / twist meter, twist tester, twist counter, torsion tester || **≗messung** *f* / twist measurement || **≗moment** *n* / twisting moment || **≗regulierung** *f* / twist control || **≗richtung** *f* / twist direction, direction of twist, twist sense || **≗stärke** *f* (Spinn) / hardness of twist || **≗verteilung** *f* / twist distribution || **≗winkel** *m* / twist angle (yarn), helix angle || **≗zahl** *f* / number of turns per inch, twist multiplier, twist factor, twist value, number of turns per centimetre || **≗zähler** *m* / twist counter, twist tester
Drehwerk *n* **für Töpfe** / can coiler
Drehzahl *f* **pro Zoll** / twists per inch
drei·armiger Schläger (Spinn) / three-bladed beater || **≗badwaschbatterie** *f* / three-bowl scour unit || **~bindiger Kettköper** / three-leaf weft twill || **~bindiger Köper** / Genoa twill, three-shaft twill, three-leaf twill, three-harness twill, three-end twill || **~dimensionale Kräuselung** (Fasern) / three-dimensional crimp || **~drähtiges Effektgarn** / chain yarn
dreieckiger Hut / cocked hat
Dreieckstich *m* / arrowhead stitch
Dreier-Gruppe *f* (Färb) / combination of three dyestuffs
Dreietagenzwirnmaschine *f* (Spinn) / three-stage doubling machine
dreifach·es Druckzeug (Strick/Wirk) / triple rocker || **~es Effektgarn** / chain yarn || **~es Garn** / three-cord *n*, three-ply yarn, three-ply thread || **~es Gewebe** / s. Dreifachgewebe || **≗decker** *m* (Strick/Wirk) / three-point fashioning finger || **≗düse** *f* / triple nozzle || **≗garn** *n* / three-ply yarn, three-cord *n*, three-ply thread || **≗gewebe** *n* (nach Art der Doppelgewebe verbundes drei- und mehrfaches Gewebe für Gurte, Riemen, Förderbänder, seltener für Kleiderstoffe und Decken) / treble cloth, triple fabric || **≗zwirn** *m* / cable thread, three-cord twist
Dreifaden·führerwechselapparat *m*, Ringless-Apparat *m* (Strick/Wirk) / three-carrier alternating attachment, ringless attachment || **≗strumpf** *m* / three-ply stocking
dreifädig *adj* (Spinn) / three-cord *adj*, three-leaved *adj*, three-ply *adj*, treble twisted, three-leaf *adj* || **~es Garn** / three-cord *n*, three-ply yarn, three-ply thread || **~e Overlocknähmaschine** / three-thread overlock machine || **~er Zwirn** (Spinn) / three-cord twist
Drei·farbendruck *m* / three-colour print || **≗farbenjacquard** *m* / three-colour jacquard || **≗farbenmischung** *f* / three-colour combination dye || **≗farben-Ringelapparat** *m* / three-colour striping tackle || **≗farben-Rouleauxdruckmaschine** *f* / three-colour roller printing machine || **~farbiges Muster** / three-colour pattern || **≗fasermischung** *f* / three-fibre union || **≗filterkolorimeter** *n*, Dreifilter-Farbtonbestimmungsgerät *n* / tristimulus colorimeter || **≗fingerhandschuh** *m* (DIN 61532) / three-finger glove || **~flechtige Tresse** / triple strand braid || **≗flottenwäsche** *f* / three-bath scour || **≗komponentensystem** *n* / tertiary system, ternary system, three component system || **≗köperbindung** *f* / long crimp weave, triple warp twill weave || **≗kopfbeschichtungsanlage** *f* / three-station coating line, tridem coating line || **≗krempelsatz** *m*, Dreikrempelsortiment *n* / three-card set, three-part card set, triple unit carding set
dreilappig *adj* / trilobal *adj*, trilobate *adj*, trilobated *adj*, trilobed *adj* || **~er Querschnitt** / trilobed cross

section || ~**es Synthesegarn** / trilobal yarn
dreilitzig *adj*(Spinn) / three-strand *adj*, three-stranded, adj.
Dreinadel·deckstich *m* / three-needle cover stitch || ≈**nähmaschine** *f* / three-needles sewing machine || ≈**randnaht** *f*(Strick/Wirk) / three-needle flat seam || ≈**stuhl** *m*(Strick/Wirk) / three-needle frame || ≈**stuhl** (Web) / three-needle [hose] frame
dreireihige Noppe / three-course knop
dreischäftig *adj*(Spinn) / three-strand *adj*, three-stranded, adj. || ~**er Bindfaden** / three-strand twine || ~**er Kettköper** / three-leaf weft twill || ~**er Köper** / three-end twill, three-shaft twill, three-leaf twill, three-harness twill
drei·schienige Polwirkware / three-bar warp-knitted pile fabric || ≈**schloßmaschine** *f*(Strick/Wirk) / three-cam machine, three-lock machine || ≈**schuß** *m*(Tepp) / three-shot *n* || ≈**schußbindung** *f* (Web) / three-weft binding || ≈**spitz** *m*(Hut) / tricorne hat || ≈**stoffsystem** *n* / tertiary system, ternary system || ~**strähnig** *adj*(Spinn) / treble twisted, three-cord *adj* || ~**strähniges Garn** / three-ply yarn, three-cord *n*, three-ply thread || ≈**strich-Anlage** *f*(Beschicht) / three-layer unit || ≈**-Stufen-Plüsch** *m* / triple stage plush || ~**systemiger Rundstrickstrumpfautomat** / circular automatic hosiery machine, three-feed pattern || ≈**trogfoulardanlage** *f* **mit Gummiwalzen** (Färb) / three-bowl padding mangle unit equipped with rubber rolls
dreiviertel Yard breite (27 Inch) Stoffe / three-quarter goods
dreiviertellange Socke / three-quarter length sock
Dreiviertelstrumpf *m* / three-quarter hose
Dreiwalzen·abzug *m* **mit Breithalter** / three-roller take down with fabric spreader || ≈**bäummaschine** *f*(Web) / three-roller warping machine || ≈**foulard** *m*(Färb) / three-bowl [padding] mangle, three-roll [padding] mangle || ≈**foulardanlage** *f* **mit Gummiwalzen** (Färb) / three-bowl padding mangle unit equipped with rubber rolls || ≈**kalander** *m* / three-roll calender || ≈**quetschsystem** *n* / squeeze unit of three rollers || ≈**stuhl** *m*(Pigmentmahlen) / three-roller mill || ≈**transparentprägekalander** *m* / three-bowl transparency embosser
dreiwertiges Chromsalz / tripositive chromium compound
Dreizylinder·baumwollspinnen *n* / three-cylinder cotton spinning || ≈**garn** *n*(Spinn) / three-cylinder yarn, three-roller yarn, cotton-spun yarn || ≈**spinnen** *n* / three-cylinder spinning || ≈**spinnerei** *f* / three-roller spinning mill || ≈**streckwerk** *n* (Spinn) / three-line drafting system
Drell *m*, Drillich *n* / [woven] drill, ticks *pl*, ticking *n*, huck *n*, huckaback *n* || ≈**-Bettinlett** *n* / drill ticking, ticking *n* || ≈**satin** *m* / drills *pl*, satin drill
dressieren *v* / style *v*
Dressier·maschine *f* / shaping machine (making-up) || ≈**presse** *f* / shaping press (making-up)
Dressman *m* / male mannequin, male model
Drill (Kettköper 2/1) / [woven] drill
Drillich *m*(Web) / crash *n*, ticks *pl*, ticking *n* || ≈**anzug** *m* / fatigues *pl*(US), fatigue clothes (US), dungarees *pl*, cotton twill overalls *pl*
Drillier·franse *f* / twisted fringe || ≈**fransenmaschine** *f* / machine for twisted fringes
drip-dry *adj* / drip-dry *adj*
Drittelton *m*(Färb) / one-third tone
Driver *m*(Beschicht) / driver *n*, penetrator *n*, introfier *n*
Drogett *m*(grober Wollstoff) / drugget *n*(used as a protection for carpets)
Drossel *f*(DIN 63602), Drosselmaschine *f*(Spinn) / throstle *n*, ring frame, ring spinner, ring spinning frame, ring spinning machine || ≈**garn** *n* / throstle yarn, ring-spun yarn || ≈**spinnerei** *f* / ring spinning, frame spinning || ≈**spinnmaschine** *f*, Drosselstuhl *m*(Spinn) / ring [spinning] frame, ring spinning machine, throstle *n*, ring frame, ring spinning frame
Droussette *f* / willow for hard-twisted thread waste
Droussieren *n*(fadenreines Aufschließen von vorgeöffnetem Reißmaterial auf der Droussierkrempel) (Spinn) / precarding opening
Droussierkrempel *f*(DIN 64100) (Spinn) / opener card for hard-twisted thread waste, scribbler card (Gilljam type), waste opener, garnett machine, hard waste breaker || ≈ **für Spinnstoffaufbereitung** (DIN 64100) / willow for fibre preparing
Druck *m* / print *n*, printing *n* || ≈ **auf Garnscharen** (Space-Dyeing) / printing on webs of yarn || ≈ **auf Kammzug** / top printing, printing of top || ≈ **in hellen Farbtönen** / pale strength print || ≈ *n* **in mittleren Farbtönen** / medium strength print || ≈ *m* **in tiefen Farbtönen** / full shade print, full strength print || **an der Stoffrückseite sichtbare** ≈**e** / bang-thro' prints || **Metallpulver enthaltende** ≈**e** / metallic prints || ≈**ansatz** *m* / printing paste, print paste, dyestuff batching || ≈**ansatzbehälter** *m*(Färb) / pressure batching container || ≈**artikel** *m* / printed fabrics, printed goods || ≈**auflage** *f* / printing support || ≈**ausfall** *m* / result of printing, resultant print || ≈**ausgleich** *m* / equalization of pressure || ≈**avivage** *f*(Ausrüst) / pressure brightening || ≈**beanspruchung** *f* / compressive stress || ≈**belastung** *f* / compression load || ≈**beuche** *f* / kier-boiling under pressure || ≈**bild** *n* / print image || ≈**bleiche** *f* / pressure kier bleaching || ≈**breite** *f* / printing width || ≈**dämpfer** *m*(Färb) / pressure steamer, pressure steaming machine || ≈**dämpfer-Fixierverfahren** *n*(Färb) / pressure steamer setting method || ≈**dampffärben** *n* / pressure-steam dyeing || ≈**dampffixierung** *f*(Färb) / pressure-steam setting || ≈**dämpfverfahren** *n* (Färb) / pressure steaming method, steam printing process || ≈**decke** *f*, Walzenbezug *m*(Textdr) / printing blanket, rubber blanket, [print] back cloth, endless blanket, undercloth *n*, backing cloth, printer's blanket, blaquet *n* || ≈**düsensystem** *n*(Färb) / pressure jet system || ≈**einheit** *f*(Textdr) / rapport *n* || ~**empfindlich** *adj* / sensitive to pressing
drucken *v* / print *v* || ≈ *n* / printing *n*
Druckereihilfsmittel *n* / printing additive, printing auxiliary, printing assistant
Druckerfarbe *f* / printing colour
Drückerfußheber *m* / presser foot lifter
Druck·erholung *f*(Tepp) / resilience *n* || ≈**falte** *f* / pressure crease || ≈**farbe** *f*(Textdr) / printing ink, textile ink, printing colour || ≈**färbeanlage** *f* / pressure dyeing plant || ≈**färbeapparat** *m*(Färb) / pressure dyeing apparatus || ≈**färbekufe** *f*(Färb) / pressure beck || ≈**färbemaschine** *f* / pressure dyeing machine || ~**färben** *v* / dye under pressure || ≈**farbstoff** *m* / printing dye || ~**fertiges Küpenpräparat** / ready-made vat-dye

preparation || ~**fest** *adj*(Tepp) / crush-resistant *adj* || ²**festigkeit** *f* / compressive strength (foam) || ²**filz** *m*(allg) / cotton felt || ²**filz** (Textdr) / printing felt, print back cloth, rubber blanket, undercloth, backing cloth, printer's blanket, printing blanket || ²**fläche** *f* / printed area, printed portion, printing area || ²**fond** *m* / printing background, printing ground || ²**form** *f* / printing block, printing mould || ²**gang** *m* / printing pass || ²**gefäß** *n* / autoclave *n* || ²**grund** *m*(Textdr) / printing ground || ²**harz** *n* / printing resin || ²**jigger** *m*(Färb) / pressure jig || ²**kalander** *m* / swissing calender || ~**kalandern** *v* / swiss *v* || ²**kalandern** *n* / swissing *n* || ²**kattun** *m* / printed calico *pl* || ²**knopf** *m*(Näh) / press fastener, snap-fastener *n*, press stud, patent fastener || ²**knopf-Stichsteller** *m*(Näh) / push-button feed regulator || ²**kochen** *n* / boiling under pressure || ²**kochung** *f* / pressure boiling || ²**konsistenz** *f* / printing consistency || ²**konzentrat** *n* / printing concentrate || ²**küpenfarbstoff** *m* / printing vat dyestuff || ²**lack** *m*(Transdr) / overprinting varnish

Druckluftkratzenreiniger *m* / pneumatic card stripper

Druck·maschine *f* / printing machine || ²**mitläufer** *m* / print back cloth, rubber blanket, undercloth *n*, backing cloth, printer's blanket, printing blanket || ²**mitläufer aus Rohware** / print back grey, bump *n* || ²**model** *m* / block printing equipment, block model, printing mould, printing block || ²**modul** *m* / compressive modulus || ²**motiv** *n* / motif for printing, print pattern || ²**muster** *n* / print pattern, printing pattern, printing design || ²**nachbehandlung** *f* / aftertreating printed goods || ²**nachwäsche** *f* / washing off, washing subsequent to printing || ²**öl** *n* / printing oil || ²**passage** *f* / printing pass

Druckpaste *f* / print paste, printing paste || ² **auf Alginatverdickungsbasis** / printing paste on alginate thickening basis || ² **auf Halbemulsionsbasis** / printing paste on semi-emulsion basis

Druckpasten·ansatz *m*, Druckpastenformulierung *f* / print paste, printing paste || ²**stabilität** *f* / printing paste stability

Druck·perkal *m* / printed calico || ²**prüfung** *f* / compression testing || ²**rapport** *m*(Textdr) / rapport *n* || ²**schablone** *f* / printing screen, printing stencil

Druckschärfe *f*(Textdr) / sharpness of outline (of the print) || **Einbuße** *f* **an** ² (Textdr) / loss in "mark", loss of sharpness

Druck·schleuse *f*(Färb) / pressure lock || ²**spindel** *f* / printing spindle || ²**stab** *m*(Spinn) / pressure bar || ²**stange** *f*(Näh) / presser bar || ²**stelle** *f* / printed portion, printing area || ²**stock** *m*(Textdr) / hand block || ²**stoffe** *m pl* / printed fabrics *pl* || ~**technische Eigenschaften** *f pl* / printing properties || ²**tiefe** *f* / depth of print || ²**tisch** *m* / printing table || ²**tischwagen** *m* / printing car || ²**topf** *m* / pressure cooker || ²**träger** *m*(Textdr) / printing carrier, stock *n* || ²**trockenmaschine** *f* / pressure drier, pressure drying apparatus || ²-**Trockenprozeß** *m* / print dry process || ²**trockner** *m*(DIN 64990) / printing drier || ²**trockner für Kettbäume** / pressure drier for beams || ²**trockner für Kreuzspulen** / pressure drier for cross-wound packages || ²**trog** *m* / printing trough || ²**trommelfärbemaschine** *f* / pressure drum dyeing machine

Drucktuch *n*(Textdr) / backing cloth, print back cloth, rubber blanket, undercloth, printer's blanket, printing blanket || ²**wäscher** *m*(Textdr) / blanket washer || ²**wäscherei** *f* / back-grey washing plant || ²**waschmaschine** *f* / printer's blanket washing machine || ²**waschvorrichtung** *f* / washing device for back greys

druck·unempfindlich *adj*(Beschicht) / insensitive to pressure || ²**unterlage** *f*(Pigm) / impression bed || ²**verdickung** *f* / printing gum, printing thickener || ²**verfahren** *n* **mit Harnstoff** / urea printing method || ²**verfahren mittels durch Hitze übertragener Papierabziehbilder** / printing method by means of heat-applied paper transfers || ²**verformungsrest** *m* **nach konstanter Verformung** (Matpr) / compression set after constant deformation || ²**vorschrift** *f* / printing instructions *pl* || ²**wagen** *m*(Textdr) / carriage *n*, printing trolley || ²**walke** *f* / crank fulling mill || ²**walze** *f* / printing roll[er] || ²**walzenabstreicher** *m* / lint blade || ²**walzenbezug** *m* / cot *n*, drawing roll covering || ²**ware** *f* / printed fabric, printed materials *pl* || ²**wäsche** *f* / washing process in connection with printing || ²**widerstandsvermögen** *n* **von Polgeweben** / resistance of pile fabrics to pressure || ²**zeug** *n*, Rahmenhebeldruckzeug *n*(Strick/Wirk) / cradle rocker || ²**zeug** (Strumpf) / slackening cam || ²**zeug für Innenverstärkung** (Strick/Wirk) / inside splicing rocker || ²**zylinder** *m*(Spinn) / printing cylinder || ²**zylinderbezug** *m*(Spinn) / top roller covering

dschungelgrün *adj* / jungle green

dtex (Garnsortierung nach dem Tex-System) / decitex *n*

dublieren *v* s. doublieren

Duchesse *f* / duchesse *n* (a silk or rayon material popular in the dress goods trade) || ²-**Spitze** *f* / duchesse lace, Bruges lace

Duck *m* (grobfädiges, starkes Baumwollgewebe in Leinwandbindung) (Gew) / duck *n* || ² **für Gummistiefel** / boot duck || **mit Paraffinpräparat imprägnierter** ² / paraffin duck

Düffel *m* (Doppelbarchent) (Gew) / duffel *n*, duffle *n*

Dufflecoat *m* (dreiviertellanger Sportmantel) / duffel coat, duffle coat

Duffmaschine *f*(Web) / continuous finishing machine

duktil *adj* / ductile *adj*, stretchable *adj*

Duktilität *f* / ductility *n*, stretchability *n*

Duktor *m* / colour ductor

Dumpalme *f* / corozo palm

dunkel *adj*(Farbton) / dark *adj*, deep *adj*, heavy *adj* (of shade) || ~ **färben** (Färb) / darken *v*, sadden *vt* || **dunkle Färbung** / full dyeing, deep dyeing

dunkelblau *adj* / Oxford-blue *adj*, dark blue, mazarine *adj* || ~**er Purpur** / royal purple || ~**er Wollfries** / pilot-cloth *n* (thick blue woollen cloth for seamen's coats etc.)

dunkel·braun *adj* / dark brown, umber *adj* || ~**farbig** *adj* / dark-coloured *adj* || ²**färbung** *f* / dark dyeing, darkening *n* || ~**grau** *adj* / clerical grey *adj* || ~**grauer Anzug- oder Mantelstoff** (Gew) / Oxford grey, thunder and lightning || ~**grün** *adj* / bottle-green *adj*

dunkeln *v*(Färb) / darken *v*, sadden *v*

Dunkler Pelzkäfer (Attagenus piceus) / black carpet beetle (attagenus piceus), carpet beetle, fur beetle

dünn·es Garn / fine count yarn || **~e Gewebestelle** / loosely woven area || **~e Schnur** / fine string, knittle *n* || **~e Stelle** (im Garn) / thin place *n* (in yarn), snick *n*, gall *n*, nip *n* (in yarn) || **~flüssig** *adj* / mobile *adj*, low-viscosity *adj* || **~gesponnen** *adj* / fine-spun *adj* || **≗schichtchromatographie (DC)** *f* / thin-layer chromatography (TLC)
Duodeckmaschine *f* (Strick/Wirk) / duo-narrowing machine
Duplex·apparat *m* (Textdr) / reversible machine || **≗druck** *m* / double-face printing, duplex print[ing] || **≗druckmaschine** *f* / duplex printing machine || **≗-Filmdruckmaschine** *f* / duplex screen printer, duplex screen printing machine || **≗ware** *f* / duplex fabric
Dupliermaschine *f* / multiple spooling machine
Du-Puy-Spitze *f* / Du Puy [lace]
Durchbluten *n* (Färb, Druck) / bleeding *n*
Durchbrenn·verhalten *n* / flame penetration behaviour || **≗zeit** *f* / burn-through time
durchbrochen *adj* / open-work *adj*, open-worked *adj* || ~ (Web) / open *adj* || **~e Arbeit** / filigree *n*, open-work *n* || **~es Band** / open-work trimming || **~e Borte** / ladder braid, lattice braid || **~er Effekt** / open-work effect || **~e Gaze mit Jacquardmusterung** / jacquard à jour (Fr) || **~ gearbeitet** / open-work *adj*, open-worked *adj* || **~ gestrickt** / open-knit *adj* || **~es Gewebe** / open-work fabric || **~e Kettenware** / lace warp fabric, lace fabric, filet fabric, filet *n*, à jour fabric || **~e Kettenwirkware** / open-work warp-knit goods *pl*, mesh tricot || **~es Muster** / open-work pattern || **~e Stellen** *f pl* / jours *pl* (Fr) || **~er Stoff** / netting fabric, lace fabric, filet fabric, open-work fabric, à jour fabric || **~e Ware** / lace fabric
Durchbruch·arbeit *f* / cagework *n*, open-work *n*, filigree *n*, drawnwork *n*, filet work || **mexikanische ≗arbeit** / Mexican drawnwork || **≗effekt** *m* / open-work effect || **≗gewebe** *n* / open-texture weave, open fabric, open structure fabric, open weave || **≗muster** *n* / open-work pattern || **≗stickerei** *f* / cutwork *n*, open-work embroidery
durchdringen *v* (Beschicht) / penetrate *v* || ~ *vt* (Faser) (Färb) / engrain *v* || **≗** *n* / penetration *n*
Durchdringungs·hilfsmittel *n* / penetration auxiliary || **≗messer** *m* / penetration tester || **≗mittel** *n* / penetrant *n*, penetrating agent || **≗vermögen** *n* / penetrating capacity
Durchdruck *m* (Textdr) / penetration of the print, good penetration, through printing
durchdrungen, gut ~e Färbung / well-penetrated dyeing
durchentwickelt *adj* (Färb) / fully developed
Durchfärbe·fähigkeit *f* / property of dyeing thoroughly || **≗hilfsmittel** *n*, Durchfärbemittel *n* / penetrating agent, penetrant *n*
durchfärben *v* / dye completely, penetrate *vt* || **≗** *n* / penetration of the dyestuff
Durchfärbevermögen *n* / property of dyeing thoroughly || **≗ des Farbstoffs** / penetrating power of the dyestuff
Durchfärbung *f* / dye penetration, dyestuff penetration || **≗ der Garnlagen am Spulenkopf** / complete dyeing penetration of the yarn layers at the spool head || **≗ der Nähte** (Färb) / seam penetration
Durchfeuchten *n* / wetting-out *n*
durchfließen *vi* / pass *vi*
Durchfluß *m* (Färb) / pass *n*, passage *n* (of liquid) || **≗geschwindigkeit** *f* / throughput rate || **≗kurve** *f* / filtration curve || **≗menge** *f* / throughput, flow volume (water, steam) || **≗mengenmesser** *m*, Durchflußmesser *m* / liquid meter
durchgabeln *v* (Wolle) / rake *v*
Durchgang *m* (Spinn) / head *n* || **≗** (Färb) / pass *n*, run *n*
durchgefärbt *adj* / completely dyed
durchgeknöpftes Kleid (Näh) / button-through dress
durchgemustert *adj* / open-knit *adj* || **~er Druck** / allover print
durchgenähte Naht (eines Segels) / monk's seam
durchgrinsen *v* (Färb) / grin through || ~ (Textdr) / strike through || **≗** *n* / strike-through *n*
durchhängen *v* / sag *v* || **≗** *n* / sagging *n*
durchhängend *adj* / sagging *adj*
durchheften *v* (Matratzen usw.) / tuft *v*
Durchhülse *f* / paper-through tube
durchimprägnierte Ware / fully impregnated material
Durchkaschieren *n*, Durchkaschierung *f* (Beschicht) / penetration of the binder into substrate, through coating, striking through effect, "banging through" effect
durchknöpfbar *adj* / coating-style *adj* (shirt)
durchlässig *adj* / permeable *adj*, transparent *adj*
Durchlässigkeit *f* / permeability *n*, transparency *n*, transmissivity *n*
Durchlässigkeits·grad *m* (Kol) / transmittance *n* || **≗kurve** *f* (Kol) / transmittance curve || **≗prüfgerät** *n* / permeability tester
Durchlauf *m* (Färb) / pass *n*, run *n*, passage *n* (of liquid), turn *n*, end *n* || **≗bügelmaschine** *f* / through-feed plating machine || **≗dämpfer** *m* / tunnel steamer
durchlaufen *vi* / pass *vi*
durchlaufend·er Köper / continuous twill || **~es Muster** / continuous pattern, continuous design
Durchlauf·erhitzer *m* / flow heater || **≗geschwindigkeit** *f* / speed of passage, throughput rate || **≗geschwindigkeit der Ware** / speed of the goods || **≗trockner** *m* / continuous drier, continuous drying machine, tunnel drier || **≗zeit** *f* (Färb) / duration of passage, throughput time
durchlüften *v* / air *vt*
Durchlüftungstrockner *m* / drier with circulating air
Durchmesser *m* **der Rundstrickmaschine** / circular knitting machine diameter
durchmischen *v* / mix thoroughly
Durchmischung *f* / intimate blend, intimate mixture
durchnähen *v* / sink-stitch *v*, quilt *v*
Durchnähgarn *n* / Blake thread
durchnähte Arbeit / quilting *n*
Durchnässen *n* / wetting-out *n*
durchnetzen, eine Mischung ~ / wet out a mixture || **≗** *n* / wetting-out *n*
Durchpreßbarkeit *f* (Druckpaste) (Siebdr) / flowing properties *pl* (print paste)
durchpressen *v* / force through
durchrauhen *v* / raise thoroughly
durchreiben *v* (sich) / fray *v*
durchreib·fest *adj* / fast to rubbing through || **≗festigkeit** *f* / fastness to rubbing through
durchrühren *v* / mix thoroughly
durchsacken *v* / sag *v*
Durchsatz *m* / capacity *n* (of dyeing apparatus), flow volume (water, steam), throughput *n* ||

≗geschwindigkeit *f* / throughput rate
Durchschäumen *n* / foam impregnation
durchscheinen *v*(Färb) / show through, shine through, grin through || ≗ *n*(Färb) / show-through *n*
durchscheinend *adj* / sheer *adj*, translucent *adj* || **~es Gewebe**, durchscheinender Stoff / sheer fabric, sheer *n*
durchschießen *v*(Web) / cross the shuttle, ply the shuttle || **den Webfaden ~** (Web) / batten *v* || ≗ *n* **des Webfadens** (Web) / battening *n*
durchschlagen *v*(Färb) / bleed through, show through || ~ (Textdr) / strike through || ≗ *n*(Färb, Druck) / bleeding *n*, strike-through *n* || ≗ **der Paste** (Beschicht) / penetration of the coating paste into the fabric || ≗ **der Streichlösung** / penetration of the coating solution
durchschnittliche Stapellänge / staple *n*
Durchschnitts·nummer *f* / average count (of yarn), medium count || ≗**polymerisationsgrad** *m* / average molecular factor || ≗**titer** *m* / medium titre
durchschossen *adj* / shot *adj*, shot-through *adj*
Durchschuß *m*(Web) / abb *n* (filling pick), filling *n* (US), woof *n*(GB), weft insertion, weft (threads across width of fabric) *n*, pick *n* || ≗**apparat** *m* (Web) / inlaying apparatus
Durchsehtisch *m*(DIN 64990) / inspection table
Durchsicht *f* **einer Färbung** (Färb) / underhand appearance, undertone *n*, show-through *n*
durchsichtig *adj* / transparent *adj* || **~e Beschichtung** / transparent coating || **~e Bluse** / see-through blouse || **~es Gewebe** / sheer fabric || **~e Stoffe** *m pl* / see-through fabrics, diaphanous fabrics, sheer fabrics || **~er Taft** / tissue taffeta
Durchsichtigkeit *f* / sheerness *n*, transparency *n*
durchsieben *v* / sift *v*, screen *v*
durchspülen *v* / rinse *v* || ≗ *n* / rinse *n*
durchstochen·er Kokon / pierced cocoon || **~es Muster** / pricked pattern
durchströmen *vi* / pass *vi*
Durchströmtrockner *m* / rapid package drier
Durchströmungsgeschwindigkeit *f* **der Flotte** / liquor passage flow rate
durchtränken *v*(Färb) / deep-dye *v*, engrain *v* || ~ (allg) / saturate *v*, impregnate *v* || ≗ *n*, Durchtränkung *f* / saturation *n*
durchtreiben *v* / force through (liquor)
durchwalken *v* / full thoroughly (US)
durchweben *v* / weave closely, work in, weave tightly
durchwebt *adj* / shot *adj*, shot-through *adj*
durchweichen *v* / soak *v* || ≗ *n* / soaking *n*
durchwirken *v* / interweave *v*, interlace *v*, shoot *v*
durchwirkt *adj* / shot *adj*, shot-through *adj*
durchziehen, Faden ~ / pass through (a thread)
Durchziehnadel *f* / broach *n*, bodkin *n*
Durchzug *m*(Spinn) / head *n*
Durchzugs·dauer *f* / duration of passage || ≗**faden** *m* / interwoven thread || ≗**farbe** *f*(Web) / colour to be interwoven || ≗**oberwalze** *f* / slip draft top roller || ≗**strecke** *f*(DIN 64100)(Spinn) / slip-drafter *n* || ≗**walze** *f*(DIN 64050) / slip draft roller
Düse *f* / die *n* (extruding), atomizer *n*, nozzle *n*
Düsen·austritt *m*(Extr) / orifice *n* || ≗**austritt** / outlet *n* (nozzle) || ≗**bändchen** *n* / extruded ribbon || ≗**belüftung** *f* / nozzle-type counter-current airing || ≗**blasverfahren** *n* **für Stapelfaser** (Textilglas) / blast drawing || ≗**bohrung** *f* / spinneret aperture, spinneret hole || ≗**einsprengmaschine** *f* / jet spraying machine, nozzle spraying machine || ≗**einstellung** *f* / nozzle adjustment || ≗**färbemaschine** *f* / jet dyeing apparatus, jet dyeing machine, nozzle dyeing machine, jet dyer || ≗**färbung** *f* / dope dyeing, spin dyeing, solution dyeing, jet dyeing || ≗**feldbreite** *f* / nozzle length || **~gefärbt** *adj* / dope-dyed *adj*, spun-dyed *adj*, solution-dyed *adj* || **~gesponnenes Bändchen** / extruded ribbon || ≗**heizung** *f* / jet heating, nozzle heating || ≗**-Hotflue** *f* / nozzle hot flue || ≗**kanal** *m* / die approach, die channel || ≗**kopf** *m* / nozzle head || ≗**körper** *m* / die body || ≗**kühlung** *f* / jet cooling || ≗**laufzeit** *f* / spinneret service life || ≗**loch** *n* / spinneret aperture, spinneret hole || ≗**mund** *m* / nozzle tip || ≗**mundstück** *n* / nozzle orifice || ≗**nadelspannrahmen** *m* / nozzle-type pin stenter || ≗**öffnung** *f* / nozzle aperture, spinneret hole, spinneret aperture, orifice *n*, nozzle orifice, nozzle opening || ≗**paddelfärbeapparat** *m* / nozzle paddle dyeing apparatus || ≗**querschnitt** *m* / nozzle cross-section || ≗**ring** *m*(Spinn) / nozzle ring || ≗**spannrahmen** *m* / jet stenter || ≗**spannung** *f* / nozzle pressure || ≗**spinnen** *n* / jet spinning || ≗**spinn-Streck-Aufspulmaschine** *f* / spin-draw winding machine || ≗**spinn-Streckzwirnmaschine** *f* / spin-draw twister || ≗**spitze** *f* / nozzle tip || ≗**sprengmaschine** *f*(DIN 64950) / mist damper || ≗**sprühaggregat** *n*(Spinn) / jet spraying system || ≗**standzeit** *f* / spinneret service life || ≗**strahl** *m* / nozzle jet || **~texturiert** *adj* / air bulked || ≗**texturierung** *f* / air bulking || ≗**trockenkanal** *m* / jet drying section || ≗**trockner** *m* / jet drier, float drier, nozzle drier, jet-type hotflue || ≗**trocknung** *f* / jet drying || ≗**ventil** *n* / nozzle valve || ≗**verlust** *m* / nozzle loss || ≗**waschen** *n* / jet scouring || ≗**webmaschine** *f* / jet loom, loom with weft insertion by nozzles, jet weaving machine || ≗**weite** *f* / nozzle aperture, nozzle orifice, nozzle opening || ≗**ziehverfahren** *n* (für Endlosfasern) / mechanical drawing || ≗**zwirn** *m* / tube twist || ≗**zwirnmaschine** *f* / tube twister
Duvetine *m*(Samtimitation durch Schußrauhung) / duvetine *n*, duvetyn *n*
Dyeometer *n* / dyeometer *n* (used to determine the strength of the dye bath)
dynamisch·e Absorption / dynamic absorption || **~e Beanspruchung**, dynamische Belastung / dynamic stress || **~er Modul** / dynamic modulus || **~e Reibung** / dynamic friction || **~er Schermodul** (Matpr) / dynamic shear modulus
Dynamometer *n* / dynamometer *n*

E

Easy-care-Ausrüstung *f* / easy-care finish
Eau *n* **de Javel**, Eau *n* de Javelle (wäßrige Lösung von Kaliumhypochlorit mit Kaliumchlorid - heute ersetzt bzw. verdrängt durch Natriumchlorit) / eau de Javel, Javel[le] water (sodium hypochlorite, bleaching agent for vegetable fibres)
E-Band *n* (Elastomerband) / tow *n*
E-Bandabzug *m* (Fasern) / tow feed
eben *adj* / even *adj*, flat *adj*
ebenholzschwarz *adj* / ebony[-black] *adj*
ebereschenrot *adj* / roan *adj*, lobster *adj*
Ebonit *n* / ebonite *n*
Ecartement *n* / setting distance (card)
echt·e Drehung / real twist || **~e Farbe** / fast colour || **~e Faserlänge** / true fibre length, fibre extent || **~es Gelbholz** / old fustic || **~er Kettsamt** / velours *n* (Fr) || **~es Lösemittel**, echtes Lösungsmittel / true solvent, active solvent || **~e Lösung** / molecular solution || **~e Naßteilung** (Schlichten) / wet splitting method || **~e Noppe** / real knop || **~e Noppenstruktur** / true knop structure || **~ Pergament** / cotton parchment, genuine parchment || **~e Seide** / pure silk, real silk, natural silk, cultivated silk || **~e Spitze** / real lace || **≗base** *f* / fast colour base || **≗beizenfarbstoff** *m* / fast mordant dyestuff || **≗blau** *n* / fast blue || **≗blaubase** *f* / fast blue base || **≗deckfarbstoff** *m* / fast coating dyestuff || **≗druck** *m* / fast print || **≗druckfarbstoff** *m* / fast printing dyestuff || **≗farbe** *f* / fast dyestuff || **~färben** *v* / dye fast shades || **≗färben** *n*, Echtfärberei *f* / fast dyeing, dyeing with fast dyes, dyeing of fast shades || **≗färbesalz** *n* / fast colour salt, fast dyeing salt || **~farbig** *adj* / fast-dyed *adj* || **≗farbstoff** *m* / fast dyestuff || **~gefärbt** *adj* / fast-dyed *adj* || **~gelb** *adj* / fast yellow || **≗gelb** *n* / fast yellow *n* || **≗gelbbase** *f* / fast yellow base
Echtheit *f* (Färb) / fastness *n* || **≗** / resistance *n* || **≗ gegen chemische Reinigung** / fastness to dry cleaning, resistance to dry cleaning
Echtheits·anforderungen *f pl* / fastness requirements || **≗bestimmung** *f* (Färb) / evaluation of fastness || **≗eigenschaft** *f* / fastness property || **~gleich** *adj* / equal in fastness || **≗grad** *m* / fastness rating, degree of fastness || **≗prüfung** *f* / fastness test || **≗tabelle** *f* / fastness table || **≗wert** *m* / fastness grade, fastness rating || **≗werte** *m pl*, Echtheitszahlen *f pl* / fastness data
Echt·lichtgelb *n* / tartrazine *n* || **≗mattierung** *f* / fast delustering || **≗orange** *n* / fast orange || **≗orangebase** *f* / fast orange base || **≗prägung** *f* / permanent goffering || **≗rosa** *n* / fast pink || **≗rosabase** *f* / fast pink base || **≗rot** *n* / fast red || **≗rot B** / acid bordeaux || **≗rotbase** *f* / fast red base || **≗salz** *n* / fast colour salt, fast dyeing salt || **≗sauerrot** *n* / acid fast red || **≗säureviolett** *n* / fast acid violet || **≗scharlach** *m* / fast scarlet || **≗scharlachbase** *f* / fast scarlet base || **≗veredlung** *f* / fast finish
Eckenkragen *m* (Mode) / turn-down collar, wing-collar *n*
Eck·fadenabsauger *m* (Web) / pneumatic waste end remover || **≗fadenabsaugung** *f* / waste end removal, outside sliver suction
Ecossais *m* / plaid *n* (pattern) || **≗** (Gewebe in Schottenkaros), Ecossé *n* / écossaise *n*, Scotch silk, Scotch fabric
ecru *adj* / raw white *adj* || **≗seide** *f* (nicht entbastet) / bast silk, raw silk, ecru silk, unboiled silk, unscoured silk
Edel·gas *n* / inert gas || **≗kunstharz** *n* / albolit *n* || **~matt** *adj* (Chemiefaser) / full dull || **≗-Viskosefilament** *n* / finest quality rayon || **≗wasser** *n* / de-ionized water || **≗zellstoff** *m* / alpha fibre
efeugrün *adj* / ivy-green *adj*
Effekt·bildung *f* (durch den Unterschuß) (Web) / ornamenting *n* (by the backing weft) || **≗einrichtung** *f* / fancy equipment || **≗faden** *m* / effect thread, fancy thread || **≗farbe** *f* / effect colour, fancy colour || **≗färben** *n*, Effektfärbung *f* / effect dyeing || **≗faser** *f* / effect fibre, fancy fibre || **≗garn** *n* / effect yarn, novelty yarn, fancy yarn || **≗gewebe** *n* / novelty fabric, fancy material
effektiv·e Arbeitstemperatur (Färb) / running temperature || **~e Länge** (der Faser) / effective length (fibre)
Effekt·musterung *f* / fancy design, fancy pattern || **≗naht** *f* (Näh) / fancy seam || **≗schermaschine** *f* (Tuchh) / fancy cutting machine || **≗schuß** *m* / effect pick || **≗seidengarn** *n* / fancy silk yarn || **≗steigerung** *f* (Färb) / enhancement of effect, improvement of effect || **≗streifen** *m pl* / decorative stripes || **≗zwirn** *m* / fancy twist, fancy ply-yarn || **≗zwirn mit Schlaufen** / loop yarn || **≗zwirnmaschine** *f* / fancy yarn doubler, novelty twister, fancy yarn twister
egal *adj* / level *adj*, uniform *adj*, even *adj* || **~er Farbton** / even shade, uniform shade, level shade || **~e Färbung** / level dyeing, uniform dyeing || **~ gefärbt** / evenly dyed || **~aufziehender Farbstoff** / evenly absorbent dyestuff, dyestuff which goes evenly on to the fibre || **≗färbebeständigkeit** *f* / level fastness || **~färben** *v* / dye level, dye evenly, level *v* || **≗färben** *n* / level dyeing, levelling *n* || **≗färbevermögen** *n* / level dyeing property || **≗färbung** *f* / even dyeing, level dyeing || **≗färbung auf unterschiedlichen Fasern** / even dyeing on different fibres
egalisieren *v* (Färb) / level *v*, even *v*, even out || **die Färbung ~** / make the dyeing even, level out the dyeing || **≗** *n* / level dyeing, levelling *n*
egalisierendes Mittel, Egalisierer *m* / levelling agent
Egalisier·farbstoff *m* / levelling dyestuff || **≗hilfsmittel** *n* / level dyeing assistant, levelling auxiliary || **≗maschine** *f* (Tuchh) / evener frame, straightening stenter || **≗maschine** (Web) / conditioning machine, truing machine || **≗mittel** *n* / levelling agent || **≗rahmen** *m* (DIN 64990) / equalizing frame, levelling frame || **≗rakel** *f* (Beschicht) / levelling doctor || **≗-Reserviermittel** *n* / levelling and resist agent || **≗spannrahmen** *m* / levelling stenter || **≗- und Ausgleichsvermögen** *n* (Färb) / levelling and migrating power
Egalisierung *m* (Zustand) (Färb) / levelness *n* || **≗** *f* (Färb) / level dyeing, levelling *n*
Egalisierungsfarbstoff *m* / distributing dyestuff
Egalisier·vermögen *n* / levelling capacity, levelling power, migrating power, migration ability || **≗walze** *f* (Tuchh) / evener roller || **≗wirkung** *f* / levelling effect
Egalität *f* (Färb) / levelness *n*, evenness *n*, uniformity *n*
Egrenierabfall *m* / gin fall
egrenieren *v* / gin *v*, clean *v* (cotton)

Egrenier·maschine *f* / gin *n*, cotton gin || **≗maschine für Samenkapseln enthaltende Baumwolle** / huller gin || **≗schaden** *m* / gin cut
egrenierte Baumwolle / cotton lint
Egrenierung *f* / ginning *n*
Eialbumin *n* / egg albumin
Eich·daten *n pl* **für die Farbmessung** / colorant data || **≗druck** *m* / primary print
Eichel·öl *n* / acorn oil || **≗stärke** *f* / acorn starch
eichen·braun *adj* / oak brown *adj* || **≗kufe** *f* / oak vat || **≗rindenabkochung** *f* / oak bark decoction || **≗seide** *f* / Chinese oak silk || **≗spinner** *m* / tussah-silk worm
eich·fähig *adj* (Meßvorrichtung) / calibratable *adj* (measuring device) || **≗färbung** *f* / calibration dyeing, primary dyeing
Eichung *f* / calibration *n*
Eiderdaune *f* / eiderdown *n*
Eier·schale *f* / eggshell *n* || **~schalenfarben** *adj* / egshell *adj* || **≗schalenfarbton** *m* / eggshell shade || **≗schalenfinish** *n* / eggshell finish || **≗wärmer** *m* / egg-cosy *n*
eiförmig *adj* / oval *adj*
eigen·beschwert *adj* / self-weighted *adj* || **≗farbe** *f* / inherent colour, natural colour, self colour || **~farbig** *adj* / self-coloured *adj* || **~farbiges Webmuster** / self-figure *n* || **≗veredlung** *f* / integrated finishing, mill finishing || **≗verfärbung** *f* / discoloration *n*
einander ausschließen (Färb) / to be mutually antagonistic
einarbeiten *v* / introduce *v* || **≗** *n* **der Kette** / warp take-up, warp insertion || **≗ der Kette** (Schrumpfen) / shrinkage of the warp || **≗ von Gummiband** / elastic ribbon insertion
Einarbeitung *f* / take-up *n* || **≗** (Schrumpfung) / contraction *n*, shrinkage *n* (of the cloth)
einätzen *v* / etch *v*
Einbad·... / one-bath *adj*, one-dip *adj*, single-bath *adj* || **≗anilinschwarz** *n* / one-dip aniline black, one-bath black, single-bath black || **≗chromfärbung** *f* / single-bath chrome dyeing || **≗chromierfarbstoff** *m* / single-bath chrome dyestuff || **≗chrom[ier]verfahren** *n* / one-bath chroming method || **≗-Dämpfverfahren** *n* / single-bath steam method || **≗-Einstufen-Färbeverfahren** *n* / all-in dyeing method (one-bath one-step process) || **≗-Einstufen-HT-Verfahren** *n* (Färb) / one-bath one-step HT process || **≗färben** *n*, Einbadfärberei *f*, Einbadfärbung *f*, Einbadfärbeverfahren *n* / one-bath dyeing, single-bath dyeing, one-dip dyeing
einbadig *adj* / one-bath *adj*, single-bath *adj* || **~es Bleichen** / one-bath bleaching, single-bath bleaching || **~er Einsatz** / one-bath application || **~e Verwendung** / one-bath application
Einbad·imprägnierung *f* / impregnating in a single bath, one-bath impregnating || **≗imprägnierungsflotte** *f* / one-bath impregnating liquor || **≗imprägnierungsmittel** *n* / impregnating agent in a single bath, one-bath impregnating agent || **≗-Klotz-Aufdockverfahren** *n* / single-bath vat winding-up method || **≗klotzdämpfverfahren** *n* / one-bath pad-steam method, one-bath pad-steam process || **≗schwarz** *n* / one-bath black, single-bath black || **≗verfahren** *n* / fabric knitted in the 1 x 1 rib structure, one-by-one rub knitted fabric (fine rib) || **≗-Zweistufen-Carrier-Verfahren** *n* / one-bath two-step carrier process || **≗-Zweistufenfärbung** *f* / one-bath two-step dyeing || **≗-Zweistufenverfahren** *n* / one-bath two-step process
einbahnige Schnelläufer-Merzerisiermaschine / single-passage high-speed mercerizing machine
Einballenprobe *f* / single bale test
Einballieren *n* / baling *n* (cotton)
Einband·gewebe *n* / book cloth, book linen, bookbinder's cloth || **≗leinen** *n* / chagrin *n*, shagreen *n*
einbarrige Universalraschelmaschine / universal single needle bar raschel machine
einbasig *adj*, einbasisch *adj* (Chem) / monobasic *adj*
einbauen *v* (in das Molekül) (Chem) / incorporate *v*
einbetten *v* / embed *v*
einbettig *adj* (Strick/Wirk) / single-bed *adj* || **~e Flachstrickmaschine** / single-bed flat bar machine, single-bed flat knitting machine
Einbettmasse *f*, Einbettungsmasse *f* / embedding substance
Einbettungsmittel *n* / embedding medium
einbinden *v* (Web) / tie up *v*
einbrenn·echt *adj* (Wolle) / fast to crabbing || **≗echtheit** *f* (Wolle) / fastness to crabbing, fastness to hot water, hot-water fastness, resistance to crabbing, resistance to hot water
einbrennen *v* / burn in, cauterize *v* || **~** (Beschicht) / stove *v* || **~** (Ausrüst) / crab *v* || **≗** *n* (Beschicht) / stoving *n* || **≗** (Ausrüst) / crabbing *n*, wet setting
Einbrenn·maschine *f* / crabbing machine || **≗ofen** *m* (Beschicht) / baking oven, baking stove || **≗verfahren** *n* / baking process
einbringen, in die Flotte ~ / enter into the bath
einbügelbar *adj* (Vliesst) / heat-sealable *adj* || **~e Einlagen** *f pl* (Vliesst) / heat-sealing interlinings
Einbuße *f* **an Druckschärfe** (Textdr) / loss in "mark", loss of sharpness
eindampfen *v* / evaporate *vt*, concentrate by evaporation || **≗** *n* / evaporation *n*
Eindampfpfanne *f*, Eindampfschale *f* / evaporating pan
Eindeckstelle *f* (Strumpf) / fashioning point
Eindicke *f* / thickener *n*, thickening agent
eindicken *v* / boil off, body *v* || **~** (Flüssigkeit) / concentrate *v*
Eindicktrommel *f* / drum concentrator
eindrähtig·es Garn / single-end yarn || **~er Zwirn** / twine *n*, twisted yarn
eindringen *v* / penetrate *v*, infiltrate *v* || **≗** *n* / penetration *n*
Eindring·körper *m* (Matpr) / indentor *n* || **≗tiefe** *f* **des Farbstoffs** / penetrating depth of the dye, dye penetration || **≗tiefeprüfung** *f* / impact penetration testing
Eindringungs·mittel *n* / penetrating agent || **≗vermögen** *n* / penetration power
Eindruck *m* / indentation *n*
eindrucken *v* / impress *v*, imprint *v* || **~** (Handdruck) / block in
Eindrücker *m* / dabbing roller
Eindruck·form *f* / indention *n* || **≗walze** *f* / embossing roller
Eindrückwalze *f* / dabbing roller
einengen *v* (Lösung) / concentrate *v*
Einetagenspannrahmen *m* / single-layer stenter
einfach *adj* / plain *adj* || **~er Atlas** / single-satin fabric || **~ baumwollumsponnen** / single-cotton covered (s.c.c.) || **~er Damast** / single damask || **~e**

Dreherbindung / plain gauze weave || ~**er Faden** / single yarn *n* || ~**e Farbe** (Färb) / primary colour, matrix *n* || ~**e, schlichte** (klassische) **Formen** *f pl* (Mode) / classics *pl* || ~**es Futter** (Strick/Wirk) / single fleece || ~**es Garn** / single-end yarn, single yarn *n* || ~**e Gewebebindung** / tabby weave || ~**er Geweberand** / plain selvedge, wire selvedge || ~**es Glasfilamentgarn** (DIN 61850) / single glass filament yarn || ~**es Glasstapelfasergarn** / single glass staple fibre yarn || ~**e Grundbindung** / plain ground weave || ~**er Jersey** / single jersey, single knits *pl* || ~**er Kettenstich** / single-warp stitch, single chain stitch || ~**es Kreuz** / end and end lease (warping), one-and-one lease || ~**e Manschette** / barrel cuff, band wrist, single cuff || ~**e Plattstickerei** / plain couching || ~**er Spitzeinzug** / simple point pass || ~**e Spitzenminderung** (Strumpf) / single line toe narrowing || ~**er Strumpfrand** (Strumpf) / mono-top welt || ~**e Verseilung** / simple twisting || ~**e Wirkplüschware** (Strick/Wirk) / single plush || ~**er Zwirn** / folded yarn, plied yarn, twisted yarn, twine *n* || ²**garn** *n* / single yarn *n* || ²**kettenstich** *m* / single-thread chain stitch, single chain stitch || ²-**Monochromator** *m* / single monochromator || ²**riemchen** *n* / single apron || ²**saum** *m* / single seam || ²-**Spann- und -Trocknungsmaschine** *f* / single stentering and dyeing machine || ²**stich** *m* (Näh) / plain stitch || ²**teig** *m* / ordinary paste, single-strength paste || ²**weife** *f* / single reel, one-sided reel || ²**zwirn** *m* / two-ply twist

Einfädelapparat *m*, Einfädelmaschine *f* (Strick/Wirk) / threader *n*

einfädeln *v* / thread *v* || ² *n* / threading *n*

Einfädel·nadel *f* / threading hook || ²**röhrchen** *n* (Strick/Wirk) / threading tube

Einfädelung *f* / threading *n*

Einfädelvorrichtung *f* (Strick/Wirk) / threader *n*

Einfaden *n* / monofilament *n* || ²**düse** *f* / monofil nozzle || ²**garn** *n* / monofilament yarn, monofil yarn || ²**system** *n* / single-thread system

einfädig *adj* / single-yarn *adj*, monofilament *adj*, single-boss *adj* || ~**er Blindstich** / single-thread blindstitch || ~**es Garn** / one-ply yarn, single yarn *n* || ~**e Garnumwindung** / single covering || ~**er Kettenstich** / single-thread chain stitch || ~**er Knoten** / single-thread knot || ~**e Masche** / single-loop stitch || ~**er Zylinder** / single-boss roller

Einfädler *m* (DIN 64685) (Strick/Wirk) / threader *n* || ²**haken** *m* / threading hook

Einfahrtsseil *n* (des Wagens) (Spinn) / carriage taking-in rope

einfallendes Licht / incident light

einfarben *adj* / self-coloured *adj* || ²**druckmaschine** *f* / single-colour printing machine

einfarbig *adj* / solid *adj*, single-colour[ed] *adj*, plain *adj*, one-colour *adj*, monochromatic *adj* || ~**er Artikel** / self-coloured article || ~**er Decker**, einfarbiger Flächendruck / one-colour blotch print, single-colour blotch print || ~**es Garn** / solid-colour yarn, single-colour[ed] yarn || ~**es Gewebe** / solid-colour fabric || ~**er Taft** / taffeta uni (plain weave, all-silk dress fabric, piece-dyed)

Einfarbigkeit *f* / monochromatism *n*

Einfaß·apparat *m* (Näh) / binder attachment, binding attachment || ²**band** *n* / edge binding || ²**borte** *f*, Einfaßborde *f* / braid *n*, welting cord, trimming *n*, edging *n*, facing *n*

einfassen *v* / bind *v*, face *v*, border *v*, edge *v* (making up), trim *v*, braid *v*, hem *v* || ~ (mit Biese) / welt *v* || **mit Stickerei** ~ / purfle *v* || **mit Zäckchenborte** ~ (Strick/Wirk) / pearl *v*, purl *v* || ² *n* / hemming *n*, welting *n*, trimming *n*, braiding *n*, edging *n*

Einfasser *m* (Näh) / binder *n*

Einfaß·führer *m* (Näh) / binding guide || ²**kante** *f* (Näh) / bound edge || ²**litze** *f* / dressing selvedge (lace) || ²**maschine** *f* / edging machine (making up), trimming machine || ²**maschine** (Strick/Wirk) / border machine || ²**naht** *f* (Näh) / bound seam || ²**stich** *m* / blanket stitch || ²**stichnaht** *f* / blanket-stitch seam

Einfassung *f* / welt *n*, edging *n*, welting *n*, trimming *n*, border *n*, binding *n*, facing *n* || ² (der Leiste) / cover *n*

Einfaß·vorrichtung *f* (Näh) / binder *n* || ²**vorsatzgerät** *n* / edging apparatus, binder attachment

Einfederspindel *f* (Web, Schützen) / single spring tongue

einfetten *v* / grease *v* || ~ (Wolle) / oil *v* || ² *n* (Wolle) / oiling *n*, greasing

einflächig *adj* / single-faced *adj* || ~**e Gestricke** *n pl*, einflächige Ware / single-bed knitgoods, single knits (loops on one side of the fabric produced by interlooping a single yarn) *pl*, single-face fabric, one-face fabric, jersey fabric

Einflanschschieber *m* (Reißv) / single flange slider

Einflechten *n* (Strick/Wirk) / interlacing *n*

Einflechtfaden *m* / interweave thread, tension thread

Einfließen *n* / inflow *n*, influx *n*

einflorig *adj* / single-pile *adj* || ~**e Bindung** / single-pile binding

Einfluß *m* / inflow *n*, influx *n* || ²**rohr** *n* / influx pipe

einfonturig *adj* (Strumpf) / single-section *adj* || ~ (Strick/Wirk) / single-bed *adj*, single-cylinder *adj* || ~**e Allzweckmusterradrundstrickmaschine** / all-purpose pattern wheel plain circular knitting machine || ~**e Cottonmaschine** (Strumpf) / single-section fully-fashioned knitting machine || ~**e Flachstrickmaschine** / plain flat-knitting machine, plain knitting machine || ~**e Futterstoffrundwirkmaschine** / plain circular fleece knitting machine || ~**e Hochleistungsrundstrickmaschine** / high-speed plain circular knitting machine || ~**e Intarsiaflachstrickmaschine** / plain intarsia flat-knitting machine || ~**e Leibweitenrundstrickmaschine** *f* / body size plain circular knitting machine || ~**e Leistenrundstrickmaschine** / plain circular [strong] border knitting machine || ~**e Musterradrundstrickmaschine** / pattern wheel plain circular knitter || ~**e Musterradstrickmaschine** / plain knitting machine with pattern wheel || ~**e Plüschrundwirkmaschine** / pile fabric plain circular knitting machine || ~**e Raschel** / single-needle bar raschel machine || ~**e Ringelrundstrickmaschine** / striper plain circular knitting machine || ~**e Rundringelmaschine** / plain circular striper || ~**e Rundstrickmaschine** / circular knitting machine with one set of needles, circular single knit machine, plain circular knitting machine, open-top circular knitting machine || ~**e Rundstrickmaschine für Bindefadenfutter** / circular fleece knitting machine || ~**e**

Rundstrickmaschine mit automatisch arbeitendem Ringelapparat / automatic selective striping plain circular knitting machine || ~**e Rundstrickmaschine mit Hakennadeln** / spring beard[ed] plain circular knitting machine, spring-needle plain circular knitting machine || ~**e Rundstrickmaschine mit Ringeleinrichtung** / plain circular striper || ~**e Rundstrickmaschine mit sich drehendem Zylinder** / cylinder needle revolving fabric machine || ~**e Rundwirkmaschine** / English loopwheel machine || ~**e Strickmaschine** / single-cylinder knitting machine, knitting machine with one row of needles || ~**e Trikotrundstrickmaschine** / jersey circular knitting machine || ~**e vielsystemige Rundstrickmaschine** / multifeed[er] plain circular knitting machine
Einfriertemperatur *f* / second-order transition temperature
einfügen *v* / insert *v*
Einführapparat *m* (Färb) / cloth guider
einführen *v* (allg) / insert *v*, introduce *v*
Einführ·platte *f* / feed plate || ~**trichter** *m* (Spinn) / feeder *n* || ~**tuch** *n* / feed apron, feed lattice
Einführungs·gestell *n* (Färb) / feeding frame || ~**walze** *f* / feed roller, retaining rollers *pl*
Einführ·vorrichtung *f* (DIN 64990) / feeding device || ~**walze** *f* / feed roller
Einfülltrichter *m* (allg) / hopper *n*, hopper feeder
Einfuß·hochfußnadel *f* (Strick/Wirk) / single high butt needle || ~**niederfußnadel** *f* / single low butt needle
Eingabe *f* / feed *n*
Eingangs·lippe *f* (Färb) / intake slot (of steamer) || ~**luntenführer** *m* (DIN 64050) / roving feed guide || ~**oberwalze** *f* (DIN 64050) (Spinn) / top feed roller || ~**quetsche** *f* / entry squeezers *pl* || ~**unterwalze** *f* (DIN 64050) / bottom feed roller (drafting arrangement) || ~**walze** *f* / feed roller
eingearbeitete Applikation / inlaid appliqué
eingeben, die Ware ~ (Färb) / enter the goods
eingebunden·es Chor (Tepp) / buried thread || ~**er Polanteil** (Tepp) / pile root
eingedampfte Ablauge / recovered liquor
eingefaßt·e Naht (Näh) / bound seam || ~**er Schlitz** / bound slit opening
eingehaltene Naht, „Eingehaltene" (wenn zum Zweck der Formgebung zwei verschieden lange Stoffkanten auf eine Länge gebracht werden müssen) *f* / gathered seam
eingehen *vi* / shrink *vi*, contract *vi* || **kalt** ~ / enter into the cold bath || **mit der Ware** ~ (Färb) / enter the goods || ~ *n* / shrinkage *n*, dimensional loss (of fabric) || ~ **beim Verfilzen** / felting shrinkage || ~ **von Kleidungsstücken** / garment shrinkage
eingeimpfte Glanzfaser / grafted bright fibre
eingelegter Fang (Strick/Wirk) / tuck in the hook
eingelesenes Muster (Web) / read-in design
eingepreßtes Ornament / pattern applied by pressure
eingerissene Gewebekante, eingerissene Webkante / cut selvedge, cut listing
eingeschlossen·e Luft / entrapped air || ~**e Luftblase** / entrapped air bubble
eingeschnitten·e Tasche (Mode) / set-in pocket, slit pocket, welt pocket || ~**e Webkante** / nicked selvedge
eingeschnürter Kokon / kidney-shaped cocoon
eingesetzt·er Ärmel (Mode) / set-in sleeve || ~**e Tasche** / set-in pocket
eingespannter Faden / clamped thread
eingestellt·e Ware (Färb) / final product, commercial product, finished product || **dicht** ~**e Gewebe** *n pl* / tightly constructed fabrics, closely woven fabrics || **dicht** ~**e Kette** / closely set warp || **dicht** ~**er Stoff** / tightly constructed fabric, tight-textured fabric
eingestrickte Naht (Strumpf) / mock seam, false seam
eingetafelter Stapel / plaited fabrics *pl*
eingewebt *adj* / inwoven *adj*, inwrought *adj* || ~**er Faden** / interwoven thread || ~**e Falten** *f pl* (Web) / frilling *n* || ~**e Fremdfasern** *f pl* (Web) / fly *n* (defect) || ~**es Gummiband** / shirred ribbon elastic || ~**e o. eingestrickte Gummischnur** / shirr *n* || ~**es Muster** / woven design
eingewirkt *adj* / inwrought *adj*
eingewoben·e Falten *f pl* (Web) / frilling *n* || ~ **gemustert** / loom-figured
eingezogene Leiste (Fehler) (Web) / cut *n*
Eingrabtest *m* / soil-burial test
Eingrabungsbeständigkeit *f* / fastness to soil burial
Eingratköper *m* (Web) / single-line twill, single-wale twill, single-rib twill
eingravieren *v* / engrave *v*
einhaken *v* / hook *v*
einhalten *v* (Näh) / gather *v*
einhängen, die Schaftrahmen ~ (Web) / hook up the heald frames || ~ *n* (Strick/Wirk) / hook-up *n* || ~ **der Anfangsmaschenreihe** / welt hook-up
Einhängenadel *f* (Strick/Wirk) / welt hook || ~**beschlag** *m* / welt hook sleeve
einheften *v* / sew in
einheitlich *adj* / uniform *adj* || ~**er Druck** / smooth print || ~**er Farbstoff** / homogeneous dyestuff, straight dyestuff || ~**e Florbildung** / uniform pile formation || ~**es Pigment** / homogeneous pigment || ~**er Spinnstoff** / single textile material
Einheitlichkeit *f* / homogeneity *n*
Einheits·wert *m* **einer Färbung** / standard value of a dyeing || ~**wirkmaschine** *f* / complete knitting machine
Einhubjacquardmaschine *f* / single-lift jacquard machine
einhüllen *v* / envelop *v*
einjähriges Schaf / shearling *n* (GB)
Einkammertrockner *m* / single-chamber drier
Einkaufstasche *f* / shopping bag
Einkettsystem *n* / single-warp system
Einklatschbürste *f* / dabbing brush
einklemmen *v* / nip *v*
Einknipsapparat *m* / notcher *n*
Einknüpfen *n* (Web) / tying *n*
einkochen *v* / boil down, evaporate *vt*, concentrate by boiling || ~ *n* / boiling down
Einkomponenten·beschichtungsmasse *f* / one-component coating compound || ~**marke** *f* (Beschicht) / one-pack brand || ~**polyurethan** *n* / one-pack polyurethane || ~**produkt** *n* (Beschicht) / one-pack product || ~**system** *n* (Beschicht) / one-component system, one-pack system
Einkopf·-Cottonmaschine *f* / single-head full-fashioned knitting machine || ~**strecke** *f* / single-head draw frame
Einkräuseln *n* / crimping *n*
Einkräuselung *f* (Texturieren) / crimp contraction
Einkräuselungswert *m* / crimp contraction value
Einkreuzen *n* **der Beschnürung** / crossing the ties

Einlage *f* / interlining *n* || ² (Vliesst) / lining *n* || ² / insert *n*, insertion *n* || ²**n** *f pl* (für den Büstenhalter) / bra pads *pl* || ²**filz** *m* (Vliesst) / inlay felt, interlining felt || ²**futter** *n* / brown cloth
Einlagen... (in Zssg.) / single-ply *adj*
einlagern *v* (Chem) / deposit *v*, intercalate *v*
Einlagerung *f* (Chem) / intercalation *n*
Einlage·stoff *m* / inlay material, main interlining, interlining fabric, interlining [material] || ²**stoff für verklebte Kragen** / fused collar fabric || ²**stoffe** *m pl* / interlinings *pl* || ²**vliesstoff** *m* / nonwoven for inlay material
einlagig *adj* / single-ply *adj*
Einlaß *m* / feeding end, inlet *n* || ²**band** *n* / feeding sliver || ²**feld** *n* (Ausrüst) / entry zone || ²**feld** (der Trockenmaschine) / entrance compartment (of drier) || ²**führer** *m* (Färb) / feeder guide || ²**führer** (Näh) / binding guide || ²**gerüst** *n* (Färb) / feeding stand || ²**öffnung** *f* / feed inlet || ²**rahmen** *m* / entry frame || ²**walze** *f* / feed roller
Einlauf *m* / inflow *n*, influx *n* || ~**echt** *adj* / unshrinkable *adj*, shrink-resistant *adj*, non-shrinkable *adj*, shrinkproof *adj* || ²**echtheit** *f* / shrink resistance || ²**echtheit beim Waschen** / fastness to washing shrinkage
einlaufen *vi* / shrink *vi*, contract *vi* || ~ **lassen** / shrink *vt* || **in die Flotte** ~ / enter into the bath || **mit vorbestimmter Wölbung in den Spannrahmen** ~ / enter the stenter at a predetermined bow (GB), enter the tenter at a predetermined bow (US) || ² *n* / shrinkage *n* || ² **von Kleidungsstücken** / garment shrinkage
Einlauf·faden *m* (Näh) / filling (US), filler thread, filling pick, filling thread, filler cord || ²**feld** *n* (DIN 64990) (Ausrüst) / feeding section || ²**gerüst** *n* (DIN 64990) (Färb) / feeding support || ²**geschwindigkeit** *f* / input speed, feed rate || ²**gestell** *n* / feed frame || ²**kontrolle** *f* / shrinkage control || ²**punkt** *m* (einer Rolle) / feed point || ²**regelung** *f* / feed regulation || ²**schrägstellung** *f* (DIN 64990) (Ausrüst) / angular adjustment in the inlet || ²**spannung** *f* / input tension || ²**tisch** *m* / feed table, feed lattice || ²**trichter** *m* (Spinn) / feed funnel, trumpet funnel || ²**verhältnis** *n* / run-in ratio, warping ratio
Einlege·draht *m* (Tepp) / insertion wire (loom) || ²**faden** *m* **in der Wirkerei** / laid-in yarn || ²**leiste** *f* (Web) / laid-in selvedge || ²**maschine** *f* (Strick/Wirk) / laying-in machine, wrap machine || ²**muster** *n* / intarsia design
einlegen *v* / insert *v* || ~ (einen Faden) / lay in || **in das Bad** ~ / enter into the bath, immerse *v* (in the bath) || ² *n* / immersion *n* || ² **der Kette** / warp insertion, warp take-up
Einlegenadel *f* / threading hook
Einleger *m* (Web) / reacher-in *n*
Einlege·sohle *f* / insole *n*, sock *n* (in shoe) || ²**stäbchen** *n* (Web) / fitter *n* || ²**stelle** *f* (für Futterfäden) (Strick/Wirk) / laying-in point || ²**streifen** *m* / paper collar (warping) || ²**tuch** *n* / neckcloth *n*, muffler *n* (GB), neck scarf, comforter *n*, ascot *n* (US), cachenez *n* (Fr)
einleiten *v*, einführen *v* / feed *v*
Einlese·faden *m* (Strick/Wirk) / reading-in thread || ²**gestell** *n* (Web) / reading-in frame, reading-in board || ²**kette** *f* (Web) / reading-in warp, reading-in chain || ²**maschine** *f* (Web) / reading-in machine, leasing machine, reading machine
Einlesen *n* (Web) / leasing *n*, reading of the patterns, crossing the warp threads
Einlese·schnur *f* (Web) / cord *n* (jacquard), lease cord || ²**schnüre** *f pl* / banding *n*
Einloch-Fadenführer *m* / single-hole yarn guide
Einmalhandtuch *n* / throwaway towel, disposable towel
Einnadeln *n* **des Untergrundgewebes** (Vliesst) / needle punching
Einnadelnähmaschine *f* / one-needle sewing machine, single-needle sewing machine
einnadliger Steppstich / single-needle lockstitch
einnähen *v* / sew in, take in (garment), stitch in, tuck in || ² *n* / taking-in *n* (garment) || ² **der Handschuhzwickel** (Strick/Wirk) / forchetting *n*
Einnähetikett *n* / sew-in label
einölen *v* (Ausrüst) / oil *v* || ² *n* (Ausrüst) / oiling *n*
Einölvorrichtung *f* / avivage applicator
einordnen *v* / class *v*, classify *v*
Einphasenbehandlung *f* / one-phase treatment
einpolig *adj* / single-pile *adj* || ~**e Bindung** / single-pile binding || ~**e Gewirke** *n pl* / single-pile knitgoods, one-pile knitgoods
einprägen *v* / impress *v*, imprint *v*
Einpressen *n* / goffering *n*
Einprozeß·schlagmaschine *f* (Spinn) / single-process scutcher, one-process picker || ²**wickelbildung** *f* (Spinn) / single-process lap formation
einreihen *v* (Web) / draw in || ² *n* (Web) / caaming *n*, drawing-in *n*
Einreiher *m*, einreihiger Mantel / single-breasted coat
einreihig·e Jacke / single-breasted jacket || ~**er mittellanger Überzieher ohne Mittelnaht im Rücken** / chesterfield *n* (overcoat)
Einreiß·festigkeit *f* / tear strength, tearing resistance, initial tearing resistance || ²**festigkeitsprüfer** *m*, Einreißfestigkeitsprüfgerät *n* / tear strength tester || ²**festigkeitsprüfung** *f* / tear testing || ²**länge** *f* / tear length || ²**widerstand** *m* / tear resistance || ²**widerstandstest** *m* / tear resistance test
Einrichtung *f* **für durchbrochene Ware** (Strick/Wirk) / à jour attachment, lace attachment || ² **zum Anbringen von Effekten** / fancy equipment
Einriemchen·florteiler *m* (Spinn) / single-apron divider || ²**streckwerk** *n* (Spinn) / single-apron draft[ing] system, single apron drawing system
einrollen *v* / curl *v* || ² *n* **der Kanten**, Einrollen *n* der Salleisten, Einrollen *n* der Stoffkanten / rolling-up of selvedges || ² **von Maschenware** / rolling-up of knit goods
einrollende Kante, einrollende Salleiste / rolling selvedge
Einrollung *f* **der Baumwollfasern** / convolutions of cotton
einrührbarer Pigmenttyp / stir-in pigment
einrühren *v* / mix [in], stir in
Einsatz *m* / insert *n*, insertion *n* || ² (Näh) / gusset *n*, godet *n*, gore *n*, crotch *n* (US) || ² (eines Handschuhs) / gore *n* || ²**gebiet** *n* / field of application || ²**spitze** *f* / insertion lace || ²**stück** *n* / insert *n*
einsäuern *v* / acidulate *v* || ~ (Färb) / pass through an acid bath, sour *v*
einsäumen *v* (Kappnaht) (Näh) / fell *v*
einschießen *v* (Web) / pick *v*, shoot in, insert the filling, insert the weft
einschirren *v*, die Schaftrahmen einhängen (Web) /

hook up the heald frames
Einschlag *m*(Web) / weft *n*(threads across width of fabric), pick *n*(one traverse of the shuttle), weft insertion, filling (US) *n*, woof *n*(GB), shoot *n*, shot *n* || ≗ (Näh) / tuck *n* || ≗**apparat** (Näh) / feller *n*
einschlagen *v*(Web) / insert the weft, insert the filling, shoot in || ~ (Näh) / tuck *v* || **Faden** ~ (Web) / pass the thread in
Einschlag·faden *m*(Web) / weft thread, filling pick, filling yarn, filling (US) *n*, pick *n*, weft yarn, woof yarn || ≗**garnspulen** *n* / filling winding, weft winding || ≗**seide** *f* / tram *n*, weft silk, silk weft, filling silk || ≗**spule** *f* / weft bobbin, filling bobbin, pirn *n*, quill *n*
einschleppen *v*(Web) / drag in *v*
Einschlepper *m* / dragged-in filling (US), dragged-in weft (GB)
einschließen *v*(Masche) (Strick/Wirk) / clear the loop || **Faden** ~ (Web) / pass the thread in
Einschließ·kamm *m*(Web) / web holder || ≗**platine** *f*, Einschlußplatine *f*(Strick/Wirk) / holding-down sinker, down sinker, knocking-over sinker || ≗**platine**, Einschlußplatine *f*(Web) / web holder || ≗**rad** *n*(Strick/Wirk) / cloth wheel, push back wheel
Einschluß·nase *f*(Strick/Wirk) / holding-down nose || ≗**stellung** *f*(Strick/Wirk) / clearing position
einschmälzen *v*(Wolle) / oil *v* || ≗ *n*(Wolle) / oiling *n*, greasing *n*
Einschmälztrog *m* / oiling trough
einschmelzen *v* / melt *vt*
Einschnitt·kette *f*(Web) / foundation warp, ground warp || ≗**schuß** *m*(Web) / bottom shot, bottom shoot, ground weft, ground pick
einschrumpfen *v* / shrivel *v*, shrink *v*
Einschurwolle *f* / single-clip wool
Einschuß *m*(Web) s. Einschlag || ≗**faden** *m*(Web) s. Einschlagfaden
einschüssig *adj* / single-pick *adj*, single-weft *adj* || ~**er Plüsch** / single-weft plush, single filling plush
Einschußspule *f*(DIN 61800) (Web) / [weft] cop
einschützig *adj* / single-shuttle *adj* || ~**es Gewebe** / single-shuttle fabric || ~**er Schnellauf-Webautomat** / single-shuttle high-speed automatic loom
einseifen *v* / soap *v*
Einseifmaschine *f* / soaper *n*
einseitig *adj* / one-sided *adj* || ~**e Appretierung** / back filling || ~ **beschwerte Stoffe** *m pl* / backed fabrics || ~**es Drucken** / one-sided printing || ~**er Eyelet-Stoff** (Strick/Wirk) / plain eyelet pattern fabric || ~**e Flottenzirkulation** (Färb) / one-way circulation, unidirectional liquor circulation || ~**es Frottiergewebe**, einseitiger Frottierstoff / one-sided terry || ~ **gerauht** (Strick/Wirk) / fleece-lined *adj* || ~ **gerauhte Ware** (Strick/Wirk) / fleeced goods *pl* || ~**er Köper** / one-face twill || ~**e Kreuzspulmaschine** (DIN 63403) / single-sided cross winder || ~**e Schußspulmaschine** (DIN 63403) / single-sided pirn winder || ~ **sengen** / singe on one side || ~**e Spinnringe für C- und N-förmige Läufer** (DIN 64000) / rings for ring spinning and ring doubling frames, for "C" and "N" travellers || ~**e Spitze** (DIN 64685) (Web) / offset tip (of shuttle) || ~**er Stoff** / one-face fabric, single-face fabric || ~**e Weife** / one-sided reel || ≗**sengen** *n* / singeing on one side
Einsenkmuster *n*, Einsenkung *f* im Stoff / shell-type pattern
einsetzbarer Steg (im Nadelzylinder) (Strick/Wirk) / cylinder insert, trick wall insert
einsetzen *v* / insert *v* || **die Nadeln** ~ / insert the needles || ≗ *n* / insertion *n*(of needles) || ≗ **von Farbe in die Gravur** / sticking of dye in the engraving
Einsetzgerät *n* **für Ringläufer** / ring traveller applicator
einsickern *v* / infiltrate *v*
Einsinkdruck *m*(bei dicken Geweben) / surface print (heavy fabrics)
Einsinken *n* **der Fäden** / thread sinking
Einspänapparat *m*(DIN 64990) (Ausrüst) / papering apparatus
einspänen *v*(Tuchh) / put press-boards between
einspannen *v*(in Kluppen) / lock *v*(in holders) || ≗ *n* **der Schußhülsen** / donning of pirns
Einspannlänge *f*(Länge der Probe zwischen den Kluppen) / gauge length (length of sample between the clamps) || ≗ **Null** / zero gauge length (fibre testing)
einspindlig *adj* / single-spindle *adj*
Einspinnen [von Additiven] *n* / inclusion [of additives] in the melt || ≗ **der Raupe** / cocoon spinning
Einspinnungsgarn *n* / core spun yarn, core spun thread, core twisted yarn, core twisted thread
einsprengen *v* / damp *v*, sprinkle *v*, dampen *v* || ≗ *n* / spraying *n*, sprinkling *n* || ≗ **der Wolle** / wool sprinkling
Einspreng·maschine *f*(DIN 64990) / damping machine, dampening machine, spraying machine, sprinkling apparatus || ≗**tisch** *m* / sprinkling table || ≗**vorrichtung** *f* / sprinkler *n*, sprinkling device || ≗**walze** *f* / sprinkling roller
einspringen *vi* / shrink *vi* || ≗ *n* / shrinkage *n*
einspritzen *v* / inject *v* || ≗ *n* / injection *n*
Einsprühen *n* **der Ware** / flushing-in the fabrics
Einsprung *m* / contraction *n*, shrinkage *n* || ≗ (Einwebung) (Web) / take-up *n* || ≗ **des Schusses** / filling take-up || ≗ **in Kettrichtung** / warpwise shrinkage || ≗**vermögen** *n*(der Rohware) (Gew) / retractive force
einstechen *v*(Web) / reed *v*
Einstechgarn *n* / welt yarn
einstecken *v*(Färb) / immerse *v*(in the bath)
Einsteckhülse *f*(DIN 64401) / transfer cone
einstellbarer Schärkonus (DIN 62500) / adjustable warping cone
Einstelldichte *f* / sett of the cloth, sett of the warp threads, end spacing (of fabr)
einstellen, die Flotte ~ (Färb) / adjust the bath, set the bath || ≗ *n* **der Kette ins Blatt** (Web) / setting the warp in the reed
Einstellung *f* / formulation *n* || ≗ (Web) / spacing *n* (density of threads), pick count, sett *n*(GB) (number of warp ends and filling picks [woof and weft] per inch in a fabric), set of the fabric, fabric construction (US) || ≗ **der Einzugwalze** / setting the feed roller || ≗ **der Maschenfestigkeit** (Strick/Wirk) / stitch control || ≗ **der Rippnadeln zu den Zylindernadeln** (Strick/Wirk) / gating [adjustment] || ≗ **des Färberezepts oder der Farbstoffrezeptur** / preparation of the dyeing recipe || ≗ **von Farbtönen** / composition of shades || ≗ **Walze zu Walze** / countersetting of the roll[er]s
Einstellweite *f*(Strick/Wirk) / ends per centimetre, ends per inch
einsternen *v* / place on the star frame
Einstich·farbe *f* / effect colour || ≗**kraft** *f*(Tepp) /

needle-penetration force || **≗tiefe** *f*(Näh) / needle penetration
Ein-Stock-Färben *n*, Ein-Stock-Färbesystem *n* (Garn) / one-stick dyeing system, one-rod dyeing system
Einstoff-Präparationsprodukt *n* / single-product processing agent
Einstreichfuß *m*(Strick/Wirk) / presser foot
Einstreumethode *f* / sprinkling-in method
Ein-Strich-Beschichtung *f* / one-pass coating
Einstück-Strumpfhose *f* / one-piece pantyhose
Einstufenverfahren *n* / one-stage process, one-step process
einstufig *adj* / in one step, one-step *adj* || **~es Blitzdämpfverfahren** / one-phase flash ageing process || **~er Glasfilamentzwirn** (Din 61850) / folded glass filament yarn || **~er Glasstapelfaserzwirn** (DIN 61850) / folded glass staple fibre yarn || **~er Zwirn** (DIN 60900) / folded yarn, double yarn, plied yarn || **~er Zwirn aus drei einfachen Garnen** (DIN 60900) / threefold yarn || **~er Zwirn aus mehr als zwei einfachen Garnen** / multifold yarn
Einstufung *f* **in Brandklasse[n]** / fire rating
einstuhlig *adj* / single-loom *adj*
Eins-und-Eins-Ware *f*(Strick/Wirk) / one-and-one ribbed goods *pl*
einsystemig *adj* / single-lock *adj* || **~er Flachstrick-Buntmuster-Umhängeautomat** / fully automatic single system multi-colour transfer flat knitting machine || **~e Flachstrickmaschine** / single-lock flat knitting machine, single-system flat knitting machine || **~er Flachstrickvollautomat** / automatic single-system flat knitting machine || **~e Maschine** (Strick/Wirk) / single-feed machine || **~er Schlitten** (Strick/Wirk) / single-lock carriage, single-feed carriage || **~er Spezial-Flachstrickautomat zur Herstellung von Kragen** / fully automatic single system special flat knitting machine for production of collars || **~er Strumpfautomat** / single-system hosiery machine, single-feed hosiery machine
Einsystemigkeit *f* / single-feed system
eintambourig·e Krempel / single-swift card || **~e Krempel mit Vorreißer und Avanttrain** / single-swift card with licker-in and forepart (card)
eintauchen *v* / immerse *v*, steep *v*, dip *v* || **≗** *n* / immersion *n*, steeping *n*, steep *n*, dipping *n*
Eintauch·flüssigkeit *f* / dipping liquor, immersion liquor || **≗kolorimeter** *n* / immersion colorimeter || **≗schüssel** *f*(Färb) / water can || **≗trommel** *f* / immersion drum, dipping drum || **≗walze** *f* / dip roller, immersion roll[er]
einteilen *v* / class *v*, classify *v*
Einteiler *m* / all-in-one *n*(US)
einteiliger Kinderschlafanzug / sleeping-suit *n*
Eintrag *m*(Web) s. Einschlag || **≗** (Zulauf) / feed *n* || **abwechselnder ≗ von zwei Schußfäden verschiedener Farbe oder Art** (Web) / pick-and-pick *n*
eintragen *v*(allg) / insert *v*, introduce *v* || ~ (Web) s. einschlagen || **die Schützen** ~ (Web) / ply the shuttle || **≗** *n*(Web) / picking *n*, shuttle pick, shuttle shot, shuttle stroke, shuttle throw, picker motion
Eintragkötzer *m*(Web) / weft cop, filling cop, pin cop
Eintrags·nadel *f*(Web) / weft needle || **≗spule** *f* / weft pirn, weft bobbin, quill *n*, filling pirn, weft tube || **≗zange** *f* / weft tongs *pl*
Eintragung *f* / insertion *n*(of weft, filling)
Eintrittswalze *f* / feed roller
eintrocknen *v* / dry up
Eintrommelkrempel *f* / single card
einwalken *v*(Ausrüst) / mill *v*, full *v*(US) || **≗** *n* / milling *n* || **≗ nach der Breite** / milling in the width || **≗ nach der Länge** / milling in the length
Einwalzen·-Farbmühle *f*(Pigm) / single-roller mill || **≗reiniger** *m*(DIN 64100) (Spinn) / porcupine opener || **≗stuhl** *m*(Pigm) / single-roller mill || **≗trockner** *m* / single drum drier
einweben *v* / inweave *v*, work in, interweave *v*, run in || ~ (Kette) / take up warp || **≗** *n* **in Kettrichtung** / warpwise shrinkage || **durch ≗ verkürzen** / weave-in *v*
Einwebung *f*(der Kette) / take-up *n*
Einweg·artikel *m pl* / disposables *pl*, disposable goods || **≗-Färbehülse** *f* / one-way dyeing spool || **≗spule** *f* / non-returnable spool, one-way spool
Einweich·bad *n* / soaking bath, steeping bath || **≗bottich** *m* / soaking bowl, soaking vat, steeping tub, soaking tub, steeping vat, steeping bowl
einweichen *v* / soak *v*, immerse *v*(in the bath), steep *v* || **≗** *n* / soaking *n*, steeping *n*, steep *n*
Einweich·flüssigkeit *f* / soaking liquor, steep *n*, steeping liquid || **≗hilfsmittel** *n* / soaking assistant, soaking auxiliary, steeping auxiliary, steeping assistant || **≗kufe** *f* / steeping tub, steeping vat, steeping bowl || **≗mittel** *n* / soaking agent, steeping agent, soaking medium || **≗öl** *n* / soaking oil || **≗trog** *m* / soaking box, soaking trough || **≗verfahren** *n* / steeping method
einwelliges Licht / monochromatic light
einwerfen, den Schützen ~ (Web) / cross the shuttle
einwertig *adj* / monovalent *adj*
einwickeln *v* / lap *v*
Einwirkzeit *f* / reaction time || **≗** (Färb) / residence time (in flow system), dwell time
Einzel·bäumvorrichtung *f*(DIN 62500) / single beaming device || **≗düse** *f* / single nozzle || **≗faden** *m* / single filament, monofilament *n*, single yarn *n* || **≗faden...** / single-end *adj* || **≗faden** *m* **des Kokons** / brin *n*, brin silk || **≗fadenschlichten** *n* / single-end sizing || **≗fadenschlichtmaschine** *f* / single-end sizing machine || **≗farbstoff** *m* / single dyestuff || **≗faser** *f* / individual fibre, single fibre || **≗faserprüfmethode** *f* / single-fibre testing method || **≗kapillarfaden** *m* / individual filament
einzellig *adj* / monocellular *adj*
einzeln bewegte Zungennadeln *f pl*(Strick/Wirk) / individually moved latch needles || **~er Schuß** (Web) / pick *n*(one traverse of the shuttle through the warp shed), shoot *n*, shot *n*
Einzel·nadelauswahl *f*(Strick/Wirk) / individual needle selection || **≗pore** *f* **des Textilverbundstoffes** / nonwoven fabric unit cell || **≗strang** *m* / single skein || **≗stücke** *n pl* / oddments *pl* || **≗teile** *n pl*(Mode) / separates *pl* || **≗titer** *m* / filament titre, elementary count || **≗verzug** *m* / individual draft || **≗wert** *m* / individual value
Einziehdecke *f* / slip-in blanket
einziehen *vi*(Chem) / penetrate *vi* || ~ *v*(Web) / draw in || ~ (Näh) / set *v* || **≗** *n*(Web) / caaming *n*, drawing-in *n* || **≗ der Kette** / sleying *n*, drawing-in of the warp ends || **≗ der Kettfäden in Geschirr und Schaft** / healding *n*, looming *n* || **≗ der Ware** / drawing-in of the fabric
Einzieher *m*(Web) / reacher-in *n*, [warp] drawer-in,

warp drawer

Einzieh·gestell *n*(Web) / drawing-in frame, loom framing || **≗haken** *m* / drawing-in hook, heald hook, heddle hook || **≗haspel** *f* / feeding-in winch || **≗maschine** *f*(Web) / drawing-in machine, reading-in machine, looming frame || **≗messer** *n* (Web) / sley hook, reed hook, reeding hook || **≗nadel** *f* / threading needle, bodkin *n* || **≗nadel** (Web) / heald hook, heddle hook, drawing-in hook || **≗vorrichtung** *f*(Web) / drawing-in device || **≗walze** *f* / feed roller

Einzug *m*(Web) / draft *n*, drafting *n*, taking-in *n*, caaming *n*, drawing-in *n* || **≗ 1 zu 1** (Web) / half set || **den Harnisch auslassender ≗** / skip draft || **≗schnecke** *f*(Spinn) / taking-in scroll || **≗seite** *f* (Spinn) / feed end

Einzugs·fehler *m*(Web) / draft fault, wrong draw, wrong draft, drawing-in fault || **≗keil** *m*(Beschicht) / roll nip || **≗rapport** *m*(Web) / repeat of draft || **≗schema** *n* / drafting pattern || **≗seil** *n*(Spinn) / drawing-in cord

Einzug[s]walze *f*(Spinn) / drawing-in roller || **≗walze** *f* / intake roll[er], feed roller

Einzug·technik *f* / draw threading technique || **≗werk** *n*(Tepp) / guide roll[er] || **≗zylinder** *m* / back roller, feed roller

Einzwirnung *f* / twist contraction

Einzylinderstrumpfautomat *m* / single-cylinder automatic hosiery machine

Eisbärplüsch *m* / polar bearskin plush

eisblau *adj* / ice-blue *adj*

Eisblumen·bildung *f*(Beschicht) / frosting *n*, mud cracking || **≗effekt** *m*(Beschicht) / crackle finish, mud cracking, crinkling effect, crackling effect

Eisbordeaux *n*, Eisbordo *n* / ice bordeaux

Eisen *n* / iron *n*(metal) || **≗acetat** *n* / acetate of iron, iron acetate || **≗(II)-acetat** *n* / ferrous acetate

Eisenbahn-Sitzbezugstoff *m* / carriage cloth

Eisen·beize *f* / iron liquor, black liquor, iron mordant, black mordant || **≗beschwerung** *f* / iron weighting || **≗blau** *n* / Prussian blue || **≗(II)-chlorid** *n* / ferrous chloride || **≗(III)-chlorid** *n* / ferric chloride || **≗chloridverfahren** *n* / ferric chloride method || **~empfindlich** *adj* / sensitive to iron salts || **~empfindlich sein** / react with iron || **≗farbe** *f* / iron colour || **~frei** *adj* / iron-free *adj* || **≗gallusfarbe** *f* / iron gallate colour || **≗garn** *n* / glacé thread, polished yarn, iron yarn, glacé yarn || **≗gehalt** *m* / iron content || **~grau** *adj*(RAL 7011) / iron-grey *adj* || **≗grund** *m*(Färb) / iron bottoming || **≗grundierung** *f*(Färb) / grounding with iron, iron bottoming || **≗(III)-hexacyanoferrat(II)** *n* / ferric ferrocyanide || **≗indigochelat** *n* / iron chelate of indigo || **≗karte** *f*(Web) / iron roll card || **≗nitratverfahren** *n* / ferric nitrate method || **≗oxidhydrat** *n* / ferrous hydrate || **≗oxidrot** *n* / iron oxide red || **≗pulver** *n* / iron powder || **≗resinat** *n* / iron resinate || **≗(III)-rhodanid** *n* / ferrous rhodanide || **≗rot** *n* / colcothar *n* || **≗(II)-salz** *n* / ferrous salt || **≗salzätze** *f* / iron salt discharge || **≗schwarz** *n* / iron black, copperas black || **≗schwärze** *f* / iron liquor, iron mordant || **≗spuren** *f pl* / iron traces || **≗sulfat** *n* / ferric sulphate, iron sulphate || **≗sulfat-Weißätze** *f* / ferrous sulphate white discharge, ferrous copperas white discharge || **≗(III)-thiocyanat** *n* / ferrous rhodanide || **≗verbindung** *f* / iron compound || **≗vitriol** *n* / iron vitriol, green vitriol, ferrous sulphate, green copperas, iron sulphate || **≗vitriolweißätze** *f* / ferrous sulphate white discharge, ferrous copperas white discharge

Eis·essig *m* / glacial acetic acid || **≗farbe** *f*, Eisfarbstoff *m* / ice colour, ingrain colour, azoic dye || **≗wollgarn** *n* / eis yarn (a woollen knitting yarn of German origin)

Eiweiß *n* / protein *n* || **~abbauend** *adj* / proteolytic *adj* || **~abbauendes Enzym** / proteolytic enzyme || **≗[chemie]faserstoff** *m* / protein fibre || **≗faser** *f* / protein fibre, azlon *n*(US) || **≗körper** *m* / protein *n* || **≗schlichte** *f* / protein size || **~spaltend** *adj* / proteolytic *adj* || **~spaltendes Enzym** / proteolytic enzyme || **≗spalter** *m* / digester *n*(stain removal) || **≗stoff** *m* / protein *n* || **≗verdauer** *m* / digester *n* (stain removal)

Eklipsmaschine *f* / eclipse roving frame, strap speeder, eclipse roving speeder

ekrü *adj* / ecru *adj*, raw white *adj* || **≗seide** *f*(nicht entbastet) / bast silk, raw silk, ecru silk, unboiled silk, unscoured silk || **aus ≗seide gewebter Stoff** / ecru silk cloth || **≗seidengarn** *n* / raw silk yarn, ecru silk yarn || **≗spitze** *f* / ecru lace

Elainsäure *f* / oleic acid

Elast *m* / elastomer *n*(can be stretched at room temperature repeatedly to at least twice its original length and, on immediate release of the stress, will return with force to its approximate original length)

Elasthanfaser *f* / elastane fibre (GB), spandex fiber (US)

Elastic·... (in Zssg.) (mit eingewebten Gummifäden) / elasticated *adj* || **≗-Zwickel** *m* / elastic gore

elastifizierter Cord / stretch cord

Elastik *f n* / elastic *n* || **≗faden** *m* / elastic filament || **≗-Legebarre** *f*(Strick/Wirk) / stitch-forming guide bar || **≗rand** *m*(Strumpf) / grip top || **≗-Schlüpfer** *m* / girdle *n*, open-bottom girdle || **≗-Schlüpfer als Miederhose mit langgeschnittener Beinform** / girdle in long-leg panty style || **≗-Schlüpfer mit Spitzenbesatz** / laced girdle

elastisch *adj* / elastic *adj*, resilient *adj*, stretchable *adj*, elasticated *adj* || ~ (Beschicht) / flexible *adj* || ~ (Garn) / springy *adj* || **~er Ärmelrand** (Strick/Wirk) / rib cuff || **~es Ausdehnen** / elastic extension || **~e Ausrüstung** / elastic finish, brise finish || **~e Bandware** / elastic tapes, garter webbing || **~er Baumwollflanell** / tricot flannel || **~e Binde** / elastic bandage || **~er Bund** / elastic waistband || **~e Dehnung** / elastic elongation, reversible elongation, stretch *n*, recoverable stretch, elastic pull || **~e Eigenschaften** / elastic properties || **~es Einsatzkeilstück in Schuhen** / elastic gore || **~e Erholung** (Tepp) / elastic recovery || **~er Faden** / elastic thread || **~es Garn** / elastic yarn || **~es Gewebe** / elastic fabric || **~er Griff** / springy handle || **~er Gürtel** / elastic waistband || **~e Kordqualität** / elastic corduroy-type fabric || **~e Kräuselnaht** / stretch pucker || **~e Miederhose** / elastic panty girdle || **~e Nachwirkung** / elastic aftereffect, elastic lag || **~er Rand** (Strumpf) / rib top || **~es Rückkehrvermögen** / retractive force (fibre), elastic force || **~er Strumpfrand** / elastic stocking top || **~er Taillenrand** (an Slip oder Schlüpfer) / stretch lace elastic at waist (of panty or brief) || **~er Träger** / stretch [shoulder] strap (of bra) || **~e Turbulenz** / elastic turbulence || **~er Verband** / crepe bandage || **~e Verformung** / elastic deformation, elastic strain || **~er Wirktüll** / stretch-knitted tulle || **~e Wirkware** / elastic

warp-knitted goods
elastisch-plastisch-viskoser Deformationsbereich (Beschicht) / viscoelastic-plastic deformation range
Elastizität *f* / elasticity *n*, resilience *n*, stretchability *n*, stretching properties *pl* || **≗** (Beschicht) / flexibility *n* || **≗** (Garn) / springiness *n*, stretch recovery, suppleness *n* || **≗ in Schußrichtung** / weft-wise stretch, fillingwise stretch
Elastizitäts·grad *m* / degree of elasticity || **≗grenze** *f* / elasticity limit, elastic limit, yield point || **≗konstante** *f* / elastic constant, spring constant || **≗modul** *m*, E-Modul *m*, (früher auch) Youngscher Modul *m* / elastic modulus, elasticity modulus, modulus of elasticity || **≗prüfer** *m* / elasticity tester || **≗prüfer** / axline tester (for testing elastic fabrics for foundation garments) || **≗prüfung** *f* / elasticity test || **≗verhalten** *n* / elastic performance
Elastofaser *f* / elastofibre *n*, elastomeric fibre, elastomer fibre
elastomer *adj* / elastomeric *adj* || **~er Kunststoff** / elastomeric plastic || **≗** *n*, Elastomeres *n* / elastomer *n* (can be stretched at room temperature repeatedly to at least twice its original length and, on immediate release of the stress, will return with force to its approximate original length) || **≗faden** *m* / elastomeric yarn || **≗faser** *f* / elastomer fibre, elastofibre *n*, spandex fibre (synthetic elastic fibre with at least 85% segmented polyurethane), elastomeric fibre || **≗-Fasermaterial** *n* / elastomer fibre material || **≗gatter** *n* / elastomer creel
Electronic-Style-Verfahren *n* (Textdr) / Electronic Style process
Elefanten·fuß *m* (Tepp) / elephant foot || **≗tritt** *m* / shepherd's plaid
Elektoralwolle *f* (sehr feine Wolle für hochwertige Stoffe) / electoral wool, Saxony wool
elektrisch·e Aufladung / electric charge, electrical charge || **~e Bleiche** / electric bleaching || **~e Eigenschaft** / electrical property || **~e Entladung** / electric discharge, electrical discharge || **~es Gewebe** / electrical fabric || **~e Ladung** / electric charge, electrical charge || **~e Ladungen entfernen** / destaticize *v* || **~ leitende Faser** / electro-conductive fibre || **~e Leitfähigkeit** / electrical conductivity || **~er Trockenschrank** / electric drying oven || **~er Widerstand** / electrical resistance
Elektrizitätsladung *f* / electric charge, electrical charge
Elektrodensieb *n* (Flock) / electrode sleeve
Elektro·dialyse *f* / electrodialysis *n* || **≗fixierer** *m* / electro-fixer *n* (shrinking machine) || **≗isolierung** *f* / electrical insulation || **~leitfähige Faser** / conductive fibre
Elektrolysator *m*, Elektrolyseur *m* / electrolyzer *n*
Elektrolyse *f* / electrolysis *n*
Elektrolyt *m* / electrolyte *n* || **≗beständigkeit** *f* / electrolyte resistance || **≗bleiche** *f* / electrolytic bleach
elektrolytisch·e Oxydation / electrolytic oxidation || **~e Zersetzung** / electrolytic decomposition
Elektrolytzusatz *m* / electrolyte addition
elektromagnetische Nadelauswahl / electromagnetic selection of needles
Elektronen·austausch[er]harz *n* / electron exchange resin || **≗donator** *m*, Elektronendonor *m* / electron donor || **≗mikroskop** *n* / electron microscope || **≗mikroskopie** *f* / electron microscopy || **~mikroskopische Aufnahme** / electron micrograph || **~strahlgehärtet** *adj* (Pigm) / electron beam cured || **≗strahlhärtung** *f* / electron beam curing
elektronisch·er Fadenreiniger / electronic slub catcher || **~e Nadelauswahl** / electronic selection of needles || **~es System zur Mustervorbereitung** (Strick/Wirk) / electronic pattern preparing system
Elektro·phorese *f* / electrophoresis *n* || **~polierte Walze** / electro-polished roller || **≗spindel** *f* / electric spindle
elektrostatisch *adj* / electrostatic *adj* || **~e Anziehung[skraft]** / electrostatic attraction || **~e Aufladung** / electrostatic charge, static electricity, static charge, static *n*, build-up *n* (of electrostatic charges), electrostatic pick-up || **~es Beflocken**, elektrostatische Beflockung / electrostatic flocking || **~es Beschichten** / electrostatic coating || **~e Bindung** / electrostatic bond || **~e Flockdruckmaschine** / electrostatic flocking machine || **~es Kardieren** / electrostatic carding || **~es Spinnen** / electrostatic spinning || **~es Spritzen** (Beschicht) / electrostatic spraying || **~e Teppichbeflockung** / electrostatic flocking of carpets || **~er Widerstand** / static resistance
elektrostatisch-pneumatische Flockenabsaugvorrichtung / electrostatic pneumatic surplus flock regainer
Elektrowickler *m* / electric winder
elementarer Schwefel / elemental sulphur
Elementar·faden *m* / elementary filament, monofilament *n*, filament *n*, individual filament || **≗fäden auf Stapel schneiden o. reißen** / staple *v* || **≗fadenkabel** *n* (Spinn) / stretcher bar *n*, stretcher *n* || **≗faser** *f* / elementary fibre || **≗faser** (einer endlosen Chemieseide) / fibril *n*
Elemiharz *n* (aus Canarium luzonicum) / gum elemi, elemi [gum]
elfenbein *adj* (RAL 1014) / ivory *adj* || **~farben** *adj* / ivory-coloured *adj* || **~gelb** *adj* / ivory-yellow *adj* || **~schwarz** *adj* / ivory-black *adj* || **~weiß** *adj* / ivory-white *adj*
Ellbogen·länge *f* / elbow-length *n* || **≗naht** *f* / elbow seam
elliptischer Ringläufer / elliptical traveller
Elmendorf·-Reißfestigkeit *f* / Elmendorf tear strength || **≗-Reißprüfung** *f* / Elmendorf tear testing
Eluat *n* (durch Herauslösen adsorbierter Stoffe gewonnene Flüssigkeit) / eluate *n*
eluieren *v* (adsorbierte Stoffe aus festen Adsorptionsmitteln herauslösen) / eluate *v* || **≗** *n*, Elution *f* / elution *n*
emailblau *adj* / enamel-blue *adj*
Emaille *f* / enamel *n*
emaillieren *v* / enamel *v*
emaillierter Fadenführer / enamelled thread guide
emerisieren *v* / emerize *v*
emerisiertes Gewebe / emerized fabric
Emission *f* / emission *n*
Emissions·spektroskopie *f* / emission spectroscopy || **≗vermögen** *n* / emissivity *n*
E-Modul *m*, Elastizitätsmodul *m* / elastic modulus, elasticity modulus, modulus of elasticity
Empfängerempfindlichkeit *f* (Kol) / receptor sensitivity
empfindlich *adj* / sensitive *adj*, susceptible *adj* || **~ gegen Härtebildner** / sensitive to hard water,

sensitive to salts causing hardness of water
Empfindlichkeit *f* / sensibility *n*, susceptibility *n*, sensitivity *n*
Empfindlichkeitsverteilungen *f pl* **der drei Reizzentren** / spectral sensitivity distribution
Empirelinie *f* (Mode) / empire line
Emulgator *m* / emulsifier *n*, emulsifying agent
emulgierbar *adj* / emulsifiable *adj* || **~es Öl** / emulsifiable oil
Emulgierbarkeit *f* / emulsifiability *n*
emulgieren *v* / emulsify *v* || ≗ *n* / emulsifying *n*
emulgierende Flüssigkeit / emulsifying liquid
Emulgier·fähigkeit *f* / emulsifying ability, emulsifying power, emulsifying capacity || **≗mittel** *n* / emulsifier *n*, emulsifying agent
Emulgierung *f* / emulsification *n*
Emulgier·verfahren *n* / emulsion process || **≗vermögen** *n* / emulsifying ability, emulsifying power, emulsifying capacity || **≗wirkung** *f* / emulsifying action
Emulsion *f* / emulsion *n*
Emulsionierungsanlage *f* / emulsion plant
Emulsions·bildung *f* / emulsification *n* || **≗bindemittel** *n* **für Nonwovens** / nonwoven emulsion binder || **≗binder** *m* / emulsion binder || **≗brecher** *m* / emulsion breaking agent || **≗creme** *f* / emulsion cream || **≗druck** *m* / emulsion print[ing] || **≗färben** *n* / emulsion dyeing || **≗gelatine** *f* / emulsion gelatine || **≗klotzfärbeverfahren** *n* / emulsion pad-dyeing || **≗öl** *n* / emulsion oil || **≗ölschlichte** *f* / emulsified oil size, oil size emulsion || **≗polymer** *n*, Emulsionspolymerisat *n* / emulsion polymer || **≗spinnverfahren** *n* / emulsion spinning || **≗stabilisator** *m* / emulsion stabilizer || **≗stabilität** *f* / emulsion stability || **≗verdickung** *f* (Chem) / cut *n* || **≗verdickungsmittel** *n* / emulsion thickener, emulsion thickening agent || **≗verfahren** *n* / emulsion process || **≗wäsche** *f* / emulsion scouring
End·ablauf *m* (Fehler) (Textdr, Färb) s. Endenablauf || **≗aminogruppe** *f* / terminal amino group || **≗baderschöpfung** *f* / exhaustion of the residual liquor || **≗bleiche** *f* / final bleaching || **≗drehung** *f* (Spinn) / final twist
Ende *n* (ein Stück Tauwerk) / rope *n*
Endel *n* (AU) / selvedge *n*
endeln *v* (AU) / oversew *v* (edge)
Enden·ablauf *m* (Fehler) (Färb, Textdr) / tailing *n*, change of shade between beginning and end of batch || **~gleiche Weißtönung** / end-to-end white shade || **≗gleichheit** *f* (Färb) / level dyeing between ends, uniformity of ends, uniformity between ends, levelness from end to end || **≗ungleichheit** *f* (Fehler) (Textdr, Färb) / tailing *n*
End·erzeugnis *n* / final product, finished product || **≗färben** *n*, Endfärbung *f* / final dyeing || **≗feuchtigkeit** *f* / final humidity, ultimate humidity || **≗fixierung** *f* (Färb) / final fixation || **≗fixierung** (Ausrüst) / final set || **≗flotte** *f* (Färb) / residual liquor, spent bath || **≗formen** *n* / finish boarding || **≗gestell** *n* (DIN 63400) (Spinn) / out end || **~gestoppt** *adj* (Chem) / terminated *adj* || **≗gruppe** *f* (Chem) / end group, terminal group || **≗kondensation** *f* **auf HT-Pressen nach der Konfektionierung** / post-curing *n* (US) || **≗lauge** *f* (Färb) / final liquor
endlos·e Bahn / web *n* (endless fabric) || **~es Beförderungstuch** / creeper *n* || **~er Einzelfaden** / capillary filament (multifil manmade fibres) || **~er Faden** / continuous filament || **~es Fortführungstuch** / creeper *n* || **~er Lattenrost** (für Warentransport) / continuous lattice conveyor || **~er Metallmitläufer** (Beschicht) / endless steel belt || **~er Mitläufer**, endloses Mitläufertuch / conveyor blanket || **~e Schicht** (Kasch) / endless layer || **~es Siebband** (Vliesst) / wire mesh sleeve || **~er Wickel** / continuous lap || **≗-Band** *n* (Spinn) / tow *n* || **≗-Bauschgarn** *n* / bulk continuous filament (BCF) || **≗-Bauschgarn aus Nylon** / bulk continuous filament nylon yarn || **≗faden** *m* / [continous] filament yarn || **≗faser** *f* / [continous] filament || **≗garn** *n* / continuous filament yarn || **≗garn** (monofil) / monofilament *n* || **≗garn** (multifil) / multifilament *n* || **grobes ≗garn, das zu Spinnband verarbeitet wird** (Spinn) / tow *n* || **≗matte** *f* / continuous filament mat || **≗mischgarn** *n* (veraltet) / filament blend yarn
Endnuance *f* (Färb) / final shade
Endo·philie *f* / endophily *n* (surfactant) || **~therm** *adj* / endothermic *adj*
End·-pH-Wert *m* / final pH value || **~polymerisiert** *adj* / fully polymerized || **≗produkt** *n* / end product, finished product, final product || **≗punkt** *m* / end point || **≗rest** *m* / piece end || **~ständige Gruppe** / terminal group || **≗steg** *m* (am Webblatt) (Web) / cheek of reed, reed locking part || **≗streck[en]band** *n* / final drawn sliver || **≗stück** *n* (Web) / end fent, end piece || **≗stücke** *n pl* **von Wollwaren** / entrebandes *pl* (Fr) || **≗temperatur** *f* / final temperature || **≗trocknung** *f* / final drying || **~vernetzt** *adj* (Beschicht) / fully crosslinked, fully cured || **≗verzug** *m* (Spinn) / final draft, finishing draft || **≗wickel** *m* / finisher lap || **≗zweck** *m* / final use, application *n*
Energie *f* / energy *n* || **≗absorption** *f* / energy absorption
eng *adj* / tight *adj* || **~ geschlagene Webware** (Strick/Wirk) / closely woven goods *pl* || **~ gezwirntes merzerisiertes Baumwollgarn** / tightly twisted mercerized cotton yarn || **~es Halsband** (Mode) / choker *n*
enganliegend *adj* / close-fitting *adj*, figure-clinging *adj*, tight-fitting *adj* (garment), figure-hugging *adj* || **~e Bekleidung** / form-persuasive garment || **~e Kappe** (Mode) / coif *n* || **~es Kleidungsstück** / clingy type garment || **~e Maschenware** (gestrickt oder gewirkt) / clingy knit clothes
Engelhaar *n* / angel hair, angel's hair
Engelshaut *f* (schwere Krepp-Satin-Ware) / angel skin, peau d'ange (Fr)
enger machen / take in (garment)
Engermachen *n* / taking-in *n* (garment)
englisch·e Baumwollnummer / cotton count || **~e Garnnumerierung** / English yarn count || **~e Garnnummern** *f pl* / English counts || **~e Kammgarnnumerierung** / Bradford worsted count || **~e Maschinennumerierung** / English gauge || **~er Tüll** / bobbinet *n* || **~e Wollsorten** *f pl* / English wools || **≗blau** *n* / English blue || **≗pflaster** *n* / court plaster || **≗rot** *n* / Paris red
eng·maschig *adj* (Strick/Wirk) / close-meshed *adj*, fine-meshed *adj*, narrow-meshed *adj*, close-stitch *adj* || **~porig** *adj* / fine-pored *adj*
Enlevage *f* (Mustern durch örtliches Entfärben) (Textdr) / enlevage *n*
Ensemble *n* (Mode) / ensemble *n*
entaktivieren *v* / deactivate *v*
entalkylieren *v* / dealkylate *v*
entappretieren *v* / definish *v*

Entavivierung *f* / finish removal
entbasten *v* / boil off the gum, scour *v* (silk), degum *v* (silk), decorticate *v* || ≗ *n* / boiling off (the gum) (silk), silk degumming, scouring (silk) *n*, silk washing
entbastete Seide / boiled-off silk, degummed silk
Entbastungs·bad *n* / scouring bath (silk), degumming bath || **~echt** *adj* / fast to boiling-off (silk), fast to degumming (silk) || **≗echtheit** *f* / fastness to boiling-off (silk), fastness to degumming (silk) || **≗effekt** *m* / degumming effect || **≗flotte** *f* / boiling-off bath (silk) || **≗maschine** *f* / degumming machine || **≗mittel** *n* / degumming agent, scouring agent (silk)
entchloren *v* / dechlorinate *v* || ≗ *n*, Entchlorung *f* / removal of chlorine, dechlorination *n*
enteisenen *v* / remove iron, eliminate iron
Enteisenung *f* / deferrization *n*, iron removal, iron extraction, de-ironing *n*
entfalten *v* / unroll *v* || **eine Stofflänge** ~ / unroll a piece of cloth || ≗ *n* (Gew) / opening out
entfärben *v* / decolour *v* (GB), decolor *v* (US), discolour *vt*, decolorize *v* || ~ (Färb) / remove colour, strip *v*, bleach *v* || **sich** ~ (von Sachen) / lose its colour || ≗ *n* / decolorizing *n*, decoloration *n*, discoloration *v* || ≗ (Färb) / removal of colour, stripping *n*
Entfärber *m* / decolorant *n*
entfärbte Wolle / damp wool
Entfärbung *f* / decoloration *n*, decoloration *n*, decolorizing *n*, discoloration *n*
Entfärbungs·bad *n* (Färb) / stripping bath || **≗flotte** *f* (Färb) / stripping liquor || **≗mittel** *n* / decolorizing agent, stripping agent, decolorant *n*, colour remover
entfasern *v* / remove fibres
Entfaserung *f* / extraction of fibres
Entfaserungs·anlage *f* / fibre extraction plant || **≗messer** *n* / fibre extraction knife
entfernen *v* / remove *v*
Entfernung *f* **der Garnverunreinigungen** / clearing of the yarn || ≗ **von Verunreinigungen während der Wollsortierung** / moiting *n*
entfetten *v* / degrease *v*, remove grease || ~ (Färb) / remove superfluous oil || ~ (Wolle) / scour *v*, extract grease from wool || ≗ *n* / extraction of fat, grease removal, removal of grease || ≗ **der Wolle** (Wolle) / degreasing *n*, scouring *n*
entfettende Wirkung (Wolle) / degreasing effect
entfettete Wolle / scoured wool
Entfettung *f* (Wolle) / grease extraction
Entfettungs·maschine *f* (Wolle) / scouring machine, degreasing machine || **≗mittel** *n* (Wolle) / degreasing agent, scouring agent
entfeuchten *v* / dehumidify *v*, dehydrate *v*
Entfeuchtung *f* / dehumidification *n*, moisture extraction
Entfeuchtungsapparat *m* / dehumidifier *n*
entfilzen *v* / unfelt *v*, defelt *v*
entfilzt *adj* / unfelted *adj*
entflammbar *adj* / flammable *adj*
Entflammbarkeit *f* **von Textilien** / textile flammability
Entflammbarkeits·grad *m* **der Ware** / fabric flammability, combustibility of a fabric || **≗prüfgerät** *n* / flammability tester || **≗prüfung** *f* / flammability test || **≗temperatur** *f* / flammability temperature
Entflammungsprüfung *f* / flammability test
entflechten *v* / untwist *v* || ≗ *n* / unbraiding *n*, untwisting *n*
entflecken *v* / remove stains
entflocken *v* / deflocculate *v*
entgasen *v* / degas *v*
Entgasungsofen *m* / degassing furnace
entgegengesetzte Fadenlage in den Windungsschichten / opposite yarn layer in the winding layers
entglänzen *v* / delustre *v* (GB), remove lustre, deluster (US) || ≗ *n*, Entglänzung *f* / delustring *n*, removal of gloss
Entglänzungsbürste *f* / delustring brush
enthaaren *v* / depilate *v* || ≗ *n* / removal of hair
Enthalpie *f* / enthalpy *n* || **≗analyse** *f* / enthalpic analysis
enthärten *vt* / soften *vt* (water) || ≗ *n* / softening *n* (water)
Enthärter *m* / water softener
Enthärtungsmittel *m* (Seifenzusatz) / alkali builder
entholzen *v* / decorticate *v*
Enthölzer *m* / decorticator *n*, decorticating machine
Entholzung *f* / decortication *n*
Enthülsungsmaschine *f* / huller *n*, husker *n* (cotton)
entionisieren *v* / de-ionize *v* || ≗ *n* / de-ionization *n*
entionisiertes Wasser / de-ionized water
entkalken *v* / delime *v*
entkarbonisieren *v* / decarbonate *v*, decarbonize *v*
Entkarbonisierung *f* / decarbonation *n*, decarbonization *n*
entkeimen *v* / disinfect *v*
entkletten *v* (Spinn) / burr *v* || ~ (Wolle) / cull *v*, remove burrs, deburr *v* || ≗ *n* / burr extraction, burring *n*, burr picking
Entklettungsmaschine *f* / burring machine, burr crusher, deburring machine
entknittern *v* / de-crease *v*
Entknitterung *f*, Entknitterungsvermögen *n* / crease recovery, recovery from creasing, wrinkle recovery
Entknitterungsprüfung *f* / crease recovery test, wrinkle test, wrinkle recovery test
entknoten *v* / nep *v* || ≗ *n* / nepping *n*
entkohlen *v* / decarbonate *v*, decarbonize *v*
Entkohlung *f* / decarbonation *n*, decarbonization *n*
entkörnen *v* / clean *v* (cotton), gin *v*
entkörnt, von Hand ~ / hand-ginned *adj* || **~e Baumwolle** / ginned cotton
Entkörnung *f* / ginning *n*
Entkörnungs·abfall *m* / gin fall || **≗maschine** *f* / gin *n*
entkräuseln *v* / de-crimp *n*, uncurl *v* || ≗ *n* / crimp removal
Entkristallisation *f* / decrystallization *n*
entkristallisierte Baumwolle / decrystallized cotton
entkupfern *v* / eliminate copper || ≗ *n*, Entkupferung *f* / removal of copper
entladen *v* (allg) / discharge *v*
Entladung *f* (allg) / discharge *n*
Entlauger *m* / lye extractor
entleimen *v* / degum *v* (silk)
entlüften *v* / deaerate *v* || ≗ *n* (Glasfaserverfahren) / degassing *n*
Entlüfter *m* / deaerator *n*
Entlüftung *f* / deaeration *n*
Entlüftungsventil *n* / air relief valve
Entmanganung *f* / demanganization *n*
Entmineralisierung *f* / demineralizing *n*, demineralization *n*

entmischen *v*(Chem) / separate *v*, dehomogenize *v* || ≗ *n* (von Emulsionen) (Beschicht) / cracking *n*
Entmischung *f*(Chem) / separation *n*, segregation *n*
entnoppen *v* / burl *v*, pinch *v*
entölen *v* / extract the oil, de-oil *v* || ≗ *n* (Wolle) / backwashing *n*
Entorientierung *f* / disorientation *n*
entparaffinieren *v* / dewax *v*
Entparaffinierung *f* / dewaxing *n*
entpechen *v* / remove pitch, depitch *v* || ≗ *n*, Entpechung *f* / removal of pitch || ≗ (Wolle) / tar removal
entquollener Zustand der Zellulose / de-swollen state of cellulose
entrahmen *v* / remove from the stenter
entrinden *v* / strip off the bark
Entrollapparat *m* (Näh) / uncurler *n*
Entsalzung *f* / de-ionization *n*, demineralization *n*, demineralizing *n*
entsäuern *v* / deacidify *v* || ≗ *n* / disacidification *n*
Entsäuerungsmittel *n* (Färb) / deoxidant *n*, deoxidizing agent
Entschälbad *n* / boiling-off bath (silk), scouring bath (silk)
entschälen *v* / scour *v*(silk), degum *v*(silk), boil off the gum || ≗ *n* (von Seide) / boiling off *n* (the gum), degumming *n*, scouring *n*, washing *n*
entschäumen *v* / defoam *v*, scum *v* || ≗ *n* / defoaming *n*, descumming *n*
Entschäumer *m*, Entschäumungsmittel *n* / antifoam *n*, antifoaming agent, foam suppressor, defoaming agent, defoamer *n*, descumming agent
Entschichten *n* (Kasch) / delamination *n*
entschlichten *v* / desize *v*, scour *v* (cotton yarn) || ≗ *n*, Entschlichtung *f* / desizing *n*, scouring *n* (cotton yarn) || ≗ **mit Malz** / malt-desizing *n*, malting *n*
Entschlichtungs·bad *n*, Entschlichtungsflotte *f* / desizing bath, desizing liquor || ≗**maschine** *f* (DIN 64990) / desizing machine || ≗**mittel** *n* / desizing agent
entschwefeln *v* / desulphurate *v*, remove sulphur, desulphurize *v* || ≗ *n*, Entschwefelung *f* / desulphurization *n*, desulphurizing *n*, removal of sulphur
Entschweiß·apparat *m* (Wolle) / degreasing apparatus, scouring apparatus, desuinting apparatus || ≗**bad** *n* (Wolle) / degreasing bath, scouring bath, desuinting bath || ≗**bottich** *m* (Wolle) / scouring basin, washing trough
entschweißen *v* (Wolle) / degrease *v*, desuint *v*, scour *v*, remove grease || ≗ *n* (Wolle) / degreasing *n*, removal of grease, scouring *n*
entschweißende Wirkung (Wolle) / degreasing effect
Entschweißmittel *n* / wool scouring agent
entschweißte Wolle / scoured wool
Entschweißung *f* (Wolle) / removal of grease
Entschweißungsmittel *n* (Wolle) / scouring agent, degreasing agent
entschweren *v* / eliminate the weighting (silk)
entspannen *v* (Stoff) / relax *v* (a fabric) || ≗ *n* / removal of stress
entspannt *adj* / relaxed *adj* || ~**er Dampf** / expanded steam || ~**e Faser** / relaxed fibre
Entspannung *f* / stretch recovery, elasticity of yarn || ≗ (von Webwaren) (Gew) / relaxation *n* || ≗ **hervorrufende Behandlung** (Gew) / relaxation treatment
Entspannungs·schrumpfen *n*, Entspannungsschrumpfung *f* / stretch recovery shrinkage, relaxation shrinkage || ≗**temperatur** *f* / relaxation temperature || ≗**versuch** *m* / stress relaxation test
entstatisieren *v* / destaticize *v*
entstauben *v* / extract dust || ≗ *n*, Entstaubung *f* / dusting *n*, dust extraction, dust removal
Entstäuber *m* / dust collector
Entstaubungs·anlage *f* / dust extracting plant, dust removing plant, dust remover, dust exhausting plant || ≗**maschine** *f* / de-dusting machine, dusting machine || ≗**trommel** *f* / dust shaker
entsternen *v* / remove from the star frame
entstrohen *v* / remove straw
entwachsen *v* / dewax *v* || ≗ *n* / dewaxing *n*
entwässern *v* / dehydrate *v*, extract water, hydroextract *v*, desiccate *v* || ~ (Space-Dyeing) / drain [off] *v*
Entwässerung *f* / dehydration *n*, hydroextraction *n* || ≗ (Space-Dyeing) / drainage *n*
Entwässerungs·beschleuniger *m* / drainage accelerator || ≗**beschleunigungswirkung** *f* / drainage acceleration effect || ≗**maschine** *f* / draining machine || ≗**zentrifuge** *f* / machine for hydroextraction
entwerfen *v* / design *v*, style *v* || ~ (eine Bindung) / plot *v* || ≗ *n* / designing *n*
Entwerfer *m* (Mode) / [fabric] designer
entwickeln *v* (Färb) / develop *v*, couple *v* || ~ (Textdr) / fix *v* || ~ (Stoff) / relax *v* (a fabric) || **auf dem Jigger** ~ / develop in the jig || **durch Dämpfen** ~ / develop by steam || **durch neutrales Dämpfen** ~ / develop by neutral steaming || **durch saures Dämpfen** ~ / develop by acid steaming || **im Dämpfkasten** ~ / develop in the steaming box || ≗ *n* (Färb) / coupling *n*, developing *n* || ≗ **auf dem Jigger** / jig developing
entwickelte Färbung / developed dyeing
Entwickler *m* / developer *n*, developing agent
Entwicklung *f* / developing *n* || ≗ (von Webwaren) (Gew) / relaxation *n*
Entwicklungs·apparat *m* / developing apparatus, developing machine || ≗**bad** *n* / developing bath || ≗**farbstoff** *m* / developing dyestuff, developed dyestuff, azoic dyestuff, ingrain dyestuff, diazo dye || ≗**flotte** *f* / developing liquor || ≗**flüssigkeit** *f* / developing solution || ≗**foulard** *m* / developing padding machine || ≗**geschwindigkeit** *f* / developing speed || ~**träge** *adj* (Färb) / slow to develop || ≗**verfahren** *n* / developing process || ≗**vorrichtung** *f* / developing equipment
Entwinder *m* / untwisting machine
entwirren *v* / disentangle *v* (yarn), untangle *v*, unravel *v* || **sich** ~ / become disentangled, disentangle *v* || ≗ *n* / unravelling *n*, slaving *n* (silk, cotton), disentangling *n*
entwollen *v* / dewool *v* || ~ (Fell) / pull *v*
Entwollung *f* / wool pulling
Entwollungsmaschine *f* / wool pulling machine
Entwurf *m* / draft *n*, design *n*
entziehen *v* / remove *v* || ≗ *n* / extraction *n*
entzündbar *adj* / ignitable *adj*
Entzündbarkeit *f* / flammability *n*
entzünden *v* / ignite *vt* || ~ (sich) / ignite *vi* || ≗ *n* / ignition *n*
entzündlich *adj* / ignitable *adj*, flammable *adj*
Entzündlichkeit *f* / flammability *n*
Entzündung *f* / ignition *n*
Entzündungs·temperatur *f* / ignition temperature || ≗**verzögerung** *f* / fire retardancy

entzwirnen *v* / untwist *v* || ≗ *n* / untwisting *n*
Entzwirnungsautomat *m* / automatic untwister, automatic untwisting machine
Enzian *m* / gentian *n* || **~blau** *adj* (RAL 5010) / gentian blue *adj* || **~violett** *adj* / gentian violet *adj*
Enzym *n* / enzyme *n* || **~aktivierend** *adj* / enzyme-activating *adj* || **≗aktivierung** *f* / enzyme-activating action
enzymatisch *adj* / enzymatic *adj* || **~er Abbau** / enzymatic degradation || **~es Entschlichten** / enzymatic desizing || **~es Entschlichtungsmittel** / enzymatic desizing agent || **~es Waschmittel** / enzyme detergent
Enzym·entschlichtung *f* / enzymatic desizing || **~hemmende Wirkung** / enzyme-inhibiting effect || **≗produkt** *n* / enzymatic product || **~resistent** *adj* / enzyme-resistant *adj* || **≗wolle** *f* (DIN 60004) / enzyme wool
Eolienne *f* (taftbündiger, ripsartiger Kleiderstoff) / eolienne *n*
Eosin *n* (Färb) / eosin *n*, bromoeosine *n*
Epaulette *f* (seltener: Epaulett) / epaulet[te] *n*
Epichlorhydrin *n* / epichlorohydrin *n*
Epikutikula *f* / epicuticule *n* (outer resistant membrane surrounding a cuticular structure, e.g. wool fibre)
Epinglé *m*, Ösenrips *m* / epinglé *n* (a silk, rayon or worsted clothing fabric in plain weave, characterized by alternating wide and narrow cross ribs) || **≗-Kostümstoff** *m* / epinglé for women's suitings || **≗-Möbelstoff** *m* / epinglé for upholstery
epitropische Faser (Markenname für permanent antistatische Chemiefaser) / epitropic fibre
Epoxid·harz *n*, Epoxydharz *n* / epoxy resin, epoxide resin || **≗kleber** *m* / epoxide resin adhesive
Epoxydation *f*, Epoxydieren *n* / epoxidation *n*
Epoxyharz *n* / ethoxylene resin
Epsomsalz *n* / bitter salt, Epsom salt, magnesium sulphate
erblinden *v* / become blind (lose lustre)
Erbsenmusterung *f* / petits pois (Fr)
erbs·grün *adj* / pea-green *adj* || **≗tüll** *m* (Web) / pea tulle
Erdalkali *n* (alkalische Erde) / alkaline earth || **≗oxid** *n* / alkaline earth oxide
erdbeerfarben *adj* / fraise *adj* (Fr), strawberry-coloured *adj* || **~rot** *adj* (RAL 3018) / strawberry red *adj*, cardinal[-red] *adj*
erd·braun *adj* / earth-coloured *adj* || **≗faulversuch** *m* / soil-burial test || **~gerösteter Flachs** / ground-retted flax
Erdnuß·eiweißfaser *f* / peanut protein fibre || **≗faser** *f*, Erdnußfaserstoff *m* / groundnut fibre, peanut fibre || **≗öl** *n* / groundnut oil, arachis oil, nut-oil *n*, peanut oil || **≗proteinfaser** *f* / groundnut protein staple
Erd·pigment *n* / natural pigment || **≗verrottungstest** *m* / soil-burial test || **≗wachs** *n* / mineral wax, ozocerite *n*
erforderliche Zulaufhöhe (Färb) / net positive suction head (NPSH)
ergänzen *v* (Bad) / regenerate *v* (a bath)
Ergänzungsfarbe *f* / complementary colour
ergeben, Farbreaktionen ~ / produce colour reactions
Ergiebigkeit *f* (Ausbeute) / yield *n* || ≗ (Farbstärke) / colouring power, colouring strength, tinctorial power, tinctorial strength, tinctorial value
erhaben·es Muster / raised design, raised pattern || **~e Plattstickerei** / raised couching || **~e Stickerei** / raised embroidery
Erhaltung *f* **des Aussehens** (Tepp) / appearance retention
erhärten *v* / set *v*, harden *v*, solidify *vi* || ≗ *n*, Erhärtung *f* / setting *n*, hardening *n*
erhitzen *v* / heat *v*, heat up || ≗ *n* / heating *n*
erhöhte Anschmutzbarkeit / increased soiling tendency
Erhöhung *f* **der Gewebeporosität** / air conditioning treatment (of fabrics)
Erholungs·fähigkeit *f* (Gew) / power of recovery || **≗vermögen** *n* / recovery properties *pl*, resilience *n* || **≗vermögen** (des Pols) / recovery power (pile) || **≗vermögen der Ware** / fabric resilience, fabric recovery || **≗vermögen nach Formveränderung** / recovery from deformation || **≗zeit** *f* / mechanical relaxation time
Eriaseide *f* / eria silk
erikaviolett *adj* (RAL 4003) / heather violet *adj*
erkalten *v* / cool [down]
ermüdete Küpe / sluggish vat
Ermüdung *f* / fatigue *n*
ermüdungs·beständig *adj* / antifatigue *adj* || **≗beständigkeit** *f* (Beschicht) / flex life || **≗erscheinung** *f* / fatigue *n* || **≗prüfung** *f* / fatigue test || **≗schutzmittel** *n* / antifatigue agent
erneut diazotieren / rediazotize *v*
Erntebindeschnur *f* / baler twine
Ersatz·kette *f* (Web) / supplementary warp [for figured stuffs] || **≗kragen** *m* / spare collar || **≗nadel** *f* (Strick/Wirk) / reserve needle, spare needle
erschöpfen *v* (Färb) / exhaust *v* || **das Bad vollkommen ~** (Färb) / exhaust the bath completely
erschöpft·es Bad / exhausted bath, spent bath || **~e Küpe** / sluggish vat
Erschöpfung *f* (Färb) / exhaustion *n* || **≗ des Bades** / exhaustion of the bath
Erschöpfungsgrad *m* (Färb) / degree of exhaustion (of bath), rate of exhaustion
erschweren *v* (Seide) / load *v*, weight *v*, charge *v*
erschwerte Seide / loaded silk, weighted silk
Erschwerung *f* (Seide) / loading *n*, weighting *n*, silk weighting || **≗ der Seide mit Mineralien** / weighting silk with salts of minerals
Erschwerungs·bad *n* / weighting bath || **≗mittel** *n* (Griffvariator) / weighting agent, weighting substance
Erspinnen *n*, Erspinnung *f* / extrusion spinning, spinning *n*
Erspinn·maschine *f* / extrusion spinning machine, fibre extruding machine || **≗-Spulmaschine** *f* / extrusion spinning winder
erst·es Fällbad / preliminary spinning bath || **~e Nadel** (Strick/Wirk) / starting needle || **~e Strickreihe** (Strick/Wirk) / first course, starting course, ground row, initial course
erstarren *v* / solidify *vi*
Erstarrung *f* / solidification *n*
Erstarrungs·flüssigkeit *f* / coagulating liquid (filament production) || **≗punkt** *m*, EP / solidification point, setting point || **≗schwund** *m* / shrinkage on solidification
Erstkomponente *f* (Färb) / primary component
Erstlings·hemdchen *n* / baby's vest || **≗jäckchen** *n* / infant's jacket || **≗wäsche** *f* / babies' clothes *pl*, layette *n* || **≗wolle** *f* / first year's wool

Erstrücken *m* (Tepp) / primary backing
Ertrag *m* / yield *n*
erwärmen *v* / heat *v*, bake *v*, heat up || ≗ *n*, Erwärmung *f* / heating *n* || ≗ **durch Rohrschlangen** / heating by steam coils
erweichen *v* / soften *v*, mellow *v* || ≗ *n* / softening *n*
Erweichungs·bereich *m* / softening range || ≗**mittel** *n* / softening agent, demulcent *n* || ≗**punkt** *m*, Erweichungstemperatur *f* / softening point, softening temperature, sticking point (elastomeric fibres)
erweiterte Masche / expanded stitch (defect), knitted pinhole (defect)
Erythrosin *n* (Färb) / erythrosin *n*
Eschenschlagarm *m* / ash picking stick
Eskimo *m* (stark gewalktes Gewebe für Mäntel mit rechtsseitiger Strichhaardecke) / Eskimo cloth (overcoating and mackinac fabric) || ≗-**Ausrüstung** *f* / Eskimo finish
Espagnolette *m* (beidseitig angerauhtes Baumwollgewebe in Leinwandbindung) / espagnolette *n*
Esparto *m*, Espartogras *n* (Stipa tenacissima) / esparto *n*, Spanish grass, esparto grass || ≗**faser** *f* / spart fibre
Essenz *f* / essence *n*
Essig·äther *m* / acetic ether || ≗**ester** *m* / acetic ester, ethyl acetate || ≗**geist** *m* / acetone *n*
essigsauer *adj* / acetic *adj*, acetous *adj* || ~ **machen** / acetify *v* || **essigsaures Bad**, essigsaure Flotte / acetic [acid] bath, acetic [acid] liquor, acetic liquor || **essigsaurer Kalk** / acetate of lime || **essigsaure Kalkbrühe** / acetate of lime liquor || **essigsaures Nitritbad** / nitrite-acetic acid bath || **essigsaures Salz** / acetate *n* || **essigsaure Tanninlösung** / acetic acid tannin solution
Essigsäure *f* / acetic acid || ≗**amid** *n* / acetamide *n*, acetic acid amine, ethanamide *n* || ≗**amylester** *m* / amyl acetate || ≗**anhydrid** *n* / acetic [acid] anhydride, acetyl oxide || ≗**äther** *m*, Essigsäureäthyläther *m* / acetic ether || ≗**äthylester** *m* / acetic ester || ≗**chlorid** *n* / acetyl chloride, ethanoyl chloride || ≗**dampf** *m* / acetic acid vapour, acetic acid steam || ≗**gärung** *f* / acetic acid fermentation, acetic fermentation || ≗**isoamylester** *m* / isoamyl acetate || ≗**probe** *f* / acetic acid test
essigweinsaure Verbindung / acetic tartrate
Ester *m* / ester *n* || ~**aktiviert** *adj* / ester-activated *adj* || ≗**amid** *n* / ester amide
Esterase *f* (Chem) / esterase *n*
Esterbasis, auf ≗ / ester-based *adj*
Ester·enolat *n* / ester enolate || ≗**harz** *n* / ester resin, esterified resin, ester gum
Esterhazy *m* (nur in Österreich) / glencheck *n*, glen plaid (used in woollen and worsted fabrics for suiting and coatings)
Esteröl *n* / ester oil
esterophil *adj* (Färb) / esterophilic *adj*
Esterverseifung *f* / ester saponification
Estremaduragarn *n* / estremadura *n*, six-fold knitting yarn
ES-Verfahren *n* (Textdr) / Electronic Style process
Etagen·gestell *n* (DIN 64990), Etagenrahmen *m*, Etagenspannrahmen *m*, Etagentrockenspannrahmen *m* (Siebdr) / tier frame, drying stenter in tiers (GB), drying tenter in tiers (US), tier stenter (GB), tier tenter (US), horizontal hot-air stentering machine || ≗**trockenmaschine** *f* / storey drying machine || ≗**trockner** *m* / rack drier, shelf drier || ≗**zwirnen** *n* / uptwisting *n* || ≗**zwirnmaschine** *f* / uptwister *n*, multiple twisting machine, twisting machine with several tiers
Etamin *n* (gazeartiges durchsichtiges Gewebe), Etamine *f* / etamine *n*, tammy *n* (gauze-like transparent fabric)
Etikett *n* / label *n*, tag *n*
Etiketten·annähmaschine *f* / label sewing machine || ≗-**Auszeichnungsmaschine** *f* / label marking machine || ≗**band** *n* / ribbon for labels || ≗**druckmaschine** *f* / label printing machine || ≗**kleber** *m*, Etikettenklebstoff *m* / label adhesive || ≗**material** *n*, Etikettenstoff *m* / label cloth || ≗**weben** *n*, Etikettenweberei *f* / label weaving
etikettieren *v* / label *v* || ≗ *n*, Etikettierung *f* / labelling *n*
Etikettier·maschine *f* / labelling machine || ≗**vorrichtung** *f* / labelling equipment, ticketing machine
Eton·-Jacke *f* / Eton jacket (as worn at Eton colleges) || ≗**kragen** *m* / Eton collar
Etschingoseidengarn *n* / etschingo silk, etschizen silk
Etui·kleid *n* (Mode) / sheath dress || ≗**samt** *m* / case velvet, jeweller's velvet
Eukolloid *n* / eucolloid *n*
Europäisch·e Convention für Echtheitsprüfung von Färbungen und Drucken, ECE - Sitz St. Gallen/Schweiz / European Colour Fastness Establishment, ECE || ≗**er Verband für Wegwerfartikel und nicht gewebte Stoffe - Sitz Brüssel** / EDANA (European Disposals and Nonwovens Association)
Evakuieren *n*, Evakuierung *f* / evacuation *n*
Evakuierungsrührwerk *n* / vacuum stirrer
Evereven-Strecke *f* / evereven drafting
Everglaze *n* / everglaze finish
ex-geschützte Ausführung / explosion-proof construction
Exhaustor *m* / exhauster *n*
Exokutikula *f* / exocuticule *n*
Exophilie *f* / exophily *n* (surfactant)
exotherm *adj* / exothermic *adj*
Expander-Schäranlage *f* / expander warping device
expandierender Strumpfprüfapparat (Strumpf) / expanding examining form
Expandiermaschine *f* (Web) / expander *n*
Expansion *f* / expansion *n*
Expansions·haspel *f* / expanding reel || ≗**hülse** *f* / expanding tube || ≗**kamm** *m* (DIN 62500) (Web) / expanding reed, expansion comb, spacing reed, expanding comb || ≗**riet** *n* (Web) / expanding reed || ≗**schiene** *f* (Web) / expanding rail
Experimentalanalyse *f* / experimental analysis
experimentelle Spannungsuntersuchung / experimental stress analysis
explosions·geschützt *adj* / explosion-proof *adj* || ~**geschützte Ausführung** / explosion-proof construction || ≗**schutz** *m* / explosion protection || ~**sicher** *adj* / explosion-proof *adj*
Exsikkator *m* / desiccator *n*
Extender *m* (Beschicht) / extender *n*
Extinktion *f* (Kol) / extinction *n*, absorbency *n*
Extinktions·koeffizient *m* / extinction coefficient || **[spezieller]** ≗**koeffizient** (Kol) / absorptivity *n* || ≗**kurve** *f* (Kol) / extinction curve, absorption curve

|| ≗**messung** *f*(Kol) / measurement of extinction
Extra·doppelfeinflyer *m* / super roving flyer || ~**fein** *adj* / super-fine *adj* || ≗**feinflyer** *m* / jack frame
extrahierbar *adj* / extractable *adj*
extrahieren *v*(Chem) / extract *v* || ~ (auslaugen) / lixiviate *v*, leach [out] || ≗ *n* / extraction *n* || ≗ (Auslaugen) / leaching [out] *n*, leach *n*, lixiviation *n*
Extrahiermittel *n* / extracting agent
Extrahierung *f* / extraction *n*
Extrakt *m* / extract *n*, essence *n*
Extraktion *f* / extraction *n* || ≗, Auslaugen *n* / leaching [out] *n*, leach *n*, lixiviation *n* || ≗ **aus den Fasern** / fibre extract
Extraktions·anlage *f* / extraction plant || ≗**apparat** *m* / extracting machine || ≗**behälter** *m* / extraction vessel || ≗**flüssigkeit** *f* / extractant *n*, extraction liquor || ≗**gefäß** *n* / extraction vessel || ≗**geschwindigkeit** *f* / extraction rate || ≗**mittel** *n* / extractive substance, extracting agent, extractant *n* || ≗**verfahren** *n* / extracting process || ≗**wäsche** *f* / extraction scouring, solvent scouring || ≗**wollwäsche** *f* / wool scouring by extraction
Extraktivstoff *m*, Extraktstoff *m* / extract *n*
Extraktor *m*(Chem) / extracting machine, extractor *n*
Extraktwolle *f* / extract wool
extrasteifes Gewebe / high modulus weave
Extrudat *n* / extrudate *n*
Extruder *m* / extruder *n* || ≗ **mit Bandwendel** / helical ribbon extruder || ≗**düse** *f*, Extrudermundstück *n* / extruder die, extrusion die || ≗**kopf** *m* / extruder head, extrusion head
extrudieren *v* / extrude *v* || ≗ *n* / extrusion *n*
Extrudierstreichverfahren *n*, Extrusionsbeschichten *n* / extrusion coating, extrusion laminating, extrusion lamination
extrudiertes Profil / extrudate *n*
Exzenter *m* / eccentric *n*, cam *n*, wiper *n*, tappet *n* || ≗**bügel** *m*(Strick/Wirk) / eccentric stirrup, eccentric strap || ≗**fadenführer** *m* / eccentric thread guide || ≗**hebel** *m* **für maschenfeste Ware** (Strick/Wirk) / non-run cam lever || ≗**hebel für Nadelbarren** / needle bar cam lever || ≗**keil** *m* (Strick/Wirk) / cam bit || ≗**schaftmaschine** *f* / eccentric dobby || ≗**stuhl** *m*, Exzenterwebmaschine *f*, Exzenterwebstuhl *m* / tappet loom, cam loom, eccentric loom || ≗**welle** *f* / camshaft *n* || ≗**welle** (Web) / tappet shaft || ≗-**Ziehpresse** *f* / eccentric drawing press
exzentrisch *adj* / eccentric *adj*
Eyelet-Masche *f* / pelerine stitch || ≗-**Platine** *f* (Strick/Wirk) / transfer point, pelerine point || ≗-**Rundstrickmaschine** *f* / eyelet circular knitting machine || ≗-**Stoff** *m* / eyelet fabric

F

FA, Flottenaufnahme *f*(Färb) / liquor pickup, liquor uptake

Fabrikations·echtheit *f* / processing fastness, fastness to processing || **≗fehler** *m* / manufacturing defect || **~mäßige Baumwollverarbeitung** / cotton processing || **≗partie** *f* / manufacturing lot || **~- und waschecht** *adj* / fast to washing and processing || **≗- und Waschechtheit** *f* / fastness to washing and processing || **≗- und Gebrauchsechtheiten** *f pl* **von Textilartikeln** / fastness to processing and to normal use of textile goods

fabrik·gewaschene Wolle / mill-scoured wool || **≗ware** *f* / [unfinished] production quality, non-formulated product quality, [unstandardized] production quality || **≗wäsche** *f* / mill-scouring process, washing during manufacture || **≗wäsche der Wolle** / factory scouring of wool

Fach *n* / department *n*, bin *n*, compartment *n* || ≗ (Web) / shed *n*, lease *n* || ≗ (Hutm) / form *n* (in the first stage of felting), bat *n* || ≗ **geschlossen** (Web) / unmade shed || ≗ **offen** (Web) / made shed || **≗-Asymmetrie** *f* / shedding asymmetry || **≗aushebung** *f* / opening of the shed || **≗bildemaschine** *f* / shedding machine || **≗bildeschiene** *f*(Web) / heald shed bar || **≗bildevorrichtung** *f* / shedding mechanism || **≗bildung** *f*(Web) / forming sheds, shedding motion, shedding *n*, shed formation || **≗bildung durch Harnisch** / shedding by harness || **≗bildung durch Schäfte** / shedding by healds || **≗bildung durch Schaftmaschinen** / shedding by dobbies || **≗bildung mit Jacquardmaschine** / shedding operated by jacquard machine || **≗bogen** *m*(Hutm) / bow *n*, hatter's bow || **≗einstellung** *f*(Web) / setting of the shed, timing of the shed

fachen *v*(Hutm) / bow *v* || ~ (Garn, Seide) / fold *v*, ply *v*, double *v* || ~ *v*(Garn in Strähnen teilen) / sleave *v* || ≗ *n*(Web, Spinn) / doubling *n*, folding *n*

Facher *m*(Hutm) / bower *n* || ≗ (Spinn) / doubler *n*

Fächer·falte *f* / fan pleat || **≗motiv** *n* / fan design || **≗palmenfaser** *f*(aus Borassus flabellifer - Afrika und Sri Lanka) / palmyra fibre || **≗walze** *f*(Textil) / perforated cooling cylinder

Fach·glocke *f*(Hutm) / form *n* (in the first stage of felting) || **≗höhe** *f*(Web) / depth of shed || **≗maschine** *f*(Hutm) / forming machine, cone machine, hat-forming machine || **≗maschine** (Spinn) / doubling frame, doubling winder, doubler winder, folding frame, multiple spooling machine || **≗öffnung** *f* / shed opening || **≗prozeß** *m*(Web) / assembly-winding process || **≗ruhe** *f* / shed rest || **≗schluß** *m*(Web) / closing of the shed, shed closing || **≗spule** *f*(Web) / doubling bobbin, folding bobbin || **≗umtritt** *m*(Web) / shed treadle motion || **≗vorrichtung** *f*(Zwirnmaschine) / doubling winder || **≗wechsel** *m*(Web) / change of shed || **≗winkel** *m* / shedding angle || **≗zwirn** *m* / folded yarn, plied yarn || **≗zwirnen** *n*(Spinn) / ply doubling || **≗zwirnmaschine** *f* / doubling twister, folding twister, flyer doubling machine

Façonné *m* / façonné *n*(small jacquard-effect design) (Fr) || ≗ **mit Querstreifen** / façonné-travers *n*(Fr)

façonniertes Gewebe / broché fabric, figured fabric, swivel fabric

Fädchen *n* / filament *n*, fine thread || **≗bildung** *f* (Beschicht) / cobwebbing *n* (defect)

fade *adj* / flat *adj* (shade)

Fädel·apparat *m*(Strick/Wirk) / threader *n* || **≗haken** *m* / threading hook || **≗maschine** *f*(Strick/Wirk) / threader *n*

Fädelung *f* / threading *n*

Faden *m* / thread *n* || ≗, Kette *f*(Web) / end *n*, yarn *n* || ≗ (Näh) / thread *n* || ≗, Schuß *m*(Web) / pick *n* || ≗ (gesponnen) / yarn *n* || ≗ (Bindfaden) / string *n*, twine *n* || ≗ **mit Verdickungsstellen** / gouty thread || **den** ≗ **abreißen** / break the thread || **den** ≗ **abschlagen** / slough off the thread || **den** ≗ **anspinnen** *v*(Spinn) / attach the thread, piece *v* || **den** ≗ **auflegen** / reach the thread || **den** ≗ **reißen** / break the thread || **Fäden aufspulen**, Fäden aufwinden / quill *v* || **Fäden brennen** / singe threads || **Fäden durch die Schlichte hindurchführen** / pass the threads through the size || **Fäden gasieren** / singe threads || **Fäden je cm Kette** / number of ends per centimetre || **Fäden je cm Schuß** / number of picks per centimetre || **Fäden je Zoll Kette** / number of ends per inch || **Fäden je Zoll Schuß** / number of picks per inch || **Fäden über Leitstäbe führen** / pass the threads over guide rods || **Fäden ziehen** (Näh) / debaste *v* || **flottierender** ≗, freiliegender Faden (Web) / float *n* (defect) || **lose Fäden auf der Garnoberfläche** / ooze *n* (US) || **mit Gold bezogener** ≗ / gold thread || **nicht eingebundener** ≗ (Web) / float *n* (defect) || **≗abfall** *m* / thread waste || **≗abkühlkurve** *f* / thread cooling curve || **≗ablauf** *m* / path of the yarn || **≗ablauf** (Abzug) / thread take-off, drawing off the thread, unwinding of the yarn || **≗absauganlage** *f* / pneumatic broken end collector system, thread suction clearing system || **≗absaugung** *f* / thread suction || **≗absaugvorrichtung** *f* / vacuum end collector || **≗abschneider** *m* / thread clipper, thread trimmer, thread cutter || **≗abstreifer** *m*(Näh) / thread wiper || **≗abwicklung** *f* / unwinding of the thread, unwinding of the yarn

Fadenabzug *m* / drawing off the thread, unwinding of the yarn, thread take-off || ≗ **über Kopf** / overhead drawing off of the thread

Fadenabzugs·beschleunigungsvorrichtung *f* / thread unwinding accelerator || **gefederter ≗bügel bei Doppel- u. Einzelzylindermaschinen, der im Pendelgang den Faden straff hält** / take-up wire || **≗richtung** *f* / direction of unwinding of the thread

faden·ähnlich *adj* / filamentous *adj* || **≗andrehen** *n* (Spinn) / piecing *n* (the yarn), piecing-up *n* (a broken end), joining ends || **≗anfang** *m* / starting end of thread || **≗anhäufung** *f*(Strick/Wirk) / bunch-up *n*, bunching-up *n* || **≗anlegen** *n*(Spinn) / joining ends, piecing-up *n* || **≗anleger** *m*(Web) / getter-in *n* || **≗anleger** (Seidenspinn) / piecer *n* || **≗anzahl** *f* **im Garn** / ply *n* (yarn) || **≗anzugsfeder** *f* / thread controller spring || **≗auflegestock** *m* / threading-up stick (circular knitting machine) || **≗aufwicklung** *f* / thread winding, yarn winding || **≗auge** *n*(Web) / thread eyelet || **≗auslauf** *m* **des Webschützen** (DIN 64685) / weft exit of shuttle || **≗auslauf links** (DIN 64685) / left eye shuttle || **≗austritt** *m* / thread delivery || **≗auswähler** *m* / thread selector || **≗auswähler** (Web) / jack *n* || **≗ballon** *m* / balloon (of thread) || **≗ballon beim Abspulen** / unwinding balloon || **≗beanspruchung**

f / yarn strain || ~belastung f / load on yarn, thread load || ~beleuchtungsanlage f / thread illumination system || ~bindung f / yarn bonding || ~brecher m / breaker n || ~bremse f(Web) / thread brake, yarn brake || ~bremse / yarn tensioning device || ~bremsung f / yarn tensioning

Fadenbruch m / broken end, broken thread, end breakage, thread breakage, end down, yarn break || **Fadenbrüche im Teilfeld** (Web) / thread breaks when dividing the warp || **~absauger** m / broken-end collector || **~absteller** m / thread break stop motion, yarn break stop-motion, stop motion for yarn breakage || **~häufigkeit** f, Fadenbruchzahl f / end breakage rate, number of ends down, number of thread breakages

Fadenbündel n / bundle of threads, yarn bundle, group of threads || **~kohäsion** f / yarn bundle cohesion

Faden·deckvermögen n / yarn covering power || **~dehnung** f / yarn elongation || **~dehnung im Gewebe** / regain n || **~dichte** f(Web) / end spacing, setting n [of threads], ends per inch, pick count, sett (GB) m || **~dichte** (Einstellung des Gewebes) / fabric construction, texture n, count n || **~dichtezähler** m (Web) / thread counter || **~dicke** f / thread thickness || **~drall** m / yarn twist || **~drehung** f / yarn twist || **~einkreuzung** f(Web) / tie-up point || **~einlaufmessung** f / thread feed measurement || **~einlegeapparat** m, Fadeneinleger m, Fadeneinlegevorrichtung f / thread insertion apparatus, threader n, thread feeder, yarn inserting device, thread [furnishing] wheel, thread regulator || **~einlesen** n / thread insertion || **~einlesevorrichtung** f / thread insertion apparatus, threader || **~einschlag** m (Näh) / thread jamming || **~einziehgerät** n, Fadeneinziehmaschine (Web) / drawing-in device, reaching-in machine, thread insertion apparatus || **~einzug** m / thread insertion, threading n || **~einzug** (Web) / pass n, draft n || **~einzugapparat** m / thread insertion apparatus, threader n || **~einzugsmaschine** f(Strick/Wirk) / threader n || **~elastizität** f / flexibility of the yarn || **~ende** n / end of the thread, end of the yarn || **~ende** (Näh) / tail end || **~enden** n pl (Web) / thread ends || **~/ Faden-Reibungsprüfmethode** f (Matpr) / thread/ thread friction method || **~fänger** m / yarn catcher || **~fänger** (Näh) / thread catcher || **~fangvorrichtung** f(Web) / catch thread device || **~fasermaterial** n / thread fibre material || **~feinheit** f / denier n || **~feinheitsprüfer** m / fineness tester || **~feinheitsprüfung** f / fineness testing || **~flottierung** f / floated thread, thread float || **~flottierung** (bei Hinterlegt-Ausführung) (Web) / float loop || **~flottierung auf der Rückseite** / float at the reverse side || **~folge** f / order of the threads, sequence of threads || **~folge beim Stricken** / yarn knitting sequence || **~folge im Gewebe** / order of the threads in the weave || **~folge im Schuß** (Web) / order of the weft threads || **~folge in der Kette** (Web) / order of the warp threads || **~förmig** adj / filamentous adj || **~führender Greifer** (Strick/Wirk) / thread carrying looper

Fadenführer m (Spinn) / glass ring, thread guide, thread wire, yarn guide || **~** (Strumpf) / main carrier || **~** (DIN 62500) (Web, Strick/Wirk) / feeder n, yarn carrier, thread carrier, thread guide, thread plate, yarn box || **~ einer vielsystemigen Maschine** / multiple-feed yarn carrier || **~ mit Einfädelvorrichtung** / self-threading yarn guide || **~ mit geschlossenem Nüßchen** (Strick/Wirk) / thread guide with closed feeder || **~ mit zwei Ösen** / two-end thread carrier || **~abbremsvorrichtung** f / thread guide shock absorber || **~absteller** m (Strick/Wirk) / carrier stop || **~anschlag** m (Strick/ Wirk) / carrier splicing block || **~anschlag für Splitvorrichtung** (Ferse) (Strick/Wirk) / carrier split block || **~antrieb** m / thread guide drive || **~aufläufer** m (Strick/Wirk) / carrier stop || **durch eine Kette gesteuerter ~aufläufer** (Strick/Wirk) / chain controlled carrier stop || **~auge** n / eyelet n, thread guide eye || **~blech** n / slit plate, thread guide plate || **~blech** (Strick/Wirk) / clearer plate || **~böckchen** n / yarn guide bracket || **~bremse** f (Strick/Wirk) / friction box, thread carrier brake || **~bremse** / thread guide box, thread guide damper || **~brücke** f / yarn guide bridge || **~bügel** m / thread guide arm || **~einstellung** f / thread guide adjustment || **~gleitschiene** f(Strick/Wirk) / carrier slide bar, carrier sliding bar || **~greifer** m / thread guide gripper || **~haken** m / thread guide hook || **~halter** m / thread guide bar || **~hebel** m / thread guide lever, yarn guiding arm || **~hebel** (Strick/Wirk) / thread carrier lever || **~hilfsantrieb** m / auxiliary carrier drive || **~hub** m / thread guide traverse || **~kästchenschlitten** m / yarn carrier box || **~klappe** f(Web) / thread board || **~kopf** m / head of yarn guide || **~kulisse** f / thread guide lappet || **~kulisse** (Strick/Wirk) / feeder cage || **~latte** f / thread guide board || **~leiste** f / thread guide rail || **~leiste** (Strick/Wirk) / thread carrier bar || **~öse** f / thread guide ring, eyelet n, feeder n, thread plate || **~platte** f / slit plate, thread guide plate || **~platte** (Strick/Wirk) / eyelet plate || **~ring** m / yarn carrier ring || **~ring** (Strick/Wirk) / feeder carrier ring || **~rolle** f / thread guide roller || **~schiene** f / yarn carrier bar, thread guide rail || **~schiene** (Strick/ Wirk) / carrier slide bar, carrier sliding bar, thread carrier bar, carrier rod || **~schienen-Endanschlag** m (Strick/Wirk) / carrier rod end stop || **~schlauch** m (Strick/Wirk) / carrier tube || **~spannvorrichtung** f / thread guide tensioning || **~trommel** f / thread guide drum, winding drum, split drum, yarn guiding cylinder || **~wechsel** m / change of the thread guide motion, change of the thread carrier, change of yarn carrier || **~weg** m (Strick/Wirk) / length of thread guide traverse, stroke of the yarn carrier || **~welle** f / thread guide shaft

Faden·führung f(Näh) / thread guide, thread plate || **~führungsfeder** f / thread guide spring || **~führungskamm** m / thread comb, thread guide comb || **~führungsöse** f / yarn guiding eye || **~gelege** n / thread composite || **~gelege** (Vliesst) / fibre web, scrim n || **~gelege** (Fadenlagen-Nähwirkstoff) / stitch-bonded material (Malimo) || **~geschirr** n (Web) / twine healds pl, twine heddles pl || **~geschlichtet** adj / thread-sized adj || **~gleichrichter** m / skew straightener || **~gleiten** n / yarn slippage || **~greifer** m / yarn gripper || **~gruppe** f / group of threads || **~haken** m / yarn hook || **~hebel** m / thread lever, thread take-up lever || **~heftmaschine** f / thread stitching machine || **~hinreichmaschine** f(Web) / reaching-in machine || **~kern** m / core of thread || **~kette** f (Näh) / thread chain || **~klauber** m (Spinn) / thread picker, thread picking machine, waste picker for

separating threads from waste
Fadenklemme *f*(Näh) / thread gripper, thread nipper || ~ (Strick/Wirk) / trapper *n*
Fadenklemmen *n*(Strick/Wirk) / trapping *n*
Fadenklemmen·exzenter *m*(Strick/Wirk) / trapper cam || **~klinge** *f*(Strick/Wirk) / trapper blade
Faden·klemmschieber *m*(Strick/Wirk) / trapper *n* || **~klemmvorrichtung** *f* / trapping device || **~kluppe** *f* / locking device, thread clip || **~knüpfer** *m*(Web) / thread binder
Fadenkreuz *n*(Web) / lease *n* || ~ (Strick) / tension bar || **~ zum Einziehen** / entering lease || **~einlesemaschine** *f*(Web) / leasing machine || **~einlesen** *n* / lease making || **~stift** *m*(Web) / lease peg
Fadenkreuzung *f* / interlacing of the threads, interlacing point, intersecting point, thread crossing
Fadenkreuzvorrichtung *f* / leasing system
Faden·lage *f* / thread layer || **~lagen-Nähwirkstoff** *m* / stitch-bonded material (Malimo) || **~länge** *f* / length of thread, yarn length || **~lauf** *m* / course of the thread, threadline *n* || **~laufgeschwindigkeit** *f* / yarn speed || **~legen** *n* / laying the thread, thread laying || **~legeplatine** *f* **für Aufplattiermuster** (Strick/Wirk) / wrap jack || **~legeplatine für Plüschsohlen** / terry instrument || **~leiter** *m*(Spinn) / glass ring || **~leiter** (Web, Strick/Wirk) / feeder *n*, yarn carrier, thread carrier, thread guide, thread plate || **~leitkamm** *m* / thread comb, yarn guide comb, thread guide comb || **~leitöse** *f* **aus Porzellan** (Web, Schützen) / porcelain eye, porcelain eyelet, pot eye || **~leitstange** *f* / thread guide rod || **~leuchte** *f* / thread illuminator || **~lieferer** *m*(Strick, Web, Näh) / feeder *n*, feeder wheel, thread wheel, thread regulator || **~lieferrad** *n*(Strick/Wirk, Web) / feeder *n*, feeder wheel, measuring wheel || **~lieferung** *f* / yarn feed || **~mantel** *m* / surface of the yarn || **~markiermaschine** *f* / thread marking machine || **~mitnahme** *f* / yarn entrainment || **~nüßchen** *n* / yarn hook || **~nut** *f*(DIN 64685) / weft slot (shuttle) || **~öffnen** *n* / garnetting *n* || **~öffner** *m*(DIN 64100 u. DIN 64163) (Spinn) / waste opener, thread opener, garnett machine, hard waste breaker || **~öler** *m* / thread lubricator || **~öse** *f*(Web) / thread eye, eyelet *n* || **~öse** (Web, Strick/Wirk) / feeder *n*, thread guide, thread plate || **~poliermaschine** *f* / thread polishing machine || **~prüfer** *m* / thread tester, yarn tester || **~rapport** *m* / thread repeat || **~regler** *m*(Strick/Wirk) / governing motion || **~regler** (Spinn) / winding regulator || **~regulator** *m* (Strick/Wirk, Web) / thread regulator, thread [regulating] wheel, feeder *n*, feeder wheel, measuring wheel || **~reibung** *f* / thread chafing, thread friction || **~reiniger** *m*(Web, Spinn) / yarn cleaner, yarn clearer, cleaning device (of thread winder) || **~reiniger** (Web) / thread cleaner, slub catcher || **~reiniger** (Spinn) / blower *n* || **~reinigung** *f*(Web) / thread cleaning, slub catching || **~reinigungsbürste** *f*(Web) / thread cleaner || **~reißen** *n*(Näh) / thread breaking || **~reiter** *m*(Web) / dropper *n*, drop wire, yarn rider || **~reserve** *f* (Web) / yarn reserve [in the package] || **~reserve** (Spinn) / bunch *n*, reserve bunch, thread reserve || **~reserve** (Wirk) / tail *n* || **~reserveeinrichtung** *f* / tailing device || **~rest** *m* / yarn waste, bobbin waste || **~reste** *m pl* / thread waste || **~richtgerät** *n* (DIN 64990) / device for straightening the yarn || **~richtung** *f*(im Gewebe) / grain of fabric || **~rinne** *f*(Web) / thread gutter || **~riß** *m*(Näh) / thread breaking || **~rißmaschine** *f* / self-stopping beaming machine || **~röhrchen** *n* / looper thread conductor || **~rückbringer** *m* / thread positioning arm || **~rückzugdraht** *m* / take-up wire || **~rückzugeinrichtung** *f* / take-up sweep assembly
Fadenschar *f* / yarn sheet || **~ von 40 Fäden** / beer *n* || **~streckmaschine** / warp stretching machine (manmade fibres)
fadenscheinig *adj* / shabby *adj*
Fadenscheinigkeit *f* / scratching *n* (of fabric)
Faden·schere *f*(Strick/Wirk) / cutter *n* || **~schicht** *f* / yarn layer, thread layer || **~schienenabstellvorrichtung** *f*(Strick/Wirk) / carrier rod arresting device || **~schleier** *m* / balloon (of thread) || **~schleife** *f* / thread loop || **~schlinge** *f* / needle loop, thread loop || **~schlinge** (Fehler) / snarl *n* || **~schluß** *m* / compactness of the thread || **~schluß** (Web) / cover *n* || **~schutzplatte** *f* (DIN 64685) (Web, Schützen) / cover plate || **~schwingung** *f* / yarn oscillation || **~seele** *f* / yarn core || **~senkung** *f* / lowering the threads || **~sichtig** *adj*(Fehler) / napless *adj* || **~spannarm** *m* / thread tension arm
Fadenspanner *m*(Näh) / thread tensioner, thread tightener, take-up *n* || **~bock** *m* / yarn tension bracket || **~träger** *m*(Strick/Wirk) / yarn tension beam
Fadenspannfeder *f* / thread tension spring
Fadenspannung *f* / thread tension, drag *n*, yarn tension
Fadenspannungs·anstieg *m* **gegen das Kopsende** / cop end effect || **~ausgleichvorrichtung** *f* / thread tension regulator, thread tension compensating regulator, yarn tension equalizer || **~differenzen** *f pl* / unequal thread tension, unequal yarn tension || **~messer** *m* / thread tension meter || **~regler** *m* / tension regulator, thread tension device, thread tension regulator, yarn tension regulator, tension device, yarn tension equalizer || **~regulierfeder** *f* (Strick/Wirk) / check spring || **~scheibe** *f* / thread tension disc || **~unterschiede** *m pl* / unequal thread tension, unequal yarn tension || **~vorrichtung** *f* / tension regulator, tension device || **~wächter** *m* / yarn tension control
Fadenspann·vorrichtung *f* / thread tension device, thread tensioner || **~wippe** *f* / thread tension rocker
Faden·stärke *f* / yarn count, yarn size, yarn thickness, thread size || **~stärke** (Näh) / thread weight || **~teiler** *m*(Web) / thread divider || **~teilstange** *f* / shed rod || **~trenner** *m* / separator *n* || **~übergang** *m*(Web, Strick/Wirk) / tailing over || **~umlegesystem** *n* / thread transfer system || **~verbrauch** *m* / thread consumption || **~verbundstoff** *m* / bonded yarn fabric, thread composites *pl* || **~verdickung** *f* / slub *n* || **~verkreuzung** *f* / crossing of threads, interlacing of the threads, interlacing point, intersecting point || **~verkreuzung** (Näh) / interlocking of threads || **~verkreuzung im Gewebe** / yarns *pl* interlacing in fabric || **~verlauf** *m*(Strick/Wirk) / technical notation, notation *n* || **~verlegungsmechanismus** *m* / winding advance motion || **~verschiebung** *f* / disarrangement *n* (of the fibre) || **~verschlingung** *f* / interlacing of the threads, interlacing point, intersecting point, thread crossing, stärker: entanglement [of

threads] *n* || ²verschlingung (Näh) / interlocking of threads || ²verschlingung (Strick/Wirk) / lapping combination || ~verstärktes Elastomer / yarn-reinforced elastomer || ²verstärkungsapparat *m* / splicing device || ²vorrat *m* / thread supply || ²vorspanneinrichtung *f* / thread chuck || ²vorspannung *f* (Näh) / thread retainer

Fadenwächter *m* / stop motion, knocking-off motion || ² (Web) / catch thread device || ² (Näh) / thread monitor || ² **am Gatter** / stop motion on the creel || ²**lamelle** *f* (Web) / end drop wire || ²**nadel** *f* / thread stop motion needle || ²**schiene** *f* (Web) / serrated stop motion, feeler warp stop motion rail

Fadenwähler *m* / yarn selecting device

Fadenwechsel *m* / yarn change, yarn changing || ²**einrichtung** *f* (Strick/Wirk) / yarn changer, yarn striper || ²**stelle** *f* (Strick/Wirk) / overlap *n* (of striped tubular fabric), yarn change point

Faden·weg *m* / yarn path || ²**werg** *n* / oakum *n* || ²**wickel** *m* (Spinn) / bat *n* || ²**windung** *f* (Spinn) / thread spiral || ²**zahl** *f* (Web) / number of ends, number of threads, thread count

Fadenzähler *m* (Web) / thread counter, yarn counter, cloth prover, pick counter, weaver's glass, pick glass, filling counter || ² **für Leinwandwaren** / linen thread counter || ²**lupe** *f* (Web) / magnifier of thread counter

Faden·ziehen *n* (Beschicht) / cobwebbing *n* (defect) || ²**ziehen** (Textdr, Defekt) / stringing *n* || ²**ziehen** (Garn oder Gewebe) (Fehler) / snagging *n* || ²**ziehen der Druckverdickung** (Textdr, Defekt) / stringiness of the [print] thickening || ~**ziehend** *adj* / stringy *adj* || ²**zieher** *m* / pulled thread, snag *n* || ²**ziehprozeß** *m* / fibre drawing process || ²**zubringer** *m* / yarn feed, feeder *n*, thread regulator, feeder wheel || ²**zubringer** (Strick/Wirk) / feed wheel unit || ²**zubringerrad** *n* (Web) / thread furnishing wheel, thread wheel || ²**zufuhr** *f* / yarn feed || ²**zufuhr vom Gatter** / creel supply || ²**zuführungsvorrichtung** *f* (Web) / thread feeder

Fadenzug *m* / tension of the thread || ²**kraft** *f* / yarn tensile strength || ²**kraftvorrichtung** *f* / roller tension device

Faden·zupfabsteller *m* / stop motion for yarn drag || ²**zwirnreibung** *f* / ply yarn friction

Fadeometer *n* / fadeometer *n*, fade-o-meter *n* || ²-**Echtheit** *f* / fastness to fadeometer exposure

„Fade-out"-Stoffe *m pl* (Stoffe mit begrenzter Farbechtheit, z.B. Jeansstoffe) / fade-out fabrics *pl* (fabrics with limited dye fastness, e.g. jeans)

Fädlerschraube *f* **des Webschützens** (DIN 64685) (Web, Schützen) / eye-retaining bolt

Fagaraseide *f* (eine Wildseide) / fagara silk

fahl *adj* (Farbe) / pale *adj*, flat *adj* || ~ (Stoff) / faded *adj*, washed-out *adj* || ~ **werden** / fade *v* || ~**blau** *adj* / pale-blue *adj* || ~**gelb** *adj* / pale-yellow *adj*

Fähnchen *n* / pennant *n*

Fahne *f* / flag *n*, banner *n* || ² (Wolle) / ply *n*, stretch *n*

Fahnenstoff *m*, Fahnentuch *n* / bunting *n*, flag cloth

fahrbar·er Dockenwagen (Bleich) / movable batch carrier || ~**e Trockenhänge** / drying carriage

Fahrrad·cape *n* / bicycle cape || ²**klingel** *f* (am Nadelwächter bei Nahtlos-Maschinen) / bicycle bell (at needle guard of seamless machines) || ²**umhang** *m* / bicycle cape

Faille *f* (querrippiges Natur- oder Chemieseidengewebe in Taftbindung) / faille *n* (Fr) || ² **française** / failletine *n* || ²**bindung** / faille weave || ²**taft** *m* / faille taffeta (for coats and dresses)

Failletine *f* / failletine *n*

falb *adj* / fallow *adj*

Falbel *f* (Kleidbesatz) (Mode) / furbelow *n*, falbala *n*, flounce *n* || **mit** ²**n besetzen**, mit Falbeln versehen / flounce *v*, furbelow *v*

Fall *m* / draping *n* || ² (eines Stoffs) / drape *n* (of a fabric), draping property

Fäll·bad *n* / precipitating bath, coagulating bath (filament production), precipitation bath || ~**bar** *adj* / precipitable *adj* || ²**barkeit** *f* / precipitability *n*

Fall·blech *n* (Raschelmaschine) / chopper bar, fall plate || ²**blechware** *f* / fall plate fabric || ²**draht** *m* (Web) / falling wire

Fallen *n* / draping property

fällen *v* (Chem) / precipitate *v* || ~ (Textdr) / coagulate *v* || ² *n* (Chem) / precipitation *n* || ² (Textdr) / coagulation *n*

fallende Platine (Web) / falling wire

fällend *adj* / precipitative *adj*

Fall·haspel *f* / collapsible reel || ²**hebel** *m* (Strick/Wirk) / trip arm || ²**masche** *f* (Strick/Wirk) / drop stitch, dropped stitch, ladder *n*, run *n* || ²**maschensicherheitsprüfgerät** *n* / snag tester || ²**maschensicherheitsprüfgerät** (Strumpf) / antiladder tester, non-run tester

Fällmittel *n* / precipitating medium

Fall·nadel *f* (Strick/Wirk) / drop needle, dropper *n* || ²**platine** *f* (Strick/Wirk) / drop hook, drop lifter || ²**schacht** *m* (Fil) / quenching cell

Fallschirm·gurt *m* / parachute harness || ²**seide** *f* / parachute silk || ²**stoff** *m*, Fallschirmtuch *n* / parachute fabric

Fällung *f* (Chem) / precipitate *n*, precipitation *n* || ² (Textdr) / coagulation *n*

Fällungs·mittel *n*, Fällungsreagens *n* / precipitant *n* || ²**verfahren** *n* / precipitation method || ²**vermögen** *n* / precipitant power

Fall·walze *f* / drop roller || ²**zug** *m* (Strumpf) / faller *n*

falsch·e Drehung / false twist || ~**e Fadenflottierung** / float yarn defect || ~**es Garn** (Defekt) / mixed yarn || ~**e Naht** / imitation seam || ~**e Naht** (Strumpf) / mock seam, knitted-in seam, false seam || ~**er Piqué** / faux piqué (Fr), false pique || ~**es Rietblatt** / false reed || ~**er Saum** (Strumpf) / mock seam, false seam || ~**er Verzug** / false draft

Falschdraht *m* / false twist || ² **beim Spinnen** / spinning false twist || ²-**Bauschgarn** *n* / false twist [stretch] yarn || ²**garn** *n* / false twist yarn || ²**röhrchen** *n* (Spinn) / false twist tube || ²-**Setgarn** *n* / stabilized false-twist yarn || ²**spindel** *f* (Web) / false twist spindle || ²**spinnen** *n* / false twisting || ²**texturgarn** *n* / false twist yarn || ²-**Texturierverfahren** *n* / false-twist crimping || ²**verfahren** *n* / false twist method, false twisting || ²**zwirnmaschine** *f* / false twister

Falschdrall *m* / false twist

Falschzwirn·maschine *f* / false twister || ²**röhrchen** *n* (Spinn) / false twist tube || ²**spindel** *f* (Web) / false twist spindle || ²**verfahren** *n* / false twist method, false twisting

Faltapparat *m* (Näh) / folder *n*

Fältchen *n pl* / gathers *pl* || **in** ² **gelegter Stoff** / pleated fabric || ²**bildung** *f* / gathered effect

Falte *f* / fold *n* || ² (Bügelfalte) / crease *n* || ² (Knitterfalte) / wrinkle *n*, crease *n* [mark] || ² (Rockfalte), Plisseefalte *f* / pleat *n*, plait *n* || ² (sich beutelnde Stelle), Kräuselfalte *f* / pucker *n* || ² (eingenähte Querfalte) (Näh) / tuck *n* || ²**n**

ausstreichen / take out creases || **≈n ziehen** (Näh) / pucker *v* || **in ≈n gelegter Stoff** / folded fabric, pleated fabric || **in ≈n legen** / fold *v*, plait *v*, pleat *v* || **in ≈n legen** (Näh) / tuck *v*
Fältelmaschine *f* / pleating machine || ≈ (Kräuselmaschine) / frill machine, crimping machine
fälteln *v* / pleat *v*, goffer *v*, flute *v*, crimp *v*, quill *v* || ~ (sich) / shirr *vi* || ≈ *n* / pleating *n*, goffering *n* || ≈ (Kräuseln) / frilling *n*, crimping *n*
Fältelung *f* / shirr *n*
Fältelvorrichtung *f* (Näh) / ruffler *n* (sewing machine attachment for making ruffling, plaiting and frilling)
falten *v* / fold *v*, crease *v* || ~, fälteln *v* / flute *v*, quill *v* || ~ (Näh) / tuck *v* || ~ (in Falten legen) / pleat *v*, plait *v* || ~ *v* (knittern) / crease *vt*, crumple *v*, wrinkle *v* || ≈ *n* **beim Kaschieren** (Fehler) / rucking [effect], piping effect || **≈balgstoff** *m* (allg) / accordion fabric || **≈bausch** *m* / pucker *n* || **≈beständigkeit** *f* / pleat retention || **≈bilden** *n* / creasing *n* || **~bildende Zone** / plaiting area || **≈bildung** *f* / crease formation, wrinkling *n*, formation of creases || **≈bildung verhindernder Breithalter** / anti-wrinkle expander || **≈bruch** *m* / broken crease || **≈bruch** (Beschicht) / crack mark || **≈drücker** *m* / pleating machine || **≈filter** *m* / fluted filter
faltenfrei *adj* / creaseless *adj*, free of creases || **~er Lauf** / creaseless run || **~er Lauf** (Tuchh) / straight run || **≈heit** *f* / absence of creases
Falten·kette *f* (Web) / crimp warp || **≈legeeinrichtung** *f* / gathering attachment || **≈leger** *m* (Tuchh) / cuttler *n*, cuttling machine || **≈leger** (Näh) / pleating attachment, tucker *n* || **≈legung** *f* / plaiting *n*, pleating *n* || **≈legung** (Falten der Stoffbahn längs der Mitte, Kante auf Kante) (Tuchh) / cuttling *n* || **~loser Sitz** / wrinkle-free fit || **≈markierer** *m*, Faltenmarker *m* (Näh) / tuck marker, tucker *n* || **≈markierung** *f* / folding mark, crease marking || **~mindernde Wirkung** / crease-reducing effect || **≈nähapparat** *m* (Näh) / pleating attachment || **≈rock** *m* / pleated skirt || **≈saum** *m* / pleated hem || **≈stoff** *m* / plissé fabric || **≈streifen** *m* / plaiting stripe || **≈verzierung** *f* **für Kleider und Blusen** / falbala *n* || **≈werfen** *n* (Fehler) / creasing *n*, formation of wrinkles (defect), formation of creases || **≈winkel** *m* / crease angle, creasing angle || **≈wurf** *m* / drape *n* (of a fabric), draping *n* || **≈wurfdynamik** *f* / drape dynamics
faltergelb *adj* / dune-yellow *adj*
Faltetafel *f*, Legetisch *m* / folding table
Faltgarage *f* / car cover
faltig *adj* / puckered *adj* || **~ werden** / crease *vi*
Falt·maschine *f* / [fabric] doubling machine, pleating machine, cuttler *n*, [fabric] folding machine, cuttling machine || **≈probe** *f* / folding test || **≈spur** *f* / crease mark || **≈station** *f* (Näh) / folding station || **≈stelle** *f* / crease mark || **≈- und Abtafelmaschine** *f* / creasing and plaiting machine || **≈- und Kreppmaschine** *f* / cloth creasing and crisping machine || **≈widerstand** *m* / resistance to folding
Falzmaschine *f* / folding machine
Fancy-Cord *m* (Web) / fancy cord
Fang *m* (Strick/Wirk) / polka rib, tuck *n* || ≈ **in der Nadel** (Strick/Wirk) / tuck in the hook || **≈arbeit** *f* / tuck stitch work || **≈arm** *m* (Web, Strick, Tepp) / gripper arm || **≈blech** *n* / stripping plate || **≈brett** *n* (Web) / lifting blade || **≈daumen** *m* (Strick/Wirk) / cone lever for forming cap bottom
fangen *v* (Strick) / tuck *v* || ≈ *n* (Strick/Wirk) / tucking *n*
Fängerfeder *f* (Strick/Wirk) / catch spring
Fang·exzenter *m* (Strick/Wirk) / tucking cam || **≈exzenter** (Web) / cardigan cam, clearing cam || **≈faden** *m* (Web) / catch thread || **≈finger** *m* (Strick/Wirk) / catch finger || **≈hebel** *m* (Strick/Wirk) / latch *n* || **≈henkel** *m* (Strick/Wirk) / tuck float, tuck loop, tuck stitch, tucked loop, welt float || **≈höhe** *f* (Strick/Wirk) / tucking height, tucking level || **≈kasten** *m* / scray *n*
Fangketten·stuhl *m* / chain tappet loom || **≈stuhl** (Strick/Wirk) / double rib warp frame, double rib warp loom || **≈ware** *f* / double-rib warp goods
Fang·leiste *f* (Web) / catch selvedge || **≈masche** *f* (Strick/Wirk) / tuck float, tuck loop, tuck stitch, tucked loop, welt float || **≈maschenmuster** *n* / tuck stitch pattern, tuck stitch design || **≈maschine** *f* (Strick/Wirk) / rib knitting machine, ribber *n*, rib machine (having two sets of needles), rib frame, ribbing machine, tucking machine || **≈maschinennadel** *f* (Strick/Wirk) / rib [knitting machine] needle, ribbing machine needle || **≈muster** *n* (Strick/Wirk) / tuck pattern, tuck stitch pattern, tucking *n*, tuck stitch design || **≈nadel** *f* (Strick/Wirk) / tuck needle || **≈nase** *f* (Strick/Wirk) / catch finger || **≈platte** *f* (Strick/Wirk) / catch plate || **≈-, Rand- und Schlauchschloß** *n* (Strick/Wirk) / cardigan ribbing and tubular lock || **≈reihe** *f* (Strick/Wirk) / tuck course, tucking course || **≈reiheneinrichtung** *f* / tuck course attachment || **≈schiene** *f* / loop bar || **≈-Schlauch-Schloß** *n* (Strick/Wirk) / cardigan-tubular cam || **≈schloß** *n* / cardigan lock || **≈schloß** (Strick/Wirk) / tuck cam || **≈schloßteil** *n* / tucking cam part || **≈schnur** *f* (an Uniformen) / aglet *n* || **≈schützen** *m* / gripper shuttle || **≈spitze** *f* / tuck lace || **≈stellung** *f* (Strick/Wirk) / tuck position, tucking height, tucking level, tucking position || **≈stift** *m* (Strick/Wirk) / catch pin || **≈teil** *n* **eines Hebers** (Strick/Wirk) / tuck bar, cardigan cam, clearing cam, tuck cam || **≈trikot** *m n* / cardigan *n* || **≈- und Schlauchschloß** *n* (Strick/Wirk) / cardigan and tubular lock || **≈versatz** *m* (mit 1:1-Nadelzug) / cardigan rack || **≈versatzmuster** *n* (Strick/Wirk) / racked and tucked pattern || **≈walze** *f* / fancy stripper || **≈walze** (Ringspinnen) / angle stripper || **≈ware** *f* (Strickart, die aus lauter Doppelmaschen besteht und auf beiden Seiten Rippenmuster zeigt) (Strick/Wirk) / tuck [rib] fabric, cardigan fabric, cardigan goods *pl*, cardigan stitch goods *pl*, knit-and-tuck rib cloth, double rib goods *pl* || **≈weiche** *f* / tucking switch cam || **≈werk** *n* (Web) / receiving mechanism
Fanon *m* (weißer Schulterkragen des Papstes beim feierlichen Pontifikalamt) / fanon *n*
Farb·ablauf *m* (seitenungleichmäßig) (Färb) / side-to-centre shading, change of shade from selvedge to centre || **≈ablauf** (endenungleichmäßig) (Färb) / tailing *n*, change of shade between beginning and end of batch || **≈ablauf, zwischen den inneren und äußeren Wicklungen auftretend** / outside-to-inside shading (package dye) || **≈abmusterung** *f* / colour matching, matching *n*, matching off, striking off [the shade] || **≈abmusterung innerhalb handelsüblicher Toleranzen** / commercial matching || **≈abmusterungsgerät** *n* / colour matching apparatus || **≈absatz** *m* / contrast in shade || **≈abstreicher** *m*, Farbabstreichmesser *n*, Farbabstreichrakel *f* / colour doctor || **≈abstufung**

f / colour gradation, colour grading, gradation of shades || ≗**abweichung** *f* / colour deviation || ≗**abziehmittel** *n* / dyestuff stripping agent || ≗**affinität** *f* (der Faser) / dye affinity, absorbing power || ≗**angabe** *f* **durch Farbkennzahl** / numerical definition of a colour || ≗**art** *f* / chromaticness *n*, chromaticity *n* (hue and saturation) || ≗**artikel** *m* / coloured wovens (yarn first woven then dyed) || ≗**aufbau** *m* / dyestuff composition

Farbaufnahme *f* / dye take-up || ≗**fähigkeit** *f* (der Faser), Farbaufnahmevermögen *n* (Färb) / affinity *n* (for or to dyes), receptivity for dyes, absorbing power

farbaufnehmend *adj* / dye-absorbing *adj*

Farbauftrags·gerät *n* **für Wickelfärberei** / padding equipment || ≗**walze** *f* / dye feeding roller, printing paste feeding roll[er] || ≗**walze** (Textdr) / colour furnisher, colour furnishing roll[er] || ≗**werk** *n* / dyestuff applicator device (space dye)

Farb·auftragverfahren *n* / process for applying dyestuffs || ≗**ausbeute** *f* / dye yield, dyestuff yield, colour yield, dye utilization || ≗**auszug** *m* / colour separation || ≗**bad** *n* / dye bath || ≗**badalkalinität** *f* / dye-bath alkalinity || ≗**ballen** *m* / dabber *n*

Farbband *n* (Fehler) (Web) / wrong colour of weft || ≗ (Schreibmaschine) / typewriter ribbon || ≗**stoff** *m* / typewriter cloth, typewriter ribbon fabric

färbbar *adj* / dyeable *adj* || ≗**keit** *f* / dyeability *n*, dye substantivity, receptivity for dyes (fibre)

Farb·base *f* / dye base || ≗**basenaufschluß** *m* / colour base for solubilizing || ≗**behälter** *m* (Textdr) / colour trough, colour vat, dye container, printing trough, chassis *n* || ≗**behälter der Druckmaschine** / printing machine colour trough, printing machine ink trough || ≗**beize** *f* / dye mordant

farbbeständig *adj* / colourfast *adj*, non-discolouring *adj* || ≗**keit** *f* / colour fastness, colour retention, permanence of colours

Farb·bestimmung *f* / colour determination || ~**bildende Eigenschaften** *f pl* / colour-producing properties || ≗**bildung** *f* **durch Kuppeln** (Färb) / coupling process || ~**brillant** *adj* / of brilliant shade || ≗**charge** *f* / colour batch || ≗**chassis** *n* (Färb) / trough *n* || ≗**differenzformel** *f* / colour difference formula || ≗**druckmaschine** *f* / liquid colour printing machine

Farbe *f* / colour *n* (GB), color *n* (US) || ≗ (ungenau) / dye *n*, dyestuff *n* || ≗**n beißen sich** (d.h. Tönungen sind nicht miteinander vereinbar) / colours clash with each other || ≗ **verlieren** / discolour *vi*, lose colour || **nur eine** ≗ **erzeugend** (Färb) / monogenetic *adj*

Färbe·anlage *f* (DIN 64990) / dyeing range || ≗**apparat** *m* / dyeing apparatus, circulating-liquor machine, dyeing machine (circulating liquor) || ≗**apparat für Kettbäume** / warp beam dyeing apparatus || ≗**apparat für Stranggarne** / hank dyeing apparatus, hank dyeing machine || ≗**apparat im Hängesystem** / vertical dyer || ≗**artikel** *m* / dyed fabric, dyed style || ≗**bad** *n* / dye bath, bath *n*, liquor *n* || **im** ≗**bad umziehen** (Färb) / manipulate in the bath || ≗**badbeständigkeit** *f* / dye-bath stability || ≗**badzusatz** *m* / dyebath addition || ≗**badzusatzmittel** *n* / dye-bath assistant, dye-bath auxiliary || ≗**baum** *m* / dye beam, dyeing beam || ≗**baumgestell** *n* (DIN 62500) / beam creel (warping) || ≗**bedingungen** *f pl* / dyeing conditions || ≗**beschleuniger** *m* / dyeing accelerator, carrier *n*, dyestuff carrier, dyeing carrier || ≗**binder** *m* (Fasern) / binding agent || ≗**bottich** *m* / dye vessel, dye back (GB), dye beck (US), dye vat || ≗**carrier** *m* (Färb) / carrier *n*, dyeing carrier

farbecht *adj* / colourfast *adj*, non-fading *adj*, sunfast *adj* (US)

Farbechtheit *f* / fastness of colour, dye fastness, colourfastness *n*

Farbechtheits·messer *m* / fadeometer *n*, fade-o-meter *n* || ≗**prüfung** *f* / colourfastness test[ing], dye fastness test

Färbe·dauer *f* / dyeing time || ≗**eigenschaft** *f* / dyeing property, dyeing characteristic, tinctorial property || ≗**enthalpie** *f* / enthalpy of dyeing || ≗**ergebnis** *n* / result of dyeing, resultant dyeing || ≗**faß** *n* / dyeing drum || ≗**fehler** *m* / dyeing defect || ≗**fleckigkeit** *f* / speckiness *n* || ≗**flotte** *f* / dye liquor, dyeing liquor, dye bath || ≗**foulard** *m* (Färb) / pad *n*, padder *n*, padding machine, padding mangle

Farbegalität *f* / colour levelness

Färbe·geschwindigkeit *f* / rate of dyeing, dyeing rate || ≗**gut** *n* / goods to be dyed, goods for dyeing, material to be dyed || ≗**haspel** *f* / dye winch, wince *n*, dyeing paddle || ≗**hilfsmittel** *n* / dyeing auxiliary, dye-bath assistant, dyeing assistant || ≗**hülse** *f* / dyeing [perforated] tube, cheese centre, dyeing spindle, dyeing cone || ≗**hülse aus Blech** / sheet-metal tube for dyeing || ≗**hülsenwechselmaschine** *f* / machine for changing dye bobbin tubes

Farb·-Eichdaten *pl* / primary colorant data || ≗**eindruck** *m* / colour sensation || ≗**einfüllkasten** *m* (Färb) / feeding box || ≗**einstellung** *f* **durch Computereinsatz** / CCM (computer colour matching [system])

Färbe·jigger *m* / dyeing jig, jig *n* || ≗**kessel** *m* / dyeing kettle || ≗**kinetik** *f* / dyeing kinetics || ≗**kraft** *f* / colouring power, colouring strength, dyeing power, tinctorial power, tinctorial strength, tinctorial value || ≗**kufe** *f* / dye back (GB), dye beck (US), dye vat || ≗**maschine** *f* / dyeing machine (circulating goods, stationary liquor) || ≗**maschine für Partie-Färben** / batch dyeing machine || ≗**methode** *f* / dyeing method || ≗**mittel** *n* / dyeing agent, colouring matter, colorant *n* || ≗**muster** *n* / dyeing specimen, dyeing pattern

färben *v* / dye *v*, colour *v* || ~ (abfärben) / stain *v* || **als Flocke** ~ / dye as loose stock || **auf dem Foulard** ~ / dye on the padder || **auf dem Jigger** ~ / dye on the jig || **auf der Kontinueküpe** ~ / dye in the continuous vat || **auf der Kufe** ~ / dye in the winch, dye in the open vat, dye in the dye-beck (GB), dye in the dye-back (US) || **auf Nuance** ~ / dye to shade || **die Polspitzen** ~ (Tepp) / dye the tips (of pile) || **einbadig** ~ / dye in a single bath || **im Bast** ~ / dye in the gummed state (silk) || **im Garn** ~ / dye in the yarn, yarn-dye *v* || **im Loden** ~ / dye before milling || **im Schaum** ~, im Schaumapparat färben / dye in the foam || **im Schlauch** ~ / dye in tubular form, dye in the hose || **im Strang** ~ / dye in rope form, dye in the hank || **im Stück** ~ / dye in piece-form || **in der Flocke** ~ (Fasern) / dye as loose stock || **in der Flocke** ~ (Wolle) / dye in the wool || **in der Kette** ~ / dye in the warp || **in der Schlichte** ~ / dye in the size-bath || **in der Spinnlösung** ~ / dope-dye *v* || **in der Walke** ~ / dye in the milling || **in der Wolle** ~ / dye in the loose wool, dye in the grain (wool), dye in the wool || **in einem Gang** ~ / dye in one run || **in kurzer Flotte** ~ / dye in short liquor, dye at short liquor ratio || **in langer Flotte** ~ / dye in long liquor, dye at long liquor ratio || **kochend** ~ / dye at the boil || **mit Ultraschall** ~ / dye by ultrasonics || **nach Nuance** ~ / dye to shade || **nach Vorlage** ~ / dye to shade || **neutral** ~ / dye in a neutral bath, dye neutral || **unentschweißt** ~ (Wolle) / dye in the grease || **unter der Flotte** ~ / dye fully immersed || **zu stark** ~ / overcolour *v* || ≗ *n* / dyeing *n*, colouring *n* || ≗ (Abfärben) / staining *n* || ≗ **auf der Haspelkufe** / winch back dyeing method (US), winch dyeing, winch beck dyeing method (GB) || ≗ **auf der Kontinuekufe** / dyeing in the continuous vat || ≗ **auf Muster** / dyeing to pattern, dyeing to shade || ≗ **auf Nuance** / dyeing to shade || ≗ **auf Vorbeize** / dyeing on a mordant || ≗ **auf Zylinderaggregaten** / can dyeing || ≗ **aus kurzer Flotte** / short liquor/goods ratio dyeing || ≗ **aus langer Flotte** / high liquor/goods ratio dyeing || ≗ **aus Lösemitteln** / solvent dyeing, solvent-based dyeing process || ≗ **bei niedriger Temperatur** / cold dyeing, low-temperature dyeing || ≗ **bis zum Gleichgewicht** / equilibrium dyeing || ≗ **der Florfadenspitzen** (Färb) / tipping *n* || ≗ **der Kette** / warp dyeing || ≗ **der ungesponnenen Faser** / raw material dyeing, raw stock dyeing || ≗ **im Garn** / dyeing in the yarn, yarn-dyeing || ≗ **im Metallbad** / molten metal dyeing || ≗ **im offenen Gefäß** / atmospheric dyeing || ≗ **im Schaum** / foam dyeing || ≗ **im Schlauch** / dyeing in tubular form || ≗ **im Spinnbad** / processor colouring (of fibres), producer colouring || ≗ **im Strang** / dyeing in rope form, hank-dyeing *n* || ≗ **im Stück** / piece dyeing || ≗ **in Ballen** / bale-dyeing *n* || ≗ **in der Aufmachungseinheit** / package dyeing || ≗ **in der Dampfphase** / vapour-phase dyeing || ≗ **in der Flocke**, Färben *n* in der Faser / stock dyeing, dyeing as loose stock, raw stock dyeing || ≗ **in der Schlichte** / dyeing in the size, slasher dyeing || ≗ **in der Spinnlösung** / solution dyeing || ≗ **in der Walke** / dyeing in the milling || ≗ **in der Wolle** (Wolle) / stock dyeing || ≗ **in kurzer Flotte** / dyeing at short liquor ratio || ≗ **in langer Flotte** / dyeing at long liquor ratio || ≗ **in saurem Medium** / acid dyeing || ≗ **in Strangform** / rope dyeing || ≗ **in wäßrigen Medien** / water dyeing || ≗ **mit Carrier** (Färbeschleuniger) / carrier dyeing || ≗ **mit kurzer Flotte** / low liquor/goods ratio dyeing, short liquor/goods ratio dyeing || ≗ **mit langer Flotte** / high liquor/goods ratio dyeing || ≗ **mit Lösungsmittelansatz** / solvent dyeing, solvent-based dyeing process || ≗ **mit Metallkomplexfarbstoffen** / metallized dyeing || ≗ **mit Naphthol** / azoic dyeing || ≗ **mit Säurefarbstoffen** / dyeing with acid dyes || ≗ **mit Schwefelfarbstoffen** / sulphur dyeing || ≗ **mit Ultraschall** / dyeing by ultrasonics || ≗ **nach dem Packsystem** / pack dyeing || ≗ **nach Muster** / dyeing to pattern, dyeing to shade || ≗ **nach Nuance** / dyeing to shade || ≗ **ungewaschener Wollwaren** / grease dyeing || ≗ **unter der Flotte** / dyeing under the surface of the liquor || ≗ **unter Druck** / pressure dyeing || ≗ **von Fasermischungen** / blend dyeing || ≗ **von Faserstoffmischungen** / union dyeing || ≗ **von Garn unterschiedlicher Farbaffinität** / DD *n* (differential dyeing) || ≗ **von Kammzug** / top dyeing || ≗ **von Kopsen** / cop dyeing || ≗ **von Kreuzspulen** / cheese dyeing, dyeing of cheeses || ≗ **von Maschenmeterware** / knitted yard goods dyeing || ≗ **von Polyamiden** / polyamide dyeing || ≗ **von Polyesterfasern** / polyester dyeing || ≗ **von reservierten Waren** / resist dyeing, reserve dyeing || **zum** ≗ **dienend** / tinctorial *adj*

Farben·abstufung *f* / colour gradation, colour grading || ≗**analyse** *f* / colour analysis || ≗**anreibemaschine** *f* (Pigm) / automatic muller || ≗**atlas** *m* / colour chart || ≗**auftragprozeß** *m* / process for applying dyestuffs || ≗**auszieher** *m* (Färb) / extractor *n* || ≗**bereich** *m* / colour range || ≗**beständigkeit** *f* / colour retention, permanence of colours || ≗**chemie** *f* / colour chemistry || ≗**chemiker** *m* / colour chemist

färbend *adj* / tinctorial *adj* || ~**e Küchenagenzien** *n pl* / staining household agents || ~**e Substanz** / colorant *n*, colouring matter, colouring substance

Farben-Druckmaschine *f* / colour printing machine

Färbenetz *n* (Strumpf) / dye net

Farben·fabrik *f* / dye factory, dye works, dyestuff factory || ≗**filter** *m n* / colour screen || ~**froher Druck** / colourful print || ~**frohes Herrenhemd** / fancy shirt || ≗**gefühl** *n* / colour sense || ≗**intensität** *f* / colour intensity || ≗**karte** *f* / colour chart, shade card, colour card || ≗**klasse** *f* / dye group || ≗**lehre** *f* / chromatics *pl*, chromatology *n* || ≗**leiter** *f* / colour scale, scale of colours || ≗**mischen** *n* / colour mixing || ≗**mischer** *m*, Farbenmischmaschine *f* (DIN 64990) / dye mixing machine, dye mixer, colour mixer || ≗**mischung** *f* / colour mixture || ≗**musterkarte** *f* / shade card for matching, colour chart, pattern card || ≗**oxydationskammer** *f* / dye oxidizing compartment || ≗**palette** *f* / range of shades || ≗**passiermaschine** *f* (DIN 64990) / colour straining machine || ≗**raster** *m* / colour screen || ≗**schicht** *f* / colour layer || ≗**sehen** *n* / colour vision || ≗**siebmaschine** *f* / colour sieve, dye strainer || ≗**sinn** *m* / colour sense || ≗**skala** *f* / colour range, range of shades, colour scale || ≗**spiel** *n* / colour play || ≗**streichmesser** *n* / colour doctor

Farbentferner *m* / dye remover

Farben·übergang *m* / shading-off *n* (of a colour) || ≗**vorlage** *f* / shade of original colour || ≗**wechsel** *m* / colour change (from one to another) || ≗**zerlegung** *f* (Textdr) / colour break-up || ≗**zusammenstellung** *f* / colour scheme, combination of colours

Färbe·öl *n* / dyeing oil || ≗**pack** *m* / dyer's package || ≗**partie** *f* / dye lot, load to be dyed || ≗**probe** *f* / dyeing test || ≗**prozeß** *m* / dyeing process

Färber *m* / dyer *n* || ≗**distel** *f* (Carthamus tinctorius) / safflower *n*

Färberei *f* (Betrieb) / dyehouse *n*, dye shop, dyeing plant, dye room || ≗ (Tätigkeit) / dyeing *n*, staining *n*

Färbereiche *f* (Quercus velutina) (Färb) / black oak, dyer's oak

Färberei·gewerbe *n* / dyeing *n* || ≗**hilfsmittel** *n* / dyeing auxiliary, dyeing assistant || ≗**- und Veredlungsmaschine** *f* / dyeing and finishing machine

Färbe·retarder *m* / dye retarder || ≗**rezept** *n* / recipe *n*, dyeing recipe, dyeing formula || ≗**rezeptberechnung** *f* **durch Rechner** (Färb) / Computer Match Prediction (CMP) || ≗**rezeptur** *f* / dyeing recipe, dyeing formulation

Färber·flechte *f* / orseille *n*, dyer's moss || ≗**ginster** *m* (Genista tinctoria) / dyer's greenweed, dyeweed *n*

färberisch·e Eigenschaft / dyeing property, dyeing characteristic || **~es Verhalten** / dyeing behaviour, dyeing performance, coloristic behaviour, dyeing properties *pl*

Färber·krapp *m* / madder *n* || **~̊meister** *m* / foreman dyer

Färberohr *n* / dye tube, dyeing tube

Färber·röte *f* (Rubia tinctorum) / madder *n* || **~̊sumach** *m* (besonders von Rhus coriaria L.) (Färb) / sumac *n* || **~̊waid** *m* (Isatis tinctoria) / woad *n*

Färbe·salz *n* / dyeing salt, colour salt || **~̊säure** *f* / dyeing acid || **~̊schädiger** *m* (Farbstoff, der nach der Färbung unter Einfluß von Luft auf Grund der Oxydation die Faser schädigt) / dyeing tenderer, dyestuff damaging the fibre, dyestuff causing fibre tendering || **~̊schädigung** *f* / damage by dyeing || **~̊schlichten** *n* / dyeing and sizing in one operation || **~̊sieb** *n* / dyeing sieve, dyeing screen || **~̊spindel** *f* / dye spindle, dyeing spindle || **~̊spule** *f* / dye bobbin, dyeing package, dyeing cheese || **~̊stern** *m* (DIN 64990) / star dyeing machine, star frame || **~̊stock** *m* / dye-pole *n* || **~̊straße** *f* / dyeing range || **~̊sumach** *m* / dyeing sumac || **~̊tank** *m* / dyeing tank || **~̊technik** *f* / dyeing technique || **~̊temperatur** *f* / dyeing temperature || **~̊trommel** *f* / dyeing drum || **~̊- und Fixierbeschleuniger** *m* / dye carrier to accelerate dyeing and fixing || **~̊- und Plastifiziermaschine** *f* / dyeing and plasticizing machine || **~̊verfahren** *n* / dyeing method, dyeing process || **~̊verfahren aus Lösemitteln** / solvent agent exhaust dyeing method || **~̊vermögen** *n* / colouring power, dyeing power, tinctorial power, tinctorial strength, tinctorial value, colouring strength || **~̊versuch** *m* / dyeing test || **~̊verzögerer** *m* / dye retarder || **~̊vorbehandlung** *f* / dyeing pretreatment, dyeing preparation || **~̊vorgang** *m* / dyeing process || **~̊vorschrift** *f* / recipe *n*, dyeing formulation, dyeing recipe || **~̊vorschriften** *f pl* / dyeing instructions, dyeing procedure || **~̊wert** *m* / colouring value || **~̊wickel** *m* / mock cake || **~̊zeit** *f* / dyeing time || **~̊zusatz** *m* / assistant for dyebath

Farb·falten *f pl* (Fehler) (Färb) / streaks *pl* || **~̊fixiermittel** *n* / dye-fixing agent || **~̊fixierung** *f* / dye fixing || **~̊fläche** *f* / coloured area, colour surface || **~̊fleck** *m* / colour stain, dye speck || **~̊fleckchen** *n* / colour speck, colour spot || **~̊flotte** *f* / dye liquor, dyeing liquor, dye bath || **~̊garn** *n* / dyed yarn

farbgebend *adj* / chromophoric *adj* || **~e Gruppe** / chromophore *n*, chromophoric group || **~es System** / chromophoric system, colouring component || **~er Teil** / chromophore part

Farb·gebung *f* / coloration *n* || **~̊gleichmäßigkeit** *f* / dye uniformity || **~̊gleichmäßigkeitsfehler** *m* / dye uniformity defect || **~̊haarbefall** *m* (Sortierung) / frequency of dark hairs || **~̊harmonie** *f* / colour harmony, harmony of colours || **~̊harz** *n* / coloured resin || **~̊hitzeechtheit** *f* / colourfastness to heat, heat fastness || **~̊hof** *m* / corona *n* || **~̊holz** *n* / dyewood *n*

farbig *adj* / coloured *adj* || **~er Druck** / colour print || **~e Fasergemische** *m pl* / coloured fibre blends || **~e Ferse** (Strumpf) / colour heel || **~e Garnknötchen** *n pl* / coloured knots || **~e Reserve** / colour resist || **~e Schaumstoffe** *m pl* / coloured foams || **~e Weste** / fancy vest (US), fancy waistcoat (GB)

Farb·intensität *f* / colour intensity, shade strength || **~intensive Buntpaste** / colour paste, colour stock || **~̊karte** *f* / shade card, colour card || **~̊kennwert** *m* / colour designation || **~̊kennzahl** *f* / numerical definition of a colour || **~̊kessel** *m* / dyestuff vessel || **~̊kissen** *n* (Textdr) / chassis *n* || **~̊klima** *n* (Mode) / luminous environment || **~̊kombination f in der Konfektion** / shading in tailoring || **~̊konstanz** *f* / colour consistency || **~̊kontrast** *m* / colour contrast, contrast in shade || **~̊konzentrat** *n* / dyestuff concentrate, pigment preparation || **~̊körper** *m* / chromophoric system, pigment *n*, colouring matter, colouring component || **~̊küche** *f* / dye kitchen, dyehouse *n*, colour shop, dye shop || **~̊kuppler** *m* / dye coupler || **~̊kurve** *f* / dyeing curve, exhaustion diagram || **~̊lack** *m* / dye lake, colour lake || **~los** *adj* / achromatic *adj* || **~̊markiermaschine** *f* (Näh) / print marking machine

Farbmeß·eichreihe *f* / primary colorant data || **~̊filter** *m n* / tristimulus filter || **~̊gerät** *n* / colour measuring device, colour measuring instrument, colorimeter *n* (used to measure colour intensity)

Farb·messung *f* / colour measurement, colorimetry *n* || **~̊metrik** *f* / colorimetry *n* || **~metrisches Computer-Berechnungssystem** / colorimetric calculation system by computer || **~metrische Rezepturberechnung** / colour formulation by colour measurement || **~̊migration** *f* / dye migration, dyestuff migration || **~̊mischer** *m* / colour mixer || **~̊mischung** *f* / colour blend || **~̊mittel** *n* / colouring matter || **~̊mühle** *f* / colour grinding mill, paint mill, colour mill || **~̊muster** *n* / colour pattern, shade pattern || **~̊nachstellung** *f* / colour matching, rematching of a shade || **~̊norm** *f* / colour standard || **~̊nuance** *f* / shade *n*, hue *n*, tint *n*, cast *n*, tone *n*, nuance *n* || **~̊oberfläche** *f* / colour surface || **~̊ombré** *m* / colour ombré

Farbort *m* (Chrom) / chromaticity *n* (x y value), XY value, colour point || **~̊abstand** *m* / chromaticity difference

Farb·paste *f* / dye paste, dyestuff paste || **~̊pigment** *n* / dyestuff pigment || **~̊prägung** *f* (Beschicht) / coloured embossing || **~̊prüfgerät** *n* / colour tester || **~̊prüfung** *f* / colour control || **~psychologisch einordnen** / harmonize with the colour scheme || **~̊pünktchen** *n* / colour speck, colour spot || **~̊rakel** *f* / colour doctor || **~̊raster** *m* / dye screen || **~̊raum** *m* (Kol) / colour solid, colour space || **~̊reaktionen ergeben** / produce colour reactions || **~̊reibemühle** *f* / pigment grinding mill || **~̊reibewalzen** *f pl* (Färb) / distributing rollers || **~̊reihe** *f* / colour range, colour scale, scale of colours || **~̊rezepturerstellung bei der Farbmessung** / colour formulation by colour measurement || **~̊richtung** *f* / colourway *n* || **~̊ringelstreifen** *m* (Strick/Wirk) / stripe *n* || **~̊ruß** *m* / carbon black || **~̊salz** *n* / colour salt || **~̊sättigung** *f* / colour saturation || **~̊säure** *f* / dye acid, colour acid, free acid || **~̊schattierung** *f* / shade *n*, hue *n*, tint *n*, cast *n*, tone *n*, nuance *n* || **~̊schattierungsstreifen** *m* / shade bar || **~̊schicht** *f* / colour layer || **~schillernd** *adj* / rainbow-coloured *adj* || **~̊schipprigkeit** *f* (Textdr) / frosting *n* || **~̊schliere** *f* (Textdr) / stria *n* (pl. striae), colour streak || **~̊sehen** *n* / colour vision || **~̊siebmaschine** *f* / colour sieve || **~̊skala** *f* / colour scale, set of colour proofs, scale of colours || **~̊sortiment** *n* / range of shades, range of colours || **~̊spritzer** *m* / colour speck, colour

spot || ≈**spritzverfahren** *n* (Textdr) / ink jet printing
farbstark *adj* / highly coloured || ~**e Dispersion** (Färb) / colour intense dispersion || ~**es Produkt** / colour intense product
Farbstärke *f* / colour strength, colouring power, dyeing power, tinctorial power, tinctorial strength, tinctorial value || ≈**bestimmung** *f* / determination of colorant strength || ≈**schwankung** *f* / variation in tinctorial strength
Farb·stellung *f* / colour design || ≈**stippen** *f pl* / spots *pl*, spotty dyeings || ≈**stippen bilden** / produce spotty dyeings || ≈**stock** *m* / dye-pole *n*
Farbstoff *m* / dyestuff *n*, dye *n*, colorant *n* (US) || ≈ (auf dem Substrat) / dye *n* || ≈ **für den Haushalt** / household dyestuff, dolly dyestuff || ≈ **für Polyamidfasern** / polyamide dyestuff || ≈ **für Polyesterfasern** / polyester [fibre] dyestuff || ≈ **für Polyurethanfasern** / polyurethane fibre dyestuff || ≈ **für Polyvinylchloridfasern** / polyvinyl chloride fibre dyestuff || ≈ **geringer Affinität** / low-affinity dyestuff || ≈ **in Hydrazonform** / hydrazo dyestuff || ≈ **mit hohem Ziehvermögen** / high-affinity dyestuff || ≈ **vom Naphthol-Typ** / azoic dye || **auf der Faser abgelagerter, nicht reagierter** ≈ / unreacted dyestuff deposited on the fibre || **auf der Faser erzeugter** ≈ / ingrain dyestuff || **den** ≈ **annehmen** / take the dye || **den** ≈ **aufnehmen** / take the dye || **den** ≈ **voll ausfärben** / exhaust the dye || **faserreaktiver** ≈ / [fibre] reactive dyestuff || **in Wasser suspendierter** ≈ / aqueous dye dispersion || **vielseitig verwendbarer** ≈ / workhorse dyestuff (US) || ≈**abbau** *m* / dyestuff decomposition || ~**abweisend** *adj* / stain-repellent *adj* || ~**abweisendes Baumwollgarn** / immune cotton [yarn] || ≈**abziehen** *n* / colour stripping || ≈**abziehmittel** *n* / dyestuff stripping agent || ~**affin** *adj* / having affinity to the dyestuff || ≈**affinität** *f* / affinity *n* (for or to dyestuffs), dye substantivity, absorbing power (of fibre) || ≈**aggregation** *f* / dye aggregation, dyestuff aggregation || ≈**angebot** *n* / dyestuff quantity added, amount of dye to be added, dyestuff addition || ≈**ansatzflotte** *f* / initial dyebath, starting dye liquor, starting dyebath || ≈**ansatzgefäß** *n* / initial dyebath vessel || ≈**aufbau** *m* / dyestuff composition
Farbstoffaufnahme *f* (durch die Faser) / dye uptake (by the fibre), [dye] pick-up (by the fibre), dye absorption, take-up *n* || **unterschiedliche** ≈ **haben** / take [up] dyes differently || ≈**bereich** *m* / dye uptake range || ≈**fähigkeit** *f*, Farbstoffaufnahmevermögen *n* / dye-absorbing power, receptivity for dyes (fibre), dye absorption capacity
farbstoff·aufnehmend *adj* / having good affinity for dyes, dye-absorbing *adj*, absorbent to dyes || ≈**aufziehbereich** *m* / dye pick-up range, uptake range, range of dye exhaustion, phase during which the dye goes on to the fibre || ~**aufziehend** *adj* / absorbent to dyes || ≈**aufziehvermögen** *n* (der Faser) / absorbing power (of fibre), dye affinity (of fibre) || ≈**ausbeute** *f* / dye yield, dyestuff yield, dye utilization || ≈**ausgiebigkeit** *f* s. Farbstoffergiebigkeit || ≈**ausnutzung** *f* / exhaustion of the dyestuff || ≈**ausziehkurve** *f* / dye exhaustion curve || ≈**base** *f* / dyestuff base || ≈**basensalz** *n* / dye-base salt || ≈**basis** *f* / colour base || ≈**behälter** *m* (Textdr) / colour box || ~**bindende Gruppe** (für den Farbstoff reaktionsfähige Gruppe) / dye site || ≈**bindevermögen** *n* (der Faser), Farbstoffbindungsvermögen *n* (der Faser) / dyestuff binding capacity, dyestuff binding power || ≈**bindung** *f* / fixation of the dye || ≈**charakter** *m* / property of the dye || ≈**chemie** *f* / dyestuff chemistry, colour chemistry || ≈**diffusion** *f* / dyestuff diffusion || ≈**dispergiermittel** *n* / dye dispersing agent, dispersing agent for dyestuffs, dyestuff dispersant || ≈**dispersion** *f* / dye dispersion, dyestuff dispersion || ≈-**Dreierkombination** *f* / triple combination of dyestuffs || ≈**eigenschaften** *f pl* / dyestuff properties || ≈**entwickler** *m* / dye developer, dyestuff developer || ≈**ergiebigkeit** *f* / dye yield, dyestuff yield, colour yield, dye utilization, economy of the dyestuff || ≈-**Faserbindung** *f* / dye/fibre bond || ≈-**Fixierungsmittel** *n* / dye-fixing agent || ≈**fleck** *m* / dye stain, dyestuff stain || ≈-**Formierung** *f* / coated-particle dyestuff, formulated dyestuff, particle-coated dyestuff || ≈**gehalt** *m* / dye content, dyestuff content || ≈**grundkörper** *m* / colouring component || ≈**gruppe** *f* / group of dyestuffs || ≈**hydrolysat** *n* / dyestuff hydrolysate || ≈**hydrolysatspuren** *f pl* / traces of hydrolyzed dyestuff
Farbstoffixierung *f* / fixation of the dye
Farbstoff·klasse *f* / class of dyestuffs || ≈**kombination** *f* / dyestuff combination || ≈**kombinationsrichtwert** *m* / dyestuff combination guiding value || ≈**kommission der Deutschen Forschungsgemeinschaft** *f* / Dyestuff Committee of the German Research Association || ≈**konzentration** *f* / dye concentration, dyestuff concentration || ≈**kuppler** *m* / dye coupler || ≈**lack** *m* / colour lake || ≈**lösemittel** *n* / solubilizing agent for dyestuffs || ≈**löslichkeit** *f* / dye solubility, dyestuff solubility || ≈**lösung** *f* / dye solution, dyestuff solution || ≈**lösungsmittel** *n* / dye solvent, dyestuff solvent || ≈**menge** *f* / amount of dyestuff, dyestuff quantity || ≈**migration** *f* / dye migration, dyestuff migration || ≈-**Mischanlage** *f* / compounding plant (dyestuffs) || ≈**misch- und Lagerbehälteranlage** *f* / dyestuff mixing and storage tanks plant || ≈**mischung** *f* / blended dyes *pl*, dyestuff blend, dye mixture, dyestuff mixture || ≈**molekül** *n* / dye molecule, dyestuff molecule || ≈**mühle** *f* (Betrieb) / grinding department || ≈**nachsatz** *m* / feed addition, subsequent dyestuff addition, shading addition || ≈**nachsätze** *m pl* (Färb) / feed additions *pl* || ≈**nachziehen** *n* (Fehler) (Färb) / tailing *n* || ≈-**Nuancierzusatz** *m* / shading addition || ≈**palette** *f* / dyestuff range, range of dyestuffs, colour range || ≈**pulver** *n* / dye powder, dyestuff in powder form, dyestuff powder || ≈**rest** *m* / dyestuff radical || ≈**richtwert** *m* / dyestuff concentration value, dyestuff constant || ≈**rückhaltevermögen** *n* / dyestuff retarding property, retarding effect on dyestuffs || ≈**salz** *n* / colour salt || ≈**sättigungsgrenze** *f* / dyestuff saturation value || ≈**säure** *f* / colour acid || ≈**sortiment** *n* / dyestuff range, range of dyestuffs, colour range || ≈**summenzahl** *f* (Färb) / saturation concentration || ≈**suspension** *f* / dye suspension, dyestuff suspension || ≈**tanninlack** *m* / tannin dye lake || ≈**teig** *m* / dye paste, dyestuff paste || ≈**teilchen** *n* / dye particle, dyestuff particle || ≈**träger** *m* / dyestuff carrier || ≈**überangebot** *n* / excess of dye offered to the textile or fibre || ≈-**Verdickungsmittel-Umsetzungsprodukt** *n* / reaction product of dyestuff thickening agent ||

˜verhalten *n* / dyestuff behaviour || **˜verteilung** *f* / distribution of dyestuff || **˜wanderung** *f* / migration of dyestuff, dye migration || **˜zuführung** *f* / dye feeding, dyestuff feeding || **˜zusatz** *m* / dye additive, shading addition, colour additive || **˜zwischenprodukt** *n* / dyestuff intermediate

Farb·streichmesser *n* / colour doctor || **˜streifen** *m* / colour stripe || **˜streifigkeit** *f* **in Schußrichtung** (periodischer Schußstreifen) / weft streak, weft stripe, filling streak || **˜substanz** *f*(Färb) / colorant *n*(US) || **˜tafel** *f*(Kol) / chromaticity diagram, colour diagram || **˜teig** *m* / colouring paste || **˜tiefe** *f* / depth of shade, depth of colour, colour strength, strength of shade, intensity of shade, intensity of colour || **˜tiefenverlust** *m*(Färb) / loss of colour strength, loss of depth in shade || **~tiefer Druck** (Transdr) / print of high colour strength

Farbton *m* / shade *n*, hue *n*, tint *n*, cast *n*, tone *n*, nuance *n* || **˜ aufhellen** (Färb) / clear the shade, brighten the shade || **˜ der Küpe** (Färb) / shade of the vat *v* || **den ˜ verschleiern**, die Nuance verschleiern / mask the shade || **durch Nachbehandlung entwickelter ˜** (Färb) / raised colour || **gebrochener ˜** / off-shade *n* || **˜absatz** *m* / contrast in shade || **˜abstimmung** *f* / colour matching || **˜abstufung** *f* / grading of shades || **˜änderung** *f* / change of shade, alteration of colour, change of colour, colour change || **˜beständigkeit** *f* / colour retention, stability of the shade || **˜echtheit** *f* / colour fastness, permanence of the shade || **˜einstellung** *f* / shade *n*, hue *n*, tint *n*, cast *n*, tone *n*, nuance *n* || **~gleich** *adj* / matching *adj* || **~gleiche Wellenlänge** / dominant wavelength || **˜grundkörper** *m* / chromophoric system, colouring component || **˜kontrast** *m* / contrast in shade || **˜nachstellung** *f* / colour rematching || **˜schwankung** *f* / variation in shade || **~treu** *adj* / true to shade || **˜übereinstimmung** *f* / conformity in shade || **˜umschlag** *m* / change of shade, alteration of colour, change of colour, colour change || **˜umschlag während des Seifens** / change of shade in soaping

Farbtönung *f* / shade *n*, hue *n*, tint *n*, cast *n*, tone *n*, nuance *n* || **˜** / toning *n*

Farbton·veränderung *f* / change of shade, change of colour, alteration of colour || **˜veränderung während der Belichtung** / change of shade during exposure to light || **˜verschiebung** *f* / change of shade, alteration of colour, change of colour, colour change, shifting of shade || **˜wechsel** *m* / colour change (from one to another)

farbtragend *adj* / chromophoric *adj* || **~e Gruppe** / chromophore *n*, chromophoric group

Farb·träger *m* / chromophore *n* || **˜trog** *m* / colour trough, dye container, dye back (GB), dye beck (US), dye vat || **˜übergang** *m*(Färb) / inferior-quality material produced during colour changeover || **˜übertragung** *f*(Siebdr) / colour lift-off, transfer of ink || **˜umschlag** *m* / change of shade, alteration of colour, change of colour, colour change || **˜umschlagsverhalten** *n* / colour change behaviour

Färbung *f* / dyeing *n*, colouring *n* || **˜** (Zustand) / colour *n* || **˜** (Abfärbung) / staining *n* || **˜ auf chromgebeiztem Material** / chrome bottom dyeing || **˜ mit Fleckenbildung**, Färbung *f* mit Stippenbildung / spotty dyeing || **˜ mit Streifenbildung** / streaky dyeing

Färbungs·entropie *f* / dyeing entropy || **˜mittel** *n* / stain *n* (colour) || **˜unterschied** *m* **zwischen Mitte und Seite** / side-to-centre variation

Farb·valenz *f* / colour valence, colour stimulus specification || **˜veränderung** *f* / change of shade, alteration of colour, change of colour, colour change || **˜vergleich** *m* / colour comparison || **~vertiefend** *adj* / bathochrome *adj*, bathochromic *adj*, colour-intensifying *adj* || **˜vertiefer** *m* / colour intensifier || **˜vertiefung** *f* / intensification of colour || **˜walze** *f* / colour roll, colour furnishing roll[er], dye feeding roller, colour furnisher || **˜wanderung** *f* / migration of colour || **˜ware** *f* / dyed fabrics, dyed goods || **˜waschechtheit** *f* / colour washfastness || **˜werk** *n*(Textdr) / inking arrangement, inking unit, inking roll[er] || **˜wert** *m* / colour value, colouring value || **˜wert** (Kol) / tristimulus value || **˜wertanteil** *m* / trichromatic coefficient || **˜zerstäuber** *m* / colour atomizer, dye spray, dye atomizer, colour spray || **˜zufuhrkasten** *m* / colour feeding box

Fase *f*(Beschicht) / bevel *n*

Faser *f* / fibre *n*(GB), fiber *n*(US) || **˜** (Näh) / thread *n* || **˜n** *f pl* **in der Flocke** / stock fibres || **˜n verlieren** / shed *v* || **die ˜ vom Stengel befreien** / fibrillize *v* || **feintitrige ˜** / ultra-fine fibre || **˜abbau** *m* / fibre decomposition, fibre disintegration, fibre degradation || **˜abfall** *m* / fibre waste, waste fibres *pl*, fluff *n* (waste), fuzz waste || **˜ablage** *f*(Spinn) / fibre baling || **˜achse** *f* / fibre axis || **~affin** *adj* / having affinity to the fibre, fibre-reactive *adj* || **~affine Verbindung** / fibre reactive compound || **˜affinität** *f* / fibre affinity, affinity *n* (of dyes to fibre), fibre substantivity || **~ähnlich** *adj* / fibre-like *adj*, fibrous *adj* || **˜analyse** *f* / fibre analysis || **˜angriff** *m* / damage to the fibre, fibre damage, fibre tendering, fibre deterioration, tendering of the fibre, weakening of the fibre || **˜anordnung** *f* / fibre arrangement, fibre orientation || **˜anteil** *m* (in einer Fasermischung) / component *n* || **˜art** *f* **ohne Affinität für Säurefarbstoffe**, Typ N *m* (Deep Dyeing) / non-basic fibre type || **~artig** *adj* / fibrous *adj* || **˜aufbau** *m* / fibre structure, fibrous structure, structure of a fibre || **˜aufschwemmung** *f* / fibre suspension || **˜ausbeute** *f* / fibre yield || **˜ausrichtung** *f* **im Flor** (Vliesst) / web orientation || **˜bahn** *f* / fibrous web || **˜bahn** (Vliesst) / fibre web || **˜ballen** *m* / fibre bale || **˜ballenöffnen** *n* / fibres opening, fibre bale opening || **˜band** *n* (DIN 64050) / sliver *n*, card sliver, carded sliver, fibre band, slubbing *n* || **˜bandaufwicklung** *f* / sliver winding || **˜bandeinschlagen** *n*(Spinn) / dabbing *n* || **˜bart** *m*(Spinn) / tuft *n*, fibre tuft || **˜bart** (Seide) / silk tuft || **˜bau** *m* / fibre structure || **˜bestimmung** *f* / fibre analysis || **˜bewegung** *f* / fibre movement || **~bildend** *adj* / fibre forming || **~bildendes Polymer** / fibrogen polymer || **~bildende Substanz** / fibre forming substance || **˜bildung** *f* / fibre formation || **˜brei** *m* / fibre slurry || **˜bruch** *m* / fibre breakage || **˜brüchigkeit** *f* / fibre weakness

Faserbündel *n* / fibre bunch, bundle of fibres, strands (tops) *pl* || **˜** (Flachs, Hanf, usw.) / sleave *n* || **˜festigkeit** *f* / fibre bundle [tensile] strength || **˜festigkeitsprüfer** *m* / fibre bundle strength tester, fibre strand testing device || **˜prüfung** *f* / fibre bundle testing || **˜stärke** *f* / fibre bundle [tensile] strength

Faser·bündelung *f* / fibre bunching || **˜büschel** *n* (Spinn) / fibre tuft || **˜büschel** (Tepp) / stump *n*

Fäserchen *n* / fibril *n*

Faser·dämmstoff *m* / fibre insulation material || **≗diagramm** *n* / fibre diagram || **≗dicke** *f* / fibre thickness || **≗durchlauf** *m* (Spinn) / flow of fibres || **≗durchmesser** *m* / fibre diameter || **≗egalität** *f* (Färb) / freedom from skitteriness, fibre levelness || **≗eigenschaft** *f* / fibre property || **≗einlage** *f* (Vliesst) / fibre scrim || **≗einspeisung** *f* / fibre feed || **≗ende** *n* / fibre tip, fibre end, fibre extremity || **≗erspinnung** *f* / chemical fibre spinning || **≗ertrag** *m* / fibre yield || **≗extraktion** *f* / fibre extract || **≗/Farbstoff-Bindung** *f* / fibre/dyestuff bond, dye/fibre bond || **≗/Farbstoff-Komplex** *m* / fibre/dye complex || **≗/Farbstoff-System** *n* / dye/fibre system || **≗/Farbstoff-Verknüpfungsmittel** *n* / dye/fibre linkage agent || **≗/Faser-Reibung** *f* / fibre/fibre friction || **≗feinbau** *m* / fibre fine structure || **≗feinheit** *f* / fibre count, fibre fineness || **≗feinheitsmesser** *m* / fibre fineness tester || **≗festigkeit** *f* / fibre strength, strength of fibre || **≗festigkeitsprüfer** *m* / fibre strength tester || **≗festigkeitsprüfung** *f* / fibre strength testing || **≗filz** *m* / mat of fibres, bonded mat || **≗flaum** *m* / fibre down, fuzz *n*, fibre fluff || **≗flaum** (Spinn) / fluff *n* || **≗flaum auf der Stoffoberfläche** / fuzzy cloth surface || **≗flock** *m* (DIN 60001) / flock *n* (textile) || **≗flocke** *f* (Spinn) / tuft *n* || **≗flor** *m* (Vliesst) / fibre web, nonwoven [fabric], fibrous web, fibre sheet, formed fabric (US) || **≗flor** (Karde) (Vliesst) / card web || **≗flor** (eines Stoffes) / pile *n*, fleece *n*

Faserflug *m* (Spinn) / fibre fly, fly lint, roller fly, fibre fluff, comber fly, linters *pl* || **≗ansammlung** *f* / fuzzy mote

faser·förmig *adj* / fibre-shaped *adj*, fibre-like *adj*, fibrillous *adj* || **~förmiges Teilchen** / filiform particle || **≗führung** *f* / fibre control || **≗führung im Streckwerk** / apron control || **≗-Fülltype** *f* / fibre filling type || **≗garn** *n* / spun thread, spun yarn || **~gefährdende Wirkung** / fibre-attacking effect || **≗gefüge** *n* / fibre structure, fibrous structure, structure of a fibre || **≗gehalt** *m* / fibre content || **≗gelege** *n* / fibrewoven fabric || **≗gemisch** *n* / fibre blend, blended fibres *pl*, mixture of fibres, union *n* || **≗geometrie** *f* / fibre geometry || **≗gestalt** *f* / fibre configuration || **≗-Gestrick** *n* / fibre knitted fabric || **≗gewebe** *n* / fibre fabric, fibrous tissue || **≗gewicht** *n* / fibre weight (BR) (in milligrams per centimetre) || **nach ≗gewicht** / o.w.f. (on weight of fibre) || **≗gewinnungsmaschinen** *f pl* / fibre extracting machinery || **≗glasharz** *n* / glass fibre reinforced unsaturated polyester resin || **≗glätte** *f* / fibre slippage || **≗griff** *m* / feel of the fibre, touch of the fibre || **≗gut** *n* / fibre(s), fibre material, spinning material || **≗haftung** *f* (Bw) / fibre drag (US) || **≗häkchen** *n* / fibre hook || **≗häkchenrichtung** *f* / hook direction || **≗haut** *f* / fibre skin, sheath *n*, shell *n* || **≗henkel** *m* (Strick/Wirk) / sinker loop, sinker mesh

faserig *adj* / fibrous *adj* || **~es Polymer** / fibrous polymer

Faser·inkrustierung *f* / fibre incrustation || **≗kennzahl** *f* / fibre index figure || **≗kern** *m* / fibre core, core of fibre || **≗kräuselmaschine** *f* / fibre crimping machine || **≗kräuselung** *f* / fibre crimp || **≗kristallinität** *f* / fibre crystallinity || **≗kunde** *f* / fibre technology || **≗lage** *f* / position of fibres || **≗länge** *f* (Stapel der Einzelfaser) / staple length, fibre staple, length of fibre

Faserlängen·bestimmung *f* / fibre length determination || **≗klassierung** *f* / stapling *n* || **≗meßgerät** *n* / fibre length measuring instrument, fibrograph *n* || **≗streuung** *f*, Faserlängenverteilung *f* / fibre staple distribution, fibre length distribution

Faser·lein *m* / fibre flax || **≗mantel** *m* / fibre sheath, skin of fibre || **≗masse** *f* / fibrous mass || **≗material** *n* / fibrous material || **≗matte** *f* / fibre mat, web *n*, fibre web || **≗menge** *f* / number of fibres || **≗merkmal** *n* / fibre characteristic || **≗/Metall-Reibung** *f* / fibre/metal friction || **≗migration** *f* (Fehler) / fibre migration || **≗mischen** *n* / fibres blending || **≗mischung** *f* / fibre blend, blended fibres *pl*, fibres blend, fibre mixture || **≗mischungsverhältnis** *n* / blended fibre ratio || **≗muster** *n* / fibre pattern || **≗nachweis** *m* / fibre differentiation || **≗nachweis-Methode** *f* / fibre identification process || **≗oberfläche** *f* / fibre surface || **≗oberflächenstruktur** *f* / fibre surface structure || **~optische Eigenschaft** / optical property of the fibre, appearance of the fibre || **≗orientierung** *f* / orientation of fibres, fibre orientation || **≗orientierung in der Längsrichtung** / fibre alignment || **≗pflanze** *f* / fibre plant || **≗polyamid** *n* / polyamide for textile applications || **≗polymer** *n* / polymer for fibre production || **≗präparation** *f* / fibre processing agent, fibre processing chemical, spin finish || **≗provenienz** *f* / origin of the fibre, type of fibre || **≗quellung** *f* / fibre swelling, swelling of the fibre || **≗quellungsmittel** *n* / fibre swelling agent || **≗querschnitt** *m* / fibre cross-section, cross-section of the fibre || **≗rakel** *f* / lint doctor || **~reagierend** *adj* / fibre-reactive *adj* || **≗reaktionsfähigkeit** *f* / fibre reactivity || **~reaktiver Farbstoff** / [fibre] reactive dyestuff || **≗reibung** *f* / fibre friction || **≗reibungskoeffizient** *m* / fibre friction coefficient || **≗reiste** *f* / fibre strick, strick of fibres || **≗reservierungsmittel** *n* / resist for fibres || **≗reste** *m pl* / fibre remnants, waste fibres *pl* || **≗ringschaden** *m* / fibres ring defect || **≗riste** *f* / fibre strick, strick of fibres || **≗rückgewinnung** *f* / garnetting *n*, fibre recovery || **≗rückzugskraft** *f* / elastic recovery of the fibre

Fasersättigungs·faktor *m* / Fibre Saturation Factor, FSF || **≗punkt** *m* / saturation point of the fibre || **≗wert** *m* (Färb) / fibre saturation level, fibre saturation value

Faserschaden *m*, Faserschädigung *f* / fibre damage, fibre tendering, fibre deterioration, tendering of the fibre, deterioration of the fibre

faserschädigend *adj* / fibre tendering || **~e Wirkung** / fibre-attacking effect

Faser·scheuerprüfer *m* / fibre abrasion tester || **≗schicht** *f* / fibre layer || **≗schleim** *m* / fibre mucilage || **≗schneidemaschine** *f* / fibre cutting machine || **≗schnittlänge** *f* / staple length, cut length of the fibre

faserschonend *adj* / fibre preserving, non-tendering *adj* || **~e Behandlung** / fibre preserving treatment, mild treatment || **~e Bleiche** / fibre preserving bleach, mild bleaching || **~e Materialbehandlung** / non-tendering treatment of fibre || **~e Wirkung** / fibre preserving effect

Faserschonung *f* / protection of the fibre

Faserschutz *m* / fibre protection || **≗mittel** *n* / fibre preserving agent, fibre protective agent, non-tendering agent

faser·schwächend *adj* / fibre tendering || **≗schwächung** *f* / fibre damage, fibre tendering, fibre deterioration, tendering of the fibre || **≗seele** *f* / core of fibre || **≗serpentin** *n m* / chrysotile *n* (yields strong and flexible fibres for spinning) || **≗spitze** *f* / fibre tip, fibre end, fibre extremity || **≗stabilisierungsmittel** *n* / fibre stabilizing agent || **≗stapel** *m* / fibre staple (manmade fibres) || **≗stärke** *f* / fibre thickness

Faserstaub *m* / fibre dust, flue *n*, fibre powder || **≗bildung** *f* (Spinn) / formation of fibre dust

Faserstoff *m* / fibrous material, fibrous substance || **~bildend** *adj* / fibre forming || **≗bildung** *f* / fibre formation || **≗klasse** *f* / fibres class || **≗rückstand** *m* / residue of fibrous substances || **≗schutzmittel** *n* / fibre protective agent || **≗tabelle** *f* / table of fibrous substances

Faser·struktur *f* / fibre structure, fibrous structure, structure of a fibre || **≗substanz** *f* / fibrous substance || **≗summenstruktur** *f* / fibre structure || **≗summenzahl** *f* (Färb) / fibre saturation value, fibre affinity index, fibre summation number (relative saturation value of the fibre) || **≗suspension** *f* / fibre suspension || **≗technologie** *f* / fibre technology || **~technologische Werte** / technical data || **≗transporteinrichtung** *f* (Spinn) / fibre handling installation || **≗trennung** *f* / fibre separation || **≗trocknungsvorrichtung** *f* / fibre drier || **≗überlappung** *f* / fibres overlap[ping] || **~ungleiche Färbung** / even dyeing on different fibres || **≗ungleichheit** *f* / skittery dyeing, tippy dyeing, skitteriness || **≗unreife** *f* / fibre immaturity || **≗unterscheidung** *f* / fibre differentiation || **≗untersuchung** *f* / fibre analysis || **≗verarbeitungsmaschinen** *f pl* / fibre treating machinery || **≗verband** *m* (Vliesst) / fibre structure || **≗verbund** *m* / fibre entanglement || **≗verbund** s. auch Faservlies || **≗verbundstoff** *m* (Vliesst) / bonded fibre fabric || **≗vereinzelung** *f* / separation of flocks || **≗vergilbung** *f* / yellow discolouration of the fibre || **≗verklebung** *f* / fibre bonding || **≗verlust** *m* / loss of fibre, shedding *n* (cloth) || **≗verschlingung** *f* / fibre entanglement, entangling of fibres || **~verstärktes Material**, faserverstärkter Werkstoff / fibre reinforced material || **≗verwindung** *f* **der Baumwolle** / convolution *n* || **≗verzug** *m* (Textil) / draft of the fibre || **≗verzugsprüfgerät** *n* / fibre draft tester

Faservlies *n* (DIN 61210) / nonwoven [fabric], nonwoven fleece, bonded fibre fabric, adhesive-bonded fabric, fleece *n*, fibre fleece, fibrous fleece, fibrous web, fibre sheet, formed fabric (US) || **[gebundenes] ≗** / bonded web || **≗maschine** *f* (Vliesst) / machine for nonwovens, web forming machine, web former || **≗ware** *f* / nonwovens *pl* || **≗ware als Grundgewebe** / nonwoven base cloth

Faser·wanderung *f* / fibre migration || **≗watte** *f* / fibre wadding || **≗wickel** *m* (Spinn) / fibre lap, lap *n* || **≗windung** *f* / fibre twist || **die ≗zahl im Querschnitt vermindern** / reduce the number of fibres in the cross-section || **≗zusammenballung** *f* (Web) / pill *n*, pilling effect

fassen *v* / grip *v*

Fasson *f* / cut *n* (garment), shape *n*, fashion *n* || **≗ geben** / fashion *v* || **~gestrickt** *adj* (Strick/Wirk) / fully fashioned, full fashioned

fassonieren *v* / fashion *v*, shape *v*, form *v* || **≗** *n* / contour cutting

fassoniert *adj* / fashioned *adj*

Fassonierungen *f pl* **für den Halsausschnitt** / neck fashionings

Fassonlitze *f* / shell braid

Fassungsvermögen *n* / capacity *n*, loading capacity

faules Bad / decomposed bath (silk dyeing)

faulen *v* / decay *v*

Fäulnisbefall, gegen ≗ ausgerüstete Textilien / rot-proofed textiles

fäulnis·beständig *adj* / antiputrefactive *adj*, rot-resistant *adj* || **≗beständigkeit** *f* / resistance to rot, rot resistance || **~empfindlich** *adj* / sensitive to rot || **≗festausrüstung** *f* / rotproofing *n* || **≗festigkeit** *f* / rot resistance

fäulnishemmend *adj* / mildew-retardant *adj*, antifouling *adj*, anti-rot *adj* || **~e Ausrüstung** / rotproof finish || **~es Mittel** / mildew-retarding agent

Fäulnisschutz·beize *f* (Baumwollstoffe werden vor der Bleiche in Wasser gelegt, um Verunreinigungen zu entfernen) / rot steep || **≗mittel** *n pl* / antifouling chemicals

Fäulnis·test *m* / rot-resistant test || **~verhindernd** *adj*, fäulnisverhütend *adj* / anti-rot *adj*, antifouling *adj*, antiputrefactive *adj* || **~verhütende Ausrüstung** / antifouling finish, anti-rot treatment || **≗verhütungsmittel** *n pl* / antifouling chemicals || **≗widrigkeit** *f* / rot resistance

Fausthandschuh *m* / mitten *n*, mitt *n* || **≗** (DIN 61531) / mitten *n* (personal safety and protection)

Fäustling *m* / mitten *n*, mitt *n*

Faux-Camaïeux *n* (Zusammenstellung sehr gedämpfter Nuancen verschiedener Farbskalen, aber immer in gleicher Tonhöhe) / faux camaieux (Fr)

Faux-Piqué *m* / faux piqué (Fr), false pique

Fayence·blau *n* / fayence blue || **≗druck** *m* / fayence printing

Fechthandschuh *m* / fencing glove

Feder·abzug *m* / spring take-down || **≗barre** *f* (Strick/Wirk) / jack spring bar || **~belasteter Harnisch** (Web) / spring-loaded harness || **≗bett** *n* / eiderdown quilt, feather bed || **≗busch** *m* / plume *n*, panache *n* (Fr), tuft of feathers || **≗deckbett** *n* / feather bed || **~dicht** *adj* / feather-proof *adj*, down-proof *adj*, down-resistant *adj* || **≗dichtheit** *f* (von Geweben) / featherproof properties *pl* || **≗drahthülse** *f* / cheese spring tube || **≗filz** *m* / feather felt || **≗hülse** *f* / spring holder (for cheese) || **≗hut** *m* / plumed hat, feather hat || **≗kasten** *m* (Strumpf) / grooved spring bar

Federkern·hülse *f* / cylindrical spring tube || **≗matratze** *f* / box spring mattress, coil spring mattress, spring interior mattress

Federkiel *m* / feather quill

Federkissen *n* / feather pillow || **≗füllung** *f* / feather pillow stuffing

Feder·lade *f* (Web) / spring sley || **≗leinwand** *f* / eiderdown quilt ticking, converted ticking, basin royal || **≗matratze** *f* / box spring mattress, coil spring mattress, spring interior mattress

federnd *adj* / springy *adj*, elastic *adj* || **~** (Teppichpol) / resilient *adj* || **~er Gleitkontakt des Lochabstellers** / detector spring (in knitting machine) || **~er Griff** / elastic handle || **~e Spitze** (Web) / beard *n* (of needle) || **~er Spulenhalter** / spring clip bobbin holder

Feder·plüsch *m* / feather shag || **≗schlag** *m* (Web) / spring picking || **≗schlagstuhl** *m* / spring pick[ing] loom || **≗spannung** *f* (Näh) / automatic tension || **≗stich** *m* / satin stitch (embroidery) || **≗stickerei** *f* / quill embroidery work || **≗stock** *m* (Strumpf) /

grooved spring bar || **~stock** (Strick/Wirk) / spring block || **~stockfeder** *f* / jack spring (Cotton machine)
Federung *f* / springiness *n*
Federverschluß *m* / spring-type former (cheese)
Fegselwolle *f* [aus Rohwolle] / sweepings *pl*, raw wool sweepings *pl*
fehgrau *adj* (RAL 7000) / squirrel grey *adj*
Fehlcharge *f* / faulty load
fehlend·er Faden (Web) / missed pick || **~er Faden** (bei Garnen) / singling *n* (defect in plying of yarns caused by omission of one or more strands) || **~er Kettfaden** / end out
Fehler *m* / defect *n*, fault *n*, flaw *n* || **~anzeiger** *m* / fault indicator || **~faden** *m* / thread for marking flaws || **~freie Rohwolle** / free wool
fehlerhaft·e Dickstelle (Gew) / thickness fault || **~e Färbung** / defective dyeing || **~e Fläche** / defective area || **~e Naht** (Näh) / faulty seam || **~er Schuß** (Web) / coarse pick (defect) || **~e Stelle** / defective area
Fehler·markierapparat *m* (Web) / flaw marker || **~markierer** *m* / fault indicator || **~markier- und -registriergerät** *n* / fault marking and registering device || **~stelle** *f* / flaw *n* || **~zählapparat** *m* / fault recording counter
Fehl·faden *m* / end out || **~farbe** *f* / off-colour *n*, off-shade *n* || **~farben** *adj* / off-colour *adj*, off-shade *adj* || **~farbiges Garn** / off-shade yarn || **~färbung** *f* / faulty dyeing, defective dyeing, off-shade dyeing, imperfect dyeing, faulty shade || **~muster** *n* / barring || **~partie** *f* (Färb) / faulty batch || **~schuß** *m* (Fehler) (Web) / mispick *n*, missed pick, paresseuse (Fr) *n* || **~stelle** *f* **im Garn** / bead *n* (defect) || **~stich** *m* (Näh) / skipped stitch, missed stitch || **~verzug** *m* / wrong draft (card) || **~ware** *f* / damaged goods *pl*, defective fabrics *pl* || **~wechsel** *m* (Web) / faulty change
feigen·braun *adj* / fig-brown *adj* || **~kaktus** *m* / opuntia *n*
fein *adj* / fine *adj* || **~es Baumwoll-Filtertuch** / fine cotton strainer || **~es Beschichten** / film coating || **~e Dispersion** / fine dispersion || **~er Flor** / tissue *n* || **~es Garn** / fine count yarn, yarn of fine count || **~e Garnnummer** / fine count, high count (of yarn) || **~e Gaze** / gossamer *n* || **~es Gewebe** / fine weave fabric, fine fabric, tissue *n* || **~e Handarbeit** / fancy work (crocheting, embroidery, tatting), fancy needlework || **~er Jean** / jeannette *n* || **~er Kratzenbeschlag** (Spinn) / fine wire clothing || **~e Krausen** *f pl* (Näh) / fine gathering || **~ mahlen** / grind fine || **~er Möbelrips** / coteline *n* || **~es Nesseltuch** / fine cotton cloth || **~e Polkatupfen** *m pl* / pin dots *pl* || **~es Pünktchenmuster** / seed effect || **~e Riffelung** / fine fluting || **~es Sieb** / fine-meshed sieve || **~es Strichtuch** / face cloth || **~er Titer** / fine titre || **~e Tupfenmusterung** / petits pois (Fr) || **~es Vorgespinst** (Spinn) / fine roving || **~es Wachstuch** / toile cirée (Fr) || **~e Wollqualität** / fine wool grade || **~es Zusammenziehen** (Näh) / fine gathering || **~ausgemahlen** *adj* / finely ground || **~bogig gekräuselt** (Fil) / finely crimped || **~bogige Kräuselung** / high number of crimp curls per cm || **~dispergiert** *adj*, feindispers *adj* / finely dispersed || **~dispersion** *f* / fine dispersion || **~dispersität** *f* / fine dispersion
feinfädig·er Bouclé / bouclette *n* || **~es Garn** / fine yarn || **~es Gewebe**, feinfädiges Material / fine filament fabric || **~e Musselinqualität** / clear muslin
Fein·farbe *f* / pastel shade, pastel colour || **~farbpaste** *f*, Feinfarbteig *m* / fine dyestuff paste || **~faser** *f* / fine fibre, fibre of low denier || **~faserprüfgerät** *n* / fine fibre testing apparatus || **~flammig meliert** / sprinkled *adj* || **~fleier** *m* (Spinn) / fine fly-frame, finishing fly-frame, fine roving frame, finishing flyer || **~flocken** *f pl* / flock powder || **~flyer** *m* (Spinn) s. Feinfleier || **~frotteur** *m* (Spinn) / finisher [box], finishing box
Feingarn *n* / fine yarn, fine thread, fine-spun thread, high count yarn || **~nummer** *f* / fine count, fine count of yarn
Fein·gefüge *n* / microstructure *n* || **~gemahlen** *adj* / finely ground || **~gepulvert** *adj* / finely powdered
feingeripppt·er Baumwollcord / haircord *n* || **~er Côtelé** / coteline *n* || **~ gestrickt** / finely rib-knitted
Feingespinst *n* s. Feingarn
feingesponnen *adj* / fine-spun *adj* || **~er Faden** / fine-spun yarn
fein·gestreifte Kammgarnwaren *f pl* / hairlines *pl* || **~gewebe** *n* / fine fabric, fine weave fabric || **~hechel** *f* (Hanf) / finishing hackle || **~hechelstrecke** *f* / roving box || **~hechler** *m* (Spinn) / fine hackler
Feinheit *f* / fineness *n* || **~** (Strumpf) / gauge *n*, gg || **~** (Garn) / count *n* || **~** (Faser) / denier *n*, fineness *n* || **~** (Wirkmaschine) / gauge *n* (of knitt machine) || **~ des Nadelbettes** / needle bed gauge, needles per inch (n.p.i.) || **~ im tex-System** (DIN 60900 und 60905) / tex *n*
Feinheitsbereich, im ~ von / in counts of
feinheits·bezogene Festigkeit / tenacity *n* || **~festigkeit** *f* / tenacity *n*, breaking length || **~grad** *m* / degree of fineness, fineness *n* || **~grad der Faser** / fibre count, fibre fineness count || **~nummer** *f* (Näh) / thread count || **~nummer** (Strumpf) / gauge *n*, gg || **~nummer** (Garn) / count *n*, count of yarn, count number || **~nummer** (Faser) / fineness *n*, denier *n* || **~nummer der Wollgarne** / wool yarn count || **~variationskoeffizient** *m* / coefficient of fineness variation
Fein·kämmen *n* / reducing in worsted process || **~karde** *f* (Spinn) / finisher card || **~köper** *m* / twill *n* || **~korn...** / fine-grain *adj*, fine-grained *adj*
feinkörnig *adj* / fine-grain *adj*, finely powdered, fine-grained *adj* || **~es Gefüge**, feinkörnige Struktur / fine-grain structure
Fein·kratze *f* (Spinn) / finisher card || **~krempel** *f* (Spinn) / finisher card || **~krempel** (DIN 64100) (Pelzkrempel) (Spinn) / intermediate card || **~kretonne** *f m* / longcloth *n* || **~kristallin** *adj*, feinkristallinisch *adj* / fine crystalline || **~leinen** *n* / fine linen *pl*, sheer lawns *pl* || **~luftfilter** *m n* / fine air filter
feinmaschig *adj* / fine-meshed *adj*, narrow-meshed *adj* || **~e Bronzegaze** (Textdr) / fine bronze gauze || **~e Seidengazeschablone** / fine silk screen || **~es Sieb** / fine-meshed sieve
Fein·-Mittel-Wollqualität *f* / fine medium wool || **~nitschler** *m* (Spinn) / finisher [box], finishing box || **~paste** *f* / fine paste || **~porig** *adj*, feinporös *adj* / fine-pored *adj* || **~pulver** *n* (Färb) / fine powder, micropowder *n* || **~pulverig** *adj*, feinpulverisiert *adj* / finely powdered
Feinripp *m* / fine rib || **~maschine** *f*, Feinripprundstrickmaschine *f* / fine rib circular knitting machine, rib circular knitting machine ||

~nadel *f*(Strick/Wirk) / [fine] rib body machine needle || **~stoff** *m*(Strick/Wirk) / fine rib fabric || **~stricken** *n*(Strick/Wirk) / rib knitting

Fein·schläger *m*(Spinn) / finisher picker, finishing scutcher || **~seife** *f* / toilet soap || **~siebgewebe** *n* / fine sieve fabric || **~soda** *f* / finely crystalline soda || **~sortierung** *f*(Spinn) / fine sorting || **~spindelbank** *f* / finishing flyer, finishing fly-frame || **~spinnen** *n* / final spinning, final count spinning, fine spinning || **~spinnen mit heißem Wasser** / hot wet spinning || **~spinnerei** *f*(Anlage) / fine count spinning mill, fine spinning mill || **~spinnerei (Vorgang)** / fine spinning || **~spinnkrempel** *f* / finisher card || **~spinnmaschine** *f* / fine spinning frame, spinning jenny || **~spulmaschine** *f* / jack machine

feinst·er Gingan (oder Gingham) / tissue gingham, tissue checks *pl* || **~e Kammwolle** / delaine wool || **~e Teilung** / finest pitch of needles || **~es Tupfenmuster** / pin dots *pl* || **~es Wolltuch** / broadcloth *n*

feinstdisperser Küpenfarbstoff / highly dispersed vat dyestuff

feinstfädig·es Garn / finest thread || **~e Merinowolle** / fine delaine wool

Feinstichmaschine *f*(Näh) / fine pitch machine

feinstmaschig *adj* / micromesh *adj*

Fein·strecke *f*(Maschine) (Spinn) / finisher drawing frame, finishing draw frame || **~strecke** (Vorgang), Feinstrecken *n*(Spinn) / finishing drawing, third passage of drawing || **~strecker** *m* / fine drawer || **~struktur** *f* / microstructure *n*

Feinstrumpf·automat *m* / automatic hose knitter, automatic hosiery knitting machine || **~hose** *f* / tights *pl*, pantyhose *n*, panty hose, pantee hose (GB)

Feinstuhl *m* / mule jenny

feinstverteilt *adj* / microdisperse[d] *adj*

Fein·teig *m* / fine paste || **~titer** *m* / fine denier || **~titrig** *adj* / fine-denier *adj* || **~titrige Faser** / ultra-fine fibre || **~titriges Viskosefilament** / fine denier rayon || **~töne** *m pl* / fancy shades || **~tufteppich** *m* / finely tufted carpet || **~tüll** *m* / fine tulle || **~vermahlen** *adj* / finely ground || **~verteilt** *adj* / finely dispersed || **~wäsche** *f* / fine garments, delicate fabrics || **~wäsche** / mild wash, fine laundering || **~waschmittel** *n* / light-duty detergent (unbuilt detergent), mild washing agent || **~zellig** *adj* / finely cellular || **~zerkleinerung** *f* / comminution *n* || **~zusammennähen** *n*(Tuchh) / fine draw || **~zwirnverfahren** *n* / fine twisting process

Felbel *m*, Federplüsch *m*, Pelzsamt *m* / feather shag, nap *n* (of hat), velpel *n* (silk plush used for men's hats), long-pile shag

feld·grau *adj* / field-grey *adj*, military grey || **~röste** *f* / dew retting || **~uniformmütze** *f* / forage cap

Fell *n* / hide *n*, wool shearing fleece, skin *n*, fur *n* || **~haarbläserei** *f*(Hutm) / hair blowing || **~krempel** *f* / second breaker [card] || **~maschine** *f*(Spinn) / fleece scribbler || **~plüsch** *m* / fur imitation plush || **~teppich** *m* / skin rug || **~trommel** *f*(Spinn) / fleece roller

Felsenmoos *n* / carrageen [moss], carragheen [moss]

fenster·fertige Gardine / ready-made curtain || **~gardine** *f* / curtain *n* || **~karo** *n* / open check || **~tuch** *n* / window cloth || **~vorhang** *m* / window blind, window curtain, window shade

Ferienkleidung *f* / leisure wear

Ferment *n* / ferment *n*

fermentieren *v* / ferment *v*

Ferri·cyanidätze *f* / ferricyanide discharge || **~ferrocyanid** *n* / ferric ferrocyanide

Ferro·acetat *n* / ferrous acetate || **~chlorid** *n* / ferrous chloride || **~cyananilin** *n* / aniline ferrocyanide || **~cyankaliumschwarz** *n* / Prud'homme [aniline] black || **~cyannatrium** *n* / sodium ferrocyanide || **~cyanwasserstoffsäure** *f* / ferrocyanide acid || **~salz** *n* / ferrous salt || **~sulfat** *n* / ferrous sulphate

Ferse *f*(Strumpf) / heel *n* || **andersfarbige ~** (Strumpf) / coloured heel || **andersfarbige ~ und Spitze** (Strumpf) / coloured heel and toe, tipped heel and toe

fersen *v*(Strumpf) / heel *v*

Fersen·abzug *m*(Strumpf) / toe tension disc || **~ansatz** *m*(Strumpf) / reinforced heel || **~anschlag** *m* / heel setting-on || **~apparat** *m*(Strick/Wirk) / heel attachment || **~ausdecklinie** *f*(nur bei gewirkten Strümpfen von der Cotton-Maschine) (Strumpf) / lace holes in the heel || **~beutel** *m* / heel gore || **~bildung** *f* **bei der Strumpfherstellung** / fully fashioned heel formation || **~bremse** *f* / heel tab friction box || **~decke** *f*(Strumpf) / narrowing of the gusset, gusset narrowing || **~decker** *m*(Strick/Wirk) / covering heel needle, cranked point, heel comb || **~draht** *m*(Web) / heel wire || **~eisen** *n*(Strick/Wirk) / heel iron || **~erweiterung** *f* / heel widening || **~faden** *m* / heel thread || **~fadenführer** *m* / heel thread carrier || **~form** *f*(Strumpf) / heel shape, shape of the heel || **~gang** *m* / splicing and heel-knitting gear || **~kamm** *m*(Strick/Wirk) / heel comb, cranked point || **~kamm** (Web) / heel wire || **~maschine** *f*(Strumpf) / autoheeler *n*, heeling machine, heeler *n* || **~messer** *n*(Strick/Wirk) / covering heel knife || **~messerstab** *m*(Strick/Wirk) / covering rod for heel knives || **~minderung** *f* (Strumpf) / heel narrowing || **~minderungen** *f pl* (franz. Fuß) (Strumpf) / heel tab narrowings || **~nadel** *f*(Strickmasch) / needle with butt || **~naht** *f* / heel seam || **~strickautomat** *m*(Strumpf) / autoheeler *n* || **~teil** *n*(Strick/Wirk) / heel pouch, heel tab, heel section || **~- und Spitzeneinrichtung** *f*(Strick/Wirk) / heel and toe attachment || **~- und Spitzenverstärkung** *f* / heel and toe splicing, splicing for heels and toes || **~- und Spitzen[verstärkungs]einrichtung** *f* (Strumpf) / tackle for heel and toe || **~verstärkung** *f* / heel splicing || **~verstärkungsbremse** *f*(Strick/Wirk) / reinforced selvedge friction box || **~vorrichtung** *f*(Strick/Wirk) / heel attachment

fertig·es Aussehen / final look (of fabric), final appearance, final quality || **~e Herrenanzüge** *m pl* / ready-made suits *pl* || **~e Küpe** / ready-made vat || **~appretur** *f* / finish[ing] (cotton) *n* || **~bekleidung** *f* / ready-made clothing, ready-to-wear apparel (rtw), ready-made garments *pl*, prêt-à-porter *n* || **~bleiche** *f* / final bleaching || **~breite** *f* / finished width || **~durchsicht** *f* / final inspection || **~erzeugnis** *n* / final product, finished product || **~färben** *n* / completion of the dyeing, exhaustion of the dye || **~gaufrage** *f*(Ausrüst) / final embossing || **~geröstet** *adj* / fully retted || **~gewalkter Stumpen** / fully planked hat body || **~gewebe** *n* / finished fabric || **~kleidung** *f* / prêt-à-porter *n*, ready-to-wear apparel, ready-to-wear (rtw) *n*, ready-made garments *pl*, ready-made clothing || **~kleidungs... in Zssg.** / made-up *adj* || **~maß** *n* /

finished measure || ≗paspel *f* / ready-made piping || ≗produkt *n* / end product, finished product, final product || ≗schauen *n* / final checking || ≗spinnen *n* / final spinning, final count spinning, fine spinning
Fertigstellung *f* **durch Bügeln**, Fertigstellung *f* durch Pressen / press finish
Fertigstrecke *f* (Maschine) (Spinn) / finisher drawing frame, finishing draw frame || ≗ (Vorgang) (Spinn) / finishing drawing, third passage of drawing
Fertigware *f* (allg) / finished article, finished goods *pl* || ≗ / mill-finish fabrics *pl* (cloths which need no converting)
Fertigwaren·breite *f* / finished width || ≗**gaufrage** *f*, Fertigwarenprägung *f* / embossing of the finished fabric
Fes *m* (Filzkappe in Form eines abgestumpften Kegels mit schwarzer Quaste) / fez *n*
Fesselsocke *f* / ankle sock, anklet *n*
fest *adj* / solid *adj*, hard *adj* || ~ (echt) / fast *adj* || ~ *adj* (dicht) / tight *adj* || ~**er Anfang** (Strick/Wirk) / welt *n* || ~**e Anspannung des Fadens** / high tension of the thread || ~**er Baumwollköper** / Devonshire *n* || ~ **eingestelltes Gewebe** / tight weave || ~**e Faser** / firm fibre || ~**er Garnkörper** (Färb) / tight package || ~ **geschlagene Webware** (Strick/Wirk) / closely woven goods *pl* || ~ **geschnürt** / tight-laced *adj* || ~**er Griff** / compact feel, firm handle, compact hand[le] || ~ **haftend** / tacky *adj* || ~**e Kante** (Strick/Wirk) / selvedge edge || ~**e Nadelstange** (Näh) / rigid needle bar || ~**er Pack** (Färb) / tight package || ~**es Paraffin** / paraffin wax || ~**er Schärkonus** (DIN 62500) / fixed warping cone || ~**e Schärtrommel** (DIN 62500) / fixed warping drum || ~**er Schweiß** (Wolle) / solid yolk || ~**e Spule** (Färb) / tight package || ~ **verschnürt** / tight-laced *adj* || ~**e Ware** / close goods || ~**e Ware** (Strick/Wirk) / close-knit fabric || ~ **werden** / solidify *vi* || ~**er Wickel** (Stoff) / firm roll (of fabric) || ~**er Wickel** (Garnkörper), fester Wickelkörper (Färb) / tight package || ~**es Zusammendrehen** / hard twisting
festbacken *v* (Verschmutzungen) / cake *v*, bake *v*
Fest·blattstuhl *m* / fast reed loom, fixed reed loom || ~**brennen** *v* (Verschmutzungen) / bake *v*, cake *v* || ~**brennen** *v* (Verbrennungen) / cake *v* || ~**gebrannte Schmälze** / caked lubricant
festgedreht *adj* / hard-twisted *adj*, hard-spun *adj* || ~**es Seidengarn** / crepe silk
fest·gefilzte Leiste / felted selvedge || ≗**gehalt** *m* / solid content || ~**gezogene Kette** (Web) / tautened warp
festgezwirnt *adj* / hard-spun *adj*, tightly twisted || ~**es merzerisiertes Baumwollgarn** / tightly twisted mercerized cotton yarn
Festigkeit *f* / strength *n*, stability *n*, resistance *n* || ≗ (Echtheit) / fastness *n* || ≗ (eines Stoffes) / closeness *n* || ≗ (Reißfestigkeit) / tenacity *n*, breaking length || ≗ **des Griff[e]s** / firmness *n* (of handle) || ≗ **des Rauhflors im Grundgewebe** (Teppich) / anchorage of the raised nap in the base fabric || ≗ **in Kettrichtung** / warp-way strength || ≗ **in Schußrichtung** / weft-way strength || ≗ **mit Faserriß** / fibre tearing bond
Festigkeits·einbuße *f* / loss in tensile strength || ≗**einstellung** *f* (Strick/Wirk) / stitch setting, stitch adjustment || ≗**probe** *f* / strength test || ≗**prüfer** *m*, Festigkeitsprüfmaschine *f* / tensile strength tester, strength testing apparatus, tension tester || ≗**prüfung** *f* / strength test || ≗**verlust** *m* / loss in tensile strength, strength loss
Fest·kamm *m* (Spinn) / stationary comb, top comb || ~**kleben** *vt* / stick *vt* || ≗**kleidung** *f* / ceremonial clothing, ceremonial vestment || ≗**körper** *m* / solid *n* || ≗**körpergehalt** *m* / solid content, solids content
festliche Gewandung, festliche Kleidung / ceremonial clothing, ceremonial vestment
festmachen, einen Teppich ~ / tack down a rug
Feston *n* / scalloped edging || ≗**bogen** *m* (Web) / scallop *n*
festonieren *v* / scallop *v*
Feston·rand *m* / scalloped edging || ≗**stich** *m* (Näh) / festoon stitch || ≗**stickerei** *f* / festoon work
Festrolle *f* / fixed roll[er]
feststehend·es Blatt (Web) / fast reed, fixed reed || ~**er Fadenführer** / stationary thread guide || ~**e Nadelfontur** / rigid needle bar || ~**e Spindel** / stationary spindle || ~**e Spule** / fixed bobbin || ~**es Webeblatt** / fixed reed || ~**e Wicklung** / stationary winding
Feststoff *m* / solid *n* || ≗**e** *m pl* / solid matter || ≗**anteil** *m* / solid matter proportion, proportion of solids || ≗**-Auflage** *f* (Beschicht) / solid add-on, coating weight || ≗**dispersion** *f* / solid contents dispersion || ≗**gehalt** *m* / solid content, solids content
Festsubstanz *f* / solids *pl* || ≗**-Auflage** *f* (Beschicht) / solid add-on
Fest·-Viskosefilament *n* / high-strength rayon || ≗**walze** *f* / fixed roll[er] || ≗**werden** *n* / solidification *n*
fett *adj* / fat *adj*, greasy *adj* || ≗ *n* / fat *n*, grease *n* || ≗ **auf Calciumseifenbasis** / calcium soap base grease || **in** ≗ **löslich**, sich mit Fett mischend / lipophil[e] (attracted to oil) *adj*, lipophilic || **von** ≗ **abgestoßen** / lipophobe *adj* (repelled by oil), lipophobic *adj* || ~**abweisende Ausrüstung** / grease resistant finish || ≗**abweisungsvermögen** *n* / grease repellency || ≗**alkohol** *m* / fatty alcohol || ~**artig** *adj* / fatty *adj* || ≗**avivage** *f* / brightening with fat || ≗**beständigkeit** *f* / grease resistance || ~**dicht** *adj* / greaseproof *adj* || ≗**emulsion** *f* / fat emulsion
fetten *v* / fat *v*, grease *v* || ~ (Spinn) / lubricate *v* || ≗ *n* / greasing *n*
Fettentfernung *f* / grease removal || ≗**sanlage** *f* (Wolle) / grease extraction plant
Fett·fleck *m* / grease spot, smear *n*, grease stain || ~**frei** *adj* / fat-free *adj*, greaseless *adj*, no-fat *adj* || ≗**freundlichkeit** *f* / lipophilic property || ≗**gehalt** *m* / fat content, grease content || ≗**glanz** *m* / greasy lustre
fetthaltig *adj* / fat *adj*, fatty *adj* || ~**er Kammzug** / oily top
Fettharnstoff-Lösung *f* / fat urea solution
fettig *adj* / fatty *adj*, greasy *adj*, fat *adj* || ~**er Abfall** / oily waste || ~**er Griff** / greasy handle
Fett·-in-Wasser-Emulsion *f* / fat-in-water emulsion || ≗**körper** *m* / fatty substance || ~**liebend** *adj* / lipophilic *adj*, lipophil[e] (attracted to oil) *adj* || ≗**lösemittel** *n*, Fettlöser *m* / grease dissolving agent, fat dissolving agent, grease solvent, fat solvent
fettlöser·haltiges Waschmittel / detergent containing a fat dissolving agent || ≗**seife** *f* / fat-dissolving soap || ≗**waschmittel** *n* / fat-dissolving washing agent, grease solvent detergent
fett·löslich *adj* / oil-soluble *adj* || ≗**lösungsmittel** *n* s. Fettlösemittel || ≗**rückgewinnung** *f* (Wolle) / grease recovery

Fettsäure *f* / fatty acid || **≗amid** *n* / fatty acid amide, fatty amide || **≗amin** *n* / fatty amine || **≗-Eiweiß-Kondensationsprodukt** *n* / fatty acid and protein condensate || **≗kondensat** *n*, Fettsäure-Kondensationsprodukt *n* / fatty acid condensate || **≗zusammensetzung** *f* / fatty acid composition
Fett·schweiß *m* (Wolle) / greasy suint, [wool] yolk || **~spaltend** *adj* / fat splitting || **≗spalter** *m* / fat cleavage agent || **≗spaltung** *f* / fat splitting || **≗steißschaf** *n* / fat-rumped sheep || **≗stift** *m* / tallow pencil
Fettstoff *m* / fatty compound, adipic *n* || **~frei** *adj* / fat-free *adj*
Fett·substanz *f* / greasy substance || **~undurchlässig** *adj* / greaseproof *adj* || **≗verbindung** *f* / fatty compound || **≗walke** *f* / grease fulling (US), milling in the grease, grease milling (GB) || **≗wolle** *f* / grease wool, wool in the suint, wool in the grease
Fetzen *m* / shred of cloth, rag *n*
feucht *adj* / damp *adj*, wet *adj*, moist *adj* || **~ machen** / damp *v*, humidify *v*, dampen *v* || **~e Stelle** / damp spot || **≗appretur** *f* / damp finishing, wet finishing || **≗bestimmung** *f* **mit Ofenwaage** / oven moisture testing
Feuchte *f* / dampness *n*, moisture *n*, humidity *n* || **≗anteil** *m* / moisture content || **≗aufnahme** *f* / moisture absorption || **≗aufnahmevermögen** *n* / moisture-carrying capacity || **≗beständigkeit** *f* / humidity resistance, moisture resistance || **≗gehalt** *m* / moisture content || **≗prüfer** *m* / moisture tester
Feucht·fühlgrenze *f* (Fasern) / dampness perceptibility limit, moisture perception threshold || **≗gewicht** *n* / weight in wet state
Feuchthalte·kasten *m* / moistening box, yarn conditioning box, yarn conditioning jar || **≗mittel** *n* / humectant *n*
Feuchthalten *n* (Strumpf) / yarn conditioning
Feuchtigkeit *f* / moisture *n*, humidity *n* || **≗** / dampness *n*, wetness *n* || **≗ aufnehmen**, Feuchtigkeit aufziehen / absorb moisture
feuchtigkeits·abweisend *adj* / moisture-repellent *adj* || **~anziehend** *adj* / hygroscopic *adj*
Feuchtigkeitsaufnahme *f* / moisture absorption, absorption of moisture, water absorption, moisture regain || **≗ im Normklima** / standard moisture regain || **≗fähigkeit**, Feuchtigkeitsaufnahmevermögen *n* / moisture absorption, water absorption capacity, moisture-carrying capacity, moisture absorbency
Feuchtigkeits·ausgleich *m* / moisture balance, moisture equilibrium || **≗ausschluß** *m* / exclusion of moisture || **≗austauscheigenschaft** *f* / moisture transfer property || **~beständig** *adj*, feuchtigkeitsfest *adj*, feuchtigkeitsdicht *adj* / damp-proof *adj*, moisture-proof || **~beständiges Papier** (Umkehrbeschichtung) / wet-strength paper || **≗beständigkeit** *f*, Beständigkeit *f* gegenüber Feuchtigkeit / moisture resistance || **≗bestimmung** *f* / moisture determination || **≗durchlaßeigenschaft** *f* / moisture transfer property || **≗durchlässigkeit** *f* / moisture permeability || **≗eigenschaft** *f* / moisture characteristic || **≗entzug** *m* / dehumidification *n*, moisture extraction || **≗gefälle** *n* / humidity gradient
Feuchtigkeitsgehalt *m* / moisture content, humidity content || **den ≗ regeln** / condition *v* || **≗[s]prüfgerät** *n* / moisture content tester || **≗[s]prüfung** *f* / moisture content testing || **≗[s]regulierung** *f* / moisture content control
Feuchtigkeits·gleichgewicht *n* / moisture equilibrium, moisture balance || **≗grad** *m* / degree of moisture || **≗messer** *m*, Feuchtigkeitsmeßgerät *n* / humidity measuring apparatus, hygrometer *n*, moisture meter || **≗probe** *f* / moisture test || **≗prüfer** *m* / testing oven for moisture || **≗regeleinrichtung** *f* / moisture control equipment || **≗regelung** *f* / moisture control, conditioning *n* || **≗regler** *m* / hygrostat *n*, humidistat *n* || **~rückhaltende Eigenschaft** / moisture retaining property || **≗schwankung** *f* / fluctuation in humidity || **≗transport** *m* (Trageverhalten) / moisture transport (wear properties) || **≗überschuß** *m* / excess moisture || **≗verlust** *m* / loss of moisture, moisture loss || **≗zuschlag** *m* / conventional moisture allowance, regain [of humidity]
feucht·kalter Griff / clammy handle || **≗kasten** *m* / moistening box, yarn conditioning box, yarn conditioning jar || **≗luft** *f* / moist air || **≗maschine** *f* / moistener || **≗thermofixierung** *f* / moist heat-setting || **≗trog** *m* / damping trough || **≗vernetzung** *f* / cross-linking in the moist state, moist crosslinking || **≗walze** *f* / damping roller || **~warm** *adj* / moist-warm *adj* || **≗zerreißfestigkeit** *f* / breaking load in the wet condition
feuer·beständig *adj* / fire-resistant, fireproof *adj* || **≗beständigmachen** *n* / fireproofing *n*
feuerfest *adj* / fireproof *adj*, fire-resistant *adj* || **~e Ausrüstung** / fire-resistant finish || **~ machen** / make fireproof || **≗machen** *n* / fireproofing *n*
feuerhemmend *adj* / fire-retardant *adj* || **~es Mittel** / fire-retardant *n*, fire-retardant agent
feuer·rot *adj* (RAL 3000) / flame red *adj*, fiery red, fire red || **≗schutzmittel** *n* / fireproofing agent, flameproof agent, flameproofing agent || **~sicher** *adj* / fireproof *adj*, fire-resistant *adj* || **≗sichermachen** *n* / fireproofing *n* || **~-, wasser-, wetter- und schimmelbeständige Ausrüstung** / FWWMR (fire, water, weather and mildew resistant) finish || **~widerstandsfähig** *adj* / fire-resistant
feurig *adj* / loud *v* (shade) || **~es Rot** / fiery red || **~er Scharlach** / fiery scarlet
Fibe *f* (Färb) / padding mangle with a very small amount of padding liquor
Fiberkanne *f* / fibre can
fibrillare Struktur / fibrillar structure
Fibrille *f* / fibril *n*
Fibrillen·bildung *f* / fibrillation *n* || **≗bruch** *m* (Seide) / fibrillation *n* || **≗richtungsumkehr** *f* / fibrillation reversal
fibrillieren *v* / fibrillate *v* || **≗** *n* / fibrillation *n*
Fibrilliermaschine *f* (Folienfäden) / fibrillator *n*
fibrilliertes Garn / fibrillated yarn, split yarn
Fibrillierung *f* / fibrillation *n*
Fibrillierungsfehler *m* / fibrillation fault
Fibrin *n* (Blutfaserstoff) / fibrin *n*
Fibrograph *m* / fibrograph *n* || **mittlere Länge am ≗** / fibrograph mean length || **≗-Stapelprüfer** *m* / fibrograph length tester
Fibroin *n* (Eiweißstoff der Naturseide) / fibroin *n* || **≗faden** *m*, Fibroinfilament *n* / fibroin filament || **≗gehalt** *m* / fibroin content
fibrös *adj* / fibrous *adj*
Fichu *n* / neckcloth *n*, neckerchief *n*, fichu *n* (Fr) (woman's scarf, knotted with ends hanging loose)
Ficksch·e Diffusion / Fickian diffusion || **≗es Gesetz**

(der Diffusion) / Fick's law (of diffusion)
Fieberrinde *f* / chinchona bark
Figur *f* / figure *n* || **~betonend** *adj* (Mode) / figure-flattering *adj* || **≗bindung** *f* / pattern weave || **≗effekt** *m* / figured effect
Figuren·bildung *f* / patterning *n* || **≗dreher** *m* / figured gauze || **≗druck** *m* / figure printing, topical printing, object printing || **≗geschirr** *n* (Web) / fancy healds || **≗karte** *f* (Web) / figure pattern card || **≗kette** *f* (Web) / fancy warp, stitching warp, figure warp, binding warp || **≗muster** *n* / figured pattern || **≗schuß** *m* (Web) / shoot for figuring, figure weft, broché weft, broché filling, figuring filling, figuring weft, pattern weft || **~weises Schattieren** / figure shading
Figur·fach *n* (Web) / fancy shed, figure shed || **≗faden** *m* / broché thread
figuriert *adj* / figured *adj*, fancy-figured *adj* || **~es Gewebe** / broché fabric, figured fabric, swivel fabric
Figur·karte *f* (Web) / figure pattern card || **≗kette** *f* (Web) / figure warp, pattern warp, figuring warp
figürlich gemustertes Gewebe / broché fabric, figured fabric, swivel fabric || **~e Musterung** / figure *n*, figuring *n*
Figur·schuß *m* (Web) / figure weft, figuring filling, figuring shoot, figuring weft, pattern weft, patterning weft || **≗stelle** *f* (Web) / figured area || **≗zylinder** *m* / design cylinder
Fil-à-fil *n* (Web) / thread-by-thread *n*
Filaine *f* (Web) / filaine *n*
Filament *n* / capillary filament (multifil manmade fibres) || **≗** (DIN 60001) / filament *n* || **≗band** / filament strand || **~bildende Substanz** / filament forming substance || **≗bündel** *n* / filament bundle || **≗denier** *n* / filament denier || **≗garn** *n* (DIN 60001) / manmade filament, manmade filament yarn, filament yarn, continuous filament yarn || **≗mischgarn** *n* / filament blend yarn || **≗recken** *n*, Filamentstrecken *n* / filament drawing || **≗streckspannung** *f* / filament drawing tension || **≗strukturdifferenzen** *f pl*, Filamentstrukturunterschiede *m pl* / filament structure differences || **≗titer** *m* / filament titre || **≗tufting** *n* / filament tufting || **≗verflechtung** *f* **im Faden** / filaments interlacing in yarn || **~verstärkter Verbundstoff** / filament wound composite || **≗-Viskosegarn** *n* / filament viscose yarn || **≗zahl** *f* / filament count
Fil d'Ecosse *m* (hochwertiges Baumwollgarn, gekämmt, merzerisiert, vielfach gezwirnt) / fil d'ecosse (Fr)
Filet *n*, Netzgrund *m* / filet *n*, filet work, net *n*, netting *n* || **≗**, Abnehmer *m* (Spinn) / fillet *n*, doffer *n* || **≗apparat** *m* (Strick/Wirk) / netting apparatus, netting device || **≗arbeit** *f* / filet work || **≗bindung** *f* / filet weave || **≗gestrick** *n* (Strick/Wirk) / open-work [fabric] || **≗gewebe** *n* / filet fabric, à jour fabric || **≗maschine** *f* / netting machine || **≗nadel** *f* / filet needle, netting needle || **≗netz** *n* / filet net || **≗spitze** *f* / filet lace || **≗stab** *m* / mesh stick || **≗stickerei** *f* / embroidered knitting || **≗stoff** *m* / eyelet lace, netting *n*, window lace, open-work structure, lace net || **≗strumpf** *m* / open-mesh hose, micromesh stocking, micromesh hose (looped structure combining tucked and cleared loops), mesh hose || **≗stuhl** *m* (Strick/Wirk) / filet frame || **≗tüll** *m* / filet tulle || **≗ware** *f* / lace fabric, filet goods || **≗wirkware** *f* / knitted net, net knit fabric
filieren *v* / spin *v* (silk)
Filierstuhl *m* / throwing frame
Filigran *n* / filigree *n* || **≗arbeit** *f* / open-work *n*, filigree *n* || **≗spitze** *f* / filigree point
Fillingmaschine *f* / filling machine
Film·abtastung *f* (Textdr) / film reading || **≗ausstreicher** *m* (Beschicht) / doctor *n*, film applicator || **≗bildner** *m*, filmbildendes Material (Beschicht) / film former || **≗bondieren** *n* / film bonding
Filmdruck *m* (Textdr) / screen printing, film screen printing, film printing || **≗** (Seide) / silk-screen printing || **≗ auf langem Drucktisch** / long-table screen printing || **≗apparat** / screen-printing machine || **≗automat** *m* / automatic screen printing machine || **≗dämpfer** *m* / screen-print ager || **≗einrichtung** *f* / screen-printing equipment || **≗gaze** *f* / screen-printing gauze || **≗gewebe** *n* / screen-printing fabric || **≗maschine** *f* / screen-printing machine || **≗maschine mit kurzem Tisch** / short-table screen printing machine || **≗schablone** *f* (Siebdr) / printing screen [for film screen printing] || **≗tisch** *m* / screen-printing table || **≗wagen** *m* / screen-printing carriage
Film·schablone *f* (Siebdr) / screen *n* || **≗schablonendruck** *m* (Textdr) / screen printing, film screen printing, film printing || **≗zieher** *m* (Beschicht) / hand coater, film spreader || **≗zügigkeit** *f* / elasticity of film
Filoche-Serge *f* / filoche cloth
Filoseide *f* / bourre de soie (Fr)
Filoselle·garn *n*, Filoselle-Stickgarn *n* / filoselle yarn || **≗-Stickseide** *f* / filoselle *n*
Filter *m n* / strainer *n*, filter *n* || **≗anlage** *f* / filter installation || **≗beutel** *m* / filter bag, filter hose || **≗druck** *m* / filtering pressure, filtration pressure || **≗durchlässigkeit** *f* (Kol) / filter transmittance || **≗element** *n* (Träger der Filterschicht) / filter element || **~fähig** *adj* / filterable *adj* || **≗fläche** *f* / filter area, filter surface || **≗gaze** *f* / filter gauze || **≗gehäuse** *n* / filter casing || **≗gerät** *n* / filter unit || **≗gewebe** *n* / filter cloth *n*, filter press cloth, filtration fabric, sieve cloth, sieving cloth, straining cloth, bolting cloth || **≗hilfsmittel** *n*, Filterhilfsstoff *m*, Filterhilfe *f* / filtration accelerator || **≗kammer** *f* / filter chamber || **≗kasten** *m* / filter box || **≗kerze** *f* / filtering candle || **≗kolorimeter** *n* / filter colorimeter || **≗kuchen** *m* (Färb) / filter cake, press cake || **≗maschenweite** *f* / filter mesh || **≗material** *n* / filtering medium || **≗membran** *f*, Filtermembrane *f* / filter diaphragm || **≗mittel** *n* / filtering medium
filtern *v* / filter *v*, strain *v*, filtrate *v* || **im luftverdünnten Raum ~** / filter by means of suction, filter by means of vacuum || **≗** *n* / filtration *n*
Filter·packung *f* / filter pack || **≗papier** *n* / filter paper || **≗platte** *f* / filter plate || **≗presse** *f* / filter press (to press viscose solutions through fine cotton cloth to remove impurities or suspended material) || **≗rahmen** *m* / filter frame || **≗rückstand** *m* / filtering residue || **≗sack** *m* / filter bag, filter hose || **≗schicht** *f* / filtration layer || **≗schlauch** *m* / filter bag, filter hose || **≗stoff** *m*, Filtertuch *n* / filter cloth *n*, filtration fabric, sieve cloth, straining cloth, bolting cloth
Filterung *f* / filtration *n*
Filterwatte *f* / filter wadding
Filtrat *n* / filtrate *n* || **≗ablauf** *m*, Filtratauslauf *m*,

Filtrataustritt *m* / filtrate outlet

Filtration *f* / filtration *n* || ≗ **der Farbflotte** / dye filtration

Filtrations·behälter *m* / filter tank || ~**fähig** *adj* / filterable *adj* || ≗**fähigkeit** *f* / filterability *n* || ≗**hilfsmittel** *n* / filtration accelerator || ≗**konstante** *f* / filtration constant || ≗**kurve** *f* / filtration curve || ≗**zyklus** *m* / filtration cycle

Filtrierapparat *m* / filtering apparatus, filter *n*

filtrierbar *adj* / filterable *adj*

Filtrierbarkeit *f* / filterability *n*

Filtrier·bassin *n* / filter basin || ≗**bausch** *m* / filter pad || ≗**beutel** *m* / filter bag, filter hose || ≗**bottich** *m* / filtering tub || ≗**duck** *m* **in der Töpferwarenindustrie** / pottery duck

filtrieren *v* / filtrate *v*, strain *v*, filter *v* || ≗ *n* / filtration *n*

filtrierend *adj* / filterable *adj*

filtrier·fähig *adj* / filterable *adj* || ≗**fähigkeit** *f* / filterability *n* || ≗**faktor** *m* / filtration factor || ≗**gestell** *n* / filter stand || ≗**kammer** *f* / filter chamber || ≗**korb** *m* / filter basket || ≗**material** *n* / filtering medium || ≗**mittel** *n* / filtering medium || ≗**papier** *n* / filter paper || ≗**sack** *m* / filter bag, filter hose || ≗**trichter** *m* / filtering funnel || ≗**zeit** *f* / filtration time || ≗**zentrifuge** *f* / filter centrifuge

Filz *m* / felt *n* || ≗ **für Tischdeckenunterlagen** / table felt || ~**ähnlich** *adj* / felt-like *adj*, felty *adj* || ≗**appretur f.** / felt dressing || ~**artig** *adj* / felt-like *adj*, felty *adj* || ≗**auflage** *f* / felt covering || ≗**barkeit** *f* / felting ability || ≗**belag** *m* (Tepp) / art felt || ≗**beschneidemaschine** *f* / felt cutting machine, felt shearing machine || ≗**beständigkeit** *f* / felting resistance, resistance to felting || ≗**bildung** *f* / felting *n*, interfelting *n* || **Gewebe mit ein- oder beidseitiger** ≗**decke** / felted woven fabric || ≗**dichtung** *f* / felt packing || ≗**dichtungsring** *m* / felt washer || ≗**docht** *m* / felt wick || ≗**echtheit** *f* / felting resistance, resistance to felting || ≗**eigenschaft** *f* / felting property || ≗**einlage** *f* / felt insert

filzen *v*, verfilzen *v*, anstoßen *v* / felt *v*, plank *v* || ≗ *n* / felting *n*, interfelting *n*, milling *n* || ≗ (Hutm) / plaiting *n*

Filzer *m* (Hutm) / felter *n*

Filz·fähigkeit *f* / felting ability, felting propensity, felting property, matting power, felting power || ≗**färberei** *f* / felt dyeing || ~**fest ausgerüstete Wolle** / wool with non-felting finish || ~**feste Ausrüstung** / non-felting finish

filzfrei ausgerüstete Maschenware / knits with an antifelting finish || ~**e Ausrüstung**, Filzfreiausrüstung *f* / antifelt[ing] finish || ≗-**Ausrüstungsmittel** *n* / non-felting agent

Filz·futterstoff *m* / lining felt || ≗**garn** *n* / felted yarn || ≗**geschwindigkeit** *f* / felting rate || ≗**härtungsmaschine** *f* / felt hardening machine || ≗**hut** *m* / felt hat

filzig *adj* / felt-like *adj*, felted *adj*, felty *adj* || ~**e Wolle**, verfilztes Schaffell / cotts *pl*, cotty wool, felted wool

Filzkalander *m* / felt calender || ≗-**Finish** *n* / felt calender finish

Filz·kegel *m* (Hutm) / felt cone, felting cone || ≗**leistung** *f* / felting rate || ≗**marke** *f*, Filzmarkierung *f* / felt mark || ≗**maschine** *f* / felter *n*, felting machine || ≗**maschine** (Hutm) / hardener *n* || ≗**mitläufer** *m* / felt back grey, felt blanket || ≗**nadel** *f* / felting needle || ≗**nadeln** *n* / needle felting, needle punching || ≗**neigung** *f* / felting tendency || ≗**papier** *n* (Tepp) / felt paper || ≗**pappe** *f* / felt board || ≗**platte** *f* / felt plate, felt pad, felt underlay || ≗**ring** *m* / felt washer || ≗**scheibe** *f* / felt-disc polisher || ≗**schermaschine** *f* / felt cutting machine, felt shearing machine || ≗**schlichtmaschine** *f* / felt sizing machine || ≗**schrumpf** *m*, Filzschrumpfung *f* / felting shrinkage || ≗**steife** *f* / felt dressing || ≗**stoff** *m* / felt[ed] fabric, felt cloth, hardening cloth || ≗**stufenpolster** *n* / felt stair pad || ≗**stumpen** *m* (Hutm) / felt body

Filzteppich *m* / felt carpet || ≗**unterlage** *f* / felt carpet pad

Filztuch *n* / felted fabric, felted material, hardening cloth, felt cloth || ≗**webmaschine** *f* / felt cloth weaving machine

Filz·unterlage *f* / felt pad, felt underlay || ≗**unterlage** (Tepp) / underlay felt, underfelt *n* || ≗**verhalten** *n* / felting behaviour || ≗**vermögen** *n* / felting power, felting propensity, felting property, matting power || ≗**verstärker** *m* / felt reinforcing, hardener for felts || ≗**walkmaschine** *f* / planker *n* || ≗**walze** *f* / felt roller || ≗**walzenbelag** *m* (Spinn) / clearer board, clearer fabric, clearer cloth || ≗**ware** *f* / felted material || ≗**wäsche** *f* / felt scouring || ≗**wirkung** *f* / felting effect || ≗**wolle** *f* / furs *pl*

Final-Nummer *f* (Nr. des gebauschten Garns) / relaxed count

Finalprodukt *n* (Chem) / final product, finished product

Finette *f* (leichter Wäscheköper) / finette *n*

Fingerhut *m* (Näh) / thimble *n* (GB)

Fingerling *m* / finger stall

Finger·naht *f* (Näh) / finger seam || ≗**rührer** *m* / finger blade agitator, finger paddle mixer || ≗**schutz** *m* (Näh) / finger guard || ≗**strickmaschine** *f* / finger knitting machine (for gloves), glove finger knitting machine

Finish *n* / final finish, finish *n* || ≗ (Beschicht) / top coat, top finish, finishing coat || ≗**appretur** *f* / final finish || ≗**boarden** *n* / finish boarding || ≗**dekatiermaschine** *f* / finishing and decat[iz]ing machine, wet decatizing machine || ≗**dekatur** *f* / finish decatizing (GB), wet steam decatizing (GB), finish decating (US), wet steam decating (US) || ≗-**Dekaturmaschine** *f* (DIN 64990) / finish decatizing machine || ≗-**Dekatur- und Konditioniermaschine** *f* / finishing , decat[iz]ing and conditioning machine

Finishen *n* / final finish || ≗ **mit einem blockfreien Schlußstrich** (Beschicht) / finishing with a non-blocking top coat

Finish·kalander *m* / finish calender, finishing calender || ≗**maschine** *f* / finishing machine || ≗**methode** *f* / finishing method, finishing process || ≗-**Presse** *f* / press finishing machine || ≗- **und Preßglanzdekatur** *f* / finish and press lustre decatizing || ≗**verhalten** *n* (einer Faser) / behaviour in the finishing process

Finisseur *m* (Spinn) / rubbing frame, rubber drawing, bobbin drawing

Fique *f* (juteähnliche Faser) / fique *n*

firmengebundene Uniform / work uniform, career apparel

firnblau *adj* / glacier blue *adj*

Firnis *m* / varnish *n*

Fischereinetz *n* / fishing net

Fischernetz-Cottonstrumpf *m* / non-run hose

pinpoint style, 1 in / 1 out
Fischgeruch *m*(Ausrüst) / fish odour
Fischgräten·köper *m* / herringbone twill, feather twill, chevron twill, twill checkboard || **≈köperbindung** *f*(Durchbruchköper mit wechselnder Gratrichtung) / herringbone twill weave, chevron weave, twill checkboard || **≈muster** *n*, Fischgrätenmusterung *f* / herringbone pattern, chevron stripe || **≈preßmuster** *m*(Strick/Wirk) / embossed herringbone pattern || **≈stich** *m* (Näh) / fishbone stitch, herringbone stitch || **≈stichband** *n* / herringbone stitch pattern || **≈stoff** *m*(Gew) / herringbone *n*
Fischgratköper *m*(Web) / feather twill, herringbone twill, arrowhead twill
fischiger Griff / fishy handle
Fischlakengeruch *m*(Ausrüst) / fish brine smell
Fischnetz *n* / fishnet *n* || ≈ (zum Fischen) / fishing net || **≈garn** / fishing net yarn || **≈zwirn** *m* / fishing net yarn
Fisch·silber *n*(Beschicht) / fish scale || **≈zellwolle** *f* / rayon staple based on fish protein
Fisettholz *n*(Färb) / young fustic
Fitting *n*(Masch) / fitting *n*
Fitzband *n*(Web) / lease band, lease cord, leasing band, marking band
Fitze *f* / skein *n*, skeining thread
fitzen *v* / skein *v*, tie *v*(with tie bands) || ≈ *n* / skeining *n*
Fitz·faden *m* / hank tie, tie thread, skeining thread, tie band (skeining) || **≈knoten** *m* / knot of the lea, knot of the skein || **≈schnur** *f* / tying-up thread, skeining thread
Fivette *n*(dunkelgefärbter Futterköper) / fivette *n* (Fr)
Fixativ *n* / fixative *n*
Fixier·aggregat *n*(Textdr) / fixation unit || **≈aggregat** (Fasern und Stoffe) / heat setting unit || **≈apparat** *m* / setting unit || **≈ausbeute** *f* / fixation yield, yield of fixation || **≈bad** *n* / fixation bath, fixing bath
fixierbar *adj*(Färb) / fixable *adj*
Fixier·behandlung *f* / setting treatment || **≈bereich** *m* / fixation range || **≈beschleuniger** *m* / fixation accelerator || **~beständig** *adj* / fixation-resistant *adj* || **≈dämpfer** *m*(DIN 64990) / fixing ager || **~echt** *adj* / fast to fixing
fixieren *v*(Färb) / fix *v*, cure *v* || ~ (Wolle) / set *v* || ~ (Chemiefasern und Stoffe) / set *v*(manmade fibres and fabrics), heat set || ~ *v*(Ärmelloch)(Näh) / tape *v*(arm hole) || ~ *v*(durch Kleber) / cement *v* (by an adhesive) || ≈ *n*(Strumpf) / boarding *n* || ≈ (Ausrüst) / crabbing *n*, wet setting || ≈ (Färb) / fixation *n*, fixing *n*, curing *n* || ≈ (Wolle) / setting *n* || ≈ (Chemiefasern und Stoffe) / setting *n* || ≈ (durch Kleber) / cementing *n*(by an adhesive) || ≈ **und Glänzen** / setting and lustring || ≈ **von Oberstoffen mit Einlagen vermittels Schmelzkleber** / fusing of shell fabrics to interlinings, bonding of shell fabrics to interlinings
Fixier·farbstoff *m* / reactive dyestuff || **≈feld** *n* / setting zone || **≈flüssigkeit** *f* / fixing liquor || **≈form** *f*(Strumpf) / board *n*, boarding shape, boarder *n* || **≈form für Strümpfe** / form *n*(stocking boarding) || **≈hilfsmittel** *n* / fixation agent, fixing agent, setting agent || **≈kammer** *f*(Färb) / fixation chamber || **≈kammer** (Garnfixierung) / heater pot (yarn setting) || **≈lösung** *f* / fixing liquor || **≈maschine** *f*(Färb) / fixation machine || **≈maschine** (Fasern und Stoffe) / setting machine || **≈mittel** *n* / fixation agent, fixing agent, setting agent || **≈mittel** (Beize) / fastener *n* || **≈presse** *f* / fusing press, setting press || **≈rahmen** *m*(Textdr) / fixation stenter || **≈rahmen mit Voreilung** / advanced pre-boarding stenter || **≈salz** *n* / fixing salt || **≈schrank** *m*(Chemiefasern und Stoffe) / heat-setting cabinet || **≈schrank** (Fixieren mit Dampf) / steaming cabinet || **≈spannmaschine** *f*, Fixierspannrahmen *m* / setting stenter (GB), setting tenter (US) || **≈stift** *m*(Textdr) / fixing peg
fixiert *adj* / fixed *adj* || **~e Drehung** / set twist, dead twist || **mit Beizmittel ~** / mordant-fixed *adj*
Fixiertemperatur *f* / setting temperature
Fixierung *f*(Färb) / curing *n*, fixing *n*, fixation *n* || ≈ (Wolle) / setting *n* || ≈ (Chemiefasern und Stoffe) / setting *n*(manmade fibres and fabrics) || ≈ **des Farbstoffs** / fixation of the dye || ≈ **durch Kondensation** (Transdr) / fixation by curing in hot air || ≈ **durch Kontaktwärme** (Transdr) / fixation by curing by means of contact heat || ≈ **im feuchten Zustand** / dampsetting *n* || ≈ **im Metallbad** / molten metal fixing process, molten metal thermosetting
Fixierungs·bedingungen *f pl*(Färb) / cure conditions || **≈beschleuniger** *m* / fixation accelerator || **≈grad** *m* / degree of setting (of fibre) || **≈mittel** *n* / fixation agent, fixative *n*, fixing agent, setting agent
Fixier·verfahren *n*(Färb) / fixation process, fixing process || **≈verfahren** (Fasern und Stoffe) / setting process || **≈verhalten** *n* / fixation performance || **≈zeit** *f* / setting time || **≈zone** *f* / heater zone (yarn setting), setting zone || **≈zustand** *m*(Matpr) / setting condition
Fix·kamm *m*(Spinn) / top comb || **≈walze** *f* / fly *n*
flach *adj* / flat *adj* || **~es Band** / flat banding, baft ribbon || **~ einlegen** (Färb) / pleat into the bath || **~er Herrenhut** / pork-pie hat || **~er Köper** / reclining twill || **~e Litze** / flat braid || **~e Spule** / brass bobbin || **~ übersteppen** (Näh) / fell *v* || **~e vollfassonierte Wirkmaschine** / fully fashioned flat knitting machine, rectilinear fully-fashioned knitting machine || **~er Warenausfall** / flat appearance || **≈bahntrockner** *m* / tensionless drier || **≈belichter** *m*(ausgestattet mit Black-Light-Leuchtstoffröhre) / flat exposure frame (with high-intensity UV fluorescent lamp) || **≈bett-Dampf- und Bügelpresse** *f* / flat bed steaming and ironing press || **≈bettnähmaschine** *f* / flat bed sewing machine || **~bogige Kräuselung** / low crimp[iness] || **≈borte** *f* / plain braid || **≈bündelverfahren** *n* **nach Pressley** / flat bundle method, Pressley method || **≈chenille** *f* / flat chenille || **≈draht** *m*(Spinn) / flat wire, flattened metal thread
Flachdruck *m* / flat screen printing, planographic printing || **≈automat** *m* / automatic flat screen printing machine || **≈maschine** *f* / flat bed printing machine || **≈schablone** *f* / screen for flat screen printing
Flächen·beflockung *f* / full flocking || **≈bildner** *m* / producer of fabrics || **≈druck** *m* / blotch printing, large-area printing || **≈egalität** *f*(Färb) / surface levelness, level appearance over a large area, even appearance over the whole width || **≈filzschrumpf** *m* / area felt shrinking effect || **≈fixieren** *n*, Flächenfixierung *f*(Wolle) / flat setting, setting the fabric || **≈gebilde** *n* / fabric *n* || **≈gewicht** *n* / mass per unit area || **~stabilisierende Wirkung** (Ausrüst) / area stabilizing effect ||

≗stabilisierung *f* / area stabilization (of fabric)
Flachfilmdruck *m* / flat screen printing || **≗maschine** *f* / flat screen printing machine
Flach·fixieren *n*, Flachfixierung *f*(Wolle) / setting in the flat state || **≗folie** *f* / flat sheet || **≗formdruck** *m* / planographic printing || **≗garn** *n* / flat yarn || **~gepreßter Flor** / flattened pile || **≗gewebe** *n* / flat woven fabric || **≗gewebe für Polsterstoffe** / flat woven upholstery fabric
flachgewirkt *adj*(Strick/Wirk) / fully fashioned, full fashioned || **~er Strumpf** / fully fashioned stocking (F/F stocking), fully fashioned hose
Flach·kämmaschine *f*, Flachkämmer *m*, Flachkämmstuhl *m* / French comb || **≗kämmen** *n* / rectilinear combing || **≗kettelmaschine** *f* / straight-bar linking machine, straight-bar looper
Flachketten·stuhl *m* / flat warp frame || **≗wirkmaschine** *f*(DIN 62110) / flat warp knitting machine
flachkettig *adj*(Web) / having a plain warp, having a flat warp
Flachkolben *m* / flat shank of sewing needle || **≗nadel** *f*(Näh) / flat shank needle
Flachköper *m* / reclining twill || **≗bindung** *f* / reclining twill weave
Flachkrepp *m* / flat crepe, French crepe
Flachkulier·maschine *f*(Cotton-Maschine) / straight bar knitting machine, straight-bar bearded needle weft knitting machine || **≗rippwirkmaschine** *f* / flat weft rib knitting machine with spring beard needles || **≗wirkmaschine** *f* / flat weft knitting machine, hosiery [knitting] machine (fully fashioned)
Flach·-Links-Links-Maschine *f* / flat links and links knitting machine, flat purl [stitch] knitting machine, horizontal-bed [knitting] machine || **≗litzenflechtmaschine** *f*(Strick/Wirk) / flat heald braiding machine || **≗maschinenkulierung** *f* / synchronized timing, flat frame timing || **≗nadel** *f* (Strick/Wirk) / flat needle || **≗nadel für Kämmerei- und Spinnereimaschinen** (DIN 64135) / flat needle for combing and spinning machines || **≗naht** *f*(Näh) / flat seam || **≗nahtstich** *m* / flat-seam stitch || **≗plattendruck** *m* / flat plate printing || **≗plättmaschine** *f* / flat bed press || **~pressen** *v* / flatten *v* || **≗rändermaschine** *f*(Strick/Wirk) / flat rib machine, straight rib machine || **≗ränderstrickmaschine** *f*(Strick/Wirk) / flat rib top machine || **≗rundwirkmaschine** *f* / circular flat bar machine
Flachs *m* / flax *n* || **≗abfall** *m* / flax waste, swingle tow, scutching tow, scutch (by-product of scutching) *n* || **~ähnlich** *adj* / flax-like *adj* || **~artig** *adj* / flaxen *adj*
Flachsaufbereitung *f* / flax dressing
Flachsaufbereitungs·anlage *f* / flax rettery *n*, rettery *n* || **≗anstalt** *f* / flax preparing plant || **≗betrieb** *m* / flax rettery, rettery *n*
Flachs·aufmachung *f* / flax processing || **≗bast** *m* / flax bast || **≗bereiter** *m* / flax dresser || **≗bereitung** *f* / flax dressing || **≗binder** *m* / flax binder || **~blütenfarbiger Ton** / flax blossom shade || **≗brand** *m* / flax firing
Flachsbreche *f*, Flachsschwingmaschine *f* / flax breaker, flax breaking machine, flax scutcher, flax scutching machine || **≗**, Handbreche *f* / brake *n*
Flachsbrechen *n* / flax breaking, flax rolling
Flachsbrech·hammer *m* / bott hammer || **≗maschine** *f* / stripping machine (flax), flax breaker, flax breaking machine, flax scutcher, flax scutching machine || **≗schwinge** *f* / braking scutcher, brake *n*
Flachsbündel *n* / flax bundle || **≗presse** *f* / tipple press
Flach·schaber *m* / flat scraper || **≗schablonendruckmaschine** *f* / flat screen printing machine || **≗schiene** *f* / guide bar, guide rod || **≗schußspule** *f*(Web) / flat pirn
Flachsdarre *f*(Masch) / flax drier || **≗** / flax drying
flächsen *adj* / flaxen *adj*
Flachs·entsamung *f* / ginning of flax || **≗entsamungsmaschine** *f* / flax de-seeding machine, flax ginning machine
flächsern *adj* / flaxen *adj*
Flachs·farbe *f* / flax shade || **~farben** *adj*, flachsfarbig *adj* / flax coloured, flaxen *adj*(shade), flaxy *adj*
Flachsfaser *f* / flax fibre, cottonized flax || **die ≗ vom Stengel befreien** / defibre *v*
Flachs·garn *n* / flax yarn || **≗garn mit Verdickungsstellen** / beaded yarn || **~gelb** *adj* / flaxen *adj*(shade), flaxy *adj* || **≗haspeln** *n* / flax winding
Flachshechel *f* / flax hackle, ten *n* || **≗maschine** *f* / flax comb, flax hackling machine
Flachshecheln *n* / flax hackling || **≗ mit dem Ruffer** / roughing *n*
Flachshechler *m* / flax hackler
Flachshede *f* / flax pluckings *pl*, flax tow
Flachsiebdruck *m* / flat screen printing || **≗automat** *m* / automatic flat screen printing machine || **≗maschine** *f* / flat screen printing machine
Flachs·klassierer *m* / flax grader || **≗knicken** *n* / flax breaking, flax rolling || **≗kratze** *f* / touch pin || **≗leinwand** *f* / flax linen || **≗-Naßspinner** *m* / flax wet spinner
flachspritzen *v* / extrude from the flat die || **≗** *n* (Kasch) / quenching *n*
Flachspule *f* / flat bobbin
Flachs·raufe *f* / combing flax || **≗raufen** *n* / flax pulling || **≗raufmaschine** *f* / flax puller, flax pulling machine || **≗reißmaschine** *f* / flax tearing machine, flax breaker, flax breaking machine, flax scutcher, flax scutching machine || **≗riffel** *m*, Flachsriffelmaschine *f* / flax ripple, ripple *n*, ripple comb || **≗riffeln** *n* / flax rippling || **≗risten** *f pl* / flax stricks || **≗röstanstalt** *f*, Flachsröstbetrieb *m* / flax rettery, rettery *n* || **≗röste** *f* / flax retting, ret *n*, retting *n* || **≗röste** (Anlage) / flax rettery, rettery *n* || **≗röste im Wasserbehälter** / tank retting || **≗rösterei** *f*(Anlage) / flax rettery, rettery *n* || **≗rotte** *f* / flax retting, ret *n*, retting *n* || **≗samen** *m* / flax seed, linseed *n* || **≗schäbe** *f* / shive of flax, shove *n*(GB) || **≗schneidemaschine** *f* / flax cutter || **≗schwinge** *f* / swingle *n*, scutcher *n* || **≗schwingenwickel** *m* / scutcher lap || **≗schwingmaschine** *f* / flax beater, flax breaker, flax breaking machine, flax scutcher, flax scutching machine
Flachsspinnerei *f* / flax spinning mill || **≗** (DIN 600012) / flax spinning
Flachs·spinnmaschine *f*, Flachsspinnereimaschine *f* / flax spinning machine || **≗spule** *f* / flax bobbin || **≗stengel** *m* / flax stem || **≗strickmaschine** *f* / flax knitting machine || **≗stroh** *n* / flax straw, straw flax
Flachstahllitze *f*(Web) / flat steel heald, flat steel heddle
Flachsteppichgarn *n* / flax carpet yarn
Flach·stich *m* / satin stitch (embroidery), flat stitch ||

˜stickerei *f* / flat embroidery
Flachstrick·automat *m* / automatic flat bed knitting machine || **˜-Buntmuster-Umhängemaschine** *f* / multicolour transfer flat knitting machine
Flachstrickerei *f* / flat knitting, plain knitting *n*
Flachstrick·maschine *f* / flat bed [knitting] machine, flat knitting machine, flat frame, flat knitting frame || **˜maschinennadel** *f* / flat knitting machine needle || **˜maschinenschlitten** *m* / straight bar knitting machine carriage || **˜ware** *f* / flat knit, flat knitted fabric, flat knit goods *pl*
Flachstrocknungsmaschinen *f pl* / flax drying machinery
Flachstrumpf·wirkmaschine *f* / fully fashioned knitting machine || **˜wirkmaschine** (Cottonmaschine) / flat hosiery knitting machine
Flachs·verarbeiter *m* / flax processor || **˜verarbeitung** *f* / flax processing || **˜vorhechler** *m* / flax rougher || **˜wachs** *n* / flax wax || **˜weberei** *f* / flax weaving || **˜weiferei** *f* / flax winding
Flachswerg *n* / flax pluckings *pl*, flax hards *pl*, flax tow || **˜schwinge** *f* / flax tow scutching machine || **˜spinnerei** *f* / flax tow spinning
Flachs·wickelmaschinen *f pl* / flax winding machinery || **˜ziehen** *n* **durch Riffelkämme** / flax rippling || **˜zopf** *m* / flax plait || **˜zurichtung** *f* / flax preparation || **˜zwirnmaschine** *f* / flax twisting machine
Flach·tisch-Dampfkrumpfung *f* / flat bed steam relaxation || **~trocknen** *v* / dry flat || **˜trockner** *m* (DIN 64990) / flat layer drier || **˜ware** *f* (Strick/Wirk) / flat fabric, flat knit goods *pl* || **˜werden** *n* (Färb) / loss of fullness || **˜werden durch Niederdrücken/ Verdichten** (Tepp) / flattening *n* || **˜wirkmaschine** *f* / straight bar knitting machine, flat bar machine || **˜wirkmaschine für abgepaßte Ware** / fully fashioned knitting machine || **˜wirkmaschinenschlitten** *m* / straight bar knitting machine carriage || **˜wirkstuhl** *m* / straight bar knitting loom || **˜wirkware** *f* (Strick/ Wirk) / flat fabric
Flagge *f* / flag *n*
flaggen·rot *adj* / flag red || **˜stoff** *m*, Flaggentuch *n* / bunting *n*, bunt *n*, buntine *n*, flag cloth
flamingorot *adj* / flamingo *adj*
flämisch·er Flachs / Flemish flax || **~e Spitze** / Flanders lace, Flemish lace
Flamm·apparat *m* / singeing machine || **˜ausbreitung** *f* / ignition propagation || **~beständig** *adj* / flame resistant || **˜beständigkeit** *f* / flame resistance || **˜bondierung** *f* / flame bonding, flame laminating, flame-lamination process || **˜druck** *m* / ombré printing, shadow print, rainbow printing
Flamme *f* / flame *n*
Flammé *m*, Flammgarn *n* / flammé *n* (Fr)
Flammechtausrüstung *f* / fire-resistant treatment
Flammégarn *n* s. Flammengarn
flammen *v* (buntweben), moirieren *v* (Färb) / cloud *vt*, water *n* || ~ (Gewebe) / flame *v* || ~ *v* (gasen) (Web) / scorch *v*, singe *v* || **˜apparat** *m* (Spinn) / slub-inserting apparatus || **˜ausbreitung** *f* **an der Oberfläche** (Matpr) / surface spread of flame || **˜ausbreitungsgeschwindigkeit** *f* (Matpr) / rate of flaming || **˜druck** *m* / ombré printing, shadow print, rainbow printing, rainbowing *n* || **˜effekt** *m* / slub effect || **˜färbung** *f* / jaspé dyeing || **˜garn** *n* (Effektgarne durch Farbeffekte oder durch Verdickungen im Garn) / flake yarn, flame yarn, flammé yarn, shaded yarn, rainbow yarn || **˜gewebe** *n* / flake yarn fabric || **~hemmend** *adj* / flame retardant || **~hemmende Wirkung** / flame retardancy || **˜ionendetektor** *m*, Flammenionisationsdetektor *m* / flame ion detector || **~rot** *adj* / flame red *adj*, fiery red, fire red
Flammenschutz·ausrüstung *f* / fire finish impregnation || **˜-Chemikalien** *f pl* / flameproofing chemicals || **˜imprägnierung** *f* / fire finish impregnation || **˜mittel** *n* / fireproofing agent, flame retardant, flameproofing agent
flammen·sicher *adj* / flameproof *adj*, flame-retardant *adj* || **˜stoff** *m* / flake yarn fabric || **˜zwirn** *m* / flake twist, slub twist
flammfest *adj* / flame-resistant *adj*, non-flammable *adj*, flameproof *adj* || **~ ausgerüstet** / flameproofed *adj*, flammability retardant || **~ ausgerüstete Faser** / flameproof fibre || **~ ausgerüstete Textilien** / flame retardant textiles || **~es Erzeugnis** / flame retardant product || **~e Faser** / flame retardant fibre || **~es Gewebe** / flame retardant fabric || **~ imprägniert** / flameproofed *adj* || **~ machen** / make flame-resistant || **~es Material** / flame retardant material || **~e Veredlung** / fire retardancy treatment || **˜appretur** *f*, Flammfestausrüstung *f*, flammfeste Ausrüstung / flameproof finish, non-flammable finish, flame-resistant finish, fire-resistant treatment, fire-retardant finish
Flammfestigkeit *f* / flame resistance, flameproof properties *pl*
Flammfest·imprägnierung *f* / fire finish impregnation, non-flammable finish, flameproof finish, flame resistant finish || **˜machen** *n* / flameproofing *n* || **˜mittel** *n* / flame retardant, flameproof agent, flameproofing agent
Flammgarn *n* s. Flammengarn
flammhemmend *adj* / flame retardant || **~e Ausrüstung** / flame retardant finish, fire-retardant finish, fire-resistant treatment || **~e Ausrüstung für das Flammfestmachen von Textilgeweben** / fire-retardant finish for flameproofing textile fabrics || **~e Bekleidung** / flame retardant apparel || **~es Bekleidungsgewebe** / flame retardant apparel fabric || **~e Beschichtung** / flame retardant coating || **~e Eigenschaften** / flame retardant properties || **~es Gewebe** / flame retardant fabric || **~es Hilfsmittel** / flame retardant additive || **~e Textilien** / flame retardant textiles || **~e Veredlung** / fire retardancy treatment || **~es Zusatzmittel** / flame retardant additive
flammiertes Garn / cloud yarn
Flammierung *f* / variegated colouring
flammig *adj* / slubby *adj*
Flamm·kaschieranlage *f* / flame bonding equipment || **˜kaschierbarkeit** *f* / flame bondability || **˜kaschieren** *n*, Flammkaschierung *f*, Flammlaminieren *n* / flame bonding, flame laminating, flame-lamination process || **˜laminierungsverfahren** *n* / flame-lamination process || **˜-Maschine** *f* / singeing machine || **˜punkt** *m* / flash point || **~rot** *adj* / flame scarlet
Flammschutz·ausrüstung *f* / fire-retardant finish, flameproof finish, flame-resistant finish || **˜-Chemikalien** *f pl* / flameproofing chemicals || **˜emulsion** *f* / flameproofing emulsion || **˜imprägnierung** *f* / fire finish impregnation, non-

flammable finish, flameproof finish, flame-resistant finish || ²mittel n / flame retardant, fireproofing agent, fire-retardant n, flameproofing agent, flameproof agent
Flamm·sengmaschine f (DIN 64990) / flame singeing machine || ~**sicher** adj / flame-retardant adj, flameproof adj || ~**sicher ausgerüstet** / flameproofed adj || ~**sicher imprägniert** / flameproofed adj || ²**sicherheit** f / flameproofness n || ²**sichermachen** n / flameproofing n || ²**spritzen** n / flame spraying || ²**verfahren** n / flame bonding, flame laminating, flame-lamination process || ²**verzögerungsvermögen** n / flame retardancy
flammwidrig adj / fire-retardant adj, non-flammable adj, flame-retardant adj, flame-resistant adj || ~**e Veredlung** / fire retardancy treatment || ²**keit** f / flame resistance, flame retardance, non-flammability n
flandrische Spitze / Flanders lace, Flemish lace
Flanell m / flannel n (fabric), dimity n || ² **mit Schaumstoffunterseite** / foam backed flannel || ~**ähnliches Aufrauhen** / flannel finish || ²**ausrüstung** f / flannel finish || ²**garn** n / flannel yarn || ²**hemd** n / flannel shirt || ²**krepp** m / flannel crepe || ²**walke** f (Färb) / flannel milling || ²**wolle** f / flannel wool || ²**zwischenfutter** n / interlining flannel
Flanken·-Merinowolle f / prime wool || ²**wolle** f / flank wool
Flanschenspule f (Spinn) / flanged bobbin, flanged spool
Flasche f / can n
flaschen·grün adj (RAL 6007) / bottle-green adj || ²**hülse** f (DIN 61805) / bottle bobbin || ²**maschine** f (Spinn) / can roving frame || ²**maschine** (i.e.S.) / slubbing machine || ²**spulautomat** m / bottle-shaped bobbin winding frame || ²**spule** f (Spinn) / tapered bobbin, taper bobbin || ²**spule** (DIN 61800) / bottle-nosed bobbin, bottle bobbin, bottle-shaped bobbin, bottle package || ²**spulmaschine** f (Spinn) / bottle bobbin winding machine, winding machine for bottle bobbins
Flash-Spinning n / flash spinning
Flat memory („Erinnerungsvermögen" an einen flachen Urzustand bei Gewebe) / flat memory
Flatlock·nähstich m (Näh) / flatlock stitch || ²**naht** f / flatlock seam
Flattereffekt m / fabric flutter
flattern v (Näh) / flag v, flutter v || ² n (der Ware) (Näh) / flagging n, fluttering n (of the fabric)
Flatterstich m (Näh) / staggered stitch
flaue Flotte / flat liquor
Flaum m / lint n, down n, fluff n || ² (Spinn) / fluff n || ² (am Tuch) / nap n, fibre web, fibrous web || ~**frei** adj / free from fluff
flaumig adj / downy adj, fuzzy adj, fluffy adj
Flaumigkeit f / fluffiness n
Flausch m (weicher, dicker Streichgarnstoff für Herren- und Damenmäntel), Flaus m / fearnought n (GB), fearnaught n (US), dreadnought n, coating n, baize n, pilot cloth, fleece n, frieze n || ²**flanell** m / frieze flannel
flauschig adj / fluffy adj, fleecy adj || ~**er Griff** / fleecy handle || ~**e Oberseite** / fleeced surface
Flauschrock m / frieze coat
Flavazin T / tartrazine n
Flavon n / flavone n || ²**farbstoff** m / flavone pigment || ²**säure** f / flavonic acid

Flecht·arbeit f / braiding work || ²**artikel** m pl / braided goods || ²**bindung** f / basic basket weave
Flechte f / plait n, braid n
flechten v / braid v, plait v || ² n / plaiting n, braiding n
Flecht·garn n / braiding yarn || ²**gutträger** m **der Flechtmaschine** / braiding machine carrier || ²**industrie** f / braiding industry || ²**köper** f (Web) / braid twill || ²**maschine** f / braider n, braiding machine || ²**muster** n / braid design, cable stitch pattern || ²**schnur** f / lacing cord || ²**spitze** f / braid lace || ²**spule** f / braider bobbin || ²**spulenträger** m / braiding carrier || **[runder]** ²**teppich** m / braided rug || ²**ware** f / braided goods
Fleck m / blot n, stain n, mark n, smear n, blotch n, speck n, spot n || ² (Näh) / patch n || ² **auf öliger Grundlage** / oil-borne stain || ² **auf wäßriger Grundlage** / water-borne stain || ²**e bekommen** / spot vi || **voller** ²**en** / spotty adj || ~**abstoßende Ausrüstung** / soil repellency, soil-repellent finish, dirt-repellent finish || ²**echtappretur** f / spotless finish
flecken v / spot v, speckle v, stain v, make spots
fleckenabweisend adj / stain-repellent adj, spot-repellent adj
Fleckenbildung f / formation of stains, specking n || ² (Färb) / spot formation || ² **beim Färben** / staining defect
flecken·echt adj / stain-resistant adj, spot-resistant adj || ²**echtheit** f / stain resistance, spot resistance || ²**empfindlichkeit** f / susceptibility to spotting || ²**entfernung** f / stain removal, spot removal || ~**frei** adj (Färb) / free from stains, free from spots || ²**krankheit** f **der Seidenwürmer** / pébrine disease of silkworms || ²**putzen** n / stain removal, spot removal || ²**rand** m / ring marks pl (of stains) || ²**reiniger** m / scourer n (spot remover) || ²**reinigung** f / cleaning of stains, stain removal, spot removal, removal of stains || ²**reinigungsgerät** n / spot cleaning device || ²**reinigungsmittel** n / scourer n (spot remover) || ²**schutzausrüstung** f **mit Fluorchemikalien** / fluoridized finish || ²**seife** f / scouring soap
Fleckentfernung f / stain removal, removal of stains, spot removal
Flecken- und Streifenbildung f (Färb) / spotty and streaky dyeing
Fleckerkennung f / stain identification
Fleckerl·decke f / patchwork quilt || ²**dessin** n / patchwork design || ²**gewebe** n / patchwork fabric || ²**kissen** n / patchwork cushion
Fleckerlnteppich m, Fleckerlteppich m / patchwork carpet, rag carpet
fleck·fest adj / stain-resistant adj, spot-resistant adj || ²**festigkeit** f / stain resistance, spot resistance || ~**frei** adj (Färb) / free from stains
fleckig adj / blotchy adj, spotty adj, speckled adj || ~**e Baumwolle** / spotted cotton, tinged cotton, stained cotton || ~**er Druck** / speckiness n || ~**e Färbung** / specky dyeing, mottled dyeing || ~**er Mehltau** (Erkrankung der Baumwollpflanze) / areolated mildew || ~ **werden** / stain vi
Fleckschutzausrüstung f / stain release finish
Fledermausärmel m (Mode) / batwing sleeve
Fleier m (Spinn) / flyer n, flier n, fly frame, flyer spinning frame, speed frame || ²**garn** n / flyer yarn
Fleischer·leinen n / butcher linen || ²**leinenimitation** f **aus Viskose** / butcher cloth
Fleisch·farbe f / flesh colour, flesh tone || ~**farben**

adj / flesh-coloured *adj* || ~**farbener Trikotanzug** / flesh tights *pl*, fleshings *pl* || ≈**farbton** *m* / flesh colour, flesh tone

flexibel *adj* (Beschicht) / flexible *adj*, supple *adj*

flexibilisieren *v* (Beschicht) / flexibilize *v*

Flexibilität *f* (Beschicht) / flexibility *n*

Flexo·druck *m*, Flexographie *f* / flexographic printing || ≈**meter** *n* / flexometer *n*

Flickarbeit *f* (Näh) / patching work

flicken *v* / darn *v*, patch *v*, mend *v* || ≈ *m* / patch *n*, mending *n* || ≈**decke** *f* / patchwork quilt, crazy quilt || ≈**kissen** *n* / patchwork cushion || ≈**teppich** *m* / patchwork carpet, rag carpet

Flickerln·dessin *n* / patchwork design || ≈**teppich** *m* / patchwork carpet, rag carpet

Flickfleck *m* / patch *n*

Flickl·gewebe *n* / patchwork fabric || ≈**teppich** *m*, Flickteppich *m* / patchwork carpet, rag carpet

fliederfarben *adj*, fliederfarbig *adj* / lilac *adj*, lilac-coloured *adj*

Fliege *f* (Mode) / bow-tie *n* || ≈ (Spinn) / traveller *n*, urchin *n* (US)

flieger·blau *adj* / air-force blue *adj* || ≈**jacke** *f* / aviator jacket, aviator style (waist-length jacket with slanting front closure)

Fließbarkeit *f* (Beschicht) / flowability *n*, flow property

Fließbett-Technik *f* / fluidized bed technique || ≈-**Trockner** *m* / fluid bed drying machine || ≈**verfahren** *n* / fluidized bed process || **in den** ≈**zustand überführen** / fluidize *v*

Fließ·druck *m* / nacre print, flow print || ≈**eigenschaft** *f* (Beschicht) / flowability *n*, flow property

fließen *v* / flow *v* || ~ (Färb) / creep *v*, run *v* || ≈ *n* (des Farbstoffs) (Färb) / creeping *n*

fließender Griff / subtle handle, supple handle

Fließ·fähigkeit *f* / flow performance, flowability *n*, flow property || ≈**grenze** *f* (Beschicht) / flow limit || ≈**grenze** / yield point || ≈**mischer** *m* / continuous mixer || ≈**mittel** *n* (Chrom) / mobile solvent || ≈**mittelsystem** *n* (Chrom) / solvent agent system || ≈**moderator** *m* (Beschicht) / flow moderator || ≈**stellen** *f pl* (Färb) / running marks || ≈**verhalten** *n* / flow behaviour, flowability *n*, flow property || ≈**verhalten** (DIN 53211) (Beschicht) / rheological properties *pl* || ≈**vermögen** *n* (Beschicht) / flowability *n*, flow property

flimmernder Glanz / glittering lustre

Flitter *m* / spangle *n*, sequins *pl* || ≈**borte** *f* / spangled braid

Flock *m* (kurzgeschnittene Chemiefasern [unter 15 mm] zum Beflocken von Flächengebilden = Flocktextilien) / flock *n* (textile), flock powder || ≈**ausrüstung** *f* / flock finish || ≈**beschickung** *f* / flock feeding || ≈**bildung** *f* / flock formation

Flöckchen *n* / floccule *n*

Flockdruck *m* / flock printing || ≈**kleber** *m* / flock print adhesive || ≈**muster** *n* / flock print effect, flocked printing effect

Flocke *f* (Spinn) / flock *n*, fluff *n* || ≈, flockiger Niederschlag (Chem) / flocculate *n*, floc *n*, floccule *n* || ≈ (Lieferform) / flake *n* (supply form) || ≈ (Fasermaterial) / loose material, raw stock (manmade fibres), loose stock || ≈ (Knoten) / knob *n* || ≈**n** *f pl* **enthaltende Wollstoffe** / filled woollens || **beim Tuchscheren abfallende** ≈**n** / kerf *n* || **in der** ≈ **färben** (Fasern) / dye as loose stock || **in der** ≈ **färben** (Wolle) / dye in the wool || **in der** ≈ **gefärbtes Fasermaterial** / stock-dyed fibre material, fibre material dyed as loose stock || **in der** ≈ **gefärbtes Garn** / yarn dyed as loose stock || **in der** ≈ **weißtönen** (Färb) / brighten as loose stock || ≈**färbeapparat** *m* / stock dyeing apparatus || ≈**färbemaschine** *f* / stock-dyeing machine || ≈**färberei** *f*, Flockefärbung *f* / stock dyeing

Flockeinrichtung *f* / flocking equipment

Flockematerial *n* / loose stock

flocken *v* (Chem) / flocculate *v* || ≈**absauger** *m*, Flockenabsaugvorrichtung *f* / flock regainer || ~**artig** *adj* / flocculent *adj* || ≈**bast** *m* / cottonized bast fibres *pl* || ≈**bildner** *m* (Chem) / flocculant *n* || ≈**bildung** *f* (Chem) / flocculation *n*

flockende Kraft / flocculation power

Flocken·färbeapparat *m* / loose stock dyeing machine || ≈**färben** *n* / stock dyeing || ≈**färbung** *f* / loose stock dyeing, stock dyeing, dyeing as loose stock || ≈**feuchtmeßgerät** *n* (DIN 19282) / raw stock hygrometer || ≈**flachs** *m* / cottonized bast fibres *pl* || ~**förmig** *adj* / flocculent *adj* || ≈**garn** *n* / cloud yarn, flake yarn, flame yarn || ~**gefärbt** *adj* (in der Flocke gefärbt) / stock-dyed *adj*, dyed as loose stock || ≈**hanf** *m* / cotton hemp || ≈**muster** *n* / flocked design || ≈**schuß** *m* / nap weft || ≈**speiser** *m* **für Karden** (Baumwollspinnen) / stock chute feed for cards || ≈**stoff** *m* / floconné *n*, nap-cloth *n*, nap fabric, napped fabric || ≈**stoffbindung** *f* / nap cloth weave || **aufgeklebter** ≈**tüpfel** / flock dot

Flocker *m* (Chem) / flocculant *n*

Flockeveredlung *f*, Flockenveredlung *f* / fibre stock processing

Flock·faden *m* / flock fibre || ≈**fanggerät** *n* (Spinn) / roll picker, fly catching instrument, roller picker || ≈**färbung** *f* / flock dyeing || ≈**faser** *f* / flock fibre, flock *n* || ≈-**Florware** *f* / flocked pile fabric || ~**frei** *adj* / free from flocks || ≈**garn** *n* / flock yarn || ~**gefärbt** *adj* (in der Flocke gefärbt) / stock-dyed *adj*, dyed as loose stock || ~**gefärbtes Fasermaterial** (Flockfärbung) / flock dyed fibre material || ≈**haftfestigkeit** *f* / flock adhesion, flock adhesiveness

flockig *adj* / flocculent *adj*, fuzzy *adj*, fluffy *adj* || ~**er Niederschlag** / flocculate *n* || ~**er Zustand** / flocculence *n*

Flockigkeit *f* / fluffiness *n*

Flock·klebemittel *n*, Flockkleber *m* / flock adhesive || ≈**muster** *n* / flock dot || ≈**print** *m* / flock printing || ≈**seide** *f* / knub silk, waste silk, sleave *n*, flock silk, silk floss || ≈**seide** (von Kokonabfällen) / flock silk || ≈**seidenkratze** *f* / waste card, card for waste silk || ≈**strahler** *m* / flock beamer, flock radiating apparatus || ≈**teppich** *m* / flock carpet, flocked carpet || ≈**teppichware** *f* / flocked flooring

Flockung *f* (Chem) / flocculation *n*, coagulation *n*

Flockungs·ablauf *m* / flocculation process || ≈**fähigkeit** *f* / flocculation power, coagulating power || ≈**geschwindigkeit** *f* / flocculation rate || ≈**kraft** *f* / flocculation power, coagulating power || ≈**mittel** *n* / flocculant *n* || ≈**schutzvermögen** *n* (DIN 53908) / flocculation preventive power || ≈**verlauf** *m* / flocculation process || ≈**vermögen** *n* / flocculation power, coagulating power || ≈**wert** *m* / flocculation value

Flock·ware *f* / flocked fabric || ≈**wolle** *f* / stuffing *n*

Floconné *m* (schwere Mantelstoffe mit weichem Streichgarnschuß, stark gerauht) / floconné *n*, nap-cloth *n*, nap fabric, napped fabric || ≈**bindung** *f* / nap cloth weave

flohbraun *adj*, flohfarben *adj* / puce *adj*
Flokkulation *f* / flocculation *n*
Flokkulationserscheinung *f* / flocculation phenomenon
Flor *m* (Vliesst) / nonwoven [fabric], nonwoven fleece, bonded fibre fabric, adhesive-bonded fabric, fleece *n*, fibre fleece, fibrous fleece, fibrous web, fibre sheet, formed fabric (US) || ≈ (Spinn) / [filmy] web, fibre web, fibrous web || ≈, Krempelflor *m* (Spinn) / carding web || ≈ (von einem Stoff oder Teppich) / pile *n*, fleece *n*, nap *n* || ≈ (Trauerflor) / mourning band *n*, crêpe band || ≈ (dünnes Gewebe) / gauze *n* || ≈ **aus gleichgerichteten Fasern** / unidirectionally oriented web || **verfilzter** ≈ / felted pile || ≈**abzug** *m* (Spinn) / web doffing
florales Muster / floral pattern
Flor·aufrichten *n*, Floraufrichtung *f* / raising of the pile || ≈**aufschichtung** *f* / superposition of web || ≈**ausfall** *m* / loss of pile || ≈**band** *n* / web strip, sliver *n*, card sliver, carded sliver, fibre band, slubbing *n* || ≈**bildner** *m* (Vliesst) / web former, web forming machine || ≈**bildung** *f* / pile formation || ≈**bildung** (Vliesst) / web formation || ≈**brecher** *m* / lap breaker || ≈**bürstmaschine** *f* (DIN 64990) / pile brushing machine || ≈**decke** *f* / nap *n*, pile *n*, fibre web, fibrous web, pile warp || ≈**dichte** *f* (Tepp) / pile density, density of the pile
Florence *m* (feiner Futtertaffet aus Naturseide) (Web) / florence *n* || ≈**-Futterseide** *f* / florence silk
Florentine *f* (geköperte Baumwolle) / florentine *n*, Florentine
Florentinerhut *m* / picture hat with drooping brim
Florentiner Tüll *m* / florentine tulle
Florett·band *n* / ribbon of floss silk || ≈**kratze** *f* / waste card, card for waste silk || ≈**seide** *f* / floret silk, waste silk, schappe silk || ≈**seidengarn** *n* / floret silk yarn, schappe [silk] yarn, waste silk yarn || ≈**seidenmischgarn** *n* / floret yarn (mixture of floret silk and cotton or rayon) || ≈**spinnerei** *f* / floret spinning, schappe [silk] spinning, waste silk spinning
Florfaden *m* / pile thread || ≈ (Tepp) / cut pile || ≈**wächter** / pile yarn stop motion
Flor·festigkeit *f* / firmness of the pile || ≈**führungsbacke** *f* (Vliesst) / web guide cheek || ≈**futterstoff** *m* / fleecy lining || ≈**garn** *n* (feiner Baumwollzwirn auf gasierten, merzerisierten Garnen, daher glatt und glänzend) / gassed cotton yarn, pile yarn, lisle thread || ≈**garnschlinge** *f* / pile yarn loop || ≈**gewicht** *n* / pile weight || ≈**gleichmäßigkeit** *f* / web uniformity || ≈**gleichmäßigkeitsprüfer** *m* / web levelness tester || ≈**haar** *n* / pile *n*, pile warp, poil (Fr) *n* || ≈**höhe** *f* (Tepp) / depth of pile, pile height
Florida·erde *f* / bleaching earth, fuller's earth || ≈**leinen** *n* (Einlagestoffe zum Versteifen von Wäsche) / Florida *n*
Florida Sea Island-Baumwolle (im Küstengebiet von Florida gewonnene Baumwolle, Stapellänge bis 44,70 mm) / Florida Sea Island
Flor·kette *f* / pile *n*, pile warp, poil (Fr) *n* || ≈**kettenregler** *m* / pile warp regulator || ≈**nähgewirk** *n* / stitched pile fabric || ≈**niederdruck** *m* (Tepp) / pile pressure || ≈**noppe** *f* / pile loop || ≈**noppe** (Tepp) / tuft *n* || ≈**presse** *f* / web crusher || ≈**quetsche** *f* / web squeezer, web compressor || ≈**reiniger** *m* / web purifier || ≈**richten** *n* (Ausrüst) / pile orientation || ≈**schicht** *f* (Vliesst) / web layer || ≈**schiene** *f* / pile rail || ≈**schleife** *f* / pile loop || ≈**schneidzeug** *n* / pile cutter || ≈**schuß** *m* / pile weft, pile filling, pile pick || ≈**seite** *f* **eines gerauhten Baumwollgewebes** / pile side of a raised cotton fabric || ≈**spitzen färben** (Färb) / tip *v* || ≈**stabilisierung** *f* / pile stabilization, stabilization of the pile || ≈**stauchmaschine** *f* (Vliesst) / fibrous web stuffing machine, pile stuffing machine || ≈**strumpf** *m* (Strick/Wirk) / lisle stocking || ≈**täfler** *m* (Vliesst) / web laying apparatus
Florteil·apparat *m* (Tepp) / divider *n* || ≈**einrichtung** *f* **an Streichgarnkrempel** (DIN 64127) / dividing roller for divider at woollen card
Florteiler *m* (DIN 64100) (Spinn) / tape divider, web divider || ≈ **und Kondenser** (Spinn) / divider and condenser || ≈**riemchen** *n* / condenser tape
Florteilriemchen *n* / web divider tape
Flor·teppich *m* / pile carpet || ≈**trichter** *m* (Spinn) / funnel for web, web trumpet, condenser funnel || ≈**trikot** *m n* / pile knit goods *pl*, pile tricot || ≈**verlagerung** *f* (Flock) / pile misalignment
Florware *f* / pile goods *pl*
Florwaren·ausrüstung *f* / pile goods finishing || ≈**stuhl** *m* / loom for pile fabrics
Florwebmaschine *f*, Florwebstuhl *m* / pile fabric loom, loom for pile fabrics
Flotationsverfahren *n* / flotation method, flotation process
Flotte *f* (Färb) / liquor *n*, bath *n* || ≈ **mit gleichbleibender Temperatur** / constant-temperature bath || **die** ≈ **einstellen** (Färb) / adjust the bath, set the bath || **die** ≈ **schärfen**, die Flotte verschärfen (Färb) / prime the liquor, sharpen the liquor || **die** ≈ **verschärfen** (Färb) / prime the liquor
flotten *v* (Web) / float *v* || ≈ *n* (Web) / floating *n* || ≈**abhängigkeit** *f* (eines Farbstoffs) / liquor ratio dependency || ≈**ablaß** *m* / draining off the liquor || ≈**angebot** *n* / liquor supply || ≈**ansatz** *m* / liquor formulation || ≈**aufnahme** *f*, FA (Färb) / liquor pickup, uptake *n*, (nicht ganz richtig): liquor exhaustion || ≈**austausch** *m* / liquor exchange || ≈**austauschzeit** *f* (Färb) / liquor replacement time || ≈**auszehrung** *f* / liquor exhaustion || ≈**behälter** *m* (Färb) / liquor tank || ≈**behälter** (Textdr) / chassis *n* || ≈**bewegung** *f* / moving of the liquor, liquor flow || ≈**druck** *m* / liquor pressure || ≈**durchfluß** *m*, Flottendurchflußmenge *f* / liquor throughput
Flottendurchsatz *m* (Färb) / liquor flow, flow of liquor, liquor throughput, liquor passage || ≈**geschwindigkeit** *f*, Flottendurchströmungsgeschwindigkeit *f* / liquor passage rate, liquor flow rate
Flotten·erneuerung *f* / liquor renewal || ≈**erschöpfung** *f* / liquor exhaustion || ≈**konzentration** *f* / bath concentration, liquor concentration || ≈**kreislauf** *m* (Färb) / circulation of liquor, liquor circulation || ≈**länge** *f* (Färb) / length of liquor, liquor ratio, bath ratio, liquor-to-goods ratio || ≈**lauf** *m* (Färb) / liquor flow, circulation of liquor, liquor circulation || ≈**menge** *f* / liquor volume, volume of liquor || ≈**passage** *f* (Färb) / passage of the liquor || ≈**-pH-Wert** *m* (Färb) / pH of liquor || ≈**richtung** *f* / direction of the flow, direction of the liquor || ≈**spiegel** *m* / liquor level || ≈**stabilität** *f* / liquor stability || ≈**stabilitätskurve** *f* / liquor stability curve || ≈**stand** *m* (Färb) / height of the liquor, liquor level || ≈**standsregler** *m* / level control || ≈**temperatur** *f* / liquor temperature ||

≗trog *m* / scouring bowl, scouring box || **≗umlauf** *m* (Färb) / circulation of liquor, flow of liquor, liquor circulation, rotation in the liquor tanks || **≗umwälzfärbeapparat** *m* / circulating liquor dyeing machine || **≗umwälzmenge** *f* (Färb) / circulated liquor quantity || **≗umwälzung** *f* (Färb) / circulation of liquor, liquor circulation, rotation in the liquor tanks || **≗umwälzungssystem** *n* / liquor circulation system || **≗verdränger** *m*, Flottenverdrängungskörper *m* (Färb) / divider insert (in padder trough) || **≗verhältnis (FV)** *n* (Färb) / liquor ratio, bath-to-fibre ratio, dyebath ratio, length of liquor, bath ratio, liquor-to-goods ratio || **≗wechsel** *m* (Färb) / change of bath, liquor exchange, liquor change || **≗weg** *m* (Färb) / path of the liquor, liquor flow

Flottenzirkulations·färbeapparat *m* / liquor circulation dyeing machine || **≗system** *n* / liquor circulation system

Flotten·zulauf *m* / liquor feed || **≗zusammensetzung** *f* / liquor composition

flottierend·er Faden, freiliegender Faden (Web) / float *n* (defect) || **~e Fadenlegung** / extended floated thread || **~e Kette** (Tepp) / float warp || **~er Schuß** / float weft

Flottier·faden *m* (Fehler; nicht eingebundener Faden) (Web) / float *n* (defect), flush *n*, floating thread || **≗faden** (erwünscht) / float *n*, flushed thread, floating thread || **≗muster** *n* (Web) / float design

Flottierung *f* (Web) / floating *n*, flushing *n* || **≗** (Strick/Wirk, Web) / float stitch

Flottierungs·länge *f* (Web) / float length || **≗regler** *m* (Web) / float regulator

flottliegende Fäden *m pl* (Web) / floats *pl*

Flottung *f* (Strick/Wirk, Web) / float stitch || **≗** (Web) / floating *n*

Flottungslänge *f* (Web) / float length

Flow-Coating *n* (Beschicht) / flow coating

flüchtig *adj* / volatile *adj* || **~er Bestandteil** / volatile component || **~er Farbstoff** / fugitive tint || **~es Fleckenbilden** / fugitive staining

Flüchtigkeit *f* / fugacity *n*, volatility *n*

Fluff-Verfahren *n* (Waschmittelherstellung) / fluff process

Flug *m* (Web) / fly *n* (defect) || **≗bildung** *f* (Spinn) / fluff *n*, fly formation

Flügel *m* (Spinn) / flyer *n* (inverted U-shaped revolving device on spindle top), whorl *n* (ring-spinning frame) || **≗arm** *m* / flyer leg || **≗ärmel** *m* (Mode) / wing sleeve || **≗aufwindung** *f* (Spinn) / flyer winding || **≗boden** *m* (Spinn) / folding bottom || **≗drehung** *f* (Spinn) / turn of the flyer || **≗fadenführer** *m* (Spinn) / wing guide || **≗feinspinnmaschine** *f* / flyer spinning frame for fine counts || **≗plattiermaschine** *f* (Strick/Wirk) / wing plating machine || **≗rad** *n* (Strick/Wirk) / impeller *n* || **≗rührer** *m* / blade stirrer, blade mixer || **≗schläger** *m* / [knife] blade beater || **≗spindel** *f* / flyer spindle || **≗spinnen** *n* / flyer spinning || **≗spinnmaschine** *f* (Spinn) / speed frame, flyer *n*, flier *n*, fly frame, flyer spinning frame || **≗stab** *m* / beater rod || **≗typfärbemaschine** *f* / paddle dyeing machine || **≗vorlauf** *m* (Spinn) / flyer lead || **≗vorspinnmaschine** *f* / spindle roving frame || **≗welle** *f* (Spinn) / locker bar || **≗zwirnmaschine** *f* / fly doubler, fly twister

Flug·fangwalze *f* / fly roller stripper || **≗faser** *f* / fly fibre || **≗gepäckstoff** *m* / airplane luggage cloth (lightweight coated cloth) || **≗sammelblech** *n* / fly collector plate || **≗sammelkanal** *m* / fly collector duct || **≗sammler** *m* / fly collector || **≗wender** *m* (Spinn) / angle stripper || **≗wolle** *f* / fly wool

Flugzeugbespannstoff *m* / aeroplane cloth, airplane cloth, aircraft cloth

Fluid *n* / fluid *n*

Fluidisation *f* / fluidization *n*

fluidisieren *v* / fluidize *v*

Fluid-Technik *f* / fluidized bed technique

Fluor·carbonfaser *f* / fluorocarbon fibre || **≗chlorkohlenwasserstoff** *m* / fluorinated hydrocarbon

Fluoreszenz *f* / fluorescence *n* || **≗analyse** *f* / fluorescence analysis || **≗anregung** *f* / fluorescence excitation || **≗erregung** *f* / fluorescence excitation || **≗farbstoff** *m* / fluorescent dyestuff || **~löschende Wirkung** / fluorescence quenching effect || **≗mikroskopie** *f* (Matpr) / fluorescence microscopy || **≗pigment** *n* / fluorescent pigment || **≗spektrum** *n* / fluorescence spectrum || **≗stoff** *m* / fluorescent agent, fluorescent substance || **≗strahlung** *f* / fluorescence *n* || **≗träger** *m* / fluorescence carrier

fluoreszieren *v* / fluoresce *v*

fluoreszierend *adj* / fluorescent *adj* || **~es Bleichmittel** / fluorescent bleaching agent || **~er Farbstoff** / fluorescent dyestuff || **~e Gilbe** / fluorescent yellow dyestuff || **~e Substanz** / fluorescent substance

fluorhaltiges Lösungsmittel / fluorinated solvent

fluorieren *v* / fluorinate *v*

fluoriertes Äthylen-Propylen-Kopolymerisat / fluorinated ethylene-propylene resin

Fluor·kohlenstoffaser *f* / fluorocarbon fibre || **≗kohlenwasserstoff** *m* / fluorohydrocarbon *n*, fluorocarbon *n* || **≗-Kunststoffe** *m pl* / fluoroplastics *pl*

Fluorofaser *f* (DIN 60001) / fluorofibre *n*

Fluor·verbindung *f* / fluorine compound || **≗wasserstoffsäure** *f* / hydrofluoric acid

Fluse *f* / lint *n*, lint fly || **≗** (Web) / thread end || **≗n** *f pl* / fluff *n*, fluffing *n* || **≗** *f* (Fadenverdickung) / slub *n* || **mit ≗n bedeckte Ware** / linty cloth

Flusen·ablagerung *f* / lint deposit || **≗ansatz** *m* / initial lint deposit || **≗bildung** *f* **auf Baumwollgeweben beim Waschen und Trocknen** / lint formation, linting *n* || **≗entferner** *m* (Spinn) / clearer *n* || **≗fänger** *m* (Trockner) / lint catcher, lint filter || **≗filter** *m n* / fibre waste trap || **~frei** *adj* / free from fluff || **≗messer** *n* / mote knife, stippping knife || **≗sieb** *n* (Trockner) / lint screen, lint filter || **≗wächter** *m* / slub detector

flushen *v* (Pigmente durch Kneten mit hydrophoben Bindemitteln entwässern und in Pastenform überführen) (Färb) / flush *v*

Flushing *n* (Überführung wäßriger Pigmente in Pastenform durch Kneten mit hydrophoben Bindemitteln) (Färb) / flushing *n* || **≗verfahren** *n* / flushing process

Flush·kneter *m* (Knetmaschine zum Bereiten von Pigmentpasten) / flusher *n* || **≗paste** *f* / flushed colour || **≗verfahren** *n* (Pigm) / flushing process

flusig *adj* / fluffy *adj*, slubby *adj*

Flusigkeit *f* / slubbiness *n*

flüssig *adj* / fluid *adj*, liquid *adj* || **~er Puder** / liquid powder || **~es Waschmittel** / liquid detergent

Flüssigammoniak-Behandlung *f* (Fixierung von Geweben) / liquid ammonia treatment

Flüssigkeits·absorptionsmenge *f* / wet pickup || **~gemisch** *n* / liquid mixture || **~mischer** *m* / liquid mixer || **~niveau** *n*, Flüssigkeitsspiegel *m*, Flüssigkeitsstand *m* / liquid level || **~stiefel** *m* (Bleich) / liquid J-box || **~undurchlässig** *adj* / impermeable to liquids
Flüssig·metallbad *n* / molten metal bath || **~zwirnen** *n* / fluid twisting
Fluß·röste *f* / river retting, stream retting || **~säure** *f* / hydrofluoric acid
Flyer *m* (DIN 64100) (Vorspinnmaschine mit Streckwerk, Spindeln mit Flügen und Flyerspulen zum Verfeinern der Streckbänder) / flyer *n*, flier *n*, fly frame, flyer spinning frame, speed frame || **~ für das Baumwollspinnverfahren** / fly frame for cotton spinning || **~arm** / flyer leg || **~aufwindung** *f* (Spinn) / flyer winding || **~drehung** *f* (Spinn) / turn of the flyer || **~garn** *n* / flyer yarn, roving *n*, rove *n* || **~hülse** *f* (Spinn) / speed frame tube, roving bobbin, condenser bobbin || **~hülse** (DIN 61805) / flyer bobbin || **~kette** *f* / flyer chain
Flyern *n* / slubbing *n*
Flyer·spindel *f* / flyer spindle || **~spule** *f* / speed frame bobbin || **~spulenvoreilung** *f* / bobbin lead || **~vorlauf** *m* (Spinn) / flyer lead
FNF-Kettenwirkmaschine *f* / FNF knitting machine
Foambacks *pl*, schaumstoffverbundene Textilien / foambacks *pl*
Foamless-Foam *m* / foamless foam
Folie *f* (aus Kunststoff) / (unter ca. 0,25 mm) film *n*, (über ca. 0,25 mm) sheet *n*, sheeting *n*
Folien·bändchen *n* (aus der Folie geschnittene Bändchen zum Herstellen von Bindegarn, Seilen, Geweben), Folienfaden *m*, Folienflachfaden *m* / slit film, tape *n*, split film, [slit] film yarn || **~formverfahren** *n* / sheet forming || **~garn** *n* s. Folienbändchen || **~kalander** *m* (Kasch) / sheeting calender || **~material** *n* (Beschicht) / sheeting *n* || **~verstärkte Beschichtung** / sheet stock reinforced laminate
Folinreagens *n* / Folin's phenolic reagent
folkloristisches Druckmuster (Mode) / ethnic print design
Fond *m* (Färb, Textdr) / background *n*, ground *n*, bottom *n*, base *n* || **~** / blotch *n* (wet-in-wet process) || **~farbe** *f* / ground colour, base dye, ground shade || **~farbstoff** *m* / dyestuff for dyeing the background of fabrics || **~farbton** *m* / bottom shade || **~färbung** *f* / bottom dyeing, ground dyeing || **~muster** *n* / ground design, ground pattern || **~-Musterung und Bordüre** *f* (Tepp) / body and border || **~strich** *m* (Beschicht) / ground coat || **~walze** *f* / blotch roller (wet-in-wet process)
Fontur *f* (Strick/Wirk) / knitting head, section *n*
Fonturen·breite *f* (Strick/Wirk) / knitting width, width of section, section width || **~zahl** *f* (Strick/Wirk) / number of divisions, number of sections, number of heads
fördern *v* / promote *v*
Form *f* / form *n*, style *n*, cut *n* (garment), shape *n* || **~ für die Strumpfherstellung** (Strumpf) / boarding form || **auf ~en ziehen** (Strumpf) / board *v*
Formaldehyd *m* / formaldehyde *n*, methanal *n*, formic aldehyde || **~ausrüstung** *f* / formaldehyde finish[ing] || **~behandelt** *adj* / formaldehyde-treated *adj* || **~beständigkeit** *f*, Formaldehydechtheit *f* / fastness to formaldehyde, resistance to formaldehyde || **~geruch** *m* / formaldehyde odour || **~nachbehandlung** *f* / formaldehyde aftertreatment || **~sulfoxylatätze** *f* / formaldehyde sulphoxylate discharge || **~verträglichkeit** *f* / compatibility with formaldehyde
Formalin *n* (wäßrige Formaldehydlösung) / formalin *n*
Formamidformaldehyd *m* / formamide-formaldehyde *n*
Form·änderung *f* / dimensional change, strain *n* (deformation) || **~änderung durch Scherung** / shear stress-strain property || **~änderungsarbeit** *f* / deformation energy || **~änderungsgeschwindigkeit** *f* / strain rate || **~änderungsprüfgerät** *n* / strainometer *n* || **~anilid** *n* / formanilide *n* || **~artikel** *m* / moulded article, moulding *n*
formbar *adj* / mouldable *adj*, ductile *adj*, formable *adj*, stretchable *adj*
Formbarkeit *f* / ductility *n*, stretchability *n* || **~ an Ecken** (Gew) / formability around corners
form·beständig *adj* / dimensionally stable || **~beständigkeit** *f* / shape retention, dimensional stability || **~beständigkeit** (Strumpf) / permanence of set || **~beständigkeit in der Wärme** / heat deflection temperature (plastics) || **~bügeln** *v* / body-press *v* || **~bundapparat** *m* (Näh) / shaped waistband attachment
Formel *f* / formula *n* || **~** (Färb) / dyeing formula, recipe *n*, dyeing recipe
formen *v* / form *v* || **~** (Hutm) / block *v* || **~** (Strumpf) / board *v*, shape *v*, set to shape || **~** / mould *v* (plastic etc), mold *v* (US) || **~** *n* / moulding *n* (plastic), shaping *n* || **~ nach dem Färben** (Strumpf) / post-boarding *n* || **~ von Strümpfen** / stocking boarding
formend·es Hosenkorselett / body briefer || **~es Langbein-Hosenkorselett** / long-leg body briefer
Formen·schneider *m* (Textdr) / form cutter || **~trennmittel** *n* / mould release agent
Formfaktor *m* / shape factor, form factor
formfest machen (Strumpf) / set to shape
Formfestigkeit *f* / shape retention, dimensional stability || **~** (Strumpf) / permanence of set
Formfestmachen *n* / fashioning *n* || **~ von Strümpfen** / setting hose to shape
formgebende Miederstoffe *m pl* / power nets
Formgebung *f* / shaping *n*
formgerecht *adj* (Strick/Wirk) / [fully] fashioned, full-fashioned *adj* || **~ gestrickte Strümpfe** *m pl*, formgerecht gewirkte Strumpfware / fully fashioned hosiery || **~er Strumpf** / fully fashioned stocking (F/F stocking), fully fashioned hose || **~machen** *n* / fashioning *n*
Formiat *n* / formate *n*, formiate *n*
formiert·er Farbstoff / formulated dyestuff || **~es Mattierungsmittel** / finished dulling agent || **~es Pigment** / finished pigment || **~es Pigment** (i.e.S.) / stir-in pigment || **~es Produkt** / formulated product
Formierung *f* (eines Farbstoffs) / formulation *n* || **~ in Flocken** / formulated product in flakes || **~ in Pulverform** / formulated product in powder form
Formierungszusatz *m* (Färb) / formulating additive
Formkraft *f* (eines Mieders) / holding force, holding power (of a foundation garment), restraining power, support power
formlos *adj* / shapeless *adj*, amorphous *adj*

Form·maschine *f* / moulding machine, shaper *n* || **≗maschine** (Färb) / shaping machine (heat-setting) || **≗masse** *f* / moulding compound, moulding material || **≗naht-Agreggat** *n* (Näh) / profile stitcher || **≗presse** *f* (Konfektion) / shaping press, Hoffmann press || **~pressen** *vt* / mould *vt* (plastic etc), mold (US) || **≗pressen** *n* / moulding *n* (plastic) || **≗schäumen** *n* / sandwich moulding || **≗schiene** *f* / shaper rail

formschlüssige Fachbildung (Web) / positive shedding

Form·stabilisierung *f* / stabilization of shape (fibres) || **≗stabilität** *f* / shape retention property, shape stability, dimensional stability || **≗stück** *n* (Masch) / fitting *n* || **≗teil** *n* / moulding *n*, moulded article || **≗teil-Beflockung** *f* / flocking of mouldings || **~treu** *adj* / true to shape

formulieren *v* / formulate *v*

Form- und Fixiermaschine *f* (Ausrüst) / forming and setting machine, shaping and setting machine

Formung *f* (Strumpf) / boarding *n*

Form·veränderung *f* / deformation *n* || **≗verfahren** *n* / moulding *n* (plastic) || **≗werkzeug** *n* / mould *n* (plastic etc)

Formylhydroperoxid *n* / per[oxy]formic acid

Formzeit *f* / moulding time

Forschungsinstitut für Färberei und Chemischreinigung - Sitz Harrogate / Dyers and Cleaners Research Organization (DCRO)

Försteruniformstoff *m* / forestry cloth

Fortführungstuch *n* / conveyor blanket || **endloses ≗** / creeper *n*

fortgerückt einsetzen (den Faden) / offset *v* (the thread)

fortlaufend·e Farbe (Web) / continuous colours *pl*, continuous stroke of the shuttle || **~es Muster** / continuous design, continuous pattern || **~e Naht** / continuous seam

Fortrückexzenter *m* (Strick/Wirk) / feed eccentric

fortschreitend·e Benetzungsspannung / advancing wetting tension || **~er Randwinkel** / advancing wetting angle (surfactants)

fotochemisch wirksam / actinic *adj*

Foulard *m* (DIN 64990) (Färb) / pad *n*, padder *n*, padding machine, padding mangle, foulard *n* || **≗appretur** *f*, Foulardausrüstung *f* / finishing on the padder || **≗chassis** *n*, Foulardeinsetzkasten *m* / trough of the padding machine, padding trough, pad trough, pad box || **≗färberei** *f* / dyeing on the padder, pad dyeing || **≗färbeverfahren** *n* / pad dyeing process, padding process, padding mangle method || **≗färbung** *f* / pad dyeing

foulardieren *v* (Färb) / pad *v*, slop-pad *v*, pad-dye *v* || **≗** *n* (Färb) / padding *n*, slop padding || **≗ trocken in naß** / pad application dry on wet

Foulardierlösung *f* / pad liquor, padding liquor

foulardiert *adj* (Färb) / padded *adj*

Foulardine *f* (ein durch Merzerisieren und Seidenfinish erzeugter hochglänzender, feinfädiger Kettsatin) / cotton foulard (cotton fabric made to simulate silk foulard)

Foulard·jigger *m* (Färb) / pad jig || **≗klotzfärbung** *f* / pad dyeing || **≗maschine** *f* (Färb) / pad *n*, padder *n*, padding machine, padding mangle, foulard *n* || **~mäßige Ausrüstung** / finishing on the padder || **~mattieren** *v* / delustre on the pad, dull on the padder || **≗mattierung** *f* / dulling on the padder || **≗trog** *m* / pad box, trough of the padding machine, padding trough, pad trough || **≗walze** *f* / pad bowl, padding roller, pad roller || **≗-Ware** *f* / foulard fabric

Foulé *m* (tuchähnliches Kammgarngewebe aus Merinowolle in Köperbindung) / foulé *n* (Fr) || **≗appretur** *f*, Fouléausrüstung *f* / foulé finish, melton finish

Fournisseur *m* (Strick/Wirk) / feed wheel unit, feed wheel mechanism || **≗** (Web) / thread regulator, thread regulating wheel, thread wheel || **≗rad** *n* (Strick/Wirk) / feed wheel, furnishing wheel

Frack *m* / tailcoat *n*, tails *pl*, dress coat || **≗** (Gesellschaftsanzug) / dress suit, evening dress, full dress suit || **≗ mit spitzen Schößen** / swallow-tailed coat, swallow-tail[s] || **≗ und Zylinder** (Mode) / top and tails || **≗anzug** / dress suit || **≗hemd** *n* / evening shirt, dress shirt || **≗schleife** *f* / club bowtie (in white used with a tail coat)

fraise *adj* (Farbe) / fraise *adj* (Fr)

fraktionieren *v* (Chem) / fractionate *v*

fraktioniert destillieren (Chem) / fractionate *v*

Frankfurter Schwarz (Färb) / vine black, German black

Franse *f* (einer Decke, eines Teppichs, usw.) / fringe *n* || **≗** (Wirkerei) / pillar stitch || **≗** (loser Faden) / thrum *n* || **mit ≗n besetzen** / fringe *v*

Fransen·apparat *m* (Strick/Wirk) / fringe apparatus || **≗band** *n* / fringe trimming || **≗drehmaschine** *f* / fringe twisting machine, fringeing machine || **≗fibrille** *f* / fringed fibril || **≗häkelmaschine** *f* / fringe crocheting machine || **≗knüpfer** *m* / fringe knotter || **≗knüpfmaschine** *f* / fringe knotting machine, fringe twisting machine, fringeing machine || **≗leger** *m* (Strick/Wirk) / fringe pleater, fringe apparatus || **≗legung** *f* / pillar stitch formation, pillar stitch notation, pillar stitch lapping || **≗maschine** *f* / fringe machine || **≗mizelle** *f* / fringed micelle || **≗rand** *m* / fringed edge || **≗stich** *m* / tassel stitch (stitch by which loops are made, the loops being cut to form a fringe) || **≗test** *m* (Färb) / fringe test || **≗ware** *f* / fringe goods *pl*

fransig *adj* / fringy *adj* || **~e Fibrille** / fringed fibril || **~e Mizelle** / fringed micelle

französisch·er Anfang (Strick/Wirk) / French welt || **~e Baumwollnumerierung** / French cotton count || **~e Bündelung** (Näh) / French fag[g]oting || **~er Doppelpiqué** / French double piqué || **~e Ferse** / square heel, French heel || **~e Hochferse** / French heel || **~e Kammgarnmaschine** / French comb || **~er Knotenstich** / French knots stitch || **~er Kreppcord** / French crepe cord || **~e Naht** (Näh) / French seam || **~er Patentrand** (Strick/Wirk) / French welt || **~er Rundstuhl**, französische Rundwirkmaschine / loop wheel knitting machine, French circular frame, French sinker wheel [knitting] machine, sinker-wheel machine || **~e Spitze** (Strumpf) / French foot || **~e Strumpfferse** / French heel || **~er Strumpffuß** / French foot hose, French foot || **~er Versatz** (Strick/Wirk) / French rack

Fräsblech *n* **der Raschelmaschine** / comb plate

fräsen *v* (Masch) / mill *v* || **≗** *n* (Masch) / milling *n*

Fraß·probe *f* / moth grub test || **≗schaden** *m* / grub damage || **≗schutzmittel** *n* / insecticide *n* (to protect cellulose-containing textiles)

Frauen·hemd *n* / ladies'shirt, chemise *n* || **≗kleid** *n* / frock *n* || **≗nachthemd** *n* / night-dress *n*, nightie *n* (often shorter) || **≗rock** *m* / ladies' shirt *n* || **≗strumpf** *m* / ladies' hose || **≗strumpfmaschine** *f* / machine for ladies' hose || **≗unterrock** *m* /

petticoat *n*
Frazier-Durchlässigkeitsmesser *m* / Frazier permeometer
frei·e Adhäsionsenergie / free adhesion energy (surface active agent) || **~e Benetzungsenergie** / free wetting energy (surface active agent) || **~e Grenzflächenenergie** / free interfacial energy (surface active agent) || **~e Oberflächenenergie** / free surface energy (surface active agent), surface energy || **~ von Schipprigkeit** / non-skittery *adj* || **~ von statischer Aufladung** / static-free *adj*
Freiarmnähmaschine *f* / free arm sewing machine
Freiberger Stiefel / J-box *n*, J-tube *n*
freigelegt·e Fäden *m pl* / laid open ends || **~e Schußfäden** *m pl* / loose picks
freiliegend *adj* / bare *adj* (of filament) || **~er Faden** (Web) / float *n* (defect)
Freiluft·bewitterungsprobe *f*, Freiluftbewitterungsprüfung *f* / open-air weathering test || **²textilien** *pl* / open-air textiles, outdoor textiles, outdoor furnishings *pl* || **²trockner** *m* / atmospheric drier
Freizeit·anzug *m* (Mode) / casual [wear] suit || **²bekleidung** *f* (Mode) / leisure wear, casuals *pl*, casual wear || **²hemd** *n* / leisure shirt, casual shirt || **²hose** / [pair of] slacks (esp US) || **²jacke** *f* **mit Reißverschluß** / zip-fastening casual jacket || **²kleidung** *f* (Mode) / casual wear, casuals *pl*, leisure wear || **²mode** *f* / leisure wear fashion
Fremd·bestandteil *m* / impurity *n* || **~vernetzend** *adj* / co-reacting *adj*
Fresko *m* (Kammgarn- oder Streichgarngewebe mit freskenartigem Oberflächenbild, das durch die Verwendung von Leinwandbindung und hart gedrehten Garnen oder Zwirnen in Kette und Schuß entstand) / fresco *n*
Fries *m* (grober Wollstoff) (Web) / cloth with rough pile || **²dichtungsstreifen** *m* / frieze draught excluder
Friesel·mokett *m* / moquette with rough pile, rough pile moquette || **²teppich** *m* (Web) / frieze carpet, frisé carpet
friesischer Flachs / Friesland flax
Friktion *f* / friction *n*
friktionieren *v* / friction *v*
Friktions·aufwicklung *f* / friction winding || **²drallgeber** *m* (Texturieren) / element for imparting friction twist || **²hochglanz** *m* / friction finish || **²kalander** *m* / lustring calender || **²kalander** (DIN 64990) (Web) / friction calender, frictioning calender || **²kalander-Ausrüstung** *f* / friction calendering || **²kalandern** *n* / friction calendering || **²spindel** / friction spindle || **²strecktexturierung** *f* / friction-stretch texturizing || **²stricknadel** *f* (Strick/Wirk) / friction needle || **²texturieren** *n* / friction texturing || **²walzwerk** *n* / friction mill
Frischluft·vorheizen *n* (DIN 64990) / fresh air preheating || **²vorheizung** *f* (DIN 64990) / fresh air preheating device
Frisé *m* (Kleider- und Möbelbezugstoff) / frisé *n* (Fr) || **²garn** *n* (Effektzwirn aus zwei Chemiefäden unterschiedlicher Drehung - ergibt Kräuseleffekt) / frieze yarn || **²samt** *m* / frieze velvet, terry velvet (uncut pile), frisé velvet
Frisier·mantel *m* / dress jacket (GB), peignoir *n* || **²mühle** *f* / friezing machine
Frisolettband *n* / twilled floss silk ribbon
Frisongarn *n* / frison silk
Frivolitätenarbeit *f* / tatting *n* (operation of producing lace by hand by making various loops to form delicate designs with a shuttle) || **² machen** / tat *v*
Frivolitätenzwirn *m* / tatting cotton
frontaler Schußeintrag (Web) / frontal weft insertion
Frontfixieren *n* (Konfektion; großflächige Ganzeinlagen werden mit dem Oberstoff (Vorderteil) durch Heißsiegeln fest verbunden) / front fusing, cloth front pressing
„Frosting-Effekt" *m* (Streifigkeit oder Unegalität durch unvollständige Farbstoff-Fixierung) (Färb) / frosting *n*
Frost·schutzlösung *f* / antifreeze solution || **~unempfindlich** *adj* / unaffected by frost
frottee·artig *adj* / terry *adj* || **²garn** *n* / twisted yarn || **²gewebe** *n*, Frotteestoff *m* / frotté *n* (Fr) (without loops, made with special yarn on normal loom, dress fabric) || **²-Jacquardmaschine** *f* / terry jacquard machine || **²-Velours** *m* / Turkey towelling
Frotté·gewebe *n* s. Frotteegewebe || **²-Jacquardmaschine** *f* / terry jacquard machine
Frotteur·strecke *f* (Spinn) / rubbing frame, [terry yarn] rubbing drawer, rubber drawing, bobbin drawing || **²verfahren** *n* / rubber drawing system
Frottier·artikel *m pl* / terry cloth goods || **²bindung** *f* / terry weave, towel weave
frottieren *v* (Tuch) / rub *v*, raise *v*, nap *v*, tease *v*, brush *v* || **²** *n* / abrasion *n*, abrasive effect, rubbing *n*
Frottier·gewebe *n* (mit Schlingeneffekt, der mit normalem Garn auf besonders konstruierten Webstühlen geschaffen wird) / terry cloth, terry towelling, Turkish towelling || **²gewebe mit offenen Schlingen** / loop pile fabric || **²handtuch** *n* / terry towel, Turkish towel || **²-Jacquardmaschine** *f* / jacquard machine for terry cloths || **²maschine** *f* / terry loom || **²stoff** *m* s. Frottiergewebe || **²stoff** (gewirkt) / frotté *n* || **²tuch** *n* / terry cloth || **²-Velours** *m* / Turkey towelling, Turkish towelling || **²walze** *f* (Spinn) / top roller, upper roller || **²ware** *f* / terry goods, terry cloth goods, towelling *n* || **²webautomat** *m* / automatic terry loom || **²webmaschine** *f*, Frottierwebstuhl *m* / terry loom
Frucht·faser *f* / fruit fibre || **²saftfleck** *m* / fruit stain
Früh·fixierung *f* (Färb) / early fixation || **²lein** *m* / early flax
frühlingsgrün *adj* / spring-green *adj*
fuchsig *adj* / fox-coloured *adj*, carroty *adj*
Fuchsin *n* / fuchsin[e] *n*, aniline red, acid fuchsine, magenta *n*
fuchsrot *adj* / fox-coloured *adj*, rufous *adj*, fox red
Fugat *n* (beim Zentrifugieren) / filtrate *n*
Fugazität *f* / fugacity *n*
Fühler *m* (Web) / feeler *n* || **²bügel** *m* / feeler bow || **²draht** *m* (Strick/Wirk) / fly wire || **²drahtfeder** *f* (Strick/Wirk) / fly wire spring || **²gabel** *f* **der Abstellvorrichtung** / fork of stop motion || **²hebelplatte** *f* (Strick/Wirk) / feeler lever plate || **²nadel** *f* / feeler needle || **²rolle** *f* / feeler roll || **²schlitz** *m* (DIN 64685) (Web, Schützen) / feeler slot || **²vorrichtung** *f* / feeler motion || **²walze** *f* / feeler roller
Fühlrädchen *n* / feeler wheel
führen *v* / guide *v*
Führer *m* (Näh) / guide *n*, rule *n* || **²** (Schärmaschine) /

heck box || ≈**einschnitt** / guide slot
Fuhrmannskittel *m* / smock-frock *n*
Führung *f* / guiding *n* || ≈ **des Schützenkastens** / shuttle box slide
Führungs·blech *n* / guide plate || ≈**blech** (Strick/Wirk) / jack guide plate || ≈**bügel** *m* / guide piece || ≈**feder** *f* / guide spring || ≈**kamm** *m* / guide comb || ≈**kappe** *f* (Reißv) / cap of slider || ≈**nut** *f* / guiding groove || ≈**öse** *f* / guide eye || ≈**plättchen** *n* **des Platinenringes** / ring clamp || ≈**rad** *n* / guide wheel || ≈**ring** *m* / guide ring || ≈**rolle** *f* / guide roll[er] || ≈**scheibe** *f* / guiding disc || ≈**schiene** *f* / guide rail || ≈**schiene** (Web) / slide bar || ≈**schlitz** *m* / guide slot || ≈**schloß** *n* (Strick/Wirk) / filling-in cam, guide cam || ≈**stab** *m*, Führungsstange *f* / guide bar, guide rod || ≈**stück** *n* / guide piece || ≈**tisch** *m* / guide table || ≈**walze** *f* / guide cylinder, guide roll[er], guider *n* || ≈**zylinder** *m* / guide cylinder
Fujiseide *f* / Japanese spun silk
Füll·appretur *f* / filling [finish], weighting size, weighting finish, weight giving finish, filling paste, filling size || ≈**bogen** *m* (Kasch) / core sheet || ≈**effekt** *m* (Ausrüst) / filling effect
füllen *v* / load *v*, feed *v* || ≈ *n* / feeding *n*, loading *n*
füllend wirken / body *v*
Füller *m* / filler *n*
Fullererde *f* / bleaching earth, fuller's earth
Füll·faden *m*, Verstärkungsgarn *n*, Ausfüllungsfaden *m*, Ausfüllgarn *n* / padding thread, wadding thread, stuffer thread, stuffer yarn || ≈**faden** (Web) / filling *n* (US), filling thread || ≈**garn** *n* (Tepp) / stuffer yarn || ≈**haar** *n* / quilt hair || ≈**harz** *n* (Ausrüst) / filling resin || ≈**hilfsmittel** *n* / filling auxiliary
füllig *adj* / full-bodied *adj*, plump *adj* (silk) || ~**er Griff** / full hand[le] || ~**e Wolltuchausrüstung** / cloth finish
Fülligkeit, gute ≈ (Garn) / high-bulk *n*
Füll·kasten *m* / feed container || ≈**kette** *f* / filling warp, stuffer warp, wadding warp || ≈**kette** (Tepp) / stuffer warp || ≈**kordel** *f* / filler cord (bag manufacturing; to prevent seepage of powdered products) || ≈**körper** *m* / filler *n* || ≈**körperfleck** *m* / filler speck || ≈**körpergehalt** *m* / filler content || ≈**magazin** *n* (Web) / filling battery || ≈**maschine** *f* / stuffing machine || ≈**masse** *f* / filling mass, filling mix, filling compound || ≈**material** *n* / filling material || ≈**material** (Polsterfüllung) / stuffing *n* || ≈**materialien** *n pl* / fillings *pl* || ≈**matte** *f* (für Steppfutterzwecke) / fibre-fill nonwoven
Füllmittel *n* / filling substance || ≈ (Griff-Variator) / filling agent, filler *n* || ≈**gehalt** *m* / filler content || ≈**zusatz** *m* / filler addition
Füll·rakel *f* (Beschicht) / two-bladed knife in the form of a box || ≈**schacht** *m* / filling box, tower feeder || ≈**schicht** *f* **für Teppiche** / carpet lining || ≈**schuß** *m* / filling weft, wadding pick, stuffer weft, wadding weft || ≈**schußfaden** *m* / wadding filling yarn || ≈**stoff** *m* / filler *n*, filling material || ≈**stoff** (Beschicht) / extender *n* || ≈**stoff** (Ausrüst) / weighting material || ≈**trichter** *m* (allg) / hopper *n*, hopper feeder
Füllung *f* (Web) / wad *n* || ≈ / [upholstery] filling *n*, stuffing *n*
Füll·vlies *n* (Vliesst) / quilting *n* || ≈**wirkung** *f* (Ausrüst) / filling effect
Fumarsäure *f* / fumaric acid
fünfbindig *adj* (Web) / five-end *adj* || ~**er Atlas** / five-end satin, fiveshaft satin || ~**er Kettatlas** / five-end satin weave || ~**er Satin** / five-end satin
Fünf·fingerhandschuh *m* (DIN 61533) / five finger glove || ~**schäftiger Atlas** / five-end satin, fiveshaft satin || ≈**-Walzen-Rollkalander** *m* / five-bowl rolling calender
Fungistatikum *n* / fungistat *n*
fungistatisch *adj* / fungistatic *adj* || ~**e Ausrüstung** / fungistatic finish
fungizid *adj* / fungicidal *adj*, antifungal *adj* || ~ **wirksam** / fungicidal *adj* || ~**e Wirksamkeit** / fungicidal efficiency || ≈ *n* / fungicide *n*, antimycotic *n* || ≈**ausrüstung** *f* / fungicidal finish
funkeln *v* / sparkle *v*
funkelnd *adj* / scintillating *adj*
Fural *n* / furfural *n*
2-Furaldehyd *m* / furfural *n*
Furan *n* / furfuran *n*, furan *n* || **2-**≈**karbonal** *n* / furfural *n*
Furche *f* (Näh) / slot *n*
Furfural *n* / furfural *n* || **2-**≈**aldehyd** *m* / furfural *n* || ≈**harz** *n* / furfural resin || ≈**prozeß** *m*, Furfuralverfahren *n* / furfural process
Furfuran *n* / furfuran *n*, furan *n*
Furfurol *n*, 2-Furfurylaldehyd *m* / furfural *n*
Furnace-Ruß (im Furnace-Verfahren hergestellter Gasruß) / furnace black
Furol *n*, 2-Furylaldehyd *m* / furfural *n*
Fuß *m* (Reißv) / shoulder *n* (part of scoop) || ≈ **eines Reißverschlußzahns** (Reißv) / foot *n* (of tooth) || ≈**abtreter** / doormat *n* || ≈**anbiegemaschine** *f* / butt former
Fußball·torbespannung *f*, Fußballtornetz *n* / goal net || ≈**trikot** *n* / football jersey
fuß·betätigte Speiseregulierung / pedal feed motion || ≈**blatt** *n* (Strumpf) / instep *n*, upper portion of the foot
Fußboden·belag *m* (DIN 61151) / floor covering || ≈**fliese** *f* (Tepp) / tile *n* || ≈**matte** *f* / floor mat, floor matting
Fuß·decke *f* (Strumpf, Strick/Wirk) / instep *n* || ≈**deckelschiene** *f* (Strumpf, Strick/Wirk) / instep bar || ≈**deckerei** *f* (Strumpf) / foot fashioning
Fussel *f m* / fuzz *n*, thrum *n* (waste) || ~**beständige Ausrüstung** / fuzz resistant finish || ≈**beständigkeit** *f* / fuzz resistance || ≈**beständigkeitsausrüstung** *f* / fuzz resistant finish
fusselig *adj* / fluffy *adj*, fuzzy *adj*
Fusseligkeit *f* / fuzziness *n*
Fusseln *n* / fuzzing *n*
Fuß·erweiterung *f* (Strumpf) / enlarging of feet || ≈**hülse** *f* (DIN 61805) (Spinn) / small bottle bobbin || ≈**kissen** *n* / hassock *n* || ≈**klima** *n* (Strumpf) / temperature and moisture conditions in the shoe || ≈**lager** *n* / spindle step || ≈**länge** *f* (Strumpf) / foot length
fußlig *adj* / fluffy *adj*, fuzzy *adj*
Fußligkeit *f* / fuzziness *n*
Füßlingmaschine *f* / feet knitting machine
fuß·loser Stößer (Strick/Wirk) / buttless clavette || ≈**maschine** *f* (Strumpf) / footing machine, footer *n* || ≈**matte** *f* / doormat *n* || ≈**oberteil** *n* (Strumpf) / upper portion of the foot || ≈**reihenzähler** *m* (Strick/Wirk) / foot course counter || ≈**sohle** *f* / sole *n* || ≈**spitze** *f* (Strumpf) / toe *n* || ≈**spule** *f* (DIN 61800) (Spinn) / small bottle package || ≈**strickmaschine** *f* / foot knitting machine || ≈**wolle** *f* / footlocks *pl*, skirting *n* (wool)
Fustian *m* (Köperbarchent) / fustian *n*
Fustik *m* (von Chlorophora tinctoria Gaud.),

Fustikholz *n* (Färb) / fustic *n*, young fustic, yellow dyewood, yellow wood || **≗farbe** *f* / old fustic

Futter *n* / lining *n* || ≗ (Strick/Wirk) / backing *n* || **≗ bei Rundwirkware** / laid-in knit

Futteralkleid *n* (Mode) / sheath dress

Futteranstaffiermaschine *f* / lining felling machine || **≗apparat** *m* (Strick/Wirk) / backing apparatus, tackle *n*, filling burr apparatus || **≗batist** *m* / lining cambric || **≗-Charmeuse** *f* / locknit lining || **≗faden** *m* (Strick/Wirk) / backing yarn, laying-in thread, lining thread, laying-in yarn, fleecy yarn || **≗filz** *m* / lining felt || **≗flanell** *m* / flannel for lining || **≗garn** *n* / filling thread || **≗gaze** *f* / gauze lining || **≗handschuh** *m* / lined glove || **≗kattun** *m* / calico lining || **≗kette** *f* / wadding warp, stuffer warp, filling warp || **≗köper** *m* / lining twill || **~los** *adj* / unlined *adj* || **≗mailleuse** *f* (Strick/Wirk) / filling burr || **≗material** *n* / fabric for linings, lining material || **≗muster** *n* / laid-in effect

füttern *v* / line *v* (clothing) || **mit Futterfaden ~** (Strick/Wirk) / line *v*

Futterplüsch *m* (Strick/Wirk) / lining plush || **≗rad** *n* (Strick/Wirk) / backing wheel, filling burr || **≗reihe** *f* (Strick/Wirk) / miss-and-tuck course || **≗schleife** *f* (Strick/Wirk) / lay-in loop || **≗schuß** *m* / wadding pick, stuffer weft, filling weft || **≗schußfaden** *m* / wadding filling yarn || **≗seide** *f* **für Schlitzbeilagen** / facing silk || **≗seiden** *f pl* / silk linings

Futterstoff *m* / lining fabric, lining *n*, lining material || **≗ mit Doppelkette** / double warp lining || **≗ausrüster** / lining fabric finisher || **≗rundwirkmaschine** *f* (Strick/Wirk) / circular knitting machine for lining fabrics || **≗veredler** *m* / lining fabric processor

Futterware *f* / fleecy fabric, lay-in fabric, laid-in fabric || **≗ware** (Strick/Wirk) / lined cloth

FV = Flottenverhältnis

G

Gabardine *m f*(Rippenköper) / gabardine *n*, gaberdine *n* || ≗ *f* **mit angewebtem Futter** / gabardine double-cloth || ≗**bindung** / gabardine weave
Gabel *f* / rake *n*(wool scouring machine) || ≗ (Spinn) / whorl *n*(ring-spinning frame) || ≗**häkelei** / hairpin lace || ≗**rechenwaschmaschine** *f*(DIN 64990) / fork type washing machine || ≗**rührer** *m* / fork-shaped agitator
Gabelschußwächter *m*(Web) / centre stop motion, weft fork motion || ≗**-Spulenwechselvorrichtung** *f*(Web) / filling fork filling change action
Galaktomannanäther *m* / galactomannan ether
Galanteriewaren *f pl* / novelties *pl*, smallwares *pl*, haberdashery *n*(GB), notions *pl*(US)
Galauniform *f* / dress uniform, full dress uniform
Galette *f*(Spinn) / galette *n*(wheel made of glass over which newly spun manmade filament is wound), godet wheel, godet roller, godet *n*
Galettseide *f* / galette silk, shave silk
Gallapfel *m* / gallnut *n*, oak-gall *n*, nut-gall *n* || ≗**extrakt** *m n* / gallnut extract
gallen *v*(Seide) / gall *v*, treat with gallnut extract
Gallert *n* / jelly *n*
gallertartig *adj* / jelly-like *adj*, gelatinous *adj* || ~**e Masse** / gelatinous mass, jelly-like substance, gelatinous substance || ~ **werden** / jellify *v*
Gallerte *f* / gelatine *n*, jelly *n*
Gallertmasse *f* / jelly-like substance, gelatinous mass
Gallettgarn *n* / filoselle yarn
Gallierbrett *n*(Web) / cord board, comber board, harness board
gallieren *v* / draw the harness cords through the comber board || ≗ *n* / treatment with gallnut extract || ≗ (Web) / drawing the harness cords through the comber board
Gallierschnur *f*(Web) / twine *n*, harness cord
Gallierung *f*(Web) / harness tie, harness mounting *n*, tying *n*, tying up, harness tying, tie-up (gaiting) *n*, harness draft, cording *n*
Gallus·gerbsäure *f* / tannin *n* || ≗**säure** *f* / gallic acid, trioxybenzoic acid
Galmeiveilchen *n* / calamine violet
Galon *m* / braid *n*, braiding *n*, galloon *n*, lace *n*, seaming-lace *n*, trimming *n*, trimming ribbon, edging *n* || ≗**häkelmaschine** *f*(Strick/Wirk) / galloon crocheting machine
galonieren *v* / galloon *v*, trim with lace
Galon-Raschel *f* / galloon Raschel knitting machine
galvanisieren *v* / galvanize *v*
galvanoplastisch dessinierte Rotationsschablone oder Rundschablone / rotary screen with galvano-plastic design
Gamasche *f* / gaiter *n* || ≗**n** *f pl* / leggings *pl*, uppers *pl*
Gamaschenfilz *m* / legging felt
Gambir *m*(Färb) / gambi[e]r *n*
Gambo·faser *f* / gambo fibre, kenaf fibre || ≗**hanf** *m* / deccan hemp, ambari fibre, ambari hemp, ambaree fibre, gambo hemp, kenaf *n*
Gang *m*(Strick/Wirk) / bout *n* || ≗ **des Schützens** / shuttle course, shuttle race || ≗**aufnehmer** (Web) / warp beam guide || ≗**breite** *f*(Web) / passage width, warping section width || ≗**führer** *m*(Web) / warp beam guide || ≗**höhe** *f*(Web) / number of threads in the beer || ≗**höhe** (der Garnwicklung bei der Kreuzspule) / pitch traverse, traverse number (yarn winding) || ≗**kreuz** *n* / warping lease || ≗**schnur** *f*(Web) / lease band, lease cord, leasing band, marking band || ≗**wechselvorrichtung** *f* (Masch) / speed change motion || ≗**zahl** *f* / number of warper bands
Gänseaugenstoff *m*(Jacquardgewebe) / diaper *n*
Ganz·dreher *m*(Web) / full cross leno, full cross gauze || ≗**dreher** (Web) / complete twist || ≗**drehung** *f* / complete twist || ≗**fach** *n*(Web) / centre shed || ≗**flächenbeflockung** *f*, glanzflächige Beflockung / full flocking || ≗**längen-Unterkleid** *n* / full slip || ≗**leinen** *n* / pure linen
Ganzoffenfach-Jacquardmaschine *f* / fully open-shed jacquard machine
Ganzoffenfach-Jacquardmaschine *f* **mit einem Zylinder** / single-cylinder open-shed jacquard machine
Ganz·stahlgarnitur *f* / all-steel card clothing || ~**wollen** *adj* / all-wool *adj*, pure-wool *adj*
Garderobe *f* / wardrobe *n*
Gardine *f* / net curtain, curtain *n* || **auf Bestellung angefertigte** ≗**n** / custom draperies (US)
Gardinen·ausschneidemaschine *f* / curtain clipping machine || ≗**bleiche** *f* / curtain bleaching || ≗**gewebe** *n* / curtain fabric, curtain material, curtaining [fabric], net curtain fabric, net curtaining || ≗**grenadine** *f* / curtain grenadine || ≗**grundgarn** *n* / curtain net yarn || ≗**häkelmaschine** *f* / net curtain crocheting machine || ≗**haken** *m* / curtain hook || ≗**madrasgewebe** *n* / curtain madras || ≗**maschine** *f* (Web) / curtain machine || ≗**mull** *m* / curtain mull || ≗**rahmen** *m* / curtain stretcher || ≗**raschel** *f*(Strick/Wirk) / curtain double rib loom, curtain raschel loom || ≗**schnur** *f* / curtain cord || ≗**spannmaschine** *f* / curtain stenter (GB), curtain tenter (US) || ≗**spannrahmen** *m* / net curtain stentering frame (GB), net curtain tentering frame (US) || ≗**stoff** *m* / curtain fabric, curtain material, curtaining [fabric], net curtain fabric, net curtaining || ≗**tüll** *m* / curtain net, net curtain tulle || ≗**webmaschine** *f* / curtain net loom
Gardplatine *f*(Strumpf) / plate guard
gären *v* / ferment *v*
Garn *n* / yarn *n*, thread *n* || ≗ **aus Kaschmirziegenhaar** / cashmere yarn || ≗ **aus pigmenthaltigen Fasern** / pigment fibre yarn || ≗ **aus Regeneratpolymerfilament** / regenerated polymer filament yarn || ≗ **aus Shetlandwolle** / Shetland yarn || ≗ **docken** (Spinn) / wind up [yarn] || ≗ **für Oberbekleidung** (Strick/Wirk) / outerwear yarn || ≗ **in Strähnen teilen** / sleave *v* || ≗ **mit Einlage** / core yarn || ≗ **mit hoher Drehung** / highly twisted yarn, yarn with high torque, hard-twisted yarn || ≗ **mit profiliertem Faserquerschnitt** / yarn with profiled cross-section || ≗ **mit S-Drehung** / crossband yarn || ≗ **mit Verdickungen** / slub yarn || ≗ **mit verschieden schrumpfenden Filamenten** / bi-shrinkage yarn || ≗ **mit weichem Griff** / soft touch yarn || ≗ **zu Strähnen haspeln** (Spinn) / spool off || **am Selfaktor hergestelltes** ≗ / mule-spun yarn, mule twist, mule yarn || **im Zwirn fixiertes** ≗ / twist-set yarn || **rohes** ≗ / unbleached yarn, yarn in the grey, untreated yarn || **viersträhniges** ≗ / four-ply yarn || **vom Hersteller texturiertes** ≗ / producer-textured yarn || ≗**abfall** *m* / yarn waste,

thrum *n* (waste), waste yarn || ≗**abplattung** *f* / yarn flattening || ≗**abrollgeschwindigkeit** *f* / feed yarn speed || ≗**abzugskurve** *f* / yarn draw-off curve || ≗**anfeuchter** *m* / bobbin damper || ≗**-an-Garn-Reibung** *f* / yarn-to-yarn friction || ≗**-an-Metall-Reibung** *f* / yarn-to-metal friction || ≗**appretur** *f* / yarn finish[ing] || ≗**aufkarter** *m* / card winder, card winding machine || ≗**auflaufwinkel** *m* / winding angle, winding-on angle || ≗**aufmachung** *f* / yarn make-up || ≗**aufnahme** *f* **pro Nadelhub** / thread take-up || ≗**aufwicklung** *f* / yarn winding || ≗**ausfall** *m* / yarn quality || ≗**ausgeber** *m* (Web, Strick/Wirk) / feeder *n*, yarn carrier, thread guide, thread plate || ≗**baum** *m* / beam *n*, loom beam, warp beam, warping beam, weaver's beam, yarn beam, yarn roller || ≗**baumscheibe** *f* / beam flange || ≗**bedarf** *m* / yarn requirement, yarn consumption

Garnbefeuchtung *f* / yarn damping, yarn moistening

Garnbefeuchtungs·maschine *f* / yarn humidifying machine, yarn moistening machine || ≗**mittel** *n* / yarn humidifier, fibre humectant || ≗**- und -stabilisierungsmittel** *n* / yarn wetting and stabilizing agent

Garn·bruchlast *f* / yarn breaking load || ≗**bündel** *n* / yarn bundle || ≗**bündelpresse** *f* / yarn bundling press, bundle press, yarn racking press, yarn packing press || ≗**bürstmaschine** *f* / yarn brushing machine || ≗**büschel** *n* (Spinn) / tuft *n* || ≗**dämpfapparat** *m* / yarn ageing chamber, yarn steaming chamber || ≗**dämpfer** *m* / yarn ager (US), yarn steamer (GB) || ≗**drall** *m* / yarn twist || ≗**drehung** *f* / yarn twist || ≗**drehung beim OE-Spinnen** / open-end twisting || ≗**drehungswinkel** *m* / angle of twist in the yarn, helix angle (yarn) || ≗**drehungszähler** *m* / turns-per-inch counter for yarn, yarn twist counter || ≗**druck** *m* / yarn printing || ≗**druckmaschine** *f* / yarn printing machine || ≗**durchmesser** *m* / yarn diameter || ≗**eigenschaft** *f* / yarn property || ≗**einlegevorrichtung** *f* / yarn inserting device || ≗**elastizität** *f* / elasticity of yarn, stretching properties of the yarn || ≗**elastizitätsmesser** *m* / machine for testing elasticity of yarns || ≗**ende** *n* (Anfang der Kette) (Web) / porter *n*

Garnett·krempel *f* / garnett clothing card || ≗**maschine** *f*, Garnettöffner *m* (Spinn) / waste opener, thread opener, garnett machine, hard waste breaker, shoddy picker

Garn·färbeapparat *m* / yarn dyeing machine || ≗**färben** *n* / yarn dyeing || ≗**färberei** *f* / yarn dyeing

garnfarbig *adj* / yarn-dyed *adj* || ~**er Artikel** / yarn-coloured article || ~**es Gewebe** / yarn-dyed fabric || ~**e Ware** / yarn-dyed goods *pl*

Garn·färbung *f* / yarn dyeing || ≗**färbung in Strangform** / yarn dyeing in hanks || ≗**fehler** *m* / yarn defect || ≗**feinheit** *f* / yarn count, size of the yarn || ≗**festigkeit** *f* / yarn strength || ≗**festigkeitsprüfer** *m* / yarn strength tester || ≗**filter** *m n* / yarn filter || ≗**führer** *m* / faller wire, guide wire, front faller, yarn guide || ≗**führer** (Zettelmaschine) / heck *n* (US) || ~**gasieren** *v* / gas-singe in yarn form

garngefärbt *adj* / yarn-dyed *adj* || ~**e Seidenstoffe** *m pl* / skein-dyed silks

Garn·geschwindigkeit *f* / yarn speed || ≗**gleichheit** *f* / yarn evenness || ≗**gleichheitsprüfer** *m*, Garngleichheitsprüfgerät *n* / yarn evenness tester, show board tester || ≗**gleichmäßigkeit** *f* / yarn evenness, yarn regularity, yarn uniformity || ≗**gleichmäßigkeitsprüfer** *m*, Garngleichmäßigkeitsprüfgerät *n* / yarn evenness tester, show board tester || ≗**handelsgewicht** *n* / commercial weight of yarn || ≗**haspel** *f* / yarn reel, yarn spool || ≗**haspel mit Zählvorrichtung** (Web) / counting warp reel || ≗**haspelmaschine** *f* / yarn winding machine || ≗**hülse** *f* / yarn tube, thread tube || ≗**hülse der Zwirnmaschine** / twist tube, twister tube

garnieren *v* / trim *v* (hat)

Garnierung *f* / bordering *n* (making-up), trimming *n*, facing *n*

Garnitur *f* (Konf) / stitch-shaped garment length || ≗, Wäschegarnitur *f* / set *n*, lingerie set

Garn·knäuel *m n* / yarn ball, ball of thread, clew *n* || ≗**kochschrumpf** *m* / yarn shrinkage at the boil || ≗**konditioniermaschine** *f* / yarn conditioning machine || ≗**konditionierung** *f* / yarn conditioning

Garnkörper *m* / yarn package || ≗**färbung** *f* / package dyeing || ≗**größe** *f* / size of the package

Garn·kötzer *m* / yarn cop, cop *n* || ≗**kräuselmaschine** *f* / crimping machine || ≗**kräuselung** *f* / yarn crimp || ≗**lagerung** *f* / thread storage || ≗**länge** *f* (DIN 53852) / yarn length || ≗**laufeigenschaften** *f pl* / yarn running properties || ≗**legungsweg** *m* (Strick/Wirk) / technical notation, notation *n* || ≗**lüster** *m* / yarn lustre || ≗**mantel** *m* / surface of the yarn || ≗**material** *n* **auf der Maschine** / yarn load || ≗**merzerisation** *f* / yarn mercerizing || ≗**merzerisiermaschine** *f* (DIN 64990) / yarn mercerizer, yarn mercerizing machine || ≗**merzerisiermaschine für Webketten** / mercerizer for warps || ≗**merzerisierung** *f* / yarn mercerizing || ≗**mitnehmer** *m* / knotter disc || ≗**musterknüpfmaschine** *f* / yarn sample tying device || ≗**numerierung** *f* / yarn numbering || ≗**nummer** *f* (DIN 60905) / yarn count, size of the yarn || **grobe** ≗**nummer**, niedrige Garnnummer / low count of yarn

Garnnummern·bereich *m* / yarn count range || ≗**prüfgerät** *n* / count tester || ≗**prüfung** *f* / count testing

Garn·poliermaschine *f* / yarn polishing machine, thread polishing machine || ≗**präparation** *f* / spin finish || ≗**presse** *f* / yarn bundling press || ≗**prüfapparat** *m* / yarn testing apparatus || ≗**prüfer** *m* / yarn tester || ≗**prüfung** *f* / yarn testing || ≗**querschnitt** *m* / yarn cross-section || ≗**quetsche** *f* / yarn squeezer || ≗**reiniger** *m* / slub catcher, yarn clearer, yarn cleaner || ≗**reißfestigkeit** *f* (DIN 53834) / yarn strength || ≗**reißkraftlänge** *f* / yarn tensile strength || ≗**ring** *m* / yarn ring || ≗**röllchen** *n* (Näh) / reel *n*, cotton reel || ≗**rolle** *f* / yarn reel, yarn spool || ≗**rolle** (Näh) / reel of cotton, spool of thread || ≗**rolle** (Selfaktor) / condenser bobbin || ≗**rundwaschmaschine** *f* / circular yarn washer || ≗**schaden** *m* / yarn damage || ≗**schar** *f* / warp sheet, parallel warp yarns (space dye) *pl*, warp yarn sheet || ≗**scharendruck** *m* / printing on warp yarn sheets, printing on webs of yarn || ≗**schleuder** *f* / yarn centrifuge || ≗**schlichte** *f* / yarn size || ≗**schlichten** *n* / yarn sizing || ≗**schlichtmaschine** *f* / yarn sizing machine || ≗**schlinge** *f* / yarn loop || **aus der Oberfläche herausragende** ≗**schlingen** (Tepp) / sproutings *pl* || ≗**schrumpf** *m* / yarn contraction, yarn shrinkage || ≗**schrumpfungsmeßgerät** *n* / yarn shrinkage tester || **≗seele** *f* / yarn core || **≗senge** *f* / yarn singeing || **~sengen** *v* / gas-singe in yarn form || **≗sengen** *n* / yarn singeing || **≗sengen im heißen Sandbett** / yarn singeing in a fluid bed || **≗sengmaschine** *f* / yarn singeing machine || **≗sortierwaage** *f* / yarn balance, yarn scales *pl* || **≗spannrahmen** *m* / yarn stenter || **≗spule** *f* / pirn *n*, spool *n*, yarn bobbin || **≗stab** *m* / yarn rod || **≗stabilisierungsmittel** *n* / fibre stabilizing agent || **≗stärke** *f* / yarn thickness, yarn size, yarn count, count *n* || **≗stock** *m* / stick for dyed hanks, yarn stick || **≗strähne** *f* / hank *n*, skein *n* || **≗strang** *m* / yarn hank, hank *n* || **≗stranghaspelung** *f* / lea reeling || **≗streckmaschine** *f* / yarn stenter || **≗struktur** *f* / yarn structure || **≗titer** *m* / yarn titre, yarn count || **≗torsionsmesser** *m* / yarn twist counter || **≗träger** *m* / yarn carrier, bobbin *n*, yarn package || **≗trockenapparat** *m*, Garntrockner *m* / yarn drying machine || **≗überschuß** *m* / slack thread feed || **≗umfülleinrichtung** *f* / transfer installation for yarn || **≗umrechnung** *f* / conversion of counts || **≗umspinnung** *f* / yarn covering, covering of yarn by spinning || **≗ungleichmäßigkeit** *f* / yarn unevenness || **≗verbrauch** *m* / yarn consumption || **≗verbrauch pro Nadelhub** / thread take-up || **≗verdickung** *f* / lump *n* (yarn) || **≗veredlung** *f* / yarn finish[ing] || **≗veredlungsmaschine** *f* / yarn finishing machine || **≗verflachung** *f* / yarn flattening || **≗verschlingung** *f* / loop knot || **≗verwechslung** *f* (Defekt) / mixed yarn || **≗vordrehung** *f* / preliminary twist (yarn) || **≗waage** *f* / yarn balance, quadrant *n*, yarn scales *pl* || **≗wäsche** *f* / yarn scouring, yarn washing || **≗waschmachine** *f* (DIN 64990) / yarn washing machine, yarn scouring machine || **≗waschmaschine** *f* (DIN 64990) (für Garn in Strangform) / hank washer, hank washing machine, hank scouring machine || **≗wechsel** *m* / yarn change, yarn changing || **≗weife** *f* / reeling machine

Garnwickel *m* / cop *n*, yarn package, movable pirn, rotating pirn || **≗** (für Verkaufspackung) (Spinn) / thread paper || **≗körper** / yarn package || **≗maschine** *f* / reeling machine

Garn·winde *f* / vertical reel, whisk *n* || **≗zähler** *m* / yarn counter || **≗zuführungsgeschwindigkeit** *f* / feed yarn speed

Garten·bindfaden *m* / garden twine || **≗liege** *f*, Gartenliegebett *n* / garden bed, sunbed *n* || **≗möbelbespannstoff** *m* / garden furniture covering fabric

gärungs·fähig *adj* / fermentable *adj* || **~hemmend** *adj* / antifermentative *adj* || **≗kufe** *f*, Gärungsküpe *f* / fermentation tank, fermentation vat, warm copper, warm trough, warm vat || **~verhinderndes Mittel** / antiferment *n*

Gas *n* / gas *n* || **≗absaug- und -vernichtungsanlage** *f* / fume extracting and disposal plant || **≗abzug** *m* / fume exhaust, fume hood || **~artig** *adj* / gaseous *adj* || **≗beständigkeit** *f* / gas fastness || **≗blase** *f* / gas bubble || **≗blasenmethode** *f* (Baumwollprüfung) / gas bubbles method || **≗chromatographie** *f* / gas chromatography || **~dicht** *adj* / gas-tight *adj* || **≗durchlässigkeit** *f* / gas permeability || **≗echtheit** *f* / gas fume fading resistance, gas fastness, gas fading resistance || **≗fading** *n* / gas fume fading, gas fading || **≗fadingechtheit** *f* / gas fume fading resistance, gas fading resistance || **~förmig** *adj* / gaseous *adj* || **≗heizung** *f* / gas heating

gasieren *v* (Spinn, Web, Ausrüst) / singe *v*, gas *v*, gas-singe *v*, genappe *v* || **≗** *n* / singeing *n*, gassing *n*, gas singeing, genapping *n*

Gasiermaschine *f* / gas singeing machine, singeing machine, gassing machine

gasiert·es Baumwollgarn / gassed cotton yarn || **~er Faden** / gassed end || **~es Fadenende** / gassed end || **~es Garn** / gassed yarn

Gas·phase *f* / gas phase || **≗schutzkleidung** *f* / gas protective clothing || **≗schwaden** *f pl* / gas fumes

Gasse *f* (Web) / dent bar

Gas·senge *f* (Ausrüst) / gas singeing machine, gassing machine || **≗sengen** *n* / gas singeing, singeing *n*, gassing *n*, genapping *n* || **≗sengkanal** *m* / gas singeing pass || **≗sengmaschine** *f* (DIN 64990) (Ausrüst) / gas singeing machine, gassing machine || **≗strom-Transfer** *m* (Färb, Druck) / gas phase transfer, gas stream transfer

Gäste[hand]tuch *n* / guest towel

Gastrocknung *f* / gas drying

Gatsby-Stil *m* (Mode) / Gatsby look

Gatter *n* / [bank] creel || **im ≗ aufstecken** (Spinn) / creel *v* || **≗rahmen** *m* (DIN 62500) / creel frame (warping) || **≗stange** *f* / creel bar

Gauchobluse *f* / gaucho blouse

Gaufrage *f* / embossing *n*, goffering *n*

Gaufré *n* / embossed fabric, dacian cloth, gaufré (Fr) *n*

Gaufrier·artikel *m* / embossed style, goffered style || **≗ausrüstung** *f* / embossed finish, embossing finish

gaufrieren *v* / emboss *v*, gauffer *v*, goffer *v* || **≗** *n* / goffering *n*, embossing *n*

Gaufrier·kalander *m* (DIN64990) / embossing calender, goffering calender, machine calender || **≗maschine** *f* / embossing machine, goffering press, goffering machine

gaufriert *adj* / embossed *adj* || **~er Krepp** / embossed crepe || **~es Muster** / goffered design || **~er Plüsch** / embossed plush, pressed plush, stamped plush (used for curtain edgings) || **~er Samt** / embossed velvet, stamped velvet || **~e Seide** / goffered silk, embossed silk

Gaufrierwalze *f* / embossing roller

Gauge *n* (Strumpf) / gauge *n*, gg || **≗** *m* **der Maschine** / needles per inch (n.p.i.)

Gaze *f* / gauze *n*, butter cloth, cheesecloth *n* || **≗binde** *f* / surgical gauze || **≗bindung** *f* / gauze weave, leno weave, rotary weave || **≗blatt** *n* / leno reed || **≗gewebe** *n* / gauze cloth, gauze fabric, leno fabric, leno cloth || **≗imitat** *n* / mock leno || **≗imitatsbindung** *f* / mock leno weave || **≗imitatsgewebe** *n* / mock leno || **≗masche** *f* (Siebdr) / mesh *n* (of screen) || **≗maschen** *f pl* / gauze meshes || **≗spannvorrichtung** *f* (Siebdr) / gauze tension device || **≗verband[s]stoff** *m* / dressing gauze || **≗weberei** *f* / cross weaving

geadert *adj* / veined *adj*

gealterter Beschichtungsfilm / aged coat, aged coating, aged film

gebauscht·es Garn / bulk yarn, bulked yarn, bulky yarn, bulked filament yarn, bulky thread, textured yarn, texturized yarn || **hoch ~** / high-bulk *adj* (texturizing) || **wenig ~** / low-bulk *adj* (texturizing)

Gebetsteppich *m* / prayer rug

Gebildweberei *f* / fancy weaving, figure weaving, figured weaving, picture weaving, fancy jacquard weave

Gebinde *n* / bunch *n* || **≗ von etwa 110 m Garn** / rap *n* (a skein of 120 yards of yarn)

Gebirgswolle *f* / mountain wool
Gebläse *n* / cleaner *n*, blower *n* || **≗-Egreniermaschine** *f* / air-blast gin, brush gin
gebleicht·e Garne *n pl* / bleached yarns || **~e Ware** / bleached goods *pl*, bleached fabrics || **im Stück ~** / piece-bleached *adj*
geblümt *adj* / floral *adj*, figured *adj*, flowery *adj*, flowered *adj*, fancy-figured *adj* || **~er Damassé** / damassé jardinier (Fr) || **~es Muster** / floral design, floral pattern || **~e Stoffe** *m pl* / floral prints
gebondete Textilien (kaschierte Stoffe) *pl* / bonded textiles *pl*
gebrannter Kalk / anhydrous lime, quicklime *n*, caustic lime
Gebrauchs·daten *pl* / performance data || **~echt** *adj* / fast to wearing || **≗echtheit** *f* / fastness to normal use, service fastness property, fastness to wear [and tear], resistance to wear [and tear], wear fastness || **≗echtheiten** *f pl* / general use fastness properties || **≗eigenschaft** *f* / service performance, wearability *n*, service property, serviceability *n*, performance property, wear behaviour || **≗eigenschaften** *f pl* / performance characteristics || **~fertige Farbstoffmischung** / ready-to-use dyestuff mix || **~fertige Lösung** / ready-to-use solution || **≗strümpfe** *m pl* / service-weight hosiery, service-weight stockings || **≗tüchtigkeit** *f* / serviceability *n*, wearability *n*, resistance to normal use, service property, performance property, resistance to wear [and tear], wear behaviour || **≗- und Fabrikationsechtheiten** *f pl* / fastness properties during processing and use || **≗- und Pflegeeigenschaften** *f pl* / wear and care properties || **≗wert** *m* / serviceability *n* || **≗wertprüfung** *f* / serviceability test
gebrauchtes Bad / spent bath
gebrochen·es Bad / curdled-off bath || **~er 4-bindiger Köper** / broken four-leaf twill || **~er Einzug** (Web) / irregular draft, fancy draft || **~er Einzug** (der Kettfäden) (Web) / broken pass || **~er Faden** / broken thread || **~e Farbe** / broken shade || **~er Farbton** / off-shade || **~er Flachs** / broken flax || **~es Garn wieder knüpfen** / join the ends, piece *v* || **~e Jute** / scutched jute || **~er Köper** / broken twill || **~e Leiste** / broken selvedge, broken selvage || **~er Rips** / broken rib, broken rep[p] || **~es Weiß** / broken white, off-white *n*
gebunden *adj* (Chem) / fixed *adj*, bound *adj* || **~es Parallelvlies** / web made from parallel oriented fibres, bonded web || **~es Wasser** / bound water
gebürstet *adj* / brushed *adj*
gechlorte Wolle / chlorinated wool
Gedeckmatte *f* / table mat
gedeckte Nuance, gedeckter Farbton / opaque shade, subdued shade, muted shade, sober shade
gedehnte Kräuselung, gedehntbogige Kräuselung / curved crimps *pl*
gedoppeltes Kammgarn / double worsted
gedrängte Streifung / crammed stripes *pl*
gedreht *adj* / twisted *adj* || **~e Franse** / twisted fringe
gedruckter Kattun / common prints *pl*
gefacht *adj* (Spinn) / multiple-wound *adj* || **~er Faden**, gefachtes Garn / folded yarn, doubled yarn, multiple wound yarn, composite yarn || **~es Glasfilamentgarn** (DIN 61850) / multiple-wound glass filament yarn || **~es Glasstapelfasergarn** (DIN 61850) / multiple-wound glass staple fibre yarn
Gefällezuführung *f* / gravity feed
gefaltetes Gewebe / bent fabric
gefärbt *adj* / dyed *adj*, coloured *adj* || **~e Ware** / dyed articles || **im Apparat ~** / package dyed || **im Garn ~** / yarn-dyed *adj*, ingrain *adj* (fabric) || **im Strang ~** (Garn) / hank-dyed *adj*, skein-dyed *adj* || **im Stück ~** / piece-dyed *adj* || **in der Faser ~**, in der Flocke gefärbt / dyed as loose stock, stock-dyed *adj* || **in der Spinnlösung ~** / dope-dyed *adj*, solution-dyed *adj* || **in der Wolle ~** / stock-dyed *adj*, ingrain *adj*, wool-dyed *adj* || **nach dem Packsystem ~** / package dyed
gefitzte Garnsträhnen (Bleich) / chain *n*
geflammt·er Moiré / tabby *n* || **~es Muster** / variegated pattern || **~er Taft** / tabby *n*
Geflecht *n* / braid *n*, plait *n*, braiding *n* || **~ähnliche Köperbindung** / braided twill weave, offset twill weave
gefleckt *adj* / flecked *adj*, sprinkled *adj*, spotty *adj*, mottled *adj* || **~** (unerwünscht) / spotted *adj*, stained, adj. || **~e Baumwolle** / spotted cotton, stained cotton || **~es Färben** / mottling *n* || **~e Färbung** / mottled dyeing || **~es Garn** (Färb) / foggy yarn (defect) || **~er Pelzkäfer** / attagenus pellio
geflochten *adj* / braided *adj* || **~er Teppich** / braided carpet
geflushtes Pigment / flushed colour
geflyertes Vorgarn / rovings *pl*, speed frame rovings *pl*
geformt *adj* / fashioned *adj*
gefräst·er Abschlagzahn (Strick/Wirk) / milled tooth || **~es Musterrad** / trick wheel || **~e Mustertrommel** / trick drum
Gefrierschutzlösung *f* / antifreeze solution
Gefüge *n* **eines Gewebes** / structure of a fabric || **≗dichte** *f* / texture density
gefüttert *adj* / lined *adj* (clothing), padded *adj* || **~er Handschuh** / lined glove || **~e Unterwäsche** / lined underwear || **mit Futterfäden ~** (Strick/Wirk) / lined *adj*
gegen das Haar / against the nap, against the hair || **~ den Strich** / against the hair, against the nap || **~ den Strich bürsten** / brush against the nap || **~ den Strich laufen** / run against the nap || **≗bindung** *f* (Web) / counter binding
Gegendruck *m* (Textdr) / grounding-in *n* || **≗walze** *f* / counter-pressure roll[er]
gegeneinanderstoßend *adj* / edge-to-edge *adj*
Gegen·färbung *f* / contrast dyeing || **≗form** *f* (Web) / counterplate *n* || **≗haken** *m* / counter hook || **≗halter** *m* / back stop (cotton and woollen spinning) || **≗knopf** *m* (Näh) / stay button || **≗köper** *m* / reverse twill, reverse twill weave
gegenläufig angetriebener Spezial-Wirkwarenbreithalter / counter-driven scroll for knitted fabrics, counter-driven fabric spreader for knitted fabrics || **~es Rührwerk** / double-motion agitator || **~e Walzenauftragmaschine** / roll kiss coater
gegenlegig *adj* / in counter notation || **~e Tuchtrikotbindung** (Legung bei Charmeuse) / locknit *n*
Gegen·messer *n* / counter blade || **≗muster** *n* (Textdr) / antipattern *n*, pattern in reverse || **≗muster** (Färb) / counter sample || **≗probe** *f* (Färb) / comparative test || **≗rakel** *f* / counter doctor, lint doctor
gegenseitig·es Ausbluten (Färb) / cross-staining *n*, cross stainage || **~e Gewebebindung** / balanced weave
Gegensenker *m* (Strick/Wirk) / below stitch cam,

guard cam, upthrow cam, cushion cam, counter cam
Gegenstrich *m* / counter-pile *n* || **≗rauhen** *n* / counter-pile napping || **≗walze** *f* / counter-pile roll[er], cylinder for the counter-nap
Gegenstrom *m* (Färb) / counter-flow *n* || **im ≗ arbeiten** (Färb) / work on the countercurrent principle || **≗belüftung** *f* / contraflow current airing, counter current airing || **≗prinzip** *n* (Färb) / counter current principle, contraflow system || **≗system** *n* / contraflow system || **≗trocknung** *f* / counter current drying || **≗verfahren** *n* (Färb) / counter current method, counter-flow process || **≗waschanlage** *f* / counter current flow washing unit
gegenüberstehende Nadeln (Strick/Wirk) / opposing needles
Gegen·walze *f* / counter bowl, counter roll[er] || **≗winder** *m* / counter-faller *n* (mule) || **≗winderstange** *f* / counter-faller stick (mule) || **≗winderwelle** *f* / counter-faller shaft (mule)
Gegenzug·schaftaufhängung *f* (Web) / marionette *n* || **≗schaftmaschine** *f* (Web) / positive dobby, positive heald motion, reverse motion dobby || **≗vorrichtung** *f* / heald return motion || **≗walze** *f* / compensating roll[er]
geglättetes Juteleinen / mangled hessian
gehackte Glasseidenstränge / chopped strands
gehäkelte Spitze aus Irland / baby Irish
%-Gehalt *m* / percentage *n*
geharzte Bahn (Kasch) / varnished web
gehaspelte Naturseide / grège [silk] (silk thread)
Gehäuse *n* **der Abstellvorrichtung** / stop motion box
Gehfalte *f* / kick pleat, fan pleat
gehobene Kette (Web) / lifted warp
Gehörschutz *m* / ear muff
Gehrock *m* / frock coat, Prince Albert (US)
Geigenharz *n* / colophony *n*
Geisterbilder *n pl* (Fehler) (Transferdruck) / ghosting effect
Geitau *n* / clew line
gekämmt *adj* / combed *adj* || **~e Baumwolle** / combed cotton || **~e Wolle** / French combing wool, combed wool
gekerbter Decker (Cotton-Maschine) / notched fashioning point
gekettelte Ferse / square heel, French heel
geklebte Fasern *f pl* / fibres bonded with adhesives
geklotzt *adj* (Färb) / padded *adj* || **~e Ware** (Färb) / padded fabric
geknotet *adj* / knotted *adj*
geknüpft *adj* / knotted *adj* || **~e Franse** / knotted fringe || **~e Masche** / knotted stitch || **~es Netz** / knotted net, filet *n* || **~er Netzstoff** / knotted net fabric || **~e Spitze** / knotted lace || **~er Teppich** / knotted carpet
geköpert *adj* (Web) / twilled *adj* || **~er Jean[s]drell** / middy twill || **~er Kaschmir** / cashmere twill || **~er Leinendruck** / drabbet *n* || **~er Samt** / twilled velvet, Genoa plush, Genoa velvet || **~er Stoff** / twill cloth, twilled cloth || **~e Warenrückseite** / twilled reverse side || **~es Zeug** / twill *n*
gekörnt *adj* / granular *adj*, granulated *adj* || **~er Indigo** / indigo grains *pl*
gekräuselt *adj* / crimped *adj*, gauffered *adj*, gauffré *adj*, puckered *adj*, cockled *adj* || **~e Borsten** *f pl* / crimped brush filaments (for artificial lawns) || **~e Faser** / crimped fibre, curly fibre || **~e Flordecke** / curl pile || **~es Garn** / crimp yarn, crinkle yarn, ratiné yarn, crimped yarn || **~e Kurzschnittfaser** (Vliesst) / crimped short staple length || **~er Saum** / fluted hem line || **~er Stoff**, gekräuselte Ware / crimp fabric, crimped fabric, fluted fabric, frilly fabric || **~e Wolle** / crimpy wool, curly wool || **schwach ~** / low-crimp *adj* || **stark ~** / high-crimp *adj*
gekrauster Kleidbesatz / falbala *n*
gekrempelt *adj* / carded *adj*, combed *adj* || **~er Seidenfaden** / carded silk
gekreppt *adj* / cockled *adj*, crimped *adj*, gauffered *adj*, gauffré *adj*, puckered *adj* || **~es Gewebe** / creped fabric || **~e Leinwand** / linen crepe || **~er Zephir**, gekreppter Zephyr / crepe zephyr
gekuppelte Farbstoffe *m pl* / coupled dyestuffs
Gel *n* / gel *n*, jelly *n*
gelappter Querschnitt (Chemiefaser) / dogbone cross-section
Gelatine *f* / gelatine *n* || **≗schlichte** *f* / gelatine size || **≗schlichten** *n* / gelatine sizing
gelatinieren *v* / gelatinize *v*, jellify *v*, gelatinate *v* || **≗** *n*, Gelatinierung *f* / gelatinization *n*, gelatinizing *n*
Gelatinierungsmittel *n* / gelling agent, gelatinizing agent
gelatinös *adj* / gelatinous *adj*
gelb *adj* / yellow *adj* || **~er Arsenik** / king's yellow || **~er Blattrost** (Blattkrankheit der Baumwolle) / yellow leaf blight || **~es Blutlaugensalz** / ferrocyanide of potassium || **~e Chinaseide** / yellow China silk || **~es Katechu** (aus Uncaria gambir) (Färb) / gambi[e]r *n*
Gelb (Empfindung und Farbstoff) *n* / yellow *n*
Gelbad-Färbung *f* / processor colouring (of fibres), producer colouring
Gelb·ätze *f* / yellow discharge || **≗beere** *f* (des Kreuzdorns – Rhamnus catharticus) (Färb) / yellow berry || **~befleckte Baumwolle** / yellow-stained cotton
gelbbraun *adj* / yellowish-brown *adj*, ochre *adj*, tan *adj* || **~es Kleidungsstück** / tan *n*
Gelber Ingwer / curcuma *n*
Gelb·färbung *f* / yellow colouration || **~gefleckte Baumwolle** / stained cotton || **~grau** *adj* (RAL 7034) / yellow grey *adj* || **~grün** *adj* (RAL 6018) / yellow green *adj* || **≗holz** *n* / fustic *n*, yellow dyewood, yellow wood || **≗holzextrakt** *m* / fustic extract
Gelbildung *f* / gelation *n*
gelblich *adj* / yellowish *adj* || **~e Baumwolle** / buttery cotton || **~braun** *adj* / ecru *adj*
gelb·oliv *adj* (RAL 6014) / yellow olive *adj* || **~orange** *adj* (RAL 2000) / yellow orange *adj* || **≗reserve** *f* / yellow resist || **~rot** *adj* / carroty *adj* || **≗stich** *m* / yellow cast || **~stichig** *adj* / yellowish *adj* || **~weiß** *adj* / cream *adj* || **≗wurz** *f*, Gelbwurzel *f* (Curcuma longa L.) / curcuma *n*, Indian saffron
Gelenkfuß *m* (Näh) / hinged presser foot
Gelese *n* (Web) / lease *n* || **≗blatt** *n*, Geleseriet *n* / lease reed
Gelier·anlage *f* / gelatinizing plant || **≗eigenschaft** *f* / gelling property
gelieren *v* / gel *v*, jellify *v*, gelatinize *v*, gelatinate *v* || **≗** *n* / gelling *n*, gelatinizing *n*, gelatinization *n*
Gelier·kanal *m* / gelatification oven || **≗maschine** *f* (DIN 64990) / gelling machine || **≗mittel** *n*, Gelierstoff *m* / gelling agent, gelatinizing agent || **≗temperatur** *f* / gelling temperature
Gelierung *f* / gelation *n*

Gelkörper *m* (unerwünscht, im Faden) / gel *n*
gelochte Färbehülse (DIN 61805) (DIN64622) / perforated cheese centre for dyeing purposes, perforated metal cheese centre
gelöschter Kalk / slaked lime
Gel·quellfaktor *m* (Viskosespinnen) / gel swelling factor (ratio of weight of acid-wet gel yarn to weight of dry yarn) || **≗zeit** *f* / gelling time
gemahlene Glasfaser / milled glass fibre
gemasert *adj* / veined *adj* || **~es Muster** / grain pattern
gemein·er Hanf / common hemp || **~er Pelzkäfer** / common fur beetle, attagenus pellio
geminderter Teil (Strick/Wirk) / narrow section
Gemisch *n* / mix *n*, mixture *n*
gemischt·e Beschwerung / mixed loading, mixed weighting || **~er Farbstoff** / mixed dyestuff || **~e Karde** / mixed card
gemoldete Cups (Büstenhalter) *pl* / moulded cups
gemsgelb *adj* / chamois *adj*
gemustert *adj* / figured *adj*, fancy-figured *adj* || **~e Auslegeware** (Tepp) / body carpet || **~er Bogen** (Kasch) / pattern sheet || **~er Crêpe de Chine** / crepe-de-Chine façonné || **~er Druck** / figured printing || **~er Frottierstoff** / fancy towelling || **~es Gewebe** / patterned fabric, fancy fabric, ornamented fabric || **~e Kette** (Web) / fancy warp || **~er Köper** / figured twill || **~er Leinendamast** / flax damask || **~er Prägeeffekt** / patterned embossing effect || **~e Socken** *f pl* / fancy socks || **~er Stoff** / patterned fabric || **~er Teppich** / patterned carpet || **~er Tüll** / figured net, fancy net || **~er Westenstoff** / fancy vesting (US) || **im Weben ~** / loom-figured
genadelt *adj* (Vliesst) / needle-punched *adj* || **~es Filztuch** / needled woven felt cloth || **~er Naßfilz** (Vliesst) / needled wet felt || **~er Trockenfilz** (Vliesst) / needled dry felt
genäht·e Falte / sewed tucking || **~e Spitze** / point lace
Genappegarn *n* / genappe yarn, genapped yarn
genau·es Passen / close fit || **~e Paßform** / close fit || **~e Übereinstimmung** (Färb) / dead match || **~ zugeschnitten** / tailor-made *adj*, made-to-measure *adj*
Genfer Nomenklatur (IUPAC-Richtsätze für die organische und anorganische Chemie) / Geneva nomenclature
genitscheltes Vorgespinst / condensed sliver
Genpac-Coater *m*, Genpac-Schmelzbeschichter *m* / Genpac coater
Genter Leinwand *f* / Brabant linen || **≗ Spitze** / Ghent lace
gentiana·blau *adj* / gentian blue *adj* || **~violett** *adj* / gentian violet *adj*
Gentleman's Carpet (Teppich in dezenten Farben) *m* / gentleman's carpet (GB)
Genua·cord *m* (schwerer Rippensamt), Genuakord *m* / Genoa cord[uroy], cotton cord, Manchester velvet || **≗samt** *m* / Genoa velvet, Genoa plush
geölt·er Faden / oiled filament || **~es Kämmen** / oil combing || **~ versponnen** / oil-spun *adj* || **~e Ware** / oil-prepared fabric
Geometrie-Jacquard-Stoff *m* / geometrically patterned jacquard
geometrischer Graumaßstab, geometrische Grauskala / geometric grey scale
geordnetes Fadenkreuz / equalized lease
Georgette *f* (leichtes durchsichtiges Kreppgewebe) (Gew) / georgette *n*
gepolstert *adj* / padded *adj*
geprägt *adj* / embossed *adj*, cockled *adj*, crimped *adj*, gauffered *adj*, gauffré *adj*, puckered *adj* || **~e Nadel** (Vliesst) / die-pressed needle || **~es Trennpapier** / embossed transfer paper
gepreßter Plüsch / pressed plush, embossed plush
gepunktet *adj* (Web) / spotted *adj* || **~es Muster** / dotted pattern *n*
gequollen *adj* / swollen *adj*
geradarmiger Paddelrührer / straight-arm paddle mixer
gerade·r Ausschnitt (Mode) / straight neckline || **~r Einzug** (Web) / straight draw, straight draft || **~ Jacquardschnürung** / straight jacquard tie || **~r Riegel** (Näh) / square bar || **~r Rock** (Mode) / straight skirt, slim skirt || **~r Schärrahmen** / long warp-reel || **~ Schnürung** (Web) / straight tie
Geradeausapparat *m*, Geradeausnähautomat *m* / automatic straight-run sewing machine
gerade·fallende Jacke / boxy jacket || **~legen** *v* (allg, Fasern) / straighten *v* || **~legen** *v* (Seide, Baumwolle) / scutch *v* || **≗legen** *n* / slaving *n* (silk, cotton) || **≗legung** *f* **der Fasern** / straightening of the fibres || **~richten** *v* / straighten *v*
gerad·kettig *adj* (Chem) / straight-chain *adj* || **≗naht-Automat** *m* (Näh) / automatic straight seamer || **≗stich** *m* (Näh) / straight stitch || **≗stichnähmaschine** *f* / straight-stitch sewing machine
geraniumrot *adj* / geranium [red] *adj*
gerauht *adj* / napped *adj*, brushed *adj*, raised *adj* || **~er Baumwollstoff** / flannelette *n* || **~es Gewebe** / brushed fabric, raised fabric, raised style || **~e Gewirke** *n pl* / brushed knitted fabrics || **~es Grundgewebe** (Beschicht) / napped cotton base fabric || **~e Mantelstoffe** *m pl* / downs *pl* || **~es Nylon** / brushed nylon || **~er Pol** / raised pile || **~er Reyonstoff** / brushed rayon || **~e Rückseite** / raised left side, raised back || **~er Stoff** / raised cloth, brushed fabric || **~e Unterseite** / raised left side || **~er Viskosestoff** / brushed rayon || **~e Ware** / brushed fabric, raised cloth || **~e Wirkware** / raised knitted fabric, brushed knitted fabric || **[mit Bürsten] ~** / brush-raised *adj*
Gerberwolle *f* / tanner's wool, skin wool, pelt wool, fellmongered wool, dead wool, plucked wool
Gerb·säure *f* / tannin *n* || **≗stoffvorbeize** *f* / tannin bottom mordant
gereinigt·er Weinstein / cream of tartar || **~er Wollkämmling** / clear noil || **~er Wollkammzug** / clear top
gerichtetes Gewebe / unidirectional fabric
geriffelt·e Transportwalze / channelled conveyor roller, fluted roll[er] || **~e Walze** / channelled roller
gering·e Entflammbarkeit / low flammability || **~er Faserverbund** (Vliesst) / loose entanglement || **~e Schmutzsichtbarkeit** (einer Faser) / high soil-hiding properties || **~affiner Farbstoff** / low-affinity dyestuff
geringelt *adj* / striped *adj*
geringwertig·e Lumpen *m pl* / degraded rags || **~er Teppich** / fibre rug (US)
gerinnbar *adj* / coagulable *adj*
Gerinnbarkeit *f* / coagulability *n*
gerinnen lassen / coagulate *v* || **≗** *n*, Gerinnung *f* / coagulation *n*
Gerinnungs·mittel *n* / coagulant *n*, coagulator *n*, coagulating agent || **≗vermögen** *n* / coagulating

power
gerippt *adj* / corded *adj*, ribbed *adj* || ~**es Ärmelbündchen** (Strick/Wirk) / rib cuff || ~**er Baumwollsamt** / semi-cord *n*, velveret *n*, raglan cord (GB) || ~**e Baumwollschußsamtware** / Genoa cord[uroy] || ~**es Börtchen** / rib stole || ~**es Gewebe** / repped fabric || ~**e Handschuhstulpe** (Strick/Wirk) / rib cuff (of glove) || ~**es Hüftteil** (bei Damenunterwäsche) / rib skirt || ~**er Kettsamt** / patent velvet || ~**er Popelin**, gerippte Popeline / rep poplin || ~**er Pullover** / ribbed sweater || ~**e Socke** / ribbed sock || ~**er Strickrock** / rib skirt || ~**e Strickware** (Strick/Wirk) / rib fabric, rib stitch goods, plain rib goods, rib knit || ~**e Taille** / rib waist, ribbed waist || ~**e Wollserge** / cote piquée (Fr) || ~**e Zutaten** (z.B. Börtchen, Kragen, Bündchen) *f pl* / rib trimmings
gerissen·er Faden / broken end, broken thread || ~**e Faser** / broken fibre || ~**e Kettfäden** *m pl* (Web) / ends down, sleepers *pl* || ~**e Leiste** / cracked selvedge, broken selvedge || ~**er Schußfaden** / broken pick || ~**er Zug** / broken top
germizid *adj* / germicidal *adj* || ~**e Ausrüstung** / germicide finish
geröstete Maisstärke / British gum
Gerstenkorn·bindung *f* / barleycorn weave, huckaback weave, huck weave || ²**leinen** *n* / huckaback drills *pl* || ²**leinwand** *f* / basket huckaback
Gerstenstärke *f* / barley starch
Geruch *m* / odour *n* (GB), odor *n* (US) || **den** ² **entfernen** / deodorize *v*
geruchfrei *adj*, geruchlos *adj* / odourless *adj*, non-odorous *adj*, free from odour, free from smell || ~ **machen** / deodorize *v*
geruchlose Schlichte / odourless size
Geruchs·schwelle *f* / olfactory threshold || ²**stoff** *m* / odorous substance || ²**träger** *m* / osmophore *n* || ²**vered[e]lung** *f* / anti-odour finish || ²**wahrnehmung** *f* / olfactory perception
Gerüststoff *m* (Waschmitt) / builder *n*
Gesamt·breite *f* / overall width || ²**echtheit** *f* / all-round fastness || ²**farbstoffmenge** *f* / total dyestuff quantity || ²**feststoffauflage** *f* / total solid add-on || ²**flottenumwälzung** *f* **pro Minute** / total liquor cycles per minute || ²**länge** *f* / overall length || ²**länge des Schützen** (DIN 64685) (Web) / overall length of shuttle || ²**längenverhältnis** *n* / stretch ratio || ²**rapport** *m* (Web) / overall repeat, total number of whole repeats || ²**richtwert** *m* (Färb) / total constant || ²**streckfeld** *n* / total drafting zone || ²**titer** *m* (früher: Gesamtdenier) / total denier || ²**verzug** *m* / overall draft, total draft || ²**verzugsfeld** *n* (DIN 64050) / total drafting zone || ²**zusatz** *m* (Färb) / total addition
Gesäß·partie *f* / seat *n* (of skirt etc.) || ²**tasche** *f* / hip pocket
gesattelte Druckwalze / saddle-weighted top roller
gesättigt·er Dampf / saturated steam || ~**e Luft** / saturated air
gesäuberte Naht (Näh) / fell *n*, felled seam
geschärte Texturgarne *n pl* / warped texturized yarns
geschäumtes Beschichtungssystem (Tepp) / frothed backing system
gescheckt *adj* / pied *adj*
Geschirr *n* (Gesamtzahl der Schäfte nebst Aufhängevorrichtung) (Web) / harness *n*, mounting *n* || ² (Kamm) (Web) / tackle *n* || ²**einziehmaschine** *f* (Web) / drawing-in machine || ²**einzug** *m* (Web) / harness draft, drafting *n*, draft *n* || ²**halter** *m* / harness frame || ²**kette** *f* / harness chain || ²**teilung** *f* / harness pitch || ²**tuch** *n* / dishtowel *n*, tea towel, tea cloth
geschlagen·e Leine / braided cord || ~**e Nadel** (Vliesst) / cut needle
geschlämmte Porzellanerde / kaolin *n*
geschlichtet·e Kette / sized warp || ~**es Leinen** / net canvas (used for foundation material in needle and lace work)
geschliffen·e Kernseife / [soap boiler's] neat soap || ~**er Seifenkern** / finished soap
geschlitzter Rock (Mode) / slit skirt
geschlossen *adj* (Stoff) / densely woven, closely woven, tightly woven || ~**e Arbeitskleidung** / overalls fastened at neck and wrist || ~**es Garn** / compact yarn, flat yarn || ~**er Garnfärbeapparat** / closed yarn dyeing machine || ~**e Legung** (Strick/Wirk) / closed lap || ~**e Masche** (Strick/Wirk) / closed stitch, closed lap || ~**es Maschenbild** / tightly structured stitch pattern || ~**e Nadelzunge** / closed latch of needle, closed needle latch || ~**es Nüßchen** (Strick/Wirk) / closed feeder || ~**e Oberfläche** (Gew) / well-closed surface || ~**e Präzisionskreuzwicklung** (DIN 61801) / closed precision cross winding || ~**e Strumpfspitze** / closed toe || ~**e Warendecke** (Gew) / well-closed surface || ~**e Wicklung** / close winding
Geschlossenfach *n* (Web) / closed shed || ²**schaftmaschine** *f* / closed shed dobby
geschmälzt·es Garn / oiled yarn || ~ **gekämmt** / oil-combed *adj* || ~**er Kammzug** / oil-combed top || ~**e Wolle** / oiled wool
geschmeidig *adj* (Beschicht) / flexible *adj*, supple *adj* || ~**er Griff** / supple handle || ~ **machen** / make flexible, make pliable, make supple
Geschmeidigkeit *f* / suppleness *n*, smoothness *n*, elasticity *n* || ² (Beschicht) / flexibility *n*
Geschmeidigmachen *n* **von Teppichwolle** / ripening of wool (preparation of stiff, wiry carpet wools)
geschmirgeltes Gewebe / emerized fabric
geschmolzen *adj* / molten *adj*
geschnitten·er Flor (Tepp) / cut pile || ~**e Glasseide** / chopped strands || ~**er Glasspinnfaden** / chopped strand || ~**e Masche** (Web) / cut stitch || ~**er Pol** (Tepp) / cut pile || ~**er Strumpf** (Strumpf) / cut stocking || ~**e Strümpfe** *m pl* (Strick/Wirk) / cut goods (not fully fashioned) || ~**es Textilglas** (DIN 61850) / chopped glass strand || ~**e Viskose-Filamentfasern** *f pl* / cut staple || ~**e Ware** / cut fabric (not fully fashioned) || ~**e Wirkware** (Strick/Wirk) / cut goods (not fully fashioned)
geschoren·er Baumwollrippencord / hollow-cut velveteen, velvet cord || ~**er Flor** (Tepp) / cut pile || ~**es Gewebe** / sheared cloth, shorn cloth || ~**er Samt** / shorn velvet, cut velvet
geschreinert *adj* / schreinered *adj*
geschrumpfte Faser / relaxed fibre
geschwefelte Farbe / stoved shade
Geschwindigkeit *f* **der Farbbaderschöpfung** / velocity of dyebath exhaustion || ² **der Farbstoffaufnahme** / rate of dye absorption (fibre)
Gesellschafts·anzug *m* / evening dress, full dress, dress suit, dinner jacket || ²**kleid** *n* / evening dress, evening gown || ²**kleidung** *f* / formal dress, dresswear *n*, full dress

gesengtes Garn / gassed yarn
gesenkt·e Kette / stretched warp || **~es Muster** (Tepp) / drop design || **~er Wechselkasten** / lowered drop box
Gesichts·handtuch *n* / face towel || **~maske** *f* / face mask
gespaltene Masche (Fehler) (Strick/Wirk) / half stitch
Gespinst *n* / spun thread, spun yarn
gesponnen *adj* / spun *adj* || **~er Faden** / yarn *n* || **~e Faser** / spun fibre || **~es Stretchgarn** / stretch-spun yarn
gespreizte Zelluloseketten *f pl* / opened cellulose chains
gesprenkelt *adj* / sprinkled *adj*, jaspé *adj* (Fr), spotty *adj*, spotted *adj* (dotted), speckled *adj* || **~e Färbung** / mottled dyeing || **~es Garn** / flecked yarn (blended yarn of cotton and acetate staple), marl yarn, frosted yarn || **~er Halbwollstoff** / marbled cloth
gespritzt·er Faden / extruded thread || **~e Folie** / extruded sheet[ing] || **~e Platte** / extruded sheet[ing]
gestaffelt *adj* / staggered *adj*
Gestalt *f* / form *n*
gestaltlos *adj* / amorphous *adj* || **~es Medium** (Flüssigkeit, Gas) / fluid *n*
gestanzte Nadel (Strick/Wirk) / plate needle
gestärkte Hemdbrust an Frack- und Smokinghemden / chemisette *n* (men's)
gestauchtes Vlies / stuffed nonwoven
Gesteins·faser *f* (DIN 60001) / mineral fibre || **~wolle** *f* / rock wool
Gestell *n* (DIN 64990) / frame *n*
gesteppt *adj* / quilted *adj* || **~e Bettdecke** / quilt *n*, quilted counterpane || **~e Kante** / stitched edge || **~er Morgenrock** / quilted dressing-gown || **~e Scheibe** / needled buff || **~e Ware** / quilted fabric
gesteuerter Garnschrumpf / controlled yarn contraction
gestickt·er Besatz / embroidered braid || **~e Spitze** / embroidered lace, embroidery lace || **~e Verzierungen an der Seite von Strümpfen** / clocks *pl*
gestreckt·es Fädchen, gestreckter Faden / drawn filament || **~e Stapelfaser** / drafted staple-length fibre || **unter Dampfdruck ~** / steam-stretched *adj*
gestreift *adj* / barred *adj*, striped *adj*, stripy *adj* || **~er Baumwollstoff in fünfbindiger Atlasbindung** / sateen shirting (GB) || **~er Croisé** / Harvard cloth || **~er Hemdenstoff** / striped shirting, Harvard cloth, galatea *n* || **~er Markisenstoff** / awning stripes || **~er Moiré** / tabby *n* || **~er Pyjamastoff** / pyjama stripes *pl* (GB) || **~er Taft** / striped taffeta, tabby *n* || **~e Ware** (meist rot/weiß oder blau/weiß) / candy stripes || **~e Ware aus Kämmlingsgarnen** / noil stripes *pl*
Gestrick *n* / knitting *n* || **~** (DIN 62061) / knitted fabric, knit fabric || **~e** *n pl* / knit fabrics, knit goods, knits *pl*, knitted fabrics, knitwear *n* || **~stück** *n* / knitted piece || **~stückware** *f* / knitted piece goods *pl*
gestrickt *adj* / knitted *adj* || **~er Babyschuh** / knitted bootee || **~e Damenoberbekleidung** / ladies' knitted outerwear || **~e Meterware** / long-length knitted articles *pl*, knitted yard goods || **~e Oberbekleidung** / knitted outerwear || **~e Unterwäsche** / knitted underwear
Gestrickteil *n* / knitted blank || **~ in abgepaßter Länge** / stitch-shaped knitted garment length
gestückelt·er Bund (Näh) / pieced waistband || **~er Kragen** (Näh) / pieced collar
gesundheits·schädlich *adj* / noxious *adj* || **~stoff** *m* / crepe de santé (used for underwear, etc.) || **~wäsche** *f* / thermal knit underwear
getauchter Überzug / dip coat
geteert·er Hanf / oakum *n* || **~es Segeltuch** / tarred canvas, tarpaulin *n*, paulin *n* (US), tilt *n* (for lorries)
geteilt·es Fach / split shed || **~er Heber** / split knitting cam || **~er Materialträger** (Färb) / divided goods carrier || **~er Vorhang** / tableau curtains *pl* (theatre)
getrenntes Einziehen, getrennter Einzug / divided drawing-in
getrocknet, an der Luft ~ / air-dry *adj*, air-dried *adj* || **an der Sonne ~** / sun-dried *adj* || **durch Schleudern ~** / spin-dry *adj* || **im Schatten ~** / shade-dried *adj*
getufteter Teppich / tufted carpet
getüpfelt *adj* / spotted *adj* (dotted) || **~es Gewebe** / dotted fabric || **~e Stoffe** *m pl* / spotted fabrics (fabrics in which woven spots are used in the pattern)
Gew.% / percentage by weight
gewachst *adj* / wax-treated *adj*
gewalkt·es Tuch / milled cloth || **~es Wolltuch** / milled wool cloth
Gewand *n* (lose fallendes) / gown *n*, robe *n* || **~** (allg. Bekleidung) / apparel *n*, clothes *pl*, dress *n*
gewaschen·e und karbonisierte Wolle / washed and carbonized wool || **~e Wolle** / scoured wool
gewässert *adj* (Web) / watered *adj*, waved *adj* || **~es Gewebe** / watermarked fabric || **~er Moiré**, gewässerter Taft / tabby *n*
Gewebe *n* / woven fabric, cloth *n*, fabric *n* || **~** *n pl* / wovens *pl*, woven fabrics || **~** *n* **aus Chemiefasern** / manmade fibre fabric || **~ aus Mischgespinsten** / fabric made from blended yarn || **~ aus Schmelzfasern** / fusible fabric || **~ aus Schmelzklebefasern** / melded fabric || **~ für pneumatische Zwecke** / chafer fabric, bead fabric || **~ für technische Zwecke** / fabric for industrial use || **~ für Treibriemen** / belt duck || **~ in Leinwandbindung** / plain woven fabric || **~ in Strangform** / fabric in rope form || **~ mit Ajourmusterung** / open-work fabric || **~ mit Ausrüstung für schnelles Trocknen** / easy-dry fabric || **~ mit Dreherbindung** / leno cloth, leno fabric || **~ mit eingepreßtem Muster** / embossed fabric, dacian cloth, gaufré (Fr) *n* || **~ mit Florcharakter** / pile type fabric || **~ mit gerauhter, weicher Oberfläche** / raised fabric, raised style || **~ mit geringer Dichte** / loose-textured fabric || **~ mit hoher Dichte** / tight-textured fabric, tightly woven fabric || **~ mit lockerem Aufbau** / fabric of open structure || **~ mit Moiréeffekt** / watermarked fabric || **~ mit Plüschcharakter** / pile type fabric || **~ mit samtartigem Flor** / velvet pile fabric || **~ mit schattierender Farbstellung** / ombré *n*, ombrays *pl* || **~ mit Testanschmutzung** / test soiled fabric || **~ mit Würfelbindung** / basket cloth || **~ und Gewirke** / woven and knitted fabrics || **mit ~ kaschierter Schichtstoff** / fabric-backed laminate || **mit ~ versehen** / webbed *adj* || **~absaugmaschine** *f* / hydroextractor (cloth), pneumatic fabric cleaning machine || **~appretur** *f* / cloth finish, fabric finish[ing] || **~aufbau** *m* / fabric structure, fabric construction || **~aufstrich** *m* /

fabric coating, coating composition || ~**ausbreiter** *m* / cloth expander [roll], fabric expander [roll], cloth spreader || ~**bahn** *f* / cloth width, run *n*, length of fabric || **mehr als eine ~bahn mit Schnittleiste** / splits *pl* (fabrics woven 2,3 or more in width) || ~**befeuchtungsmaschine** *f* / cloth humidifying machine || ~**beschauen** *n* / perching *n* || ~**beschichtung** *f* / coating of fabrics, fabric coating composition || ~**bindung** *f* (Web) / weave *n* || ~**breitabsaugmaschine** *f* / open-width suction machine || ~**breite** *f* / cloth width || ~**breitstrecken** *n* / cloth stentering (GB), cloth tentering (US) || ~**bruch** *m* (Web, Defekt) / smash *n* || ~**dehner** *m* / fabric stretcher || ~**dehnung** *f* / fabric stretch, fabric elongation || ~**dekatur** *f* / decatizing of fabrics || ~**diagonale** *f* / fabric bias || ~**dichte** *f* / density of the fabric, set of the fabric, gauge (of cloth) *n*, compactness of the fabric || ~**dichtigkeit** *f* / fabric cover factor || ~**dicke** *f* / cloth thickness || ~**dickenmeßgerät** *n* / fabric thickness measuring instrument || ~**druck** *m* / fabric printing, printing of fabrics || ~**durchsehmaschine** *f* / perch *n* || ~**eigenschaft** *f* / fabric property || ~**einführung** *f* / fabric feeding, fabric entry, cloth feeding, fabric supply || ~**einführungsapparat** *m* (Färb) / cloth feeding apparatus || ~**einlage** *f* / fabric interlining, fabric insert || ~**einlage (in Schläuchen)** / fabric ply, lining *n* || ~**einstellung** *f* / fabric construction (US) (number of warp ends and filling picks per inch in woven goods), pick count, count || ~**entspannung** *f* / fabric relaxation || ~**erholung** *f* / fabric resilience, fabric recovery || ~**fadendichte** *f* / count of cloth, texture *n*, thread count, fabric count || ~**faltmaschine** *f* / fabric doubling machine, cloth folding machine, fabric folding machine || ~**färberei** *f* / cloth dyeing || ~**festigkeit** *f* / fabric resistance, fabric strength || ~**festigkeitsprüfer** *m* / strength tester for cloth || ~**filter** *m n* / fabric filter, cloth filter || ~**fläche** *f* / surface of the fabric || ~**haarigkeit** *f* / fabric nap || ~**kante** *f* (Web) / list *n*, listing *n* || ~**kaschiert** *adj* / fabric-backed *adj*, cloth-backed *adj* || ~**konstruktion** *f* s. Gewebestruktur || ~**kräuselung** *f* / fabric crimp || ~**krumpfanlage** *f* / cloth shrinking apparatus || ~**kunstleder** *n* / artificial leather cloth || ~**kunststoffe** *m pl* / fabric-base plastics || ~**lack** *m* / fabric-impregnating varnish || ~**lage** *f* / fabric layer, ply of fabric || ~**lage unterhalb des Profils** (Reifen) / casing ply, breaker *n* (of tyre) || ~**längung** *f* / growth *n* (of fabric) || ~**lauf** *m* / flow of cloth, movement of the cloth || ~**legemaschine** *f* / fabric doubling machine, fabric folding machine, folding machine || ~**leiste** *f* (Web) / selvedge *n*, list *n*, listing *n* || ~**loser Filz** (Vliesst) / baseless felt || ~**lücke** *f* / interstice *n* (of cloth) || ~**merzerisiermaschine** *f* / cloth mercerizing machine || ~**meßapparat** *m*, Gewebemeßmaschine *f* / fabric measuring machine || ~**muster** *n* / fabric sample, cloth sample || ~**muster** / pattern of a fabric || ~**oberflächenveredlung** *f* / cloth surface finishing || ~**pore** *f* / interstice *n* (of cloth) || ~**prüfapparat** *m*, Gewebeprüfmaschine *f* / cloth tester, fabric testing machine || ~**prüfung** *f* / fabric testing, cloth analysis, fabric analysis, cloth testing || ~**putzmaschine** *f* / fabric clearing machine, cloth cleaning machine || ~**putz- und Schaumaschine** [für Stoffe] *f* / cloth cleaning and examining machine || ~**putz- und Schermaschine** *f* / cloth cleaning and shearing machine || ~**reinigungsanlage** *f* / fabric-cleaning machine || ~**reißfestigkeit** *f* / [fabric] grab strength, tear strength of fabric || ~**rückseite** *f* / fabric back, cloth back || ~**schaumaschine** *f* / fabric examining machine, perch *n* || ~**schermaschine** *f* / cloth shearing machine, cloth shearing motion || ~**scheuerprüfer** *m* / fabric abrasion tester || ~**schicht** *f* / fabric layer || ~**schichtstoff** *m* / textile laminate || ~**schlauch** *m* / woven-fabric flexible tubing || ~**schluß** *m* (Web) / fabric cover || ~**schnitzel** *n pl* / fabric chips, macerated fabric, fabric clippings || ~**schrumpfung** *f* / fabric shrinkage || ~**sengmaschine** *f* / cloth singeing machine, cloth gassing machine || ~**spannung** *f* / cloth tension || ~**spannungsregler** *m* / fabric tension control device, cloth tension control device || ~**spannungsregulierung** *f* / fabric tension control || ~**strang** *m* (Gew) / rope *n* || ~**streckmaschine** *f* / stenter frame (GB), tenter frame (US) || ~**streichmaschine** *f* / coater *n* || ~**struktur** *f* / fabric structure, texture of a fabric, fabric construction || ~**transportwagen** *m* / cloth transport trolley || ~**trockenmaschine** *f* / cloth drying machine || ~**überzug** *m* / fabric coating || ~**weichmacher** *m* / fabric softener || ~**wickel** *m* / fabric pack || ~**zerlegung** *f* / fabric analysis, cloth analysis || ~**zuführung** *f* / cloth entering || ~**zugkraft** *f* (Matpr) / fabric tensile resistance, fabric tensile strength || ~**zusammensetzung** *f* / fabric composition, composition of the fabric

gewebt·es Filztuch / woven felt, woven textile felt || **~er Gürtel** / web belt || **~er Naßfilz** / woven wet felt || **~er Stoff** / woven cloth, woven fabric || **~er Teppich** / woven carpet

Gewebtes auftrennen / unweave *v*, take off the warp

Gewicht *n* / weight *n* || ~ **für Harnischfäden** / lingo *n* (jacquard)

Gewichts·anteile *m pl* / parts by weight || ~**haken** *m* (Strick/Wirk) / weight hook || ~**halter** *m* (Strick/Wirk) / weight holder || ~**numerierung** *f* / count determined by the weight of the yarn according to a given standard of length, numbering by weight || ~**prozent** *n* / percentage by weight || ~**teil** *m* / part[s] by weight, p.b.w. || ~**träger** *m* (Strick/Wirk) / weight holder || ~**verlust** *m* / weight loss, loss of weight || ~**verlust beim Trocknen** / loss of weight in drying || ~**zunahme** *f* / increase in weight

gewirbelt *adj* (Vliesst) / randomly dispersed

Gewirke *n pl* / knit fabrics, knit goods, knits *pl*, knitted fabrics, knitwear *n*

Gewirk·seite *f* (Beschicht) / textile side || ~**stück** *n* / knitted piece || ~**stückware** *f* / knitted piece goods *pl*

gewirkt *adj* / knitted *adj* || **~e Badebekleidung** / knitted swimwear || **~er Baumwollstoff** / cotonette *n*, cottonette *n* || **~er Gardinenstoff** / knitted curtain material, knitted curtain lace || **~er Halsbund** / collaret[te] *n* || **~e Kaschmirware** / cashmere knit goods || **~e Kleidungsstücke** *n pl* / knitwear *n* || **~e Oberbekleidung** / knitted outerwear || **~e Sämischleder-Imitation** (Baumwollhandschuhgewebe) / chamoisette *n* || **~e Tapete** / tapestry *n* || **~er Teppich** / knitted carpet || **~e und gestrickte Bänder** *n pl* / knitted smallwares

Gewirr *n* / tangle *n*

gewöhnlich·er Baumwollballen / flat bale (cotton) ||

~**er Denim** / white-back denim || ~**er Popelin**, gewöhnliche Popeline / cotton weft poplin || ~**e Seife** / true soap || ~**e, gerippte Socke** (ohne Musterung) / ordinary rib sock
gewölbte Ausbreiterwalze / bow expander roller
gewolft·e Lumpen / devilled rags || ~**er Wollabfall** / willowed waste, willeyed waste || ~**e Wolle** / willeyed wool, willowed wool
Gewölle *f*(Spinn) / extrusion waste
gewürfelt *adj* / checked *adj*, chequered *adj*, checkered *adj* || ~**es Baumwollgewebe** / check *n* || ~**er Gingham** / gingham checks || ~**er Stickereikanevas** / honeycomb canvas || ~**e Ware** / check pattern fabric
gewürgeltes Vorgespinst / condensed sliver
gezahnt·er Doppelrand (Strumpf) / scalloped welt edge, saw-tooth-like fabric edge || ~**er Saum** / crenelated hem
gezähnte Drähte am Garnettöffner / garnett wires
gezeichneter Bindepunkt (Web) / sinker *n* (small square rectangle in a woven design that indicates where the warp passes under the weft), raiser *n*, riser *n*
gezettelte Webketten *f pl* / warp ends *pl*
gezogen·e Nadel (Strick/Wirk) / drawn needle || ~**e Nadel** (Kard, Strick/Wirk) / wire [latch] needle || ~**er Plüsch** / uncut plush || ~**er Samt** / uncut velvet || ~**er Teppichplüsch** / uncut carpet plush
gezupfte Baumwolle / picked cotton
gezwirnt *adj* / twisted *adj* || ~**es Baumwollgarn** / twisted cotton yarn || ~**e Einzelfäden** *m pl* / thrown singles || ~**er Faden** / composite yarn || ~**es Garn** / doubled yarn || ~**es Garn** (dreifach gezwirnt) / triple yarn, three-threads *pl* || ~**es Handstrickgarn** / fingering [yarn], twisted hand-knitting yarn || ~**es Kammgarn** / doubled worsted yarn, double worsted || ~**es Netzgarn** / twisted net yarn || ~**es Nylongarn** / thrown nylon yarn || ~**er Rand** (Strumpf) / lisle top || ~**es Schußgarn** / double weft || ~**e Seide** / thrown silk || ~**es Viskosefilament** / thrown rayon yarn
gg-Zahl *f*(Strumpf) / gauge *n*, gg
Ghatti Gum *m n* / ghatti gum, gum ghatti
Ghiordes-Teppich *m* / Ghiordes carpet (Turkish handmade carpet)
Ghordes-Knoten *m*(Tepp) / Ghordes knot, Ghiordes knot
Giebelblech *n* (Cottonmaschine) / covering knife
Giebelmesser *n* / covering knife, toe knife (fully-fashioned knitting machine) || ≈ **mit selbsttätiger Steuerung für Spitze** (Cottonmaschine) / covering knife attachment with automatic control of points || ≈**-Arretiervorrichtung** *f* (Cottonmaschine) / toe covering knife arresting device
Gießauftrag *m* (Beschicht) / curtain coating, flow coating || ≈**verfahren** *n* (Beschicht) / curtain coating process, flow coating process
gießbar *adj*(Beschicht) / pourable *adj*
Gießbarkeit *f*(Beschicht) / pourability *n*
Gieß·form *f* / mould *n* (plastic etc) || ≈**kopf** *m* (Beschicht) / pouring head || ≈**maschine** *f* / curtain coater, curtain coating machine || ≈**verfahren** *n* / curtain coating process, flow coating process || ≈**vorhang** *m* (Beschicht) / flow curtain || ≈**vorhangstabilität** *f* / curtain coat stability, flow curtain stability
Giftstoffgehalt, Angaben über ≈ **von Farbstoffen** / dye contaminant data
Gigot *m*, Keulenärmel *m* (Mode) / gigot sleeve, leg-of-mutton sleeve
Gilbe *f* / yellow agent, yellow component
gilben *v*(Färb) / turn yellow
Gill *m* / faller drafting machine, faller pin || ≈**box** *f* (Spinn) / gill-box *n* || ≈**feld** *n* (Spinn) / faller drawing zone, set of fallers || ≈**hechelnadel** *f* / faller pin, gill hackling tooth
Gilling *n* / gilling *n*
Gill·nadel *f* / gill needle, gill pin || ≈**nadel für Bastfaserspinnereimaschinen** (DIN 64105) / gill pin for bast spinning machines || ≈**spinnen** *n* / gill spinning || ≈**spinnmaschine** *f* / faller spinning frame, gill spinning frame || ≈**stab** *m* (Spinn) / gill bar, faller *n*, faller gill || ≈**strecke** *f*(Spinn) / pin faller drawing mechanism, gill-box *n*
Gimpe *f* (eine Schnur, bei der eine Einlage (Seele) **aus mehreren Baumwollfäden mit farbiger Seide oder Metallfäden in engen Windungen umwickelt ist)** / gimp [cord], gimp thread
Gimpen·borte *f* / gimp cord || ≈**einlage** *f* / centre core of a gimp || ≈**faden** *m* / gimp thread || ≈**führung** *f* / gimp guide || ≈**futter** *n* / centre core of a gimp || ≈**geflecht** *n* (Strick/Wirk) / gimp braiding || ≈**knopfloch** *n* / gimped buttonhole || ≈**loch** *n* / lincord *n* || ≈**maschine** *f*(Strick/Wirk) / gimp machine, gimping machine || ≈**seele** *f* / centre core of a gimp || ≈**umspinnmaschine** *f* / gimp twister
Gingham *m*, Gingan *m* / gingham *n* || ≈ **mit krausen Streifen** / seersucker gingham || ≈**imitation** *f* / imitation gingham
Ginnen *n* / ginning *n*
Ginster·faser *f* / broom fibre || ~**gelb** *adj* / gorse yellow *adj*
Gips·brei *m* / calcium sulphate paste || ≈**niederschlag** *m* / precipitate of sulphate of calcium
Gipüre *f* (meist Baumwolle, kann jedoch mit seiden- oder metallumsponnenen Schnüren konturiert sein) / guipure *n*, filet guipure
Gipürenspitze *f* / parchment lace
Girlandentrockner *m* / festoon drier, loop driver
Gitter *n* / grate *n* || ≈**bindung** *f* / lattice basket weave || ≈**draht** *m* / lattice wire || ≈**leinen** *n*, Gitterleinwand *f* / canvas *n*, awning *n* || ≈**muster** *n* / lattice pattern || ≈**rührer** *m* / grid stirrer || ≈**stab** *m* / lattice bar || ≈**stoff** *m* (Vliesst) / scrim *n*, screen *n* || ≈**stoff** (lockeres, weitmaschiges Gewebe aus Baumwolle) / grenadine *n* (dress material with open gauze weave), canvas *n* || ≈**tüll** *m* (Web) / lattice tulle
Givrine *m* (taftbindiger Kleiderstoff mit ripsartigem Charakter) / givrine *n*
glacé *adj* / glacé *adj* || ≈ *m* / glacé *n* || ≈**appretur** *f* / glacé finish, glazing finishing, glazed finish || ≈**filz** *m* / glacé felt || ≈**garn** *n* / glazed cotton yarn, polished yarn, glacé yarn, glacé thread, glazed yarn || ≈**stoff** *m* / glacé *n*
glacieren *v* / glace *v* (yarn)
Glanz *m* / gloss *n*, shine *n* || ≈ (Färb) / brightness *n*, brilliance *n* || ≈ (Strumpf) / sheerness *n* || ≈ (Beschicht) / polish *n*, gloss *n* || ≈ (von Stoff) / lustre *n*, luster *n* (US), sheen *n* || ≈ (nach dem Friktionskalandern) / glaze *n* || ≈ (auf Baumwolle) / blush *n* (on cotton) || ≈ **verleihen** / lustre *v* || ≈ **verlieren** / die *v* (colour), tarnish *v* || **den** ≈ **abnehmen** / take off the lustre || **den** ≈ **abziehen** / delustre *v* (GB), deluster (US) || **den** ≈ **erhöhen** /

relustre *v*, increase the lustre || **mit ≈ pressen** / gloss *v* || **≈abbau** *m*, Glänzabbau *m* / elimination of the bright finish, delustering *n* || **≈appretur** *f*, Glanzausrüstung *f* / lustre finish, gloss finish, glazed finish, glacé finish
glanzarme Wolle / demi-lustre wool
Glanz·atlas *m* (Zanella) (Web) / Italian cloth, zanella *n* (lining fabric also used for umbrellas) || **≈ausrüstungsmittel** *n* / lustring agent || **≈beschichtung** *f* (Beschicht) / wet look || **≈beständigkeit** *f* (Beschicht) / gloss retention || **≈bildung** *f* / glazing *n* || **≈blende** *f* / gloss trap (colorimetry) || **~bügeln** *v* / gloss-iron *v* || **≈chintz** *m* / glazed chintz || **≈dekatur** *f* / gloss decatizing, lustre decatizing || **≈druck** *m* / glossy printing || **≈druckfarbe** *f* / brilliant printing colour, brilliant printing paste, glossy printing paste, glossy printing ink
Glänze *f* / glossing *n*
Glanzeffekt *m* / glazing effect, brilliancy *n*, brilliance *n* (lustre), lustre effect, gloss effect
glänzen *v* / gloss *v*, glaze *v*, shine *vi* || ~ (Zwirn) / glace *v*
glänzend *adj* / glossy *adj* || ~ (Stoff) / lustrous *adj*, shiny *adj* || ~ *adj* (Farbton) / brilliant *adj* || ~ *adj* (Hose) / shiny *adj* || ~ *adj* (Faser) / bright *adj* || **~ machen** / gloss *v*, polish *v*, shine *vt* || **~ machen** (Stoff) / lustre *v*, give fabric a lustrous finish || **~er Madrasmusselin** / Madras chintzed muslin || **~es Mohärstrickgarn** / Iceland wool || **~e synthetische Garne** / bright yarns || **~grün** *adj* / pea-green *adj*
Glanz·erhöhung *f* / relustring *n* || **≈erhöhungsmittel** *n* / relustring agent || **≈erneuerung** *f* / relustring *n* || **≈erneuerungsmittel** *n* / relustring agent || **≈faden** *m* / shiner *n* || **≈fadenfehler** *m* / shiner's defect || **≈falle** *f* / gloss trap (colorimetry) || **≈farbe** *f* / brilliant colour || **≈faser** *f* / bright fibre (rayon), glaze fibre || **≈filz** *m* / glacé felt || **≈fleck** *m* / bright speck || **≈flor** *m* / brilliant lisle, lustrous lisle || **≈futter** *n*, Glanzfutterstoff *m* / lustre lining || **≈garn** *n* / glacé yarn, polished yarn, glazed yarn, glazed cotton yarn || **≈gaze** *f* / glazed gauze || **~gebendes Additiv** / gloss-imparting additive || **≈gebung** *f* (Ausrüst) / lustring *n*, lustre *n*, polishing effect || **≈grad** *m* / degree of lustre || **≈kalander** *m* (Web) / glazing calender, frictioning calender, friction calender || **≈kammgarn** *n* / mohair yarn, Turkish yarn || **≈kattun** *m* / glazed calico || **≈kattun für Rolladen** / blind chintz || **≈krimpe** *f* / hot pressing || **≈krumpe** *f* / decatizing *n*, damping by steam (cloth), steaming *n* || **≈lack** *m* / gloss varnish || **≈leinwand** *f* / calendered linen, glazed linen, sleeked dowlas, trellis linen
glanzlos *adj* / dead *adj* (colour), matt *adj*, lacklustre *adj*, mat (US) *adj* || **~e Farbe** / dull colour, blind colour || **~er Farbton** / dead shade, dull shade || **~e Wollsorten** *f pl* / non-lustre wools
Glanz·losigkeit *f* / dull appearance, mattness *n*, matt appearance, lack of lustre || **≈maschine** *f* / lustring machine, glazing machine || **≈meßgerät** *n* / brilliancy measuring instrument, lustre measuring instrument || **≈messung** *f* / measurement of gloss || **≈mittel** *n* / lustring agent || **≈pigment** *n* / lustre pigment || **≈presse** *f* / lustring press, roller press, cylinder press, rotary [cloth] press || **~pressen** *v* / gloss *v*, hot-press *v* || **≈pressen** *n* / glossing *n* || **≈samt** *m* / panne [velvet] || **≈schuß** *m* (Fehler) / bright pick, shiner pick || **≈seide** *f* / glacé silk *n*, glossy silk || **≈seite** *f* / bright side, lustrous side || **≈stärke** *f* / gloss starch || **≈stelle** *f* / shine *n* (on fabric), brilliant spot, shiny area, shiner *n* || **≈stoff** *m* (Gew) / chintz *n* (glazed cotton fabric) || **≈taft** *m* / glazed taffeta, lutestring *n*, lustrine *n* || **≈verbesserung** *f* / gloss improvement (cotton) || **≈verminderung** *f* / reduction of gloss, reduction of lustre || **≈viskose** *f* / lustrous viscose || **≈wolle** *f* / lustre wool, braid wool, brilliant wool || **≈wollgarn** *n* / lustre wool yarn || **≈zahl** *f* / brightness value, gloss value || **≈zwirn** *m* / glazed thread, glacé thread
glasartiger Glanz / glassy finish, glassy lustre
Glas·ballon *m* (Verpackung) / carboy *n* || **≈batist** *m* (transparenter Stoff mit pergamentartigem Aussehen) / organdy *n*, glass cambric || **≈einzelfaden** *m* / glass monofilament || **≈elementarfaden** *m* / glass monofilament || **≈-Endlosmatte** *f* (DIN 61850) / continuous strand mat
Gläsertuch *n* / glass cloth, glass towel
Glasfaden *m* / glass thread, glass filament
Glasfaser *f* / glass fibre || **≈band** *n* / glass fibre tape || **≈-Epoxyschichtstoff** *m* / glass fibre epoxy laminate || **≈garn** *n* / glass fibre yarn || **≈gewebe** *n* / glass fibre cloth, glass fibre fabric, glass cloth, glass fabric || **≈kunststoff** *m* / glass-reinforced plastics || **≈matte** *f* / glass fibre mat[ting], glass fibre batt || **≈schichtstoff** *m* (GFS) / glass fibre laminate || **≈spinnerei** *f* / glass fibre spinning mill || **≈steppmatte** *f* / glass fibre mat || **≈stoff** *m* / glass fibre || **~verstärkt** *adj* / glass fibre reinforced, glass-reinforced *adj* || **~verstärkter Stoff** / glass [yarn] reinforced laminate || **≈verstärkung** *f* / glass fibre reinforcement, glass reinforcement || **≈vlies** *n* / chopped strand mat || **≈vliesstoff** *m* / nonwoven glass fibre, surface mat (textile glass)
Glas·filament *n* (DIN 61850) / glass continuous filament, glass filament || **≈filamentgarn** *n* (DIN 61850) / glass filament yarn || **≈filtertuch** *n* / glass filter cloth || **≈garn** *n* / glass yarn || **≈gespinst** *n* / glass thread || **≈gewebe** *n* / glass cloth, glass fibre cloth, glass fibre fabric, glass fabric || **≈glanz** *m* / glassy finish, vitreous lustre, glassy lustre
glasieren *v* / glaze *v*, shine *vi* || **≈** *n* / glazing *n*
glasierter Baumwollzwirn / lisle yarn
glasiges Polymer / vitreous polymer
Glas·matte *f* / glass mat || **≈napf** *m* / glass-foot-step *n* || **≈-Oberflächenmatte** *f* (DIN 61850) / [glass] overlay mat, [glass] overlay veil || **≈papier** *n* / glass paper || **≈perle** *f* / glass bead || **≈perlen-Beschichtung** *f* / glass bead coating || **≈pfanne** *f* / glass-foot-step *n* || **≈plattenprobe** *f*, Glasplattentest *m* / glass slide test || **≈roving** *n* / glass roving || **≈-Schnittmatte** *f* (DIN 61850) / chopped strand mat
Glasseide *f* / filament glass yarn, glass silk, glass [continuous] filament, textile glass
Glasseiden·garn *n* / glass yarn || **≈matte** *f* / glass fibre mat[ting], glass fibre batt, chopped strand mat || **≈roving** *n* / glass roving || **≈spinnfaden** *m* / glass fibre strand || **≈strang** *m* / glass roving
Glas·spinnen *n* / glass spinning || **≈spinnerei** *f* / glass fibre spinning mill || **≈spinnfaden** *m* (DIN 61850) / glass strand || **≈spinnfaser** *f* / glass staple fibre
Glasstapel·faser *f* / glass staple fibre, textile glass staple fibre || **≈fasergarn** *n* (DIN 61850) / glass staple fibre yarn, glass spun yarn || **≈faser-Vorgarn** *n* (DIN 61850) / glass sliver

Glas-Steppmatte *n* (DIN 61850) / needled mat || **≗strähne** *f* / glass strand
Glasumwandlungs·bereich *m* / glass transition range || **≗punkt** *m* / glass transition point (of a manmade fibre), glass transition temperature || **≗temperatur** *f* / glass transition temperature
Glasur *f* / glaze *n*, glazing *n*, glazed finish
Glas·vlies *n* / glass fibre mat[ting], glass fibre batt, glass mat || **≗watte** *f* / glass wadding || **≗wolle** *f* / glass wool, spun glass || **≗wollmatte** *f* / spun glass mat
glatt *adj* / even *adj*, plain *adj* || ~ (ungerauht) / unnapped *adj*, unraised *adj*, napless *adj* || ~ *adj* (nicht gekräuselt) / crimp-free *adj* || **~e Abseite** / tabby-back *n*, plain back || **~es Aussehen** / baldness *n* || **~e Eyelet-Ware** / web eyelet fabric || **~e Ferse** (Strumpf) / plain heel || **~es Filamentgarn** / plain filament yarn || **~es Garn** (z.B. nicht gekräuselt) / flat yarn || **~es Gewebe** / plain fabric, napless fabric, tabby *n* || **~er Geweberand** / plain selvedge || **~er Griff** / smooth handle || **~er Grund** / plain back, calico back || **~e Grundbindung** / plain ground weave || **~e Masche** / plain loop || **~es Mischgewebe** / plain blended fabric || **~e Plattierung** (ohne Musterung) / plain plating || **~es Polyester-Filament** / flat polyester filament || **~es Preßrad** (Strick/Wirk) / plain presser wheel || **~ rechts** (Strick/Wirk) / stocking stitch || **~er Rippenstoff** / smooth corded fabric || **~er Samt** / plain velvet || **~er Schaum** (Tepp) / level foam || **~e Schlauchware für Unterwäsche** (Strick/Wirk) / flat fabric || **~e Socke** / plain sock, plain half-hose || **~e Sohle** (Strumpf) / plain foot bottom || **~ stricken** / plain knit *v* || **~er Strickheber** / plain knit cam || **~es Stricksystem** / plain knitting feed || **~er Taft** / taffeta uni (plain weave, all-silk dress fabric, piece-dyed) || **~e, völlig ungemusterte Trikotschlauchware** (Web) / webbing *n* || **~ trocknende Ausrüstung** / smooth-drying finish || **~ trocknendes Baumwollgewebe** / smooth-drying cotton fabric || **~e Tuchbindung** / tabby weave || **~e Unterwäsche** / flat underwear || **~er Velvetin** / plain back velveteen || **~e Ware** / smooth-faced fabric, plain goods *pl* || **~e Ware** (Strick/Wirk) / plain work, plain knit goods *pl*, plain jersey || **~e Ware für Unterwäsche** (Strick/Wirk) / flat underwear fabric || **~e Webart** / tabby weave || **~es Wirken** / plain knitting *n* || **~e Wolle** / plain wool
Glättbürste *f* / burnishing brush
Glätte *f* / glossiness *n*, smoothness *n* || **≗ des Rohseidenfadens** / neatness of raw silk
Glätteffekt *m* / flattening effect
Glatteinzug *m* (Web) / straight draw, straight draft
Glättemittel *n* / smoothing agent (sewing cotton)
glätten *v* (Ausrüst) / crab *v*, wet-set *v* || ~ / calender *v*, glaze *v*, shine *v*, polish *v* || ~ (bügeln) / iron *v*, mangle *v*, hot-press *v*, smooth out || **mit Sandpapier ~** (Hutm) / pounce *v* || **≗** *n* / polishing *n*, shining *n*, smoothing out || **≗**, Fixieren *n* (Ausrüst) / crabbing *n*, wet setting || **≗** (Bügeln) / ironing *n*
glättfähig *adj* (Fasern) / polishable
glatt·gearbeitete Ferse (Strumpf) / plain heel || **~geschoren** *adj* (Web) / glossy *adj* || **≗gewebe** *n* / smooth fabric, smooth-faced fabric, smooth-surface woven fabric
Glätt·kalander *m* / smoothing calender, glazing calender || **≗maschine** *f* / ironing machine, ironing press || **≗maschine** (Hutm) / pouncing machine || **≗maschine** (Wolle) / sleeking machine, smoothing machine
Glatt·/Rechts-Musterart *f* (Strick/Wirk) / 1 course 1/1 rib and 1 course tubular || **≗ripsbindung** *f* / plain rep weave || **~streichen** *v* / take out creases || **≗strich** *m* (Beschicht) / levelling coat, smooth coat || **≗strich bei Ganzflächenbeflockung** / seal coating in full flocking of textile fabrics || **≗stricken** *n*, Glattstrickerei *f* / plain knitting *n*
Glättungsmittel *n* / smoothing agent (sewing cotton)
Glätt·vorrichtung *f* / ironing device, calendering device, smoothing device || **≗walze** *f* / smoothing roller || **≗walzenstreichverfahren** *n* / smoothing roll coating
Glaubersalz *n* ($Na_2SO_4 \cdot 10H_2O$) / Glauber salt, Glauber's salt
gleiche Nachfärbung (gleiche Remissionskurve wie Vorlage) (Färb) / non-metameric matching
gleichbleibend·e Aufwindegeschwindigkeit / uniform speed of winding || **~er Hub** (DIN 61801) / constant traverse (winding)
Gleiche *f* (Web) / even texture
gleich·fixierende Farbstoffkombinationen / dyestuff combinations with equal rates of fixation || **~gerichtete Einzelfalten** *f pl* / kilt plaits
Gleichgewicht *n* / equilibrium *n*
Gleichgewichts·feuchte *f*, Gleichgewichtsfeuchtigkeitsgehalt *m* / equilibrium moisture content || **≗konstante** *f* / equilibrium constant || **≗verhältnis** *n* / equilibrium ratio || **≗zustand** *m* / state of equilibrium
Gleichgratköper *m* / twill of uniform line || **~bindiges Wollgewebe** / unidirectional twill weave wool fabric
Gleichlauf, mit ≗ (Walzen) / even-speed *adj*
gleichlegig *adj* / with even pattern notation
gleichmäßig *adj* / uniform *adj*, even *adj* || ~ (Färbung) / level *adj* || **~es Aufziehen** (Färb) / level absorption || **~ ausfallende Rohbaumwolle** / even running cotton || **~er Druck** / smooth print || **~e Druckverteilung der Behandlungsflotte** (Färb) / even distribution of the liquor pressure || **~es Durchfärben** / uniformly penetrated dyeing || **~es Eindringen** (Färb) / even penetration, good penetration || **~er Farbausfall** / level shade || **~es Färben** / uniform dyeing || **~e Farbtiefe** / even colour depth, uniform depth of shade || **~er Farbton** / level shade, even shade, uniform shade || **~e Färbung** / uniform dyeing, level dyeing || **~e Färbung auf unterschiedlichen Fasern** / even dyeing on different fibres || **~e Faserverteilung** / uniform distribution of fibres || **~es Flächengebilde** (Vliesst) / even sheet structure || **~ gefärbt** / evenly dyed || **~er Heftstich** / even basting || **~e Oberflächenadsorptionsschicht** (Färb) / uniform surfacial adsorption layer || **~e Rasterabläufe** *m pl* (Textdr) / uniform gradation of the screen dots || **~er Rauheffekt** / even napping effect || **~e Ware** / balanced cloth || **~e Zwirnung** / uniform twist
Gleichmäßigkeit *f* / evenness *n*, uniformity *n* || **≗** (Färb) / levelness *n* || **≗ der Färbung** / levelness of dyeing
Gleichmäßigkeits·prüfer *m* / evenness tester, uniformity tester || **≗prüfgerät** *n* **für Seidenfäden** / serigraph *n* (silk) || **≗prüfung** *f* / evenness test
gleichrichten *v*, entwirren *v* (Baumwollgarn) / scutch *v* || ~ (Fasern) / orientate *v* || **≗** *n*, Entwirren

n (Baumwollgarn) / scutching *n* || ² (Fasern) / orientation *n*
gleichschnell laufend / even-speed *adj*
gleichseitig·er Köper / balanced twill, even-sided twill || **~e Köperbindung** / Batavia weave
gleichzeitig·es Färben / simultaneous dyeing (different kinds of fibres) || **~es Färben und Veredeln** / simultaneous dyeing and finishing
gleich·ziehen *vt* (Strumpf) / stretch *vt*, equalize *v* || **²ziehen** *n* (Strumpf) / stretching *n* || **~ziehende Farbstoffe** / dyestuffs with equal exhaustion properties
Gleit·blech *n* / lap plate || **²eigenschaften** *f pl* / slip *n*
Gleiten *n* / slippage *n* || **² der Kette über den Streichbaum** (Web) / sliding of the warp over the back-rest
gleitend·e Nadelbarre (Tepp) / sliding needle bar || **~e Nadelplatte** (Tepp) / sliding needle plate || **²machen** *n* / lubricating *n*
Gleit·fähigkeit *f* / gliding property, sliding property, non-clinging effect || **²fähigkeit von Textilien** / slipping properties of textiles || **federnder ²kontakt des Lochabstellers** / detector spring (in knitting machine) || **²mittel** *n* / lubricating agent, gliding agent, lubricant *n* || **²schiene** *f* (Strick/Wirk) / slide rail, guide rail || **²schutzmittel** *n* / anti-slip agent || **²schutzüberzug** *m* / skid-resistant coating
gleitsicher *adj* / non-skid *adj*, non-slipping *adj*, non-slip *adj* || **~er Teppich** / skid-resistant carpet || **~es Wachs** / anti-slip wax
Gleitverhalten *n* / slide performance (of fibre)
Glencheck *m* / glencheck *n*, glen plaid (used in woollen and worsted fabrics for suitings and coatings)
Glimm·ätzung *f* / etching in an oxygen gas discharge || **²dauer** *f* / duration of smouldering (burning performance of textiles)
glimmen *v* / glow *v* || **²** *n* / glow *n*
Glimmzeit *f* (Matpr) / glowing time
Glitzer *m* / glitter *n* || **²effekte** *m pl* (Mode) / glitter effects *pl* || **²faden** *m* / glitter thread || **²-Look** *m* (Mode) / glitter look, Lurex look
glitzern *v* / sparkle *v*, glitter *v*
Globulinfaser *f* / globulin fibre (protein fibre)
Glocken·ärmel *m* (Mode) / bell sleeve || **~blumenblau** *adj* / campanula [blue] *adj* || **~blumenviolett** *adj* / campanula violet || **²dämpfer** *m* (Textdr) / bell steamer (GB), bell ager (US) || **~förmiger Hut** / cloché hat || **²heizkessel** *m* / bell-type autoclave press || **²rock** *m* (Mode) / circular skirt, swingy skirt || **²schnitt** *m* (Mode) / cockling *n* || **²spindel** *f* (Spinn) / cap spindle || **²spinnbobine** *f* / cap spinning bobbin || **²spinnmaschine** *f* / cap spinning frame, cap spinning machine || **²spinnverfahren** *n* / cap spinning
glockige Verarbeitung (Mode) / godet tailoring
Gloria *m* (dichtes, leichtes Gewebe, hauptsächlich für Schirme verwendet), Gloriaseide *f* / gloria cloth, silk gloria || **²schirmstoff** *m* / gloria umbrella cloth
Glorietta *f* / cotton gloria
Gloucestershire Wolle *f* / Cotswold wool
Glühbeständigkeit *f* / glow resistance
glühen *v* / glow *v* || **²** *n* / glow *n*, incandescence *n*
glühend *adj* / incandescent *adj*
Glühlampenlicht *n* (Normlichtart A) / incandescent lamp light (illuminant A)
Glüh·licht *n* / incandescent light || **²rückstand** *m* / ash content
Glukose *f* / glucose *n*, dextrose *n* || **²ätze** *f* / glucose discharge || **²küpe** *f* / glucose vat
Glut *f* / glow *n* || **²araldehyd** *m* / glutaraldehyde *n*
Glycerinmonoacetat *n* / monoacetin *n*
Glykokoll *n* / glycocoll *n*, aminoacetic acid
Glykol *n* / glycol *n* || **²äther** *m* / glycol ether || **²ester** *m* / glycol ester || **²säure** *f* / glycolic acid || **²schwefelsäure** *f* / glycol sulphuric acid
Glyoxal *n* / glyoxal *n*
Glyoxalin *n* / imidazole *n*
Glyptalharz *n* / glyptal resin
Glyzerid *n* / glyceride *n*
Glyzerin *n* / glycerin[e] *n*, glycerol *n* || **²borsäureester** *m* / glycerin[e] boric acid ester || **²monochlorohydrin** *n* / glycerin[e] monochlorohydrin || **²tripalmitat** *n* / palmitin *n* || **²tripalmitinsäureester** *m* / palmitin *n*
Glyzerophosphat *n*, Glyzerylphosphat *n* / glycerophosphate *n*
Glyzin *n* / glycocoll *n*, aminoacetic acid
Gobelin *m* (Bildteppich) / Gobelin *n*, Gobelin tapestry || **²gewebe** *n* / woven tapestry || **²stich** *m* / Gobelin stitch, tapestry stitch
gold *adj* / gold *adj*, golden *adj*, gold-coloured *adj* || **²** *n* / gold *n* || **mit ² bezogener Faden** / gold thread || **~beige** *adj* / London suede || **²besatz** *m* / gold lace || **~blond** *adj* / golden-blonde *adj* || **²borte** *f* / gold braid, dorure *n* (Fr), gold lace || **~braun** *adj* / gold-brown *adj*, golden-brown *adj* || **²brokat** *m* / gold brocade || **~durchwirkt** *adj* / interwoven with golden threads
golden *adj* / gold *adj*, golden *adj*, gold-coloured *adj* || **~er Farbton** / golden shade
Gold·faden *m* / gold thread || **~farben** *adj* / gold-coloured *adj*, gold *adj*, golden *adj*
goldgelb *adj* (RAL 1004) / golden-yellow *adj* || **~er Farbton** / amber shade, amber colour
gold·haltig *adj* / auriferous *adj* || **~käferfarbig** *adj* / beetle green shade, rose chafer green *adj*, brass beetle shade || **²lackstreutechnik** *f* / makié technique || **²lamé** *m* / gold lamé fabric || **~orange** *adj* / golden-orange *adj* || **²orange** *n* (Färb) / methyl orange, helianthin[e] *n*, gold orange || **²oxidverbindung** *f* / auric compound || **²säure** *f* / auric acid || **²ton** *m* / golden shade || **²trichlorid** *n* / auric chloride
Golfers *m pl* / golfers *pl* (type of rag)
Golfhose *f* / plus fours *pl*
Golgas *m* / golgas *n* (printed flannel raised on both sides)
Göller *n m* (Halspartie am Hemd und Frauenkleid) / collar *n*
Good-Middling *f* (Baumwollsorte) / good middling cotton
Good-Ordinary *f* (Baumwollsorte) / good ordinary cotton
Gördes-Teppich *m* / Ghiordes carpet (Turkish handmade carpet)
gordischer Knoten (Tepp) / Ghordes knot, Ghiordes knot
Gorillagarn *n* (Art Noppengarn) / gorilla yarn
Gorl *m* / gimp cord, guipure *n*
Gossypium *n* (Baumwolle) / gossypium *n*
Go-Through-Maschine *f* / go-through machine (lace)
Gouachedruck *m* / gouache print
Grabtest *m* / grab [tensile] test || **²beständigkeit** *f* / grab test strength || **²festigkeit** *f* / ravel strip

strength
Grabtuch *n* / shroud *n*
Grab-Zugversuch *m* **an Geweben** (DIN 53858) (man rechnet ungefähr Grab(kg)/1,6 = Reißfestigkeit (kg) DIN) / grab [tensile] test
Grad *m* **der Durchkrempelung** / intensity of carding
Grad Celsius (°C) / degree Celsius (°C), centigrade *n*
Gradierung *f*(Konf) / graduation *n*
Gramm pro Denier / grammes per denier
Grammolekül *n*(Chem) / mol *n*, mole *n*, gram-molecule *n*
granat·braun *adj* / garnet brown || **~rot** *adj* / garnet red
granit·bindiger Stoff / oatmeal fabric (towel fabric resembling oatmeal paper) || **²bindung** *f* (abgewandelte Ripsbindung mit kreppartigem Aussehen) / granite weave
Granité *m* (kahlappretierter Kammgarnstoff mit versetztem, perligem Bindungsbild, ohne eigentlichen Köpergrat mit gekörnter Oberfläche) / granite fabric, granite cloth
granit·grau *adj* (RAL 7026) / granite grey *adj* || **²krepp** *m* / coarse sand crepe
Granne *f* / awn *n*
Grannenhaare *n pl* (Wolle) / dead hairs, kemp *n*, long coarse hair, bristly wool
Granthaspelung *f* / Grant reeling
Granularkarde *f*(Spinn) / granular card, granular carding machine
Granulat *n* / granulate *n*, granules *pl* || **²formierung** *f* / granular formulation, prills *pl*
Granulation *f* / agglomeration *n*, granulation *n*
Granulatkorn *n* / agglomerate *n*
granulieren *v* / granulate *v*, grain *v* || **²** *n*, Granulierung *f* (Körnigmachen) / granulation *n*, agglomeration *n*
granuliert *adj* / granulated *adj*
Granulierung *f* (Korngröße, ausgedrückt durch die Maschenzahl des Siebs) / mesh size
Graphit *m* / graphite *n* || **²bad** *n* / graphite bath || **~farben** *adj* / graphite *adj* || **²faser** *f* / graphite fibre || **²fleck** *m* / graphite stain || **~grau** *adj* (RAL 7024) / graphite grey *adj* || **~schwarz** *adj* (RAL 9011) / graphite black *adj* || **²verschmutzung** *f* / graphite contamination, graphite soiling || **²verunreinigung** *f* / graphite impurity
Gras·fasermatte *f* / grass rug || **²fleck** *m* / grass stain || **~grün** *adj* (RAL 6010) / grass-green *adj* || **²leinen** *n* / grass cloth, grass linen || **²leinen** (frühere Bezeichnung für Gewebe aus Ramie) / Chinese linen || **²samen enthaltende Wolle** / seed wool || **²taft** *m*, Grastuch *n* / grass cloth
Grat *m* (Gew) / rib *n*, ridge *n*
Gräte *f* (Web) / mark *n*
Gräten·muster *n* / crow's feet || **²stich** *m* (Näh) / herringbone stitch, fishbone stitch, barred [witch] stitch
Grat·köper *m* / rib twill || **²linie** *f* / twill line || **²struktur** *f* (Web) / rib structure
grau *adj* / grey *adj*, gray *adj* (US) || **~e Ambra** / ambergris *n* || **~aluminium** *adj* (RAL 9007) / grey aluminium *adj* || **~beige** *adj* (RAL 1019) / grey-beige *adj* || **~blau** *adj* / greyish blue *adj*, perse *adj* || **~blau** *adj* (RAL 5008) / grey-blue *adj* || **~braun** *adj* / russet *adj* || **~braun** *adj* (RAL 8019) / grey-brown *adj* || **~grün** *adj* / grey-green *adj*, greyish green *adj*
gräulich *adj* / greyish *adj*
Graumaßstab *m* / grey scale || **² zur Bewertung des Anblutens** (DIN 54002) / grey scale for assessing staining || **² zur Bewertung des Farbumschlags** / grey scale for assessing change in colour
grauoliv *adj* (RAL 6006) / grey olive *adj*
Graupen *f pl* / burr waste
grau·rot *adj* / greyish red *adj* || **~rötlich** *adj* / roan *adj* || **²schleier** *m* (Streifigkeit oder Unegalität durch unvollständige Farbstoff-Fixierung) (Färb, Textdr) / frosting [effect] || **²schleier** (geringere Anfärbung der Polspitzen im Vergleich zu übrigem Material, bes. bei Klotzfärbung) / sandwich effect (wool dye; "grey" surface aspect caused by undyed fibres on the sliver surface) || **~schleierfreier Druck** (Tepp) / print free from frosting effect || **²skala** *f* / grey scale || **~stichiger Ton** / greyish cast || **²stufenkeil** *m* (Kol) / neutral step wedge || **²ton** *m* / grey shade, greyish cast || **~weiß** *adj* (RAL 9002) / grey white *adj* || **²wert** *m* / grey value
gravieren *v* / engrave *v* || **²** *n* / engraving *n*
graviert·er Seidenstoff / chagrin fabric || **~e Walze** (Beschicht) / engraved roller || **~er Zylinder** / engraved cylinder
Gravierverfahren *n* / engraving process
Gravur *f* / engraving *n* || **²maschine** *f* / engraving machine || **²tiefe** *f* / engraving depth || **²walze** *f* / embossing cylinder
Grègeseide *f* (gehaspeltes Seidengarn, bestehend aus mehreren gereinigten, leicht miteinander verdrehten Kokonfäden) / grège [silk] thread
greifen *v* / grip *v*
Greifer *m* (Näh) / shuttle *n*, hook *n* , looper *n*, loop taker || **²** (Web, Strick, Tepp) / gripper *n*, driver *n*, shuttle holder, operating arm || **²** (Strick/Wirk) / rapier *n*, looper *n* || **² an der Nähmaschine** (Näh) / feed dog || **²-Axminster** (Tepp) / gripper Axminster || **²-Axminster-Teppich** *m* / gripper-Axminster carpet || **²bewegung** *f* (Näh) / shuttle motion, hook motion || **²bewegung** (Kettenstichgreifer) / looper motion || **²bremsstift** *m* / looper tension rod || **²einstellung** *f* (Näh) / hook setting || **²einstellung** (Kettenstich) / looper setting || **²faden** *m* / looper thread || **²kopf** *m* (Web) / gripper head, nipper head || **²nadel** *f* (Web) / gripper needle || **²nadel der Kettelmaschine** / looper point || **²rundwebmaschine** *f* / circular loom with gripper || **²schmierung** *f* (Näh) / hook lubrication || **²schützen** *m* / gripper shuttle || **²schützenwebmaschine** *f* / gripper shuttle loom, hook-shuttle loom || **²stab** *m* (Web) / rapier *n* || **²stange** *f* (Web) / rod gripper, rapier *n* || **²stuhl** *m* (Web) / gripper loom, rapier weaving machine, rapier loom || **²-Teppich** *m* / gripper-Axminster carpet || **²vorrichtung** *f* (Web) / gripping device || **²wagen** *m* / looper carrier || **²wagensteller** *m* / looper carrier guide || **²webmaschine** *f*, Greiferwebstuhl *m* (Web) / rapier loom, rapier weaving machine, gripper loom, gripper weaving machine
Greif·probe *f* / grab [tensile] test || **²probefestigkeit** *f* / grab test strength || **²vorrichtung** *f* (Web) / gripping device
Greisenbart *m*, Louisianamoos *n* (Tillandsia osneoides) / American moss
grell *adj* / loud *v* (shade)
Grenadine *f* (Kreppgarn aus Natur- und Chemieseidenfäden) / grenadine twist || **²** (Seiden- oder Chemieseidengewebe für Kleider und Blusen) / grenadine *n*, black leno
Grenze *f* **der Durchschlagfestigkeit** / ballistic limit

Grenz·fadendichte *f* / jamming *n* || **˜fläche** *f* / interface *n*
Grenzflächenadsorption *f* / interfacial adsorption
grenzflächenaktiv *adj* / surface-active *adj* || **~er Ölfilm** / interfacial oil film || **~er Stoff** (DIN 53908), grenzflächenaktive Substanz / surface-active agent, surfactant *n* (contraction of "surface-active agent") || **~e Verbindung** / surface-active compound || **~e Zubereitung** / surfactant formulation
Grenzflächen·aktivität *f* / surface activity, interfacial activity || **˜energie** *f* / interfacial surface energy || **˜erscheinungen** *f pl* / surface phenomena || **˜film** *m* / interfacial film || **˜migrierung** *f* / interfacial migration (IM) (interface between dyebath and fibre) || **˜migrierungsverhalten** *n* (Färb) / interfacial migration (IM) behaviour || **˜migrierungsverhältnis** *n* (Färb) / interfacial migration (IM) ratio || **˜polymerisation** *f* / interfacial polymerization || **˜polymerisationsmittel** *n* / interfacial polymerization agent || **˜potential** *n* / interfacial potential || **˜schicht** *f* / absorption layer (surfactants) || **˜spannung** *f* / interfacial tension (surface active agent) || **˜spannungsmesser** *m* / interfacial tensiometer
Grenz·kohlenwasserstoff *m* / alkane *n* || **˜lauge** *f* (Seife) / limiting lye || **˜phasenvernetzung** *f* (Beschicht) / phase boundary crosslinking || **˜-Sauerstoff-Index** *m* / Limit Oxygen Index (flammability test) (Oxygen Index Method), LOI || **˜schicht** *f* / interface boundary layer || **˜werte der Strickbelastung** *m pl* / knitting load limits
Grex-Gewichtsnumerierungssystem *nm* (identisch mit dtex)**m** / grex system (US)
Grid-Plate *f* / grid plate
griechisch·e Bindung (eine Art Waffelbindung) / Grecian weave || **~e Spitze** / Greek lace || **~er Teppich** / Greek carpet
grießig *adj* / gritty *adj*
Griff *m* / hand *n* (of fabric) (US), feel *n*, touch *n*, handle *n* (of fabric) (GB) || **˜appretur** *f* (Ausrüst) / stiffening *n*
griffgebende Appretur (Ausrüst) / stiffening *n*
Griff·gestaltung *f* / modification of handle || **˜härtung** *f* (unerwünscht) / hardening of the handle (undesirable)
Griffigkeit *f* / hand *n* (of fabric) (US), handle *n* (of fabric) (GB)
Griff·nocke *f* (Reißv) / cam *n* (of the pull) || **˜platte** *f* (Reißv) / pull *n* || **˜variante** *f* / handle variation || **˜variator** *m* / hand modifier, hand builder, softener *n* || **˜veredlung** *f* / handle finishing
Grinsen *n* (an Dessinrändern) (Textdr) / grinning *n*, inaccuracy of the repeat
Grisaille *f* (Seidenstoff aus schwarzem und weißem Garn) / grisaille *n*
Grisottestrumpf *m* / clocked stocking
grob *adj* / coarse *adj*, rough *adj* || **~er Bindfaden** / packing cord, packing twine || **~er Drell** / crash *n* || **~es Endlosgarn, das zu Spinnband verarbeitet wird** (Spinn) / tow *n* || **~er Faden** / coarse thread || **~es Garn** / yarn of coarse count, coarse yarn || **~e Garnnummer** / low count of yarn || **~ gerippt** / heavy-rib *adj*, grosgrain *adj* || **~es Gewebe** / coarse fabric || **~es Gewirk** / coarse knitted fabric, heavy knit || **~e Leinwand** / packing canvas, packing cloth || **~e Nummer** / course count [of yarn] || **~e Sackleinwand** / hopsack *n* (rough-surfaced bulky fabric, similar to bagging), hopsacking || **~e Seidenmultifile** / multifilament yarns in heavy deniers || **~e Teilung** (Strick/Wirk) / coarse gauge || **~er Titer** / course count [of yarn], coarse titre || **~es Vorgarn** / rough roving || **~e Wolldecke** / rug *n* (GB)
Grob... (in Zssg.) / coarse *adj*, rough *adj*
Grobfaden *m* / double end || **˜** (Fehler) (Web) / coarse pick
grobfädig *adj* / coarse-threaded *adj* || **~es, leinwandbindiges Jutegewebe** / bagging *n*
Grob·faser *f* / coarse fibre || **~faserig** *adj* / coarse-fibred *adj* || **˜flyer** *m* (Spinn) / slubbing flyer, slubbing frame, slubbing machine, slubber *n*, coarse roving frame || **˜frotteur** *m* (Spinn) / first bobbin drawing box
Grobgarn *n* / coarse yarn, coarse spun || **˜spinnen** *n*, Grobgarnspinnerei *f* / coarse count yarn spinning || **˜weben** *n* / coarse yarn weaving
Grob·gespinst *n* / coarse spun || **~gesponnen** *adj* / coarse-spun *adj* || **˜gestrick** *n* / heavy knit || **˜gewebe** *n* / coarse fabric, coarse weave || **~griffige Wolle** / coarse wool
Grobhechel, durch die ˜ ziehen / ruff *v* (flax)
Grobhecheln *n* (Hanf) / first dressing
Grobhechelstrecke *f* / slubbing box (card)
Grob·kabel *n* / tow *n* || **˜krempel** *f* (Spinn) / scribbler card, breaker card, scribbler *n* || **~krempeln** *v* (Wolle) / scribble *v* || **˜krempeln** *n* / scribbling *n* || **˜leinen** *n* / crash *n*, linen crash
grobmaschig *adj* (Strick/Wirk) / wide meshed || **~er Sack** / wide mesh bag
Grob·nessel *m* / coarse cotton cambric *n*, creas *n* (type of cretonne) || **˜nitschler** *m* (Spinn) / first bobbin drawing box || **~schüssiges Gewebe** / coarse-filling fabric, coarse-weft fabric || **˜spinnerei** *f* / coarse count spinning || **˜spinnfaser** *f* / coarse staple fibre || **˜spule** *f* / bobbin for slubbing and roving || **˜stapelfaser** *f* / coarse staple fibre || **˜stich** *m* (Web) / coarse needle pitch || **˜stich** (Näh) / rope stitch || **˜stichnaht** *f* (Näh) / rope stitch seam || **˜strecke** *f* (Spinn) / first drawing frame, preparer gill box, first drawer, frame drawer || **˜strumpfhose** *f* / coarse-knit tights || **˜titer** *m* / coarse denier || **~titrige Faser** / fibre of high denier || **˜tüll** *m* / coarse tull[e] || **˜verarbeitung** *f* (Spinn) / coarse preparation (worsted) || **˜wäsche** *f* / heavy laundering || **˜waschmittel** *n* / heavy-duty detergent || **˜wolle** *f* / coarse wool
Grogram *m* (grober Stoff aus Seide, Mohär oder Wolle oder deren Mischungen) / grogram *n*
Grosgrain *m* (schweres rippiges Gewebe) / grosgrain *n*
groß·es Rhombenmuster / fisheye pattern || **~er Sattlerstich** / giant saddle stitch || **~er Schußkötzer** / jumbo cop || **~es Zelt** / marquee *n*
Größe *f* / size *n*
Größen·kontrollapparat *m* **für Länge und Fuß** (Strick/Wirk, Strumpf) / combination size counter || **˜verteilung** *f* (Pigm) / size distribution
großflächig·er Druck / blotch print || **~e Farbungleichmäßigkeit** (Färb) / patchiness *n* || **~es Muster** / blotch print pattern, large-area pattern
groß·fonturig *adj* (Strumpf) / multisection *adj* || **~kapselige Baumwolle** / big-boll cotton, large-boll cotton || **˜kaule** *f* / large batch || **˜kaulenwickler** *m* / large batching system ||

≗kops *m* (Spinn) / large cop, large package || **≗kranz-Rundkettelmaschine** *f* / circular cylinder knitting machine of large diameter
großmaschig *adj* (Strick/Wirk) / wide meshed || **~es Gardinennetz** / cable net
groß·molekularer Farbstoff / dyestuff of large molecular size || **~must[e]rig** *adj* / large patterned || **~mustrige Jacquardbindung** / unlimited jacquard design || **≗rändermaschine** *f* (Strick/Wirk) / large ribber
Großraumschützen *m* / extra-large shuttle, boat shuttle
Großrundstrick·-Jacquardmaschine *f* / rib circular jacquard knitting machine of large diameter || **≗maschine** *f* / large circular knitting machine, rib circular knitting machine [of large diameter], large-diameter circular knitting machine
Groß·schützen *m* / extra-large shuttle || **≗spinnkarde** *f* / card for coarse count[s] spinning || **≗strangaufmachung** *f* / jumbo skein
großtechnische Produktion / industrial-scale production
Grübchenstich *m* / dot stitch
Grubenröste *f* / pit retting (flax)
grün *adj* / green *adj* || **~er Zinnober** / chrome green, chrome oxide green || **≗ätze** *f* / green discharge || **~beige** *adj* (RAL 1000) / green beige *adj* || **~blau** *adj* / greenish-blue *adj* || **~blau** *adj* (RAL 5001) / green blue *adj* || **~braun** *adj* (RAL 8000) / green brown *adj*
Grund *m* (Färb, Textdr) / ground *n*, bottom *n* || ≗ (Grundgewebe) / ground fabric, backing material || **≗abdeckung** *f* (Färb) / bottom cover || **≗ausrüstung** *f* / basic finish, plain finish || **≗beschichtung** *f* / seal and base coat || **≗bindung** *f* / basic weave, standard weave, ground weave, plain weave || **≗doppelkegel** *m* / cop bit, cop bottom, cop base
Gründel·druck *m* / blotch print, blotch printing, large-area printing || **≗grund** *m* / blotch ground || **≗muster** *n* / blotch print pattern || **≗walze** *f* / blotch roller
Grund·faden *m* / core thread, foundation thread, ground thread || **≗fadenführerpatent** *n* (Strumpf) / spindle control mechanism for the carrier rod travel || **≗farbe** *f* (Färb) / ground *n*, ground colour, base colour || **≗farbe** (Primärfarbe) / primary colour || **≗färbung** *f* / ground dyeing, bottom dyeing || **≗firnis** *m* / priming varnish || **≗flotte** *f* (Färb) / full concentration liquor || **≗garn** *n* / backing yarn, base yarn, core yarn || **≗gewebe** *n* / backing fabric, backing material, ground fabric || **≗gewebe** (Tepp) / backing *n* || **≗gewirke** *n* (Strick/Wirk) / foundation texture
Grundier·ansatz *m* (Beschicht) / bottom mixture || **≗bad** *n* (Färb) / impregnating bath, bottoming bath, impregnation bath
grundieren *v* (Textdr) / bottom *v*, ground *v* || ~ (Färb) / impregnate *v* || ≗ *n* (Färb) / impregnating *n* || ≗ (Beschicht) / base coat[ing] *n*, bottoming *n*, ground coat, grounding *n*
Grundier·farbe *f* / bottoming dyestuff, ground shade || **≗färbebad** *n* / bottoming bath || **≗farbstoff** *m* / grounding dyestuff || **≗färbung** *f* / ground dyeing
Grundierung *f* (Färb) / impregnating *n*
Grundierungs·harzbindemittel *n* / base coat resin || **≗mittel** *n* / bottoming agent, sealing agent
Grund·kette *f* (Web) / back warp, ground warp, main warp, foundation warp || **≗litze** *f* / ground heddle || **≗masche** *f* (Strick/Wirk) / basic stitch || **≗mischung** *f* / base stock || **≗motiv** *n* / basic pattern || **≗muster** *n* / ground pattern || **≗platte** *f* (Web) / sley race || **≗platte** (Vliesst) / stitching desk || **≗schuß** *m* (Web) / ground weft, binding pick, bottom shot, ground pick, bottom shoot || **≗seifenmasse** *f*, Seifengrundmasse *f* / primary soap stock || **≗stammküpe** *f* / stock vat || **≗strich** *m* (Beschicht) / base coat[ing] *n*, first coat, bottoming *n*, ground coat || **≗substanz** *f* / mother substance || **≗ton** *m* / ground shade, bottom shade || **≗viskosität** *f* / intrinsic viscosity || **≗ware** *f* (Tepp) / back cloth || **≗weiß** *n* / natural white, natural whiteness || **≗weiß der Faser** / original whiteness of the fibre
Grün·flachs *m* / green flax, raw flax || **~gefärbt** *adj* / green-coloured *adj* || **~gelb** *adj* / greenish yellow *adj* || **≗-Gelb-Empfindlichkeit** *f* / green-yellow sensitivity || **≗-Gelb-Faktor** *m* / green-yellow factor || **~grau** *adj* (RAL 7009) / green grey *adj*
grünlich *adj* / greenish *adj* || **~ blau** / greenish blue *adj* || **~ gelb** / greenish yellow *adj*
Grün·röste *f* / green retting || **~spanfarben** *adj* / verdigris *adj*
grünstichig *adj* / greenish *adj* || **~er Ton** / greenish cast
Grünton *m* / green shade, greenish cast
gruppenweiser Einzug (Web) / grouped pass
Guajakharz *n* / guaiac resin, gum guaiac, guaiacum (resin) *n*
Guanako·garn *n* / guanaco yarn || **≗haare** *n pl*, Guanakowolle *f* / guanaco wool
Guanylharnstoff *m* / guanyl urea
Guar *n* (Cyanopsis psoralioides) / guar *n* (used as a thickening agent and as a sizing material)
Guaran *n*, Guar-Mehl *n* / guaran *n*
Guar·-Galactomannan *n* (Verdickungsmittel) / guar-galactomannan *n* || **≗-Mehl** *n*, Guar Gum *n* / guar flour, guar gum, guargum *n* || **≗mehläther** *m* / guar ether
Guignetgrün *n* / chrome green, veridian *n*, Guignet's green
Guillotine-Schlagmesser *n* (Fil Herstellung) / thread chopper
Guipure *f* s. Gipüre || **≗-Spitze** *f* / parchment lace
Gummi *n m* / gum *n*
Gummiarabikum *n* / gum arabic, acacia gum, Senegal gum || **≗verdickung** *f* / gum arabic thickener
Gummi·ätzdruck *m* / gum caustic printing || **≗band** *n* / elastic ribbon, elastic tape, elastic web || **≗bandstuhl** *m* / ribbon loom for elastic bands || **≗bund** *m* / elastic waistband || **≗drucklack** *m* / gum printing varnish || **≗einlegestrickmaschine** *f*, Gummieinstrickmaschine *f* (Strick/Wirk) / corset machine || **≗einzelfaden** *m* / rubber filament || **≗einziehapparat** *m* / elastic attachment || **~elastisch** *adj* / resilient *adj*, elastomeric *adj*
Gummierapparat *m* / gum machine
gummieren *v* (Gew) / proof *v*, rubberize *v*, rubber-proof *v* || ~ (mit Klebstoff versehen) / gum *v* || ≗ *n* / gumming *n* || **≗ von Geweben** / coating of fabrics with rubber
Gummier·kalander *m* / rubber coating calender || **≗maschine** *f* / gum machine
gummiert *adj* / rubber-coated *adj* || **~es Baumwollgewebe mit beflockter Oberfläche** / rubber velvet || **~es Garn** / rubberized yarn || **~es Gewebe** (Gew) / proofing *n*, rubber-backed fabric || **~er Mitläufer** (Textdr) / rubber blanket || **~er**

Reifenkord / rubberized tyre cord, friction fabric || ~**er Stoff** (Gew) / proofing *n*, rubber-backed fabric

Gummifaden *m* / rubber thread, elastic thread || ≗-**Einlegeapparat** *m*, Gummifaden-Fournisseur / rubber thread feeder, uniform elastic attachment || ≗**numerierung** *f* / rubber thread count || ≗**zubringer** *m*, Gummifadenzuführer *m* / rubber thread feeder, uniform elastic attachment

Gummi·faser *f* (Polstersektor) / rubberized hair || ≗**filamentgarn** *n* / rubber filament yarn || ≗**gewebe** *n* / elastic tissue || ≗**haar** *n* s. Gummifaser || ≗**handstrickmaschine** *f* / rubber hand knitting machine || ≗**harz** *n* / gum resin || ≗**litze** *f* (Konfektion) / elastic cord, elastic braid || ≗**lösung** *f* / gum solution || ≗**nitschelhose** *f* / rubber apron for grinding || ≗**rakel** *f* (Beschicht) / rubber squeegee || ≗**rand** *m* **am Strumpf** / elastic top on hose, elastic welt on hose || ≗**raschel[maschine]** *f* / elastic raschel machine || ≗**strickmaschine** *f* / rubber knitting machine, rubber yarn knitting machine || ≗**strumpf** *m* / elastic stocking, rubber stocking || ≗-**Textil-Verbindung** *f* / bonding of rubber to textiles

Gummituch *n* (Textdr) / rubber blanket || ≗**passage** *f* (Textdr) / rubber blanket passage || ≗**rakel** *f* (Beschicht) / rubber sheet spreader, knife-over-rubber blanket || ≗**rakelstreichmaschine** *f* / knife-on-blanket coater || ≗**streichmaschine** *f* / blanket coater (US)

Gummiüberzug, mit einem ≗ **versehen** / rubberize *v*

Gummi·umspinnmaschine *f* / covering machine for rubber threads || ≗**verdickung** *f* / gum thickening || ≗**zug** *m* **an Taille und Bein** / elastic at waist and leg openings

Gurt *m* / belt *n* (auto), safety belt, strap *n*, girth *n* || ≗**band** *n* / belt band, webbing *n*, strap *n* || ≗**bandgewebe** *n* / webbing fabric || ≗**bandware** *f* / beltings *pl*

Gürtel *m* / belt *n*, waist-belt *n* || ≗**apparat** *m* / belt-weaving attachment || ≗**einlageband** *n* / belt backing || ≗**schlaufe** *f* / belt loop || ≗**steifband** *n* / belt backing || ≗**stoff** *m* / belting *n* || ≗**wender** *m* / belt-turner *n*

Gurten·weberei *f* / belt weaving mill, webbing weaving mill || ≗**webmaschine** *f* / belt loom, webbing loom

Gurt·gewebe *n*, Gurtstoff *m* / belt webbing, strapping *n*, belting *n*, duck belting || ≗**stropp** *m* / web sling || ≗**weberei** *f* / belt weaving mill || ≗**webmaschine** *f* / belt loom, webbing loom

Gußform *f* / mould *n* (plastic etc)

gut deckend (Färb) / opaque *adj* || ~**e Druckschärfe** / clear print outlines *pl* || ~ **durchdrungene Färbung** / well-penetrated dyeing || ~ **egalisierend** (Färb) / easily levelling || ~ **egalisierender Farbstoff** / level dyeing dyestuff || ~ **egalisierender Säurefarbstoff** / acid level dyestuff || ~**er Fall** / good drape (of cloth) || ~**er Sitz** / good fit || ~ **sitzend** / tailored *adj* (suit, dress) || ~**er Stand** (Textdr) / sharp outlines

Gut *n* / goods *pl*, material *n*

Güte·grad *m* / grade of cloth || ≗**zeichen** *n* / quality label, seal of quality

H

Haar *n* / hair *n*, nap *n*, fibre web, fibrous web || ≈ **zum Ausstopfen** / quilt hair || **gegen das** ≈ / against the nap, against the hair || ≈**band** *n* / hair ribbon || ≈**bearbeitungsmaschine** *f* / pile processing machine || ≈**beize** *f* / hair mordant || ≈**biese** *f* (Näh) / pin tuck || ≈**decke** *f* / hairy blanket, shaggy blanket || ≈**einlagestoff** *m* / hair lining

Haaren *n* / fluffing *n*, hair shedding || ≈ (Tepp) / shedding *n*

Haarfilz *m* / hair felt || ≈ (Hutm) / fur felt || ≈**fachmaschine** *f* / bastisseuse *n*

Haargarn *n* / hair yarn, haircord *n* || ≈**-Bouclé-Teppich** *m* (Tepp) / haircord *n* || ≈**teppich** *m* / hair yarn carpet (must contain at least 70% hair yarn), velvet [pile] carpet || ≈**-Velours** *m* (Tepp) / hair velvet

Haarhut *m* / fur felt hat || ≈**filz** *m* / hair hat felt

Haar-Hutstumpen *m* / fur hat body

haarig *adj* / napped *adj* || ~ **ausgerüsteter Wollstoff** / moss-finished cloth || ~**er Cheviotmantelstoff** / bearskin *n*, fearnaught *n* (US), fearnought *n* (GB) || ~ **machen** (Tuch) / raise *v*, nap *v*, tease *v*, brush *v* || ~**e Seite** / nap *n*, fibre web, fibrous web

Haarigkeit *f* / hairiness *n*, nappiness *n*

Haar·laufkamm *m* / wire loom for coarse o. middle wire gauze || ≈**laufstuhl** *m* / wire loom for fine wire gauze || ≈**messer** *n* (Web) / shearing knife || ≈**riß** *m* / craze *n*, microcrack *n*, hairline crack || ≈**risse** *m pl* / crazing *n* || ≈**risse bilden** (Beschicht) / craze *v* || ≈**schleife** *f* / hair ribbon || ≈**strichstreifen** *m* / hairline stripe || ≈**stumpen** *m* (Hutm) / fur body || ≈**tuch** *n* / haircloth for covers for upholstery *n* (as interlining and stiffener) || ≈**velour** *m* / fur velours

Habit *m* / habit *n* (religious order)

Ha[s]chur *f* / hatching *n* (on a printing roller)

Ha[s]churen *f pl* (Textdr) / hatching grooves || ≈**walze** *f* / hachure [printing] roller, hatchet roller || ≈**zahl** *f* (pro cm²) / number of hatchet lines

Hackenstück *n* (Strumpf) / heel piece

Hacker *m* (Spinn) / doffer comb, stripping comb, fly comb, doffing comb, vibrating comb || ≈ **der Krempel** / comb *n* || ≈**blatt** *n* (DIN 64115) / doffer comb blade || ≈**kamm** *m* (Spinn) / doffer comb, vibrating comb, fly comb, doffing comb, stripping comb || ≈**kasten** *m* / doffer comb box, doffer comb case || ≈**schiene** *f* / doffer blade, comb blade, doffer knife || ≈**welle** *f* / fly comb spindle

Hackingwechsel *m* (Web) / Hacking's box motion

Hackmaschine *f* / chopping machine

Hader *m* / rag *n*, shred of cloth

Hadernkrankheit *f* (eine Berufskrankheit der Woll-, Lumpen-, Fellsortierer, Gerber, Bürstenmacher) / wool-sorters' disease

Hadschlu-Bokhara *m* / Khachli-Bokhara *n* (Turkestan handmade carpet)

Haftbeständigkeit *f* (Beschicht) / resistance to peeling

haften *v* / adhere *v*, stick *vi* || ~ (Färb) / take *v* || ≈ *n* / adhesion *n*

haftend *adj* / adhesive *adj*, adherent *adj*

Haftfestigkeit *f* (DIN 53357) / adhesion *n*, adhesive strength, bonding strength, adhesive power || ≈ **der Beschichtung** (Beschicht) / peeling resistance

Haft·gleitreibung *f* / stick-slip friction || ≈**-Gleit-Reibung** *f* / slip/stick friction || ≈**gleitverhalten** *n*, Haftgleitvermögen *n* (Spinn) / grip and glide performance, adhesion/slipping property || ≈**-Gleit-Wechsel** *m* / drafting wave || ≈**gummibund** *m* / non-slip waistband || ≈**kleber** *m* / contact adhesive || ≈**lösemittel** *n* / anti-adhesive agent, anti-tack agent

Haftmittel *n* / bonding agent || ≈ (Glasfasern, Textilglas) (Kasch) / coupling agent || ≈**finish** (DIN 61850) / coupling finish || ~**haltige Kunststoffschlichte** (DIN 61850) / coupling size, plastic size

Haftreibung, die ≈ **vermindern** / reduce the blocking effect

haft·riegeln *v* (Näh) / bartack *v* || ≈**schmutz** *m* / adhering dirt || ≈**strich** *m* (Beschicht) / tie coat, adhesive coat || ≈**strichpaste** *f* / body coat paste, bonding coat paste

Haftung *f* / adhesion *n*, adherence *n*

Haft·verhalten *n* / grip performance (of the fibre) || ≈**vermittler** *m* / adhesion agent, adhesion promoter || ≈**vermittler** (DIN 61850) (Kasch) / coupling agent || ≈**vermögen** *n* / adhesion *n*, adhesive property, adhesive power, adhesive strength || ≈**vermögenprüfgerät** *n* / adhesion tester || ≈**wasser** *n* / adhering water

hahnenkammrot *adj* / cock's comb red

Hahnentritt *m* / houndstooth pattern, dogstooth pattern, houndstooth check, houndstooth *n* || ≈**bindung** *f* / dogstooth weave || ≈**karos** *n pl* (Mode) / dogstooth checks || ≈**muster** *n*, Hahnentrittmusterung *f* / houndstooth pattern, houndstooth check, houndstooth *n*

Haifagras *n* / alfa *n*, esparto grass, esparto *n*, Spanish grass

Haifischhaut *f* (Gew) / sharkskin *n*

Hairasgarn *n* / hairas yarn (made of coarse Oriental wool which has little lustre)

Haircord *m* (Gew) / haircord *n*

HAKA (Herren- und Knabenoberbekleidung) / men's and boys' wear

Häkchen *n* (allg) / hook *n* || ≈**bildung** *f* / hook formation || ≈**reihen** *f pl* **je cm** / nogs per cm || ≈**walze** *f* / hook roller (raising)

Häkel·arbeit *f* / crochet *n*, crochet work || ≈**galonmaschine** *f* / crochet galloon machine || ≈**galonspitze** *f* / crocheted galloon lace || ≈**garn** *n* / crochet cotton, crochet yarn, crochet thread, crochet silk || ≈**gaze** *f* / crochet gauze || ≈**haken** *m* / crochet hook || ≈**maschine** *f* / crocheting machine || ≈**muster** *n* / crochet pattern || ≈**mustereffekt** *m* / tuck stitch effect

häkeln *v* / crochet *v* || ≈ *n* / crocheting *n*

Häkel·nadel *f* / crochet needle, crochet hook, crochet pin || ≈**spitze** *f* / crochet lace, dentelle crochetée (Fr), crocheted lace || ≈**spitzenmaschine** *f* / crochet lace machine || ≈**wolle** *f* / crochet wool

haken *v* / hook *v* || ≈ *m* (allg) / hook *n* || ≈ **und Öse** / hook and eye || ≈**abschlag** (Strumpf) / hook release || ≈**barre** *f* / hook bar (fully fashioned knitt machine) || ≈**fadenführer** *m* / hook-thread guide || ≈**feststellerschieber** *m* (ohne Feder) (Reißv) / pin lock slider || ≈**feststellerschieber** (mit Feder) (Reißv) / semi-automatic prong slider (SAP slider) || ≈**kamm** *m* / hook comb || ≈**kopf** *m* / whirl head || ≈**leiste** *f* / ropemaker's rack || ≈**nadel** *f* (Strick/Wirk) / spring needle, spring beard[ed] needle, bearded needle, beard neeedle, barbed needle || ≈**nadel** (Näh) / hooked needle || ≈**-Nadelleiste** *f* (DIN

64990) / hook-type pin bar || ≈nadelmaschine *f* / spring beard[ed] needle machine || ≈-Ösen-Nietmaschine *f* / hook and eye tacker || ≈rechen *m* / hook bar (fully fashioned knitt machine) || ≈ring *m* / grip ring || ≈stich *m* (Näh) / cross stitch, hooked stitch || ≈- und Ösen-Einsetzgerät *n* (Näh) / hook and eye attachment || ≈verschluß *m* / hook closure, hook and eye fastening || ≈webmaschine *f* / hook loom || ≈wirtel *m* / whirl *n*

halb entbasten (Seide) / half-boil *v*, scour partially || ~**e Helfe** (Web) / half heald, doup *n* (leno weaving) || ~**e Masche** (Strick/Wirk) / half stitch || ~**e Picotnadel** (Strick/Wirk) / half point || ~**er Piqué** / faux piqué (Fr), false pique || ~**es Schlauchschloß** (Strick/Wirk) / half tubular lock || ≈**abkochen** *n* / partial boiling || ≈**acetal** *n* / hemiacetal *n* || ≈**ärmel** *m* / half sleeve || ≈**armhemd** *n* / short-sleeve vest || ≈**atlas** *m* / satinet *n* || ≈**ätzdruck** *m* / half discharge printing || ≈**ätze** *f* / half discharge || ≈**automat** *m* / semi-automatic machine || ≈**baum** *m* **für Kettenwirkerei** / half beam for warp knitting || ≈**bleiche** *f* / half-bleach *n*, semi-bleach *n* || ≈**damast** *m* (unechter Damast) / half damast (silk or rayon warp and cotton or woollen weft) (GB) || ≈**deckelkrempel** *f* / mixed card || ~**deckend** *adj* (Färb) / semi-opaque *adj* || ≈**dreher** *m* (Web) / half twist, half-cross leno, standard leno || ≈**drehergewebe** *n* / half-twist fabric || ~**durchlässig** *adj* / semi-permeable *adj* || ~**durchsichtig** *adj* / semi-transparent *adj* || ≈**einschließstellung** *f* (Strick/Wirk) / tuck position, tucking height, tucking level, tucking position || ≈**einzug** *m* (Web) / half set || ≈**entbasten** *n* (Seide) / partial boiling, assouplissage *n* || ~**entbastete Seide** / souple silk, partially scoured silk || ≈**fabrikat** *n* / semi-manufactured article || ≈**färbezeit** *f* (die Zeit, in der 50% des Farbstoffs aufgezogen wird) / half-dyeing time (T_{50}), S_{50} (standard dyeing time, time in which 50 % of the dye has been exhausted) || ≈**färbung** *f* / half dyeing || ≈**fertigerzeugnis** *n* / semi-finished product || ≈**garn** *n* / mock-worsted *n*

halbgebleicht *adj* / half-bleached *adj* || ~**er Damast** / cream damask

halb·gefüttert *adj* / half-lined *adj* || ~**gekochte Seide** / half-boiled silk || ~**gewalkt** *adj* (Hutm) / half-planked *adj* || ≈**gürtel** *m* (Mode) / martingale *n* || ~**hart** *adj* / semi-rigid *adj*

Halbkammgarn *n* / semi-worsted yarn, half-worsted yarn, stocking yarn, imitation worsted || ≈**spinnverfahren** *n* / semi-worsted spinning

Halb·karton *m* / cardboard *n* || ≈**kette** *f* (Reißv) / filament stringer || ≈**kette** (Teilkettbaum) / warp set || ≈**-Kontinue-Färbeanlage** *f*, halbkontinuierliche Färbeanlage / semi-continuous dyeing range

halbkontinuierlich·es Färben / semi-continuous dyeing || ~**es Verfahren** / semi-continuous process

halblang·er Ärmel (Mode) / elbow sleeve || ~**e Pumphose** / knickerbockers *pl* || ~**e Schaftsocke** / normal sock || ~**e Socke** / half-hose *n*

Halbleinen *n* (Mischgewebe, bei dem Kette oder Schuß aus Leinengarn besteht) / half linen [cloth], union linen, cotton linen || ≈ **mit farbigen Schußstreifen** / kirkcaldy stripe

halbleinen-halbwollen *adj* / linsey-woolsey *adj*, wincey *adj*

halb·matt *adj* / semi-dull *adj*, semi-matt *adj*, semi-gloss *adj* || ~**mechanischer Webstuhl** / dandy loom || ≈**naßspinnen** *n* / half-dry spinning || ≈**naßspinnmaschine** *f* / half-dry spinning frame || ≈**offenapparat** *m* (Web) / half-open work appliance || ≈**offenfach** *n* (Web) / half-open shed, semi-open shed || ≈**-Petticoat** *m* / half petticoat || ~**reife Baumwolle** / half-matured cotton || ≈**reserve** *f* (Färb) / half resist, partial resist || ≈**rock** *m* / waist slip, half slip, charmeuse petticoat || ≈**rock mit Besatz** / trimmed half slip || ≈**rundverstärkung** *f* (Strumpf) / high-heel splicing, high splicing || ≈**samt** *m* / loop velvet, uncut velvet || ≈**schlauch** *m* (Strick/Wirk) / combined rib tubular knits *pl*, 1 course 1/1 rib and 1 course tubular || ≈**seide** *f* / blend of silk and cotton, union silk, half silk || ≈**seide mit Wolle** / wool and silk union

halbseiden·er Damast / damas caffard (Fr) || ~**er Futterstoff** / half-silk lining fabric || ~**e Möbelfaille** / faille cotton (upholstery fabric) || ~**er Samt** / union velvet (silk face/cotton back) || ~**er Taft** / taffetaline *n* (fabric made from schappe waste silk, principally used as a lining for dress skirts, plain weave) || ≈**atlas** *m* / cotton back satin || ≈**cord** *m* / cord de chine, cord de chêne || ≈**kaschmir** *m* / cashmere silk || ≈**kord** *m* / cord de chine, cord de chêne || ≈**rips** *m* / half-silk rep

Halb·socke *f* / ankle sock, anklet *n* || ≈**spitzenverstärkung** *f* (Strumpf) / demi-toe reinforcement

halbsynthetisch *adj* / semi-synthetic *adj* || ~**e Faser** (unzutreffende und irreführende Bezeichnung für künstliche Fasern aus regenerierten Fasern zum Unterschied zu synthetischen Fasern) / semi-synthetic fibre, regenerated fibre

halb·technische Untersuchung / pilot trial || ≈**ton** *m* / half-tone *n*, half-tone effect || ≈**toneffekt** *m* / half-tone effect || ~**trocken** *adj* / half-dry *adj* || ≈**unterkleid** *n*, Halbunterrock *m* / waist-slip *n* || ≈**unterrock** *m* **mit gekräuseltem Saum** / frilled waist slip || ≈**versatz** *m* / semi-staggered repeat (print) || ≈**versatzstellung** *f* (Strick/Wirk) / half-needle racking

halbweiß *adj* / half-bleached *adj* || ~**es Bleichen** / half-bleached finish

Halb·wende *f* (Innenseite des Strumpf-Doppelrandes) (Strumpf) / first welt, inner welt || ≈**wendung** *f* (Strick/Wirk) / half turn || ≈**wertzeit** *f* / half-life period

Halbwoll·artikel *m* / union wool article, woollen mixture article || ≈**-Beiderwand** *f* / cotton warp and woollen weft union || ≈**chromfarbstoff** *m* / union chrome dyestuff

Halbwolle *f* / half-wool *n*, wool-cotton union, wool-cotton mixture

Halbwolleinbadfärben *n* / one-bath union dyeing

halbwollen *adj* / half-woollen *adj* || ~**er Kleiderrips** / poplin *n*

Halbwoll·färben *n* / union dyeing (with wool) || ≈**farbstoff** *m* / union dyestuff, union wool dyestuff || ≈**färbung** *f* / union dyeing (with wool) || ≈**flanell** *m* / union flannel || ≈**garn** *n* / union yarn || ≈**gewebe** *n* / union fabric (of cotton and wool), half-woollen fabric, half-woollen cloth || ≈**-Lama** *n* (Web) / llama shirting, woolsey *n* || ≈**-Lumpen** *m pl* / linsey *n* || ≈**-Metachromverfahren** *n* / union metachrome process || ≈**-Nachchromierungsverfahren** *n* / union afterchroming process || ≈**-Nachkupferungsverfahren** *n* / union

aftercoppering process || ≈-**Paletotstoff** *m* / president *n* (heavy union fabric woven on the double cloth principle) || ≈-**Säure-Einbadverfahren** *n* (Färb) / union acid one-bath method, wool-cotton union acid one-bath method || ≈**schirting** *m* / union shirting || ≈**stoff** *m* / union fabric (of cotton and wool) || ≈**ware** *f* / cotton and wool mixture, union fabric (of cotton and wool), union goods *pl*, half-woollen goods
Halbzelt *n* / lean-to tent
Hälfte *f* **der Reißverschlußzahnkette** (Reißv) / stringer *n*
Halle-Seydel-Reißmaschine *f* / Halle-Seydel converter, Halle-Seydel stretch breaker
Halochromie *f* (Färb) / halochromism *n*
Halogen *n* / halogen *n* || ≈**alkan** *n* / alkyl halide
Halogenation *f* / halogenation *n*
Halogenfettsäure *f* / halogenated fatty acid
Halogenid *n* / halide *n*
halogenieren *v* / halogenate *v*
Halogenierung *f* / halogenation *n*
Halogen·verbindung *f* / halogenated compound || ≈**wasserstoffsäure** *f* / halogenated hydracid
Hals·ausschnitt *m* (Näh) / neck opening || ≈**bekleidung** *f* / neckwear *n* (collect.) || ≈**besatz** *m* / neck-piece *n* || ≈**binde** *f* / cravat *n*, necktie *n*, neck scarf, scarf *n*, muffler *n* (GB), comforter *n*, ascot *n* (US), cachenez *n* (Fr) || ≈**brett** *n* (Web) / collar board || ≈**bund** *m* / neckband *n* || ≈**größe** *f* / neck size, neck measurement
halsige Helfen (Web) / necked healds
Hals·kragen *m* / collar *n* || ≈**krause** *f* / neck ruffling, ruffle *n*, ruff *n*, frill *n* || ≈**lager** *n* / spindle bolster, spindle collar || ≈**rand** *m* / neck rib || ≈**streifen** *m* / neck-piece *n* || ≈**tuch** *n* / neck scarf, neckerchief *n*, muffler *n* (GB), comforter *n*, ascot *n* (US) || ≈**tuch** (hist) / tucker *n* || ≈**tücher** *n pl* / neckwear *n* (collect.) || ≈**weite** *f* / neck measurement || ≈**wolle** *f* / downrights *pl*
haltbar *adj* / durable *adj*, fast *adj*, stable *adj*
Haltbarkeit *f* / durability *n*, stability *n*, fastness *n* || ≈ **von Farben** / permanence of colours
Haltbarkeitsprüfmaschine *f* / wear tester || ≈ **für Teppiche** / carpet wear tester
Halter *m* / holder *n* || ≈ **für Schußwächtergabel** (DIN 64501) / holder for weft fork
Halterung *f* (Strick/Wirk) / cylinder carriage
Halte·stellen *f pl* (Defekt) / stopping marks || ≈**stift** *m* **am Spulenteller** / bobbin centre rod || ≈**stift am Spulenteller** (Strick/Wirk) / cone pin, cone plate pin
haltlose Wolle / mushy wool (irregular staple wool which is dry, loose and open)
Hamadan *m* (Perserteppich aus dem Hamadan-Knüpfgebiet) / Hamadan rug
Hamburger-Extraktionswollwäsche *f*, Hamburger-Verfahren *n* / Hamburg process || ≈-**Spitze** *f* / Hamburg lace
Hammer-Breitwaschmaschine *f* / milling open-width washing machine || ≈**schlagmuster** *n* / hammer-blow pattern || ≈**walke** *f* (Hutm) / bumping machine || ≈**walke** (DIN 64950) (Wolle) / fulling stock, milling stock, milling machine with hammers, hammer fulling mill || ≈**walken** *n* / hammer milling, fulling machine gatterwalking
Hämoglobin *n* / blood pigment
Hampshire-Wolle *f* / Hampshire wool (high-quality English wool)
Hand, mit der ≈ **gemacht** / hand-made *adj*
Handappretur *f* / hand-finishing *n*
Handarbeit *f* / needlework *n* || ≈ **aus Lacetbändern** / lacet work
Handarbeits·garn *n* / needlework thread, embroidery cotton || ≈**garn** (zum Stricken) / hand-knitting yarn || ≈**schiffchen** *n* / tatting shuttle || ≈**stich** *m* / hand pick stitch || ≈**stoffe** *m pl* / needlework fabrics || ≈**tasche** *f* / knitting bag, needlework bag
Hand·aufbauverfahren *n*, Handauflegeverfahren *n* (Kunststoff) / contact moulding, hand lay-up || ≈**batik** *m f* / hand batik
handbedruckt *adj* / hand-blocked, hand-printed || ~**es Gewebe** / hand-printed fabric || ~**e Ware** / block-printed goods
hand·bemalte Waren *f pl* / painted fabrics || ≈**breche** *f* / brake *n* || ≈**druck** *m* / hand printing, hand-block printing || ≈**drucktisch** *m* / block printing table || ≈**einfädler** *m* (DIN 64685) / hand threader
Handels·ballen *m* (Baumwolle) / commercial bale || ≈**benzol** *n* / commercial benzene || ≈**farbstoff** *m* / commercial dyestuff || ≈**feinheit** *f* / commercial linear density || ≈**gewicht** *n* / commercial mass, commercial weight || ≈**gewichtszuschlag** *m* / conventional allowance || ≈**masse** *f* / commercial mass, commercial weight || ≈**massenzuschlag** *m* / conventional allowance || ≈**norm** *f* / commercial standard || ≈**nummer** *f* / commercial number || ≈**toleranz** *f* / commercial tolerance
handelsüblich·e Breite / commercial width || ~**er Feuchtigkeitszuschlag** / commercial moisture regain, CMA, conventional moisture allowance || ~**e Weite** / commercial width
Handels·ware *f* / commercial product || ≈**ware** (Färb) / final product, finished product || ≈**weite** *f* / commercial width
hand·feuchtes Rauhen / wet raising || ≈**filmdruck** *m* / hand screen printing || ≈**filzapparat** *m* (Hutm) / battery *n* || ≈**flachstrickmaschine** *f* / hand flat knitting machine || ≈**garn** *n* / hand-spun yarn || ~**gehäkelt** *adj* / hand-crocheted *adj*
handgeknüpft *adj* / hand-knotted *adj* || ~**er Teppichflor** / knotted pile
Hand·gelenkschützer *m* / wristlet *n* || ~**gemacht** *adj* / hand-made *adj* || ~**genäht** *adj* / hand-sewn *adj* || ~**gepflückt** *adj* / hand-picked *adj* || ~**gerichtete Nadel** (Strick/Wirk) / hand-pliered needle || ≈**gespinst** *n* / hand-spun yarn || ~**gesponnen** *adj* / hand-spun *adj* || ~**gestickt** *adj* / hand-embroidered *adj* || ~**gewebt** *adj* / hand-woven *adj* || ≈**kämmen** *n* / hand combing || ≈**kettenstuhl** *m* / hand warp loom || ≈**knoter** *m* / hand knotter || ≈**knüpfapparat** *m* / knotter *n* || ≈**knüpfteppich** *m* / hand-knotted carpet, hand-made carpet || ≈**kratze** *f* / hand card || ≈**kulierstuhl** *m* / hand knitting loom, hand knitting frame || ≈**mule** *f* / mule jenny || ≈**nähen** *n* / hand sewing || ≈**presse** *f* / hand-operated press || ≈**putzkratze** *f* / hand stripper, hand stripping board || ≈**rahmendruck** *m* / hand screen printing || ≈**reißprobe** *f* / hand tearing test || ≈**rundstrickmaschine** *f* / circular hand-knitting machine || ≈**sack** *m* (DIN 61530) / hand sack || ≈**säumen** *n* / hand hemming || ≈**schere** *f* / hand shears || ≈**schrubbwäsche** *f* / manual scrub scouring
Handschuh *m* / glove *n* || ≈**fabrikation** *f* / glove manufacture || ≈**finger** *m* / finger of a glove, glove finger || ≈**flachstrickmaschine** *f* / glove flat knitting machine || ≈**form** *f* / glove form || ≈**formofen** *m* / finishing oven for gloves || ≈**futter**

n / glove lining || ≗**länge** *f*(Strick/Wirk) / button length || ≗**naht** *f*(Strick/Wirk) / glove seam *n* || ≗**riegel** *m* / wristband *n* (of glove) || ≗**stoff** *m* / glove fabric || ≗**strecker** *m* / glove stretcher || ≗**strickmaschine** *f* / glove knitting machine || ≗**stulpe** *f* / cuff *n* (gloves) || ≗**zuschneidemaschine** *f* / glove-cutting press || ≗**zwickel** *m* (Strick/Wirk) / forchette *n*

Hand·siebdruck *m* / hand screen printing || ≗**spinnen** *n* / hand spinning || ≗**spinnrad** *n* / hand spinning wheel || ≗**spitze** *f* / hand-made lace, real lace || ≗**spule** *f* / hand spool || ≗**spulen** *n* / hand winding || ≗**spulrad** *n* / hand winding wheel || ≗**stickerei** *f* / hand embroidery || ≗**stickmaschine** *f* / hand embroidery machine || ≗**stickstuhl** *m* / hand embroidery loom || ≗**strickapparat** *m* / hand-operated knitting machine || ≗**stricken** *n*, Handstrickerei *f* / hand knitting, finger knitting (GB) (esp. hose and hosiery) || ≗**strickgarn** *n* / hand knitting yarn || ≗**strickmaschine** *f* / hand knitting machine || ≗**stuhl** *m* / hand frame, hand knitting loom, hand knitting frame || ≗**tasche** *f* / bag *n*, handbag *n*

Handtuch *n* / hand towel, towel *n* || **über eine Rolle laufendes** ≗ / roller towel || ≗**drell** *m* / huck *n*, huckaback *n* || ≗**gestell** *n* / towel horse || ≗**stoff** *m* / towelling *n* || ≗**ware** *f* / crash towelling

Hand·wagenspinner *m* / hand mule || ~**warm** *adj* / lukewarm *adj* || ≗**wäsche** *f* / hand laundering, hand-wash *n* (process) || ≗**waschen** *n* / hand washing || ≗**weben** *n*, Handweberei *f* / hand weaving, hand loom weaving || ≗**webereiartikel** *m pl* / hand-woven goods || ≗**webstuhl** *m* / hand loom || ≗**zierstich** *m* / hand saddle stitch

Hanf *m* / hemp *n* || ≗**breche** *f* / hemp breaking machine || ≗**faser** *f* / hemp fibre || ≗**garn** *n* / hemp yarn, spun hemp || ≗**gewebe** *n* / hemp cloth || ≗**gurt** *m* / hemp strap || ≗**hechel** *f* / hemp comb, hemp hackle || ≗**hede** *f* / hemp tow, hemp hards *pl* || ≗**kanevas** *m* / hemp canvas || ≗**linegarn** *n* / hackled hemp yarn || ≗**litze** *f* / hemp braid, hemp cord || ≗**nähgarn** *n* / hemp sewing yarn || ≗**öl** *n* / hempseed oil || ≗**reißmaschine** *f* / hemp snipper || ≗**röste** *f* / hemp retting || ≗**schnur** *f* / hemp string, hemp twine || ≗**seil** *n* / hemp rope || ≗**spinnen** *n* / hemp spinning || ≗**umspinnung** *f* / hemp covering || ≗**werg** *n* / hemp tow, scutching tow, scutch (by-product of scutching) *n*, swingle tow || ≗**werggarn** *n* / hemp tow yarn || ≗**wergspinnen** *n* / hemp tow spinning || ≗**zwirn** *m* / hemp twist, hemp thread

Hänge *f* / ager *n* (US), ageing room, steam ager, steamer (GB) *n*, steaming device || ≗ / drying room || ≗**ärmel** *m* (Mode) / hanging sleeve || ≗**boden** *m* / ageing room || ≗**boden** / drying room || ≗**dämpfer** *m* / festoon ager (US), festoon steamer (GB) || ≗**färbeapparat** *m* (DIN 64990) / suspending apparatus for dyeing || ≗**lade** *f*(Web) / overslung sley, suspended sley, suspended lay || ≗**matte** *f* / hammock *n* || ≗**mattenstoff** / hammock cloth

hängen *v* / suspend *v*

Hängenadel *f* / vertical needle

hängend·e Haspel / suspended reel || ~**e Hosenfertigung** (Näh) / suspended trouser production

Hänger *m* (Mode) / loose-fitting coat, stroller *n* (loose beltless dress o. coat) || ≗ (für Kinder) (Mode) / smock *n*, loose-fitting dress || ≗**kleid** *n* (Mode) / shift dress, sack [dress]

Hänge·schleifendämpfer *m* / festoon ager (US), festoon steamer (GB) || ≗**schnelldämpfer** *m* / rapid festoon ager || ≗**schwarz** *n* / aged black, oxidation black || ≗**spule** *f* / suspended bobbin || ≗**spulenvorrichtung** *f* / bobbin hanger || ≗**stab** *m* (DIN 64990) / loop rod || ≗**stern** *m* (Färb) / suspension star, vertical star || ≗**system** *n* (Färb) / vertical star system || ~**trocknen** *v* / drip-dry *v* || ≗**trocknungsmaschine** *f* (DIN 64990), Hängetrockner *m* / festoon drier, loop drier, suspension drier

Hank *n* / hank *n* (count) || ≗**zähler** *m* / hank clock, hank counter

Hansagelb *n* (Azofarbstoffgruppe) / Hansa yellow || ≗ **10 G 40** / pigment yellow

hantelförmiger Querschnitt / dumb-bell cross-section (of fibre), dog-bone cross-section

Hardanger·arbeit *f* / Hardanger embroidery || ≗**leinen** *n* / Hardanger cloth (for embroidery) || ≗-**Spitze** *f* / Hardanger lace

hären·es Gewand / sackcloth *n* || ~**es Hemd** / cilicium *n* (penitential garment)

Harnisch *m* (Web) / harness *n*, heald frame (GB), heald shaft (GB) || ≗ **für Drehergewebe** / doup harness || ~**bedingter Webfehler** / harness skip || ≗**beschnürung** *f* / harness tie, tying up, harness tying, tie-up *n* || ≗**brett** *n* (Web) / comber board, cord board, harness board, hole board || ≗**einzug** *m* (Web) / harness mounting *n*, harness threading, cording *n*, harness tie, tying up || ≗**faden** *m* / harness cord || ≗**gewicht** *n* (Tepp) / lingo *n* || ≗**kette** *f* / harness chain || ≗**kordel** *f* (Web) / harness cord, harness twine || ≗**kordelumlenkung** *f* / harness cord guiding || ≗**litzen** *f pl* (Web) / ring of mails || ≗**rand** *m* (Web) / border ties *pl* || ≗**regler** *m* (Web) / head motion || ≗-**Rückzugselement** *n* (Web) / harness return motion, harness reverse motion element || ≗**schnur** *f* (Web) / harness cord, harness thread || ≗**schnürung** *f* / harness tying, harness tie, tying up, tie-up *n* || ≗**stuhl** *m* / harnessing loom || ≗**zwirn** *m* / harness twine

Harnsäure *f* / uric acid

Harnstoff *m* / urea *n* || ≗-**Bisulfit-Löslichkeit (HBL)** *f* (Färb) / urea bisulphite solubility (UBS)

Harnstoff-Formaldehyd *m* / urea formaldehyde || ≗-**Behandlung** *f* / treatment with urea formaldehyde || ≗-**Derivat** *n* / urea formaldehyde derivative || ≗**harz** *n* / urea formaldehyde resin || ≗-**Schaumstoff** *m* / urea formaldehyde foam || ≗-**Vorkondensat** *n* / urea formaldehyde precondensate

Harnstoff·harz *n* / urea resin, aminoaldehydic resin || ≗**harz-Appretur** *f* / urea resin finish || ≗**kondensat** *n* / condensate of urea || ≗**schmelze** *f* / urea melt

Harras·garn *n* / harras *n* || ≗**zwirn** *m* / harras twist

Harris-Tweed *m* (Schutzmarke Reichsapfel mit Malteserkreuz) (Gew) / Harris tweed (trademark since 1912: "orb mark")

hart *adj* / hard *adj* || ~ **geschlagene Ware** (Strick/Wirk) / closely woven goods *pl* || ~**er Griff** / hard feel, hard handle || ~**es Kettgarn** / hard warp yarn || ~**er Schaum** (Beschicht) / rigid foam || ~**es Wasser** / hard water || ~**e Wicklung** / hard winding || ~**er Zwirn** / hard thread || ≗**appretur** *f* / stiff finish, stiffened finish || ≗**draht** *m* (Spinn) / hard twist

Härte *f* / hardness *n* || ~**beständig** *adj* / unaffected by hard water, unaffected by salts causing hardness of water || ≗**bildner** *m*, Härtebildnersalz *n* / hard water salt, salt causing hardness of water, water-hardening substance || ~**empfindlich** *adj* /

sensitive to hard water, sensitive to salts causing hardness of water || ²empfindlichkeit *f* / sensitivity to salts causing hardness of water || ~freies Wasser / water free from salts causing hardness || ²grad *m* / degree of hardness, hardness degree || ²messer *m* / hardness tester || ²mittel *n* / hardener *n*, hardening agent
Härten *n* / hardening *n*, baking *n*
Härte·prüfer *m*, Härteprüfgerät *n* / hardness tester || **²prüfung** *f* / hardness test
Härter *m* / crosslinking agent, hardening agent, hardener *n*, setting agent || **~freies Wasser** / water free from salts causing hardness
Härteskala *f* / hardness scale
Hart·faser *f* / hard fibre || **²filz** *m* / hardened felt || **~gedreht** *adj* / hard-twisted *adj*, hard-spun *adj*, tightly twisted || **~geschlagen** *adj* / closely woven || **~gewalkt** *adj* / firmly milled || **²gewebe** *n* / fabric base laminate, laminated fabric (GB), cloth laminate, bonded fabric || **²gewebeplatte** *f* / fabric-base laminated sheet || **~gewebtes Gewebe** / tight weave
hartgewickelt *adj* / hard-wound *adj* || **~er Garnkörper** (Färb) / tight package
hart·griffig *adj* / harsh in feel || **²griffigkeit** *f* / harsh handle, stiff handle || **²gummi** *n m* / ebonite *n* || **²harz** *n* / hard resin, solid resin || **²kammgarn** *n* / hard-spun worsted yarn, hard worsted yarn || **²kopalharz** *n* / hard copal [resin]
hartnäckige Flecke *m pl* / obstinate stains
Hartparaffinierung *f* / hard waxing (yarn)
Hartscher Feuchtigkeitsmesser / Hart moisture meter
Hart·seide *f* / hard silk || **²seife** *f* / hard soap || **²tuch** *n* / dowlas *n*
Härtung *f* / hardening *n*
Härtungs·geschwindigkeit *f* / speed of cure || **²komponente** *f* / crosslinking component || **²prozeß** *m*, Härtungsverfahren *n* / hardening process
Hartwasser·beständigkeit *f* / hard water resistance, stability to hard water, resistance to hard water, resistance to salts causing hardness of water || **²seife** *f* / hard water soap
Hart·winder *m* (Spinn) / hard winder || **²windevorrichtung** *f* (Spinn) / hard winding mechanism || **²windung** *f* (Spinn) / hard winding
Harz *n* (Pigm) / resin *n* || **² mit Katalysator** / activated resin, catalyzed resin || **~appretiertes Gewebe** / resin finished fabric
harzartig *adj* / resinoid *adj* || **~er Bestandteil** / resinoid *n*
Harz·ausrüstung *f* / resin finish, resin treatment || **²fleck** *m* / resin stain || **²frei-Ausrüstung** *f*, harzfreie Ausrüstung / resin-free finish, non-resinous finish || **~gebundene Pigmentfarbe** / resin bonded pigment colour || **²kleber** *m* / resin adhesive || **²kondensat** *n* / condensate of resin || **²öl** *n* / oil of resin || **²reservage** *f*, Harzreserve *f* (Textdr) / resin resist || **²säure** *f* / resin acid, abietic acid || **²seife** *f* / resin soap || **²träger** *m* / resin binder || **~ummantelt** *adj* (Pigm) / resin coated || **²verbundteppich** *m* / resinated carpet
Haschur... s. Hachur...
haselnußbraun *adj* / hazel *ajd*
Hasenhaar *n* / hare hair
Haspel *f* / reel winder, hank winding machine, hank winder || **²** (Spinn) / reel *n* || **²** (Färb) / hank dyeing holder || **²** (Haspelkufe) / winch beck (GB), winch back (US), winch dyeing machine, winch vat || **²abfall** *m* / broken silk, strassé *n*, reeling waste || **²art** *f* / reeling system || **²färbemaschine** *f* / winch dyeing machine, reel dyeing machine || **²färberei** *f* / winch dyeing || **²gestell** *n* / reel stand, reel support || **²größe** *f* / reel size || **²halter** *m* / reel stand, reel support, winch stand || **²korb** *m* (Spinn) / reel *n* || **²korb** / swift *n* (large, wire-covered roller on flat card) || **²kreuz** *n* / star of the swift || **²kufe** *f* (Färb) / winch vat, winch beck (GB), winch back (US) || **auf der ²kufe gefärbt** / winch back dyed (US), winch beck dyed (GB) || **²kufe** *f* **mit geheizter Abdeckhaube** / winch back with heated cover (US), winch beck with heated cover (GB) || **²kufenfärberei** *f* / winch dyeing || **²maschine** *f* / reeling machine, skein winder, winding machine, winder *n*
haspeln *v* / reel *v*, spool, wind || **Garn zu Strähnen ~** (Spinn) / unspool *v* || **²** *n* (Spinn) / reeling *n*, spooling *n*, winding *n* || **² der Seide** / silk reeling || **² zu zwei Fäden** / double end reeling || **² zum Strang** / hank reeling
Haspel·seide *f* / reeled silk, top-quality silk || **²seidengarn** *n* / grège [silk] (silk thread) || **²spulmaschine** *f* / hank-to-bobbin winding machine || **²trommel** *f* (Spinn) / reel *n*, swift *n* (large, wire-covered roller on flat card) || **²trommel** (Web) / warping cylinder, warping drum
Haspelungsmethode *f* **für Schußgarne** / filling wind
Haspel·walze *f* / winch roller, reel winder || **²walzentrockner** *m* / hotflue (for intermediate drying in continuous dyeing), hot-air drier, hot-air drying machine, revolving rod drier || **²waschmaschine** *f* / winch washing machine || **²welle** *f* / winch shaft
Haube *f* (Mode) / bonnet *n*, coif *n*
hauchfein *adj* / sheer *adj*
Häufigkeits·diagramm *n* / frequency distribution || **²zahl** *f* / frequency *n*
Haupt·bestandteil *m* / main component || **²faden** *m* / main thread, main yarn || **²farbe** *f* / main colour, principal colour || **²feld-Verdichter** *m* (DIN 64050) (Spinn) / front condenser || **²kette** *f* / main chain (fully-fashioned knitt mach) || **²komponente** *f* / main component || **²körper** *m* (eines teilbaren Reißverschlusses) (Reißv) / box *n*, sliding box || **²krempel** *m* / main card || **²nadel** *f* / main needle || **²platine** *f* (Web) / check plate || **²platine** (Strick/Wirk) / main sinker || **²schloß** *n* (Strick/Wirk) / main cam, upthrow cam || **²stößer** *m* (Strick/Wirk) / main pusher || **²streckfeld** *n* / main drafting zone || **²tambour** *m* / swift *n* (large, wire-covered roller on flat card) || **²triebstock** *m* **des Selfaktors** (Spinn) / mule headstock || **²trommel** *f* (der Karde) / main cylinder, swift *n* (large, wire-covered roller on flat card), drum of the card || **²verzug** *m* / preferential draft || **²verzugsfeld** *n* (DIN 64050) / main drafting zone || **²zugwalze** *f* / main draw roll[er]
Haus·anzug *m* / casual suit, slack suit (US) || **²ausschnitt** *m* (Mode) / décolleté *n*, neckline *n* || **²bekleidung** *f* / indoor wear, leisure wear
Haushaltmaschinenwäsche *f* / home machine washing
Haushalts·färben *n* / home dyeing || **²flanelle** *m pl* / house flannels || **²gewebe** *n pl* / domestic fabrics || **²nähmaschine** *f* / domestic sewing machine || **²seife** *f* / household soap, curd soap || **²teppich** *m* /

residential carpet || **~textilien** *pl* / household textiles (bed and table linen, towels, kitchen towels etc.), indoor furnishings || **~waschbeständigkeit** *f* / fastness to household washing, fastness to household laundering || **~wäsche** *f* / home laundering || **~waschechtheit** *f* / fastness to household washing, fastness to household laundering || **~waschen** *n* / home laundering || **~waschmaschine** *f* / domestic washing machine || **~zwirn** *m* / domestic thread
Haushalt·textilien *pl* / household textiles (bed and table linen, towels, kitchen towels etc.), indoor furnishings || **~waschmaschine** *f* / domestic washing machine
Haus·kittel *m* / housecoat *n* || **~kleid** *n* / everyday dress, morning dress, house dress, housecoat *n* || **~kleidung** *f* / home wear || **~leinen** *n*, Hausmacherleinen *n* / homespun linen || **~schneiderei** *f* / home dressmaking || **~schuh** *m* / slipper *n* || **~schuhstoff** *m* / slipper cloth || **~textilien** *pl* / household textiles (bed and table linen, towels, kitchen towels etc.), indoor furnishings || **~wäsche** *f* / household linen, flatwork *n* (US) (handkerchiefs, napkins, sheets and tablecloths) || **~wäsche** / home laundering
Haut *f* (Tierhaut) / hide *n* || **~** (Fell) / skin *n* || **~** (auf der Flotte) / bloom *n* (on liquor)
Häutchenbildung *f* / formation of a bloom
Haute Couture *f* (Mode) / haute couture (Fr)
Hautelisse *f* (Webart mit senkrechter Kette) / haute-lisse *n* || **~stuhl** *m* (Web) / Hautelisse loom, high-warp loom
haut·eng *adj* / skin-tight *adj* || **~farbe** *f* / skin tone || **~farben** *adj* / flesh-coloured *adj* || **~reizend** *adj* / irritating to the skin || **~sympathisch** *adj* / pleasant to the skin
Häutungsrückstände *m pl* / moulting remains (of insects on textiles)
Haut·verpackung *f* / skin-package *n* || **~verträglichkeit** *f* / compatibility with the skin || **~wolle** *f* / pelt wool, fellmongered wool, slaughter house wool (US), skin wool, plucked wool, pulled wool
havannabraun *adj* / Havanna brown
Havelock *m* (langer, ärmelloser Herrenmantel mit Schulterkragen) / havelock *n*
HB-Garn *n*, Hochbauschgarn *n* / HB yarn (high bulk)
H-Bindung *f* / hydrogen bond
HBL (Harnstoff-Bisulfit-Löslichkeit) (Färb) / UBS (urea bisulphite solubility)
HE s. hochelastisch
Heatset-Farbe *f* / heat-set ink
Hebe·arm *m* **für Nadelbarren** / needle bar lift arm (fully fashioned knitt mach) || **~brett** *n* (Tepp) / lifting board || **~einrichtung** *f* **für den Ausstoßrechen** (Strick/Wirk) / transfer bar lifting motion || **~geschirr** *n* (Web) / raising harness || **~haken** *m* (Strick/Wirk) / lifting wire, sinker *n* || **~litze** *f* / lifting heald
Hebelspanner *m* (Tepp) / power stretcher
Hebe·maschine *f* (Web) / figuring machine || **~messer** *n* (Web) / lifting blade || **~nocken** *m* (Näh) / cam *n* || **~plan** *m* **der Kettfäden** (Web) / lifting plan
Heber *m* (Strick/Wirk) / clearing cam, knitting cam, raising cam, raise cam || **~** (Web) / jack twine, lifter *n*, harness cord || **~** (Näh) / cam *n* || **~, der in Verbindung mit einem Musterrad arbeitet** / knit and welt cam || **~fangteil** *n* (Strick/Wirk) / tuck bar
Hebe·schlinge *f* / lifting sling || **~walze** *f* (Spinn) / lifter roll[er] || **~zeug** *m* / lifting bar (jacquard), griff *n* (jacquard), lifting device (jacquard)
Hebung *f* **des Kettfadens** (Web) / lift of the warp
Hechel *f* / hackle *n*, flax comb || **~apparat** *m* (Web) / gill *n* || **~apparat** (Spinn) / porcupine *n* || **~brett** *n* / hackling block || **~feld** *n* / hackling area, set of hackles || **~flachs** *m* / dressed flax, hackled flax || **~hanf** *m* / hackled hemp || **~kamm** *m* / gill frame (flax), hackling comb, hackle comb, flax comb || **~kamm** (Web) / gill *n* || **~kluppe** *f* / hackle clamp || **~leiste** *f* **für Hechelmaschinen** (DIN 64109) / hackle bar for hackling machines || **~maschine** *f* / hackling machine
hecheln *v* (Flachs) / hackle *v*, hatchel *v*, gill *v* || **~** *n* / hackling *n*, tease *n* (flax), gilling *n* || **~ mit der Hand** / hand dressing (flax)
Hechelnadel *f* / hackle pin, hackling pin || **~ für Bastfaser-Spinnereimaschinen** (DIN 64106) / hackling pin for bast fibre spinning machines
Hechel·stab *m* (Spinn) / faller *n*, faller gill || **~stab** (Flachs) / gill bar (flax) || **~stock** *m* / hackling bench || **~strecke** *f* (DIN 64100) (Spinn) / open gill, hackle drawing frame || **~werg** *n* / hackle tow, swingle tow, scutching tow, scutch (by-product of scutching) *n*
hechtgrau *adj* / pike grey *adj*
Hede *f* / tow *n* || **~faser** *f* / tow fibre || **~garn** *n* / tow *n*, tow yarn (flax or hemp yarn) || **~leinen** *n* / linen *n* (tow)
heften *v* (Näh) / baste *v*, tack *v*, sew together || **~** *n* (Näh) / basting *n*, tacking *n*
Heft·faden *m*, Heftgarn *n* / basting thread, basting cotton || **~kette** *f* **für Doppelgewebe** (Web) / centre stitching warp || **~maschine** *f* (Näh) / basting machine, baster *n* || **~naht** *f* (Näh) / basting seam || **~pflaster** *n* / adhesive bandage, sticking plaster, adhesive dressing, adhesive plaster || **~stich** *m* (Näh) / basting stitch, tack *n*, tacking stitch
HE-Garn *n*, Hoch-Elastik-Garn *n* (allg) / HE yarn (high elasticity)
Heilmann-Kämmapparat *m*, Heilmannsche Kämmaschine, Heilmann-Wollkämmaschine *f* / continental comb, French comber, French comb, Heilmann comb, comber with intermittent action
Heimtex-Artikel *m pl* / furnishings *pl*
Heimtextilien *pl* / home textiles (for home furnishing, e.g. curtains, furniture fabrics, floorcoverings, blankets), furnishing fabrics
Heißappretur *f* / hot finishing || **~echtheit** *f* / fastness to heat finishing
heiß·behandeln *v* / heat-treat *v* || **~behandlung** *f* / heat treatment, hot treatment || **~behandlung des Gewebes** / curing of fabric || **~behandlungstemperatur** *f* (Gew) / curing temperature || **~binden** *n* / heat bonding || **~bügelechtheit** *f* / fastness to hot ironing, fastness to hot pressing || **~bügelechtheit**, Heißbügelfestigkeit *f* (Beschicht) / fastness to marking-off || **~bügeln** *n* / hot ironing
Heißdampf *m* / superheated steam || **~behandlung** *f* / hot steaming, high-temperature steaming, superheated steam treatment || **~-Vulkanisierechtheit** *f* / fastness to hot air vulcanizing
Heiß·einknipser *m* (Näh) / hot notcher || **~extraktionsmethode** *f* (zur Abtrennung aus Fasergemischen) / hot extraction method || **~färben** *n* / hot-dyeing *n* || **~färbend** *adj* / hot-

dyeing *adj* || ≗färber *m* / hot-dyeing dyestuff, warm dyeing dyestuff, hot dyer || ≗färbeverfahren *n* / hot-dyeing method, warm dyeing method || ≗färbung *f* / hot-dyeing *n* || ~fixieren *v* / thermoset *v*, heatset *v* || ≗fixiermaschine *f* (DIN 64990) / thermosetting machine || ≗fixierspannrahmen *m* / heat-setting stenter || ~formen *v* (Strumpf) / heatset *v* || ≗formmaschine *f* (Strumpf) / heatsetter *n* || ≗kalander *m* / hot calender || ≗kalandrieren *n* / hot calendering || ~kalandriert *adj* / hot-rolled *adj*

Heißklebe·band *n* / hot-bonding tape || ≗**lack** *m* / heat-sealing coating || ≗**präparat** *n* / heat-sealing agent || ≗**präparation** *f* (Beschicht) / hot sensitive formulation, hot adhesive preparation

Heiß·kleber *m* / hot-setting adhesive || ≗**lösen** *n* / dissolving by heating || ~**lösendes Mittel** / hot-acting solvent || ≗**löseverfahren** *n* / hot dissolving method, hot solution method || ~**löslicher Farbstoff** / dyestuff soluble in a hot medium || ≗**löslichkeit** *f* / hot solubility

Heißluft *f* / hot air || ≗**appretur** *f* / hot-air finish || ≗**beheizung** *f* **im Düsenbetrieb** / jet drying with hot air, nozzle drying with hot air || ≗**düsentrockenspannrahmen** *m* / hot-air jet stentering frame || ≗**fixierrahmen** *m* / hot-air frame || ≗**fixierung** *f* / heat-setting in hot air, hot-air setting || ≗**fixierung** (Färb) / curing *n*, hot-air fixation || ≗**kammer** *f* / hot-air chamber || ≗**oxydationsanlage** *f* / hot-air oxidizing plant || ≗**schlichtmaschine** *f* / hot-air sizing machine, hot-air slasher || ≗**schmelzverfahren** *n* **für Fadengelege** / area bonded staple (ABS) technique || ≗**schmelzverfahren mit Filamentgarnen** / FAB (filament area bonding) technique, filament area bonding || ≗**spannrahmen** *m* / hot-air stenter (GB), hot-air tenter (US) || ≗**trockenmaschine** *f* / hot-air drier || ≗**trockenrahmen** *m* / hot-air stenter (GB), hot-air tenter (US) || ≗**trockner** *m* / hotflue *n* (for intermediate drying in continuous dyeing), hot-air drying machine, hot-air drier, revolving hot drying machine || ≗**trocknung** *f* / hot-air drying || ≗**vulkanisierechtheit** *f* / fastness to hot air vulcanizing

Heiß·mangel *f* / hot mangle || ≗**mangeln** *n* / hot calendering || ≗**naßspinnen** *n* / hot wet spinning || ≗**netzen** *n* / hot wetting || ≗**netzmittel** *n* / hot-wetting agent || ≗**ölfärben** *n*, Heißölfärbeverfahren *n* / hot-oil dyeing || ≗**prägen** *n*, Heißprägung *f* / hot embossing || ≗**presse** *f* / hot press || ~**pressen** *v* / hot-press *v* || ≗**pressen** *n*, Heißpreßverfahren *n* / hot pressing || ≗**punktschmelzverfahren** *n* / FPB (filament point bonding) method || ≗**schmelzbeschichter** *m* / die coater || ≗**schmelzbeschichtung** *f* / hot-melt coating || ≗**schmelze** *f* / hot melt || ~**schmelzend** *adj* / hot-melting *adj* || ≗**schmelzharzbeschichtung** *f* / hot melting resin coat

heißsiegel·bare Einlegestoffe *m pl* / heatsealing lining fabrics, fusible interlining || ≗**beständigkeit** *f* / heat-sealing stability

heißsiegelfähig *adj* / heat-sealable (plastics) || ~**e Beschichtung** / heat-sealable coating || ~**es Gewebe** / fusible fabric

Heißsiegel·fähigkeit *f* / heat-sealing property || ≗**kleber** *m* / hot-melt adhesive, hot-sealing adhesive || ≗**maschine** *f* / heat-sealing machine

heißsiegeln *v* (Kasch) / heat-seal *v* || ≗ *n* / thermofusing *n* || ≗ **von Schaumstoff mit Textilien** / flame bonding of foam to fabric

Heißsiegelpresse *f* / thermofusing press

Heiß·spritzen *n* (Beschicht) / hot spraying || ≗**streckstift** *m* (Lufttexturieren) / hot drawing pin || ≗**transferdruck** *m* (Textdr) / transfer process || ≗**verfahren** *n* / hot process || ≗**vergilbung** *f* / heat yellowing || ~**vernetzbares System** / heat-curing system || ≗**versiegeln** *n* / heat welding || ~**versiegelte Leiste** / sealed selvedge || ≗**versiegelung** *f* / heat sealing, hot sealing || ≗**verstrecken** *n* / hot drawing || ~**verstreckte Faser** / heat-stretched fibre || ≗**wäsche** *f* (zwischen 45 ° und 65 °C) / hot washing

Heißwasser·beständigkeit *f* / resistance to hot water, stability to hot water || ≗**beständigkeit** (Färb) / fastness to hot water || ≗**dekatur** *f* / potting *n*, boiling *n* (of wool), potting process, roll boiling, wet decatizing (GB), wet decating (US) || ≗**echtheit** *f* (DIN 54047) / hot-water resistance, hot-water fastness, fastness to hot water || ≗**fixierung** *f* / hot-water setting, hydrosetting *n* || ~**löslich** *adj* / hot-water soluble || ≗**rotte** *f* / hot-water retting || ≗**verfahren** *n* / hot-water method

Heiz·decke *f* / electric blanket || ≗**flüssigkeit** *f* / heating liquid || ≗**gerät** *n* / heater *n*, heating device, heating apparatus, heating equipment || ≗**kammer** *f* / heating chamber, heated chamber || ≗**kanal** *m* / passage *n* || ≗**kessel** *m* / heating kettle || ≗**kissen** *n* / heating pad || ≗**körper** *m* / heating element, heater *n* || ≗**mantel** *m* / heating jacket || ≗**platte** *f* / heating plate, hot-plate *n* || ≗**plattentrockner** *m* / shelf drier || ≗**raum** *m* / heating chamber || ≗**schlange** *f* / heating coil, serpentine heater

Heizung *f* / heating *n*

Heiz·vorrichtung *f* / heater *n*, heating device, heating apparatus, heating equipment || ≗**walze** *f* / heated cylinder, heating cylinder || ≗**wert** *m* / calorific value || ≗**zone** *f* / heating zone || ≗**zylinder** *m* / heating cylinder

Helfe *f* (Web) / heald *n* (GB), heddle

Helianthin *n* (Färb) / methyl orange, helianthin[e] *n*, gold orange

Helioecht Farbstoff (Warenzeichen der Bayer AG) *n* / Helio Fast dyestuff

Heliotrop *m* (Kol) / heliotrope *n*

hell *adj* / light *adj*, pale *adj*, light-coloured *adj*, bright *adj* (shade, fibre) || ~**er Decker** / light-coloured blotch (print), light-coloured ground (print) || ~**e Deckerfarbe** (Textdr) / light-blotch colour || ~**er Druck** / light print || ~**e Farbschattierung** / pale shade || ~**er Farbton** / light shade || ~**e Fehlerstellen im Seidengarn** *f pl* / lousiness of silk yarn (defect) || ~**er Füller**, heller Füllstoff (Beschicht) / light-coloured filler || ~**e Nuance** / light shade || ~**e Stellen** *f pl* / pale areas || ≗**bezugswert** *m* / luminance factor, luminosity *n* || ~**blau** *adj* / light-blue *adj*, pale-blue *adj* || ~**braun** *adj* / light-brown *adj*, pale-brown *adj* || ~**elfenbein** *adj* (RAL 1015) / light ivory *adj*

Hellenempfindlichkeitskurve *f* (des Auges) / photopic luminosity curve of the eye

hell·farbig *adj* / pale coloured, light-coloured *adj* || ~**gebrannte Stärke** / light roasted starch || ~**gefärbt** *adj* / light-coloured *adj* || ~**gelb** *adj* / bright-yellow *adj*, primrose-yellow *adj*, pale-yellow *adj*, light-yellow *adj* || ~**grau** *adj* / pale-grey *adj*, light-grey *adj* || ~**grün** *adj* / light-green

adj
Helligkeit *f* / brightness *n*, luminosity *n*, light intensity || ≗ **eines Farbtons** / brightness of a shade
hell·nußbraun *adj* / light nut-brown || ~**rehfarben** *adj* / light fawn || ~**rosa** *adj* (RAL 3015) / light pink *adj* || ~**rot** *adj* / light-red *adj*, pale-red *adj* || ~**weiß** *adj* / clear white *adj*
Helmbusch *m* / plume *n*, panache *n* (Fr) (on helmet)
Helvetiaseide *f* (Gew) / helvetia *n*
Hemd *n* / shirt *n* || ≗ **mit angestricktem Arm** / shirt with knitted sleeves || ≗ **mit anknüpfbaren Kragenspitzen** / button-down shirt || ≗ **mit kurzen Ärmeln** / half-sleeve shirt, short-sleeve shirt || ≗**bluse** *f* (Mode) / blouse-shirt *n*, shirt blouse, men's-look blouse || ≗**blusenärmel** *m* / shirt blouse sleeve || ≗**blusenkleid** *n* / shirt blouse dress, shirtwaister *n* || ≗**[en]einsatz** *m* / shirt front, dickey *n*
Hemden·brust *f* / shirt front || ≗**brustfutter** *n* / front lining (shirt) || ≗**chambray** *m* / shirting chambray || ≗**drell** *m* / drill shirting, drilling shirting || ≗**flanell** *m* / cotton flannelette, flannelette *n*, shirting flannel || ≗**knopf** *m* / stud *n* || ≗**kragen** *m* **mit anknüpfbaren Spitzen** (Mode) / button-down collar || ≗**popeline** *f* / poplin shirting, shirting poplin || ≗**presse** *f* / shirt press || ≗**schoß** *m* / shirt tail || ≗**stoff** *m* / shirting *n*, shirting fabric || ≗**velours** *m* / napped shirting || ≗**vorderteil** *n* / front bodice (shirt)
Hemd·hose *f* / combinations *pl*, camiknickers *pl*, union-suit *n* (US) || ≗**kragen** *m* / shirt collar || ≗**manschette** *f* / wristband *n* || ≗**rock** *m* / shirt blouse dress, shirtwaister *n*
Hemdsärmel *m* / shirt sleeve
Hemizellulose *f* / hemicellulose *n*
hemmen *v* (Chem) / inhibit *v*, retard *v*
Hemmhof *m* / inhibition zone || ≗**test** *m* (bei der antimikrobiellen Ausrüstung) / inhibition zone test
Hemmittel *n* **gegen Abgasempfindlichkeit** / gas fading inhibitor
Hemmstoff *m* / inhibitor *n*, retardant *n*, retarder *n*
Hemmung *f* **der Pigmentwanderung** / inhibition of pigment migration
Hemm·zone *f* / inhibition zone || ≗**zonentest** *m* / inhibition zone test
Henequenfaser *f* (von der Agave fourcroydes) / henequen fibre, Yucatan sisal
Henkel *m* **eines Rundstrickartikels** (Strick/Wirk) / loop *n* || ≗**plüsch** *m* / loop plush, looped plush, circular knit pile fabric || ≗**plüschwaren** *f pl* / loop plush fabric
Henna *f* (Farbstoff) / henna *n* || ≗**blume** *f* (Tepp) / henna flower || ≗**blumenteppichmotiv** *n* (Tepp) / henna flower design || ~**rot** *adj* / henna *adj* || ≗**strauch** *m* (Lawsonia inermis) / henna *n*
Henriette-Kleiderstoff *m* (Gew) / henrietta *n*
Heptanitrozellulose *f* / heptanitrocellulose *n*
herabhängender Pelzkragen (Mode) / tippet *n*
herabtropfen lassen / drip *v*
Herat *m* / Herat *n* (Persian handmade carpet)
Herausarbeiten *n* **und Zusammendrehen einzelner Fasern** / pilling migration, fibre pilling
Herausdrehen *n* **der Deckspindel** / racking-out of the narrowing spindle (fully-fashioned knitting machine)
herausfahrbarer Gießkopf (Beschicht) / extensible pouring head
Herausfallen *n* **der Ware aus der Wirkmaschine** (Strick/Wirk) / fabric drop out
heraushängende Fadenenden *n pl* / ends-out *n* (defect)
herauslösen *v* / lixiviate *v*, leach [out] || ~ (einen Faseranteil) (Färb) / leach out || ≗ *n*, Auslaugen *n* / leaching [out] *n*, leach *n*, lixiviation *n*
herausnehmen *v* (aus der Maschine) / unpack *v* (from the machine)
herausragendes Faserende / protruding fibre tip
herausspringen *v* / tumble out (of skewer)
herausziehbarer Faden (Tuchh) / draw thread
herb *adj* / acerb *adj*, astringent *adj*
herbstgold *adj* / autumn-leaf *adj*, dead leaf *adj*
Hereindrehen *n* **der Deckspindel** / racking-in of the narrowing spindle (fully-fashioned knitting machine)
Heris *m* / Heris rug (Persian handmade carpet), Herez rug
Herkuleslitze *f* / titan braid
hermetisch *adj* / hermetic *adj*
Heroldsrock *m* (hist) / tabard *n*
Herren·anzug *m* / men's suit, suit *n* || ≗**anzugstoff** *m* / men's suiting || ≗**artikel** *m pl* / men's wear, men's furnishings (US), haberdashery (US) *n* || ≗**artikelgeschäft** *n* / haberdasher *n* (US) || ≗**ausstatter** *m* / haberdasher *n* (US), men's outfitter || ≗**bekleidung** *f* / men's wear, men's clothing || ≗**bekleidungsindustrie** *f* / men's clothing industry || ≗**hemd** *n* / men's shirt || ≗**jackett** *n* / jacket *n* || ≗**kleidungsstoffe** *m pl* / men's clothing fabrics || ≗**konfektion** *f* / men's ready-made clothing, men's wear, men's ready-to-wear || ≗**konfektion** / men's clothing industry || ≗**konfektionsstoffe** *m pl* / men's clothing fabrics || ≗**kragenstoff** *m* / collar fabric || ≗**mantel** *m* / men's coat, greatcoat *n* (GB) || ≗**mode** *f* / men's fashion, men's wear || ≗**oberbekleidung** *f* / men's outerwear || ≗**schal** *m* / men's scarf, comforter *n* || ≗**-Shorts** *pl* / boxer shorts, men's shorts || ≗**slip** *m* / underpants *pl* || ≗**slip mit Deckverschluß in Y-Form** / Y-fronts *pl* || ≗**socken** *f pl* / men's socks, [men's] half-hose || ≗**-Sportsakko** *n* / men's sports jacket || ≗**strickwaren** *f pl* / men's wear knits || ≗**- und Knabenoberbekleidung (HAKA)** *f* / men's and boys' wear || ≗**unterwäsche** *f* / men's underwear || ≗**weste** *f* / waistcoat *n*, vest *n* (US)
Herringbone *m* (Web) / herringbone *n*, herringbone twill, arrowhead twill, feather twill
Herstellen *n* **von Schaumstoff-Schichtstoff-Verbundmaterial** / sandwich moulding || ≗ **von Sonnenspulen** / cheese winding
Herstellung *f* **der Längen** (Strumpf) / legging *n* || ≗ **des Fußes** (Strumpf) / footing *n* || ≗ **mehrschichtiger Vliese zum Verbund** (Vliesst) / fleece formation || ≗ **von Latexmischungen** / latex compounding || ≗ **von zylindrischen Kreuzspulen** / cheese winding
Herstellungs·fehler *m* / manufacturing defect || ≗**maschine** *f* **für Bodenbelag** / floor covering manufacturing machine
herumziehen, im Bad ~ / agitate in the bath
heruntergeklappte Zunge (Strick/Wirk) / open latch
hervorstehendes Faserende / protruding fibre tip
Hessian *m* (leinwandbindiges Jutegewebe) / hessian *n*
Hetero·faser *f* / heterofibre *n* || ≗**filamentgarn** *n* (Filamentmischgarn) / mixed filament yarn, heterofil yarn

heterogen·es Material / heterogeneous material || **~e Mischung** / heterogeneous blend
Heterospinnfasergarn *n* / heteroyarn *n*, heterospun yarn
heterozyklisch·es Amin / heterocyclic amine || **~e Polyvinylverbindung** / heterocyclic polyvinyl compound || **~e Verbindung** / heterocyclic compound
Hexa·chloräthan *n* / hexachloroethane *n* || **≗cyanoeisen(III)-säure** *f* / ferrocyanide acid || **≗dekansäure** *f* / palmitic acid || **≗fluorisopropanol** *n* (Ausrüst) / hexafluoroisopropanol *n* || **≗hydrobenzol** *n* / cyclohexane *n*, hexanaphthene *n*, hexamethylene *n* || **≗hydrophenol** *n* / cyclohexanol *n* || **≗hydropyridin** *n* / piperidine *n* || **≗metaphosphat** *n* / hexametaphosphate *n* || **≗methylen** *n* / cyclohexane *n*, hexanaphthene *n*, hexamethylene *n* || **≗methylendiamin** *n* / hexamethylene diamine || **≗methylendiisocyanat** *n* / hexamethylene diisocyanate || **≗methylentetramin** *n* / hexamethylene tetramine || **≗methylolmelamin** *n* / hexamethylolmelamine *n*
Hexan *n* / hexane *n*
Hexanaphthen *n* / cyclohexane *n*, hexamethylene *n*, hexanaphthene *n*
Hexandisäure *f* / adipic acid
Hexanitrat *n* / hexanitrate *n*
Hexansäure *f* / hexanoic acid
Hexenstich *m* (Näh) / herringbone stitch, fishbone stitch, barred [witch] stitch
Hgw *n*, Hartgewebe *n* / laminated fabric (GB), cloth laminate, bonded fabric
Hightower-Baumwolle *f* (aus Alabama) / Hightower cotton
Hilfs·beize *f* / auxiliary mordant || **≗fadenführer** *m* / auxiliary yarn guide || **≗gefäß** *n* / auxiliary tank || **≗hebel** *m* (Web) / supplementary lever || **≗hebelvorrichtung** *f* (Web) / supplementary lever device || **≗kessel** *m* / auxiliary boiler, auxiliary kier || **≗knotenfänger** *m* / back knotter || **≗mittel** *n* / assistant *n*, auxiliary *n* || **≗mittel** (Spinn) / processing agent, processing aid || **≗mittel** *n pl* **der Baumwollindustrie** / cotton industry chemicals || **≗mittel** *n* **zum Saugfähigmachen** / absorption promoting agent || **≗nadel** *f* / auxiliary needle || **≗platine** *f* (Strick/Wirk) / auxiliary sinker, jack *n*, raising jack, down sinker || **≗produkt** *n* / auxiliary *n*, assistant *n* || **≗schloß** *n* (Strick/Wirk) / auxiliary cam || **≗senker** *m* (Web) / pull-down cam || **≗senker** (Strick/Wirk) / stitch cam, auxiliary cam || **≗spinner** *m* / head piecer, spare spinner || **≗strecke** *f* / auxiliary drawing || **≗träger** *m* (Transdr) / transfer medium, release material, release carrier, transfer sheet || **≗verzug** *m* / servo draft
Hilow-Bauschtexturgarn *n* / hilow bulked yarn
Himalaja-Kleiderstoff *m* (Gew) / himalaya *n* (a type of shantung)
himbeerrot *adj* / raspberry-red *adj*
Himmelbett *n* / canopy bed
himmelblau *adj* (RAL 5015) / sky-blue *adj*
hindurchleiten *vt* / pass *vt*
hintere Dreherlitze / back crossing heddle || **~er Druckzylinder** / back press-roller || **~e Legeschiene** (Strick/Wirk) / back guide bar, BGB || **~es Nadelbett** (Strick/Wirk) / back bed, rear needle bed, back needle bed || **~es Schloß** (Strick/Wirk) / rear cam box || **~er Spannrahmen** / back-stenter *n* || **~es Strickschloß** (Strick/Wirk) / back lock, rear lock || **~es Stricksystem** (Strick/Wirk) / back feed
Hintereinanderschaltung *f* **von Rührwerken in stufenförmiger Anordnung** / cascade agitator
Hinterfach *n* (Web) / back part of the shed, back shed
Hintergrund *m* (Färb) / back *n*, ground *n* || **≗** (Färb, Textdr) / background *n*
Hinterlegen *n* (Strick/Wirk) / missing *n*
hinterlegt·e Fäden *m pl* (Web) / floats *pl* || **~er Jacquard** / single jacquard || **~ plattieren** / plate with floating yarn || **~es Plattieren** / plating with one thread behind the other || **≗plattiermuster** *n* (Strick/Wirk) / float stitch pattern || **~-plattierter Mesh-Strumpf** / open-mesh hose, three-knit/one tuck mesh hose, knit 1 tuck mesh || **~-plattierter Mesh-Strumpf** (Strumpf) / float plated open work
Hinter·platte *f*, Hinterscheibe *f* (Strick/Wirk) / rear disc || **≗stich** *m* (Näh) / backstitch *n* || **≗walze** *f* / back roll || **≗windung** *f* **beim Spulen** (Spinn) / reserve winding || **≗zylinder** *m* / back roll
Hin- und Herarbeit *f* / lined work
hin- und hergehende Fadenführung / traversing carriage
Hin- und Herschnürung *f* / London tie (jacquard)
Hin- und Widermuster *n* / lined work
H-Ion *n* / hydrogen ion
hirschfarben *adj* / fawn *adj*
Hirschhorn·salz *n* / ammonium carbonate || **≗schwarz** *n* / hartshorn black
Histidin *n* / histidine *n*
historische Tracht / period dress
Hitze *f* / heat *n* || **≗behandlung** *f* / heat treatment, baking *n*
hitzebeständig *adj* / heat-stable *adj*, heat-resistant *adj*, heat-proof *adj* || **~e Faser** / heat-resistant fibre, high-temperature fibre || **~e Kleidung** / heatproof clothing
Hitzebeständigkeit *f* / fastness to heat, heat resistance, heat stability, resistance to heat, stability to heat
Hitze·echtheit *f* / fastness to heat || **≗einwirkung** *f* / influence of heat || **≗falte** *f* / heat-set pleat, steam-set pleat || **≗falten** *f pl* / heat creases || **~fixieren** *v* (Strumpf) / heatset *v* || **~härtbar** *adj* / thermosetting *adj* || **~härtbarer Kunstharzkleber** / thermosetting adhesive (based on a thermosetting synthetic resin) || **≗kalander** *m* / heat calender || **≗schockprüfung** *f* / thermal shock test || **~stabil** *adj* / heat-stable *adj* || **~stabilisiert** *adj* / heat-stabilized *adj* || **≗stau** *m* (in Kleidungsartikeln) / build-up of heat, accumulation of heat || **≗vergilbung** *f* / heat yellowing || **~vergilbungsempfindlich** *adj* / sensitive to heat yellowing || **≗verkleben** *n* / heat bonding
HLB-Wert *m* / hydrophilic-lipophilic balance, hydrophilic-lipophilic ratio
hoch affiner Farbstoff s. hochaffiner Farbstoff || **~ gebauscht** / high-bulk *adj* (texturizing) || **hohe Ausgiebigkeit** (Färb) / high yield || **hoher Bügelschlitten** (Strick/Wirk) / carriage with high bridge || **hoher Drall** / high degree of twist || **hohe Drehung** / hard twist || **hohe Echtheit** / high fastness || **hohe Farbstoffaffinität** / high dyestuff affinity || **hohe Garnnummer** / fine count, fine count of yarn, high count (of yarn) || **hoher Weißgrad** / high whiteness || **höherer Alkohol** / higher alcohol
hochaffin·er Farbstoff / high-affinity dyestuff,

dyestuff with high affinity || ~es **Produkt** / product with high affinity for the fibre
hoch·aktiv *adj* (Chem) / highly active || ~**basisch** *adj* / highly alkaline || ≗**bauschartikel** *m pl* / high-bulk goods || ≗**bauschgarn** *n* (texturiert) / HB yarn, high-bulk [spun] yarn || ≗**bauschgarn in Strangform** / high-bulk yarn in hanks || ~**bauschig** *adj* / high-bulk *adj*, high-bulking *adj* || ≗**bauschverfahren** *n* / bulking process || ~**bedecktes Muster** / highly covered pattern (printing) || ~**belastbares Vlies** / heavy-duty nonwoven || ~**beschwert** *adj* (Tuchh) / heavily filled, heavily weighted || ~**bogige Kräuselung** / high crimpiness || ≗**bügelschlitten** *m* (Strick/Wirk) / high-bow carriage || ≗**chlorieren** *n* / high chlorination || ~**chloriert** *adj* / highly chlorinated || ≗**chlorierung** *f* / high chlorination
hochdicht·er Stoff / high-density cloth || ~**e Teppichrückenbeschichtung** / high density foam backing for carpets
hoch·dispergiert *adj*, hochdispers *adj* / highly disperse, microdisperse[d] *adj* || ≗**dosierungsverfahren** *n* (Reinigungsverfahren mit 20 bis 40 g/l Reinigungsverstärker) / high-charged system || ≗**drahtgarn** *n* / hard twist yarn, high-twist yarn || ≗**drall** *m* / high twist || ≗**drehung** *f* / hard twist
Hochdruck *m* / surface printing || ≗**behälter** *m* / high-pressure container || ≗**düsenwaschmaschine** *f* / high-pressure spray washing machine || ≗**färbeapparat** *m* / high-pressure dyeing apparatus || ≗**färberei** *f*, Hochdruckfärbung *f* / high-pressure dyeing || ≗**jigger** *m* / high-pressure jig || ≗**kessel** *m* / high-pressure boiler || ≗**schichtpreßstoff** *m*, Hochdruckschichtstoff *m* / high-pressure laminate || ≗**zerstäuber** *m* / high-pressure atomizer
hochechtes Pulverpigment / powder pigment with extreme fastness properties
Hoch-Elastik-Garn *n* / HE yarn (high elasticity)
hochelastisch *adj* / highly elastic, high-elasticity... *adj*, high-bulk *adj* (only continuous filament yarn), highly elasticized || ~**es Endlosgarn** / high-elasticity continous filament yarn || ~**e Versteifung** (Ausrüst) / highly elastic stiffening
Hochelastizität *f* / high elasticity
Hochfach *n* (Web) / upper shed || ≗**platine** *f* (Strick/Wirk) / lifting hook, lifting wire in the high position
hoch·farbig *adj* / highly coloured || ~**fein** *adj* / superfine *adj* || ≗**ferse** *f* (Strumpf) / extended heel, high heel || ≗**fersenverstärkung** *f* (Strumpf) / ankle splicing, high splicing, high-heel splicing || ≗**fersenvorrichtung** *f* (Strumpf) / high-heel attachment
hochfest·es Erzeugnis (Vliesst) / high tenacity product || ~**e Faser** / high-tenacity fibre || ~**es Garn** / high-tenacity yarn || ~**es Textilgewebe** / heavy-duty textile, heavy-duty fabric || ~**es Viskosefilament** / high-tenacity viscose rayon
Hochfestigkeit *f* / high tenacity
Hochflorgewebe *n* / high-pile woven fabric, deep-pile fabric, high-pile fabric
hochflorig *adj* / high-piled *adj*, deep-piled *adj*, long-pile[d] *adj* || ~**er Pelzimitationsstoff** / fur fabric
Hochflor·maschenware *f* / high-pile knitted fabric || ≗**teppich** *m*, hochfloriger Teppich / deep-pile carpet, long-pile carpet
Hochfrequenz·siegeln *n* / high-frequency sealing (of film) || ≗**trockner** *m* / high-frequency drier, dielectric drier || ≗**trocknung** *f* / high-frequency drying, dielectric drying || ≗**verschweißen** *n* / high-frequency welding (of film)
Hochfuß *m* (Strick/Wirk) / high butt, high foot || ≗**nadel** *f* (Strick/Wirk) / high-butt needle, long-shanked needle, long heel needle, long butt needle || ≗**platine** *f* / high sinker || ≗**-Stößer** *m* / high butt jack || ≗**-Umhängenadel** *f* / high butt transfer needle
hochgedreht *adj* / highly twisted || ~**es Garn** / high-twist yarn, yarn with high torque, highly twisted yarn, hard-twisted yarn
hochgeschlossen *adj* (Mode) / high-buttoned *adj*, high-necked *adj* || ~**er runder Halsausschnitt** (Mode) / crew neck
hochgestülpter Hutrand / turn-up *n*
hochgetwisteter Strumpf / crimp nylon stocking
Hochglanz *m* / brilliant gloss, bright finish, high sheen, high gloss, brillant lustre, bright lustre, high lustre || ≗**appretur** *f* / high-gloss finish, chintz finish || ≗**beschichtung** *f* / high-gloss coating
hochglänzend *adj* (Faser) / ultra-bright *adj* || ~**er Filz** / soleil felt || ~**e Polyurethanausrüstung** / high-gloss polyurethane finish
Hochglanz·gebung *f* / bembergizing *n* || ≗**kalander** *m* (Web) / friction calender, frictioning calender, high-gloss calender || ≗**umkehrbeschichtung** *f* / high-gloss transfer coat
Hoch·hitzebeständigkeit *f* / resistance to high temperature, stability to high temperature || ≗**kette** *f* / nap warp
hochkonzentriert *adj* / highly concentrated || ~**er Farbstoff** / colour paste, colour stock
hochkristallines Nylon / nucleated nylon
Hochlandschaf *n* / Highland sheep
Hochleistungs·bleiche *f* / high-capacity bleaching || ≗**-Breitwaschmaschine** *f* / high-production open-width washing machine || ≗**bügelpresse** *f* **mit Fördervorrichtung** / rapid conveyor press || ≗**-Dauerbewicklung** *f* **für Mangeln** (Ausrüst) / heavy-duty permanent wrapper for mangles || ≗**-Doppeldrahtzwirnmaschine** *f* / high-speed two-for-one twister || ≗**karde** *f* / high-production card || ≗**raschelmaschine** *f* / high-performance Raschel machine || ≗**rührwerk** *n* / high-speed stirrer, high-speed impeller || ≗**schärapparat** *m* / high-production warping machine || ≗**streckwerk** *n* / high-performance draw frame, high-speed draw frame || ≗**zentrifuge** *f* / high-performance centrifuge
hoch·mattierte Nylonqualität / highly matted nylon quality || ≗**-(Naß-)Modulfaser** *f* / high modulus fibre, high wet modular fibre, high wet modulus fibre (HWM fibre) || ≗**modulgewebe** *n* / high modulus weave || ~**molekular** *adj* / high-molecular [weight]
hochnaßfest *adj* / highly water-resistant || ~**es Viskosefilament** / high wet modulus rayon
Hochnaßmodulzellwollfaser *f* / high wet modulus viscose staple fibre
Hoch·polartikel *m* / high-pile knitgoods *pl* || ~**poliger geschnittener Flor** (Tepp) / shag *n* || ~**poliges Gewebe** / high-pile woven fabric, high-pile fabric || ≗**polstrickmaschine** *f* / high-pile knitting machine || ~**polymer** *adj* / highly polymerized || ≗**polymer** *n* / high polymer || ~**porös** *adj* / highly porous || ~**reaktiv** *adj* / highly reactive

|| ~rein *adj* / high-purity *adj* || ~reißfest *adj* / high-tenacity *adj* || ~reißfeste Vliese *n pl* / high-tenacity nonwovens || ~rot *adj* / cardinal[-red] *adj* || ≗rutschen *n* / ride-up *n* (of lingerie) || ~sauer *adj* / highly acid || ≗schaft *m* / raising shaft (of loom) || ~schäumendes Waschmittel / high sudsing detergent || ~schieben *v* (sich) / ride up *v* || ~schmelzend *adj* / high-melting *adj* || ~schrumpfend *adj* / high-shrinking *adj* || ≗schrumpffaser *f* / high-shrinkage fibre, HS fibre || ≗schrumpftyp *m* / high-shrink type

hochsiedend *adj* / high-boiling *adj* || ~es Lösemittel, Hochsieder *m* / high-boiling solvent

Höchst·frequenztrockner *m* / microwave drier || ≗konzentration *f* / maximum concentration || ≗löslichkeit *f* / maximum solubility || ≗temperatur *f* / maximum temperature || ≗verzugsstrecke *f* / drawing frame for maximum draw || ≗zugkraft (DIN 53815) / breaking force, tensile strength || ≗zugkraft-Dehnung *f* / breaking elongation

hoch·sulfoniert *adj* / highly sulphonated || ~taillierter Schlüpfer / high-waist panty

Hochtemperatur *f*, HT / high temperature, HT || ≗apparat *m* zum Färben unter Druck / pressurized high-temperature dyeing machine || ≗-Baumfärbeapparat *m* / high-temperature beam dyeing apparatus || ~beständige Faser / high-temperature resistant fibre || ≗beständigkeit *f* / high-temperature stability, resistance to high temperatures || ≗bleichanlage *f* / high-temperature bleaching equipment || ≗bleichen *n* / high-temperature bleaching || ≗breitdämpfer *m* / high-temperature open-width steamer || ≗dampfbügelpresse *f* / hot-head press || ≗dämpfen *n* / high-temperature steaming || ≗dämpfer *m* / high-temperature steamer || ≗-Dampf-Fixierung *f* / high-temperature curing and fixation by steam || ≗färbeanlage *f* / high-temperature dyeing equipment || ≗färbeapparat *m* / high-temperature dyeing machine || ≗färben *n*, Hochtemperaturfärberei *f* / high-temperature dyeing, dyeing at high temperatures || ≗färbeverfahren *n* / high-temperature dyeing method || ≗faser *f* / high-temperature fibre || ≗-Flüssigkeitsstiefel *m* / high-temperature liquid J-box || ≗haspelkufe *f* / high-temperature winch beck || ≗-Pack-Färbeapparat *m* / high-temperature pack dyeing machine || ≗polymerisation *f* / high-temperature polymerisation || ≗-Überdruck-Färbeapparat *m* / high-temperature pressure dyeing machine || ≗-Überdruckfärben *n* / high-temperature pressure dyeing || ≗-Überdruck-Hänge-Färbeapparat *m* (DIN 64990) / high-temperature suspending apparatus for dyeing || ≗-Zweibadverfahren *n* / high-temperature two-bath method

Hoch-Tief-Effekte *m pl* (Kettenwirken) / high-and-deep effects || ≗-Struktur *f* (Tepp) / high-low structure || ≗-Technik *f* (Tepp, Schlingenware) / scroll technique

hochtordiert·es Garn / high-twist yarn, yarn with high torque, highly twisted yarn, hard-twisted yarn || ~er Strumpf / crimp nylon stocking

hochtourig·er Kardierprozeß / high-speed carding procedure || ~er Schnellrührer / high-speed impeller || ~e Spulmaschine / high-speed bobbin winder

Hoch- und Tieffach *n* (Strick/Wirk) / compound shed || ≗ *n* (Web) / centre shed

Hochvakuum *n* / high vacuum

hochveredeln *v* / resin finish

hochveredelt·es Baumwollgewebe / creaseproof cotton fabric || ~es Gewebe / high-style fabric (US), resin finished fabric

Hochveredlung *f* / resin finish[ing], crease resist finish[ing], high-grade finish[ing] || ≗ durch Quervernetzung der Fasermoleküle / crosslinking process (US)

Hochveredlungs·flotte *f* / crease resist liquor, resin finishing liquor || ≗mittel *n* / resin finishing agent, crease-resist agent || ≗produkt *n* / resin finishing product, high-grade finishing product

hochverstreckt *adj* / high-stretch *adj*, highly extended || ~es Nähgarn / highly stretched sewing yarn

Hochverzug *m* (Spinn) / high draft, super draft

Hochverzugs·flyer *m*, Hochverzugsfleier *m* (Spinn) / high-draft speed frame, high-draft speeder, high-draft roving frame, super draft speed frame || ≗nitschelstrecke *f* (DIN 64100) / high-draft finisher (worsted spinn) || ≗spinnen *n* / high-draft spinning || ≗streckwerk *n* / high-draft drawing frame, high-draft drawing system

hoch·viskos *adj* / highly viscous *adj*, high-viscosity *adj* || ~voluminös *adj* / high-bulk *adj*

hoch wasserbeständig / highly water-resistant

hochweiß *adj* / pure white *adj*, extra-white *adj*, ultra-white *adj* || ~ (Fasern) / ultra-white *adj* || ~ glänzend (Fasern) (Fasern) / ultra-white bright || ~ matt (Fasern) (Fasern) / ultra-white dull || ≗ *n* / high whiteness

hochwirksam *adj* / highly active, highly efficient

Hocker *m* / stool *n*

höckeriges Garn / bunchy yarn

Hof *m* (Textdr) / corona *n*, halo *n* || ≗bildung *f* / halation *n*, halo formation || ≗bildung (von Flecken) / ring marks *pl* (of stains) || ~frei *adj* (Färb) / free from halo

Höhe *f* der Gewebebahn / depth of fabric

höhen·mäßiger Rapportversatz (Web) / rise of the pattern area || ≗rapport *m* (Web) / repeat of filling threads, repeat of weft threads || ≗stellungsschieber *m* der Decknadel / vertical point positioning slide (fully-fashioned knitt mach)

hohl·es Geflecht / no-core braid || ~er Griff / dead handle || ≗borte *f* / hollow braid || ~drähtig *adj*, masselsträngig *adj* (Fil) / corkscrewed *adj* || ≗faser *f* / hollow fibre || ≗filamentgarn *n* / hollow-filament yarn || ≗garn *n* / tubular yarn

Hohlgewebe *n* (Web) / tubular fabric, circular fabric, hollow web || ≗ (nur an den Leisten verbunden) (Web) / tissue in double pieces

Hohl·kante *f* / hollow selvedge || ≗kanten *f pl* (Näh) / bluffed edges || ≗kehle *f* / furrow *n* (needle) || ≗nadel *f* / hollow needle || ≗nadel (Strickmasch) / pipe needle || ≗naht *f* / hemmed seam || ≗perle *f* / microsphere *n* (filled with solvent or gas) || ≗raum *m* / hollow space, interstice *n*, cavity *n*

Hohlsaum *m* / hemstitch *n*, hem stitch || ≗apparat *m* / hem stitching attachment || ≗arbeit *f* / drawnwork *n*, network *n*, open-work *n* || ≗-Durchbruchstich *m* / hemstitching *n* || ≗maschine *f* / hemstitch machine || ≗naht *f* / picot seam

Hohl·schußbindung *f* / floating weft yarn || ≗seide *f* / aerated rayon, rayon filaments with air cavities || ≗spindel *f* / hollow spindle || ~strängig *adj*,

masselsträngig *adj*(Fil) / corkscrewed *adj* || **≈tisch** *m* / hollow bed (shearing machine) || **≈viskosefilament** *n* / hollow-filament rayon || **≈walze** *f* / hollow cylinder || **≈ware** *f* / tubular fabric, tubular goods *pl* || **≈zwirnspindel** *f* / hollow twisting spindle || **≈zylinder** *m* / hollow cylinder
holländisch·er Flachs / holland flax || **≈-Kanevas** *m* / holland linen || **≈-Rollokanevas** *m* / window holland
Höllenstein *m*(Silbernitrat) / lunar caustic
Holz·bottich *m* / wooden vat || **≈farbstoff** *m* / logwood-extract dyestuff || **≈karte** *f*(Web) / lags and pegs || **≈spule** *f* / wooden bobbin, wooden cone, wooden pirn, wooden spool || **≈zellstoff** *m* / wood cellulose || **≈zellulose** *f* / wood cellulose
Homburg *m*(steifer Herrenfilzhut)(Hutm) / homburg *n*
Homespun *m*(Oberbekleidungsstoff aus harten und gröberen Wollgarnen, wie Donegal, Tweed) / homespun *n* || **≈garn** *n*(ungleichmäßiges Wollgarn) / homespun yarn
Homofaser *f* / homofibre *n*
homogen·es Material / homogeneous material || **~e Mischung** / homogeneous blend
Homogenisator *m* / homogenizer *n*
homogenisieren *v* / homogenize *v* || **≈** *n* / homogenization *n*, homogenizing *n*
Homogenisiermaschine *f* / homogenizer *n*
Homogenisierung *f* / homogenization *n*, homogenizing *n*
Homogenisiervorrichtung *f* / homogenizer *n*
Homogenität *f* / homogeneity *n*
Homo·log *n* / homologue *n* || **~loge Verbindung** / homologue *n* || **≈polymer** *n* / homopolymer *n* || **~polymere Polyesterfaser** / homopolymer polyester fibre || **≈polymerisat** *n* / homopolymer *n* || **~zyklische Verbindung** / homocyclic compound
Honanseide *f*(Tussahseide mit Fadenverdickungen, heute auch Zusatzbezeichnung bei Baumwoll- und Zellwollgeweben mit ungleichmäßigem Garnaussehen) / honan *n*
honig·farben *adj* / honey *adj* || **~gelb** *adj*(RAL 1005) / honey-yellow *adj* || **≈küpe** *f* / vat prepared with molasses
Hookesches Gesetz / Hooke's law
Hopfen·faser *f* / hop fibre || **≈fasertuch** *n* / hop fibre cloth || **≈harz** *n* / hop resin
Hopsack *m* / hopsack *n*(rough-surfaced bulky fabric, similar to bagging), hopsacking *n*
Horden·apparat *m*(DIN 64990) / tray drier || **≈trockner** *m* / hurdle drier, shelf drier || **≈waschmaschine** *f* / hurdle washer
horizontal·er Warenlauf / horizontal run of the goods || **≈färbeapparat** *m* / horizontal dyeing apparatus || **≈greifer** *m* / horizontal sewing hook || **≈kettbaumfärbeapparat** *m* / horizontal warp beam dyeing apparatus || **≈öffner** *m*(DIN 64078, DIN 64100) / horizontal opener || **≈reiniger** *m* / superior cleaner || **≈spulenträger** *m* / horizontal bobbin carrier || **≈trockenmaschine** *f*, Horizontaltrockner *m* / horizontal drying machine || **≈zentrifuge** *f* / horizontal centrifuge
horizontblau *adj* / horizon-blue *adj*
horniger Griff / horny handle
Hornsubstanz *f* / keratin *n*
Höschen *n* / panties *pl*(GB), panty *n*(US), knickers *pl* || **≈teil** *m*(Strumpfhose) / pantie section
Hose *f* / trousers *pl*(GB), pair of trousers (GB), pants (US) *pl*, pair of pants (US) || **≈** (Freizeithose) / [pair of] slacks (esp US) || **oben weite und unten enge ≈** / peg-top trousers *pl*
Hosen·anzug *m*(Mode) / trouser-suit *n* || **≈aufschlag** *m* / turn-up [of trouser leg] || **≈bein** *n* / trouser leg || **≈beinlänge** *f* / length of trouser leg || **≈boden** *m* / seat *n*(of trousers) || **≈bund** *m* / waistband *n*(of trousers) || **≈bundmaschine** *f*(Näh) / waistband machine, waistband sewing attachment || **~grau** *adj* / flannel-grey *adj* || **≈höschen** *n* / hip-hugger *n* || **≈höschen als Miederslip** / hose hugger briefs *pl* || **≈höschen in Slipform** / hose hugger || **≈klappe** *f* / fly *n*, fly front
Hosenkorselett *n* / all-in-one *n*(US), briefer *n* || **≈ mit Beinansatz** / panty all-in-one || **≈ mit Vorderreißverschluß** / front zip all-in-one, zip-front corselette || **vollelastisches ≈ mit langem Bein** / panty all-in-one
Hosen·maschine *f*(Näh) / trouser frame, trouser machine || **≈rock** *m*(Mode) / culottes *n*, divided skirt || **≈schlitz** *m* / fly front, fly *n* || **≈schlitz mit Reißverschluß** / zip fly || **≈spanner** *m* / trouser-press *n*, trouser stretcher || **≈steg** *m* / trouser strap || **≈stoff** *m* / trouser material, trousering *n* || **≈stoßband** *n* / trouser shoe guard, strip for trouser bottoms || **≈tasche** *f* / trouser pocket, pocket *n* || **≈taschenstoff** *m* / pocketing *n*, pocket lining || **≈träger** *m* / braces *pl*(GB), suspenders *pl*(US) || **≈trägergewebe** *n* / brace fabric || **≈uhrtasche** *f* / fob *n* || **≈unterrock** *m* / culotte slip
Hot Box (Finishaggregat in Großwäschereien) *f* / hot box
Hotfluetrockner *m*, Hotflue-Trockner *m*(Färb) / hotflue *n*(for intermediate drying in continuous dyeing)
Hot-Pants *pl*, Hot pants *pl*(Mode) / hot pants
„Hot-Roll"-Fixierung *f* / hot-roll fixation
Hottenroth·-Test *m* / Hottenroth (ammonium chloride) Test (for determining saturation of viscose solution) || **≈-Zahl** *f* / Hottenroth number (ripeness figure of viscose solution)
H-Säure *f*(Färb) / H-acid *n*
HS-Faser *f* / high-shrinkage fibre, HS fibre
HT (Hochtemperatur...) / HT (high-temperature) || **≈-Apparat** *m* / high-temperature equipment || **≈-Apparat zum Färben unter Druck** / pressurized high-temperature dyeing machine || **≈-Baumfärbeapparat** *m* / high-temperature beam dyeing apparatus || **≈-Beständigkeit** *f* / resistance to high temperature, stability to high temperature || **≈-Dämpfer** *m* / high-temperature steamer || **≈-Dampf-Fixierung** *f* / high-temperature steam fixation || **≈-Druckfärben** *n* / high-temperature pressure dyeing || **≈-Einbadverfahren** *n* / high-temperature one-bath method, high-temperature single-bath method || **≈-Färben** *n* / high-temperature dyeing, dyeing at high temperatures || **≈-Färbeverfahren** *n* / high-temperature dyeing method || **≈-Hängeschleifendämpfer** *m* / high-temperature festoon ager (US), high-temperature festoon steamer (GB) || **≈-Haspelkufe** *f* / high-temperature winch beck || **≈-Labor[atoriums]färbeapparat** *m* / laboratory HT (high temperature) dyeing machine || **≈-Schrumpf** *m* / shrinkage under HT conditions || **≈-Stückfärberei** *f* / high-temperature piece dyeing || **≈-Zusatztank** *m* / high-temperature secondary tank || **≈-Zweibadverfahren** *n* / high-temperature two-bath method
Hub *m* / traverse *n*(yarn transfer) || **≈arm** *m* **für**

Platinenschachtel (Strick/Wirk) / vertical catchbar arm || **˜getriebe** *n* / lifter motion gear || **˜höhe** *f* (der Garnwicklung bei der Kreuzspule) / pitch traverse, traverse number, winding height || **˜rad** *n* / lifter wheel || **˜säule** *f* / lifter motion column || **˜säulenbremse** *f* / lifter motion shaft brake || **˜scheibe** *f* / cam disc || **˜scheibe** (Näh) / cam *n* || **˜scheibe** (Strick/Wirk) / knit cam || **˜scheibenwelle** *f* / camshaft *n* || **˜schnecke** *f* / lifter motion worm || **˜stange** *f* (Spinn) / lifter rod, lifting rod, lifting poker || **˜stift** *m* / lifting pin || **˜welle** *f* / lifter motion camshaft || **˜werk** *n* (Spinn) / lifter motion

Huckaback *m* / huckaback drills *pl*

Hufeisenausschnitt *m* (Mode) / horseshoe neckline

Hüft·draperie *f* / pannier *n* (light framework formerly worn for extending a woman's skirt at the hips) || **˜former** *m* / roll-on girdle, pull-on girdle || **˜gürtel** *m* / elastic girdle, open-bottom girdle, girdle *n* || **˜halter** *m* / girdle *n*, elastic girdle, pull-on girdle || **˜hose** *f* (Mode) / hipsters *pl* || **~lang** *adj* / hip-length *adj* || **˜länge** *f* / hip length *n* || **˜rand** *m* / waist rib || **˜schnallengurt** *m* (Mode) / hip buckle-strap || **˜umfang** *m*, Hüftweite *f* / hip measurement, hip width

Hülle *f* / sheath *n*, cover *v*, covering *n*

Hüllfaden *m*, Hüllgarn *n* / covering yarn

Hülse *f* (Spinn) / tube *n*, empty bobbin, holder *n* || **˜** (Masch) / bush *n*, sleeve *n* || **˜** (Web) / section block *n* (of sectional warping machine) || **˜** (Schale) / husk *n*, shell *n* || **˜ für Ringspindel** (DIN 64063) / tube for ring spindle || **˜ für Rollenlagerspindel** (DIN 61805) / tube for roller bearing spindle || **˜ für Rollenlagerspindel an Wagenspinnmaschine** (DIN 64071) / tube for roller bearing spindle for mule || **zylindrische ˜** / cylindrical tube, cylindrical package

Hülsen·abstechmaschine *f* / tube cutting machine || **˜aufnehmer** *m* (DIN 62510) / pirn holder || **˜aufsteckvorrichtung** *f* / tube creeling device || **˜behälter** *m* / pirn box, pirn container || **˜fuß** *m* / tube foot || **˜herstellungsmaschine** *f* / tube manufacturing machine || **˜klebemaschine** *f* / tube gluing machine || **˜länge** *f* / length of tube || **˜lehre** *f* (DIN 64063) / tube gauge, bobbin gauge || **˜lochdurchmesser** *m* / tube diameter

hülsenlos·er Garnkörper (Färb) / self-supporting package || **~er Wickel** / package without tube || **˜färben** *n* / muff dyeing (coreless package dyeing)

Hülsen·magazin *n* / pirn magazine || **˜papier** *n* / tube paper, spool paper || **˜reinigungsmaschine** *f* / bobbin stripper, bobbin stripping machine, tube cleaner, tube stripper || **˜schneideapparat** *m* / tube cutting machine || **˜wickelmaschine** *f* / tube winding machine

hummerrot *adj* / lobster *adj*

Humpelrock *m* (Mode) / hobble skirt

Hunds·knoten *m* / dog knot || **˜kohl** *m* / dog's bane fibre || **˜wolle** *f* / dog's bane fibre

Hungerwolle *f* / hunger wool

Hut *m* / hat *n* || **˜ mit niedrigem Kopf** / low-crowned hat || **˜appretur** *f* / hat finish, stiffening for hats, hat body stiffener, hat proofing || **˜band** *n* / hatband *n* || **˜besatz** *m* / hat trimming || **˜block** *m* (Hutm) / block *n*, hat block || **˜borte** *f* / hat galloon || **˜dämpfer** *m* / hat steamer || **˜draht** *m* / hat wire || **˜einlage** *f* / hat lining || **˜färberei** *f* / hat dyeing || **˜feder** *f* (Mode) / plume *n* || **˜filz** *m* (Hutm) / millinery felt, fur felt, hatter's felt || **˜form** *f* (Hutm) / block *n*, hat block || **˜former** *m* (Hutm) / blocker *n* || **˜formmaschine** *f* / hat blocker || **˜formring** *m* / blocking ring || **˜futter** *n* / hat lining || **˜futterseide** *f* / hatter's silk || **˜kopf** *m* / hat crown || **˜krempe** *f* / brim *n* (of hat) || **˜macher** *m* / hatmaker *n*, hatter *n* || **˜plüsch** *m* / hatter's plush || **˜presse** *f* / hat press || **˜rand** *m* / brim *n* (of hat) || **hochgestülpter ˜rand** / turn-up *n* || **˜schmuck** *m* / millinery ornament || **˜steife** *f* / hat body stiffener, hat stiffening agent, stiffening for hats, hat stiffener || **˜steifen** *n* / hat proofing || **˜stock** *m* / hat block || **˜stumpen** *m* / hat body, hat stump, hat shape || **˜stumpenfärbeapparat** *m* / hat body dyeing machine

Hütten·faser *f* / slag fibre || **˜schuhe** *m pl* / slipper socks, moccasocks *pl* || **˜wolle** *f* (eine Art Mineralwolle) / slag wool

Hutwalke *f* / hat planking

HWM-Faser *f* / high modulus fibre, high wet modular fibre, high wet modulus fibre (HWM fibre)

hyazinthblau *adj* / hyacinth blue

Hydrat *n* / hydrate *n*

Hydrat[at]ion *f* / hydration *n*

hydratisieren *v* / hydrate *v*

Hydratisierung *f* / hydration *n*

Hydrat·wasser *n* / hydration water, primary adsorbed water || **˜zellulose** *f* / hydrated cellulose

hydraulisch·e Düsenwebmaschine / water jet loom || **~e Presse** / hydraulic press, hydropress *n* || **~e Spritzmaschine** (Spinn) / hydraulic extruder

Hydrazid *n* / hydrazide *n*

Hydrazin *n* / hydrazine *n* || **˜gelb O**, Echtwollgelb *n* / tartrazine *n* || **˜hydrat** *n* / hydrazine hydrate || **˜sulfonat** *n* / hydrazine sulphonate

Hydrazo·benzol *n* / hydrazobenzene *n* || **˜farbstoff** *m* / hydrazo dyestuff

Hydrid *n* / hydride *n*

Hydro·anthrachinon *n* / hydroanthraquinone *n* || **~aromatische Verbindungen** *f pl* / hydroaromatic compounds || **˜chinon** *n* / hydroquinone *n* || **˜fixieren** *n*, Hydrofixierung *f* / hydrosetting *n*, water setting, heat-setting with superheated steam, thermosetting with superheated steam || **˜fixierverfahren** *n* / hydrosetting method

Hydrogen·fluorid *n* / bifluoride *n* || **˜karbonat** *n* / bicarbonate *n* || **˜peroxid** *n* / peroxide *n* || **~peroxidecht** *adj* / fast to hydrogen peroxide || **˜sulfat** *n* / acid sulphate *n*, bisulphate *n* || **˜sulfid** *n* / bisulphide *n* || **˜sulfit** *n* / hydrosulphite *n*, bisulphite *n*

hydrolipophiles Verhältnis / hydrophilic-lipophilic balance, hydrophilic-lipophilic ratio

Hydrolysat *n* / hydrolyzate *n*

Hydrolyse *f* / hydrolysis *n* || **˜alterung** *f* / hydrolysis ageing || **˜beständigkeit** *f* / hydrolysis resistance, resistance to hydrolysis || **˜-Stabilität** *f* / hydrolytic stability, stability to hydrolysis

hydrolysierbar *adj* / hydrolyzable *adj*

Hydrolysierbarkeit *f* / hydrolyzability *n*

hydrolysieren *v* / hydrolyze *v*

Hydrolysierungsmittel *n* / hydrolyzing agent

hydrolytische Polymerisation / hydrolytic polymerization

Hydron·blauküpe *f* / hydron blue vat || **˜farbstoff** *m* / hydron dyestuff || **˜küpe** *f* / hydron vat

hydrophil *adj* / hydrophilic *adj* || **~e Eigenschaft** / hydrophilic property || **~e Faser** / hydrophilic fibre || **~e Gruppe** / hydrophilic group (surface active

agent) || ~e **Wirkung** / hydrophilic effect
Hydrophilie *f* / hydrophily *n* (surfactants), hydrophilic property
hydrophilieren *v* / render hydrophilic
Hydrophilierung *f* / hydrophilizing *n*
Hydrophilierungsmittel *n* / hydrophilizing agent
hydrophob *adj* / hydrophobic *adj*, water-repellent *adj* || ~e **Ausrüstung** / water-repellent finish || ~e **Eigenschaft** / hydrophobic property || ~e **Faser** / hydrophobic fibre || ~e **Gruppe** / hydrophobic group (surface active agent) || ~e **Wirkung** / hydrophobic effect, water-repellent effect
Hydrophob-Ausrüstung *f* / water-repellent finish
Hydrophobie *f* / water repellency, hydrophoby *n*, hydrophobic property
Hydrophobier·artikel *m* / water-repellent article, water-repellent goods || ²-**effekt** *m* / water-repellent effect
hydrophobieren *v* / make hydrophobic, waterproof *v*, make water-repellent
Hydrophobier·flotte *f* / water-repellent liquor || ²**mittel** *n*, hydrophobierendes Mittel / water-repellent *n*, impregnating agent, hydrophobing agent, waterproofing agent || ²**mittel auf Paraffin-Basis** / paraffin wax based water repellent
hydrophobiertes Gewebe / water-repellent fabric
Hydrophobierung *f* / water repellency treatment, water-repellent finish, waterproofing *n*
Hydrophobierungsmittel *n* / water-repellent *n*
Hydrophob·-Knitterfrei-Ausrüstung *f* / water-repellent crease-resist finish || ²**-Schiebefest-Ausrüstung** *f* / water-repellent antislip finish
hydropneumatische Warenbahnsteuerung / hydropneumatic web guiding system
Hydrosol *n* / hydrosol *n*
hydrostatisch·e Belastung / hydrostatic loading || ~**er Druck** / hydrostatic pressure || ~**e Druckprüfung** / hydrostatic pressure testing || ~**e Spannung** / hydrostatic stress
Hydrosulfit *n* / hydrosulphite *n* || ²**-Abziehbad** *n* / hydrosulphite stripping bath || ²**ätze** *f* / hydrosulphite discharge || ²**ätzen** *n* / hydrosulphite discharging || ²**-Glukose-Küpe** *f* / hydrosulphite glucose vat || ²**-Küpe** *f* / hydrosulphite vat || ²**-Natronlaugeküpe** *f* / hydrosulphite-caustic soda vat || ²**-Pottasche-Küpe** *f* / hydrosulphite potash vat || ²**-Probe** *f* / hydrosulphite test || ²**-Schwefelnatrium-Verfahren** *n* / hydrosulphite sodium sulphide process
hydrothermische Fixierung s. Hydrofixieren
hydrotrop *adj* / hydrotropic *adj* || ~**es Mittel** / hydrotropic agent (increases water solubility of other substances without changing them chemically)
Hydrotropie *f* / hydrotropy *n*
Hydroxid *n* / hydroxide *n*
Hydroxy·aceton *n* / hydroxyacetone *n* || ²**benzol** *n* / hydroxybenzene *n* || ²**bernsteinsäure** *f* / malic acid || ²**essigsäure** *f* / glycolic acid || ²**fettsäure** *f* (Färb) / oxy-fatty acid
Hydroxyl·amin *n* / hydroxyl amine || ²**gruppe** *f* / hydroxyl group, OH group
hydroxylieren *v* / hydroxylate *v*
Hydroxylzahl *f* / hydroxyl number
Hydrozellulose *f* / hydrocellulose *n*
Hygienetextilien *f pl* / sanitary textiles
hygienisch·e Ausrüstung / hygienic finish || ~**e Vliese** *n pl* / sanitary nonwovens
Hygrometer *n* / hygrometer *n*
hygroskopisch *adj* / hygroscopic *adj* || ~**e Eigenschaft** / moisture retaining property || ~**es Hilfsmittel** / deliquescent agent || ~**es Wasser** / hygroscopic moisture
Hygroskopizität *f* / hygroscopic property, hygroscopicity *n*
Hygrostat *m* / hygrostat *n*
Hyperbolwickler *m* / hyperbolic drive
Hypobromit *n* / hypobromite *n*
Hypochlorit *n* / hypochlorite *n* || ²**bleiche** *f* / hypochlorite bleach || ²**bleichechtheit** *f* (DIN 54034/5) / hypochlorite bleaching fastness || ²**bleichflotte** *f*, Hypochloritbleichlauge *f* / hypochlorite bleach liquor || ²**bleichmittel** *n* / hypochlorite bleaching agent || ²**bleichverfahren** *n* / hypochlorite bleaching || ²**echtheit** *f* / fastness to hypochlorite || ²**flotte** *f* / hypochlorite liquor, chemicking liquor || ²**lauge** *f* / hypochlorite liquor || ²**lösung** *f* / hypochlorite solution || ²**peroxidbleiche** *f* / [combined] hypochlorite-peroxide bleach || ²**peroxidbleichverfahren** *n* / hypochlorite-peroxide bleaching || ²**vorstufe** *f* / hypochlorite stage || ²**-Waschechtheit** *f* (DIN 54016) / hypochlorite washing fastness
hyposchweflige Säure / hyposulphurous acid
Hysorb-Verfahren *n* (Hydrophitieren von Syntheticgeweben) / hysorb process
Hysterese *f* / hysteresis *n* || ²**zahl** *f* / hysteresis number

I

Idrianer-Spitze *f* / Idria lace
Igel *m* (Spinn) / squirrel *n*, porcupine [opener], carding roller, urchin (US) *n* || **²strecke** *f* (Spinn) / porcupine drawing frame || **²trommel** *f*, Igelwalze *f* (Spinn) / porcupine cylinder, porcupine roll[er], porcupine *n*
IK-Verfahren *n* (Indanthren-Kaltfärbeverfahren) / Indanthren cold-dyeing process
Illumination *f* / colouring *n* (of the discharge or resist), illumination *n* || **² der Reserve** / colouring of the resist || **² des Ätzartikels** / colouring of the discharge
Illuminations·druck *m* / illumination printing || **²effekt** *m* / colouring effect, coloured effect, illumination effect || **²farbstoff** *m* / illuminating dyestuff
illuminieren *v* / illuminate *v* || **²** *n* / colouring *n*, illumination *n* || **² des Ätzartikels** / colouring of the discharge
illuminiert·e Ätze / coloured discharge || **~er Druck** / contrasting print || **~er Effekt** / contrasting effect
IMA-Unegalität *f*, Innen-Mitte-Außen-Unegalität *f* (Färb) / unlevelness of dyeing between inside, centre and outside of package
Imbé *m* (eine brasilianische Bastfaser) / imbé fibre
Imid *n* / imide *n*
Imidazol *n* / imidazole *n* || **²farbstoff** *m* / imidazole dyestuff
Imidazolidon *n* / imidazolidone *n* || **²harz** *n* / imidazolidone resin
Imidazolin *n* / imidazoline *n*
Imidogruppe *f* / imido group
Imidol *n* / pyrrole *n*
Imin *n* / imine *n*
Imino·gruppe *f* / imino group || **²säure** *f* / imino acid
Imitatgarn *n* / imitation yarn
Imitation, als ² regulär gestrickter Artikel gearbeitet (Strumpf) / mock-fashioned *adj*
Imitatkammgarn *n* / cotton worsted
Imitiernaht *f* (Strumpf) / knitted-in seam
imitiert·er Beetle-Effekt / chasing finish || **~er Cannelérips** / canille *n* || **~e Deckblümchen** *n pl* (Strumpf) / mock fashioning marks, artificial fashioning || **~es Decken** (Strumpf) / mock fashioning || **~e Minderblümchen** *n pl* (Strumpf) / mock fashioning marks, artificial fashioning || **~e Minderstelle** (Strick/Wirk) / mock fashioning mark || **~e Naht** / imitation seam, mock seam || **~e Naht** (Strumpf) / mock seam, knitted-in seam, automatic seam, false seam || **~er Pelz** / fake fur (US), imitation fur (GB) || **~er Zwickel an der Rückseite des Strumpfes** (Strumpf) / arrow and clock back, black clock (seamless stocking)
Immedial·farbstoff *m* (Markenname für deutsche Schwefel-Farbstoffe) / immedial dyestuff || **²reinblau** *n* (Färb) / immedial pure blue
Immersionsflüssigkeit *f* / immersion liquor, dipping liquor
Immun·baumwolle *f* / immunized cotton, immune cotton [yarn] || **²garn** *n* (Baumwollgarne, denen durch chemische Behandlung die Affinität zu gewissen Farbstoffklassen genommen wird) / passive yarn, immune yarn, immunized yarn
immunisieren *v* (Naturfasern) / immunize *v*
immunisierte Baumwolle / immunized cotton
Immunisierung *f* / immunization *n* (change of dyestuff affinity)
Imperial·-Axminster *m* (Tepp) / Imperial Axminster || **²serge** *f* / Imperial serge || **²-Valley-Baumwolle** *f* / Imperial Valley Cotton (high-grade cotton from S. California)
impermeabel *adj* / impermeable *adj*, impervious
Impermeabilität *f* / impermeability *n*
Imprägnier·abteil *n* (Merzerisierung) / impregnating compartment || **²bad** *n* / impregnating bath, saturation bath, impregnation bath || **²bleiche** *f* / impregnation bleaching || **²effekt** *m* / impregnating effect
imprägnieren *v* / impregnate *v* || **~** (i.e.S.) / saturate *v* || **~** (wasserdicht machen) / rainproof *v*, waterproof *v* || **²** *n* / impregnating *n*, proofing *n*, impregnation *n* || **²** (Wasserdichtmachen) / rainproofing *n*, waterproofing *n* || **² im Vakuum** / vacuum impregnation
Imprägnier·flotte *f* / impregnating liquor || **²foulard** *m* / impregnating foulard, padder *n*, padding machine, padding mangle, impregnating mangle || **²harz** *n* / impregnating resin || **²hilfsmittel** *n* / impregnation auxiliary || **²kufe** *f* **mit Quetschwerk** / impregnating machine with squeezing rolls || **²lösung** *f* / impregnating solution || **²maschine** *f* (DIN 64950) / impregnating machine || **²masse** *f* / impregnating compound || **²mittel** *n* / impregnating agent, waterproofing agent, saturant *n* || **²prüfgerät** *n* / impregnation tester || **²salz** *n* / impregnating salt || **²stoff** *m* / impregnating agent, waterproofing agent, saturant *n*
imprägniert *adj* / rainproof *adj*, showerproof *adj* || **~er Stoff**, imprägniertes Gewebe / showerproof cloth, showerproof fabric, impregnated fabric, rainproof fabric, rainproof material
Imprägniertrog *m* / impregnating trough
Imprägnierung *f* / impregnation *n*, proofing *n*
Imprägnierungs·bad *n* / proofing liquor || **²grad** *m* / extent of penetration || **²mittel** *n* / impregnating agent, proofing agent, waterproofing agent || **²stoff** *m* / impregnating agent, waterproofing agent, saturant *n*
Imprimé *m* / printed fabric
inaktiv *adj* / inactive *adj* || **~es Lösungsmittel** / non-solvent *n*
Inaktivierungszusätze *m pl* / inactivating substances
Inbetween *f* (eine Strukturgardine) / inbetween *n*, casement *n*
Indanthren·farbstoff *m* (Markenname für wasserunlösliche Küpenfarbstoffe) / Indanthren dyestuff, indanthrene *n* || **²gelb** *n* **G** (Färb) / flavanthrene *n*
Indanthron *n* / indanthrone *n* || **²-Küpenfarbstoff** *m* / indanthrone vat dyestuff
Indenharz *n* / indene resin
Indiana-Tuch *n* / Indiana cloth (combed cotton lawn cloth given water-repellent treatment)
indianische Wolldecke / Indian blanket
Indienne *f* (bedruckte, leichte Baumwollstoffe mit besonderer Drucktechnik) (Gew) / indienne *n*
Indigo *m n* / indigo *n* || **²ätzartikel** *m* / indigo discharge style || **²ätze** *f* / indigo discharge || **²bad** *n* / indigo solution || **~blau** *adj* / indigo-blue *adj* || **²blau** *n* / indigo blue *n*, indigotin *n*, vat blue || **²derivat** *n* / derivative of indigo || **²druck** *m* / indigo print, gas blue printing, indigo printing || **²druckfarbe** *f* / indigo print paste || **²färberei** *f*,

Indigofärbung *f* / indigo dyeing, indigo vat dyeing || **≗farbstoff** *m* / indigoid dyestuff || **≗fond** *m* / indigo ground || **~gefärbt** *adj* / indigo-dyed *adj* || **≗gelb** *n* / indigo yellow || **~grau** *adj* / indigo grey *adj* || **≗grau** *n* / indigo grey *n* || **≗grund** *m* / indigo ground || **~haltig** *adj* / indigotic *adj* || **≗-Hydrosulfitküpe** *f* / indigo hydrosulphite vat

indigoid *adj* / indigoid *adj* || **~er Farbstoff** / indigoid dyestuff || **~er Leukoküpenfarbstoff** / leuco indigo || **≗** *n* / indigoid dyestuff

Indigo·karmin *n* / indigo carmine, soluble indigo blue || **≗küpe** *f* / indigo dyeing vat, indigo vat || **≗küpenfärbung** *f* / indigo dyeing, indigo vat dyeing || **≗küpenpräparat** *n* / indigo vat preparation || **≗pappartikel** *m* / indigo resist style || **≗pigment** *n* / indigo pigment || **≗rot** *n* / indigo red || **≗säure** *f* / indigotic acid

Indigosol·braun *n* / indigosol brown || **≗farbstoff** *m* / indigosol dyestuff || **≗säure** *f* / indigosol acid

Indigo·synthese *f* / indigo synthesis || **≗teig** *m* / indigo paste || **≗test** *m* / indigo test

Indigotin *n* / indigotin *n*

Indigoweiß *n* / indigo white, natural indigo

Indikator *m* (Chem) / indicator *n* || **≗papier** *n* / indicator paper

indirekt·e Garnnumerierung / indirect count || **~ wirkende Spanneinrichtung** / indirect tension device

Indirubin *n* / indigo red

indische Baumwolle / Indian cotton || **~e Corahmatte** / corah matting || **~e Hanfersatzfaser** / dunchee hemp || **~e Kiefernzapfenmusterung** / Paisley pattern (Indian pine figure) || **~e Malve** / abutilon *n* || **~e Malvenfaser** / Indian mallow hemp || **~e Spitze** / Indian lace || **~er Wollschal** / choddur *n*, chuddak shawl

Indisch·es Drachenblut (Färb) / dragon's blood [resin] || **≗es Gummi** (aus Anogeissus latifolia) / ghatti gum, gum ghatti || **≗er Hanf** (Cannabis indica) / India hemp || **≗er Krapp** (Färb) / chay root || **≗er Tragant** (meist von Sterculia urens Roxb.) / gum karaya, karaya gum || **≗gelb** *n* / Indian yellow || **≗-Linon** *m* / India linon (high-grade bleached lawn cloth) || **≗-Mull** *m* / Indian mull || **≗rot** *n* (Färb) / Indian madder

Indocarbon-Farbstoff *m* / indocarbon dyestuff (water insoluble dyestuff type)

Indol *n* / indole *n*

Indophenol *n* (Färb) / indophenol *n*

Indoxyl *n* (Färb) / indoxyl *n*

Indulin *n* (Färb) / induline *n*

Industrie·abwasser *n* / industrial effluent || **≗alkohol** *m* / industrial alcohol || **≗gummi** *m n* (Textdr) / textile gum, industrial gum

industriell·er Einsatz / industrial uses *pl* || **~er Wollfilz** / technical wool felt, industrial wool felt

Industrie·nähmaschine *f* / industrial sewing machine || **≗seife** *f* / industrial soap

ineinander übergehen, ineinander verlaufen (Farben) / blend into each other || **~ verweben** (Web) / interlace *vt*, interweave *v* || **~geschobener Köper** / dovetailed twill || **~greifen** *v* / interlock *v* || **≗greifen** *n* **der Fasern** / interlocking of fibres || **~hängen** *v* (Strick/Wirk) / interlock *v*, interloop *v* || **~weben** *v* / interweave *v*

inert *adj* / inactive *adj*, inert *adj* || **≗gas** *n* / inert gas

Infektionsschutzkleidung *f* (DIN 61621) / anti-infection apparel

infrarot *adj* / infrared *adj* || **≗absorber** *m* / infrared absorber || **≗-Farbtarnstoff** *m* / dyestuff for infrared camouflage || **≗fixierung** *f* / infrared fixation, infrared setting || **≗heizgerät** *n* / infrared heater || **≗heizung** *f* / infrared heating || **≗heizzone** *f* / infrared heating zone || **≗mikroskopie** *f* / infrared microscopy || **≗-Remission** *f* / infrared reflectance || **≗-Remissionskurve** *f* / infrared curve of reflectance, infrared reflectance curve || **≗-Schacht** *m* (Färb) / infrared drying zone || **≗-Schlicht- und Trockenmaschine** *f* / infrared sizing and drying machine || **≗spektralphotometer** *n* / infrared spectrophotometer || **≗spektroskopie** *f* / infrared spectroscopy || **≗spektrum** *n* / infrared spectrum || **≗strahlen** *m pl* / infrared rays || **≗strahler** *m* / infrared lamp, infrared radiator || **≗strahlung** *f* / infrared radiation, infrared rays || **≗-Tarnanstrich** *m* (Beschicht) / infrared camouflage || **≗-Thermofixiermaschine** *f* (DIN 64990) / infrared thermosetting machine || **≗trockner** *m* (DIN 64950) / infrared drier || **≗trocknung** *f* / infrared drying || **≗trocknungszone** *f*, Infrarottrocknungsschacht *m* / infrared drying zone || **≗-Vorheizfeld** *n* / infrared pre-heating zone

Ingrain-Farbe *f* / ingrain dyestuff

Ingrediens *n*, Ingredienz *f* / ingredient *n* (e.g. of recipe)

Inhalt *m* / capacity *n*, loading capacity

inhibieren *v* (Chem) / inhibit *v*

Inhibitor *m* / inhibitor *n*

Initialmodul *m* (Tepp) / initial modulus

Initiator *m* (Chem) / initiator *n* || **≗system** *n* / initiator system

Injektion *f* / injection *n*

Inkrustation *f* / incrustation *n*

Inkrustationsteppich *m* / felt carpet with inlaid ornamentation

Inlett *n* (dichtgewebter feder- oder daunendichter, echtfarbiger Bezugsstoff für Federbetten), Inlettköper *m* / bed tick[ing], feather twill, feather drill, ticking *n*, bedstout *n*

Innen·ausstattung *f* / interior decoration, interior design || **≗ausstattungsstoffe** *m pl* / furnishing fabrics || **≗fläche** *f* / inner surface || **≗futter** *n* / inside lining || **≗-Mitte-Außen-Unegalität** *f* (Färb) / unlevelness of dyeing between inside, centre and outside of package || **≗naht** *f* / inseam *n* || **≗naht an Hosen** / crotch seam || **≗patent** *n* (Strumpf) / reinforced selvedge attachment, reinforced selvedge head || **≗patentspindel** *f* (Strick/Wirk) / reinforced selvedge spindle || **≗randverstärkungseinrichtung** *f* / inside selvedge attachment (fully fashioned knitt machine) || **mit der ≗seite nach außen** / inside-out *adj* || **≗struktur** *f* / inner structure || **≗tasche** *f* / inside pocket || **≗tritt** *m* (Web) / central treading motion, inside treadle motion

inner·e Bindungsspannung (Textdr) / internal bond strain || **~e Brusttasche** / inside breast pocket || **~e Energie** / internal energy || **~e Garnreibung** / viscosity of the yarn || **~e Oberfläche** / inner surface || **~er Platinenring** / inside sinker ring || **~e Reibung** / internal friction || **~e Rindenschicht** (einiger Bäume) / bark cloth

innig·e Mischung / intimate blend, intimate mixture || **~mischen** *v* / mix homogeneously

Inschriftenband *n* / banderole *n*

insekten·beständig *adj* / insect-proof *adj* ||

≗beständigkeit *f* / insect resistance || **≗farbstoff** *m* / insect dyestuff || **~fest** *adj* / insect-proof *adj* || **≗schaden** *m* / damage by insects || **≗schutzausrüstung** *f* / insect-proof finish, insecticidal finish, insect-repellent finish || **≗schutzbehandlung** *f* / insect resistance treatment || **≗schutzmittel** *n* / insect repellent agent || **~vertreibende Imprägnierung** / insect repellent finish
Insektizid *n* / insecticide *n* || **≗ausrüstung** *f* / insecticidal finish
Inspektion *f* / inspection *n*
instabil *adj* / instable *adj*
Instabilität *f* / instability *n*
Instron-Tensile-Tester *m* / Instron tensile tester
Intarsia·-Bänder-Strickautomat *m* / intarsia ribbon knitting machine || **≗flachstrickmaschine** *f* / intarsia flat knitting machine || **≗maschenware** *f* / intarsia fabric, intarsia knitted fabric || **≗muster** *n* / intarsia pattern || **≗strickmaschine** *f* / intarsia plain knitting machine || **≗wirkware** *f* / intarsia fabric, intarsia knitted fabric
Integralschaum *m* / integral skin foam
Intendantur·artikel *m* / military cloth || **≗tuch** *n* / army cloth (US)
Intensitätsverhältnis *n* (Kol) / transmittancy *n*
Interfazial·migrierung *f* / interfacial migration (IM) (interface between dyebath and fibre) || **≗migrierungsgeschwindigkeit** *f*, interfacielle Migrierungsgeschwindigkeit / rate of interfacial migration || **≗migrierungsverhalten** *n* (Färb) / interfacial migration (IM) behaviour || **≗migrierungsverhältnis** *n* (Färb) / interfacial migration (IM) ratio || **≗polymerisation** *f* / interfacial polymerization (IFP) (fixing and masking of wool scales)
interfibrilläre Poren *f pl* / fibre pores, fabric pores *pl*
Interlock *m* (Gew) / interlock *n*, interlock fabric || **≗-Feinripp** *m* / interlock fine rib || **≗maschine** *f* / interlock machine, interlock knitting machine || **≗musterung** *f* (Strick/Wirk) / interlock patterning || **≗nadel** *f* (Strick/Wirk) / interlock needle || **≗nähmaschine** *f* / interlock sewing machine || **≗-Rundstrickautomat** *m* (DIN 62132) (Strick/Wirk) / automatic circular interlock machine || **≗-Rundstrickmaschine** *f* (DIN 62132) / interlock circular knitting machine || **≗stellung** *f* / interlock gating || **≗ware** *f* (Gew) / interlock *n*, interlock fabric || **≗wirkmaschine** *f* / interlock knitting machine
intermittierender Schieb[e]radtransport (Näh) / intermittent wheel feed
intermizellar *adj* / intermicellar *adj*
intermolekular *adj* / intermolecular *adj*
internationale Nummer (Nm) (Spinn, Web) / metric count, international count
International·e Beleuchtungskommission / CIE (Commission Internationale de l'Eclairage) || **≗e Chemiefaser-Vereinigung** / CIRFS (Comité International de la Rayonne et des Fibres Synthétiques) || **≗e Einheiten** *f pl* / SI units || **≗e Organisation für Chemiefasernormen** (Sitz: Basel) / BISFA (Bureau International pour la Standardisation de la Rayonne et des Fibres Synthétiques) || **≗e Union für Reine und Angewandte Chemie** (Sekretariat: Paris) / IUPAC (International Union of Pure and Applied Chemistry) || **≗er Normungsverband** (Generalsekretariat: Genf) / ISO (International Organization for Standardization) || **≗er Verband der Baumwoll- und verwandten Industrien** (Sitz: Zürich) / IFCATI (International Federation of Cotton and Textile Industries) || **≗er Wollsiegel-Verband e.V.** (Hauptsitz London) / International Wool Mark Association || **≗er Zusammenschluß der Chemischreiniger-Verbände, Paris** / CITEN (Comité International de la Teinture et du Nettoyage) || **≗er Zusammenschluß der Chemischreinigungsforschung** / I.D.R.C. (International Drycleaning Research Committee) || **≗er Zusammenschluß der Wäscherei-Verbände** (Sitz: London) / ILA (International Laundry Association) || **≗es Baumwoll-Institut** (juristischer Sitz: Washington, Zentralbüro: Brüssel) / IIC (International Institute for Cotton) || **≗es Woll-Sekretariat (IWS)** / International Wool Secretariat (IWS), Wool House, Carlton Gardens, London S.W.1
Intersecting·-Kamm *m* (Spinn) / intersecting comb || **≗-Nadelstrecke** *f* (Spinn) / D.N. draft (double needle draft) *n*, pin drafter, intersecting *n*, intersecting gillbox
Intervalleinrichtung *f* (Näh) / skipped-stitch device
intimes Mischgarn / intimate blended yarn
intramizellar *adj* / intramicellar *adj*
intramolekular *adj* / intramolecular *adj* || **~e Kondensation** (Chem) / intramolecular condensation || **~e Umlagerung** / intramolecular transposition
invariante Zone (SuW) / invariant zone
Invertseifen *f pl* / cationic detergents (invert soaps)
Iod *n* s. Jod
Iodid *n* / iodide *n*
Ion *n* / ion *n*
Ionaminfarbstoff *m* (Färb) / ionamine dyestuff *n*
Ionen·... (in Zssg.) / ionic *adj* || **≗aktivität** *f* / ionic activity || **≗austausch** *m* / ion exchange || **≗austauscher** *m* / ion exchanger, ion exchange resin || **≗austauscherchromatographie** *f* / ion exchanger chromatography || **≗austauschharz** *n* / ion exchange resin || **≗beweglichkeit** *f* / mobility of ions || **≗bewegung** *f* / motion of the ions || **≗bindung** *f* / ionic bond || **~inaktiv** *adj* / non-ionic *adj* || **≗reaktion** *f* / ionic reaction || **≗wanderung** *f* / ionic migration, migration of ions
Ionisation *f* / ionisation *n*
Ionisationsgitter *n* (Flock) / ionisation grid
Ionisator *m* / static eliminator
ionisch *adj* / ionic *adj* || **~ färbbar** / ionic dyeable || **~e Polymerisation** / ionic polymerization
ionisieren *v* / ionize *v*
ionisierende Strahlung / ionizing radiation
Ionisierung *f* / ionisation *n*
iono·gen *adj* / ionogenic *adj* || **≗genität** *f*, Verhalten in wäßriger Lösung / ionic character || **≗mer** *n* / ionomer *n* || **≗meres** *n* / ionomer *n*
IR (infrarot) / IR (infrared)
Iran-Teppich *m* / Iranian carpet
irisch·e Häkelspitze / Irish crochet lace || **~e Leinwand** / Irish linen || **~e Nadelspitze** / Irish point lace || **~e Spitze** / Irish lace
Irisch-Leinen *n* / Irish linen
Iris·druck *m* / iris print, irisated print, irised print || **≗fond** *m* (Färb) / rainbow ground
irisieren *v* / iridesce *v* || **≗** *n* / iridescence *n*
irisierend *adj* / iridescent *adj*, rainbow-coloured *adj*

Irisierung *f* / rendering iridescent
Irländisches Moos *n*, Perlmoos *n* / Irish moss, carrageen [moss], carragheen [moss]
irländische Strickwolle / blarney yarn, Connaught yarn
irreversible Adsorption von Farbstoffen (Färb) / fouling *n* || ~ **Entmischung** (Chem) / irreversible separation
IR-Spektrum *n* / infrared spectrum || ≗-**Strahler** *m* / infrared lamp, infrared radiator || ≗-**Trocknung** *f* (DIN 62500) / infrared drying
Isabell·farbe *f* / cream colour, cream shade || ~**farbig** *adj* (Kol) / isabella *adj*, isabelline *adj*
Isatin *n* (Färb) / isatin *n*
Isländisches Moos (Cetraria islandica), Isländisch Moos, Islandmoos *n* / Iceland moss
isländische Schafswolle / Iceland wool
Islandmoosgallerte *f* / Iceland moss gum
Isoamylacetat *n* / isoamyl acetate
Isobutylalkohol *m* / isobutyl alcohol
Isocyanat *n* / isocyanate *n* || ≗-**Vernetzer** *m* / isocyanate cross-linking agent || ≗-**vorverlängertes Polyester** / isocyanate-modified polyester
Isocyanursäure *f* / isocyanuric acid
isoelektrischer Punkt / isoelectric point
isoionischer Punkt / isoionic point
Isolierband *n* / insulating tape
isolieren *v* / insulate *v* || ~ (separieren) / isolate *v*
isolierende Eigenschaft / dielectric property
Isolier·fähigkeit *f* / insulating ability, insulating capacity, insulating power, insulating property || ≗**filz** *m* / insulating felt || ≗**folie** *f* / insulating film, insulating foil || ≗**gewebe** *n* / insulating fabric, insulating material || ≗**schicht** *f* / insulating layer || ≗**stoff** *m* / insulating material, insulating fabric || ≗**tuch** *n* / insulating cloth
Isolierung *f* / insulation *n*
Isoliervermögen *n* / insulating ability, insulating capacity, insulating power, insulating property
isomer *adj* / isomeric *adj* || ~**e Verbindung** / isomeric compound || ≗ *n* / isomer *n* || ≗**es** / isomer *n*
Isomerie *f* / isomerism *n*
Isophthalsäure *f* / isophthalic acid
Isopimarinsäure *f* / isopimaric acid
Isopren *n* / isoprene *n*
Isopropanol *n*, Isopropylalkohol *m* / isopropanol *n*, isopropyl alcohol
isotaktisches Polymer / isotactic polymer
isothermes Färbeverfahren / isothermal dyeing process
isotrop *adj* / isotropic *adj*
Ist-Länge *f* (Faser) / actual length
Istlefaser *f* / istle fibre (used for brush bristles etc.), Tampico fibre
Itaconsäure *f* / itaconic acid
italienisch·er Schlauch (Strumpf) / Italian tube || ~**e Seide** / Italian silk
IWS (Internationales Woll-Sekretariat) / International Wool Secretariat (IWS), Wool House, Carlton Gardens, London S.W.1 || ≗-**Artikel** *m* / IWS article
Ixtlefaser *f* (meistens aus der „Hundertjährigen Aloe") / istle fibre (used for brush bristles etc.), Tampico fibre

J

Jabot *n* (drapierende Brustkrause) / jabot *n*
Jacke *f* / jacket *n* || ² **im Stil des kurzen Militär-Blousons** (Mode) / battle jacket || ² **mit Reißverschluß** / zip-up jacket
Jacken·aufschlag *m* / lapel *n* || ²**futter** *n* / jacket lining || ²**kleid** *n* / two-piece dress, costume *n*, ladies' suit || ²**kragen** *m* / jacket collar || ²**länge** *f* / jacket length
Jackett *n* / jacket *n*
Jackmaschine *f* / jack machine
Jaconet *m* (weicher, kattunartiger und meist glanzappretierter Futterstoff aus Baumwolle oder Zellwolle in Leinwandbindung), Jaconnet *m* (Web) / jacconette *n*, jaconet *n*
Jacquard *m* (Gewebe, dessen Musterung mit Hilfe von Jacquard-Lochkarten hergestellt wird) / jacquard *n* || ²**-Anhangeisen** *n* / lingo *n* (jacquard) || ²**-Axminster** *m* (Tepp) / jacquard Axminster || ²**bindung** *f* / jacquard weave || ²**-Buntmuster-Strickmaschine** *f* / knitting machine for multicoloured jacquard patterns || ²**dreherlitze** *f* / jacquard leno heald || ²**drell** *m* / jacquard drill || ²**einrichtung** *f* / jacquard attachment || ²**-Fang-Hohl-Muster** *n* / jacquard tuck-and-miss stitch pattern || ²**-Faserband-Rundstrickmaschine** *f* / jacquard fibrous tape circular knitting machine || ²**flachstrickmaschine** *f* / jacquard flat bed knitting machine
jacquard-gemustert·er Schnittflor-Doppelteppich / figured Wilton face-to-face carpet || ~**er Schnittflor-Rutenteppich** / figured Wilton wire-loom carpet
Jacquard·getriebe *n* / jacquard mechanism || ²**gewebe** *n* / jacquard fabric, jacquard-woven fabric || ~**gewebt** *adj* / jacquard-woven *adj* || ²**gewicht** *n* / lingo *n* (jacquard) || ²**glacé** *m* (glänzendes, changierendes Gewebe) / jacquard glacé (Fr) || ²**grisaille** *f* (Seidenstoff aus schwarzem und weißem Garn) / jacquard grisaille || ²**-Handstrickmaschine** *f* / jacquard hand knitting machine || ²**-Harnisch** *m* / jacquard harness || ²**-Harnischfaden** *m* / jacquard cord, jacquard leash || ²**-Harnischfadenbrett** *n* / jacquard comberboard || ²**heber** *m* / jacquard knit and tuck cam, selecting knit and tuck cam, jacquard lifter || ²**helfe** *f* (Web) / jacquard heald, jacquard heddle || ²**-Hin-und-Herschnürung** *f* / jacquard cross-tie
Jacquardkarte *f* (Web) / jacquard card
Jacquardkarten·bindemaschine *f* / jacquard card lacer || ²**kopiermaschine** *f* / jacquard card copying machine || ²**schlagen** *n* / jacquard card punching || ²**schläger** *m* / jacquard card cutter, jacquard card puncher || ²**-Schlag- und -Kopiermaschine** *f* / jacquard card cutting and repeating machine, jacquard card punching and copying machine, jacquard card perforating and repeating machine || ²**zylinder** *m* / jacquard drum
Jacquard·-Kleiderstoff *m* / jacquard dress material || ²**längsstreifen** *m pl* / vertical jacquard stripes || ²**-Links-Links-Teil** *m* / links and links jacquard cam || ²**litze** *f* (Web) / jacquard heald, jacquard heddle || ²**litzenauge** *n* / jacquard loom mail || ²**maschenware** *f* / jacquard knitted fabric
Jacquardmaschine *f* / jacquard head, jacquard machine || ² **für Tief-, Mittel- und Hochstellung** / top, centre and bottom shedding jacquard machine || ² **mit schwingendem Nadelgehäuse** / jacquard with swing needle box
Jacquard·messer *n* / jacquard lifting blade || ²**möbelstoff** *m* / upholstery denim || ²**mokett** *m*, Jacquardmoquette *m* (gemusterter Möbel- oder Deckenplüsch) / jacquard moquette || ²**motiv** *n*, Jacquardmuster *n* / jacquard design || ²**-Musterkarte** *f* (Web) / jacquard card || ²**musterung** *f* / jacquard effect || ²**nadel** *f* / jacquard needle || ²**patrone** *f* / jacquard pattern draft, jacquard pattern || ²**-Petinet** *m* (netzartiger Stoff) / jacquard lace || ²**-Petineteinrichtung** *f* / jacquard lace attachment || ²**platine** *f* / hook *n* (of jacquard head), jacquard lifting wire, jacquard hook || ²**platinenboden** *m* / jacquard bottom board || ²**polstermöbelstoff** *m* / jacquard upholstery fabric || ²**raschel** *f* / jacquard Raschel loom, jacquard Raschel machine || ²**raschelmaschine** *f* / jacquard Raschel knitting machine || ²**rundstrickmaschine** *f* / circular jacquard knitting machine || ²**rundwirkmaschine** *f* / circular jacquard knitting machine || ²**samt** *m* / alba velvet || ²**schloß** *n* / jacquard feed, jacquard lock || ²**schnur** *f* / jacquard cord, jacquard leash || ²**schnürung** *f* / jacquard harness ties *pl*, jacquard tie || ²**-Selektionskamm** *m* / jacquard knitting toothed comb || ²**stricken** *n*, Jacquardstrickerei *f* / jacquard knitting || ²**strickmaschine** *f* / jacquard knitting machine
Jacquardtrommel *f* (Strick/Wirk) / jacquard drum, jacquard cylinder || ²**-Musterstift** *m* / jacquard drum peg
Jacquard·-Umhänge-Automat *m* / automatic jacquard transfer || ²**weberei** *f* / jacquard weaving, fancy weaving, figure weaving, figured weaving || ²**-Webmaschine** *f* / jacquard power loom || ²**-Webstuhl** *m* / jacquard loom || ²**zubehör** *n* / jacquard accessory || ²**zwirn** *m* / jacquard thread || ²**zylinder** *m* (Strick/Wirk) / jacquard cylinder
jadegrün *adj* / jade green
Jagd·dessin *n* (Tepp) / hunting design, hunting scene || ²**kleidung** *f* / hunting wear || ²**weste** *f* / hunting vest
jäger·grün *adj* / hunter's green *adj* || ²**grün** *n* / hunter's green || ²**hemd** *n* / hunting shirt || ²**jacke** *f* (Mode) / hunting jacket || ²**kleidung** *f* / hunting wear || ²**weste** *f* / shooting-jacket *n* || ²**wollware** *f* / Jaeger *n* (excluding all vegetable fibres)
Jahresertrag *m* **an Schurwolle** / clips *pl*
Jährlingswolle *f* / hogget [wool] *n*, yearling's wool, yearling wool, teg wool, hogg [wool]
Jaipur *m* / Jaipur *n* (Indian handmade carpet)
Jakonett *m* (Baumwoll- oder Zellwollstoff als Futter für Anzüge und Lederwaren) (Web) / jacconette *n*, jaconet *n*
Jalousie *f* / Venetian blind, sun-blind *n*
Jalousienstoff *m* / shade cloth
Jalousietrockner *m* / louvre drier
Jamamaiseide (wilde Seide, die von den Raupen des Yamamaispinners stammt und der Maulbeerseide sehr ähnlich ist / yamamai silk
Jamuten-Teppich *m* / Yomut *n* (Turkestan handmade carpet)
Jantel *m* (Jacke + Mantel) / long jacket
japanische Seetangfaser / sugamo fibre
Japanisch-Musselin *m* / Japanese muslin
Japan·-Krepp *m* / Japanese crepe || ²**leim** *m* / agar *n* || ²**-Samt** *m* / Japan velvet || ²**seide** *f*, Japon *m* /

Japanese silk
Jarkand *m* / Yarkand *n* (Chinese handmade carpet)
Jaspé *n m* (Baumwollgarn oder Gewebe) / jaspé *n* (Fr) || **~faden** *m* / coloured twist thread || **~garn** *n* (Baumwollgarn aus zwei verschiedenfarbigen Vorgarnen, bei geringer Drehung zusammengesponnen) / jaspé yarn, grandrille yarn, grandrell yarn || **~gewebe** *n* / jaspé cloth (irregular warp-stripes of two hues of one colour in the surface yarn) || **~-Mouliné** *m* / jaspé mouliné yarn
jaspiert *adj* / sprinkled *adj* || **~er Stoff** / jaspé cloth (irregular warp-stripes of two hues of one colour in the surface yarn)
jaspisrot *adj* / jasper red
Java *m* / Java canvas || **~druck** *m* / Java print
javanischer Batik / Javanese batik print
Javellauge *f*, Javellesche Lauge / Javel[le] water (sodium hypochlorite, bleaching agent for vegetable fibres)
J-Box *f* / J-box *n*, J-tube *n*
Jean *m* (geköperter Baumwollstoff) / jean *n*, jean fabric || **~drell** *m* / jean fabric
Jeanette *f* / jeannette *n*
Jeans *pl oder f* / jeans *pl* || **~-Hose** *f* / jeans *pl* || **~stoff** *m* / jean *n*, jeans fabric
Jennymaschine *f* (Spinn) / jenny *n*, spinning jenny
Jerkerbar *m* (Tepp) / jerker bar
Jersey *m* / jersey *n*, plain knitted fabric, jersey cloth || **~kleid** *n* / jersey dress || **~-Loop** *m* / jersey loop || **~stoff** *m* (Strick/Wirk) / jersey [fabric] *n*, knitted material || **~-Strickware** *f* / jersey knit || **~trikot** *n* / jersey cloth || **~ware** *f* / jersey fabric
Jet-Färbemaschine *f*, Jet-Anlage *f* / jet dyeing apparatus, jet dyeing machine, jet dyer || **~schwarz** *adj* / jet black || **~schwarz** *n* / jet *n* (shade) || **~-Stauchkräuseln** *n* / jet stuffer box crimping
J-Gefäß *n* / J-box *n*, J-tube *n*
Jigger *m* (Färb) / jig *n* || **~-Entwicklungsverfahren** *n* / jig development process || **~färben** *n*, Jiggerfärberei *f* / jig dyeing || **~klotzen** *n*, Jiggerklotzung *f* (Färb) / jig padding
Jod *n* / iodine *n* || **~absorption** *f* / iodine absorption || **~alkyl** *n* / alkyl iodide || **~azid-Reaktion** *f* / iodazide reaction || **~farbskala** *f* / iodine colour value scale || **~farbzahl** *f* / iodine colour value || **~fleck** *m* / iodine stain || **~glyzerin** *n* / glycerol iodite
Jodhpurhose *f* (an Wade und Knöchel eng anliegende Reithose) / jodhpurs *pl*
Jod-Jodkalium-Testlösung *f* / iodine iodide test solution || **~kalium** *n* / iodide of potassium || **~lösung** *f* / iodine solution
Jodometrie *f* / iodometry *n* || **~metrisch** *adj* / iodometric *adj*
Jodprobe *f* / iodine test || **~stärke** *f* / iodized starch, starch iodide || **~stärkepapier** *n* / starch iodide paper || **~stärkereaktion** *f* / starch iodide reaction || **~test** *m* / iodine test || **~verbindung** *f* / iodine compound || **~zahl** *f* / iodine number, iodine value
johannisbeerrot *adj* / red-currant *adj* (shade)
Johannisblut *n* / Polish berry
Johannisbrot *n* / carob bean, St. John's bread || **~baum** *m* (Ceratonia siliqua) / carob tree || **~gummi** *n m* (von Ceratonia siliqua L.) / locust bean gum || **~kernmehl** *n* / carob bean gum, locust bean flour || **~kernmehläther** *m* / carob seed grain ether, carob seed gum ether || **~kernmehl-Derivat** *n* / carob bean gum derivative, carob seed gum derivative || **~kernverdickung** *f* / carob bean thickening, locust bean gum
Jomuten-Teppich *m* / Yomut *n* (Turkestan handmade carpet)
Joppe *f* / jerkin *n*
J-Stiefel *m* / J-box *n*, J-tube *n*
juchtenrote Nuance / Russia leather red shade
Judd-NBS-Farbsystem *n* / Judd NBS Colour System
Judenpappeljute *f* / bagi pat
Jujube *f* (Ziziphus jujuba), Jujubenbaum *m* / jujube tree
Jumbo Skein (Breitstrang von 5 kg Gewicht) *m* / jumbo skein
Jumper *m* / jumper *n* || **~kleid** *n* / jumper dress, jumper suit
Jumpsuit *m*, Jumpy *m* (Mode) / jump suit
Jungfustik *m* (Färb) / young fustic, zante-fustic *n*
Jürük *m* (aus dem Kurdengebiet des östl. Kleinasiens stammender blau- oder rotgrundiger Teppich) / Yuruk rug
Jute *f* (lt. TKG: Bastfaser aus den Stengeln des Corchorus olitorius und Corchorus capsularis) / jute *n* || **~drell** *m* / jute sacking, twilled sacking, twilled jute sacking || **~fabrik** *f* / jute mill || **~faden** *m* **mit fester Drehung** / jute warp yarn || **~faser** *f* / jute fibre || **~faserenden** *n pl* / jute butts || **~feinköper** *m* / fine-twilled jute sacking || **~feinleinen** *n* / fine hessian || **~garn** *n* / jute yarn || **~garn mit leichter Drehung** / jute filling yarn || **~gewebe** *n* / jute fabric || **~gewebe für Hopfensäcke** / hop bagging, hop pocketing || **~gitterstoff** *m* / jute scrim || **~kettgarn** *n* / jute warp yarn || **~köper** *m* / jute sacking, twilled sacking, twilled jute sacking || **~köper für Reissäcke** / Brazilian bags *pl* || **~leinen** *n* / hessian *n*, common hessian, jute bagging, gunny *n*, gunny cloth || **~leingarn** *n* / fine jute yarn || **durch mehrere Kanten aufgeteilte ~leinwand** / patent selvedge hessian || **~leinwand** *f* **für Wollballen** / wool packing || **~matte** *f* / jute matting || **~netztuch** *n* / jute scrim || **~packgewebe** *n* **für Baumwollballen** / cotton bagging || **~packtuch** *n* / hessian *n*, common hessian, jute bagging, gunny *n*, gunny cloth || **~quetschmaschine** *f* / jute softener, jute softening machine || **~-Ripsläufer** *m* / jute cord staircarpet || **~sackleinen** *n* / gunny sacking, hessian *n*, common hessian, jute bagging, gunny *n*, gunny cloth || **~sackleinwand** *f* / jute sacking || **~schußgarn** *n* / jute filling yarn || **~spinnerei** *f* (DIN 60013) / jute spinning || **~stengelbohrer** *m* / jute stem weevil || **~stoff** *m* / jute cloth || **~stückware** *f* / jute piece goods *pl* || **~teppich** *m* / jute carpet || **~teppichgarn** *n* / jute carpet yarn || **~-Teppichunterlage** *f* / jute rug backing || **~verarbeitung** *f* / jute processing || **~vorgarn** *n*, Jutevorgespinst *n* / jute rove, jute roving || **~weberei** *f* / jute weaving || **~werggarn** *n* / jute tow yarn || **~wolf** *m* / jute willow || **~wurzelenden** *n pl* / jute butts || **~zwirnmaschine** *f* / jute twisting frame

K

K, Kalium *n* / potassium *n*
K (bis 2.7.1975 auch ° K), kelvin / Kelvin (K)
Kabel *n* / cable *n* || ≈ (Tepp) / continuous filament || ≈ (DIN 60001) (besteht aus einer Vielzahl von Filamenten und wird zur Erzeugung von Spinnfasern zerschnitten oder zerrissen), Kabel aus endlosem Material (früher: E-Band) *n* (Spinn) / tow *n* || **≈ablegesystem** / tow laying system || **≈cord** *m* (schwerer Cordsamt mit breiten Rippen) / cable cord || **≈faden** *m* / elephant thread || **≈färbung** *f* / tow dyeing || **≈garn** *n*, Cablégarn *n* / cable silk || **≈garn** (grobe Garne zum Umspinnen von Erd- oder Unterseekabel oder anderen techn. Zwecken) (DIN 83305) / cable yarn, cabled yarn || **≈-Kammzug-Konverter** *m* / tow-to-top converter, tow-to-top machine || **≈-Kammzug-Verfahren** *n* / tow-to-top conversion || **≈kattun** *m* (leichter Kattun für Isolierungszwecke) / cable calico || **≈kern** *m* / core of cable || **≈konvertierungsmethode** *f* / tow-to-top method || **≈mantel** *m* / cable sheathing || **≈-Reißmaschine** *f* (DIN 64100) (Spinn) / stretch break[ing] converter, stretch breaking machine || **≈rips** *m* (breitfurchiger Baumwollrips für Möbel- und Dekostoffe) / cable rep || **≈schlag** *m* / cable laying || **≈schlagen** *n* / rope laying || **≈schlagmaschine** *f* / rope laying machine, rope braiding machine || **≈schneidemaschine** *f* (DIN 64100) (Spinn) / staple cutter, staple cutting machine || **≈seele** *f* / core of cable || **≈seil** *n* / cable *n* || **≈spinnerei** *f* / tow spinning || **≈spinnverfahren** *n* (früher: E-Band-Verfahren) / tow spinning system || **≈umflechtmaschine** *f* / cable covering machine || **≈ummantelung** *f* / cable sheathing || **≈verarbeitung** *f* / cable processing || **≈verarbeitung** (formerly: E-Band-Verarbeitung) / tow processing || **≈vorbereitung** *f* / tow preparation || **~weise geschlagenes Seil** / cable-laid rope || **≈zug** *m* / tow *n*
Kabistan-Vorlegeknüpfteppich *m* / Kabistan rug
Kabliermaschine *f* / cable laying machine, ply twister
Kabul-Teppich *m* (handgewebter Teppich aus Kabul) / Kabul carpet || **≈-Wolle** *f* / Kabul wool (soft wool peculiar to Lahore, Pakistan, used in making high-grade shawls)
Kaddar *m* (geblümter Kaschmirschal) / Kaddar shawl
Kadeöl *n* / cade oil
Kadett *n* / cadet cloth
kadettenblau *adj* / cadet blue
kaffee·braun *adj* / coffee-brown *adj*, coffee-coloured *adj* || **≈decke** *f* / tea cloth || **~farben** *adj* / coffee-coloured *adj* || **≈mütze** *f*, Kaffeewärmer *m* / cosy *n* (GB), cozy *n* (US)
Kaftan *m* (langer, mantelartiger Überrock) / caftan *n*
kahl *adj* / napless *adj*, unraised *adj*, unnapped *adj* || **~ scheren** / crop close, shear the pile || **~e Stelle** / bare spot, gall *n* || **~er Stoff** / bare cloth || **~e Wollstoffoberfläche** / hard face || **≈appretur** *f*, Kahlausrüstung *f* / bare finish, hard finish, napless finish, pileless finish || **~geschnitten** *adj* / pileless *adj* || **~geschoren** *adj* / close-cropped *adj*, pileless *adj*
Kahlheit *f* / baldness *n*
kahl·scheren *v* / nap the pile || **≈schur** *f* / close cropping, pile napping || **≈stelle** *f* / bare patch
Kaisergrün *n* (veraltet), Schweinfurter Grün *n* (Färb) / Imperial green, kaiser green
Kajeputgeist *m* / spirit of cajuput
kakaobraun *adj* / cocoa-brown *adj*
Kalamank *m* / calamanco *n* (glossy woollen fabric of satin weave with striped or chequered designs)
Kalander *m* / calander *n* (US), calender *n* (GB), calander machine, calandering machine (US), calender machine, calendering machine (GB) || **≈ mit Umschlingung** (Web) / calender unit with long arc roll contact || **≈ zum Beschichten** / calender coater || **≈anlage** *f* / calendering plant || **≈appretur** *f* / calender finish, mangle finish || **≈auftrag** *m* / calender coating || **≈beschichten** *n* / calender coating || **≈filz** *m* / calender felt || **≈maschine** *f* / calander *n* (US), calender *n* (GB), calander machine, calandering (US), calender machine, calendering machine (GB)
kalandern *v* / calender *v*, mangle *v* || **unter Hitze und Druck ~** / swiss *v* || **≈** *n* / calandering *n* (US), calendering *n* (GB) || **≈ auf Kupferwalzen** / copper finish
Kalander·öl *n* / calender oil || **≈schäden** *m pl* / calendering spots || **≈straße** *f* / calender line
kalandert *adj* / calandered *adj* (US), calendered *adj* (GB)
Kalander·walze *f* (Ausrüst) / calender bowl, calender roll || **≈walzendruck** *m* / calender roll weighting || **≈walzenpapier** *n* / calender bowl paper
Kalandrierausrüstung *f* / calender finish
Kalandrierbarkeit *f* / calenderability *n*
Kalandriereffekt *m* / calendering effect
kalandrieren *v* / calender *v*, mangle *v* || **≈** *n* / calandering *n* (US), calendering (GB) || **≈ unter Hitze und Druck** / swissing *n*
kalandriert *adj* / calandered *adj* (US), calendered *adj* (GB) || **~e Folie** / calandered film (US), calendered film (GB)
Kalandriervorrichtung *f* / calendering device, calender *n*, calender machine, calendering machine
Kalfaterwerg *n* / oakum *n*
Kali·... (in Zssg.) / potassic *adj* || **≈alaun** *m* / potash alum || **≈bleiche** *f* / potash bleaching, potassium permanganate bleach || **≈bleichlauge** *f* / Javel[le] water (sodium hypochlorite, bleaching agent for vegetable fibres)
Kalibrierkalander *m* / calibrating calander (US), calibrating calender (GB)
Kalifornia-Baumwolle *f* / California cotton
kalifornische Bastfaser / chaparral yucca
kalihaltig *adj* / potassic *adj*
Kaliko *m* (glattes Baumwollnesselgewebe), Kalikot *m* / calico *n*, plain cotton cloth || **≈einband** *m* / cloth binding
Kalilauge *f* / caustic potash solution, potassium hydroxide solution
Kalin-Teppich *m* (indischer Florteppich) / kalin carpet
Kali·salpeter *m* / saltpetre *n*, saltpeter *n* || **≈salz** *n* / abraum salt || **≈seife** *f* / potash soap, soft soap, potassium soap
Kalium *n* / potassium *n* || **≈...** (in Zssg.) / potassic *adj* || **≈acetat** *n* / potassium acetate || **≈alaun** *m* / potash alum || **≈aluminat** *n* / potassium aluminate || **≈aluminiumalaun** *m* / potash alum || **≈-Aluminium-Sulfat** *n* (Kalialaun) / aluminium-

potassium sulphate, potash alum || ≗**antimonoxalat** *n* / potassium antimony oxalate || ≗**antimon(III)-tartrat-0,5-Wasser** *n* / antimony potassium tartrate || ≗**antimonyltartrat** *n* / potassium antimonyl tartrate || ≗**bifluorid** *n* / potassium bifluoride || ≗**bikarbonat** *n* / potassium bicarbonate || ≗**bitartrat** *n* / potassium bitartrate || ≗**bromat** *n* / potassium bromate || ≗**bromid** *n* / potassium bromide || ≗**chlorid** *n* / potassium chloride || ≗**chlorit** *n* / potassium chlorite || ≗**chromat** *n* / potassium chromate, chromate of potassium, chromate of potash || ≗**chrom(III)-sulfat-12-Wasser** *n* (Kaliumchromalaun, Chromalaun) / chromium-potassium sulphate || ≗**cyanat** *n* / potassium cyanate || ≗**cyanid** *n* / potassium cyanide || ≗**dichromat** *n* / potassium dichromate || ≗**ferrocyanid** *n* / ferrocyanide of potassium || ≗**fluorid** *n* / potassium fluoride || ~**haltig** *adj* / potassic *adj* || ≗**hexacyanoferrat(III)** *n* / ferrocyanide of potassium || ≗**hydrid** *n* / potassium hydride

Kaliumhydrogen·fluorid *n* / potassium bifluoride || ≗**karbonat** *n* / potassium bicarbonate, acid carbonate || ≗**phthalat** *n* / potassium hydrogen phthalate || ≗**tartrat** *n* / cream of tartar, potassium bitartrate

Kaliumhydroxid *n* / potassium hydrate, caustic potash, potassium hydroxide || ≗**lösung** *f* / potassium hydroxide solution, caustic potash solution

Kaliumhypochlorit *n* / potassium hypochlorite

Kaliumjodid *n* / iodide of potassium, potassium iodide || ≗**stärkeindikator** *m* / potassium iodide-starch indicator

Kalium·karbonat *n* / potassium carbonate, potash *n* || ≗**manganat(VII)** *n* / potassium permanganate || ≗**metaphosphat** *n* / potassium metaphosphate || ≗**metasilikat** *n* / potassium silicate || ≗**monoxid** *n* / potassium oxide || ≗**natriumcarbonat** *n* / potassium sodium carbonate || ≗**natriumtartrat** *n* / potassium sodium tartrate, Seignette salt || ≗**nitrat** *n* / potassium nitrate || ≗**nitrid** *n* / potassium nitride || ≗**nitrit** *n* / potassium nitrite || ≗**oleat** *n* / potassium oleate || ≗**oxid** *n* / potassium oxide || ≗**permanganat** *n* / potassium permanganate || ≗**peroxid** *n* / potassium peroxide || ≗**peroxodikarbonat** *n* / potassium percarbonate || ≗**peroxodisulfat** *n* / potassium peroxydisulphate || ≗**peroxokarbonat** *n* / potassium percarbonate || ≗**phosphat** *n* / potassium phosphate || ≗**rhodanid** *n* / potassium thiocyanate || ≗**salz** *n* / potassium salt || ≗**seife** *f* / potassium soap, potash soap || ≗**silikat** *n* / potassium silicate || ≗**stearat** *n* / potassium stearate || ≗**sulfat** *n* / potassium sulphate || ≗**sulfit** *n* / potassium sulphite || ≗**tetraoxalat** *n* / potassium tetraoxalate || ≗**thiocyanat** *n* / potassium thiocyanate || ≗**thiocyanatpapier** *n* / potassium thiocyanate paper || ≗**trioxosilikat** *n* / potassium silicate || ≗**trioxostannat(IV)** *n* / potassium stannate || ≗**verbindung** *f* / potassium compound

Kaliwasserglas *n* / potassium water glass

Kalk *m* / lime *n* || ≗**ablagerung** *f*, Kalkabscheidung *f* / lime scum || ≗**barytverfahren** *n* / lime-baryta process (water softening) || ≗**behandlung** *f* / lime treatment || ~**beständig** *adj* / fast to lime, lime resistant || ≗**beständigkeit** *f* / fastness to lime, resistance to lime || ≗**beuche** *f* / lime boil || ≗**bindevermögen** *n* / calcium chelating power || ≗**blau** *n* / blue verditer, lime blue || ≗**borat** *n* / calcium borate || ≗**brei** *m* / lime paste || ≗**brühe** *f* / milk of lime || ~**echt** *adj* / fast to lime, lime resistant || ≗**echtheit** *f* / fastness to lime, resistance to lime || ~**empfindlich** *adj* / sensitive to lime || ≗**fällung** *f* / lime precipitation || ≗**flotte** *f* / lime liquor || ≗**grün** *n* / Bremen green || ~**haltiges Wasser** / calcareous water || ≗**härte** *f* (des Wassers) / calcium hardness || ≗**hydrat** *n* / hydrate of lime || ≗**lauge** *f* / calcium hydroxide solution || ≗**lösung** *f* / calcium hydroxide solution || ~**salzempfindlich** *adj* / sensitive to lime salts || ≗**sauerbad** *n* / grey sour, lime sour || ≗**schlamm** *m* / calcium carbonate sludge

Kalkseife *f* / lime soap, calcium soap || ≗ **verhinderndes Mittel** / lime soap preventive

Kalkseifen·ablagerung *f* / lime soap deposit || ≗**ausflockung** *f* / lime soap precipitation || ≗**beständigkeit** *f* / fastness to lime soap || ≗**bildung** *f* / formation of lime soap || ≗**dispergator** *m* / lime soap dispersing agent || ≗**dispergiervermögen** *n* (DIN 53903) / effectiveness of agents for dispersing lime soap, lime soap dispersing property || ≗**dispersion** *f* / lime soap dispersion || ≗**echtheit** *f* / fastness to lime soap || ≗**niederschlag** *m* / precipitate of lime soap || ≗**schaden** *m* / lime soap damage, lime soap stain || ≗**schutz** *m* / lime soap protection || ≗**schutzvermögen** *n* / lime soap preventing property

Kalk·-Soda-Verfahren *n* / lime soda process || ≗**teig** *m* / lime paste || ≗**verfahren** *n* (Tepp) / lime process || ≗**wasser** *n* / lime water || ≗**wasserbleiche** *f* / bocking *n*, bowking *n*, bucking *n* || ≗**wolle** *f* / butcher's wool, tanner's wool, pulled wool

Kalmuck *m*, Mitläufer *m* (DIN 64990) (Ausrüst) / wrapper *n* || ≗ (beidseitig gerauhtes, tuchartiges Baumwollgewebe) / calmuc *n* (in German usage usually denotes a cotton double-weave fabric), kalmuck *n* || ≗**teppich** / calmuc carpet

Kalmuk *m* (Schwerflanell) s. Kalmuck

kalt *adj* / cold *adj*, cool *adj* || ~ **gerührte Seife** / cold process soap || ~**e Küpe** / cold vat || ~ **löslich** / soluble at room temperature || ~ **werden** / cool [down] || ≗**-Aufdockverfahren** *n* / pad batch process || ~**beizen** *v* / mordant in the cold || ≗**beizen** *n* / cold mordanting, mordanting in the cold || ≗**bleichaufdockverfahren** *n* / cold bleach batching process || ≗**bleiche** *f* / cold bleaching || ≗**dispergierbarkeit** *f* / cold dispersibility

kälte·beständig *adj* / cold resistant || ≗**beständigkeit** *f* / low-temperature resistance, cold resistance || ≗**biegefestigkeitsprüfung** *f* (Beschicht) / cold bend test || ≗**bruch** *m* (DIN 53361) (Beschicht) / cold cracking || ≗**effekt** *m* / effect of cold || ≗**einwirkung** *f* / influence of cold, effect of cold || ≗**festigkeit** *f* / resistance to low temperature, stability to low temperature, low-temperature resistance || ≗**flexibilität** *f* (DIN 53513) (Beschicht) / flexibility at low temperatures || ~**knickfeste Ausrüstung**, kälteknickfestes Finish (Beschicht) / finish with adequate flexing strength at a low temperature || ≗**knickfestigkeit** *f* (Beschicht) / resistance to cracking at low temperature || ≗**schrank** *m* (Beschicht) / cold chamber || ≗**sprödigkeit** *f* (Beschicht) / low-temperature brittleness || ≗**verhalten** *n* (DIN 53361) (Beschicht) / low-temperature performance

Kalt·färben *n* / cold dyeing, low-temperature dyeing || ~**färbend** *adj* / cold-dyeing *adj* || ≗**färber**

m / cold-dyeing dyestuff, low-temperature dyestuff, cold dyer || **~färberei** *f* / cold dyeing, low-temperature dyeing || **~färbeverfahren** *f* / cold dyeing method, cold bath method || **~farbstoff** *m* / low-temperature dyestuff || **~färbung** *f* / cold dyeing, low-temperature dyeing || **~fixieren** *n* / cold setting || **~flottenstabilität** *f* / cold liquor stability || **~gesättigte Lösung** / cold saturated solution || **~kalandern** *v* / cold-calender *v* || **~kalandern** *n* / cold calendering

Kaltklotz·flottenstabilität *f* / cold pad liquor stability || **~foulardieren** *n* / cold pad batch

Kalt·leim *m* / cold glue || **~lösen** *n* / dissolving at room temperature || **~löseverfahren** *n* / cold dissolving method, cold vatting method

kaltlöslich·er Farbstoff / cold-soluble dyestuff, dyestuff soluble in a cold medium || **~e Stärke** / cold swelling starch

Kalt·netzer *m*, Kaltnetzhilsmittel *n* / cold wetting agent || **~netzung** *f* / cold wetting, cold damping || **~pressen** *n* / cold pressing, cramping *n* || **~preßverfahren** *n* / cold press method || **~reißen** *n* / cold stretch-breaking || **~sprühen** *n* / spray cooling || **~sprühverfahren** *n* / spray cooling process || **~streckstift** *m* (Lufttexturieren) / cold drawing pin || **~verstreckbarkeit** *f* / cold drawability

Kaltverweil·bleiche *f* / cold pad-batch bleaching, cold roll bleach || **~verfahren** *n* / cold pad-batch method, cold pad-batch process, cold dwell dyeing process || **~verfahren mit/ohne Dosiergerät** / cold pad-batch method with/without metering device

Kalt·wäsche *f* (zwischen 20 ° und 35 °C) / cold washing, cold water washing || **~waschechtheit** *f* / fastness to cold washing, resistance to cold washing || **~waschmittel** *n* / cold washing agent

kaltwasser·löslich *adj* / cold water soluble || **~probe** *f*, Kaltwasserprüfung *f* / cold water test || **~röste** *f* / cold water retting || **~schrumpfung** *f* / cold water shrinkage || **~spülung** *f* / cold water rinse, cold water rinsing || **~walke** *f* / cold water milling

kalzinieren *vt* / calcinate *vt*, calcine *vt*, calcine *vi*

kalziniert *adj* / calcined *adj* || **~er Kokon** / calcined cocoon || **~e Soda** / calcined soda, anhydrous soda, soda ash

Kalzium·acetat *n* / acetate of lime || **~härteempfindlich** *adj* / sensitive to calcium hardness

Kamala *f*, Kamala-Pflanzenfarbe *f* (aus Mallotus philippinensis) / kamala *n*

Kambrik *m* (Baumwollgewebe in Leinwandbindung) / cotton cambric, cambric *n*

Kamelhaar *n* / camel hair || **~decke** *f* / camel hair blanket || **~einlage** *f* / camel hair interlining || **~garn** *n* / camel hair yarn || **~loden** *m* / camel hair loden || **~schal** *m* / camel hair shawl || **~stoff** *m* / camel hair cloth, kashgar cloth || **~ton** *m* / camel hair shade

Kamelott *m* (feines Kammgarngewebe; leicht geflammteS [Halb-]Seidengewebe in Taftbindung) / camlet *n* || **~garn** *n* / camlet yarn || **~imitat** *n* / camelot *n*

Kamelwolle *f* / camel hair

Kaminkleid *n* / hostess gown

Kamisol *n* (Mode) / camisole *n*, bodice *n* || **~** (kurzes Wams) / short jacket

Kamm *m* (Web) / leaf *n*, shaft of healds (on loom) || **~** (Spinn) / comb *n*, stripping comb || **~** (DIN 62500) (Web) / reed *n*

kammartige Röhrchenanordnung an den Polbäumen des Spulenaxminsters (Tepp) / tube frame

Kammaschine *f* / combing machine

Kämmaschinenregelung *f* / throwover *n*

Kamm·bandwickel *m* / comber lap || **~bart** *m* (Spinn) / tuft *n* || **~bewegung** *f* (Spinn) / stroke of the comb, movement of the comb || **~blatt** *n* / comb blade || **~blatt** (Web) / sleeve blade, leaf *n*, shaft of healds || **~breite** *f* (Web) / reed width, reed space, width of reed || **~bürste** *f* / comb brush || **~einzug** *m* (Web) / reeding *n*, reed fill, reed drawing-in

kämmen *v* / comb *v* || **~** *n* / carding work, combing *n*, combing operation, tease (wool) *n* || **~ der Wolle** / worsted combing || **~ geölter Wolle** / combing in oil || **~ mit Fixkamm** (Spinn) / top combing || **~ von Kammzug auf Kommissionsbasis** / commission combing

Kämmer *m* / comber *n*

Kammerdämpfer *m* / steam box, steaming box, steam chest

Kämmerei *f* / combing plant, combing section, combing room || **~abfall** *m* / combing room waste || **~kehricht** *m* / combing sweepings *pl* || **~vorbereitung** *f* / combing preparation

Kammer·filterpresse *f* / chamber filter press || **~-Stranggarnfärbeapparat** *m* / cabinet-type hank dyeing machine || **~trocknen** *v* / stove *v* (dry) || **~trocknen** *n* / chamber drying, stove drying || **~trockner** *m* / stove *n* (for drying), cabinet drier || **~trockner** (DIN 64990) / chamber drier || **~trocknung** *f* / stoving *n*, stove drying, chamber drying || **~tuch** *n* / cotton cambric, cambric *n*

Kammflug *m* / comber fly, combing noils *pl*, combing fly

Kammgarn *n* / worsted yarn, worsted *n*, combed yarn || **~ für Sergeanzugstoffe** / serge yarn (GB) || **~ mit Baumwollkern** / raincoat yarn (special yarn made by twisting an 80's cotton thread with a 24's worsted thread, with 20 turns per inch) || **~e** *m pl* **versponnen nach dem Bradford-Verfahren** / English yarns || **~abendanzug[s]stoffe** *m pl* / dress worsteds || **~anzugstoff** *m* / worsted suiting || **~appretur** *f* / pileless finish || **~ausrüstung** *f* / pileless finish || **~diagonal** *m* / worsted diagonal || **~flanell** *m* / worsted flannel || **~flyer** *m* / flyer frame for worsted yarn || **~futterstoff** *m* / worsted lining || **~gewebe** *n* / worsted *n*, worsted cloth, worsted fabric, worsteds *pl* || **~hosenstoff** *m* / worsted trousering || **~imitation** *f* / simulated worsted, cotton worsted, worsted imitation || **~kamelott** *m* / camleteen *n* || **~kette** *f* / worsted warp || **~kleiderstoff** *m* / worsted dress fabric || **~kostümstoff** *m* / worsted costume material || **~krempel** *f* / worsted card || **~krempeln** *n* / worsted carding || **~krempelsatz** *m* / worsted cards *pl* || **~kreuzspule** *f* / worsted cheese || **~lastingstoff** *m* / worsted lasting || **auf der ~maschine versponnen**, kammgarnartig versponnen / worsted-spun *adj* || **~melange** *f* / blended worsted, worsted mixture yarn, worsted melange || **~numerierung** *f* / worsted count, worsted yarn count || **~pergament** *n* / parchment for worsted spinning || **~ringspindel** *f* **mit Gleitlager** (DIN 64042) / worsted ring spindle with plain bearings || **~schuß** *m* / worsted weft || **~serge** *f* / worsted serge, clay worsted, clay serge || **~spinnen** *n*, Kammgarnspinnerei *f* / worsted spinning || ~**spinnerei** *f*(DIN 60416) / worsted spinning mill || ~**spinnereivorbereitung** *f* / worsted preparing || ~**spinnverfahren** *n* / worsted system spinning || ~**stoff** *m* / worsted *n*, worsted cloth, worsted fabric, worsteds *pl* || **sehr feiner ~stoff** / jacqmar *n* || ~**stückware** *f* / worsted piece goods *pl* || ~**walke** *f* / worsted milling || ~**weben** *n* / worsted weaving || ~**weberei** *f* / worsted weaving mill || ~**wolle** *f* / wool for worsted spinning || ~**wollstoff** *m* / worsted *n*, worsted cloth, worsted fabric, worsteds *pl*

Kämmgeschwindigkeit *f* / combing speed

Kamm·haken *m*(Web) / denting hook, reed blade, reed dent, reed hook, reeding hook || ~**hülle** *f* / comb case || ~**kissen** *n*(Web) / backpad *n* || ~**kissengurt** *m* / backpad strap || ~**lade** *f*(Web) / batten *n* || ~**lagerbüchse** *f* / comb box

Kämmlinge *m pl* / comber waste, noil *n*, recombed noil

Kämmlings·abstreifmesser *n* / noil knife || ~**abtransport** *m* / noil removal || ~**anteil** *m* / noil percent[age] || ~**auffangbehälter** *m* / noil chute || ~**band** *n* / comber waste sliver || ~**garn** *n* / noil yarn || ~**probe** *f* / noil test || ~**seide** *f* / burr silk || ~**seidengarn** *n* / silk noil yarn || ~**vlies** *n* / comber waste fleece || ~**walze** *f* / noils doffer, noils roller || ~**wolle** *f* / noils *pl*, wool taken from the noils

Kämm-Maschine *f*, Kämmaschine *f* / comber *n* || ~ **mit Bandzuführung** (Web) / comber lap machine

Kämm-Maschinenregelung *f* / throwover *n*

Kamm·-Messer *n* / reed blade, reed dent, reed hook, reeding hook || ~**nadel** *f* / comb needle, comb pin || ~**ofen** *m* / comb pot || ~**ring** *m* / circular comb || ~**segment** *n* / comb segment || ~**spiel** *n* / nip *n* (of comb) || ~**stab** *m*(Spinn) / pin bar, needle bar, faller *n*, faller gill, gill bar || ~**stabzieher** *m*(Strumpf) / sley drawer || ~**stapelverfahren** *n* / comb staple method || ~**staub** *m* / comber dust || ~**stuhl** *m* / combing machine || ~**stuhlleder** *n* / combing apron, combing leathers *pl* || ~**topf** *m* / comb pot || ~**trichter** *m* / comber trumpet

Kämmungs·konstante *f* / combing constant || ~**zahl** *f* / carding number

Kammvlieswolle *f* / fleece wool suitable for combing

Kämmvorgang *m* / carding work, combing *n*, combing operation, tease (wool) *n*

Kammwalze *f*, Kämmwalze *f*(Spinn) / combing cylinder, porcupine *n*, doffing cylinder, combing roll

Kämmwirkungsgrad *m* / combing efficiency

Kammwolle *f* / combed wool, combing wool, wool for worsted spinning, carded wool, worsted wool || **100% ~** / all-worsted *adj*

Kammwoll·garn *n* / worsted yarn || ~**krempel** *f* / worsted card || ~**krempeln** *n* / worsted carding || ~**mischgarn** *n* / worsted melange, worsted mixture yarn

Kammzug *m* / top *n*, combed sliver, combed top, worsted top, sliver combing || ~ **färben** / top-dye *v* || **im ~ ausgerüstet** / finished in top form || **im ~ gefärbt** / top-dyed *adj* || **Kammzüge** *m pl* **auf der Lisseuse** / combed wool on the back-washing machine || ~**abriß** *m* / combing tear || ~**-Apparatefärberei** *f* **nach dem Packsystem** / package dyeing of tops || ~**band** *n* / combed sliver || ~**bandgewicht** *n* / sliver weight (card) || ~**bobine** *f* / top bobbin, worsted bobbin || ~**dämpfmaschine** *f* / combed sliver steamer, combed sliver steaming apparatus || ~**druck** *m* / top printing, melange print, vigoureux printing || ~**druckmaschine** *f* (DIN 64990) / vigoureux printing machine || ~**farbdruck** *m* / coloured printing of the sliver || ~**färbeapparat** *m* / top dyeing apparatus || ~**färbemaschine** *f* / top dyeing machine || ~**färben** *n*, Kammzugfärberei *f*, Kammzugfärbung *f* / dyeing of tops, top dyeing, dyeing of worsted tops || ~**gefärbte Spinnpartie** / top-dyed spinning batch || ~**knäuel** *n* / ball of tops || ~**-Kontinue-Färbeverfahren** *n*, Kammzug-Kontinue-Färbung *f* / continuous top dyeing, continuous dyeing of tops || ~**presse** *f* / press arrangement for tops || ~**spule** *f* / top bobbin, worsted bobbin || ~**standard** *m* / worsted standard || ~**strecken** *n* **mit Preßleisten** / drafting with drawing bars || ~**streckwerk** *n* (DIN 64050) / top drawing frame, combed sliver drawing frame || ~**wäsche** *f* / top washing || ~**waschmaschine** *f*(DIN 64100) / top washing machine || ~**-Wasch- und -plättmaschine** *f* / backwashing machine || ~**wickel** *m* / combed sliver package, combed tops ball

Kampescheholz *n* / Campeach bay wood *n*, logwood *n*, campeachy wood, campeche wood

Kampfer *m* / camphor *n* || ~**öl** *n* / camphor oil

Kamptulikon *m* / kamptulicon *n*

Kanadabalsam *m* / Canada balsam

kanadische Wolle / Canadian wool

Kanadischgelb *n* / Canada yellow

Kanal *m* / passage *n* || ~**maschine** *f* / lap machine, sliver lap machine || ~**stift** *m*(Strick/Wirk) / trick straightener || ~**trockner** *m* / tunnel drier

Kanangaöl *n* (das ätherische Öl aus Cananga odorata) / cananga oil

kanariengelb *adj* / canary yellow, capucine orange

Kandahar *m* / Kandahar *n* (Indian handmade carpet)

kaneelbraun *adj* / cinnamon-brown *adj*

Kanette *f*(Spinn) / cop *n*, tapered spool, quill *n*, pirn *n*

Kanevas *m* / canvas *n*, cotton duck, awning *n*

Kanin[chen]haar *n* / rabbit hair

Kanne *f* / can *n* || ~ **der Drehtopfvorrichtung** (Spinn) / coiler can

kanneliert·e Oberfläche / channelled surface || ~**e Walze** / channelled roller, grooved roller, chilled roller

Kannen·ablage *f* / can coiler || ~**ablieferung** *f* / can delivery || ~**boden** *m* / can bottom || ~**bodenplatte** *f* / can bottom plate || ~**dreheinrichtung** *f*(Spinn) / coiler *n* || ~**einsatz** *m* / can insert || ~**füllmaschine** *f* / can filling machine || ~**-Kammzug-Färbeapparat** *m* / can dyeing machine || ~**leergestell** *n* / can emptying creel || ~**maschine** *f* (Spinn) / can roving frame || ~**maschine** (i.e.S.) / slubbing machine || ~**speisung** *f* / can feed, can feeding || ~**spinnen** *n* / can spinning || ~**spinnverfahren** *n* / can spinning system || ~**spulmaschine** *f* / can winder || ~**stock** *m* / can coiler || ~**teller** *m* / can plate, can turntable || ~**träger** *m*(Spinn) / can boy, can carrier || ~**vorlage** *f* / can creel || ~**wickel** *m* / can coiler

Kannette *f*(Spinn) / cop *n*, quill *n*, pirn *n*, tapered spool

kannettieren *v* / quill *v* || ~ (Schußspulen) / wind *v* (yarn)

Kannettiermaschine *f*(Spinn) / quiller *n*

Kansu *m* / Kansu *n* (Chinese handmade carpet)

Kante *f* / edge *n* || ≗ (Näh) / bordering *n*, welt *n*, edging *n* || ≗ (Webrand) / selvedge *n* || ≗ **bilden** / form a selvedge || ≗**n leimen**, Kanten stabilisieren / gum the edges || **mit fester** ≗ **versehen** / welt *v*
Kante-an-Kante-...(in Zssg.) / edge-to-edge *adj*
Kanten·ablauf *m*, Kantigkeit *f*, Leistigkeit *f* (Färb) / side-to-centre shading, listing *n* (defect), change of shade from selvedge to centre || ≗**abnähen** *n* (Näh) / edge seaming || ≗**abtaster** *m* / edge feeler || ≗**anschneideinrichtung** *f* / selvedge trimming machine || ≗**ausbreiter** *m* / selvedge straightener || ≗**ausreibe- und Heftmaschine** *f* / edge flattening and basting machine || ≗**ausroller** *m* (DIN 64990), Kantenausrollvorrichtung *f*, Leistenausroller *m* / selvedge spreader, selvedge opener, selvedge uncurler, unrolling device, selvedge smoothing device || ≗**bedruckmaschine** *f* / equipment for printing selvedges || ≗**befestigungsnaht** *f* (Näh) / edge finishing seam || ≗**beschneideinrichtung** *f* (Näh) / edge trimmer || ≗**brechmaschine** *f* (für Färbekreuzspulen) / edge breaking machine (for dyeing cheeses), edge softening machine (for dyeing cheeses) || ≗**bügelmaschine** *f* / edge presser, edge pressing machine || ≗**deckernadel** *f* / picot point || ≗**draht** *m* / selvedge wire || ≗**druck** *m* / selvedge printing || ≗**druckmaschine** *f* / machine for printing selvedges, selvedge printer || ≗**durchnähmaschine** *f* / edge pick stitching machine (making up) || ≗**einzug** *m* / selvedge thread drafting || ≗**faden** *m* / selvedge thread || ≗**faden zur Schlingenbildung** (Web) / gaging thread || ≗**flachstrickmaschine** *f* (Strick/Wirk) / flat border machine || ≗**fühler** *m* / edge feeler, selvedge feeler || ≗**führer** *m* / piece guide, selvedge guide || ≗**führung** *f* / selvedge guiding || ≗**führungseinrichtung** *f* / selvedge guiding device || ≗**garn** *n* / edging yarn, yarn for edgings, selvedge yarn || ≗**garn für Decken** / yarn for blanket edgings || ≗**gestell** *n* / selvedge creel || ~**gleich** *adj* (Färb) / without side-to-centre shading || ~**gleich aufdocken** / batch up evenly || ≗**hefter** *m* / edge baster || ≗**heftmaschine** *f* / border basting machine || ≗**kleben** *n* / pasting of the selvedges || ≗**kräuselgarn** *n* / edge crimped yarn || ≗**kräuselmaschine** *f* / edge crimping machine || ≗**kräuseln** *n*, Kantenkräusel-Texturieren *n* / edge crimping || ≗**leimeinrichtung** *f* / selvedge glueing device || ≗**leimung** *f* (Ausrüst) / selvedge gumming || ≗**lineal** *n* (Näh) / edge guide || ≗**näh- und Beschneidemaschine** *f* / edge sewing and cutting machine || ≗**presse** *f* / edge ironing machine || ≗**rechen** *m* (Strick/Wirk) / point bar || ≗**rechenstab** *m* (Strick/Wirk) / net point rod || ≗**riß** *m* / tear in selvedge || ≗**säumen** *n* (Näh) / edge seaming || ≗**schermaschine** *f* / selvedge trimming machine || ≗**scheuerung** *f* / fraying of cuffs and edges of collar || ≗**scheuerungswiderstand** *m* / resistance to wear at the cuffs and collar of a shirt to prevent fraying || ≗**schneider** *m* / edge cutter || ≗**schneidgerät** *n* (DIN 64990) / selvedge cutter || ≗**schneidmaschine** *f* / machine for cutting selvedges || ≗**stepper** *m*, Kantensteppfuß *m* (Näh) / straight foot || ≗**stich** *m* / overedge stitch || ≗**strickmaschine** *f* / border machine, selvedge knitting machine || ≗**taster** *m* / selvedge feeler || ≗**trennen** *n* / selvedge separation, selvedge slitting || ≗**ungleichheit** *f* (Färb) / side-to-side unlevelness || ≗**-Verstärkerfaden** *m* / cordaline *n*, cordeline *n* || ≗**verstärkung** *f* (mittels Rundschnur) (Tepp) / backstrapping *n* || ≗**versteifung** *f* (gegen Kantenrollen) (Strick/Wirk) / edge stiffening || ≗**versteifungsmittel** *n* / selvedge stiffening agent || ≗**wächter** *m* / selvedge guard
Kantenzieh·-Texturierung *f* / edge crimping || ≗**-Texturierungsmaschine** *f* / edge crimping machine
Kanter *m* / [bank] creel || ≗**gestell** *n* / bobbin creel
kantige Führungswalzen *f pl* / sharp-edged guide rollers
Kantigkeit *f* s. Kantenablauf
Kantille *f* / bullion *n*
Kanton·batist *m* / grass cloth || ≗**flanell** *m* / canton cotton, canton flannel || ≗**köper** *m* / canton *n* || ≗**seide** *f* / canton silk
Kaolin *m* / kaolin *n*, China clay, porcelain clay, china clay
Kaolinisation *f*, Kaolinisierung *f* / kaolinization *n*
kaolinisieren *v* / kaolinize *v*
Kapa *f* / tapa *n* (cloth or matting made from any of the fibres or barks peculiar to the Pacific Islands as Tapa [Marquesas] or Kapa, Hawaiian)
Kapazität *f* / capacity *n*, loading capacity
kapillar·aktiv *adj* / active in lowering surface tension || ≗**aktivität** *f* / capillary activity || ≗**faden** *m* (Filament) / capillary filament, individual filament || ≗**volumen** *n* (Fil) / capillary volume
Kapok *m* (gelblich weiße Faser, vorwiegend als Füllmaterial eingesetzt), Kapokfaser *f* / kapok *n*, cotton-silk *n*
Kappe *f* / cap *n*
kappen *v* (Strumpf) / tip *v*, heel *v* || ~ (Näh) / fell *v*
Kapper *m*, Kappfuß *m* (Näh) / feller *n*, lap hemmer, lap seam feller
Käppi *f* (Soldatenmütze) / kepi *n*
Kappmaschine *f* / flat fell seamer (making-up)
Kappnaht *f* / fell seam, monk's seam, lap seam, turned-in seam || ≗**ärmel** *m* (Mode) / flat seam sleeve || ≗**herstellung** *f* (Näh) / felling *n*
Kappvorsatz *m* / flat fell seam attachment (making-up), lapped seam attachment
Kapriblau *n* / Capri blue
Kaprinsäure *f* / capric acid
Kapron (Äquivalent von Nylon in der UdSSR) / Kapron (Soviet equivalent of nylon) || ≗**säure** *f* / caproic acid
Kapsel *f* / husk *n* || ≗**käfer** *m* / boll weevil || ≗**lüfter** *m* (Näh) / bobbin case opener || ≗**raupe** *f* / boll worm || ≗**wurm** *m* (Heliothis armiger) / cotton bollworm
Kapuze *f* / cowl *n* || ≗ (Mode) / hood *n* || ≗ **mit Schnurverschluß** (Mode) / draw-string hood
Kapuzenkleid *n* (Mode) / hood dress
kapuzinorange *adj* / capucine orange
Kapwolle *f* / Cape wool, South African merino wool
Karakul·fell *n* / caracul *n* || ≗**schaf** *n* / Persian lamb
Karaman *m* / Karaman *n* (Turkish handmade carpet)
karamanische Wolle / Anatolian wool
karamel *adj* / caramel *adj* || ~**braun** *adj* / caramel brown || ~**farben** *adj* / caramel *adj*
Karamelisierung *f* / caramelization *n*
Karayagummi *n m* / gum karaya, karaya gum
Karbamidharz *n* / carbamide resin
Karbonat *n* (Chem) / carbonate *n* || ≗**härte** *f* (von Wasser) / temporary hardness || ≗**peroxohydrat** *n*, Karbonatperoxyhydrat *n* / peroxycarbonate *n*
Karbonisation *f* / carbonization *n*
Karbonisations·fleck *m* / carbonizing stain || ≗**wirkung** *f* / carbonizing action

Karbonisier·anlage *f* / carbonizing plant || **~anstalt** *f* / carbonizing works, carbonizing workshop || **~apparat** *m* / carbonizing apparatus || **~bad** *n* / carbonizing bath || **~beständig** *adj* / stable to carbonizing || **~beständigkeit** *f* / stability to carbonizing, stability to carbonization, resistance to carbonization, resistance to carbonizing, carbonizing resistance || **~echt** *adj* / fast to carbonizing || **~echtheit** *f* (DIN 54044) / fastness to carbonization, fastness to carbonizing, carbonizing fastness, carbonization fastness

karbonisieren *v* / carbonate *v*, carbonize *v* || **~** *n* / carbonization *n*

Karbonisier·fehler *m* / carbonizing defect, carbonizing fault || **~flotte** *f* / carbonizing liquor, carbonizing bath || **~foulard** *m* / carbonizing mangle || **~gut** *n* / carbonized goods *pl* || **~hilfsmittel** *n* / carbonizing assistant || **~kammer** *f* / carbonizing chamber || **~maschine** *f* / carbonizing machine, carbonizer *n* || **~methode** *f* / carbonizing method || **~netzmittel** *n* / wetting agent for carbonizing || **~ofen** *m* / carbonizing stove || **~prüfung** *f* / carbonizing test || **~reibwolf** *m* / rubber for carbonized fabrics

karbonisiert·er Pflanzenteil / carbonized straw || **~e Reißwolle** / carbonized rag fibre || **~e Wolle** / carbonized wool || **~er Wollkämmling** / carbonized noil

Karbonisier·trommel *f* / carbonizing drum || **~turm** *m* / carbonizing tower

Karbonisierung *f* / carbonization *n* || **~** (Brandverhalten) / charring *n*

Karbonisier·verfahren *n* / carbonizing process || **~vorgang** *m* / carbonizing process

Karbonylchlorid *n* / phosgene *n*

kardätschen *v* / comb *v* || **~** *n* / carding work, combing *n*, combing operation, tease (wool) *n*

Karde *f* / card *n*, carding machine, card machine, carder *n* || **~ für die Baumwollspinnerei** (DIN 64080) / card for cotton spinning || **~ mit festem Deckel** / stationary flat card || **~ mit Flockenspeisung** / stock-fed card

karden *v* (Spinn) / card *v* || **~** (Web) / tease *v* || **~** *n* (Web) / tease *n*

Kardenabfall *m* / card waste || **~regulierplatte** *f* / percentage plate

Karden·abgang *m* / card strippings *pl* || **~abstreifmesser** *n* / waste control knife of card || **~abzug** *m* / doffing *n* (of card) || **~arbeiter** *m* / card minder, carder *n*, card tenter || **~ausputz** *m* / card waste

Kardenband *n* / card sliver, carded sliver || **~abzug** *m* / card doffing || **~-D[o]ubliermaschine** *f* / Derby doubler || **~druckmaschine** *f* (DIN 64990) / printing machine for slivers or tapes || **~färberei** *f* / card sliver dyeing || **~trockner** *m* / card sliver drier || **~wickel** *m* / sliver lap || **~wickelmaschine** *f* / card sliver winder, card sliver winding machine, card sliver beaming machine

Karden·baum *m* / sliver beam || **~belag** *m* (Spinn) / clothing (card) || **~belag für Flachs- und Hanfspinnereimaschinen** (DIN 64113) / card clothing for flax and hemp spinning machines || **~beschlag** *m* / card clothing || **~beschlagslücke** *f* / blank space in card-clothing || **~beschlagunterlage** *f* / card clothing foundation

Kardendeckel *m* / card flat || **~ausputz** *m* (Spinn) / flat strip, flat strips *pl* || **~bogenschleifapparat** *m* / card flat bend grinding apparatus || **~putzbürste** *f* (Spinn) / flat stripping brush || **~putzkamm** *m* (Spinn) / flat stripping comb || **~schleifmaschine** *f* (Spinn) / flat grinding machine

Karden·distel *f* / raising teasel || **~draht** *m* / wire for clothing staple || **~flaum** *m* / card floss || **~flor** *m* / card web || **~flug** *m* / card fly || **~garnitur** *f* (Spinn) / card clothing || **~hechelnadel** *f* / card hackling tooth || **~kanne** *f* / card can || **~nadel** *f* (DIN 64130) / card pin || **~putzer** *m* / card stripper || **~rahmen** *m* (Web) / teasel frame || **~raster** *m* / card screen || **~rauhmaschine** *f* (Web) / teasel gig, teasel napping machine || **~reiniger** *m* / card stripper || **~saal** *m* / card room, carding room || **~setzer** *m* / card fitter, pin fixer, card setter || **~stab** *m* / teasling bar || **~staub** *m* / carding dust || **~tisch** *m* / feed plate || **~topf** *m* / card can

Kardentrommel *f* / card cylinder, gig barrel || **~abfall** *m* / card cylinder stripping waste || **~abfallsieb** *m* / cylinder screen || **~ausputz** *m* / card cylinder stripping waste || **~unterlage** *f* / cylinder screen

Karden·vlies *n* / card web || **~wender** *m* / card stripper || **~wollabfall** *m* / card fettlings (GB) || **~zahn** *m* / card staple || **~zylinder** *m* (Wolle) / card cylinder

Karderie *f* / carding room, card room

Kardier·abfall *m* / card waste || **~arbeit** *f* / card processing

kardieren *v* / card *v*, tease *v* (cloth) || **~** *n* / carding *n*, carding work, carding process, combing *n* || **~** (Gew) / tease *n* (cloth) || **~ mit stationären Deckelplatten** / carding with stationary flats

Kardier·flügel *m* / carding arm, Kirschner beater, carding beater || **~maschine** *f* / card machine, carding machine

kardiert *adj* / carded *adj*, combed *adj* || **~e Baumwolle** / carded cotton || **~es Baumwollgarn** / carded cotton yarn || **~es Garn** / carded yarn || **~es Halbwollgarn** / carded union yarn (GB)

Kardierwirkung *f* / carding effect

kardinal·rot *adj* / cardinal[-red] *adj* || **~rot** *n* / cardinal shade

Kardinalshut *m* / scarlet hat

Kardinalton *m* / cardinal shade

karieren *v* / checker *v*, check *v*

Karierfehler *m* (Web) / wrong checking pattern

kariert *adj* / checked *adj*, chequered *adj*, checkered *adj* || **~es Dessin** (Mode) / checkered design || **~er Dimity** / crossbar dimity, dimity crossbar || **~es Hemd** / check shirting || **~er Kanevas** / check canvas || **~es Leinen** / linen check || **~er Mantel** / plaid *n* || **~er Musselin** / check muslin || **~es Muster** / check *n*, check design, check pattern, checker work || **~er Schottenüberwurf** / plaid *n* || **~er Stoff** / check *n*, check pattern fabric, chequered fabric || **~er Stoff für Sportkleidung** / gun-club checks (US) || **~e Waren** *f pl* / checks *pl*

Karioba-Baumwolle *f* (aus Brasilien) / carioba cotton

Karkassengewebe *n* / filler tire fabric

Karmeliter-Wollstoff *m* / carmelite cloth

karmesin *adj* / crimson *adj*

Karmin·azarin *n* / carminazarin *n* || **~rot** *adj* / crimson *adj* || **~rot** *adj* (RAL 3002) / carmine[-red] *adj* || **~säure** *f* / carminic acid (extracted from the cochineal insect, Coccus cacti)

karmoisinrot *adj* / crimson *adj*

Karnak *f* (langstapelige ägyptische Baumwolle mit Stapel von 35 - 40 mm) / karnak *n*, carnac *n*

Karnauba·palme *f* (Copernicia prunifera) / carnauba palm || **~wachs** *n* / carnauba wax
Karo *n* / carreau *n*, check *n*
Karobe *f* / carob bean
Karobensamen *m pl* / carob bean gum
Karobindung *f* / checkerboard weave
Karobmehläther *m* / carob-seed gum ether
Karo·muster *n* / checkered pattern, check *n*, check design, check pattern || **~stoff** *m* / checked fabric
karottenrot *adj* / carrot red *adj*
Karoware *f* / checked fabric, checks *pl*
Karragheen *n* (aus den Rotalgen Chondrus crispus und Gigartina mamillosa), Karragheenmoos *n* (Färb, Ausrüsten) / Irish moss, carrag[h]een [moss] || **~schlichte** *f* / carrageen size, carragheen size
Karrenseil *n* / cart rope
Karrotierlösung *f* / carroting solution
Kärtchenwickelmaschine *f* / card winder, card winding machine
Karte *f* (Web) / card *n*
Karten·bindemaschine *f* (Web) / card lacing machine || **~binden** *n* / lacing *n* (jacquard), card lacing (jacquard) || **~binder** *m* (Web) / card lacer || **~blatt** *n* (Web) / cardboard strip, single card || **~druckapparat** *m* (Web) / design-of-ticket printer || **~führer** *m* (Web) / card guide || **~gestell** *n* / card frame || **~kette** *f* / pattern chain (jacquard) || **~kopiermaschine** *f* (Web) / card copying machine, card repeating machine, card duplicating machine || **~lochen** *n* / card cutting, card perforating || **~locher** *m* / card puncher (jacquard), card cutter (jacquard) || **~lochmaschine** *f* / reading and cutting machine || **~lochstanzer** *m* (Web) / card punching machine || **~lochung** *f* (Web) / card punching || **~muster** *n* / figure of a card || **~papier** *n* (Wolle) / card paper || **~presse** *f* / card press || **~prisma** *n* (Web) / card cylinder (jacquard), pattern cylinder, jacquard prism || **~rapport** *m* / number of cards to a pattern || **~rückschlagvorrichtung** *f* / card reversing motion || **~schlagen** *n* (Web) / card cutting, card punching, card perforating || **~schläger** *m* / card cutter (jacquard) || **~schlagmaschine** *f* (Web) / card cutting machine, card punching machine, card perforating machine || **~schneidemaschine** *f* (Wolle) / card paper cutting machine || **~schnüre** *f pl* / lacing cords for [jacquard] cards || **~schnürer** *m* (Web) / card lacer || **~sparvorrichtung** *f* (Web) / card saving motion, cross border motion || **~spiel** *n* (Web) / set of cards || **~stanze** *f* (Web) / card stamping machine, card cutting machine || **~stanzen** *n* (Web) / card cutting, card punching, card perforating || **~stich** *m* / card pitch || **~tischbezug** *m* / baize covering || **~verbinden** *n* / card lacing (jacquard) || **~wächter** *m* / card stop motion || **~walze** *f* (Web) / pattern card cylinder, prism machine for winding thread on cards || **~wickelmaschine** *f* / machine for winding thread on cards || **~zylinder** *m* (Web) / pattern card cylinder
Karthaminrot *n* / safflower *n*
Kartoffel·mehl *n* / potato flour || **~mehlschlichte** *f* / potato flour size || **~stärke** *f* / potato starch, farina *n* || **~stärkemehl** *n* / potato starch flour
Karton *m* / cardboard *n* || **~ablage** *f* (Faserproduktion) / laying into a box || **~hülse** *f* / cardboard tube || **~papier** *n* / cardboard *n*
Karussell·kettelmaschine *f* (Strick/Wirk) / circular linker, circular looper, circular looping machine || **~presse** *f* / roller press, cylinder press, rotary [cloth] press
Kasack *m* (Mode) / loose long jacket (for women), jumper[-blouse], casaque *n* || **~kleid** *n* (Mode) / jumper-blouse with a skirt, casaque dress, jumper-suit *n*
Kasak *m*, Kassak *m* / Kazak *n* (Caucasian hand-knotted carpet)
Kaschgar *m* / Kashgar *n* (Chinese handmade carpet)
Kaschieranpreßdruck *m*, Kaschierdruck *m* / laminating pressure
kaschieren *v* / laminate *v*, bond *v*, coat *v*, face *v* || ~ (Beschicht) / back *v*, line *v* || **mit Füllmaterial ~** (steppdeckenartig) / quilt *v* || **~** *n* / bonding *n*, laminating *n* || **~ auf der Walze** / roll laminating || **~ mit der Breitschlitzdüse** / extrusion laminating, extrusion lamination || **~ mit Füllmaterial** (steppdeckenartig) / quilting *n* || **~ mit stranggepreßter Folie** / extrusion coating, extrusion laminating, extrusion lamination || **~ von Bekleidungstextilien** / laminating of fabrics, lamination coating of textiles for garments || **~ von Folien** (Beschicht) / film laminating || **~ von Textilien** / lamination coating of fabrics || **~ zwischen heißen Walzen** / roll laminating
Kaschier·harz *n* / laminating resin || **~kleber** *m* / laminating adhesive || **~maschine** *f* (Beschicht) / laminator *n*, back filler || **~maschinenspalt** *m* (Beschicht) / laminator gap || **~masse** *f* / laminating paste || **~mittel** *n* / laminating agent || **~produkt** *n* / backing product || **~spalt** *m* (Beschicht) / laminator gap || **~spalteinstellung** *f* (Beschicht) / setting of the laminator gap, clearance of the laminating gap || **~strich** *m* (Beschicht) / laminating coat
kaschiert *adj* (Beschicht) / lined *adj*, laminated *adj* || **~es Gewebe** / backed fabric (US), laminated fabric (GB), cloth laminate, bonded fabric || **~es Gewebe** (mit Schaumstoffrücken) / foam-back *n* || **~es Gewirke** (mit Schaumstoffrücken) / foam-back *n* || **mit Gewebe ~** / fabric-backed *adj*, cloth-backed *adj*
Kaschier·vorrichtung *f* / laminating device || **~walze** *f* (Kasch) / nip roll[er] || **~werk** *n* (Beschicht) / laminator *n* || **~werk** (Kasch) / nip roll[er]
Kaschmir *m* (feines Kammgarngewebe in Köper- oder Atlasbindung) / cashmere *n* || **~bindung** *f* / cashmere weave
Kaschmiret *m* / cashmerette *n* (lightweight cotton flannel given a nap to simulate cashmere fabric), princess cashmere
Kaschmir·garn *n* / cashmere yarn || **~schal** *m* / cashmere shawl, Kashmir shawl || **~schal mit Paisley-Musterung** / Paisley shawl || **~stoff** *m* / cashmere cloth || **~-Vorlegeteppich** *m* / Kashmir rug || **~wolle** *f* / cashmere wool
Kaschunuß *f* / cashew nut
Käsefarbe *f* / cheese colour
Kasein·faser *f* / casein fibre, casein wool, casein staple || **~knopf** *m* / casein button || **~saures Ammonium** / caseinate of ammonia || **~seide** *f* / casein silk || **~spinnlösung** *f* / casein dope || **~verdickung** *f* / casein thickening
Kasel *f* (Meßgewand) / chasuble *n*
Kashgar *m*, Kaschgar *m* (chinesisch Schuleh) / Kashgar *n* (Chinese handmade carpet)
Kasimir *m* (vor allem für Anzug- und Hosenstoffe) / cassimer[e] *n*, kerseymere *n* || **~köper** *m* / cassimer[e] twill, kerseymere twill

kaskaden·ähnlich arbeitende Waschmaschine / cascade washer || **˜rührwerk** *n* / cascade agitator || **˜waschmaschine** *f* / cascade washer
Kaskarillenrinde *f*, Kaskarillrinde *f* (aus Croton eluteria) / cascarilla bark
Kaskarillöl *n* / cascarilla oil
Kassak *m* / Kazak *n* (Caucasian hand-knotted carpet)
Kasseler Braun *n* / Cassel brown || **˜ Gelb** / Cassel yellow || **˜ Grün** / Cassel green
Kassiaöl *n* / cassia oil
kastanien·braun *adj* / maroon *adj* || **~braun** (RAL 8050) / chestnut brown *adj* || **~schwarz** *adj* / chestnut black *adj*
Kasten *m* (allg) / box *n* || **˜aufleger** *m* (Spinn) / hopper *n* || **˜ballen** *m* / box bale || **˜ballenbrecher** *m* (Spinn) / hopper bale breaker || **˜bewegung** *f* / box motion || **˜blau** *n* / pencil blue || **˜dämpfer** *m* / cottage steamer || **˜fadenführer** *m* (Strick/Wirk) / adjustable thread guide || **˜führung** *f* / shuttle box slide || **˜lader** *m* / box loader || **˜mangel** *f* (DIN 64990) / cottage mangle || **˜öffner** *m* (Spinn) / hopper opener || **˜rakel** *f* (Beschicht) / trough knife, two-bladed knife in the form of a box || **˜speiser** *m* (DIN 64075) (Spinn, Vliesst) / hopper *n*, hopper feeder || **˜speiser mit automatischem Wiegeapparat** (DIN 64100) / automatic weighing hopper feeder (worsted spinn) || **˜speiser-Wiegeapparat** *m* / hopper feeder automatic weighing apparatus || **˜speisung** *f* / upper feeding, hopper feeding || **˜trockner** *m* / box drying machine || **˜wechsel** *m* / box motion || **˜zunge** *f* (Web) / swell *n*
kastilianische Seife / [olive-oil] Castile soap
Katalysator *m* / catalyst *n*, curing agent
Katalyse *f* / catalysis *n*
katalysieren *v* / catalyze *v*
katalysiertes Harz / activated resin, catalyzed resin
katalytisch·e Faserschädigung / catalytic damage to the fibre || **~e Schwächung** (des Farbstoffs durch Belichten) / catalytic fading (of dyestuff)
Katappaöl *n* / catappa oil
Katechin *n* / catechin *n*
Katechu *n* (Färb) / cashoo *n*, catechu *n* || **[Bengal-]˜** *n* (aus Acacia spp) (Färb) / Bengal catechu || **˜braun** *n* / catechu brown || **˜gerbsäure** *f* / catechutannic acid
Katgut *n* (chirurgisches Nähmaterial aus Darmsaiten) / catgut *n*
Kathodenlumineszenz *f* / cathode luminescence
Kathodolumineszenz *f* / cathodoluminescence *n*
Kation *n* / cation *n*
kationaktiv *adj* / cation-active *adj*, cationic *adj* || **~e Nachbehandlung** / cationic aftertreatment || **~es Netzmittel** / cationic surface-active agent, cationic surfactant, cationic tenside
Kation·-Anion-Assoziat *n* / cationic anionic associate compound || **˜austauschverfahren** *n* / cation exchange process || **˜charakter** *m* / cationic character
kationen·aktiv *adj* / cation-active *adj*, cationic *adj* || **˜austauschharz** *n* / cationic exchange resin
Kationharz *n* / cationic resin
kationisch·er Charakter, kationische Eigenschaft / cationic character || **~ färbbar** / cationic dyeable || **~es Färben** / basic dyeing || **~er Farbstoff** / cationic dyestuff, basic dyestuff || **~e grenzflächenaktive Verbindung** / cationic surface-active agent, cationic surfactant, cationic tenside || **~e Gruppe** (Färb) / cationic group, cationic site || **~es Nachbehandlungsmittel** / cationic aftertreatment agent || **~es Netzmittel** / cationic surface-active agent, cationic surfactant, cationic tenside || **~e Polymerisation** / cationic polymerization || **~e Stelle** (Färb) / cationic site || **~es Tensid** / cationic surface-active agent, cationic surfactant, cationic tenside || **~e Verbindung** / cationic compound || **~er Weichmacher** / cationic softener
Kation·seife *f* / cationic soap, invert soap || **˜tensid** *n* / cationic surface-active agent, cationic surfactant, cationic tenside || **˜-Umwandlungsverfahren** *n* / cationic transfer process
Katodenlumineszenz *f* / cathode luminescence
Katodolumineszenz *f* / cathodoluminescence *n*
Katschly-Bokhara *m* / Khachli-Bokhara *n* (Turkestan handmade carpet)
Kattun *m* / calico *n*, plain cotton cloth || **˜bindung** *f* / cotton weave || **˜druck** *m* / calico print, cotton print || **˜druck** (Tätigkeit) / calico printing, cotton printing || **˜drucker** *m* / calico printer || **˜druckerei** *f* / calico print[ing] || **˜druckerei** (Betrieb) / calico printing plant || **˜glättmaschine** *f* / calico glazing machine
„Kätzchenanzug" *m* (hautenge Bekleidung aus Seidentrikot, ähnlich einem Badeanzug mit langem Beinansatz) / catsuit *n* (US)
Katze *f* (Schärmaschine) / heck box
Katzen·haar *n* / cat hair || **˜kopf** *m* (Knotenform) (Web) / cat's head || **˜zungen-Doppelplatte** *f* (für den Preßschuh von Bügelpressen), KD-Platte *f* / grid plate
Kaufhauslicht *n* (meist UV-arm) / department store illumination
kaukasischer Teppich / Caucasian rug
Kaule *f* / roll of fabric
kaum sichtbare Naht (von Cottonstrumpf) / invisible seam (of f/f stocking) || **~ zu bügelndes Gewebe** / rapid iron fabric
Kauri·gras *n* / kauri grass || **˜gum** *m*, Kauriharz *n*, Kaurikopal *m* / kauri copal [gum]
kaustisch *adj* / caustic *adj* || **~er Kalk** / quicklime *n* || **~e Soda** / caustic soda, sodium hydroxide, white caustic, sodium hydrate
Kavaliertuch *n*, Ziertaschentuch *n* / (neatly folded) breast-pocket handkerchief
Kavallerietwill *m* / cavalry twill (a strong, rugged cloth in double twill)
KDK·-Garn *n* / knit-deknit yarn || **˜-Verfahren** *n* / knit-deknit process, knit crimping
KD-Platte *f*, Katzenzungen-Doppelplatte (für den Preßschuh von Bügelpressen) / grid plate
Keder *m* (Randverstärkung) (Näh) / welt *n*, welting *n* || **˜vorrichtung** *f* (Näh) / welting attachment
Keffieh *f* (Kopftuch der Araber) / keffiyeh *n*
kegelförmige Hülse / conical tube
kegelig·e Färbehülse, halber Kegelwinkel 3°30' (DIN 61805) / perforated cone for dyeing purposes, half angle of the cone 3°30' || **~e Faserstrecke** / cone drawing box || **~e Hülse** (DIN 61805) / cone for cross winding for dyeing purposes || **~e Kreuzspule** (Spinn) / tapered bobbin, taper bobbin, conical package, conical pineapple || **~e Kreuzspule mit geraden Stirnflächen senkrecht zur Achse der Hülse** (DIN 61800) / conical package with straight ends perpendicular to the axis of the former || **~e Kreuzspule mit**

gleichbleibendem Kegelwinkel (DIN 61800) / conical package with straight ends perpendicular to the surface of the former || ~**e Kreuzspule mit schrägen Stirnflächen asymmetrisch** (DIN 61800) / conical pineapple with asymmetrical taper ends || ~**e Kreuzspule mit schrägen Stirnflächen, symmetrisch** (DIN 61800) / conical pineapple with symmetrical taper ends || ~**e Kreuzspule mit zunehmendem Kegelwinkel** (DIN 61800) / conical package with increasing taper || ~**e Kreuzspulhülse** (DIN 64400) / cone for cross winding for dyeing purposes || ~**e Kreuzspulhülse** (DIN 64626) (Spinn) / tapered cheese tube || ~**e Kreuzspulhülse für Chemiefasergarne** (DIN 64617) / tapered tube for cheeses of synthetic yarns || ~**e Kreuzspulhülse für Webgarne** (DIN 64619) / cone for cross winding for weaving yarns || ~**e Windung** / conical winding

Kegel·öffner *m* / beater opener || ≗**schärmaschine** *f* / cone warping machine || ≗**spule** *f* / conical bobbin, conical cheese || ≗**stuhl** *m* / draw loom || ≗**stumpfhülse** *f* (DIN 61805) / spool with conical flanges || ≗**trommel** *f* (Spinn) / cone drum || ≗**zug** *m* (Web) / cord draught || ≗**zug** (Wolle) / cone drawing

Kehle *f* **der Verteilplatine** (Strick/Wirk) / throat of divider

Kehlplatte *f* (Strick/Wirk) / throat plate

Kehr·abfall *m* / sweepings *pl* || ≗**fäden** *m pl* / thread sweepings || ≗**schuß** *m* (Web) / reversing weft || ≗**seite** *f* / back (of fabric), wrong side (of fabric), underside (of fabric) *n*, fabric back, reverse (of a fabric) *n*, back side, cloth back || ≗**strecke** *f* (DIN 64100) (Spinn) / ribbon lap machine, ribbon lapper || ≗**wolle** *f* (Wolle) / sweepings *pl* || ≗**zeug** *n* / reversing motion

Keil *m* (Strumpf) / gore *n*, clock *n* (US) || ≗ (Näh) / gusset *n*, gore *n*, let-in piece, crotch (US) *n* || ≗**ferse** *f* (Strumpf) / gore heel, American heel, pouch heel, gusset heel || ≗**hose** *f* (Mode) / tapered trousers *pl* || ≗**hose** / stretch pants *pl* (esp. skiing) || ≗**kissen** *n* / wedge-shaped bolster || ≗**minderung** *f* (Strumpf) / narrowing of the gusset, gusset narrowing || ≗**riegel** *m* (Näh) / taper bar || ≗**spitze** *f* (Strumpf) / gusset toe, gusset-type toe || ≗**stück** *n* (Handschuh) / gore *n* || ≗**zwickel** *m* (Strick/Wirk) / open gore

keim·frei *adj* / free from germs || ~**tötend** *adj* / germicidal *adj* || ~**widrige Ausrüstung** / bactericidal finish

Kelchkragen *m* (Mode) / cup-shaped collar, cup collar

Kelim *m* (orientalisch gemusterter Wandbehang oder Teppich) / kelim *n* || ≗**-Türvorhang** *m* / Tiflis *n* (Khilim portieres made in the Caucasus)

Kellerfalte *f* / inverted pleat, box pleat

Kelpie-Verfahren *n* / Kelpie process (gives wool greater brilliance of çolour, permanent fibre softness and resiliency, as well as retarded dirt penetration)

Kelvin-Grad *m* / Kelvin degree (degree on the absolute temperature scale)

Kenaf *m n* (Hibiscus cannabinus L.) / deccan hemp, ambari fibre, ambari hemp, ambaree fibre, gambo hemp, kenaf *n* || ≗**faser** *f* / gambo fibre, kenaf fibre || ≗**röste** *f* / kenaf retting

Kendal *n* / Kendal green (coarse woollen cloth originally made by the weavers of Kendal, England) || ≗**tweed** *m* / Kendal cloth

Kendyrfaser *f* / kendir fibre (wild bast fibre growing in the area of the Adriatic Sea)

Kennel *m* / continuous trough

Kenn·farbe *f* / tint *n* || ≗**faser** *f* / tracer fibre || ≗**kräuselung** *f* (Texturieren) / crimp module

Kennzahl *f* (Färb) / index number

kennzeichnen *v* / label *v*, mark *v* || **durch eine Aufschrift** ~ / label *v* || ≗ *n*, Kennzeichnung *f* / labelling *n*, marking *n*

Kennzeichnungs·farbe *f* / sighting colour, marking colour, staining colour || ≗**färbung** *f* / marking and identification colo[u]ration || ≗**pflicht** *f* / compulsory identification labelling

Keramikfaser *f* / ceramic fibre, ceramic staple

keramisch·er Fadenführer / ceramic guide || ~**e Faser**, keramischer Faserstoff / ceramic fibre, ceramic staple || ~**er Warenführer** / ceramic guide

Keratin *n* / keratin *n* || ≗**bildung** *f* / keratinization *n* || ≗**faser** *f* / keratin fibre

Kerman *m* / Kerman *n* (Persian handmade carpet), Kirman *n*

Kermes *m* (Färb) / kermes *n*, kermes scarlet || ≗ (getrocknete weibliche Kermesschildläuse) / kermes grains *pl* || ≗**eiche** *f* (Quercus coccifera L.) / kermes oak || ≗**farbstoff** *m* / kermes dyestuff || ≗**körner** *n pl* / kermes grains *pl* || ≗**säure** *f* / kermesic acid || ≗**scharlach** *m* / kermes scarlet || ≗**schildlaus** *f* / kermes insect

Kern *m* / core *n* (thread, yarn) || ≗**bogen** *m* (Kasch) / core sheet || ≗**faden** *m* / core thread, foundation thread || ≗**faden** (bei Umwindungsgarnen) / centre yarn, core yarn || ≗**faden von Zierzwirn** / ground thread || ≗**faser** *f* (SuW) / white fibre || ≗**-Finish** *n* / full penetration finish || ≗**garn** *n* / core yarn, core spun thread, core twisted yarn, core twisted thread, core spun yarn

kernig·e Faser / strong fibre || ~**er Griff** / full hand[le], solid handle, firm handle, crisp handle

Kernigkeit *f* / firmness *n* (cotton), body *n* || ≗ (des Griffes) / crispness *n* (of handle), firmness *n* (of handle)

Kernmantel·faden *m* / sheath *n* (of bicomponent fibre) || ≗**faser** *f* / core/sheath fibre, sheath/core fibre, centric cover-core fibre (C/C type) || ≗**struktur** *f* / core/sheath structure, centric cover-core structure, sheath/core structure

Kernmehl *n* / plant seed gum || ≗**äther** *m* / carob seed grain ether, carob seed gum ether || ≗**derivat** *n* / plant seed gum derivative

Kern·schicht *f* (Kasch) / core sheet || ≗**schlichte** *f* / core size || ≗**seife** *f* / household soap, curd soap || ≗**seife auf Leimniederschlag** / [soap boiler's] neat soap || ≗**seil** *n* / heart rope || ≗**umspinnung** *f* / core spinning || ≗**werg** *n* / waste from hackled hemp || ≗**wolle** *f* / best quality wool

Kersey *m* (grobes Streichgarngewebe für Dienstmäntel), Kersei *m* / kersey *n*

Kerzen·docht *m* / candle wick || ≗**filter** *m n* / candle filter || ≗**filtergarn** *n* / candlewick yarn

Kessel *m* / boiler *n* || ≗**bleiche** *f* / kier bleaching || ≗**braun** *n* / furnace brown || ≗**dämpfer** *m* / kier ager (US), kier steamer(GB) || ≗**dekatiermaschine** *f* (DIN 64990) / kier decatizing machine || ≗**dekatur** *f* / batch decatizing, kier decatizing || ≗**färbung** *f* / kettle dyeing || ≗**kochung** *f* / kier boiling || ≗**stein** *m* / boiler scale, incrustation *n* (in a boiler) || ≗**steinlösemittel** *n* / boiler compound, boiler disincrustant || ≗**zentrifuge** *f* / cage centrifuge

Ketokarbonsäure *f* / ketonic acid

Keton *n* / ketone *n* || **≈bildung** *f* / ketone formation || **≈harz** *n* / ketone resin

ketonisieren *v* / ketonize *v*

Keton·reaktion *f* / ketone reaction || **≈säure** *f*, Ketosäure *f* / ketonic acid || **≈spaltung** *f* / ketonic cleavage, ketonic fission, ketonic hydrolysis

Kettablaß·belastungsarm *m* / let-off weight arm || **≈gewicht** *n* / let-off weight || **≈scheibe** *f* / let-off spool || **≈vorrichtung** *f* / warp let-off motion, warp regulator

Kettatlas *m* / satin *n* (warp-faced weave in which binding places are arranged to produce smooth cloth surface free from twill) || **≈ aus Seide oder Viskosefilament** / warp satin || **≈bindung** *f* / warp satin weave

Kett·bahn *f* / warp sheet || **≈band** *n* / warp tie

Kettbaum *m* (Web) / warp beam *n*, loom beam, warping beam, weaver's beam, yarn beam, yarn roller || **den ≈ bremsen** / brake the warp beam || **≈bleichapparat** *m* / beam bleaching apparatus, beam bleaching machine || **≈bleiche** *f* / beam bleaching || **≈bremse** *f* / friction let off, warp beam brake || **≈bremsgewicht** *n* (DIN 64540) / warp beam retarding weight, warp beam let-off weight || **≈bremsgewicht für Seidenwebmaschine** (DIN 64539) / let-off weight for warp beam of silk weaving loom || **≈bremskette** *f* / let-off chain || **≈färbeapparat** *m* / warp beam dyeing apparatus, beam dyeing machine, beam dyeing apparatus || **≈färbeautoklav** *m* / beam autoclave || **≈färbemaschine** *f* / warp beam dyeing machine || **≈färben** *n* / warp beam dyeing, beam dyeing || **≈färbung** *f* / beam dyeing || **≈flansch** *m* / beam flange || **≈gestell** *n* / warp beam creel, warp beam stand || **≈lager** *n* / let off bracket, warp beam support, warp beam bearing || **≈lagerung** *f* / warp beam bearing, warp beam support || **≈regler** *m* / warp let-off motion, warp regulator || **≈regulator** *m* / warp beam regulator || **≈rinne** *f* / groove in warp beam || **≈scheibe** *f* (DIN 64512) / warp beam flange || **≈scheibe für Webmaschine** (DIN 64512) / warp beam flange for weaving loom || **≈schleuder** *f* / beam hydroextractor, centrifugal beam hydro-extractor || **≈transportwagen** *m* / warp beam truck || **≈waschmaschine** *f* / beam washing machine

Kett·breite *f* / warping width, warp width || **≈bruchstelle** *f* / vein in a fabric, broken warp thread || **≈druck** *m* / warp printing || **≈druckmaschine** *f* / warp printing machine, warp clouding machine || **≈druckstoffe** *m pl* / warp prints

Kette *f* / chain *n* || **≈** (Web) / warp *n*, warp yarn || **≈ in Bandform** / tape warp, warp tape || **≈ und Schuß** / warp and weft (GB), warp and filling (US) || **aus der ≈ mustern** / create patterns by the warp || **die ≈ anlängern** (Strick/Wirk) / attach the warp thread || **die ≈ fortrücken** (Strick/Wirk) / draw the warp forward || **die ≈ stärken** / size the warp || **mit dichter ≈** / high-warp *adj* || **schlingenbildende ≈** / loop warp || **zu ≈n verschlingen** (Strick/Wirk) / chain *v*

Kett·effekt *m* / warp effect || **≈einwebung** *f* / take-up of warp threads || **≈einziehvorrichtung** *f* / warp drawer-in || **≈einzug** *m* / warp drawing-in

Kettel *m* / chain warp || **≈** (Strumpf) / linking course || **≈apparat** (Strick/Wirk) / linking machine, looping machine

kettelastisch *adj* / stretchable in the warp || **~e Gewebe** *n pl* / stretch fabrics *pl*, stretch goods *pl*

Kettelastizität *f* / warpwise stretch

Kettel·aufstoßnadel *f* / looping point || **≈finger** *m* (Näh) / chain-off finger, chaining finger || **≈greifer** *m* / linking machine looper || **≈kranznadel** *f* / looping needle || **≈langreihe** *f* (Web) / linking course

kettellos *adj* (Strumpf) / linkless *adj*, loopless *adj* || **~e Spitze** (Strumpf) / linkless toe, loopless toe, seamless toe

Kettel·maschenreihe *f* (Strick/Wirk) / slack course || **≈maschine** *f* (Strick/Wirk) / linking machine, binding-off machine, looping machine, looper *n* || **≈maschinenwächter** *m* / looper control

ketteln *v* (Strumpf) / bind off || **~** (Strick/Wirk) / link *v*, loop *v* || **~** (Stickerei) / tambour *v* || **≈** *n* (Strick/Wirk) / linking *n*, looping *n*

Kettelnadel *f* / linking machine needle, looping needle

Kettelnaht *f* / linking seam, looping seam, coarse seam || **≈ an der Strumpfspitze** (Strumpf) / toe linking course || **≈ auf der Ferse** (Strumpf) / linking course of the heel || **≈ auf der Sohle** (Strumpf) / reverse toe (seamless stocking), undertoe linking || **≈ des Fersenteils** (Strumpf) / linking course of the heel, heel tab linking course

Kettel·reihe *f* (Web) / linking course || **≈scheibe** *f* / narrow fabric warp beam || **≈schiene** *f* / linking bar || **≈stich** *m* / loop[ed] stitch

Ketten·ablaß *m* / letting off the warp || **≈anknüpfen** *n* / warp tying || **≈anknüpfmaschine** *f* / warp tying machine || **≈anschärer** *m* / beamer *n*, beaming machine, beaming headstock (warping) || **~artige Bindung** / chain weave || **≈aufbäumen** *n* (Aufwinden der Kettfäden) / warp beaming || **≈aufziehen** *n* / warp beaming || **≈bahn** *n* (DIN 64990) / chain line || **≈baum** *m* / warp beam || **≈baumfärbeapparat** *m* **mit Flottenkreislauf** / circulating liquor beam-dyeing machine || **≈bewegung** *f* / movement of the warp || **≈bindung** *f* / chain weave || **≈bouclé** *m* / warp bouclé || **≈breite** *f* / warp width, warping width || **≈broché** *m* / warp broché

Kettendichte *f* (Web) / number of threads in the warp, warp setting, sett of the warp threads, sett of the reed, set of the warp, number of warp ends || **die ≈ vergrößern** (Web) / increase the set of the warp

Ketten·doublé *m* / warp-backed fabric || **≈druck** *m* / warp printing || **≈druckmaschine** *f* / warp printing machine || **≈einlauf** *m* **des Schiebers** (Reißv) / slider throat, throat of slider || **≈einzieher** *m* (Strick/Wirk) / drawer-in *n*, warp drawer || **≈einziehhaken** *m* / drawing-in hook || **≈einzug** *m* / drawing-in of the warp ends || **≈entspannung** *f* / slackening of the warp || **≈faden** *m* / warp thread || **≈fangdaumen** *m* (Strick/Wirk) / cone lever for forming cap bottom || **≈färbeapparat** *m* / warp dyeing machine || **≈färberei** *f* / warp dyeing || **≈führer** *m*, Kettenführung *f* / warp guide || **≈führung** *f* (DIN 64990) / chain guide || **≈garn** *n* / warp yarn, warp thread

Kettengewirke *n* / warp knit[ted] fabric || **≈struktur** *f* / warp knit structure

kettengewirkt *adj* / warp knitted || **~er Damenstrumpf** / warp knitted stocking, tricot stocking (US)

Ketten·glätte *f* / warp smoothness || **≈hülse** *f* / warp tube || ≗kammgarn *n* / worsted warp || ≗knüpfmaschine *f* / tying apparatus, warp tying machine, tying-in machine || ≗kopf *m* (Strick/Wirk) / chain stud || ≗länge *f* / length of the warp || ≗linie *f* / warpline *n*

kettenlos·es Merzerisieren / chainless mercerization || ~e **Merzerisiermaschine** / chainless mercerizer, chainless mercerizing machine || ~e **Stückmerzerisiermaschine** / chainless piece mercerizing machine

Ketten·maschine *f* (DIN 63401) / warping frame, warping machine || ≗**merzerisiermaschine** *f* / chain mercerizer, clip mercerizing frame || ≗**muster** *n* / warp pattern || ≗**musterkarte** *f* (Strick/Wirk) / chain chart || ≗**nadel** *f* (Strick/Wirk) / chain needle || ≗**naht** *f* (Strick/Wirk) / chain stitch seam || ≗**nummer** *f* / warp count || ≗**rad** *n* (Strick/Wirk) / chain wheel || ≗**rapport** *m* (Web) / repeat of warp threads, warp repeat || ≗**rippe** *f* / warp cord || ≗**rips** *m* / warp rib || ≗**ripsbindung** *f* / warp rib weave || ≗**schären** *n* / warping *n* || ≗**schärmaschine** *f* / warper *n* || ≗**schattenbindung** *f* / shaded weave || ≗**schlußglied** *n* (Strick/Wirk) / chain end link || ≗**seide** *f* / organzine *n* || ≗**spannung** *f* / warp tension || **die** ≗**spannung regeln** / regulate the tension of the warp || ≗**spannungsregler** *m* / let-off motion || ≗**spareinrichtung** *f* (Strick/Wirk) / twenty-counter *n* || ≗**spulmaschine** *f* (Spinn) / reducer *n*, reducing box || ≗**spulmaschine** (Web) / warp winding engine, warp winding frame, warp winding machine || ≗**ständer** *m* / warp stand || ~**starkes Gewebe** / unidirectional cloth

Kettenstich *m* (Näh) / chain stitch || ≗ (Strick/Wirk) / cable stitch design, cable stitch effect || **offener** ≗ / open chain stitch || **umwundener** ≗ / whipped chain stitch || **verschränkter** ≗ / twisted chain stitch || ≗**arbeit** *f* / chain work || ≗**nähen** *n* / chain sewing || ≗**nähmaschine** *f* / chain stitch sewing machine || ≗**naht** *f* (Strick/Wirk) / chain stitch seam || ≗**stickerei** *f*, Kettenstickerei *f* / chain stitch embroidery

Kettenstuhl *m* (Strick/Wirk) / warp knitting machine, warp knitting loom || ≗**gewirk** *n* / warp knit[ted] fabric || ≗**nadel** *f* / warp loom needle || ≗**ware** *f* / warp knit[ted] fabric

Ketten·teilungsbügel *m* / warp separator || ≗**trenner** *m* (Näh) / chain cutter || ≗**trikot** *m* (einschienige Ware) / warp tricot || ≗**trockenapparat** *m*, Kettentrockner *m* / warp drier || ≗**trommel** *f* / chain cylinder, chain drum || ≗**unterbrecher** *m* (Web) / chain terminator || ≗**verschlingung** *f* / warp linkage || ≗**ware** *f* / warp fabric, warp knit[ted] fabric || ≗**wechsler** *m* / warp changer || ≗**wickel** *m* (Web) / ball of warp, warp ball

Kettenwirkautomat *m* / automatic warp knitting machine

Kettenwirken *n*, Kettenwirkerei *f* / warp knitting

Kettenwirk·maschine *f*, Kettenwirkstuhl *m* / warp knitting loom, warp loom, warp knitting machine || **vierschieniger** ≗**stuhl** / four-bar warp knitting loom || ≗**technik** *f* / warp knitting technique || ≗**ware** *f* / warp knit[ted] fabric, warp knit goods *pl*

Kettfaden *m* (Web) / warp thread, end *n*, warp *n*, warp end, beam thread

Kettfäden *m pl* (Web) / ends *pl*, warp yarn, warp *n* || ≗ **einziehen** / heddle *v* || ≗ **je cm** / ends per centimetre || ≗ **je Zoll** / ends per inch || **gerissene** ≗ *m pl* (Web) / ends down, sleepers *pl* || **lose hängende** ≗ / lappers *pl*

Kettfaden·abfall *m* / thrum *n* || ≗**ablaßvorrichtung** *f* (Web) / let-off motion

Kettfädenabstand *m* (Web) / reed space, reed width, width of reed

Kettfaden·band *n* / warp layer || ≗**bewegung** *f* / movement of the warp threads || ≗**bruch** *m* (Web) / warp breakage, end down, trap *n* || ≗**dichte** *f* / warp setting, warp count || ≗**dichte von Leinenwaren** / linen sett || ≗**effekt** *m* / warp effect || ≗**einstellung** *f* / warp setting, number of ends per centimetre, number of ends per inch || ≗**einteilung** *f* / spacing of warp threads || ≗**einziehschema** *n* (Web) / entering plan || ≗**einzug** *m* **in geordneter Reihenfolge** / space draft || ≗**folge** *f* (Web) / sequence of ends, order of the warp threads || ≗**führer** *m* / warp guide || ≗**führung** *f* / warp guide || ≗**glättvorrichtung** *f* (Web) / sweeper *n* || ≗**gruppe** *f* (Web) / porter *n* || ≗**heber** *m* (Web) / lifting cord of the warp || ≗**hebung** *f* / lifting the warp threads

Kettfäden-Kopfkreuz *n* / head lease

Kettfaden·kreuz *n* / warping lease || ≗**-Mulekötzer** *m* / twist cop || ≗**muster** *n*, Kettfadenmusterung *f* / warp effect, warp figuring || ≗**rapport** *m* (Web) / repeat of warp threads, warp repeat || ≗**reihe** *f* (Web) / row of warp threads || ≗**richtung** *f* / warp direction || ≗**-Schlichtebad** *n* / warp sizing float || ≗**spannungsmeßgerät** *n* / warp thread tension gauge || ≗**system** *n* (Web) / system of warp threads || ≗**teilung** *f* (Web) / pitch of warp threads || ≗**wächter** *m* (Web) / warp stop motion, stopper *n* || ≗**wächterlamelle** *f* (Web) / drop wire || ≗**zahl** *f* (Web) / porter *n*

Kett·färbemaschine *f* / warp dyeing machine || ≗**färberei** *f*, Kettfärbung *f* / warp dyeing || ≗**fehler** *m* / warp fault || ≗**florgewebe** *n* / warp pile fabric || ≗**florteppich** *m* / warp pile carpet || ≗**flottierung** *f*, Kettflottung *f* / warp float

Kettgarn *n* (Web) / warp yarn, warp thread, end *n*, warp thread end || ≗**drehung** *f* / torque of warp yarn, warp twist || ≗**druck** *m* / warp printing || ≗**färben** *n* / warp dyeing || ≗**kötzer** *m* / warp cop || ≗**netz** *n* / warp net, warp lace || ≗**nummer** *f* / warp count || ≗**spinner** *m* / warp thread spinner || ≗**spitze** *f* / warp lace, warp net || ≗**spule** *f* / spool for weft || ≗**spulmaschine** *f* / warp winder, warp winding frame, warp winding machine || ≗**trockner** *m* / warp thread drier || ≗**zuführung** *f* / warp supply || ≗**zwirner** *m* / warp yarn doubler, warp yarn twister

kett·gemusterter Teppich / warp patterned carpet || ~**gestreifte Köperhosenstoffe** *m pl* / ride cords (GB) || ≗**gewebe** *n* / warp loom fabric || ≗**hülse** *f* / warp tube || ≗**kammgarn** *n* / worsted warp || ≗**knäuel** *m* / warp ball || ≗**kop** *m* / warp cop || ≗**köper** *m* / warp twill || ≗**köpereffekt** *m* / warp twill effect || ≗**kötzer** *m* / warp cop, twist cop

Kettler *m* / looper *n* (operator)

Kett·masche *f* (Häkeln) / chain stitch || ≗**maschenware** *f* / warp knit[ted] fabric || ≗**musterung** *f* / warp figuring || ≗**nachlaßvorrichtung** *f* / warp let-off motion, warp regulator || ≗**nummer** *f* / warp count || ≗**plüsch** *m* / warp plush || ≗**rapport** *m* (Web) / repeat of warp threads, warp repeat || ≗**regulator** *m* / warp let-off motion, warp regulator || ≗**richtung** *f* / direction of the warp, warp direction || **in** ≗**richtung** / warpwise *adj* || ≗**rippe** *f* / warp cord || ≗**rips** *m* / warp rep (US), warp repp (GB) || ≗**samt** *m* (Samt, bei dem die Flordecke von der Kette gebildet wird) / velvet *n*, warp velvet, warp pile velvet || ~̊**satin** *m* / satin *n* (warp-faced weave in which binding places are arranged to produce smooth cloth surface free from twill) || ~̊**schar** *f* (Web) / warp *n* || ~̊**schären** *n* / warping *n* || ~̊**schärmaschine** *f* / sectional warp[ing] machine || ~̊**schiniermaschine** *f* / warp clouding machine, warp printing machine

Kettschlichte *f* / warp size, warp sizing material

kettschlichten *v* / slash *v* || ~̊ *n* / slashing *n*, warp sizing

Kettschlicht·färbemaschine *f* / slasher dyeing machine || ~̊**färben** *n* / slasher dyeing || ~̊**färbeverfahren** *n* / warp slasher dyeing method || ~̊**-Grundierungsverfahren** *n* / warp slasher impregnating method || ~̊**maschine** *f* (DIN 62500) / slasher *n*, slashing machine, tape frame (GB), warp dressing and sizing machine, warp sizing machine

kett·schonend *adj* / warp-saving *adj* || ~̊**schrumpfung** *f* / warp shrinkage || ~̊**seide** *f* / organzine silk || ~̊**spannung** *f* (Web) / warp tension, tension of the warp || ~̊**spule** *f* / warp bobbin || ~̊**strang** *m* / rope of warp yarn

Kettstreifen *m* (Fehler) / warp streak, warp stripe

kettstreifig·er Stoff / grinny cloth || **~e Ware** / reed-marked fabric, reedy fabric

Kettstreifigkeit *f* (Fehler) (Web) / reediness *n*, warp streakiness, stripiness in the warp, warp streaks, warp stripiness

Kettstretchware *f* / warp stretch cloth

Kettstuhl·gewebe *n* (DIN 62062) / warp knit[ted] fabric || **~gewirkt** *adj* / warp knitted || ~̊**nadel** *f* / warp loom needle || ~̊**ware** *f* / warp knit[ted] fabric || **vierschienige** ~̊**ware** / four-bar warp-knitted fabric || ~̊**wirkerei** *f* / warp knitting

Kett- und Schußelastizität *f* / two-way stretch || ~̊**- und Schuß-Endlosfadengarn** *n* / warp and weft continuous filament yarn || ~̊**vorbereitung** *f* (DIN 62500) / warp preparation || ~̊**vorbereitungsmaschine** *f* (DIN 62500) / warp preparation machine || ~̊**ware** *f* / warp knit[ted] fabric || ~̊**wirkautomat** *m* / automatic warp knit goods machine, automatic warp knitting machine || ~̊**wirkware** *f* / warp knit[ted] fabric || ~̊**ziehvorrichtung** *f* / warp drawer

Keulen·ärmel *m* (Mode) / gigot sleeve, melon sleeve, leg-of-mutton sleeve || ~̊**wolle** *f* / britch wool, brown matchings *pl*, brown wool, breech *n*, breech wool, shanking *n*

khaki *adj* / khaki *adj* || ~̊ *m* / khaki *n*, khaki cloth || ~̊**drell** / khaki drill || ~̊**farbe** *f* / khaki colour || **~grau** *adj* (RAL 7008) / khaki grey *adj* || ~̊**stoff** *m* / khaki cloth, khaki *n*

Khotan *m* / Khotan *n* (Chinese handmade carpet)

Kidderminster-Teppich *m* (beidseitig gemusterter Teppich) / Kidderminster carpet, Scotch carpet, ingrain (US) *n*

kiefergrün *adj* / fir green *adj*, pine needle green

Kielerdrell *m* (in Kettrichtung farbig gemusterte Baumwollköper für Berufskleidung und Schürzen) / regatta *n*, cadet cloth

Kiepenhut *m* / poke-bonnet *n* (woman's hat with peak, esp. for the Salvation Army)

Kiesel·bindung *f* / pebble weave || ~̊**erde** *f* / silica *n* || ~̊**gel** *n* / silica gel || **~grau** *adj* (RAL 7032) / pebble grey *adj* || ~̊**gur** *f* / diatomaceous earth

Kieselsäure *f* / silicic acid || ~̊**esterdispersion** *f* / silicic acid ester dispersion || ~̊**gel** *n* / silica gel

Kilotex *n* (ktex = 1 kp/1000 m) (Spinn) / kilotex *n*, ktex *n*

Kilt *m* (Knierock der Schotten) / kilt *n*

Kimono *m* / kimono *n* || ~̊**ärmel** *m pl* (Mode) / Magyar sleeves, kimomo sleeves || ~̊**flanell** *m* / kimono flannel || ~̊**kragen** *m* / kimono collar || ~̊**schnitt** *m* (Mode) / kimono style || ~̊**seide** *f*, Kimonoseidenstoff *m* / kimono silk

Kinder·bekleidung *f* / children's clothing, children's wear (wear intended for children under 12 years), juvenile clothing || ~̊**bettlaken** *n* / cot sheet || ~̊**jäckchen** *n* / children's cardigan || ~̊**kleid** *n*, Kinderkleidchen *n* / frock *n* || ~̊**kleidung** *f* / children's clothing, children's wear (wear intended for children under 12 years), juvenile clothing || ~̊**lätzchen** *n* / infant's bib, feeder *n* (GB) || ~̊**oberbekleidung (KOB)** *f* / children's outerwear || ~̊**overall** *m* / smock *n* || ~̊**schlafdecke** *f* / cot blanket, kiddies' blanket || ~̊**schlafkleidung** *f* / children's sleepwear || ~̊**schürze** *f* / pinafore *n* || ~̊**spielhose** *f* / frock *n* || ~̊**strumpf** *m* / children's hose, children's stocking || ~̊**strumpfhose** *f* / children's tights || ~̊**unterkleidung** *f*, Kinderunterzeug *n* / children's underwear || ~̊**wagendecke** *f*, Kinderwagenzierdecke *f* / pram rug, pram spread

Kingleinen *n* / domestic *n* (plain-weave cotton cloth)

Kinn *n* **der Platine** / neb *n* || ~̊**band** *n* / chinstrap *n*

Kipp·nadel *f* (Strick/Wirk) / maratti type latch needle || ~̊**rakel** *f* (Beschicht) / tilting doctor

kirchliche Gewänder *n pl* / church vestments *pl*

Kirman *m* / Kerman *n* (Persian handmade carpet), Kirman

kirsch·farben *adj* / cherry coloured *adj* || ~̊**gummi** *n m* / cherry gum || ~̊**lorbeeröl** *n* (aus Prunus laurocerasus) / cherry laurel oil

Kirschnerflügel *m* / Kirschner beater, carding beater

kirschrot *adj* / cherry red *adj*, cerise *adj*

Kirsey *m* s. Kersey

Kiss-Coating *n* / kiss coating process

Kissen *n* / cushion *n* || ~̊ (für das Bett) / pillow *n* || ~̊ (Schulterpolster) / pad *n* || ~̊**bezug** *m* / cushion cover || ~̊**bezug** (Bett) / pillow case, pillow slip || ~̊**borte** *f* / pillow cord || ~̊**füllung** *f* / pillow filling, pillow stuffing || ~̊**hülle** *f* / pillow case, pillow slip || ~̊**platte** *f* / face of a fancy pillow, cushion cover, cushion plate || ~̊**überzug** *m* / pillow case, bolster case, pillow slip || ~̊**unterlage** *f* / bolster *n*

Kittel *m* (einer Hausfrau) / smock *n*, housecoat *n* || ~̊ (eines Arztes usw) / lab coat, white coat || ~̊ (eines Arbeiters) / industrial overall[s], smock-frock *n* || ~̊ (eines Kindes, Bauern) / smock *n* || ~̊**kleid** *n* / house dress, frock *n* || ~̊**kleid** (Mode) / shirt dress || ~̊**schürze** *f* / housecoat *n*

kittgrau *adj* / putty *adj*

klamm *adj* / damp *adj*

Klammer *f* / clip *n* || ~̊**falle** *f* (in Waschmaschine) / needle trap, pin trap

Klammern *n* (der Kettfäden) / clinging *n*

Klammernaht *f* / clip suture

Klapot *n*, Klapotständer *m* / rope washer, rinsing machine for goods in rope form

Klapp·boden *m* (Spinn) / folding bottom || ~̊**couch** *f* / sofa bed

Klappen·reiniger *m* / flap cleaner || ~̊**tasche** *f* / flap pocket

Klapp·stuhl *m* / deck-chair *n* || ~̊**zylinder** *m* /

collapsible silk hat
klar *adj* (Farbe) / clear *adj*, bright *adj* || ~ (durchsichtig) (Beschicht) / transparent *adj* || **~e Ausrüstung** / clear finish || **~ gereinigte Wolle** / free wool || **~es Maschenbild** (Strick/Wirk) / stitch clarity, clearly defined stitch pattern
Klär·anlage *f* / waste water treatment plant, clarification plant || **²bad** *n* / clearing bath || **²becken** *n* / settling tank || **²bottich** *m* / clarifying tub, clearing tub, clearing vat
klären *v* / clear *v* || **²** *n* / clearing *n*
Klär·faß *n* / clearing cask || **²filter** *m n* / filter *n*
klargeschorene Ausrüstung / clear-cut finish
Klarheit *f* / clarity *n*, brilliancy *n*, brilliance *n* (of colour or dye), brightness *n* || **²** (Strumpf) / sheerness *n*
Klär·kasten *m* / clarifying tank || **²küpe** *f* / settling vat || **²mittel** *n* / clearing agent, clarifying agent
Klarpunkt *m* (Waschmitt) / temperature of clarification
Klarsicht·-Mangelhaube *f* / transparent mangle hood || **²tuch** *n* / antimist cloth
klarspülen *v* / rinse clear
Klärung *f* / clearing treatment
Klärungs·mittel *n* / clarifying agent || **²prozeß** *m* / clearing treatment
Klärwanne *f* / clarifying tub
Klar·waschen *n* (Färb) / clearing *n* || **~weiß** *adj* / clear white *adj* || **²werk** *n* / reseau *n*, réseau *n*, net[work] (groundwork for lace-making)
Klasse *f* / class *n*
klassieren *v* / class *v*, sort *v*, classify *v* || **²** *n* / sorting *n*
Klassierer *m* / classifier *n*
klassierte Wolle / cased wool
Klassierung *f* / classing *n*
klassifizieren *v* / classify *v*, sort *v*, class *v* || **²** *n* / sorting *n*
klassische Kammzugfärberei / classical dyeing technique of tops
Klauen·öl *n* / neat's-foot oil || **²walze** *f* / claw roller
Klebe·apparat *m* / glueing apparatus || **²band** *n* / adhesive tape || **²bondieren** *n* / adhesive laminating || **²fähigkeit** *f* / adherence *n*, adhesion *n* || **²film** *m* / glueing film || **²folie** *f* / adhesive film, glueing film || **~frei** *adj* (Beschicht) / free from tackiness, tack-free || **²kaschierung** *f* / adhesive laminating || **²kraft** *f* **der Beschichtung** (Beschicht) / peeling resistance || **²lack** *m* / adhesive varnish || **²maschine** *f* **für Filmdruck** (Textdr) / machine for fixing textile material on table || **²masse** *f* (Kasch) / adhesive paste || **²mittel** *n* / adhesive *n*, glue *n*, bonding agent || **²mittelbehälter** *m* / paste box
kleben *vt* / glue *vt*, stick *vt*, gum *vt* || ~ *vi* / stick *vi*, adhere *vi* || **²** *n* / glueing *n*, gumming *n*, sticking *n* || **² der Kanten** (Ausrüst) / selvedge gumming
klebend *adj* / tacky *adj*, adhesive *adj*, sticky *adj*
Klebe·neigung *f* (Beschicht) / sticking tendency || **²netz** *n* (Vliesst) / bonded net || **²paste** *f* (Kasch) / adhesive paste
Kleber *m* / adhesive *n*, glue *n*, bonding agent, adhesive material || **²wagen** *m* **für Filmdruck** / carriage for application of adhesive
Klebe·schicht *f* (Beschicht) / adhesive layer || **²schild** *n* / adhesive label || **²streifen** *m* / adhesive tape || **²strich** *m* (Kasch) / adhesive coat, base coat[ing] *n* || **²vlies** *n* / fibres bonded with adhesives || **²wachs** *n* / adhesive wax || **²zettel** *m* / stick-on label
Kleb·fähigkeitsverbesserung *f* / improvement of adhesion, adhering pretreatment || **²festigkeit** *f* / bonding strength || **²folie** *f* / adhesive film
klebfrei *adj* (Beschicht) / non-tacking *adj*, tackfree *adj* || **~er Film** / non-tacky film
Klebfreiheit *f* (Beschicht) / non-tackiness *n*
Kleb·harz *n* / adhesive resin, resin adhesive || **²kraft** *f* / adhesive strength, adhesive power, bonding strength, adhesion *n* || **²kraft** (der Beschichtung) (Beschicht) / resistance to peeling || **²lack** *m* / adhesive varnish || **²lösung** *f* / adhesive solution || **²mittel** *n* / adhesive *n*, adhesive material || **²noppenteppich** *m* / bonded loop carpet || **~offene Zeit** (Beschicht) / period of tack (US), tackiness *n* (time during which the coat remains wet), period of tackiness (GB) || **²polteppich** *m* / bonded pile carpet
klebrig *adj* / tacky *adj*, sticky *adj* || **~er Abrieb** (Beschicht) / tacky rub-off || **~es Fell** / gummy fleece || **~ werden** (Beschicht) / turn tacky
Klebrigkeit *f* / stickiness *n* || **²** (Beschicht) / tack *n*, tackiness *n*
Kleb·schlichtmittel *n* / adhesive size || **²schmutz** *m* / adhering dirt || **²-Spinnverfahren** *n* / bonding spinning || **²stelle** *f* (Vliesst) / adhesive joint, bonding area || **²stoff** *m* / adhesive *n*, glue *n*, adhesive material || **²streifen** *m* / adhesive tape || **²strich** *m* / adhesive coat
Klebung *f* / glueing *n*
Kleb·verbindung *f* (Vliesst) / adhesive joint || **²vorrichtung** *f* / gumming device || **²wachs** *n* / adhesive wax
Klecks *m* / blot *n*
klee·blattförmiger Querschnitt / trilobal cross-section || **²salz** *n* / oxalic salt
Kleid *n* / dress *n* || **² im Disko-Stil** / discothèque style (dress with low neck and short hem) || **² mit durchgehender Knopfleiste** (Näh) / button-through dress || **² mit Passe** / yoked dress || **² von der Stange** / ready-made dress, off the peg garment
kleiden *v* / clothe *v*, dress *v*
Kleider *n pl* / clothes *pl*, apparel *n* || **²aufputz** *m* / dress trimmings || **²aufschlag** *m* / revers *n* (flap turned back to show a facing) || **²ausklopfer** *m* / clothes beater || **²bad** *n* / simple dry-cleaning method (of dipping the clothes in the cleaning fluid), dry-cleaning by machine || **²besatz** *m* / trimming *n*, decoration *n* || **²bestand** *m* / wardrobe *n*, [personal] stock of clothes || **²bügel** *m* / clothes hanger, coat hanger || **²bürste** *f* / clothes brush || **²druck** *m* / apparel printing || **²fabrik** *f* / apparel manufacturer, making-up plant, garment maker || **²fabrikant** *m* / apparel manufacturer || **²färbeapparat** *m* / garment dyeing machine || **²färbemaschine** *f* / garment dyeing machine || **²färberei** *f* (Tätigkeit) / garment dyeing || **²färberei** (Betrieb) / garment dyeing plant || **²haken** *m* / clothes hook || **²konfektion** *f* / making-up trade, dressmaking *n* || **²leinen** *n* / dress linen || **²motte** *f* (Tineola bisselliëlla) / clothes moth || **²pflege** *f* / garment maintenance || **²puppe** *f* / clothes dummy, tailor's dummy || **²samt** *m* / velvet for dressgoods || **²saum** *m* / clothes seam || **²schotten** *m* / tartan *n*, plaid *n* || **²schrank** *m* / wardrobe *n* || **²schürze** *f* / [button-through] house frock, house dress || **²ständer** *m* / clothes stand, clothes tree
Kleiderstoff *m* / dress fabric, apparel fabric || **²e** *m pl* / dress goods, dress fabrics, dress materials ||

~artikel *m* / garment fabric article || **~aufdruck** *m* / garment fabric printing
Kleider·taft *m* / dress taffeta || **~umschlag** *m* / revers *n* (flap turned back to show a facing) || **~wolle** *f* / apparel wool || **~zubehör** *n* / clothing accessories *pl*
Kleidung *f* / apparel *n*
Kleidungs·stück *n* / article of clothing, garment *n*, clothes item || **~stücke** *n pl* / apparel *n*, clothes *pl* || **~stücke aus Tweed** / tweeds *pl* || **~zubehör** *n* / apparel accessories *pl*
Kleie *f* / bran *n*
Kleien·bad *n* / bran bath || **Behandeln mit ~beize** / branning *n* || **~küpe** *f* / bran vat
klein·e Flagge / pennant *n* || **~e Garnspule** (Näh) / reel *n* || **~er Kammring** / inner comb circle || **~e Karos** *n pl* (Mode) / fine checks || **~er machen** / take in (garment) || **~e Modeartikel** *m pl* / smallwares *pl* || **~er Teppich** / rug *n* (GB) || **~e Tischdecke** / tea cloth
kleinasiatische Rohseide / Asia Minor raw silk
Klein·bleichanlage *f* / small bleaching range || **~fonturig** *adj* (Strumpf) / few-section ...
kleingemustert *adj* / small-figured *adj* || **~es Gewebe** (durch Schafttechnik) / façonné *n* (small jacquard-effect design) (Fr) || **~er Schuhplüsch** / shoe moquette
kleingepulvert *adj* / finely powdered
kleinkariert·es Muster / checker *n* || **~er Stoff** / check pattern fabric *n*, tooth-peg check, pepita (shepherd's check designs in two colours) *n*
Kleinkinderkleidung *f* / infant's garments *pl*, infant's wear
Kleinkind-Latzhose *f* / crawlers *pl*
kleinknipsiger Stapel / pin-head staple
Klein·kranzkettelmaschine *f* / circular looper with small diameter, small cylinder looping machine || **~kristallin** *adj* / fine crystalline || **~lückig** *adj* / fine-pored *adj* || **~maschig** *adj* (Strick/Wirk) / close-meshed *adj*, narrow-meshed *adj*, fine-meshed *adj*, close-stitch *adj*
kleinmustrig·e Jacquardbindung / small jacquard design || **~e Muster** *n pl* / small pattern effects
Kleinspinn·anlage *f* / small-scale spinning installation || **~maschine** *f* / miniature spinning frame, small spinning frame
Kleinstbereich·dehnung *f* / micro-length stretch (before resin treatment), microstretching *n* (MS) || **~dehnungsverfahren** *n* (Ausrüst) / micro-length stretching (MLS)
Kleinteile-Vornäh-Automat *m* (Näh) / automatic small-parts runstitcher
Klein·versuch *m* / laboratory test, laboratory trial || **~wickelkörper** *m* (Färb) / small-size wound package
Klemmdruck *m* / gripping pressure (mech), nip pressure, squeezing pressure
Klemme *f* / clamp *n*, clip *n*
klemmen *v* / grip *v*
Klemm·linie *f* **des Streckwerks** (DIN 64050) (Spinn) / nip line of drafting arrangement || **~liniendruck** *m* / nip line pressure || **~liniendruck des Streckwerks** (DIN 64050) (Spinn) / nip line pressure of drafting arrangement || **~punkt** *m* / point of grip, nip *n* || **~punktabstand** *m* / nip-point distance || **~schieber** *m* (Reißv) / cam-lock slider || **~schiene** *f* / clasp rod || **~schuß** *m* (Fehler) (Web) / shuttle mark[ing], taut pick || **~schützen** *m* / elastic shuttle || **~spanne** *f* / gripping jaw (mech) || **~spule** *f* (Web) / ringless pirn || **~stelle** *f* / nip *n*, point of grip || **~streckwerk** *n* / nip roller system || **~vorrichtung** *f* / clamp *n* || **~walze** *f* / Casablanca type nip roll || **~walzendruck** *m* / nip pressure, squeezing pressure
Klette *f* (Spinn) / burr *n* || **~n auslesen** / pick the burrs
Kletten·band *n* / Velcro tape || **~bildung** *f* (Web) / buttoning *n* (small bunches of short fibres forming on warp yarns) || **~brecher** *m* / burr beater || **~brecherwalze** *f* / burr crushing cylinder, burr crushing roller || **~frei** *adj* (Wolle) / free from burrs || **~haltige Wolle** / burry wool || **~kämmling** *m* / burry noil || **~rost** *m* / burr screen || **~schläger** *m* / burr beater || **~verschluß** *m* / Velcro strip fastener || **~verschlußstreifen** *m* / Velcro fastening strip || **~walze** *f* / burr cylinder, burring roller || **~walze** (Spinn) / licker-in *n*, taker-in *n* || **~wolf** *m* / burr crusher, burring machine, burring willow || **~wolle** *f* / burry wool
Kletterweste *f* / mountaineering jacket
klettige Wolle / burry wool
Klima·anlage *f* / air-conditioning plant || **~kammer** *f* / air conditioning chamber || **~prüfkammer** *f* / conditioned testing chamber || **~prüfschrank** *m* / climatic conditioning cabinet, climatic conditioning unit || **~raum** *m* / conditioning room || **~schrank** *m* / air conditioning cabinet, conditioning cabinet
klimatisieren *v* / climatize *v*, condition *v* || **~** *n* / conditioning *n*
klimatisierter Zustand / conditioned state
Klimatisierung *f* / air conditioning, conditioning *n*
Klinken·fuß *m* (Näh) / self-locking presser foot || **~hebel** *m* (Strick/Wirk) / catch lever, latch *n* || **~hub** *m* / lift of the pawl || **~werk** *n* (Strick/Wirk) / rack and pawl arrangement
klopfen *v* (Spinn) / willow *v*, willey *v* || ~ (Flachs, Baumwolle) / beat *v* || ~ *v* (von Staub befreien) / beat *v* || ~ *v* (Plüsch) / bat *v*, hit *v* || **~** *n* / beating *n* || **~** (Spinn) / willowing *n*, willeying *n*
Klopfer *m* / beater *n*
Klopf·maschine *f* / beating machine, beater machine || **~reiniger** *m* (Spinn) / perforated cage cleaner || **~wolf** *m* / beater opener || **~wolf** (Spinn) / willey *n*, willow *n* || **~wolf** (für Baumwollabfall) / cotton waste shaker || **~wolf für Spinnstoffaufbereitung** (DIN 64162) / willow for fibre preparing || **~wolfen** *n* / opening-picking *n*
Klöppel *m* / lace bobbin || **~arbeit** *f* / bobbin lace work, pillow lace work, bone lace work || **~feder** *f* / lacer spring || **~garn** *n* / lace yarn || **~garnträger** *m* / bone bobbin || **~hebel** *m* / bobbin lace lever || **~kante** *f* / bobbin lace || **~kissen** *n* / cushion for bobbin-lace making, lace pillow || **~maschine** *f* / bobbin lace machine || **~muster** *n* / bobbin lace pattern, pillow lace pattern
Klöppeln *n* / lace making
Klöppelspindel *f* / bobbin lace spindle
Klöppelspitze *f* / bobbin lace, pillow lace, cushion lace, bone lace || **~ aus Baden** / Baden lace || **~ aus der Normandie** / Normandy lace || **~ aus Shetlandwolle** / Shetland lace
Klöppel·spitzenmaschine *f* / [imitation] bobbin lace machine || **~spule** *f* / lace bobbin
Kloth *m* (AU) (Web) / zanella (lining fabric also used for umbrellas), Italian cloth
Klotz *m* (Textdr) / block *n* || **~** (Färb) / pad liquor, padding liquor || **~anilinschwarz** *n* / aniline black pad, slop-padded aniline black || **~ansatz** *m* / pad

liquor, slop-pad liquor, padding liquor || **⁓appretur** *f* / finishing on the padder || **⁓artikel** *m* / padded style || **⁓-Aufdockverfahren** *n* / vat winding-up method || **⁓ausrüsten** *n*, Klotzausrüstung *f* / pad finishing, finishing on the padder || **⁓bad** *n* / pad liquor, pad bath, padding bath, slop-pad liquor || **⁓chassis** *n* / pad box, trough of the padding machine, padding trough, pad trough

Klotzdämpf·ausrüstung *f* / pad steam finishing || **⁓bleiche** *f* / pad steam bleaching

Klotzdämpfen *n* / pad steaming, pad steam vat printing process

Klotzdämpf·färbung *f* / pad steam dyeing || **⁓maschine** *f* / pad steam machine || **⁓verfahren** *n* / pad steam vat printing process || **⁓verfahren mit Leukoküpenfarbstoffen** / leuco vat-dye pad-steam process

Klotzdruck *m* / block printing, slop-pad printing

Klötzelleinen *n* / [kind of] unbleached and unfinished calendered linen (esp. used for interlining)

klotzen *v* (Färb) / pad *v*, slop-pad *v* || **im Zwickel** ~ / pad in the nip || ⁓ *n* (Färb) / padding *n*, slop padding

Klotz·färben *n* (Färb) / pad dyeing || **⁓färbeverfahren** *n* / pad dyeing process || **⁓farbstoff** *m* / padding dyestuff || **⁓färbung** *f* / pad dyeing, padded dyeing || **⁓fixiermaschine** *f* / pad fix machine

Klotzflotte *f* / pad liquor, slop-pad liquor, padding liquor

Klotzflotten·aufnahme *f* / pad liquor pick-up || **⁓temperatur** *f* / pad liquor temperature

Klotz·grundierfarbe *f* / padding ground shade || **⁓hilfsmittel** *n* / padding agent, padding auxiliary, padding assistant

Klotzjigger·ausrüsten *n* / pad jig finishing || **⁓färben** *n* / pad jig dyeing || **⁓verfahren** *n* / pad jig method

Klotz·-Kaltverweil-Verfahren *n*, Klotz-Kaltlager-Verfahren *n* / cold pad-batch dyeing process, cold pad-batch dyeing technique || **⁓-Kondensationsverfahren** *n*, Klotz-Kondensierverfahren *n* / pad cure method, pad thermofixation || **⁓-Kurzverweilverfahren** *n* / short-dwell pad method, short-dwell padding process || **⁓lösung** *f* / padding solution || **⁓maschine** *f* (Färb) / pad *n*, padder *n*, padding machine, padding mangle, slop-padding machine || **⁓model** *m* / block model || **⁓reserveartikel** *m* / padded resist style

Klotzroll·ausrüstung *f* / pad roll finishing || **⁓färbung** *f* / pad roll dyeing || **⁓maschine** *f* / pad roll machine

Klotz·-Schocktrocknungsverfahren *n*, KSV / pad shock drying process, pad dry fixation method || **⁓schwarz** *n* / slop-padded black || **⁓temperatur** *f* / padding temperature || **⁓-Thermofixierverfahren** *n* / pad thermofixation process, pad cure method || **⁓-Thermosolverfahren** *n* (Färb) / pad thermosol process || **⁓-Trockenverfahren** *n* / pad dry process || **⁓-Trocknungskondensationsverfahren** *n* / pad dry cure process || **⁓trog** *m* / pad box, trough of the padding machine, padding trough, pad trough

Klotzung *f* (Färb) / padding *n*

Klotz·vorschrift *f* / padding formula || **⁓walze** *f* / pad roller, slop-pad roller, padding roller

Klubjacke *f* / blazer *n*

Klümpchen *n* / blob *n*

Klumpenbildung *f* / formation of lumps

Klumpseife *f* / clotted soap, middle soap

Kluppe *f*, Spannhaken *m* / clamp *n*, tenter hook || ⁓, Zange *f* / nippers *pl* || ⁓ **eines Spannrahmens** (DIN 64990) / clip *n*

Kluppen·abdruck *m* / clip marking || **⁓bahn** *f* / clip chain path || **⁓eindruck** *m* / clip marking || **⁓halter** *m* / clip holder, clip rest || **⁓kette** *f* / clip chain || **⁓kettenglied** *n* (DIN 64990) / clip chain link || **⁓spannrahmen** *m*, Kluppenrahmen *m* / clamp stenter (GB), clamp tenter (US), clip stenter (GB), clip tenter (US) || **⁓stange** *f* / locking bar

Klüverseil *n* / jib rope || **⁓topsegel** *n* / jib topsail

Knaben·anzug *m* / boy's suit || **⁓bekleidung** *f* / boy's wear || **⁓mütze** *f* / boy's cap || **⁓spielanzug** *m* / buster suit (GB)

Knagge *f* **der Zählkette** (Strick/Wirk) / chain block, chain button

knallblau *adj* / vivid blue

knapp *adj* / tight *adj* || ~ **passend** / tight-fitting *adj* (garment)

Knäuel *m n* / clew *n*, twist *n* || ⁓ *n* (DIN 61800) / ball *n* || **⁓dampfmaschine** *f* / ball steaming machine || **⁓molekül** *n* / entangled molecule

Knäueln *n* / balling *n*

Knäuel·schären *n* / ball warping || **⁓wickelmaschine** *f* / ball winding machine, balling machine || **⁓wickelmaschine für Kettfäden** / warp balling machine || **⁓wickelstelle** *f* / balling head || **⁓wolle** *f* / ball wool || **⁓zettelmaschine** *f* / ball warping machine

knautschen *f* / crease *vt*, crumple *v*, rumple *v*, wrinkle *v*

Kneifzange *f* / nippers *pl*, pincers *pl*, burling tweezers

Knetmaschine *f* / masticator *n*

Knick·beanspruchung *f* / bending stress, breaking strain || **⁓beanspruchung** (Beschicht) / flexing stress

Knickbruch *m* (Beschicht) / film failure on flexing || **⁓beständigkeit** *f* (Beschicht) / resistance to cracking || **⁓festigkeit** *f* (Beschicht) / fastness to film failure on cracking, flexional strength, flexional resistance, flex resistance, flexing resistance, flexural strength, strength of flexure || **⁓prüfung** *f* (Beschicht) / flexing test || **⁓prüfung auf einer Flexing-Maschine** (Beschicht) / flexing test on a flexing machine

knicken *v* / fold *v*

Knickerbocker *m* / knickerbockers *pl*, knickerbocker suit || **lange und weite ⁓hose** / plus fours *pl*

Knick·falte *f* / crease *n* || **⁓falte** (Beschicht) / fold *n* || **~feste Beschichtung** / crack-resistant coating || **⁓festigkeit** *f* (Beschicht) / flex resistance || **⁓scheuerprüfgerät** *n* / flexing abrasion testing apparatus || **⁓scheuerprüfung** *f* / edge abrasion test, folding-rubbing test || **⁓stelle** *f* / crease mark || **⁓stellen** *f pl* (Beschicht) / crease spots || **⁓- und Scheuerprüfung** *f* / folding and rubbing test || **⁓winkel** *m* / bending angle, breaking angle || **⁓zahl** *f* (Beschicht) / flex number (number of cycles under defined conditions until the first visible peeling occurs) || **⁓zone** *f* / bending zone (stuff crimping)

Knie·bundhose *f* / knickerbockers *pl* || **⁓decker** *m* (Strickmasch) / point with crank || **~frei** *adj* / (skirt, etc.) that shows the knees || **~freie Mode** / above-the-knee look || **⁓hose** *f* / knee breeches *pl*, pair of breeches, knee length trousers || **⁓kissen** *n* (in der Kirche) / hassock *n* || **~lange Socke** / knee sock || **⁓schützer** *m* / knee pad || **⁓spanner** *m* (Tepp) / knee kicker || **⁓strumpf** *m* (für Damen) / knee-length

stocking || **~strumpf** (für Herren) / three-quarter hose, long hose, knee-length sock, over-the-calf sock (US) || **~verstärkung** *f*(Strick/Wirk) / knee splicing
Kniff *m* / dent *n*(in hat)
knirschen *vi* / scroop *vi* || **~** *n* / scroop *n*, scrooping *n*
knirschend *adj* / scroopy *adj* || **~e Appretur** / crunch finish, scroop finish || **~ ausrüsten** / scroop *vt* || **~e Ausrüstung** / crunch finish, scroop finish || **~er Griff** / crunchy feel, scroopy handle, scroop *n*, silky handle || **~ machen** / scroop *vt* || **~machen** *n* / scrooping *n*
Knirschgriff *m* / scroopy handle, silky handle, crunchy handle
Knistern *n* / frou-frou *n*(esp. silk)
Knit-deknit-Garn *n* / knit-deknit yarn || **~-Texturierung** *f*, Knit-deknit-Verfahren *n* / knit-deknit process, knit crimping
Knitter *m* / wrinkle *n*, fold *n*, crease *n* || **~anfälligkeit** *f* / wrinkle propensity
knitterarm *adj* / crease-resistant *adj*, non-creasing *adj*, creaseproof *adj*, non-creasable *adj*, anti-crease *adj* || **~ ausgerüstet** / anticreased *adj* || **~ ausrüsten** / creaseproof *v* || **~e, bügelarme und fleckenabweisende Ausrüstung** / non-crease, minimum iron and stain-resistant finish || **~appretur** *f* s. Knitterarmausrüstung || **~appreturmittel** *n* / creaseproofing agent || **~ausrüstung** *f*, knitterarme Ausrüstung / crease resistant finish, creaseproof finish[ing], anticrease finish, creaseproofing *n*, wrinkle resistant finish[ing] || **~effekt** *m* / crease-resistant effect || **~machen** *n* / crease resist processing
Knitterbildung *f* / crease formation
knitterecht *adj* s. knitterfrei || **~appretur** *f* / crease resistant finish, wrinkle resistant finish[ing] || **~ausrüstung** *f* s. Knitterarmausrüstung || **~ausrüstungsmittel** *n* / creaseproofing agent || **~gewebe** *n* / wrinkle resistant fabric, crease resist fabric || **~heit** *f* / crease resistance, anticrease effect, resistance to creasing, wrinkle resistance
Knitter·eigenschaft *f* / creasing property || **~empfindlich** *adj* / sensitive to creasing, sensitive to wrinkling || **~empfindlichkeit** *f* / crease sensitivity || **~erholung** *f* / crease recovery, recovery from creasing, wrinkle recovery
Knittererholungs·prüfer *m*, Knittererholungsprüfgerät *n* / wrinkle recovery tester || **~prüfung** *f* / crease recovery test, wrinkle test, wrinkle recovery test || **~vermögen** *n* / crease recovery [ability] || **~winkel** *m* / angle of crease recovery, wrinkle recovery angle, crease recovery angle
Knitterfalte *f* / crease *n*, wrinkle *n* || **durch Trocknen entstandene ~** / crease caused during drying
knitterfest *adj* s. knitterfrei || **~ ausrüsten** / creaseproof *v* || **~ausrüstung** *f* s. knitterfreie Ausrüstung || **~ausrüstung von Farbware** / creaseproof finish of dyed material || **~behandlung** *f* / crease-resistant treatment || **~eigenschaft** *f* / crease-resistant property, non-creasing property, creaseproof property
Knitterfestigkeit *f* / resistance to creasing, crease resistance, anticrease effect, wrinkle resistance
Knitterfest·machen *n* / creaseproofing *n*, anticrease processing || **~mittel** *n* / anticrease agent, anticrease finishing assistant || **~produkt** *n* / creaseproof product || **~verfahren** *n* / crease-resistant finishing process
knitterfrei *adj* / crease-resistant *adj*, non-creasing *adj*, creaseproof *adj*, anti-crease *adj*, non-creasable *adj* || **~ ausgerüstet** / crease-resisted *adj*, anticreased *adj* || **~e Ausrüstung**, Knitterfreiappretur *f*, Knitterfreiausrüstung *f* / crease resistant finish, wrinkle resistant finish[ing], crease resist finish, anticrease finish, creaseproof finish, creaseproofing *n* || **~es Trockenschleudern** / fluffing *n*(spin drier)
Knitterfreiheit *f* / non-creasing property, resistance to creasing, crease resistance, wrinkle resistance
Knitterfreimittel *n* / anticrease finishing assistant
knitterig *adj* / crumpled *adj*
knittern *v* / crease *v*, crumple *v*, rumple *v*, wrinkle *v* || **~** *n* / wrinkling *n*, creasing *n*, formation of wrinkles, formation of creases
Knitter·neigung *f* / tendency to creasing, creasing tendency, crease acceptance, wrinkle propensity || **~probe** *f*, Knitterprüfung *f* / crease resistance test, creasing test || **~resistenz** *f* / crease resistance, resistance to creasing, wrinkle resistance || **~stelle** *f* / wrinkle mark || **~tendenz** *f* / tendency to creasing
Knitterung *f* / crease *n*, wrinkling *n* || **~ entlang der Kanten** / edge creases
Knitter·verhalten *n* / anticrease performance, anticrease properties || **~widerstand** *m*, Knitterwiderstandsvermögen *n* / crease resistance, resistance to creasing, wrinkle resistance || **~winkel** *m* / crease angle, creasing angle || **~winkel** (Knittererholungswinkel) / angle of crease recovery
Knöchel·gamaschen *f pl* / spats *pl* || **~socken** *f pl* / ankle socks *pl*, half-socks *pl*, bobbysocks *pl*(US)
Knochen·asche *f* / bone ash || **~kohle** *f* / bone black, bone coal || **~leim** *m* / bone glue || **~schwarz** *n* / drop black
Knopf *m* / button *n* || **~annähautomat** *m* / automatic button sewer || **~annähen** *n* / button sewing || **~annähfuß** *m* / button sewing foot || **~annähmaschine** *f* / button sewing machine || **~beziehpresse** *f*(Näh) / button covering machine || **~bezug** *m* / button covering || **~bezugssamt** *m* / button velvet || **~brechmaschine** *f*(DIN 64990) / button breaker || **~garn** *n* / spot yarn || **~klammer** *f* (Näh) / button fastener, button clamp || **~klettenfaser** *f* / burr weed fibre || **~leiste** *f*(Hose) (Näh) / button fly, button panel, button facing || **~leisteneinlage** *f* / button strip interlining
Knopfloch *n* / buttonhole *n* || **mit der Maschine gemachtes ~** / machine-made buttonhole || **~automat** *m* / automatic buttonhole machine || **~besatzschnur** *f* / buttonhole gimp || **~fuß** *m* / buttonhole foot || **~gimpe** *f* / buttonhole gimp || **~leiste** *f* / buttonhole facing || **~litze** *f* / buttonhole trimming || **~maschine** *f* / buttonhole machine || **~nähen** *n*(Näh) / buttonholing *n* || **~riegelmaschine** *f* / buttonhole bar tacker || **~schere** *f* / buttonhole scissors *pl* || **~schneideeinrichtung** *f*(Näh) / buttonhole cutting mechanism || **~seide** *f* / buttonhole silk, twisted silk || **~stich** *m* / buttonhole stitch, short-and-long stitch || **~stichnaht** *f* / blanket-stitch seam || **~zwirn** *m* / buttonhole thread, buttonhole twist
Knopfmagazin *n*(Näh) / button hopper
Knöpfrock *m* / button-through skirt
Knopf·rohling *m* / button blank || **~seide** *f* / silk for buttons || **~sortier- und Zufuhreinrichtung** *f*

(Näh) / button sorter/feeder || ²überzugslack *m* / coating lacquer for buttons || ²zwirn *m* / button thread

Knötchen *n* / burl *n*, knob *n*, knop *n*, nub *n* || ² (Fehler) / nib *n* (in silk, wool, fabric), nep *n*, mote *n* || ² **bilden** / pill *v* || ² **entfernen** / mote *v* || ²**bildung** *f* / pill *n*, [fibre] pilling *n*, pilling effect || ~**haltige Naturseide** / lousy silk || ²**stickerei** *f* / French knot (embroidery)

knöteln, auf einer Seite ~ / rateen *v*, ratteen *v*

knoten *v* / knot *v*, tie *v* || ² *m* / knot *n*, burl *n*, knob *n*, knop *n*, nub *n* || ² (Fehler) (Spinn) / nep *n*, nib *n* || ² **abzwicken**, Knoten ausputzen, Knoten auszupfen (Web) / pick *v* || ²**abstellvorrichtung** *f* (Strick/Wirk) / knot stop motion || ²**beständigkeit** *f* / knot efficiency || ²**bildung** *f* / pilling *n*, knot formation || ²**dehnbarkeit** *f* / knot extensibility || ²**effektgarn** *n* / knop yarn || ²**ende** *n* / knot tail || ²**fänger** *m* / knot catcher stop motion, slub catcher, snarl catcher || ²**festigkeit** *f* / knot strength, knot tenacity || ²**flausch** *m* / ratine *n*, ratiné, ratteen *n*, rateen *n* || ²**form** *f* / knot shape || ²**franse** *f* / knotted fringe || ~**frei** *adj* / free from knots, slub-free *adj*, knot-free *adj* || ²**garn** *n* / fancy knotted yarn, slub yarn, bug yarn, spot yarn, flake yarn, knop yarn, nub yarn || ²**garnzwirnmaschine** *f* / slub yarn doubling frame || ²**gewebe** *n* / rice cloth, rice weave, slubby fabric || ²**maschine** *f* / cloth burling machine, burling machine || ²**reißkraft** *f* / knot breaking strength || ²**stelle** *f* / knotted point, place of knot || ²**streifer** *m* / clearing apparatus || ²**verbindung** *f* / knot piecing || ²**wächter** *m* / knot catcher stop motion || ²**zahl** *f* / number of knots || ²**zugversuch** *m* (DIN 53842) / knot-breaking strength test || ²**zwirn** *m* / knotty twist, spot yarn, knop yarn

Knoterwagen *m* (OE-Spinn) / knotting carriage

knotig *adj* / knotty *adj* || ~**es Garn** / slub yarn || ~**es Gewebe** / slubbed weave || ~**e Unebenheit** / knurl *n*

Knotmaschine *f* (Web) / knotting machine

Know-how-Textilien *pl* (für Spezialeinsätze) / know-how textiles *pl*

knüllen *v* / crumple *v*

Knüpf·apparat *m* / tying apparatus, tying-in machine || ²**arbeit** *f* / knotwork *n*, piecing-up work || ²**batik** *f* / tie dyeing || ²**batikimitation** *f* / tie-up resist (batik style) || ²**batikstil** *m* / tie-up resist (batik style)

knüpfen *v* / knot *v*, tie *v* || **gebrochenes Garn wieder** ~ / join the ends, piece *v*

Knüpf·enden *n pl* (Web) / beatings *pl* (GB), thrums *pl* (cotton) || ²**faden** *m* / piecing-up end, tie band (skeining), tie thread || ²**frottee** *n m* / knotted frotté || ²**nadel** *f* / knotting needle || ²**rahmen** *m* / tying frame || ²**röhrchen** *n* / knotting tube || ²**schlinge** *f* / loop *n* || ²**schlinge** (Tepp) / tuft *n* || ²**schlingen** *f pl* **je Inch** (Web) / beat-up *n* || ²**teppich** *m* / knotted carpet, hooked rug, knotted pile carpet || ²**trikotapparat** *m* (Strick/Wirk) / lacework mechanism || ²**vorrichtung** *f* / knotting device, tying apparatus, tying-in machine

Koagulans *n* / coagulant *n*, coagulator *n*, coagulating agent

Koagulat *n* / coagulate *n*

Koagulation *f* / coagulation *n*

Koagulations·bad *n* / coagulating bath (filament production) || ²**dauer** *f* / coagulation period, coagulation time || ²**faser** *f* / coagulation fibre || ²**geschwindigkeit** *f* / coagulation rate, coagulation speed || ²**mittel** *n* / coagulating agent, coagulator *n*, coagulant *n* || ²**tauchverfahren** *n*, Koagulationsverfahren *n* / coagulant dipping process || ²**vermögen** *n* / coagulating power || ²**zeit** *f* / coagulation period, coagulation time

Koagulator *m* / coagulator *n*, coagulating agent, coagulant *n*

koagulierbar *adj* / coagulable *adj*

Koagulierbarkeit *f* / coagulability *n*

koagulieren *v* / coagulate *v* || ² *n* / coagulation *n*

koagulierend·e Kraft / coagulating effect || ~**es Mittel** / coagulant *n*, coagulator *n*, coagulating agent || ~**e Wirkung** / coagulating effect

Koagulier·geschwindigkeit *f* / coagulation speed || ²**lösung** *f* / coagulation solution

Koagulierungs·bad *n* / coagulating bath (filament production) || ²**flüssigkeit** *f* / coagulating liquid (filament production) || ²**schutzwirkung** *f* / anticoagulating effect

Koaleszenz *f* / coalescence *n*

koaxiale Fasereinspeisung / coaxial fibre feed

Koazervat *n* / coacervate *n* || ²**bildner** *m* / coacervate agent

Koazervation *f* / coacervation *n*

koazervierte Phase / coacervated phase

KOB, Kinderoberbekleidung *f* / children's outerwear

Kobalt·beize *f* / cobalt mordant || ²**beschleuniger** *m* / cobalt catalyst, cobalt accelerator || ~**blau** *adj* (RAL 5013) / cobalt-blue *adj* || ²**blau** *n* / cobalt blue, king's blue || ²**-Chlorid-Methode** *f* / cobalt chloride method || ²**gelb** *n* / cobalt yellow, aureolin *n* || ²**grün** *n* / cobalt green || ²**salz** *n* / cobalt salt || ²**sulfat** *n* / cobalt sulphate || ²**ultramarin** *n* / king's blue || ²**verbindung** *f* / cobalt compound

koch·beständig *adj* / fast to boiling, boil-resistant *adj*, boilfast *adj*, boilproof *adj* || ²**beständigkeit** *f* / resistance to boiling, fastness to boiling || ²**beuche** *f* / kier boiling || ²**dauer** *f* / period of boiling || ²**druckkessel** *m* / high-pressure boiler || ~**echt** *adj* (Farbe, Farbstoff) / fast to boiling, boil-resistant *adj*, boilfast *adj*, boilproof *adj* || ~**echt** *adj* (Stoff, Kleidung) / washfast *adj*, washable *adj*, washproof *adj*, wash-resistant *adj*, fast to scouring, launderproof *adj*, laundry-proof *adj* || ²**echtheit** *f* (Farbstoff, Farbe) / fastness to boiling, resistance to boiling || ²**echtheit** (Stoff, Kleidung) s. Kochfestigkeit

kochen *v* / boil *v* || **in Alkalilösung** ~ / kier-boil *v* || ² *n* / boiling *n* || ² (Ausrüst) / crabbing *n*, wet setting || **anhaltendes** ² (Färb) / long boil || **zum** ² **bringen** / raise to the boil

kochend *adj* / boiling *adj* || ~**es Behandlungsbad** / boiling liquor || ~**es Seifen** / soaping at the boil || ²**färben** *n* / dyeing at the boil

Kocher *m* / digester *n*

koch·fest *adj* (Farbe, Farbstoff) / fast to boiling, boil-resistant *adj*, boilfast *adj*, boilproof *adj* || ~**fest** (Stoff, Kleidung) / washfast *adj*, washable *adj*, washproof *adj*, wash-resistant *adj*, fast to scouring, launderproof *adj*, laundry-proof *adj* || ²**festigkeit** *f* (Stoff, Kleidung) / washfastness [at the boil], washability [at the boil] || ²**festigkeit** (Farbstoff, Farbe) / fastness to boiling, resistance to boiling || ²**kessel** *m* / boiling kier || ²**laugenbeständigkeit** *f* / fastness to boiling alkalis || ²**maschine** *f* / kier *n* || ²**probe** *f*,

Kochprüfung *f* / boiling test, boil test || **²punkt** *m* / boiling point || **²restkrumpfung** *f* / residual shrinkage on boiling || **²salzbad** *n* / brine bath || **²salzfarben** *f pl* / salt colours (direct synthetic dyes which use salt to increase colour fastness) || **²schrumpf** *m* / shrinkage at the boil || **bei ²temperatur** / at the boil || **²- und Fixiermaschine** *f* / boiling and setting machine || **²- und Fixiermaschine** *f* (Wolle) / crabbing machine

Kochung *f* / boil *n*

Koch·wäsche *f* / laundry to be boiled || **²wäsche** (zwischen 80 ° und 100 °C) / wash at the boil, washing at the boil || **~waschecht** *adj* / fast to laundering at the boil, fast to washing at the boil || **²waschechtheit** *f* / fastness to washing at the boil || **²waschprogramm** *n* / washing at the boil program || **²wasser** *n* / boiling water || **²zeit** *f* / boiling time

Kofferfutter *n* / trunk cloth, suitcase lining

Kohle *f* / coal *n* || **²faden** *m* / carbon filament || **²hydrat** *n* / carbohydrate *n*

Kohlen·dioxid *n* / carbon dioxide || **²disulfid** *n* / carbon disulphide || **²monoxid** *n* / carbon monoxide || **²oxidchlorid** *n* / phosgene *n* || **²säure** *f* / carbon dioxide || **²säuredichlorid** *n* / phosgene *n* || **²staub** *m* / carbon dust

Kohlenstoff *m* / carbon *n*

Kohlenstoffaser *f* / carbon fibre

Kohlenstoffdisulfid *n* / carbon disulphide

Kohlenstoffilament *n* / carbon filament

Kohlenstoff·tetrabromid *n* / carbon tetrabromide || **²tetrachlorid** *n* / carbon tetrachloride || **²verbindung** *f* / carbon compound

Kohlenwasserstoff *m* / hydrocarbon *n*

Kohl·palme *f* / cabbage palm, palmetto palm || **²saatöl** *n*, Kolzaöl *n* (von Brassica campestris) / rape oil, colza oil || **~schwarz** *adj* / jet black, coal-black *adj*, charcoal black, carbon *adj*

Kokarde *f* / cockade *n*, rosette *n*

Kokon *m* / cocoon *n* || **den ² dörren** / bake the cocoon || **nicht abhaspelbare ²s** / cocoons not suitable for reeling || **²abhaspelmaschine** *f* / cocoon reeler || **²aufzucht** *f* / cocoon breeding || **²doppelfaden** *m* / cocoon thread || **²ernte** *f* / cocoon crop || **²faden** *m* / cocoon thread *n*, cocoon filament, bave *n* || **²fadengreifer** *m* (Seidenspinn) / piecer *n* || **²haspel** *f* / silk reel || **²hülse** *f* / cocoon husk

Kokonisierung *f* / cocooning *n*, cocoonization *n*

Kokon·rückstand *m* / cocoon husk || **²verfahren** *n* / cocooning *n* || **²windemaschine** *f* / cocoon reeler

Kokos·bast *m* / coir *n* || **²bastwaren** *f pl* / coir goods || **²faser** *f* / coconut fibre, coir *n*, cocos fibre || **²füller** *m* / coconut shell flour || **²garn** *n* / coir yarn || **²läufer** *m* / coir mat, coir runner || **²matte** *f* / coconut matting, coir matting || **²nuß** *f* / coconut *n* || **²nußschalenmehl** *n* / coconut shell flour || **²ölseife** *f* / coconut oil soap || **²teppich** *m* / coconut matting

Koks *m* (Hut) / bowler(-hat) (GB) *n*, derby *n* (hat) (US) || **~grau** *adj* / coal *adj*

kolieren *v* / filter *v*

Koliertuch *n* / colander *n*, filter *n*

Kollagen·fasergefüge *n* / collagen fibre structure || **²schlauch** *m* / collagenous gut

Kollektion *f* (Mode) / collection *n*

Koller *n* / yoke *n* (flap-like yoke) || **²gang** *m* / edge runner

Kollo *n*, Kolli *pl* / container *n*

Kollodium *n* (eine Lösung von Kollodiumwolle) / collodion *n* || **²lösung** *f* / collodion solution || **²seide** *f* / collodion silk, nitrocellulose silk, nitro silk || **²-Viskose-Filament** *n* / collodion rayon || **²wolle** *f* / collodion cotton, pyroxylin[e] *n*

Kolloid *n* / colloid *n*

kolloidal·e Kieselerde / colloidal silica || **~e Lösung** / colloidal solution || **~e Tonerde** / colloidal alumina || **~es Verhalten** / colloidal behaviour || **~er Zustand** / colloidal state || **~dispers** *adj* / in a colloidal disperse state

Kolloid·chemie *f* / colloid chemistry || **²mühle** *f* / colloid mill

Kolloxylin *n* / collodion cotton, pyroxylin[e] *n*

Kolonnenstich *m* (Näh) / rib set, twill set

Kolophonium *n* / colophony *n* || **²säure** *f* / abietic acid

Kolori·metrie *f* / colorimetry *n* || **~metrisch** *adj* / colorimetric *adj*

Kolorist *m* / colorist *n*

koloristische Kennzahl / coloristic code, coloristic index, coloristic reference number

Kolorit *n* / colour design, shade *n*, cast *n*

Kolzaöl *n* / colza oil, rape oil

Kombimaschine *f* (Strumpf) / single-unit machine

Kombination *f* / combination suit || **²en** *f pl* (z.B. Kleid mit Chasuble usw.) / co-ordinates *pl*

Kombinations·anzug *m* / combination suit || **²bleiche** *f* / combined bleach[ing] || **²druck** *m* / combination printing || **²effekt** *m* / combination effect || **²farbe** *f* / combination colour || **²farbstoff** *m* / mixed dyestuff, combination dyestuff, composite dyestuff || **²färbung** *f* / combination dyeing, compound shade, compound dyeing || **²gewebebindung** *f* / combination weave || **²gilbe** *f* / combination yellow dyestuff || **²kennzahl** *f* / combination index (dyestuff) || **²schlichte** *f* / combined sizing agent || **²schwarz** *n* / combination black || **²stich** *m* (Näh) / combination stitch || **²ton** *m* / combination shade || **²trockner** *m* / combination drier || **²zwirn** *m* / combination twist

kombinierbar *adj* (Färb) / miscible *adj*, compatible *adj*

Kombinierbarkeit *f* (Färb) / miscibility *n*, compatibility *n*

Kombinierfarbstoff *m* / compound dyestuff

kombiniert·e Chlor-Peroxidbleiche / combined chlorine-peroxide bleach || **~ drucken mit ...** / print alongside with ... || **~es Fachen und Zwirnen** / one-step doubling twisting || **~e Film-Flockdruckmaschine** / combined screen and flock-printing machine || **~e Köperbindung** / compound twill weave || **~e Näh- und Bügelmaschine** / combined sewing and pressing machine || **~es Pottasche-Natronlauge-Verfahren** / potash and caustic method || **~er Unter-, Ober- und Nadeltransport** (Näh) / unison feed || **~es Veredlungsverfahren** / simultaneous finishing processes *pl* || **~e Wicklung** / combination wind

Kombirib-Rundstrickmaschine *f* / combirib circular knitting machine

Kommunionkleidung *f* / communion clothes

Kompaktbeschichtung *f* / compact coating

Kompensationswalze *f* (Web) / faller roll[er]

Komplementär·farbe *f* / complementary colour || **²kontraste** *m pl* / contrasting moods in

complementary shades
Komplet *n* (Mode) / ensemble *n* (dress or skirt and jacket), two-piece dress
Komplettmaschine *f* (Strumpf) / single-unit machine
komplex·e Chromverbindung / chromium complex || **~e Verbindung** / complex compound || **≗ bilden mit** (Färb) / complex with || **≗bildner** *m* / chelating agent, sequestering agent, complexing agent || **≗bildner** (Waschmitt) / builder *n* || **≗bildung** *f* / complex formation, sequestration *n*, complexion *n*, complexing [action], sequestering *n* || **≗bildungsvermögen** *n* / complexing power || **≗phosphat** *n* / complex phosphate || **≗salz** *n* / complex salt || **≗salzbildner** *m* / chelating agent || **≗salzbildung** *f* / complex salt formation || **≗verbindung** *f* / complex compound
Kompositionswalzen *f pl* / composition rollers
Kompressions·krumpfmaschine *f* / compressive shrinking machine || **≗krumpfmaschine mit Gummituch** / rubber band compressive shrinking machine || **≗krumpfung** *f* / compression shrinkage || **≗meßgerät** *n* / compression measuring apparatus || **≗modul** *m* / compressive modulus || **≗schrumpfung** *f* / compression shrinkage || **≗vorrichtung** *f* / compression mechanism || **≗walze** *f* / compression roller
kompressiv·es Krumpfen, kompressives Schrumpfen / compression shrinkage || **≗krumpfmaschine** *f* (DIN 64990) / compressive shrinking machine
Kondensat *n* / condensate *n*, condensation product || **≗ablauf** *m* / condensate run-off
Kondensation *f* (Färb) / curing *n* || **≗** (Flock) / heat cure
Kondensations·bedingungen *f pl* (Färb) / cure conditions || **≗gefäß** *n* / condensing pot || **≗maschine** *f* / condensing apparatus, condensing machine, polymerizing machine, curing machine, polymerization unit || **≗polymerisation** *f* / condensation polymerization || **≗produkt** *n* / condensation product, condensate *n* || **≗reaktion** *f* / condensation reaction || **≗spannrahmen** *m* / condensing stenter, polymerizing stenter || **≗wärme** *f* / heat of condensation
Kondensator·garn *n* (Tepp) / condenser yarn || **≗luntengarn** *n* / condenser yarn, condensed yarn
Kondenser *m* / blow room condenser (cotton spinn) || **≗ für das Baumwollspinnverfahren** (DIN 64076) / condenser for cotton spinning
Kondensieranlage *f* / curing plant
kondensieren *v* (Färb) / cure *v*
Kondensiermaschine *f* / curing apparatus, curing machine
Kondensierung *f* (Färb) / curing *n*
Kondensierverfahren *n* (Färb) / dry-heat process
Kondenswasser *n* / condensate *n*
Konditionier·anlage *f* / conditioning plant || **≗apparat** *m* / conditioning apparatus
konditionieren *v* / condition *v* || **≗** *n* / conditioning *n*
Konditionier·gewicht *n* / conditioned weight || **≗gewinn** *m* / conditioning regain || **≗mittel** *n* / conditioning agent || **≗ofen** *m* / conditioning oven || **≗probe** *f* / conditioned sample || **≗raum** *m* / conditioning room
konditioniert·e Probe / conditioned sample || **~er Seidentiter** / count of silk after conditioning || **~er Titer** / conditioned titre || **~er Zustand** / conditioned state
Konditionier- und Abkühlmaschine für Stoffe *f* / cloth conditioning and cooling machine
Konditionierung *f* / conditioning *n*
Konditionier·verlust *m* / conditioning loss || **≗vorrichtung** *f* / testing oven for moisture
Konditionsgewicht *n* (Fasern) / conditioned weight
Konduktometrie *f* (Leitfähigkeitsmessung) / conductometry *n*, conductimetry *n*
Kone *f* / cone *n*
Konerei *f* / coning *n*
Konfektion *f* / garment industry, making-up *n*, manufacture of ready-made clothing, needle trade (US) || **≗** / ready-made garments *pl*, ready-to-wear apparel, store clothes (US) *pl*, ready-to-wear clothes *pl* || **≗** (Mode) / prêt-à-porter *n*, ready-to-wear *n* (rtw)
Konfektionär *m* / clothier *n*, producer of ready-to-wear clothing, manufacturer of ready-made clothes, maker-up *n*
konfektionieren *v* (Kleidung) / make up, manufacture ready-made clothing || ~ (Farbstoff) / formulate *v*
konfektioniert *adj* (Kleidung) / made-up *adj*, ready-to-wear (rtw) *adj* || **~e Maschenware** / knitwear *n*, fully fashioned knitwear || **~e Strickware** / knitwear *n*, fully fashioned knitwear || **~e Textilien** / made-up goods || **~er Vorhang** / festoon [curtain] (US), ready-made curtain (GB)
Konfektionierung *f* / making up
Konfektions·... / made-up *adj* || **≗abgänge** *m pl* / clippings *pl* || **≗artikel** *m pl* / ready-made garments *pl*, ready-to-wear apparel, ready-to-wear clothes *pl*, store clothes (US) *pl* || **≗betrieb** *m* / ready-made clothes factory, making-up plant || **≗kleidung** *f* / ready-made clothing, ready-to-wear apparel, ready-to-wear (rtw) *n*, ready-made garments *pl*, ready-to-wear clothes *pl* || **≗puppe** *f* / mannequin *n* || **≗schneiderei** *f* / making-up *n* || **≗stoff** *m* / fabric for ready-made clothes
Konferenzanzug *m* (schwarzer Rock, bes. Cut, mit gestreifter oder grauer Hose) / morning dress (for men)
Konfirmationskleidung *f* / confirmation clothes
Konglomerat *n* / agglomerated material
Kongo·blau *n* / congo blue || **≗farbstoff** *m* / congo dyestuff || **≗rot** *n* / congo red
Kongreßstoff *m* (dickfädiges, leinwandbindiges Baumwollgewebe), Kongreßstickleinen *n* / congress canvas
königs·blau *adj* / royal blue *adj* || **≗blau** *n* / king's blue || **≗gelb** *n* (Färb) / orpiment *n*, king's yellow || **≗grün** *n* / king's green || **≗purpur** *m* / royal purple || **≗wasser** *n* (ein Gemisch aus 3 Teilen konz. Salzsäure und 1 Teil konz. Salpetersäure) / aqua regia, nitromuriatic acid
konisch·e Färbehülse / conical tube || **~es Fournisseurrad** / conical feedwheel, tapered feedwheel || **~er Garnkörper** / cone *n* || **~e Kreuzspule** (Spinn) / tapered bobbin || **~e Kreuzspule** / cone, conical bobbin, conical cheese || **~e Kreuzspulenwickelmaschine** / cone winder, cone winding machine || **~e Spule** / conical bobbin || **~e Spule** (Strick/Wirk) / cone *n* || **~e Wicklung** / tapered winding || **~e Windung** / conical winding || **~e X-Spule** / conical bobbin, conical cheese, tapered bobbin
Konizität *f* (der Kreuzspule) / conicity *n* (cone of dyeing tube)
Konservierungsmittel *n* / preservative *n*, conservation agent, preserving agent

Konsistenz *f* / flowing consistency
konstant *adj* / even *adj* || **~er Dehnungsgradient** / elongation constant gradient || **~er Feuchtigkeitsaustausch** / constant rate moisture exchange || **~e Flottenmenge** / constant ratio of dye-liquor to goods || **~e Geschwindigkeit** / constant speed
Konstantfärbeverfahren *n* / constant dyeing process
Konstruktion *f* (eines Gewebes) / construction *n*, structure *n*
Kontakt·anlage *f* / contact plant || **~fixieranlage** *f* / contact-type heat setting unit, contact heat setting unit || **~fixierer** *m* / contact heat setter || **~fixiermaschine** *f* / contact heat setting machine || **~hitze** *f* / contact heat || **~kleber** *m* / contact adhesive || **~loser Trockner** / contact-free drier || **~raster** *m* / contact screen || **~sengmaschine** *f* (DIN 64990) / contact singeing machine || **~-Transfer** *m* (Färb) / contact transfer || **~trockenmaschine** *f* / contact drying machine || **~trockenmaschine mit direkter Beheizung** / contact drying machine with direct heating || **~trockner** *m* (DIN 64990) / contact drier || **~trocknung** *f* / contact drying || **~verfahren** *n* (Kunststoff) / contact moulding, hand lay-up || **~zeit** *f* (Dämpfer usw.) / exposure time
Konter·marschstuhl *m* (Web) / positive lift loom || **~rakel** *f* / lint doctor, counter doctor
Konticrab (Färb) / continuous crabbing machine
kontinentales Spinnsystem / continental spinning system, continental system processing
Kontinue·-Anlage *f* / continuous plant || **~-Apparat** *m* / continuous machine || **~-Ausrüstung** *f* / continuous finishing || **~-Bandbleichanlage** *f* / continuous narrow fabric bleaching plant || **~-Bleichapparat** *m* (DIN 64990) / continuous bleaching machine, continuous bleaching plant || **~-Bleiche** *f* / continuous bleaching || **~-Bleichverfahren** *n* / continuous bleaching method || **~-Breitbleichanlage** *f* / continuous open-width bleaching plant || **~-Breitbleiche** *f* / continuous open-width bleaching || **~-Breitfärbefoulard** *m* / open-width continuous dyeing padder || **~-Breitwaschanlage** *f*, Kontinue-Breitwaschmaschine *f* / continuous open-width washer, continuous open soaper || **~-Dämpfer** *m* (DIN 64990) / continuous steamer, continuous ager || **~-Dämpftisch** *m* / continuous steaming table || **~-Dekatur** *f* / continuous decatizing || **~-Düsenspinn-Streck-Aufspulmaschine** *f* / continuous spin-draw-winding machine || **~-Düsenzwirn-Streckspinnmaschine** *f* / continuous spin-draw-twister || **~-Entschlichtungsmaschine** *f* / continuous desizing machine || **~-Färbeanlage** *f* (DIN 64990) / continuous dyeing range || **~-Färbeapparat** *m* / continuous dyeing machine || **~-Färbefoulard** *m* / continuous dyeing padder || **~-Färbemaschine** *f* / continuous dyeing machine || **~-Färben** *n*, Kontinue-Färberei *f* / continuous dyeing || **~-Färbeverfahren** *n* / continuous dyeing method, continuous dyeing process || **~-Foulard** *m* / continuous pad || **~-Garn** *n* / continuous spun yarn || **~-Gewebeabquetschmaschine** *f* / continuous squeezing machine for cloth || **~-Hängeschleifen-Förderer** *m* / continuous loop transport system || **~-Haspelkufe** *f* / continuous winch back (US), continuous winch beck (GB) || **~-Kammzugfärbeanlage** *f* / continuous top dyeing system || **~-Kammzugfärben** *n* / continuous top dyeing || **~-Kufe** *f* / continuous vat || **~-Küpe** *f* / continuous vat || **~-Küpenfärbung** *f* / continuous vat dyeing || **~-Merzerisiermaschine** *f* / continuous mercerizer || **~-Muster** *n* / continuous design, continous pattern, uninterrupted design || **~-Natriumhypochlorit-Bleiche** *f* / continuous bleaching by sodium hypochlorite || **~-Oxydationsmaschine** *f* / continuous oxidation apparatus || **~-Strangbleichanlage** *f* / continuous rope bleaching plant || **~-Strangbleiche** *f* (DIN 64990) / continuous rope bleaching || **~-Trockner** *m* / continuous drier, continuous drying machine || **~-Unterflotten-Breitspeicher** *m* / continuous under-liquor full-width storage system || **~-Verfahren** *n* / continuous method, continuous process || **~-Walke** *f* (DIN 64990) / continuous milling machine || **~-Wäsche** *f* / continuous scouring || **~-Waschmaschine** *f* / continuous scouring unit, continuous scouring machine
kontinuierlich·e Farbe (Web) / continuous stroke of the shuttle, continuous colours *pl* || **~es Färben** / continuous dyeing, continuous dyeing method, continuous dyeing process || **~es Foulardier-Kondensier-Verfahren** / continuous pad-condensation method || **~es Klotz-Dämpf-Verfahren** / continuous pad-steam method || **~e Kräuselung** / continuous crimp || **~er Mischer** / continuous mixer || **~e Oxydationsbleiche** / continuous peroxide bleach || **~er Schieb[e]radtransport** (Näh) / continuous wheel feed || **~es Schrumpf- und Färbeverfahren** / continuous shrinking and dyeing procedure || **~es Spinnen** / continuous spinning || **~e Teppichfärbeanlage** / carpet continuous dyeing range || **~e Vorwäsche** / continuous prescouring || **~e Waschmaschine** / continuous scouring unit, continuous scouring machine
Kontraktionsenergie *f* / energy of retraction
konträr·er Effekt / contrast effect || **~e Mehrfarbeneffekte** *m pl* / cross-dyeing effects
Kontrast *m* / contrast *n* || **den ~ hervorheben**, den Kontrast unterstreichen / accentuate the contrast || **~druck** *m* / contrasting print || **~effekt** *m* / contrast effect || **~farbe** *f* / contrasting colour || **~färbemethode** *f* / differential dyeing method (immature cotton) || **~färben** *n* / differential dyeing (immature cotton) || **~färbung** *f* / differential dyeing, contrast dyeing
kontrastierend·er Effekt / contrasting effect || **~er Hintergrund** / contrasting background
Kontrastwirkung *f* / contrast effect
Kontrolle *f* / inspection *n*
Kontroll·faden *m* **der Fadenkette** (Strick) / runner thread || **~färbemuster** *n* (Färb) / test-control specimen || **~färbung** *f* / test dyeing
kontrolliert·e Affinität / controlled affinity (fibre) || **~e Krumpfung** / controlled shrinkage
Kontroll·schnur *f* (Tuchh) / marking band || **~versuch** *m* / control test
Kontur *f* (Textdr) / contour *n*, outline *n* || **~en** *f pl* / outlines *pl* || **~ halten** / maintain good definition of contour[s], maintain good definition of profile[s]
Konturen·druck *m* / outline printing || **~-Nähautomat** *m* (Näh) / automatic contour stitcher || **~schärfe** *f* / contour definition, sharpness of outline (of the print) || **~schwarz** *n* (Färb) / black *n*

for outlines || **⁓steuerung** *f*(Näh) / contour control
Kontur-Stärkeäther *m* / outline starch ether
Kontusche *f*(loses Frauen- o. Kinderkleid des 18. Jhs.) (Mode) / sack *n*
Konus·färbeapparat *m*, Konusfärbemaschine *f* / cone dyeing machine || **⁓färben** *n* / cone dyeing || **⁓höhe** *f*(Web) / cone height (warping machine) || **⁓latte** *f* / cone blade || **⁓schärmaschine** *f*(DIN 62500) / cone sectional warping machine, cone warping machine || **⁓spule** *f*(Spinn) / tapered bobbin, taper bobbin || **⁓spulmaschine** *f* / cone winder, cone winding machine || **⁓steuerung** *f* / cone regulating device || **⁓strecke** *f* / cone drawing || **⁓winkel** *m* / cone angle
Konvektions·heizung *f* / convection heating || **⁓trockner** *m* / convection drier, convection drying system || **⁓trocknung** *f* / convective drying
Konversions·druckartikel *m*(Textdr) / conversion style || **⁓effekt** *m* / conversion effect, semi-discharge style || **⁓farbe** *f* / conversion colour
Konverter *m* / converter *n* || **⁓ für Spinnkabelverarbeitung** / tow converter || **⁓-Kammzug** / converted top || **⁓verfahren** *n* / tow-to-top method || **⁓züge** *m pl* / converter tops
konvexe Spule / barrel-shaped bobbin
Konya *m* / Konya *n* (Turkish handmade carpet)
Konzentration *f* / concentration *n*, strength *n* (of liquid) || **⁓ des Färbebades** / concentration of the dye bath, concentration of the dye liquor
Konzentrationsverhältnis *n* / ratio of concentration
Konzentratlösung *f* / concentrated solution
konzentrieren *v* / concentrate *v* || **⁓** *n* / boiling down
konzentriert·e Farbflotte / concentrated dye liquor || **~e Küpe** / concentrated vat || **~e Salpetersäure** / fuming nitric acid || **~e Salzlösung** / concentrated salt solution
konzentrisch angeordnete Stäbe *m pl*(Färb) / concentric yarn sticks
Kop *m* / cop *n*
Kopal *m* / gum copal (collective name for high-melting vegetable resins), copal *n*
Kopenhagener Blau *n* / copen blue, Copenhagen blue
Köper *m* / twill *n*, twilled cotton cloth, twill cloth, two-up-two-down twill, double-milled twill || **⁓ für Möbelbezüge** / furniture denim || **⁓ in Grätenmuster** / crow-foot twill, broken crow weave, broken crow twill || **⁓ mit Fischgrätenmuster** / herringbone twill, low twill, twill checkboard || **⁓ mit Würfelbindung** (Web) / Celtic twill || **vierbindiger ⁓** / four-end twill, four-shaft twill, four-leaf twill, four-harness twill || **vierschäftiger ⁓** / four-shaft twill || **⁓band** *n* / twilled tape || **~bindiges Gewebe** / twill *n*, twill cloth, twilled cloth || **~bindiger Hosenstoff** / twill trousering || **⁓bindung** *f* / twill weave, croisé weave, two-up-two-down weave || **die Richtung ändernde ⁓bindung** / reverse twill, reverse twill weave || **⁓drell** *m* / twillette *n* || **⁓flanell** *m* / flannel twill, twilled flannel, twill flannel || **⁓gewebe** *n* / twill *n*, twill cloth, twilled cloth || **45°iges ⁓gewebe** / regular twill (twill weave which moves one warp thread to the left or right at every pick) || **⁓grat** *m* / ridge of twill, twill line || **⁓gratlinie** *f* / twill line || **⁓gratneigung** *f* / twill angle || **⁓gratrichtung** *f* / twill direction, waling *n* || **⁓gratwinkel** *m* / twill angle || **⁓inlett** *n* / twill ticking, twilled ticking || **⁓linie** *f* / twill line || **⁓manchester** *m* / jean back velveton, jean back (velveteen), Genoa cord[uroy]
köpern *v*(Web) / twill *v*
Köper-Regatta *f*(gestreifter Baumwolldrell) / regatta, cadet cloth || **⁓rückseite** *f* / bird's back || **⁓rückseite bei Strickwaren** (Strick/Wirk) / twill backing || **⁓samt** *m* / twilled velvet || **⁓satz** *m*(Web) / twill set, diagonal set || **⁓stich** *m*(Strick/Wirk) / rib set || **⁓stoff** *m* / twill *n*, twill cloth, twilled cloth || **⁓stoff mit Baumwollkette und Schuß aus Streichgarn** / cassinet *n* || **⁓stout** *m* / twill ticking, twilled ticking || **⁓trikot** *m n* / twill tricot, twilled tricot || **⁓vichy** *m* / Vichy twill || **⁓viskosefilament** *n* / rayon twill
Kopf *m*(Reißv) / head *n* (portion of a scoop) || **⁓ eines Reißverschlußzahns** (Reißv) / pip of tooth || **⁓bedeckung** *f* / headgear *n*, headwear *n* || **⁓binde** *f* (Mode) / fillet *n*, bandeau *n* || **⁓kissen** *n* / pillow *n* || **⁓kissenbezug** *m* / pillow case, pillow slip || **⁓kissenleinen** *n* / pillow linen || **⁓kissenschützer** *m* / pillow sham || **⁓kreuz** *n* / end and end lease (warping) || **⁓polster** *n* / bolster *n* || **⁓stück** *n* (Strumpf, Strick/Wirk) / bed *n* (fully-fashioned knitting machine), centre bed || **⁓stück des zentralen Zwickelapparats** (Strick/Wirk) / centre lace head || **⁓tuch** *n* / headscarf *n*, headsquare *n*
Kopier·maschine *f* **für Dessins** (Web) / card copying machine || **⁓rädchen** *n*(Näh) / tracer *n*, tracing wheel || **⁓rädchen** / jagging iron || **⁓tisch** *m*(Textdr) / copying table, printing table
Kopolymerisat *n* / copolymer *n*, mixed polymer || **⁓faser** *f*, Kopolymerisatfaserstoff *m* / copolymer textile fibre, copolymer fibre
Kopolymerisation *f* / copolymerization *n* || **⁓ mit Vernetzung** / copolymerization with cross-linking
kopolymerisieren *v* / copolymerize *v*
Kops *m* / cop *n* || **im ⁓ gefärbt** / cop dyed || **⁓ansatzschicht** *f* / layer of the cop-bit || **⁓aufbau** *m*, Kopsbildung *f* / cop formation, cop building, cop build-up || **⁓färbeapparat** *m* / cop dyeing machine || **⁓garn** *n* / cop yarn || **⁓halter** *m* **für Rollenlagerspindel** (DIN 64070) / cop holder for roller bearing spindle || **⁓kasten** *m* / cop box || **⁓spitze** *f* / cop nose || **⁓spulmaschine** *f* / cop winder, winder for cops, bobbin winder || **⁓wechsel** *m* / cop change || **⁓wechselseidenwebautomat** *m*(Web) / automatic cop changing silk loom || **⁓wechselwebautomat** *m* (Web) / automatic cop changing loom, automatic cop changer || **⁓wicklung** *f*(DIN 61801) / cop winding
korallen·rot *adj*(RAL 3016) / coral red || **⁓stich** *m* / coral stitch (embroidery)
Körbchen *n* **beim Büstenhalter** / cup *n* (of bra)
Korb·ferse *f*(Strumpf) / basket heel || **⁓flasche** *f* (Verpackung) / carboy *n* || **⁓stich** *m* / basket stitch
Kord *m*(Gew) / cord *n*, corduroy *n*, rip velvet, cord velvet || **⁓** s.a. unter Cord
Kordel *f* / cord *n* || **⁓arbeit** *f* / cord embroidery || **⁓flechten** *n* / cord braiding || **⁓garn** *n* / cord yarn || **⁓litze** *f* / cord braid || **⁓maschine** *f* / cording machine || **⁓vorstoß** *m* / corded piping || **⁓zug** *m* (Mode) / draw-string *n*
Kordgarn *n* / [motor] tyre yarn
kordierte Nadel (Näh) / twist-grooved needle
Kordnylon *n* / nylon tyre cord
Kordon *m* / cordon *n*
Kordonett *m* / cordonnet *n* || **⁓seide** *f* / cordonnet silk || **⁓zwirn** *m*, Kordonettgarn *n* / cordonnet

yarn, cordonnet *n*
Kordsamt *m* / Manchester velvet
korduanische Stickerei / Cordovan embroidery
Kordzwirn *m* / cordonnet *n*
koreanischer Seidenstoff / Corean silk
Korinth *n* (Farbstoff) / corinth *n* || ~**farben** *adj* / currant coloured *adj*
korkbeschichteter Jute-Bodenbelag / kamptulicon *n*
Korkenzieher·drehung *f* / corkscrew twist || ≗**effekt** *m* / secondary twist (fibre), corkscrew effect (fibre)
Kork·linoleum *n* / cork linoleum || ≗**säure** *f* / suberic acid || ≗**teppich** *m* / cork rug
Korkzieher *m* **in Seide** (Stelle in Rohseide, an der ein oder mehrere Kokonfäden länger sind als die übrigen) / corkscrew in raw silk || ~**artige Windung im Garn** / corkscrew twist || ≗**bindung** *f* / corkscrew weave, diagonal rib [weave] || ≗**drehung** *f* / corkscrew twist || ≗**köpergewebe** *n* / corkscrew twill fabric || ≗**zwirn** *m* / corkscrew yarn
Korn *n* / grain *n*, granule *n*
kornblumenblau *adj* / cornflower-blue *adj*
Körnchen *n* / grain *n*, granule *n* || ≗**bildung** *f* / granulation *n*
körnen *v* / grain *v*, granulate *v*
Korn·größe *f* / particle size, grain size, granule size || ≗**größentrennung** *f* / screening *n* || ≗**größenverteilung** *f* / grain size distribution || ≗**härte** *f* (organ Pigm) / texture *n*
körnig *adj* / granular *adj*, granulated *adj* || ~ (Tepp) / kinky *adj* || ~**e Oberfläche** / granular surface, sandy surface, pebbled surface effect
Körnung *f* / granulation *n*, mesh size
Körper *m* (allgem, Chem) / body *n* || ≗ **geben** / body *v* || ≗**farbe** *f* / pigment dye, pigment *n* || ≗**farbe** (Kol) / surface colour || ≗**wärme** *f* / body heat
Korrektivmittel *n* / corrective agent
Korrektur *f* **der Abendfarbe** / flare control (US) || ≗ **und Aufhellung von Fehlfärbungen** (Färb) / correction and reduction of faulty shades || ≗**faktor** *m* (Färb) / correction factor
korrosions·beständig *adj*, korrosionsfest *adj* / non-corrosive *adj* || ≗**schutzmittel** *n* / anticorrosive *n* || ~**verhütend** *adj* / anticorrosive *adj*
Korsage *f* / corsage *n*, strapless brassiere, bodice (of dress) *n*
Korselett *n* / corselette *n*, girdle *n*, open-bottom all-in-one || ≗ **mit seitlichem Hakenverschluß** / hookside corselette || ≗ **mit verstärkter Magenpartie** / all-in-one with tummy control || ≗**stoff** *m* / corselette fabric
Korsett *n* / corset *n*, stays *pl* || ≗**batist** *m* / corset batiste || ≗**brokat** *m* / corset brocade || ≗**drell** *m* / corset drill || ≗**gummi** *n m* / corset elastic, corset rubber || ≗**köper** *m* / corset jean || ≗**kreppgewebe** *n* / corset crepe || ≗**kretonne** *f* / corset cretonne || ≗**schnur** *f* / corset lacing, aglet *n*, stay binding || ≗**stahlstangen** *f pl* / corset steels || ≗**stange** *f* **aus Federkiel** / feather bone || ≗**stangen** *f pl* / stays *pl*, corset steels || ≗**stoff** *m* / corset fabric, brassiere cloth, girdle cloth || ≗**-Tüll** *m* / corset net || ≗**ware** *f* / foundation garments, corsetry *n* || ≗**zubehör** *n* / corset accessories *pl*
Kortex *m* (Rinde oder eigentliche Faserschicht der Wolle) / cortex *n*
Koschenille *f* / cochineal *n* (Coccus cacti) || ≗**rot** *n* / cochineal red || ≗**scharlach** *m* / cochineal scarlet
Kosmetikstrumpf *m* / surgical stocking
kosmetischer Stützstrumpf / cosmetic support stocking
Kosmosfaser *f* / cosmos fibre
Kossu *f* (chines. Seidenwirkerei) / kossu *n*
Kostüm *n* / women's suit, ladies' suit || ≗ / costume *n* (set of garments) || ≗**bildner** *m* / costumier *n* || ≗**händler** *m* / costumier *n* || ≗**jacke** *f* / costume jacket || ≗**rock** *m* / costume skirt || ≗**stoff** *m* / costume fabric
Kotonin *n* / cottonized bast fibre, products of cottonizing *pl*
kotonisieren *v* / cottonize *v* (flax)
kotonisiert·e Bastfaser (DIN 60001), kotonisierter Flockenbast / cottonized bast fibre || ~**e Ramiefaser** / cottonized ramie
Kotonisierung *f* / cottonizing *n* (flax)
Kottonöl *n* / cotton oil
Kotze *f*, Kotzen *m* / shaggy blanket, coarse woollen blanket, rough woollen blanket
Kötzer *m* / cop *n* || ≗**ansatz** *m* / cop base, cop bottom, cop base, cop bit || ≗**aufbau** *m* / cop formation, cop building, cop build-up || ≗**form** *f* / cop form || ≗**garn** *n* / cop yarn, cop-spun yarn || ≗**hülse** *f* / cop tube, paper tube, paper pirn || ≗**leiste** *f* / cop lath || ≗**schützen** *m* / cop shuttle || ≗**spulmaschine** *f* / cop winder, winder for cops || ≗**ständer** *m* / cop lath || ≗**tüte** *f* / paper tube, paper pirn
kovalente Bindung (Chem) / covalent bond
krabbecht *adj* (Wolle) / fast to crabbing
Krabbechtheit *f* (Wolle) / fastness to crabbing, fastness to hot water, hot-water fastness (esp wool), resistance to crabbing (wool), resistance to hot water (wool)
krabben *v* (Ausrüst) / crab *v* || ≗ *n* (Ausrüst) / crabbing *n*, wet setting || ≗ **auf der Doppelkastenmaschine** (Wolle) / two-bowl crabbing
Krabb·flotte *f* / crabbing bath, crabbing liquor || ≗**maschine** *f* / crabbing machine
Krachappretur *f*, Krachausrüstung *f* / crunch finish, scroop finish
krachen *vi* / scroop *vi* || ≗ *n* / scroop *n*
krachend *adj* / scroopy *adj* || ~**er Griff** / scroopy handle, silky handle, crunchy handle || ~ **machen** / scroop *vt* || ≗**machen** *n* / scrooping *n*
Krachgriff *m* / scroopy handle, silky handle, scroop *n*, crunchy feel || ≗**ausrüstung** *f* / scrooping *n*
Krafft-Punkt *m* / Krafft point (surface active agent)
Kraft *f* / force *n* || ≗**aufnahme** *f* (Matpr) / power *n* || ≗/**Dehnungsdiagramm** *n* / stress-strain diagram || ≗**-Dehnungseigenschaft** *f* **bei Druck** / compressive stress strain property || ≗**-Dehnungskurve** *f* / stress-strain curve || ≗**-Dehnungsprüfung** *f* / elongation strength testing || ≗/**Dehnungs-Verhalten** *n* / stress-strain behaviour, stress-strain performance || ≗/**Dehnungs-Verhältnis** *n* / stress-strain ratio, force-elongation ratio (yarn)
kräftig·er Farbton / full shade, heavy shade, rich colour || ~**er Griff** / firm handle || ~**e Nuance** / full shade || ~**es Waschen** / severe washing
Kraft·/Längenänderungskennlinie *f*, Kraft/Längenänderungskurve *f* / stress-strain curve || ~**schlüssige Fachbildung** / negative shedding || ≗**unterschiedszahl** *f* (Dehnung von Garnen) / hysteresis number || ≗**webstuhl** *m*, Webmaschine *f* / power loom
Kragen *m* / collar *n*, neckwear *n* (collect.) || ≗**aufschlag** *m* / collar flap, collar patch ||

≗bündchen *n* / collar band || ≗einfassung *f* / collar lining || ≗einlage *f* / collar interlining || ≗knopf *m* / collar stud, collar button (US), stud *n* || ~los *adj* / collarless *adj* || ≗patte *f* / collar flap, collar patch || ≗samt *m* / collar velvet || ≗versteifungsmittel *n* / collar stiffener || ≗-Vornähaggregat *n* (Näh) / collar runstitching unit || ≗wender *m* (Näh) / collar turner

Krähenfüße *m pl* (Falten) / crowsfeet *n*

Krakelee *n* / craquelé *n* (Fr), crinkle fabric

Krampe *f* (Reißv) / tooth *n*

kranke Küpe / decomposed vat

Krankenhaus·bettwäsche *f* / hospital sheeting || ≗**kleidung** *f* / hospital uniform || ≗**wäsche** *f* / hospital linen

Krankentransporthängematte *f* (DIN 13023) / hammock for the transport of patients

Kranznadel *f* (Strick/Wirk) / point *n*

Krapp *m* / madder *n* || ≗**bleiche** *f* / madder bleach || ≗**druckverfahren** *n* (mit Alizarin) / madder style printing

krappen *v* (Ausrüst) / crab *v* || ≗ *n* (Ausrüst) / crabbing *n*, wet setting

Krapp·extrakt *m* / madder extract || ≗**farbstoff** *m* / madder dyestuff || ≗**maschine** *f* / crabbing machine || ≗**-Purpur** *m* / purpurin *n* || ≗**rot** *n* / madder red || ~**roter Farbton** / madder shade || ≗**wurzel** *f* / madder root

Krater *m* (Beschicht) / crater *n*, pinhole *n* (defect) || ≗**bildung** *f* (Beschicht) / cratering *n*, pinholing *n* (defect)

Kratze *f* (Wolle, Bw) / card *n*, carding machine, teasel *n*

kratzen *v* / scratch *v* || ~ (Tuch) / ruff *v* || ~ (Wolle, Bw) / card *v*, tease *v* || ~ **auf der Haut** (beim Tragen) / scratch *vi* || ≗ *n* (Wolle, Bw) / carding *n*, tease *n* || ≗**abzug** *m* / card wire take-down || ≗**aufziehen** *n* / card nailing || ≗**aufziehvorrichtung** *f* / card clothing device || ≗**band** *n* (DIN 64108) / card fillet, fillet clothing, wire clothing (carding) || ≗**band für Rauhmaschinen** / card fillet for napping machines || ≗**bandaufziehmaschine** *f* / card fillet mounting machine || ≗**bandherstellungsmaschine** *f* / machine for manufacturing card fillets || ≗**belag** *m* / card clothing || ≗**belag der Krempelmaschine** / card clothing of the carding machine || ≗**beschlag** *m* (Spinn) / card clothing || ≗**beschlaggrund** *m* / card clothing foundation || ≗**beschlagnummer** *f* / card count || ≗**blatt** *n* / card sheet || ≗**draht** *m* (DIN 64107) / card wire, carding wire, fillet wire || ≗**drahtknie** *n* / knee of card wire || ≗**einsetzmaschine** *f* / wire mounting machine for fillets (carding) || ≗**einstellehre** *f* / card gauge || ≗**fabrik** *f* / card clothing manufacturer || ≗**fabrikation** *f* / card manufacture || ≗**garnitur** *f* / card clothing || ≗**hersteller** *m* / card clothing manufacturer || ≗**herstellung** *f* / card manufacture || ≗**herstellungsmaschine** *f* / card clothing manufacturing machine, carding wire manufacturing machine || ≗**hobel** *m* / card wire leveller || ≗**knie** *n* / knee of card wire || ≗**leder** *n* / carding leather || ≗**nadel** *f* / card hook, card wire || ≗**nummer** *f* / card clothing count, card clothing number || ≗**rauhmaschine** *f* (DIN 64990) / napping machine, napper *n*, brushing machine, wire raising machine || ≗**schleifmaschine** *f* / card clothing grinding machine, card grinding machine || ≗**-Schleif- und -Beschlagmaschine** *f* / card grinding and mounting machine || ≗**setzmaschine** *f* / card wire setting machine || ≗**spitze** *f* / card wire point, card crown || ≗**tuch** *n* / foundation cloth of card clothing, card cloth || ≗**walze** *f* (DIN 64990) (Spinn) / licker-in *n*, taker-in *n*, raising roller, draw-off card roller, card roller || ≗**zahn** *m* / card wire tooth, card staple || ≗**zylinder** *m* (Wolle) / card cylinder

kratz·fest *adj* (Beschicht) / mar-resistant *adj*, scuff-resistant *adj*, scratch-resistant *adj* || ≗**festigkeit** *f* (Beschicht) / mar resistance, scuff resistance, scratch resistance || ≗**garn** *n* / carded yarn || ≗**maschine** *f* (DIN 64080) / carding machine || ≗**stelle** *f* / scratch *n* || ≗**wolle** *f* / short-staple wool, short wool

kraus *adj* / frizzy *adj*, kinky *adj*, tightly curled *adj* || ~, wollig *adj* / nappy *adj*, napped *adj* || ~, zerknittert *adj* / crumpled, creased, wrinkled || ~**e Faser** / wavy fibre || ~**es Gewebe** / crinkly cloth, crinkly fabric || ~ **machen** / frieze *v* || ~ **stricken** / purl *v*, knit in purl stitch

Krause *f* / ruffle *n*, frill *n*, ruff *n*, quilling *n*, flounce *n*, flouncing *n*, fichu *n* (Fr) (ruffled-drape effect on dress or blouse)

Kräusel *m* (Tuchh) / blister *n* || ≗ *m pl* (z.B. am Rock) / gathers *pl* || ≗**anlage** *f* / crimping unit || ≗**apparat** *m* / crimping device || ≗**apparat** (Näh) / gatherer *n* || ≗**artikel** *m* / crimp style || ≗**band** *n* (für Gardinen usw.) / gathering tape, ruffle tape || ≗**bandeinziehen** *n* / shirring *n* || ≗**besatz** *m* / flutings *pl* || ≗**beständigkeit** *f* / crimp retention, crimp stability, crimp resistance, fastness to frizzing, curling resistance || ≗**bogen** *m* / curl geometry || ≗**brokat** *m* / blister brocade || ≗**effekt** *m* / crimp effect, crepe effect, crinkle effect || ≗**einrichtung** *f* (Näh) / gathering mechanism || ≗**elastizität** *f* / crimping elasticity, curling elasticity || ≗**entwicklung** *f* / crimp development || ≗**erholung** *f* / crimp recovery || ≗**falte** *f* / pucker *n*, gather *n* || ≗**faser** *f* / crimped fibre || ≗**festigkeit** *f* / crimp rigidity || ≗**fixierung** *f* (Ausrüst) / crimped setting || ≗**form** *f* / crimp form || ~**frei** *adj* (Näh) / pucker-free *adj* || ≗**frequenz** *f* / crimp frequency || ≗**fuß** *m* (Näh) / shirring foot, ruffler *n* || ≗**garn** *n* / crimp yarn, crimped yarn, crinkle yarn, waved yarn, cockle yarn, stretch yarn || ≗**garn für das Strick-Fixier-Texturierverfahren** / knit-deknit yarn || ≗**garnfaden** *m* **aus Polyamid** / polyamide textured yarn || ≗**garn-Strick-Fixier-Texturierverfahren** *n* / knit-deknit process, knit crimping || ≗**grad** *m* / degree of crinp || ≗**kontraktion** *f* / crimp contraction, twist contraction || ≗**kontraktionskraft** *f* (Texturieren) / crimp contraction force || ≗**kraft** *f* / crimping force || ≗**krepp** *m* / crêpe *n*, seersucker *n*, rhythm crêpe (rayon seersucker or plissé effect cloth), crepe *n*, high-bulk crepe || ≗**krepp** (geätzt) / crimp crepe || ≗**längung** *f* / crimp elongation || ≗**lebendigkeit** *f* / crimp liveliness || ≗**maschine** *f* / gauffer *n*, crimping machine, goffering press || ≗**mühle** *f* / friezing machine

kräuseln *v* / crimp *v*, crepe *v*, goffer *v*, crinkle *v*, curl *v* || ~ (Näh) / gather *v*, ruffle *v*, frill *v* || ~ (mit eingewebten Gummifäden) / shirr *v* || ~ *v* (Gewebeoberfläche) / frieze *v* || **sich** ~ / cockel *v*, cockle *v* || ≗ *n* / crimping *n*, goffering *n*, crinkling *n* || ≗ (Näh) / gathering *n*, ruffling *n*, frilling *n* || ≗ (Gewebeoberfläche) / friezing *n* || ≗ **von Wollnoppen** (Tuchh) / frizzing *n*

kräuselnd·er Differentialtransport (Näh) / gathering differential feed || **~e Leiste** / curling selvedge
Kräusel·neigung *f* / crimp tendency || **≗nylon** *n* / bulked nylon || **≗polyamid** *n* / textured polyamide || **≗polyester** *n* / textured polyester || **≗prüfgerät** *n* / crimp tester || **≗radius** *m* / crimp radius || **≗rückbildung** *f* / crimp recovery || **≗samt** *m* / frieze velvet, curled velvet, terry velvet (uncut pile), frisé velvet || **≗schuß** *m* (Web) / wavy filling || **≗stoff** *m* / crimped cloth, crimped fabric, ripple cloth, crimp fabric || **≗streckgarn** *n* / crimped stretch yarn || **≗teppich** *m* / loop pile carpet, bouclé carpet, looped carpet
Kräuselung *f* / crimp *n*, crimping *n*, friezing *n* || **≗** (Tepp) / curl *n* || **≗** (mit eingewebten Gummifäden) / shirr *n* || **≗** (Fehler) / cockling *n* || **dreidimensionale ≗** (Fasern) / three-dimensional crimp || **feinbogige ≗** / high number of crimp curls per cm
Kräuselungs·amplitude *f* / crimp amplitude || **≗apparat** *m* / crimper *n* || **≗apparat** (Pelzimitationen) / crisper *n* || **≗beständigkeit** *f* s. Kräuselbeständigkeit || **≗bogen** *m* / crimping arc || **≗bogen der Wollfaser** / crimping arc of the wool fibre || **≗elastizität** *f* s. Kräuselelastizität || **≗entwicklung** *f* / crimp development || **≗fixierung** *f* / crimp fixing || **≗frequenz** *f* / crimp frequency || **≗gleichförmigkeit** *f* / crimp balance || **≗grad** *m* / crimp level, degree of crimp || **≗index** *m* / crimp index || **≗maschine** *f* / crimping machine || **≗messer** *m* / crimp gauge, curl gauge || **≗vermögen** *n* / crimp capacity || **≗verschiebung** *f* / crimp interchange
Kräusel·velours *m* / curled pile || **≗vermögen** *n* / crimp capacity || **≗vorrichtung** *f* / crimping attachment, ruffler *n* (sewing machine attachment for making ruffling, plaiting and frilling) || **≗wirkung** *f* / curl effect || **≗wolle** *f* / curly wool || **≗zwirn** *m* / crimp ply yarn, crimp twist || **≗zwirnmaschine** *f* / crimp twister, crimp twisting machine
krausen, zu Rüschen ~ / frill *v*
Kräusler *m* (Näh) / gatherer *n*
Krawatte *f* / tie *n*, necktie *n* || **≗n** *f pl* / neckwear *n* (collect.)
Krawatten·-Falt-Nähautomat *m* / tie folding and sewing machine || **≗seide** *f* / tie silk, necktie silk || **≗stoff** *m* / tie fabric, necktie fabric || **≗strickmaschine** *f* / necktie [knitting] machine || **≗wirkmaschine** *f* / necktie [knitting] machine
Kreas *n* / creas *n* (type of cretonne)
krebsrot *adj* / lobster *adj*
Kreide·bad *n* / chalk bath || **≗mehl** *n* / powdered chalk || **≗strichtuch** *n* / chalk stripe cloth
Kreisel·mischer *m* / gyro mixer || **≗rührer** *m* / impeller *n* || **≗trockner** *m* / rotary drier
kreisende Flotte / circulating bath, circulating liquor
kreisförmig ablegen / coil *v* || **~es Ablegen** / coiling *n* || **~er Träger** (Färb) / circular carrier
Kreis·kamm *m* / circular comb, half-lap *n* (cotton comber machine) || **≗lauftrockner** *m* / circulatory flow drier || **≗laufverfahren** *n* (Färb) / cyclic process || **≗laufwasser** *n* / circulating water || **≗messer** *n* / circular knife || **≗messerschneidemaschine** *f* / rotary cutting machine
Krempe *f* / brim *n* (of hat), rim *n* (of a hat)
Krempel *f* (Wolle, Bw) / card *n*, card machine *n*, carding machine || **≗**, Wender *m* (Vliesherstellung) / stripper *n* || **≗ mit Sägezahndrahtbeschlag** / garnett clothing card || **≗ mit selbsttätiger Reinigung** / card with automatic stripper || **≗ mit Vorwalze** / card with breast roller || **≗abfall** *m* / doffer strip [waste], card waste || **≗ablieferung** *f* (Wolle) / card delivery || **≗arbeit** *f* / carding work || **≗ausbeute** *f* / card yield || **≗auslauf** *m* (Wolle) / card delivery || **≗ausputz** *m* (Wolle) / card waste, card strips *pl*, fettling waste || **≗ausstoßanlage** *f* / card stripping installation, card stripping plant || **≗band** *n* / card sliver, carded sliver || **≗band** (Verspinnen von Synthesefasern) / top *n* || **≗beschlag** *m* (DIN 64108) / card clothing || **≗beschlaggrund** *m* / card clothing foundation || **≗bock** *m* / carding bench
Krempelei *f* / card room, carding room
Krempel·einstellung *f* / card setting || **≗flor** *m* (Spinn) / card web, web *n*, card film, fibrous web || **≗florwalzenpresse** *f* / card web roller press || **≗flug** *m* / card fly, carding dust || **≗garn** *n* / carded yarn || **≗garnspule** *f* / bobbin of carded yarn || **≗haube** *f* (Wolle) / card cover || **≗kamm** *m* (für Wolle) / carding comb || **≗kastenspeiser** *m* / card hopper feeder || **≗maschine** *f* / carding machine
krempeln *v* (Spinn) / comb *v*, willey *v*, willow *v* || **~** (Wolle) / card *v*, tease *v* || **≗** *n* (Spinn) / combing *n*, combing operation, willowing *n* || **≗** (Wolle) / carding *n*, teasing *n*
Krempel·pelz *m* / cotton fleece, fleece cotton || **≗putzer** *m* / fettler *n*, card stripper, card brusher, card cleaner, card clearer || **≗reinigung** *f* / card stripping || **≗saal** *m* / card room, carding room || **≗satz** *m* (Wolle) / set of cards || **≗trommel** *f* / carding drum || **≗vlies** *n* / carded web || **≗vorwalze** *f* (Spinn) / breaker card || **≗walze** *f* / card roller || **≗wolf** *m* (Spinn) / carding willow, breaker card, fearnought machine (GB), fearnaught machine (US) || **≗wolf für Spinnstoffaufbereitung** (DIN 64165) / carding willow for fibre preparing || **≗wolle** *f* / carding wool
Krempen·presse *f* / brim pressing machine || **≗rollmaschine** *f* (Hutm) / brim curling machine || **≗streckmaschine** *f* / brim stretcher
Krempler *m* / card minder, carder *n*, card tenter
Kremser Weiß *n* / Cremnitz white
Krepeline *m* / crepeline *n*
Krepon *m* (Kreppgarne, die auf der Zwirnmaschine nochmals nachgedreht werden) / crepon *n* || **≗artikel** *m* / crimp style
Kreponette *f* / creponette *n*
kreponieren *v* / crepe *v*
Kreponstoff *m* / crimp style
Krepp *m* / crepe *n*, creped fabric || **≗ mit körniger Oberfläche** / rough crepe || **~artiger Effekt** / crimped effect || **≗artikel** *m* / crepe style || **≗ausrüstung** *f* / crepe finish || **≗bad** *n* / creping bath || **≗band** *n* / crepe ribbon || **≗bild** *n* / pebble *n* || **≗bindung** *f* / crepe weave, oatmeal weave (with speckled effect) || **≗charakter** *m* / crepe effect || **≗cord** *m* / crepe cord || **≗-Druckeffekt** *m* / crepe printing effect || **≗effekt** *m* / crepe effect, pebble *n*, crimp effect
kreppen *v* / crepe *v*, crinkle *v*, crimp *v* || **≗** *n* / creping *n*
Krepp·frotté *n m*, Kreppfrottee *n m* / crepe sponge cloth || **≗garn** *n* / crepe yarn || **≗gewebe** *n* / crepe fabric, crepe *n*, crepe weaves *pl* || **≗gewebe aus Naturseide** / silk crepe || **≗kalander** *m* / crepe calender, creping calender || **≗-Marok** *m* / crepe Marocain (for dresses and coats) || **≗maschine** *f* /

creping machine || ≗**musselin** *m* / crepe mousseline
Krepponier·apparat *m* / creping machine || ≗**bad** *n* / creping bath
Krepponieren *n* / creping *n*
Krepp-Organdy *m* / cloqué organdy, cloqué organdie || ≗**prägung** *f* / crepe embossing || ≗**steife** *f* / creping stiffener || ≗**stoff** *m* / creped fabric || ≗**verband** *m* / crepe bandage || ≗**webautomat** *m* (Web) / automatic crepe loom
Kresol·purpur *m* / cresol purple || ≗**rot** *n* / cresol red
Kreton *m* (AU) (Web) / cotton cretonne
Kretonne *f m* (glattes leinwandbindiges Gewebe aus der Gruppe Baumwollnessel) / [cotton] cretonne
Kreuz *n* / cross *n* || **ins** ≗ **weben** (Web) / twill *v* || ≗**band** *n* (Web) / lease string, lease band, lease cord, leasing band, marking band || ≗**beere** *f* / Persian berry || ≗**beerengelb** *n* / Persian berry shade || ≗**effektgarn** *n* / diamond yarn || ≗**einlesen** *n* (Web) / leasing *n*
kreuzen *v* / cross *v* || ~ (sich) / intertwine *vi*, become tangled, interlace *vi* || ≗ *n* **der Bänder** / crossing the slivers
Kreuz·fach *n* (Web) / cross shed || ≗**fachmaschine** *f* / quick traverse winding frame for doubling yarns || ≗**fehler** *m* (Web) / lease fault, leasing fault || ≗**garn** *n* / diamond yarn || ~**gehaspeltes Garn** / cross reeled yarn || ~**gelegtes Vlies** (Vliesst) / cross laid web || ~**gespulter Kettenwickel** / warp cheese || ≗**haspel** *f* / cross reel *n* || ≗**köper** *m* / cross twill, transposed twill, interlaced twill, crossed twill || ≗**leger** *m* (Vliesst) / cross lapper, cross layer, web cross-laying machine || ≗**leger-Transportband** *n* (Vliesst) / Scotch feeder || ≗**legung** *f* (Web) / leasing *n* || ≗**nagel** *m* (Web) / lease pin || ≗**naht** *f* / cross seam || ≗**punkt** *m* / point of intersection (threads) || ≗**raster** *m* (Textdr) / crossline screen || ≗**rute** *f* (Web) / lease rod, crossing rod, lease bar || ≗**rutenstuhl** *m* / cross rod loom || ≗**schaft** *m* / doup heddle, doup heald || ≗**schiene** *f* (Web) / lease bar, crossing rod, leasing rod, lease rod || ≗**schlag** *m* / diagonal arrangement (of the layers of the double fabric) || ≗**schnur** *f* (Web) / lease band, lease cord, leasing band, marking band || ≗**schnur** (Spinn) / squaring band, steadying band
Kreuzspul·apparat *m* / wound package machine || ≗-**Automat** *m* (DIN 62511) / automatic cheese winder, automatic cone winder || ≗**bleiche** *f* / cheese bleaching
Kreuzspule *f* / cheese *n*, cross-wound bobbin, cheese package || ≗ **für Leinengarn** (DIN 64 622) / cheese tube for flax yarn || ≗ **mit geschlossener Wicklung** / close-wound cheese || ≗ **mit schrägen Flanken** / bicone [bobbin], pineapple cone || ≗ **mit wilder Wicklung** / package with wild winding (autoconer), cheese with wild winding (autoconer)
Kreuzspulen *n* / cross winding || ≗**färbeapparat** *m* / cheese and cone dyeing machine || ≗**färberei** *f* / cheese and cone dyeing || ≗**hülse** *f* / tube for cheeses || ≗-**Schnelltrockenapparat** *m* / cheese rapid drying apparatus || ≗**trockner** *m* / cheese drier
Kreuzspulerei *f* (DIN 61801) / cross winding
Kreuzspul·färbeapparat *m*, Kreuzspulfärbemaschine *f* / cheese dyeing apparatus, cheese dyeing machine, cross-wound bobbin dyeing apparatus || ≗**färben** *n*, Kreuzspulfärberei *f* / cheese dyeing, dyeing of cheeses || ≗**färbeverfahren** *n* / wound package dyeing method || ≗**federhülse** *f* / spring-type tube for cheeses || ≗**maschine** *f* (DIN 62511) / cone and cheese winder, cone winder, cheese winder, cross [bobbin] winder, traverse winding frame || ≗**maschine** [für konische Spulen] (DIN 62511) / cone winder, cone winding machine || ≗**säule** *f* / cheese pile, cheese post || ≗**trockenapparat** *m*, Kreuzspultrockner *m* / cheese drier
Kreuz·spulung *f* / cross wind, cross winding || ≗**stab** *m* (Web) / lease rod
Kreuzstich *m* (Näh) / cross stitch || ≗**kanevas** *m* / cross-stitch canvas || ≗**naht** *f* (Näh) / cross join || ≗**stickerei** *f* / gros point (Fr), needle point, cross-stitch work
Kreuzumwindung *f* (Umwindungsgarne) / cross-covering *n* (covered yarns)
Kreuzungs·stelle *f* (Web) / point of intersection (threads), crossing point || ≗**wolle** *f* / crossbred wool
Kreuz·verband *m* / cross bandage || ≗**verbindung** *f* (Tepp) / cross join
kreuzweise *adj* (Vliesst) / crosslapped *adj* || ~ **übereinandergelegte Lagen** *f pl* / alternate crosslayers
Kreuz·wickel *m* (Web) / cheese *n*, cheese cone, cheese package || ≗**wickelhülse** *f* / cheese tube || ≗**wickelspule** *f* s. Kreuzspule || ≗**wicklung** *f* / cross winding, cross wind || ≗**zuchtwolle** *f* / crossbred wool || ≗**zwirn** *m* / crossed yarn
Kriech·bruch *m* / creep rupture || ≗**bruchfestigkeit** *f* / creep rupture strength
Kriechen *n* / creep *n*
Kriech·erholung *f* / creep recovery || ≗**prüfung** *f* / creep testing || ≗**widerstand** *m* / creep strength
Krimmer *m* (Webpelz) / caracul cloth, karakul cloth, krimmer *n*, carcuel *n*, imitation astrakhan || ≗**garn** *n* / astrakhan yarn || ≗**imitation** *f* / imitation astrakhan || ≗**streifen** *m* / crimp stripe
Krimpe *f* / sponging *n*
krimpen *v*, krumpfen *v* / shrink *v* || ~ (Tuchh) / sponge *v*, moisten *v* || ≗ *n* / sponging *n*
Krimper *m* (Tuchh) / sponger *n*
Krimpfähigkeit *f* / felting property (wool)
Kringel·bildung *f* / cockling *n* || ≗**effekt** *m* / twist liveliness
kringeln *v* / snarl *v*
Krinkelbogen *m* / crinkle arc
Krinoline *f* (Stoff) / crinoline *n* || ≗ (Reifrock) / farthingale *n*, crinoline *n*
Kristallgummi *n m* / crystal gum
Kristalline *n* (Gew) / crystal *n*
Kristallinitätsgrad *m* / degree of crystallinity
kristallisationsfreudig *adj* / freely crystallizing
Kristall·soda *f* / washing-soda *n* (GB) || ≗**violett** *n* / cryptol violet, crystal violet
kritisch·e Lösetemperatur / clear point (resins) || ~**e Mizellbildungskonzentration** / critical concentration for micelle formation
Krokodilhautimitat *n* / alligator cloth (plain-weave, cotton or bast fibre cloth, finished to resemble alligator skin)
Krone *f* / dobby star wheel
Kronenkreuz *n* / star of the swift
Krönungsstoff *m* / coronation cloth
Krullwolle *f* / furs *pl*
krummer Köper / curved twill
krumpeln *v* / crease *vt*, crumple *v*, rumple *v*, wrinkle *v*

krumpen *v*(Web) / draw *vi*(defect)
krümpen *vt* / shrink *vt*
Krumpf·apparat *m* / shrinking apparatus || ~**arme Faser** / low shrinkage fibre || ~**armes Gewebe** / low shrinkage fabric || ²**bad** *n* / shrinking bath
Krumpfe *f* / no-shrinkage drier
krumpfecht *adj* / shrink-resistant *adj*, shrinkproof *adj*, non-shrinkable *adj*, shrunk *adj*, non-shrink *adj* || ~ **ausrüsten** / shrinkproof *v*, make shrink-resistant, shrink-resist *v* || ²**ausrüsten** *n* / shrinkproofing *n*, non-shrink finishing || ²**ausrüstung** *f* / shrinkproof finish, antishrink finish, non-shrink finish
Krumpfechtheit *f* / shrink resistance || ² **bei Trockenbehandlung** (Dampfbügelprobe, DIN 53801) / shrink resistance to dry treatment (steam ironing test)
Krumpfeinrichtung *f* / shrinking device
krumpfen *v* / cockel *v*, cockle *v*, shrink *vi* || ² *n* / shrinkage *n* || **kompressives** ², kompressives Schrumpfen / compression shrinkage
krumpf·fähig *adj* / shrinkable *adj* || ²**fähigkeit** *f* / shrinking property, shrinkability *n* || ~**fest** *adj* / shrink-resistant *adj*, non-shrinkable *adj*, shrinkproof *adj* || ~**fest ausgerüstete Wolle** / non-shrinking wool, shrink-resistant wool || ~**fest machen** / shrink-resist *v* || ²**festigkeit** *f* / shrink resistance || ~**frei** *adj* / shrink-resistant *adj*, shrinkproof *adj*, non-shrinkable *adj*, shrunk *adj*, non-shrink *adj* || ~**frei machen** / make shrink-resistant || ²**freiausrüstung** *f*, krumpffreie Ausrüstung / antishrink finish, non-shrink finish, shrinkproof finish || ²**freiheit** *f* / shrink resistance || ²**freimachen** *n* / non-shrink finishing, shrinkproofing *n*, sanforizing [process] || ²**freimittel** *n* / antishrink agent || ²**kontrolle** *f* / shrinkage control || ²**kraft** *f* / shrinking potential, shrinking power || ²**maschine** *f* / shrinking machine || ²**maß** *n* / shrinkage gauge, shrinkage measure || ²**meßgerät** *n* / shrinkage measuring equipment || ²**mittel** *n* / shrinking agent || ²**prüfung** *f* / shrink resistance testing || ²**rückgewinnungsanteil** *m* / recoverable portion of shrinkage || ²**tester** *m*, Krumpftestgerät *n* / shrinkage tester
Krumpfung *f* / shrinkage *n*
Krumpfungsfaktor *m* / shrinkage factor
Krumpf·verfahren *n*, Krumpfvorgang *m* / shrinking process || ²**wert** *m* / shrinkage value
Kruste *f* / crust *n*
K-Säure *f* / K acid (dye intermediate)
KSV, Klotz-Schocktrocknungsverfahren *n* / pad shock drying process, pad dry fixation method
ktex (= 1 kp/1000 m) (Spinn) / kilotex *n*, ktex *n*
Kuba *m* / Kabistan rug
Kubanhochferse *f*(Strumpf) / cuban heel, pyramid heel
kubanisch·e Bastfaser (Hibiscus elatus) / Cuban bast fibre || ~**es Juteimitat** / malva blanca || ~**e Tulpenbaumfaser** / guana fibre
Kübel *m* / tub *n*, vat *n*, tun *n*
Kuchen *m* / cake *n*
Küchen·handtuch *n* / kitchen towel, tea towel, tea cloth || ²**tuch** *n*, Geschirrtuch *n* / tea towel, tea cloth, kitchen towel || ²**tuch** (allgemein, zum Abwaschen usw) / kitchen cloth || ²**wäsche** *f* / kitchen linen
KUF, Kupferfaser *f* / cupro staple
Kufe *f*(Färb) / vat *n*, tub *n*, tun *n* || ² / back *n* (US), butt *n*, beck *n* (GB)
Kufen·bleiche *f* / vat bleaching || ²**färbemaschine** *f* / winch dyer, beck dyer || ²**färben** *n* / beck dyeing || ²**rakel** *f*(Beschicht) / shoe doctor || ²**reifen** *m* / vat band
Kugel·berstdruckprüfung *f* / ball burst testing || ²**ferse** *f*(Strumpf) / Berkshire heel, round heel with holes || ²**mühle** *f* / ball mill || ²**schlüpfer** *m* / topcoat *n* || ~**sichere Kleidung** / bullet-proof cloth[ing] || ~**sicheres Textil** / ballistic fabric
kühl *adj* / cool *adj* || ~ **werden** / cool [down] || ²**apparat** *m* / cooler *n* || ²**bad** *n* / cooling bath || ²**bereich** *m* (DIN 64990) / cooling zone || ²**einrichtung** *f*(DIN 64990) / cooling unit
kühlen *v* / cool *vt*
Kühl·falle *f* / cold traps *pl* || ²**feld** *n* (DIN 64990) / cooling zone || ²**kanal** *m* / cooling channel, passage *n* || ²**strecke** *f*(DIN 64990) / cooling stretch || ²**walze** *f* / cooling roll[er] || ²**wirkung** *f* / chilling effect || ²**zone** *f* / cooling zone || ²**zylinder** *m* **der Fächerwalze** / perforated cooling cylinder
kükengelb *adj* / chicken yellow *adj*
Kula *m* / Kulah *n* (Turkish handmade carpet)
Kulier·antrieb *m*(Strick/Wirk) / coulier drive || ²**arm** *m*(Strick/Wirk) / coulier arm, looper arm, draw lever || ²**bewegung** *f*(Strick/Wirk) / coulier motion || ²**bremsband** *n*(Strick/Wirk) / coulier brake band || ²**bremse** *f*(Strick/Wirk) / coulier brake || ²**einrichtung** *f*(Strick/Wirk) / coulier motion, drawing mechanism, draw mechanism
kulieren *v* / sink the loops || ² *n*(Strick/Wirk) / couliering *n*, yarn sinking, loop sinking, drawing *n*
Kulier·exzenter *m*(Strick/Wirk) / coulier cam, sinker cam, draw cam || ²**exzenterrolle** *f* / draw cam roll[er] || ²**geschwindigkeit** *f* / stitch-forming speed || ²**gewirke** *n* (DIN 62049) (Strick/Wirk) / weft knit[ted] fabric, filling knot fabric, coulier goods || ²**gewirkstruktur** *f* / weft knit structure || ²**handschuh** *m* / frame glove || ²**hebel** *m*(Strick/Wirk) / draw lever, loop forming lever || ²**hub** *m* (Strick/Wirk) / coulier stroke || ²**kegelrad** *n*(Strick/Wirk) / coulier motion bevel gear || ²**kupplungsverbindung** *f*(Strick/Wirk) / coulier clutch coupling || ²**kurve** *f*(Strick/Wirk) / coulier curve, loop sinking graph || ²**maschine** *f* / loop sinking machine || ²**platine** *f*(Strick/Wirk) / loop forming sinker, sinker *n* || ²**platte** *f*(Strumpf) / jack sinker || ²**plüsch** *m* / knit plush, knitted pile fabric, knitted plush || ²**punkt** *m*(Strick/Wirk) / feeding place, loop forming point, coulier point, kinking point || ²**rad** *n*(Strick/Wirk) / coulier motion pinion, sinker wheel, loop[ing] wheel || ²**rolle** *f*(Strick/Wirk) / draw cam roll[er], Pitman roller || ²**rössel** *n* (Strumpf) / slur cam || ²**sicherheitsschalter** *m* (Strick/Wirk) / coulier safety switch || ²**stelle** *f* (Strick/Wirk) / coulier plate, feeding place, sinking point, loop forming point || ²**stuhl** *m* / hosiery frame
kuliert *adj*(Strick/Wirk) / kinked *adj*
Kulier·tiefe *f*(Strick/Wirk) / sinking depth || ²**ware** *f* (Strick/Wirk) / weft knit[ted] fabric, filling knit fabric, coulier goods || ²**welle** *f*(Strick/Wirk) / coulier shaft || ²**wellenlager** *n*(Strick/Wirk) / coulier cam shaft bearing, coulier shaft bearing || ²**wirken** *n*, Kulierwirkerei *f* / weft knitting, filling knitting || ²**wirkmaschine** *f* / weft knitting machine, filling knitting machine, loop forming sinker web machine || ²**wirkware** *f*(Strick/Wirk) / weft knit[ted] fabric, filling knot fabric, coulier goods || ²**zeug** *n*

(Strick/Wirk) / draw mechanism, drawing mechanism
Kulijäckchen *n* / coolie jacket
Kulissen·führung *f*(Strick/Wirk) / guide for roller necks || **~krümmung** *f*(Strick/Wirk) / curvature of swan neck || **~rolle** *f* / guide bowl
Kumarin *n* / coumarin *n*
Kumaron *n* / coumarone *n* || **~harz** *n* / coumarone resin
Kumol *n* / cumene *n*
Kunst·blume *f* / artificial flower || **~borste** *f* / artificial bristle || **~darm** *m* / synthetic gut || **~elfenbein** *n* / albolit *n* || **~faser** *f* **auf Zellulosebasis** / cellulosic fibre || **~faserzellstoff** *m* / rayon pulp || **~glanz** *m* / artificial lustre || **~gummi** *n m* / synthetic rubber || **~haar** *n* / artificial hair || **~hanf** *m* / artificial hemp
Kunstharz *n* / synthetic resin || **~ausrüstung** *f*, Kunstharzappretur *f* / resin treatment, resin finish, synthetic resin finish || **~behandeltes Gewebe** / resin-treated fabric || **~behandlung** *f* / resin treatment || **~bindemittel** *n* / synthetic resin binder || **~dispersion** *f* / latex *n* || **~emulsion** *f* / synthetic resin emulsion || **~gebunden** *adj* / synthetic-resin bonded || **~haltiges Pigment** / resin bonded pigment || **~kondensation** *f* **auf Gewebe** / condensation of resins on fabric || **~schichtstoff** *m* / synthetic-resin bonded laminate || **~umhüllung** *f*(Pigm) / resin coating || **~ummantelt** *adj*(Pigm) / resin coated *adj* || **~ummantelung** *f*(Pigm) / resin coating || **~vorkondensat** *n* / synthetic resin precondensate
Kunst·kopal *m* / artificial copal || **~leder** *n* / imitation leather, artificial leather, leatherette *n* || **~leder-Basisvlies** *n*(Vliesst) / imitation leather base || **~lederlack** *m* / artificial leather finish || **~leinen** *n* / cotton with a linen finish, imitation linen made from cotton
künstlich *adj*(Fasern) / manmade *adj* || **~e Anschmutzung** (Matpr) / artificial soil, mechanical soiling || **~e Bewitterung** / artificial weathering || **~er Faden** / artificial thread || **~er Farbstoff** / synthetic dyestuff || **~er Latex** / synthetic latex || **~es Licht** / artificial light || **~es Roßhaar** / imitation horsehair || **~er Schmutz** / synthetic soil || **~es Tageslicht** / artificial daylight
Kunst·roßhaar *n* / artificial horsehair, synthetic horsehair || **~schlichte** *f* / synthetic size || **~seide** *f* / artificial silk, fibre silk (obsolete, superseded in 1924 by "rayon")
Kunstseiden·effekt *m* / artificial silk effect || **~industrie** *f* / rayon industry || **~kette** *f* / artificial silk warp || **~samt** *m* / burnt-out velvet || **~schlag** *m* / artificial silk weft || **~weberei** *f* / artificial silk weaving
Kunstseidespinnbad *n* / rayon spinbath
Kunst·stichelhaar *n* / coarse staple fibre, imitation fur fibre || **~stickerei** *f* / fine art needlework
Kunststoffbelag *m* **mit Filz** (Tepp) / felt-backed plastic
Kunststoffe *m pl* / plastics *pl*
Kunststoff-Flachfaden *m* / film yarn
Kunststoffolie *f* / film *n*, plastic film
Kunststoffreißverschluß *m* / plastic zipper
Kunst·stopfen *n* / invisible mending || **~stroh** *n* (Viskosereyonprodukt) / artificial straw || **~vliesfaser** *f* / nonwoven artificial fibre || **~wolle** *f* / artificial wool, regenerated wool, mungo *n*
Kuoxamfaserstoff *m* **KU** / cuprammonium rayon
Küpe *f*(Färb) / vat *n* || **in der ~ behandeln** (Färb) / vat *v*, vat-dye *v*
küpen *v*(Färb) / vat *v*, vat-dye *v*
Küpen·artikel *m* / vat style || **~ätzdruck** *m* / discharge on direct-dyed grounds || **~bedruckt** *adj* / vat-printed *adj* || **~bildung** *f* / formation of a vat || **~blau** *n* / vat-dyed blue || **~bleiche** *f* / vat bleaching || **~buntätze** *f* / coloured vat discharge, discharge coloured with vat dyes || **~druck** *m* / vat print, vat-dye printing, vat printing || **~druckhilfsmittel** *n* / vat-printing assistant || **~druckpaste** *f* / vat-dye paste || **~färben** *n* / vat dyeing || **~farbendruck** *m* / vat-dye printing || **~färberei** *f* / vat dyeing || **~färbereihilfsmittel** *n* / vat-dyeing auxiliary || **~farbig** *adj* / vat-coloured *adj*
Küpenfarbstoff *m* / vat dyestuff || **~hilfsmittel** *n* / vat-dyeing auxiliary || **~-Klotzfärbeverfahren** *n* / vat-dye padding process || **~-Leukoester** *m* / leuco ester of vat dyes || **~reserve** *f* / vat-dye resist || **~teig** *m* / vat-dye paste
Küpen·färbung *f* / vat dyeing, vat colour dyeing || **~flotte** *f* / vat liquor || **~gefärbt** *adj* / vat-dyed *adj* || **~geruch** *m* / vat odour || **~haut- und -schaumbildung** *f* / vat skinning and foam formation || **~klotzdämpfverfahren** *n* / vat pad-steam process || **~klotzkontinueverfahren** *n* / continuous vat padding process || **~klotzverfahren** *n* / vat padding process || **~-Kontinuefärbung** *f* / continuous vat dyeing || **~-Kontinueverfahren** *n* / vat-dye continuous process || **~leukoester-Farbstoff** *m* / leuco vat ester dyestuff || **~papier** *n*(Färb) / yellow paper || **~potential** *n* / vat potential || **~präparat** *n* / vat-dye preparation || **~rahmen** *m*(Färb) / dipping frame || **~reserve** *f* / vat-dye resist
Küpensäure *f* / vat acid || **~druckfarbe** *f* / vat-acid print dye, vat-acid printing paste || **~-Färbeverfahren** *n* / vat-acid dyeing process || **~-Klotzdämpfverfahren** *n* / vat-acid pad-steam dyeing method || **~-Klotzen** *n* / vat-acid padding || **~-Klotzverfahren** *n* / vat-acid pad dyeing process || **~-Kontinue-Färbeverfahren** *n* / vat-acid continuous dyeing process || **~-Kontinueverfahren** *n* / continuous vat-acid method || **~-Temperaturstufenverfahren** *n* / vat-acid temperature gradient method || **~verfahren** *n* (Färb) / vat-acid method
Küpen·schlamm *m* / vat sediment || **~senker** *m*(Färb) / dipping frame || **~stabilisator** *m*(Färb) / stabilizing agent in the vat || **~stand** *m* **der Färbeflotte** (Färb) / state of reduction of the vat || **~verzögerer** *m* / vat retarder
Kupfer·acetat *n* / copper acetate || **~(II)-acetat** *n* / cupric acetate || **~(II)-acetatarsenit** *n* / cupric acetoarsenite || **~alkalizellulose** *f* / cupro-alkali cellulose || **~ammoniakfaser** *f* / cuprammonium fibre || **~ammoniakfließverhalten** *n* / cuprammonium fluidity || **~ammoniakhydroxid** *n* / cuprammonium hydroxide || **~(II)-arsenitacetat** *n*, Kupferarsenitacetat *n*(Färb) / cupric acetoarsenite, copper acetoarsenite, Schweinfurth green *n*, king's green, Imperial green, Paris green || **~äthylendiamin** *n* / cupriethylenediamine *n* || **~(II)-äthylendiaminhydroxid** *n* / cupriethylenediamine hydroxide || **~azofarbstoff** *m* / copper azo dyestuff || **~beize** *f* / copper mordant || **~braun** *adj*(RAL 8004) / copper-brown *adj* || **~chemieseide** *f* / cuprammonium rayon || **~chlorid** *n* / copper

chloride || ≈(I)-**chlorid** *n* / cuprous chloride || ≈**(II)-chlorid** *n* / cupric chloride || ≈**(II)-chromat** *n* / cupric chromate || ≈**chromnachbehandlung** *f* / copper chrome aftertreatment || ≈**druckwalze** *f* / copper printing roller || ~**farben** *adj* / copper brown || ≈**faser** *f* / cuprammonium rayon staple fibre, cupro staple || ≈**formiat** *n* / copper formate || ≈**glanz** *m* / copper lustre || ~**grün** *adj* / verdigris *adj* || ≈**hydroxidzellulose** *f* / cupro-hydroxide cellulose || ≈**ionenfärbemethode** *f*, Kupfer(I)-Ionen-Färbeverfahren *n* / cupr[e]ous [ion] dyeing method || ≈**karbonatblau** *n* (Färb) / azurite *n* || ≈**komplexfarbstoff** *m* / copper complex dyestuff || ≈**kunstseide** *f* / cuprammonium rayon, cuprammonium silk, cuprammonium filament yarn, cupro *n*, lustracellulose *n* || ≈**kunstseidengarn** *n* / cuprammonium rayon || ≈**kurzfaser** *f* / cuprammonium staple fibre, cupro staple fibre

kupfern *v* / copper *v*, copperize *v* || ≈ *n* / treatment with copper

Kupfer·nachbehandlung *f* / copper aftertreatment || ≈**naphthenat** *n* / copper naphthenate || ≈**natronzellulose** *f* / cupro-sodium cellulose || ≈**(I)-oxid** *n* / cuprous oxide

Kupferoxidammoniak *n* / ammoniacal copper oxide || ≈**kunstseide** *f* / cuprammonium rayon || ≈**lösung** *f* / Schweizer's reagent (wool testing), cuprammonium solution || ≈**seide** *f* / cuprammonium rayon, lustracellulose *n*, cuprammonium silk, cuprammonium filament yarn, cupro *n* || ≈**-Verfahren** *n* / cuprammonium process || ≈**zelluloselösung** *f* / cuprammonium cellulose solution

Kupfer·pentachlorphenat *n* / copper pentachlorophenate || ≈**phthalocyaningrün-Pigment** *n* / copper phthalocyanine green pigment || ≈**reserve** *f* / copper resist || ~**rot** *adj* / copper-red *adj* || ≈**seide** *f* / cuprammonium rayon, cuprammonium silk, lustracellulose *n*, cuprammonium filament yarn, cupro *n* || ≈**seidenelementarfaden** *m* / cupro filament || ≈**seidenfaden** *m* / cuprammonium continuous filament || ≈**spinnfaser** *f*, Kupferstapelfaser *f* / cuprammonium fibre, cupro staple fibre, cuprammonium staple fibre, cuprammonium rayon staple fibre || ≈**sulfat** *n* / copper sulphate || ≈**(II)-sulfat** *n* / cupric sulphate || ≈**-(II)-Sulfat-5-Wasser** *n* / blue vitriol, blue stone || ≈**sulfid** *n* / copper sulphide || ≈**(II)-sulfid** *n* / cupric sulphide || ≈**(II)-sulfit** *n* / cupric sulphite || ≈**tetramminhydroxidlösung** *f* / cuprammonium solution || ≈**verbindung** *f* / copper compound || ≈**(II)-Verbindung** *f*, Cupriverbindung *f* / cupric compound || ≈**vitriol** *n* / blue vitriol, blue stone || ≈**walze** *f* / copper cylinder, copper roll[er] || ≈**zahl (CuZ)** *f* / copper number || ≈**zellwolle** *f* / cupro staple fibre, cuprammonium staple fibre, cuprammonium spun yarn, cuprammonium rayon staple fibre || ≈**zellwollgarn** *n* / cuprammonium spun yarn || ≈**zylinder** *m* / copper roll[er]

kupieren *v* / reduce *v*

kuppeln *v* (Färb) / couple *v*, develop *v* || ≈ *n* (Färb) / coupling process, developing process

Kupplung *f* (Färb) / coupling *n*, developing *n*

Kupplungs·bad *n* (Färb) / coupling bath, developing bath || ≈**bedingung** *f* (Färb) / coupling condition || ≈**bottich** *m* / coupling vat || ≈**erhöhung** *f* (Reißv) / head *n* (portion of a scoop) || ≈**erhöhung eines Reißverschlußzahns** (Reißv) / pip of tooth || ≈**farbstoff** *m* / coupling dyestuff, dyestuff for coupling || ≈**flotte** *f* (Färb) / coupling bath, developing liquor, coupling liquor || ≈**geschwindigkeit** *f* / speed of coupling || ≈**komponente** *f* / coupling component *(dye)* || ≈**reaktion** *f* / coupling reaction || ~**verhinderndes Mittel** (Färb) / coupling-resisting agent || ≈**vertiefung** *f* (eines Reißverschlußzahns) (Reißv) / pocket *n* (portion of a scoop), indent *n*

Kupraminbase *f* / cupramine base

Kurbel am Seitengalgen *f* / end gallow (fully-fashioned knitting machine) || ≈**nähmaschine** *f* / crank-operated sewing machine || ≈**schere** *f* / crank connecting link || ≈**stickerei** *f* / tambour embroidery || ≈**stickmaschine** *f* / tambouring machine, crank handle embroidery machine || ≈**walke** *f* / crank fulling mill || ≈**walkmaschine** *f* (Wolle) / fulling stock, milling stock, milling machine with hammers || ≈**webstuhl** *m* / crank shaft loom, crank loom

Kurdistanteppich *m* / Kurdistan *n* (rug)

Kurimushiseide *f* / kurimushi silk

Kurkuma *f* / curcuma *n*, turmeric *n*, Indian saffron || ≈**gelb** *n* / curcumin *n* || ≈**papier** *n* / turmeric paper || ≈**probe** *f* / turmeric test

Kurkumin *n* / curcumin *n*

Kürschner *m* / furrier *n*

Kurven·bahn *f* (Strick/Wirk) / cam race || ≈**scheibe** *f* (Näh) / cam plate, cam disc

kurz·er Ärmel / half sleeve || ~**es Bad** / short bath, concentrated bath || ~**er Behang** (am Bett) / valance *n* (on a bed) || ~**es Cape** / capelet *n* || ~**e Flotte** (Färb) / short liquor, short bath, concentrated bath || ~**es Flottenverhältnis** / short liquor ratio || ~**e Gamaschen** *f pl* / spats *pl* || ~**e Herrenunterhose** / trunks *pl* || ~**er loser Mantel** (Mode) / sack *n* || ~**e Matrosenjacke** / monkey jacket || ~**e Rupfwolle** / shearling wool || ~**e Rüsche** / cut ruche || ~**e Seidenfaser** / floss *n* (silk fibres not suitable for reeling) || ~**er Sommermantel** / covert coat || ~**es Wams** / short jacket || ~**e Webwarenlängen** *f pl* / mill ends || ~**e Wollkämmlinge** *m pl* / short-staple wool noils || ≈**beregnungstest** *m* (Matpr) / accelerated shower test || ≈**bewitterung** *f* (Matpr) / accelerated weathering || ≈**dämpfverfahren** *n* / flash ageing process (two-phase printing), rapid ageing process, short steaming method

kürzen *v* / shorten *v*, take up (garment) || ≈ *n* / taking-up *n* (garment)

kürzer machen / take up (garment) || ≈**machen** *n* / taking-up *n* (garment)

Kurzfärbeverfahren *n* / abbreviated dyeing method

Kurzfaser *f* / short fibre, flock *n* || ≈**n enthaltende spröde Baumwolle** / mossy cotton || ≈**n enthaltende Wolle** / noily wool || ≈**abfall** *m* / short-fibre waste || ≈**anteil** *m* / lint content

kurzfaserig *adj* / short-fibred *adj* || ~**es Material** / short-fibre cloth || ~**e Mississippi-Baumwolle** / gunn cotton || ~**er Rohstoff** / short-fibre raw material

Kurzfaserspinnen *n* / short-staple spinning

Kurz·flor *m* / short pile || ~**florig** *adj* / short-piled *adj* || ≈**flotte** *f* / short liquor, concentrated bath, concentrated dye liquor

Kurzflotten·-Jet-Färbeanlage *f* / short liquor jet dyeing apparatus || ≈**-Jet-Färben** *n* / short liquor jet dyeing || ≈**stückfärbemaschine** *f* / short-liquor

piece-dyeing machine || ²**stückfärberei** *f* / short-liquor piece-dyeing
kurz·geschoren *adj* / close-cropped *adj*, short-nap[ped] *adj* || ~**gewalkter Filz** / part planked felt || ~**haarig** *adj* / short-haired *adj* || ~**haarige Wolle** / short wool || ²**hemdchen** *n* (Mode) / camisette *n* || ²-**Kaltverweilverfahren** *n* (Färb) / short pad batch process, short-time batching process || ²-**Lang-Stiche** *m pl* / short-long stitches || ²**naht** *f* / short seam || ²**nahtautomat** *m* (Näh) / short-seam automatic apparatus, automatic bartacker || ²**prüfung** *f* / accelerated test, short-time test || ²-**Reißverfahren** *n* (Spinn) / short staple breaking process
Kurzschleifen·geliermaschine *f* / short-loop gelatinizer || ²**trockner** *m* (DIN 64990) / short festoon drier, short-loop drier
Kurzschlitten *m* (Strick/Wirk) / short carriage || ²**maschine** *f* / short carriage machine || ²**strickmaschine** *f* / short carriage knitting machine
Kurz·schnittfaser *f* / short-cut fibre || ~**schürige Wolle** / short-staple wool, wool of short staple || ²**socken** *f pl* / short socks, midway socks (US) || ²**spinnverfahren** *n* / abbreviated spinning process, short spinning process, sliver-to-yarn spinning, short spinning method, abridged spinning process || ²**stapelfaser** *f* / short-staple fibre || ²**stapelfaserkäfig** *m* / short-staple cradle (card)
kurzstapelig *adj* / short-stapled *adj*, short-fibred *adj* || ~**e Baumwolle** (mit einem Handelsstapel unter 22 mm) / short cotton, short-staple cotton || ~**e Wolle** / short-staple wool || ~**e Wolle von der Hals- und Bauchpartie eines Schaffells** / brokes *pl*
Kurz·stapelkäfig *m* / short-staple cradle (card) || ~**strähnig** *adj* / short-skeined *adj* || ²**verfahren** *n* / rapid method, shortened method, abbreviated method || ²**verweilverfahren** *n* / accelerated batching method, short batching time process
Kurzwaren *f pl* / haberdashery *n* (GB), smallwares *pl*, novelties *pl*, notions *pl* (US) || ²**bänder** *n pl* / haberdashery tapes || ²**händler** *m* / haberdasher *n* (GB)
Kurz·wolle *f* / wool combings *pl* || ²**zeitfärben** *n* / short-term dyeing || ²**zeitprüfung** *f*, Kurzzeitversuch *m* / short-time test, accelerated test || ~**zügiges Garn** / high-modulus yarn
KUS, Kupferseide *f* / cupro *n*
Kutikula *f* (nicht zelliges, äußerstes Häutchen der Epidermis) / cuticle *n*
Kutten·kleid *n* (Mode) / cowl dress || ²**kragen** *m* (Mode) / cowl collar
Küvette *f* (Färb) / trough *n*
KVS-Verfahren *n*, Klotz-Kalt-Verweil-Verfahren *n* / cold pad-batch process

L

Labdan·gummi *n m* (aus Cistus ladanifer oder C. laurifolius) / labdanum *n* || **≗harz** *n* / labdanum *n*
Labdanum *n* / labdanum *n*
Laborabriebversuch *m* / laboratory abrasion test
Laborant *m*, Laborantin *f* / laboratory assistant
Laboratorium-pH-Meter *n* / laboratory pH meter
Laboratoriums·abriebversuch *m* / laboratory abrasion test || **≗bestimmung** *f* / laboratory determination || **≗bügelpresse** *f* / laboratory ironing press || **≗dämpfer** *m* / laboratory steamer || **≗druckmaschine** *f* / laboratory printing machine || **≗einrichtung** *f* / laboratory equipment || **≗färbeapparat** *m* / laboratory dyeing apparatus || **≗filzkalander** *m* / laboratory felting calender || **≗filzmaschine** *f* / laboratory felting machine || **≗foulard** *m* / laboratory padding mangle || **≗jigger** *m* / laboratory jig || **≗prüfung** *f* / laboratory test, laboratory trial, small-scale test || **≗techniker** *m* / laboratory technician || **≗test** *m* / laboratory test, laboratory trial || **≗textildruckmaschine** *f* / laboratory textile printing machine || **≗titrimeter** *n* / laboratory titrimeter || **≗trockenschrank** *m* / laboratory drying cabinet, laboratory-type drying oven || **≗versuch** *m* / laboratory test, laboratory trial || **≗waschversuch** *m* / laboratory washing test
Labor·bestimmung *f* / laboratory determination || **≗bewertung** *f* / laboratory evaluation || **≗bügelpresse** *f* / laboratory ironing press || **≗dämpfer** *m* / laboratory steamer || **≗druckmaschine** *f* / laboratory printing machine || **≗einrichtung** *f* / laboratory equipment || **≗färbeapparat** *m* / laboratory dyeing apparatus || **≗färbung** *f* / laboratory dyeing, sample dyeing || **≗filzkalander** *m* / laboratory felting calender || **≗filzmaschine** *f* / laboratory felting machine || **≗foulard** *m* / laboratory padding mangle || **≗jigger** *m* / laboratory jig || **≗kittel** *m* / lab coat || **≗-pH-Meter** *n* / laboratory pH meter || **≗prüfung** *f* / laboratory test, laboratory trial || **≗techniker** *m* / laboratory technician || **≗test** *m* / laboratory test, laboratory trial || **≗textildruckmaschine** *f* / laboratory textile printing machine || **≗titrimeter** *n* / laboratory titrimeter || **≗trockenschrank** *m* / laboratory drying cabinet, laboratory-type drying oven || **≗- und Praxisversuche** *m pl* / trials on a laboratory and practical scale || **≗versuch** *m* / laboratory test, laboratory trial
Lacasse·-Maschine *f* / Lacasse machine (jacquard with extra fine pitch) || **≗-Stich** *m* / Lacasse pitch
Lacet *n* (schmales Flechtband) / lacet *n*
Lachs·farbe *f* / salmon shade || **~farben** *adj* / salmon-coloured *adj*, salmon pink *adj* || **≗öl** *n* / salmon oil || **~rosa** *adj* / salmon pink *adj*, salmon-coloured *adj* || **≗tran** *m* / salmon oil
Lack *m* / varnish *n* || **≗ansatz** *m* / lacquer formulation || **≗auftrag** *m* / lacquer add-on || **≗benzin** *n* (Beschicht) / mineral spirit, white spirit || **≗druck** *m* / lacquer printing, enamel print || **≗gewebe** *n* / varnished cambric (for electrical uses), varnished fabric, impregnated fabric, coated fabric || **≗gewebebahn** *f* / impregnated textile reinforcement for laminates, impregnated fabric || **≗glasgewebe** *n* (für Elektro-Einsatz) / varnished glass fabric
lackieren *v* / varnish *v*
Lackiermaschine *f* / varnishing machine
Lack·isoliergewebe *n* (für Elektro-Einsatz) / varnished insulating fabric || **≗leder** *n* / patent leather || **≗mantel** *m* / oilskin coat
Lackmoid *n* / lackmoid *n*, lacmoid *n*, resorcin blue
lack·rot *adj* / lake red || **~schwarz** *adj* / lake black || **≗seide** *f* (für Elektro-Einsatz) / varnished silk || **≗siebschablone** *f* / screen prepared with screen lacquer
Ladangummi *n m*, Ladanharz *n*, Ladanum *n* / labdanum *n*
Ladder *m* (Reißverschluß aus Kunststoffdraht) (Reißv) / ladder *n*
Lade *f* (Web) / lathe *n*, sley *n*, [loom] batten, lay *n* || **≗bank** *f* / sley batten
Laden·anschlag *m* (Web) / beat-up *n*, beating up || **≗arm** *m* (Web) / lay sword, sley sword, sley arm || **≗backen** *m* (Web) / going part || **≗bahn** *f* (Web) / race [board], going part, race plate || **≗bahnnut** *f* (Web) / groove rail in the shuttle race, guide rail in the shuttle race || **≗balken** *m*, Ladenbaum *m* (Web) / sley beam, sley cheek, going part || **≗bewegung** *f* (Web) / movement of the sley, sley movement || **≗deckel** *m* (Web) / batten cap, sley top, sley cap, pull-to *n*, lay cap || **≗doppelschlag** *m* (Web) / double beat-up || **≗drehung** *f* (Web) / turn of the sley || **≗ebene** *f* (Web) / race level || **≗finger** *m* (Web) / sley finger || **≗kamm** *m* (Web) / [weaver's] reed, [weaver's] comb, weaving reed || **≗kasten** *m* / sley box || **≗klotz** *m* (Web) / going part || **≗nut** *f* / sley groove || **≗rückgang** *m* (Web) / reverse run of the sley || **≗schere** *f* (Web) / crank arm || **≗schlag** *m* (Web) / blow *n* (of the sley), battening *n*, stroke of the sley || **≗schwinge** *f* (Web) / sley sword, sley arm || **≗schwingung** *f* (Web) / oscillation of the sley || **≗spiel** *n* (Web) / to-and-fro movement of the sley, turn of the sley || **≗stellung** *f* (Web) / position of sley || **≗stelze** *f* (Web) / sley sword, sley arm || **≗stillstand** *m* (Web) / dwell of the sley || **≗stock** *m* (Web) / rocking tree || **≗wechsel** *m* / box motion || **≗welle** *f* / sley shaft || **≗zapfen** *m* (Web) / batten pin, sley stud, sley pin
Ladevorrichtung *f* / loading device
Ladung *f* / charge *n*, load *n*
Ladungs·ausgleich *m* / charge compensation, charge equalization || **≗charakter** *m* / character of charge || **≗dauer** *f* / charging time || **≗spray-Verfahren** *n* (Textdr) / charge spray process
Lager *n* **für den Spulenkasten** / bobbin box support || **≗balken** *m* (Spinn) / carrier bar || **~beständig** *adj* / stable in storage || **≗beständigkeit** *f* / storage stability, storage property, storage life, shelf life || **≗dauer** *f* / shelf life, storage time || **≗dauertest** *m*, Lagerdauerversuch *m* / shelf-life test || **~echt** *adj* / fast to storing || **≗echtheit** *f* / storage stability, shelf life || **~fähig** *adj* / storable *adj* || **≗fähigkeit** *f* / storage property, storage stability, storage life, shelf life
lagernder Wickel / stored lap roll
Lager·schaden *m* / storage damage || **≗schlitten** *m* / beam carrier slide || **≗schwund** *m* / loss of weight in storage || **≗stück** *n* **der beiden Stoffbreithaltearme** / cloth spreader coupling
Lagerung *f* / storage *n*
lagerungs·beständig *adj* / stable in storage || **≗beständigkeit** *f* / storage stability, shelf life || **≗fleck** *m* / storage stain || **≗zeit** *f* / storage life
Lahn *m* (flach geplätterter Metalldraht, der allein oder als Umwicklung von textilen Garnen für Lamé usw. verwendet wird) / tinsel *n*, flattened

metal thread, flat wire || **mit ≗ umsponnenes Garn** / tinsel covered yarn, tinsel yarn || **≗borte** *f* / tinsel braid, flat wire braid
Lahore *m* / Lahore *n* (Indian handmade carpet)
Laken *n* / sheet *n*
Lakmoid *n* / lackmoid *n*, lacmoid *n*, redorcin blue
Lama·haar *n* / hair of alpaca, hair of llama || **≗wolle** *f* / llama wool
Lambrequin *m* (Fenster- oder Türbehang, meistens mit Quasten) / lambrequin *n*
Lamé *m* (leichter Modestoff, der durch Mitverwendung von Metallfäden hergestellt wird) / lamé *n* || ≗ (metallglänzendes Effektgarn, bestehend aus einer Alu-Seele zwischen plastischen Bändchen), Laméfaden *m* / lamé effect yarn *n*, metallic thread
Lamelle *f* (Web) / glider *n*, yarn rider, drop wire
Lamellen·-Aufstecken *n* (DIN 62500) / dropping the drop wires (warping) || **≗-Einziehen** *n* (DIN 62500) / threading the drop wires (warping) || **≗schiene** *f* (Web) / drop wire rail || **≗träger** *m* (Web) / drop wire support
laminieren *v* / laminate *v*, face *v* || ~ (Seide) / flatten *v* || ~ *v* (Schaumstoff-Kaschierung) / foam-back *v* || ≗ *n* **durch Aufsteppen** / laminating by quilting || ≗ **mit flexiblem Überzug** / flexible film lamination || ≗ **mit Schaumstoff** / foam backing
Laminierharz *n* / laminating resin, varnishing resin
laminiert·er Stoff / laminated fabric (GB), cloth laminate, bonded fabric || **~er Stoff** (schaumstoff-kaschiert) / foam-back *n*
Laminierungsanlage *f* / laminator *n*
Lamm·fell *n* (auch als Fellimitation) / lambskin *n* || **≗fellfutter** *n* / sheep's wool lining, sheepskin lining, shearling lining || **≗fellimitation** *f* / imitation lambskin, peau de mouton (Fr) || **≗fellplüsch** *m* / lambskin pad || **≗wolle** *f* / lambswool *n*
Lampas *m* (schwerer Dekorationsdamast) / lampas *n*
Lampe *f* **innerhalb des Warenschlauches** / fabric illuminator (circular knitting)
Lampen·docht *m* / lampwick *n* || **≗dochtgewebe** *n* / wicking *n* || **≗ruß** *m* / lampblack *n* || **≗schirm** *m* / lampshade *n* || **≗schirmstoff** *m* / lampshade material || **≗schwarz** *n* / lampblack *n*
Lanameter *n* / lanameter *n* (for measuring the thickness and surface development of the wool fibre)
Lancé *n* (figürlich gemustertes Gewebe) (Web) / lance *n*, embroidered fabric
lancieren *v*, lanzieren *v* (Web) / weave broché fabrics, figure *v*, embroider *v* || ≗ *n* / figuring *n*, embroidering
Lancier·schuß *m* (Web) / lance filling, float pick || **≗stuhl** *m* (Web) / embroidery loom
lanciertes Gewebe (Web) / lance *n*, embroidered fabric
Lancierung *f*, Lanzierung *f* (Web) / embroidering *n*
Lancierwebstuhl *m* / embroidery loom
Land-Orseille *f* / orseil de terre (Fr)
lang·er Ärmel / long sleeve || **~e Baumwollfaser** / long staple cotton || **~er Büstenhalter** / longline bra || **~e Faser** / long staple || **~e Flotte** (Färb) / long liquor, long bath || **~es Flottenverhältnis** (Färb) / long ratio of liquor, long liquor ratio || **~e grobe Noppe** / shag *n* || **~es halbes Unterkleid** / long half slip || **~er Halbunterrock** / long half slip || **~es Kleid** / full-length dress || **~es loses Kleid** (Mode) / caftan *n* || **~e Schulterwolle** / supercombing wool || **~er Stich** (Näh) / tack *n*, tacking stitch || **~e Unterhose** / full-length underpants || **~es Unterkleid** / long slip || **~er Unterrock** / long slip
Langbein·-Miederhose *f* / long-leg panty girdle || **≗-Miederhose mit schmalem Taillenband** / long-leg waistline panty girdle || **≗-Schlüpfer** *m*, Langbein-Panty *f* / long-leg panty || **≗-Wollschlüpfer** *m* / long-leg woollen panty
Langdämpfverfahren *n* (Färb) / prolonged steaming method || ≗ (Zwei-Phasen-Druck) / normal ageing
Länge *f* **der Baumwollfaser** / cotton staple || ≗ **der Flotte** (Färb) / length of liquor, ratio of liquor, length of bath liquor ratio, bath ratio, liquor-to-goods ratio
längen *v* (Strumpf) / leg *v* || ≗ *n* (Strumpf) / leg *n* || **≗änderung** *f* (Fasern) / extension *n* || **≗ausgleichseinrichtung** *f* / yarn length compensating mechanism || **~bezogene Masse** / linear density, titre *n* || **≗dehnung** *f* / extension in length || **≗eingang** *m* / shrinkage in length || **≗erholung** *f* / recovery from elongation || **≗filzschrumpf** *m* / length felting shrinkage || **≗gewicht** *n* / weight per length || **≗maschine** *f* (Strumpf) / legger *n* || **≗maß** *n* **für Jute- und Leinengarnstränge** / hasp *n* || **≗rips** *m* / filling rep, weft rib fabric || **≗schrumpf** *m*, Längenschrumpfung *f* / length shrinkage, shrinkage in length, shrinkage in length || **≗stuhl** *m* (Strumpf) / legging frame || **≗variationskoeffizient** *m* / coefficient of length variation
Langette *f* / scallop *n* || **mit ≗n bestickter Rand** / scallop-finish edging || **mit ≗n bestickter Seitenschlitz** / scalloped walking slit || **mit ≗n verzieren** / scallop *v*
langettieren *v* / scallop *v*
Langfaser *f* / long fibre, long staple || **≗beflockung** *f* / long fibre flocking || **≗flachs** *m* / line fibre, long-fibred flax || **≗-Flachsgarn** *n* / long line yarn || **≗garn** *n* / long fibred yarn
langfaserig *adj* / long-fibred *adj*, long-stapled *adj* || **~e Abfälle** / long-stapled waste || **~e Glanzwolle** (für Kleiderstoffe) / notts wool
Langfaserspinnerei *f*, Langfaserverspinnung *f* / long staple spinning, long fibre spinning
Langfixierverfahren *n* (Färb) / prolonged dwell method
Langflachs *m* / line flax || **≗garn** *n* / flax line yarn, line yarn, flax yarn || **≗spinnerei** *f* / flax line spinning
langflorig *adj* / shaggy *adj* || **~er Baumwollsamt** / plush velveteen
Lang·florteppich *m* / shag *n*, shaggy pile carpet, shag carpet || **~geweift** *adj* / long-reeled *adj* || **~gezogene Masche** (bei Hinterlegt- u. Fangausführung) / held loop || **~haariges Devon-Schaf** / Devon long-wool sheep || **≗hanf** *m* / line hemp, long hemp || **≗hanfgarn** *n* / long-stapled hemp yarn || **≗jute** *f* / long jute || **≗knäuel** *m n* (DIN 61800) / oblong ball, pullskein *n* || **≗knäuelwickelmaschine** *f* / pullskein winding machine || **≗maschenapparat** *m* / long loop apparatus || **≗mascheneinrichtung** *f* (Strick/Wirk) / long loop device || **≗maschengewebe** *n* / oblong-mesh cloth || **≗maschenreihe** *f* (Strick/Wirk) / long loop row, long loose course || **≗maschenreihe zum Abketteln** (Strick/Wirk) / looper course, linking course || **≗nahtautomat** *m* (Näh) / long seam unit, automatic long seamer || **≗pelzapparat** *m* / wadding machine || **≗reihe** *f* (Strick/Wirk) / loose course, wale *n*, slack course motion, slack course

Langreihen·apparat *m* / loose course mechanism, loose course motion || **≈einrichtung** *f*(Strick/Wirk) / loose course attachment, slack course equipment, long loop device, slack course attachment || **≈exzenter** *m* / loose course cam || **≈muster** *n*(Näh) / long-stitch course pattern || **≈vorrichtung** *f* / loose course mechanism, loose course motion

langsam·es Aufziehen (Färb) / slow strike || **~er Planetenrührer** / planetary agitator || **≈näheinrichtung** *f*(Näh) / inching device || **~ziehend** *adj*(Färb) / slow-striking *adj*

lang·schäftige Nadel (Strick/Wirk) / long-shanked needle || **≈schermaschine** *f*(Web) / length shearing machine, shearing machine in the lengthwise direction || **≈schiffchen** *n*(Näh) / sliding shuttle || **≈schleifentrockner** *m* / long loop drier || **≈schlitten** *m*(Strick/Wirk) / long carriage || **≈schlittenmaschine** *f*(Strick/Wirk) / long carriage machine || **≈schlitten-Strickmaschine** *f* / long carriage knitting machine || **~schürige Wolle** / wool of long staple

Längs·dehnungsmesser *m* / extensometer *n* || **≈erholung** *f* / recovery from elongation || **≈falte** *f* / lengthwise crease, crimp running lengthwise with the piece, lengthwise fold || **≈faserspeisung** *f* / lengthwise fibre feed, parallel fibre feed

längsgerippt *adj* / ribbed lengthwise *adj* || **~er Lüster** / corded alpaca

längsgestreift *adj* / striped lengthwise, vertically striped || **~er Atlas** / satin rayé (Fr) || **~e Serge** / serge rayé (Fr) || **~e Ware** / fabric with vertical stripes, rayé fabric

Langsieb *n*(Textdr) / endless wire

Längs·rauhen *n* / long raising, long teazeling || **≈reckanlage** *f* / longitudinal stretching unit || **≈rips** *m* / filling rep, weft rib fabric || **≈schneider** *m* / slitter *n* || **≈schnitt** *m* / longitudinal cut || **≈spannung** *f* / warp tension

Längsstreifen *m* / lengthwise stripe, vertical stripe, longitudinal stripe || **durch fehlerhafte Einstellung des Stuhles verursachte ≈** *m pl* / start-up marks || **≈einrichtung** *f*(Strick/Wirk) / mechanism for vertical striping, vertical striping device, vertical striping attachment || **≈muster** *n* / lengthwise stripe pattern, vertical stripe pattern

Langstapel *m* / long staple

langstapelig *adj* / long-stapled *adj* || **~e Baumwolle** (mit mehr als 29 mm Handelsstapel) / high-quality cotton || **~e Baumwollfaser** / long staple cotton || **~e Faser** / long staple fibre || **~e Wolle** / long staple wool, long wool

Lang·stapelviskosefilament *n* / long staple spun rayon || **~strähnig** *adj* / long-skeined *adj* || **≈streifenkette** *f*(Strick/Wirk) / chain for vertical stripes || **≈streifenware** *f* / fabric with vertical stripes, rayé fabric

Längs·verzerrung *f* / longitudinal distortion || **≈zug** *m* / longitudinal stretch

Lang·tisch-Spanngerät *n* / long-table stretching device || **≈trommelmaschine** *f*(Färb) / long-drum machine

Längung *f* / strain *n* (yarn, extension undergone by fibre) || **≈ unter festgelegter Kraft** / extension under a defined force

Lang·verweilverfahren *n*(Färb) / long batching time process, prolonged batching method || **~zügiges Garn** / low-modulus yarn

Lanolin *n* (gereinigtes Wollfett) / lanolin[e] *n*

Lanzen·fähnchen *n* / banderole *n*, pennon *n*, pennant *n* || **≈webstuhl** *m* / rapier loom, rapier weaving machine || **≈wimpel** *m* / ciciatoun *n*

lanzieren *v*, lancieren *v*(Web) / figure *v*, embroider *v*, weave broché fabrics || **≈** *n* / figuring *n*, embroidering *n*

Lanzier·gewebe *n* / broché fabric, figured fabric, swivel fabric || **≈lade** *f* / broché sley, swivel sley || **≈schuß** *m*(Web) / float pick, lance filling

lanziert·es Gewebe (Web) / lance *n*, embroidered fabric || **~er Stoff** / extra weft figured fabric, lance *n*

Lanzierung *f*, Lancierung *f*, Lanzierverfahren *n* / embroidery weaving, lance technique

Lanzier·weberei *f* / broché weaving, swivel weaving || **≈webmaschine** *f* / broché weaving machine || **≈webstuhl** *m* / embroidery loom

lapisblau *adj* / lapis lazuli *adj*

Lapislazuli[blau] *n* / native ultramarine, lapis lazuli

Läppchenprobe *m*, Läppchentest *m*(Matpr) / patch test, swatch test

Lappen *m* / shred of cloth

Lappet·-Gewebebindung *f* / lappet weave || **≈-Musselin** *m* / lappet muslin || **≈-Musterfaden** *m* / lappet thread || **≈-Stickerei** *f* / lappet weaving || **≈-Stickereiwebstuhl** *f*, Lappetstuhl *m*, Lappet-Webmaschine *f* / lappet loom

lappig *adj* / limp *adj*, slack *adj*, slabby *adj* || **~er Griff** / flabby handle || **~er Querschnitt** (Fil) / multilobal cross-section

Lapping *n*(Textdr) / lapping *n*

Larvenfraß *m* / ravage by larvae

Laschenkette *f* **mit Rollen** (Strick/Wirk) / pitch roller chain

lasierend *adj*(Beschicht) / transparent *adj* || **~es Finish** / transparent finish

Last *f* / load *n*

Lasting *m* (fünfbindiger Kettatlas, mit gezwirnter Kette) (Web) / [cotton] lasting, prunella *n*, prunello *n*

Lastkraftwagen-Plane *f* / tilt *n*, awning *n*

Lastspielzahl *f*(Matpr) / number of cycles

lasurblau *adj* / lapis lazuli *adj*

latente Kräuselung / latent crimp

Laterne *f*(Spinn) / can *n*, lantern *n* || **≈** / dobby star wheel

Laternen·bank *f*(Spinn) / can roving frame, slubbing machine || **≈seite** *f* **der Jacquardkarte** (Web) / lantern end of the card, numbered end of the card || **≈stuhl** *m*(Spinn) / can roving frame

Latex *m* / latex *n* || **≈faden** *m*, Latexgummifaden *m* / extruded latex

Latexierung *f* / latexing *n*

Latex·konzentrat *n* / latex concentrate || **≈mischung** *f* / latex compound || **≈-Rückenappreturmasse** *f* / latex backing compound || **≈schaum** *m* / latex foam || **≈schaumgummi** *n m* / latex foam [rubber] || **≈untergrund** *m* / latex backing

Latten·breithalter *m* / slatted expander || **endloser ≈rost** (für Warentransport) / continuous lattice conveyor || **≈tisch** *m*(Spinn) / lattice feed table || **≈trommel** *f* / lattice drum (carding), lattice roller (carding) || **≈tuch** *n*(Spinn) / endless feed lattice, lattice *n* (fabric), lattice feed, lattice apron || **≈tuch für Textilmaschine** (DIN 64096) / lattice for textile machine || **≈tuchwalze** *f* / lattice roller, lattice block

Latz *m* / bib *n* || **≈** (Web) / jacquard card

Lätzchen *n* / bib *n*, bavarette *n*

Latze *f*(Web) / leash *n*

Latzhose *f*(Mode) / bib and brace overall, bib slacks *pl*, overall *n*, dungarees *pl*, boiler suit
laubgrün *adj*(RAL 6002) / leaf green || ≗ *n* / leaf green, chrome oxide green, chrome green
Lauf, den ≗ **umkehren** (Färb) / reverse the flow || ≗**band** *n*(Spinn) / band *n*, spindle cord || ≗**bügel** *m* / cradle *n*(drawing system) || ≗**eigenschaft** *f*(eines Hydrophobiermittels) / flow property || ≗**eigenschaften** *f pl*(Beschicht) / flow characteristics || ≗**eigenschaften** (Garn) / running properties *pl*(yarn)
laufen *v*(Färb) / run *v*
laufend·e Flotte / circulating bath, circulating liquor || ~**er Meter** / running meter (US), running metre (GB) || ~**e Meterware** / fabric in the roll || ~**e Oxydationsbleiche** / continuous peroxide bleach || ~**er Yard** / running yard
Läufer *m*(Tepp) / [carpet] runner, carpet traveller, carpet strip, corridor carpet, corridor rug || ≗ (Spinn) / traveller *n*, squirrel *n*, urchin *n*(cotton spinn) (US) || ≗ (Web) / whirl *n* || ≗ (auf dem Tisch) / table runner || ≗**führung** *f* / traveller guide || ≗**geschwindigkeit** *f* / traveller speed || ≗**gewicht** *n* / traveller weight || ≗**haube** *f*(Spinn) / fancy roll cover || ≗**putzwalze** *f*(Spinn) / fancy cleaner roller || ≗**reibung** *f* / traveller friction || ≗**reiniger** *m* / traveller clearer || ≗**ring** *m* / traveller ring || ≗**teppich** *m*(Tepp) / carpet runner, carpet traveller, carpet strip, corridor carpet, corridor rug, runner *n* || ≗**teppich aus Jute** / Dutch carpeting || ≗**walze** *f*(Spinn, Web) / fancy roll[er] || ≗**webstuhl** *m* / loom for stair carpeting
Lauf·faden *m*(an der Nähmaschine) / leading thread || ≗**falte** *f*(Färb) / running crease || ≗**faltenbildung** *f* (Fehler) (Färb) / formation of running creases || ≗**faltenbruch** *m*(Beschicht) / crack mark || ≗**faltenverhütungsmittel** *n*(Färb) / preventive agent against running creases || ~**feste Maschenbindung** / run resistant stitch || ≗**fläche** *f* **des Schloßteils** (Strick/Wirk) / camming face || ≗**länge** *f*(einer Stoffbahn) / running length || ≗**länge** (des Stoffes) / yardage *n* || ≗**länge des Wickels** / runnage of the lap (card)
Laufmasche *f*(Strick/Wirk) / dropped stitch, drop stitch || ≗ (Strumpf) / ladder *n*, run *n*(US), runner *n* (GB)
Laufmaschen·aufnehmemaschine *f* / ladder lifting machine || ≗**beständigkeit** *f*(Strick/Wirk) / resistance to laddering || ≗**bildung** *f* / laddering *n* || ≗**fang** *m* **in Phantasiemusterung** (Strumpf) / figured openwork effect, fancy garter, pattern after-welt, lace after-welt || ~**fest** *adj*(Strick/Wirk, Strumpf) / ladderproof *adj*, non-laddering *adj*, non-run *adj*, runproof *adj*, non-ravel *adj* || ~**fest machen** (Strumpf) / make ladderproof || ~**festes Appretieren** (mit Schiebefestmittel, meist auf Vinylharzbasis) (Strumpf) / anti-snag finish, anti-snare finish || ≗**festigkeit** *f* / run resistance || ~**gesichert** *adj*(Strick/Wirk, Strumpf) / non-laddering *adj*, non-ravel *adj*, non-run *adj*, runproof *adj* || ~**hemmend** *adj*(Strick/Wirk) / run-preventive *adj* || ≗**muster** *n*(Strick/Wirk) / drop-stitch pattern, mock rib effect, open-mesh pattern
laufmaschensicher *adj*(Strick/Wirk, Strumpf) / non-laddering *adj*, ladderproof *adj* || ~**e Ausrüstung** (Strumpf) / anti-snag finish, anti-snare finish || ~ **machen** (Strumpf) / make ladderproof || ~**er Rand** (Strumpf) / non-ravel top, non-run top, ladderproof top || ~**e Strickart** (Strick/Wirk) / run-resist construction || ~**e Strickware** / run-resistant knitted fabric || ~**er Strumpf** / ladder resistant hose, non-run stocking, ladderproof hose, non-run hose, run-resist hose || ~**e Strumpfware** / run-resistant hosiery
Laufmaschen·sicherung *f* / ladder prevention || ~**verhindernd** *adj*(Strick/Wirk) / run-preventive *adj*
Lauf·mittel *n*(Chrom) / mobile solvent || ≗**richtung** *f* **der Fasern** / direction of feed || ≗**riemchen** *n* (Masch) / guiding belt || ≗**schicht** *f*(Vliesst) / top layer || ≗**schiene** *f* / cradle *n*(drawing system) || ≗**schürze** *f* / travelling apron || ≗**spule** *f*(Web) / movable pirn, rolling bobbin, revolving bobbin, rotating pirn || ≗**streifen** *m pl*(Färb) / running marks || ≗**zeit** *f*(Färb) / running time
Lauge *f* / lye *n*, alkaline solution, buck (GB) *n*, leach *n*, leaching solution || ≗ (i.e.S.) / caustic soda solution || ≗**mittel** *n* / leaching agent
laugen *v* / steep in lye, leach *v*, buck *v* || ≗ *n* / treatment in alkaline solution, bucking *n*, treatment with caustic soda, treatment with alkali || ≗**ätzartikel** *m* / coloured alkaline resist style || ≗**aufbereitung** *f* / lye recuperation || ≗**aufdruck** *m* / printing-on of thickened caustic || ≗**bad** *n* / lye bath, alkaline bath || ≗**behälter** *m* / lye tank || ~**beständig** *adj* / lye-resistant *adj* || ≗**beständigkeit** *f* / resistance to caustic soda, stability to lye, alkali resistance, resistance to lye || ~**fest** *adj* / lye-resistant *adj* || ≗**festigkeit** *f* / stability to lye, resistance to lye || ≗**gehalt** *m* / alkali content || ≗**konzentration** *f* / concentration of the lye || ≗**kreppdruck** *m* / crepe effects achieved by printing on caustic soda || ≗**krepp-Paste** *f* / printing paste with caustic soda for crêpe effects || ≗**kühlanlage** *f* / lye cooling plant || ≗**lösung** *f* / leaching solution || ≗**messer** *m* / alkali meter, alkalimeter || ≗**phase** *f* / lye phase || ≗**überdruck** *m* / caustic overprinting
Laugierbad *n* / lixiviating bath
laugieren *v*(Färb) / caustify *v* || ≗ *n* / caustic treatment, treatment with caustic soda, treatment with alkali, treatment in alkaline solution, causticization *n*
Laugiermaschine *f*(DIN 64990) / caustic soda treatment plant
Laugierung *f*(Textdr) / caustic treatment, causticization *n*
Laugung *f* / leaching [out] *n*, leach *n*, lixiviation *n*
Laugungsmittel *n* / leaching agent
Laurinsäure *f* / lauric acid
Lauryl-Pyridinium-Chlorid *n* / lauryl pyridinium chloride
Läuterbottich *m* / clarifying vat
Lautsprecher·bespannstoff *m* / grille cloth (for loudspeakers) || ≗**bespannung** *f* / radio baffle
lauwarm *adj* / lukewarm *adj*
lavendelfarbig *adj* / lavender-coloured *adj*
Laventine *f*(dünnes seidenes Ärmelfutter aus Filamentgarn) / laventine *n*
Laver *m*(persischer Teppich hoher Qualität) (Tepp) / laver *n*
Lävopimarsäure *f* / laevopimaric acid
Lävulinsäure *f* / levulinic acid, acetylpropionic acid
Lawer *m*(persischer Teppich hoher Qualität) (Tepp) / laver *n*
Lazies-Stickerei *f* / lazie *n*
Lea (Garnmaß: Baumwolle = 120 yds, Kammgarn

= 80 yds, Leinen und Hanf = 300 yds) / lea *n* || **≗-Gebindenummer** *f* / lea count || **≗-Prüfung** *f* / lea test || **≗-Strangreißfestigkeit** *f* / lea strength
Leaver·maschine *f* / leavers machine, tulle [lace] machine || **≗spitze** *f* / leavers lace
lebendes Polymer[es], lebendes Polymerisat / biopolymer *n*
Lebens·baum *m* (Tepp) / tree of life || **≗dauer** *f* / serviceability *n*, durability *n*
lebhaft *adj* (Farbton) / bright *adj*, brilliant *adj*, lustrous *adj*
Lebhaftigkeit *f* (Färb) / brightness *n*
leblos *adj* (Wolle) (Wolle) / frowsy *adj*
Leder *n* **für Kleidungsstücke** / clothing leather || **~ähnlich** *adj*, lederartig *adj* / leathery *adj* || **≗band** *n* / leather strap || **≗belag** *m* / leather covering || **≗beschlag** *m* / leather lining || **~braun** *adj* / leather-brown *adj*, tan *adj*, tawny *adj*, fulvous *adj* || **≗effekt** *m* (Ausrüst) / sharkskin finish || **≗einlage** *f* / leather insert || **~farben** *adj*, lederfarbig *adj*, ledergelb *adj* / buff-coloured *adj*, khaki *adj*, tawny *adj*, tan *adj* || **≗gelb** *n* (Färb) / leather yellow, chrysaniline *n*, phosphine *n* || **~griffige Seide** / leather silk || **≗hülse** *f* / leather cot || **≗imitation** *f* / imitation leather, artificial leather, leather fabric || **≗jacke** *f* / leather jacket || **≗kegel** *m* / leather cone || **≗kissen** *n* / leather cushion || **≗knopf** *m* / leather button || **≗mantel** *m* / leather coat || **≗samt** *m*, Duvetine *m* (Web) / duvetyn *n*, duvetyne *n* || **≗schlaufe** *f*, Lederschlinge *f* / leather loop || **≗streifen** *m* / leather strip || **≗tuch** *n* / leather fabric, leather cloth || **≗tuch**, Englisch Leder *n* / moleskin *n* || **≗walze** *f* / leather covered roller || **≗weste** *f* / jerkin *n*
Ledge *f* (Spinn) / tapered spool
leer·er Farbton / dull shade, flat shade || **~e Färbung** / dead dyeing || **~er Griff** / dead handle || **~e Spule** / spent bobbin
Leere *f* (Spinn) / tapered spool, pirn *n*
Leer·nadel *f* / blank needle || **≗reihe** *f* (Strick/Wirk) / idle course, draw-back course, odd course || **≗reiheneinrichtung** *f* (Strick/Wirk) / idle course attachment || **≗reihenhebel** *m* (Strick/Wirk) / idle course lever || **≗schuß** *m* (Web, Defekt) / misspick *n*, mispick *n*, missed pick || **≗versuch** *m* / blank test
legaler Titer (in Denier) *m*, Legaltiter *m* / Td (titre denier) (GB), (titer denier) (US)
Lege·falte *f* / crack mark || **≗maschine** *f* (Tuchh) / plaiting machine, cuttler *n*
legen *v*, falten *v* / fold *v* || **≗** *n* **flacher Einzelfalten** / kilting *n*
Leger *m* (Tuchh) / rigger *n*
Legerkleidung *f* / casual wear
Leger-Mode *f* / leisure wear fashion
Legeschiene *f* (Strick/Wirk) / guide bar || **≗ 1** (Strick/Wirk) / back guide bar (BGB) (warp knitt) || **≗ 2** (Strick/Wirk) / front guide bar (FGB) (warp knitt) || **≗ der Raschelmaschine** / guide bar of a Raschel machine
Legeschienenträger *m* (Strick/Wirk) / guide bar slide bracket
Lege·tisch *m* (DIN 64990) / folding table || **≗- und Wickelmaschine** *f* / batching and rolling machine, folding and rolling machine || **≗vorrichtung** *f* / layering apparatus (carding), cuttler *n*, cuttling machine
Legung *f* (Web) / pattern notation, pattern lapping || **≗** (Strick/Wirk) / threading *n* || **≗** (Gesamtbewegung der Gegenschienen, seitlich und Durchschwingung, zur Maschenbildung führend) (Strick/Wirk) / lapping movement, lapping *n* || **≗ 1:3** / one-to-three (1:3) arrangement || **≗ über den Nadeln** (Strick/Wirk) / overlap *n*, lapping *n* || **≗ unter den Nadeln** (Strick/Wirk) / underlap *n*, shogging *n*
Legungs·einzug *m* (Strick/Wirk) / threading *n* || **≗kombination** *f* (Web) / combination of lappings
lehmbraun *adj* (RAL 8003) / clay brown *adj*
Lehnerkunstseide *f* / nitrocellulose silk, nitro silk
Lehnstuhl *m* / easy chair
Lehrdorn *m* **in der Hülse** (DIN 64071) / gauge *n* (of tube)
Leibbinde *f* / body belt, abdominal bandage
Leibchen *n* / singlet *n*, liberty bodice, vest *n*, undershirt *n*
Leib·futter *n* / inside lining || **≗gurt** *m* / body belt, girdle *n*, abdominal bandage
Leibwäsche *f* (allg) / underwear *n*, body linen, underclothes (sometimes includes sleepwear) *pl* || **≗** (Damen) / ladies' underwear, [ladies'] lingerie || **≗stoff** *m* / underwear fabric
Leib·weite *f* / body width || **≗weitenmaschine** *f* (Strick/Wirk) / circular bodice machine || **≗weitenmaschine mit Zungennadeln** (Strick/Wirk) / circular latch-needle bodice machine
Leichen·gewand *n* / cerement *n* || **≗tuch** *n* / shroud *n*, cerement *n* || **≗wachstuch** *n* / cerecloth *n*
leicht *adj* (Stoff) / flimsy *adj* || **~es Anrauhen von Wollwaren** / semi-finish *n* || **~e Beanspruchung** / mild treatment || **~ brennbar** / highly flammable, readily flammable || **~e Brennbarkeit**, leichte Entflammbarkeit / high flammability || **~es Damenkleid** / frock *n* || **~ entfernbares Markieren** / fugitive staining || **~ entflammbar** / highly flammable, readily flammable || **~ entzündlich** / easily combustible || **~e Faille** / failletine *n* || **~ färben** / tint *v*, tinge *v*, tone *v* || **~er Farbton** / tint *n*, tinge *n* || **~es Garn** / low-bulk yarn || **~ gewalkte Ausrüstung** / semi-milled finish || **~es Gewebe** / lightweight fabric || **~ gezwirnt** / loosely doubled || **~er Kleiderdenim** / sports denim || **~ knitternd** (Stoff) / wrinkly *adj* || **~es Lösemittel**, leichtes Lösungsmittel / light solvent || **~ löslich** / readily soluble, of high solubility, freely soluble || **~e Maschenware** / lightweight knitwear || **~er Melton** / meltonette *n* || **~ merzerisierte Baumwollappretur** / semi-mercerized finish || **~ mischbar** / freely miscible || **~er Moiréseidentaft** / water tabby || **~es Nylongewebe für Sportkleidung** / combat cloth (lightweight, extremely durable all-nylon material for sportswear) || **~e Seidengaze** / gossamer *n* || **~er Seidenmusselin** / silk tiffany || **~er seidiger Strickartikel** / light silky knitwear || **~er Sommerkammgarnstoff** / tropical cloth || **~e Stäbchenverstärkung** / light boning (foundations) || **~es Steifleinen** / crinoline *n* (heavily sized, stiff fabric used as a foundation) || **~er Stoff** / light-density material || **~ tailliert** (Mode) / semi-fitted *adj* || **~e Walke** / light milling, moderate milling || **~e Waschartikel** *m pl* / goods withstanding light washing || **~es Waschen** / light washing || **~er Wollflanell** / patent flannel || **≗benzin** *n* / light petroleum, LDF (light distillate fuel), white spirit || **~entzündlich** *adj* / readily combustible, fast burning || **~flüchtig** *adj* / highly volatile || **~flüssig** *adj* / easily flowing, mobile *adj* (of liquid) || **~gedrehtes Garn** / low-twist yarn || **~gefärbt** *adj* / light-coloured *adj* || **~löslich** *adj* /

readily soluble, of high solubility, freely soluble

Leichtmetall·baum *m* (Web) / light alloy beam || **≗hülse** *f* / light alloy tube

Leicht·seide *f* / aerated yarn || **~siedend** *adj* / low-boiling *adj* || **≗waschmittel** *n* / light-duty detergent, high-duty detergent, mild washing agent

Leim *m* / glue *n* || **pflanzlicher ≗** / vegetable glue, vegetable adhesive || **≗aufstrich** *m* / glue film

leimen *v* / glue *v* || **die Kanten ~** (stabilisieren) / gum the edges [for stabilizing] || **≗** *n* / glueing *n*

Leim·fleck *m* / glue spot, glue stain || **≗lösung** *f* / glue solution || **≗maschine** *f* / glueing machine, gum machine || **≗niederschlag** *m* / nigre *n* (soap manufacture) || **≗schlichte** *f* / glue size || **≗seife** *f* / filled soap, semi-boiled soap || **≗stärke** *f* / sizing starch

Leimung *f* / glueing *n*, gumming *n* || **≗** (Beschicht) / backing *n* || **≗ des Grundgewebes** (Tepp) / backsizing *n*

Leim·verdickung *f* (Substanz) / glue thickener || **≗verdickung** (Substanz u. Verfahren) / glue thickening || **≗vorrichtung** *f* / glueing apparatus, gumming device

Lein *m* / flax *n* || **≗dotteröl** *n* / cameline oil *n*

Leine *f* / line *n*

Leinen *n* / linen *n* || **in ≗ gebunden** / cloth-bound *adj* (book) || **~ähnliche Ausrüstung** / lawn finish || **≗band** *n* / linen tape || **≗batist** *m* / linen batiste, fine linen *pl*, sheer lawns *pl* || **≗bindung** *f* / linen weave || **≗bleiche** *f* / linen bleaching, crofting *n* (GB) || **≗bleicher** *m* / linen bleacher || **≗damast** *m* / linen damask || **≗einband** *m* / cloth binding || **≗färbung** *f* / linen dyeing || **≗gamaschen** *f pl* / canvas leggings || **≗garn** *n* / linen thread, flax yarn, bast fibre yarn, linen yarn || **≗garn für Teppiche** / carpet linen thread || **≗garne** *n pl* (allg) / bast fibre yarns *pl* || **≗garn-Numerierung** *f* / flax counts *pl*, linen yarn numbering || **≗gewebe** *n* / linen fabric || **≗handtuch** *n* / linen towel || **≗hemd** *n* / linen shirt || **≗imitat** *n* **aus Ramiegarn** / ramie linen || **≗imitation** *f* / imitation linen, simulated linen || **≗kambrik** *m* / linen cambric || **≗kanevas** *m* / linen canvas, canvas *n* (duck) || **≗kanevas für Anzugfutter** / linen rough || **≗kraut** *n* / flax weed || **≗-Mischgewebe** *n pl* / linen blends *pl* || **≗nähgarn** *n* / linen sewing thread || **≗nähzwirn** *m* / linen ply yarn, flax thread || **≗pflanzenfaser** *f* / flax fibre || **≗riemen** *m pl* / canvas belting || **≗schuh** *m* / canvas shoe || **≗spinnerei** *f* / flax spinning || **≗spitze** *f* / thread lace || **≗stickgarn** *n* / floss thread, linen floss || **≗tasche** *f* / canvas bag || **≗tuch** *n* / linen cloth || **≗weberei** *f* / linen weaving || **≗werggespinst** *n* / flax tow yarn || **≗zwirn** *m* / linen ply yarn, linen sewing thread

Leinkuchen *m* / linseed oil cake

Leinöl *n* / linseed oil || **≗kuchen** *m* / linseed oil cake || **≗säure** *f* / linoleic acid, linolic acid || **~saures Salz** / linoleate *n* || **≗schlichte** *f* / linseed oil size

Leinsamen *m* / linseed *n*, flax seed || **≗öl** *n* / linseed oil, flax seed oil

Leintuch *n* / linen sheet || **≗** *f* **für Bettwäsche**, Bettuchleinwand *f* / sheeting *n*

Leinwand *f* (für Bettlaken usw.) / linen *n* || **≗** (für Zelte, Segel usw.) / canvas *n* || **grobe ≗** / burlap *n* || **~ähnliche Ausrüstung** / imitation linen finish || **~artiger Manchester** / plain velvet

leinwandbindig·e Baumwollware für Kinderkleidung / kindergarten cloth (US) || **~e Doppelgewebe** *n pl* / double plains || **~er Grund** / calico back || **~er Hemdenstoff** / calico shirting || **~es Viskose-Filament** / linen textured rayon

Leinwand·bindung *f* / tabby weave, basket weave, calico weave, linen weave, plain weave || **≗bindung** (früher: Kattun- oder Musselinbindung bei Baumwolle, Tuchbindung bei Wolle, Taftbindung bei Seide) / ground weave || **Baumwollware in ≗bindung** / plain cotton goods *pl* || **≗deckel** *m* / cloth board || **≗duck** *m* / linen duck

leinwandigeer Bettkattun / linen tick

Leinwand·lumpen *m pl* / linen rags || **≗prober** *m* / weaver's glass, whaling glass, cloth prover || **≗tussor** *m* / linen tussore || **≗webereimaschinen** *f pl* / flax weaving machinery

Leiste *f* / selvedge *n* (GB), selvage *n* (US), listing *n* || **≗ der Kette** / edge of the warp || **eingezogene ≗** (Fehler) (Web) / cut *n* || **festgefilzte ≗** / felted selvedge || **gefaltete ≗** (Fehler) / rolled selvedge

Leisten·ausroller *m* (DIN 64990) / selvedge spreader, selvedge opener, selvedge smoothing device, selvedge uncurler || **≗bindung** *f* / weave for selvedges || **≗dämpfmaschine** *f* / selvedge steaming machine || **≗draht** *m* / selvedge wire || **≗druck** *m* / selvedge printing || **≗druckmaschine** *f* / selvedge printer || **≗einzug** *m* / selvedge thread drafting || **≗faden** *m* / selvedge thread || **≗fühler** *m* / selvedge feeler || **≗führer** *m* / selvedge guide || **≗führung** *f* / selvedge guiding || **≗führungseinrichtung** *f* / selvedge guiding device || **≗garn** *n* / list yarn, selvedge yarn || **~gerade** *adj* / selvedge-upon-selvedge *adj* || **Gewebe ~gerade legen** / fold fabric selvedge upon selvedge || **≗kettfaden** *m* / selvedge warp || **≗kontrolle** *f* / selvedge control || **≗markier[ungs]maschine** *f* / selvedge-marking machine || **≗neutralisiervorrichtung** *f* / selvedge-neutralizing equipment || **≗öffner** *m* / selvedge opener, scroller *n*, selvedge uncurler, unrolling device || **≗rollen** *n* / selvedge curling || **≗rundstrickmaschine** *f* (Strick/Wirk) / circular string border machine, circular border knitting machine, circular border knitting loom, border circular knitting machine || **≗schaft** *m* (Web) / selvedge heald frame, selvedge shaft || **≗schärapparat** *m* / selvedge warping machine || **≗schneideinrichtung** *f* / selvedge cutter || **≗sengmaschine** *f* / selvedge singeing machine || **≗spule** *f* / selvedge bobbin || **≗wächter** *m* / selvedge guard || **≗wolle** *f* / britch wool, breech wool *n*, shanking *n*

Leistigkeit *f*, Kantigkeit *f*, Kantenablauf *m* / side-to-centre shading, listing *n* (defect), change of shade from selvedge to centre

Leiteinrichtung *f* / guiding device

leiten *v* / guide *v*, pass *v*

leiter·ähnliche Stickerei / ladder stitch || **≗borte** *f* / ladder braid, lattice braid || **≗stich** *m* / ladder stitch

Leitfähigkeit *f* (allg) / conductivity *n* || **≗** (der Flocken) (Vliesst) / ability to change polarity and oscillatory properties

Leit·haspel *f* / guide reel, guide winch || **≗kamm** *m* / guide comb || **≗kegel** *m* / guiding comb || **≗ring** *m* / guide eye || **≗rolle** *f* / guide pulley, guide roll[er] || **≗rollenzapfen** *m* / guide roller stud || **≗scheibe** *f* / guide pulley, guide roll[er] || **≗schiene** *f* / guide rail || **≗schnecke** *f* (Strick/Wirk) / guide worm || **≗schnecke** (Web, Strick/Wirk) / feeder *n*, thread guide, thread plate || **≗spindel** *f* / guide spindle,

guide bar, guide rod || ²stab *m* (DIN 64990), Leitstange *f* / guide bar, guide rod || ²trommel *f* / guide drum || ²tuch *n* / leader cloth
Leitungswasser *n* / mains water
Leit·walze *f* (DIN 64990) / guide roll[er], carrier roller || ²**walze** (eines Kalanders) / master roll || ²**walzentrockner** *m* (DIN 64990) / guide roller drier
Lenden·schurz *m*, Lendentuch *n* / loin cloth, breech cloth, waist-cloth *n* || ²**wolle** *f* / flank wool
lenken *v* / guide *v*
Lenkradüberzug *m* / steering wheel cover
Lenkung *f* / guidance *n*
leonisch·er Artikel / metallized article || ~**e Borte** / tinsel braid || ~**er Draht** / tinsel *n* || ~**er Faden** / metallized filament, metallized thread || ~**e Fäden** (feinst ausgezogene Metall-Runddrähte, die zum Umwickeln von textilen Garnen verwendet werden) *m pl* / leonine spun || ~**es Garn** / metallized thread, metallized yarn || ~**e Posamenten** *n pl* / tinsel trimmings || ~**e Ware** / leonine spun
Leotard *n* (für Ballett oder Gymnastik) / leotard *n*
Lese·kamm *m* / lease reed || ²**rute** *f* (Web) / lease bar
LE-Stufe *f* (Lichtechtheits-Stufe) / lightfastness standard
letzte Flotte (Färb) / final liquor
Leucht·... (in Zssg.) / fluorescent *adj* || ²**dichtefaktor** *m* / luminance factor
leuchten *vi* / shine *vi*
leuchtend *adj* (Färb) / brilliant *adj*, bright *adj* || ~ (Faser) / bright *adj*, lustrous *adj*, shiny *adj*
Leucht·farbstoff *m* / fluorescent dyestuff || ²**knotenwächter** *m* / light signal knot guard || ²**kraft** *f* / luminosity *n*, brilliancy *n*, brilliance *n* (of colour or dye) || ²**stoff** *m* / luminous substance, luminophore *n*, fluorescent substance, fluorescent agent
Leukindigo *m* / leucoindigo *n*, leuco indigo
Leuko·alizarin *n* / leucoalizarin *n* || ²**aurin** *n* / leucoaurin *n* || ²**base** *f* / leuco base || ²**derivat** *n* / leuco derivative || ²**ester** *m* / leuco ester || ²**esterfarbstoff** *m* / leuco ester dyestuff || ²**esterverbindung** *f* / leuco ester compound || ²**farbstoff** *m* / leuco dyestuff || ²**farbstoffküpe** *f* / leuco vat dyebath || ²**indigo** *m* / leucoindigo *n*, leuco indigo, indigo white || ²**küpenester** *m* / leuco vat ester || ²**küpenfarbstoff** *m* / leuco vat dyestuff, solubilized vat dyestuff
Leukol *n* / quinoline *n* (GB), chinoleine *n* (US)
Leuko·malachitgrün *n* / leucomalachite green || ²**pararosanilin** *n* / leucopararosaniline *n* || ²**rosanilin** *n* / leucorosaniline *n* || ²**salz** *n* / leuco salt || ²**schwefelfarbstoff** *m* / leuco sulphur dyestuff || ²**schwefelsäureester** *m* / leucosulphuric acid ester || ²**schwefelsäureestersalz** *n* / leucosulphuric acid ester salt || ²**verbindung** *f* / leuco compound || ²**verbindung des Indigo** / leucoindigo *n*, leuco indigo
Leuzin *n* / leucine *n*
Levantine *f* (stärkerer köperbindiger Futterstoff aus Fasergarnen (vormals Baumwolle) beidseitig, jedoch verschieden gefärbt) / levantine *n*
levantinischer Seidenstoff / Byzantine silk
Levermaschine *f* / tulle [lace] machine
Leviathan *m*, Leviathan-Wollwaschmaschine *f* (Spinn) / leviathan washer
Levier·faden *m* (Strick/Wirk) / reading-in thread || ²**gestell** *n* (Strick/Wirk) / reading-in board, reading-in frame || ²**kette** *f* (Strick/Wirk) / reading-in chain, reading-in warp || ²**maschine** *f* (Strick/Wirk) / reading-in machine || ²**maschine** (Web) / reading machine
Liasse *f* / swatch *n* (collection of samples), cardboard mount for yarn sample[s]
licht *adj* / light *adj* (shade) || ² *n* / light *n* || ² **und Luft aussetzen** / expose to atmospheric influence || **dem** ² **aussetzen** / expose to light || ²**absorption** *f* / absorption of light, light absorption || ²**alterung** *f* / light ageing || ²**art** *f* (Kol) / illuminant *n* || **unter** ²**ausschluß** / in the absence of light, under the exclusion of light || ~**beständig** *adj* / insensitive to light, fast to light, light-fast *adj*, light resistant || ²**beständigkeit** *f* / light stability, light fastness, stability to decomposition on exposure to light
Lichtbildwandstoff *m* / projection screen fabric
licht·blau *adj* (RAL 5012) / light-blue *adj* || ²**brechung** *f* / refraction of light || ²**brechungsvermögen** *n* / refractivity *n* || ~**durchlässig** *adj* / transparent *adj* || ²**durchlässigkeit** *f* / transparency *n*, light transmission || ²**durchlässigkeitszahl** *f* / transmittance *n* || ~**echt** *adj* / fast to light, non-fading *adj*, light-fast *adj*, lightresistant *adj* || ~**echte Kombinationsgilbe** (für Modenuancen) / fast to light yellow component (for fashion shades) || ²**echtheit** *f* (DIN 54004) / fastness to light, light fastness, light stability, resistance to light
Lichtechtheits·bewertung *f* / light fastness evaluation || ²**messer** *m* / fadeometer *n*, fade-o-meter *n* || ²**prüfgerät** *n* / light fastness tester || ²**prüfung** *f* / light fastness test[ing], light exposure test || ²**stufe** *f*, LE-Stufe *f* / light fastness standard || ²**zahl** *f* / light fastness rating
Licht·effekt *m* / light effect || ²**einwirkung** *f* / effect of light || **unter** ²**einwirkung reagierend** / light-reactive *adj*
lichtelektrisch·e Analyse / photocolorimetric analysis || ~**e Ausschaltvorrichtung** / optical stop device || ~**e Kolorimetrie** / photocolorimetry *n* || ~**es kolorimetrisches Verfahren**, lichtelektrisches objektives kolorimetrisches Verfahren / photocolorimetric method || ~**e objektive Analyse** / photocolorimetric analysis || ~**e objektive Kolorimetrie** / photocolorimetry *n*
licht·empfindlich *adj* / light-sensitive *adj*, sensitive to light, optically sensitive || ~**empfindliche Kopierschicht** (Textdr) / light sensitive coating || ²**empfindlichkeit** *f* / light sensitivity || ~**geschädigte Wolle** / wool damaged by exposure to light
lichtgeschützt aufbewahren / keep screened from the light || ~**er Polyamidfaden** / light protected continuous polyamide filament yarn || ~**e Polyamidgardine** / light protected polyamide net curtain
Licht·gilbung *f* / yellowing on exposure to light || ~**grau** *adj* (RAL 7035) / light-grey *adj* || ²**-/Hitze-Vergilbung** *f* / light/heat yellowing || ²**-/Hitze-Vergilbungsbeständigkeit** *f* / light/heat yellowing stability || ²**hof** *m* (Textdr) / corona *n*, halo *n* || ²**intensität** *f* / light intensity || ²**mengenmeßgerät** *n* / light quantity gauge, light quantity meter || ²**quelle** *f* (Kol) / illuminant *n* || ²**reflexion** *f*, Lichtremission *f* / light reflectance || ²**remissionsgrad** *m* / light reflectance factor ||

~**rückstrahlung** *f* / light reflectance || ~**schaden** *m* / light damage, damage from exposure to light || ~**schädiger** *m* (Färb) / light tenderer, dye which tenders the fibre on exposure to light || ~**schädigung** *f* / light damage, damage from exposure to light || ~**-Schatten-Effekt** *m* / light-and-shade contrast || ~**schutz** *m* / ultraviolet light inhibitor || ~**schützend** *adj* / protecting against [the influence of] light || ~**schutzmittel** *n* / light protective agent, ultraviolet absorber || ~**schutzsystem** *n* (Beschicht) / stabilizer system for protection against light || ~**stabilisator** *m* / light stabilizer, ultraviolet absorber || ~**stabilisiert** *adj* / fast to light || ~**stärke** *f* / light intensity || ~**streuvermögen** *n* (Pigm) / scattering of light || ~**undurchlässig** *adj* / opaque *adj* || ~**unechte Farbe** / fading colour, non-fast colour || ~**unempfindlich** *adj* / insensitive to light, fast to light, light-fast *adj*, light resistant || ~**vergilbungsempfindlich** *adj* / sensitive to yellowing under the influence of light || ~**wirkung** *f* / effect of light

lickern *v* (Färb) / fat the liquor

Liefer·oberwalze *f* / top delivery roll[er] || ~**posten** *m* / consignment *n* || ~**spule** *f* (Web, Spinn) / delivery spool, supply bobbin, delivery bobbin, supply package, supply spool

Lieferungstuch *n* / military cloth

Liefer·walze *f* (Spinn) / sliver calender || ~**walze** (Web, Spinn) / delivery roller || ~**walze** (Textdr) / furnishing roll[er] || ~**walzen** *f pl*, Abzugwalzen *f pl* / draw-box *n* || ~**werk** *n* / feeder rolls *pl* || ~**werk** (vor dem Färbeprozeß) (Färb) / input roll[er] || ~**werk** (hinter dem Färbeprozeß) (Färb) / output roll[er]s || ~**zylinder** *m* (Spinn) / sliver calender

liegefester Teppich / skid-resistant carpet

liegender Kettbaumfärbeapparat / horizontal warp beam dyeing apparatus

Liege·sofa *n* / chaise-longue *n* || ~**stern** *m* (Färb) / horizontal star [frame] || ~**stuhl** *m* / deck-chair *n* || ~**stuhltuch** *m* / deck-chair canvas

Liek *n* / bolt rope

Ligand *m* (Chem) / ligand *n*

lignosulfonsaures Salz / salt of lignosulphonic acids

lila *adj* / lilac *adj*, pale-violet *adj* || ~**farben** *adj* / lilac-coloured *adj* || ~**rot** *adj* / magenta *adj*

Lille·-Spitze *f* / Lille lace || ~**-Wandteppich** *m* / Lille tapestry

Limerick *m*, Limerickspitze *f* / Limerick lace, chain lace

Lincoln·er Tuch *n* / Lincoln green (fabric) || ~**grün** *n* (Tuchfarbe, nach der engl. Stadt Lincoln) / Lincoln green || ~**-Wolle** *f* / Lincoln wool

Linden·bastfaser *f* / lime tree fibre || ~**blütenfarben** *adj* / lime-blossom shade

lindgrün *adj* / lime green, linden green

linear·e Dehnzahl, linearer Ausdehnungskoeffizient / coefficient of linear expansion || ~**polymer** *n* / linear polymer

Linegarn *n* / line yarn, long line yarn

Linette *n* / linette *n*

Lingerie *f* / ladies' underwear, women's underwear, lingerie *n*

Linien·druck *m* (Besch, Textdr) / line pressure || ~**papier** *n* (Web) / cartridge paper, design paper, drafting paper

link·e Masche (Strick/Wirk) / reverse stitch, purl stitch, reverse loop || ~**es Maschenstäbchen** / reverse wale || ~**e Seite** (Tepp) / underside *n* || ~**e Seite** (des Stoffes) / reverse side, back *n* (of fabric), fabric back, reverse (of a fabric) *n*, cloth back, wrong side (of fabric)

links noppen / back-shear *v*, dress the wrong side of the cloth || ~**appretiermaschine** *f* / back finishing machine || ~**appretur** *f* / back starching, back finish || ~**draht** *m*, Linksdrehung *f* / left-hand twist, S-twist *n*, S-turn *n*, counter clockwise twist || ~**färben** *v* / dye inside out || ~**gedrehtes Gespinst** / left-hand twisted yarn || ~**gedrehter Zwirn aus rechtsgedrehten Fäden** / left-hand twisted thread from right-hand twisted yarn || ~**gratköper** *m* / right-to-left twill, S-twill *n*, left-hand twill || ~**imprägnierkalander** *m* / back-filling mangle || ~**läufig zählen** / count from right to left

Links-Links·-Bindung *f* / links/links construction, purl construction || ~**-Flachstrickmaschine** *f* / flat purl [stitch] knitting machine, flat links and links knitting machine, horizontal-bed [knitting] machine, purl flat knitting machine || ~**-Gestrick** *n* / purl knitted fabric || ~**-Gewebe** *n* / purl fabric || ~**-Großrundstrickmaschine** *f* / large-diameter links and links [purl stitch] knitting machine || ~**-Handflachstrickmaschine** *f* / hand flat links and links [purl stitch] knitting machine, horizontal-bed [knitting] machine || ~**-Maschine** *f* (Strick/Wirk) / purl machine, links and links machine || ~**-Motorflachstrickmaschine** *f* / power driven flat links and links purl stitch knitting machine, power purl flat knitting machine || ~**-Muster** *n* (Strick/Wirk) / links and links design, links and links pattern || ~**-Nadel** *f* / purl needle, double-headed needle, double-head needle || ~**-Platine** *f* (Strick/Wirk) / knitting jack, links jack, slide *n* || ~**-Platine** (mit seitlicher Bremsfeder) / spring jack || ~**-Reiskornmuster** *n* (Strick/Wirk) / single stitch cross links and links effect || ~**-Rundstrickmaschine** *f* (DIN 62133) / circular links and links [knitting] machine, circular purl [stitch] knitting machine, purl circular knitting machine || ~**-Schloß** *n* (Strick/Wirk) / purl cam || ~**-Stricken** *n* / purl knitting || ~**-Strickmaschine** *f* / purl knitting machine, flat links and links knitting machine, purl stitch knitting machine || ~**-Strumpfautomat** *m* / double cylinder hose machine || ~**-Umhängemaschine** *f* (Strick/Wirk) / links and links transfer machine || ~**-Verteilen** *n* **in der Minderung** (Strick/Wirk) / purl stitches at the narrowing *pl* || ~**-Ware** *f* / links/links fabric, purl knitted fabric, purl fabric

Links·masche *f* (Strick/Wirk) / purl stitch, reverse stitch, reverse loop, rib stitch, backstitch *n* || ~**nadel** *f* / links needle || ~**-Rundstrickmaschine** *f* (Strick/Wirk) / circular links and links machine || ~**schützen** *m* / left eye shuttle

linksseitig *adj* (nur bei Polyamid-Velours-Ware) / loop-side *adj* || ~**e Apretierung** / back filling || ~ **beschwerte Stoffe** *m pl* / backed fabrics

links·stricken *v* (Strick/Wirk) / purl *v* || ~**stricken** *n*, Linksstrickerei *f* / purl knitting, pearl knitting || ~**strumpf** *m* (Strumpf) / inside-out stocking, reverse knit stocking || ~**-und-Links-Bindung** *f* (Strick/Wirk) / links and links stitch || ~**-und-Links-Flachstrickmaschine** *f* / flat links and links knitting machine || ~**-und-Links-Masche** *f* (Strick/Wirk) / links and links stitch || ~**zwirn** *m* / left-hand thread

Linoleat *n* / linoleate *n*

Linolensäure *f* / linolenic acid

linoleum·braun *adj* / linoleum brown || ~**deckmasse**

f / linoleum coating mass || ²jute *f* / linoleum backing cloth
Linolsäure *f* / linoleic acid, linolic acid
Linon *m* (leinwandbindiges Flachgewebe) / lawn *n*, sheer lawn, linon *n*, leno *n*
Linsey-Woolsey *m* (Leinen-Wolle oder Leinen-Baumwolle) (Web) / linsey-woolsey *n*
Lint *m* (für Krankenhauszwecke) / lint *n*, lint cotton || **²abtrennmesser** *n* / lint blade || **²baumwolle** *f* / lint cotton
Linters *m pl* / linters *pl*
Lintwolle *f* / lint cotton
Lipase *f* (fettspaltendes oder fettaufbauendes Ferment) / lipase *n*
Lipo·lyse *f* / fat splitting || **~lytisch** *adj* / fat-splitting *adj* || **~phil** *adj* (fettfreundlich) / lipophil[e] (attracted to oil) *adj*, lipophilic || **~phile Gruppe** / lipophilic group || **²philie** *f* / lipophily *n* || **~phob** *adj* (fettabweisend) / lipophobe *adj* (repelled by oil), lipophobic || **²phobie** *f* / lipophoby *n*
Lisiere *f*, Lisière *f* (Saum) (Näh) / border *n*, selvedge *n* (GB), selvage *n* (US) || **²kettchen** *n* (Strick/Wirk) / mock selvedge chain, false selvedge chain
Lisseuse *f* (DIN 64950) (Wolle) / backwashing machine, smoothing machine || **in der ² gewaschene Wolle** / backwashed wool
lissieren *v* (Wolle) / backwash *v*, wash back || **²** *n* (Wolle) / backwashing *n*, treatment in the backwashing machine
Lithium·bromid *n* / lithium bromide || **²chlorid** *n* / lithium chloride || **²hydroxid** *n* / lithium hydroxide || **²hypochlorit** *n* / lithium hypochlorite || **²peroxid** *n* / lithium peroxide || **²stearat** *n* / lithium stearate || **²sulfat** *n* / lithium sulphate || **²sulfid** *n* / lithium sulphide || **²sulfit** *n* / lithium sulphite || **²verbindung** *f* / lithium compound
Litze *f* (Näh) / lace *n* (on uniform), braid *n*, braiding *n*, tape *n* || **²** (zur Aufnahme des Kettfadens) (Web) / heald *n* (GB), heddle *n* || **²** (Schnurelement in der Seilerei) / strand *n* (rope) || **²** (Metallisieren) / [wire] strand
Litzen·aufnäher *m* (Näh) / piping device, braiding device || **²aufschlagen** *n* / mounting the harness || **²auge** *n* (Web) / harness eye, eye [of the heddle o. heald], mail *n*, heald hole, warp eye || **²besatz** *m* / braiding *n*, trimming *n*, soutache braid (narrow flat ornamental braid), piping *n*, facing *n* || **²beschwerung** *f* (Tepp) / lingo *n* || **²bruch** *m* / heald smash || **²draht** *m* / heald wire, strand wire || **²einziehhäkchen** *n*, Litzeneinziehhaken *m* / heald hook, drawing-in hook || **²ende** *n* / heald loop || **²flechtmaschine** *f* / braid plaiting machine, heald braiding machine || **²führungsschiene** *f* (Web) / heald guide bar || **²häuschen** *n* (Web) / eye [of the heddle or heald], mail *n*, heald hole, warp eye || **²hebel** *m* (Web) / cord lever || **²kordel** *f* / cordage yarn || **²maschine** *f* / braiding machine, plaiting machine (rope) || **²muster** *n* (Web) / cord pattern || **²öffnung** *f* (Web) / interval between the healds || **²reihe** *f* (Web) / gait *n*, gate *n*, row of healds || **²schiene** *f* / ridge bar, heald [slide] bar || **²schlicht- und Bürstmaschine** *f* / heald sizing and brushing machine || **²schnur** *f* / heald cord || **²stellung** *f* (Web) / position of healds || **²träger** *m* (Web) / rod for supporting the tapestry || **²tragschiene** *f* / heald [slide] bar || **²übergabemechanismus** *m* (Web) / heald transfer mechanism || **²zug** *m* / lift of healds || **²zwirn** *m* / heald twine, heald yarn, heald thread

Livree *f* (uniformartige Dienerkleidung) / livery *n* || **²borte** *f* / livery trimming || **²rock** *m* / livery coat || **²tuch** *n* / livery cloth
livriert *adj* / liveried *adj*
LKW-Plane *f*, Lastkraftwagen-Plane *f* / tilt *n*, awning *n*
Loch *n* / hole *n* || **²** (Beschicht) / pinhole *n* (defect) || **²absteller** *m* / fall-out detector, needle detector stop motion, hole detector || **²blattkarte** *f* (Strick/Wirk) / perforated card || **²blech** *n* (Färb) / perforated plate || **²brett** *n* (Web) / comber board
löcherige Oberfläche (Beschicht) / pitted surface
Loch·kartenkombination *f*, Lochkombination *f* / cards *pl* (loom jacquard machine) || **²litze** *f* / hole braid || **²muster** *n* / open-work pattern || **²musterung** *f* / perforated effect, open-work *n*, lacework *n*, cagework *n*, filigree *n* || **²nadel** *f* (Strick/Wirk) / eye needle, guide needle, eye pointed needle
Lochnadel·barre *f* / guide bar, guide rod || **²blei** *n* (Strick/Wirk) / guide needle lead || **²reihe** *f* (Strick/Wirk) / row of guides
Loch·platine *f* / punched sinker || **²platte** *f* (Färb) / perforated plate || **²platte für Bänder** (Karde) / sliver plate (card) || **²scheibenschlagverfahren** *n* (Matpr) / beating method using a perforated disc || **²stickerei** *f* / English embroidery, broderie anglaise, eyelet embroidery || **²trommel** *f* / perforated drum || **²trommeltrockner** *m* (DIN 64990) / perforated drum drier || **²- und Plattstickmaschine** *f* / hole and flat-stitch embroidering machine || **mit ²verzierung versehen** / pounce *v* (cloth) || **²vliesstoff** *m* / perforated nonwoven
Löckchen, zu ² formen / rateen *v*, ratteen *v*
Locke *f* / lock *n*
locker *adj* (Stoff) / flimsy *adj* || **~ eingestellt** / loosely woven, loosely constructed, loosely knit || **~ eingestelltes Gewebe** / fabric of open structure || **~ fallender Mantel** / semi-fitted coat || **~ gedreht** / loosely twisted, soft-twisted *adj* || **~es Gelege** (Vliesst) / scrim *n* || **~es Gestrick** / loosely knitted fabric || **~ gestrickt** / loose-knit *adj* || **~es Gewebe** / open fabric, loosely woven fabric, open structure fabric, open weave || **~es Gewebe** (Vliesst) / scrim *n* || **~e Gewebeeinstellung** / loose fabric structure || **~e Gewebematte** (Vliesst) / air-laid web || **~ gewickelt** / wound with low density || **~ gewickelte Hülse** / soft-wound package || **~es Gewirk** / loosely knitted fabric || **~e Leiste** (Web) / slack selvedge (defect) || **~e Maschenreihe** (Strick/Wirk) / loose course || **~er Nähfaden** / slack sewing thread || **~er Stoff** / loose fabric || **~e Wolle** / loose wool, loose stock
Lockerheit *f* **eines Gewebes** / flimsiness *n*, sleaziness *n* (of fabric)
Loden *m* / unmilled woollen cloth (GB), unfulled woollen cloth (US) || **~grün** *adj* / loden green || **²mantel** *m* / loden coat || **²stoff** *m* / loden cloth, rough woollen cloth || **²stoff mit rauher Oberfläche** / melton loden || **²tuch** *n* / loden cloth, rough woollen cloth
Löffelrührer *m* / spoon agitator
lohfarben *adj* / tan *adj*, tawny *adj*, fulvous *adj* || **~es Kleidungsstück** / tawny *n*
Lohn·auftragsbeschichter *m* / commission laminator || **²ausrüster** *m* / finishing jobber || **²ausrüstung** *f* / commission finishing || **²färber** *m* / commission dyer, job dyer || **²färberei** *f*,

Lohnfärbung *f* / commission dyeing || ≗**kämmerei** *f* / commission top-makers || ≗**schlichterei** *f* / commission sizing || ≗**spinnerei** *f* / commission spinning || ≗**veredler** *m* / commission finisher || ≗**veredlung** *f* / commission finishing, job finishing || ≗**veredlungsbetrieb** *m* / commission finisher || ≗**weberei** *f* / commission weaving

LOI-Wert *m* (Grenz-Sauerstoff-Index m) / LOI value (Limit Oxygen Index value)

Lokao *n*, Chinagrün *n* (Naturfarbstoff aus Rhamnus-Arten) / locao *n*, lokao *n*

London-Krumpf *m* / London shrinking

Longline-Büstenhalter *m* / longline bra

Lontaropalmenfaser *f* / palmyra fibre

Looper *m*, Greifer *m* / looper *n*

Loop·garn *n* (Effektzwirn mit Schlingen-Charakter) / loop yarn || ≗**stoff** *m* / loop cloth, loop fabric || ≗**zwirn** *m* / loop twist

Lorbeerfett *n*, Lorbeeröl *n* / bay oil

Losblatt *n* / loose reed || ≗**einrichtung** *f* / loose reed mechanism, reed relief motion || ≗**schützenwächter** *m* / loose reed warp protector || ≗**stuhl** *m* / loose reed loom || ≗**webautomat** *m* / automatic loose-reed loom || ≗**webmaschine** *f* / loose reed loom

Löschbarkeit *f* / ease of extinction

Lösch·kalk *m* / slaked lime || ≗**papier** *n* / blotting paper

lose *adj* (Mode) / loose-fitting *adj* || ~ (gewebt) (Web) / open *adj* || **~r Ärmel** (Mode) / hanging sleeve || ~ **Baumwolle** / cotton raw stock, loose cotton || ~ **eingestellt** / loosely woven, loosely constructed || ~ **eingestelltes Gewebe** / loose-weave fabric, loosely constructed fabric || **~r Faden** / thrum *n* || ~ **Fäden auf der Garnoberfläche** / ooze *n* (US) || ~ **Faser** / loose fibre || **~s Garn** / low-bulk yarn || **~r, gerade geschnittener Mantel** (Mode) / box coat *n* || **~s Gespinst** / loosely spun yarn || **~s Gewebe** / open-texture weave, open fabric, open structure fabric, open weave || ~ **gezwirnt** / twisted slack || **~s Haar** (Hutm) / loose fur || **~s Hemd** (Mode) / loose-fitting shirt || **~s Herrenjackett** / sack coat (US) || **~s Jackett** (Damen) (Mode) / sack *n* || **~r Kragen** / detachable collar || **~r Mantel** / cloak *n*, loose-fitting coat || **~s Material** (Fasern) / loose stock || ~ **Stelle** (Web) / open space || **~r Strang** / slack hank, slack rope || ~ **verlegbare Teppichfliesen** *f pl* / loose-lay carpet tiles || **~s Webblatt** / fly reed || ~ **Wicklung** / loose winding || ~ **Wolle** / loose wool, loose stock || ~ **Wollhaare** *n pl* / broken wool

Löse·becken *n*, Lösebehälter *m* / dissolving tank, dissolving vessel || ≗**fähigkeit** *f* / solvent power, solubilizing power || ≗**gefäß** *n* / dissolving vessel, dissolving tank || ≗**geschwindigkeit** *f* / rate of dissolving || ≗**kessel** *m* / dissolving drum || ≗**kraft** *f* / solvent power, solubilizing power || ≗**maschine** *f* (Färb) / dissolving machine

Lösemittel *n* / solvent *n* || ≗ **bei der Faserherstellung** / spinning solvent || ≗**abgabe** *f* / solvent evaporation || ≗**absorption** *f* / solvent regain || **~beständig** *adj* / fast to solvents, solvent-resistant *adj* || ≗**beständigkeit** *f* / fastness to solvents, solvent fastness, stability to solvents, resistance to solvents || ≗**-Breitbehandlungsanlage** *f* / full-width range for solvent treatment || **~echt** *adj* / fast to solvents, solvent-resistant || ≗**echtheit** *f* (DIN 54023) / solvent fastness, fastness to solvents, stability to solvents, resistance to solvents || ≗**färbemaschine** *f* / solvent dyeing machine || **~frei** *adj* / solvent-free *adj* || **~freie PUR-Beschichtung** / nonsolvent PU coating || **~gelöste Effektfarbe** / solvent-solved effect colour || **~haltige Flotte** / liquor containing solvent || **~haltige Grundierungs- und Effektfarbenansätze** *m pl* / solvent-containing base coat and effect colour mixes || ≗**imprägnierung** *f* / impregnation with solvents || ≗**kombination** *f* / solvent combination || **~löslicher Farbstoff** / solvent-soluble dyestuff || ≗**phase** *f* / solvent agent phase || ≗**verdunsten** *n* / solvent flash-off || ≗**wäsche** *f* / solvent scouring || ≗**zusammensetzung** *f* / solvent composition || ≗**zusatz** *m* / solvent addition

lösen *v* / dissolve *vt* || ~ (sich) / dissolve *vi* || ≗ *n* / dissolution *n*

Löse·prozeß *m* / dissolving process || ≗**station** *f* / dissolving plant || ≗**vermögen** *n* / dissolving capacity, solvent power, solubilizing power || ≗**vorschriften** *f pl* / instructions for dissolving || ≗**wirkung** *f* / dissolving action, dissolving effect

Loskamm *m* / loose reed

löslich *adj* / soluble *adj* || **~e Faser** / soluble fibre || **~es Garn** / soluble yarn || ~ **machen** / make soluble, solubilize *v* || **in kaltem Wasser** ~ / cold water soluble || **in Lösungsmittel ~er Farbstoff** / solvent-soluble dyestuff || **leicht** ~ / readily soluble, of high solubility, freely soluble

Löslichkeit *f* / solubility *n*

Löslichkeits·grad *m* / degree of solubility || ≗**grenze** *f* / maximum solubility || ≗**kurve** *f* / solubility curve || ≗**versuch** *m* / solubility test

löslichmachend *adj* / solubilizing

Losrolle *f* / loose roller

lostrennen *v* / unstitch *v*

Lösung *f* / solution *n* || **in** ≗ **gehen** / dissolve *vi* || **in** ≗ **halten** / keep in solution || **wieder in** ≗ **bringen** / redissolve *v*

Lösungs·benzin *n* (Beschicht) / mineral spirit || ≗**dichte** *f* / concentration of the dye bath, concentration of the dye liquor || ≗**erspinnen** *n* / solvent spinning, solution spinning || ≗**fähigkeit** *f* / dissolving property || ≗**-Flash-Spinnmethode** *f* / solution flash spinning method || ≗**hilfsmittel** *n* / solvent assistant, solvent auxiliary, hydrotropic solubilizer

Lösungsmittel *n* / solvent *n* || **~abstoßend** *adj* / lyophobe *adj*, lyophobic || **~anquellbar** *adj* / liable to swell under the influence of solvents || **~anziehend** *adj* / lyophile *adj*, lyophilic || **~armes reaktives Polyurethan-System** / reactive polyurethane system containing limited amounts of solvents || ≗**aufnahmefähigkeit** *f* / property of absorbing solvents || **~beständig** *adj* / solvent-resistant *adj* || ≗**beständigkeit** *f* / solvent resistance || ≗**dämpfe** *m pl* / solvent vapours || **~dichter Vorstrich** / solvent-proof pre-coat || **~echt** *adj* / fast to solvents, solvent-resistant || ≗**echtheit** *f* (DIN 54023) / fastness to solvents, solvent fastness, stability to solvents, resistance to solvents || **~empfindlich** *adj* / not resistant to solvents || ≗**entmischung** *f* / solvent separation || ≗**färben** *n*, Lösungsmittelfärberei *f* / solvent dyeing, solvent-based dyeing process || ≗**farbstoff** *m* / solvent dyestuff || ≗**gemisch** *n* / solvent mixture || **~haltige Flotte** / liquor containing solvent(s) || ≗**imprägnierung** *f* / impregnation with solvents || **~löslich** *adj* / solvent-soluble *adj* ||

~**löslicher Farbstoff** / solvent-soluble dyestuff || ~**löslichkeit** *f* / solvent solubility || ~**reinigungsanlage** *f* / dry cleaning plant || ~**rückgewinnung** *f* / solvent recovery || ~**-Rückgewinnungsanlage** *f* / solvent recovery plant || ~**unterstütztes Färben** / solvent-assisted dyeing || ~**veredlung** *f* / solvent finishing || ~**verfahren** *n* / solvent process

Lösungs·polymerisation *f* / solution polymerization || ~**polymerisiert** *adj* / solution-polymerized *adj* || ~**spinnverfahren** *n* / solvent spinning, solution spinning || ~**verhalten** *n* (Färb) / dissolving performance || ~**vermittelnd** *adj* / hydrotropic *adj* || ~**vermittler** *m* / solubilizer *n*, hydrotropic solubilizer, solubilizing agent, solutizer *n*, dissolving agent || ~**vermittler** (Färbereihilfsmittel, das die Wasserlöslichkeit anderer Substanzen erhöht, ohne sie chemisch zu ändern) / hydrotropic agent || ~**vermögen** *n* / dissolving capacity

losweben *v* / unweave *v*

Lotsentuch *n* / pilot-cloth *n* (thick blue woollen cloth for seamen's coats etc.)

Louisiana·-Baumwolle *f* / Louisiana cotton || ~**-Baumwollstoff** *m* / Louisiana cloth || ~**moos** *n* (Tillandsia usneoides) / Spanish moss, American moss

Louisine-Seidenstoff *m* / louisine *n*

Lovibond·-Färbungsmesser *m* / Lovibond tintometer (GB) || ~**-Gleichheitsprüfer** *m* (Kol) / Lovibond comparator (GB) || ~**-Kolorimeter** *n* / Lovibond colorimeter (GB) || ~**sches Tintometer** / Lovibond tintometer (GB)

Low-Middling-Baumwolle *f* / low middling (cotton grade)

Lowquarter Blood-Wolle *f* / low quarter blood (wool grade)

Lücke *f* **im Gewebe** / interstice *n* (of cloth)

Luft *f* / air *n* || **an der** ~ **trocknen** / dry in the open air || **Licht und** ~ **aussetzen** / expose to atmospheric influence || **Stehenlassen** *n* **an der** ~ / exposure to air, exposure to the open air || ~**absauger** *m* / exhauster *n* || **unter** ~**abschluß** / in the absence of air, without access of air, under the exclusion of air || ~**anfeuchter** *m* / air humidifier, air moistener || ~**austausch** *m* / air exchange || ~**befeuchter** *m* / air moistener, air humidifier || ~**befeuchtungsanlage** *f* / air humidifying plant || ~**beständig** *adj* / fast to atmospheric conditions, fast to atmospheric influence, insensitive to air || ~**beständigkeit** *f* / air stability, resistance to air, fastness to air, fastness to atmospheric influence || ~**bläschen** *n* / [air] bubble, air pocket (in fabric or coating) || ~**bläschenbildung** *f* (Beschicht) / pinholing *n* (defect) || ~**blase** *f* / [air] bubble, air pocket (in fabric or coating) || ~**blase** (Beschicht) / blister *n* || ~**blaseneinschluß** *m* / entrapment of air, entrapped air || ~**brücke** *f* (Vliesst) / airstream *n* || ~**bürste** *f* / air brush, air knife || ~**bürsten[messer]-Streichmaschine** *f* / air brush coater || ~**bürstenstreichverfahren** *n* / air brush coating, air knife coating || ~**dicht** *adj* / airtight *adj*, impermeable to air, hermetic *adj* || ~**dichte** *f* / atmospheric density || ~**dichtigkeit** *f* / airtightness *n*

Luftdruck·färbeapparat *m* / pneumatic dyeing machine || ~**pistolen-Rundläufer** *m* (Beschicht) / air gun rotary spraying unit || ~**stuhl** *m* / pneumatic loom

luft·durchlässig *adj* / air-permeable *adj* || ~**durchlässigkeit** *f* / air permeability, air permeation, permeability to air || ~**durchlässigkeitsprüfgerät** *n* / air permeability tester || ~**durchlässigkeitsprüfung** *f* / air permeability test || ~**durchlässigmachen** *n* / air conditioning treatment (of fabrics) || ~**durchsetzt** *adj* / aerated *adj*

Luftdüsen·-Bauschtexturierung *f* / air-bulk texturing || ~**gebauscht** *adj* / air-jet bulked || ~**gebauschtes Garn** / air-jet bulked yarn || ~**schußeintrag** *m* (Web) / air-jet picking system || ~**streichverfahren** *n* / air-jet coating || ~**stuhl** *m* / air-jet loom, air-jet weaving machine || ~**texturgarn** *n* / air-jet textured yarn || ~**texturieren** *n* / air-jet texturing, air-jet crimping || ~**texturiermaschine** *f* / air-jet texturing machine || ~**weben** *n* / air-jet weaving

luft·echt *adj* / fast to air, weatherproof *adj* || ~**einschluß** *m* / inclusion of air, entrapped air, entrapment of air, [air] bubble, air pocket (in fabric or coating) || ~**empfindlich** *adj* / sensitive to air

lüften *v* / aerate *v*, expose to the open air, give an airing, air *vt*, expose to air || ~ *n* / exposure to air, exposure to the open air

Luftentzug *m* / deaeration *n*

Lüfter *m* / exhaust fan

luft·fest *adj* / fast to air || ~**feuchte** *f*, Luftfeuchtigkeit *f* / air humidity, atmospheric humidity, atmospheric moisture || ~**feuchtigkeitsmesser** *m* / hygrometer *n* || ~**filter** *m n* / air filter || ~**fleck** *m* / air stain, atmospheric stain || ~**freier Schnelldämpfer** / air-free ager || ~**gang** *m* / air passage, airing *n*, air run || ~**gang** (Färb) / skying *n* || ~**gehalt** *m*, Porenvolumen *n* (von Textilien) / air content || ~**haltig** *adj* / aerated *adj* || ~**hänge** *f* / airing frame, hanging room || ~**hänge** (Vorgang) / air suspension drying || ~**injektionsfärben** *n* / gaseous injection dyeing || ~**kammer** *f* / air chamber, airing cabinet || ~**kissen-Spannrahmen** *m* / air-cushion stenter frame (GB), air-cushion tenter frame (US) || ~**kühlung** *f* / air cooling || ~**matratze** *f* / air-bed *n*, air mattress || ~**messerstreichmaschine** *f* (Beschicht) / air knife coater || ~**oxydation** *f* / air oxidation || ~**passage** *f* / air passage, airing *n*, air run || ~**passage geben** / air *vt*

Luftrakel *f* (Beschicht) / air doctor blade, air knife [coater], skying doctor, floating knife (arrangement where the doctor blade is suspended over the cloth without touching the table, allowing the liquid or the solution to pass under the doctor blade and to coat the cloth) || ~**auftragmaschine** *f* (Beschicht) / air blade coater || ~**streichmaschine** *f* / floating knife coater || ~**streichverfahren** *n* / air knife coating || ~**walzenbeschichter** *m* / floating knife roll coater

Luft·röste *f* / air retting (flax, hemp, jute) || ~**sauerstoff** *m* / atmospheric oxygen || ~**schiff** *n* (Ballon) / aerostat *n* || ~**schrank** *m* / airing cabinet || ~**schuh** *m* / dial (air suction pipe which sucks up loose yarn when it is cut) || ~**seide** *f* / aerated yarn, aerated rayon, rayon filaments with air cavities || ~**seidengarn** *n* / aerated yarn || ~**spitze** *f* / burnt-out lace, lace by discharge agent, air-lace *n* || ~**station** *f* / air plant, airing plant || ~**stau** *m* / banked-up air || ~**stickstoff** *m* / atmospheric nitrogen

Luftstrom *m* / stream of air || **≈texturieren** *n* / air-jet texturing, air-jet crimping
luft·technische Konstruktion (als Anwendungsgebiet) / air structure || **~texturiert** *adj* / air-bulked *adj* || **≈texturierung** *f* / air bulking || **~trocken** *adj* / air-dry *adj*, air-dried *adj* || **≈trockenschlichtmaschine** *f* / hot-air sizing machine || **~trocknen** *v* / dry in the open air || **≈trockner** *m* / atmospheric drier || **≈trocknung** *f* / open-air drying, air drying, drying in the open air || **≈trocknungsanlage** *f* / air drying apparatus || **≈überschuß** *m* / excess air || **≈umlauf** *m* / air circulation || **~undurchlässig** *adj* / airtight *adj*, impermeable to air, hermetic *adj* || **≈undurchlässigkeit** *f* / airtightness *n*, impermeability to air || **~unempfindlich** *adj* / unaffected by air, insensitive to air
Lüftung *f* / ventilation *n*, airing *n*
Luft·walze *f* / skying roller || **≈widerstand** *m* / atmospheric resistance || **≈zellwolle** *f* / hollow-filament staple rayon || **≈zirkulation** *f* / air circulation || **≈zufuhr** *f* / introduction of air, supply of air
Luftzug *m* / draught of air || **≈-Dichtungsborte** *f* / windcord *n* (for weather strippings), windlace *n* (for weather strippings)
Luftzutritt, unter ≈ / with access of air
Lumberjacke *f* / lumberjacket *n*
Lumen *n* (der Baumwollfaser) / cell lumen
Luminophor *m* / luminophore *n*, luminous substance
Lumpen *m* / rag *n* || **≈aufbereitung** *f* (Spinn) / reclaiming of rags || **≈bütte** *f* / rag tub || **≈entfärbung** *f* / rag decolo[u]rizing || **≈entstäuber** *m* / rag shaker || **≈entstaubungstrommel** *f* / rag shaker, rag shaking cylinder || **≈holländer** *m* / rag breaker || **≈karbonisation** *f*, Lumpenkarbonisierung *f* / rag carbonizing || **≈klassierer** *m* / rag sorter || **≈klopfer** *m* (für Spinnstoffaufbereitung) (DIN 64161) / rag beater (for fibre preparing) || **≈kocher** *m* / rag boiler || **≈reinigungsmaschine** *f* / rag cleaning machine, rag shaking cylinder, rag shaker || **≈reißer** *m* / rag devil, rag pulling machine, rag tearing machine, rag puller || **≈schneidemaschine** *f*, Lumpenschneider *m* / rag cutting machine, rag chopper || **≈sortierer** *m* / rag sorter || **≈teppich** *m* / list carpet || **~- und fasergefüllte Phenolharzmasse** / rag and fibre-filled phenolic compound || **≈verarbeitung** *f*, Lumpenveredlung *f* / rag processing || **≈wolf** *m* / rag devil, rag pulling machine, rag tearing machine, rag puller || **≈wolle** *f* / mungo *n*, shoddy wool, regenerated wool, softs *pl*
Lunte *f* (Spinn) / slubbing *n*, roving *n*, card sliver, carded sliver, fibre band || **als ≈ gefärbt** / slubbing-dyed *adj*
Lunten·brüchigkeit *f* / slubbing fragility || **≈fühler** *m* / roving feeler || **≈führer** *m* (Spinn) / slubbing guide, traverse motion, traverse guide, roving guide || **≈führerschiene** *f* / slubbing guide rail || **≈führung** *f* / guiding of the rove || **≈latte** *f* / roving rod || **≈nummer** *f* / slubbing count || **≈prüfer** *m* / roving tester || **≈regulierautomat** *m* / autolevellizer *n* || **≈riß** *m* / slubbing breakage || **≈schiene** *f* / traverse roving guide || **≈spannung** *f* / roving tension || **≈spinnabfall** *m* / slubbing waste || **≈stange** *f* / roving bar || **≈strickerei** *f* / sliver knitting || **≈strickmaschine** *f* / sliver knitting machine
lupinenblau *adj* / lupine *adj*
Lurex / Lurex (reg. trademark for aluminium base metal yarn. Consists of aluminium foil on to which protective plastic film is laminated) || **≈stoffe** *m pl* / Lurex fabrics
Lüster *m* / lustre fabric || **≈futter** *n* / lustre lining || **≈garn** *n* / lustre wool yarn, lustrous yarn
Lüstrier·apparat *m* / glossing machine || **≈effekt** *m* / lustred effect
lüstrieren *v* / lustre *v* || ~ (Garn) / polish *v* || **≈** *n* / lustring *n*, glazing *n*
Lüstrier·maschine *f* (DIN 64990) / lustring machine, glazing machine || **≈mittel** *n* / lustring agent
lüstriert·e Baumwollwaren *f pl* / polished cottons || **~es Garn** / polished yarn, lustred yarn, glazed yarn || **~e Seide** / glazed silk || **~es Seidengarn** / lustre yarn (silk) || **~es Wollgarn** / lustre wool yarn
Lüstrierung *f* / lustring *n*, polishing *n* (yarn)
Lüstrine *f*, Lustrine *f* (glänzender Taffet für Hutfutter aus Seide oder Kunstseide) / lustrine *n*
lyo·phil *adj* / lyophile *adj*, lyophilic *adj* || **~phile Gruppe** (Tensid) / lyophilic group || **≈philie** *f* / lyophily *n* || **~phob** *adj* / lyophobe *adj*, lyophobic *adj* || **~phobe Gruppe** (Tensid) / lyophobic group || **≈phobie** *f* / lyophoby *n* || **≈tropie** *f* / lyotropy *n*
Lysalbinsäure *f* / lysalbinic acid
Lysin *n* / lysin[e] *n*

M

Mäander *m*(Tepp) / Greek key || ²**-Legemaschine** *f* / meander forming machine (zip) || ²**motiv** *n*, Mäandermuster *n* / meander pattern, irregular pattern || ²**-Verschluß** *m*(Reißv) / meander fastener
Maceiobaumwolle *f* / Maceio cotton (harsh, wiry Peruvian staple)
Machart *f* / cut *n*(garment)
Mackinaw-Stoff *m* / mackinaw cloth (extra-heavy cloth, often in plaid design, used in cold climates)
Mackintosh *m*(Regenmantel) / mackintosh *n*
Maco *m* s. Mako
Madapolam *m* / madapolam *n*(cotton cloth with soft finish)
Madeirastickerei *f*, Madeiralochstickerei *f* / Madeira embroidery, bohrware *n*, drilled embroidery
Madras *m*(gewebter, sehr poröser Vorhangstoff) / Madras *n* || ² (buntgewebte, längliche Karos bei Hemden usw) / Madras pattern || ²**gardine** *f* / Madras curtain || ²**gewebe** *n* / Madras cloth || ²**musselin** *m* / Madras muslin
Magazin·filmdruckmaschine *f* / magazine screen printer || ²**gestell** *n* / battery frame || ²**ladevorrichtung** *f* / battery loader || ²**webautomat** *m* / box loader loom
magdalarot *adj* / magdala red
Magenta *f* / aniline red, fuchsin[e] *n*, magenta *n* || ~**rot** *adj* / magenta *adj* || ²**rot** *n* / fuchsin[e] *n*, magenta *n*
magerer Farbton / poor shade
Magnesia *f* / magnesia *n* || ²**beize** *f* / magnesia mordant
Magnesium (Mg) *n* / magnesium (Mg) *n* || ²**acetat** *n* / magnesium acetate || ²**chlorid** *n* / magnesium chloride || ²**härte** *f*(des Wassers) / magnesia hardness || ²**hexafluorosilikat** *n* / magnesium silicofluoride || ²**hydroxid** *n* / magnesium hydroxide || ²**karbonat** *n* / magnesium carbonate || ²**nitrat** *n* / magnesium nitrate || ²**oxid** *n* / magnesium oxide || ²**salz** *n* / magnesium salt || ²**seife** *f* / magnesium soap || ²**silikat** *n* / magnesium silicate || ²**stearat** *n* / magnesium stearate || ²**sulfat** *n* / bitter salt, Epsom salt, magnesium sulphate || ²**verbindung** *f* / magnesium compound
Magnet·ausschnitt *m*(Mode) / magnet-shaped neckline || ²**falschdrahtspindel** *f* / magnet false-twist spindle
magnetisch·er Metallextraktor / magnet metal extractor || ~**e Spanneinrichtung** / magnet tension device
Magnet·rollrakel *f*(Siebdr) / magnetic roller squeegee || ²**rührer** *m* / magnet stirrer || ²**rührstäbchen** *n* / magnet stirring bar || ²**walzenanlage** *f*(Textdr) / magnet-roller device
Magueyfaser *f* / agave fibre, maguey fibre (strong fibre for cordage, ropes, mats)
mahagonibraun *adj*(RAL 8016) / mahogany brown *adj*
Mähbindertuch *n* / cloth for combine harvester
mahlen *v* / mill *v*(grind), grind *v* || ² *n* / grinding *n*, milling *n*
Mahl·flock *m* / ground flock || ²**gang** *m*(Färb) / grinding cycle || ²**gut** *n*(Pigm) / mill base || ²**gutformulierung** *f*(Pigm) / mill base formulation || ²**maschine** *f* / grinding machine || ²**vorrichtung** *f* / grinding apparatus
Mähnenhaar *n* / mane-hair *n*
maigrün *adj* / pea-green *adj* || ~ (RAL 6017) / may green *adj*
Mailleuse *f*(Strick/Wirk) / sinker wheel, loop[ing] wheel
Mailleusen·achse *f* / loop wheel shaft || ²**platine** *f* / loop wheel sinker || ²**stuhl** *m*(Strick/Wirk) / French circular frame, sinker-wheel machine || ²**zahnkranz** *m* / loop wheel gearing
Maillon *n*(Web) / mail *n* || ²**litze** *f*(Web) / mailed eye
Mais *m* / maize *n* || ~**farben** *adj* / maize-coloured *adj*, corn-coloured *adj* || ~**gelb** *adj*(RAL 1006) / maize yellow *adj* || ²**mehl** *n* / maize flour || ²**stärke** *f* / Indian corn starch, maize starch || ²**stärkeverdickung** *f* / maize starch thickening
Maiwolle *f* / spring wool
MAK (Maximale Arbeitsplatz-Konzentration) / Threshold Limit Value (TLV) for Chemical Substances and Physical Agents in the Workroom Environment || ² **(Maximale Arbeitsplatz-Konzentration)** / Maximum Allowable Concentration (MAC)
Makié-Technik *f* / makié technique
Mako *m*, Makogarn *n* / maco yarn || ²**batist** *m* / cotton cambric, cambric *n* || ²**baumwolle** *f* / maco cotton || ²**gewebe** *n* / maco fabric || ²**-Imitation** *f* / imitation maco || ²**perkal** *m* / maco percale (lightweight cambric) || ²**-Strumpffuß** *m* / maco foot (black wool hosiery with natural colour cotton foot made of maco cotton) || ²**trikot** *m* / maco tricot || ²**tuch** *n* / maco cloth
Makramee *n* / macramé lace (from Italy) || ²**kordel** *f* / macramé cord || ²**-Spitze** *f*(spitzenähnliches Gebilde) / macramé lace (from Italy)
Makro·fibrille *f* / macrofibril *n*(fibre in cell wall of bast fibre, made up of microfibrils) || ²**molekül** *n* / macromolecule *n* || ~**molekular** *adj* / macromolecular *adj* || ~**skopisch** *adj* / macroscopic *adj* || ²**struktur** *f* / macrostructure *n*
Malabar *m*(geknüpfter Wollteppich aus grober indischer Wolle) / Malabar carpet || ²**talg** *m* / malabar tallow
malachitgrün *adj* / malachite green *adj*, mineral green *adj* || ² *n* / malachite green *n*, benzal green
Maleinat *n* / maleinate *n* || ²**harz** *n* / maleic resin || ²**harzummantelung** *f* / maleic resin coating
Maleinsäure *f* / maleic acid || ²**anhydrid** *n* / maleic anhydride || ²**anhydridschuppen** *f pl* / maleic anhydride flakes
Malerleinwand *f* / painter's canvas, artists' canvas
Malimo·verfahren *n*(Fadenlagen-Nähwirkverfahren) / Malimo process, stitch-knitting process, stitch-bonding process || ²**ware** *f* / Malimo fabric
Malinsäure *f* / malic acid
Malipolverfahren *n*(Polfaden-Nähwirkverfahren) / malipol process
Maliwatt·verfahren *n*(Faservlies-Nähwirkverfahren) / maliwatt process || ²**ware** *f* / maliwatt fabric
Malleinen *n* / artists' canvas
Malonsäure *f* / malonic acid
Malreserve *f* / batik *n*
Malteserspitze *f* / Maltese lace
Malve *f* / mallow *n*
Malven·farbe *f* / aniline purple || ~**farben** *adj*, malvenfarbig *adj* / mauve *adj*

Malz *n* / malt *n* || **²amylase** *f* / malt amylase || **²auszug** *m* / malt extract || **²diastase** *f* / malt diastase
Malzen *n* / malting *n*
Malzextrakt *m* / malt extract
Manchester·braun *n* / Manchester brown || **²[cord]** *m* (breitgerippter Baumwoll-Schußsamt mit Längsrippen) / Genoa cord[uroy], Manchester velvet, rip velvet, cord velvet, heavy cotton corduroy || **²gelb** *n* / Manchester yellow, Martius yellow || **²samt** *m* / tabby-back corduroy
Manchon *m* / tubular felt
Mandarin·kragen *m* (Mode) / mandarin collar || **²mantel** *m* (Mode) / mandarin coat || **~orange** *adj* / mandarin[e] orange *adj*
Mandause *f* / backshaft scroll
mandel·grün *adj* / almond-green *adj* || **²gummi** *n m* / almond gum || **²milch** *f* / almond milk
Mandschukrepp *m* / Manchu crepe (cotton crepe with silk warp thread)
Mangan (Mn) *n* / manganese (Mn) *n* || **²beize** *f* / manganese mordant || **²bister** *m* / manganese bistre, manganese brown || **²bisterätze** *f* / manganese bistre discharge || **²braun** *n* / manganese brown, manganese bistre || **²chlorid** *n* / manganese chloride || **²(II)-chlorid** *n* / manganous chloride || **²dioxid** *n* (Braunstein) / manganese dioxide, manganese peroxide || **²dioxidätze** *f* / manganese dioxide discharge || **²dioxidätzeverfahren** *n* / manganese dioxide discharge process || **²grün** *n* / Cassel green || **~haltig** *adj* / manganiferous *adj* || **²(II)-oxid** *n* / manganous oxide || **²reserve** *f* / manganese resist || **²salz** *n* / manganese salt || **²salzreserve** *f* / manganese salt resist || **²schwarz** *n* / manganese black
Mangel *f* / mangle *n*, mangling machine || **²bezugsduck** *m* / laundry duck
mangelhaft·e Bildung (Web) / faulty formation || **~e Durchfärbung** (Färb) / insufficient penetration
mangeln *v* / mangle *v* || **²** *n* / mangling *n*, squeezing *n*
Mangel·trockner *m* / mangle drier || **²tuch** *n* / mangle cloth || **²walze** *f* / mangle bowl, mangle roller || **²wäsche** *f* / flatwork *n* (US) (handkerchiefs, napkins, sheets and tablecloths), flat wash (US), laundry to be mangled, washing to be mangled
Manila·faser *f* (aus Musa textilis) / abaca *n*, abaca fibre, agotai fibre, bandala fibre, manila hemp || **²tau** *n* / manila rope
Manipel *m* (des kath. Priesters) / fanon *n*
Manipulant *m* / converter *n*
Mannequin *n* / fashion model, mannequin *n*
Mannichbase *f* (Chem) / Mannich base
Mannogalaktan *n*, Mannogalaktangummi *n m* / mannogalactan gum (vegetable gum)
Mansarde *f* (Textdr) / mansard *n*, hot-air chamber, drying loft
Mansarden·trockner *m* (DIN 64990) / hot-air chamber || **²trocknung** *f* / chamber drying
Manschette *f* / shirt cuff, cuff *n*
Manschetten·einlage *f* / cuff interlining || **²knöpfe** *m pl* / cuff links || **²nähanlage** *f* / cuff sewing unit || **²wendemaschine** *f* / cuff turning machine
Mantel *m* / coat *n*, topcoat *n*, overcoat *n* || **²** (der Kernmantelfaser) / sheath *n*, enveloping fibre (fibre enveloping the core) || **² mit Pelzbesatz** / fur-trimmed coat || **² mit Pelzfutter** / fur lined coat || **² mit Reißverschluß** / zip-up coat || **locker fallender ²** / semi-fitted coat || **nicht eng anliegender ²** / semi-fitted coat || **weiter, ärmelloser ²** / cloak *n* || **²aufhänger** *m* / tab *n* || **²färbung** *f* / surface dyeing || **²futter** *n* / coat lining || **~gefärbtes Material** / ring-dyed material || **²harz** *n* / coating resin || **²-Kern-Fasertyp** *m* / C/C conjugate fibre, centric cover-core bicomponent fibre, sheath-core fibre, C/C bicomponent fibre || **²kleid** *n* / dress with cape, coat dress, frock coat || **²kragen** *m* / coat collar || **²popeline** *f* / overcoat poplin || **²schlichte** *f* / surface size || **²stoff** *m* / overcoating *n*, overcoat material, coating *n* || **²tuch** *n* / coating *n*
Mantille *f* / mantilla *n* (light hood or covering for the head and/or shoulders)
Marabugarn *n* / marabout silk
Maranhão-Baumwolle *f* / crioula cotton, creoula cotton
Marantastärke *f* (für Appreturzwecke) / arrowroot *n*
Marattimaschine *f* / maratti knitting loom
Marceline *m* (stark glänzender Seiden- oder Kunstseidenstoff für Hutfutter usw.) / marceline *n* (all-silk finely woven poplin. Given special finish and used esp. in hat making)
Marcella-Piqué *m* / French quilting, marcella *n*
Marengo *m* (Streichgarn- und Kammgarngewebe aus Marengogarnen) (Web) / marengo *n* || **²garn** *n* / marengo yarn || **²stoff** *m*, Marengoware *f* (Gew) / Oxford grey, thunder and lightning, marengo *n*
marine·blau *adj* / navy *adj*, navy-blue *adj* || **~blauer Wolltwill** / navy twill || **²[blau]ton** *m* / navy shade || **²[blau]töne** *m pl* / navies *pl* || **²fond** *m* / navy bottom shade
Marinière *f* (Mode) / sailor blouse
markantes Relief / heavy relief
Marke *f* / brand *n*
Markhaltigkeit *f* / medullation *n*
Markierapparat *m* / marking machine
markieren *v* / brand *v*, label *v*, mark *v* || **die Fehler ~** / mark the flaws || **²** *n* / labelling *n*, marking *n* || **²** (Textdr) / sightening *n* || **²** (Färb) / tinting [with fugitive dyes]
Markierfarbe *f* / fugitive dye for tinting, marking ink, fugitive tint
Markierung *f* / mark *n*, labelling *n*, label *n*, marking *n* || **²en** *f pl* **der Aufschöpfstelle** (Beschicht) / pouring marks || **²en** *f pl* **durch mitlaufende Klammern** / pin marks, clip marks
Markierungs·bohrer *m* **für Stofflagen** / awl cutting drill || **²farbe** *f* / marking colour, sighting colour, staining colour || **²maschine** *f* / marking machine || **²nähte** *f pl* / mark-stitchings *pl*
Markise *f* / awning *n*, window blind, window shade
Markisen·drell *m* / awning duck || **²rakel** *f* / awning doctor blade || **²stoff** *m* / awning cloth, sunshade cloth, awning fabric || **²streifenverfahren** *n* (Färb) / awning stripe process
Markisette *f m* (gitterartiger Gardinenstoff) / marquisette *n* || **²gewebe** *n* / marquisette fabric
Mark·kanal *m* / medulla *n* (cotton) || **²strang** *m* / medullary cord
Marlleine *f* / marline *n* (small tarred rope used to tie ropes and cables), marling *n*
Marly *m* / marly *n* (gauze-like cotton fabric)
marmorieren *v* / marble *v*, mottle *v*
marmoriert *adj* / jaspé *adj* (Fr)
marmorweiß *adj* / marble white
Marocain *m* / crepe Marocain (for dresses and

coats), marocain *n* (plain weave dress fabric with crinkled appearance)
marokkogrün *adj* / lake green
maron *adj* / maroon *adj*
maronenbraun *adj* / chestnut brown *adj*
Marquisé *f* / marquise *n* (half-silk jacquard furnishing fabric)
Marquisette *f m*, Marquisettegewebe *n* (gitterartiger Gardinenstoff) / marquisette *n*
Marseiller Seife / Marseille soap, [olive-oil] Castile soap, Spanish soap || **≗ Seifenbad** / Marseille soap bath
Martiusgelb *n* / Martius yellow, Manchester yellow
Marzalik *m* (orientalischer Grabmalteppich) / Turbehlik rug
Maschartikel *m* / knit article
Masche *f* (Strick/Wirk) / stitch *n*, loop *n* || ≗ (Maschenzahl) / mesh *n* || **≗n abnehmen**, Maschen *f pl* fallen lassen / let down stitches || **≗ aufheben** (Strick/Wirk) / pick up a stitch || **≗n** *f pl* **gleicher Länge** (Strick/Wirk) / even stitches || **≗n und Schleifen verteilen** (Strick/Wirk) / divide loops || **≗-für-Masche-Ausdruck** *m* (Strick/Wirk) / print out on a stitch by stitch scale
maschen *v* / knit *v*
Maschen-abschlag *m* (Strick/Wirk) / casting off || **≗abzugsschloß** *n* (Strick/Wirk) / take-down cam || **≗abzugsteil** *n* (Strick/Wirk) / stitch cam part || **≗anschlag** *m* (Strick/Wirk) / casting on || **~artig** *adj* / looped *adj*, mesh-like *adj* || **≗aufnahmeplatine** *f* / loop carrier jack || **≗auftrag** *m* (Strick/Wirk) / casting on || **≗auftragen** *n* (Strick/Wirk) / landing the loops || **≗bild** *n* / mesh structure, stitch formation || **klares ≗bild** / clearly defined stitch pattern || **≗bilden** *n* **auf der Cottonmaschine** / stitch dividing || **~bildend** *adj* / knitting *adj* || **~bildende Legebarre** (Strick/Wirk) / stitch-forming guide bar || **~bildender Faden** / loop forming filament || **≗bildung** *f* (Strick/Wirk) / loop formation, stitch formation, looping *n*, loop structure || **≗bildungsstelle** *f* / looping point || **≗bindung** *f* / knitted structure || **≗breitzieher** *m* / loop expander, loop spreader || **≗dichte** *f* (Strick/Wirk) / stitch density, mesh density, stitch spacing || **≗draht** *m* / screen-print wire || **≗einstellskala** *f* (Strick/Wirk) / stitch regulator scale || **≗einstreicher** *m* (Strick/Wirk) / loop scooper || **≗fang** *m* (Strumpf) / ladder stop || **≗fang nach den Doppelrand-Mäusezähnen** (Strumpf) / antiladder course, garter run-stop || **≗fangen** *n* (Strick/Wirk) / tucking *n*, catching *n* || **≗fangreihe** *f* (Strick/Wirk) / lockstitch course || **≗feinheit** *f* (Strick/Wirk) / knitting gauge, stitch gauge, stitch fineness
maschenfest *adj* (Strick/Wirk, Strumpf) / non-laddering *adj*, non-ravel *adj*, non-run *adj*, runproof *adj* || **~ ausrüsten**, maschenfest machen (Strumpf) / make ladderproof || **~e Strickware** / run-resistant knitted fabric || **~er Strumpf** / run-resist hose, non-run stocking, ladder-resistant hose, non-run hose, ladderproof hose || **~e Strumpfware** / run-resistant hosiery || **~e Ware** / non-run fabric, run-proof fabric || **~e Ware** (mehrschienige Kettenware) / locknit *n* || **≗einrichtung** *f* (Strick/Wirk) / non-run attachment
Maschenfestigkeit *f* (Strick/Wirk) / resistance to laddering || **Einrichtung** *f* **für stufenlose Veränderung der ≗** / multiple-stiffening attachment
Maschenfestigkeitsregulierhebel *m* (Strick/Wirk) / stitch control lever
Maschen-garn *n* / yarn for knitted fabrics, yarn for looped fabrics || **≗geometrie** *f* / knitted fabric geometry || **~gerades Aufnadeln** / needling parallel to the courses || **≗größe** *f* / mesh size, mesh width || **≗größe** (Strick/Wirk) / stitch size || **≗hemd** *n* / cellular shirt || **≗henkel** *m* (Strick/Wirk) / tuck float, tuck loop, tuck stitch, tucked loop, welt float || **≗industrie** *f* / knitting industry, knitwear industry || **≗kopf** *m* / head of the loop, loop head || **≗kulieren** *n* (Strick/Wirk) / couliering the loop, sinking the loop || **≗länge** *f* (Strick/Wirk) / length of loop, stitch length, length of stitch || **≗längenkontrolle** *f* (Strick/Wirk) / stitch length control, stitch length regulation || **≗meterware** *f* / knitted yard goods *pl* || **≗öffnung** *f* / mesh size, mesh width || **≗querreihe** *f* (Strick/Wirk) / course *n* || **≗rad** *n* (Strick/Wirk) / stitch wheel, sinker wheel, loop[ing] wheel || **≗radscheibe** *f* (Strick/Wirk) / sinker-wheel disc || **≗raffer** *m* (Strick/Wirk) / stitch tightener || **≗regulierung** *f* (Strumpf) / loop control || **≗regulierungseinrichtung** *f* / loop regulating device
Maschenreihe *f* (Strick/Wirk) / row *n*, course *n*, wale *n*, stitch course || **≗n** *f pl* **je cm** / courses per centimetre || **≗n je Minute** / courses per minute || **≗n je Zoll** / courses per inch
Maschen-schenkel *m* (Strick/Wirk) / shank of loop || **≗schutzreihe** *f* (Strumpf) / antiladder mesh bar, ladder bar, garter run-stop, anti-run back course, stop-ladder course || **≗schutzreihe** (Strick/Wirk) / run stop course || **~sicher** *adj* (Strick/Wirk, Strumpf) / non-laddering *adj*, non-ravel *adj*, non-run *adj*, runproof *adj* || **~sicherer Strumpf** / run-resist hose, non-run stocking, non-run hose, ladderproof hose || **≗spitze** *f* (Strick/Wirk) / bottom *n* of the loop || **≗sprengschaden** *m* (Strick/Wirk) / damage to the loops (due to brittle yarn), loop damage || **≗stäbchen** *n* (Strick/Wirk) / needle wale, wale *n*, stitch wale || **≗stäbchen** *n pl* **pro Zoll** / wales per inch || **≗stich** *m* / knit loop || **≗struktur** *f* / loop structure || **≗teilung** *f* / gauge *n* || **≗überhängevorrichtung** *f* / loop transfer attachment, loop transfer device || **≗übertragung** *f* (Strick/Wirk) / loop transfer, stitch transfer || **≗übertragungshebel** *m* / loop transfer lever || **≗übertragungsmuster** *n* (Strick/Wirk) / transfer pattern, transfer stitch pattern, transfer design || **≗umhängemuster** *n* / loop transfer design || **≗umhängen** *n* (Strick/Wirk) / loop transfer, stitch transfer || **≗umhängenadel** *f* / loop transfer needle, loop transferring needle || **≗umhängevorrichtung** *f* / loop transfer attachment, loop transfer device || **≗velours** *m* / knitted velour[s] || **≗verlegung** *f* (Strick/Wirk) / displacement of the meshes || **≗versetzen** *n* / loop racking, loop shogging, loop shifting || **≗verwerfung** *f* / loop distortion || **≗verzerrung** *f* / stitch distortion || **≗verzug** *m* (Strick/Wirk) / distortion of the loop
Maschenware *f* (Strick-, Wirk- und Häkelwaren) / knitwear *n*, knits *pl*, knitted goods *pl*, knitted fabrics *pl* || **≗ auf spannungsarmen Kontinue-Breitwaschanlagen** / knitted goods on low-tension continuous open soapers || **≗ im Schlauch** / knitted fabrics in tubular form || **≗ im Schlauch auf Haspelkufen** / knitted goods in tubular form on winch becks || **≗ in breitem Zustand** / knitted fabrics in open width || **≗ mit Längsstreifen** (Strick/

Wirk) / accordion fabric || ≗n *f pl* / knit fabrics, knitwear *n*, knitted fabrics, knit goods, knits *pl*
Maschenwaren·dichte *f* / knitting tightness || ≗**eigenschaft** *f* / knitted fabric property || ≗**hersteller** *m* / knitter *n*, knitwear manufacturer || ≗**herstellung** *f* / knitwear manufacture || ≗**industrie** *f* / knitting industry, knitwear industry
Maschen·weite *f* / mesh size, mesh width || ≗**zahl** *f* / number of stitches, number of loops || ≗**zahl** (Anzahl der Maschen je Zoll linear) / mesh *n* || ≗**zähler** *m* (Strick/Wirk) / stitch counter, stitch glass
Maschine *f*, Gestell *n* (DIN 64990) (Spinn) / frame *n* || ≗ **für abgepaßte Warenstücke** / garment length machine || ≗ **für Feinrippunterwäsche** (Strick/Wirk) / rib body machine || ≗ **für grobes Gewirk** (Strick/Wirk) / coarse gauge machine || ≗ **für Kompressionskrumpf** / compressive shrinking machine || ≗ **für kontinuierliche Unifärbung nach dem Pflatsch-Verfahren** (Tepp) / DDP-Unicolor *n*, Deep-Dye-Unit *n* || ≗ **für nahtlose Strumpfwaren** / automatic seamless hosiery machine, seamless hosiery machine || ≗ **für spannungsloses Krumpfen** / relaxer *n* (for relaxation of knits) || ≗ **mit Einschließplatinen** / sinker top knitting machine || ≗ **mit feiner Teilung** (Strick/Wirk) / fine-gauge machine || ≗ **zum Appretieren und Bügeln von Kleidungsstücken** / garment finishing and ironing machine || ≗**n** *f pl* **zum Geschmeidigmachen** (Ausrüst) / softening equipment || ≗ *f* **zum Mindern und Zunehmen** / fully fashioned knitting machine || ≗ **zum Öffnen von Rundgestricken** (DIN 64950) / slitting machine for tubular knit fabrics || ≗ **zum Schären der Polbäume** (Tepp) / spool-setting machine || ≗ **zum Verdichten von Textilien** / compactor *n* || ≗ **zum Walken und Waschen** (DIN 64950) / milling and scouring machine || ≗**n** *f pl* **zur Spinnkabelverarbeitung** / tow conversion machinery
maschinell·es Bügeln (Tepp) / pressing *n* || ~ **geknüpft** (Tepp) / machine-knotted *adj* || ~ **hergestellte Seilwaren** / patent cordage || ~**es Tuchauszacken** / machine pinking of cloth
Maschinen·bett *n* (Strick/Wirk) / machine bed || ≗**druck** *m* / machine printing || ≗**färben** *n*, Maschinenfärberei *f*, Maschinenfärbung *f* / machine dyeing (stationary liquor, moving goods) || ≗**feinheit** *f* / gauge *n* (of knitt machine) || ≗**flor-Teppich** *m* / loop pile carpet, looped carpet || ≗**flor-Teppich mit niedrigem Pol** (für starke Beanspruchung) / low-level loop pile carpet (suitable for heavy traffic areas) || ≗**fuß** *m* (Strick/Wirk) / machine foot || ≗**garn** *n* / machine-spun yarn, machine yarn || ≗**garn** (Spinn) / twine *n* || ≗**garn**, Twist *m* / twisted yarn || ~**gehaspelte Seide** / filature silk || ~**gehechelter Flachs im Bündel** / tipple *n* || ~**gepflückte Baumwolle** / machine-picked cotton, sledded cotton || ≗**knopfloch** *n* / machined buttonhole || ≗**knopflochseide** *f* (Näh) / machine buttonhole silk || ≗**nähen** *n* / machine sewing || ≗**nutzeffekte** *m pl* / machine efficiency || ≗**spinnen** *n*, Maschinenspinnerei *f* / machine spinning, mechanical spinning || ≗**spitze** *f* / imitation lace, machine-made lace, machine lace || ≗**spitze mit geometrischer Musterung** / Seville lace || ≗**stabilität** *f* / mechanical stability || ≗**stellung** *f* / machine setting || ≗**stickerei** *f* / machine embroidery || ≗**stickgarn** *n* (Näh) / machine embroidery thread || ≗**stillstand** *m* / stoppage of machine || ~**stricken** *v* / machine-knit *v* || ≗**stricken** *n* / machine knitting, mechanical knitting || ≗**strickgarn** *n* / machine knitting yarn || ≗**teil** *n* (allg) / machine element || ≗**teilung** *f* (Tepp) / gauge *n* || ≗**tisch** *m* (Cottonmaschine) / front bed (fully fashioned knitting machine), centre bed || ~**waschbar** *adj* / machine-washable *adj* || ≗**wäsche** *f* / laundry washing
Masch·nadel *f* / knitting needle || ≗**stelle** *f* / knitting station || ≗**teppich** *m* / knitted carpet
Maskenkostüm *n* / fancy dress
maskieren *v* (Chem) / mask *v*, sequestrate *v*, sequester *v*
Maskierung *f* (Chem) / sequestration *n*, sequestering *n*
Maskierungsmittel *n* (Chem) / sequestering agent, masking agent
Maß *n* / size *n* || ≗... (in Zssn.) / made-to-measure *adj* || ≗ **nehmen** / take measurements || **nach** ≗ / made-to-measure *adj* || **nach** ≗ **angefertigt** / tailored *adj* (suit, dress), tailor-made *adj*, made-to-measure *adj* || **nach** ≗ **arbeiten**, nach Maß schneidern / tailor *v* || ≗**analyse** *f* / titrimetric analysis, titrimetry *n* || ≗**änderung** *f* / change of measurement, change of size || ≗**änderung** / dimensional change || ≗**anzug** *m* / made-to-measure suit, bespoke suit, tailor-made suit || ~**beständig** *adj* / dimensionally stable || ≗**beständigkeit** *f* / dimensional stability
Masse *f*, Menge *f* / bulk *n*, mass *n* || ≗ (Chem) / composition *n* || ≗, Gemisch *n* / compound *n* || ≗ % / percentage by weight
Maßeinheit *f* **der Einstellung** (Web) / sett *n* (GB) (number of warp ends and filling picks [woof and weft] per inch in a fabric), pick count, fabric construction (US)
masseldrähtig *adj*, masselsträngig *adj* (Fil) / corkscrewed *adj*
Massen·artikel *m pl* / mass-produced goods || ≗**gewicht** *n* / mass weight || ≗**konzentration** *f* / mass per unit volume || ≗**ware** *f* / mass-produced goods
Masse·polymerisation *f* / mass polymerization || ≗**prozent** *n* / percentage by weight
Maß·erholung *f* / dimensional recovery || ≗**erholungsfähigkeit** *f* / dimensional restorability
Masseteile *m pl* / parts by weight, p.b.w.
Massey-Streichmaschine *f* / Massey coater
maß·gerecht *adj* / true to size || ~**geschneidert** *adj* / tailor-made *adj*, made-to-measure *adj* || ~**geschneiderter Anzug** / tailor-made suit, made-to-measure suit, bespoke suit || ~**haltig** *adj* / dimensionally stable || ≗**haltigkeit** *f* / dimensional stability
Massicot *m* (gelbes Pulver aus Blei(II)-dioxid) / massicot *n*
massieren *v* (Stiche) / bunch *v* (stitches)
mäßig echt (Färb) / moderately fast
massive Faser / solid fibre
Maß·schneider *m* / custom tailor, bespoke tailor || ≗**schneiderei** *f* / custom tailoring || ≗**toleranz** *f* / dimensional tolerance
Masterbatch *m* (Färb) / masterbatch *n*
Mastikator *m* / masticator *n*
Match-Test *m* (Matpr) / match test
MA-Technik *f* (Minimal-Applikation) (Ausrüst) / MA technique, minimum application technique
Matelassé *m* / matelassé *n* (figured fabric with quilted effect)

Material *n*(allg) / material *n* || **≗anfärbegeschwindigkeit** *f* / dyeing rate of material || **≗auslauf** *m* / doffer end || **~bedingte Streifigkeit** (Färb) / barriness due to properties of the material, streakiness caused by chemical and physical differences in the fibre || **≗einlauf** *m* (Tuchh) / feed[ing] end || **≗fehler** *m* / fault in the material, structural defect, flaw *n* || **≗feinstruktur** *f* / material fine structure || **≗formung** *f* / material shaping || **≗gatter** *n* / [bank] creel || **≗kennzeichnung** *f* / composition labelling || **≗säule** *f*(Färb) / bobbin column || **≗streifigkeit** *f* / streakiness of the goods || **≗träger** *m*(Färb) / carrier *n*, material carrier || **≗träger für loses Material** (Färb) / carrier for loose stock || **≗zufuhr** *f* **mit Voreilung** / overfeed attachment || **≗zuführwalze** *f*(Spinn) / licker-in *n*, taker-in *n*

Matratze *f* / mattress *n* || **mit Baumwoll-Filztafeln gefüllte ≗** / felted mattress

Matratzen·auflage *f* **aus Schaumstoff** / mattress topper (US) || **≗bezug** *m* / mattress cover || **≗drell** *m* (atlasbindige Stoffe, bunt gewebt aus Baumwolle oder Halbleinen) / converted ticking, mattress duck, mattress drill, mattress ticking || **≗füllmaschine** *f*(Masch) / filler *n* || **≗füllung** *f* / mattress filling || **≗garn** *n* / mattress thread || **≗inlett** *n* / mattress ticking

Matritze *f* / mould *n*(stencil)

Matrix·-Fibrillen-Fasertyp *m* / M/F bicomponent fibre, matrix fibril bicomponent fibre || **≗polymerisation** *f* / matrix polymerization

Matrize *f* / matrix *n*

Matrosen·anzug *m* / sailor suit || **≗bluse** *f*(Mode) / middy blouse || **≗drell** *m* / cadet cloth || **≗hut** *m* (in der Kinder- und Damenmode) / sailor hat || **≗kragen** *m*(Mode) / sailor collar || **≗serge** *f* / navy serge

matt *adj* / dull *adj*, dead *adj* (colour), matt *adj*, lacklustre *adj*, mat(US) *adj* || **~e Ausrüstung** / flat finish || **~e Kalanderausrüstung** / canton finish || **~er Seidenmusselin** / mousseline mattée (Fr) || **~e Stellen** *f pl* / dull spots || **~es Viskosefilament**, (früher:) Mattreyon *m* / dull rayon || **~ werden** / die *v* (colour), become dull, sadden *v* || **≗appretur** *f*, Mattausrüstung *f* / dull finish, matt finish || **≗buntdruck** *m* / matt multicoloured printing || **≗dekatur** *f* / dull decating, dull decatizing || **≗druck** *m* / delustred print, matt print, dull print || **≗druckeffekt** *m* / delustred printing effect || **≗druckfarbe** *f* / delustred printing paste

Matte *f* / mat *n*, matting *n* || **≗n** *f pl* / matting *n* (floorcovering etc.) || **≗** *f* **mit Panamabindung** / twilled mat || **≗ mit Würfelbindung** / twilled mat || **mit ≗n bedeckt** / matted *adj*

Matteffekt *m* / delustred effect, delustring effect, matt effect, dull effect, dulling effect

Matten·bindung *f* / mat weave || **≗preßverfahren** *n* / mat moulding

Matt·faden *m* / dull thread || **≗farbe** *f* / dull colour || **≗finish** *n* / matt finish || **≗gewebe** *n* / dull fabric, matt fabric || **≗glanz** *m* / dead lustre, matt finish, dull lustre, dull finish, low lustre || **~glänzend** *adj* / dull-bright *adj* || **~gold** *adj* / matt gold *adj*

mattieren *v* / delustre *v* (GB), take off the lustre, render matt, deluster (US) *v*, dull *v* || **~** (nur Farbton) / flatten *v*, dull *v*, deaden *v* || **≗** *n* / dulling *n*, flattening *n*, matting *n*, delustring *n* || **≗** (Beschicht) / removal of gloss

mattierende Wirkung / dulling effect

Mattier·kalander *m* / dull-finish calender || **≗mittel** *n* / matting agent

mattiert·e Ramiefaser / cottonized ramie || **~e Zellwolle** / matt rayon staple

Mattierung *f* / delustring *n*

Mattierungs·effekt *m* / delustred effect, delustring effect, matt effect, dulling effect || **≗finish** *n* / delustring finish || **≗fleck** *m* / delustring stain || **≗mittel** *n* / delustring agent, matting agent, flatting agent, dulling agent || **≗pigmente** *n pl* / pigments for dulling

Matt·kalander *m* / delustring calender, matting calender, matt calender || **≗kalandern** *n* / dull-calendering *n* || **≗krepp** *m* / matt crepe || **≗lack** *m* / dull varnish || **≗reyon** *m* / dull rayon, delustred rayon, matt rayon || **≗schlichte** *f* / dulling size || **~schwarz** *adj* / dead-black *adj* || **≗stickgarn** *n* / matt embroidery yarn || **≗viskosefilament** *n*, (früher:) Mattreyon *n* / delustred rayon, matt rayon, dull rayon

Mattweiß *n* / delustre white, matt white || **≗druck** *m* / matt white printing || **≗-Druckeffekt** *m* / white printing delustre effect

Maulbeer·seide *f* / mulberry silk || **≗spinner** *m* / bombyx mori

Maulweite *f*(Karde) / tensor gap (distance between top and bottom apron at their frontal turning point) (card)

maulwurffarben *adj*, maulwurfgrau *adj* / mole-grey *adj*, taupe *adj*

Mauritius·faser *f*(juteähnliche Faser der Furcraea macrophylla) / fique *n* || **≗hanf** *m* (aus Furcraea Faetida) / Mauritius hemp, aloe malgache

Mausezahn *m*, Mäusezähnchen *n*(Strumpf) / scalloped welt edge, saw-tooth-like fabric edge, picot edge

maus·farben *adj*, mausfarbig *adj*, mouse-coloured *adj*, dun *adj* || **~grau** *adj* (RAL 7005) / mouse grey *adj*

mauve *adj* / mauve *adj* || **≗** *n* (basischer Azinfarbstoff) (Färb) / mauve *n*, mauvein[e] *n*

Mauvein *n*(Färb) / aniline purple, mauvein[e] *n*, mauve *n*

maximal·e Bewicklungsbreite / maximum dressed width of warp || **~e Schußfadenzahl** / jamming point || **≗e Arbeitsplatz-Konzentration (MAK)** / Threshold Limit Value (TLV) for Substances in Workroom Air || **≗e Arbeitsplatz-Konzentration (MAK)** / Maximum Allowable Concentration (MAC) || **≗druck** *m* / maximum pressure || **≗spannung** *f* / maximum tension

Maxwellsche Verteilung / Maxwellian distribution

Mayo-Feinköper *m*, Mayo-Twill *m* / Mayo twill

Mazametwolle *f* / mazamet *n* (pulled wool), plucked wool, fellmongered wool, skimmer wool

mazerieren *v* / macerate *v* || **≗** *n* / macerate *n*

MBAS (Methylenblauaktive Substanz) / MBAS (methylene blue active substance)

mechanisch·er Abbau / mechanical deterioration || **~e Beanspruchung** (Matpr) / mechanical treatment || **~es Beflocken** / mechanical flocking || **~e Bindung** (Färb) / mechanical fixation || **~e Eigenschaft** / mechanical property || **~er Fadenreiniger** / mechanical slub catcher || **~es Faltenlegen** / knife tucking || **~es Färben** / mechanical dyeing || **~e Faserschädigung** / fibre bruising || **~e Flächeneigenschaft** / mechanical surface property || **~e Flachstrickmaschine** (Strick/Wirk) / power driven flat knitting machine, power flat[bar] machine || ~ **gebürstete Hautwolle** / brushed wool || ~ **geknüpft** (Tepp) / machine-knotted *adj* || ~**er Heber** / lifter jack (jacquard) || ~ **hergestellt** / machine-made *adj* || ~**e Konditionierung** / mechanical conditioning || ~**er Mischer** / mechanical mixer || ~**e Nadelauswahl** / mechanical selection of needles || ~**er Reserveeffekt** / mechanical resist effect || ~**e Spinnerei** / machine spinning || ~**e Stickerei** / machine embroidery || ~**e Strangwaschmaschine** / mechanical rope washer || ~**es Verbinden** / mechanical bonding || ~**e Verfestigung** (Vliesst) / mechanical interlocking || ~ **verschäumbar** / can be foamed mechanically || ~**es Verschäumen** / mechanical foaming || ~**e Verunreinigungen** *f pl* / mechanical impurities || ~**e Wäsche** / mechanical washing || ~**es Weben**, mechanische Weberei / power weaving || ~**er Webstuhl** / power loom

Mechanismus *m* **zur Steuerung des Weberschiffchens** (Web) / pick-at-will *n*

Mechelner Spitze *f* / Malines lace (fine stiff net with hexagonal mesh), Mechlin lace || **≗-Spitzenmaschine** *f* / Mechlin machine

Medaillon *n* (Tepp) / medallion *n*

Mediogarn *n* (mittelhart gedrehtes Baumwollgarn) / medio twist, medio yarn

Medium *n* (Chem) / medium *n* || **≗wolle** *f* / medium wool

medizinisch·e Seife / medicated soap || ~**er Stützstrumpf** / medical support stocking, supp-hose *n* || ~**e Textilien** *pl* / medical textiles

Medullameter *n* / medullameter *n* (cotton)

meer·blau *adj* / ocean-blue *adj* || ~**grün** *adj* / sea-green *adj*, ocean-green *adj*

Meer-Orseille *f* / orseil de mer (Fr)

Meerwasser *n* / sea-water *n* || ~**echt** *adj* / fast to sea-water, fast to salt water || **≗echtheit** *f* (DIN 54007) / sea-water fastness, fastness to seawater, fastness to salt water

Meerwolle *f* / sea wool

Mehl *n* / meal *n* || **≗stärkeverdickung** *f* / flour starch thickening

Mehr·badfärbung *f* / multiple bath dyeing || **≗badverfahren** *n* / multibath process, multiple bath process || **≗bahntrockner** *m* / multilayer drier, multi-tier drier || **≗bandtrockner** *m* / multiple belt drier || ~**basige Säure** / polyacid *n* || ~**choriger Einzug** / space pass || ~**drahtiger Baumwollzwirn** / cabled yarn (GB) || **≗etagen-Spannrahmen** *m* (DIN 64990) / multi-tier stenter frame (GB), multi-tier tenter frame (US)

mehrfach benutztes Bad (Färb) / standing bath, old bath || ~ **gezwirnt** (Spinn) / cabled *adj* || ~**e Kette** / multiple warp || ~**e Kochwäsche** / repeated washing at the boil || ~**es Wollstickgarn** / leviathan yarn || **≗düse** *f* (Spinn) / multiple [spinning] nozzle || **≗einzug** *m* / corkscrew drawing-in draft || **≗faserfaden** *m* / multifilament *n*, multifilament yarn || **in einem Arbeitsgang gezwirntes ≗garn** / one-throw yarn || **≗gewebe** *n pl* / blended fabrics, compound fabrics, mixed textiles || **≗kochwäsche** *f* / repeated washing at the boil || **≗köper** *m* / corkscrew twill fabric || **≗messerschneideeinheit** *f* / multiblade slitting unit || **≗schicht** *f* / multilayer *n* || **≗schneidegerät** *n* / multiple cutter || **≗verdampfer** *m* / multiple evaporator || **≗wicklung** *f* / multiple winding || **≗zwirn** *m* / cord *n*, ply yarn, plied yarn || **≗zwirnen** *n* / multifold down-twisting

Mehrfadeneffekt *m* / multithread effect

mehrfädig *adj* / multifilament *adj* || ~**es Garn** / plied yarn || ~**e Garnumwicklung**, mehrfädige Garnumwindung / multicovering *n* || ~**er Rand** / crammed border || ~**er Spulkörper** / multiple-end package || ~**e Stickereiseide** / rope silk

Mehrfarben·artikel *m* / coloureds *n*, multicolour style || **≗automat** *m* / multicolour automatic loom, multicolour loom || **≗druck** *m* / multicolour print[ing], polychrome printing || **≗druckapparat** *m*, Mehrfarbendruckmaschine *f* / multicolour printing machine || **≗druckverfahren** *n* (Textdr) / multicolour printing process (MCPP) || **≗effekt** *m* / multicolour[ed] effect || **≗färbung** *f* / melange dyeing || **≗handdruck** *m* / multicolour handprinting || **≗muster** *n* / multicolour[ed] pattern

mehrfarbig·e Ätze / colour discharge, illuminated discharge, coloured discharge || ~**es Kammgarn** / marl yarn

Mehrfasergewebe *n* / multiple-fibre material

mehrfonturige Strickmaschine / multiple-section knitting machine

Mehr·gratköper *m* (Köperbindung, die innerhalb eines Rapports mehrere getrennte Grate aufweist) / side twill, combined twill, stitched twill || ~**kammerig** *adj* / multichambered *adj* || ~**kernige Säure** / polynuclear acid

Mehrkomponenten·gemisch *n* / multicomponent mixture || **≗kleber** *m* / mixed adhesive || **≗system** *n* / multicomponent system

mehr·köpfige Maschine (Strick/Wirk) / multiple-head machine, multiple-section machine || ~**köpfige Rundstrickmaschine** / multiple-unit circular knitting machine || **≗kopfnähmaschine** *f* / multi-head sewing machine || **≗kopfstickmaschine** *f* / multiple-head embroidery machine || **≗kopfstrecke** *f* (Spinn) / multiple-head draw frame

Mehrlagen·gewebe *n* / combination fabric, multilayer fabric || **≗gurt** *m* / stitched belting || **≗laminat** *n* / sandwich laminate || **≗stoff** *m* / multilayer fabric

mehr·lagig *adj* / multi-ply *adj* || ~**lagiges Vlies** / multilayer nonwoven || ~**maliges Maschinenwaschen** / repeated machine washes *pl* || **≗nadelnähmaschine** *f* / multineedle sewing machine || **≗phasen-Webmaschine** *f* / high-performance loom || **≗punktöffner** *m* (Spinn) / multipoint opener || ~**säurig** *adj* (Base) / polyacid *adj* (base) || **≗schichtgarn** *n* / laminated yarn || ~**schichtig** *adj* / multi-ply *adj* || **≗schichtstoffkalander** *m* / sandwich rolling mill

mehrschützig *adj* / multishuttle *adj* || ~**er Automat mit Schützenwechsel** / multishuttle shuttle-changing loom || ~**er Automat mit Spulenwechsel** / multishuttle bobbin-changing loom || ~**er Webautomat** / multishuttle automatic loom, multi-space loom, multi-piece loom

Mehr·spuleneinrichtung *f* / multiple bobbin attachment || **≗stich-Zickzackstich** *m* / multi-step zig-zag stitch

Mehrstufen·... / multistage *adj*, multistep *adj* || **≗bleiche** *f* / multistage bleaching || **≗galette** *f* / multistep godet || **≗pelz** *m* / multistage fur || **≗vernetzung** *f* / multistage crosslinking

mehrstufig *adj* / multistage *adj*, multistep *adj* || ~**er Glasfilamentzwirn** (DIN 61850) / cabled glass filament yarn || ~**er Glsstapelfaserzwirn** (DIN

61850) / cabled glass staple fibre yarn || **~er Zwirn** (DIN 60900) *n* / cable yarn, cabled cord, cabled yarn, cordonnet yarn

mehr·stuhlig *adj* / multiloom *adj* || **~systemige Maschine** / multifeed[er] machine || **~systemige Wirkmaschine** / multifeed[er] knitting machine || **≈tonfärbung** *f* / multishade dyeing || **≈trommelschlichtmaschine** *f* / multiple cylinder sizing machine

Mehrwalzen·foulard *m* / multiroller padding mangle, padding machine with several rollers || **≈kalander** *m* / multibowl calender, calender with several rollers || **≈mühle** *f*, Mehrwalzenstuhl *m* / multiroll mill

mehr·wertig *adj* (Chem) / multivalent *adj*, polyvalent *adj* || **≈wertigkeit** *f* / multivalency *n*, polyvalency *n* || **~zellig** *adj* / multicellular *adj*, polycellular *adj*

Mehrzweck·abtönpaste *f* / multipurpose shading paste || **≈kalander** *m* / multipurpose calender || **≈maschine** *f* / multipurpose machine || **≈veredlung** *f* / multipurpose finish

Melamin *n* / melamine *n* || **≈formaldehyd** *n* / melamine formaldehyde || **≈formaldehydharz** *n* / melamine formaldehyde resin || **≈harz** *n* / melamine resin

Melange *f* / melange *n*, blend *n*, mixture [cloth] (from fibres of different colours) || **≈dessin** *n* / blended design || **≈-Effekt** *m* / melange effect, mixture effect, heather mixture || **≈-Effekt durch Düsenfärbung** / marl-spun *n* || **≈-Effektgarn** *n* / melange effect yarn, heather yarn || **≈farbe** *f* / mixed colour || **≈färbung** *f* / melange dyeing || **≈filz** *m* / mixture felt || **≈garn** *n* / mottled yarn || **≈garn** (aus verschiedfarbigen Fasern) / melange yarn, mixture yarn, blended yarn || **≈gewebe** *n* / blended fabric, blend *n*, mixed fabrics || **≈-Kreppgewebe** *n* / mixture crepe (warp and weft of different-coloured fibres) || **≈stoffe** *m pl* / melange goods

Melangeuse *f* (Spinn) / mixer *n*

Melangeware *f* / melange goods

melangieren *v* / blend *v*, mix *v* || **≈** *n* (Textil) / mixing *n*

melieren *v* / mingle *v*, mottle *v*, mix *v* || **≈** *n* (Textil) / mixing *n*

Melier·garn *n* / blended yarn, mixed yarn || **≈schützen** *m* / shuttle with several bobbins

meliert *adj* / mottled *adj*, flecked *adj*, pepper-and-salt *adj* || **~es Garn** / melange yarn, mixture yarn, blended yarn || **~e Gewebe** *n pl* / mottled fabrics || **~es Tuch** / mixed cloth

Melier·wolf *m* / mixing willow || **≈wolle** *f* / blending wool

Melissinsäure *f* / melissic acid

Melone *f* / bowler hat

melonengelb *adj* / melon *adj*, melon yellow

Melton *m* (weicher Kammgarnstoff in Köperbindung mit leicht verfilzter Oberfläche) / melton *n*, admiralty cloth || **≈ausrüstung** *f* / melton finish || **≈loden** *m* (Lodenstoff mit rauher Oberfläche) / melton loden

Membran *f*, Membrane *f* / membrane *n*, diaphragm *n*

Menadohanf *m* (aus Celebes) / Menado hemp

Mengenverhältnis *n* (Färb) / quantity ratio, ratio *n*

Meninspitze *f* / menin lace (Valenciennes lace of good quality)

Mennige *f* / minium *n*, red lead

mercerisieren *v* (mit Natronlauge behandeln) s. merzerisieren

Mergel *m* / marl *n*

mergelig *adj* / marly *adj*

Merino *m* / merino *n* || **≈garn** *n* (Web) / merino yarn (best grade of worsted yarn) || **≈wolle** *f* / merino [wool] || **≈wolle zweiter Qualität** / picklock *n* (GB) || **≈wollserge** *f* / Botany serge

Merkaptan *n* (Chem) / mercaptan *n*

Merveilleux-Glanzstoff *m* / merveilleux *n* (used as lining in men's outerwear)

Merzerisation *f* / mercerization *n*, mercerizing *n*

Merzerisations·artikel *m* / mercerization style || **≈effekt** *m* / mercerizing effect || **≈grad** *m* / degree of mercerization

Merzerisier·anlage *f* / mercerizing plant, mercerizing works, mercerizing range || **~echt** *adj* / fast to mercerizing || **≈echtheit** *f* (DIN 54039) / fastness to mercerizing

merzerisieren *v* / mercerize *v*, causticize *v* || **≈** *n* / mercerizing *n*, mercerization *n* || **≈ unter Spannung** / mercerizing with tension || **≈ von Garnen** / yarn mercerizing

Merzerisier·fehler *m* / mercerizing fault || **≈flotte** *f* / mercerizing liquor || **≈foulard** *m* / mercerizing mangle, mercerizing padding mangle, mercerizing pad[der] || **≈hilfsmittel** *n* / mercerizing assistant || **≈lauge** *f* / mercerizing liquor || **≈maschine** *f* / mercerizer *n*, mercerizing plant, mercerizing machine || **≈maschine für Stranggarn** / mercerizer for hanks || **≈mittel** *n* / mercerizing agent || **≈netzmittel** *n* / wetting agent for the mercerizing process || **≈rahmen** *m* / mercerizing stenter

merzerisiert·e Baumwolle / mercerized cotton || **~es Garn** / mercerized yarn || **~er Linon** / linette *n* || **~e Wolle** / mercerized wool

Merzerisierung *f* / mercerization *n*, mercerized finish, mercerizing *n* || **≈ unter Spannung** / mercerization with tension

Merzerisier·verfahren *n* / mercerizing process || **≈verstärker** *m* / wetting agent

Meshstrumpf *m* / micromesh stocking, micromesh hose (looped structure combining tucked and cleared loops), mesh hose, broken micro

Mesitylen *n* / mesitylene *n*

Mesityloxid *n* / mesityl oxide

Mesomerie *f* / mesomerism *n*

Mesotartarsäure *f*, meso-Weinsäure *f* / mesotartaric acid

Mesoxalsäure *f* / mesoxalic acid

Mesoxalylharnstoff *m* / mesoxalyl urea

Messaline *f* / messaline *n* (lightweight silk dress fabric characterized by soft handle and high lustre) || **≈-Ausrüstung** *f* / messaline finish

Meßband *n* / measuring tape

messen *v* / measure *v* || **≈** *n* / measurement *n*

Messer *m* / meter *n* || **≈abstand** *m* (Beschicht) / blade clearance || **≈block** *m* / headstock *n* (shearing machine) || **≈entkörnung** *f* / knife blade ginning || **≈halter** *m* / cutter holder || **≈kasten** *m* (Jacquard) (Web) / griffe box, knife box, lifting bar || **≈kastenhub** *m* (Web) / rise of the griffe || **≈korb** *m* / griff[e] (jacquard) *n* || **≈schlitten** *m* / knife carriage || **≈spalt** *m* (Beschicht) / roll nip || **≈stellschraube** *f* / cutter adjusting screw || **≈streichmaschine** *f* / knife coater || **≈träger** *m* / knife carrier || **≈tuch** *n* / knife cloth || **≈walze** *f* / knife roller

Meß·geometrie *f* / illuminating and viewing conditions *pl* || **≈gerät** *n* / meter *n*

Meßgewänder *n pl* / canonicals *pl*

messing·gelb *adj* / brazen yellow *adj* || **≈rakel** *f*

(Beschicht) / brass doctor
Meß·keil *m* **für die Faserfeinheit** / wedge scale || **≗-Legemaschine** *f* (DIN 64990) / measuring and folding machine || **≗lösung** *f* / standard solution || **≗maschine** *f* (DIN 64990) / measuring machine || **≗probe** *f* (Färb) / measuring sample || **≗system** *n* **für die Kettfadendichte** / sett system (the number of warp threads per inch or other unit of measurement is termed the "sett". There are at least 14 different sett systems and each is denoted by the locality in which it is used) (GB) || **≗tisch** *m* / measuring table || **≗- und Prüfgerät** *n* / measuring and testing device || **≗- und Wickelmaschine** *f* (Ausrüst) / rolling and measuring machine
Messung *f* / measurement *n* || **≗ des Weißgrades nach Berger**, WB / whiteness [measuring] according to Berger, WB || **≗ des Weißgrades nach Stensby**, Ws / whiteness [measuring] according to Stensby, Ws
Meß·walze *f* / measuring roller || **≗-Wickelmaschine** *f* (DIN 64990) / measuring and rolling machine
Metachromasie *f* / metachromasy *n*
Metachrom·beize *f* / metachrome mordant || **≗färbeverfahren** *n* / metachrome dyeing || **≗farbstoff** *m* / metachrome dyestuff || **≗färbung** *f* / metachrome dyeing || **≗verfahren** *n* / metachrome process
Metall *n* / metal *n* || **≗absonderungsmittel** *n* / metal-separating agent || **≗ätzung** *f* / metal etching
Metallbad *n* / metal bath, molten metal bath || **≗färbemaschine** *f* / molten metal dyeing machine || **≗färben** *n* / molten metal dyeing || **≗färbeverfahren** *n* / molten metal dyeing process || **≗färbeverfahren für Küpenkontinue-Färberei** / continuous molten metal vat dyeing process || **≗färbung** *f* / molten metal dyeing || **≗fixierung** *f* / molten metal fixing process, molten metal thermosetting || **≗trocknung** *f* / metal bath drying || **≗verfahren** *n* (Färb) / molten metal process, Standfast [molten-metal] process
Metall·beize *f* / metal salt mordant, metallic mordant || **≗beizenfarbstoff** *m* / metal mordant dyestuff || **≗beschwerung** *f* / weighting with metal salts || **≗detektor** *m* / metal detector, metal detecting apparatus || **≗echtheit** *f* / metal resistance || **≗effekt** *m* / metallic effect || **≗effektgarn** *n* / metal effect yarn, metallic effect yarn || **≗empfindlichkeit** *f* / metal sensitivity || **≗endlosfaden** *m* / metallic filament || **≗erschwerung** *f* / weighting with metal salts || **≗faden** *m* / metallic thread, metallic yarn || **≗faser** *f* (DIN 60001) / metal fibre, metallic fibre || **≗folie** *f* / metal foil || **~frei** *adj* / metal-free *adj* || **≗garn** *n*, Metallgespinst *n* / metallic yarn, metallized yarn || **≗gewebe** *n* / metal fabric, metallized woven fabric, metallic fabric || **≗glanz** *m* / metallic gloss, metallic lustre || **~grau** *adj* / metallic grey *adj*
metallhaltig *adj* / metalliferous *adj* || **~er Farbstoff** / metalliferous dyestuff
Metalline-Glanzstoff *m* / metalline *n*
metallisch *adj* / metallic *adj* || **~e Bindung** (Chem) / metallic bond || **~er Glanz** / metallic gloss, metallic lustre
metallisierbar *adj* (Färb) / metallizable *adj*
metallisieren *v* / metallize *v* || **≗** *n* / metallizing *n*, coating with metal
metallisiert·er Artikel / metallized article || **~er Faden** / metallized filament, metallic yarn, metallized thread || **~er Farbstoff** / premetallized dyestuff || **~e Faser** / metallized fibre || **~es Garn** / metal-coated yarn, metallized thread, metallized yarn, metallic yarn || **~es Gewebe** / metal-coated fabric || **~es Stickgarn** / metal-coated embroidery yarn || **~er Stoff** / metallized fabric || **~er Textilfaden** / metal-coated thread
Metallisierung *f* / metallization *n*, metallizing *n*
Metallitze *f* / metal heald
Metall·karde *f* / metal teasel, metal wire card || **≗kardenbeschlag** *m* / wire-card clothing (raising machine) || **≗kardenrauhmaschine** *f* / wire-card raising machine
Metallkomplex·dispersionsfarbstoff *m* / dispersed metallic complex dyestuff || **≗färben** *n* / metal[lic] complex dyeing || **≗farbstoff** *m* (MKF) / metal complex dyestuff, metallic complex dyestuff, premetallized dyestuff || **≗färbung** *f* / metal complex dyeing, metallic complex dyeing || **≗verbindung** *f* / metallic complex compound
Metall·kratze *f* / wire card, metal teasel || **≗kratzenbeschlag** *m* / metallic card clothing (raising machine) || **~modifizierte Polyäthylenfaser** / metal-modified polyethylene fibre || **~organische Verbindung** / organometallic compound || **≗oxid** *n* / metal oxide, metallic oxide
Metallpulver *n* / metal powder || **≗druck** *m* / metal powder printing, metal printing || **≗-Fixierungsmittel** *n* / metal powder fixing agent || **≗vordruck** *m* / metal powder preprinting
Metallreißverschluß *m* / metal zipper
Metallsalz *n* / metallic salt || **≗beschwerung** *f* / loading with metallic salts || **≗beständigkeit** *f* / stability to metal salts || **~empfindlich** *adj* / sensitive to metal salts || **≗empfindlichkeit** *f* / sensitivity in the presence of metallic salts
Metall·schablone *f* / metal stencil, metal template || **≗schaftrahmen** *m* / metal heald frame || **≗schimmer** *m* / metallic sheen || **≗schmelzbad** *n* / molten metal bath || **≗seife** *f* / metallic soap, metal soap || **≗späne** *m pl* / metal shavings, metal turnings || **≗stellzahn** *m* (Reißv) / metal prong || **≗stickgarn** *n* / embroidery metal yarn || **≗suchgerät** *n* / metal detecting apparatus, metal detector || **≗tuch** *n* / metallic cloth, metallized woven fabric || **≗überzug** *m* / metal coat, metal covering, metal coating
metamer *adj* / metameric *adj* || **~e Farbe** / metameric colour || **~e Färbungen** (bedingt gleiche Färbungen) / metameric dyeings (look alike but their reflectance curves differ)
Metamerie *f* / metamerism *n* || **≗-Index** *m* / index of metamerism, metamerism index
Meta·phosphat *n* / metaphosphate *n* || **≗silikat** *n* / metasilicate *n* || **~stabil** *n* / metastable *adj* || **≗stabilität** *f* / metastability *n*
Meter *m n* / meter *n* (US) || **≗band** *n* / tape measure || **≗ware** *f* / yard goods *pl*, yarded goods *pl*, piece goods *pl*, goods sold by the metre or yard *pl* || **≗warenherstellung** *f* / manufacture of yard[ed] goods || **≗zähler** *m*, Meterzählapparat *m* / metre counter (GB), meter counter (US)
Methacrylamid *n* / methacrylamide *n*
Methacrylat *n* / methacrylate *n*
Methacryl·ester *m* / methacrylate ester || **≗säure** *f* / methacrylic acid || **≗säureester** *m* / methacrylate ester
Methan *n* / methane *n*
Methanal *n* / methanal *n*

Methanamin-Entflammbarkeitstest *m* (Tepp) / methanamine pill test (flame retardancy test)
Methanol *n* / methanol *n*, methyl alcohol
Methansäure *f* / formic acid
Methinfarbstoff *m* / methine dyestuff
Methoxylgehalt *m* / methoxyl content
Methyl·acetat *n* / methyl acetate || **≗acrylat** *n* / methyl acrylate || **≗alkohol** *m* / methyl alcohol, methanol *n* || **≗äthen** *n* / propylene *n* || **≗äther** *m* / methyl ether || **≗äthylketon** *n* / methyl ethyl ketone, MEK || **≗benzol** *n* / toluene *n* || **≗blau** *n* / brilliant cotton blue || **≗chlorid** *n* / methyl chloride
Methylen *n* / methylene *n* || **≗blau** *n* / methylene blue || **≗blau-aktive Substanz** / methylene blue [active] substance || **≗blau-Probe** *f* / methylene blue test || **≗blauzahl** *f* / methylene blue number || **≗chlorid** *n* / methylene chloride
Methyl·formiat *n* / methyl formate || **≗gelb** *n* (Färb) / methyl yellow, orlean *n*, annatto *n* || **≗glykol** *n* / methyl glycol || **≗glykolacetat** *n* / methyl glycol acetate, MGA || **≗glyoxal** *n* / pyruvic aldehyde || **≗grün** *n* / double green
methylieren *v* / methylate *v*
Methylierung *f* / methylation *n*
Methyl·laktat *n* / methyl lactate || **≗methacrylat** *n* / methyl methacrylate
Methylol·acrylamid *n* / methylolacrylamide *n* || **≗farbstoff** *m* / methylol dyestuff || **≗harnstoff** *m* / methylolurea *n* || **≗melamin** *n* / methylol melamine
Methyl·orange *n* (Färb) / methyl orange, helianthin[e] *n*, gold orange || **≗phenylketon** *n* / acetophenone *n* || **≗rot** *n* / methyl red || **≗taurin** *n* / methyltaurine *n* || **≗triazon** *n* / methyl triazone || **≗violett** *n* / methyl violet || **≗zellulose** *f* / methyl cellulose
Metrage *f* / yardage *n*
metrische Nummer (Spinn, Web) / metric count, international count
mexikanisch·e Escobillofaser / escobillo fibre || **~e Pitafaser** / pita fibre, wild pineapple || **~er Sisal** / henequen fibre
Mexikanischer Kapselkäfer (Anthonomus grandis Boh.) / Mexican cottonboll weevil
M/F-Fasertyp *m* (Matrix/Fibrillen-Typ) / M/F conjugate[d] fibre (matrix fibril type), M/F bicomponent fibre
M-Formierung *f* (Färb) / M (micrognanular) formulation
m²-Gewicht *n* / weight per unit area
Michlers Keton / Michler's ketone (for dyestuff syntheses)
Micromesh... / micromesh *adj*
Micronaire·-Feinheit *f* / Micronaire fineness || **≗-Gerät** *n* / Micronaire tester || **≗-Wert** *m* (Kennzahl für die Faserfeinheit von Baumwolle nach dem Luftstrom-Prüfverfahren) (DIN 53941) / Micronaire value
„Middling"-Baumwolle *f* / middling cotton (US) (grades of cotton are compared with this type)
„Middling-Fair"-Baumwolle *f* / middling fair cotton (US) (lowest grade)
Mieder *n* / bodice *n*, corset *n* || **≗ mit Schößchen** / Basque bodice || **≗gewebe** / corset fabric || **≗höschen** *n* / average-leg panty girdle || **≗höschen mit halblangem Bein und Taillenband** / waistline average-leg panty || **≗höschen mit langem Bein und Taillenband** / waistline long-leg panty || **≗hose** *f* / panty girdle, panty *n* (US) || **≗hose in Pagenform** / boy-leg brief || **≗hose in Slipform mit Taillenband** / brief waistline panty || **≗hose mit breitem Taillenband und halblangem Bein** / average-leg cuff-top panty girdle || **≗hose mit halblangem Bein und Taillenband** / waistline average-leg panty girdle || **≗hose mit schmalem Taillenband und halblangem Bein** / average-leg waistline panty girdle || **≗slip** *m* **mit breitem Taillenband** / cuff-top brief || **≗slip mit Taillenband** / waistline brief, briefs with waistline || **≗stoff** *m* / support garment fabric || **≗tüll** *m* / power net, elastic power net, stretch-knitted tulle, corset net || **≗volltüll** *m* / standard power net || **≗ware** *f* / support garments *pl*, foundation garments *pl*, corsetry *n* || **≗ware** (i.e.S.) / support hosiery || **≗wäsche** *f* / betweeners *pl*
Mignonette·-Klöppelspitze *f* / mignonette lace || **≗-Vorhangtüll** *m* / mignonette net || **≗-Wirkware** *f* / mignonette fabric
Migration *f* / migration *n*, migrating *n*
migrations·echt *adj* / fast to migration || **≗echtheit** *f* (Färb) / fastness to migration || **≗eigenschaften** *f pl* / migration properties || **≗hemmer** *m* / antimigrant *n* || **≗inhibitor** *m* / migration inhibitor || **≗kurve** *f* / migration curve || **≗phase** *f* (Färb) / migration phase || **≗vermögen** *n* / migrating power, migration ability, migration properties
migrier·echt *adj* / migration-resistant *adj*, fast to migration || **≗echtheit** *f* / migration resistance, fastness to migration
migrieren *v* / migrate *v* || **≗** *n* / migrating *n*, migration *n*
Migrier·flotte *f* / migration liquor || **≗hilfsmittel** *n* / migrating auxiliary || **≗vermögen** *n* / migrating power, migration ability, migration properties
Mikado *m*, Mikado-Reinseidentaft *m* / Mikado *n* (GB)
Mikroanalyse *f* / microanalysis *n*
Mikrobe *f* / microbe *n*, microorganism *n*
Mikroben·befall *m* / microbial attack || **~hemmend** *adj* / microbistatic *adj* || **≗schaden** *m* / microbial damage || **~tötend** *adj* / microbicidal *adj*
mikrobiell *adj* / microbial *adj*
mikrobiologisch·er Abbau / microbiological degradation || **~er Schaden** / microbiological damage
mikro·biostatisches Hilfsmittel / antimicrobial agent || **~bistatisch** *adj* / microbistatic *adj*
mikrobizid *adj* / microbicidal *adj* || **~es Mittel** / microbicide *n* || **≗** *n* / microbicide *n*
Mikro·dehnung *f* / micro-length stretch (before resin treatment), microstretching *n* (MS) || **≗dehnungsverfahren** *n* (Ausrüst) / micro-length stretching (MLS) || **~dispers** *adj* / microdisperse[d] *adj* || **≗fibrille** *f* / microfibril *n* || **≗gefüge** *n* / microstructure *n* || **≗granulatformierung** *f* (Färb) / microgranular formulation, M formulation, microgranular form || **≗härte** *f* / microhardness *n* || **≗klima** *n* / microclimate *n* || **≗kolorimeter** *n* / microcolorimeter *n* || **≗kristall** *n* / microcrystal *n* || **≗meter** *n* / micrometer *n*
mikronisieren *v* (Pigm) / micronize *v*
mikronisiertes Pigment / micronized pigment
Mikro·organismus *m* / microorganism *n* || **≗photographie** *f* / microphotography *n* || **≗riß** *m* / microcrack *n* || **≗schaum** *m* (Beschicht) / microfoam *n*
Mikroskopie *f* / microscopy *n*
mikroskopisch *adj* / microscopic *adj* || **~e Aufnahme** / micrograph *n* || **~e Faseranalyse** /

fibre identification by microscopy || ~er **Faserquerschnitt** / microscopical fibre cross-section
Mikro·staub *m* / microdust *n* || **≗struktur** *f* / microstructure *n* || **≗sublimation** *f* / microsublimation *n* || **≗teig-Farbstoff** *m* / micropaste dyestuff
Mikrotom *m n* / microtome *n*
Mikro·waage *f* / microbalance *n* || **≗wachs** *n* / microcrystalline wax
Mikrowellen·spektroskopie *f* / microwave spectroscopy || **≗trockner** *m* / microwave drier
Milanaise *f* / Milanaise *n* || **≗-Köper** *m* (für Westen- und Rocktaschenfutter) / Milanaise *n*
Milanese *m* (maschenfeste Kettwirkware mit Diagonalstreifen für Damenunterwäsche) / Milanese [knit] fabrics *pl*, traverse warp fabrics *pl* || **≗flachkettenwirkmaschine** *f* / Milanese flat warp-stitch knitting machine || **≗kettenstich** *m* / Milanese warp-stitch || **≗kettenwirkerei** *f* / Milanese knitting, Milanese warp knitting || **≗kettenwirkmaschine** *f* / Milanese warp-knitting machine, Milanese [knitting] loom, traverse warp loom || **≗maschine** *f* / Milanese [knitting] loom || **≗ware** *f* / Milanese [knit] fabrics *pl*, traverse warp fabric || **≗wirkmaschine** *f* / Milanese [knitting] loom
Milano-Rib-Bindung *f* / Milano rib
milch·farben *adj* / milk-coloured *adj* || **≗fleck** *m* / milk stain
milchig *adj* / milky *adj* || ~ **schimmern** / opalesce *v* || ~**es Schimmern** / opalescence *n*
Milchigkeit *f* / milkiness *n*
Milch·saft *m* / latex *n* || **≗säure** *f* / lactic acid (assistant to mordant wool with bichrome, and to test dyes for fastness to perspiration) || ~**weiß** *adj* / milk white, milky-white *adj*
mild·er Griff / mellow handle || ~**e Oxydation** / mild oxidation || ~**er Schweiß** (Wolle) / oily yolk || ~**e Wäsche**, mildes Waschen / light washing, mild washing, mild scouring
mildern *v* (Farbe) / soften *v* (colour), temper *v* || ≗ *n* / softening *n* (colour)
Milderung *f* (Färb) / tempering *n*, allaying *n*
mildstehende Küpe / mild vat
Militär·besatzartikel *m pl* / military trimmings || **≗borte** *f* / military braid || **≗tuch** *n* / military cloth, army cloth (US)
Millefleurs *m n* / mille-fleurs *n* (Fr) (print pattern) || **≗-Stickerei** *f* / lazy-daisy stitch
Millepoints *m n*, Mille-points *m n* / mille-points *n* (Fr) (print pattern)
Millerayé *n* / mille-rayé *n* (Fr) (pattern)
Millfestigkeit *f* / millability *n*, milling fastness, fulling fastness
mimosengelb *adj* / mimosa *adj*
Minder·apparat *m*, Mindereinrichtung *f* (Strick/Wirk) / narrowing device || **in der Naht verborgene ≗blümchen** *n pl* / fashioned sealed hose || **≗exzenter** *m* (Strick/Wirk) / narrowing cam || **≗finger** *m* (Strick/Wirk) / narrowing finger, side picker, picker *n* || **≗flachstrickmaschine** *f* / narrowing flat knitting machine || ~**gewichtig** *adj* (Spule) / underweight *adj* || **≗kopf** *m* (Strick/Wirk) / narrowing head || **≗masche** *f* (Strick/Wirk) / decreasing loop, narrowing loop, decreasing stitch || **≗maschine** *f* (Strick/Wirk) / narrowing machine, decreasing machine
mindern *v* (Strick/Wirk, Strumpf) / narrow *v*, take off, fashion *v* || ≗ *n* (Strick/Wirk, Strumpf) / narrowing *n*, fashioning *n* || ≗ **bei Maschenware** / knit narrowing || ≗ **der Strumpfspitze** (Strumpf) / toe narrowing
Mindernadel *f* (Strick/Wirk) / narrowing needle, lace point, narrowing point || ≗ **an der Ripp-Cotton-Maschine** / narrowing point of fully-fashioned rib knitting machine || ≗ **für maschenfeste Ware** (Strick/Wirk) / non-run narrowing point
Minder·segment *n* (Strick/Wirk) / point finger, point bar || **≗stelle** *f* (Strumpf) / fashioning mark || **≗stellen** *f pl* / fashionings *pl* || **≗strickmaschine** *f* / narrowing knitter || **≗- und Ausdeckmaschine** *f* (Strick/Wirk) / fashioning machine || **≗- und Zunahmeeinrichtung** *f* (Strick/Wirk) / narrowing and widening device || **≗- und Zunahmestrickmaschine** *f* / narrowing and widening [knitting] machine
Minderung *f* (Strick/Wirk, Strumpf) / narrowing *n*, fashioning *n* || ≗ **der Fußwölbung** (Strumpf) / narrowing of the heel || ≗ **des Zwickels**, Minderung *f* des Fußunterteils (Strumpf) / narrowing of the gusset || **≗en** *f pl* **für Ärmelausschnitt** (Strick/Wirk) / armhole narrowings || ≗ *f* **in der Fußwölbung** (Strumpf) / heel narrowing || ≗ **über zwei Nadeln** (Strick/Wirk) / two-needle narrowing
Minderungs·knoten *m* (Strick/Wirk) / fashion mark || **≗punkte** *m pl* (Strumpf) / mock fashioning marks, artificial fashioning
minderwertige Wolle / defective wool, doggy wool
Mindest·echtheit *f* / minimum fastness || **≗farbtiefe** *f* / minimum depth of shade || **≗feuchtigkeit** *f* / minimum moisture content || **≗-Gelquellfaktor** *m* / minimum gel swelling factor (control of viscose spinning) || **≗gewebezugkraft** *f* / minimum tensile resistance of fabric || **≗temperatur** *f* / minimum temperature
Mindobaumwolle *f* (Brasilien) / crioula cotton, creoula cotton
Mineral *n* / mineral *n* || **≗beize** *f* / mineral mordant || **≗farbe** *f* / mineral colour || **≗farbstoff** *m* / mineral dyestuff, mineral colour || **≗faser** *f* / mineral fibre || **≗garn** *n* / mineral yarn || **≗gelb** *n* / Cassel yellow
mineralisch *adj* / mineral *adj* || ~**e Appretur** / mineral finish || ~**e Beschwerung** / mineral weighting || ~**e Faser** / mineral fibre || ~**er Füllstoff** / mineral filler || ~**-vegetabilische Beschwerung** / mineral-vegetable weighting, mixed weighting, mixed loading
mineralisieren *v* / mineralize *v*
mineral·khaki *adj* / mineral khaki *adj* || **≗khakifarbstoff** *m* / mineral khaki dyestuff
Mineralöl *n* / mineral oil || ~**löslicher Farbstoff** / oil-soluble dyestuff || **≗schmälze** *f* / mineral oil lubricant || **≗waschmittel** *n* / mineral oil based detergent
Mineral·pigment *n* / mineral colour || **≗säure** *f* / mineral acid || **≗terpentinöl** *n* / white spirit[s] || **≗wachs** *n* / mineral wax || **≗wolle** *f* (Gesteins- und Schlackenfasern) / mineral wool, rock wool, mineral cotton
Mini-Bikini *m* / tanga *n*
Minicare-Ausrüstung *f* (pflegeleichte Ausrüstung) / minicare finish
Minimal·auftrag *m* (Färb) / minimum-liquor application || **≗druck** *m* / minimum pressure || **≗temperatur** *f* / minimum temperature
Minirock *m* / miniskirt *n*

Minishag-Teppich *m* / acrylic shag carpet
Mini-Slip *m* (Mode) / bikini briefs *pl*
Minium *n* / minium *n*, red lead
Mirecourtspitze *f* / Mirecourt lace
Misch·anlage *f* / mixing plant || **~anlage für Farbstoffe** / compounding plant (dyestuffs) || **~apparat** *m* / mixing apparatus, mixer *n*, mixing machine || **~artikel** *m pl* / blends *pl* || **~automat** *m* / automatic blender || **~ballenbrecher** *m* / blending bale breaker, mixing bale opener, mixing bale breaker
mischbar *adj* / miscible *adj* || **~er Farbstoff**, mischbare Farbe / combinable dyestuff, compatible dyestuff || **mit Wasser ~** / water-miscible *adj*
Mischbarkeit *f* / miscibility *n* || **~** (Fasern) / blendability *n*
Misch·behälter *m* / mixing tank, mixing vat || **~bett** *n* / mixing bed || **~bettverfahren** *n* / sandwich blending method (fibres) || **~dauer** *f* / mixing time || **~düse** *f* / mixing nozzle || **~einrichtung** *f* / blender *n*
mischen *v* / mix *v* || ~ (Chem) / adulterate *v* || ~ (Fasern) / blend *v* || **~** *n* / mix *n*, mixing *n* || **~** (Fasern) / blending *n* || **~ der Baumwolle mehrerer Ballen** / bin mixing
Mischer *m* / mixer *n*, blender *n*, agitator *n*
Misch·ester *m* / mixed ester || **~fach** *n* / blending bin, mixing compartment || **~farbe** *f* / combination colour, secondary colour, mixed colour || **~farbe erster Ordnung** / secondary colour of the first order || **~farbstoff** *m* / combination dyestuff, mixed dyestuff, compound dyestuff, composite dyestuff || **~farbton** *m* / blended shade, compound shade || **~färbung** *f* / combination dyeing
Mischfaser *f* / blended fibre, mixed fibre || **~farbstoff** *m* / mixed fibre dyestuff || **~färbung** *f* / union dyeing || **~gewebe** *n* / union fabric
Mischgabardine *f* / union gabardine
Mischgarn *n* (aus unterschiedlichen Fasern) / blended yarn, mixed yarn, composite yarn || **~ aus Reißwolle und Baumwolle** / skein yarn (used for making cheap cardigans, half-hose, men's hose) || **~artikel** *m* / feed blend article || **~färberei** *f* / dyeing of blended yarn || **~vorprodukt** *n* / feeder blend
Misch·gas *n* / mixed gas || **~gefäß** *n* / mixing tank, mixing vat || **~gespinst** *n* / blended spun yarn, mixture thread || **~gespinst 20/80** / 20-80 blend
Mischgewebe *n* / blended fabric, blend *n*, mixed fabric, mixture *n*, union fabric || **~ aus Viskosefilament und Baumwolle** / rayon and cotton mixed fabric || **~ aus Wolle und Baumwolle** / wool-cotton mixture, wool-cotton union || **~ aus Wolle und Viskosefaser** / wool viscose mixture || **~ mit Baumwollkette** / cotton warp union || **~färben** / union dyeing
Misch·gewirk *n* / blended knit article || **~kammer** *f* / blending box, mixing chamber || **~kammgarn** *n* / worsted mix || **~kastenspeiser** *m* / blending hopper feeder, mixing hopper feeder || **~kessel** *m* / mixing tank, mixing vat || **~kleber** *m* / mixed adhesive || **~kopf** *m* (Beschicht) / mixing head || **~krempel** *f* / mixing card || **~kristall** *n* / mixed crystal, mix-crystal *n* || **~lauge** *f* / mixture liquor
Mischlingswolle *f* / bastard wool
Misch·maschine *f* / blending machine, mixing machine || **~meister** *m* / blender *n* (person responsible for the accurate mixing of different fibres in blended materials) || **~mühle** *f* / mixing mill || **~nuance** *f* / combination shade, compound shade, mixed shade || **~phase** *f* (Chem) / mixed phase || **~polyamid** *n* / mixed polyamide || **~polymer** *n*, Mischpolymerisat *n* / copolymer *n*, mixed polymer || **~polymerisat** *n* **aus drei Komponenten** / ter-polymer *n* || **~polymerisatfaser** *f* / copolymer textile fibre, copolymer fibre || **~polymerisatfaserstoff** *m* / copolymer textile fibre, copolymer fibre || **~polymerisation** *f* / copolymerization *n* || **~polymerisieren** *v* / copolymerize *v* || **~produkt** *n* / mixed product || **~prozeß** *m* / mixing process || **~raum** *m* / mixing room || **~rezept** *n* / mixing formula || **~säure** *f* / mixed acid || **~scheibe** *f* / mixing disc || **~seide** *f* / silk mixture cloth || **~strecke** *f* (Spinn) / melange gillbox, melange mixing gill || **~strecke** (Vorgang) / blend drafting || **~stromspinnverfahren** *n* / mixed stream spinning || **~textilien** *pl* / blended fabrics, compound fabrics, mixed textiles || **~ton** *m* / blended shade, compound shade, combination shade || **~trommel** *f* / mixing drum, tumbling mixer || **~- und Rührwerk** *n* / mixer and agitator
Mischung *f* / blend *n*, mix *n*, melange *n*, blending *n*, mixture *n*, compound *n*, mixing *n* || **~ anorganischer Fasern** / inorganic fibre blend || **~ aus Polyamiden** / polyamide blend || **~ aus Polyolefinfasern** / olefin[e] fibre blend || **~ mit Acrylfasern** / acrylic fibre[s] blend || **~ von Polyesterfasern** / polyester fibre[s] blend || **~ von Seife und einem oder mehreren Reinigungsmitteln** (Waschmitt) / built soap
Mischungs·anteil *m* / blend component || **~fähigkeit** *f* / blendability *n* || **~toleranz** *f* / blending tolerance || **~verhältnis** *n* / blend ratio, mixture ratio, mixing ratio, blending ratio
Misch·vorgang *m* / mixing process || **~vorschrift** *f* / mixing formula || **~wagen** *m* / mixing trolley || **~ware** *f* / blended fabric, union goods *pl*, blend *n* *mixed fabrics* || **~ware aus Baumwolle und Hanf** / cotonine *n* || **~wechsler** *m* **der Webmaschine** / weft mixer || **~weiß** *n* (getöntes Weiß) / off-white *n* || **~werk** *n* / agitator *n* || **~wolf** *m* / blending willow, mixing willow || **~wolle** *f* / blended wool, mixed wool || **~zeit** *f* / mixing time || **~zellwolle** *f* / blended staple rayon || **~zwirn** *m* / union thread, blended thread
mißfarbig *adj* / off-shade *adj*
Mississippi-Baumwolle *f* / Mississippi cotton
mißlungene Färbung / faulty dyeing, spoilt dyeing
Mistbeize *f* / dung vat, grey steeping
Mitbelichtung, unter ~ des Blaumaßstabes / under simultaneous exposure of the blue scale
miteinander verschlingen / tangle *v*
mitlaufende Gewebebahn *m* (Ausrüst) / wrapper *n*
Mitläufer *m* (DIN 64990) (Textdr) / back cloth, backing cloth, grey *n*, blanket *n*, undercloth *n*, endcloth *n*, runner cloth, back grey || **~** (bei der Ausrüstung, z.B. Finishdekatur) (Ausrüst) / calmuc *n* || **~** (DIN 64990) (Färb) / feeder *n* || **[endloser] ~** / endless blanket || **~abdruck** *m* / blanket mark || **~führung** *f* / back grey guidance || **~speicherung** *f* / storing of the back grey (roller print) || **~verhärtung** *f* (Textdr) / runner cloth stiffening || **~walze** *f* / back-grey roller, blanket roller || **~wäscher** *m* (Textdr) / blanket washer || **~wäscherei** *f* / back-grey washing plant
Mitnehmer *m* (Web) / [loom] driver, [loom] picker ||

≗ (DIN 64990) (Strick/Wirk) / dog *n* || ≗**walze** *f* / chain carrier roller (godet)
mitraförmig *adj* / mitershaped *adj* (US), mitre-shaped *adj* (GB)
Mitte *f* **des Leibes** / midriff *n*
Mittel *n* (Chem) / medium *n* || ≗ **für die Fadenbindung** / yarn bonding agent || ≗ **für die ölabweisende Ausrüstung** / oil-repellent *n* || ≗ **gegen das Farbstoffverkochen und das Farbstoffverdämpfen** / reduction inhibitor (agent to inhibit reduction of dyestuffs by overboiling and during steaming) || ≗ **gegen Rückvergrauung** / anti-redeposition agent || ≗ **gegen Schaumbildung**, Schaumdämpfungsmittel *n* / foam inhibitor, defoamer *n*, foam suppressor, antifoam *n* || ≗ **zur pH-Regelung**, pH-regelnder Zusatz / pH regulator || ≗ **zur Veränderung des Griffes** / hand modifier, hand builder
mittelaffiner Farbstoff / medium-affinity dyestuff
Mittel·farbe *f* / secondary colour, half tint || ~**feines Garn** / yarn of medium count || ~**feine Wollqualität** / medium fine cotton
Mittelfeld-Verdichter *m* (DIN 64050) / middle condenser
mittel·fester Griff / medium firm handle || ≗**flucht** *f* (Strick/Wirk) / middle row || ≗**flyer** *m* (Spinn) / intermediate flyer, intermediate slubber, intermediate frame || ≗**frotteur** *m* / intermediate bobbin drawing box, secondary bobbin drawing box || ~**grobe Wollqualität** / medium-coarse cotton || ≗**größen** *f pl* / middle sizes || ≗**hechel** *m* / ten *n* || ≗**kamm** *m* (Web) / centre comb || ~**körnig** *adj* / medium-grained *adj* || ≗**lamelle** *f* (Strick/Wirk) / centre blade, centre lamella || ≗**leiste** *f* (Strick/Wirk) / centre selvedge, centre selvage, inside selvedge || ≗**nitschler** *m* / secondary bobbin drawing box || ≗**patent** *n* (Strumpf) / spindle control mechanism at centre of machine || ≗**rapport** *m* (Textdr) / centre repeat || **mit Langetten bestickter** ≗**schlitz** / scalloped centre slit (in slip) || ≗**schuß** *m* (Web) / centre weft || ~**schwere Walke** / ordinary milling, average milling || ≗**seife** *f* / middle soap, clotted soap || ~**siedendes Lösungsmittel**, Mittelsieder *m* / medium-boiling solvent || ~**stapelige Baumwolle** (mit einem Handelsstapel zwischen 22 und 29 mm) / medium cotton || ≗**strecke** *f* / intermediate draw[ing] frame || ≗**teil** *m* (eines Damenkleides) / midriff *n* || ≗**ton** *m* / medium shade, shade of medium depth || ≗**versteifung** *f* / centre stiffening || ≗**wolle** *f* / middle worsted
Mittenschneidgerät *n* (DIN 64990) / centre cutter
mitternachtblau *adj* / midnight blue, night-blue *adj*
mittler·er Farbton / medium shade, shade of medium depth || ~**e Faserlänge** / mean fibre length || ~**er Gabelschußwächter** / centre weft fork || ~**e Länge** / mean length || ~**e Länge am Fibrograph** / fibrograph mean length || ~**e Nuance** / medium shade, shade of medium depth || ~**e Nummer** / medium count || ~**e Oberwalze** / top middle roll[er] || ~**e Oberwalze des Streckwerks** (DIN 64050) (Spinn) / top middle roll[er] of drafting arrangement || ~**e Stärke** / medium count || ~**es Tageslicht** / overcast-sky daylight || ~**e Temperatur** / mean temperature || ~**er Titer** / average titre, mean titre || ~**e Tragestange** (Strick/Wirk) / centre shaft || ~**e Unterwalze** (DIN 64050) / middle bottom roll[er] || ~**e Walke** / average milling, ordinary milling || ~**e Wolle** / medium wool
Mittlers Grün *n* / veridian *n*
Miuritistroh *n* / burity fibre
Mizell *n* / micelle *n*
mizellar *adj* / micellar *adj* || ≗**kraft** *f* / micellar force
Mizell·bildung *f* / micelle formation || ≗**bündel** *n* / micellar bundle
Mizelle *f* / micelle *n*
Mizellenzwischenräume *m pl* / micellar interstices
Mizell-Kugelform *f* / micellar spherical shape || ≗**-Zylinderform** *f* / micellar cylinder shape
Möbel·atlas *m* / furniture satin || ≗**auskleidung** *f* / furniture dressing || ≗**besatz** *m* / upholsterer's trimmings *pl*, lacet *n* (upholstery) || ≗**bezug** *m* / furniture covering || ≗**bezugsstoff** *m* / upholstery fabric, upholstery cloth, upholstering cloth, furniture covering [fabric] || ≗**cord** *m* / furniture cord || ≗**gurt** *m* / furniture webbing, upholstery webbing || ≗**musselin** *n* / art muslin || ≗**plüsch** *m* / furniture plush || ≗**polster** *n* / furniture upholstery || ≗**polsterung** *f* / furniture cushioning || ≗**posamenten** *n pl* / upholsterer's trimmings *pl* || ≗**rips** *m* / ribbed upholstery fabric || ≗**samt** *m* / upholstery velvet || ≗**schutzdecke** *f* / pall *n* (US) || ≗**stoff** *m* / furniture fabric, furniture covering, upholstery fabric, upholstery cloth || ≗**stoff-Flachgewebe** *n* / flat woven upholstery fabric || ≗**überzug** *m* / slipover *n*, loose cover, protective cover || ≗**velours** *m* / upholstery pile fabric, upholstery velvet
mobile Phase (Chrom) / mobile phase, moving phase
Modacryl *n* / modacrylic *n* || ≗**faser** *f* / modacrylic fibre (MOD), modified acrylic fibre, modacrylic staple || ≗**faserstoff** *m* / modacrylic fibre (MOD), modified acrylic fibre || ≗**garn** *n*, Modacrylic-Garn *n* / modacrylic yarn || ≗**nitrilfaser** *f* / modacrylonitrile fibre
Modal *n* / modal *n* || ≗**faser** *f* / modal fibre
Mode *f* / fashion *n*, mode *n* || ≗ **mit Freizeitcharakter** / leisure wear fashion || **aus der** ≗ / unfashionable *adj*, old-fashioned *adj*, out-of-fashion *adj* || ≗**artikel** *m pl* / fashion goods, fancy goods || ~**bewußt** *adj* / fashion-minded *adj*, fashion-conscious *adj* || ≗**druck** *m* / novelty print || ≗**farbe** *f* / fashion shade, fashionable shade, mode shade || ≗**farbenkarte** *f* / Wool Fashion Guide (issued by International Wool Secretariat, IWS) || ≗**knopf** *m* / fancy button || ≗**kollektion** *f* / fashion range, fashion collection
Model *m* (Textdr) / form *n*, hand block, block *n* || ≗ (Transdr) / mould *n* || **mit** ≗ **bedrucktes Gewebe** / hand-block printed fabric || ≗**druck** *m* / block printing, hand printing, hand-block printing || ≗**druckerzeugnisse** *n pl* / block-printed goods || ≗**schneider** *m* (Textdr) / form cutter
Mode[n]schau *f*, Modenschauvorführung *f* / fashion show, dress parade
Modenuance *f* / fashion shade, fashionable shade, mode shade
Moder *m* / mildew *n*, mould *n*
Moderateur *m* (Spinn) / backing-off regulator
Moderfleck *m* / damp spot, mildew spot, mould spot, mildew stain, mould stain
moderig *adj* / mouldy *adj*, mildewy *adj*
modern *adj* / fashionable *adj*
Mode·schöpfer *m* / fashion designer || ≗**schöpfung** *f* / apparel styling || ≗**stoff** *m* / novelty fabric, fancy material || ≗**stoffe** *m pl* / fancies *pl* || ≗**ton** *m* / fashion shade, fashionable shade, mode shade ||

˜**vorführung** *f* / fashion show || ˜**waren** *f pl* / fancy goods, millinery [articles], fancy articles || ˜**zeichner** *m*, Modezeichnerin *f* / dress designer || ˜**zeichnung** *f* / fashion plate || ˜**zubehör** *n* / fashion accessories
Modifikation *f*(Chem) / modification *n*
modifizierbar *adj*(Chem) / modifiable *adj*
modifizieren *v*(Chem) / modify *v*
Modifiziermittel *n*, Modifikator *m* / modifier *n*
modifiziert *adj*(Chem) / modified *adj* || ~**e Acrylfaser** / modified acrylic fibre, modacrylic fibre (MOD) || ~**e Faser** / modified fibre || ~**es Garn** / modified yarn || ~**es Harz** / modified resin || ~**e Stärke** / modified starch || ~**e Synthesefaser** / modified synthetic fibre || ~**e Viskosefaser** / basified viscose, animalized viscose, modified staple rayon
Modifizierung *f*(Chem) / modification *n*
modisch *adj* / fashionable *adj*, stylish *adj* || ~**e Applikationen** *f pl* / fashionable trimmings || ~**e Effekte** *m pl* / styling effects || ~**e Effektgarne** *n pl* / styling yarns || ~**es Zubehör** / fashion accessories
Modrigkeit *f* / mouldiness *n*
Modul *m* / modulus *n*
Mogador-Schußrips *m* / mogador *n* (silk or rayon fabric usually made in colourful stripes for neckties and sportswear)
Mohair *m* / mohair *n* (hair of angora goat), angora wool || ˜**borte** *f* / Milan braid (used for trimming and binding) || ˜**flor** *m* / mohair pile || ˜**garn** *n* / mohair yarn, Turkish yarn, angora yarn || ˜**gewebe** *n* / mohair fabric || ˜**lüster** *m* / mohair lustre || ˜**mischgarn** *n* / mixed mohair yarn || ˜**pepitastoff** *m* / check mohair || ˜**plüsch** *m* / mohair [beaver] plush || ˜**teppich** *m* / mohair rug || ˜**wolle** *f* / mohair wool, fine angora wool
mohammedanischer Turban / puggaree *n*
Mohär *m* s. Mohair
Mohn·öl *n* / poppy seed oil || ~**rot** *adj* / poppy-red *adj*
möhrenrot *adj* / carrot red *adj*
moiré *adj* / moiré *adj*, watered *adj* || ˜ *m n*(Gew) / moiré [cloth] || ˜ / moiré effect, watered effect, watermarked effect || ˜... (Web) / moiré *adj*, watered *adj* || ˜**appretur** *f*, Moiréausrüstung *f* / moiré finish, watermarked finish || ˜**bildung** *f*, Moiré-Effekt *m* / moiré marking, moiré effect, moiré formation, watered effect, watermarked effect || ˜**-Effekt** *m*(Beschicht) / wave *n* || ˜**fehler** *m* / watering defect || ˜**garn** *n* / moiré yarn || ˜**kalander** *m* (DIN 64990) / moiré calender || ˜**muster** *n* / moiré pattern || ˜**seide** *f* / moiré silk, watered silk
moirieren *v* (Geweben ein schillerndes Aussehen geben; flammen) / moiré *v*, water *v*, cloud *v*, tabby *v*, wave *v* || ˜ *n*(Färb) / watering *n*
moiriert *adj*(Web) / moiré *adj*, waved *adj*, watered *adj*, clouded *adj*, cloudy *adj* || ~**e Halbseidenpopeline** / moiré poplin || ~**er Stoff** (Gew) / moiré [cloth]
Moirierung *f* / moiré finish, watering *n*, watermarked finish, cloudiness *n*
Mokett *m* (gemusterter Möbel-, Deckenplüsch), Mokette *f* / moquette *n* || ˜**bindung** *f* / moquette weave || ˜**webstuhl** *m* / moquette loom
mokkafarben *adj* / mocca *adj*, mocha-coloured *adj*
Mol *n*(Chem) / mol *n*, mole *n*
Molekül *n* / molecule *n*
molekular *adj* / molecular *adj* || ~**er Abbau** / molecular dissociation || ~**e Lösung** / molecular solution || ˜**anordnung** *f* / molecular arrangement || ˜**anziehung** *f* / molecular attraction || ˜**bewegung** *f* / molecular movement || ˜**formel** *f* / molecular formula || ˜**gewicht** *n* / molecular weight, molar weight, mol weight || ˜**gewichtsverteilung** *f* / molecular weight distribution || ˜**kraft** *f* / molecular force, molecular interaction || ˜**struktur** *f* / molecular structure
Molekül·assoziation *f* / molecular association || ˜**ausrichtung** *f* / molecular orientation || ˜**bindung** *f* / molecular bond || ˜**dissoziation** *f* / molecular dissociation || ˜**größe** *f* / molecule size || ˜**kette** *f* / molecular chain || ˜**kettenbewegung** *f* / molecular chain movement || ˜**kettenlänge** *f* / molecular chain length || ˜**kettenschachtelung** *f* (Chem) / chain folding || ˜**kettenspaltung** *f* / molecular chain scission || ˜**kettenwachstum** *n* / molecular chain extension || ˜**nebenkette** *f* / molecular side chain || ˜**struktur** *f* / molecular structure || ˜**vergrößerung** *f* / molecule enlargement
Moleskin *m n* (sog. Englischleder; dichtes Baumwollgewebe in Atlasbindung) / moleskin [fabric]
Molette *f*(allg) / grooved roller || ˜ (Näh) / cam *n* || ˜ (Textdr) / raised pattern cylinder
Molettiermaschine *f* / die milling machine, mill engraving machine
Molgewicht *n* / mol weight, molar weight
Moll *m* / molleton *n*
Molten-Metal-Verfahren *n*(Färb) / Standfast [molten-metal] process
Molton *m* (doppelseitig gerauhte Baumwollware in Köperbindung) / molleton *n*, raised woven fabric, silence cloth, hush cloth || ˜**maschenware** *f* / raised knitted fabric
Momme *f* (japanisches Seidengewicht (3,75 g)) / momme *n*
Mönchs·kapuze *f* / monk's hood, cowl *n* || ˜**kutte** *f* / cowl *n*
Mono·acetin *n* / monoacetin *n* || ˜**ammoniumdihydrogenphosphat** *n* / monobasic ammonium phosphate || ˜**äthanolamin** *n* / monoethanolamine *n* || ~**axiale Festigkeit** / uniaxial strength
Monoazo·farbstoff *m* / monoazo dyestuff || ˜**-Metallkomplexfarbstoff** *m* / monoazo metallic complex dyestuff
Monochlor·dialkylaminotriazin *n* (Schaumregulator, von Wasserhärte unabhängig) / monochlorodialkylaminotriazine *n* || ˜**essigsäure** *f* / monochloroacetic acid || ˜**essigsäureamid** *n* / monochloroacetic acid amide || ~**essigsaures Natrium** / monochloroacetic sodium
Mono·chromasie *f* / monochromatism *n* || ~**chromatisch** *adj* / monochromatic *adj* || ~**chromatisches Licht** / monochromatic light || ˜**chromfärbung** *f* / monochrome dyeing || ˜**chromsäure** *f* / chromic acid || ˜**chromverfahren** *n* / monochrome process
monofil *adj* / monofilament *adj* || ~**es Garn** / monofilament yarn, monofil yarn || ~**e Seide** / monofilament yarn, monofil yarn || ~**es Siebgewebe** (Vliesst) / monofil screen felt || ˜ *n*, Monofilament *n* / monofilament *n* || ˜**garn**, Monofilamentgarn *n* / monofilament yarn, monofil yarn || ˜**gewebe** *n*, Monofilamentgewebe *n* / monofil fabric, monofilament fabric
monomer *adj* / monomer *adj*, monomeric *adj* || ˜ *n* /

monomer *n*
mono·molekulare Schicht / monofilm *n*, monomolecular layer, monolayer *n* || **≗natriumphosphat** *n* / monosodium phosphate || **≗phosphorsäure** *f* / phosphoric acid || **≗sulfan** *n* / sulphuretted hydrogen
Monsantobild *n* / Monsanto standard (test of crease resistance - 5 grades)
Montage *f*(allg) / mounting *n*
Monteuranzug *m* / boiler suit || **≗ mit Schnallen, Reißverschlüssen u. Gürtel** / fully trimmed overalls *pl*(US)
Montmorillonit *m*(Al-Mg-Hydrosilikat)(Chem) / montmorillonite *n*
Montur *f* / accoutrement *n*, accouterment *n*
Moongaseide *f* / muga silk
Moos·garn *n* / Persian yarn || **~grau** *adj*(RAL 7003) / moss-grey *adj* || **~grün** *adj*(RAL 6005) / moss-green *adj* || **≗krepp** *m* / moss crepe, sand crepe, mossy crepe || **≗wollgarn** *n* / moss yarn
Moquette *m* / moquette *n*
Moreen *n* / moreen *n*(strong cross-ribbed fabric with plain glossy or moiré finish)
Morgen·mantel *m* / dressing gown || **≗rock** *m* / morning gown (for women), dressing gown, robe (US) *n*, wrapper *n*(US), duster *n*(US), house-coat *n*
Morin *n*(Färb) / morin *n*
Morning-Coat *m* / morning coat
Morpholin *n* / morpholine *n* || **≗seife** *f* / morpholine soap
morsch *adj* / brittle *adj*(of fabric) || **≗werden** *n* / tendering *n*
Mosaik·druck *m* / mosaic print || **≗krankheit** *f* / Mosaic disease, yellow leaf blight, black rust (disease that affects cotton plants) || **≗-Stickereikanevas** *m* / mosaic canvas
Moskitonetz *n* / mosquito net
Moskovite *n*, Moskovite-Rips *m* / moscovite *n* (ribbed dress fabric)
Moskowa-Mantelstoff *m* / Moscow *n*(raised, heavy woollen fabric)
Mossul *m*(Farbe) / Mosul *n*
Motiv *n* / motif *n*
Motor·flachstrickmaschine *f*(Strick/Wirk) / power-driven flat knitting machine, power flat[bar] machine || **≗-Jacquard-Kartenstanze** *f* / power jacquard card punching machine || **≗-Jacquard-Strickmaschine** *f* / power jacquard knitting machine || **≗nadel** *f*(Strickmasch) / power machine needle
Motte *f* / moth *n* || **von ≗n zerfressen** / moth-infested *adj*, moth-eaten *adj*
Motten·ausrüstung *f* / moth-resistant finish, mothproof finishing, mothproofing *n*, moth resistant finishing || **~beschädigt** *adj* / moth-eaten *adj*
mottenecht *adj* / mothproof *adj*, moth-resistant *adj* || **~e Ausrüstung** / moth-resistant finish, mothproof finish || **~ machen** / mothproof *v* || **≗ausrüsten** *n* / mothproof finishing, mothproofing *n*, moth resistant finishing || **≗ausrüstung** *f* / mothproof finish, mothproof finishing, mothproofing *n*, moth resistant finishing || **≗heit** *f* / moth resistance || **≗machen** *n* / mothproof finishing, mothproofing *n*, moth resistant finishing
motten·fest *adj* / mothproof *adj*, moth-resistant *adj* || **~fest ausrüsten** / mothproof *v* || **~fest machen** / mothproof *v* || **≗festigkeit** *f* / moth repellency, moth resistance || **≗festmachen** *n* / mothproof finishing, mothproofing *n*, moth resistant finishing
Mottenfraß *m* / moth damage, moth holes *pl* || **~beständig** *adj* / mothproof *adj*, moth-resistant *adj* || **≗beständigkeit** *f* / moth resistance
motten·geschädigt *adj* / moth-eaten *adj*, moth-infested *adj* || **≗kugel** *f* / moth ball || **≗mittel** *n* / mothproofing agent, moth repellent, antimoth product || **≗raupe** *f* / moth grub || **≗schaden** *m* / damage by moths, moth damage, moth holes *pl*
Mottenschutz *m* / mothproofing *n*, moth prevention || **≗appretur** *f* / moth-resistant finish, mothproof finish, mothproofing *n* || **≗behandlung** *f* / mothproofing treatment || **≗imprägnierung** *f*, Mottenschutzausrüstung *f* / moth-repellent finish, mothproof finishing, mothproofing *n*, moth resistant finishing || **≗mittel** *n* / mothproofing agent, moth repellent, antimoth product
mottensicher *adj* / mothproof *adj*, moth-resistant *adj* || **~e Ausrüstung** / mothproof finish || **~ machen** / mothproof *v*
Mottledgarn *n* / mottled yarn
Moulinage *f* / moulinage *n*(Fr)
Mouliné *m*, Moulinégarn *n* / mouliné yarn, coloured twist yarn, marl yarn || **≗seide** *f* / twisted silk || **≗zwirn** *m* / thrown silk, twisted silk, strafilato silk, mouliné twist, net[ting] silk, retorse silk
Moulinierapparat *m* / throwing frame
moulinieren *v* / throw *v*(silk) || **≗** *n* / throwing *n*
Moulinier·seide *f* / thrown silk, strafilato silk, mouliné twist, net[ting] silk, retorse silk, twisted silk || **≗zwirnmaschine** *f* / throwing frame
Moussel *m*(hell- bis gelbbraune Farbe) / Mosul *n*
Mozambique *m* / mozambique fabric (fine lightweight gauze cloth) || **≗ mit pelzartiger Schauseite** / fleeced mozambique
Mückenschleier *m* / mosquito net
Mucuna-Blattfaser *f* / mucuna fibre (from Brazil)
Muff *m*(Aufmachungsart beim Färben von texturierten Chemiefäden) / muff *n* || **≗-Färben** *n* / muff dyeing (coreless package dyeing)
Mugaseide *f* / moonga silk, muga silk
Mühle *f* / grinder *n*, mill *n*
Mulde *f*(Färb) / trough *n*, bowl *n*, tub *n*, bottom box || **≗** (Spinn) / trough-shaped feed table || **≗ der Krempel** (Spinn) / undercasing of the card
Muldenballenbrecher *m* / pedal bale breaker
Muldenpresse *f*(allg) / flat bed press, rotary pressing machine || **≗** (Tuchh) / roller press, cylinder press, rotary [cloth] press || **≗** (Strick/Wirk) / mould press || **≗** (Transdr) / transfer press || **≗ mit fest gelagertem Zylinder** / cylinder press with fixed cylinder
Mulden·probe *f*, Muldenprüfung *f* / permeability bag test (resistance to white spirits) || **≗stelleisen** *n* (Spinn) / undercasing bracket || **≗trockner** *m* / trough drier || **≗vorkrempel** *f* / shell breaker card || **≗warenspeicher** *m*(DIN 64990) / J-box *n*, J-tube *n*
Mule·maschine *f*, Mulespinnmaschine *f*(Spinn) / mule [spinning machine], self-acting mule, selfactor *n* || **≗zwirnmaschine** *f*(Spinn) / twining mule, mule doubler
Mull *m*(leichtes, sehr lose eingestelltes, leinwandbindiges Gewebe) / cheesecloth *n*, fine muslin, mull *n*, scrim *n*, gauze *n*, tiffany *n* || **≗binde** *f* / gauze bandage
Müllergaze *f* / bolting cloth, silk gauze bolter, screen gauze
multi·axiales Gewebe / multiaxial fabric ||

≈**colorgarn** *n* / multicolour yarn, multicoloured yarn

multifil *adj* / multifilament *adj*, multiple-thread *adj* || ~**er Endlosfaden**, multifile Seide, multifiles Garn / multifilament yarn || ~**es Siebgewebe** (Vliesst) / multifil screen felt || ≈ *n* / multifilament yarn

Multifilament *n* / multifilament *n*, multifilament yarn || ≈**-Bündel** *n* (Spinn) / multifilament bundle || ≈**garn** *n* / multifilament yarn || ≈**gewebe** *n* / multifil fabric

Multifil·garn *n* / multifilament yarn || ≈**gewebe** *n* / multifil fabric || ≈**-Sieb** *n* (Vliesst) / multifil screen

Multi·komponentenfaser *f* / multicomponent fibre || ≈**konstituentenfaser** *f* / multiconstituent fibre || ~**lappige Nylonfaser** / multilobal nylon || ≈**-Lap-Verfahren** *n* / multilap process || ~**lobal** *adj* / multilobal *adj* || ~**lobaler Querschnitt** (Fil) / multilobal cross-section || ~**molekulare Schicht** / multimolecular layer, multilayer *n*

Mumienkanevas *m* (brauner Leinenkanevas) / mummy canvas

Mund·stück *n* (Extr) / orifice *n* || ≈**tuch** *n* / serviette *n*, table napkin

Mungo *m* / mungo *n*, artificial short-stapled wool || ≈**garn** *n* / mungo yarn

Munsell-Farbsystem *n* / Munsell colour system

mürbe *adj* (Stoff) / brittle *adj*, friable *adj* (cloth) || ≈**werden** *n* / tendering *n*

Muschel·kante *f* / scalloped edging, shell edge || ≈**litze** *f* / shell braid || ~**rosa** *adj* / shell pink *adj* || ≈**saum** *m* / scallop seam, scalloped hem || ≈**säumer** *m* / shell hemmer || ≈**saumnähmaschine** *f* / scallop edge-seamer, shell-type edge seamer || ≈**seide** *f* / shell silk, mussel silk, sea silk, byssus silk

Mushroom-Test *m* / Mushroom Apparel Flammability Test (MAFT)

Mussel *m* (hell- bis gelbbraune Farbe) / Mosul *n*

Musselin *m* / muslin *n*, mousseline *n* (Fr) || ≈ **mit Kristallin-Effekt** / crystalline muslin

Mussil *m* (hell- bis gelbbraune Farbe) / Mosul *n*

Musslinet *m* / muslinette *n* (lightweight muslin), mousselinette *n* (Fr)

Muster *n* / pattern *n*, motif *n*, design *n* || ≈, Probe *f* / sample *n* || ≈ (Strick/Wirk) / knit pattern || ≈ **eines Gewebes** / pattern of a fabric || ≈ **mit Bordüre**, Muster *n* mit Randeinfassung / bordered design || ≈ **mit scharfen Konturen** / well-defined pattern || **das** ≈ **in Übereinstimmung bringen** / match the pattern *v* || **ein** ≈ **ziehen** / sample *v* || ≈**abklatschen** *n* / transfer of design || ≈**ablesevorrichtung** *f* (Strick/Wirk) / pattern selecting device || ≈**abschnitt** *m* / swatch *n*, cutting *n*, sample *n*, specimen *n* || ≈**anpassungsgenauigkeit** *f* (Tepp) / pattern match || ≈**apparat** *m* / pattern device, patterning mechanism || ≈**aufsteller** *m* / pattern reader

musterbildend·e Bindung / figuring weave || ~**e Kette** (Web) / pattern warp || ~**er Schuß** (Web) / pattern weft, patterning weft

Muster·bildung *f* (Web) / ornamenting *n* (by the backing weft) || ≈**buch** *n* / pattern book, sample book || ≈**deckapparat** *m* (Strick/Wirk) / à jour attachment, lace attachment || ≈**druckmaschine** *f* / pattern printing machine || ≈**effekt** *m* / patterned effect || **begrenzter, horizontaler und vertikaler** ≈**effekt auf Strick- und Wirkwaren** / panel *n* (pattern) || ≈**einheit** *f* / [pattern] repeat, [pattern] rapport || ≈**einrichtung** *f* / patterning mechanism || ≈**faden** *m* / pattern thread, pattern yarn || ≈**färbeeinrichtung** *f* / sample dyeing unit || ≈**färbejigger** *m* / sample dyeing jig || ≈**färben** *n* / sample dyeing || ≈**färber** *m* / swatch dyer || ≈**färbung** *f* / sample dyeing || ≈**filzmaschine** *f* / sample felting machine || ≈**foulard** *m* / sample dyeing padder, sample dyeing padding machine || ≈**garn** *n* / pattern yarn || ≈**gefäß** *n* / sampling vessel || ≈**getriebe** *n* (Strick/Wirk) / pattern box, pattern device || ≈**jigger** *m* / sampling jigger || ≈**kante** *f* / edge of the pattern, edge of the design || ≈**karde** *f* (Wolle) / sample card || ≈**karte** *f* (Färb) / pattern card, sample card

Musterkarten·ringbuch *n* / pattern card ring folder || ≈**schläger** *m* / card cutter (jacquard) || ≈**steg** *m* / cardboard back (or head) to which samples are affixed, cardboard mount for yarn sample[s] || ≈**wickelmaschine** *f* / sample card winding machine

Muster·kette *f* (Web) / pattern warp, figure warp, sample warp || ≈**kette** / pattern chain (jacquard) || ≈**kettenspareinrichtung** *f* / chain economizer || ≈**kollektion** *f* / sample collection || ≈**konformität** *f* / exact match with sample || ≈**lager** *n* / sample room || ≈**legebarre** *f* (Strick/Wirk) / pattern guide bar || ≈**lesen** *n* (Web) / reading of the patterns || ≈**locher** *m* / card cutter (jacquard) || ≈**maschine** *f* (Textdr) / figuring machine || ~**mäßig** *adj* / in accordance with the pattern || ≈**materialbuch** *n* / pattern book

mustern *v* / pattern *v*, figure *v* || **aus der Kette** ~ / create patterns by the warp || **eine Färbung** ~ / inspect a shade

Muster·negativ *n* / negative of the design || ≈**papier** *n* (Strick/Wirk) / notation paper || ≈**papier** (Web) / ruled paper, pattern paper, design paper || ≈**patrone** *f* (Strick/Wirk) / paper notation of pattern || ≈**patrone** (Web) / pattern draft || ≈**platine** *f* (Strick/Wirk) / pattern jack, pattern sinker || ≈**plattenwalke** *f* / sample felting machine || ≈**plattieren** *n* / embroidery wrap pattern || ≈**presse** *f* (Strick/Wirk) / pattern presser || ≈**presser** *m*, Musterpreßrad *n* / tuck presser [wheel]

Musterrad *n* (Strick/Wirk) / pattern wheel, patterning wheel || ≈, **in drei Höhen sortierend** (Strick/Wirk) / three-position pattern wheel || ≈ **für maschenfeste Ware** (Strick/Wirk) / non-run pattern wheel || ≈ **mit einsetzbaren Zähnen** (Strick/Wirk) / pattern wheel with jack inserts || ≈**deckplatte** *f* (Strick/Wirk) / pattern wheel cover || ≈**nocken** *m* / pattern wheel jack || ≈**platine** *f* / trick wheel bit || ≈**rundstrickmaschine** *f* (Strick/Wirk) / pattern wheel circular knitting machine || ≈**-Setzvorrichtung** *f* / pattern wheel setter || ≈**system** *n* (Strick/Wirk) / pattern wheel feed, pattern wheel system

Muster·rand *m* / edge of the pattern, edge of the design || ≈**rapport** *m* / [pattern] repeat, [pattern] rapport || ≈**rapporte** *m pl* (Textdr) / repeats *pl* || ≈**rauhen** *n* / fancy raising || ≈**riet** *n* / pattern reed || ≈**rundstrickmaschine** *f* **mit Einschließplatinen** / design sinker top knitting machine || ≈**scheibe** *f* / pattern disc || ≈**scheibensteuerung** *f* / cut disc control || ≈**schläger** *m* / card cutter (jacquard) || ≈**schleuse** *f* / sample compartment, sampling sluice, sampling chamber || ≈**schwinge** *f* / jack *n* (Cotton machine) || ≈**schwingen-Hebekurve** *f* / jack raising cam || ≈**spinnmaschine** *f* / sample spinning machine || ≈**stanzmaschine** *f* / pattern punching machine || ≈**stiftsetzmaschine** *f* / pin inserting machine || ≈**stopper** *m* / selector *n* ||

~stopper mit allen Auswählfüßen (Strick/Wirk) / full presser, full selector || **~stopperhebel** *m* / pattern selector lever || **~stuhl** *m* / pattern [weaving] loom || **~tafel** *f* / pattern sheet || **~teil** *m* **einer Musterkarte** / pattern section of a pattern card || **~treu** *adj* / true to pattern, matching *adj* || **~treu ausfallen** / match the pattern *v* || **~treue** *f* / matching property || **~trommel** *f* (Strick/Wirk) / pattern drum || **~übertragung** *f* / transfer of design || **~umrißfaden** *m* / tracing thread

Musterung *f* / figured effect, patterning *n* || **~ aus der Kette** / pattern produced by the warp || **~ durch Einweben** / inweaving *n* || **~ mit mehreren Kettfäden** (Web) / extra warp figuring || **~ mit mehreren Schußfäden** (Web) / extra filling figuring

Musterungs·automat *m* (Strick/Wirk) / automatic patterning machine || **~vorrichtung** *f* / patterning device

Muster·unterbrechung *f* / break in the design || **~versatz** *m* (Tepp) / planted design || **~vorrichtung** *f* / patterning attachment || **~walze** *f* / design roller, design drum, pattern roll, pattern bowl || **~weberei** *f* / pattern weaving || **~webmaschine** *f*, Musterwebstuhl *m* / loom for sample weaving, sample weaving machine, pattern [weaving] loom, patterning loom, sample loom || **~wechsel** *m* (Web) / pattern change, weave change || **~wechsel** (Textdr) / print change || **~wechselapparat** *m* (Strick/Wirk) / pattern placer, pattern positioning device || **~welle** *f* (Strick/Wirk) / pattern shaft || **~wiederholung** *f* / [pattern] repeat, repeat of the design, [pattern] rapport || **~zahl** *f* / repeat in the width || **~zeichenmaschine** *f* / reading and cutting machine || **~zeichnung** *f* / pattern design, pattern sketch || **~zeichnung** (Textdr) / pattern *n* || **~zylinder** *m* (Web) / pattern cylinder

Mutter·lauge *f* / mother liquor || **~substanz** *f* / mother substance || **~wolle** *f* (DIN 60004) / ewe's wool

Mütze *f* / cap *n*, biretta *n* (It) || **~ mit Ohrenklappen** / cap with earflaps, montero *n* (worn by hunters) || **~ mit Ohrwärmer** / biggon *n*, biggin *n*

Mützen·flachstrickmaschine *f* / cap flat knitting machine || **~material** *n* / cap cloth || **~schild** *n*, Mützenschirm *m* / cap peak, peak of a cap || **~stoff** *m* / cap lining || **~strickmaschine** *f* / beret knitting machine || **~tuch** *n* / cap cloth

mval/l / m Eq/ltr (milli-equivalents per litre)

Myristinsäure *f* / myristic acid

Myristylalkohol *m* / myristyl alcohol

Myrizitrin *n* (Färb) / myricitrin *n*

myrtengrün *adj* / myrtle-green *adj*

Myzel *n* / mycelium *n*

N

N, Nummer *f*(Garn) / number *n*(yarn)
N, Newton (1kp = 9,80665 N) / Newton (N), newton
nach Maß / made-to-measure *adj* || ~ **Maß angefertigt** / tailored *adj* (suit, dress), tailor-made *adj*, made-to-measure *adj* || ~ **Maß arbeiten**, nach Maß schneidern / tailor *v* || **≗appretur** *f* / additional finish, final finish, post-finish *n*, afterfinish *n* || **≗ätzen** *n* / re-etching *n* || **≗avivage** *f*(Aufhellen) / final brightening || **≗avivage** (Seide) / afterscrooping *n*, afterbrightening bath || **≗avivage** (Weichmachen) / subsequent softening || **~avivieren** *v* / aftersoften *v*, give a subsequent softening treatment
Nachbarfaden *m* / adjacent thread || **≗nadel** *f*(Strick/Wirk) / adjoining needle || **≗stoff** *m* / adjacent fabric, adjacent material
nachbehandeln *v* / aftertreat *v*
Nachbehandlung *f* / aftertreatment *n*, subsequent treatment, post-treatment *n* || **≗ von Pigmenten** / finishing of pigments || **≗ zur Verhinderung der Haftreibung** / aftertreatment to reduce the blocking effect
Nachbehandlungsbad *n* / aftertreating bath || **≗bad mit Appreturmitteln** / retexturing bath (dry cleaning) || **≗farbstoff** *m* / aftertreated dyestuff || **≗mittel** *n* / aftertreating agent
nachbeizen *v* / aftermordant *v* || **~beizen** (Färb) / sadden *vt* || **~bläuen** *vi*(Färb) / turn bluish || **≗bleiche** *f* / afterbleaching *n*, final bleaching || **~bleichen** *v* / afterbleach *v* || **≗bleichen** *n* / post-bleaching *n* || **≗brennzeit** *f*(Brennverhalten) / duration of flame || **~chlorieren** / afterchlorinate *v*, post-chlorinate *v* || **~chloriert** *adj* / afterchlorinated *adj*, post-chlorinated *adj* || **~chromieren** *v* / afterchrome *v*, top-chrome *v* || **≗chromieren** *n* / top-chroming *n*, afterchroming *n* || **≗chromierfarbstoff** *m* / afterchrome dyestuff || **≗chromierfärbung** *f* / afterchrome dyeing || **~chromiert** *adj* / chrome-topped *adj* || **≗chromierung** *f* / back-chroming *n*, top-chroming *n*, afterchroming *n* || **≗chromierungsfarbstoff** *m* / afterchroming dyestuff, afterchromed dyestuff, acid chrome dyestuff, chrome developed dyestuff || **≗chromierungsverfahren** *n*, Nachchromierverfahren *n*(Färb) / afterchroming method, top-chrome process || **~decken** *v*(Färb) / cross-dye *v*, overdye *v*, aftercover *v*, top *v*, fill up, cover *v* || **≗decken** *n*(Färb) / cross-dyeing *n*, overdyeing *n*, topping *n* || **≗dehnung** *f*(Gew) / afterelongation *n* || **~dekatieren** *v* / afterdecatize *v*, post-decatize *vt* || **≗dekatur** *f* / post-decatizing *n* || **~diazotieren** *v* / rediazotize *v* || **~dicken** *v* / body-up *v* || **≗draht** *m* / head twisting (additional twist) || **≗drehung** *f*(Spinn) / additional twist, extra twist, aftertwist *n* || **~dunkeln** *vi*(Färb) / darken *vi*, become darker, sadden *vi*, increase in depth, turn dark || **≗dunkeln** *n* / darkening *n* (of shade), deepening || **~eilende Windung** (DIN 61801) / after-wind *n* || **≗erhitzen** *n* / final heat treatment || **~färben** *v* / top *v*, redye *v*, cover *v*, cross-dye *v* || **≗färben** *n*(Färb) / cross-dyeing *n*, cobbling *n*, overdyeing *n*, topping *n* || **≗färbeverfahren** *n* / redyeing process
Nachfärbung *f* / redyeing process || **≗** (einer Komponente in Faserstoffmischungen) (Färb) / cross-dyeing *n*, overdyeing *n*, topping *n* || **≗ einer Vorlage** / strike dyeing, matching of a standard || **gleiche ≗** (gleiche Remissionskurve wie Vorlage) (Färb) / non-metameric matching
nachfiltern *v* / filter again || **~fixieren** *v* / post-set *v* || **≗fixieren** *n*(Färb) / subsequent heat-setting || **≗fixieren nach dem Färben** (Strumpf) / post-boarding *n* || **≗fixierung** *f* / post-setting *n*
nachformen *v*(Garn) / mend *v* || **≗** *n*(Strumpf) / afterboarding *n*, post-boarding *n* || **≗** (Garn) / mending *n* || **≗ von Strümpfen** / hosiery post-boarding
Nachformmaschine *f* / post-boarding machine, post-boarder *n*
Nachformung *f*(Strumpf) / post-boarding *n*
Nachformzone *f* / mending zone (high-bulk yarn), post-forming zone (bulking machine)
nachführen, einen Faden ~ / take up a dropped end
nachgedeckter Stoff / cross-dyed cloth || **~gekämmter Kammzug** / recombed top || **~geschaltetes Spannfeld** / subsequent tensioning field
Nachgiebigkeit *f* / elasticity *n*
nachglimmen *v*(Matpr) / afterglow *n* || **~härten** *v* (Beschicht) / post-cure *v* || **≗härtung** *f*(Beschicht) / post-curing *n*(US), post-cure process || **~hecheln** *v*(Bastfasern) / re-sort *v*(bast fibres) || **~heizen** *v* (Beschicht) / post-cure *v* || **~kämmen** *v* / recomb *v* || **≗kämmen** *n* / double combing, recombing *n* || **≗kämmverfahren** *n* / post-combing process || **≗kondensation** *f*, Nachkondensationsverfahren *n* (Beschicht) / post-cure process || **~kondensieren** *v* / recondense *v* || **~kondensieren** *v*(Beschicht) / post-cure *v* || **≗kondensierung** *f*, Nachkondensierungsverfahren *n*(Beschicht) / post-cure process || **≗kulieren** *n* / delayed timing knitting || **≗kulierschloß** *n*(Strick/Wirk) / rib depressor cam || **~kupfern** *v* / aftercopper *v* || **≗kupfern** *n*, Nachkupferung *f* / copper aftertreatment || **≗kupferungsbad** *n*(Färb) / bath for copper aftertreatment || **≗kupferungsfarbstoff** *m* / aftercoppering dye || **≗kupplung** *f* / aftercoupling *n*
Nachlassen *n* (der Farbstärke) / colour fading
nachlässig *adj*(Kleidung) / frumpy *adj*(clothing)
Nachläufer *m*(Färb) / end cloth, end-cloth *n*
Nachlaufflotte *f*(Färb) / feed liquor, replenishing liquor, feeding liquor || **≗schloß** *n*(Strick/Wirk) / guide lock
nachmattieren *v* / matt subsequently
Nachmittagskleid *n* / afternoon dress, tea gown
nachmustern *v* / re-sample *v* || **≗nitrierung** *f* / afternitration *n* || **≗nuancieren** *n* / subsequent shading || **≗polymerisation** *f* / postpolymerisation *n* || **≗rand** *m*(Strumpf) / shadow welt, spliced top, welt *n*, double welt || **~rauhen** *v*(Tuchh) / raise after drying || **≗reifen** *n* **der Viskose** / maturation of cellulose solution (prior to spinning procedure) || **~reinigen** *v* / give a final cleaning, subject to a subsequent scouring treatment, wash off || **≗reinigen** *n*, Nachreinigung *f* / final cleaning, final scouring treatment, washing off [process], afterscouring *n* || **≗reißer** *m* / second waste breaker || **≗röste** *f*, Nachrotte *f*(von Flachs, Hanf, Jute) / afterretting *n*, final retting
Nachsatz *m*(Färb) / feed liquor, feeding liquor || **≗** (chem. Reinigung) / topping-up additive (dry cleaning) || **≗ je Charge** (chem. Reinigung) / feed addition per load (drycl) || **≗bad** *n*(Färb) / feed bath,

replenishing bath || **²flotte** *f*(Färb) / feed liquor, feeding liquor, replenishing liquor || **²konzentration** *f* / concentration of the feeding liquor || **²lösung** *f*(Färb) / feed solution, replenishing solution || **²öffnung** *f* / feed inlet
nach·schleppender Teil / trail *n*, train *n* || **²schmälze** *f*, Nachschmälzen *n* / subsequent lubrication, relubrication *n* || **~schneiden** *v* / trim *v*(selvedge) || **~schrumpfen** *v* / re-shrink *v* || **~schwefeln** *v* / restove *v* || **²schwefeln** *n*(Bleich) / subsequent stoving || **~seifen** *v* / aftersoap *v*, resoap *v* || **²seifen** *n* / aftersoaping *n*, soap aftertreatment, resoaping *n* || **~setzen** *v*(Färb) / replenish *v*, feed up || **²silikonisieren** *n* / silicone aftertreatment
Nachspülbleichmittel *n* / rinsing bleaching agent
Nachstellbarkeit *f* / reproducibility *n*
nachstellen *v* / re-sample *v* || ~ (Farbton) / rematch *v*(a shade)
Nachstellfarbstoff *m* / toning dyestuff, shading dyestuff
Nachstellung *f*(Färb) / matching formulation || **² des Farbtons** / matching *n*, matching off, striking off [the shade]
Nach·strecke *f* / can emptying passage || **²streckung** *f*(Gew) / afterelongation *n* || **~tannierte Färbung** / back-tanned dyeing
nacht·blau *adj* / night-blue *adj* || **²hemd** *n* / nightgown *n*(usually women), night-shirt *n* || **²hemdchen** *n* / nightie *n*(girls or women; often shorter)
nachthermofixierte Färbung / dyeing aftertreated in dry heat
Nachtkleidung *f* / sleepwear *n*, nightwear *n*, nightclothes *pl*
nachträglich·e Formung, nachträgliche Verformung, nachträgliches Verformen / postforming *n* || **~ verformt** / post-formed *adj*
Nachtrocknung *f* / subsequent drying
nacht·schwarz *adj* / night-black *adj* || **²wäsche** *f* / sleepwear *n*, slumber-wear *n*
Nach·verformen *n* / post-forming *n* || **²verstrecken** *n*, Nachverstreckung *f* / afterstretching *n* || **²wachsen** *n* / afterwaxing *n* || **²wachsmittel** *n* / lubricant *n* || **²wachsprodukt** *n* / afterwaxing product || **²wäsche** *f*(Stoffe) / post-scouring *n*, afterscouring *n*, re-scouring *n* || **²wäsche** (Färb, Textdr) / washing off [process], second washing, afterclearing *n* || **²wäsche** (Vorbehandlung) / final scouring treatment || **²wäsche der Drucke** (Textdr) / washing off the prints || **²wascheigenschaften** *f pl*(Textdr) / wash[ing] off properties *pl* || **²waschen** *n* s. Nachwäsche || **²wirkung** *f* / aftereffect *m* || **²zieheffekt** *m*, Nachziehen *n*(Fehler)(Färb) / tailing *n* || **²ziehen** *n* **des Farbstoffs** / subsequent pick-up of the dyestuff
Nachzug *m*(Gew) / afterdraft *n* || **²** (Färb) / exhaust *n* || **²kulierung** *f* / rob timing || **²muster** *n* / swatch used in the exhaust test || **²prüfung** *f* / exhaust test
nachzwirnen *v* / add twist, twist silk, twist at the head || **²** *n*(Spinn) / twisting at the head
Nackenband *n*, Nackenverschluß *m*(Bikini)(Mode) / halter neck
nackter Elastomerfaden / bare elastomer yarn
Nacktbeinstrumpf *m* / bare-leg[ged] stocking, nude heel stocking, sheer heel stocking
Nacré *m* / nacre print, flow print
Nadel *f* / needle *n* || **² aus einem Stück** / one-piece needle || **² der Hauptnadelbarre** (Cottonmaschine) / frame needle (fully fashioned knitting machine) || **²n** *f pl* **der Kettelmaschine** / looper points || **²n in die Mitte stellen** / centralize needles (circular knit) || **²n** *f pl* **je 1 1/2 Inch.** (Strumpf) / gauge *n*, gg || **²** *f* **mit gekröpfter Spitze** (Strickmasch) / plush beard needle || **² mit plattliegendem Haken** (Strick/Wirk) / flat-back needle || **[Anzahl** *f* **der] ²n je Zoll** / needles per inch (n.p.i.) || **eine ² austreiben** / raise a needle || **mit ²n stecken** (Näh) / pin *v* || **²abdruck** *m* / pin mark || **²abstand** *m* / needle spacing, needle distance || **²abstellvorrichtung** *f* / needle stop motion || **²anzahl** *f* **je Zoll des Zylinderumfanges** / needle cut (needles per inch in latch-needle knitting machines; the relative fineness of fabric therefrom) || **²arbeit** *f* / needlework *n* || **²arm** *m* (Strick/Wirk) / needle carrier || **²auge** *n* / [needle] eye || **²ausreißfestigkeit** *f* / stitch tear resistance, stitch tear strength || **²ausreißprüfung** *f*, Nadelausreißversuch *m* / stitch tear test || **²ausschlag** *m*(Näh) / needle throw, needle bight, bight *n* || **²auswahl** *f* / needle selection || **²bandwebmaschine** *f* / narrow fabric needle loom || **²barre** *f*(Strick/Wirk) / needle bar || **²barrenexzenter** *m* / needle bar cam || **²barrenplatte** *f*, Nadelbarrenschiene *f* / needle bar plate || **²barrenwelle** *f* / needle bar shaft, needle ingot shaft || **²bart** *m* / needle beard || **²baum** *m*(Strick/Wirk) / needle beam, needle bar || **²behälter** *m* **der Jacquardmaschine** / jacquard needle box || **²besatz** *m* / needle clothing, wire fitting (carding) || **²besatzdichte** *f*, Nadelbesatzfeinheit *f*(Spinn) / wire spacing || **²beschlag** *m* / needle clothing, wire fitting (carding) || **²besetzung** *f*(Spinn) / wire setting, wire mounting || **²besetzung** (Strick/Wirk) / needle set-up, needle set-out || **²besetzung für Rechts-Rechts** / one-and-one needle set-out || **²bestückung** *f* / needle equipment
Nadelbett *n*(Strick/Wirk) / needle bed, bed plate, needle board || **das ² versetzen**, das Nadelbett seitlich verrücken (Strick/Wirk) / rack the needle bed || **²breite** *f* / needle bed width || **²länge** *f*(Strick/Wirk) / length of needle bed || **²-Tragegestell** *n* / needle bed frame || **²versatz** *m* / needle rack
Nadel·bewegung *f* / needle motion || **²blech** *n* / needle plate || **²blei** *n* (zwei in Blei gegossene Spitzennadeln) (Strickmasch) / needle lead[s] || **²bleispitzenmaschine** *f* / comb lead lace machine || **²breithaltefeder** *f* / needle clip || **²brett** *n*(Strick/Wirk) / needle board, needle bar
Nadelbruch *m* / needle breakage, needle smash || **²absteller** *m* / needle protector || **²abstellung** *f* / needle breakage prevention || **²abstellvorrichtung** *f*(Strick/Wirk) / stop motion for broken needle
Nadel·deckschiene *f* / needle cover bar, needle retaining bar || **²eindringtiefe** *f*(Näh) / needle penetration || **²einfädler** *m* / needle threader || **²einsatz** *m*(Tepp) / needle insertion || **²einsatz** (Strick/Wirk) / needle set-up, needle set-out || **²einsetzmaschine** *f*(Spinn) / wire setting machine || **²einstellungshebel** *m* / needle adjusting lever, needle setting lever || **²einstich** *m* / needle impingement || **²einstichtiefe** *f*(Näh) / needle penetration || **²einteilung** *f* / needle set-up, needle set-out || **²eintragung** *f*(Tepp) / needle insertion || **²elektrode** *f* / needle electrode || **²erhitzung** *f* (Näh) / needle burning || **²erwärmung** *f* / needle

heating || ≈exzenter *m* / needle cam
Nadelfaden *m* / needle thread || ≈**spannung** *f* / needle thread tension || ≈**spannungssteuerung** *f* (Näh) / needle thread tension control
Nadel·falle *f* (in Waschmaschine) / needle trap, pin trap || ≈**fänger** *m* / needle trap, needle bar, pin trap || ≈**fangmulde** *f* / needle tray, needle trough || ≈**feder** *f* / needle spring || ≈**federring** *m* / needle spring ring || ~**feines Karo** / pin check || ≈**feinheit** *f* / gauge *n* (knitt needles), needle gauge || ≈**feld** *n* / needle field || ≈**feld** (Spinn) / set of fallers, faller drawing zone || ~**fertig** *adj* (Näh) / ready for making-up, ready for stitching, ready for sewing || ~**fertige Ware** (Näh) / finished goods *pl* || ~**fest** *adj* / needle-proof *adj*
Nadelfilz *m* (DIN 61205) / needlefelt *n*, needle-bonded fabric, punched felt, needleloom felt, needle-punched felt || ≈**boden** *m* / needleloom carpeting || ≈**bodenbelag** *m* (Tepp) / needle-felt floor-covering, needleloom felt floor-covering
Nadelfilzen *n* / needle felting, needle punching
Nadelfilz·herstellung *f* / needle bonding || ≈**maschine** *f* / needle-felt machine, needle punching machine, needle-loom *n*, needle felting machine || ≈**teppich** *m* / needle-felt carpet, needle-punch[ed] carpet || ≈**ware** *f* / needle-felt goods *pl*
Nadelfixierrahmen *m* / pin tenter heat setter
Nadelflor *m* (Tepp) / tuft *n* || ≈**maschine** *f* / tufting machine || ≈**tagesdecke** *f* / tufted bedspread || ≈**teppich** *m* / tufted carpet || ≈**teppichmaschine** *f* / carpet tufting machine || ≈**textilien** *pl*, Nadelflorware f. / tufted fabrics, tufted goods, tufteds *pl* || ≈**ware** *f* **mit Garnvernietung** (Tepp) / riveted tuft carpet
Nadel·fontur *f* (Strick/Wirk) / needle line, needle bar, needle row || ~**förmig** *adj* / needle-shaped *adj*, acicular *adj* || ~**förmig kristallisieren** (krist) / needle *v* || ≈**fuß** *m* / heel *n* (of needle), needle butt || ≈**fußzieher** *m* / butt puller || ≈**gasse** *f* / space between the needles || ≈**gehäuse** *n* / needle box || ≈**glied** *n* / needle link || ≈**gliederkette** *f* / needle link chain || ≈**gravur** *f* / pin engraving || ≈**grund** *m* **des Zylinders** / rear wall of needle trick
Nadelhaken *m* / needle hook, needle beard hook || ≈**, in Linie der Auflagefläche der Nadel angeordnet** / common position of hook (of latch needle) || **zur Nadelachse vorgebogener** ≈ / central position of hook || **aus der Achsenrichtung versetzte** ≈**position** *f* / off-set position of needle hook
Nadel·halter *m* (Näh) / needle holder, needle guard || ≈**heber** *m* (Strick/Wirk) / needle lifter, needle clearing cam, needle raising wheel, needle raising cam || ≈**heber** (Web) / raising cam || ≈**hebeschloß** *n* (Strick/Wirk) / upthrow cam || ≈**hechel** *f* / needle hackle || ≈**henkel** *m* / needle loop || ≈**hochstellung** *f* (Näh) / needle up position || ≈**hub** *m* (Tepp) / needle stroke
nadelig *adj* / needle-shaped *adj*, acicular *adj*
Nadel·käfig *m* / needle cage || ≈**kamm** *m* / needle comb, needle frame || ≈**kanal** *m* (Strick/Wirk) / needle groove, needle slot, needle track, needle [trick] || ≈**kasten** *m* / pin box, drop box || ≈**kastenwechsel** *m* (Web) / drop-box motion || ≈**kette** *f* / needle chain, spiked chain, pin chain || ≈**kettenglied** *n* / pin chain link || ≈**kissen** *n* / pin cushion || ≈**kluppe** *f* / pin clip || ≈**kolben** *m* / needle shank || ≈**kopf** *m* / needle head, pin head || ≈**kranz** *m* (Strick/Wirk) / needle ring, point ring, dial *n* || ≈**kreuz** *n* (Seitenabstand der rechtwink[e]lig zueinander stehenden Zylinder- und Rippnadeln) / needle gating || ≈**kröpfung** *f* / groove *n* (of knitt machine), latch groove of needle || ≈**kühlung** *f* (Näh) / needle cooling device || ≈**lager** *n* / needle bearing || ≈**länge** *f* / needle length, length of needle || ≈**lattentuch** *n* / spiked feed lattice || ≈**lehre** *f* / needle gauge || ≈**leiste** *f* (Strick/Wirk) / needle bar || ≈**leiste** (Kammstab) / needle bar, pin bar || ≈**leiste** (Baumwollkämmerei) / comb strip || ≈**loch** *n* / pin hole || ~**lose Strickmaschine** / no-needle knitting machine || ≈**lücke** *f* / space between the needles || ≈**masche** *f* / needle loop || ≈**mascheneinschußstellung** *f* / needle loop clearing position || ≈**maschine** *f* / needling machine, needle-loom *n*
nadeln *v* (Tepp) / needle *v*, needle-felting *v*, needle-punching *v* || ~ (Siebdr) / pin down || ~ (Vliesst) / needle *v* || ≈ *n* (Tepp) / needle punching, needle felting, needling *n*
Nadel·niet *m* (Strickmasch) / needle rivet || ≈**öhr** *n*, Nadelöhre *f* / [needle] eye || ≈**öler** *m* / needle lubricator || ≈**öse** *f* / [needle] eye || ≈**platine** *f* (Strick/Wirk) / needle jack, lifting wire || ≈**platte** *f* / needle board || ≈**positionierung** *f* (Näh) / needle positioning || ≈**presse** *f* / presser of spring beard needle || ≈**prinzip** *n* (Vliesst) / needling *n* || ≈**rahmenspannmaschine** *f* / pin stenter (GB), pin tenter (US) || ≈**raum** *m* / needle space || ≈**reihe** *f* (Strick/Wirk) / row of needles, needle row, set of needles || ≈**richtapparat** *m* / needle dressing instrument, needle pliering device || ≈**richten** *n* (Strick/Wirk) / needle dressing, straightening of the needles, needle pliering || ≈**richten von Hand** (Strick/Wirk) / hand-pliering of needles || ≈**richter** *m* (Strick/Wirk) / needle straightener, straightener *n* || ≈**richtzange** *f* / needle pliers *pl* || ≈**rille** *f*, Nadelrinne *f* / needle slot, needle groove, needle track, needle trick || ≈**ruhestellung** *f* / non-knitting position || ≈**sattel** *m* / needle carrier (sinker wheel knitting machine), needle ring, needle saddle || ≈**schaft** *m* / stem of needle, needle blade, shank of needle || ≈**schenkel** *m* / sewing needle shank || ≈**schieber** *m* (Näh) / needle driver || ≈**schieber** (Strick/Wirk) / slider *n*, needle jack, jack *n*, down sinker, lifting wire, needle pusher || ≈**schieber mit seitlichem Ansatz** (Strick/Wirk) / bluff slider || ≈**schiene** *f* (Strick/Wirk) / wire guide, needle bar || ≈**schläger** *m* (Strick/Wirk) / point bar || ≈**schlitz** *m* / needle scarf || ≈**schloß** *n* / lifting cam, needle lock || ≈**schloß** (Web) / tappet *n* || ≈**schuß** *m* (Web) / wire pick || ≈**schutz[steg]** *m* / needle guard || ≈**segment** *n* / needle half-lap || ≈**senker** *m* (Strick/Wirk) / draw-down cam, cast off cam, stitch cam, wing cam, knock[ing]-over cam || ≈**senkerstellschraube** *f* (Strick/Wirk) / stitch adjusting screw || ≈**setzmaschine** *f* (Spinn) / wire setting machine || ≈**spannrahmen** *m* / needle stenter, pin stenter (GB), pin tenter (US) || ≈**spannrahmen mit Voreilung** / overfeed pin stenter (GB), overfeed pin tenter (US)
Nadelspitze *f* / needle-point lace, point lace, needle lace || ≈ (Näh) / point of needle, needle tip || ≈ **aus Shetlandwolle** / Shetland point lace || ≈ **aus Youghal, Irland** / Youghal lace || ≈ **mit Blumenmusterung** / Venetian point lace
Nadelstab *m*, Nadelstäbchen *n* (Spinn) / faller *n*, gill *n*, faller gill || ≈**geschwindigkeit** *f* / faller speed ||

≈kamm *m* / faller bar || **≈schnecke** *f* / faller screw || **≈strecke** *f* (Spinn) / gill-box *n* || **≈strecke für die Kammgarnvorspinnerei** / gill box for worsted yarn spinning preparatory machine || **≈strecke mit Spindel** / spindle gill box || **≈strecken** *n* / gill-box drawing

Nadel·stange *f* (Näh) / needle bar || **≈stange** (Strick/Wirk) / point bar || **≈stapel** *m* / pin-head staple || **≈steg** *m* (Strick/Wirk) / needle runway, insert *n*, runway of needles, needle wall || **≈stellung** *f* / position of needle, needle position || **≈stich** *m* (Beschicht) / pinhole *n* (defect) || **≈stichbildung** *f* (Beschicht) / pinholing *n* (defect) || **≈stichtiefe** *f* (Näh) / needle penetration || **≈stickerei-Spitze** *f* / needle-point lace, needle lace || **≈stickstuhl** *m* / lappet loom || **≈strecke** *f* (Spinn) / gill-box *n* || **≈streifen** *m* (Muster im Stoff) / pin-stripe *n*, pencil stripe || **≈streifen** *m pl* (Fehler) (Strick/Wirk) / needle lines || **mit ≈streifen** (Stoff) / pin-striped *adj* || **≈stuhl** *m* / needle-loom *n* || **≈stuhlteppich** *m* / needleloom carpet || **≈sucheinrichtung** *f* / needle detecting device || **≈teilung** *f* / needle pitch, needle spacing, gauge (of knitt machine) *n*, spacing of needles || **≈teppich** *m* / tufted carpet || **≈tiefststellung** *f* (Näh) / needle down position || **≈tisch** *m* / needle table || **≈transport** *m* / needle feed, needle transport || **≈tuch** *n* / spiked feed lattice || **≈tür** *f* / needle door || **≈übergabe** *f* (Strick/Wirk) / needle transfer, transfer of needles || **≈überwachungsgerät** *n* / needle detecting device || **≈untersetzer** *m* / needle carrier plate, needle guide

Nadelvlies *n* / needle-punched nonwoven, needle web, needle-punched web || **≈-Ausleg[e]ware** *f* / needlefelt wall-to-wall carpeting, needle-punched wall-to-wall floor-covering || **≈bodenbelag** *m*, Nadelvlies-Fußbodenbelag *m* / needlefelt floorcovering, needle-punched floorcovering || **≈spinnfaser** *f* / needleloom staple fibre

Nadel·vorgang *m* (Vliesst) / needling *n* || **≈vorrichtung** *f* / needle arrangement || **≈wächter** *m* / needle control, needle detecting device || **≈walze** *f* (Strick/Wirk) / needle roller || **≈walze** (Spinn) / porcupine *n*, spiked roller, porcupine cylinder, porcupine roll[er] || **≈walze für die Kammgarnspinnerei** (DIN 64103) / needle roller for worsted spinning || **≈walzenbreithalter** *m* / ring[ed] temple || **≈walzenstrecke** *f* (DIN 64100, DIN 64091) (Spinn) / porcupine drawing frame, French drawing frame, rotary drawing[frame] || **≈walzenstrecke für die Kammgarn-Vorspinnerei** (DIN 64091) / rotary drawing [frame] for worsted yarn spinning preparatory machine || **≈ware** *f* / needled fabric || **≈weiche** *f* (Strick/Wirk) / switch cam bracket, upthrow cam || **≈weichenschloß** *n* (Strick/Wirk) / needle lifting cam, raising switch cam || **≈zahl** *f* / number of needles, needles used, gauge (of knitting machine) *n* || **≈zange** *f* / needle pliers *pl*, tweezers *pl* || **≈zasche** *f* / groove *n* (of needle), needle groove, needle slot, needle track, needle trick || **≈zugmuster** *n* (Strick/Wirk) / drop-stitch pattern, racked rib pattern || **≈zunge** *f* / latch *n*, needle latch || **≈zylinder** *m* / needle cylinder

nagel·loses Spannen (Tepp) / tackless installation || **≈probe** *f* / nail test

Näharbeit *f* / needlework *n*, sewing *n*

nähen *v* / sew *v*, stitch *v* || **≈** *n* / sewing *n* || **≈ in Zickzacklinie** / zigzag sewing || **≈ von Hand** / hand sewing

Näherei *f* / stitching *n*, sewing *n* || **≈** / sewing room

Näherin *f* / seamstress *n*

Näh·faden *m* / sewing cotton, sewing thread, sewing yarn || **≈fadenschlupf** *m* (Näh) / thread slippage || **≈falte** *f* (Näh) / tuck *n* || **≈fuß** *m* (Näh) / sewing foot, press foot, presser foot, pressure foot

Nähgarn *n* / sewing cotton, sewing thread, sewing yarn || **≈rolle** *f* / reel of sewing cotton || **≈rolle** (DIN 61805) / sewing spool || **≈spule** *f* / sewing thread bobbin || **≈spulmaschine** *f* / sewing thread reeling machine

Näh·geschwindigkeit *f* / sewing speed || **≈gewirk** *n* / stitch-bonded fabric || **≈gewirke** *n pl* (Vliesst) / stitch-bonded materials *pl*, stitch-knit[ting] goods *pl* || **~gewirkter Textilverbundstoff** / stitch-bonded nonwoven

Nähgut *n* / material to be sewn || **≈lagen** *f pl* / cloth layers sewn

Näh·kästchen *n* / sewing box || **≈kasten** *m* / needlework box, housewife *n* || **≈lampe** *f* / sewing machine light || **≈leistung** *f* / seam efficiency

Nähmaschine *f* / sewing machine || **≈ mit Fußantrieb**, Nähmaschine *f* mit Fußsteuerung / foot-operated sewing machine || **≈ mit Schablonensteuerung** (Näh) / profile stitching unit

Nähmaschinen·garn *n* / machine cotton || **≈gestell** *n* / sewing machine stand

Nähmaschinengreifer, rotierender ≈ (Näh) / rotating shuttle

Nähmaschinen·licht *n* / sewing machine light || **≈nadel** *f* / sewing machine needle || **≈oberteil** *n* / sewing head || **≈öl** *n* / sewing machine oil || **≈schiffchen** *n* (Näh) / shuttle *n* || **≈-Wickel** *m* (DIN 61800) / ready-wound package without former for sewing machines || **≈zwirn** *m* / machine twist

Näh·nadel *f* / sewing needle || **≈nadelschaft** *m* / sewing needle shaft || **≈platte** *f* (Näh) / platform *n* || **≈ring** *m* (Näh) / thimble *n* (GB) || **≈schablone** *f* (Näh) / profile stitching jig, workholder *n* || **≈schaden** *m* / sewing damage || **≈seide** *f* / sewing silk, twist silk || **≈spule** *f* / sewing bobbin || **≈station** *f* / sewing station

Naht *f* / seam *n* || **≈ der Seitenränder der Sohle** (Strumpf) / side seam of the foot || **≈ mit zwei Fäden** / cobbler's suture || **mit der Maschine saubergemachte ≈** / tailored fell || **Nähte saubermachen** (Näh) / fell *v* || **≈beschädigung** *f* / seam damage || **≈bild** *n* / seam construction diagram || **≈breite** *f* / seam width || **≈bügelmaschine** *f* / seam pressing machine || **≈bund** *m* / seam binding || **≈dichtung** *f* / impregnation of the seam || **≈festigkeit** *f* / seam resistance, seam efficiency || **≈formschablone** *f* / stitching jig || **≈führer** *m* / seam heading || **≈garn** *n* / seam yarn || **≈höhe** *f* / seam thickness

Nähtisch *m* (Näh) / platform *n*

Naht·kräuselung *f* (Fehler) / seam pucker || **≈länge** *f* / seam length, seam size || **≈längenbestimmung** *f*, Nahtlängensteuerung *f* / seam length control

nahtlos *adj* / seamless *adj*, seamfree *adj*, no-seam *adj* || **~** (rundgewirkt) / circular-knit *adj* || **~e Baumwoll-Schlauchware** / seamless cotton tubing || **~er Feinstrumpf** / bare-leg[ged] stocking, nude heel stocking, sheer heel stocking || **~er Netzstrumpf** / micromesh hose (looped structure combining tucked and cleared loops), micromesh stocking, open-mesh hose, broken micro, mesh hose || ~er **Strumpf** / seamless hose, circular knit stocking, seamless stocking || ~er **Strumpf von der Cottonmaschine** / invisible seam (of f/f stocking) || ~e **Strumpfhose** / no seam panty hose || ~e **Strumpfmaschine** / circular hosiery machine || ~e **Strumpfwaren** *f pl* / seamless hosiery || ~**er, vorgeformter Büstenhalter** / seamless moulded bra || ≗**[fein]strumpfautomat** *m* / automatic seamless hosiery machine

Naht·melder *m* / seam indicator || ≗**nähmaschine** *f* / seaming machine || ≗**qualität** *f* / seam quality

Nähtransferstraße *f* / transfer-line sewing system

Naht·reihen *n* / seam basting || ≗**riegel** *m* / bar tacking || ≗**rutschfestigkeit** *f* / seam slippage resistance || ≗**scheuerfestigkeit** *f* / seam abrasive resistance || ≗**schiebefestigkeit** *f* (von Geweben) / antislip properties of the seams (in fabrics) || ≗**schlitz** *m* / seam placket || ≗**schlupf** *m* / seam slippage || ≗**schnur** *f* / seaming-lace *n* || ≗**stärke** *f* / seam strength || ≗**stich** *m* / seam stitch || ≗**teiler** *m* / seam opener || ≗**toleranz** *f* / seam allowance || ≗**unterbrechung** *f* / seam interruption || ≗**verschiebung** *f* / seam slippage || ≗**verstärkung** *f* (Strumpf) / reinforced selvedge || ≗**verzerrung** *f* / seam grin || ≗**wächter** *m* / seam detector, seam guard || ≗**wächteranlage** *f* / seam feeler || ≗**zugabe** *f* / seam allowance

Näh·- und Bügelmaschine *f* / sewing and pressing machine || ~**verstärkter Textilverbundstoff** / stitch-reinforced nonwoven || ≗**werk** *n* / sewing mechanism || ≗**wirken** *n* / stitch-bonding *n*, lock knitting, stitch-knitting *n*

Nähwirk·fußbodenbelag *m* / stitch-bonded floorcovering || ≗**maschine** *f* / stitch-bonding machine, stitch-knitting machine || ≗**stoff** *m* / stitch-bonded fabric || ≗**technik** *f* / stitch-bonding *n*, stitch-knitting *n* || ≗**textilien** *pl* / stitch-bonded textiles || ≗**verfahren** *n* / stitch-bonding process, stitch-knitting process || ≗**ware** *f* / stitch-bonded materials *pl*, stitch-knit[ing] goods *pl*

Näh·wulst *m* (Reißv) / bead *n* || ≗**zeit** *f* / sewing time || ≗**zeug** *n* / darning outfit || ≗**zeugtasche** *f* (Näh) / housewife *n* || ≗**zwirn** *m* / sewing cotton, sewing twine, sewing thread, sewing yarn || ≗**zyklus** *m* / sewing cycle

Nainsook *m* (ostindischer Baumwollmusselin) / nainsook *n*, nyansook *n* || ≗**karo** *n* / nainsook check

Namen·einwebmaschine *f* / name-weaving machine || ≗**-Schnittleistenapparat** *m* / device for written selvedges and false selvedges

Namenseinwebung *f* (in Kleidungsstücke) / silk-screening a person's name (in a garment)

Nankinett *n* / nankinet *n* (low-quality nankeen)

Nanking *m* (dichtgeschlagenes Gewebe für Inlette oder Einschüttestoffe) / nankeen *n* (high-texture, plain-woven cotton used for ticking), nankin *n*, nanking *n*

Nankingelb *n* / iron buff

Nanking·hose *f* / nankeens *pl* || ≗**köper** *m* / nankeen twill

Naphthaldehyd *m* / naphthaldehyde *n*

Naphthalin *n* / naphthalene *n* || ≗**derivat** *n* / naphthalene derivative || ≗**farbstoff** *m* / naphthalene dyestuff || ≗**indigo** *m* / naphthalene indigo || ≗**rot** *n* / naphthalene red || ≗**säure** *f* / naphthalenic acid || ≗**sulfonsäure** *f* / naphthalene sulphonic acid || ~**trisulfonsaures Natrium** / naphthalene trisulphonic acid || ≗**verbindung** *f* / naphthalene compound || ≗**warmpreßgut** *n* / warm pressed naphthalene

Naphthen *n* / naphthene *n*

Naphthenat *n* / naphthenate *n*

Naphthensäure *f* / naphthenic acid

Naphthochinon *n* / naphthoquinone *n*

Naphthol *n* / naphthol *n*

2-Naphthol-6,8-disulfonsäure *f* (Färb) / G-acid *n*

Naphthol·-Artikel *m* / naphtholated goods *pl* || ≗**-AS-Kombination** *f* (DIN 53908) / naphthol AS combination || ≗**-AS-Kupplungskörper** *m* / naphthol AS coupling compound

Naphtholat·druck *m* / naphtholate print, naphtholated print || ≗**reserve** *f* / naphtholate resist

Naphthol·druck *m* / naphthol printing, azoic print || ≗**färberei** *f* / naphthol dyeing || ≗**farbstoff** *m* / naphthol dyestuff || ≗**färbung** *f* / naphthol dyeing || ≗**gelb** *n* / naphthol yellow || ≗**gelb S** / citronin A, sulphur yellow S, naphthol yellow S || ≗**grün** *n* / naphthol green || ~**grundierte Artikel** *m pl*, naphtholierte Artikel *m pl* / naphtholated goods *pl* || ≗**grundierung** *f* / naphthol bottoming, naphthol prepare

naphtholieren *v* / naphtholate *v*

Naphthol·imprägnierung *f* / impregnation with naphthols || ≗**klotz** *m* / naphthol padding liquor || ≗**nitrit-Druckverfahren** *n* / naphthol nitrite printing process || ≗**nitrit-Klotzverfahren** *n* / naphthol nitrite pad[ding] method || ≗**orange** *n* / naphthol orange || ≗**reserve** *f* / naphtholate resist || ≗**schwarz** *n* / naphthol black

Naphthopurpurin *n* / naphthopurpurin *n*

Naphthyl·amid *n* / naphthylamide *n* || ≗**amin** *n* / naphthylamine *n* || ≗**amingelb** *n* / naphthylamine yellow || ≗**aminsulfonsäure** *f* / naphthylamine sulphonic acid

Naphthylenblau *n* / naphthylene blue

Naphtoldruck *m* / azoic print[ing]

Napolitaineborte *f* / Napolitaine braid

Narrenkappe *f* / carnival hat

Nase *f* **der Platine** / neb *n*, nib *n*

Nasen·trommel *f* / opening cylinder || ≗**walze** *f* (Spinn) / porcupine roll[er], porcupine cylinder

naß *adj* / wet *adj*, damp *adj*, moist *adj* || ~ **gesponnene Faser** / wet spun fibre || ~ **gesponnenes Garn** / wet spun yarn || ~ **machen** / wet *v*, moisten *v* || ~ **versponnene Faser** / wet spun fibre || **nasser Abrieb** / wet rubbing || **nasse Karbonisation** (Wolle) / wet carbonizing || **nasser Zustand** / wet state || ≗**abrieb** *m* / wet crocking || ≗**abscheider** *m* / wet scrubber || ≗**appretur** *f* / wet finishing, damp finishing, wet processing || ≗**appretur-Hilfsmittel** *n* / wet processing assistant || ≗**appreturmaschine** *f* / wet finishing machine || ≗**aufnahme** *f* / wet pickup

naß-auf-naß entwickeln / develop without previous drying

Naß-auf-Naß-Arbeitsweise *f* / treatment without intermediate drying || ≗**-Druckverfahren** *n* (Siebdr) / wet-on-wet printing process

Naß-auf-Trocken-Druckverfahren *n* (Siebdr) / wet-on-dry printing process

Naß·bahnfaltmaschine *f* (Vliesst) / wet web folding machine || ≗**behandlung** *f* / wet treatment, wet processing || ≗**behandlungsechtheit** *f* / fastness to wet processing || ≗**behandlungsmaschine** *f* / wet treatment machine || ≗**belichtungsechtheit** *f* /

wetfastness to light, wet light fastness || **≈berstfestigkeit** *f* / wet bursting strength || **≈beständigkeit** *f* / humidity resistance || **≈bindefestigkeit** *f* / wet adhesive strength || **≈bleiche** *f* / wet bleaching || **≈bluten** *n* / wet bleeding (ironing test) || **≈bügelechtheit** *f* / fastness to moist ironing, fastness to wet pressing || **≈bügeln** *n* / wet ironing, wet pressing || **≈dampf** *m* / moist steam, saturated steam, wet steam || **≈dampfdekatur** *f* / wet steam decating (US), wet steam decatizing (GB) || **≈dämpfer** *m* / wet steam ager || **≈dämpfverfahren** *n* (Färb) / steaming without predrying || **≈dehnung** *f* / wet elongation || **~dekatieren** *v* (mit kochendem Wasser) / pot *v* || **≈dekatiermaschine** *f* (DIN 64990) / potting machine

Naßdekatur *f* / boiling *n* (of wool), potting process, roll boiling, wet decatizing (GB), wet decating (US) || **~echt** *adj* / fast to potting || **≈echtheit** *f* / fastness to potting || **≈maschine** *f* / wet decatizing machine

Naß·detachiermittel *n* / liquid stain remover, wet stain removal agent || **≈detachur** *f* / wet spot cleaning, wet stain removal

Nässe *f* / wetness *n*, moisture *n*

naß·echt *adj* / fast to wet treatment || **≈echtheit** *f* / wetfastness *n*, fastness to wet processing, fastness to wetting || **≈echtheiten** *f pl* / wetfastness properties || **≈elastizität** *f* / wet elasticity

nässen *v* / wet *v*, moisten *v*

naß·entwickelt *adj* (Färb, Druck) / wet developed || **≈entwicklungsverfahren** *n* (Färb, Druck) / wet developing method || **≈erholung** *f* / wet recovery || **≈erspinnen** *n* / wet [extrusion] spinning || **~fest** *adj* / wetfast *adj* || **≈festigkeit** *f* (eines Stoffes) / wet strength, strength in the wet state || **≈festigkeitskurve** *f* / moisture strength curve || **≈festmittel** *n* / wet strength agent || **≈filmdicke** *f* (Beschicht) / wet film thickness || **≈filz** *m* (Vliesst) / wet felt || **≈fixier- und Dekatiermaschine** *f* / wet setting and decatizing machine || **≈fixierung** *f* (Färb, Druck) / wet fixation, steaming *n* || **≈fixierung** (Stoffe) / wet setting, hydrosetting *n* || **≈fixierverfahren** *n* (Färb, Druck) / wet fixation process, hydrofixation method || **≈fixierverfahren** (Stoffe) / wet setting process || **≈gespinst** *n* / wet spun yarn || **≈gewicht** *n* / weight in wet state || **≈gewichtszunahme** *f* / pick-up *n*, gain on wet weight || **≈gut** *n* / wet material || **≈haftfestigkeit** *f* (Beschicht) / wet adhesion resistance || **≈haftung** *f* (Beschicht) / wet adhesion || **≈hitzeauskrumpfung** *f* / shrinking in wet heat

Naß-in-Naß-Druck *m* / wet-on-wet print || **≈-Druckverfahren** *n* (Siebdr) / wet-on-wet printing process || **≈-Verfahren** *n* / wet-on-wet method (antislip finish)

Naß-in-Trocken-Druckverfahren *n* (Siebdr) / wet-on-dry printing process

Naß·kabel *n* (Fasern) / wet tow, gel fibre || **≈kalander** *m* / water calender, water mangle || **≈karbonisation** *f* (Wolle) / wet carbonizing || **≈kaschierung** *f* / wet laminating || **≈knautschprobe** *f* / wet creasing test || **≈knickfestigkeit** *f* (Beschicht) / wet flex resistance, resistance to cracking in the wet state

Naßknitterarmausrüstung *f* / smooth-drying finish, wet crease resistance finish || **≈echtheit** *f* / wet wrinkle fastness, wet crease resistance || **≈erholung** *f* / wet crease recovery || **≈erholungswinkel** *m* / wet crease recovery angle || **≈festausrüstung** *f* / wet crease resistance finish || **≈festigkeit** *f* / wet crease resistance || **≈festprüfung** *f* / wet creasing test || **≈verhalten** *n* / wet crease performance || **≈winkel** *m* (DIN 53890) / wet crease recovery angle

Naß·knotenfestigkeit *f* (Fil) / wet loop strength || **≈lichtechtheit** *f* / fastness to light in wet state, wetfastness to light, wet light fastness || **≈merzerisation** *f* / wet mercerization || **≈modul** *m* / wet modulus (of a fibre) || **≈nachbehandlung** *f* / wet aftertreatment, wet finishing treatment || **≈nachbehandlungsverfahren** *n* / wet finishing process || **≈nachreinigung** *f* / wet finishing treatment || **≈öffner** *m* / wet opener || **≈paraffinierung** *f* (Strick/Wirk) / wet waxing || **≈polymerisation** *f* (Beschicht) / wet curing || **≈presse** *f* / wet press || **~quellend** *adj* / wet-swelling *adj* || **≈quellung** *f* (Beschicht) / wet swelling || **≈rauhmaschine** *f* / wet napping machine, wet raising machine || **≈reibechtheit** *f* (von Färbungen und Drucken) / wet rub fastness || **≈reinigung** *f* / wet cleaning || **≈reinigungsbeständigkeit** *f* (Vliesst) / launderability *n* || **≈reißfestigkeit** *f* / wet tear resistance, wet tenacity || **≈ringspinnen** *n* / ring spinning in the wet state || **~schmutzabweisende Ausrüstung** / anti-soil redeposition finish || **≈schmutzaufnahme** *f* / wet soiling || **≈shampoonieren** *n* / wet shampooing || **≈spinnen** *n* / wet [extrusion] spinning || **≈spinnmaschine** *f* (Kaltwasserspinnmaschine oder Heißwasserspinnmaschine) / wet spinning frame || **≈spinnverfahren** *n* / wet spinning method || **≈starre** *f* (der Zellwolle) (Färb) / wet rigidity (reduced flexibility of viscose staple in the wet state) || **≈teilung** *f* (Schlichten) / wet splitting || **≈thermometer** *n* / pseudo wet bulb thermometer || **≈transferdruck** *m* (Textdr) / wet transfer printing || **≈-Trocken-Verfahren** *n* / wet-on-dry technique || **≈veredlung** *f* / wet finishing || **≈verfahren** *n* / wet process || **~verlegtes Wirrfaservlies** (Vliesst) / wet lay random web || **≈vernetzung** *f* (Beschicht) / wet crosslinking || **≈verschmutzung** *f* / wet staining || **≈verweben** *n* / moist weaving || **≈vlieslegemaschine** *f* / wet fleece folding machine || **≈vorbehandlung** *f* / wet pretreatment || **≈wäsche** *f* (im Gegensatz zur Trocken- (chemischen) **Wäsche)** / wet washing, laundering *n* || **≈wickelverfahren** *n* / wet winding (filament winding) || **≈zwirnen** *n* / wet twisting, wet twining || **≈zwirnmaschine** *f* / wet twister, wet twisting machine

Nationaltracht *f* / national costume, national dress

nativ *adj* / native *adj*, natural *adj* || **~e Faser** / natural fibre || **~e Stärke** / raw starch || **~es Verdickungsmittel** / natural thickener || **~e Zellulose** / natural cellulose || **~e Zellulosefaser** / natural cellulosic fibre

Natrium *n* / sodium *n* || **≈acetat** *n* / sodium acetate || **≈acetatreserve** *f* / sodium acetate resist || **≈acetonhydrogensulfit** *n* / sodium acetone bisulphite || **≈alaun** *m* / sodium alum || **≈alginat** *n* / sodium alginate || **≈alginatverdickung** *f* / sodium alginate thickening || **≈alkylsulfonat** *n* / sodium alkyl sulphonate || **≈aluminat** *n* / aluminate of sodium, sodium aluminate || **≈aluminiumsulfat** *n* / sodium alum || **≈benzoat** *n* / sodium benzoate || **≈bikarbonat** *n* / bicarbonate of soda, sodium bicarbonate || **≈bisulfat** *n* / sodium bisulphate ||

≈**bisulfit** *n* / sodium bisulphite || ≈**borat** *n* / sodium borate || ≈**bromit** *n* / sodium bromite || ≈**carboxymethylzellulose** *f* / sodium carboxymethyl cellulose || ≈**chlorat** *n* / sodium chlorate || ≈**chlorid** *n* (Kochsalz) / sodium chloride

Natriumchlorit *n* / sodium chlorite || ≈**-Aufdockbleiche** *f* / sodium chlorite batch bleaching || ≈**bleiche** *f* / sodium chlorite bleach, chlorite bleach[ing] || ≈**bleichflotte** *f* / sodium chlorite bleach liquor || ≈**bleichlösung** *f* / sodium chlorite bleaching solution

Natrium·cyanid *n* / sodium cyanide || ≈**dichromat** *n* / sodium bichromate, sodium dichromate || ≈**dihydrogenphosphat** *n* / sodium dihydrogen phosphate || ≈**diphosphat** *n* / tetrasodium pyrophosphate, sodium pyrophosphate || ≈**dithionit** *n* / sodium hydrosulphite || ≈**dodezylbenzolsulfonat** *n* / sodium dodecylbenzenesulphonate || ≈**formaldehydsulfoxylat** *n* / sodium formaldehyde sulphoxylate || ≈**formaldehydsulfoxylatätze** *f* / sodium formaldehyde sulphoxylate discharge || ≈**formiat** *n* / sodium formate || ≈**hexacyanoferrat(II)** *n* / sodium ferrocyanide || ≈**hexahydroxostannat(IV)** *n* / sodium stannate || ≈**hexametaphosphat** *n* / sodium hexametaphosphate

Natriumhydrogen·karbonat *n* / sodium bicarbonate || ≈**sulfat** *n* / sodium bisulphate || ≈**sulfid** *n* / sodium hydrosulphide || ≈**sulfit** *n* / sodium hydrogen sulphite, sodium bisulphite || ≈**sulfitätze** *f* / sodium hydrosulphite discharge || ≈**tartrat** *n* / acid sodium tartrate

Natrium·hydrosulfid *n* / sodium hydrosulphide || ≈**hydrosulfitätze** *f* / sodium hydrosulphite discharge || ≈**hydrosulfit-Natronlauge-Verfahren** *n* / caustic soda hydrosulphite method || ≈**hydroxid** *n* / sodium hydroxide, white caustic, sodium hydrate, caustic soda || ≈**hydroxidlösung** *f* / sodium hydroxide solution, caustic soda solution

Natriumhypochlorit *n* / sodium hypochlorite, hypochlorite of soda, bleaching soda || ≈**bleiche** *f* / sodium hypochlorite bleach || ≈**bleichlauge** *f* / sodium hypochlorite bleaching liquor

Natrium·karbonat *n* / sodium carbonate, soda *n* || ≈**laurylsulfat** *n* / sodium lauryl sulphate || ≈**leukoverbindung** *f* / sodium leuco compound || ≈**metaphosphat** *n* / sodium metaphosphate || ≈**nitrit** *n* / sodium nitrite || ≈**oleat** *n* / sodium oleate || ≈**orthophosphat** *n* (Verwendung als Waschkali, zur Wasserenthärtung, als Korrekturchemikalie zum Kesselspeisewasser) / trisodium orthophosphate, trisodium phosphate || ≈**peroxid** *n* / sodium peroxide || ≈**peroxidbleichbad** *n* / sodium peroxide bleaching bath || ≈**peroxoborat** *n* / sodium perborate || ≈**peroxodisulfat** *n*, Natriumpersulfat *n* / sodium persulphate || ≈**phosphat** *n* / sodium phosphate || ≈**polyacrylat** *n* / sodium polyacrylate || ≈**pyrophosphat** *n* / sodium pyrophosphate, tetrasodium pyrophosphate || ≈**rhodanid** *n* / sodium thiocyanate || ≈**salz** *n* / sodium salt || ≈**seife** *f* / soda soap, sodium soap || ≈**sesquikarbonat** *n* / sodium sesquicarbonate || ≈**silikat** *n* / sodium silicate, waterglass *n* || ≈**stannat** *n* / sodium stannate || ≈**sulfat** *n* (Glaubersalz) / sodium sulphate || ≈**sulfid** *n* / sodium sulphide || ≈**sulfit** *n* / sodium sulphite || ≈**sulforizinoleat** *n* / sodium sulphoricinoleate || ≈**thiocyanat** *n* / sodium thiocyanate || ≈**thiosulfat** *n* / sodium thiosulphate || ≈**thiosulfatätze** *f* / sodium thiosulphate discharge || ≈**verbindung** *f* / sodium compound || ≈**wolframat** *n* / sodium tungstate || ≈**zitrat** *n* / sodium citrate

natron·alkalisch extrahieren / extract in a caustic alkaline solution || ≈**bleichlauge** *f* / caustic soda for bleaching, soda bleaching lye

Natronlauge *f* / caustic lye of soda, sodium hydroxide solution, soda lye, caustic soda solution || ≈**ätzartikel** *m* / caustic soda discharge style || ≈**entwicklungsverfahren** *n* / caustic soda developing process

natronlauge[n]echt *adj* / fast to caustic soda || ~**kochecht** *adj* / fast to caustic boiling || ≈**kochechtheit** *f* / fastness to caustic boiling

Natron·seife *f* / sodium soap, soda soap || ≈**stannat** *n* / sodium stannate || ≈**wasserglas** *n* / sodium silicate, water glass

Natté *m*, Nattébindung *f* (Gew) / natté [weave] (a basket-weave silk material for dressgoods)

Natur·... / natural *adj* || ≈**bleiche** *f* / grass bleaching, sun-bleach *n*, natural bleaching, grassing *n*

Naturell *m* (weichappretierter, leinwandbindiger Bw-Wäschestoff) / naturell *n* (plain cotton fabric)

Naturfarbe *f* / natural colour, self colour

naturfarben *adj*, naturfarbig *adj* / natural coloured *adj*, self-coloured *adj*, undyed *adj* || ~**es Garn** / beige yarn || ~**e Wolle** / undyed wool

Natur·farbstoff *m* / natural dyestuff || ≈**faser** *f* / natural fibre || ≈**fasergarn** *n* / natural fibre spun yarn || ≈**fett** *n* / natural fat || ≈**franse** *f* / unsewn fringe || ≈**glanz** *m* / natural lustre (fibres) || ≈**gummi** *n m* / natural gum || ≈**harz** *n* / natural resin || ≈**indigo** *m* / natural indigo || ≈**karde** *f* (DIN 64990) / [natural] teasel, raising teasel || ≈**kardenrauhmaschine** *f* / natural teasel raising machine || ≈**-Krumpfmaschine** *f* / natural shrinking machine || ≈**latex** *m* / natural latex || ≈**latex-Waffelschaum** *m* / natural latex layer with embossed honeycomb structure

natürlich *adj* / natural *adj*, native *adj* || ~**e Bleiche** / natural bleaching, sun bleach || ~**es Elastomer** / natural elastomer || ~**er Farbstoff** / natural dyestuff || ~**e Faser** / natural fibre || ~**e Faserfarbe** / natural fibre colour || ~**es Fett** / natural fat || ~**er Indigo** / natural indigo || ~**e Kräuselung**, natürliche Faserkräuselung / natural crimp (of fibre) || ~**es Öl** / natural oil || ~**es Pigment** / natural pigment || ~**es Polymer[isat]** / natural polymer || ~**er Schmutz** / natural soil || ~**e Schrumpfung** / natural shrinkage || ~**e Zellulose** / natural cellulose

Natur·nähfaden *m* / natural sewing thread || ≈**produkt** *n* / natural product || ≈**seide** *f* / pure silk, natural silk, real silk || ≈**seidenabfälle** *m pl* / natural silk waste || ~**seidener Schantung** / silk shantung || ≈**- und Chemiefasern** *f pl* / cellulosic and non-cellulosic fibres || ≈**wasser** *n* / natural water || ~**weiß** *adj* / naturally white

Navajo-Wolldecke *f* (handgewebte indische Decke) / Navajo blanket

NCO-Gehalt *m*, Isocyanat-Gehalt *m* (Chem) / isocyanate content, NCO content || ≈**-Reaktion** *f*, Isocyanat-Reaktion *f* / isocyanate reaction

Ne, NeB (englische Baumwollnummer, Nm ≈ NeB + 2/3) / Ne (English yarn number)

Neapelgelb *n* (ein Bleiantimonat) / Naples yellow

Nebel *m* (techn) / mist *n*, atomized spray || ~**blau** *adj* / fog blue || ~**grau** *adj* / mist grey

nebeneinander drucken / print alongside each other
Neben·faden *m* (Web) / extra thread || **˜farbe** *f* / secondary colour || **˜farbstoff** *m* / by-product dyestuff, secondary dyestuff || **˜kupplung** *f* **des Entwicklers** / secondary coupling of the developer || **˜produkt** *n* / by-product *n*, residuary product
Neck-holder *m* (Mode) / halter-neck blouse
Needle·-Bar *n*, Nadelbarre *f* / needle bar (tufting) || **˜-reinforced-Filztuch** *n* (DIN 61205) / needle-reinforced woven felt
negative Garnzuführung / negative yarn feed (needles draw off the yarn from the package as they need it)
Négligé *n* / neglige *n*, undress *n*
Neigung *f* **zum Anschmutzen** / tendency to soiling || **˜ zum Blocken** (Beschicht) / blocking tendency, tendency to block || **˜ zum Kleben** / tendency to sticking || **˜ zum Streifigfärben** / tendency to produce barry dyeings || **˜ zum Vergilben** / tendency to yellowing || **˜ zum Zusammenballen** / tendency to ball || **˜ zur Klebrigkeit** / tendency to sticking
Nelkenfarbe *f* (Pigm) / pink colour
Nenn·breite *f* / nominal width || **˜durchmesser** *m* (einer Faser) / nominal diameter || **˜länge** *f* / nominal length || **˜titer** *m* / nominal titre, initial denier || **˜wert** *m* / nominal value
Neo-Abietinsäure *f* / neo-abietic acid
Neolan *n* (Färb) / neolan *n*
Neopren *n* / neoprene *n* || **~beschichtetes Textil** / neoprene coated fabric
Nephelometrie *f* / nephelometric analysis, turbidity measurement
Nerz *m* / mink *n*
Nessel *m* / grey cotton cloth || **˜faser** *f* / grass cloth fibre, nettle fibre || **˜filtertuch** *n* / grey cotton filter cloth, muslin cloth || **˜tuch** *n* / cotton cloth, grey cotton cloth, nettle cloth, heavy-weave cotton cloth, plain-weave cotton fabric
Nestbildung *f* (Fehler) (Web) / skip formation, tangle-formation *n*, bore formation
Netto·gewicht *n* / net weight, nett weight (GB) || **˜masse** *f* / net mass
Netz *n* / mesh *n*, netting *n*, net *n* || **˜apparat** *m* / wetting apparatus, damping machine || **˜arbeit** *f* / filet work || **~artige Faserstruktur** / reticulated fibre structure || **~artiges Gewebe** / reticulated fabric || **˜bad** *n* / wetting-out bath
netzbar *adj* / wettable *adj*
Netzbarkeit *f* / wettability *n*
Netz·bildung *f* (Textdr, Defekt) / stringing *n* || **˜dauer** *f* / wetting time
netzen *v* / wet *v*, moisten *v* || ~ (Näh) / net *v* (lace), do netting || **˜** *n* / wetting *n*
Netz·fähigkeit *f* / wetting power, wetting capacity, wetting-out property || **˜festigkeit** *f* / water repellency || **˜flotte** *f* / wetting liquor, wetting-out liquor || **˜garn** *n* / net yarn || **˜gewebe** *n* / mesh fabric, netting *n*, net *n*, open-meshed fabric || **˜grund** *m* / filet ground, filet *n*, lace ground || **˜grund aus Textilien** (Kasch) / textile mesh || **˜haken** *m* / netting hook || **˜hemd** *n* / fishnet shirt || **˜hilfsmittel** *n* / wetting auxiliary || **˜kessel** *m* (Färb) / warm copper, warm vat, warm trough || **˜knüpfmaschine** *f* / bobbin net machine || **˜knüpfmaschine** (Strick/Wirk) / net tying machine, netting machine, fishnet machine || **˜kraft** *f* / wetting power, wetting capacity, wetting-out property || **˜maschine** *f* / wetting apparatus, damping machine || **˜mittel** *n* / wetting agent || **˜mittelmischung** *f* / wetting agent mixture || **˜musterung** *f* / filet pattern || **˜nadel** *f* / netting needle || **˜reck- und Knotenfixiermaschine** *f* / net stretching and setting machine || **˜reihe** *f* (Strick/Wirk) / first course, net course, starting course, ground row, initial course || **˜stoff** *m* / cellular tissue || **˜strumpf** *m* / mesh stocking, net stocking || **˜tendenz** *f* / wetting tendency || **˜trikot** *n* / mesh tricot || **˜tuch** *n* / woven net || **˜tuch** (Vliesst) / scrim *n* || **˜vermögen** *n* / wetting power, wetting capacity, wetting-out property || **˜vorgang** *m* / wetting *n* || **˜ware** *f* / filet work, netting *n*, mesh *n* || **˜webstuhl** *m* / net-making machine || **˜werk** *n* / web *n*, mesh *n*, filet work || **˜werkgarn** *n* / network yarn || **˜wirkstuhl** *m* (Strick/Wirk) / bobbin net frame || **˜wirkung** *f* / wetting action, wetting effect || **˜zahl** *f* / wetting-out figure || **˜zeit** *f* / wetting time || **˜zwirn** *m* / seine twine
neu·es Bad (Färb) / fresh bath || **˜abfall** *m* / waste from new goods || **˜-animalisieren** *n* / re-animalizing *n* (process of strengthening silk yarn by treating with a bath of phosphate of soda containing glue or casein) || **˜blau** *n* / new blue, Saxony blue, permanent blue, washing blue || **˜blauschwarz** *n* / new blue-black || **˜echtgrün** *n* / new fast grey
Neufärben *n* **fehlerhafter Stückware** / cobbling *n*
Neugrün *n* / new green, Schweinfurth green
Neuheit *f* / novelty *n*
Neu·klotzen *n* (Färb) / repadding *n* || **˜mungo** *m* / mungo from new rags || **˜rot** *n* / new red
Neuseeländer Flachs (Phormium tenax J.R. et G. Forst) / New Zealand flax, phormium *n*
Neuseelandhanf *m* / New Zealand hemp
neuseeländisch·e Baumwolle / New Zealand cotton (fibre from the bast of the ribbon tree) || **~er Hanf** / New Zealand hemp || **~er Schwingflachsabfall** / New Zealand tow || **~e Wolle**, Neuseelandwolle *f* / New Zealand wool
neutral·e Abendfarbe / neutral shade when viewed in incandescent light || **~e Alginatverdickung** / neutral alginate thickening || **~es Bad** / neutral bath || **~e Chrombeize** / neutral chrome mordant, sweet chrome mordant || **~ entwickelbare Farbstofftypen** / dyestuff types that can be developed in a neutral medium || **~e Farbe** / neutral colour || **~ färben** / dye in a neutral bath, dye neutral || **~ färbend**, neutral ziehend / neutral dyeing *adj* || **~e Färbeweise** / neutral dyeing process || **~er Farbstoff** / neutral dyestuff || **~er Farbton** / neutral tint || **~e Färbung** / neutral dyeing || **~es Medium** / neutral medium || **~es Salz** / neutral salt || **~e Seife** / neutral soap || **~e Walke** / neutral milling (GB), neutral fulling (US) || **˜dampf** *m* / neutral steam || **˜dämpf-Drucken** *n*, Neutraldämpf-Druckverfahren *n* / neutral steam printing [method] || **˜dämpfer** *m* / neutral steamer (GB), neutral ager (US) || **˜elektrolyt** *m* / neutral electrolyte || **~färbender Farbstoff** / neutral-dyeing dyestuff || **~färbender Metallkomplexfarbstoff** / neutral-dyeing metal complex dyestuff || **˜färbeverfahren** *n* / neutral dyeing process
Neutralisation *f* / neutralization *n*
Neutralisations·mittel *n* / neutralizing agent *n*,

neutralizer *n* || ²verfahren *n* / neutralization method
neutralisieren *v*(Chem) / neutralize *v* || ² *n* / neutralization *n* || ² **beim Erspinnen** / neutralizing at extrusion
Neutralisier·maschine *f* / neutralizer *n*, neutralizing machine || ²**mittel** *n* / neutralizing agent, neutralizer *n*
Neutralisierung *f* / neutralization *n*
Neutral·punkt *m* / neutral point || ²**rot** *n* (Redoxindikator) / toluylene red || ²**salz** *n* / neutral salt || ~**schwarz** *adj* / neutral black || ²**walke** *f* / neutral milling (GB), neutral fulling (US) || ~**waschecht** *adj* / fast to washing in neutral medium || ²**ziehvermögen** *n* / affinity in a neutral medium, neutral affinity
neutrophil *adj*(Färb) / neutrophil *adj*
Neutuch *n* / mungo from new rags
Neuwieder Blau *n* / blue verditer, copper blue, Bremen blue || ² **Grün** / Bremen green
Neuwolle *f* / virgin wool
Neville-Winther-Säure *f* / Neville and Winther's acid
Newmarket-Mantel *m*(ein enganliegender (langer) Mantel von Herren und Damen getragen) (Mode) / Newmarket coat
Newton *n*, N (1 kp = 9,80665 N) / Newton (N), newton (= 1 kg ms^{-2})
N-Garn *n*(Garn aus ausgeschrumpften Fasern) / non-bulky yarn
NH₃-Wasser *n*, Ammoniakwasser *n* / ammonia water
Niagaraspindel *f* / ring spindle, ring and runner, ring and traveller, ring spinning machine spindle
Nicholsen-Blau *n* / alkali blue
nicht anfärbend, nicht anschmutzend / non-staining *adj*, non-dyeing *adj*, non-discolouring *adj* || ~ **appretiert** / unfinished *adj* || ~ **ausfransend** / non-fraying *adj* || ~ **ausgehärtet** / undercured *adj* || ~ **ausgerüstet** / unfinished *adj*, undressed *adj*(of fabric) || ~ **ausschwimmend** (Färb) / non-leafing *adj* || ~ **biologisch abbaubarer oberflächenaktiver Stoff** / non-biodegradable surface active agent || ~ **blockierte Masche** (Strick/Wirk) / unblocked stitch || ~ **brennbar** / non-combustible *adj*, flameproof *adj*, incombustible *adj*, non-burning *adj* || ~ **dehnbar** / non-extensible *adj* || ~ **elastisch** / non-elastic *adj*, inelastic *adj* || ~ **entflammbar** / non-flammable *adj* || ~ **fasernd** / free from lint || ~ **fixiert** / unfixed *adj*, unset *adj* || ~ **gekräuselt** / crimp-free *adj* || ~ **gekräuseltes Spinnkabel** / uncrimped tow || ~ **giftig** / non-poisonous *adj*, non-toxic *adj* || ~ **klebend** s. nichtklebend || ~ **„klebender" Unterrock** / cling-resist slip || ~ **klebrig** (Beschicht) / tackfree *adj* || ~ **klumpend** / non-agglomerating *adj* || ~ **knitternd** / crease-resistant *adj*, creaseproof *adj*, crease resisted, non-creasable *adj* || ~ **löslich** / insoluble *adj* || ~ **maschengerade Fixierung** / distortion of the mesh structure || ~ **metamer** (Kol) / non-metameric *adj* || ~ **metamere Färbungen** *f pl*(Kol) / non-metameric dyeings || ~ **mischbar** / non-miscible *adj* || ~ **moiriert** (Web) / unwatered *adj* || ~ **rapporthaltig** / off-register *adj* || ~ **schädigend** / non-tendering *adj* || ~ **starr** / non-rigid *adj* || ~ **umsponnen** / bare *adj*(of filament) || ~ **verfärbend** / non-discolouring *adj*, non-staining *adj* || ~ **verfilzend** / non-felting *adj* || ~ **vergilbend** / non-yellowing *adj* || ~ **verseifbar** / non-saponifiable *adj* || ~ **verstärkte Strumpfsohle** (Strumpf) / plane between heel and toe || ~ **viskos** / nonviscous *adj* || ~**angetriebene Walze** / idle roll(er) || ~**aromatisch** *adj* / non-aromatic *adj* || ~**auslaufend** *adj*(Färb) / non-bleeding *adj*
nichtautomatisch·e Kreuzspulmaschine (DIN 62511) / non-automatic cheese winder, non-automatic cone winder || ~**er Webstuhl** / non-automatic loom
nicht·bauschendes Garn / non-bulky yarn || ~**blutend** *adj*(Färb) / non-bleeding *adj* || ~**elastische, gerade Wollfaser** / broad wool || ~**entbastetes Seidengarn** / grège [silk] (silk thread) || ~**entflammbar** *adj* / non-flammable *adj* || ~**entflammbarer Stoff** / non-flammable material || ²**entflammbarkeit** *f* / non-flammability *n*, flameproofness *n* || ~**färbend** *adj* / non-dyeing *adj*, non-staining *adj* || ²**faser-Gehalt** *n*(einer Bw-Partie) / non-lint content || ~**feststellbarer Schieber** (Reißv) / non-locking slider || ~**fettend** *adj* / greaseless *adj* || ~**fettig** *adj* / non-greasy *adj* || ~**filzend** *adj* / non-felting *adj* || ~**flüchtig** *adj* / nonvolatile *adj* || ~**gelierende Formierung** / non-gelatinizing formulation || ~**gewebt** *adj* / nonwoven *adj*, non-woven *adj* || ~**gewebter Teppich** / nonwoven carpet || ~**haltbare Ausrüstung** / non-durable finish
nichtionisch *adj* / non-ionic *adj* || ~**er Farbstoff** / non-ionic dyestuff || ~**e grenzflächenaktive Verbindung** / non-ionic surfactant, non-ionic surface-active agent || ~**e oberflächenaktive Stoffe** *m pl* / non-ionics *pl*, non-ionic surfactants || ~**es Tensid** / non-ionic surfactant, non-ionic surface-active agent
nichtionogen *adj* / non-ionic *adj* || ~**es oberflächenaktives Dispergiermittel** / non-ionic surface-active dispersing agent || ~**es Waschmittel** / non-ionic detergent (used to increase penetration, wetting action and detergent action) || ~**er Weichmacher** / non-ionic softener
Nicht·karbonathärte *f*(des Wassers) / permanent hardness || ~**klebend** *adj*(allg) / non-adhesive *adj* || ~**klebend** *adj*(Beschicht) / free from tackiness, tack-free *adj* || ~**kristallin** *adj* / amorphous;adj. *adj* || ~**leitendes Material** / dielectric material || ²**lösemittel** *n*, Nichtlöser *m* / non-solvent *n* || ~**metallisch** *adj* / non-metallic *adj* || ²**netzer** *m* / nonwetter *n* || ~**öffnende Falte** / mock pleat || ~**oxydierend** *adj* / non-oxidizing *adj*, non-rusting *adj* || ~**polares Lösungsmittel** / non-polar solvent || ~**porös** *adj* / non-porous *adj* || ²**schädiger** *m* / non-tendering substance || ~**schrumpfend** *adj* / non-shrinking *adj*, unshrinkable *adj*, shrinkproof *adj*, shrink-resistant *adj* || ~**staubender Farbstoff** / de-dusted dyestuff, non-dusting dyestuff || ~**strickende Einstellung** (Strick/Wirk) / float position || ~**strickende Nadel** (Strick/Wirk) / floating needle, non-knitting needle, missing needle || ²**strick-Position** *f* **der Nadel** (Strick/Wirk) / welt position || ²**strick-Stellung** *f* / non-knitting position || ~**teilbarer Reißverschluß** / non-separable zipper || ~**texturiert** *adj* / non-textur[iz]ed *adj* || ~**toxisch** *adj* / non-toxic *adj*, non-poisonous *adj* || ~**trocknend** *adj* / non-drying *adj* || ~**trocknendes Öl** / non-drying oil || ~**verspinnbar** *adj*(Faser) / non-spinnable *adj*, non-spinning *adj*, unworkable *adj* || ~**wandernd** *adj*(Färb) / non-migrating *adj* || ~**wandernder**

Weichmacher (Beschicht) / non-migrating plasticizer || ~wasserlöslich *adj* / water-insoluble *adj* || ~wäßrig *adj* / anhydrous *adj*, non-aqueous *adj* || ~wäßrige Lösung / non-aqueous solution || ~wäßriges Medium / non-aqueous medium || ~-weiße Wolle / black wool

Nickel *n* / nickel *n* || **≗acetat** *n* / nickel acetate || **≗beize** *f* / nickel mordant || **≗drahtgewebe** *n* / nickel gauze || **~grün** *adj* / nickel-green *adj* || **≗oxidammoniak** *n* / nickel oxide ammonia || **≗verbindung** *f* / nickel compound

Nicki *m* (Mode) / cut-pile sweater

Niederdruck·beuchkessel *m* / low-pressure kier || **≗polyäthylen** *n* / high-density polyethylene (HDPE) || **≗-Polyäthylen-Endlosfadenmaterial** *n* / high-density polyethylene filament || **≗-Stranggarnfärbemaschine** *f* / low-pressure hank dyeing machine

Niederfuß *m* (Strick/Wirk) / low butt, short butt || **≗nadel** *f* (Strick/Wirk) / low butt needle, short-shanked needle, short-heel needle, short butt needle || **≗platine** *f* / low butt wire

Niederhalteplatine *f* (Strick/Wirk) / [holding-down] sinker

niederländischer Flachs / white Dutch

Niederschlag *m*, Bodensatz *m* (chem) / deposit *n*, sediment *n*, precipitate *n*, sedimentation *n*, precipitation *n*

niederschlagen *v* / precipitate *v* || **≗** *n* / precipitation *n*, sedimentation *n*

Niederzug *m*, Niederzugvorrichtung *f* (Web) / lowering mechanism, underspring motion

niedrig·e Denierzahl / low denier || **~er Flor** / low pile || **~e Garnnummer** / low count of yarn || **~er Webstuhl** / low-built loom || **~belastbares Vlies** / light-duty nonwoven || **~florig** *adj* / low-piled *adj* || **~siedend** *adj* / low-boiling *adj* || **≗temperaturfärben** *n* / dyeing at low temperatures || **~touriger Webstuhl** / normal loom

Nierennuß *f* / cashew nut

Nierenschützer *m* / kidney pad

Niet[en]hose *f* / jeans *pl*

Nigrosin *n* (Färb) / nigrosine *n*

Nikotinfleck *m* / nicotine stain

nil·blau *adj* / Nile-blue *adj* || **~grün** *adj* / Nile-green *adj*

Ninhydrin *n* / ninhydrin *n*

Ninon *m* / ninon *n* (sheer nylon or rayon fabric used for curtains), triple voile

Nip *m* / nip *n* (flax spinning)

Nisse *f* (Fehler) (Spinn) / nep *n*

nissen·arm *adj* / non-neppy *adj* || **≗bildung** *f* (Fehler) / nep formation || **≗kennzahl** *f* / neppiness index || **~reich** *adj* / neppy *adj* || **≗zählgerät** *n* / nep counter, slub counter

nissig *adj* / neppy *adj*

Nitranilin *n* / nitraniline *n*

Nitrat *n* / nitrate *n* || **≗ätze** *f* / nitrate discharge || **≗beize** *f* / nitrate mordant || **≗gemisch** *n* / nitrated mixture || **≗kunstseide** *f* / nitro[cellulose] rayon, chardonnet rayon (is no longer produced)

Nitrator *m* / nitrating apparatus, nitrator *n*

Nitrat·seide *f* / nitrocellulose silk, nitro silk || **≗weißätze** *f* / nitrate white discharge || **≗zellulose** *f* / cellulose nitrate *n* || **≗zelluloseseide** *f* / nitro[cellulose] rayon, chardonnet rayon (is no longer produced)

Nitrier·anlage *f* / nitrating plant || **≗apparat** *m* / nitrating apparatus, nitrator *n*

nitrieren *v* / nitrate *v*, nitrify *v*

Nitrierer *m* / nitrating apparatus, nitrator *n*

Nitrier·gefäß *n* / nitrator *n* || **≗gemisch** *n* / nitrating mixture || **≗gut** *n* / nitrated charge || **≗produkt** *n* / nitration product || **≗säure** *f* / nitrating acid || **≗trog** *m* / nitration vat

Nitrierung *f* / nitration *n*

Nitrierungsprodukt *n* / nitration product

Nitril·faser *f* / nitrile fibre || **≗gummifaser** *f* / nitrile rubber fibre || **≗latex** *m* / nitrile latex

Nitrit *n* / nitrite *n* || **≗verfahren** *n* (Färb) / nitrite method, nitrite process

Nitro·abkömmling *m* / nitro derivative || **≗anilin** *n* / nitroaniline *n* || **≗äthan** *n* / nitroethane *n* || **≗benzaldehyd** *m* / nitrobenzaldehyde *n* || **≗benzoesäure** *f* / nitrobenzoic acid || **≗benzol** *n* / nitrobenzene *n* || **≗benzolkarbonsäure** *f* / nitrobenzoic acid || **≗chlorbenzol** *n* / nitrochlorobenzene *n* || **≗derivat** *n* / nitro derivative || **≗farbstoff** *m* / nitro dyestuff || **≗gruppe** *f* / nitro group || **≗harnstoff** *m* / nitrourea *n* || **≗körper** *m* / nitro derivative || **≗lack** *m* / nitrocellulose lacquer || **≗methan** *n* / nitromethane *n* || **≗phenol** *n* / nitrophenol *n* || **≗phenylessigsäure** *f* / nitrophenyl acetic acid || **≗salizylsäure** *f* / nitrosalicylic acid

Nitrosamin *n* / nitrosamine *n* || **≗rot** *n* / nitrosamine red

Nitroseide *f* / nitrocellulose silk, nitro silk

Nitroso·blau *n* / nitroso blue || **≗farbstoff** *m* / nitroso dyestuff || **≗verbindung** *f* / nitroso compound

Nitro·stärke *f* / nitrostarch *n* || **≗toluol** *n* / nitrotoluene *n* || **≗verbindung** *f* / nitro-compound *n*

Nitrozellulose *f* / nitrocellulose *n*, pyroxylin[e] *n*, cellulose nitrate || **≗appretur** *f* / nitrocellulose finish || **≗lack** *m* / nitrocellulose lacquer || **≗seide** *f* / nitrocellulose silk, nitro silk

Nitschel·hose *f* (Spinn) / rubbing leather, rubber [leather] || **≗hose für die Streichgarnspinnerei** (DIN 64119) / sleeve for carded yarn carding machine || **≗hose für Florteiler an Streichgarnkrempel** (DIN 64119) / rubbing leather for divider at woollen card || **≗hub** *m* (Spinn) / traverse of the rubbing leathers || **≗hub an dem Finisseur** / rubber traverse on the finisher || **≗leder** *n* (Spinn) / rubbing apron leather

nitscheln *v* (Spinn) / rub *v* || **≗** *n* (Spinn) / rubbing *n*

Nitschel·strecke *f* (Spinn) / apron frame, rubbing drawer, rubbing frame, rubber drawing, bobbin drawing || **≗verfahren** *n* / rubber drawing system || **≗walze** *f* (Spinn) / rubbing roller, traversing condenser roller, top roller || **≗werk** *n*, Nitschler *m* (Spinn) / rubber condenser, rubbing section, rubber gear, rotafrotteur *n*, rubbing leathers *pl*

Niveau *n* / level *n*

NKW (Naßknittererholungswinkel) / wet crease recovery angle

Nm (internationale Nummer) (Spinn, Web) / metric count, international count

NN-Verfahren *n* (naß-in-naß Auftrag) / wet-on-wet process

Noble·-Kämmaschine *f* / Noble comber || **≗-Kämmen** *n* / Noble combing

Nocke *f*, Nocken *m* / tappet *n*

Nocken·scheibe *f* / cam disc || **≗welle** *f* / camshaft *n*

No-iron·-... (in Zssg.) / non-iron *adj* || **≗-Ausrüsten** *n* / no-iron finishing, non-iron finishing || **≗-**

Ausrüstung f / no-iron finish, non-iron finish || ≈-**Effekt** m / no-iron effect, non-iron effect
Noir-Reduit n (Färb) / noir réduit
Nominaltiter m / nominal titre
Non-dyeing-Fasertype f (für das Differential-Dyeing-Verfahren) / non-dyeing fibre type, fibre type N
Non-Fluid-Oil n / non-fluid oil
Nonionics pl / non-ionics pl, non-ionic surfactants
non-leafing adj, nicht ausschwimmend adj (Färb) / non-leafing adj
Nonnen·haube f / coif n || ≈**schleier** m / nun's veil, wimple n || ≈**schleiertuch** n / nun's veiling
Non-run-Rechen m **für maschenfeste Ware** (Strick/Wirk) / non-run bar for ladderproof knitgoods
Non-torque-Eigenschaften f pl / non-torque properties
Non-Torque-Verfahren n / non-torque process (crimped yarn)
Nonwoven n (Vliesstoff) / nonwoven [fabric], formed fabric (US), bonded fibre fabric, adhesive-bonded fabric, fibre fleece, fibrous web, fibre sheet
Nonylalkohol m / nonyl alcohol
Noppe f / knop n, burl n, knob n, nub n, knot n, slub n || ≈ (Fehler) / nep n || ≈ **des Schnittpolteppichs** (Tepp) / tuft n || **mit** ≈**n** / nubby adj, neppy adj
Noppeisen n, Noppeneisen n / [cloth] burling iron, weaver's tweezers pl, weaver's nippers
noppen v (Noppen bilden) / nep v, knop v || ~ (Noppen einweben) / weave nops into, knop v || ~ v (Noppen entfernen) (Web) / pick v, pinch v, cull v, burl v || ~ v (rauhen) (Tuch) / ruff v, nap v, nep v || ≈ n, Rauhen n / napping n, nepping n || ≈ (Noppenentfernung) / burling n, pinching n, picking n, culling n || ≈ (Noppenbildung) / knopping n, nepping n || ≈**anfall** m / nep potential || ≈**ausreißfestigkeit** f / pile tear resistance || ≈**behälter** m (Spinn) / knop box || ≈**bildung** f / knob formation, knop formation || ≈**bildung** (Krempelband) / nepping n || ~**decken** v / speck-dye v, burl-dye v || ≈**decken** n / speck-dyeing n, burl-dyeing n, inking n || ≈**deckfarbe** f / burl dye || ≈**deckung** f (Färb) / burl covering || ≈**dichte** f / knops per unit of surface, knop density || ≈**effekt** m (Spinn) / knop effect || ≈**farbe** f / burl dye || ~**färben** v / burl-dye v, speck-dye v || ≈**färben** n, Noppenfärbung f / speck-dyeing n, burl-dyeing n, inking n || ≈**festigkeit** f (Tepp) / tuft anchorage || ≈**garn** n / knop yarn, neppy yarn || ≈**garn mit leuchtenden Farbfleckchen** / knickerbocker yarn || ~**gedecktes Tuch** / burl-dyed fabric || ~**gefärbter Stoff** / inked cloth (speck-dyed cloth, to cover up specks caused by vegetable matter in them) || ≈**gewebe** n / knopped fabric, slubby fabric || ≈**größe** f / nep size || ≈**höhe** f (Web) / height of the loops || ≈**längsreihe** f / tuft column || ≈**muster** n / nep pattern, slubby pattern, noppy pattern || ≈**[nach]färben** n / speck-dyeing n, burl-dyeing, inking n || ≈**prüfgerät** n / nep tester || ≈**querreihe** f / tuft row || ≈**rahmen** m / burling frame || ≈**retuschieren** n / speck-dyeing n, burl-dyeing, inking n || ≈**schere** f / scissors for removing burls and knots || ≈**schuß** m / nap weft || ≈**schwarz** n / burl black || ≈**stift** m / burling crayon || ≈**stoff** m / knopped fabric, slubby fabric || ≈**streuvorrichtung** f (Spinn) / slub distribution apparatus, random slub scattering mechanism || ≈**strickmaschine** f (Strick/Wirk) / knop knitting frame || ≈**tweed** m / knopped tweed, tweed with slubs || ≈**verankerung** f (Tepp) / tuft anchorage || ≈**viskosefilamentgarn** n / rayon knop yarn || ≈**zahl** f (Tepp) / loops per unit area || ≈**zähler** m, Noppenzählgerät n / nep counter, slub counter || ≈**zwirn** m / knop ply yarn, knotty twist, slub ply yarn
Noppfarbe f / burl[ing] ink
noppig adj / knoppy adj, neppy adj, napped adj, slubby adj, nubby adj || ~**es Garn** / neppy yarn
Noppigkeit f / slubbiness n || ≈ (unerwünscht) / nep count
Nopp·maschine f / [cloth] burling machine || ≈**nadel** f / [cloth] burling needle || ≈**rahmen** m / cloth burling frame || ≈**tinktur** f / burl[ing] ink || ≈**tisch** m / burling table || ≈**zange** f / burling tweezers, weaver's tweezers pl, cloth burling iron, burling iron, weaver's nippers
nordischblau adj / peasant blue
Nordlicht, normales ≈ / daylight which is incident from northerly direction
Norfolk-Schnitt m (Mode) / Norfolk style
normal·er Begehschmutz m / normal soil(ing) || ~**es Geflecht** / regular braid || ~**e Größe** / standard size || ~**er Köper** / normal twill || ~**e Nachbehandlung** / normal finish || ~**es Nordlicht** / daylight which is incident from northerly direction || ~**er Patentrand** (Strick/Wirk) / ordinary welt || ~**er Sattlerstich** / regular saddle stitch || ~**e Scheuerfestigkeit** / flat abrasion resistance || ≈**ausrüstung** f / standard finish || ≈**bad** n / standard bath || ≈**bedingungen** f pl (Matpr) / standard conditions || ≈**drehung** f / standard twist || ≈**farbton** m / standard shade || ≈**fasertypen** f pl / normal fibre types (fully-shrunk fibres) || ≈**ferse** f (Strumpf) / standard heel || ~**feste Faser** / normal-tenacity staple || ≈**größe** f / standard size || ≈**klima** n (rel. Feuchtigkeit 65 ± 2%, Temperatur 20 ± 2°C) (Matpr) / standard atmosphere, standard climate, standard conditions pl || ≈**köper** m / regular twill (twill weave which moves one warp thread to the left or right at every pick) || ≈**kulierung** f (Strick/Wirk) / rib timing || ~**lange Socke** / normal sock || ≈**lichtart** f / standard source of light || ≈**lösung** f / standard solution
Normalnetz-Cottonstrumpf m (Strumpf) / half-point transfer structure, spread-loop structure, non-run hose lace style, 1 in / 3 out
Normal·salz n / neutral salt || ≈**socke** f / normal sock || ≈**strumpf** m / standard stocking || ≈**temperatur** f / normal temperature || ≈**ton** m / standard shade || ≈**tontiefe** f / standard depth [of shade] || ≈**ware** f / standard commercial quality || ≈**ware** (Färb) / standard concentration || ≈**weiß** n / normal white
Norm-Fade-o-meter-Stunde f / SFH (Standard Fade-o-meter Hour)
Normfarbe f / standard ink for multicolour printing
Normfarbwert m (DIN 5033) / CIE tristimulus value || ≈**anteil** m / chromaticity coordinate, trichromatic coefficient, CIE chromaticity coordinate, chromaticity value
Norm·klima n (Matpr) / standard atmosphere, standard climate, standard conditions pl || ≈**klimabedingungen** f pl / atmospheric standard conditions || ≈**lichtart** f (Kol) / illuminant n || ≈**lichtart A** (Glühlampenlicht) / illuminant A (incandescent lamp light) || ≈**lichtart C** (Tageslicht) / illuminant C (daylight) || ≈**spektralwertkurve** f / CIE spectral distribution

curve || ²vorspannkraft *f*(Spinn) / standard pretension || ²zustand *m* / standard condition
Norweger Tuch *n* / Norwegian jersey cloth || **²pullover** *m* / Scandinavian-type sweater
norwegische Handstrickwolle / Norwegian yarn
No-Torque-Garn *n* / no-torque yarn
Notverband *m* / field dressing
Nouveauté *f* / novelty *n* || **²waren** *f pl* / fancy goods, fancy articles || **²weberei** *f* / novelty weaving
N-Typ *m* (Faser) / N-type of fibre (non-shrinking)
Nuance *f* / shade *n*, cast *n*, hue *n*, tint *n*, tone *n*, nuance *n* || **[helle] ²** / tint *n*, tinge *n* || **[dunkle] ²** / hue *n*
Nuancen·abstufung *f* / gradation of shades || **²abweichung** *f* / colour difference, deviation in shade || **²palette** *f* / range of shades || **²skala** *f* / range of shades || **²veränderung** *f*, Nuancenverschiebung *f* / change of shade
nuancieren *v* (Färb) / shade *v*, tint *v*, tinge *v*, tone *v* || **²** *n* (Färb) / shading *n*, toning *n*, tinting *n*
nuancierender Farbstoff / toning dyestuff, shading dyestuff
Nuancier·farbe *f* / topping colour || **²farbstoff** *m* / shading dyestuff, toning dyestuff || **²komponente** *f* / shading component || **²salz** *n* / shading salt || **²-Schwarz** *n* (Färb) / shading black || **~starke Farbe** / high-yield colour
Nuancierung *f* (Färb) / tinting *n*, shading *n*, toning *n* || **²** (Farbton) / shade *n*, tint *n*, tinge *n*
Nuancierungsfarbstoff *m* / shading dyestuff, toning dyestuff
Nuancierzusatz *m* / shading addition, dye corrective
Nuf-Matte *f* (Endlosmatte mit parallelliegenden Spinnfäden) / NUF (Non-woven Unidirectional Fiberglass) mat
nukleophile Reaktion (Färb) / nucleophilic reaction
Null·draht *m*, Nulldrehung *f* / zero twist *n* || **²methoden-Drehungsprüfung** *f* / test by twist-untwist method (yarn)
Numdah *m* (indischer Filzteppich) (Tepp) / Numdah *n*
Numerierungsart *f* / counting system
Nummer *f*, Garnnummer *f* / count *n*, yarn count || **² im Colour Index** / Colour Index number
Nuß *f* (Web) / little pulley || **~braun** *adj* (RAL 8011) / nut-brown *adj*, hazel *adj*
Nüßchen *n* (Strick/Wirk, Web) / feeder *n*, feeder wheel, measuring wheel
Nuß·öl *n* / nut-oil *n* || **²schale** *f* (Färb) / walnut husk, walnut peel
Nut *f* (allg) / groove *n*
Nuten·trommel *f* / cam cylinder || **²zylinder** *m* / grooved cylinder
nutria *adj* / nutria *adj* || **²haar** *n* / nutria hair
Nutsche *f* / filter strainer, vacuum filter, suction filter
nutschen *v* / filter [by means] of suction, filter by means of vacuum
nutzbare Wärme / effective heat
Nutz·breite *f* (Tuchh) / effective width, working width || **²faser** *f* (Tepp) / face yarn || **²länge** *f* / effective length
Nylflockgewebe *n* / nylflock fabric
Nylon *n* (Polyamid) / nylon *n* (polyamide) || **²chiffon** *m* / nylon chiffon || **²farbstoff** *m* / nylon dyestuff || **²faser** *f* / nylon fibre, polyamide fibre || **²filz** *m* / nylon felt || **²gewebe** *n* / nylon fabric || **²hemd** *n* / nylon shirt
nylonisieren *v* / nylonize *v*
Nylon·kurzfaser *f* / nylon staple || **²-Moulinézwirn** *m* / thrown nylon yarn || **²ringläufer** *m* / nylon traveller || **²seil** *n* / nylon rope || **²strumpf** *m* / nylon hose || **²strümpfe** *m pl* / nylons *pl* || **²trikot** *m* / nylon knitted fabric || **²tüll** *m* / nylon tulle || **~verstärkt** *adj* / nylon-reinforced *adj*

O

o-Aminoazotoluol *n* / orthoaminoazotoluene *n*
o-Aminobenzoesäure *f* / anthranilic acid, orthoaminobenzoic acid
o-Anisidin *n* / orthoanisidine *n*
Oben-ohne-Badeanzug *m* / topless bathing suit
ober·er Abschlagplatinenschloßring (Strick/Wirk) / top sinker cam || ~**e Abstellvorrichtung** (Web) / top stop motion || ~**es Endstück** (Reißv) / top stop || ~**er Fadenwächter** (Web) / top stop motion || ~**er Flüssigkeitsbehälter** / top liquor vessel || ~**e geriffelte Stahlabzugswalze** / knurled steel upper take-up roller || ~**es Gewebe** / top fabric || ~**er Kettbaum** / top beam || ~**es Kleidungsstück** / overgarment *n* || ~**e Klotzwalze** (Färb) / upper padding bowl || ~**es Putzbrett** (Spinn) / top clearer board || ~**es Putzbrett des Streckwerks** (DIN 64050) / top clearer board of drafting arrangement || ~**es Reißverschlußendstück** (Reißv) / top stop || ~**er Schloßmantel** (einer Doppelzylindermaschine) (Strick/Wirk) / top cam box ring, top cam section ring (of double cylinder machine) || ~**es Übergabeschloß** (Strick/Wirk) / top transfer cam || ~**e Zangenbacke** (Spinn) / top nipper || ~**er Zylinder** / top cylinder (double cylinder machine) || ≗**ärmel** *m* / upper sleeve
oberbauloser Webstuhl / low-built loom
Oberbekleidung *f* / outerwear *n*, outer garments *pl* || ≗ **aus kaschierten Geweben** / laminated outer garments || ≗ **aus Maschenware** / knitted outerwear
Oberbekleidungs·sektor *m* / outerwear garment sector || ≗**strickmaschine** *f* / outerwear knitting machine
Ober·decke *f* / top blanket (bedding) || ≗**fach** *n* (Web) / top shed, upper shed || ≗**faden** *m* / face thread, needle thread, face yarn, upper thread || ≗**fadenspannung** *f* / needle thread tension || ≗**fadenspannungssteuerung** *f* (Näh) / needle thread tension control
Oberfläche *f* / surface *n*, surface area
Oberflächen·abdeckung *f* (Tepp) / surface cover factor || ≗**adsorptionsmenge** *f* / surfacial adsorption quantity
oberflächenaktiv *adj* / surface-active *adj*, active in lowering surface tension || ~**es Mittel**, oberflächenaktiver Stoff, oberflächenaktive Substanz / surface-active agent, surfactant *n* (contraction of "surface-active agent") || ~**e Verbindung** / surface-active compound
Oberflächen·aktivität *f* / surface activity || ≗**appretur** *f* / surface finish || ≗**appreturmittel** *n* / surface finish agent || ≗**ausrüstung** *f* / surface finish || ~**behandelt** *adj* / topically treated || ≗**behandlung** *f* / surface treatment || ≗**behandlung zum Flammfestmachen von Fasern** / topical treatment to make fibres flame-resistant || ≗**benetzung** *f* / surface wetting || ≗**beschaffenheit** *f* / surface properties *pl* || ≗**bild** *n* / surface image || ≗**brand** *m* / surface burning (burning behaviour of textiles) || ≗**charakter** *m* / surface characteristics *pl* || ≗**chemie** *f* / surface chemistry || ≗**färben** *n* / surface dyeing || ≗**glätte** *f* / surface smoothness || ≗**gleitfähigkeit** *f* (Fasern) / surface slidability || ≗**größe** *f* / surface area || ≗**helligkeit** *f* / intrinsic brightness || ≗**hydrophobierung** *f* / surface waterproofing || ≗**matte** *f* (Vliesst) / overlay *n* || ≗**prägung** *f* / embossing of the surface || ≗**rauhigkeit** *f* / surface roughness || ≗**reibung** *f* / surface friction || ≗**ruhe** *f* (der Ware) (Färb) / good surface appearance || ≗**schicht** *f* (Tepp, Kasch) / surface layer || ≗**schutz** *m* / surface protection || ≗**spannung** *f* / surface tension || ≗**störungen** *f pl* (Färb) / surface irregularities || ≗**struktur** *f* / surface structure, surface texture || ≗**struktur** (Web) / figured surface || ≗**trockenheit** *f* / surface dryness || ≗**trockner** *m* / surface drier || ≗**unruhe** *f* (der Ware) (Färb) / poor surface appearance (of goods) || ≗**veredlung** *f* (Beschicht) / face finish, surface finish, surface styling || ≗**veredlungsmittel** *n* / surface finish agent || ≗**veredlungsverfahren** *n* **für Textilien** / process for refining textile surfaces || ≗**verfestigung** *f* (Vliesst) / surface bonding || ≗**vlies** *n* / surfacing mat (textile glass) || ≗**wasser** *n* / surface water || ≗**wolkigkeit** *f* (Beschicht) / surface cloudiness
oberflächig·e Faserverseifung / superficial soaping of the fibres || ~**es Verseifen**, oberflächliches Verseifen / surface saponification
Ober·flottenjigger *m* / surface jig, open jig, ordinary jig || ≗**garn** *n* (Web) / upper yarn || ≗**garn** (Näh) / needle thread || ≗**gewebe** *n* / face cloth || ≗**greifer** *m* (Näh) / looper *n* || ≗**haar** *n* / kemp *n* || ≗**hemd** *n* / shirt *n* || ≗**kette** *f* / face warp, pile *n*, nap warp, pile warp, poil (Fr) *n* || ≗**kettfaden** *m* / face warp thread || ≗**lage** *f* (Gew) / top ply || ≗**länge** *f* **des Strumpfes** (Strumpf) / straight part of the panel || ≗**längen** *m* (Strumpf) / upper leg || ≗**litze** *f* (Web) / sleeper *n* || ≗**messer** *n* (Strick/Wirk) / top blade, upper knife, upper blade || ≗**nähfaden** *m* / upper needle thread || ≗**rand** *m* (Strick/Wirk) / welt *n* || ≗**randverstärkung** *f* / welt splicing || ≗**riemchen** *n* **des Streckwerks** (DIN 64050) / top apron of drafting arrangement || ≗**riemchenhalter** *m*, Oberriemchenkäfig *m* des Streckwerks (DIN 64050) / cradle *n* (drawing system), top apron cradle || ≗**rock** *m* / overskirt *n* || ≗**schicht** *f* (Kasch) / skin coat, top finish, top coat || ≗**schicht** (Beschicht) / surface layer || ≗**schiene** *f* (Strick/Wirk) / upper bar
Oberschlag *m* (Web) / overpick *n* || ≗**picker** *m* (Web) / overpick picker || ≗**puffer** *m* (Web) / overpick buffer || ≗**stuhl** *m*, Oberschlagwebstuhl *m* / overpick loom, upper pick loom
Ober·schlinge *f* / upper loop || ≗**schuß** *m* (Web) / face filling, face weft, face pick || ≗**schußfaden** *m*, Oberschußgarn *n* / face weft thread, upper weft thread || ≗**seite** *f* / right side, upper side, face (of fabric) *n*
oberst·e Faserschicht / exterior layer of the fibres || ~**e Lage** (Kasch) / overlay *n* || ~**er Platinenfuß** / top butt
Ober·stoff *m* / face fabric, outerfabric, shell *n* (contrast to lining), exterior layer || ≗**teil** *n* (Strumpf) / body *n* (tights) || ≗**transport** *m* (Näh) / top feed || ≗**transporteur** *m* (Näh) / vibrating presser || ≗**transportvorschubsteuerung** *f* (Näh) / top feed control || ≗**trikotagen** *f pl* / knitted sets || ≗**tritt** *m* / upper treadle motion || ≗**tuch** *n* / top cloth || ≗**- und Unterwalze** *f* / drafting roller || ≗**walze** *f*, obere Walze (Spinn) / top roller, upper roller || ≗**walzenbelastung** *f* / top roller loading || ≗**walzenführung** *f* (Spinn) / top roller guide || ≗**ware** *f* / top web || ≗**wasserjigger** *m* / surface jig, open jig, ordinary jig || ≗**weite** *f* / bust [size] *n* || ≗**wolle** *f* / back wool, spine wool, best quality wool

|| ²zange f / nipper knife
Obi n (kunstvoller Gürtel zum japanischen Kimono) / obi n
Objekt·geschäft n (Tepp) / contract carpeting || **für Einsatz auf dem ²sektor** / for private and/or institutional use || **²teppich** m / contract carpet
Obst[saft]fleck m / fruit stain
ochsblut adj, ochsblutrot adj / oxblood-red adj
ocker adj / ochre-coloured adj || ² m / ochre n (GB) || **~braun** adj (RAL 8001) / ochre brown adj || **~farben** adj, ockerfarbig adj / ochre-coloured adj || **~gelb** adj / yellow ochre
Octadecylisocyanat n / octadecyl isocyanate
Odorans n, Odoriermittel n, Odor[is]ierungsmittel n / odorant n
OE·-Garn n, Offen-End-Garn n / open-end yarn || **²-Rotor** m / open-end rotor || **²-Rotorspinnen** n / open-end rotor spinning || **²-Spinnen** n / open-end spinning, OE spinning || **²-Spinnerei** f (Anlage) / open-end spinning mill || **²-Spinnmaschine** f / open-end spinning machine || **²-Spinnverfahren** n / open-end spinning, OE spinning
O-Fading n, Ausbleichen durch Ozon / o-fading n
ofen·getrocknet adj / oven-dried adj || **²ruß** m, Ofenschwarz m / furnace black || **~trockener Zustand** / oven-dry condition || **²trocknung** f / oven drying, forced drying
offen·er Abkochapparat (Ausrüst) / open kier || **~ abkochen** / open boil || **~es Abkochen** / open boil || **~e Abkochkufe** / open-type boiling vat || **~e Abkochkufe mit Zirkulation durch Düsen** / open-type boiling vat with liquor circulation by jets || **~e Abkochkufe mit Zirkulation durch Pumpe** / open-type boiling vat with liquor circulation by pump || **~er Bleichapparat** (DIN 64950) / open bleaching vessel || **~e Dampfkammer** / open box, open steaming box || **~e Druckfläche** (Siebdr) / non-lacquer covered area || **~e Druckfläche** (Textdr) / open area || **~ eingestelltes Gewebe** / fabric of open structure || **~es Expansionsgefäß** / open expansion tank || **~es Fach** (Web) / clear shed || **~er Färbeapparat** / open dyeing apparatus || **~er Färbeapparat mit Säurenachsatz** / open dyeing apparatus with acid addition || **~es Garn** / lofty yarn, open yarn || **~er Garnfärbeapparat** / open yarn dyeing machine || **~es Gewebe** / open fabric, loosely woven fabric, open structure fabric, open weave || **~e Gewebestruktur** / open fabric structure || **~ gewebt** / loosely woven, loosely constructed || **~ gewebtes Gewebe**, offen konstruiertes Gewebe / loosely woven fabric || **~er Kettenstich** / open chain stitch || **~e Kufe** / open roller beck || **~e Legung** / open lap || **~e Masche** / open stitch, open lap || **~es Maschenbild** / open-knit n || **~e Musterstelle** / open area of the design || **~e Nadelzunge** (Strick/Wirk) / open latch || **~er Nebenkreislauf der Flotte** / secondary open circuit of the liquor || **~es Nüßchen** (Strick/Wirk) / open feeder, open hook || **~es Rückenfutter** / half lining || **~e Stoffkanten** f pl (Näh) / bluffed edges || **~e Stückfärbemaschine** / open piece-dyeing machine || **~e Trikotlegung** (0-1/2-1) / cotton lap || **~e Tuchlegung** (0-1/3-2) / silk lap || **~es verzweigtes Molekül** / branched chain molecule || **~e Wicklung** / open wind
Offen-End·-Garn n / open-end yarn || **²-Spinnen** n / open-end spinning, OE spinning || **²-Spinnmaschine** f (DIN 64100) / open-end spinning machine, OE spinning machine
Offen·fach n (Web) / open shed || **²fachmaschine** f / open-shed machine || **²fach-Schaftmaschine** f / open-shed dobby || **~kantig** adj (Tuch) / without selvedge || **~maschig** adj / open-mesh adj || **~porig** adj, offenzellig adj / open-cell adj
öffnen v, auflockern v (allg) / open v || ~ (Gew) / open out, spread vt, scutch (cloth) v. || ~ (Faser) / open v || ² n (allg) / opening n || ² (Gew) / opening out, scutching n (cloth)
Öffner m, Wolf m / opener n || ² (Web) / separator n || **²gabel** f / harrow fork (scouring) || **²lattentuch** n / opener lattice || **²trommel** f / opening cylinder
Öffnung f **in dem Zugstück** (Reißv) / thong hole (opening at the end of the pull) || **² zum Auswechseln von Nadeln oder Platinen** (Strick/Wirk) / jack door
Offset·druck m (Transdr) / offset printing || **²druckfarbe** f (Transdr) / offset printing ink || **²druckpapier** n, Offsetpapier n (Transdr) / offset printing paper || **²rotationsdruckmaschine** f / offset rotary printing machine
OH-Gruppe f / OH group, hydroxyl group
Öhr n / eye n (of needle), eyelet n
Ohren·klappe f / eartab n, ear-flap n || **²schützer** m / ear muff
OH-Zahl (OHZ) f / hydroxyl number
oktaedrisch adj (krist) / octahedral adj
Oktan n / octane n
Oktylalkohol m / octyl alcohol
Öl n / oil n || **² zum Nachhelfen**, Zusatzöl n / assistant oil || **²absorption** f / oil absorption || **²abstoßbehandlung** f / oil-repellent treatment
ölabweisend adj / oil-repellent adj, oilproof adj, oil-resistant adj || **~es Appreturmittel** / oil-repellent n || **~e Ausrüstung** / oil resistant finish, oil-repellent treatment || **~e Eigenschaft** / oil stain repellency, oil-repellency n || **²machen** n / oil proofing
Öl·anzug m / oilskin n || **~artig** adj / oily adj || **²aufdruck** m (Textdr) / chromolithograph n || **²avivage** f / brightening with oil || **²bad** n / oil bath || **²batist** m / oil-silk n || **²beize** f / oil mordant, oily mordant || **~beständig** adj / fast to oil, oilproof adj, oil-resistant adj || **²beständigkeit** f / fastness to oil, oil resistance, oleophobicity n || **²bindevermögen** n / oil binding property || **²bleiche** f / oil bleaching
Oldenlandia corymbosa (Ostindien, Sri Lanka, Philippinen) (Färb) / chaya n
öl·dicht adj / impermeable to oil, oil-tight adj || **²druck** m (Textdr) / chromolithograph n
Oleat n / oleate [salt] n
öl·echt adj / fast to oil || **²echtheit** f / fastness to oil
Olefin n / olefin[e] n || **²kopolymer** n, Olefinkopolymerisat n, Olefinmischpolymer[isat] n / olefin[e] copolymer || **²verbindung** f / olefinic compound
Olein n / olein n || **~geschmälzte Ware** / olein-lubricated goods pl || **²säure** f / oleic acid || **²schmälze** f / olein lubricant, olein softener || **²seife** f / olein soap
Ölemulsion f / oil emulsion || **² mit Polymerisatanteil** / oil emulsion with polymer content
ölen v (Wolle) / oil v, grease v || ~ (Ausrüst) / oil v || ² n / special lubrication || ² (Wolle) / oiling n, greasing || ² (Ausrüst) / oiling n
Oleo·phobie f / oil-repellency n || **²phobierartikel** m

/ oil-repellent article || ~phobiermittel *n* / oil-repellent *n* || ~resin *n* / oleoresin *n*
Oleosolfarbe *f* / oil-soluble dyestuff
Oleum *n* / oleum *n*, fuming sulphuric acid
Oleylalkohol *m* / oleyl alcohol
öl·fest *adj* / oilproof *adj*, oil-resistant *adj* || ~**festigkeit** *f* / oil resistance || ~**fleck** *m* / oil stain, oil spot || ~**fleckiges Leinengarn** / black thread || ~**frei** *adj* / oil-free *adj* || ~**gehalt** *m* / oil content || ~**gekämmt** *adj* / oil-combed *adj* || ~**grün** *n* / chrome green (mixture of chrome yellow and Berlin blue) || ~**haltig** *adj* / oil-containing *adj*, oily *adj* || ~**harz** *n* / oleoresin *n* || ~**harzreserve** *f* / oleoresin resist || ~**haut** *f* / oilskin *n*
ölig *adj* / oily *adj* || ~**e Flüssigkeit** / oily liquid || ~**er Schmutz** / oily soil || ~**er Schweiß** (Wolle) / oily yolk || ~**e Wolle** / oiled wool
Oligomer *n* / oligomer *n* || ~**binder** *m* (Färb) / oligomer binder
Oligomeren·ablagerung *f* / oligomeric deposit || ~**anfall** *m* / oligomerization *n* || ~**austritt** *m* / exit of oligomers, oligomer separation || ~**bildung** *f* / oligomerization *n* || ~**binder** *m* (Färb) / oligomer binder
Oligomerisierung *f* / oligomerization *n*
öl·imprägniert *adj* / oil-proofed *adj* || ~**-in-Wasser-Emulsion** *f* / oil-in-water emulsion
olivbraun *adj* (RAL 8008) / olive-brown *adj*
oliven·farben *adj* / olive-coloured *adj* || ~**öl** *n* / olive oil || ~**ölseife** *f* (Sapo oleaceus) / [olive-oil] Castile soap
oliv·farben *adj*, olivfarbig *adj* / olive *adj*, olive-coloured *adj* || ~**gelb** *adj* (RAL 1020) / olive yellow *adj* || ~**grau** *adj* (RAL 7002) / olive grey *adj* || ~**grün** *adj* (RAL 6003) / olive-green *adj*
Öl·kleidung *f* / tarpaulin *n* (marine) || ~**klotzmaschine** *f* / oil padding machine || ~**länge** *f* / oil length || ~**lein** *m* / oil flax || ~**leinen** *n*, Ölleinwand *f* / oiled linen || ~**löslich** *adj* / oil-soluble *adj* || ~**modifiziertes Harz** / oil-modified resin || ~**probe** *f* (Tuchh) / oil transparency test || ~**reaktives Harz** / oil-reactive resin || ~**rückstand** *m* / oil residue || ~**säure** *f* / oleic acid || ~**säure-Avivage** *f* / oil-acid brightening || ~**schaum** *m* / oily scum || ~**schicht** *f* / oil layer || ~**schlichte** *f* / oil size || ~**seide** *f* / oil-silk *n*, oiled silk fabric || ~**seife** *f* / oil soap || ~**spachtel** *m* / oil filler || ~**streifen** *m pl* / oil streaks || ~**tuch** *n* / oilskin *n*, oilcloth *n*, oil baize || ~**- und wasserabweisende Fluorchemikalien-Ausrüstung** / oil and water repellent fluorochemical finish || ~**wolf** *m* (Wolle) / oiling opener, oiling willow, opener with oil || ~**zahl** *f* / oil absorption || ~**zerstäuber** *m* / oil atomizer || ~**zeug** *n* / oilskin *n*
Ombrays *m* / ombré *n*, ombrays *pl*
ombré *adj* / ombré *adj* || ~ *m* (Farbeffekte, durch die ein stufenloser Übergang von hell auf dunkel oder umgekehrt erzielt wird) / ombré *n*, ombré effect, flammé (Fr) *n*, ombrays *pl* || ~**artiger Effekt** / random dyeing || ~**druck** *m* / shadow print, ombré printing, ombré print, rainbow printing, rainbowing *n* || ~**effekt** *m* / ombré effect || **einen ~effekt erzielen** / ombré *v* || ~**färbung** *f* (Teil-Färbungsverfahren) / ombré dyeing, rainbow dyeing, shadow dyeing || ~**garn** *n* / ombré yarn, shaded yarn, flammé yarn, flake yarn, rainbow yarn, flame yarn, flames novelty yarn || ~**gewebe** *n* / ombré *n*, ombrays *pl*
Ondé *m*, Ondégewebe *n* / ondé *n* (rib-like wavy fabric with filling of a special spiral yarn - ondé twisted yarn) (Fr) || ~**rips** *m* / ondé rep || ~**zwirn** *m* / ondé twisted yarn
Ondulé *m*, Ondulégewebe *n* / ondé *n* (rib-like wavy fabric with filling of a special spiral yarn - ondé twisted yarn) (Fr), ondulé *n* (Fr)
Onium·farbstoff *m* / onium dyestuff || ~**verbindung** *f* / onium compound
onyxschwarz *adj* / onyx black
opak *adj* / opaque *adj*
Opal·ausrüstung *f* / opal finish || ~**blau** *adj* / opal-blue *adj* || ~**druck** *m* / opal print
Opaleszenz *f* / opalescence *n*
opaleszieren *v* / opalesce *v*
opaleszierend *adj* / opalescent *adj* || ~**e Lösung** / opalescent solution
Opalgewebe *n* / opal *n* (fine-yarn cotton cambric with a special glass cambric finish) (GB)
Opalin·artikel *m* / opaline style || ~**grün** *adj* / opaline-green *adj*
opalisieren *v* / opalesce *v* || ~ *n* / opalescence *n*
opalisierend *adj* / opalescent *adj*
Opanken *f pl* / Grecian slippers
Op-Art *f* (Mode) / op-art *n*
Opazität *f* / opacity *n*
Open-End-Spinnmaschine *f* / open-end spinning machine
Operations·mantel *m* / operating gown || ~**maske** *f* / face mask
Operment *n* (Färb) / orpiment *n*, king's yellow || ~**küpe** *f* / orpiment vat
Optik *f* (einer Ware) / look *n* (of the goods)
optimales Aufziehvermögen (Färb) / optimum affinity
optisch aufgehelltes Gewebe / optically brightened fabric || ~**es Aufhellen**, optische Aufhellung / fluorescent whitening, optical brightening, optical bleaching || ~**er Aufheller**, optischer Fluoreszenzfarbstoff, optisches Aufhellungsmittel / fluorescent whitening agent (FWA), optical brightening agent (OBA), optical brightener, fluorescent whitener, optical bleaching agent || ~**e Bleiche** / optical white || ~**es Bleichen** / fluorescent whitening, optical brightening, optical bleaching || ~**es Bleichmittel** s. optischer Aufheller || ~**e Dichte** / optical density || ~**e Eigenschaft** / optical property || ~**e Faser** / optic fibre || ~**e Fasereigenschaft** / optical property of the fibre || ~**er Fluoreszenzfarbstoff** s. optischer Aufheller || ~**e Garngleichmäßigkeitsmessung** / optical evenness testing || ~**e Unegalitäten** *f pl* / optical irregularities
Opuntie *f* / opuntia *n*
orange *adj* / orange *adj* || ~**ätze** *f* / orange discharge || ~**braun** *adj* (RAL 8023) / orange-brown *adj* || ~**farben** *adj*, orangenfarben *adj* / orange-coloured *adj*, orange *adj* || ~**gelb** *adj* / orange-yellow *adj* || ~**rot** *adj* / orange-red *adj* || ~**ton** *m* / orange shade
Orbisdruck *m* / Orbis printing
Orcein *n* (Färb) / orcein *n*
orchideen·lila *adj* / orchid [-lilac] *adj* || ~**purpur** *adj* / orchid-purple *adj*
Ordens·band *n* / cordon *n* || ~**kleid** *n*, Ordenstracht *f* / habit *n* (religious order)
Ordinärbraun *n* / ordinary brown
ordnen *v* / straighten *v* || ~ *n* **der Fasern** / straightening of the fibres
Organdy *m* (feinfädiges Baumwollgewebe,

transparent ausgerüstet) / organdy *n*, glass cambric || ≈-**Ausrüstung** *f* / organdy finish
organisch·er Beschleuniger / organic accelerator || ~**er Borsäureester** / organic boric acid ester || ~**er Farbstoff** / organic colouring matter, organic dyestuff || ~**e Faser**, organischer Faserstoff / organic fibre || ~**er Katalysator** / organic catalyst || ~**er Komplexbildner** / organic complexing agent || ~**es Lösemittelsystem** / organic solvent system || ~ **löslicher Farbstoff** / organic solvent soluble dyestuff || ~**es Lösungsmittel** / organic solvent || ~ **maskiert** (Chem) / organically masked || ~**e Metallverbindung** / organometallic compound || ~**e Säure** / organic acid || ~**e Verbindung** / organic compound
Organo·polysiloxan *n* / polyorganosiloxane *n* || ≈-**Quecksilberverbindung** *f* / organomercury compound
Organsin *n m* (Seidenkettgarn) / organzine *n*, orsey [silk] *n*
organsinieren *v* / twist silk *v*
Organsinseide *f* / organzine silk
Organtin *m* / organdy *n*, glass cambric
Organza *m* (hauchzartes, chiffonähnliches durchsichtiges Taftgewebe) / organza *n* (sheer dress fabric in plain weave)
Organzin *n m* (Seidenzwirn aus mehreren Grègefäden, die mit Z-Drehung vorgedreht und mit S-Draht verzwirnt sind) / organzine *n*, orsey [silk] *n*
orientalische Teppichknoten *m pl* / Oriental rug knots
orient·blau *adj* / Oriental-blue *adj* || ~**gemustert** *adj* (Tepp) / Oriental-design *adj*
orientieren *v* / orientate *v*
Orientierung *f* / orientation *n*
Orientierungs·gleichmäßigkeit *f* / orientation uniformity || ≈**grad** *m* / degree of orientation || ≈**test** *m* **durch Doppelbrechung** / orientation birefringence (optical determination of the degree of molecular orientation of nylon filaments)
Orient·muster *n* / Persian design, Oriental pattern || ≈**rot** *n* / orient red || ≈**teppich** *m* / Oriental carpet, Oriental rug, eastern carpet || **in Amerika hergestellter** ≈**teppich** / domestic Oriental (US)
Originalmuster *n* / original pattern
Orlean *m*, Annatto *m, n* (aus Bixa orellana) / annatto *n* (orange dye), annatta *n* || ≈ (Färb) / orelline *n*, orlean *n* || ≈**faser** *f* / urucu fibre
Orléans *m* (Halbwollgewebe) / orleans *n*, summer cloth
Ornithin *n* (Chem) / ornithine *n*
Orseille *f* / orseil *n*, orseille *n* || ≈ (Orcein) / archil *n* || ≈-**Extrakt** *m* / archil extract || ≈**karmin** *m* / archil carmine || ≈**nuance** *f* / archil shade
Orseillin *n* / orseillin *n* || ≈**säure** *f*, Orsellinsäure *f* / orcellinic acid
Orsoy *m* / organzine *n*, orsey [silk] *n*
Ort der Farbstoffanlagerung *f* / dye site
Ortho·arsensäure *f* / orthoarsenic acid || ≈**chinon** *n* / orthoquinone *n* || ≈**cortex** *m*, Orthokortex *m* / orthocortex *n* || ≈**phenylphenol** *n* / orthophenylphenol *n* || ≈**phosphorsäure** *f* / [ortho]phosphoric acid || ~**trop** *adj* / orthotropic *adj*
örtlich·es Ätzen / selective discharge || ~**e Erhitzung durch Reibung** / hot spot || ~**e Farbe** (Färb) / topical colour || ~**e Übervernetzung** / excessive local crosslinking
ortsfeste Spule (Web) / stationary bobbin
Orzein *n* (Färb) / orcein *n*
Orzin *n* (5-Methylresorzin) (Chem) / orcin *n*, orcinol *n*
Öse *f* / eyelet *n*
Ösen·brett *n* / eyeletted board || ~**förmiges Einlageteil** / eyelet-type insertion || ≈**häkchen** *n* / eye hook || ≈**knopf** *m* / shank button || ≈**maschine** *f* / eyeletting machine || ≈**rips** *m* / epinglé *n* (a silk, rayon or worsted clothing fabric in plain weave, characterized by alternating wide and narrow cross ribs)
osmophore Gruppe / osmophore *n*
Osmose *f* (Chem) / osmosis *n* || ≈**bleiche** *f* / osmosis bleach
osmotischer Druck / osmotic pressure
Osnabrücker Baumwollware für den Straßenbau / road cloth (a number of roads in the United States have been laid with cotton cloth as a foundation for the asphalt), road membrane
österreichischer Rollvorhangstoff / Austrian shade cloth
ostindisch·e Baumwolle / East Indian cotton || ≈**er Hanf** / Bengal hemp, Bombay hemp, brown hemp, false hemp
oszillierend·er Kettenstichgreifer *m* / oscillating looper || ~**e Walze** / oscillating roller
Otterplüsch *m* / otter plush
Ottoman *m* (Ripsgewebe mit breiten, stark ausgeprägten Rippen) / ottoman *n*, silk cord cloth || ≈ **mit Abseite** / ottoman reversible || ≈ **mit Längsrippen** / ottoman cord, ottoman rib
Ottomane *f* (sofaähnliche gepolsterte Sitzbank) / ottoman *n*
Ouvré *m* (besticktes Seidenmusterstück) / ouvré *n* (fabrics having check or other small patterns) (Fr)
Ouvrée *f* (gezwirntes Garn aus Grègeseide) / ouvrée *n*
oval *adj* / oval *adj* || ~**er Ausschnitt** (Mode) / oval neckline || ~**e Haupthaspel** / elliptical wheel of winch || ~**e Waschmaschine** / oval washing machine
Ovalbumin *n* / egg albumin
Ovalhaspel *f* / oval winch
Overall *m* / overall *n*, coverall[s] (US) || ≈ (Mode) / catsuit *n* || ≈-**Baumwollstoff** / dungaree *n*
Overflow·-Anlage *f* (Färb) / overflow dyeing apparatus, overflow plant, overflow equipment || ≈-**Färbeanlage** *f* / overflow dyeing machine
Overlocknähmaschine *f* / overlock machine, overcasting machine, overlock sewing machine, overseaming machine, overlock seaming machine
o/w-Emulsion *f* / o/w (oil/water) emulsion
Oxalat *n* / oxalate *n*
Oxalessigsäure *f* / oxalacetic acid
oxalsauer nachwaschen / wash with inclusion of oxalic acid || **oxalsaures Anilin** / aniline oxalate || **oxalsaures Zinn** / tin oxalate
Oxalsäure *f* / oxalic acid
Oxamid *n* / oxamide *n*
oxäthylieren *v* / ethoxylate *v*
Oxäthylierungsprodukt *n* / ethoxylation product
Oxäthylzellulose *f* / oxyethyl cellulose
Oxazinfarbstoff *m* / oxazine dyestuff
Oxford *m* (gestreifter oder karierter Baumwollhemdenstoff) / Oxford *n* || ≈-**Gewebe** *n* / Oxford weave || ≈-**Hemdenstoff** *m* / Oxford *n* || ≈**karo** *n* / Oxford check || ≈-**Wolle** *f* / Oxford wool

Oxid *n* / oxide *n*
Oxidationsschwarz *n* / oxidation black
oxidativ·es Abziehen / oxidative treatment (stripping) || ~ **entwickeln** / develop by oxidation || ~ **trocknen** (Transdr) / dry by oxidation
oxid·gelb *adj* / oxide-yellow *adj* || ~**rot** *adj* (RAL 3009) / oxide-red *adj*
Oxiran *n* / oxirane *n*, ethylene oxide
oxyäthylieren *v* / hydroxyethylate *v*, ethoxylate *v*
Oxyazofarbstoff *m* / oxyazo dyestuff
Oxydans *n* / oxidant *n*, oxidizing agent
Oxydase *f* / oxidase *n*
Oxydation *f* / oxidation *n*, oxidizing *n* || ≈ **durch Luftsauerstoff** / air oxidation
Oxydations·ätze *f* / oxidation discharge || ≈**ätzverfahren** *n* / discharge process by oxidation || ≈**bad** *n* / oxidizing bath || ≈**beständigkeit** *f* / resistance to oxidation || ≈**bleiche** *f* / oxidation bleach[ing], peroxide bleach, oxidizing bleach || ≈**echtheit** *f* / oxidation resistance || ~**empfindlich** *adj* / sensitive to oxidation || ~**empfindlicher Farbstoff** / oxidation-sensitive dyestuff || ≈**farbstoff** *m* / oxidation dyestuff || ≈**fleck** *m* / oxidation stain || ≈**hänge** *f* / airing frame || ≈**inhibitor** *m* / oxidation inhibitor || ≈**kammer** *f* / oxidation chamber || ≈**katalysator** *m* / oxidation catalyst, oxidizing catalyst || ≈**mittel** *n* / oxidant *n*, oxidizer *n*, oxidizing agent || ≈**-Reduktions-Potential** *n* / redox potential || ≈**-Reduktions-Reaktion** *f* / redox reaction || ≈**schwarz** *n* / oxidation black, aged black || ≈**verfahren** *n* / oxidation process || ≈**verhinderer** *m* / oxidation inhibitor || ~**verzögernd** *adj* / antioxidant *adj*
oxydativ *adj* / oxidizing *adj* || ~ **wirkendes Bleichmittel** / oxidizing bleaching agent
oxydierbar *adj* / oxidizable *adj*
Oxydierbarkeit *f* / oxidizability *n*
oxydieren *v* / air *vi*, oxidize *v* || **an der Luft** ~ / oxidize in open air || ≈ *n* / oxidizing *n*
oxydierende Wirkung / oxidizing action
oxydiert·e Schmälze / oxidized lubricant || ~**e Stärke** / oxidized starch
Oxydierung *f* / oxidation *n*, oxidizing *n*
Oxydierungsmittel *n* / oxidant *n*, oxidizing agent
Oxydiphenyl-Carrier *m* / oxydiphenyl carrier
Oxydoreaktion *f* / redox reaction
Oxyketonfarbstoff *m* / oxyketone dyestuff
Oxyzellulose *f* / oxycellulose *n*
ozeanblau *adj* / ocean-blue *adj*
Ozelotmuster *n* / ocelot pattern
Ozokerit *m* / black earth wax, mineral wax, ozocerite *n*
Ozon *n* / ozone *n* || ≈**alterung** *f* / ozone ageing || ~**beständig** *adj* / ozone-resistant *adj* || ≈**bleiche** *f* / ozone bleach[ing] || ~**fest** *adj* / ozone-resistant *adj* || ≈**generator** *m*, Ozonisator *m* / ozonizer *n*
ozonisieren *v* / ozonize *v*
Ozonisierung *f* / ozonizing *n*
Ozon·-Oxydationstrockenverfahren *n* / ozone and oxidation drying || ≈**schutzmittel** *n* / antiozonant *n*

P

PA, Polyamid *n* / polyamide fibre, PA
PAC, Acrylfasern *f pl*, PAC-Fasern *f pl*, Polyacrylnitril *n* / acrylic fibres, PAC, acrylics *pl*
Pacific Converter (Spinnbandverfahren) *m* / pacific converter (tow to top process)
Pack *m* (Spinn) / package *n* || **~apparat** *m* (Färb) / package machine, package-dyeing machine || **~-Baum-Färbeapparat** *m* / package/beam dyeing machine || **~bleiche** *f* / bleaching on the pack system, package bleaching, pack bleaching || **~färbeapparat** *m*, Packfärbemaschine *f* / package dyeing apparatus, package dyeing machine || **~färben** *n*, Packfärbung *f* / package dyeing || **~gefärbt** *adj* / package dyed || **~leinen** *n*, Packleinwand *f* / packing linen *n*, sackcloth *n* (a coarse cloth of goat or camel's hair or of flax, hemp or cotton), sacking *n*, packing canvas || **~sack** *m* / dunnage bag || **~schnur** *f* / packing cord, packing twine || **nach dem ~system gefärbt** / package dyed || **~tuch** *n* / canvas *n* (for packing), pack cloth || **~- und Bündelpresse** *f* / bale press, baling press (cotton), baling machine
Packungsdichte *f* / package density
Pack·zwirn *m* / pack thread || **~zylinder** *m* / packing cage
Pad·-Alkalischock-Verfahren *n* (Färb) / pad alkali shock dyeing process || **~-Batch-Verfahren** *n* / pad batch process
Paddel·färbeapparat *m*, Paddelfärbemaschine *f* (DIN 64990) / paddle dyeing machine || **~kufe** *f* / paddle vat || **~kufe mit obenliegendem Paddelrad** / paddle vat with overhead paddle || **~kufe mit seitlichem Paddelrad** / paddle vat with lateral paddle || **~maschine** *f* / paddle dyeing machine || **~maschine für Strumpfwaren** / hosiery paddle unit || **~rührer** *m* / paddle agitator || **~waschmaschine** *f* / paddle washing machine
Padding *n* (z.B. als Bügelunterlage) (Gew) / padding *n* || **~maschine** *f* (Färb) / pad *n*, padder *n*, padding machine, padding mangle, foulard *n*
Paddlefärbemaschine *f* (DIN 64990) / paddle dyeing machine
Pad-Dry *n* s. Klotztrocknung
Pad-Jig·-Färben *n* / pad jig dyeing || **~-Verfahren** *n* / pad jig method
Padquick-Foulard *m* / padquick padder
Pad-Roll·-Bleiche *f* / pad roll bleaching || **~-Färbesystem** *n* / pad roll dyeing system || **~-Färbeverfahren** *n* / pad roll dyeing || **~-Maschine** *f* / pad roll machine || **~-Verfahren** *n* / pad roll method
Pad-Steam·-Ausrüstung *f* / pad steam finishing || **~-Bleiche** *f* / pad steam bleaching || **~-Maschine** *f* / pad steam machine || **~-Verfahren** *n* / pad steam process
paduanische Seidenstoffe / paduasoy *n*
Pagenform-Schlüpfer *m* / page-boy panties
Pagenhose *f*, Pagenschlüpfer *m* / average-leg panty, boy-leg panty
Paillette *f* (Metall- oder Glasplättchen zum Aufnähen auf Kleider) (Mode) / sequin *n*, paillette *n*, spangle *n*
Paisley-Muster *n* (nach dem Ort Paisley in Schottland) / Paisley pattern (brightly coloured, usually curved abstract figures)
pakistanische Baumwolle / Karachi cotton
Pakohaar *n* / paco hair
Paletot *m* (lose, dünne Überjacke) / paletot *n*, overcoat *n*, topcoat *n* || **~stoff** *m* / overcoating *n*, overcoat material
Palettenfärbemaschine *f* / paddle dyeing machine
Pallium *n* (der Kirchenfürsten) / pallium *n*
Palm·ausbreiter *m* (DIN 64990) / palmer *n* || **~beach** *m* (Web) / palm beach (plain weave, from light coloured yarn dyed wools) || **~blattmuster** *n* (Tepp) / palmette *n*, palmette design (characteristic feature of Ispahan rugs)
Palmendrachenblut *n* (aus Daemonorops draco) (Färb) / dragon's blood [resin]
Palmenstärke *f* / sago starch
Palmer-Kalandern *n* / palmering *n* (finishing treatment for satins, taffetas and twills)
Palmette-Schal *m* / palmette *n*
Palmetto·faser *f* (für Matratzen) / palmetto fibre (Chamaerops humilis), African fibre || **~palme** *f* / palmetto palm
Palmfaser *f* / palm fibre
Palmitin·säure *f* / palmitic acid || **~säureester** *m* / palmitic acid ester
Palmitschilffaser *f* / palmet fibre (South Africa)
Palm·kernölseife *f*, Palmkernseife *f* / palm kernel [oil] soap || **~lilie** *f* / yucca *n* || **~lilienblattfaser** *f* / dagger plant fibre, yucca fibre || **~mehl** *n* / sago flour || **~ölseife** *f* / palm oil soap
Palmyrapalmenfaser *f* / palmyra fibre
Palustrinsäure *f* / palustric acid
Pampaswolle *f* / pampa wool
PAN, Polyacrylnitril *n* / polyacrylonitrile *n*
Panama *m*, Würfelleinwand *f* / panama [fabric] || **~-Anzugstoff** *m* / panama suiting || **~bindiger Kanevas** / panama canvas || **~bindiger Köper** / twilled hopsack || **~bindiger Stoff** / hopsack *n*, fabric in hopsack weave || **~bindung** *f* / hopsack weave, mat weave, basket weave, panama weave, matt weave, Celtic weave || **~hut** *m* / panama *n* (hat), Panama hat || **~palme** *f* / panama hat palm (Carludovica palmata) || **~rinde** *f* / panama bark (Quillaja saponaria Mol.), quillaia bark, soap bark || **~stoff** *m* / panama [fabric] *n* || **~zephir** *m* / panama zephyr (dobby cloth)
Panasch *m* / panache *n* (Fr)
Pandschab-Baumwolle *f* **aus amerikanischen Samen** / Punjab cotton
Panecla *n* (bestickter Seidensamt) / panecla *n* (Fr)
Panel *n* (Gewebe- oder Druckmusterung als Einzelmotiv in voller Kleiderlänge oder Gewebebreite zusammenhängend über die volle Warenbreite laufendes Muster) / panel *n* (pattern)
Pangarn *n* (künstliches Roßhaargarn) / pan yarn
Panier *n* (Banner, Fahne) / pannier *n* (flag)
Pankreas·amylase *f* / pancreas amylase || **~diastase** *f* / pancreas diastase
Panne *m* (Samt mit niedergelegtem Flor), Panné *m* / panne [velvet]
Panné·-Atlas *m* / panne satin || **~samt** *m* (Spiegelsamt) / panne [velvet]
Pannonia-Leder *n* / pannonia leather (imitation leather cloth made of coarse cotton or jute yarn, plain weave, and covered with a layer of varnish)
Pantalons *pl* (lange Männerhose) / pantaloon *n* (GB)
Pant-coat *m* (Hosenmantel) (Mode) / pant coat
Pantherfellmusterung *f* / leopard pattern
Pantie *n* / panties *pl* (GB), panty *n* (US)
Pantoffel *m* / slipper *n*

Panty-Korselett *n* / panty all-in-one
Panzerschlauch *m* / armoured hose
Papageiengrün *n* / parrot green, Schweinfurth green
papier·ähnliche Eigenschaft / paperiness *n* || **~artig** *adj* / papery *adj* (excessive smoothness given to cotton fabrics with the aid of sizes) || **~artiger Charakter** / paperiness *n* || **~bobine** *f* / paper bobbin || **~einlage** *f* / paper mat || **~garn** *n* (Tepp) / paper yarn || **~-Garnhülse** *f*, Papier-Garnspule *f* / paper tube for yarn || **~gewebe** *n* (mit Papier beschichtetes Gewebe) / paper fabric || **~griff** *m* / papery handle, boardy handle
papierhart *adj* / papery *adj* (excessive smoothness given to cotton fabrics by the use of sizes) || **~er Griff** / paper-like handle, papery handle || **~er Taft** / paper taffeta
Papier·hülse *f* / paper bobbin, paper tube, paper pirn || **~kanne** *f* (Spinn) / paper can || **~karte** *f* (Web) / paper card || **~kegel** *m* / paper cone || **~kern** *m* / paper core || **~konus** *m* / paper cone || **~lage** *f* **zum Stoffbügeln** / press paper || **~macherfilz** *m* / cotton felt || **~maschinenfilz** *m* / paper machine felt, paper maker's felt || **~spule** *f* / paper bobbin || **~stramin** *m* / punched card paper for tapestry-work || **~-Textilien** *pl* / paper textiles || **~walze** *f* / paper roll[er]
Papillon *m* (popelinartiger Wollstoff) / worsted poplin || **~taft** *m* / papilion taffeta
Papp·bobine *f* (Web) / cardboard bobbin || **~druck** *m* / resist paste printing || **~druckware** *f* / resist paste printed goods *pl*
Pappe *f* (Web) / card *n*, cardboard *n*
Papp·hülse *f* / cardboard tube || **~kartenapparat** *m* (Strick/Wirk) / cardboard card device || **~kartenkette** *f* (Strick/Wirk) / chain of pasteboard cards || **~kartenstanze** *f* / pattern paper puncher || **~kartonkartensatz** *m* (Web) / chain of pasteboards || **~reserve** *f* (Färb) / paste resist || **~reservedruck** *m* / paste resist printing || **~spule** *f* (Web) / cardboard bobbin
paprikarot *adj* / inca red, paprica [-red] *adj*
Paraffin *n* / paraffin *n* || **festes ~** / paraffin wax || **~emulsion** *f* / paraffin emulsion
Paraffiniereinrichtung *f* / paraffin application system
Paraffinieren *n*, Paraffinierung *f* (Garn) / treatment with paraffin wax, lubrication *n*, waxing *n*
Paraffinier- und Befeuchtungsvorrichtung *f* / waxing and damping attachment (winding department)
Paraffin·imprägnierung *f* / paraffin impregnation || **~kohlenwasserstoff** *m* / alkane *n* || **~öl** *n* / paraffin oil || **~-sulfonsaures Natrium** / paraffin sulphonate of sodium || **~tränkung** *f* / paraffin impregnation
Paraguayspitze *f* / Paraguay lace
Paraldehydfarbstoff *m* / paraldehyde dyestuff
Paraleukorosanilin *n* / leucopararosaniline *n*
Parallel·garn *n* / parallel wound yarn || **~geschichtet** *adj* / parallel laminated || **~gespultes Garn** / parallel wound yarn || **~gestellte Nadeln** *f pl* (Strick/Wirk) / parallel needles
Parallelisieren *n* (der Fasern) / parallelization *n* (of fibres)
Parallel·stoff *m* / parallel fabric || **~wicklung** *f*, Parallelwindung *f* / parallel winding, straight wind (method of winding on to bobbin leaving yarn parallel as opposed to barrel-shaped)
Paramentenstoff *m* / fabric for ecclesiastical purposes, parement *n*
Paranitranilin *n* / paranitraniline *n* || **~rot** *n* / para[nitraniline] red
Pararosanilin *n* / pararosaniline *n*
Pararot *n* / para[nitraniline] red
Parenchym *n* (pflanzliches Grundgewebe) / parenchyma *n*
parenchymatös *adj* / parenchymatous *adj*
pari erschweren / load par (silk) || **über ~ erschweren** / load above par (silk) || **~beschwerung** *f* / loading to par, weighting to par
Pariser Blau *n* / Paris blue, Prussian blue, ferric ferrocyanide, Berlin blue, blue prussiate || **~ Gelb** / Leipzig yellow || **~ Grün** / Paris green, Schweinfurth green || **~ Schwarz** / Paris black
Parisienne *f* (ein durch Gold- und Silberfäden verziertes, kleingemustertes, leichtes Seidengewebe) / parisienne *n*
Parka *f m* (knielanger, warmer Anorak mit Kapuze) / parka *n*
Partie *f* / batch *n* (lot)
partienweise *adj* / batchwise *adj* || **~ angewandte Methode** / batchwise method
partieweise·s Färben / batch dyeing || **~s Trocknen** / batch drying || **~ Veredelung** / batch finishing || **~s Verfahren** / batch process || **~s Waschen** / batch scouring
Partykleid *n* / party dress
Pascal (Pa) (Bez. für die SI-Einheit des Druckes u. der mechan. Spannung) / Pascal (Pa)
Paspel *f* (Näh) / piping *n*, edging *n*, braid *n*, facing *n* || **mit ~ versehen** (Näh) / pipe *v* || **~apparat** *m* (Näh) / piping attachment
paspelieren *v* (Näh) / pipe *v*, braid *v*
paspeliert·er Kleidersaum / piped hemline || **~es Knopfloch** / bound buttonhole || **~e Naht** / piped seam || **~er Rand** (Strick, Näh) / piped edge, edge piping || **~er Schlitz** / bound slit opening
Paspelmaschine *f* / piping machine, braiding machine, welt machine
paspeln *v* (Näh) / pipe *v*, braid *v*
Paspel·naht *f* / seam piping, welt seam || **~streifen** *m* (Näh) / piping strip || **~tasche** *f* / bound pocket, jetted pocket, piped pocket || **~vorstoß** *m* (Näh) / piped edge, edge piping
Passage *f* (Färb) / cycle *n*, passage *n*, turn *n*, end *n*, pass *n*, run *n* || **~** (Spinn) / head *n*
Passagen·dauer *f* / length of passage through the liquor || **~wähler** *m* / passage selector || **~zähler** *m* (Web) / passage counter
Passe *f* / yoke *n*
passen *vi* (Kleidung) / fit *vi*
Passenärmel *m* (Mode) / dropped sleeve set in yoke
passendes Kleidungsstück / fitted garment
Passer *m* (Siebdr) / fitting *n* || **~haltung** *f* (Siebdr) / register *n* || **~schwierigkeiten** *f pl* (Siebdr) / fitting trouble
Paßfarbe *f* / matching colour
Paßform *f* / size of the garment || **~ geben** / fashion *v* || **mit voller ~** / fully fashioned || **~geben** *n* / fashioning *n*
Paßgenauigkeit *f* (Textdr) / accuracy of repeat, accuracy of registration
Passierdauer *f* (Färb) / passing period, throughput time
passieren, durch ein Bad ~ (Ware, Färb) / pass through a bath, take through the bath
Passierung *f* (Web) / draft *n*

passiv *adj* / inert *adj* || **~es Konservierungsverfahren** / passive proofing method || **~e Schutzausrüstung** / soil-release finish (special treatment for improved release of dirt particles in domestic washing), passive protective finish || **⁓garn** *n* (Baumwollgarne, denen durch chemische Behandlung die Affinität zu gewissen Farbstoffklassen genommen wird) / passive yarn, immune yarn

Paß·muster *n* (Textdr) / fitted pattern || **⁓muster** (Tepp) / pattern match

Passung *f* / fit *n*

Paßungenauigkeit *f* (Transdr) / inaccurate registration, non-perfect register

Paste *f* / paste *n*

pastell·blau *adj* / baby-blue *adj*, pastel blue *adj* || **⁓farbe** *f* / pastel shade, pastel colour, cool colour || **⁓farben** *f pl* / pastels *pl* || **~gelb** *adj* / pastel yellow *adj* || **~orange** *adj* (RAL 2003) / pastel orange *adj* || **~rot** *adj* / pastel pink *adj* || **⁓ton** *m* / pastel shade, pastel colour || **~violett** *adj* / pastel lilac *adj*, pastel violet *adj* || **~weiß** *adj* / pastel white *adj*

pasten·artig *adj* / pasty *adj* || **⁓extrusion** *f* / paste extrusion (fluoroplastics) || **~förmig** *adj* / pasty *adj* || **~förmiges Verdickungsmittel** / thickener in paste form || **⁓konsistenz** *f* / paste consistency, pasty consistency || **⁓übertragungsvermögen** *n* (Siebdr) / colour lift-off

pastös *adj* / pasty *adj* || **~e Konsistenz** / paste-like consistency

Patent·anschlag *m* (Strick/Wirk) / two-and-two rack welt || **⁓blau** *n* / patent blue || **⁓rand** *m* (Strick/Wirk) / rib cuff, rib border, ribbed border, rib welt || **⁓rand** (Strumpf) / double top, shadow welt, spliced top, welt *n*, double welt || **⁓salz** *n* / tartar emetic substitute || **⁓samt** *m* / patent velvet || **⁓schloß** *n* / stitch drawing cam || **⁓strickerei** *f* (Strick/Wirk) / rib knitting

Paternosterwickler *m* (DIN 64990) (Färb) / paternoster winder

patinagrün *adj* (RAL 6000) / patina green *adj*

Patrone *f* (Web) / pattern *n*, point paper draft, weave design, point paper design, weave pattern, weaving design, weaving pattern

Patronen·gürtel *m* (Mil) / cartridge belt || **⁓gürtelstoff** *m* / bandoleer cloth, bandolier cloth || **⁓papier** *n* (Web) / cartridge paper, ruled paper, pattern paper, design paper, point paper, drafting paper || **⁓tasche** *f* (Mil) / cartridge bag || **⁓-Vervielfältigungsmaschine** *f* / jacquard repeating machine

Patroneur *m* (Web) / designer *n*

patronieren *v* (Web) / design *v*, pattern *v*, draft *v* || **⁓** *n* (Web) / designing *n*, pattern notation, drafting *n*, draft *n*, pattern drafting, pattern lapping, weave construction

Patte *f* / tab *n* (garment), revers *n* (flap turned back to show a facing), lapel *n* || **⁓** (einer Tasche), Taschenaufschlag *m*, Taschenklappe *f* / flap *n* || **⁓** (aufgenähter Stoffstreifen) / panel *n* (on garments)

Pattentasche *f* / flap pocket, panelled pocket

Paul-Veronese-Grün *n* / veridian *n*

Pausleinen *n*, Pausleinwand *f* / vellum cloth

PC, Polycarbonat *n* / polycarbonate *n*

P/C-Druckfarbe *f* / P/C (= polyester/cellulosic) printing ink

PCV, Polyvinylcarbazol *n*, Polyvinylkarbazol *n* / polyvinyl carbazole

PE, Polyethylen *n*, Polyäthylen *n* / polyethylene *n*, polythene

Peau d'ange *m* / peau d'ange (silk fabric of crepe or satin with smooth, high-textured finish) (Fr), angel skin || **⁓ de cygne** / peau de cygne (silk or rayon cloth with lustrous finish) (Fr) || **⁓ de pêche** (Duvetine mit samtartig feiner Rauhdecke) / peau de pêche (Fr)

Pech·bund *m* **des Webblatts** (Web) / pitch binding of reed || **⁓bundblatt** *n*, Pechbundriet *n* (Web) / pitch bound reed || **⁓draht** *m* / shoemaker's thread || **⁓fleck** *m* / tar stain, tar mark || **~schwarz** *adj* / jet black *adj*, pitch black *adj*, pitchy *adj* || **⁓spitze** *f* (Wolle) / pitch mark, tarry tip, pitch tip || **⁓zeichen** *n* / tar stain, tar mark || **⁓zwirn** *m* / shoemaker's thread

Pedalmulde, oben liegende ⁓ (Spinn) / top pedal

Pedalmuldenregulierung *f* / cone feed regulator || **⁓** (Spinn) / pedal evener

Peigneur *m* / doffing cylinder || **⁓krempel** *f* / doffer card

Peigneuse *f* / combing machine

peignieren *v* / comb *v*

peigniert *adj* / combed *adj*

Peignoir *m* / dress jacket (GB), peignoir *n*

Peinture-Druck *m* / peinture print

Peitschencord *m* / whip-cord *n*

Pekin *m* / Pekin *n* (silk cloth with broad stripes of satin alternating with stripes of white repp) || **⁓krepp** *m* / Pekin crepe

Pektin *n* / pectin *n*, pectinous substance, pectinic acid, pectic substance || **⁓appretur** *f* / pectin finishing

Pektinase *f* / pectinase *n*

Pektinat *n* (Salz oder Ester der pektinigen Säure) / pectinate *n*

pektinige Säure / pectinic acid

Pektin·säure *f* / pectic acid || **⁓stoff** *m* / pectic substance, pectin *n*, pectinous substance, pectinic substance

Pektozellulose *f* / pectocellulose *n*

Pelerine *m* (ärmelloser Umhang) (Mode) / pelerine *n*, tippet *n*

Pelogarn *n*, Peloseidengarn *n*, Pelseide *f* / poil silk, single silk, pelo silk, pel silk

Peloteuse *f*, Pelotoneuse *f* (Strangpresse bes. für die Seifenherstellung) / plodder *n*

Pelz *m* (DIN 60021), Wickel *m* (Spinn) / fleece *n*, lap *n* || **⁓besatz** *m* / fur trimming || **~besetzte Pelerine mit Kapuze** / almuce *n* || **⁓bildner** *m* (Spinn) / fleece former || **⁓bildner** (Web) / web former || **⁓bildung** *f* (Spinn) / formation of fleece, formation of lap || **⁓brecher** *m* / lap breaker || **⁓dessin** *n* / fur-like design

pelzen *v* / shag *v*

Pelz·futter *n* / fur lining || **~gefüttert** *adj* / fur lined || **~gefütterter Mantel** / fur lined coat || **⁓hut** *m* / fur hat

pelzig *adj* / fluffy *adj*

Pelzigkeit *f* / fuzziness *n*, fluffiness *n*

Pelzimitat *n*, Pelzimitation *f* / artificial fur, fake fur (US), simulated fur, imitation fur

Pelzkäfer *m* (Attagenus) / fur beetle, black carpet beetle

Pelz·kragen *m* / fur collar || **⁓krempel** *f* (Spinn) / second breaker [card], intermediate card, shag machine || **⁓legeapparat** *m* / lap winder || **⁓mantel** *m* / fur coat || **⁓maschine** *f* (Spinn) / fleece scribbler, shag machine || **⁓motte** *f* (Tinea pellionella) /

clothes moth || ≗mütze f für Gardetruppen / bearskin n(GB) || ≗reißer m(Spinn) / fleece breaker || ≗samt m / long-pile shag, worsted velvet, woollen velvet || ≗stoff m / fleece fabric, fleecy fabric || ≗trenner m(Spinn) / lap divider || ≗trennvorrichtung f(Web) / web divider || ≗trommel f(Spinn) / fleece roller || ≗tuch n(Web) / web cloth || ≗übertragung f(Spinn) / feed in lap form || ≗wickelapparat m(Spinn) / lapping apparatus (GB), lap winder, batt making machine (US) || ≗wolle f / pelt wool, pulled wool

Pendel·breithalter m(Web) / pendulum-type temple, rocking temple || ≗**breithalterschere** f(Web) / rocking temple cutter || ≗**fadenführer** m(Web) / pendulating yarn carrier, rocking yarn guide, pendulum yarn guide

pendelnde Nadelstange (Näh) / vibrating needle bar

Pendel·spitze f(Strumpf) / rock tip || ≗**walze** f / floating roll[er], swing roller || ≗**walze** (DIN 64990) / compensating roll[er] || ≗**zentrifuge** f / pendulum-type hydroextractor

Penelope-Stickereikanevas m / penelope canvas

Penetrator m(Beschicht) / driver n, penetrator n, introfier n

penséefarbig adj / pansy-coloured adj

Pentachloräthan n / pentachloroethane n || ≗**phenol** n / pentachlorophenol n || ≗**phenyllaurat** n / pentachlorophenyl laurate

Pentaerythrit m / pentaerythritol n

Pentalin n / pentaline n

Pentamethylen n / pentamethylene n || ≗**diamin** n / pentamethylene diamine || ≗**glykol** n / pentamethylene glycol

Pentan n / pentane n

Pentathionsäure f / pentathionic acid

Pentosan n / pentosan n

Pentylamin n / pentylamine n

Pepita m n(kleinkarierter Stoff) / check pattern fabric n, tooth-peg check, pepita (shepherd's check designs in two colours) n || ≗**muster** n(Web) / small houndstooth, small check pattern

Peptid n / peptide n || ~**artige Bindung** / peptide bond

Peptidase f / peptidase n

Peptidbindung f, peptidische Verknüpfung / peptide bond

Peptidyl-Verschiebung f / peptidyl shift

Peptisation f / peptization n(surface active agent)

Peptisationsmittel n, Peptisator m, Peptisiermittel n, Peptisierungsmittel n / peptizer n, peptizing agent

Peptisierung f / peptization n(surface active agent)

Peptisierwirkung f / peptizing action

Pepton n / peptone n

peptonisieren v / peptonize v

Peptonisierung f / peptonization n

Pequin m / Pekin n(silk cloth with broad stripes of satin alternating with stripes of white repp)

Peralta-Zylinder m / peralta roll

Perameisensäure f / per[oxy]formic acid

Perborat n / perborate n, peroxyborate n || ≗**bleiche** f / perborate bleaching || ~**haltig** adj / perborated adj

Perchlorat n / perchlorate n

Perchloräthylen n, Tetrachloräthylen n / perchloroethylene n, tetrachloroethylene n || ≗**echtheit** f / fastness to perchloroethylene, fastness to tetrachloroethylene

Perchlorsäure f / hyperchloric acid, perchloric acid

Perchrom·farbstoff m / perchrome dyestuff || ≗**säure** f / perchromic acid

Perdisulfat n / persulphate n

Peressigsäure f / peracetic acid || ≗**-Bleiche** f / peracetic acid bleach

Perfluoräthen n, Perfluoräthylen n / tetrafluoroethylene n

Perforiermaschine f / perforating machine

perforiert·es Blech (Färb) / perforated plate || ~**er Färbebaum** (Färb) / perforated beam || ~**er Materialträger** (Färb) / perforated carrier system, perforated carrier tube || ~**e Walze** / perforated drum

Pergamenteffekt m, Pergamentiereffekt m / parchmentizing effect

Pergamentiermaschine f / parchmentizing machine

Perinifaser f / perini fibre (jute substitute, grown in Brazil and Jamaica)

Perioden-Blockpolymerisation f / recurring mass polymerization

periodisch adj / batchwise adj

Peripheriewickler m **mit Treibwalze** / winder for big batches with pneumatic lift-off and pressure application

Perjodat n / periodate n

Perjodsäure f / periodic acid

Perkal m / percale n(staple cotton cloth in the cambric group) || ≗**-Bettbezugstoff** m / percale bed sheeting || ≗**bettlaken** n / percale sheet

Perkalin n / percaline n(fine, sheer linen or cotton cloth)

Perkarbonat n / per[oxy]carbonate n

Perkins Mauve n, Perkinsches Mauve, Perkinsches Mauvein, Perkin-Violett n / Perkin's mauve, Perkin's purple, Perkin's violet, aniline purple

Perkohlensäure f / per[oxy]carbonic acid

perl·artig kräuseln / rateen v, ratteen v || ≗**biese** f, Perlstickerei f / beading [lace] || ≗**biese** / seam beading || ≗**borte** f / beaded braid || ≗**druck** m / pearl printing

Perle f(allg) / bead n

Perlé m / perlé n(coat or dressing-gown fabric)

„Perlen" n(Textdr) / pearling n

Perlen·gewebe n / beaded material || ≗**kette** f / bead warp || ≗**naht** f / bead suture || ≗**reibmühle** f s. Perlmühle || ≗**schuß** m / bead weft || ~**weiß** adj / pearl white adj

Perlfang m(Strick/Wirk) / half cardigan || ≗**einrichtung** f / half cardigan attachment || ≗**ware** f(Strick/Wirk) / half cardigan fabric, royal rib fabric

Perl·flausch m / ratine n, ratiné, ratteen n, rateen n || ≗**garn** n / bead yarn, pearl yarn, pearl cotton || ≗**glanz** m / nacreous lustre || ≗**glanzpigment** n / pearlescent pigment || ~**grau** adj / pearl grey adj || ≗**katalysator** m / bead catalyst || ≗**masche** f(Strick/Wirk) / tuck float, tuck loop, tuck stitch, tucked loop, welt float || ≗**moos** n / Irish moss, carragheen [moss], carrageen [moss] || ≗**mühle** f / bead mill || ≗**muster** n / pearl pattern

Perlmutt n, Perlmutter f / nacre n, mother-of-pearl n || ≗**effekt** m, Perlmuttereffekt m / nacre effect, nacreous effect, mother-of-pearl effect

Perlmutterglanz m, Perlmuttglanz m / mother-of-pearl lustre, nacreous lustre || ≗**-Effekt** m, Perlmuttglanz-Effekt m / pearlescent effect

Perlmuttschimmer m / mother-of-pearl effect, mother-of-pearl lustre

Perlnaht f / shotted suture

Perlon·-Endlosfaser *f* / perlon continuous filament || **ˆ-faser** *f* / perlon fibre || **ˆfilament** *n* / perlon continuous filament || **ˆgarn** *n* / perlon yarn || **ˆgaze** *f* / perlon gauze || **ˆseide** *f* (veraltet) / perlon continuous filament || **ˆspinnfaser** *f* / perlon staple fibre || **ˆstrumpf** *m* / perlon hose

Perl·polymerisation *f* / bead polymerization || **ˆreaktion** *f* / bead reaction || **ˆreihe** *f* (Strick/Wirk) / tuck course, tucking course || **ˆreiheneinrichtung** *f* / tuck course attachment || **ˆstich** *m* / tent stitch (embroidery) || **ˆstickerei** *f* / pearl embroidery, beading [lace], tent work (embroidery) || **ˆton** *m* / pearl shade || **~weiß** *adj* / pearl white *adj* || **~weiß** *adj* (RAL 1013) / oyster white *adj* || **ˆwolle** *f* / crochet wool || **ˆzwirn** *m* / beaded twist, pearl cotton, pearly yarn, pearl cotton yarn

permanent chemisch modifizierte Baumwolle / chemmod (chemically modified) cotton || **~ flammhemmend** / permanent flame-retardant, P.F.R. || **~e Härte** / permanent hardness || **ˆappretur** *f*, Permanentausrüstung *f* / permanent press, permanent finish, durable finish || **ˆblau** *n* / permanent blue, washing blue || **ˆ-Crease-Veredlung** *f* / permanent crease finish || **ˆgrün** *n* / permanent green || **ˆhärte** *f* (des Wassers) / permanent hardness || **ˆplissee** *n* / permanent pleating

Permanent-Press·-Ausrüstung *f* (Hochveredlung) / permanent press finish (resin finish), durable press finish || **ˆ-Behandlung** *f* / durable press treatment || **ˆ-Veredlung** *f* s. Permanent-Press-Ausrüstung || **ˆ-Verfahren** *n* (Hochveredlung) / permanent press process (resin finish), durable press process, shape-set process

Permanent·rot *n* / permanent red || **ˆweiß** *n* (Bariumsulfat) / permanent white, baryta white, barium sulphate, barium white, blanc fixe

Permanganat *n* / permanganate *n* || **ˆätze** *f* / permanganate discharge || **ˆbleiche** *f* / permanganate bleach

Permangansäure *f* / permanganic acid

Permeabilität *f*, Durchlässigkeit *f* / permeability *n*

Permethansäure *f* / per[oxy]formic acid

Peroxid *n* / peroxide *n* || **~beständig** *adj* / fast to peroxide, resistant to peroxide bleaching || **ˆbeständigkeit** *f* / fastness to peroxide || **ˆbleiche** *f* / peroxide bleach, peroxide bleaching || **ˆ-Bleichechtheit** *f* / fastness to peroxide bleaching || **ˆ-Bleichflotte** *f* / peroxide bleach liquor || **ˆbleichlösung** *f* / peroxide bleaching solution || **~echt** *adj* / fast to peroxide, resistant to peroxide bleaching || **ˆechtheit** *f* / fastness to peroxide bleaching, fastness to peroxide treatment, resistance to peroxide bleaching || **ˆ-Kaltverweilbleiche** *f* / peroxide cold pad-batch bleaching || **ˆkatalyse** *f* / peroxide catalysis || **ˆ-Kontinue-Schnellbleiche** *f*, Peroxid-Kontinue-Schnellbleichverfahren *n* (PKS-Verfahren) / peroxide continuous rapid bleach method || **ˆschwefelsäure** *f* / persulphuric acid || **ˆwaschechtheit** *f* / fastness to peroxide washing

Peroxo·borat *n* / peroxyborate *n*, perborate *n* || **ˆchromsäure** *f* / perchromic acid || **ˆdisulfat** *n* / persulphate *n* || **ˆkarbonat** *n* / peroxycarbonate *n* || **ˆkohlensäure** *f* / peroxycarbonic acid || **ˆphosphat** *n* / peroxyphosphate *n* || **ˆschwefelsäure** *f* / persulphuric acid || **ˆsulfat** *n* / persulphate *n*

Peroxy·ameisensäure *f* / per[oxy]formic acid || **ˆborat** *n* / perborate *n*, peroxyborate *n* || **ˆboratbleiche** *f* / perborate bleaching || **ˆchromsäure** *f* / perchromic acid || **ˆdischwefelsäure** *f* / persulphuric acid || **ˆdisulfat** *n* / persulphate *n* || **ˆessigsäure** *f* / peracetic acid || **ˆkarbonat** *n* / peroxide carbonate, per[oxy]carbonate *n* || **ˆkohlensäure** *f* / per[oxy]carbonic acid || **ˆmonoessigsäure** *f* / peracetic acid || **ˆschwefelsäure** *f* / persulphuric acid || **ˆsulfat** *n* / persulphate *n*

Perphosphat *n* / peroxyphosphate *n*

Perpyrophosphat *n* / perpyrophosphate *n*

Perrotinendruck *m* / perrotine printing

Pers *m* (Sammelbezeichnung für bedruckte Bettzeuge) / floral ticking

Per·salz *n* / persalt *n* || **ˆsäure** *f* / peracid *n* || **ˆschwefelsäure** *f* / persulphuric acid

Persenning *f* (wasserdicht imprägniertes oder mehrfach geteertes Gewebe) / tarpaulin *n*, paulin *n* (US), tilt *n* (for lorries), sailcloth *n* (canvas for sails)

Perser·knoten *m* / Persian knot || **ˆmuster** *n* / Persian design || **ˆteppich** *m* / Persian carpet, Persian rug, Iranian carpet

Persiana *f* / persian *n*

Persianer *m* / Persian lambskin, broadtail *n* || **ˆfell** *n* / Persian lambskin

Persio *m* (Flechtenfarbstoff) / cudbear *n* (a lilac colour dyestuff)

persische Rohseide / gilan silk || **~er Schal** (Vorläufer des Kaschmir-Schals) / Persian shawl || **mit Pashminawolle gemischte ~e Wolle** / kirmani wool

Persisch·es Garn / Persian yarn || **ˆe Gelbbeere** / Persian berry || **ˆer Tragant** / Persian tragacanth

Persischrosa *n* / Persian rose

Persischrot *n* / Persian red, chrome red, chromate red

Persubstitution *f* / per substitution

Persulfat *n* / persulphate *n*

peruanisch·e Baumwolle / Andes cotton, full rough Peruvian, payta cotton, aspero cotton || **~e Pimabaumwolle** / Peruvian pima || **~e Stickerei** / Peruvian embroidery

Peruanischer Balsam, Perubalsam *m* / Peru balsam

Perubaumwolle *f* / Peruvian cotton

Perückengarn *n* / wig yarn

Perugen *n* (synthetischer Perubalsam) / perugene *n*

Perverbindung *f* / per compound

PES, Polyester *m* / polyester *n*, polyester fibre

PES-Gardine *f* / PES net curtain

Petersiliengrün *n* / parsley green

Petinet·apparat *m* (Strick/Wirk) / petinet mechanism, lacework mechanism || **ˆ-Effekt** *m* (Strick/Wirk) / open-work effect || **ˆ-Einrichtung** *f* (Strick/Wirk) / à jour attachment, lace attachment || **ˆhandschuh** *m* (Strick/Wirk) / lace glove || **ˆ-Längenmaschine** *f* (Strick/Wirk) / lace legger || **ˆmaschine** *f* / petinet machine, lace machine, eyelet machine || **ˆmuster** *n* (Strick/Wirk) / knitted lace pattern, petinet pattern, lace pattern || **ˆstoff** *m* (Strick/Wirk) / à jour fabric, open-texture fabric, lacework || **ˆstrumpf** *m* / jacquard petinet stocking, lace stocking || **ˆtrikot** *m* / lacework *n* || **ˆware** *f* (Strick/Wirk) / open-work [fabric] || **ˆzwickel** *m* (Strumpf) / open clock, lace clock

PETP / polyethylene terephthalate

Petroleum·äther *m* (Siedebereich 40 - 70°C), Petroläther *m* / light petroleum, benzine *m* || **~blau**

adj / petrol *adj*
petrolfarben *adj* / kingfisher *adj* (shade)
Petticoat *m* / petticoat *n* || ≗**ausrüstung** *f* / petticoat finish
Pfahl *m* (Färb) / horse *n*, tree *n*, stick *n*
pfau[en]blau *adj* / peacock blue
Pfauen·auge *n* (Web) / bird's eye, peacock's eye (pattern) || ≗**augenmuster** *n* / bird's eye pattern
pfau[en]grün *adj* / peacock green
Pfeffergehalt *m* / pepper content (sifting cotton linters)
pfefferminzgrün *adj* / mint green *adj*
pfefferrot *adj* / capsicum-red *adj*, paprica [-red] *adj*
Pfeffer-und-Salz-Anzugstoffe *m pl* / pepper-and-salt suitings
pfeffer-und-salz-farbig *adj* / pepper-and-salt *adj*
Pfeffer-und-Salz·-Gewebe *n* (kleingemustertes Köpergewebe aus schwarzem und weißem Kammgarn), Pfeffer-und-Salz-Stoff *m* / pepper-and-salt *n*, salt-and-pepper *n* || ≗**-Muster** *n* (Web) / pepper-and-salt effect, pepper-and-salt pattern
Pfeifenton *m* / China clay
Pfeil·muster *n* (Strick/Wirk) / lace clock || ≗**naht** *f* / sagittal suture || ≗**stich** *m* / arrowhead stitch
Pferde·decke *f* / horse blanket, horse cloth || ≗**deckenstoff** *m* / horse cloth
pfirsich·farben *adj* / peach coloured || ≗**haut** *f* (Duvetine mit samtartig feiner Rauhdecke) (Gew) / peachskin *n*, duvetyn *n*, duvetine *n* || ~**rot** *adj* / peach *adj*
Pflanze, Textilfasern liefernde ≗ / fibre plant
Pflanzen·daune *f* / vegetable down, kapok *n* || ≗**farbstoff** *m* / vegetable dyestuff || ≗**faser** *f* / plant fibre, vegetable fibre || ≗**fibrin** *n*, Pflanzenfaserstoff *m* / vegetable fibrin || ≗**gummi** *n m* / gum *n* || ≗**haar** *n* / vegetable hair || ≗**indigo** *m* / natural indigo || ≗**leim** *m* / vegetable glue, vegetable adhesive || ≗**rest** *m* (Wolle) / shive *n* || ≗**schleim** *m* / mucilage *n*, natural gum || ≗**seide** *f* / silk cotton, vegetable silk || ≗**teile** *n pl* / vegetable matter (in wool) || ≗**wachs** *n* / vegetable wax || ≗**wolle** *f* / vegetable wool
pflanzlich·e Faser / vegetable fibre || ~**er Leim** / vegetable glue, vegetable adhesive || ~**er Spinnstoff** / vegetable textile material || ~**e Verunreinigungen** *f pl* (Wolle) / moits *pl*, motes *pl* (black spots in yarn or cloth due to impurity)
Pflatschdruck *m* / slop-pad printing
pflatschen *v* (Beschicht) / kiss roll *v* || ~ (Färb) / pad one side, slop-pad *v*, nip-pad *v* || ≗ *n* (Färb) / face padding, slop padding, nip padding
Pflatsch·färbung *f* / slop-pad dyeing || ≗**hilfsmittel** *n* / slop-padding assistant || ≗**verfahren** *n* / slop-padding process || ≗**walze** *f* (Färb) / lick roller || ≗**walze** (Beschicht) / kiss roll[er]
pflaumen·blau *adj* / plum blue *adj*, plum purple *adj* || ~**farben** *adj* / plum coloured *adj*
Pflege·eigenschaften *f pl* (gute) / easy-care properties || ≗**kennzeichen** *n* / care symbol || ≗**kennzeichnung** *f* **durch Etikett** (von Textilien) / care labelling || **britische** ≗**kennzeichnungs-Vorschriften** *f pl* / Textile Care Labelling Code (BS 2747)
pflegeleicht *adj* / easy-care *adj*, wash-and-wear *adj*, carefree *adj* || ~**e Ausrüstung**, Pflegeleicht-Ausrüstung *f* / easy-care finish, wash'n wear finish, wash-and-wear finish, minicare finish || ~**es Erzeugnis** / wash-and-wear product || ~**es Oberhemd** / wash-and-wear shirt || ~**er Stoff** / easy-care fabric || ≗**-Eigenschaften** *f pl* / easy-care characteristics, minimum care properties, minicare properties, easy-care properties || ≗**gewebe** *n* / wash-and-wear fabric
Pflegevorschriften *f pl* / care regulations
Pfleidern *n* / pfleidering *n* (chopping pressed alkali cellulose block sheets into flake form)
Pflücken *n* **der Baumwolle** / picking of cotton
Pflückmaschine *f* / mechanical picker
Pfropf·polymer *n*, Pfropfpolymerisat *n* / graft polymer || ≗**polymerisation** *f* / graft polymerisation
pH *m n*, ph-Wert *m* / pH, pH number, pH value
PH, Polyharnstoff *m*, Harnstoffharz *m* / polyurea *n*
pH·-Abfall *m* / pH decrease || ~**-Abhängigkeit** *f* / pH dependence || ~**-Abnahme** *f* / pH decrease
Phantasie·artikel *m pl* / fancy goods, fancy articles || ≗**bindung** *f* / fancy weave || ≗**boden** *m* (Tepp) / feature floor || ≗**dessin** *n* / fancy design, fancy pattern || ≗**drehergewebe** *n* / fancy leno || ≗**garn** *n* / fancy yarn || ≗**gewebe** *n pl* / fancies *pl*, fancy fabrics, novelty fabrics, fancy material || ≗**-Hochfersenverstärkung** *f* **durch pendelnde Fadenführer** / beating finger splicing || ≗**knotengarn** *n* / seeds novelty yarn || ≗**köper** *m* / fancy twill, fancy diagonal || ≗**muster** *n* / fancy pattern, fancy design || ≗**-Preßmuster** *n* **im Rand nach dem Doppelrand** (Strumpf) / lace after-welt, pattern after-welt, fancy garter || ≗**strumpfwaren** *f pl* / fancy hosiery || ≗**teppichboden** *m* (Tepp) / feature floor || ≗**-Voile** *m* / splash voile || ≗**zwirn** *m* / fancy twist, fancy ply-yarn
pH-Anzeigegerät *n* / pH indicator
Phasen·grenze *f* / phase boundary || ≗**verschiebung** *f* / phase shift
pH·-Begriff *m* / pH concept || ~**-Bereich** *m* / pH range || ~**-Beständigkeit** *f* / pH fastness, pH resistance || ~**-Bestimmung** *f* / pH determination || ~**-Bestimmungsapparat** *m*, pH-Bestimmungsgerät *n* / pH determination apparatus || ~**-Einheit** *f* / pH unit
Phenat *n* / phenolate *n*
Phenol *n* / phenol *n*
Phenolat *n* / phenolate *n* || ≗**verfahren** *n* / phenolate process
Phenol·farbstoff *m* / phenolic dyestuff || ≗**faser** *f* / phenolic fibre || ≗**formaldehydharz** *n* / phenol formaldehyde resin || ≗**fuchsinlösung** *f* / phenol fuchsine solution || ≗**harz** *n* / phenolic resin
phenolisieren *v* / phenolate *v*
Phenol·koeffizient *m* / phenol coefficient || ≗**lösung** *f* / phenol solution || ≗**rot** *n* / phenol red || ≗**säure** *f* / phenolic acid
Phen·oxid *n* / phenolate *n* || ≗**säure** *f* / phenylic acid
Phenyl·alanin *n* / phenylalanine *n* || ≗**amin** *n* / phenylamine *n* || ≗**chlorid** *n* / phenyl chloride
Phenylen *n* / phenylene *n* || ≗**blau** *n* / phenylene blue || ≗**gruppe** *f* / phenylene group
Phenylglykokoll *n*, Phenylglyzin *n* / phenylglycine *n*
phenylieren *v* / phenylate *v*
Phenylierung *f* / phenylation *n*
Phenyl·lithiumprobe *f* / phenyl lithium test || ≗**phenol** *n* / phenylphenol *n* || ≗**quecksilberacetat** *n* / phenylmercuric acetate (PMA) || ≗**quecksilber-Dioctylsulfosuccinat** *n* / phenylmercuric dioctylsulphosuccinate || ≗**quecksilbersuccinat** *n* / phenylmercuric succinate || ≗**säure** *f* / phenylic acid || ≗**verbindung** *f* / phenylic compound

pH-Ermittlung *f* / pH determination
philanieren *vt* (geschützte Spezialausrüstung von Baumwollgeweben zur Erzielung eines wollähnlichen Griffes), philanisieren *vt* / philanize *vt*
pH-Indikator *m* / pH indicator || **~-Kontrolle** *f* / pH control
Phlegmatisierungsmittel *n* / desensitizer *n* (for peroxides)
Phlorogluzin *n* / phloroglucin *n*
Phloxin *n* (Färb) / phloxin *n*
pH-Messer *m*, pH-Meßgerät *n*, pH-Meter *n* / pH meter || **~-Meßsystem** *n* / pH measuring system || **~-Messung** *f* / pH measurement
Phobierartikel *m* / water-repellent article
Phosgen *n* / phosgene *n*
Phosphatierung *f* / phosphatation *n*
Phosphat·peroxohydrat *n*, Phosphatperoxyhydrat *n* / peroxyphosphate *n* || **~puffer** *m* / phosphate buffer || **~tensid** *n* / phosphate surfactant || **~verfahren** *n* **zur Wasserenthärtung** / water softening with phosphates
Phosphin *n* (gasförmiger Phosphorwasserstoff) / phosphine *n*, leather yellow
Phosphit *n* / phosphite *n*
Phosphonat *n* / phosphonate *n*
Phosphonierung *f* / phosphonation *n*
Phosphonium·base *f* / phosphonium base || **~verbindung** *f* / phosphonium compound
Phosphon·obernsteinsäure *f* / phosphonosuccinic acid || **~säure** *f* / phosphonic acid
Phosphor *m* / phosphorus *n* || **~bronzegaze** *f* / phosphor bronze gauze || **~bronzeschablone** *f* (Siebdr) / phosphor bronze screen
Phosphoreszenz *f* / phosphorescence *n*
phosphoreszieren *v* / phosphoresce *v*
phosphoreszierend *adj* / phosphorescent *adj*
Phosphoreszierung *f* / phosphorescence *n*
Phosphor·pentoxid *n* / phosphoric anhydride || **~säure** *f* / phosphoric acid, [ortho]phosphoric acid || **~säureanhydrid** *n* / phosphoric anhydride || **~verbindung** *f* / phosphorous compound
Photo·abbau *m* / photodegradation *n*, photodecomposition *n* || **~chromie** *f* / photochromism *n* || **~chromieerscheinung** *f* / phototropic effect || **~elektrischer Noppenzähler** / neps photoelectric counter || **~graphische Farbenauslese** / photographic colour selection || **~gravurdruck** *m* / photographic printing || **~kolorimetrische Analyse** / photocolorimetric analysis
Photolyse *f* / photodegradation *n*, photodecomposition *n*
Photo·rapidfarbstoff *m* / photo-rapid dyestuff || **~tropie** *f* (Färb) / phototropy *n*
pH-regelnder Zusatz / pH regulator || **~-Regelung** *f* / pH control || **~-Skala** *f* / pH scale || **~-Standard** *m* / pH standard || **~-Stufenverfahren** *n* / stepwise increase of pH
Phthalandion *n* / phthalic anhydride
Phthalat *n* / phthalate *n* || **~ester** *m* / phthalate ester
Phthalein *n* / phthalein *n* || **~gruppe** *f* / phthalein group
Phthalocyanin *n* / phthalocyanine *n* || **~abkömmling** *m* / phthalocyanine derivative || **~blau** *n* / phthalocyanine blue || **~derivat** *n* / phthalocyanine derivative || **~derivat-Farbstoff** *m* / phthalocyanine derivative dyestuff || **~farbstoff** *m* / phthalocyanine dyestuff || **~grün** *n* / phthalocyanine green || **~kristall** *m* / phthalocyanine crystal || **~-Metallkomplexfarbstoff** *m* / phthalocyanine metal complex dyestuff || **~pigment** *n* / phthalocyanine pigment || **~verbindung** *f* / phthalocyanine compound
Phthalogen·brillantblau *n* / phthalogen brilliant blue || **~färben** *n* / phthalogen dyeing || **~farbstoff** *m* / phthalogen dyestuff
Phthalsäure *f* / phthalic acid || **~anhydrid** *n* / phthalic anhydride
pH-Wert *m* / pH number, pH, pH value || **~-Bestimmung** *f*, pH-Wert-Ermittlung *f* / pH determination || **~-Messer** *m*, ph-Wert-Meßgerät *n* / pH meter || **~-Meßsystem** *n* / pH measuring system || **~-Messung** *f* / pH measurement || **~-Regelung** *f* / pH control || **~-Regler** *m* / pH regulator
physikalisch·es Schrumpffreiausrüsten / physical shrink proofing || **~e Textilprüfung** / physical textile testing || **~-mechanische Prüfung** / physico-mechanical testing
Physiksalz *n* (Färb) / tin composition
physiologisch·e Eigenschaften / toxicity *n* || **~ unbedenklich** / non-toxic
pH-Zahl *f* / pH, pH number, pH value
Piassava *f*, Piassavafaser *f* / piassava *n* (fibre from the leaf stalks of the monkey bast tree in Brazil), bass fibre, monkey grass, Bahia fibre || **~matte** *f* / bass mat
Pic-à-Pic (Bicolormusterung durch Wechsel heller und dunkler Kett- und Schußfäden) / pick-and-pick bobbin changing
Pick-à-pick-Hochleistungsstuhl *m* / pick-and-pick high-speed loom || **~-Spulenwechsel** *m* / pick-and-pick bobbin changing || **~-Stuhl** *m* / pick-and-pick loom
Picker *m*, Web[er]vogel *m* (Web) / [loom] driver, [loom] picker || **~**, Baumwollpflückmaschine *f* / picker *n*, cotton picker, cotton picking machine, cotton stripper, mechanical cotton picker, cotton scutching machine, cotton sled, mechanical tripper || **~riemen** / picker band, picker strap
Pick-und-Pick-Hochleistungsstuhl *m* / pick-and-pick high-speed loom || **~-Spulenwechsel** *m* / pick-and-pick bobbin changing || **~-Stuhl** *m* / pick-and-pick loom
Picot *m* / feather edge || **~borte** *f* / feather edge braid || **~schiene** *f* (Strick/Wirk, Strumpf) / lockstitch bar
Pigment *n* / pigment *n* || **~anreibung** *f* / ground pigments *pl*, pigment mill-base || **~aufnahmefähigkeit** *f* / pigment compatibility (subdivided into wettability and binding power) || **~bindemittel** *n*, Pigmentbinder *m* / pigment binder || **~bindevermögen** *n* / pigment binding capacity || **~dispergierung** *f*, Pigmentdispersion *f* / pigment dispersion
Pigmentdruck *m* (Drucken mit Pigmenten) / pigment printing || **~ mit Albumin** / albumin-fixed pigment printing || **~ mit Benzinemulsion** / pigment printing with white spirit emulsion || **~system** *n* **auf Lösemittelbasis** / solvent-based pigment printing system
Pigment·emulsionsbindemittel *n* / pigment emulsion binder || **~farbe** *f* / pigment colour || **~farbstoff** *m* / pigment *n*, pigment dyestuff, pigment dye || **~farbstoffausbeute** *f* / pigment yield || **~färbung** *f* / pigment dyeing || **~formierung** *f* / finishing of pigments, resin coated pigment,

pigment preparation, masterbatch *n*, formulated pigment || ²formierungsmittel *n* / pigment finish producing agent || ~frei *adj* / non-pigmented *adj* || ~haltiger Krepp / pigment crepe
Pigmentierbarkeit *f* / pigmentability *n*
pigmentieren *v* / pigment *v* || ² *n* / pigmentation *n*
Pigmentierfärbeverfahren *n* / pigment dyeing method || **²färbung** *f* / dyeing by pigmentation || **²methode** *f* / pigmentation process (vat dyeing)
pigmentierter Taft / pigment taffeta
Pigmentier-Temperaturstufenverfahren *n* / pigment dyeing graduated temperature process
Pigmentierung *f* / pigment dyeing, pigmentation *n*, pigment concentration
Pigmentierverfahren *n* / pigmentation process (vat dyeing)
Pigmentklotzflotte *f* / pigment padding liquor || **²klotzung** *f*, Pigmentklotzverfahren *n* (Färb) / pigment padding [process] || **²konzentrat** *n* / pigment concentrate || **²konzentration** *f*, Pigmentkonzentrierung *f* / pigment concentration || **²-Leinölanreibung** *f* / pigment ground in linseed oil || **~mattiert** *adj* / dulled with pigment || **²mattierung** *f* / pigment dulling || **²teigfarbe** *f* / pigment paste || **²textildruck** *m* / pigment textile printing || **²verankerung** *f* / pigment binding || **²verteiler** *m* / pigment disperser, pigment dispersing agent || **²verteilung** *f* / pigment dispersion || **²volumenkonzentration** *f* / pigment volume concentration, p.v.c. || **²wanderung** *f* / pigment migration
Piké *m* (Steppgewebe), Pikee *m* (Web) / piqué *v*
Pikeebindung *f* / piqué weave, pick weave
pikieren *v* (Näh) / blindstitch *v*, pad *v*
Pikiermaschine *f* / edge stitching machine (making up) || **²maschine** (Näh) / padder *n* || **²naht** *f* / blind stitch seam || **²stich** *m* / pick stitch
Pikot *m* / picot *n*, feather edge || **mit ²s graviert** / stipple-engraved *adj* || **²borte** *f* / feather edge braid || **²kante** *f* / bead edge, purl edge, pearl edge, beading *n*, beaded edge || **²nadel** *f* / picot point || **²rand** *m* (Strumpf) / picot *n* || **²randeinrichtung** *f* (Strick/Wirk) / picot edge attachment || **²randrechen** *m* / picot edge bar || **²rechen** *m* / picot bar || **²spitze** *f* / picot lace || **²stab** *m* (Strick/Wirk) / net point rod || **²walze** *f* / stippling roller
Pikrinsäure *f* (2,4,6-Trinitrophenol) / picric acid
Pilgerschrittwalke *f* (Vliesst) / pilgrim-step planking machine
Piliermaschine *f* / soap mill
pilierte Feinseife / milled toilet soap
pillarm *adj* / low-pill *adj*, low-pilling *adj*
pillbeständig *adj* / pill resistant || **~e Ausrüstung** / antipilling finish || **~e Behandlung** / antipilling treatment
Pillbeständigkeit *f* / pill[ing] resistance
Pillbildung *f* (Web) / pill *n*, [fibre] pilling *n*, pilling effect || **² beim Tragen** / pill wear off
pillen *v* / pill *v* || ² *n* / [fibre] pilling *n*
pillfest *adj* / pill resistant
Pilling *n*, Pillingbildung *f* (Herausarbeiten und Zusammendrehen einzelner Fasern) (Web) / [fibre] pilling *n*, pilling effect, pill *n* || **²-Effekt** *m* / pilling effect || **~-fest** *adj* / pill resistant || **~frei** *adj* / non-pilling *adj* || **²neigung** *f* / tendency to pilling || **²prüfung** *f*, Pilltest *m* / pilling test || **²verhalten** *n* / pilling behaviour
Pillneigung *f* (Web) / pill *n*, pilling effect, tendency to pilling || **²resistenz** *f* / pill[ing] resistance

„Pills" *pl* (Knoten- und Noppenbildung bei Textilien aus Fasergarn) / pills *pl*
Pill-Test (amerikanischer Tablettentest [Entflammbarkeitsversuch]) / pill test (flammability test)
Pilot *m* (ein Moleskin) / pilot-cloth *n*
Pilz *m* / fungus *n* || **²amylase** *f* / fungal amylase || **²befall** *m* / fungal attack, mould infestation || **²bügelmaschine** *f* / mushroom ironing press || **²diastase** *f* / fungal diastase || **~fest** *adj* / fungus-resistant *adj*, fungus-proof *adj* || **²kopfreaktion** *f* / immaturity control by swelling test || **²presse** *f* / mushroom ironing press || **~tötend** *adj* / antifungal *adj*, fungicidal *adj* || **~tötendes Mittel** / antimycotic *n*, fungicide *n* || **das ²wachstum hemmend** / fungistatic *adj* || **~wirksam** *adj* / fungicidal *adj*
Pima-Baumwolle *f* / pima cotton (Arizona, Texas, California)
Pimarinsäure *f* / pimaric acid
Pimelinsäure *f* / pimelic acid
Pinastoff *m* / pina cloth
Pincop *m* s. Pinkop
Pineapple-Cone *f*, Pineapple-Spule *f* / bicone [bobbin], pineapple cone
Pinke *f* / tin weighting
pinken *v* / weight the silk with ammonium stannic chloride, weight the silk with pink salt || ² *n* / pink salt treatment
Pinkop *m* (Web) / weft cop, filling cop, pin cop
Pinksalz *n* (Ammoniumzinnchlorid) (Färb) / double chloride of tin and ammonium, pink colour, ammonium stannic chloride, pink salt
Pinsel *m* / brush *n*
Pinzette *f* / pincers *pl*, burling tweezers
Piperazin *n* / piperazine *n*
Piperidin *n* / piperidine *n*
Piqué *m* (Steppgewebe) (Web) / piqué *v* || **²bindung** *f* / piqué weave, pick weave
Pisangfaser *f* / banana fibre (leaves of Musa sapientum; used for cordage and mats)
pistaziengrün *adj* / pistachio green *adj*
Pitafaser *f* / Spanish dagger fibre
PKS-Verfahren *n* (Peroxid-Kontinue-Schnellbleichverfahren) / peroxide continuous rapid bleach method
Placé-Muster *n* / placé *n* (motif)
Plachenstoff *m* / awning *n*, canvas *n*
Placken *n* (Färb) / patchy dyeing
Plaid *m n* / plaid [rug]
Plane *f* / tarpaulin *n*, paulin *n* (US), tilt *n* (for lorries) || ² (Sonnendach) / awning *n*, sunshade *n*, sun-blind *n* || **mit einer ² abdecken** / tilt *v*
Planenstoff *m* / tarpaulin fabric, awning cloth, canvas *n*, awning fabric
Planetenrührer *m* / planetary agitator (slow), planetary impeller (fast), planetary stirrer
Planfixierrahmen *m* **mit Voreilung** / advanced plane setting stenter
Plangi-Färbung *f* / reserve dyeing, resist dyeing
Planknotenfang *m* (Web) / flat screen
Planrahmen *m* / stenter frame (GB), tenter frame (US) || ² (DIN 64990) / drying stenter (GB), drying tenter (US) || **²trockenmaschine** *f* / stenter drier (GB), tenter drier (US) || **²trockner** *m* (Ausrüst) / horizontal frame dryer
Plaste *m pl* / plastics *pl* || **~löslich** *adj* (Beschicht) / plastosoluble *adj*
Plastifiziermittel *n* (Beschicht) / plasticizer *n*

plastische Elastizität (Beschicht) / plasticoelasticity *n*
Platanenfaser *f* / plantain fibre
platin *adj* / platinum *adj*
Platine *f* (Web) / hook *n*, lifter *n*, lifting hook || **≈** (Strumpf) / plate *n* || **≈** (Strick/Wirk) / sinker *n*, stop rod, lifting wire || **≈** (Web, Strick/Wirk) / wire *n* || **≈ für RL-Flachwirkmaschinen** (DIN 62154) / sinker for straight bar knitting machines
Platinen·abschlagring *m* (Strick/Wirk) / sinker cam ring || **≈barre** *f* (Strick/Wirk) / lead sinker bar, sinker bar || **≈barre** (Strumpf) / plate guard || **≈begrenzungsring** *m* (Strick/Wirk) / sinker catch ring || **≈bett** *n* (Strick/Wirk) / sinker bed || **≈blei** *n* / sinker lead || **≈boden** *m*, Platinenbrett *n* / bottom board (Jacquard) || **≈element** *n* (Strick/Wirk) / sinker body
Platinenexzenter *m* (Strick/Wirk) / jack cam, sinker cam || **≈einstellung** *f* (Strick/Wirk) / jack cam adjustment || **≈ring** *m* (Strick/Wirk) / cam ring on sinker, sinker cam ring, jack cam ring
Platinen·feder *f* (Strick/Wirk) / sinker spring || **≈führung** *f* (Strick/Wirk) / sinker guide || **≈führungsschiene** *f* (Strick/Wirk) / sinker guide bar || **≈fuß** *m* (Strick/Wirk) / holding-down sinker's butt, sinker butt || **≈halter** *m* (Strick/Wirk) / sinker catch bar || **≈henkel** *m* (Strick/Wirk) / sinker loop, sinker mesh || **≈kehle** *f* (Strick/Wirk) / sinker throat || **≈kinn** *n* (Strick/Wirk) / chin *n* || **≈kopf** *m* (Strick/Wirk) / sinker head || **≈kopfdeckel** *m* (Strick/Wirk) / sinker head top || **≈körper** *m* (Strick/Wirk) / sinker body || **≈kranz** *m* (Strick/Wirk) / sinker ring, sinker cup || **≈leitscheibe** *f* (Strick/Wirk) / cam plate, sinker guiding disc || **≈masche** *f* (Strick/Wirk) / sinker loop, sinker mesh || **≈messer** *n* (Web) / lifting blade || **≈musterschieber** *m* (Strick/Wirk) / pattern jack for sinker || **≈nadel** *f* (Web, Strick/Wirk) / wire *n* || **≈nadelvorrichtung** *f* / wire arrangement || **≈nase** *f* (Strick/Wirk) / hook *n* (of sinker), catch *n* || **≈nute** *f* (Strick/Wirk) / sinker channel || **≈presse** *f* (Strick/Wirk) / sinker lifting bar || **≈rad** *n* (Strick/Wirk) / sinker wheel, loop[ing] wheel || **≈reihe** *f* (Web) / row of hooks || **≈ring** *m* (Strick/Wirk) / jack ring, sinker ring, sinker cup
Platinenschachtel *f* (Strick/Wirk) / catch bar, sinker catch bar || **≈bewegungsvorrichtung** *f* (Strick/Wirk) / catch bar motion || **≈hubhebel** *m* (Strick/Wirk) / catch bar lifting lever || **≈hubwelle** *f* (Strick/Wirk) / front catch bar shaft || **≈hubwellenlager** *n* (Strick/Wirk) / front catch bar shaft bearing || **≈schubbewegung** *f* (Strick/Wirk) / back catch bar motion || **≈schubexzenter** *m* (Strick/Wirk) / back catch bar cam || **≈sicherung** *f* (Strick/Wirk) / catch bar safety device || **≈sicherungshebel** *m* (Strick/Wirk) / catch bar safety lever
Platinen·schlitzführung *f* (Strick/Wirk) / sinker trick || **≈schnabel** *m* (Strick/Wirk) / nib *n*, sinker nose, sinker nib || **≈schnur** *f* (Web) / lifting cord, neck twine || **≈schnur** (Strick/Wirk) / tail cord || **≈schnur der Jacquardmaschine** / jacquard lifting cord || **≈steuerung** *f* **für Kulier- und Verteilplatinen** (Strick/Wirk) / sinker and divider control || **≈streifen** *m* (mechanische Beschädigung) (Strick/Wirk) / sinker bar mark (defect), streaks caused by damaged sinkers, sinker line (defect) || **≈streifen** (Verschmutzung) (Strick/Wirk) / oil stain caused by sinker || **≈stuhl** *m* (Strick/Wirk) / sinker-wheel frame || **≈teilung** *f* (Web) / pitch of needles || **≈vorrichtung** *f* / wire arrangement || **≈wächter** *m* (Strick/Wirk) / lifting wire guard || **≈wirkmaschine** *f* (Strick/Wirk) / sinker-wheel frame || **≈zahl** *f* / number of hooks || **≈zylinder** *m* (Strick/Wirk) / jack cylinder, sinker cylinder
platingrau *adj* (RAL 7036) / platinum grey *adj*
platt *adj* / flat *adj* || **~e Maschinenspitze** / platt lace (machine-made lace devoid of raised work) || **~e Naht** (Näh) / flat seam || **~e Spitze** / flat point lace || **~e Stickerei** / low embroidery || **≈band** *n* / spindle bearing plate || **~drücken** *v* / flatten *v*
Platte *f* (Web, Strick/Wirk) / plate *n*
Plätteisen *n* / flat iron, smoothing iron, press iron
plätten *v* / iron *v*, press *v* || **≈** *n* / ironing *n*, pressing *n*
Platten·dekatur *f* / board decatizing (GB), hydraulic press-finish, board decating (US) || **≈druck** *m* (Textdr) / copper plate printing, plate printing || **≈exzenter** *m* / plate cam || **≈filter** *m n* / filter plate || **≈filzmaschine** *f* / plate felting machine || **≈perrotine** *f* (Färb) / common perrotine || **≈presse** *f* / board pressing machine || **≈sengen** *n* / hot-plate singeing, singeing on hot-plates, plate singeing || **≈sengen mit Gasbeheizung** / gas plate singeing || **≈sengmaschine** *f* (DIN 64990) / plate singeing machine, hot-plate singeing machine || **≈test** *m* **auf Thermofixierechtheit** (DIN 54060) / plate test (sublimation) || **≈trockner** *m* / shelf drier
Plattier·anschlag *m* / plating stop || **≈automat** *m* (Strick/Wirk) / automatic plating machine || **≈bremse** *f* / plating friction box || **≈einrichtung** *f* (Strick/Wirk) / plating attachment
plattieren *v* (Web) / plait *v*, plate *v* || **≈** *n* (Strumpf) / plaiting *n*
Plattierfaden *m* (Web) / plaiting thread, plating yarn, plating thread || **≈fournisseur** *m* / plating thread furnisher || **≈führer** *m* (Näh) / plaiting carrier || **≈führer** (Web) / plating carrier, plating feeder, plating thread guide || **≈zuführer** *m* / plating wheel
Plattier·gestrick *n* / plated fabric || **≈maschine** *f* / plating machine || **≈muster** *m* / plating design || **≈nadel** *f* **mit erweitertem Raum zwischen Haken und Zunge** / plating needle || **≈nüßchen** *n* / plating feeder || **≈platine** *f* / plating sinker || **≈schiene** *f* / plating bar
plattiert·e Ferse / plated heel || **~e Hochferse** / plated high heel || **~e Links-Links-Ware** / plated purl fabric || **~e Maschenware** / plated knit goods *pl* || **~e Spitzenverstärkung** (Strumpf) / plated block in toe || **~e Strümpfe** *m pl* / plated hosiery || **~e Trikots** *m pl* / plated knitted fabrics || **~e Ware**, plattiertes Gewebe / plated fabric
Plattierung *f* (Strumpf) / plating *n*, plaiting *n*
Plattiervorrichtung *f* (Web) / plaiting tackle || **≈** (Strick/Wirk) / plating attachment
Plättmaschine *f* / flattening machine, steam press, smoothing machine, ironing press, ironing machine
Platt·seide *f* / slack silk || **≈stich** *m* (Näh) / flat stitch, broad stitch, plate stitch || **≈stichmaschine** *f* (Näh) / flat stitch [embroidering] machine || **≈stichstickerei** *f* / flat stitch embroidery || **≈stickerei** *f* / couching *n*
Plättuch *n* / ironing blanket, ironing cloth
Plattwalken *n* / flat fulling (US), flat milling (US)
Platzdeckchen *n* / doily *n*
platzen *v* / burst *v* || **≈** *n* (Textdr) / breaking *n* (of film)
Platzer *m* / broken end (fabric defect) || **≈** (Web) / snag *n* || **≈** (Strick/Wirk) / hole (defect in knitt), crack *n*, broken pick
Plauener Spitze *f* / Plauen lace || **≈ Stickmaschinenspitze** / Saxony lace

Plexifilament-Verfahren *n* (Spinn) / Plexifilament process
Plissee *n* / [accordion] pleating, plissé [crepe] || ≗ (Stoff) / pleated fabric || ≗**ausrüstung** *f* / pleated finish || ≗**falte** *f* / pleat *n*, accordion pleat || ≗**form** *f* / pleating form || ≗**krepp** *m* / plissé crepe || ≗**maschine** *f* / pleating machine || ≗**muster** *n* / pleat pattern, pleating pattern || ≗**rock** *m* / pleated skirt || ≗**stoff** *m* / pleated fabric, plissé fabric
Plissier·barkeit *f* / pleatability *n* || ≗**beständigkeit** *f* / pleating stability || ≗**dämpfschrank** *m* / steam pleating cabinet || ~**echt** *adj* (Färb) / fast to pleating || ≗**echtheit** *f* (Färb) / fastness to pleating, pleating fastness || ≗**einrichtung** *f* / frill machine, pleating device
plissieren *v* / gauffer *v*, pleat *v*, goffer *v* || ≗ *n* (Web) / frilling *n* || ≗ / goffering *n*, pleating *n*
Plissier·maschine *f* / frill machine || ≗**maschine** (DIN 64990) / pleating machine
plissierter Tüll / tulle crinoline
Pluderhose *f* (der Männer im 16. und 17. Jh.) (hist) / trunk hose, trunks *pl*, galligaskins *pl*
Plumeau *n* / feather bed
Plüsch *m* / plush *n*, shag *n*, pile fabric || ~**artig** *adj* / plushy *adj*, plush-like *adj* || ≗**einrichtung** *f* / pile device || ≗**einrichtung** (Strick/Wirk) / plush device || ≗**exzenter** *m* / pile cam || ≗**exzenter** (Strick/Wirk) / plush cam || ≗**fadenzubringer** *m* (Strick/Wirk) / plush thread feeder || ≗**futter** *n* (Strick/Wirk) / plush lining || ≗**henkel** *m* / pile loop, plush loop, terry loop || ≗**kette** *f* (Strick/Wirk) / plush warp || ≗**mailleuse** *f* (Strick/Wirk) / plush wheel || ≗**muster** *n* (Strick/Wirk) / plush pattern || ≗**nachahmung** *f* / sham plush || ≗**nadelbarre** *f* (Strick/Wirk) / plush needle bar || ≗**platine** *f* (Strick/Wirk) / plush sinker || ≗**platine** / pile sinker || ≗**pullover** *m* / chenille pullover || ≗**rauhmaschine** *f* / plush raising machine || ≗**schiene** *f* (Strick/Wirk) / plush bar || ≗**schiene** / loop bar || ≗**schleife** *f* / pile loop, plush loop, terry loop || ≗**schneidemaschine** *f*, Plüschschneider *m* / plush cutting machine || ≗**sohle** *f* / loop sole || ≗**sohle bei Strumpfwaren** (Strumpf) / terry sole, plush sole || ≗**stoff** *m* / plush *n*, shag *n* || ≗**teppich** *m* / plush carpet, terry carpet || ≗**trikot** *m* / loop cloth, plush fabric, plush cloth, loop fabric || ≗**velours** *m* / velvet pile || ≗**velours-Teppich** *m* / velvet [pile] carpet || ≗**walze** *f* (Strick/Wirk) / plush roller || ≗**ware** *f* / plush fabric || ≗**weberei** *f* / plush weaving || ≗**webmaschine** *f* / plush loom, plush weaving machine
Pluviale *n* / cope *n* (liturgical vestment)
PMA, PMAS, Phenylquecksilberacetat *n* / phenylmercuric acetate (PMA)
PMMA, Polymethacrylat *n*, Polymethylmethacrylat *n* / polymethacrylate *n*
pneumatisch·e Abfallentfernungsanlage / pneumatic waste removal plant || ~**e Abzugsvorrichtung** (Strick/Wirk) / pneumatic take down device || ~**e Düsenwebmaschine** / air-jet loom, air-jet weaving machine || ~**er Foulard mit Bürsten** / pneumatic padding mangle with brushes || ~ **gesteuerte Kompensationswalzen** *f pl* (Waschmasch) / pneumatically controlled compensating rollers || ~**e Misch- und Transportanlage** (DIN 64100) *f* (Spinn) / pneumatic blending and conveyor plant || ~**e Nadelauswahl** (Strick/Wirk) / pneumatic needle selection || ~**er Prägekalander** (Beschicht) / embosser with pneumatical loading || ~**es Preßwerk** / pneumatic squeezing press || ~**es Rüschenlegen** / air tucking || ~**er Vertikalabquetschfoulard** / pneumatic vertical squeezing mangle || ~**e Webmaschine** / pneumatic power loom || ~**er Webstuhl** / pneumatic loom || ~**e Wickelgewichtssteuerung** / pneumatic lap weight control || ~**es Zwirnen** / air twisting
pneumomechanisches Spinnen / air spinning
PO, Polyolefin *n* (Polymerisationsprodukt von Olefinen) / polyolefin *n*, polyolefin fibre
pochen *v* / scutch *v* (flax), swingle *v* (flax) || ≗ *n* **des Flachses** / flax scutching
pockennarbige Oberfläche (Beschicht) / pitted surface
Pocketing *m* / pocketing *n*, pocket lining
pointierte Passage (Web) / diamond draft
Pol *m* (Tepp) / tuft *n* || ≗ / pile *n*, pile warp, poil (Fr) *n*
polar·e Gruppe / polar group (of surface active agent) || ~**-apolare Struktur** / polar-non-polar structure
polarisationsmikroskopisch *adj* / by polarisation microscopy
polarrot *adj* / polar red *adj*
Pol·aufsprung *m* / pile opening || ≗**ausreißfestigkeit** *f* / pile tear resistance || ≗**baum** *m* / pile beam || ≗**bearbeitungsmaschine** *f* / pile processing machine || ≗**bildung** *f* / pile formation || ≗**-Cord-Gewebe** *n* / pile cord fabric || ≗**deckkraft** *f* / pile density || ≗**dichte** *f* / pile density || ≗**dicke** *f* (Tepp) / pile thickness
Pole *f* (Web) / upper part of the warp
Pol·einsatzgewicht *n* (Tepp) / pile weight || ≗**faden** *m* / pile thread, loop pile || ≗**faser** *f* / face yarn || ≗**faser** (Tepp) / pile fibre || ≗**flachgewebe** *n* / pile flat woven fabric || ≗**garn** *n* / pile yarn || ≗**gewebe** *n* / pile fabric || ≗**gewebe mit Flachlegeeffekt** / flattened pile fabric || ≗**gewicht** *n* / pile weight || ≗**höhe** *f* (Tepp) / pile hight
Polierband *n* / polishing belt
polieren *v* / buff *v*, polish *v*, burnish *v* || ≗ *n* / polishing *n*, buffing *n*
Polier·filzscheibe *f* / felt wheel, felt-disc polisher || ≗**gewebe** *n pl* / buffing fabrics || ≗**lappen** *m* / polishing cloth || ≗**maschine** *f* **für Nähgarne** / polishing machine for sewing yarn || ≗**rot** *n* / English red || ≗**scheibe** *f* / buffing wheel || ≗**trommel** *f* / polishing drum, tumbling barrel || ≗**tuch** *n* / polishing cloth || ≗**walze** *f* / burnishing roller
Polkarmaschine *f* (Strick/Wirk) / raschel loom, raschel [warp] knitting machine, raschel (also Raschel) *n*, warp raschel machine
Polkatupfen *m* / polka dot pattern
Pol·kette *f* / nap warp, pile *n*, pile warp || ≗**kettenbaum** *m* / beam for the pile warp || ≗**kettstuhlware** *f* / warp knitted pile fabric || ≗**messer** *n* / plough *n*, shearing knife || ≗**niederdruck** *m* (Tepp) / pile pressure
Polnische Cochenilleschildlaus, polnischer Kermes / Polish berry
Polnutzschicht *f* (Tepp) / effective pile (pile above backing)
Polohemd *n* / sports shirt, chukker *n* (shirt)
Pol·platine *f* / pile sinker || ≗**richten** *n* (Ausrüst) / pile orientation || ≗**-Rohdichte** *f* (Tepp) / pile volume ratio || ≗**-Rohvolumen** *n* (Tepp) / bulk volume of the pile || ≗**-Rotor-Behandlung** *f* / electrofying (ironing) treatment || ≗**schermaschine** *f* / pile shearer, pile shearing machine || ≗**schicht** *f* (Tepp) /

pile layer || ~**schicht mit Musterung durch Scheren**, Polschicht mit Musterung durch Tip-Shearing (Tepp) / carved pile, tip-sheared pile || ~**schleife** *f*, Polschlinge *f* / pile loop || ~**schur** *f* / pile napping || ~**schuß** *m* / pile filling, pile weft, pile pick || ~**spitze** *f* / fibre tip (manmade fibres) || **die ~spitzen färben** (Tepp) / dye the tips (of pile)
Polster *n* / bolster *n*, cushion *n* || ~**bank** *f* / upholstered seat || ~**bezug** *m* / upholstery cover || ~**bezugfolie** *f* / cushion covering foil
Polstereimaschine *f* / upholstery machine
Polsterer *m* / upholsterer *n*
Polster·flocken *f pl* / flocks *pl* || ~**füllmaterial** *n*, Polsterfüllung *f* / [upholstery] filling, upholstery fibre fills *pl*, [upholstery] filling material, padding [material] || ~**füllmaterial-Industrie** *f* / fillings industry || ~**füllung** *f* **aus Seetang** / wrack upholstery stuffing || ~**leder** *n* / leather for upholstery || ~**material** *n* / upholstery material, padding *n*, stuffing *n* || ~**möbel** *n pl* / upholstered furniture, upholstery furniture || ~**möbelborte** *f* / upholstery braid, lacet *n* (upholstery) || ~**möbelgurt** *m* / chair web, upholstery webbing
polstern *v* / upholster *v*, pad *v* || ~ *n* / upholstering *n*, padding *n*
Polsternähmaschine *f* / upholstery sewing machine || ~**sessel** *m* / easy chair, armchair *n*, occasional chair (not part of a suite), bolstered chair || ~**stoff** *m* / upholstery fabric, upholstery cloth, upholstering cloth
Polsterung *f* / upholstering *n*, upholstery *n* || ~ (Auspolsterung) / padding *n*
Polster·unterstoffe *m pl* / furnishing fabrics || ~**ware** *f* / upholstery *n* || ~**watte** *f* / upholstery wadding, wadding *n*
Pol·teppich *m* / pile carpet, pile rug || ~**teppich für den Objektbereich** / contract pile carpet || ~**verfestigung** *f* **von Wirkplüschen (Wildman-Ware) nach dem Sprühverfahren** / anchoring the pile threads to the ground fabric in high-pile Wildman fabrics by the spray process || ~**verlagerung** *f* (Flock) / pile misalignment || ~**vliesbelag** *m* / pile nonwoven || ~**vliesbodenbelag** *m* (Tepp) / needleloom pile floor-covering, loop-type floor covering || ~**ware** *f* / pile goods *pl* || ~**wirkware** *f* / warp knitted pile fabric || **vierschienige** ~**wirkware** / four-bar warp-knitted pile fabric
Polyacrolein *n* / polyacrolein *n*
Polyacryl *n*, PAC / polyacrylic *n*, acrylic *n*
Polyacrylamid *n* / polyacrylamide *n*
Polyacrylat *n* / polyacrylate *n*, acrylic resin
Polyacryl·ester *m* / polyacrylic ester || ~**esterdispersion** *f* / polyacrylate dispersion || ~**fasern** *f pl*, PAC / polyacrylics *pl* || ~**-Garn** *n* / polyacrylic yarn || ~**harz** *n* / polyacrylate resin, acrylic resin || ~**mischpolymerisat** *n* / polyacrylic co-polymer
Polyacrylnitril *n*, PAN / polyacrylonitrile *n* || ~**faser** *f*, PAC / acrylic [staple] fibre, polyacrylonitrile fibre || ~**faserstoff** *m*, PVY / acrylic [staple] fibre, polyacrylonitrile fibre || ~**filament** *n* / acrylic filament || ~**filamentgarn** *n* / acrylic filament yarn || ~**garn** *n* / acrylic yarn || ~**spinnfasergarn** *n* / acrylic spun yarn
Polyacryl·säure *f* / polyacrylic acid || ~**säurealkylester** *m* / polyalkyl acrylate || ~**säureester** *m* / polyacrylic acid ester, polyacrylate *n* || ~**verbindung** *f* / polyacrylic compound
Poly·addition *f* / polyaddition *n* || ~**additionsblockierer** *m* / polyaddition blocking agent || ~**additionsprodukt** *n* / polyaddition product || ~**addukt** *n* / polyadduct *n*, additional polymer || ~**alkohol** *m* (Alkohol mit mehreren funktionellen -OH-Gruppen) / polyol *n*, polyalcohol *n*, polyhydric alcohol || ~**alkylamin** *n* / polyalkylamine *n*
Polyamid *n*, PA / polyamide *n*, nylon *n* || ~**begleitgewebe** *n* / adjacent polyamide fabric || ~**-Differential-Dyeing-Teppichfaser** *f* / polyamide differential dyeing carpet fibre
Polyamidfaser *f* / polyamide fibre || ~**färben** *n* / polyamide dyeing || ~**farbstoff** *m* / polyamide dyestuff || ~**stoff** *m*, PA / polyamide fibre
Polyamidfilament *n* / polyamide filament || ~**artikel** *m* / polyamide filament article || ~**garn** *n* / polyamide filament yarn || ~**garn technisch** / polyamide technical filament yarn
Polyamidflocke *f* / polyamide loose stock
Polyamidimid *n* / polyamide imide || ~**faser** *f* / polyamide imide fibre || ~**filament** *n* / polyamide imide filament || ~**filamentgarn** *n* / polyamide imide filament yarn || ~**garn** *n* / polyamide imide yarn || ~**spinnfasergarn** *n* / polyamide imide spun yarn
Polyamid·kräuselgarnfaden *m* / polyamide textured yarn || ~**lösung** *f* / polyamide solution || ~**mischpolykondensat** *n* / polyamide co-polycondensate || ~**nähgarn** *n* / polyamide thread || ~**-„non-dyeing"-Faser** *f* / polyamide "non-dyeing" fibre || ~**reserve** *f* / polyamide resist || ~**schnitzel** *m n pl* / polyamide chips, shredded polyamide, polyamide shavings || ~**spinnfasergarn** *n* / polyamide spun yarn || ~**stapelfasergarn** *n* / polyamide staple fibre yarn || ~**-Teppichfärberei** *f* / polyamide carpet dyeing || ~**-Wirkvelours** *m* / polyamide warp-knitted pile fabric
Polyamin *n* / polyamine *n*
Poly·amylose *f* / polyamylose *n* || ~**anhydridfaser** *f* / polyanhydride fibre
Polyase *f* / polyase *n*
Polyäthen *n* / polyethylene *n*, polythene
Polyäther *m* / polyether *n* || ~**derivat** *n* / polyether derivative
Polyäthoxy·alkylamin *n* / polyethoxy alkylamine || ~**alkylaryläther** *m* / polyethoxyalkylarylether *n* || ~**amid** *n* / polyethoxyamide *n* || ~**amin** *n* / polyethoxyamine *n* || ~**ester** *m* / polyethoxyester *n*
poly·äthoxyliertes Rizinusöl / polyethoxylated castor oil || ~**äthoxypolypropoxyäthylendiamin** *n* / polyethoxypolypropoxyethylenediamine *n* || ~**äthylacrylat** *n* / polyethylacrylate *n*
Polyäthylen *n*, PE / polyethylene *n*, polythene *n* || ~**derivat** *n* / polyethylene derivative || ~**dispersion** *f* / polyethylene dispersion || ~**faser** *f*, Polyäthylenfaserstoff PT *m* / polyethylene fibre || ~**filament** *n* / polyethylene filament || ~**filamentgarn** *n* / polyethylene filament yarn || ~**folie** *f* / polyethylene sheet, polyethylene film || ~**garn** *n* / polyethylene yarn || ~**glykol** *n* / polyethylene glycol, polyethylene oxide || ~**glykolterephthalat** *n* / polyethylene glycolterephthalate || ~**imin** *n* / polyethylene imine || ~**oxid** *n* / polyethylene oxide || ~**spinnfasergarn** *n* / polyethylene spun yarn || ~**terephtalat** *n*, PETP / polyethylene

terephthalate

Poly·azinfaser *f* / polyazine fibre || **≈benzimidazol** *n* / polybenzimidazole *n* || **≈benzimidazolfaser** *f* / polybenzimidazole fibre || **≈blend** *n* / polymer blend, polyblend *n* || **≈butadien** *n* / polybutadiene *n* || **≈caprolactam** *n* / polycaprolactam *n* || **≈carbonat** *n* / polycarbonate *n* || **≈carbonatfaser** *f*, Polycarbonatfaserstoff *m* / polycarbonate fibre || **≈carbonsäure** *f* / polycarboxylic acid

Polychlalfaser *f* (Polyvinylchlorid/Polyvinylalkoholfaser) / PVC/PVA fibre, polyvinylchloride/polyvinylalcohol fibre

Poly·chlorbutadien *n* / polychlorobutadiene *n* || **~chrom** *adj*, polychromatisch *adj* / polychromatic *adj* || **~chromatisches Färben** / polychromatic dyeing || **~chromer Druck** / polychromy *n*, multicolour print[ing], polychrome printing || **≈chrom-Prozeß** *m* / polychromatic dyeing || **≈cyclohexandimethylterephthalat** *n* / polycyclohexanedimethylterephthalate *n* || **≈cystin** *n* / polycystine *n* || **~dispers** *adj* / polydisperse *adj* || **≈dispersität** *f* / polydispersity *n* || **≈elektrolyt** *m* / polyelectrolyte *n*

Polyen *n* (Quervernetzungsmittel) / polyene *n*

Polyepoxid *n* / polyepoxide *n*

Polyester *m*, PES / polyester *n* || **≈ endlos** / polyester continuous filament yarn || **≈/Baumwoll-Garn** *n* / polyester/cotton yarn || **≈/Baumwoll-Mischgewebe** *n* / polyester/cotton mixed fabric || **≈-Endlosfaden** *m* / polyester continuous filament yarn || **≈faden** *m* / polyester filament

Polyesterfaser *f* / polyester fibre || **≈färben** *n* / polyester dyeing || **≈farbstoff** *m* / polyester dyestuff, polyester fibre dyestuff || **≈gewebe** *n* / polyester fibre fabric || **≈stoff** *m*, PES / polyester fibre

Polyesterfilament *n* / polyester filament || **≈faden** *m* / polyester filament fibre || **≈garn** *n* / polyester filament yarn

Polyester·flocke *f* / polyester loose stock || **≈garn** *n* / polyester yarn || **≈garnwickelkörper** *m* / polyester yarn package || **≈-Glasfasermasse** *f* / gunk *n* (US) || **≈harz** *n* / polyester resin || **≈kammzug** *m* / polyester top || **≈-Konverterzug** *m* / polyester converter sliver || **≈-Maschenware** *f* / polyester knits *pl* || **≈nähfaden** *m* / polyester thread || **≈schnellfärbemethode** *f* / rapid dyeing method for polyester || **≈spinnfaser** *f* / polyester staple fibre || **≈spinnfasergarn** *n* / polyester spun yarn || **≈stapelfaser** *f* / polyester staple fibre || **≈-Stretchgewebe** *n* / polyester stretch woven fabric || **≈/Zellulose-Fasergarn** *n* / polyester/cellulose yarn || **≈/Zellulosefaser-Mischgewebe** *n* / polyester/cellulosic fibre blended fabric || **≈/Zellulose-Mischgewebe** *n* / polyester/cellulose blended fabric || **≈/Zellwoll-Garn** *n* / polyester/viscose staple yarn

Poly·ethylen *n* s. Polyäthylen || **~file Acetatseide** / acetate multifilament yarn || **~funktionelles Isocyanat** / multifunctional isocyanate

Polyglykol *n* / polyglycol *n*, polyethylene oxide || **≈äther** *m* / polyglycol ether || **≈ester** *m* / polyglycol ester

Poly·glyzerilester *m* / polyglyceril ester || **≈glyzerin** *n* / polyglycerine *n* || **≈harnstoff** *m*, PH / polyurea *n* || **≈harnstoffaser** *f*, Polyharnstoffaserstoff *m* / polyurea fibre || **≈hexamethylensulfon** *n* / polyhexamethylene sulphone

Polyimid *n* / polyimide *n* || **≈azoidon** *n* / polyimidazoidone *n* || **≈faser** *f* / polyimide fibre || **≈filament** *n* / polyimide filament || **≈filamentgarn** *n* / polyimide filament yarn || **≈garn** *n* / polyimide yarn || **≈spinnfasergarn** *n* / polyimide spun yarn

Poly·isobutylen *n* / polyisobutylene *n* || **≈isocyanat** *n* / polyisocyanate *n* || **≈kaprolaktam** *n* / polycaprolactam *n* || **≈karbamid** *n* / polyurea *n* || **≈karbonat** *n*, PC / polycarbonate *n* || **≈keton** *n* / polyketone *n* || **≈kieselsäure** *f* / polysilicic acid || **≈kondensat** *n* / condensation polymer, polycondensate *n* || **≈kondensatfaser** *f*, Polykondensatfaserstoff *m* / polycondensate fibre || **≈kondensation** *f* / condensation polymerization, polycondensation *n* || **≈kondensationsfarbstoff** *m* / polycondensation dyestuff

polymer·es Amid, PA / polyamide *n*, nylon *n* || **~er Farbstoff** / polymeric dyestuff || **~es kationisches Harz** / polymeric cationic resin (used as retarder), PCR || **≈** *n*, Polymeres *n* / polymer *n* || **≈bad** / polymer bath

Polymerisat *n* / polymerizate *n*, polymer *n* || **≈binder** *m* / polymer binder || **≈dispersion** *f* / polymeric dispersion || **~haltig** *adj* / polymeric *adj*

Polymerisation *f* / polymerization *n* || **≈ in der Masse** / mass polymerization

Polymerisations·anlage *f* / curing range || **≈ansatz** *m* / polymerization recipe || **≈erreger** *m* / polymerization initiator || **~fähig** *adj* / polymerizable *adj* || **≈grad** *m* / degree of polymerisation || **≈harz** *n* / polymerization resin || **≈initiator** *m* / polymerization initiator || **≈kammer** *f* / curing oven || **≈maschine** *f* / polymerizing machine, condensing machine, condensing apparatus, polymerization unit || **≈produkt** *n* / polymerization product || **≈spannrahmen** *m* / condensing stenter (GB), polymerizing stenter (GB), condensing tenter (US), polymerizing tenter (US) || **≈temperatur** *f* / polymerization temperature

Polymerisiereinrichtung *f* / polymerizer *n*

polymerisieren *v* / polymerize *v* || **≈** *n* / polymerization *n*

polymerisiertes Kunstharz / polymerized synthetic resin

Polymerisierung *f* / polymerization *n*

Polymer·kette *f* / polymer chain || **≈mischung** *f* / polymer blend, polyblend *n* || **≈niederschlag** *m* / polymer deposition

Poly·metaxylenadipamid *n* / polymethaxyleneadipamide *n* || **≈methacrylat** *n*, PMMA / polymethacrylate *n*

Polymethacryl·ester *m* / polymethacrylic ester || **≈säure** *f* / polymethacrylic acid || **≈säureester** *m* / polymethacrylate *n*

Poly·methinfarbstoff *m* / polymethine dyestuff || **≈methylen** *n* / polymethylene *n* || **≈methylenkette** *f* / polymethylene chain || **≈methylensulfon** *n* / polymethylene sulphone || **≈methylmethacrylat** *n* / polymethacrylate *n* || **≈methylvinylketon** *n* / polymethylvinylketone *n* || **~molekular** *adj* / polymolecular *adj*

Polynesischer Schraubenbaum / textile screw pine

Polynose·-Faser *f* (eine Untergruppe der Modalfasern), Polynose-Faserstoff *m* / polynosic fibre || **≈-Fasertypen** *f pl* / polynosics *pl* || **≈-Filament** *n* / polynosic filament || **≈-Filamentgarn** *n* / polynosic filament yarn || **≈-Garn** *n* / polynosic yarn || **≈-Spinnfasergarn** *n* / polynosic spun yarn

Polynosic·-Faser *f*, Polynosic-Faserstoff *m* /

polynosic fibre || ≗-**Fasertypen** *f pl* / polynosics *pl* || ≗-**Filament** *n* / polynosic filament || ≗-**Filamentgarn** *n* / polynosic filament yarn || ≗-**Garn** *n* / polynosic yarn || ≗-**Spinnfasergarn** *n* / polynosic spun yarn
polynosisch *adj* / polynosic *adj* || ~**e Faser**, polynosischeer Faserstoff / polynosic fibre || ~**es Filament** / polynosic filament || ~**es Filamentgarn** / polynosic filament yarn || ~**es Garn** / polynosic yarn || ~**es Spinnfasergarn** / polynosic spun yarn
Polyol *n* / polyalcohol, polyhydric alcohol, polyol *n*
Polyolefin *n* (PO) / polyolefin *n*, olefin[e] *n* || ≗**faser** *f* / olefin[e] fibre, polyolefin fibre || ≗**faserfärben** *n* / olefin[e] dyeing || ≗**faserstoff** *m* (PO) / polyolefin fibre || ≗**filament** *n* / olefin[e] filament || ≗**filamentgarn** *n* / olefin[e] filament yarn || ≗**garn** *n* / olefin[e] yarn || ≗**spinnfasergarn** *n* / olefin[e] spun yarn
Polyorganosiloxan *n* / polyorganosiloxane *n*
Polyose *f* / polyose *n*
Polyoxoniumverbindung *f* / polyoxonium compound
Polyoxy·alkylverbindung *f* / polyoxyalkyl compound || ≗**äthylen** *n* / polyoxyethylene *n* || ≗**äthylenverbindung** *f* / polyoxyethylene compound || ~**äthylieren** *v* / polyoxyethylate *v* || ≗**methylen** *n* / polyoxymethylene *n* || ≗**propylen** *n* / polyoxypropylene *n* || ≗**verbindung** *f* / polyoxy compound
Polypeptid *n* / polypeptide *n* || ≗**kette** *f* / polypeptide chain
Polyphosphat *n* / polyphosphate *n*
Polypropylen *n* (PP) / polypropylene *n* || ≗**band** *n* / polypropylene tape || ≗**bändchen-Gewebe** *n* / polypropylene tape fabric || ≗**bändchen-Spinnvlies** *n* / polypropylene tape nonwoven || ≗**faser** *f* / polypropylene fibre || ≗**filament** *n* / polypropylene filament || ≗**filamentgarn** *n* / polypropylene filament yarn || ≗**garn** *n* / polypropylene yarn || ≗**glykol** *n* / polypropylene glycol || ≗**oxid** *n* / polypropylene oxide || ≗**spinnfasergarn** *n* / polypropylene spun yarn || ≗**streifen** *m* / polypropylene tape
Poly·reaktion *f* / polyreaction *n* || ≗**saccharid** *n*, Polysacharid *n* / polysaccharide *n* || ≗**siloxan** *n* / polysiloxane *n*
Polystyrol *n* (PS) / polystyrene *n* || ≗**faser** *f*, Polystyrolfaserstoff *m* / polystyrene fibre || ≗-**Mischpolymerisat** *n* / polystyrene co-polymer || ≗**schaumstoff** *m* / polystyrene foam
Poly·sulfid *n* / polysulphide *n* || ≗**sulfon** *n* / polysulphone *n* || ≗**sulfonharz** *n* / polysulphone resin || ~**synthetische Zwillingsbildung** (Verzwillingung) / polysynthetic twinning
Polytetrafluor·äthen *n*, Polytetrafluoräthylen *n* (PTFE) / polytetrafluoroethylene *n* || ≗**äthylenfaser** *f* (PFT), Polytetrafluoräthenfaser *f* / polytetrafluoroethylene fibre || ≗**äthylenfilament** *n* / polytetrafluoroethylene filament || ≗**äthylengarn** *n* / polytetrafluoroethylene yarn
Poly·thioäther *m* / polythioether *n* || ≗**thiokarbamid** *n* / polythiourea *n* || ≗**thionsäure** *f* / polythionic acid
Polytrifluorchloräthylen *n* / polytrifluorochloroethylene *n* || ≗**faser** *f* / polytrifluorochloroethylene fibre
Polyurethan *n* (PUR) / polyurethane *n* || ~**beschichtetes Produkt** / polyurethane coated product || ≗**faser** *f* / polyurethane fibre, PUR fibre, PU fibre || ≗**faserfarbstoff** *m* / polyurethane fibre dyestuff || ≗**faserstoff** *m* / polyurethane fibre || ≗**filament** *n* / polyurethane filament || ≗**filamentgarn** *n* / polyurethane filament yarn || ≗**garn** *n* / polyurethane yarn || ≗**harz** *n* / polyurethane resin || ≗**schaumstoff** *m* / polyurethane foam || **mit** ≗-**Schaumstoff laminiertes Gewebe** / fabric laminated to polyurethane foam || ≗-**Schaumstoffkaschierung** *f* / polyurethane foamback || ≗-**Textilbeschichtung** *f* / polyurethane textile coating
poly·valent *adj* (Chem) / multivalent *adj*, polyvalent *adj* || ≗**valenz** *f* / multivalency *n*, polyvalency *n*
Polyvinyl·abkömmling *m* / polyvinyl derivative || ≗**acetal** *n* / polyvinyl acetal || ≗**acetalpolymer** *n* / polyvinyl acetal polymer
Polyvinylacetat *n* (PVAC) / polyvinyl acetate || ≗**faser** *f*, Polyvinylacetatfaserstoff *m* / polyvinyl acetate fibre || ≗**garn** *n* / polyvinyl acetate yarn
Polyvinylalkohol *m* (PVA) / polyvinyl alcohol || ≗**faser** *f*, Polyvinylalkoholfaserstoff *m* / polyvinyl alcohol fibre || ≗**garn** *n* / polyvinyl alcohol yarn || ≗**schlichte** *f* / polyvinyl alcohol size
Polyvinyl·äther *m* / polyvinyl ether || ≗**äthyläther** *m* / polyvinyl ethyl ether || ≗**benzolfaser** *f*, Polyvinylbenzolfaserstoff *m* / polystyrene fibre || ≗**borste** *f* / polyvinyl bristle || ≗**butyral** *n* (PVB) / polyvinyl butyral || ≗**carbazol** *n* (PCV) / polyvinyl carbazole || ≗**carbonsäure** *f* / polyvinyl carboxylic acid
Polyvinylchlorid *n* (PVC) / polyvinyl chloride || ≗**acetat** *n* (PVCA) / polyvinyl chloride acetate || ≗**faser** *f* / polyvinyl chloride fibre || ≗**faserfarbstoff** *m* / polyvinyl chloride fibre dyestuff || ≗**faserstoff** *m* (PVC) / polyvinyl chloride fibre || ≗**filament** *n* / polyvinyl chloride filament || ≗**garn** *n* / polyvinyl chloride yarn || ≗**mischpolymerisat** *n* / polyvinyl chloride co-polymer || ≗/**Polyvinylalkohol-Faser** *f*, Polychlalfaser *f* (z.B. Cordelan) / PVC/PVA fibre, polyvinyl chloride/polyvinyl alcohol fibre || ≗**spinnfasergarn** *n* / polyvinyl chloride spun yarn
Polyvinyl·derivat *n* / polyvinyl derivative || ≗**faser** *f*, Polyvinylfaserstoff *m* (PV) / polyvinyl fibre || ≗**fluorid** *n* / polyvinyl fluoride || ≗**harz** *n* / polyvinyl resin
Polyvinylidenchlorid *n* (PVDC) / polyvinylidene chloride || ≗**faser** *f*, Polyvinylidenchloridfaserstoff *m* / polyvinylidene chloride fibre || ≗**garn** *n* / polyvinylidene chloride yarn || ≗**harz** *n* / polyvinylidene chloride resin || ≗**spinnfasergarn** *n* / polyvinylidene chloride spun yarn
Polyvinyliden·cyanidfaser *f* / dinitrile fibre || ≗**dinitrilfaser** *f*, Polyvinylidendinitrilfaserstoff *m* / polyvinylidene dinitrile fibre || ≗**fluorid** *n* / polyvinylidene fluoride || ≗**zyanidfaser** *f*, Polyvinylidenzyanidfaserstoff *m* / polyvinylidene cyanide fibre
Polyvinyl·methyläther *m* / polyvinyl methyl ether || ≗**oxazolidinon** *n* / polyvinyl oxazolidinone || ≗**propionat** *n* / polyvinyl propionate || ≗**propionatharz** *n* / polyvinyl propionate resin || ≗**pyrrolidinon** *n*, Polyvinylpyrrolidon *n* (PVP) / polyvinyl pyrrolidone || ≗**toluol** *n* / polyvinyl toluene
Polywachs *n* / polywax *n*
Polyzym *n* / polyzyme *n*

pompejanisch·gelb adj / Pompeian yellow adj || ~**rot** adj / Pompeian red adj, brick red

Pompon m (Bällchen aus Textilfäden zur Verzierung) / ball fringe, pompon n || ≗**maschine** f / pompon machine, tassel machine

Ponceau n, Ponceaufarbe f (scharlachroter Naphtalin-Azofarbstoff) / ponceau n || ≗**farbe** f (scharlachroter Naphthalin- Azofarbstoff) / ponceau n

Poncho m (ärmelloser Überwurf) / poncho n (Spanish-American cloak) || **mit einem ≗ bekleidet** / ponchoed adj

Pongé m / pongee n (Chinese silk cloth or staple cotton materials) || **mit japanischen Motiven bedruckter ≗** / Japanese pongee

Ponyfellimitat n / pony skin fabric

Pop-Art f (Mode) / pop-art n

Popeline f, Popelin m / poplin n || ≗ **mit grober Rippe** / beach cotton || **dünne ≗** / poplinette n (GB) || ≗**hemd** n / poplin shirt

Porcupine·-Öffner m (Spinn) / porcupine opener || ≗**-Schläger** m (Spinn) / porcupine beater

Pore f (Beschicht) / pinhole n (defect) || **mit feinen ≗n** / fine-pored adj || **zwischen den Fasern liegende ≗n** f pl / fabric pores pl, fibre pores

Poren·bildung f (Beschicht) / pinholing n (defect) || ~**freie Beschichtung** / non-porous coating || ≗**füller** m (Beschicht) / pore filler || ≗**größe** f (Beschicht) / pore size || ≗**größenverteilung** f (Beschicht) / pore size distribution || ≗**schließer** m / sealer n || ≗**volumen** n, Luftgehalt m (von Textilien) / air content || ≗**weite** f (Beschicht) / pore size

porig adj (Beschicht) / porous adj, poriferous adj || ~**e Ware** / cellular fabric

Porigkeit f (Beschicht) / porosity n

poromer adj / poromeric adj

Poromerics pl (künstliche Leder mit synthetischer Trägerbasis) / poromerics pl

porös adj (Beschicht) / porous adj, poriferous adj || ~**es Gewebe** / cellular cloth || ~**er Stoff** / cellular fabric

Porosimeter n (Beschicht) / porosimeter n (device for measuring porosity)

Porosität f (Beschicht) / porosity n

Porösmachen n / air conditioning treatment (of fabrics)

Porphyr m / porphyry n || ≗**walze** f / porphyry roll[er]

Portaldämpfer m / gantry ager, flash type ager

Portiere f (schwerer Vorhang zu beiden Seiten der Tür) / portière n

Portierenstoff m / portière drapery fabric

portweinrot adj / port wine coloured adj

Porzellan·auge n (Web, Schützen) / porcelain eye, porcelain eyelet, pot eye || ~**blau** adj / porcelain blue adj || ≗**erde** f / China clay, porcelain earth, porcelain clay, kaolin n || ≗**fadenführer** m / porcelain thread guide || ≗**fadenleitöse** f (Web, Schützen) / porcelain eye, porcelain eyelet, pot eye || ≗**kugelmühle** f / porcelain ball mill || ≗**nutsche** f / porcelain filter cup, porcelain suction strainer || ≗**öse** f (DIN 64685), Porzellanring m (Web, Schützen) / porcelain eye, porcelain eyelet, pot eye || ≗**tülle** f / porcelain nozzle

Posamenten n pl / dress trimmings, notions pl (US), trimmings pl, novelties pl, haberdashery n (GB), ornamental trimmings, passementerie n || ≗**-Chenille** f / chenille cord || ≗**weberei** f / weaving of trimmings

Posamenterie f / passementerie n, trimming n, facing n

Posamentier·garn n / yarn for trimmings and edgings || ≗**maschine** f / loom with lace and trimming machine || ≗**seide** f / silk for trimmings || ≗**stuhl** m / loom with lace and trimming machine || ≗**waren** f pl (Mode) / trimmings pl

Posidoniafaser f / marine fibre, posidonia fibre

positiv·e Abwicklung der Kette (Web) / winding off the warp || ~**e Garnführung** / positive yarn feed (tape feeder assumes job of drawing off yarn from package) || ~**es Ion** / cation n

Post·boarden n (Strumpf) / post-boarding n || ≗**boarding-Maschine** f / post-boarding machine || ≗**boarding-Verfahren** n (Strumpf) / post-boarding n || ≗**cure-Verfahren** n (Beschicht) / post-cure process || ≗**curing** n (Permanent-Appretur) / post-curing n (US)

Postierapparat m (Web) / raising apparatus before the machine

Pota-Faser f / pota fibre (species of the Pandanus in the Solomon Islands)

Pottasche f / potash n || ≗**-Indigoküpe** f / potash-indigo vat || ≗**-Rongalit-Verfahren** n (Färb) / potash rongalit method || ≗**-Vorreduktionsverfahren** n / potash-hydrosulphite method with pre-reduction

Pottaschküpe f (Färb) / potash vat

potten v (stark dekatieren) / pot v || ≗ n, Potting n (starkes Dekatieren) / potting n

potting·echt adj / fast to potting || ≗**echtheit** f / fastness to potting, potting fastness

Pottingen n, Pottingverfahren n / boiling n (of wool), potting process, roll boiling, wet decatizing (GB), wet decating (US)

Poult-de-soie m (schwere, glanzlose Seide) / poult-de-soie n

PP, Polypropylen n / polypropylene n || ≗**-Ausrüstung** f / permanent press finish (resin finish)

Prägbarkeit f / embossability n, embossing properties pl

Präge·artikel m / embossed style, goffered style || ≗**ausrüstung** f / embossed finish, embossing finish || ≗**dessin** n / embossed pattern, embossed design || ≗**druck** m / embossed print[ing] || ≗**effekt** m / embossed effect, gauffrage effect, embossing effect || ≗**filz** m / embossing felt || ≗**gewebe** n / embossed fabric, dacian cloth, gaufré (Fr) n || ≗**gravur** f / engraving for embossing || ≗**kalander** m / embossing calender, goffering calender || ≗**kalander** (DIN 64990) / moiré calender || ≗**krepp** m / embossed crepe || ≗**maschine** f / embossing machine || ≗**muster** n / embossed pattern, embossed design

prägen v / emboss v, gauffer v, goffer v || ≗ n / embossing n, gauffering n, goffering n || ≗ **von textilen Stoffen** / textile embossing

Präge·schaum m (Tepp) / embossed back || ≗**spalt** m / roll nip (embossing) || ≗**walze** f / embossing roller, embossing cylinder || ≗**walze** (Textdr) / raised pattern cylinder

prägnant·er Druck / sharp print || ~**es Muster** / pronounced design

Prägung f / embossing n, gauffering n, goffering n

Prall·abscheider m / inertial separator || ≗**mühle** f / impact mill

Präparation f (Ausrüst) / finish n, dipping n, lubrication n

Präparations·mittel n (Produkte zur Erleichterung

der Weiterverarbeitung) (Ausrüst) / lubricant, spinning assistant, processing agent, preparing agent, processing aid || **≈öl** *n* / processing lubricant || **≈rückstand** *m* / residue of processing chemical
präparieren *v* (Ausrüst) / oil *v*, lubricate *v* || **≈** *n* (Ausrüst) / oiling *n*, lubricating *n*
Präpariersalz *n* (Natriumhexahydrostannat(IV)) / preparing salt, sodium stannate
präpariertes Pigment / finished pigment
Präsident *m* (Halbwoll-Paletotstoff) / president *n* (heavy union fabric woven on the double cloth principle) || **≈litze** *f* / president braid (woven twill braid with diagonal ribs)
Praxis·muster *n pl* / samples from bulk working || **≈versuch** *m* / factory trial, factory test
Präzipitation *f* / precipitation *n*
präzipitieren *v* / precipitate *v* || **≈** *n* / precipitation *n*
präzipitierend *adj* / precipitative *adj*
Präzipitiermittel *n* / precipitant *n*
Präzisions·drehungsmesser *m* / precision twist tester || **≈garnwaage** *f* / precision yarn balance || **≈heizpresse** *f* (Färb) / precision heating press || **≈kreuzspulmaschine** *f* / precision cross winder || **≈kreuzwicklung** *f* (DIN 61801) / constant pitch cross winding, precision cross winding || **≈spulmaschine** *f* / precision winder || **≈spulverfahren** *n* / precision winding || **≈wickelmaschine** *f* / precision winder || **≈wicklung** *f* / precision wind, precision winding
Prellbacke *f*, Prellbock *m* (Web) / buffer *n*, frog *n*
Premix *n*, Premix-Preßmasse *f* / premix *n*
Prepreg *m* (vorimprägniertes Textilglas) / prepreg *n*
Preßbahn *f* (Kasch) / varnished web
Presse *f* / press *n*, calender *n* || **≈ zum Finishen** / press finishing machine
pressen *v* / press *v* || ~ (Strick/Wirk) / press *v* || ~ (Hutm) / block *v* || **mit Glanz ~** / gloss *v* || **≈** *n* (Tepp) / pressing *n* || **≈ mit Matten**, Pressen mit Vorformlingen *n* / mat moulding
Presser *m* (Näh) / presser *n*, spring-finger *n* || **≈fuß** *m* (Näh) / sewing foot, press foot, presser foot, pressure foot || **≈fußautomatik** *f* (Näh) / automatic presser foot lifter || **≈fußdruck** *m* / presser foot pressure
Presseur *m* / cylinder of a printing machine
Preß·ferse *f* (Strumpf) / boarded heel || **≈filter** *m* / filter press (to press viscose solutions through fine cotton cloth to remove impurities or suspended material) || **≈filz** *m* / pressed felt, felt fabric || **≈finger** *m* (Näh) / spring-finger *n*, presser *n* || **≈fleier** *m* (Spinn) / presser [fly] frame || **≈flügel** *m* (Näh) / presser flyer || **≈flyer** *m* (Spinn) / presser [fly] frame || **≈glanz** *m* / gloss *n* (through pressing), press lustre, press gloss || **≈glanzdekatiermaschine** *f* (DIN 64990) / press lustre decatizing machine, gloss decatizing machine (GB), lustre shrinking machine, gloss decating machine (US) || **≈glanzdekatur** *f* / finish decatizing with gloss through pressure, gloss decatizing (GB), gloss decating (US) || **≈harz** *n* / moulding resin
Pressionsstrecke *f* / spiral drawing frame, pressure drawing frame
Preß·kasten *m* **der Egreniermaschine** / press box || **≈kuchen** *m* (Färb) / filter cake, press cake, P/C || **≈lauge** *f* / expressed liquor
Pressley·-Festigkeit *f* / Pressley strength || **≈-Index** *m* (DIN 53942) / Pressley index || **≈-Test** *m* / Pressley test
Preßling *m* / moulding *n*
Preß·masche *f* (Strick/Wirk) / tuck float, tuck loop, tuck stitch, tucked loop, welt float || **≈maschine** *f* / smoothing machine, flattening machine, tuck presser || **≈masse** *f*, Preßmischung *f* / moulding compound || **≈masse** (nur für Warmpressen) / moulding material || **≈mulde** *f* / press dish || **≈muster** *n* (Web) / tuck design, tuck pattern || **≈muster** / tuck stitch pattern, tuck stitch design || **≈mustereinrichtung** *f* (Strick/Wirk) / knit-and-tuck pattern attachment || **≈mustereinrichtung** (Web) / tuck pattern attachment || **≈schiene** *f* (Strick/Wirk) / presser bar || **≈späne** *m pl* **zwischeneinlegen** (Tuchh) / put press-boards between || **≈stange** *f* **der Nähmaschine** (Näh) / presser bar || **≈teil** *n* **aus Schichtstoff** / moulded laminated article || **≈teil mit Gewebeschnitzel-Füllstoff** / macerated fabric moulding || **≈tuch** *n*, Beuteltuch *n* / bolting cloth *n*, filter [press] cloth, sieve cloth, straining cloth || **≈ware** *f* / knit-and-tuck cloth || **≈zeit** *f* / moulding time
Prêt-à-Porter *n* / ready-to-wear *n* (rtw), prêt-à-porter *n*
Preußisch Blau *n*, Preußischblau *n* / Prussian blue, Paris blue, blue prussiate, Berlin blue, ferric ferrocyanide
Priese *f* (Einfassung, Saum, Bund, Bündchen) / wristband *n*
Priesterkleidung *f*, Priesterrock *m* / cassock *n*, clerical robe, clerical garb
primär·es Amin, Primäramin *n* / primary amine || **~e Durchgangstemperatur** / primary transition temperature || **≈farbe** *f* / primary colour || **≈spule** *f* / winding head || **≈umwandlung** *f* / primary transition || **≈wand** *f* / outside wall (of fibre)
primelgelb *adj* / primrose-yellow *adj*
Primulin *n* / primulin[e] *n* || **≈base** *f* / primulin[e]-type base || **≈farbstoff** *m* / primulin[e] dyestuff || **≈gelb** *n* / primulin[e] yellow || **≈rot** *n* / primulin[e] red
Print·bonding *n* (Vliesst) / print bonding || **≈-Dry-Verfahren** *n* / print dry process
prinzenblau *adj* / princess blue *adj*
Prinzeß·kleid *n* / princess dress || **≈linie** *f* (Mode) / princess line
Prise *f* (Web) / taking-in *n*
Prisma *n* (Web) / prism *n*, pattern cylinder || **≈drücker** *m* (Web) / pattern cylinder hammer || **≈lade** *f* (Web) / cylinder batten, prism batten || **≈schiene** *f* (Web) / prism bar || **≈seite** *f* (Web) / prism side || **≈teilung** *f* (Web) / pitch of pattern cylinder || **≈warze** *f* (Web) / cylinder pin, pattern cylinder peg || **≈welle** *f* (Web) / prism shaft
Pritsche *f* (Färb) / stillage *n*
Probe *f* / test specimen, sample *n* || **≈** (Prüfung) / trial *n* || **eine ≈ [ent]nehmen** / sample *v* || **≈abdruck** *m* **von Farbstoffen** / specimen print of dyestuffs || **≈entnahmevorrichtung** *f* / sampling device || **≈farbe** *f* / sample shade || **≈färbung** *f* / trial dyeing, test dyeing || **≈nahme** *f* / sampling *n*
Probendruckmaschine *f* (Textdr) / test printing machine, strike-off machine
Probe·nehmen *n* / sampling *n* || **≈nehmer** *m* / sampler *n*
Probenhalter *m*, Probenwechsler *m* / sample holder
Produkt *n* **aus Garnnummer und Festigkeit** / count strength product || **≈ mit niedrigem Flammpunkt** / low flash product || **≈abscheidung** *f* / precipitation *n*

Produktions·dämpfer *m* / production-scale steamer || **~maßstab** *m* / production scale || **~nummer** *f* (Synthesefasern) / merge number
Profilfaser *f* (Chemiefasern, die mit speziellen Düsen gesponnen werden) / lobed fibre, profiled fibre
profiliert·er Querschnitt (der Faser) / lobed cross section, profiled cross section || **~e Synthesefasern** *f pl* / lobed synthetics
Profil·kalander *m* / embossing calender || **~rute** *f* (Tepp) / profile wire || **~schnittfräser** *m* / profiled form cutter (fibre)
programmgesteuertes Färbeflüssigkeitsdosierungssystem / programme-controlled dye liquor metering system
progressive Krumpfung / progressive shrinkage
Projektilwebmaschine *f* / gripper shuttle loom, projectile weaving machine
Prolin *n* (Chem) / proline *n*
Propanal *n* / propionaldehyde *n*, propyl aldehyde, propanal *n*
Propandiolester *m* / propanediol ester
Propellerkasten *m* (Färb) / propeller compartment
Propen *n* / propylene *n*
Propionaldehyd *m* / propionaldehyde *n*, propyl aldehyde, propanal *n*
Propionat *n* (Salz oder Ester der Propionsäure) / propionate *n*
Propionsäure *f* / propionic acid || **~anhydrid** *n* / propionic anhydride || **~ester** *m* / propionic ester
Propoxylierung *f* / propoxylation *n*
Propyl *n* / propyl *n* || **~acetat** *n* / propyl acetate || **~alkohol** *m* / propyl alcohol || **~butyrat** *n* / propyl butyrate
Propylen *n* / propylene *n* || **~dichlorid** *n* / propylene dichloride || **~imin** *n* / propylene imine || **~karbonat** *n* / propylene carbonate || **~oxid** *n* / propylene oxide || **~oxid-Kondensationsprodukt** *n* / propylene oxide condensate
Propyl·formiat *n* / propyl formate || **~propionat** *n* / propyl propionate
Protease *f* / proteolytic enzyme
Protein *n* / protein *n* || **~faser** *f* / protein fibre, albumin filament, azlon (US) *n*, albumen filament || **~faserstoff** *m* / protein fibre || **~haltig** *adj* / proteinaceous *adj* || **~spaltend** *adj* / proteolytic *adj* || **~spaltendes Enzym** / proteolytic enzyme
Protektor *m* (Web) / protector *n* || **~schere** *f* (Web) / protector cutter
proteolytisch *adj* / proteolytic *adj* || **~es Enzym** / proteolytic enzyme
Prozent·gehalt *m*, Prozentsatz *m* / percentage *n* || **~satz** *m* **wasserlöslicher Bestandteile** / boil-off *n*
prozentual·er Anteil, prozentualer Gehalt / percentage *n* || **~e Krumpfung** / percentage shrinkage || **~e Zusammensetzung** / percentage composition
Prud'homme·-Artikel *m*, Prud'homme-Reserveartikel *m* / Prud'homme style || **~-Schwarz** *n* / Prud'homme [aniline] black
Prüfapparat *m* **für die Faserbündelstärke** / fibre bundle strength tester || **~ für die Knitterneigung** / Random Tumble Pilling Tester
Prüfen *n* **der Benzinfestigkeit** / testing resistance to white spirits || **~ der Hydrophobeffekte** / testing water repellency || **~ der Lichtechtheit von Textilien** (mit künstlichem Licht) (DIN 540004) / testing colour fastness of textiles (with artificial light) || **~ der wasserabweisenden Ausrüstung** / testing water repellency
Prüf·form *f* **für flache Strumpfform** (Strumpf) / flat examining board || **~klima** *n* / test climate, atmosphere for testing
Prüfling *m* / sample *n*, specimen *n*
Prüf·methode *f* / test method || **~muster** *n* (Färb) / test sample, test-control specimen
Prüfung *f* / test *n*, inspection *n* || **~ auf Ameisensäure** / formic-acid test || **~ auf Wasserechtheit** / water test, water fastness test || **~ der Biegerißfestigkeit** (Beschicht) / flex cracking test || **~ der Faserfestigkeit** / fibre strength testing || **~ der Hydrophobie**, Prüfung der wasserabweisenden Eigenschaft *f* / water repellency testing || **~ der statischen Absorption** / static absoption testing || **~ der Wasserdichtheit** (DIN 53886) (Schopper-Schmerber-Test) / water pressure test || **~ im Labor[atoriums]maßstab** / laboratory-scale test
Prüfverfahren *n* / test method
Prunell *m* (Kammgarngewebe) (Web) / prunella *n*, lasting *n*
Prunoideengummi *n m* / cherry gum
Prussiatschwarz *n* / prussiate aniline black
PS, Polystyrol *n* / polystyrene *n*
Pseudo-Strickprogramm *n* / pseudo-programme (normal unpatterned fabric knitting)
P-Silicon-Ausrüstung *f* / p-silicone finish
Psychrometer *n* / psychrometer *n*
PTFE, Polytetrafluorethylen *n*, Polytetrafluoräthylen *n* / polytetrafluoroethylene *n*
Pua-Hanf *m* / pua hemp (very strong bast fibre, used for fishing nets, ropes, bags etc., found in Japan, Burma and India)
pucebraun *adj* / puce *adj*
Pudelmütze *f* (Mode) / stocking cap, ski cap
Pudermaschine *f* / powdering machine
Puerto-Rico-Baumwolle *f* / Porto Rico cotton
Puffärmel *m* / puff sleeve
Puffer *m* (Chem) / buffer *n*, buffering agent || **~** (Masch) / back stop (cotton and woollen spinning) || **~lösung** *f* (Chem) / buffer solution, buffer *n*
puffern *v* / buffer *v*
Puffersalz *n*, Puffersubstanz *f* / buffer salt, buffer substance
Pufferung *f*, Pufferwirkung / buffer action
Pufferzusatz *m* / buffering substance
puffige Wolle / blobby wool, spongy wool
Puffrock *m* (Mode) / pannier *n*
pullern *v* / shirr *v* || **~** *n* / shirring *n*
Pullover *m*, Pulli *m* / pullover *n*, sweater *n*, jumper *n* || **~ mit Rollkragen** / polo-neck pullover || **~ mit Schildkrötkragen** / turtle-neck pullover || **~ladung** *f* **für das Färben** / bagging *n* (loading of sweaters for dyeing in overhead paddle machines)
Pullunder *m* (Mode) / tank top
Pulswärmer *m* / knitted cuff, wristlet *n*
Pulu-Faser *f* / pulu fibre (vegetable down from Cibotium glaucum of the Hawaiian Islands)
Pulver·farbstoff *m* / powdered dyestuff || **der ~form entsprechende Formulierung** / powder type equivalent, PTE || **~förmiges Waschmittel** / washing-powder *n*
Pulverisierung *f* / comminution *n*
Pulvermarke *f* (Färb) / powder brand
Pumbi-Seide *f* / pumbi silk (soft waste silk used in the Punjab)

Punktbeschichtung *f*(Beschicht) / dot coating
Pünktchen *n* / dot *n* || **²muster** *n* / polka dot pattern
punktfrei *adj*(Färb) / free from spots
punktieren *v* / stipple *v*
Punktier·nadel *f* / stippling needle || **²stichel** *m* / stippling engraver
punktiert *adj*(Web) / spotted *adj* || ~ (Tepp) / stippled *adj* || **~er Druck** / stipple print || **~es Gewebe** / dotted fabric || **~er Kleiderstoff** / polka dot fabric || **~e Stoffe** *m pl* / spotted fabrics (fabrics in which woven spots are used in the pattern)
Punkt·muster *n* / polka dot pattern || **²riegel** *m*(Näh) / circular bar || **²stich** *m*(Näh) / dot stitch, point stitch
Punta-Arenas-Wolle *f* / Punta Arenas wool
Punto-di-Roma-Bindung *f*(Web) / Punto di Roma weave
Puppe *f*(Web) / group of harness cords
Puppenstadium *n* **der Seidenraupe** / chrysalis *n*
PUR, Polyurethan *n* / polyurethane *n* || **²-Faser** *f*, PUR-Faserstoff *m* / PUR fibre, polyurethane fibre
purgieren *v* / boil off with soap (silk)
purpur *adj* / purple *adj* || **²** *m* **der Alten** / Phoenician purple, Tyrian purple || **~farben** *adj* / purple coloured *adj* || **~grau** *adj* / purplish grey
Purpurin *n* / purpurin *n*
purpur·rosa *adj* / purplish pink || **~rot** *adj* / magenta *adj*, purple *adj* || **~rot** *adj*(RAL 3004) / purple red *adj* || **~weiß** *adj* / purplish white
Purton *m*(Färb) / mass tone, full shade || **²anreibung** *f*(Färb) / full shade grinding
Purumu-Faser *f* / purumu fibre (fine, silky bast fibre from the Sida carpinifolia in the Canary Islands)
Putz·apparat *m*(Spinn) / stripper *n*, stripping machine || **²baumwolle** *f* / cleaning waste, waste cotton, cotton waste || **unteres ²brett des Streckwerks** / bottom clearer board of drafting arrangement || **²brett** *n* **mit Filzbelag** (Spinn) / clearer board || **²bürste** *f* / cleaning brush, clearing brush || **²einrichtung** *f* / cleaning attachment || **²eisen** *n* / weaver's tweezers *pl*, weaver's nippers
putzen *v*(allg) / clean *v* || ~ (Spinn) / blow *v*, strip *v* || **²** *n*(Spinn) / stripping *n* || **² des Kratzenbeschlags**, Putzen *n* des Krempelbeschlags / card stripping, fettling *n*, cleaning the card clothing
Putzer *m* / cleaner *n* (carding)
Putzerei *f*(Spinn) / blow room, opening room, blowing room || **²maschine** *f*(Spinn) / opening and scutching machine
Putz·karde *f*, Putzkratze *f* / cleaning card, stripping board, stripping wire || **²kratze** *f*(Spinn) / stripping board, cleaning card, stripping wire || **²lappen** *m* / cleaning rag, swab *n*, cleaning cloth || **²leiste** *f* **der Krempel** / clearer flat of the card
Putzmachen *n*, Putzmacherei *f* / millinery *n*
Putz·maschine *f*(Spinn) / blowing machine, stripper *n*, blower *n*, stripping machine || **²maschine** (DIN 64990) / cleaning machine || **²mittel** *n* / cleaning agent, cleaner *n* || **²nadel** *f* / pricker *n* || **²pulver** *n* / cleansing powder || **²tisch** *m* / cleaning table || **²tuch** *n* / cleaning cloth, wiping cloth || **²- und Schermaschine** *f* / cleaning and shearing machine || **²- und Stopftisch** *m* / perching table || **²vorrichtung** *f* / cleaning device, clearer *n* || **²walze** *f*(Spinn) / revolving clearer || **²walze** (DIN 64990) (Ringspinnerei) / clearer *n*, clearer roll[er] || **²walze des Streckwerks** (DIN 64050) / clearer roller of drafting arrangement || **²walzenbezug** *m* (Spinn) / clearer roller covering || **²walzenplüsch** *m*(Spinn) / clearer roller plush
Putzwaren *f pl* / millinery [articles], fancy goods
Putzwolle *f* / waste cotton, cotton waste, cleaning waste
Puya-Faser *f* / puya fibre (stem fibre from Manotia puya, a wild plant of India)
Puyuenchow-Gewebe *n* **in Taschentuchgröße** / puyuenchow kin
PV, Polyvinylfaser *f* / polyvinyl fibre
PVA, Polyvinylalkohol *m* / polyvinyl alcohol
PVAC, Polyvinylacetat *n* / polyvinyl acetate
PVB, Polyvinylbutyral *n* / polyvinyl butyral
PVC, Polyvinylchlorid *n* / polyvinyl chloride, polyvinyl chloride fibre
PVCA, Polyvinylchloridacetat *n* / polyvinyl chloride acetate
PVD, Polyvinylidenchloridfaser *f* / polyvinylidene chloride fibre
PVDC, Polyvinylidenchlorid *n* / polyvinylidene chloride
PVK, Pigment-Volumen-Konzentration *f* / pigment volume concentration, p.v.c.
PVP, Polyvinylpyrrolidon *n*, Polyvinylpyrrolidinon *n* / polyvinyl pyrrolidone
PVY / polyacrylonitrile fibre
Pyjama *m* / pyjamas *pl*(GB), pajama *n*(US (top and bottoms), pajamas *pl* || **²stoff** *m* / pajama fabric (US), pyjama cloth (GB)
Pyramidal·einrichtung *f*(Strumpf) / pointing system, pointex system, pyramid system || **²hochferse** *f* (Strumpf) / cuban heel, pyramid heel || **²verstärkungsautomat** *m* **für Hochfersen** (Strumpf) / point heel splicing attachment
Pyramiden·einrichtung *f*(Strumpf) / pointing system, pointex system, pyramid system || **²naht** *f*(Näh) / pyramid seam
Pyrazol *n* / pyrazole *n* || **²anthron** *n* / pyrazolanthrone *n* || **²farbstoff** *m* / pyrazole dyestuff
Pyrazolin *n* / pyrazoline *n*
Pyrazolon *n* / pyrazolone *n* || **²farbstoff** *m* / pyrazolone dyestuff
Pyridin *n* / pyridine *n*
Pyridiniumverbindung *f* / pyridinium compound
Pyro·catechol *n* / pyrocatechol *n* || **²gallol** *n*, Pyrogallussäure *f* / pyrogallic acid
Pyrolyse *f* / pyrolysis *n*
Pyro·meter *n* / pyrometer *n* || **²metrie** *f*(Messung hoher Temperaturen) / pyrometry *n* || **²phosphat** *n* / pyrophosphate *n* || **~phosphorige Säure** / pyrophosphorous acid || **²phosphorsäure** *f* / pyrophosphoric acid || **²schwefelsäure** *f* / pyrosulphuric acid || **~schweflige Säure** / pyrosulphurous acid || **²sulfat** *n* / pyrosulphate *n* || **²sulfit** *n* / pyrosulphite *n* || **²sulfurylchlorid** *n* / pyrosulphuryl chloride
Pyrrol *n* / pyrrole *n* || **²farbstoff** *m* / pyrrole pigment
Pyrrolidin *n* / pyrrolidine *n*
Pyruvin·aldehyd *m* / pyruvic aldehyde || **²säure** *f* / pyruvic acid

Q

Quadrant·kette *f* (Spinn) / quadrant chain || **²regler** *m* (Spinn) / winding governor
Quadrat *n* / square *n* || **²kordel** *f* / square cord || **²seil** *n* / square rope
Quadrillé *m* (kleinkariertes Chemieseidengewebe) (Web) / quadrillé *n* (Fr)
quadrochromatisches Druckverfahren / quadrochromatic printing technique
Qualität *f* / quality *n*, grade *n*
qualitative Faseranalyse / analysis of fibre quality
quartär *adj* / quaternary *adj* || **~es Ammoniumsalz** / quaternary ammonium salt || **~e Ammoniumverbindung** / quaternary ammonium compound || **~es Salz** *n*, Quartärsalz *n* / quaternary salt
Quarter-Blood-Wollqualität *f* (Wolle klassiert als 1/4 der Vollblut-Merinoqualität) / quarter blood wool
Quarz·/Baumwollabfall-Mischgarn *n* / quartz yarn || **²fasern** *f pl*, Quarzfaserstoffe *m pl* / quartz fibres
Quaste *f* / thrum *n*, tassel *n*, tuft *n* || **zu ²n verarbeiten** / tassel *v*
quastenformender Stich / tassel stitch (stitch by which loops are made, the loops being cut to form a fringe)
quaternär *adj* / quaternary *adj* || **~es Ammoniumsalz** / quaternary ammonium salt || **~e Ammoniumverbindung** / quaternary ammonium compound || **~es Salz** / quaternary salt
Quecksilber *n* / mercury *n* || **²(II)-acetat** *n* / mercuric acetate || **²beize** *f* / mercury mordant || **²dampflampe** *f* / mercury arc lamp, mercury vapour lamp || **²dichlorid** *n* / mercuric chloride || **~organische Verbindung** / organomercury compound || **²(II)-sulfid** *n* / mercuric sulphide
Queenslandhanf *m* / Queensland hemp
quellbar *adj* / swellable *adj*
Quellbarkeit *f* / swellability *n*, swelling capacity
quell·beständig *adj* / swellproof *adj*, swell-resistant *adj* || **²beständigkeit** *f* / swelling resistance || **²eigenschaften** *f pl* / swelling properties
quellen *vi* / swell *vi* || **²** *n* / swelling *n*
quellender Griff / springy handle
Quellenerscheinung *f* **an der Oberfläche** / phenomenon of surface swelling
quell·fähig *adj* / swellable *adj* || **²fähigkeit** *f* / swelling capacity, swellability *n* || **~fest** *adj* / non-swelling *adj*, swellproof *adj*, swell-resistant *adj* || **²festappretur** *f*, Quellfestausrüstung *f* / swell-resistant finish, swellproof finish, no-swell finish || **²festigkeit** *f* / swelling resistance || **²hilfsmittel** *n* / swelling auxiliary || **²körperdispersion** *f* / thickener dispersion || **²mittel** *n* / carrier *n* (swelling agent for dyeing synthetic fibres), swelling auxiliary, swelling agent || **²prüfung** *f* **zur Fasererkennung** / fibre identification by swelling || **²schweißen** *n* / heat-solvent tape sealing, solvent sealing || **²stärke** *f* / swelling starch, cold swelling starch
Quellung *f* / swelling *n*
Quellungs·behandlung *f* (von Textilien) / swelling treatment (of textiles) || **~fördernd wirken** / promote swelling || **²koeffizient** *m* / rate of swelling || **²verhalten** *n* / swelling properties *pl*, swelling behaviour, swelling performance || **²wärme** *f* / heat of swelling || **²zustand** *m* (Ausrüst) / swelling state
quellungverhinderndes Mittel / antiswelling agent
Quell·verhalten *n* / swelling properties *pl*, swelling behaviour, swelling performance || **²vermögen** *n* / swellability *n*, swelling capacity || **²wert** *m* / swelling index, swelling value, water retention value, WRV, water imbibition value, imbibition value || **²wertherabsetzung** *f* / reduction of swelling index || **²widerstand** *m* / swelling resistance || **²wirkung** *f* (Wolle) / swelling effect || **²zeit** *f* / swelling time
quer *adj* / transverse *adj* || **~ vernetzen** / crosslink *v* || **²bürste** *f* (DIN 64990) / cross brush || **²bürstmaschine** *f* (DIN 64990) / cross brushing machine
Quercetin *n* (Pentahydroxyflavon) (Färb) / quercetin *n* || **²-7,3'-dimethyläther** *m* (Färb) / rhamnazin *n*
Quercitrin *n* (Färb) / quercitrin *n*
Quercitron *n* (Färb) / quercitron *n* || **²rinde** *f* (aus Quercus velutina, Qu. digitata und Qu. trifida) / quercitron bark
Quer-Elastics *pl* / two-way stretch fabrics
queren *v* / cross *v*
Querfaden *m* / cross thread || **~armer Filz** (Vliesst) / web felt with a small proportion (5-10%) of transverse filaments || **~frei genadelter Filz**, querfadenfreier Filz (Vliesst) / [needled] weftless felt
Querfalte *f* / crosswise fold, transverse fold || **²** (Defekt) / crimp running across the piece || **²** (Näh) / cross tuck
Querfaser *f* / transverse fibre || **²pelz** *m* / cross fibre lap (cord) || **²speisung** *f* (Spinn) / cross fibre feed, transverse fibre feed
quergerippt *adj* / cross-ribbed *adj*, ribbed crosswise || **~er Cord** / filling cord || **~er Crêpe de Chine** / crepe-de-Chine traversé || **~e Seidenstoffe** *m pl* / gros *pl* (Fr)
quer·gestreifter Krepp / crepe traversé || **²gitter** *n* (Spinn) / distributing lattice || **²haftung** *f* **des Spinnkabels** / transverse adhesion of the tow || **~laufend** *adj* / transverse *adj* || **~laufender Warendurchgang** / cross flow of the fabric || **²lauffalte** *f* (auf Haspelkufe) / transverse running crease || **²luftspannrahmen** *m* / stenter with lateral ventilation (GB), tenter with lateral ventilation (US) || **²naht** *f* / cross seam || **²plissee** *n* / transverse pleating || **²reihe** *f* / cross row || **²richtung** *f* / transverse direction || **²riegel** *m* (Näh) / cross bar || **²rips** *m* / warp rib, warp repp (GB), warp rep (US) || **²ripsbindung** *f* / warp rib weave || **²schermaschine** *f* (Ausrüst) / cross shearing machine, crosswise shearing machine || **²schneidemaschine** *f* (DIN 64990), Querschneider *m* / cross cutter, transverse cutting machine || **²schneiden** *n* / transverse cutting
Querschnitts·festigkeit *f* / transversal strength || **²verringerung** *f* (Faser) / necking *n*
Quer·spritzkopf *m* / head *n* (for side extrusion) || **~stehender Greifer** / transverse sewing hook || **²streifen** *m pl* / horizontal stripes || **²streifenmuster** *n* / cross-striped pattern || **²streuung** *f* **des Garns** / transverse scattering of the yarn || **²täfler** *m* (Vliesst) / cross lapper, cross layer || **²trikot** *m n* / transverse tricot || **²vernetzung** *f* (Beschicht) / crosslinking *n* || **²vernetzung eines zweidimensionalen Binderketten-Netzwerks** / cross-linking effect of a two-dimensional network of binder chains ||

~**viskositätskoeffizient** *m* / coefficient of cross viscosity || ~**volant** *m* / valance *n* (on a window) || ~**zickzackköper** *m* / cross-zigzag twill || ~**zitrin** *n* (gelbe Farbe aus Querzitronenrinde) / quercitrin *n*, patent bark || ~**zuführung** *f* / Scotch feed || ~**zusammenziehung** *f* / transverse contraction
Quetschdruck *m* / nip pressure, squeezing pressure
Quetsche *f* / mangle *n*, squeezing apparatus, squeezer *n*
quetschen *v* / nip between rollers, squeeze *v* || ~ *n* / mangling *n*, squeezing *n*
Quetsch·falte *f* (Konf) / box pleat, knife pleat, inverted pleat, double-counterlaid fold (making up) || ~**fuge** *f* / nip *n* (in vertical padder) || ~**kufe** *f* / vat with squeezing rollers || ~**maschine** *f* (DIN 64950) / mangling machine, mangle *n* || ~**rand** *m* (Textdr) / halo effect || ~**vorrichtung** *f* / squeezer *n*, squeezing apparatus || ~**walze** *f* / squeeze roller, quetching roller (US) || ~**walze** (Färb) / mangle nip, nip *n*, nipper *n*, nip roller || ~**walzenpaar** *n* / pair of nips, nips *pl*, pair of squeezing rollers || ~**werk** *n* / squeezer *n*, squeezing apparatus
Quillajarinde *f* / quillaia bark, panama bark (Quillaja saponaria Mol.), soap bark
quittengelb *adj* / quince-yellow *adj*

R

Rabbeth-Spindel *f*(Spinn) / Rabbeth spindle

rabenschwarz *adj* / crow black *adj*, jet black, raven black *adj*

Radamé-Futterseide *f* / radamé *n*

Radfahrerumhang *m* / cyclist's cape

Radialfärbeapparat *m* / radial dyeing apparatus

Radierschablone *f* / erasing stencil

Radikal·kettenpolymerisation *f* / radical chain polymerization || **≗polymerisation** *f* / radical polymerization

Radium·-Chiffon *m* / radium *n* || **≗seide** *f* / radium taffeta

Radschaufelpaddelmaschine *f* / paddle dyeing machine

Radzimir *m* / radzimir *n* (piece-dyed, all-silk dress fabric, usually black for mourning garments) || **≗bindung** *f* / radzimir weave

raffen *v*(Näh) / gather *v* || ≗ *n*(Näh) / gathering *n*

Raffiafaser *f*(aus der Raphia farinifera) / raffia fibre

Raglan *m*(Herrenmantel mit angeschnittenen Ärmeln) / raglan *n* || **≗ärmel** *m*(Mode) / raglan sleeve

Ragusaner Spitze *f* / Ragusa lace

Rahmen·druck *m*(Textdr) / screen printing, film screen printing, film printing || **≗filter** *m n* / frame filter || **≗filterpresse** *f* / frame filter press || **≗gestell** *n* / [bank] creel || **≗halter** *m* / frame batten || **≗hebeldruckzeug** *n*(Strick/Wirk) / cradle rocker || **≗maschine** *f* / stenter frame (GB), tenter frame (US) || **≗rechenwaschmaschine** *f*(DIN 64950) / harrow-type washing machine || **≗spannmaschine** *f* / stenter frame (GB), tenter frame (US) || **≗stickerei** *f* / tambour embroidery, tambour work || **≗trockner** *m* / stenter drier (GB), tenter drier (US) || **≗verstärkung** *f* **der Hochferse** (Strumpf) / reinforcement of the high heel, silhouette clock

Rahm·farbe *f* / cream colour, cream shade || **~farben** *adj* / cream *adj*

Rakel *f*(Beschicht) / coating knife, film spreader, doctor *n*, film applicator || ≗ (Siebdr) / squeegee *n* || ≗ (Textdr) / wiper *n*, doctor *n* || **≗abstand** *m* / doctor blade clearance, doctor knife clearance || **≗appretiermaschine** *f*(DIN 64990) / doctor [blade] finishing machine || **≗appretur** *f* / doctor finish, doctor-spread finish || **≗appreturmaschine** *f* / doctor finishing machine || **≗auftrag** *m* / spread coating || **≗auftragmaschine** *f* / doctor coater, knife coater || **≗beschichtung** *f* / knife coating, spread coating || **≗fähigkeit** *f*(Beschicht) / running properties || **≗foulard** *m* / padding mangle with doctor blade || **≗führung** *f* / doctor arrangement || **≗halter** *m* / doctor shears || **≗hebevorrichtung** *f* / lifting device for doctors || **≗lineal** *n* / doctor rule

Rakelmesser *n* / doctor *n*, film applicator || **≗einstellung** *f* / doctor blade clearance, doctor knife clearance || **≗gummituch** *n*(Beschicht) / knife-on-rubber blanket

rakeln *v* / apply by doctor, doctor *v* || ≗ *n*(Vliesst) / coating *n* || ≗ / doctor coating, knife coating, doctor knife coating

Rakel·schiene *f* / doctor shears || **≗schlag** *m* / doctor stroke || **≗schleifmaschine** *f* / doctor grinder || **≗schnapper** *m*(Textdr) / blank space || **≗streichkante** *f* / blade *n* (of the squeegee) || **≗streichmaschine** *f* / bar coater, knife coater || **≗streichverfahren** *n* / blade coating, knife coating || **≗streifen** *m pl* / doctor streaks || **≗strich** *m* / [doctor] stroke || **≗tiefdruck** *m* / gravure *n* || **≗vorrichtung** *f* / squeegee mechanism || **≗widerstand** *m* / resistance to the squeegee || **≗zug** *m* / [doctor] stroke *n*

Raketen·färbespule *f* / dyeing rocket || **≗muff** *m* / rocket muff || **≗muffspulmaschine** *f* / rocket muff winding machine || **≗spule** *f*(DIN 61800) / rocket bobbin, rocket package, super package || **≗spule auf Anfangskegel** (DIN 61800) / rocket package on initial cone || **≗wickel** *m*(DIN 61800) / rocket muff

Ramie *f* / ramie *n*, rhea *n*, China grass || **≗[bast]faser** *f* / ramie fibre, China grass fibre, cambric grass fibre, caloee fibre || **≗garn** *n* / ramie yarn || **≗gewebe** *n* / ramie cloth, ramie fabric, China grass cloth || **≗rohfaser** *f* / crude ramie fibre

Rand *m* / border *n*, fringe *n*, edge *n* || ≗ (Web) / trim *n*, cover *n* || ≗ (Strick/Wirk) / top *n* || ≗ (einer Wickelspule) / shoulder *n* (of bobbin) || ≗ (eines Flecks) / ring marks *pl* (of stains) || ≗ (Hut) / brim *n* || **mit Langetten bestickter** ≗ / scallop-finish edging || **≗bügelmaschine** *f*(Hutm) / brim ironing machine

Ränder·bildung *f*(Textdr) / halo *n*, haloing of the design || **≗maschine** *f*(Strick/Wirk) / ribber *n*, rib knitting machine, rib machine (having two sets of needles), rib frame, ribbing machine || **≗maschinennadel** *f*(Strick/Wirk) / rib [knitting machine] needle, ribbing machine needle

rändern *v* / border *v*, welt *v* || ≗ *n* / welting *n*

Ränder·nähmaschine *f* / edge sewing machine || **≗naht** *f* / edge seam || **≗strumpf** *m* / ribbed hosiery || **≗stuhl** *m*(Strick/Wirk) / rib knitting machine, ribber *n*, rib machine (having two sets of needles), rib frame, ribbing machine || **≗stuhlnadel** *f*(Strick/Wirk) / rib [knitting machine] needle, ribbing machine needle || **≗ware** *f*(Strick/Wirk) / rib fabric, rib stitch goods, plain rib goods, rib knit

Rand·faden *m* / selvedge thread || **≗masche** *f*(Strick/Wirk) / selvedge loop, selvedge stitch || **≗näher** *m* (Näh) / edge stitcher

„Random Shearing" (scheinbar richtungsloses Anscheren der hohen Noppen bei hoch-tief-gemusterter Schlingenware) *n*(Tepp) / random shearing

Rand·platine *f*(Strick/Wirk) / selvedge sinker || **≗schloß** *n*(Strick/Wirk) / ribbing lock || **≗senker** *m* (Strick/Wirk) / cast off cam, knock[ing]-over cam || **≗spule** *f*(Spinn) / straight bobbin, flange bobbin || **≗- und Fangschloß** *n* / cardigan lock with ribbing cam || **≗verstärkung** *f*(Strumpf) / garter band, shadow welt, ladder resistant band, afterwelt (heavier knitted portion between the leg and welt of women's stockings) *n*, selvedge reinforcing, run resistant strip, spliced top, welt *n*, double welt || **≗verzierung** *f* / border *n*, edging *n* || **≗winkel** *m* / wetting angle || **≗zonenfärbung** *f* / ring dyeing

Rangabzeichen *n* / badge of rank

Rangun-Hanf *m* / Rangoon hemp

Rankenmuster *n*(Tepp) / foliage pattern, twig and leaf pattern

r-Anordnung, in ~ (Vliesst) / crosslapped *adj*

Raphia·bast *m* / raffia bast || **≗faser** *f*(Faser der Raphiapalme) / raffia fibre || **≗[faser]gewebe** *n* **aus Madagaskar** / raffia [fabric] *n*, rabanna *n*

Rapid·echtfarbstoff *m* / rapid fast dyestuff || **≗netzer** *m* / rapid wetter, rapid wetting agent

Rapport *m* (allg) / repeat of the design, repeat of the pattern, rapport *n* || ≈ (Tepp) / matching *n* || ≈ (Textdr) / register *n* || **≈e** *m pl* (Textdr) / repeats *pl* || **≈ halten** (Textdr) / run in proper alignment || ≈ *m* **mit 12 Kett- und 36 Schußfäden** / 12 warp 36 filling || **den ≈ einhalten** (Textdr) / register *v* || **den ≈ einhaltend** (Textdr) / in good register || **im ≈ laufen** (Textdr) / run in proper alignment || **in ≈ setzen** (Textdr, Web) / repeat the pattern, repeat *v* || **≈begrenzungslinie** *f* / repeat border || **≈breite** *f* (Web) / repeat of warp threads, warp repeat || **≈einstellung** *f* / registration of the repeat || **≈fortsetzungen** *f pl* (Textdr) / repeats *pl* || **~freies Färben von Garn** / space dyeing, random dyeing of yarn || **≈fuge** *f* (Siebdr) / screen join || **≈genauigkeit** *f* / accuracy of repeat, accuracy of registration || **~gerecht** *adj* (Textdr) / true to repeat || **≈grenze** *f* (Textdr) / repeat border || **≈grenze** (Siebdr) / screen join || **~haltig** *adj* (Textdr) / true to repeat || **≈höhe** *f* (Web) / repeat of filling threads, repeat of weft threads

rapportieren *v* (Textdr, Web) / repeat the pattern, repeat *v* || ~ (Textdr) / register *v*

Rapport·länge *f* / length of repeat || **≈rad** *n* / repeat wheel || **≈rechteck** *n* **mit Rapportkreuz** / repeat rectangle with repeat cross || **≈reiter** *m* / guide rail fitting || **~richtig** *adj* (Textdr) / true to repeat || **≈schiene** *f* (Transdr) / guide rail, steel bar for registration || **≈schiene** (Textdr) / repeat table bar || **≈stift** *m* (Färb) / gauge pin || **≈stift** (Transdr) / guide pin, guide stud || **≈streifen** *m* (Färb) / row of repeats || **≈system** *n* (Textdr) / registration *n* || **≈ungenauigkeit** *f* (Transdr) / inaccurate registration, non-perfect register || **≈verschnitt** *m* (Tepp) / matching waste || **≈wagen** *m* / screen carriage || **≈zahl** *f* / number of repeats

Rapsöl *n* / rape oil, colza oil

Raschel *f*, Raschelmaschine *f*, Raschel-Kettenwirkmaschine *f*, Raschel-Fangkettstuhl *m* (Strick/Wirk) / raschel loom, raschel [warp] knitting machine, raschel (also Raschel) *n*, [warp] raschel machine || **≈cord** *m* / raschel cord (synthetic base fabric with cotton pile) || **~gewirkt** *adj* / raschel-knit *adj* || **≈-Miederware** *f* / raschel power net

Rascheln *n* / frou-frou *n* (esp. silk)

Raschel·nadel *f* / raschel needle || **≈spitze** *f* / raschel lace || **≈teilung** *f* (Anzahl der Nadeln je 2 Inch) / raschel gauge || **≈tüll** *m* / raschel power net, double rib tull[e], warp tulle, raschel tulle || **≈ware** *f* (Strick/Wirk) / double rib goods, raschel fabric

Rasen, auf dem ≈ bleichen / grass bleach *v* || **≈bleiche** *f* / grass bleaching, natural bleaching, meadow bleaching, lawn bleaching, grassing *n*, sun bleach || **≈röste** *f* / field retting

Raspador *m* (zum Herausarbeiten der Sisalfasern) / fibre extracting machine, fibre separating machine

Raster *m* (Siebdr) / screen *n* || **≈ätzung** *f* / screen etching || **≈druck** *m* (Textdr) / screen printing, film screen printing, film printing || **≈einstellung** *f* (Sprüh) / screen adjustment

Rastern *n* / screen roll printing

Raster·verfahren *n* (Druck) / screen printing method || **≈walze** *f* (Beschicht) / engraved roller || **≈walze** / screen roller || **≈walzenauftrag** *m* / screen roll application

Ratiné *m* (örtliche Rauh- oder Frisureffekte bei gerauhten Streichgarngeweben) / ratine *n*, ratiné, ratteen *n*, rateen *n* || **≈garn** *n* / ratine yarn || **≈spitze** *f* / ratine lace

ratinieren *v* (allg) / roughen *v*, shag *v* || ~ (den Rauhflor mechanisch behandeln zur Erzielung örtlicher Effekte) / frieze *v*, rateen *v*, ratteen *v* || ≈ *n* / cloth friezing, rateening *n*, friezing *n*, ratteening *n*

Ratiniermaschine *f* (DIN 64990) / friezing machine, ratteening machine

Rattenfalle *f* (eine Fadenbremse) / rat-trap *n*

Rattenzahn *m* (Strumpf) / garter run-stop, picot *n* || **≈ arbeiten** (Strumpf) / form the picot edge || **≈barre** *f* (Strick/Wirk, Strumpf) / lockstitch bar || **≈decknadel** *n* (Strick/Wirk) / lockstitch point || **≈kante** *f* (Strumpf) / picot edge, scalloped welt edge, saw-tooth-like fabric edge || **Einrichtung** *f* **für ≈kante** / picot attachment || **≈musterrad** *n* (Strick/Wirk) / lockstitch pattern wheel || **≈rechen** *m* (Strumpf) / picot bar || **≈rechen** (Strick/Wirk, Strumpf) / lockstitch bar || **≈schaltexzenter** *m* (Strick/Wirk) / lockstitch indexing cam || **≈schaltkopf** *m* (Strick/Wirk) / lockstitch head || **≈schiene** *f* (Strick/Wirk, Strumpf) / lockstitch bar

Rauch·abzug *m* / fume exhaust || **~blau** *adj* / smoke-blue *adj* || **≈dichte** *f* / smoke density (burning behaviour of textiles)

Rauchen *n* / fuming *n* (during thermosol treatment)

rauchend·e Salpetersäure (87–92%) / fuming nitric acid || **~e Schwefelsäure** / fuming sulphuric acid, oleum *n*

rauch·farben *adj* / smoke-coloured *adj* || **~gasecht** *adj* / fast to gas fading || **≈gasechtheit** *f* / fastness to [gas] fume fading, gas fume fastness, resistance to fume fading || **~grau** *adj* / smoke-grey *adj*

raufen *v* / pluck *v* || ~ (Flachs) / pull *v* || ≈ *n* **der Wolle** / plucking of wool

Rauf·maschine *f* / flax pulling machine || **≈wolle** *f* / glover's wool (wool removed from skin of slaughtered sheep), tanner's wool, skin wool, fellmongered wool, plucked wool, limy wool, skimmer wool, dead wool

rauh *adj* / napped *adj*, coarse *adj*, rough *adj* || **~er Barchent** (Gew) / top *n*, top swansdown || **~er Faden** / rough yarn || **~es Garn** / rough yarn || **~es Handtuch** / coarse towel || **~e Stelle im Gewebe** / fag *n* || **~er Stoff** / coarse fabric || **≈abfall** *m* (Abfallflocken beim Aufrauhen) / napping waste *pl*, nappers *pl*, napper flocks *pl*, raising flocks *pl* || **≈appretur** *f* / raised finish || **≈ausrüstung** *f* / dress face finish || **≈avivage** *f* / brushing finish, raised finish || **≈bürste** *f* / napping brush, raising brush || **≈effekt** *m* / brushed effect, napping effect

rauhen *v* (allg) / roughen *v*, shag *v* || ~ (Tuch) / raise *v*, nap *v*, tease *v*, brush *v* || ~ (auf der Rauhmaschine) / gig *v* || **den Stoff ~** / raise the nap || ≈ *n* (Tuch) / raising *n*, napping *n*, raising the nap, tease (cloth) *n*, brushing *n* || ≈ (auf der Rauhmaschine) / gigging *n* || **≈ gegen den Strich** / raising against the hair, raising against the nap || **≈ mit dem Strich** / raising with the hair, raising with the nap

Rauher *m* (Tuchh) / raiser *n*

Rauh·fähigkeit *f* / raising property || **≈fehler** *m* / raising fault || **≈flocken** *f pl* / raising waste || **≈flor** *m* / raised pile || **≈flug** *m* / raising fly || **≈gewirke** *n pl* / brushed knitted fabrics || **≈grad** *m* / degree of raising, degree of teazelling

rauhgriffig *adj* / harsh in feel || **~er Stoff** / harsh fabric || **~e Wolle** / harsh wool, lean wool

Rauhgriffigkeit *f* / coarse feel, harsh hand[le], coarse hand[le]

rauh·haarige Matte / rug *n* (GB) || **²haken** *m* / napping wire || **²hilfsmittel** *n* / raising auxiliary || **²karde** *f*, Rauhkardendistel *f Rauhkratze f* / teasel *n* || **²maschine** *f* / brush finish machine, napping machine, napper *n*, tigering machine, raising machine, raising gig, napping mill, gigging machine, gig *n*, cloth raising machine || **²maschine mit umlaufenden Kratzen** / revolving teasel raising machine || **²maschinenabfall** *m* / napping waste *pl*, nappers *pl*, napper flocks, raising flocks || **²öl** *n* / raising oil || **²spindel** *f*, Rauhstab *m* / teasel rod || **²streifen** *m* (Defekt) / raising band, stripes from the raising gig, raising streak || **²tambour** *m* / drum for the napping action || **²- und Kräuselmaschine** *f* / napping and friezing machine || **²veredlung** *f* / dress face finish || **²walze** *f* / napping roller, raising roller, brushing roller, teasel[l]ing roller, teazelling roller || **²ware** *f* / nap fabric, raised fabric, raised goods *pl*, napped fabric, brushed goods *pl* || **²ware für Fußbodenbelag** / rugging *n* || **²winkeleinstellvorrichtung** *f* / teasel-angle variator || **²zylinder** *m* / brushing cylinder, teasel[l]ing roller, raising roller, teazelling roller

Raum·klima *n* / atmospheric environment, room air conditions *pl* || **²teil** *m* / part[s] by volume, p.b.v. || **²temperatur** *f* / normal temperature, room temperature

Raupen·draht *m* / caterpillar thread || **²fuß** *m* (Näh) / flat stitch embroidering foot || **²garn** *n* / caterpillar thread, chenille yarn, chenille *n* || **²naht** *f* (Näh) / buttonhole seam || **²stich** *m* (Näh) / satin stitch || **²teppich** *m* / chenille carpet, patent Axminster carpet

Rauschen *n* / frou-frou *n* (esp. silk)

rauschender Griff / scroop *n*, scroopy handle

Rausch·gelb *n* (Färb) / king's yellow, orpiment *n* || **²gold** *n* / imitation gold foil, orpiment *n*, king's yellow

Raute *f* / lozenge *n*

rautenförmig *adj* / lozenge-shaped *adj* || **~ gemustertes Baumwollgewebe** / cotton diaper *n* (fabric) || **~ gemustertes Leinengewebe** / linen diaper *n* (fabric)

Rauten·matte *f* / diamond mat || **²muster** *n* / diamond pattern, rhombic design || **²spitzeneinrichtung** *f* / diamond toe attachment || **²spulung** *f* / diamond winding, rhomboidal winding

Rayé *m* / stripe pattern || **²** (längsgestreiftes Gewebe) / rayé fabric

Razematverbindung *f* / racemic compound

Reagenz *n* **zur Faserbestimmung** / fibre identification reagent

reagierend *adj* / reactive *adj*

Reaktant·ausrüstung *f* / reactant finish, reactant resin finish || **²harz** *n* / reactant resin, reactive resin, reactant-type resin || **²vernetzer** *m* / reactant crosslinking agent

Reaktion *f* **Farbstofflösung/Fasern** / dye/fibre reaction || **² Pseudo-Erster-Ordnung** / reaction of pseudo-unimolecular order

Reaktions·beschleuniger *m* / reaction accelerator || **²beschleunigung** *f* / reaction acceleration || **²enthalpie** *f* / enthalpy of reaction || **²entropie** *f* / entropy of reaction || **~fähig** *adj* / reactive *adj* || **~fähige Gruppe der Faser für den Farbstoff** / dye site, dyeing site || **~fähige Stelle** (Färb) / reactive site || **²fähigkeit** *f* / reactivity *n* || **²farbstoff** *m* / [fibre] reactive dyestuff || **~freudiger Farbstoff** / high-reactivity dyestuff || **²gefäß** *n* / reaction vessel || **²gemisch** *n* / reaction mixture || **²geschwindigkeit** *f* / reaction rate || **²hemmer** *m* / reaction inhibitor || **²hemmung** *f* / reaction inhibition || **²kammer** *f* / reaction chamber || **²kessel** *m* / reaction vessel || **²mechanismus** *m* / reaction mechanism || **²mittel** *n* / activator *n*, catalyst *n* || **²nebenprodukt** *n* / reaction by-product || **²partner** *m* / co-reactant *n* || **²produkt** *n* / reaction product || **²temperatur** *f* / reaction temperature || **~träge** *adj* / inactive *adj*, inert *adj* || **~träger Farbstoff** / low-reactivity dyestuff || **~träges Harzprodukt** (Ausrüst) / low-activity resin product || **²verhinderer** *m* / reaction inhibitor || **²verhinderung** *f* / reaction inhibition || **²vermögen** *n* / reactivity *n* || **²verweilkammer** *f* (Bleich) / cloth storage and reaction chamber || **²wärme** *f* / heat of reaction || **²zeit** *f* / reaction time || **²zone** *f* / reaction zone

reaktiv *adj* / reactive *adj* || **~es Appreturmittel** / reactive finishing agent || **~er Kombinationsbinder** / reactive combination resin || **²acrylfarbstoff** *m* / reactive acrylic dyestuff || **²druck** *m* / reactive printing || **²färben** *n* / reactive dyeing || **²farbstoff** *m* / reactive dyestuff || **²farbstoff für Wolle** / wool reactive dyestuff

Reaktivität *f* / reactivity *n*

Realseide *f*, reale Seide / first-grade silk, reeled silk, thrown silk, A-1 silk, top-quality silk, strafilato silk, mouliné twist, net[ting] silk, retorse silk, twisted silk

Rebschwarz *n* (Färb) / vine black, German black

Rechen *m* (Web) / comber board || **²nadel** *f* / hook *n* (flat knitt machine) || **²nadel** (Strick/Wirk) / point *n*, welt hook || **²nadelbeschlag** *m* / welt hook sleeve

recht·e Masche / plain stitch, jersey stitch, knit stitch || **~e Seite** / fabric face, right side, cloth face, upper side

rechteckiger Ausschnitt (Mode) / open square neck

Rechteck-Stapel[faser] *f* / rectangle-shaped staple [fibre]

rechts·gedrehtes Garn / open-band twist thread, Z-twisted yarn, right-hand twine || **~geschlagenes Seil**, rechtsgedrehtes Seil / plain-laid rope, right-laid rope || **²gratköper** *m* / left-to-right twill, Z-twill *n*, twill left-to-right, right twill, right-hand twill

Rechts-Links·-Bindung *f* (Strick/Wirk) / plain jersey construction || **²-Gestrick** *n* / plain fabric, plain knit goods *pl*, plain jersey || **²-Maschine** *f* s. Rechts-Links-Rundstrickmaschine || **²-Naht** *f* (Näh) / French seam || **²-Rundstrickmaschine** *f* (DIN 62131) / plain circular knitting machine, sinker top [circular] knitting machine, dial-less machine || **²-Ware** *f* (Strick/Wirk) / plain knit goods *pl*, plain jersey

Rechts·masche *f* / plain stitch, jersey stitch, knit stitch, plain loop || **~maschige Unterwäsche** / flat underwear

rechts/rechts gekreuzt / one-by-one rib crossed (interlock fabrics)

Rechts-Rechts·-Bindung *f* (Strick/Wirk) / [one and one] rib construction || **²-Flachstrickmaschine** *f* / V-type flat bed knitting machine || **²-Flachwirkmaschine** *f* / straight-bar machine with rib attachment || **²-Gestrick** *n* / one-by-one rib knitted fabric (fine rib) || **²-Kettenwirken** *n* / 1:1 rib warp knitting || **²-Rand** *m* (Strick/Wirk) /

one-and-one top, rib top || ∸-**Reihe** *f*(Strick/Wirk) / rib course || ∸-**Rundstrickmaschine** *f*(DIN 62132) / circular rib [knitting] machine || ∸-**Schlauchschloß** *n*(Strick/Wirk) / tubular and rib lock || ∸-**Stricken** *n*(Strick/Wirk) / ribbing *n*, rib knitting || ∸-**Strickmaschine** *f*(Strick/Wirk) / rib knitting machine, rib machine (having two sets of needles), rib frame, ribbing machine || ∸-**Strickware** *f*, Rechts-Rechts-Ware *f*(Strick/Wirk) / rib fabric, one-and-one ribbed goods *pl*, rib stitch goods, plain rib goods, rib knit
Rechts·schützen *m*(DIN 64685) (Web) / right eye shuttle || ~ **stricken** *v* / plain knit *v* || ∸**stricken** *n* / plain knitting *n* || ∸- **und Linksseiteneffekt** *m* / back and face effect
recken *v*(Baumwollspinnen) / wring *vt* || ~ *vt*(Fäden oder Fasern) / stretch *vt*, extend *vt*, draw *vt* || ∸ *n* / stretch[ing] *n*
Reck·festigkeit *f* / stretch resistance || ∸**modul** *m* / modulus of stretch
Reckung *f* / strain *n*(yarn, extension undergone by fibre)
Recycling *n* / recycling *n*
Redepositionsgegenmittel *n* / anti-redeposition agent
redispergierbar *adj* / redispersible *adj*
redispergieren *v* / redisperse *v*
Redox·katalyse *f* / redox catalysis || ∸**meßgerät** *n* / redox gauge || ∸**messung** *f* / redox measurement || ∸**potential** *n* / redox potential, rH-value *n* || ∸**reaktion** *f* / redox reaction
Reduktions·ätze *f* / reduction discharge || ∸**ätzen** *n* / discharging by reduction, hydrosulphite discharging || ∸**ätzmittel** *n* / reduction discharge agent || ∸**ätzverfahren** *n* / discharge process by reduction || ∸**bad** *n* / reducing bath, reduction bath || ∸**beschleuniger** *m* / reduction accelerator || ∸**bleichbad** *n* / reduction bleach bath, reductive bleach bath || ∸**bleiche** *f* / reducing bleach, reduction bleaching, reduction bleach || ∸**bleichflotte** *f* / reduction bleach liquor, bleaching liquor containing reducing agents || ∸**bleichmittelbad** *n* / bath containing reducing agents || ∸**bleichverfahren** *n* / reduction bleaching process, reductive aftertreatment || ~**empfindlich** *adj*(Chem) / sensitive to reduction || ∸**foulard** *m* (Färb) / reduction padder || ∸**katalysator** *m* / reduction catalyst || ∸**kraft** *f* / reducing power || ∸**mittel** *n* / reducing agent, reduction agent, reductant *n* || ∸**mittel** (Färb) / deoxidant *n*, deoxidizing agent || ∸**mittel auf Hydrosulfitbasis** / hydrosulphite-based reducing agent || ∸-**Oxydations-Potential** *n* / redox potential || ∸-**Oxydations-Reaktion** *f* / redox reaction || ∸**verdickung** *f* / reduction thickening || ∸**vermögen** *n* / reducing power || ∸**waschbehandlung** *f* / reduction washing treatment || ∸**waschen** *n*(Färb) / reduction washing || ∸**waschverfahren** *n* / reduction washing process || ∸**wirkung** *f* / reducing action
reduktiv·es Abziehen (Färb) / reductive stripping || ~**es Bleichbad** / reduction bleach bath, reductive bleach bath || ~**e Nachbehandlung** (Färb) / reduction clearing, reductive aftertreatment || ~**e Nachwäsche** / reductive washing-off || ~**e Zwischenbehandlung** / intermediate reduction clearing || ∸**behandlung** *f*(Färb) / reductive treatment, reductive stripping, reducing treatment || ∸**nachbehandlung** *f* / reduction aftertreatment, reduction clearing
Reduktor *m* / reducing agent, reduction agent, reductant *n*
Reduzierbad *n* / reduction bath, reducing bath
reduzierbarer Farbstoff / reducible dyestuff
reduzieren *v* / reduce *v*
reduzierend·es Bad / reducing bath, reduction bath || ~ **bleichen** (Bleich) / stove *v*, bleach with reducing agents, sulphur *v* || ~**es Mittel** / reducing agent, reduction agent, reductant *n* || ~**e Wirkung** / reducing action
Reduziersalz *n* / reducing salt
Reefer *m*(enganliegende kurze Wolljacke) / reefer *n*(jacket)
Reep *n* / rope *n*
REF-Faser *f*, REF-Elementarfaden *m*(hergestellt durch Prägen und Recken von Folienstreifen oder Bändchen) / Roll Embossed Fibre (REF)
Reflektometer *n* / reflectometer *n*
Reflexions·grad *m* / reflectance *n* || ∸**meßgerät** *n* / reflectometer *n* || ∸**vermögen** *n* / reflectivity *n*
Reflex·muster *n* / reflex pattern || ∸**stoff** *m* / reflective fabric
Reform·bindung *f* / reform weave || ∸**flanell** *m* / bullhide *n*
Refrakto·meter *n* / refractometer *n* || ∸**metrie** *f* / refractometry *n*
Regatta *f*(in Kettrichtung farbig gemusterte Baumwollköper für Berufskleidung und Schürzen) / regatta *n*
regeln, den Feuchtigkeitsgehalt ~ / condition *v*
Regelstrecke *f*(Spinn) / autoleveller [draw frame], autoleveller gillbox, autodrafter *n*, draft regulator
Regenbekleidung *f* / rainwear *n*, rain apparel
regenbewässerte Baumwolle / rain-grown cotton
Regenbogen·effekt *m*(Färb) / rainbow effect || ~**farbig** *adj* / rainbow-coloured *adj*
Regencape *n* / rain cape || ∸ **mit Kapuze** / capote *n*
Régence *m* / régence *n*(French brocade dress fabric, made with silk warp and viscose rayon or cotton weft)
Regency·-Spitze *f* / Regency point (pillow lace in narrow width, made in Bedfordshire during the early 19th century) || **Kleidung** *f* **im** ∸-**Stil** / Regency dress (style characteristic of the Regency period (1810-20) in England) || ∸-**Streifen** *m pl* / Regency stripes (broad coloured stripes of equal width on fabric)
Regendecke *f* / tarpaulin *n*, paulin *n*(US), tilt *n*(for lorries)
regendicht *adj* / rainproof *adj*, showerproof *adj* || ~**es Gewebe** / rainproof fabric || ~ **imprägnierter Stoff** / rainproof material, showerproof fabric, showerproof cloth || ~ **imprägniertes Gewebe** / rainproof fabric || ~**e Kleidung** / rainwear *n*, rain apparel || ~ **machen** / rainproof *v*, showerproof *v* || ~**er Stoff** / rainproof material, showerproof fabric, showerproof cloth || ∸**machen** *n* / rainproofing *n*
regen·echt *adj* / rainproof *adj*, showerproof *adj* || ~**echter Stoff** / rainproof material, showerproof fabric, showerproof cloth || ∸**echtheit** *f* / fastness to rain || ∸**echtimprägnierung** *f* / showerproofing *n*
Regenerat·-Eiweißfaser *f* / regenerated protein fibre || ∸**faser** *f*, Regeneratfaserstoff *m* / regenerated fibre, semi-synthetic fibre, manufactured fibre
Regeneratpolymer·faser *f* / regenerated polymer

fibre || ≈**fasergarn** *n* / regenerated polymer spun yarn || ≈**filament** *n* / regenerated polymer filament || ≈**filamentgarn** *n* / regenerated polymer filament yarn || ≈**garn** *n* / regenerated polymer yarn
Regenerat·säure *f* / reclaimed acid || ≈**wolle** *f* / regenerated wool, shoddy wool, softs *pl*
Regeneratzellulose *f* / regenerated cellulose || ≈**faser** *f*, Regeneratzellulosefaserstoff *m* / regenerated cellulose fibre || ≈**faseranteil** *m* / regenerated cellulose fibre proportion
regeneriert·e Proteinfaser / regenerated protein fibre || ~**e Zellulose** / regenerated cellulose || ~**e Zellulosefaser** / regenerated cellulose fibre
Regenerierung *f* **mit Säure** / regeneration with acid
regen·fest *adj* / rainproof *adj*, showerproof *adj* || ~**fester Stoff** / rainproof material, showerproof fabric, showerproof cloth || ≈**flecke** *m pl* / rain spots, rain stains || ≈**kleidung** *f* / rainwear *n*, rain apparel || ≈**mantel** *m* / raincoat *n*, waterproof *n* (GB) || ≈**mantelgewebe** *n*, Regenmantelstoff *m* / raincoating *n*, raincoat fabric || ≈**schirm** *m* / umbrella *n* || ≈**schirmstoff** *m* / fabric for umbrellas, umbrella cloth || ≈**schutzkleidung** *f* / rainwear *n*, rain apparel || ~**tropfecht** *adj* / spotproof *adj* || ≈**tropfenechtheit** *f* / raindrop fastness || ≈**tropfeneffekt** *m* / raindrop effect || ≈**umhang** *m* / rain cape, waterproof cape, poncho *n*
regulär·er Anfang (Strick/Wirk) / ordinary welt || ~ **gearbeitet** (Strick/Wirk) / fully fashioned, full fashioned || ~ **gewirkter Strumpf** / fully fashioned stocking (F/F stocking), fully fashioned hose || ~**e Maschenware mit Ripprand** / rib-to-plain fully-fashioned garment || ~**e Strumpfware** / fully fashioned hosiery || ~**e Wirkware**, abgepaßtes Wirken / fully fashioned knitwear, fully fashioned fabric, fully fashioned goods *pl*
Regular-dyeing-Fasertype *f* (Fasertyp R) (mit normalen färberischen Eigenschaften) **für das Differential-Dyeing-Färbeverfahren** / regular dyeing fibre type (type R) (differential dyeing)
regulär·gestrickt *adj* (Strick/Wirk) / fully fashioned, full fashioned || ≈**rand** *m* (Strick/Wirk) / rib end || ≈**wirkmaschine** *f* / fully fashioned hose machine
Regulator *m* (Web) / regulator *n*
Regulier·strecke *f* (Spinn) / autoleveller [draw frame], autoleveller gillbox, evereven drafting, autodrafter *n*, draft regulator || ≈**system** *n* **für das Kardenbandgewicht** / card sliver weight regulating system
reh·braun *adj* / beige *adj* || ~**braun** (RAL 8007), rehfarben *adj* / fawn *adj* || ≈**haar** *n* / roe hair
Reibband *n* (Spinn) / rubbing leather, rubber [leather]
reibecht *adj* (allg) / abrasion-proof, abrasion-resistant, scuff resistant *adj* || ~ (Färb) / rub-fast *adj*, crock-resistant *adj* (US) || ~**e Färbung** / rub-fast shade
Reibechtheit *f* (Färb) / rub[bing] fastness, fastness to crocking (US), crock[ing] fastness (US) || ≈ (DIN 54021) / abrasion resistance
Reibechtheits·messer *m*, Reibechtheitsprüfer *m* / crocking meter, crockmeter *n*, rub[bing] fastness tester || ≈**prüfung** *f* / crock testing
reiben *v* / rub *v* || ≈ *n* **mit Dübeln oder Seifenstein** / pegging *n* (finishing process for velveteens to give a gloss)
reib·fest *adj* (Färb) / rub-fast *adj*, crock-resistant *adj* (US) || ≈**festigkeit** *f* (allg) / chafing resistance, abrasion resistance || ≈**festigkeit** (Färb) / rub[bing] fastness, fastness to crocking (US), crock[ing] fastness (US) || ≈**festigkeitsprüfer** *m* / crocking meter, crockmeter *n*, rub[bing] fastness tester || ≈**körper** *m* / abradant *n* || ≈**kreuz** *n* (Sprühtest) / rubbing cross || ≈**markierung** *f* / rubbing mark || ≈**probe** *f* / rubbing test || ≈**prüfer** *m* / crocking meter, crockmeter *n*, rub[bing] fastness tester || ≈**rad** *n* (Beschicht, Matpr) / abrasive disc, abrasive wheel || ≈**test** *m* / rubbing test || ~**unechte Färbung** / dyeing with poor fastness to rubbing
Reibung *f* (Kraft, Erscheinung) / friction *n* || ≈ **und Gleitung** / friction and slipping
Reibungs·kennwert *m* / frictional characteristic || ≈**koeffizient** *m* / coefficient of friction || ≈**kräfte** *f pl* / frictional forces || ≈**schutzschicht** *f* / antifriction finish (for cutting tables) || ≈**unechtheit** *f* / poor fastness to rubbing || ≈**widerstandsmesser** *m* / friction tester || ≈**winkel** *m* / angle of friction
Reichbleichgold *n* / pale yellow (powder)
reif *adj* / mature *adj* || ~**e Baumwolle** / maturized cotton || ~**e Küpe** / mellow vat || ~**e Viskose** / aged viscose
Reife *f* / maturity *n*, age *n*, mellowness *n* (vat) || ≈**behälter** *m* / ripening container || ≈**grad** *m* / degree of maturity, maturity degree (cotton), maturity *n*, maturity index, degree of ripeness
reifen *v* / mature *v*, mellow *v* || ≈ *n* / maturation *n*, ripening process, maturing *n*
Reifen·duck *m*, Reifeneinlagestoff *m* / chafer fabric, bead fabric || ≈**gewebe** *n*, Reifenkord *m* / breaker fabric, tire cord, cord fabric, tire fabric, cord body (of tire) || ≈**kreuz einlesen** / cross the ties || ≈**nylon** *n* / nylon tyre cord || ≈**zwirn** *m* / [motor] tyre yarn
Reife·prozeß *m* / ripening process, maturing *n* || ≈**prüfung** *f* **durch Konstrastfärben** / immaturity dyeing test || ≈**raum** *m*, Reifeschrank *m* / ripening chamber, maturing chamber || ≈**test** *m* **im polarisiertem Licht** / immaturity polarized light test || ≈**vorgang** *m* / ripening process, maturing *n* || ≈**zeit** *f* / maturing period
Reifrock *m* (hist) / farthingale *n* || ≈ (Mode) / hoop skirt, crinoline *n*
Reifwerden *n* (allg) / maturation *n*
Reihe *f* (Strick/Wirk) / course *n* || ≈ **der Florflottierfäden** (Web) / race *n* || ≈ **von Fransen** / thrum *n*
reihen *v* (Näh) / baste *v* || ≈ *n* (Näh) / basting *n*
Reihenfolge *f* **der Fäden** / order of the threads, sequence of threads || ≈ **des Kettfadeneinziehens** (Web) / entering draft
Reihen·zahl *f* / number of courses || ≈**zähler** *m* (Strumpf) / course counter
Reiher *m* (Näh) / basting machine, baster *n* || ≈**busch** *m* / aigrette *n*
Reih·kamm *m* (Web) / raddle *n* || ≈**stich** *m* (Näh) / basting stitch
Reihung *f* (Web) / pass *n*
Reihzug *m* (Web) / order of drawing-in
rein *adj* / unblended *adj* || ~**es Auripigment** / king's yellow || ~**es Baumwollgewebe** / all-cotton fabric || ~**es Berliner Blau** / ferric ferrocyanide || ~**er Druck** / clean print || ~**es Fach** (Web) / balanced shed, clear shed || ~**e Färbung** / straight dyeing || ~**er Kammzug** / clear top || ~**es organisches Lösemittelfärben** / pure organic solvent dyeing || ~**es Polyester** / unblended polyester || ~**e Seide** / pure silk, genuine silk, natural silk, real silk || ~ **synthetische Fasern** *f pl* / 100 % synthetic fibres || ~**er Ton** / straight shade || ~**e Wolle** / pure wool ||

~**baumwollen** *adj* / pure-cotton *adj*, all-cotton *adj* || ~**baumwollener Gloria** / cotton gloria || ~**blau** *adj* / pure-blue *adj* || ²**blau** *n* (Färb) / ethereal blue, water blue, soluble blue || ²**-Farbstoffgehalt** *m* / pure dyestuff content || ²**flachs** *m* / hackled flax, swingled flax || ²**hanf** *m* / pure hemp
Reinheit *f* **der Reserve** / clarity of the resist || ² **einer Farbe** / purity of a colour *n*, chroma *n*
Reinheits·anforderungen *f pl* / purity requirements || ²**grad** *m* / percentage purity || ²**prüfung** *f* / purity test
reinigen *v* (allg) / clean *v* || ~ (vorwaschen) / scour *v* || ² *n* / scouring *n*
reinigend *adj* / detergent *adj* || ~**e Eigenschaft** / detergent property, detergency *n*
Reinigerplättchen *n* / clearer plate
Reinigung *f* (allg) / cleaning *n* || ² (Vorwäsche) / scouring *n* || ² (Chemisch-Reinigung) / dry cleaning, cleaning *n* || ² **der Wollstoffe** / braying *n* || ² **mittels Waschmittel** / cleaning with detergent[s] *n*, detersion *n*
Reinigungs·abteil *n* / cleaning compartment || ²**apparat** *m* / cleaner *n* || ²**bad** *n* / cleaning bath, cleansing bath, cleaning liquor || ²**beschleuniger** *m* / cleaning aid || ~**beständig** *adj* / unaffected by cleaning || ²**beständigkeit** *f* / resistance to dry cleaning || ²**einrichtung** *f* / cleaning device || ²**flüssigkeit** *f* / cleansing liquor, cleaning liquid || ²**gitterstab** *m* / grid bar || ²**kraft** *f* / cleaning efficiency || ²**leistung** *f* / cleaning efficiency || ²**maschine** *f* / cleaning machine || ²**maschine für Faserabfälle** (DIN 64167) / cleaning machine for fibre waste || ²**mittel** *n* / cleaning agent, scouring agent, detergent *n*, abstergent *n*, scavenger *n*, cleansing agent, cleanser *n*, cleaner *n* || ²**pulver** *n* / cleansing powder || ²**verfahren** *n* / cleaning process || ²**vermögen** *n* / cleaning efficiency, detergency *n*, cleansing power, cleaning power || ²**verstärker** *m* / cleaning promoter, dry cleaning detergent, dry cleaning aid || ²**vorschrift** *f* / cleaning instructions *pl* || ²**walze** *f* / cleaning roller, roll clearer || ²**wirkung** *f* / cleaning effect, washing efficiency, detergent action
reinlassen *v* (Färb) / leave grounds unstained (differential dyeing) || ² *n* **von Begleitfasern** / leaving adjacent fibres unstained
Rein·leinen *n* / pure linen || ~**leinenes Taschentuch** / linen handkerchief || ~**orange** *adj* / pure orange *adj*
Reinper *n* (reines Tetrachloräthen) / clean perchloroethylene || ²**-Tank** *m* / tank for clean perchloroethylene
Reinseide *f* / pure silk, natural silk, real silk
reinseiden *adj* / all-silk *adj*, pure-silk *adj* || ~**er atlasbindiger Kleiderstoff** / paillette satin, satin de chine (Fr) || ~**e Atlasware** / peau de soie (Fr) || ~**es Bengalin**, reinseidene Bengaline / bengaline de soie || ~**er Kaschmir** / cachemire de soie (Fr) || ~**er Musselin** / mousseline de soie (Fr) || ²**-Schantung** *m* / silk shantung
rein·synthetisch *adj* / fully synthetic || ²**tank** *m* / tank for clean solvent (solvent dye), distilled solvent tank
reinweiß *adj* / crisp-white *adj*, water white, clear white *adj* || ~ (RAL 9010) / pure white *adj* || ~**e Baumwolle** / extra-white cotton || ²**ätzen** *n* / discharging to pure white
rein·wollen *adj* / all-wool *adj*, pure-wool *adj* || ~**wollener Cheviot-Tweed** / cheviot tweed || ²**wollstrickwaren** *f pl*, Reinwollwirkwaren *f pl* / pure wool knits *pl*
Reise·decke *f* / travel rug, rug blanket (US), blanket robe (US) || ²**kofferstoff** *m* / trunk cloth, suitcase lining || ²**mantel** *m* / travel coat || ²**plaid** *m n* / travel rug || ²**tasche** *f* / travel bag *n*, hold-all *n*
Reiß·baumwolle *f* / reclaimed cotton, re-used cotton, reprocessed cotton || ²**dehnung** *f* / elongation at break, ultimate elongation, extension at break || ²**dehnung** (Vliesst) / rupture strain
reißen *v* (Spinn) / willey *v*, willow *v* || ~ / break *v*, separate into fibres, devil (rags) *v* || ² *n* **des Fadens** / breaking of the thread, snapping of the thread || ² **des Flors** / breakage of the web
Reißer *m* (DIN 64164) (Spinn) / tearing machine, tearer *n*, teaser *n* || ² **für Spinnstoffaufbereitung** (DIN 64164) / teaser for fibre preparing || ²**bestiftung** *f* (Spinn) / deviller needling
reißfester Strumpf (Strumpf) / twin-thread stocking, two-ply stocking, two-end stocking, ladder-resistant stocking
Reißfestigkeit *f* / breaking resistance, tenacity *n*, tear strength, [ultimate] tensile strength, tear resistance, breaking strength, breaking length || ² (Vliesst) / rupture strength || ² (auf den Querschnitt bezogen) / breaking stress || ² **der Kette** / warp tensile strength
Reißfestigkeitsprüfung *f* **mit Stoffstreifen** / cut strips test
Reiß·garnitur *f* / tearing assembly (raising) || ²**grenze** *f* / tearing point || ²**kabel** *n* / stretch-broken tow || ²**kilometer (Rkm)** *m* / breaking length in kilometres || ²**konverter** *m* / breaking converter || ²**konverterverfahren** *n* / tow-to-top breaking system || ²**kraft** *f* / breaking energy, tensile strength, tearing strength || ²**kraftverlust** *m* / loss in tear resistance || ²**krempel** *f* (Spinn) / breaker card, breaking card, scribbler card, first breaker, scribbler *n* || ²**länge** *f*, Festigkeit *f* / tenacity *n* || ²**last** *f* / maximum tensile strength, breaking lead, ultimate tensile strength, breaking weight || ²**maschine** *f* (Spinn) / tearing machine, stretch breaking machine, stretch break[ing] converter || ²**messer** *n* (Web) / plough *n*, shearing knife || ²**öl** *n* (zum Lumpenreißen) / dust-binding oil || ²**probe** *f* / tear test || ²**prozeß** *m* / breaking process, willowing process || ²**punkt** *m* / breaking point
Reißspinn·band *n* (Spinn) / top *n*, top sliver || ²**kabel** *n* / filament tow || ²**stoff** *m* / ravelling *n*, recuperated yarn || ²**stoff** (Gew) / reprocessed material || ²**verfahren** *n* (Spinn) / stretch break process
Reiß·stelle *f* / breaking place, tearing point || ²**trommel** *f* / willowing drum || ²**verfahren** *n* (Spinn) / stretch-breaking *n*
Reißverschluß *m* / slide fastener, zip fastener, zipper (US) *n*, zipper closing (US) || ² **mit Kette aus Kunststoffdraht** (Reißv) / filament fastener || ²**apparat** / zipper sewing attachment || ²**band** *n* / zipper tape, slide fastener tape || ²**fuß** *m* (Näh) / zipper foot || ²**zuführ- und -abschneidvorrichtung** *f* / zipper feeder/cutter (making up)
Reiß·versuch *m* / breaking test, tear test || ²**vorgang** *m* / willowing passage || ²**walze** *f* (Spinn) / spiked roller, toothed roller, toothed feed roller || ²**walze**, Kratzenwalze *f* / licker-in || ²**widerstand** *m*

(Vliesst) / rupture tenacity || ²wolf *m* (Spinn) / cotton breaker, willowing machine, willow *n*, willey *n*, opener *n*, teaser *n*, tearing machine, devilling machine, devil *n*
Reißwolle *f* / reclaimed wool, recovered wool, teased wool, shoddy wool, regenerated wool, softs *pl* || ² **als Füll- und Vliesmaterial** / recovered wool for fillings and waddings || ² **aus getragenen Wollabgängen** / re-used wool || ² **aus Neuware** / reprocessed wool (US) || ² **aus verfilztem Material** / mungo *n*
Reißwoll·garn *n* / recovered wool yarn, reprocessed wool yarn || ²**material** *n* / regenerated wool, shoddy wool, softs *pl*
Reiß·zange *f* / detaching nippers || ²**zellwolle** *f* / reclaimed rayon staple || ²**zug** *m* / stretch-broken top (from stretch-breaking machine)
Reit·anzug *m*, Reitdreß *m* / habit *n* (riding) || ²**cord** *m* / Bedford cord
Reiter *m* (Web) / glider *n*, heald rod hook (harness)
Reit·hose *f* / [riding] breeches *pl* || **an Wade und Knöchel eng anliegende** ²**hose** / jodhpurs *pl* || ²**jacke** *f* / hacking jacket || ²**kleid** *n*, Reitkostüm *n* / riding habit || ²**rock** *m* / riding coat || ²**spindel** *f* / areometer *n*, hydrometer *n*
reizen *v* / irritate *v*
Reiz·mittel *n*, Reizstoff *m* / irritant *n* || ²**wäsche** *f* / glamourwear *n*
relativ·e Absättigung (Färb) / relative saturation value, satrel || ~**e Fasersummenzahl** (Färb) / relative saturation value of the fibre || ~**e Feuchte**, relative Feuchtigkeit / relative humidity, R.H. || ~**e Feuchtigkeit des Lösemittels** / solvent relative humidity (SRH, dry cleaning) || ~**e Luftfeuchtigkeit** / relative humidity, R.H. || ~**e Molekülmasse** / molecular weight || ~**e Naßfestigkeit** / relative wet strength, tenacity wet in percent of dry (fibres) || ~**e Poldichte** (Web) / pile fibre volume ratio || ~**er Sättigungswert eines Farbstoffs** / relative saturation value of a dyestuff || ~**e Schlingenfestigkeit in Prozent der absoluten Festigkeit** (Strick/Wirk) / relative loop tenacity in per cent of absolute tenacity
Relaxations·krumpfen *n* (Gew) / relaxation shrinkage || ²**maß** *n* / Relaxed Measurement (i.e. measurement taken after relaxation), RM || ²**schrumpf** *m* (Gew) / relaxation shrinkage || ²**verhalten** *n* (Gew) / relaxation property
Relaxeinheit *f* (Stoffvorbehandlung) / Relax unit
Relaxieren *n* (Fil) / relaxation *n*
Relief *n* / contrast *n*, embossed pattern, embossed design
Reliefdruck *m* / surface printing, embossed print[ing] || ² (Siebdr) / relief print || ²**maschine** *f* / embossed printing machine || ²**walze** *f* / surface-printing roller
Relief·effekt *m* / embossing effect || ²**florteppich** *m* / sculptured pile carpet || ²**florware** *f* / sculptured pile fabric || ~**gemusterte Ware** / relief designed fabric || ²**gewebe** *n* / tissue in relief || ²**maschenware** *f* / blister stitch fabric || ²**muster** *n* / relief design, raised pattern || ²**streifen** *m pl* / raised stripes || ²**walze** *f* / embossing roller || ²-**Walzendruckmaschine** *f* / surface-printing machine || ²**ware** *f* / raised pattern fabric, relief designed fabric
relustrieren *v* / relustre *v* || ² *n* / relustring *n*
Rembrandthut *m* / picture hat
Remetafaser *f* / remeta fibre (strong, white bast fibre obtained from the Lasiosiphon eriocephalus plant in India)
Remission *f* (Kol) / reflectance *n*
Remissions·grad *m* (Kol) / luminance factor, reflectance *n* || ²**kurve** *f* / reflectance curve || ²**maximum** *n* / maximum of reflectance, reflectance maximum || ²**messung** *f* / reflectance measurement || ²**verhalten** *n* (Kol) / reflectance *n* || ²**werte** *m pl* / reflectance data
Rendement *n* / yield *n*
Rendementsberechnung *f* (Färb) / calculation of yield
Renforcé *m n* (hochwertiges Baumwollgewebe für Wäsche) / renforcé *n*, strong plain-weave cotton fabric || ²**band** *n* / strong taffeta ribbon || ²**gewebe** *n* (Mittelqualität der drei Nesselarten) / renforcé, strong plain-weave cotton fabric
Repassier·apparat *m* (allg) / machine for inspection and repair || ²**apparat** (Strick/Wirk) / mending apparatus || ²**bad** *n* (Seide) / second boiling-off bath, second boiling-off liquor || ²**becher** *m* (Strick/Wirk) / mending cup
repassieren *v* (Strick/Wirk) / inspect and lift ladders || ~ / perch *v* (cloth examination), mend *v* || ~ (Näh) / trim *v* || ~ (Seide) / boil off a second time || ² *n* (Tuchh) / inspecting and mending, removal of flaws
Repassier·maschine *f* / ladder lifting machine, perch *n* || ²**nadel** *f* (Strickmasch) / mending needle || ²**nadel** (Strumpf) / Stelos point || ²**tisch** *m* / perching table
Repetiermaschine *f* (Textdr) / repeating machine
Repolymerisation *f* / re-cure *n*
repolymerisieren *v* / re-cure *v*
Reprise *f*, Feuchtigkeitsaufnahme *f* im Normklima / standard moisture regain
Reproduzierbarkeit *f* (Textdr) / reproducibility *n*, repeatability of pattern || ² (Färb) / shade duplication
Reps *m* / ribbed fabric, rib weave fabric, rep *n*
Requet *m* (gebleichte Leinwand für Bettbezüge) / requet *n* (Fr)
Rere-Faser *f* / rere fibre (fine, white bast fibre of the Cypholophus macrocephalus plant)
Reseda *f* / mignonette *n* || ~**grün** *adj* / mignonette *adj*, mignonette-green *adj* || ~**grün** *adj* (RAL 6011) / reseda green *adj*
Reservage·artikel *m* / resist style, reserve style || ²**druck** *m* / resist [print], reserve [print] || ²**druckverfahren** *n* / resist printing || ²**papp** *m* (Textdr) / resist paste, resist[ing] agent, reserving agent
Reserve *f* / resist [print], reserve [print] || ² (Mittel) (Textdr) / resist[ing] agent, reserving agent || ²**artikel** *m* / resist style, reserve style || ²**direktschwarz** *n* / direct reserve black
Reservedruck *m* / resist printing, resist [print], reserve [print] || ²**artikel** *m pl* / resist printed goods, resist style, reserve style || ²**verfahren** *n* / resist printing || **nach dem** ²**verfahren hergestellter Artikel** / resist style, reserve style
Reserve·-Effekt *m* / resist effect || ²**einrichtung** *f* (Einrichtung zum Bilden einer Fadenreserve) (DIN 62520) / bunch builder (warping) || ²**exzenter** *m* (Strick/Wirk) / reserve cam || ²**faden** *m* / spare thread, extra end || ²**farbstoff** *m* / resist dyestuff || ²**färbung** *f* / reserve dyeing, resist dyeing || ²**kragen** *m* / spare collar || ²**mittel** *n* (Textdr) / resist[ing] agent, reserving agent || ²**nadel** *f* (Strick/Wirk) / reserve needle || ²**salz** *n* /

reserve salt, resist salt || **˜spule** *f* / spare bobbin || **˜weiß** *n* / resist white || **˜wirkung** *f* / effect of a resist
Reservierbarkeit *f*(Textdr) / resistibility *v*
Reservieren *n* **von Effekten** (Textdr) / resisting of effects
reservierende Wirkung / resist effect
Reservierhilfsmittel *n*(Textdr) / resist[ing] agent, reserving agent
reservierte Stellen *f pl* / resist printed areas
Reservierung *f* **von Fasern** / resist treatment of fibres
Reservierungs·mittel *n*(Textdr) / resist[ing] agent, reserving agent || **˜paste** *f* / resist paste || **˜verfahren** *n* / resist method || **˜vermögen** *n* / resisting power
Reservierwirkung *f* / resist effect
Resinat *n* (Harzseife oder Harzester) / resinate *n*
Resinoid *n* / resinoid *n*
Resinosäure *f* / resin acid
Resistenz *f* / resistance *n*
resistiert behandeltes Garn / resist-dyed yarn
Resorcin *n* / resorcin *n* || **˜blau** *n* / resorcin blue, lacmoid *n*, lackmoid *n* || **˜gelb** *n*(Färb) / resorcin yellow, chrysoine *n*, tropaeolin O || **˜verfahren** *n* / resorcin method
Resorption *f* / resorption *n*
Rest *m* / residue *n* || **˜** (Chem) / radical *n* || **˜e** *m pl*, Überbleibsel *n pl* / oddments *pl* || **˜** *m* (innerstes Ende eines Tuchstücks) (Tuch) / fag end || **˜bad** *n* (Färb) / residual liquor || **˜dehnung** *f*(Fil) / residual elongation, residual stretch || **˜dehnungspunkt** *m* (Matpr) / available stretch point || **˜faden** *m* / remaining thread || **˜festigkeit** *f*(Beschicht) / residual tenacity || **˜festigkeit** (Garn) / residual strength, residual tenacity || **˜fettgehalt** *m* / residual fat content || **˜feuchte** *f*, Restfeuchtigkeit *f* / residual moisture || **˜feuchtigkeitsgehalt** *m* / residual moisture content || **˜flotte** *f*(Färb) / residual liquor, exhausted bath || **˜härte** *f* (Beschicht) / residual hardness || **˜kalkseife** *f* / residual lime soap || **˜krumpfung** *f* / residual shrinkage || **˜krumpfung nach dem Kochen** / residual shrinkage on boiling || **˜krumpfwert** *m* / residual shrink value || **˜lauge** *f*(Färb) / residual liquor, waste liquor, waste lye || **˜reißfestigkeit** *f* / residual tenacity (yarn) || **˜schmutz** *m* / soil residue || **˜spannung** *f*(Gew) / residual stress || **˜wollfettgehalt** *m* / residual grease content of wool
Retarder *m* / retardant *n*, retarder *n*
retardieren *v* / retard *v*
Retardierung *f* / retarding action
Retardierungs·dauer *f* / retarding action || **˜mittel** *n* / retardant *n*, retarder *n* || **˜wirkung** *f* / retarding action
Retention *f* / retention *n*
Retikül *m n* / reticule *n*
Retoure *f* / reject *n*
Rettungs·jacke *f* / life-jacket *n*, Mae West || **˜tuch** *n* / jumping sheet || **˜weste** *f* / air jacket
Revennes *n* (französisches Segelleinen aus Baumwolle und Jute) / revennes (Fr)
Revers *n* / lapel *n*, revers *n* (flap turned back to show a facing), sewn welt, facing *n*
Reverse-Roll-Coater *m*(Beschicht) / reverse roll coater
reversibel *adj* / reversible *adj* || **reversible Dehnung** / reversible elongation || **reversible Hydrolyse** / reversible hydrolysis || **reversibler Umschlag bei Belichtung** (Färb) / phototropism *n*
Reversible *m*, Réversible *m* / reversible *n*, double-face[d] fabric || **˜** *n* (Mode) / double-face coat
Reverskragen *m* / lapel collar
Revolver·lade *f*(Web) / circular box, revolving box || **˜ladenwechselwebmaschine** *f*, Revolverladenwechselwebstuhl *m* / circular box loom, revolving box loom || **˜magazin** *n*(Web) / circular battery || **˜presse** *f* / roller press, cylinder press, rotary [cloth] press || **˜schlichtmaschine** *f* (Web) / circular sizing machine, revolver sizing machine || **˜schützenkasten** *m*(Web) / circular shuttle box, circular box, revolving shuttle box, revolving box || **˜stuhl** *m* / circular box loom, revolving box loom || **˜trommel** *f*(Web) / circular change battery, circular box, revolving pirn change battery, revolving box || **˜-Überspringerwebmaschine** *f* / loom with circular skip battery || **˜webmaschine** *f* / loom with circular battery, circular box loom, revolving box loom || **˜webstuhl** *m* / barrel loom || **˜wechsel** *m* / revolving box motion || **˜wechselwebstuhl** *m* / circular box loom, revolving box loom
Reyon *m n* (Viskose-Kunstseide) (seit 1950 Bezeichnung für Chemie-Endlosgarne, nach dem Viskose-Verfahren hergestellt, bis 29.7.1976) / rayon *n* (manmade textile fibres and filaments of regenerated cellulose), Rn, viscose filament, spun rayon || **˜garn** *n* / viscose filament yarn, rayon yarn, viscose rayon filament yarn, manmade filament yarn || **˜satin** *m* / rayon satin, viscose filament satin || **˜zellstoff** *m* / rayon pulp
Rezept *n*(Färb) / recipe *n* || **ein ˜ aufstellen** (Färb) / set up a recipe, formulate *v* || **˜berechnung** *f*, Rezepturberechnung *f* / recipe calculation
r.F., relative Feuchtigkeit, relative Feuchte / relative humidity, R.H.
Rf-Wert *m*, rf-Wert *m* (Rückhaltefaktor) (Chrom) / Rf value
Rhadamé *m* (Futterstoff mit starken, diagonal verlaufenden Rippen) / rhadamé *n* (fine set silk dress cloth, woven in a twill weave and finished with a glossy face) || **˜bindung** *f* / rhadamé weave
Rhamnazin *n*(Färb) / rhamnazin *n*
Rheafaser *f* / ramie fibre, China grass fibre, cambric grass fibre, caloee fibre
Rheumadecke *f* / health blanket
Rhodamin *n* / rhodamine *n*
Rhodan·calcium-Lösungsprobe *f* / calcium thiocyanate solution test || **˜chrom** *n* / chromium thiocyanate
Rhodanid·lösung *f* / sulphocyanide solution || **˜verfahren** *n* / sulphocyanide process
rhombenförmig *adj* / lozenge-shaped *adj* || **~ gemusterte Leinwand** / diaper linen
Rhombenmuster *n* / rhombic design, diaper *n*, diamond pattern
rhombisch·er Grund / diamond ground || **~es Muster** / Argyle [pattern] *n*
Rhombus *m* / lozenge *n* || **˜wicklung** *f* / diamond winding
rH-Wert *m* (Redoxpotential) / rH-value *n*
ribben *v* / dress *v* (flax)
Richelieu-Durchbrucharbeit *f*, Richelieu-Stickerei *f* / Richelieu guipure
richten *v* / straighten *v* || **˜** *n* **von Platinen mit Flachzange** / pliering *n* || **˜ von Schußverzügen** / straightening of weft distortions, weft

straightening
Richt·rezeptur *f*(Färb) / guide recipe, guide formulation, standard formulation || **≈typtiefe** *f*, RTT / standard depth [of shade], STD
Richtung *f* / direction *n* || **≈** (des Kettfadens) (Web) / way *n*
Ridikül *m n* / reticule *n*
riefen *v*(Strick/Wirk) / corrugate *n*, spline *v*
Riegel *m*(Näh) / bartack *n* || **≈automat** *m*(Näh) / automatic bartacker || **≈fäden** *m pl* / bars *pl*(in lace) || **≈kasten** *m* / shogging box (raschel knitting) || **≈masche** *f*(Strick/Wirk) / coiled loop || **≈muster** *n* / welt stitch design || **≈mustergewebe** *n* / welt stitch fabric || **≈musterware** *f* / welt stitch fabrics *pl* || **≈naht** *f* / bar tack || **≈schloß** *n* **für die Nadelübergabe** / transfer bolt cam
Riemchen *n*(Spinn) / apron *n*, leather tape || **≈ des Streckwerks** (DIN 64050) / apron of drafting arrangement || **≈breite** *f* / tape width (card) || **≈florteiler** *m*(Spinn) / tape condenser, tape divider || **≈käfig** *m*(Spinn) / apron cage, cradle *n*(drawing system), top apron cradle || **≈käfig des Streckwerks** (DIN 64050) / cage of drafting arrangement || **≈oberwalze** *f* **des Streckwerks** (DIN 64050) / apron top roller of drafting arrangement || **≈spannbügel** *m* **des Streckwerks** (DIN 64050) / apron tension bracket of drafting arrangement || **≈spannrolle** *f* **des Streckwerks** (DIN 64050) / apron tension roller of drafting arrangement || **≈spannwalze** *f*(Spinn) / apron tension roller, tape tension roll[er] || **≈streckwerk** *n*(Spinn) / apron drafting system, apron drawing mechanism, tape drawing mechanism || **≈unterwalze** *f* **des Streckwerks** (DIN 64050) / bottom apron roller of drafting arrangement
Riemen *m* / belt *n*, strap *n* || **≈ausrücker** *m* / belt shipper || **≈duck** *m* / belting [cotton] duck, chafer fabric, bead fabric || **≈gabel** *f* / belt shipper || **≈schlupf** *m* / belt slippage || **≈stoff** *m* / belt webbing, binder fabric, belting stuff
riesel·fähiges Pulver / free flowing powder || **≈fähigkeit** *f* / pourability *n*(powder) || **≈fähigkeit** (Flock) / siftability *n*
Rieselung *f*(Glasfasern) / flow behaviour
Riesen·hanf *m*(Cannabis sativa var. chinensis) / China hemp || **≈-Kops** *m* / jumbo cop
Riet *n*(Web) / reed *n*, caam *n*, weaver's reed, [weaver's] comb, weaving reed || **ins ≈ bringen** (Web) / reed *v* || **≈anschlag** *m* / reed beat-up || **≈bank** *f* / sley batten || **≈blatt** *n*(Web) / weaver's reed, reed *n*, [weaver's] comb, weaving reed, caam *n* || **≈blatt mit Stahlstäben** / reed with steel dents || **≈blei** *n* / reed lead || **≈breite** *f* / reed space, reed width, width of reed || **≈draht** *m* / reed wire || **≈einstellung** *f*, Rieteinziehen *n*, Rieteinzug *m* (Web) / reeding *n*, reed fill, reed drawing-in || **≈einzugfehler** *m*(Web) / misreed *n* || **≈fehler** *m pl* (Web) / reed marks *pl*(defect), reed rake (defect), reediness (defect) *n* || **≈herstellungsmaschine** *f* / reed making machine || **≈köper** *m* / reeded twill || **≈machen** *n* / reed making || **≈messer** *n*(Web) / reed blade, dent hook, reed dent, reed hook, reeding hook, sley hook || **≈stab** *m*(Web) / dent *n* || **≈stäbe je Zoll** *m pl* / Radcliffe reed counts || **≈stechen** *n* (Web) / reeding *n*, reed fill, reed drawing-in || **≈stecherhaken** *m* / reed hook, reed blade, reed dent, reeding hook || **≈streifen** *m pl*(Fehler) (Web) / reed marks *pl*(defect), reed rake (defect), reediness (defect) *n* || **~streifige Ware** / reed-marked fabric, reedy fabric || **≈zahl** *f* / reed number || **≈zahn** *m* / reed dent
Riffel *f* / flax ripple, ripple *n*, ripple comb || **≈abfall** *m* / ripple waste || **≈baum** *m*, Riffelwalze *f*(Web) / grooved beam, fluted roller || **≈bock** *m* / rippling bench || **≈gravur** *f* / fluted embossing || **≈kalander** *m*(DIN 64990) / Schreiner calender, riffle calender || **≈kamm** *m* / flax ripple, ripple *n*, ripple comb || **≈muster** *n* / network design, ridge design
riffeln *v* / ripple *v*(flax)
Riffel·walze *f* / fluted roll[er], grooved roller, chilled roller, channelled roller || **≈zylinder** *m*(Spinn) / fluted roll[er] (drawing frame)
Rille *f*(allg) / groove *n* || **≈n** *f pl* **in der Druckwalze** (Textdr) / hatching grooves
Rillen·samt *m*(Gew) / cord *n*, corduroy *n*, rib velvet, cord velvet || **≈walze** *f* / grooved roller, grooved cylinder, fluted roller
Rinde *f* / bark *n*
Rinden·bast *m* / bark bast || **≈faser** *f* / cortical fibre || **≈gewebe** *n* / cortical tissue || **≈schicht** *f* / cortical layer
Rinderhaar *n*(DIN 60001) / cow hair, cattle hair
rindig *adj* / barky *adj*
Ring *m*(Chem) / cyclic compound, closed chain, cycle *n*, ring *n* || **≈e und Dübel** *m pl*(Tepp) / rings and studs || **≈abreißmethode** *f* **zur Bestimmung der Oberflächenspannung** (Matpr) / ring method for measuring the surface tension || **≈aufziehmaschine** *f*(Spinn) / ring applying machine
Ringbank *f*(Spinn) / ring rail || **≈absenkung** *f*(Spinn) / ring rail descent || **≈bewegung** *f*(Spinn) / ring rail motion, ring rail traverse || **≈träger** *m*(Spinn) / ring rail holder
Ring·beschichtungsverfahren *n* / circular coating technique || **≈drossel** *f* / water [spinning] frame || **≈düse** *f*(Fil) / ring nozzle || **≈düse** (Spinn) / tubular die
Ringel *m pl* / horizontal stripes, hoops *pl* || **≈apparat** *m*(Strick/Wirk) / striping attachment, thread carrier, yarn striper, yarn changer, yarn box || **≈apparat mit zwei Fadenführern** (Strick/Wirk) / two-colour striping attachment, two-feeder striper || **≈bildung** *f*(Strick/Wirk) / ringing *n* || **≈einrichtung** *f*(Strick/Wirk) / striping attachment, yarn striper, yarn changer || **≈ferse** *f* / striped heel || **~frei** *adj*(Strumpf) / ringless *adj* || **≈frei-Vorrichtung** *f*(Strick/Wirk) / ringless attachment, alternating three carrier attachment || **≈garn** *n* / loop yarn
ringelig aufgerollter Rohseidenfaden / raw silk rings *pl*
Ringeligkeit *f*(Strick/Wirk) / hooped pattern, striping *n*
Ringel·kette *f*(Strick/Wirk) / chain for horizontal stripes || **≈klette** *f* / round burr, spiral burr || **≈matte** *f* / swirl mat || **≈muster** *n*(Strick/Wirk) / hooped pattern, horizontal stripe pattern || **≈mustermaschine** *f* **mit Einschließplatinen** / sinker top pattern knitting machine with striper
ringeln *v*(Strick/Wirk) / stripe *v* || **≈** *n*(Strick/Wirk) / striping *n*, stripe[d] pattern
Ringelplatine *f*(Strick/Wirk) / striping sinker
Ringelung *f*, Ringelmuster *n* Strick/Wirk) / horizontal stripe pattern, hooped pattern
Ringel·ware *f*(Strick/Wirk) / striped goods *pl* || **≈zwirn** *m* / loop yarn
Ring·färbung *f* / ring dyeing || **≈florteiler** *m* / ring

condenser || ²**flügel** *m* (Spinn) / ring flyer || ~**förmiger Kuchen** / annular cake (in spinning pot) || ~**förmige Verbindung** / cyclic compound || ²**garn** *n* / ring-spun yarn || ~**gefärbtes Material** / ring-dyed material || ²**gespinste** *n pl* / ring-spun yarns *pl* || ²**kurvenscheibensatz** *m* / ring cam set
Ringläufer *m* (DIN 63800) (Spinn) / ring traveller, urchin *n* (US), traveller *n* || ² **für Spinn- und Zwirnringe** (DIN 63800) / traveller for spinning and doubling rings || ² **für Spinnringe** (DIN 63800) / traveller for spinning rings || ² **für Zwirnringe** (DIN 63800) / traveller for doubling rings || ²**erhitzung** *f* / traveller heating || ²**fett** *n* / traveller grease || ²**form** *f* / traveller section (card) || ²**führung** *f* / traveller guide || ²**geschwindigkeit** *f* / traveller speed || ²**gewicht** *n* / traveller weight || ²**reibung** *f* / traveller friction || ²**schwirren** *n* / traveller chatter
ringless *adj* (Strumpf) / ringless *adj* || ²**-Apparat** *m*, Ringless-Vorrichtung (Strick/Wirk) / ringless attachment, three-carrier alternating attachment, alternating three carrier attachment
ringlige Färbung / ring dyeing
Ringligkeit *f* / barriness *n*, ring dyeing, barréness *n*, barry marks *pl*
Ringligkeitsmaß *n* / barriness scale
Ring·rakel *f* (Beschicht) / circular doctor blade, ring-shaped doctor blade || ²**schiene** *f* (Spinn) / ring rail || ²**schienenabsenkung** *f* (Spinn) / ring rail descent || ²**schienenbewegung** *f* (Spinn) / ring rail motion, ring rail traverse || ²**schienenträger** *m* (Spinn) / ring rail holder || ²**schiff** *n* (Näh) / beak shuttle || ²**schiffchen-Nähmaschine** *f* / ring-bobbin sewing machine || ²**schützen** *m* (Web) / circular moving shuttle || ²**spannerzusammenstellung** *f* / ring tension bar assembly
Ringspindel *f* (DIN 64039) / ring spindle, ring and runner, ring and traveller || ² **mit Aufsatz für Ketthülse** (DIN 64045) / ring spindle with plug for warp tube || ² **mit Hülsenkupplung** / ring spindle with tube coupling || ² **mit Rollenlager** (DIN 64040) / ring spindle with roller bearing
Ringspinnen *n*, Ringspinnerei *f* / ring spinning, frame spinning
Ringspinnereiabfall *m* / ring waste
Ringspinn·garn *n*, Ringspinnergarn *n* / ring-spun yarn || ²**kettgarn** *n* / ring warp yarn || ²**kettgarncops** *m*, Ringspinnkettgarnkötzer *m* / ring warp cop || ²**kops** *m* / ring spinning and twisting cop || ²**maschine** *f* (Spinn) / throstle *n*, ring frame, ring spinner, ring spinning frame, ring spinning machine || ²**maschine mit Wanderring** / living ring spinning machine || ²**maschinenspule** *f* / ring bobbin || ²**maschinenstreckwerk** *n* / ring spinning frame drafting device, ring frame drafting system || ²**verfahren** *n* / ring spinning method
Ring·spitze *f* (Strumpf) / ring toe || ²**spule** *f* (Web) / ring pirn || ²**verbindung** *f* / cyclic compound || ²**zwirnen** *n* / ring doubling and twisting || ²**zwirnerei** *f* / downtwisting *n* (of yarn) || ²**zwirnkops** *m* (DIN 61800) / ring spinning and twisting cop
Ringzwirnmaschine (DIN 63950) *f* (Spinn) / ring twister, ring twisting frame, ring doubling machine || ² *f* / cap yarn twisting frame, downtwister *n* || ² **für Seiden- und Viskosefilamentgarn** / double twister
Rinmanns Grün *n* / cobalt green
Rinnennadel *f* (Strick/Wirk) / compound needle, grooved needle
Ripp·abschlagschloß *n* (Strick/Wirk) / rib clearing cam || ²**abzugsschloß** *n* / rib stitch cam || ²**-Auswahlhebel** *m* (Strick/Wirk) / rib selector lever
Rippchenfang *m* (Strick/Wirk) / French rack
Rippe *f* **eines Gewebes** / rib *n*, wale *n*, waling *n*
rippen *v* / rib *v* || ²**effekt** *m* / rep effect, cord effect || ²**gestrick** *n*, Rippengewebe *n* (Strick/Wirk) / rib fabric, rib stitch goods, plain rib goods, rib knit || ²**höhe** *f* / depth of beaters || ²**kette** *f* (Strick/Wirk) / rib warp || ²**köper** *m* / rib twill || ²**kord** *m* (Gew) / cord *n*, corduroy *n*, rip velvet, cord velvet || ²**muster** *n* / ribbed pattern || ²**pulli** *m* (Mode) / skinny rib || ²**randware** *f* / knitted length garment || ²**samt** *m* / cannele cord, corded velvet, cord *n*, corduroy *n*, rip velvet, cord velvet || ²**socke** *f* / ribbed sock || ²**stich** *m* (Strick/Wirk) / rib stitch || ²**stich** (Karde) / rib set || ²**strickpullover** *m* **mit Schildkrötkragen** (Mode) / rib turtle neck pullover || ²**strickware** *f* (Strick/Wirk) / rib fabric, rib stitch goods, plain rib goods, rib knit || ²**velvetine** *f* / ribbed velveteen || ²**ware** *f* (Strick/Wirk) / rib fabric, rib stitch goods, plain rib goods, rib knit
Ripper *m* (Strick/Wirk) / rib dial needle
Ripp·gestrick *n*, Rippgewebe *n* (Strick/Wirk) / rib fabric, rib stitch goods, plain rib goods, rib knit || ²**-Klein-Rundstrickmaschine** *f* / small diameter rib circular knitting machine || ²**köper** *m* / rib twill || ²**masche** *f* (Strick/Wirk) / rib stitch || ²**maschenware** *f* (Strick/Wirk) / rib fabric, rib stitch goods, plain rib goods, rib knit || ²**maschine** *f* (Strick/Wirk) / rib knitting machine, rib machine (having two sets of needles), rib frame, ribbing machine || ²**nadel** *f* (Strick/Wirk) / dial needle, rib dial needle || ²**rand** *m* (Strick/Wirk) / rib selvedge, rib cuff, rib border, ribbed border || ²**randübertragung** *f* (Strick/Wirk) / rib transfer || ²**rundstrickmaschine** *f* (Strick/Wirk) / circular rib [knitting] machine || ²**scheibe** *f* **der Rundstrickmaschine** / circular knitting machine dial || ²**scheibe der Wirkmaschine** / dial *n* (in knitting machine) || ²**scheibennadel** *f* (Strick/Wirk) / rib dial needle || ²**schloß** *n* (Strick/Wirk) / dial cam || ²**schloßscheibe** *f* (Strick/Wirk) / dial cam plate, dial plate || ²**schuß** *m* (Strick/Wirk) / rib pick || ²**stellung** *f* / rib gating || ²**stich** *m* (Strick/Wirk) / dial stitch, rib stitch || ²**strumpfapparat** *m* (Strick/Wirk) / rib hose machine || ²**ware** *f* (Strick/Wirk) / rib fabric, rib stitch goods, plain rib goods, rib knit
Rips *m* (gerippter Stoff) / ribbed fabric, rib weave fabric, rep *n* || ² **mit abwechselnder Kettspannung** / tension rep || ²**band** *n* / rep ribbon || ²**barré** *m* / rep barré || ²**bindung** *f* / rep weave, rib weave || ²**effekt** *m* / rep effect || ²**gewebe** *n* / rep cloth || ²**gurtband** *n* / petersham belting || ²**köper** *m* / rib twill || ²**muster** *n* / ribbed pattern || ²**papillon** *m* / papilion rep || ²**plüsch** *m* / corded plush, ribbed plush || ²**-Soleil** *m* (Web) / soleil *n* (satin-faced fabric of silk or rayon with fine line or stripe effect in the warp direction) || ²**velours** *m* (Gew) / cord *n*, corduroy *n*, rip velvet, cord velvet || ²**velvetine** *f* / ribbed velveteen
Risolettband *n* / ribbon of floss silk
Rispeblatt *n* / lease reed
Rispengras *n* / dab grass
Rispeschiene *f* (Web) / leasing rod
Rispe[n]schnur *f* (Web) / lease band, lease cord, leasing band, marking band

Rispestab *m* (Web) / lease rod, leasing rod

Riß *m* (Defekt) / break *n*, split *n*, crack *n*, burst *n*, breakage *n* || ≃ **im Beschichtungsfilm** (Beschicht) / crack *n* || ≃**anfälligkeit** *f* / susceptibility to tearing || ≃**beständigkeit** *f* / tear strength || ≃**bildung** *f* (Beschicht) / cracking *n* || **für** ≃**bildung anfällig** / sensitive to crack growth

rissig *adj* (Beschicht) / crazed *adj*, fissured *adj* || ~**er Ausfall** / skittery appearance || ~**er Stoff** / cracked fabric || ~ **werden** (Beschicht) / crack *v*, craze *v*

Rissigkeit *f* (Beschicht) / crackiness *n*

Rissigwerden *n* (Beschicht) / cracking *n*

Ristbarre *f* (Strumpf, Strick/Wirk) / instep bar

Ristenmaschine *f* / filling machine

Ristteil *m* (Strumpf, Strick/Wirk) / instep *n*

rittersspornblau *adj* (Kol) / delphinium blue *adj*

ritzen *v* / scratch *v* || ≃ *n* / ploughing *n*, scratching *n*

Ritznadel *f* / velvet pile wire

Rizinus·öl *n* / castor oil || ≃**ölseife** *f* / ricinoleic acid soap, castor oil soap || ≃**spinner** *m* / attacus ricini

Rkm s. Reißkilometer

RL-Gestrick *n*, Rechts-Links-Ware *f*, RL-Ware *f* (Strick/Wirk) / plain fabric, plain knit goods *pl*, plain jersey

Robbenplüsch *m* (Seehundfellimitation aus Seidenplüsch) / seal[skin] plush

Robe *f* / gown *n*, robe *n*, attire *n*

Roccelin *n* / orseillin *n*

Rock *m* (weibl., von der Hüfte bis an oder über das Knie reichendes Oberbekleidungsstück) / skirt *n* || ≃ (männl. Oberbekleidungsstück), Jacke *f*, Mantel *m* / coat *n* || ≃ **mit durchgehender Knopfleiste** / button-through skirt || **unten ausgestellter** ≃ / low flare skirt || ≃**aufschlag** *m* / facing *n*, lapel *n*, revers *n* (lapel of a coat) || ≃**bahn** *f* (Handschuh) / gore *n* || ≃**borte** *f* / brush binding, skirt trimming, skirt braid || ≃**bund** *m* / waistband *n* (of skirt) || ≃**futter** *n* / coat lining, jacket lining || ≃**kragen** *m* / coat collar, jacket collar || ≃**längenmeßgerät** *n* / skirt gauge || ≃**sattel** *m* / yoke of skirt || ≃**schlitz** *m* / skirt placket || ≃**schoß** *m* / coat tail, coating tail, tail *n* || ≃**stoff** *m* / skirting *n* || ≃**tasche** *f* / skirt pocket || ≃**tasche** / coat pocket || ≃**überwurf** *m* (Mode) / tunic *n*

Rodlermütze *f* / toboggan cap

Rodney-Hunt-Tränkeinrichtung *f* / Rodney Hunt saturator

roh *adj* / unbleached *adj*, untreated *adj* || ~**e Baumwolle** / raw cotton, natural cotton, cotton wool (US) || ~**es Baumwollgewebe** (Gew) / sheeting *n* || ~**es Garn** / unbleached yarn, yarn in the grey, untreated yarn || ~**e Seide** / raw silk, ecru silk, unboiled silk, unscoured silk || ~**es Webgut**, rohe Webwaren *f pl* / woven goods in loom state || ~**es Wollfett** / Yorkshire grease || ≃**baumwolle** *f* / raw cotton, grey cotton, loose cotton stock, cotton wool (US) || **entkörnte** ≃**baumwolle** / lint *n* || ≃**baumwollgarn** *n* / raw cotton yarn || ≃**breite** *f* (Tuch) / grey width, width in the raw state, greige width, width in the grey || ≃**dichte** *f* / bulk density || ≃**faser** *f* / raw fibre || ≃**fasern** *f pl* / raw stock, bulk stock || ≃**fixieren** *n* / heat-setting in loomstate || ≃**flachs** *m* / raw flax || ≃**garn** *n* / greige yarn, yarn in the grey, untreated yarn, unbleached yarn, raw yarn, grey yarn || ≃**garndrehung** *f* / twist of raw yarn || ≃**gewebe** *n* / grey cloth, grey goods *pl*, greige goods *pl*, unbleached fabric, grey fabric, loomstate fabric || ≃**gewebe** (Tepp) / greycloth *n* || ≃**hanf** *m* / raw hemp || ≃**jute** *f* / raw jute, undressed jute || ≃**jutegarn** *n* / green yarn (undressed jute yarn) || ≃**leinen** *n* / unbleached linen || ≃**leinenband** *n* / filleting *n*

Rohling *m* / blank *n* || ≃ (Strumpf) / greige stocking, stocking blank

Roh·maschenware *f* / grey knit goods *pl*, grey knitted fabric || ≃**maschenzahl** *f* / number of meshes in the grey || ≃**merzerisation** *f* / mercerization in the grey, mercerizing in the grey || ~**merzerisiert** *adj* / grey mercerized || ≃**nessel** *m* / grey cotton cloth || ≃**pigment** *n* / raw pigment

Rohr *n* (Web) / caam *n*

Röhrchenmaschine *f* / tube loom

Röhren·gestell *n* (Tepp) / tube frame || ≃**nadel** *f* (Strick/Wirk) / pipe needle, tubular needle, tubular compound needle || ≃**schnitt** *m* (Mode) / tube look

Rohröffnung *f* (Abstand zwischen den Rietstäben) (Web) / space between the dents, split between the dents

Rohrpalmenfaser *f* / rattan fibre

Rohr·streifen *m* (Web) / dent bar || ≃**stück** *n* (Reißv) / sleeve *n*

Roh·schau *f* / inspection of untreated material, inspection of undyed material || ≃**seide** *f* / raw silk, ecru silk, unboiled silk, unscoured silk || ≃**seidenabfall** *m* / winder's waste || ≃**seidenfaden** *m* / raw silk yarn, ecru silk yarn, floss || ≃**stärke** *f* / crude starch || ≃**strecke** *f* / preparer gill box || ≃**stumpen** *m* (Hutm) / raw hat body || ≃**ton** *m* / natural shade || ≃**vlies** *n* / nonwoven base

Rohware *f* / grey cloth *pl*, unbleached fabric, untreated material, loomstate fabric, greige goods *pl* || ≃ (Tepp) / greycloth *n* || **als** ≃ / in the grey

Rohwaren·breite *f* (Tuch) / grey width, width in the raw state, width in the grey || ≃**gaufrage** *f* / goffering of the raw fabric || ≃**raum** *m* / grey room

rohweiß *adj* / natural white (of fibre), unbleached *adj*, undyed *adj*, raw white || **im Pol aufgearbeitete** ~**e Ware** / raised white raw material

Roh·wolf *m* (Spinn) / willow for greasy wool || ≃**wollaufleger** *m* / raw wool feeder

Rohwolle *f* / raw wool, wool in the suint, wool in the yolk, virgin wool, yolk wool, wool in the grease, unwashed wool, grease wool, wool [raw] stock

Rohwoll·fett *n* / wool wax || ≃**kehricht** *m* (Wolle) / greasy sweepings *pl* || ≃**öffner** *m* / raw wool opener || ≃**wäsche** *f* / washing of raw wool || ≃**waschmaschine** *f* / wool washing machine

Rohzustand *m* / grey state (of fabric)

Rolladen *m* / window blind, window curtain, window shade || ≃**köper** *m* / blind ticking

Rollan *m* / roll-on girdle

Rollbinde *f* / roll bandage

Röllchen *n* / cotton reel

Rolle *f* / roller *n*, cylinder *n* || ≃ **des Spulers** / bobbin winder pulley || **auf** ≃ **gewickelt** / in rolled-up condition

rollen *v*, mangeln *v* / mangle *v* || ≃ *n* **der Kanten**, Rollen *n* der Salleisten / rolling-up of selvedges, curling-up *n* || ≃**bad** (Färb) / roller bath || ≃**befeuchtungsmaschine** *f* / roll damper || ≃**breithalter** *m* (Web) / roller fabric spreader, roller temple

rollend·er Abzug / unrolling take-off || ~**e Leiste**, rollende Webkante / rolling selvedge, curling selvedge

Rollen·egreniermaschine *f* (Spinn) / roller gin || ≃**fadenbremse** *f* / roller thread brake || ≃**garn** *n* / reel cotton || ≃**handtuch** *n* / roller towel || ≃**karde** *f*

/ roller [and clearer] card || ²kardenrauhmaschine *f* / teasel raising machine, roller card raising machine || ²karte *f*(Web) / roll card, roller card, roll pattern device || ²krempel *f* / roller [and clearer] card || ²kufe *f*(Färb) / beck with rollers (GB), roller vat, back with rollers (US), roller tub, roller box, continuous piece-dyeing machine || ²lagerspindel *f* für Wagenspinnmaschine (DIN 64019) / roller bearing spindle for carded yarn mule || ²träger *m* am Kulierarm (Strick/Wirk) / drawbar *n*, pitman *n* || ²ware *f*(Tepp) / body *n*

Roller *m*(Web) / lapper *n*, cloth roller || **²krempel** *f* (Spinn) / worker and stripper card, roller and clearer card

Roll·faß *n* / tumbling barrel || **²faßmischer** *m* / tumbling barrel mixer || **²fuß** *m*(Näh) / roller presser || **²gangdämpfer** *m* / roller bed steamer || **²-, Glätt- und Friktionskalander** *m* / rolling, ironing and friction calender || **²handtuch** *n* / roller towel, jack towel || **²holz** *n* / rolling pin

Rollieren *n* / tumbling *n* (dry cleaning)

Rolling-Locker-Strickereimaschine *f* / rolling locker machine

Roll·kalander *m* / roll calender, rolling calender, swissing calender || **²kante** *f*(Gew) / curled edge, rolled-up selvedge || **²kantenbildung** *f* / forming rolled-up selvedges || **²karde** *f*(Bw-Spinn) / carding roller || **²kardenbeschlag** *m* / filleting card || **²kardenrauhmaschine** *f*(DIN 64990) / raising machine with revolving teasels, carding roller raising machine, teasel raising machine, [roller] teaseling machine

Rollkragen *m* / polo neck, roll collar || **²hemd** *n* / polo-neck[ed] shirt || **²pullover** *m* / polo-neck[ed] jumper, polo-neck[ed] pullover, polo-neck

Rollmaschine *f* / rolling machine

Rollo *n* / roller blind, window blind, window shade || **²köper** *m* / blind ticking || **²kordel** *f* / blind cord

Roll·pikiermaschine *f* / roll padder || **²rakel** *f* / revolving doctor, roll doctor, roll coater || **²rakel** (Siebdr) / roller squeegee || **²rakelstreichmaschine** *f* / metering-bar coater || **²rakelsystem** *n* / doctor roll system || **²rauhkarde** *f* / revolving teasel || **²saum** *m* / rolled hem || **²säumer** *m*(Näh) / foot for rolled hems, roll hemmer || **²spule** *f*(Web) / revolving bobbin || **²stabtrockner** *m* / festoon drier with rotating guide rollers, rotating roller drier || **~stuhlfest** *adj*(Tepp) / fast to castor chair wear, castor-resistant *adj*, wheelchair resistant || **²tuch** *n* / rolling blanket || **²vorhang** *m* / roller blind, window blind, window shade

Romain *m* / romain *n* (lining fabric in warp satin weave) (Fr)

römischer Krepp / crepe romaine

Romney-Marsh-Wolle *f* / Romney Marsh wool (demi-lustre wool from Kent)

Rongalit-Ätze *f* / Rongalite discharge || **²-Soda-Verfahren** *n* / Rongalite-soda process

Röntgenstrahl *m* / X-ray *n*

rosa *adj* / pink *adj*, rose *adj*[pink] || **²** *n* / carnation *n* || **²ätze** *f*(Färb) / pink discharge || **²färbung** *f* / pink colouration

Rosanilin *n* / aniline red, fuchsin[e] *n*, magenta *n* || **²chlorhydrat** *n* / fuchsin[e] *n*, magenta *n*

rosarot *adj* / pink *adj*, rose *adj*[pink] || **~ färben** (Färb) / rose *v*, dye pink

rosé *adj*(RAL 3017) / rosé *adj*

Rosellafaser *f*(aus Hibiscus sabdariffa), Rosellahanf *m* / Jamaica sorrel, rozelle hemp (strong, silky bast fibre, from the Hibiscus sabdariffa)

rosenrot *adj* / rose red *adj*

Rosenstiehls Grün *n* / Cassel green

Rosette *f* / rosette *n*

Rosettenmuster *n* / rosette pattern

Rosieren *n* / pink shading

Rosindulin *n*(Färb) / rosinduline *n*

Rößchen *n*, Rössel *n*(Strumpf) / slurcock *n* || **²kasten** *m*, Rösselkasten *m*(Strumpf) / slur cam box

Roßhaar *n* / horsehair *n* || **²einlagestoff** *m* / horsehair fabric lining || **²füllung** *f* **in Polstermöbeln** / horsehair stuffing in upholstery || **²futter** *n* / horsehair fabric lining || **²garn** *n* / horsehair yarn || **²gewebe** *n*, Roßhaarstoff *m* / horsehair cloth || **²spinnerei** *f* / horsehair spinning || **²webmaschine** *f* / horsehair weaving machine, horsehair loom

Rost *m* / grate *n* || **²beize** *f* / rust mordant || **~braun** *adj* / russet *adj*, rust-coloured *adj*

Röste *f* / flax retting, ret *n*, retting *n* || **² in fließendem Wasser** / river retting, stream retting

rösten *v*(Flachs, Hanf) / ret *v*, water *v*, steep *v* || **²** *n* / ret *n*, retting *n*, steeping *n*

rost·farben *adj* / rust-coloured *adj* || **~fleckig** *adj* / rust-stained *adj* || **~frei** *adj* / non-oxidizing *adj*, non-rusting || **~freie Stahlfaser** / stainless steel fibre || **²gelb** *n* / iron buff

röstreif *adj* / fully retted

rost·rot *adj* / rust red *adj* || **²schutzmittel** *n* / anti-rust compound || **²spinnaggregat** *n* / grid spinning unit || **²spinnen** *n* / grid spinning || **²stab** *m* / grid bar || **²trockner** *m* / grid drier, lattice drier || **²verhütungsmittel** *n* / anti-rust compound

rot *adj* / red *adj*, ruddy *adj* || **~er Blattrost** (der Baumwolle) / red leaf blight || **~es Bleioxid** / minium *n*, red lead || **~e Farbnuance** / red shade || **~er Farbton** / red shade || **~er Wollstoff** / cardinal cloth || **²er Ocker** / red ochre

Rotang·harz *n*(Färb) / dragon's blood [resin] || **²palmenfaser** *f* / rattan fibre

Rotations·druck *m* / rotary [press] printing, rotary printing, cylinder printing || **²druckautomat** *m* / automatic rotary screen printing machine || **²filmdruck** *m* / rotary screen printing || **²filmdruckmaschine** *f* / rotary screen printing machine || **²filmdruckverfahren** *n* / rotary screen printing method || **²schablone** *f*(Siebdr) / roller screen, rotary screen

Rotationssiebdruck *m* / rotary screen printing || **²automat** *m* / automatic rotary screen printing machine || **²maschine** *f* / rotary screen printing machine || **²verfahren** *n* / rotary screen printing method

Rotations·viskosimeter *n* / rotary viscometer || **²walkmaschine** *f* / rotary milling machine

Rot·ätze *f* / red discharge || **²beize** *f*(Färb) / red mordant, aluminium acetate mordant || **~braun** *adj* / sorrel *adj*, russet *adj*, rufous *adj*, reddish brown *adj* || **~braun** *adj*(RAL 8012) / red brown *adj*

Rötel *m* / ruddle *n* || **²druck** *m* / ruddle print

roterübenfarbig *adj* / beetroot purple *adj*

Rot·farbstoff *m* / red dyestuff || **~gelb** *adj* / reddish yellow *adj* || **~gold** *adj* / reddish golden *adj* || **~grau** *adj* / roan *adj* || **²/Grün-Test** *m* / red/green test (cotton test)

rotierend·e Aufwickelvorrichtung / rotary traverse winder || **~e Breitwaschmaschine** / rotary open-width washing machine || ~**er Dampfanschluß** / rotary steam joint || ~**er Fadenführer**, rotierende Fadenführung / rotary yarn guide, revolving thread guide, rotating thread guide || ~**e Kufe** (Färb) / rotary back (US), rotary beck (GB) || ~**er Nähmaschinengreifer** (Näh) / rotating shuttle || ~**er Platinenexzenter** / rotating jack cam || ~**e Rakel** (Textdr) / rotary doctor, revolving doctor || ~**er Spinntopf** / rotary spinning pot

rötlich *adj* / reddish *adj*, ruddy *adj* || ~**blau** *adj* / reddish blue *adj* || ~**braun** *adj* / reddish brown *adj*, foxy *adj*, rufous *adj*, fox-coloured *adj*, ginger *adj* || ~**gelb** *adj* / fallow *adj* || ~**grau** *adj* / roan *adj* || ~**violett** / reddish violet *adj* || ~**weiß** / pinkish white *adj*

rot·lila *adj* / reddish lilac *adj* || ~**lila** (RAL 4001) / red lilac *adj* || ≗**öl** *n* / red oil

Rotorablagerungen *f pl* (Spinn) / rotor deposits

rot·orange *adj* / reddish orange *adj* || ~**orange** (RAL 2001) / red orange *adj*

Rotor·garn *n* / open-end yarn || ≗**rille** *f* OE-Spinnen) / rotor groove || ≗**ringmethode** *f* / rotor ring method (fibre test) || ≗**sammelrille** *f* (OE-Spinnen) / rotor groove || ≗**spinnen** *n* / rotor spinning || ≗-**Spinnmaschine** *f* / rotor spinning machine || ≗-**Spinnverfahren** *n* (ein Offen-End-Spinnen) / rotor spinning

Rotoset-Verfahren *n* (Verwirbeln von Endlosfäden) / Rotoset process

Rot·reserve *f* / red resist || ≗**stellung** *f* (eines Farbtons) / red design (of a shade) || ≗**stich** *m* (Färb) / red cast, reddish tint, reddish cast || ~**stichig** *adj* / reddish *adj*

Rotte *f*, Rotten *n* / ret *n*, retting *n*

rotten *v* (Flachs, Hanf) / ret *v*

Rot-·Ton *m* / red shade || ~**violett** *adj* / reddish violet *adj* || ~**violett** *adj* (RAL 4002) / red violet *adj* || ~**weiß** *adj* / pinkish white *adj*, reddish white *adj*

Rouleau *n*, Rollo *n* / roller blind, window blind, window shade || ≗**köper** *m* / blind ticking

Rouleauxdruck *m* / roller printing, cylinder printing || ≗**farbe** *f* / roller printing dye || ≗**maschine** *f* / roller printing machine, cylinder printing machine || ≗**verfahren** *n* / roller printing method || ≗**ware** *f* / roller printed goods *pl*

Rouletteküpe *f* / continuous dyeing machine

Roving-Cutter *m* / chopper *n*

Royal *m* / royal *n* (silk fabric in plain weave, but with the warp weaving two ends as one. Much used for tie making.)

Royalaxminster-Teppich *m* / royal Axminster carpet

Rozi-Baumwolle *f* / Rozi cotton (F. Obtusifolium - a variety of dhollerah cotton)

R-Säure *f* (Färb) / R-acid *n*

RT, Raumtemperatur *f* / room temperature

RTT *f* (Richttyptiefe) (Färb) / STD (standard depth)

Rubberduck *m* / rubberduck *n* (for outside of car roofs)

rubin *adj*, rubinrot *adj* (RAL 3003) / rubine *adj*, ruby-red *adj*, ruby *adj*

Rüböl *n*, Rübsenöl *n* / rape oil, colza oil

Rückanschmutzen *n* / soil redeposition

Rücken *m* (Tepp) / back *n*, base *n* || ≗**appretiermaschine** *f* / back-filling machine || ≗**appretur** *f* (Beschicht) / backing *n* || ≗**appretur** (Tepp) / backsizing *n*, back finish, backside finish || ≗**appreturmasse** *f* / backing compound || ~**beschichtete Gewebe** *n pl* / backed fabrics

Rückenbeschichtung *f* (Tepp) / backcoating *n* || **im Heißschmelzverfahren aufgetragene** ≗ (auf textilen Fußbodenbelägen) / hot melt backing || ≗**smaterial** *n* (Tepp) / backing *n*

Rücken·falte *f* (Mode) / rear pleat, back pleat || ~**frei** *adj* (Kleid) (Mode) / halter neck *adj* || ≗**futter** *n* / back lining || ~**gewaschene Wolle** (DIN 60004) / back-washed wool || ~**gummiert** *adj* (Tepp) / rubber-backed *adj* || ≗**gürtel** *m* (Mode) / half-belt *n* || ≗**kaschieren** *n*, Rückenkaschierung *f* (Tepp) / adhesive backing || ≗**kette** *f* / binder warp || ≗**passe** *f* (Näh) / back yoke || ≗**schnürung** *f* / back lacing || ≗**stück** *n* / back-piece *n* || ≗**verfestigung** *f* **von Florgeweben** / anchoring the pile threads to the ground fabric || ~**verstärkendes Gewebe** / backing fabric || ≗**wolle** *f* (DIN 60004) / back wool, spine wool

Rück·fettungsmittel *n* (SuW) / superfatting agent || ≗**flußverhältnis** *n* (Färb) / reflux ratio || ≗**formvermögen** *n* (Vliesst) / deformation value (deformation of carpet areas exposed to a perpendicularly acting pressure) || ≗**formvermögen** (Tepp) / elastic recovery || ≗**führung** *f* (des Fadens) (Spinn) / retracting *n* || ≗**gewinnungsanlage** *f* / recovery plant || ≗**gewinnungstumbler** *m* / recovery tumbler || ~**gewundenes Garn** / backed-off yarn

Rückhalte·faktor *m* (Chrom) / Rf value || ≗**mittel** *n* / retardant *n*, retarder *n* || ≗**vermögen** *n* (Färb) / retentivity *n*

Rückkehrvermögen *n* / retractive force (fibre), elastic force || **elastisches** ≗ / elastic recovery

Rückkopplungsregelung *f* / feedback control

Rücklauf·bremse *f* / rebound brake (cotton loom) || ≗**gut** *n* (Färb) / recirculated material

rückläufiger Randwinkel / receding wetting angle (surface active agent)

Rücklaufwicklung *f* / reverse winding

Rück·oxydation *f* (Färb) / reoxidation *n* || ≗**prall** *m* (an der Webmaschine) / bounce *n* (in weaving) || ≗**reinigung** *f* / back-cleaning *n*

Rucksackrücken *m* (Mode) / bloused back

Rückseite *f* (Tepp) / base *n*, underside *n* (of fabric) || ≗ (Gew) / reverse side, back *n* (of fabric), fabric back, rear side, cloth back, wrong side

Rückseiten·appretur *f* / back finish || ≗**beschichtungsmittel** *n* / backing compound || ≗**faser** *f* / backing fibre

rückseitig gummierter Stoff, rückseitig gummiertes Gewebe (Gew) / proofing *n*, rubber-backed fabric || ~ **mit Doppelkette verstärkter Stoff** / warp-backed fabric || ~ **mit Doppelschuß beschwerter Stoff**, rückseitig mit Doppelschuß verstärkter Stoff / filling-backed fabric || ~ **verstärkt** (Tuch) / backed

Rückspaltung *f* **der Faser/Farbstoff-Verbindung** (Färb) / reversal of the bonding action between dye and fibre, splitting of the dye/fibre bond

Rücksprung *m* (Fasern) / snap-back *n*, elastic recovery || ≗ (Strick/Wirk) / relaxation *n* || ≗**kraft** *f* / elastic pull (of yarn) || ≗**vermögen** *n* / retractive force (fibre), elastic force

rück·spülen *v* / backwash *v* || ~**spulen** *v* / backwind *v* || ≗**stellkraft** *f*, Rückstellvermögen *n* / retractive force (fibre), elastic force, elastic pull, elastic recovery, resilience *n* || ≗**steuern** *n* (Strick/Wirk) / back-racking || ≗**stich** *m* (Näh) / backstitch *n* || ≗**strahlvermögen** *n* / reflectivity *n*

Rückstreich·hacker *m* (Spinn) / back stripping comb

|| ≗**lattentuch** *n*(Spinn) / back stripping lattice || ≗**vorrichtung** *f*(Spinn) / back stripping device || ≗**walze** *f*, Rückstreifwalze *f*(Spinn) / evener roller, stripping roller

Rück·vergrauung *f*, Rückverschmutzung *f* / soil redeposition (SRD) || ≗**versetzeinrichtung** *f* (Strick/Wirk) / reset device, reset rack device, reset shog device

rückwärtig·er Anschlag / back stop (cotton and woollen spinning) || ~**e Naht** (Strumpf) / seam down the back of the leg

rückwärts·gerichtetes Faserhäkchen / trailing hook || ≗**schaltkette** *f*(Strick/Wirk) / reverse rack control chain || ≗**stich** *m*(Näh) / reverse stitch || ≗**transport** *m*(Näh) / reverse feed

Rückwinderegler *m*(Web) / backing-off control || ≗ (Spinn) / tightening motion

Rückziehhaken *m* / withdrawing hook

Rückzugsrandwinkel *m* / receding wetting angle (surface active agent)

Ruffer *m* / roughers' hackle (wooden appliance usually of beech, studded in the centre with steel pins)

Ruhe, zur ≗ **bringen** (die Flotte) / calm down (the liquor) || ≗**bett** *n* / daybed *n*, chesterfield *n* (furniture) || ≗**fach** *n*(Web) / dwell shed, open shed

ruhende Flotte / stationary liquor

ruhig·e Farbe / neutral colour, quiet colour || ~**er Farbton** / quiet shade, neutral tint || ~**es Maschenbild** / even mesh structure, plain mesh structure || ~**es Warenbild** / level appearance

Rühr·apparat *m* / stirrer *n* || ≗**autoklav** *m* / autoclave *n* with stirrer || ≗**bottich** *m* / dolly tub || ≗**bütte** *f* / stirring tub

rühren *v* / agitate;v. *v*, stir *v* || ≗ *n* / agitation *n*, stirring *n*

Rührer *m* / agitator *n*, mixer *n*, stirrer *n*

Rühr·flügel *m* / stirring blade, agitator blade || ≗**intensität** *f* / stirring intensity || ≗**kopf** *m* / stirrer head || ≗**laugung** *f* / leaching by agitation || ≗**maschine** *f* / mixing machine || ≗**stab** *m* / stirring rod || ≗**stab für die Wäsche** / dolly *n*(GB) || ≗**test** *m*(Färb) / stirring test || ≗**trommel** *f* / churn *n*, xanthating churn || ≗**werk** *n*, Rührvorrichtung *f* / agitator *n*, stirrer *n*, mixer *n* || ≗**zeit** *f* / mixing time

Rumorkarte *f*(Web) / blank card

Rumpfwolle *f* / fourth-combing wool

rund·er Ringläufer / circular traveller || ~**e Scherrahmenmaschine** / asple *n* || ~**e Spinnkanne** (DIN 64120) / cylindrical sliver can || ~**e Wollmütze** (der Schotten) / tam-o'-shanter *n* || ≗**ballen** *m* (bes. Baumwolle) / round bale || ≗**benadelung** *f* / round needling || ≗**bindermaschine** *f*(Strick/Wirk) / circular necktie machine || ~**bogige Kräuselung** (Näh) / wavy crimp || ≗**bürste** *f* / circular brush || ≗**chenille** *f* / scroll chenille, worm-screw chenille || ≗**dämpfer** *m* / cottage steamer, round steamer || ≗**ferse** *f* (Strumpf) / round heel || ≗**ferse mit imitiertem Seitenketteln** (Strumpf) / round heel with holes || ≗**ferse ohne imitiertes Seitenketteln** (Strumpf) / round heel without holes || ≗**filterpapier** *n* / circular filter paper || ≗**filz** *m* / endless felt, tubular felt || ≗**flechtmaschine** *f* / circular braider || ~**gebogener Haken** / common hook (of latch needle) || ≗**geflecht** *n* **mit Kern** / core braid || ~**geschlossen gearbeitete Ware** (Strick/Wirk) / tubular fabric, tubular goods

rundgestrickt *adj* / circular knitted *adj*, tubular knitted *adj* || ~**e Strumpfware** / circular hosiery

Rundgewirk, im ≗ **trocknen** (Strick/Wirk) / tubular-dry *vt*

rundgewirkt *adj* / tubular knitted || ~**er Damenstrumpf** / seamless hose, circular knit stocking, seamless stocking

Rundgewirk-Trockenmaschine *f* / tubular drier

Rund·haspel *f*(Färb) / circular winch || ≗**kamm** *m* / comb cylinder, circular comb, half-lap (cotton comber machine) *n* || ≗**kämmaschine** *f*, Rundkammstuhl *m*, Rundkämmer *m*(Spinn) / circular combing machine, circular comber, continuous-action comber || ≗**kammverdeck** *n* (Spinn) / circular comber cover || ≗**kettelmaschine** *f*(Strick/Wirk) / circular linking machine, circular looping machine, circular looper || ≗**kettenstuhl** *m*(Strick/Wirk) / circular warp loom || ≗**kettenwirkmaschine** *f* / circular warp knitting machine || ≗**kettenwirkmaschine** (zur Herstellung schlauchförmiger Milanese-Kettenwirkware) / maratti knitting loom || ≗**klinge** *f* / circular knife || ≗**knäuel** *n m* (DIN 61800) / round ball || ≗**kulierstuhl** *m*(Strick/Wirk) / circular frame || ≗**kulierwirkmaschine** *f*(DIN 62135) / circular weft knitting machine [with spring beard needles], French sinker wheel [knitting] machine || ≗**lauf** *m* / circular movement || ~**laufendes Spulengestell** / rotary bobbin stand || ≗**laufspitze** *f*(Strumpf) / circular tip || ≗**leistenmaschine** *f* (Strick/Wirk) / circular string border machine, circular border knitting loom, circular border knitting machine || ≗**litzenseil** *n* / round strand rope || ≗**magazinfüllung** *f*(Web) / circular battery filling || ≗**maschenware** *f* / circular knit fabric, circular knitted fabrics || ≗**messer** *n* / circular knife, revolving blade || ≗**messer** (Beschicht) / knife with a rounded bevel || ≗**messer-Stoffschneidemaschine** *f* / round knife cloth cutter || ≗**nadel** *f* / round needle || ≗**rändermaschine** *f*, Rundränderstuhl *m*(Strick/Wirk) / circular border knitting loom, circular border knitting machine, fine rib circular knitting machine, rib top machine, rib top frame, rib circular knitting machine || ≗**raschel** *f*, Rundraschelmaschine *f* / circular raschel machine

Rundschablone *f* / rotary screen

Rundschablonen·druck *m* / rotary screen printing || ≗**druckmaschine** *f* / rotary screen printing machine || ≗**druckverfahren** *n* / rotary screen printing method

Rund·scheuerapparat *m*(Matpr) / rotary abrader || ≗**scheuerprüfung** *f*(nach Schopper), Rundscheuerversuch *m* / rotary abrasion test || ≗**schiff** *n*(Näh) / bobbin case (sewing machine) || ≗**schnittfräser** *m* / rotary milling cutter || ≗**seil** *n* / rope *n* || ≗**sieb** *n* / cylindrical sieve || ≗**spitze** *f*(Näh) / cloth point || ≗**spule** *f* / round bobbin, round pirn || ≗**spüle** *f* / circular washer, circular washing machine || ≗**spulmaschine** *f* / circular winding machine

rundstricken *v* / knit on circular knitting machine || ≗ *n* / circular knitting || ≗ **mit veränderlicher Warenbreite** / open-width knitting

Rundstrickerei *f* / circular knitting

Rundstrickmaschine *f*(DIN 62130) / circular knitting machine, circular hosiery machine || ≗ **für abgepaßte Waren** / circular sweater-strip machine || ≗ **mit rotierendem Zylinder** (Strick/Wirk) / revolving cylinder knitting machine || ≗ **mit**

Spezialfournisseuren und rotierenden Messern für die Herstellung von Plüschwaren (Strick/Wirk) / pile fabric circular knitting machine || **˜ mit Spitzennadeln** / bearded needle circular knitting machine

Rundstrick·maschinennadel *f* / circular knitting machine needle || **˜rippmaschine** *f* (Strick/Wirk) / circular rib [knitting] machine || **˜schlauch** *m* / material on circular knitting machines || **˜-Strumpfautomat** *m* / circular knit hose machine, automatic seamless hosiery machine || **˜-Strumpfware** *f* / circular knit hose, circular knit hosiery || **˜stuhl** *m* / circular frame, rotary knit frame || **˜ware** *f* / circular-knit *n*, circular knit[ed] goods *pl*, tubular fabric, tubular goods || **˜wendemaschine** *f* / machine for turning knitted fabrics inside out

Rundstuhl *m* / circular frame, tubular hosiery machine, circular loom, circular knitting machine || **˜futter** *n* (Strick/Wirk) / fleecy fabric || **˜futterware** *f* / circular knitted lining || **˜nadel** *f* / circular needle, loop wheel needle || **˜plüsch** *m* / jersey velour || **˜ware** *f* (Strick/Wirk) / tubular fabric, tubular *pl* [knitted] goods, circular loom goods *pl* || **˜wirkerei** *f* / tubular knitting

Rund·verband *m* (med) / circular bandage || **˜ware** *f* / circular fabric, circular knit[ted] goods || **˜waschmaschine** *f* / circular washer, circular washing machine || **~weben** *v* / weave on a circular loom || **˜weben** *n* / circular weaving || **˜webmaschine** *f*, Rundwebstuhl *m* / circular loom || **˜wirken** *n*, Rundwirkerei *f* / circular knitting || **˜wirkmaschine** *f* (DIN 62130) / circular knitting machine, tubular hosiery machine, circular loom, circular hosiery machine || **˜wirkware** *f* (Strick/Wirk) / tubular fabric, tubular goods *pl*, circular knit[ted] goods *pl*

Runzel·bildung *f* (Beschicht) / wrinkling *n* || **˜effekt** *m* **auf Geweben** / cockel *n*, cockle *n*

rupfen *v* / pluck *v* || ~ *v* (Fell) / pull *v* || **˜ *n* der Wolle** / wool pulling

Rupfen *m* (gefärbtes oder bedrucktes, grobfädiges Jutegewebe in Leinwandbindung), Rupfenleinwand *f* / coloured hessian (dyed and printed light jute fabric), sackcloth *n*

Rüsche *f*, Rüschenbesatz *m* (Mode) / frill *n*, quilling *n*, flutings *pl*, flouncing *n*, flounce *n*, ruffle *n*, ruche *n* || **mit ˜ versehen** / frilled *adj* || **zu ˜n krausen** / frill *v*

Rüschenkragen *m* / ruffle *n*

Ruß *m* / soot *n*, carbon black || **~braun** *adj* / soot-brown *adj*

Rüssel·apparat *m*, Rüsselautomat *m* (Tuchh) / automatic piling machine, automatic rope piler || **˜strangeinleger** *m*, Rüsselvorrichtung *f* (Tuchh) / rope piler, rope piling device

Russenkittel *m* / smock-frock *n*

Rußfleck *m* / smut *n*

russisch grün / Russian green *adj* || **~e Spitze** / Russian lace || **˜-Leinen** *n* / Russia[n] crash

rußschwarz *adj* / soot-black *adj* || **˜ *n*** / carbon black, non-arcing black

Rüstgatter *n* / [bank] creel

Rustikalmuster *n* (Mode) / rustic pattern

Rüstzeit *f* (einer Maschine) / time for setting up the machine

Rute *f* (Web) / beam bar, fitter *n* || **˜** (Tepp) / pile wire, wire *n*

Ruten·automat *m* / pile wire mechanism || **˜fach** *n* (Web) / wire shed || **˜führung** *f* (Web) / wire guide (wire loom) || **˜greifer** *m* / pile gripper weaving machine || **˜greifer-Jacquardwebmaschine** *f* / wire gripper jacquard loom || **˜höhe** *f* / height of the wire (wire loom) || **˜kopf** *m* (Web) / wire head || **˜plüsch** *m* (Web) / wire plush || **˜schnittfehler** *m* (Tepp) / wire mark || **˜stärke** *f* (Web) / wire gauge (wire loom) || **˜stuhl** *m* / [pile] wire loom || **˜teppich** *m* / rush carpet, wire loom carpet, wire carpet || **˜teppichwebmaschine** *f* / Wilton wire loom || **˜weben** *n* / weaving with pile wires || **˜webstuhl** *m* / [pile] wire loom || **˜zange** *f* (Web) / wire grippers *pl* || **˜zug** *m* / pile wire motion

Rutsche *f* / scray *n* (continuous open-width washer)

Rutschen *n* / slippage *n*

rutschfest *adj* / anti-skid *adj*, non-slip *adj*, non-skid *adj*, slip-resistant *adj* || ~ (Tepp) / slip-proof *adj*, skid-resistant *adj* || **~e Ausrüstung** (allg) / antigliss finish || **~e Ausrüstung** (Tepp) / slip-proof finish || **~er Teppich** / non-skid carpet, skid-resistant carpet || **~e Unterseite** (Tepp) / anti-slip backing

Rutschfestigkeit *f* / slip resistance

Rutsch·hose *f* / crawlers *pl* || **˜magazin** *n* (Web) / sliding battery, sliding magazine

Rütteltrockner *m* / vibrating drier

Rya-Teppich *m* / Rya carpet

Ryeland-Wolle *f* / Ryeland wool (from an old British breed of sheep native to the sandy areas southward from the Rye River, England. Much of the type is now raised in Kentucky.)

RZ, Regeneratzellulosefaserstoff *m* / regenerated cellulose fibre

S

Sablé *m* (Sandkrepp) / sand crepe
Sachsenstoff *m* (Gewebe aus Merinostreichgarnen mit leichter Meltonappretur, häufig gemustert als Glencheck, Pepita oder Hahnentritt) / Saxony *n* (woollen cloth or yarn from good-quality wool)
Sächsischblau *n* / Saxony blue
Sack *m* / sack *n*, bag *n* || ≗ (= 168 lbs) (Wolle) / pocket *n* || ≗ **Wolle von drei Pfund Taragewicht** / bag *n* (of wool)
sackartig gewebter Anzug / seersucker *n* (clothing)
Sack·drell *m* / sack drill || ≗**faser** *f* / heavy fibre || ≗**filter** *m n* / bag filter || ≗**gewebe** *n*, Sackleinen *n*, Sachleinwand *f* / hessian *n*, sacking *n*, canvas *n* (for packing), burlap *n* || ≗**kleid** *n* (Mode) / sack [dress], shift *n* || ≗**leinwand** *f* **aus Baumwolle** / bag sheeting || ≗**leinwand aus Jute** / coconut sacking || ≗**nähnadel** *f*, Sacknadel *f* / sack needle || ≗**nähzwirn** *m* / sack sewing yarn || ≗**stopfzwirn** *m* / sack darning thread
Sacktuch *n* / sackcloth *n* (a coarse cloth of goat or camel's hair or of flax, hemp or cotton) || ≗ (auch:) / handkerchief *n*
Sackwebemaschine *f* / bagging machine
Sadowa-Wollstoff *m* / sadowa *n* (woollen dress fabric with the nap raised in circles, dots, squares etc)
Safety-Stitch-Maschine *f* / safety stitch machine
Saflor *m* / safflower *n* || ≗**extrakt** *m* / safflower extract || ≗**-Farbstoff** *m* / safflower dyestuff || ≗**öl** *n* / safflower oil || ≗**rot** *n* / safflower *n*
Safran *m* / saffron *n* || ≗**farbe** *f* / saffron colour || ~**farben** *adj*, safranfarbig *adj* / saffron *adj*, saffron-coloured *adj* || ~**gelb** *adj* (RAL 1017) / saffron yellow *adj* || ≗**gelb** *n* / saffron yellow
Safranin *n* (Färb) / safranine *n*
saftgrün *adj* / bladder green *adj*, sap green *adj*
Säge·blattentkörnung *f* / saw blade ginning || ≗**-Egreniermaschine** *f* / saw gin
Sägezahn *m* (Spinn) / saw tooth || ≗**beschlag** *m*, Sägezahndrahtbeschlag *m* (Spinn) / saw-tooth card clothing, saw-tooth clothing || ≗**draht** *m* **für Spinnereimaschine, spitze Form** (DIN 64122) / saw-tooth wire for spinning machine, pointed form || ≗**drahtgarnitur** *f* / metallic card wires *pl* || ~**förmiger Fuß bei Musterauswählern** / saw-tooth butt || ≗**garnitur** *f* (Spinn) / saw-tooth card clothing, saw-tooth clothing || ≗**kräuselung** *f* (Näh) / saw-tooth crimp || ≗**öffner und -reiniger** *m* (Spinn) / saw-tooth opener and cleaner
Sägezähnung *f* (Näh) / saw-tooth cut
Sägezahn·vorreißer *m* (Spinn) / saw-tooth licker-in, saw-tooth taker-in || ≗**zylinder** *m* (Spinn) / saw-tooth cylinder, saw-tooth roller
Sago·mehl *n* / sago flour || ≗**palme** *f* (Metroxylon Rottb.) / sago palm || ≗**stärke** *f* / sago starch
saharafarben *adj* (Kol) / Sahara (shade)
Sahnespritzbeutel *m* / cream dispenser
Saisonfarbe *f* (Mode) / seasonal shade
Sakko *m n* / sports coat, jacket *n*, sack coat (US), sports jacket || ≗**anzug** *m* / business suit, lounge suit
salatgrün *adj* / lettuce green
Salband *n* (Tuch) / fag end || ≗ (Web) / list *n*, selvedge (GB), selvage (US), listing *n*
salbeigrün *adj* / sage green *adj*
Salizyl·anilid *n* / salicylanilide *n* || ≗**gelb** *n* (Färb) / salicyl yellow || ≗**säure** *f* / salicylic acid
Sal·kante *f*, Salleiste *f* (Web) / list *n*, selvedge *n* (GB), listing *n*, selvage *n* (US) || ≗**leiste** *f* (Tuch) / fag end
Salmiak *m* / ammonium chloride, sal ammoniac || ≗**geist** *m* / aqueous ammonia
Salpeter *m* / nitre *n*, saltpeter *n*, saltpetre *n* || ~**saures Anilin** / aniline nitrate || ≗**säure** *f* / nitric acid, azotic acid || ≗**säureäthylester** *m* / nitric ether || ≗**säureätze** *f* / nitrate discharge || ≗**säure-Lösungsprobe** *f* / nitric acid solubility test
salpetrige Säure / nitrous acid
Salvador-Sisalhanf *m* / Salvador sisal, letona *n* (a bast fibre from the Agave letonae, found in San Salvador)
Salz *n* / salt *n* || ≗ **zusetzen** (einer Substanz) *v* / salt *v*, add salt || ~**arme Einstellung** / formulation with low salt content || ≗**bad** *n* / salt bath || ≗**behandlung** *f* **zur Relustrierung** (Färb) / salt treatment for relustring || ~**beständig** *adj* / fast to salt, salt-resistant *adj* || ≗**beständigkeit** *f* (Färb) / resistance to salts, salt resistance, stability to salts || ≗**bildung** *f* / salt formation || ≗**bindung** *f* / salt compound || ~**empfindlich** *adj* / sensitive to salt || ≗**farbstoffe** *m pl* / salt colours (direct synthetic dyes which use salt to increase colour fastness) || ≗**fleck** *m* / salt stain || ≗**gehalt** *m* / salt content || ≗**gehaltmesser** *m* / salimeter *n* || ~**haltig** *adj* / saline *adj* || ~**haltiges Bad** / salt bath
salzig *adj* / saline *adj*, salty *adj*
salz·kontrollierbarer Farbstoff / salt-controllable dyestuff || ≗**konzentration** *f* / salt concentration || ≗**lauge** *f* / salt brine || ≗**lösung** *f* / saline solution, salt brine, salt solution || ≗**rückstand** *m* / salt residue || ≗**säure** *f* / hydrochloric acid, muriatic acid || ≗**sole** *f* / brine bath
Salzwasser *n* / salt water, brine *n* || ~**echt** *adj* / fast to salt water, fast to seawater || ≗**echtheit** *f* / fastness to salt water, fastness to seawater, sea-water fastness || ≗**fleck** *m* / salt-water stain
Samarkand *m* / Samarkand *n* (Turkestan handmade carpet)
Samen *m* / seed *n* || ≗**faser** *f* / seed fibre, seed hair fibre || ≗**haar** *n* / seed hair, vegetable hair || ≗**kapsel** *f* / boll *n*, seed capsule, seed boll || ≗**kapselkäfer** *m* / boll weevil || ≗**knötchen** *n pl* / bearded motes (in cotton yarn) || ≗**motte** *f* / false clothes moth || ≗**schale** *f* / seed husk
sämig *adj* / creamy *adj* (paste)
Sämischleder·baumwollstoff *m* / cotton chamois [colour] cloth || ≗**imitation** *f* / chamois fabric, cotton chamois [colour] cloth || ≗**stoff** *m* / chamois fabric
Sammel·behälter *m* / collecting trough, collecting vessel || ≗**bottich** *m* / collecting tub || ≗**kasten** *m* (Web) / chute *n*, receptacle *n*, receiver *n*, collecting vat
sammetartiger Seidenrips / silk reps
Sammetmalve *f* / abutilon *n*
Samt *m* / velvet *n* (cut warp-pile fabric, originally of silk), velours *n* (Fr) || ≗ **auf Baumwollgrund** / velveret *n* || ≗ **mit aufgeschnittenem Flor** / cut velvet || ≗ **mit Baumwollrückenbeschichtung** / cotton back velvet || ≗ **mit erhabenem Muster** / raised velvet || ≗ **mit gleichlanger Flordecke** / plain velvet || ≗ **mit unaufgeschnittenem Pol** / terry velvet (uncut pile) || ≗ **mit unterschiedlich hoher Flordecke** / pile on pile velvet, velvet-on-velvet *n* || **mit** ≗ **bedeckt** / velveted *adj* || **mit Bildern bedruckter** ≗ / picture velvet || ≗**appretur**

f / velvet finish
samtartig *adj* / piled *adj*, velveted *adj*, velvety *adj* || **~e Appretur** / velvety finish || **~es Baumwollgewebe** / cotton pile fabric || **~er Griff** / velvety handle || **~er Teppich** / velvet [pile] carpet
Samt·ausrüstung *f* / velvet finish || **²band** *n* / velvet ribbon || **²druck** *m* / velvet printing || **²färbemaschine** *f* / velvet dyeing machine || **²flor** *m* / velvet pile || **²gewebe** *n pl* / velvets *pl* || **²haken** *m* / velvet knife
samtig *adj* / velveted *adj*, velvety *adj*
Samt·imitat *n* / velveton *n* || **²kette** *f* / velvet pile warp || **²messer** *n* / velvet knife, trivet *n*, trevette *n* || **²nadel** *f*, Samtrute *f* / pile wire || **²scherer** *m* / velvet raiser || **²schermaschine** *f* / velvet shearing machine || **²schneidemaschine** *f* / velvet cutting machine || **²schwarz** *n* / velvet black || **²stickerei** *f* / velvet work || **²stoffe** *m pl* / velveting *n*, pile fabric || **²straße** *f* / velvet processing line || **²weberei** *f* / pile weaving, velvet weaving || **²webmaschine** *f*, Samtwebstuhl *m* / velvet loom, plush loom
Sand enthaltende Baumwollkapseln *f pl* / sandies *pl*
Sandarak *m*, Sandarakharz *n*, Sandarakgummi *n m* / gum sandarac
Sand·baum *m* / sand roll[er] || **~farben** *adj* / sand-coloured *adj*, sandy *adj* || **~gelb** *adj* (RAL 1002) / sand yellow *adj*
sandig *adj* / sandy *adj* (handle) || **~e Baumwolle** / sandy cotton
Sand·krepp *m* / sand crepe || **²papier** *n* / sandpaper *n* || **²sack** *m* / sand bag || **²walze** *f* / roller *n* (raschel)
Sandwich·-Spritzgießverfahren *n* / sandwich moulding || **²-Test** *m* (Bestimmung des Migrationsverhaltens eines Farbstoffes) / sandwich test
Sandwolle *f* / gritty wool
sanforisieren *v* / sanforize *v* || **²** *n* (Ausrüst) / sanforizing [proccss]
Sanforisiermaschine *f*, Sanforisieranlage *f* / sanforized finishing machine
sanft *adj* (Farbton) / mellow *adj*
Sanitätstextilien *f pl* / sanitary textiles
Sanitized-Ausrüstung *f* / sanitized finish (chemical anti-bacterial finish)
Sankt-Gallener-Spitze *f* / St. Gall lace
Sansevieriafaser *f*, Sansevieriahanf *m* / sansevieria fibre, niyanda fibre, sansevieria hemp
saphirblau *adj* (RAL 5003) / sapphire blue *adj*
Sappanholz *n* (aus Caesalpinia sappan) (Färb) / sappanwood *n*
Saran *n* (synthetische Mischfaser aus PVC und PVD) / Saran *n* (synthetic fibre blend) || **²faser** *f* / Saran fibre
Sargauskleidestoff *m*, Sargtuch *n* / coffin cloth
Sari *m* / sari *n* (Indian dress)
Sarong *m* / sarong *n* (Malaysian wear) || **²stoff** *m* (Gew) / sarong *n*
Sarsenet[t] *m* (feiner, weicher Seidenfutterstoff) / Sarcenet *n*
saruq *adj* (Kol) / sar[o]uk *adj*
Satin *m* **mit Franse** / short sharkskin || **²appretur** *f*, Satinausrüstung *f* / sateen finish, satin finish || **²bindung** *f* / satin weave, sateen weave || **²drell** *m* / sateen ticking, satin drill
Satinett *m* (Halbwollgewebe für Herrenoberbekleidung) / satinet *n*
satinieren *v* / satin *v*, satinize *v* || **²** *n* / satin finish, sateen finish, satinage (Fr) *n*
Satinierkalander *m* / satinizing calender
satiniert *adj* / with sateen finish || **~er Baumwollfutterstoff** / cotton sateen || **~er Samt** / sateen velvet
Satinierung *f* / satinizing *n*
Satintrikot *m* / satin tricot
satt *adj* / saturated *adj* (colour), heavy *adj* (of shade), full *adj* (shade) || **~er Druck** / heavy print, full shade print, full print, full strength print || **~er Farbton** / deep shade, full shade || **~e Färbung** / full dyeing, deep dyeing || **~e Nuance** / full shade, deep shade || **~er Spritzauftrag** (Beschicht) / full spray coat || **²dampf** *m* / saturated steam, wet steam || **²dampffixierapparat** *m* / saturated-steam setting unit || **²dampffixierung** *f* / saturated-steam setting, wet steam fixation
Sattel *m* / yoke *n* || **²decke** *f* / saddlecloth *n*, saddle blanket || **²filz** *m* / saddle felt || **²rock** *m* (Mode) / corso skirt || **²schultern** *f pl* (Mode) / saddle shoulders || **²tasche** *f* / saddlebag *n* || **²unterlage** *f* / saddle felt
sättigen *v* / saturate *v*
Sättiger *m* (Imprägnieren) / saturator *n*
Sättigung *f* / saturation *n*
Sättigungs·faktor *m* (Färb) / saturation factor || **²grad** *m* / degree of saturation || **²konzentration** *f* / saturation concentration || **²punkt** *m* / point of saturation, saturation point || **²stufe** *f* (Färb) / saturation scale || **²wert** *m* (Färb) / saturation value
Sattler·stich *m* / saddle stitch || **²zwirn** *m* / saddler's thread
Saturator *m* (Ausrüst, Imprägnierung) / saturator *n*
Satz *m*, Bodensatz *m* / lees *n* || **²** (Gruppe zusammengehöriger Teile) / set *n* || **~weiser Einzug** (Web) / space pass
sauber gewaschene Wolle / clean wool || **~gemachte Naht** (Näh) / fell *n*, felled seam
Sauberkeit *f* **des Druckes** / sharpness of outline (of thc print)
Sauberkeitszustand *m* / cleanliness ratio
Saubermachen *n* **von Nähten** (Näh) / felling *n*
sauer *adj* / acid *adj* || **~ färbbar** / acid-dyeable *adj* || **~ werden** / turn acid || **saure Abkochung** / acid boiling || **saurer Beizenfarbstoff** / acid mordant dyestuff || **saure Bindung** / acid binding || **saure Chlorbleiche** / acid chlorine bleach || **saures Chloren** / acid chlorinating || **saure Chloritbleiche** / acid chlorite bleach || **saures Dämpfen** / acid steaming, acid ageing || **saures Einweichen** / acid steeping || **saure Endgruppe** / acid end group || **saurer Farbstoff** / acid dyestuff || **saure Hydrolyse** / acid hydrolysis || **saures Nachdecken** / cross-dyeing in acid liquor || **saures Natriumsulfat** / acid sodium sulphate || **saure Peroxidbleiche** / acid peroxide bleaching || **saure Schweißechtheit** / fastness to acid perspiration || **saure Stärketragantverdickung** / acetic acid starch tragacanth thickening || **saures Sulfat** / acid sulphate || **saure Überfärbeechtheit** / acid cross-dyeing fastness || **saures Überfärben** / cross-dyeing in acid liquor || **saure Vorwäsche** / acid scour[ing] (of wool) || **saure Walke** / acid fulling (US), acid milling (GB) || **saure Walkechtheit** / acid milling fastness, acid fulling fastness, fastness to acid milling || **saures Walken** (Wolle) / acid felting || **saurer Walkfarbstoff** / acid milling dyestuff, acid fulling dyestuff || **saurer Wollfarbstoff** / acid wool dyestuff || **saure**

Wollwäsche / acid wool scouring || ~bad n(Chem, Web) / sours pl, acid bath || ~härtend adj / acid-hardening adj || ~kleesalz n / dioxalate of potassa
Säuerkufe f / beck for acidifying
säuerlich adj / acidulous adj
säuern v / acidify v, acidulate v || ~ (Färb) / pass through an acid bath, sour v || ~ n / souring n, acidifying n
Sauerstellung f / acidification n, souring n
Sauerstoff m / oxygen n || ~ **abspalten** / deoxidize v || ~**abgabe** f / oxygen liberation || ~**abgebendes Mittel** / oxygen developing agent || ~**abspaltung** f / oxygen release, oxygen liberation || ~**alterung** f / oxygen ageing || ~**bindung** f (durch Hydrazinhydrat) / removal of oxygen || ~**bleiche** f / oxygen bleaching || ~**bleichmittel** n / oxygen bleaching agent || ~**entwickelndes Mittel** / oxygen developing agent || ~**entzug** m / deoxidation n || ~**frei** adj / oxygen-free adj || ~-**Index-Methode** f / oxygen index method (flammability testing) || ~-**Kaltbleichverfahren** n / oxygen cold-bleaching process || ~**minimalwert** m (Sauerstoff-Index-Methode) / Limit Oxygen Index (flammability test) (Oxygen Index Method), LOI || ~**träger** m / oxygen carrier || ~**verbindung** f / oxygen compound
Säuerungsmaschine f / souring machine
sauer·waschecht adj / fast to washing in acid medium || ~**ziehender Farbstoff** / acid-dyeing dyestuff, dyestuff exhausting in an acid medium
Saug·apparat m / suction apparatus, suction machine, suction extractor || ~**düsentrockner** m / nozzle suction drier
Saugen n / suction n, filtering n, extraction n (waste air etc.)
saug·fähig adj / absorptive adj, absorbent adj || ~**fähigkeit** f / absorbency n, absorptive power, absorptive capacity, absorption property, absorption (capacity to absorb) n || ~**filter** m n / suction filter, vacuum filter || ~**filterpresse** f / suction filter-press || ~**leistung** f / suction n, suction power
Säuglings·ausstattung f / babywear n || ~**bekleidung** f / baby garments
Saug·luft-Trocknungsmaschine f / suction air drier || ~**presse** f / suction press || ~**trockner** m / suction drier || ~**trommelstrecke** f / perforated suction drum section || ~- **und Transporttisch** m / suction and transport table || ~**vorrichtung** f / suction device || ~**wäsche** f / suction washing || ~**watte** f / absorbent cotton || ~**zentrifuge** f / suction hydroextractor || ~**zuglüfter** m / exhauster n || ~**zylinderdämpfer** m / suction drum steamer
Säule f (der Nähmaschine) / post n (of sewing machine)
Säulen·chromatographie f / column chromatography || ~**nähmaschine** f / post-bed sewing machine || ~**stich** m (Näh) / rib set
Saum m (Näh) / hem n, hemline n, thrum n, tuck n || ~ (Web) / trim n || ~-**Auslassen** n / seam letting out || ~**automat** m (Näh) / automatic hemming unit || ~**band** n / hemming tape || ~**band** (am Frauenrock) / tail-braid n
säumen v (Näh) / hem v, fell v, edge v (making up), welt v, seam v, list v || ~ n / hemming n, seaming n
Säumer m (Näh) / hemmer n, seamer n || ~**fuß** m / hemming foot, hemming rule
Saum·führer m (Näh) / edge controller, edge guide || ~**führung** f / fabric edge guide
Säum·füßchen n (Näh) / hemmer n, hemming rule, hemming foot || ~**maschine** f (Näh) / hemming machine, seamer n
Saum·naht f / hem seam || ~**stelle** f / seam mark (defect) || ~**stich** m / hemming stitch, seam stitch
Säure f / acid n || ~**abscheider** m / acid separator || ~**absorbierend** adj / acid-absorbing adj || ~**abspalter** m / acid donor || ~**abspaltung** f / splitting off of acid || ~**alizarinschwarz** n / acid alizarin black || ~**amid** n / acid amide || ~**anhydrid** n / acid anhydride || ~**anthrazenbraun** n / acid anthracene brown || ~**anthrazenfarbstoff** m / acid anthracene dyestuff || ~**anthrazenschwarz** n / acid anthracene black || ~**anzug** m / acidproof clothing || ~**äquivalent** n / acid equivalent || ~**ätze** f, Säureätzung f / acid etching || ~**avivage** f / brightening with acid || ~**azid** n / azide n || ~**bad** n / acid liquor, acid bath, souring bath, acidulated bath || **durch ein** ~**bad nehmen** (Färb) / pass through an acid bath, sour v || ~**bad-Entwicklung** f / acid bath development || ~**behandlung** f / acid bath treatment, acid steeping, grey souring, acid treatment
säurebeständig adj / fast to acid[s], acidproof adj, acid-fast adj, acid-resistant adj || ~**er Anstrich** / anti-acid coat || ~**er Farbstoff** / acid-resistant dyestuff || ~**e Gewebe** n pl / acidproof fabrics
Säure·beständigkeit f / inertness to acids, fastness to acid[s], resistance to acid[s], acid resistance || ~**bildend** adj / acid-forming adj || ~**bindendes Mittel** / acid-binding agent || ~**bindung** f / acid fixing || ~**bindungsvermögen** n / acid-bonding capacity || ~**bordeaux** n / acid bordeaux || ~**bottich** m / acid vat, souring tank || ~**braun** n / acid brown || ~**chlorid** n / acid chloride || ~**chromfarbstoff** m / acid chrome dyestuff || ~**dampf-Druckverfahren** n / acid steam printing method || ~**dämpfen** n / acid ageing, acid steaming || ~**dampf-Entwicklungsverfahren** n / acid steam developing method || ~**dämpfer** m / acid ager, acid steam ager || ~**dampf-Verfahren** n / acid steam printing method || ~**echt** adj / acid-fast adj, fast to acid[s], acidproof adj, acid-resistant adj || ~**echtheit** f / fastness to acid[s], resistance to acid[s], acid fastness, acid resistance || ~**einweichbottich** m / acid steeping bowl || ~**einwirkung** f / effect of acid || ~**empfindlich** adj / sensitive to acid || ~**entschweißung** f / acid scour[ing] (of wool) || ~**entwicklung** f / acid development || ~**entwicklungsbad** n / acid developing bath || ~**entwicklungsverfahren** n (Färb) / process involving development in an acid medium || ~**ester** m / acid ester || ~**fällbad** n / acid precipitation bath || ~**farbstoff** m / acid dyestuff || ~**fest** adj / acidproof adj, acid-resistant, adj. || ~**fester Arbeitskittel** / acidproof overall || ~**feste Auskleidung** / acidproof lining || ~**festigkeit** f / resistance to acid[s], acid resistance || ~**firnis** m / acid dope || ~**fleck** m / acid stain || ~**flotte** f / acid bath, souring bath, acid liquor || ~**frei** adj / acid-free adj, non-acid adj, free from acids || ~**fuchsin** n / acid fuchsine || ~**gehalt** m / acid content, acidity n || ~**gelb** n / tartrazine n, acid yellow || ~**grad** m / degree of acidity || ~**grün** n, Lichtgrün / acid green || ~**haltig** adj / acid adj, acidic adj, containing acid, acidiferous adj || ~**härtend** adj / acid-hardening adj || ~**härter** m / acid catalyst || ~**hydrolyse** f / acid hydrolysis || ~**kammer** f, Säurekasten m / souring tank || ~**katalysator** m / acid catalyst || ~**kochecht**

adj / fast to acid boiling, fast to boiling acid || **≈kochechtheit** *f* / fastness to acid boiling, fastness to boiling acid || **≈kräuselung** *f* / acid crimping || **≈kufe** *f* / acidifying back (GB), acidifying beck (US) || **≈küpe** *f* / acid vat || **≈lagerechtheit** *f* (Färb) / storage stability in acidiferous atmosphere || **~löslich** *adj* / acid-soluble *adj* || **≈löslichkeit** *f* / acid-solubility *n* || **≈lösungsverfahren** *n* / acid-dissolving process || **≈mattierung** *f* / acid etching || **≈-Naßdampf-Entwicklung** *f* / acid wet development || **≈presse** *f* / mangling machine, mangle *n* || **≈radikal** *n* / acid radical || **≈resistenz** *f* / resistance to acid[s] || **≈rest** *m* / acid radical || **≈rückstand** *m* / acid residue || **≈schaden** *m* / acid damage || **≈schleuder** *f* / acid centrifuge, acid hydroextractor || **≈schnelldämpfer** *m* / flash ager for acid steaming

Säureschock·bad *n* / acid shock bath || **≈färbeverfahren** *n* / acid shock dyeing method || **≈färbung** *f* / dyeing fixed by acid shock treatment || **≈fixierung** *f* / acid shock fixation || **≈foulardverfahren** *n* / acid shock padding method

Säure·schutzhandschuhe *m pl* / acidproof gloves || **≈schutzkleidung** *f* / acidproof clothing || **≈spaltung** *f* / acid cleavage || **≈spender** *m* / acid donor || **≈spiegel** *m* / acid level || **≈spinnverfahren** *n* / acid spinning process || **≈trog** *m* / souring tank || **~überfärbeecht** *adj* / fast to acid cross-dyeing || **≈überschuß** *m* / excess of acid || **≈verdampfung** *f* / acid vaporizing || **≈violett** *n* / acid violet || **≈walke** *f* / acid fulling (US), acid milling (GB) || **~walkecht** *adj* / fast to acid milling, fast to acid fulling || **≈walkechtheit** *f* / fastness to acid milling, fastness to acid fulling || **≈walkfarbstoff** *m* / acid milling dyestuff (GB), acid fulling dyestuff (US) || **≈walkmaschine** *f* / acid milling machine (GB), acid fulling machine (US) || **≈wäsche** *f* / acid washing || **≈widerstandsfestigkeit** *f* / resistance to acid[s] || **≈zahl (SZ)** *f* / acid number, acid value, acid equivalent || **≈zufuhr** *f* / feeding of acid

„Sauschwanz" *m*, „Sauschwänzchen" *n* (Web, Strick/Wirk) / feeder *n*, [wire] thread guide, thread plate

Savonnerie-Teppich *m* / Savonnerie rug (Fr)

Saxony *m*, Saxonystoff *m* (Gewebe aus Merinostreichgarnen mit leichter Meltonappretur, häufig gemustert als Glencheck, Pepita oder Hahnentritt) / Saxony *n* || **≈-Teppich** *m* / Saxony carpet

Sayettegarn *n* / smallware yarn, sayette yarn, stocking yarn, semi-worsted yarn

Schäbe *f* (Flachs, Hanf) / shive *n*, boon *n*, shove *n* (GB)

schabecht *adj* (Beschicht) / fast to scraping

schäben·frei *adj* / free from shives || **≈werg** *n* / shive tow

Schaber *m* (allg) / scraper *n* || **≈streichmaschine** *f* / blade coater, inverted blade with multiroll applicator, flexiblade coater, flooded nip inverted blade coating unit, trailing blade [coating unit] || **≈streifen** *m pl* / felt stripes for doctors || **≈walze** *f* / doctor roll[er]

schäbig *adj* / shabby *adj*

Schablone *f* (Web) / stencil plate || **≈** (Siebdr) / [film] screen, screen stencil || **≈** (für Aufzeichnen auf Stofflängen) / stencil *n*, template *n*, pattern *n* || **mit ≈ drucken** / stencil *v*

Schablonen·druck *m* (Textdr) / screen printing, silk-screen printing, film printing, stencil printing || **≈feinheit** *f* (Siebdr) / screen mesh size || **≈feinheitsbereich** *m* (Siebdr) / screen mesh size range || **≈füllung** *f* / screen filling || **≈gaze** *f* / screen gauze, gauze fabric, gauze cloth || **≈lack** *m* / screen varnish, screen-print lake || **≈masse** *f* / screen filling || **≈platte** *f* (Web) / stencil plate || **≈platte** (Siebdr) / screen plate || **≈rahmen** *m* (Siebdr) / film screen frame, screen frame || **≈rahmen** (Web) / stencil frame || **≈rolle** *f* / screen roller || **≈seide** *f* / stencil silk, screen silk || **≈umdruckverfahren** *n* (Textdr) / transfer process || **≈wagen** *m* / printing carriage, screen-printing carriage, screen carriage

schablonieren *v* / stencil *v*, screen *v*, transfer on to screens || **≈** *n* (Web) / stencilling *n* || **≈** (Siebdr) / screening *n*

Schabloniermaschine *f* / screen printing machine, screening machine

Schabracke *f* / saddlecloth *n*, horse blanket, horse cloth, saddle blanket

Schabstelle *f* / friction mark

schachbrettartig *adj* / chessboard-like *adj*, chequered *adj*, checked *adj*, checkered *adj*

Schacht·scheidestoff *m* / brattice cloth || **≈trockner** *m* / tower drier

Schädelkäppchen *n* / skull-cap *n*

schaden *v* / damage *v* || **≈** *m* / damage *n*

schädigen *v* / damage *v*

Schädiger *m* / tendering substance

Schädigung *f* (bes. Fasern) / tendering *n* || **≈ durch Chlor** / chlorine damage || **≈ durch Chlorretention** / chlorine-retention damage

Schädigungseffekt *m* / tendering effect, damaging effect

schädlich *adj* (für die Gesundheit) / noxious *adj*

Schaffell *n* / fleece *n*, sheepskin *n* || **≈ mit grober Wolle** / cast wool || **mit ≈ gefüttert** / fleece-lined *adj*

Schaf·markierungsfarbe *f* / sheep dyestuff || **≈rasse** *f* / sheep breed || **≈schere** *f* / sheep shears, sheep clippers, shears *pl*, wool shears *pl* || **≈schermaschine** *f* / sheep-shearing machine || **≈schur** *f* / clipping *n*, wool shearing, wool clip, sheep-shearing *n*

Schafsvlies *n* / fleece *n*

Schaft *m* (Web) / heald frame (GB), heald shaft (GB) || **≈** (Strumpf) / leg *n* || **≈ des Webstuhls** / shaft of the loom, leaf *n* || **≈ geht in das Oberfach** (Web) / shaft forms the upper shed || **≈ in das Oberfach ziehen** (Web) / draw the shaft in the upper shed || **≈ in das Unterfach ziehen** (Web) / draw the shaft in the lower shed || **≈ in der Mittellage erhalten** (Web) / maintain the shaft in the mid-position || **flacher gestreckter ≈ einer Wirkmaschinennadel** (DIN 62151) / flat groove shank of needle for knitting machine || **≈aufhänger** *m* / harness wire || **≈bewegung** *f* (Web) / harness motion, heald [frame] motion, harness drop || **≈einsteller** *m* (Web) / shaft levelling device || **≈einzug** *m*, Geschirreinzug *m* (Web) / heddling *n*, pass *n* || **≈feder** *f* / shaft spring || **≈gewebe** *n* (Web) / fabric woven with heald frames, fabric woven with shafts, dobby weave fabric || **≈haken** *m* / heald frame hook || **≈halter** *m* / heald frame support || **≈hebel** *m* / heald frame lifting lever, shaft lifting lever || **≈hebevorrichtung** *f* (Web) / shaft raising device || **≈hebung** *f* / shaft raising || **≈höhe** *f* (Web) / height of the healds, height of the shaft || **≈karte** *f* / dobby card || **≈kette** *f* / harness chain || **≈litze** *f*, Helfe *f* / heald *n*, heddle *n*

Schaftmaschine *f* (Web) / heald loom, dobby machine, dobby *n* || ≗ **für Hoch- und Tiefffach**, Doppelhubschaftmaschine *f*, Auf- und Niederzugmaschine *f* / double lift[ing] dobby, centre shed[ding] dobby || ≗ **für Hoch-, Tief- und Stehfach** / dobby for lifting, lowering and open shed || ≗ **für Hochfach** / dobby for lifting || ≗ **für Tieffach** / dobby for lowering || ≗ **mit kraftschlüssiger Bewegung der Platinen**, negative Schaftmaschine / negative dobby, non-positive dobby || ≗ **mit zwangsläufiger Bewegung der Platinen**, positive Schaftmaschine / positive dobby

Schaftmaschinen·karte *f* / dobby card || ≗**schwinge** *f* / dobby jack || ≗**teilung** *f* (Web) / pitch of needles in the dobby || ≗**ware** *f* / dobby cloths *pl*

Schaft·messer *n* (Web) / draw knife, lifting knife || ≗**nadel** *f* / stem needle || ≗**platine** *f* / catch of the dobby || ≗**prisma** *n* (Web) / lag barrel || ≗**rahmen** *m* (Web) / metal heald frame || ≗**regler** *m* / heald levelling motion || ≗**reiter** *m* (Web) / heald frame rider, heald frame slider || ≗**riemen** *m* / heald strap || ≗**schemel** *m* (Web) / treadle *n* || ≗**schnur** *f* / heald frame cord || ≗**socke** *f* / normal sock || ≗**stab** *m* (Web) / heald frame rod, shaft stave, shaft rod || ≗**steuerung** *f* (Web) / shaft control || ≗**stuhl** *m* / chain loom || ≗**stütze** *f* / heald frame support || ≗**ware** *f* / shaft fabric || ≗**weberei** *f* / dobby weaving || ≗**webstuhl** *m*, Schaftwebmaschine *f* / dobby loom, chain loom || ≗**wechsel** *m* (Web) / shedding motion || ≗**werk** *n* (Web) / harness *n* || ≗**zahl** *f* / number of heald frames || ≗**zug** *m* / heald [frame] motion || ≗**zugvorrichtung** *f*, Hebevorrichtung *f* der Schäfte / shaft raising motion || ≗**zylinder** *m* / card cylinder

Schaf·wolle *f* / sheep['s] wool || ≗**zucht** *f* / sheep breeding

Schal *m* / scarf *n*, shawl *n*, neck scarf, muffler (GB) *n*, ascot *n* (US), comforter *n*

Schale *f* (Baumwolle) / husk *n* || ≗ (Faser) / shell *n*

Schalen·gehalt *m* **des Baumwollfaseranteils** / husk content of the cotton component || ≗**teilchen** *n pl* / seed trash (US)

Schalkragen *m* / shawl collar

Schall·rückstauung *f* / acoustic baffling || ~**schluckende textile Wandbespannung** / acoustextile *n*

Schalt·arm *m* **für Kantenrechenstab** (Strick/Wirk) / point rod shifting bracket || ≗**exzenter** *m* (Strick/Wirk) / indexing cam || ≗**exzenter für Zwickelkette** (Strick/Wirk) / lace chain indexing cam || ≗**hebelverbindung** *f* **für zentralen Zwickelapparat** (Strick/Wirk) / centre lace shifting linkage || ≗**klinke** *f* (Strick/Wirk) / pawl *n*, racking pawl || ≗**rad** *n* (Strick/Wirk) / rack wheel, racking wheel || ≗**rad** (Spinn) / winding ratchet wheel || ≗**schiene** *f* (Web) / index bar || ≗**stab** *m* **für Abschlagvorrichtung** (Strick/Wirk) / knock-over bit shift rod || ≗**stift** *m* (Web) / peg to move the quadrant rack || ≗**trommel** *f* (Strick/Wirk) / control drum, index drum || ≗**trommel der Rundstrickmaschine** / welt drum of circular knitting machine

Schampun *n* / shampoo *n*

Schampunierechtheit *f* / fastness to shampooing

Schampunieren *n* / shampooing *n*

Schantung *m*, Schantungseide *f* / shantung *n*

Schappe *f* (taffetbindiges Gewebe für Kleider und Blusen aus Schappeseide) / schappe [silk] fabric || ≗**garn** *n*, Schappegespinst *n* / schappe [silk] yarn, waste silk yarn || ≗**gewebe** *n* / schappe [silk] fabric || ≗**seide** *f* (Seidengarn, gesponnen aus Seidenabfällen) / schappe silk, waste silk, floret silk || ≗**seidenband** *n* / schappe ribbon || ≗**seidengarn** *n* / schappe [silk] yarn, waste silk yarn || ≗**seidenspinnerei** *f*, Schappespinnerei *f* / schappe [silk] spinning, waste silk spinning, floret spinning

„Schappe-spun"-Nylonzwirn *m* / schappe-spun nylon twist

Schappezwirn *m* / schappe silk twist

Schär·anlage *f* / warping machine and creel || ≗**aufschlag** *m* / warping surcharge || ≗**band** *n* (Web) / band of warp threads, warp layer, section of warped threads || ≗**bandkreuz** *n* / warping lease || ≗**bandzahl** *f* / number of warper bands || ≗**bank** *f* / warp[ing] creel || ≗**baum** *m*, Kettbaum *m* / beam *n*, back beam, loom beam, warp beam, warping beam, weaver's beam, yarn beam, yarn roller || ≗**baumgestell** *n* / beam creel || ≗**blatt** *n* (Web) / wraithe *n* || ≗**blatthalter** *m* (Web) / wraithe holder || ≗**breite** *f* (Web) / warping width, warp width || ≗**brief** *m* / card of warping

schären *v* (Web) / warp *v* || ≗ *n* / warping *n* || ≗ **auf dem Baum** / beam warping || ≗ **von Kurzkettfäden** / mill warping || **abschnittsweises** ≗, Schären *n* in Abschnitten / section[al] warping

scharf·er Druck / clean print, clear print outlines *pl* || ~ **geschnitten** / clear-cut *adj* || ~ **getrocknet** / flint dry || ~**e Konturen** *f pl* (Textdr) / sharp outlines || ~**e Küpe** / sharp vat || ~**er Stand der Küpe** / sharpness ot the vat || ~**er Stand des Druckes** / (prints have) sharp outlines || ~ **stehende Druckverdickung** / thickening producing sharp outlines || ~**e Umrisse** *m pl* (Textdr) / clean-cut edges, clean-cut outlines || ~**e Wäsche** / sharp washing || ≗**draht** *m* (Spinn) / hard twist

Schärfe *f* / sharpness *n* || ≗ **der Reserve** / sharpness of the resist

schärfen, das Bad ~ (Färb) / prime the bath, sharpen the bath || **die Flotte** ~, die Flotte verschärfen (Färb) / prime the liquor, sharpen the liquor || **die Küpe** ~ (Färb) / sharpen the vat || ≗ *n* (Färb) / sharpening *n*

scharf·konturig *adj* / sharply defined, sharply outlined || ~**konturiges Muster** / sharp-edged design || ~**stehend** *adj* / sharply outlined || ~**stehende Küpe** / well-sprung vat

Schär·garn *n* / warp thread, warp yarn, warp thread end || ≗**gatter** *n* / beaming creel, bank creel, warp[ing] creel || ≗**geschwindigkeit** *f* / warping speed || ≗**gewicht** *n* / warping weight || ≗**haspel** *f* / warping reel, warping spool

Scharlach·eiche *f* / kermes oak || ≗**körner** *n pl* / kermes grains *pl* || ~**rot** *adj* / scarlet *adj*, scarlet red *adj* || ≗**rot** *n* / scarlet *n*, hunter's pink, hunter's red

Schär·länge *f* / warping length || ≗**maschine** *f* / warping reel, warping machine, warping frame || ≗**maschine** (DIN 63401) / sectional warp[ing] machine || ≗**maschine für Tüllherstellung** / string warp machine || ≗**maschine mit Kettbaum**, Schärmaschine mit Schärbaum / beam warper || ≗**muster** *n* (Web) / repeat of warp threads, warp pattern, warp repeat

Scharniernadel *f* (Strick/Wirk) / latch needle

Schärpe *f* / sash *n* || ≗ (breites Taillenband für Männer) / cummerbund *n*, kummerbund *n*

Scharpie *f* / lint *n*

Schär·rahmen *m* / warping frame, warping machine || **gerader ≗rahmen** / long warp-reel || **≗riet** *n* / warping comb, warping reed || **≗stock** *m* / [bank] creel || **≗trommel** *f* (DIN 62500) (Trommel zum Aufwickeln einzelner Teilabschnitte einer Kette in voller Fadendichte ab Schärgitter) (Web) / warping cylinder, warping drum, swift *n* || **≗- und Bäummaschine** *f* / warping and beaming machine || **≗verhältnis** *n* / warping ratio || **≗zettel** *m* / plan of warp particulars

Schatten *m* / shadow *n* || **≗atlas** *m* / ombré *n*, ombrays *pl* || **≗druck** *m* / mottled effect print || **≗färbung** *f* / shadow dyeing, ombré dyeing, rainbow dyeing || **≗köper** *m* / shaded twill || **≗kretonne** *f* / shadow cretonne (woven from printed warp and white o. dyed weft) || **≗musterung** *f* / ombré effect || **≗rips** *m* / shadow rep || **≗spitze** *f* / bobbin fining, shadow lace || **≗streifenstoff** *m* / shadow fabric || **≗streifenstoffe** *m pl* / shadings *pl*, shadow stripes, shadow fabrics || **≗strumpf** *m* (Strumpf) / picture frame heel, silhouette heel, shadow splicing || **~trocken** *adj* / shade-dried *adj* || **≗voile** *m* / shadow voile

schattieren *v* (Färb) / grade *v*, shade *v*, graduate *v* || **≗** *f* / shading *n*, tinting *n*

schattierend·e Bindung / ombré weave, shadow weave || **~er Druck** / ombré print[ing] || **~e Färbung** / ombré dyeing, rainbow dyeing, shadow dyeing || **~e Musterung** / ombré effect

schattiert·er Druck / shadow print, fondu printing, ombré print, rainbow printing, rainbowing *n* || **~e Färbung** / ombré dyeing, shadow dyeing, rainbow dyeing || **~ gefärbte Ware** / shaded goods *pl* || **~e Musterung** / shaded design

Schattierung *f* / shadowing *n* || **≗**, leichter Farbton / tinge *n*, tint *n*, shade *n*, cast *n*, tincture *n*

Schau *f* / inspection *n*

Schaufel·[rad]-Färbemaschine *f* / paddle dyeing machine, paddle wheel dyeing machine || **≗rührer** *m* / paddle stirrer || **≗schaftmaschine** *f* / Hodgson dobby || **≗trockner** *m* / paddle blade drying unit, paddle drying unit

Schaufensterpuppe *f* / dummy *n*

Schaukelbreithalter *m* / oscillating expander, oscillating stretcher

Schau-, Lege-, Ausbreit- und Meßmaschine *f* / inspecting, folding, unfolding and measuring machine

Schaum *m* / foam *n* || **≗** (Seife) / lather *n* || **≗ direkt auf Textilien aufschäumen** / spread foam direct on the fabric || **≗apparat** / foaming device, frothing device || **~arm** *adj* / low-foaming || **~armes Waschen** / low-foam washing || **~armes Waschmittel** / low sudsing detergent

Schau·maschine *f* / cloth looking machine, cloth inspecting table || **≗maschine für Schlauchware** / circular fabric examining machine, circular fabric inspecting machine

schäumbar *adj* / foamable *adj*, expandable *adj* (plastics)

Schaum·beschichtung *f* / foam coating || **≗beständigkeit** *f* (DIN 53902) / foam resistance, foaming stability || **≗bildner** *m* / frothing agent || **≗bildung** *f* / formation of foam, foaming *n* || **Mittel** *n* **gegen ≗bildung**, Schaumdämpfungsmittel *n* / foam inhibitor, defoamer *n*, foam suppressor, antifoam *n* || **≗dämpfungsmittel** *n* **auf Silikonbasis** / silicone-based foam suppressant

Schäumeigenschaft *f* (Seife) / lathering property, sudsing property

Schaumeigenschaften *f pl* / foaming characteristics

Schaumeister *m* / cloth examiner

schäumen *v* / foam *v*, lather *v* || **≗** *n* / foaming *n*, lathering *n*, sudsing *n* || **≗**, Blähen *n* / intumescence *n*

Schaum·entwässerung *f* / foam drainage || **≗faden** *m* / foam fibre

Schäumfähigkeit *f* / foaming capacity, sudsing capacity

Schaum·färber *m*, Schaumfärbeapparat *m* / foam dyeing machine, froth dyeing machine || **≗färberei** *f* / froth dyeing, dyeing in foam || **≗färbeverfahren** *n* / froth dyeing process || **≗fleck** *m* / froth stain || **≗förderer** *m* / foam improver || **~freies Dispergiermittel** / non-foaming dispersing agent || **~freies Egalisier[ungs]mittel** / non-foaming levelling agent || **≗garn** *n* / loft yarn || **~gebremst** *adj* / foam inhibited (detergent), foam suppressed (detergent) || **≗gummi** *n m* / latex foam [rubber]

schaumig *adj* / foamy *adj*

Schaum·imprägnierung *f* / foam impregnation || **≗kraft** *f* / foaming capacity

Schäumkraft *f* (eines Waschmittels) / sudsing performance (of detergent)

Schaum·mittel *n* / foaming agent, frothing agent || **≗polystyrol** *n* / expanded polystyrene || **≗reinigung** *f* / foam cleaning || **≗rücken** *m* / foam back || **≗schlaggerät** *n* (Matpr) / foam forming apparatus || **≗stabilisator** *m* / foam stabilizer, foam stabilizing compound || **≗stabilität** *f* / foam stability, foam persistence

Schaumstoff *m* / foam *n*, expanded plastic || **mit ≗ laminierte Textilien** / foambacked textiles || **mit ≗ laminierter Artikel** / foamback *n*

Schaumstoffaden *m* / foam plastic thread, foam fibre

schaumstoff·beschichteter Flanell / foam backed flannel || **~beschichtetes Gewebe** / foamback *n*, foam backed woven fabric || **~beschichtetes Gewirke** / foamback *n*, foam backed knitted fabric || **~beschichtetes Textil** / foam backed fabric || **≗beschichtung** *f* / foam coating, foam backing || **≗bondieren** *n* / foam bonding || **≗-Fixierung** *f* **durch Aufkleben** / foamback-fixation by adhesive || **≗-Fixierung durch Hitzeeinwirkung** / foamback-fixation by heat || **≗-Fixierung durch Verschweißen** / foamback-fixation by fusion || **≗-Folie** *f* / expanded sheet, sheet of foam || **≗garn** *n* / foam yarn || **≗kaschieren** *n*, Schaumstoffkaschierung *f* / foam bonding, foam backing || **≗kissen** *n* / foamed plastics cushion || **≗laminat** *n* / foamback *n* || **≗laminieren** *n* / foam laminating, laminating with foam

Schaumstoffolie *f* / expanded sheet, sheet of foam

Schaumstoff·-Schichtstoff *m* / foam laminate || **≗-Teppichrückenbeschichtung** *f* / foam carpet backing || **≗/Textil-Kaschierung** *f* / foam laminating || **≗typ** *m* / foamed plastics type || **≗unterseite** *f* / foam backing || **~verbundene Textilien** *pl* / foam-to-fabric laminates, foambacks *pl*, foam laminates || **~verbundener Jersey** / foam laminated jersey

Schäumungsmittel *n* / foaming agent

Schaum·unterlage *f* / foam underlay || **≗verbesserer** *m* / lather booster || **≗verhinderungsmittel** *n*, Schaumverhütungsmittel *n* / foam inhibitor, foam suppressor, antifoam [agent], defoamer

Schäum·vermögen *n* (DIN 53902) / foaming capacity, tendency to form foam (textile chemicals) || **²vermögen** (eines Waschmittels) / sudsing performance (of detergent)
Schaum·verstärker *m* / foam improver || **²wäsche** *f* / foam cleaning || **²wert** *m* / foaming value || **²wert** (von Seife), Schaumzahl *f* / lather value || **²zahlen** *f pl* / foaming characteristics || **²zerstörungsmittel** *n* / foam inhibitor, defoamer *n*, froth preventing agent, foam suppressor
Schau·reck *n* / stretcher for fabric inspection || **²seite** *f* / face *n* (of fabric), cloth face, right side, upper side || **~seitig veredelte Ware** / face goods *pl* || **²tisch** *m* / inspection table || **²- und Meßmaschine** *f* / cloth examining, inspecting and measuring machine || **²- und Wickelmaschine** *f* / inspecting and rolling machine
scheckig *adj* / spotty *adj*, speckled *adj* || **~e Färbung** / spotty dyeing || **~es Garn** / partly coloured yarn, spotted yarn, speckled yarn
Scheibe *f* / disc *n* || **²** (Teilkettbaum) / flange *n*
Scheiben·gardine *f* / casement curtain, panel curtain, brise-bise *n* || **²hülse** *f* (DIN 61805) / double-flanged bobbin || **²messer** *n* / circular knife || **²mischer** *m* / disc-shaped agitator || **²spule** *f* (DIN 64618) (Spinn) / flanged bobbin, flanged spool || **²spulmaschine** *f* / flanged bobbin winder || **²walzenstrecke** *f* / circular drawing, ring-guide [circular] drawing frame, disc-plate circular drawing machine
Scheide·flügel *m* / separating heald frame || **²kamm** *m* / dividing comb
Schein *m* / sheen *n*, shine *n* || **²** (auf Baumwolle) / blush *n* (on cotton)
scheinbare Berührungsfläche / apparent contact area
Schein·decken *n* (Strumpf) / mock fashioning || **²dreherbindung** *f* / mock leno weave, open-work weave || **²drehergewebe** *n* / mock leno || **²grat** *m* (Web) / mock rib || **²köper** *m*, falscher Köper / false twill || **²-Minderstellen** *f pl* (Strumpf) / mock fashioning marks, artificial fashioning || **²naht** *f* (Strumpf) / mock seam, false seam
Scheitel·hose *f* (Mode) / vertical line trousers *pl* || **²käppchen** *n* **der Priester** / calotte *n*
Schellack *m* / shellac *n* || **²knotengarn** *n*, Schellackperlgarn *n* / shellac bead yarn || **²steife** *f* (Hutm) / shellac stiffening
Schemelschaftmaschine *f* (Web) / Crompton's dobby, dobby with jacks
Schenkel *m* / U-tube *n* (Standfast machine) || **² eines Reißverschlußzahns** (Reißv) / leg of tooth || **²decken** *n*, Schenkelminderung *f* (Strumpf) / flare narrowing, thigh narrowing || **²wolle** *f* / breech wool *n*, shanking *n*
Scher·abfall *m* / cropping waste, shearings *pl* (of cloth) || **²baum** *m* / back beam || **²beanspruchung** *f* / shear stress
Schere *f* (allg) / scissors *pl* || **²** / shears *pl*, cutter *n*
scheren *v* (allg) / cut *v* || **~** (Gewebe) / shear *v*, clip *v*, crop *v* || **auf der rechten Seite ~**, die rechte Seite scheren / shear on the right side, shear the face, crop the face, crop the right side || **das Gewebe kahl ~** / crop the nap of the fabric || **²** *n* / shearing *n* || **² der Gewebe** / cloth shearing || **²aussparung** *f* (DIN 64685) (Web, Schützen) / cutter recess || **²bildung** *f*, Chelatbildung *f* / chelation *n* || **²rock** *m* (Mode) / scissors skirt || **²schnitt** *m* / scissors cutting
Scher·fehler *m* / shearing fault || **²flocke** *f* (von Schaf) / cropping flock, cropping waste, shearing flock || **²flocken** *f pl* (von Tuch) / shearings *pl* (of cloth) || **²gefälle** *n* / shear gradient || **²haar** *n* / shearings *pl* (of cloth) || **²haare** *n pl* (von Schaf) / shearing flocks || **²-Koagulations-Spinnmethode** *f* / turbulent forming spinning method || **²kraft** *f* / shear force || **²kraftdiagramm** *n* / shear force diagram || **²kraftmodul** *m* / shear modulus || **²loch** *n* / hole *n* (from shearing) || **²maschine** *f* / shearer *n*, cutting machine, shearing machine, shearing device, cropping machine || **²messer** *n* (Tuchh) / cutting blade, shearing blade, cropping blade || **²messer- und Scherzylinderschleifmaschine** *f* / grinding machine for shearing blades and shearing cylinders || **²nachgiebigkeit** *f* / shear compliance || **²passage** *f* / shearing pass (pile) || **²plüsch** *m* / cropped warp-knitted pile fabric, cut-plush fabric, sheared plush || **²spannung** *f* / shear stress || **²staub** *m* / shearings *pl* (of cloth) || **²tisch** *m* / shearing table || **²- und Schneidemaschine** *f* / shearing and cropping machine || **²verformung** *f* / shear deformation || **²verlust** *m* / shearing loss || **²vorrichtung** *f* / cropping attachment || **²widerstand** *m* / shear resistance || **²wolle** *f* / shearing wool, shearing flock || **²zähigkeit** *f* / shear viscosity || **²zeug** *n* / shearing tool || **²zylinder** *m* / cutting cylinder, shearing cylinder || **²zylindermesser** *n* / shearing cylinder blade
Scheuer·abfall *m* / abrasion waste || **~beständig** *adj* / wear-resistant *adj*, crock-resistand *adj* || **²beständigkeit** *f* / abrasion resistance, wear resistance, rub[bing] fastness, fastness to crocking (US) || **²bürste** *f* / scrubber *n* (brush) || **~echt** *adj* (Färb) / rub-fast *adj*, crock-resistant *adj* (US) || **²echtheit** *f* (Färb) / rub[bing] fastness, fastness to crocking (US), crock[ing] fastness (US) || **²effekt** *m* / abrasive effect, abrading effect || **²effekt in tangentialer Richtung** / tangential abrasion effect || **~fest** *adj* / abrasion-proof *adj*, abrasion-resistant *adj*, scuff-resistant *adj* || **~fest** *adj* (Färb) / rub-fast *adj*, crock-resistant *adj* (US) || **~fest** *adj* (verschleißfest) / wear-resistant *adj* || **²festappretur** *f* / abrasion resistance finish || **²festigkeit** *f* (Gew) / fastness to chafing, resistance to chafing || **²festigkeit** (Färb) / rub[bing] fastness, fastness to crocking (US), crock[ing] fastness (US) || **²festigkeit** (Verschleißfestigkeit) / wear resistance || **²festigkeitsprüfapparat** *m*, Scheuerfestigkeitsprüfer *m* / [fabric] abrasion tester, crocking meter, crockmeter *n*, rubb[ing] fastness tester || **²lappen** *m* / scourer *n* (cloth), swab *n*, scouring cloth || **²leiste** *f* (Strumpf) / reinforced selvedge || **²mittel** *n* / abradant *n*, abrasive *n*
scheuern *v* / rub *v*, abrade *v* || **~**, mit der Bürste reinigen / scrub *v*, scour *v* || **~** *vi* / chafe *v*, gall *v* || **²** *n* / abrasion *n*, abrasive effect, rubbing *n* || **²** (beim Tragen) / galling *n*, chafing *n*
Scheuer·probe *f* / rubbing test || **²prüfgerät** *n* / abrasion tester || **²prüfgerät für Textilien** / fabric abrasion tester || **²prüfung** *f* / abrasion resistance test[ing], abrasion test[ing] || **²schaden** *m* / abrasion damage || **²seife** *f* / scouring soap || **²stelle** *f* / chafe mark || **²trommel** *f* / tumbling tub || **²tuch** *n* / scouring cloth || **²verschleiß** *m* / abrasion wear, abrasive wear || **²verschleißprüfmaschine** *f* / abrasion wear test

machine || **²widerstand** *m* / abrasion resistance, wear resistance, rub[bing] fastness, fastness to crocking (US)
Schicht *f* / coat *n*, layer *n*
Schichtentrennung *f*(Kasch) / delamination *n*
Schicht·gewebe *n* / laminated fabric (GB), cloth laminate, bonded fabric || **²kolloid** *n* / photographic emulsion colloid || **²platte** *f* / laminated sheet || **²preßstoff** *m* / laminate *n* || **²preßstoff** (Textil) / textile laminate || **²seite** *f* / coated side || **²spaltung** *f*(Kasch) / delamination *n* || **²stoff** *m* **aus Textilien und Schaumstoff** / fabric/ foam laminate || **²stoff-Formstück** *n*, Schichtstoff-Preßteil *n* / moulded laminated article || **²tafel** *f* / laminated sheet
Schichtung *f*(Beschicht) / stratification *n*
schichtweise Vermischung, schichtweises Vermischen / sandwich blending
Schiebe·elevator *m*(Wolle) / lifter *n*, lifting fork || **²fensterschnur** *f* / sash cord
schiebefest *adj* / non-slipping *adj*, non-slip *adj*, non-skid *adj*, slip-resistant *adj* || **~e Appretierung** / anti-slip finishing || **~e Ausrüstung** (Tepp) / non-slip finish || **²appretur** *f* / anti-slip finish, slip-proof finish, slip-resistant finish || **²appretur** (Tepp) / non-slip finish || **²ausrüstung** *f* / non-shift finish (warp-weft), anti-slip finish, slip-proof finish || **²ausrüstung** (Tepp) / non-slip finish
Schiebefestigkeit *f* / non-slip property, antislip properties, yarn slippage resistance, slip resistance, resistance to slipping
Schiebefest·machen *n* / non-slip finishing, anti-slip finishing || **²mittel** *n* / anti-slip agent, non-slip finishing agent
Schiebe·klinke *f* / pawl *n* || **²lade** *f* / swivel sley, broché sley || **²ladenwechsel** *m*(Web) / swivel sley change || **²litze** *f*(Web) / sliding heald, sliding heddle || **²masche** *f*(Strick/Wirk) / compound needle
schieben *v*(von Schuß und Kette) (Web) / displace *v* || **²** *n* / slippage *n* || **² von Schuß- und Kettfäden** (Web) / displacement of warp and weft threads
Schieber *m*(Reißv) / slider *n* || **² der Doppelzungennadel** / slide of the two-latch needle || **an den Flanken feststellender ²** (Reißv) / flap lock slider || **durch Reibung feststellender ²** (Reißv) / friction locking slider || **²flansch** *m*(Reißv) / slider flange || **²höcker** *m*(Reißv) / lug *n*, lug of slider || **²körper** *m*(Reißv) / body of slider, slider body || **²maul** *n*(Reißv) / mouth [of slider], slider mouth || **²nadel** *f*(Strick/Wirk) / slide needle, compound needle || **²nase** *f*(Reißv) / cap of slider || **²platte** *f*(Reißv) / slider plate || **²seitenwand** *f* (Reißv) / wall of slider, slider wall
Schiebe·schlitten *m* / traversing carriage || **²welle** *f* (Näh) / feeding shaft
Schiebrad *n*(Näh) / feeding wheel || **²bremse** *f*(Näh) / feeding wheel brake || **²bügel** *m*(Näh) / feeding wheel bow || **²gehäuse** *n*(Näh) / feeding wheel case || **²halteplättchen** *n*(Näh) / feeding wheel position sheet || **²treiber** *m*(Näh) / feeding wheel driver
Schiebungswinkel *m*(Ausrüst) / displacement angle
Schiefer·farbe *f* / slate-colour *n* || **~farben** *adj* / slate-coloured *adj* || **~grau** *adj*(RAL 7015) / slate-grey *adj*
schief hängen / sag *v*(skirt seam etc)
Schiefhängen *n* / sagging *n*(skirt seam etc)
Schielhaar *n* / coarse woolhair, kemp *n*
Schienbeinschützer *m* / shinguard *n*
Schiene *f*(Web) / lease rod || **² für Mittelfeldverdichter** (DIN 64050) / middle condenser rail
Schienen·rute *f*(Web) / rod for supporting the tapestry || **²schläger** *m* / beater scutcher, [knife] blade beater
Schierhaare *n pl* / kemp *n*
Schießbaumwolle *f*, Schießwolle *f* / guncotton *n*, nitrocotton *n*
Schiffchen *n*(Web) / shuttle *n* || **²arbeit** *f* / tatting *n* (operation of producing lace by hand by making various loops to form delicate designs with a shuttle) || **²arbeit machen** / tat *v* || **²spitze** *f* / tatting lace || **²stickerei** *f* / Swiss embroidery, shuttle embroidering || **²stickmaschine** *f*, Schiffchenstickereimaschine *f* / Schiffli embroidery machine, shuttle embroidering machine, Schiffli machine, schiffle machine, Swiss machine || **²stickmaschinenwickel** *m*(DIN 61800) / shuttle embroidering machine bobbin
Schifflistickerei *f* / Schiffli embroidery
schifförmiger Halsausschnitt (Mode) / bateau neck
Schild *n* / side frame (loom)
Schildchen *n* / tag *n*(label)
Schilderblau *n* / pencil blue
Schildkrötkragen *m* / turtle-neck [collar] || **Pullover** *m* **mit ²** / turtle-neck pullover
Schildlaus *f* / scale insect, shield louse
Schilf *n*(Web) / caam *n* || **~grün** *adj*(RAL 6013) / reed green *adj*, sedge green *adj* || **²matte** *f* / reed matting
Schiller·... (in Zssg.) (Web) / fickle [coloured] || **²farbe** *f* / iridescent colour, shot effect || **²filz** *m* / soleil felt || **²glanz** *m* / fickle lustre, nacre effect, iridescent lustre, changeable lustre, nacreous effect, mother-of-pearl effect || **²kragen** *m*(Mode) / open-shirt collar, open-wing collar
schillern *v* / iridesce *v* || **²** *n* / iridescence *n*, changeable effect, shot effect, changeant effect
schillernd *adj*(Web) / fickle [coloured] || **~** / iridescent *adj*, shot-coloured *adj*, rainbow-coloured *adj* || **~e Seide** / shot silk || **~er Stoff** / changeant *n*, shot cloth
Schiller·seide *f* / shot silk || **²stoff** *m* / iridescent fabric, changeant *n*, shot cloth || **²taft** *m* / shot taffeta, changeable taffeta
Schimmel *m* / mildew *n*, mould *n*(GB), mold *n*(US) || **²befall** *m* / mildew attack, mould attack (GB), mold attack (US) || **²beständigkeit** *f* / resistance to attack by mildew, mildew resistance, mould resistance (GB), mold resistance (US) || **²bewuchs** *m* / fungus growth || **²bildung** *f* / formation of mildew, mould growth (GB), mould formation (GB), mildew growth, mold formation (US), mold growth (US) || **~fest** *adj* / mildew-resistant *adj*, fungus-resistant *adj*, mildewproof *adj*, fungus-proof *adj* || **²festappretur** *f*, Schimmelfestausrüstung *f* / mould-resistant finishing *n*, mildew resistance treatment, mildewproofing *n* || **²festausrüstungsmittel** *n* / mould-resistant agent || **²festigkeit** *f* / mildew resistance, mould resistance || **²fleck** *m* / mildew spot, mould spot, mould stain, mildew stain
schimmelig *adj* / mouldy *adj*, mildewy *adj* || **~ werden**, schimmeln *vi* / mould *vi*, decay *vi*
Schimmeln *n* / moulding *n*(mildew)
Schimmel·pilz *m* / mould fungus (GB), mould *n* (GB), fungus *n*, mold fungus (US), mold (US) *n* ||

≗widerstandsfähigkeit *f* (DIN 53931) / mildew resistance, resistance to attack by mildew
Schimmer *m* / glitter *n*, sheen *n*
schimmern *v* / opalesce *v* || ≗ *n* / opalescence *n*
schimmernd *adj* / bright *adj* (shade, fibre), brilliant *adj*, glossy *adj*, lustrous *adj*, shiny *adj* || **~er Futtersatin** / glissade *n*
schimmlig *adj* / mouldy *adj*, mildewy *adj*
Schimmligkeit *f* / mouldiness *n*
Schinieren *n* / variegated colouring
schipprig *adj* / skittery *adj*, tippy *adj* || **~e Färbung** / skittery dyeing, tippy dyeing, skitteriness *n* || **≗färben** *n* (Wolle) / tendency to give skittery dyeings, tendency to give tippy dyeings || **≗färbung** *f* (unruhig wirkende Färbung, vor allem wegen Affinitätsunterschiede) / tippy dyeing
Schipprigkeit *f* (Wolle) / tippiness *n*
Schiras *m* / Shiraz *n* (Persian handmade carpet), Mecca rug || **≗gummi** *m n* / gum Shiraz, Shiraz gum || **≗gummiverdickung** *f* / gum Shiraz paste
Schirm *m* / umbrella *n* || **≗bespannstoff** *m*, Schirmbezugstoff *m* / umbrella cloth || **≗hülle** *f* / umbrella case, umbrella sheath || **≗mütze** *f* / peaked cap || **≗seide** *f* / umbrella silk || **≗stoff** *m* / umbrella cloth
Schirting *m* (stark appretiertes leinwandbindiges Gewebe) / shirting *n*
Schirwan *m* / Shirvan *n* (Caucasian hand-knotted carpet)
Schlacken·faser *f* / slag fibre || **≗wolle** *f* / slag wool
schladden *v* (Taue) / keck *v*, keckle *v*
Schladding *f* / keckling *n*, kickling *n* (old cabling or rope wound around usable cables to withstand chafing)
Schlaf·anzug *m* / pyjamas *pl* (GB), pajama *n* (US), pajamas *pl* || **≗bekleidung** *f* / sleepwear *n*, slumber-wear *n* || **≗decke** *f* / blanket *n*, pallet *n* (US)
schlaff *adj* / limp *adj*, slack *adj*, slabby *adj* || **~er Faden** (Web) / slack end, slack thread || **~er Griff** / flabby handle || **~ werden** / sag *v*
Schlaf·mütze *f* / night cap || **≗rock** *m* / dressing gown, night-gown *n* (usually women), bathrobe *n* (US), robe *n* (US) || **≗sack** *m* / sleeping-bag *n* || **≗sackboden** *m* / sleeping-bag underside
Schlag *m* (Stoß) / impact *n*, shock *n* || ≗ (Vorgang) (Web) / pick *n*, picking *n*, shuttle pick, shuttle shot, shuttle stroke, shuttle throw, picker motion || ≗ (Vorrichtung) (Web) / batten *n*, lath *n* (of loom) || **≗anzahl** *f* (Matpr) / number of impacts || **≗arm** *m* (allg) / beater arm, beater bar || **≗arm** (Web) / picking stick, picking arm, beater stick || **≗armpuffer** *m* / picking stick buffer || **≗blech** *n* (Web) / batten plate || **≗blech** (Strick/Wirk) / fall plate || **≗bürste** *f* / brush beater || **≗einrichtung** *f* / picker mechanism
schlagen, die Baumwolle ~ / batter the cotton || ≗ *n* (bes. Rohbaumwolle) / batting *n* (beating), knocking *n*
Schläger *m* (allg) / beater *n* || ≗ (Web) / picker *n* || **≗abfall** / scutcher waste || **≗deckel** *m* / beater lid || **≗detacheur** *m* / beater detacher || **≗öffner** *m* / beater opener || **≗speisewalze** *f* / beater feed roller
Schlag·exzenter *m* (Web) / picking tappet || **≗feder** *f* / picker spring || **≗feile** *f* (Web) / falling catch of the picking motion || **~fest** *adj* / impact-resistant *adj* || **≗festigkeit** *f* / impact resistance, impact strength || **≗flügel** *m* (allg) / beater arm, beater bar || **≗flügel** (Spinn) / scutcher-beater *n* || **≗herz** *n* (Web) / pick[ing] cam || **≗leiste** *f* / beater blade || **≗maschine** *f* (DIN 64100) (Spinn) / scutcher *n* || **≗maschine** (DIN 64079) / batting machine, beater *n*, beater machine || **≗maschinenregler** *m* / picker evener || **≗maschinenwickel** *m* / picker lap, scutcher lap || **≗methode** *f* (Spinn) / beating method || **≗mühle** *f* / beating mill || **≗nase** *f* (Web) / cam nose, tappet nose || **≗nase** / beater blade || **≗nasenscheibe** *f* / circular beater plate || **≗patrone** *f* (Web) / pattern for card punching, pattern for card cutting, peg plan || **≗platte** *f* **für Schaftkarten** / needle plate for card cutting, punch block || **≗prüfer** *m* / impact tester || **≗prüfung** *f* / impact test || **≗rapport** *m* / picker repeat, picking repeat || **≗riemen** *m* (Web) / lug strap, picker band, picker strap || **≗riemenleder** *n* / picker leather || **≗rolle** *f* / cylindrical bobbin || **≗rolle** (DIN 64523) / picking bowl (jute loom) || **≗rollenbolzen** *m* (DIN 64523) / picking bowl bolt (jute loom) || **≗schaum** *m* (Beschicht) / mechanical foam || **≗schaummaschine** *f* / mechanical frothing machine || **≗schiene** *f* / beater blade || **≗spindel** *f* / picking shaft, picking spindle (jute loom) || **≗stock** *m* (allg) / beater arm, beater bar || **≗stock** (Web) / picking stick, picking arm, beater stick || **≗stockführung** *f* / picker stick motion, picking stick motion || **≗stockrückholfeder** *f* / picking stick return spring || **≗trittnase** *f* / picking nose on under-pick || **≗trommel** *f* (Spinn) / porcupine cylinder, porcupine roll[er] || **≗- und Kopiermaschine** *f* (Web) / cutting and repeating machine || **≗- und Wickelmaschine** *f* / scutcher and lap machine || **≗versuch** *m* / impact test || **≗vorrichtung** *f* (Web) / pick motion, picker motion || **≗welle** *f* (Web) / picking shaft, tappet shaft || **≗werk** *n* (Web) / punch box || **≗wolf** *m* (Spinn) / tearing machine, willowing machine, willow *n*, willey *n*, teaser *n* || **≗wolf** (DIN 64162) / beater opener
Schlamm *m* / slime *n*, slurry *n*, sludge *n* || **≗bildung** *f* / formation of sludge
schlämmen *v* / elutriate *v*, flush *v* || ≗ *n* / elutriation *n*, flushing *n*
Schlämm·kaolin *n* / kaolin *n* || **≗kreide** *f* / carbonate of lime, precipitated chalk
Schlapphut *m* (Mode) / sloppy hat, slouch hat || ≗ / trilby [hat] *n*, wide-awake hat
Schlauch *m* (Strick/Wirk) / circular fabric, tubing *n*, tube *n* || ≗ (Masch) / hose *n* || **≗ mit Gummieinlage** / rubber-lined canvas hose || **im ≗ färben** / dye in hose form, dye in tubular form || **im ≗ gestrickte Ware** (Meterware zum Konfektionieren von Unterwäsche und Oberbekleidung) (Strick/Wirk) / tubular fabric, tubular goods || **im ≗ trocknen** / tubular-dry *vt* || **≗arbeit** *f* / tubular knitting || **≗bindung** *f* / tubular structure || **≗breite** *f* / width of the knitted fabric tube || **≗breithalter** *m* / stretcher for tubular goods || **≗cop** *m* (Spinn) / tubular cop, hollow cop || **≗decke** *f* (Gew) / hose duck
Schlauchen *n* / hollow cop winding
Schlauch·folie *f* / tubular film || **≗form** *f* (Strick/Wirk) / tubular form || **~förmiges Band** / tubular banding || **~förmiger Litzenbesatz** / rattail *n* || **≗gestrick** *n* (Strick/Wirk) / tubular fabric, tubular knit[ted] fabric, tubular goods || **≗gewebe** *n* / woven hose, tubular weave, circular goods, circular fabric || **≗gewebe für Kissenbezüge** / pillow tubing
Schlauchkops *m* (DIN 61800) (Spinn) / tubular cop, hollow cop || ≗ (für Textilglas) / non-rewound pirn

(bobbin for weaving textile glass) || **≈automat** / automatic tubular cop winder || **≈dosenspinnmaschine** *f* / pot spinning frame for hollow cops || **≈dosenspinnmaschine für die Streichgarnspinnerei** (DIN 64012) / hollow cop box spinning frame for carded yarn spinning || **≈dosenspinnmaschine für Streichgarn** (DIN 64012) / cop spinning machine for carded yarns || **≈spulmaschine** *f*(Spinn) / hollow cop winder, winding machine for tubular cops, hollow cop winding frame || **≈wechsler** *m* / hollow cop changing loom || **≈wickler** *m*(Spinn) / tubular cop winder

Schlauch·kötzer *m*(Spinn) / tubular cop, hollow cop || **≈litze** *f*(Näh) / spaghetti binding || **≈litzenapparat** *m*(Näh) / spaghetti attachment || **≈maschine** *f* (Strick/Wirk) / circular work machine, tubular fabric [knitting] machine || **≈nadel** *f*(Strickmasch) / pipe needle || **≈öffner** *m* / tube opener || **≈öffnungsmaschine** *f*(Strick/Wirk) / tube opening machine || **≈rand** *m*(schlauchförmiger regulärer Anfang) (Strick/Wirk) / tubular welt || **≈reihe** *f* / tubular knit course || **≈schloß** *n*(Strick/Wirk) / circular lock, tubular lock, tubular cam || **≈schloßmaschine** *f* / tubular lock knitting machine, tubular locking machine || **≈schützen** *m* / shuttle for hollow cops || **≈stellung** *f*(Strick/Wirk) / tubular set of cams || **≈stricken** *n* / tubular knitting || **≈teil** *m* **eines Hebers** (Strickmasch) / circular cam || **≈trikot** *m n*(Strick/Wirk) / tubular tricot, tubular fabric, tubular goods || **≈trockenapparat** *m* / circular drying machine, tubular drier || **≈trockner** *m*(Strick/Wirk) / tube drier || **≈walke** *f* / tubular fulling mill

Schlauchware *f*(allg) / circular goods, circular fabric, tubular fabric, tubular goods *pl* || **≈** (Web) / tubular weave || **≈** (Strick/Wirk) / circular knit[ted] goods, circular knit || **≈** (Strumpf) / woven hose || **poröse ≈ in Dreherbindung** / leno cellular

Schlauch·warentrockner *m* / drier for tubular goods || **≈waschmaschine** *f* / washing machine for tubular goods || **≈watte** *f* / tubular wadding || **≈wendemaschine** *f*(Strick/Wirk) / turning machine for tubular fabrics || **≈wirken** *n* / tubular knitting

Schlaufe *f* / loop *n* || **≈** (an Kleidungsstücken) / tab *n* || **≈** (eines Stiefels) / tag *n*(boot)

schlaufen·artig *adj* / looped *adj* || **≈eintrag** *m* / loop insertion || **≈fadenführer** *m* / loop thread-guide || **≈fangen** *n* / loop catching || **≈fänger** *m* / loop catcher || **≈garn** *n* / loop yarn, snarl yarn || **≈kette** *f* / terry warp || **≈teppich** *m* / hooked rug

schlechtfarbige Wolle / discoloured wool

Schleier *m* / veil *n* || **≈ der moslemischen Frauen** / yashmak *n* || **≈bildung** *f*(Spinn) / ballooning *n* || **≈bildung** (Färb) / blooming *n*, clouding *n* || **≈brecher** *m*(Spinn) / antiballooning device || **≈stoff** *m* / veiling *n*, voile *n*

Schleif·brett *n* / emery board || **≈druck** *m* / tip printing

Schleife *f* / bow *n*, tie *n* || **≈** (Strick/Wirk) / loop *n*, knitting stitch, knitted stitch || **≈n bilden** / loop *v*

schleifen *v*(allg) / emerize *v*, polish *v* || **~** (Beschicht) / buff *v* || **~** (Hutm) / pounce *v* || **≈** *n*(allg) / polishing *n* || **≈** (Beschicht) / buffing *n* || **≈ des Kratzenbeschlages** / card grinding || **~artig** *adj* / looped *adj* || **≈bildung** *f* / loop formation || **≈dämpfer** *m* / loop steamer || **≈fangen** *n*(Näh) / loop catching || **≈fänger** *m*(Näh) / loop catcher || **~förmig** *adj* / loop-like *adj* || **≈garn** *n* / loop yarn || **≈garn** (Effektzwirn mit Schlaufen) / snarl yarn || **≈reihe** *f*(Strick/Wirk) / row of loops || **≈schiene** *f* / loop bar || **≈stich** *m* / spark stitch, loop[ed] stitch || **≈teppich** *m* / loop pile carpet, looped carpet || **~trocknen** *v* / loop-dry *v* || **≈trockner** *m* / loop drier, festoon drier || **≈übertragungsfunktion** *f*, Schleifenumhängefunktion *f* / loop transfer function || **≈zwirn** *m*, Schlingenzwirn *m*, Ringelzwirn *m* / loop ply yarn, loop yarn

Schleif·gerät *n* / grinding apparatus || **≈gewebe** *n*, Schleifleinen *n* / abrasive cloth, emery cloth || **≈maschine** *f* / grinding machine || **≈maschine für Rauhkratzen** / raising roller grinding machine || **≈mittel** *n* / abrasive *n* || **≈mittelvliese** *n pl*(für die Küche usw.) / abrasive articles || **≈molette** *f* / grinding roll[er] || **≈papier** *n* / abrasive coated paper, abrasive paper || **≈rolle** *f* / abrasive roll[er], grinding roll[er] || **≈scheibe** *f* / abrasive disc, grinding wheel, abrasive wheel || **≈taster** *m*(DIN 64990) / slide tracer || **≈trommel** *f* / grinding roll[er], emery[-covered] roller || **≈tuch** *n* / saddle grinder, emery cloth || **≈walze** *f* / abrasive roll[er], grinding roll[er], emery[-covered] roller

Schleim *m* / slime *n*, sludge *n*

Schleißhanf *m* / stripped hemp

Schleppe *f*(eines Kleides) (Mode) / tail *n*, train *n*, trail *n*

Schlepper *m*(chem) / introfier *n*, penetrator *n* || **≈mulde** *f*(der Krempel) / dirt pan (of a card) || **≈substanz** *f* / introfier *n*, penetrator *n*

Schlepp·netz *n* / dragnet *n*, seine *n* || **≈schuß** *m*(Web) / slack weft (defect) || **≈walze** *f* / carrier roller

schlesisch·es Gewebe / Silesia *n* || **~e Wolle** / Silesian wool || **≈leinen** *n* / Silesia linen

Schleuder *f* / spin-drier *n*, extractor *n*, hydroextractor *n*, whizzer *n*(US)

schleuderbar *adj* / extractable *adj*, can be spun dry

schleuder·feucht *adj* / spin-damp *adj* || **≈flügel** *m* / centrifugal flyer || **≈gang** *m* / centrifuging cycle || **≈gebläse** *n* / centrifugal blower || **≈käfig** *m*, Schleuderkorb *m* / hydroextractor cage, hydrocage *n* || **≈maschine** *f* / centrifugal extractor, hydroextractor *n*

schleudern *v*(Wäsche) / spin-dry *v*, centrifuge *v*, whiz *v*(US), hydroextract *v* || **≈** *n* / hydroextraction *n*, whizzing *n*(US), spin-drying *n*, centrifuging *n*

Schleuder·raum *m* / centrifugal chamber || **≈rührer** *m* / centrifugal stirrer || **≈spinnen** *n* / pot spinning || **≈spinnmaschine** *f* / centrifugal pot spinning machine, pot spinning frame, centrifugal spinning machine || **≈spinnverfahren** *n* / pot spinning method || **~trocken** *adj* / spin-dry *adj* || **≈trockenmaschine** *f*, Schleudertrockner *m* / centrifugal drier, spin-drier *n*, whizzer *n*(US), hydroextractor *n* || **≈trommel** *f* / centrifugal drum || **≈verfahren** *n* / centrifugal method || **≈zeit** *f* / spinning time (spin-dry) || **≈zentrifugaltrockner** *m* s. Schleudertrockenmaschine

schlicht *adj* / plain *adj* || **~e Webart** / tabby weave || **≈anlage** *f* / sizing machine || **≈aufnahme** *f* / size take-up || **≈auftragvorrichtung** *f* / sizing pad || **≈baum** *m* / sizing beam, slasher's beam || **≈bürste** *f* / dressing brush, size brush

Schlichte *f*(Ausrüst) / size *n*, sizing *n*, slashing agent, dubbing *n*, sizing agent, dressing *n* || **die ≈ auftragen** / apply the size || **≈auflage** *f*, Schlichteaufnahme *f* / size pick-up || **≈bad** *n* / sizing bath, sizing liquor || **≈baum** *m* / sizing beam,

slasher's beam || ²bürste f / sizing brush || ~echt adj / fast to sizing || ²echtheit f / fastness to sizing || ²färben n / dyeing in the size || ~fest adj / fast to sizing || ²fett n / sizing grease || ²film m / sizing film || ²fleck m / size stain || ²flotte f / sizing liquor, sizing bath || ~frei adj / free from size || ²gemisch n / sizing mix || ²hilfsmittel n / sizing assistant
Schlichteinrichtung f(DIN 63401) / size box, size vat, sizing vat
Schlichte·kessel m / size boiler, size cooker || ²kochen n / size cooking || ²kocher m / size boiler, size cooker || ²kochung f / size cooking || ²maschine f / sizing machine || ²masse f / sizing paste || ²mischer m / size mixer || ²mischung f / sizing mix || ²mittel n(Ausrüst) / size n, sizing agent, slashing agent, dressing n, dubbing n
schlichten v / size v, dress v, slash v || ² n / sizing n, sizing process, slashing n, dressing n || ² **bei Niederdruck** / frosting n || ² **der Kettfäden** / warp sizing || ² **im Strang** / hank sizing || ² **von Baum zu Baum** / beam-to-beam sizing
Schlichte·öl n / size lubricant, sizing oil || ²produkt n / sizing preparation
Schlichter m / dresser n
Schlichterei f / sizing room
Schlichte·rest m, Schlichterückstand m / sizing residue || ²temperatur f / sizing temperature || ²trog m / size box, size vat, slash vat, size trough, size beck (GB), quetch (US) n, sizing vat, size back (US) || ²tuch n / sizing flannel || ²verfahren n / sizing method, slashing process
Schlicht·färben n / slasher dyeing || ²fehler m / sizing fault || ²hose f / wrapping for a sizing roller || ²maschine f / sizing machine, slasher n, dressing machine, slashing machine, tape frame (GB) || ²**maschine für Kettfäden** / warp sizing machine || ²**maschine mit Heißlufttrocknung** / hot air sizing machine || ²mittelgemisch n / sizing mix || ²öl n / size lubricant, sizing oil || ²stelle f(Web) / hard size (defect) || ²**-, Trocken- und Bäummaschine** f / sizing , drying and beaming machine || ²walze f / dressing cylinder, sizing roller, size box roller || ²walzenschlauch m / wrapping for a sizing roller
Schlierenbildung f / striation n, stripiness n
Schließdrahtfontur f(Strick/Wirk) / closing wire bar
Schließer m(Reißv) / slider n
Schließnaht f(Näh) / joint seam, assembly seam || ² (Strick/Wirk) / closing seam
schliffiger Griff / smooth handle
Schlinge f / loop n, noose n || ², Aufhänger m / tag n, tab n || ² **des ungeschnittenen Samtes** / pile loop, plush loop, terry loop || ² **im einlaufenden Faden** (Fehler) / kink n || **in** ²**n gelegter Spinnfaden** / looped strand
Schlingen n(Fehler) / snarling n || ²anfälligkeit f / snarling tendency || ~artig adj / looped adj || ²ausschläger m / loop opener || ~**bildende Kette** / loop warp || ²bildner m(Näh) / looper n
Schlingenbildung f / formation of loops, loop formation || ² (Fehler) / snarling n, formation of kinks (defect), kinking n, formation of snarls (defect) || **Vorrichtung** f **zur Verhütung von** ² **beim Fadenablauf** / anti-snarl device
Schlingen·-Bouclé m / looped bouclé || ²drähte m pl / looping wires || ²effektgarn n / bouclé yarn || ²-Endlosgarn n / loop yarn || ²faden m(Tepp) / loop pile || ²faden, Polfaden m / pile thread || ²fänger m(Strick/Wirk) / snarl catcher || ²fänger (Web) / rotating shuttle || ²festigkeit f(Tepp) / tuft ravel resistance, tuft lock || ²festigkeit (Festigkeit der Schlingen) / loop efficiency, loop strength, loop resistance || ²festigkeit (gegen Schlingenbildung) / non-looping property, non-looping fastness || ²flor m(Tepp) / loop pile, uncut pile, looped pile || ²florausrüstung f / drawn pile finish || ²florgewebe n / uncut pile fabric || ²florteppich m / loop pile carpet, looped carpet || **nicht aufgeschnittener** ²**florteppich** / loop pile tufted carpet || ²flor-Tuftingmaschine f / loop pile tufting machine || ~förmig adj / loop-like adj || ²garn n / loop yarn, frill yarn || ²garnzwirnmaschine f / loop yarn twister || ²gestrick n / knitted pile fabric || ²gewebe n / loop fabric, loop cloth || ²gewirk n / knitted pile fabric || ²höchstzugkraftdehnung f / loop breaking extension || ²höchstzugkraftverhältnis n / relative loop strength || ²hub m(Näh) / needle bar rise, needle rise || ²kante f / loop[ed] selvedge, loopy selvedge || ²kette f / snarl-warp n, loop warp, terry warp || ²leiste f / loop[ed] selvedge, loopy selvedge || ²litze f(Web) / link heald, link heddle || ²maschenware f / plush knitted fabric || ²-Öffnen n(Fehler) / pile burst || ²öffnungsgarnitur f(Tepp) / loop lifting device, pile lifting device || ²plüsch m / loop pile plush, looped plush, looping plush, loop plush || ²polteppich m / loop pile carpet, looped carpet || ²polware f / loop pile fabric || ²popelin m, Schlingenpopeline f / terry poplin || ²seele f / heart loop || ²stich m / loop[ed] stitch || ²stich (Näh) / festoon stitch || ²stoff m / looped fabric || ²teppich m / uncut pile carpet, loop pile carpet, looped carpet || ²ware f / loop fabric || ²widerstand m / loop strength || ²zugversuch m / loop tensile test (yarn) || ²zwirn m / loop [ply] yarn || ²zylinder m / looping cylinder
Schling·faden m(Tepp) / looping end || ²faden (Strick/Wirk) / turning thread || ²helfe f(Web) / link heald, link heddle || ²kantenapparat m / leno selvedge apparatus || ²stich m(Näh) / festoon stitch || ²stich / loop[ed] stitch
Schlingung f / twist n
Schlips m / tie n, necktie n
Schlitten m(Strick/Wirk) / carriage n, sliding frame, slide n || ²führung f(Strick/Wirk) / carriage guide, slide rail || ²führungswelle f(Strick/Wirk) / carriage guide bar || ²gabel f(Strick/Wirk) / carriage fork || ²gleitbahn f(Strick/Wirk) / carriage slide || ²hemmung f(Strick/Wirk) / carriage jamming || ²schloßteil n(Strick/Wirk) / carriage cam
Schlitz m(Mode) / slit n, vent n || ² **am Frauenreitanzug** / habit back placket || ² **in Kleidungsstücken** (zum leichteren An- und Ausziehen) / placket slit || ²ärmel (Mode) / slashed sleeve, slit sleeve || ²düsenauftragmaschine f (Beschicht) / air knife coater
schlitzen v / split v, slit v
Schlitz·fadenreiniger m / slit thread cleaner || ²tasche f(Mode) / slit pocket, welt pocket || ²trommel f, Fadenführertrommel f / grooved drum (winding frame), split drum || ²trommelspulmaschine f / split drum winder
Schloß n(Web) / frog n || ² (Reißv) / slider n || ²antriebsring m(Strick/Wirk) / main drive ring || ²bahn f(Strick/Wirk) / cam channel, knitting race-way, knitting channel, cam groove || ²**bahn für Fang**, Schloßbahn f für Perlfang / tucking track

Schlößchen *n* (Strick/Wirk) / frog *n*
Schloß·dreieck *n* (Strick/Wirk) / cam *n* || **≈kanal** *m* (Strick/Wirk) / cam track, knitting race-way, knitting channel, cam groove, cam channel, needle race || **≈karte** *f* (Strick/Wirk) / lock card || **≈kasten** *m* (Strick/Wirk) / cam box, cam plate || **≈klinke** *f* (Strick/Wirk) / lock latch, lock pawl || **≈laufbahn** *f* (Strick/Wirk) / cam raceway || **≈mantel** *m* (Strick/Wirk) / cam box ring, cam section ring || **≈mantel des oberen Zylinders** / top cylinder cam box || **≈mantelantrieb** *m* (Strick/Wirk) / cam drive || **≈mittelteil** *n* (Strick/Wirk) / central cam || **≈platte** *f* (Strick/Wirk) / cam box plate, cam plate || **≈platte mit automatisch arbeitendem Ringelapparat** / automatic selective striping cam ring section || **≈radfalle** *f* (Strick/Wirk) / cam wheel catch || **≈stellung** *f* (Strick/Wirk) / cam position || **≈steuerung** *f* (Strick/Wirk) / cam control || **≈stützring** *m* / cam retainer ring || **≈teil** *n* (Strick/Wirk) / cam *n*, needle cam || **≈teil der Schlauchwirkmaschine** / cam for tubular knitting || **≈teilgruppe** *f* / set of cams || **≈umstellung** *f* (Strick/Wirk) / cam position change || **≈winkel** *m* (Strick/Wirk) / cam angle
Schlupf *m* / slippage *n* || **≈ausschnitt** *m* (Mode) / slashed neck[line] || **≈effekt** *m* (Vliesst) / adhesive failure
Schlüpfer *m* / briefs *pl*, panties *pl* (GB), panty *n* (US), knickers *pl* (GB) || **≈** / open-bottom girdle || **≈ in knielanger Form** / below-the-knee panty || **≈ mit langem Beinansatz** / above-the-knee panty || **≈ mit Strumpfhalter** / garter girdle || **≈ mit verstärkter Gesäßpartie** / moulded back panty
Schlupfhandschuh *m* / pull-on glove
schlüpfriger Griff / slippery handle
Schlupfschuh *m* / slipper *n*
Schluß *m* (Web) / body *n*, strength *n* || **≈arbeiten** *f pl* **der Ausrüstung** / final finish || **≈behandlung** *f* / final treatment || **≈drehung** *f* (Spinn) / final twist
Schlüsselborde *f* (Tepp) / key border
Schluß·fixierung *f* (Ausrüst) / final set || **≈strich** *m* (Beschicht) / final coat, top finish, top coat, finishing coat || **≈wickel** *m* / finisher lap
Schmacken *n*, Schmackieren *n* / treatment with sumac
schmal·es Band (Web) / tape *n* || **~er Büstenhalter** / bandeau *n* || **~es Einfaßband** / stay tape || **~ fixieren** (Ware) / fix below [full] width || **~es Leinenband** (Web) / tape *n* || **~es Pelzkollier** (Mode) / tie *n* || **~e Posamentenlitze** / soutache *n* || **~e Sohlenverstärkung** (Strumpf) / sandal foot splicing || **≈band** *n* / narrow tape, narrow ribbon, narrow band || **≈bandfilter** *m n* / narrow band filter || **≈bandübertragung** *f* / narrow band feed || **≈gewebe** *n* / narrow fabric, narrow ware, narrow goods *pl*, smallware *n*, tape *n* || **≈gewebe mit Gummischuß** / narrow elastic webbing || **≈weberei** *f* / narrow weaving, smallware weaving
Schmälze *f* (Wolle, Spinn) / lubricant *n*, spinning oil, lubricating oil, greasing agent, carding oil, softening oil, spinning lubricant
Schmälzeinrichtung *f* (DIN 64100) / oiler *n*, oiling installation, lubricating device
schmälzen *v* (Wolle, Spinn) / lubricate *v*, oil *v*, grease *v*, soften *v* || **≈** *n* (Wolle, Spinn) / greasing *n*, lubricating *n*, oiling *n*, softening *n*
schmalziger Griff / greasy handle
Schmälz·maschine *f* (Wolle) / greasing machine || **≈masse** *f* (Spinn) / lubricant *n* || **≈mittel** *n*, Schmälzöl *n* (Wolle, Spinn) / wool lubricant, textile oil, spinning oil, greasing agent, processing lubricant, lubricating agent, lubricant *n*, batching oil, tearing oil || **≈prozeß** *m* (Wolle) / greasing process || **≈vorrichtung** *f* / lubricator *n* || **≈wolf** *m* / oiling willow
Schmelz·ausdehnung *f* / melting dilatation || **≈bad** *n* / molten bath || **≈bandspinnen** *n* / ribbon spinning
schmelzbar *adj* (Beschicht) / fusible *adj* || **~** / meltable *adj* || **~e Faser** / melded fibre, fusible (fibre) *n* || **~es Garn** / fusible thread
Schmelz·beschichtung *f* (Kasch) / melt film coating || **≈beschichtung** / flame-lamination process
Schmelze *f* / fused mass, fusion *n*, melt *n*
schmelzen *v* / melt *vt* || **≈** *n* / fusion *n*, melting *n*
Schmelz·faser *f* / melded fibre, fusible (fibre) *n* || **≈faser** (Vliesst) / thermoplastic fibre || **~flüssig** *adj* / molten *adj* || **≈flußspinnen** *n* (Schmelzspinnverfahren) / melt spinning || **~gesponnener Elementarfaden** / melt-spun filament || **≈-Heterofäden** *m pl* / nylon heterofibres || **≈index** *m* / melt index, melt flow index (MFI) || **≈kalandrierung** *f* / melt calendering || **≈klebefaser** *f* / melded fibre, fusible (fibre) *n* || **≈klebefasergewebe** *n* / melded fabric || **≈klebefasergewebe** *n pl* / meldeds *pl* (melded fabrics) || **≈kleber** *m* (Beschicht) / fusible *n* || **≈kleber** / melting adhesive, hot-setting adhesive, hot-melt adhesive || **≈kristallisation** *f* / melt crystallization || **≈kügelchen** *n pl* / melt balls (singeing) || **≈metall** *n* **für Kontinuefärberei** / molten metal for continuous dyeing || **≈punkt** *m* / fusing point, melting point (M.P.) || **≈rost** *m* / melt spinning grid, melting grid || **≈schleuder** *f* / melting centrifuge || **≈schrumpfung** *f* / fusion shrinkage || **≈spinnanlage** *f* / melt spinning line || **≈spinnen** *n* / melt spinning, extrusion spinning, melt extrusion || **≈spinnstoff** *m* (Vliesst) / spunbonded *n*, spunbonded material, spunbonded nonwoven, spunbonded fabric || **≈spinnverfahren** *n* / melt spinning process, melt spinning, melt extrusion || **≈tauchen** *n*, Schmelztauchverfahren *n* / hot dip coating [process] || **≈temperatur** *f* / melt temperature, melting temperature || **≈viskosität** *f* / melt viscosity, melting viscosity || **≈vlies** *n* / fusible fabric, melded fabric || **≈wärme** *f* / heat of fusion, melting heat
Schmetterlings·binder *m* / club bowtie (in midnight blue or black with a dinner jacket) || **≈naht** *f* (Mode) / butterfly seam || **≈puppe** *f* / chrysalis *n*
Schmierdocht *m* / lubricating wick
Schmiere *f* / grease *n*, lubricant *n*
schmieren *v* / grease *v*, lubricate *v*
Schmier·fett *n* / grease *n*, lubricant *n* || **≈filz** *m* / greasy felt || **≈mittel** *n* **für Textilzwecke** / textile lubricant || **≈schuß** *m* / oil-stained weft || **≈seife** *f* / soft soap, yellow soap, green soap
schmierungsfreie Nadelkette / lubrication-free pin chain
Schmier·wolf *m* / lubricating willow || **≈wolle** *f* / grease wool, wool in the suint, wool in the yolk, wool in the grease
Schmirgel *m* / emery *n* || **≈brett** *n* / emery board || **≈leinen** *n*, Schmirgelleinwand *f* / emery cloth, abrasive cloth || **≈maschine** *f* / abrasive machine, emery machine, emerizing machine
schmirgeln *v* / emerize *v*, emery *v*
Schmirgel·papier *n* / emery paper || **≈paste** *f* / emery paste || **≈scheibe** *f* / emery disc, abrasive disc,

emery wheel || ≗**staub** *m* / emery dust || ≗**trommel** *f* / emery[-covered] roller || ≗**tuch** *n* / abrasive cloth, emery cloth || ≗**walze** *f* / emery[-covered] roller

Schmitz *m*, Schmitze *f*(Tuchh) / furrow *n*

Schmuck·feder *f*(Mode) / ornamental feather, plume *n*, fancy feather || ≗**stich** *m* / ornamental stitch

Schmutz *m* / impurity *n*, soil *n* || ≗ **annehmen** / have high dirt retention || ≗**ablagerung** *f* / deposit of dirt, sediment of dirt, soil deposition || ~**ablösende Ausrüstung**, passive Schutzausrüstung / soil-release finish (special treatment for improved release of dirt particles in domestic washing) || ≗**ablösung** *f*, Schmutzabsonderung *f* / removal of dirt, dirt removal || ~**abstoßend** *adj* / soil-repellent *adj*, dirt-repellent *adj*, dirt-resisting *adj* || ~**abstoßende Appretur**, schmutzabstoßende Ausrüstung, aktive Schutzausrüstung / anti-soil[ing] finish, soil-repellent finish, dirt-repellent finish || ~**abstoßende Eigenschaft** / soil repellency

schmutzabweisend *adj* / soil-repellent *adj*, non-soiling *adj*, low soiling, dirt-repellent *adj*, dirt-resisting *adj* || ~**e Appretur** s. schmutzabstoßende Appretur || ~ **ausrüsten** / anti-soil *v*, make soil-repellent || ~**e Ausrüstung** / soil-repellent finish, low-soiling finish, stain release finish, dirt-repellent finish, anti-soil[ing] finish || ~**e Behandlung** / anti-soil treatment, dirt-repellent treatment || ~**e Eigenschaft** / soil repellency || ~**es Mittel** / soil-repellent agent || ~**er Teppich** / low soiling carpet, soil-repellent carpet

Schmutz·abweisungsbehandlung *f* / dirt-repellent treatment || ≗**aufziehvermögen** *n* **mittels elektrostatischer Kräfte** / soil attraction by static || ≗**auswaschbarkeit** *f* / soil release (SR), soil-release effect (SR effect) || ~**belastete Waschlauge** / used detergent solution || ≗**beseitigung** *f* / soil removal || ~**beständig** *adj* / soil-resistant *adj* || ≗**empfindlichkeitsprüfer** *m* / soiling sensitivity tester

schmutzen *vi* / stain *vi*

Schmutz·faden *m* / soiled end, dirty end, soiled thread, soiled pick || ≗**fänger** *m* / dirt catcher, dirt collector || ≗**farbe** *f* / dirty colour || ≗**festigkeit** *f* / resistance to soiling || ≗**fleck** *m* / dirt stain, stain *n*, dirt spot || ≗**flotte** *f* / dirty liquor, used liquor || ≗**gehalt** *m* / dirt content, impurity content || ≗**haftung** *f* / soil adherence

schmutzig·e Färbung / dirty shade || ~**e Wäsche** / soiled linen

Schmutz·lauge *f* / scouring liquor || ≗**lösemittel** *n* / dirt solvent || ~**lösend** *adj* / dirt-dissolving *adj*, detergent *adj* || ~**lösendes Mittel** (allg) / degreasing agent || ≗**lösevermögen** *n* / dirt-dissolving capacity, dirt-dissolving power, dirt-dissolving property, soil-removing property, soil-removing capacity

Schmutzper-Tank *m* / tank for soiled perchloroethylene

Schmutzsichtbarkeit, geringe ≗ (einer Faser) / high soil-hiding properties

Schmutz·stelle *f*(Web, Defekt) / spot *n* || ≗**teilchen** *n* / dirt particle, soil particle, particles of soil and dirt || ≗**test** *m* / soil test, soiling test || ≗**testgewebe** *n* / test soiled fabric || ≗**träger** *m* / anti-redeposition agent, soil carrier || ≗**tragevermögen** *n* / anti-redeposition power (detergent), soil suspending property (of washing liquor), soil-carrying capacity, emulsifying property for dirt || ≗**trog** *m* / soiled liquor trough || ≗**walke** *f* / milling in the grease (GB), grease fulling (US), grease milling (GB) || ≗**walze** *f*(Spinn) / dirt roller || ≗**wiederaufziehvermögen** *n* **aus der Waschflotte** / soil redeposition (SRD) || ≗**wolle** *f* / yolk wool *pl*, wool in the grease, raw wool, greasy wool, unwashed wool

Schnabel *m*(Web) / bill *n*

Schnalle *f* / buckle *n*, clasp *n*

Schnauen *f pl*(Wolle) / folds *pl*

Schnecke *f*(Extr) / worm *n*, endless screw || ≗ **des Warenabzuges** / take-up worm

schnecken·förmig *adj* / spiral *adj* || ≗**mischer** *m* / screw mixer || ≗**presse** *f* / extruder *n* || ≗**rührer** *m* / helical-type agitator || ≗**spritzmaschine** *f* / extruder *n* || ≗**strangpresse** *f* / screw-type extruder || ≗**wickler** *m* / scroll winder

Schnee·schimmel *m* / pink snow mould || ~**weiß** *adj* / snow-white *adj*

Schneid·abstand *m*(Näh) / trimming margin || ≗**ausrüstung** *f* **mit Dualklingenvorrichtung** (Fil) / twin blade slitting equipment

Schneide·konverter *m* / cutting converter, breaking converter || ≗**lineal** *n* / cutting rule || ≗**linie** *f*(Tuchh) / cutting line || ≗**maschine** *f* / cutting machine, cutting device, cutter *n* || ≗**maschine für Flock** / flock-cutting machine

schneiden *v* / cut *v*

Schneider *m* / tailor *n*, fitter *n* (of garments) || ≗**abfall** *m* / clippings *pl* || ≗**arbeit** *f* / tailoring *n* || ≗**bügeleisen** *n* / tailor's goose

Schneiderei *f* / tailoring *n* || ≗**abfälle** *m pl* / tailor's cuttings

Schneider·elle *f* / tailor's yard || ≗**kostüm** *n* / tailor-made woman's suit, coat and skirt, tailored costume, tailor-made costume || ≗**kreide** *f* / tailor's chalk, soap chalk, French chalk, Venetian chalk (for marking fabrics) || ≗**leinen** *n* / brown cloth, tailor's canvas || ≗**leinwand** *f*(Web) / tailor's linen

schneidern *v* / tailor *v*

Schneider·puppe *f* / dressmaker's dummy, tailor's dummy, mannequin *n* || ≗**schere** *f* / tailors shears *pl* || ≗**watte** *f* / tailor's wadding

Schneide·schere *f* / cutting shears *pl* || ≗**tisch** *m* / cutting table, shearing table || ≗**vorrichtung** *f* / cutting attachment, cutting device

Schneid·konverterverfahren *n* / tow-to-top cutting system || ≗**konvertierung** *f* / conversion by cutting || ≗**länge** *f* / length of cut (shear) || ≗**-, Roll- und Meßmaschine** *f* / cutting , rolling and measuring machine || ≗**rute** *f* / cutting wire || ≗**strumpf** *m* / warp knitted stocking, tricot stocking (US) || ≗**- und Ausrüstungsmaschine** *f* / cutting and finishing machine || ≗**ware** *f* / cut fabric (not fully fashioned) || ≗**werkzeug** *n* / chopper *n*, cutter *n*

schnell *adj* / fast *adj* || ~ **aufziehen** (Färb) / strike fast, go rapidly on to the fibre || ~ **brennbar** / fast burning || ~ **egalisierendes Färben** / rapid level dyeing || ~**er Planetenrührer** / planetary impeller || ~ **ziehender Farbstoff** / dyestuff with rapid pick-up, dyestuff with rapid uptake

Schnellade *f*(Web) / fly shuttle lay

schnellaufend·er Faden / high-speed thread || ~**er Färbefoulard** / high-speed mangle || ~**er Webstuhl** / high-speed loom

Schnelläufer·kämmaschine *f*(Spinn) / high-speed comber || ≗**kettenstuhl** *m* / high-speed warp knitting loom, tricot warp knitting machine || ≗-

Links/Links-Flachstrickmaschine *f* / high-speed links/links flat knitting machine || ≗maschine *f*(Web) / high-speed frame || ≗webstuhl *m*, Schnelläuferwebmaschine *f* / high-speed loom
Schnellaufwebautomat *m* / high-speed automatic loom
Schnell·bleiche *f* / quick bleach, rapid bleaching || ~**bleichend** *adj* / quick-bleaching *adj* || ≗**dämpfapparat** *m* / rapid steaming apparatus, rapid ager || ≗**dämpfen** *n*(Textdr) / flash ageing || ≗**dämpfer** *m* / high-speed steamer (GB), rapid steamer (GB), rapid ager (US) || ≗**dämpfverfahren** *n* / flash ageing process (two-phase printing), rapid ageing process, short steaming method || ≗**entschlichtung** *f* / rapid desizing
Schneller *m* / hank *n*, skein *n* || ≗ (Web) / [loom] driver, [loom] picker || ≗ / whip *n*(band weav)
Schnell·färbemethode *f* / accelerated dyeing method, rapid dyeing method || ≗**fixiermethode** *f*, Schnellfixierverfahren *n*(Färb) / rapid fixation method, rapid dwell method || ≗**flechtmaschine** *f* / high-speed braiding machine, high-speed plaiting machine || ≗**hefter** *m* / express stitcher || ≗**kettenwirkmaschine** *f* / high-speed tricot knitting machine, high-speed warp knitting machine || ≗**mischer** *m* / impeller *n* || ≗**näher** *m* (Näh) / high-speed seamer || ≗**nähmaschine** *f* / high-speed sewing machine || ≗**netzer** *m* / rapid wetter, rapid wetting agent || ≗**presse** *f* / high-speed press, rapid press || ≗**röste** *f* / speed retting || ≗**rührer** *m* / high-speed impeller, impeller *n* || ≗**schärapparat** *m* / high-speed warping machine || ≗**schären** *n* / high-speed warping || ≗**schärvorrichtung** *f* / rapid warper || ≗**schützen** *m*(Web) / fly shuttle, flying shuttle || ≗**schwarz** *n* / rapid black || ≗**spinnen** *n* / high-speed spinning || ≗**strickwolle** *f* / double knitting wool || ≗**test** *m* / short-time test || ≗**titrierung** *f* / rapid titration || ≗**trenn-Reißverschluß** *m* / Q.D. (quick disassembly) zipper, Q.R. (quick release) zipper || ~**trocknend** *adj* / quick-drying *adj*, fast-drying *adj* || ≗**trockner** *m* / rapid drier, rapid package drier || ≗**verband** *m*, Schnellverband[s]pflaster *n* (DIN 53357) / adhesive bandage, adhesive dressing, adhesive plaster || ≗**verfahren** *n* / high-speed process, shortened method, rapid method || ≗**walze** *f* / fly *n*, card fancy || ≗**walze** (Spinn, Web) / fancy roll[er] || ≗**wäscherei** *f* / launderette *n* || ≗**waschmaschine** *f* / rapid washer, high-speed washing machine || ≗**waschmittel** *n* / rapid detergent || ~**ziehender Farbstoff** / dyestuff with rapid pick-up, dyestuff with rapid uptake
Schnitt *m*(Mode) / cut *n*, style *n* || ≗ (Näh) / cut-out *n* || ≗**änderung** *f* / cloth modification || ≗**bindung** *f* / double plain weave || ≗**faden** *m*(bei Cord) / cut fibre || ≗**faser** *f* / staple fibre, fibre staple, ribbon fibre || ~**fest** *adj*(Tepp) / frayproof *adj* || ≗**flock** *m* (Flock) / cut flock || ≗**flor** *m*(Tepp) / cut loop, cut pile || ≗**florgewebe** *n* / cut-pile fabric || ≗**flortuftingmaschine** *f* / cut-pile tufting machine || ≗**folie** *f*(Kasch) / sliced sheet || ≗**glas** *n* (Glasfasern) / chopped strands || ≗**höhen-Mikrometereinsteller** *m* / micrometer cut adjuster (shearing machine)
schnittiges Garn / irregular yarn (defect)
Schnitt·kante *f* / raw edge || ≗**länge** *f* / staple length, length of cut || ≗**längenmischung** *f* / staple length blend || ≗**leiste** *f* / split selvedge || ≗**leiste** (Strick/Wirk) / centre selvedge, centre selvage || ≗**linie** *f* (Tuchh) / cutting line, cut mark || ≗**markiergerät** *n* / cutting marker || ≗**matte** *f* / chopper strand mat || ≗**modell** *n* / fashion model
Schnittmuster *n*(Näh) / dress pattern, pattern *n*, paper pattern || ≗**-Auslegen** *n*(Näh) / pattern placing || ≗**-Entwurf** *m* / pattern making || ≗**-Gradierung** *f* / pattern grading || ≗**-Markiergerät** *n* / pattern marker
Schnitt·punkt *m* / intersecting point || ≗**rute** *f*(Tepp) / pile wire || ≗**samt** *m* / cut velvet || ≗**schablone** *f* (Näh) / pattern *n* || ≗**schlinge** *f*(Tepp) / cut loop || ≗/**Schlingen-Flor** *m*(Tepp) / cut/loop pile || ≗**ware** *f* / piece goods *pl* || ≗**waren** *f pl* / haberdashery *n* (GB), smallwares *pl*, mercery *n*, notions *pl*(US), dry goods (GB) || ≗**warenhändler** *m* / linen draper (GB) || ≗**zahl** *f* **des Scherzylinders** / cutting rate of shearing cylinder
Schnitzel *n m* / chip *n*(synth. fibre prod.) || ≗ *pl* (Vliesst) / cuttings *pl* || ≗**extraktion** *f* / extraction of chips (manmade fibres) || ≗**masse** *f*, Schnitzelmaterial *n* / macerate *n* || ≗**preßmasse** *f* / macerate moulding compound
Schnörkel *m*, Schnörkelverzierung *f* / scroll *n*
Schnur *f* / string *n*, twine *n*, cord *n* || ≗**annäher** *m* (Näh) / cord carrier
Schnürband *n* / braided lace, stay binding
Schnurbesatz *m* / cord edge, piping *n*
Schnürbrett *n*(DIN 60052 und DIN 63001) (Web) / cord board, comber board, harness board
Schnürchen *n* / fine string || ≗**batist** *m* / corded batiste || ≗**drell** *m* / corded dimity || ≗**musselin** *m* / corded muslin || ≗**perkal** *m* / corded percale
schnüren *v* / band *v*, lace *v* || ≗ *n*(Web) / tying up, tying *n*
Schnürenbatist *m* / batiste rayé
Schnürlbatist *m* / corded batiste
Schnürloch *n*(Näh) / lacing hole, eyelet *n* || ≗**maschine** *f* / eyelet machine
Schnürlsamt *m*(Gew) / cord *n*, corduroy *n*, rib velvet, cord velvet
Schnürnadel *f* / bodkin *n*, tape needle
Schnurpreßmasse *f* / cord filled moulding material
Schnurre *f* / shirr *n*
Schnürsenkel *m* / shoe-lace *n* || ≗ (für Stiefel) / boot lace
Schnurtrommel *f* / cord cylinder, tape cylinder
Schnürung *f*(Web) / tie-up *n*(gaiting), harness mounting *n*, harness tie, cording *n*, tying *n*, tying up, harness tying, harness draft || ≗ (Mode) / lacing *n*(corsetry)
Schnur·verschluß *m*(an Kleidungsstücken) / string fastening, frog *n* || ≗**wirtel** *m* / band wharve, cord wharve
Schock·fixiermethode *f* / shock fixation method (in a concentrated alkaline electrolyte bath on an open-width machine) || ≗**katalysator** *m* / shock catalyst || ≗**trocknung** *f* / shock drying || ≗**-Trocknung-Kondensationsverfahren** *n*(Ausrüst) / shock-drying-cure method (drying and curing of the reactant finish are carried out in a single operation), flash curing process
schokoladenbraun *adj*(RAL 8017) / chocolate-brown *adj*
Schonbezug *m* / seat cover, dust cover || ≗ (für Möbel) / slipover *n*, slip-cover *n*(US), loose cover, protective cover
schönen *v*(Färb) / brighten *v*(colour), shade *v*(esp

col paste), tint *v*, top *v*, improve *v*, cover *v*, tinge *v*, tone *v* || ² *n* / brightening *n*, shading *n* (esp. colour paste)
schonend *adj* / under mild conditions || ~**e Behandlung** / gentle treatment, protective treatment || ~**e Behandlung der Faser** / non-tendering treatment of fibre || ~**es Waschmittel** / protective detergent, mild detergent
Schoner·decke *f* / antimacassar *n*, slipover *n*, loose cover, protective cover || ²**stoff** *m* / loose cover fabric, fabric for protective cover
Schönfärberei *f* / garment dyeing
Schon·gang *m* / slow gear (washing machine), mild wash cycle, gentle cycle || ²**programm** *n* / mild washing programme, gentle washing programme
Schönseite *f* / fabric face, cloth face, right side, upper side
Schönung *f* / brightening *n*, shading *n* (esp colour paste)
Schönungsfarbstoff *m* / brightening dyestuff, shading dyestuff
Schon·waschgang *m* / mild wash cycle, gentle cycle || ²**waschprogramm** *n* / mild washing programme, gentle washing programme
Schöpf·einrichtung *f* **zum Rakeln** / kiss roll[er] arrangement || ²**walze** *f* (Beschicht) / scoop roll, kiss roll[er]
Schoß·kleid *n* (Mode) / peplum dress || ²**rock** *m* (Damenrock) (Mode) / peplum skirt || ²**rock** (Gesellschaftsanzug für Herren) / tailcoat *n*
Schothornlappen *m* / clew patch
Schotten·-Jacquardgewebe *n* / jacquard écossais (Fr) || ²**karo** *n* / tartan cloth, tartan plaid cloth || ²**muster** *n* / Scotch pattern, tartan [plaid] pattern, plaid (pattern) *n* || ²**mütze** *f* (kleine bebänderte Mütze mit Längsfurche) / Scotch cap, bluebonnet *n*, balmoral *n* || ²**stoff** *m* / tartan [fabric] || ²**tasche** *f* / tartan bag
schottisch·e Mütze / scotch cap *n*, bluebonnet *n*, balmoral *n* || ~**e Reisedecke** / plaid [rug], tartan rug || ~**e Schwarzkopfschafwolle** / Scotch blackface wool || ~**er Tartan** / Scottish tartan || ~**er Tweed** / Scottish tweed || ~**er Tweed leichter Qualität** / hungback *n* || ~**es Würfelmuster** / tartan [plaid] pattern
schräg·e Kantenbeschneideeinrichtung (Näh) / oblique edge trimmer || ~**e Klappentasche**, schräge Pattentasche / hacking pocket (US) || ~ **schneiden** / cut on the bias || ~**es Zelt** / lean-to tent || ²**band** *n* / bias binding, bias tape, bias-cut ribbon || ²**fach** *n* (Web) / inclined shed, V-shed *n* || ²**fläche** *f* (Beschicht) / bevel *n* || ~**geschnittener Besatz** / bias binding || ²**heften** *n* / diagonal basting || ²**hochferse** *f* (Strumpf) / point splicing, pointed heel || ²**öffner** *m* / Centrifair cleaner || ²**rakel** *f* (Siebdr) / oblique doctor || ²**rippen** *f pl* / diagonal cords || ²**rips** *m* / diagonal rep (fabric) || ²**rips mit Spiralschuß** / corkscrew rep || ²**ripsbindung** *f* (Web) / diagonal rep [weave], corkscrew weave, diagonal rib [weave] || ²**rolle** *f* / oblique roller || ²**sattelstich** *m* / slant saddle stitch || ²**schneidemaschine** *f* / bias cutter, angle cutting machine || ²**schnitt** *m* / bias cut, diagonal cut || ²**schuß** *m* (Defekt) / bias filling, bias weft || ²**speisung** *f* (Spinn) / diagonal feed || ²**spritzkopf** *m* / oblique extruding head, angle extruder head || ²**stich** *m* / diagonal stitch (making up) || ²**stoffschneidemaschine** *f* / bias fabric cutting machine || ²**streifen** *m* / bias cut ribbon, bias binding, diagonal stripe, bias tape || ²**streifeneinfasser** *m* (Näh) / bias binder || ²**streifenschneidemaschine** *f* (Näh) / bias-strip cutter || ²**verzugrichter** *m* / skewed weft adjuster || ²**zug** *m* (Web) / slanting-off *n*
Schramme *f* / scuffing *n*
Schrank *m* (Web) / lease *n* || ²**färbeapparat** *m* / cabinet dyeing machine || ²**trockner** *m* / cabinet drier || ²**waschmaschine** *f* / cabinet washer
Schraube *f* (allg) / screw *n*
Schrauben·baumfaser *f* / pandanus fibre (palm in East Africa, India and Polynesia) || ²**draht** *m* / bullion *n* || ²**federring** *m* **zum Halten der Einschließplatinen im Zylinder** (Strick/Wirk) / jack retaining spring || ~**förmiges Wickeln** / helical-type winding || ²**niete** *f* **der Zungennadel** / rivet of latch needle || ²**strecke** *f* (Spinn) / screw gill drawing frame || ²**wendel** *f* (Reißv) / helical coil
Schreibeffekt *m* / writing effect of the finish
Schreibmaschinenband *n* / typewriter ribbon
schreiend *adj* / loud *v* (shade)
Schreiner·-Effekt *m* / Schreiner effect || ²**-Finish** *m* / Schreiner finish, silk finish
schreinerisieren *v* / schreinerize *v* || ² *n* / schreinerizing *n*
schreinerisiert *adj* / schreinered *adj*
Schreinerkalander *m* / Schreiner calender
schreinern *v* / schreinerize *v* || ² *n* / schreinering *n*
schrinken *v* (Geweben Feuchtigkeit zuführen, um sie im Griff weicher und krumpfecht zu machen) (Tuchh) / moisten *v*, sponge *v*, shrink-resist *v* || ² *n* (von Woll- und Kammgarnstoffen) / moistening *n*, sponging *n*, shrink-resisting *n*
Schrinker *m* (Tuchh) / sponger *n*
Schrinkverfahren *n* / shrinkproofing process, shrinkproof finishing
Schritt *m* / crotch *n* (of trousers), crutch *n* (of trousers) || ²**länge** *f* / inside leg [measurement] || ~**weise** *adj* / stepwise *adj*, step-by-step *adj*
Schrubbel *f* (für Wolle) / carding comb || ²**maschine** *f* / scribbler card, scribbler *n*
schrubbeln *v* (Wolle) / scribble *v* || ² *n* / scribbling *n*
schrubben *v* / scrub *v*
Schrubber *m* / swab *n*
Schrubb·test *m* (Textdr) / scrub-washing test || ²**waschbeständigkeit** *f* / scrub resistance during washing (of prints) || ²**wäsche** *f* / hand laundering || ²**waschechtheit** *f* / fastness to hand laundering || ²**-Waschechtheitsprüfung** *f* (Textdr) / scrub-washing test
Schrumpf *m* / [degree of] shrinkage || ² **in Kettrichtung** / warp shrinkage || ² **in Schußrichtung** / filling shrinkage, weft shrinkage || ²**abteil** *n* / shrinkage compartment || ~**arm** *adj* / low-shrink *adj* || ~**echt** *adj* / non-shrinkable *adj*, unshrinkable *adj*, shrinkproof *adj*, shrink-resistant *adj* || ~**echt machen** / shrink-resist *v* || ²**echtheit** *f* / shrink resistance || ²**echtheitsprüfung** *f* / shrinkage testing || ²**echtmachen** *n* / shrinkproofing *n* || ²**effekt** *m* **durch Stauchwirkung** (Fil) / feeding-in effect
schrumpfen *v* / contract *v*, shrink *vi* || ² *n* / shrinkage *n* || ² **beim Verfilzen** / felting shrinkage || ² **der Faser** / contraction of the fibre || ² **in Trockenhitze** / dry heat shrinkage || ² **ohne Stauchkräfte** / shrinking without stuffing || ² **während der Ausrüstung** / finishing shrinkage
schrumpf·fähig *adj* / shrinkable *adj* || ~**fähiges Hochbauschgarn** / unshrunk high-bulk yarn ||

≈**fähigkeit** *f* / shrinkability *n*, shrinking property || ≈**faser** *f* / shrinkage fibre, S fibre, shrinking fibre || ~**fest** *adj* / non-shrinkable *adj*, unshrinkable *adj*, shrinkproof *adj*, shrink-resistant *adj* || ~**fest machen** / render shrink-resistant, make shrink-resistant || ≈**festausrüstung** *f* / shrinkproof finish || ≈**festigkeit** *f* / shrink resistance || ~**frei** *adj* / non-shrinkable *adj*, unshrinkable *adj* || ≈**freiheit** *f* / shrink resistance || ≈**garn** *n* / shrink yarn || ≈**gewebe** *n* / shrink fabric || ≈**grad** *m* / degree of shrinkage || ≈**hof** *m* / shrink mark || ≈**kanal** *m* / bulking channel, shrinking tunnel, shrink tunnel (high-bulk yarn) || ≈**kontrolle** *f* / shrinkage control || ≈**kraft** *f* / shrinking force || ≈**maß** *n* / extent of shrinkage, degree of shrinkage, rate of shrinkage || ≈**probe** *f* **für Wolle** / cold test (for wool) || ≈**prüfer** *m* / shrink tester || ≈**rahmen** *m* (Tepp) / overfeed *n* || ≈**rahmen** / overfeed stenter

Schrumpfung *f* / shrinkage *n*

Schrumpfungs·ausmaß *n* (Wolle) / rate of shrinkage || ≈**grad** *m* / degree of shrinkage

Schrumpf·vliesstoff *m* / shrinkable nonwoven || ≈**wickel** *m* / collapsible package || ≈**wirkung** *f* / shrinking action, shrinking effect || ≈**zugabe** *f* / shrinkage allowance

Schub·modul *m* / shear modulus || ≈**stabstrecke** *f* / push bar draw frame || ≈**tasche** *f* (Mode) / slit pocket, welt pocket || ≈**welle** *f* (Näh) / feeding shaft || ≈**wellenhebel** *m* (Näh) / feeding shaft lever

Schuh·band *n* / shoe-lace *n* || ≈**filz** *m* / shoe felt || ≈**futter** *n* / shoe lining || ≈**futterstoff** *m* / shoe-lining fabric *n*, wigan *n* (for shoes) || ≈**garn** *n* / shoe thread || ≈**gewebe** *n* / shoe cloth, shoe fabric || ≈**messer** *n* (Beschicht) / shoe doctor || ≈**oberstoff** *m* / shoe upper fabric || ≈**rakel** *f*, Schuhrakelmesser *n* (ctg) / shoe doctor || ≈**riemen** *m* / shoe-lace *n* || ≈**riemenbenadelungsmaschine** *f* / shoelace needle setting machine || ≈**samt** *m* / shoe velvet || ≈**sohle** *f* / sole *n* || ≈**stoff** *m* / shoe cloth, shoe fabric || ≈**zwirn** *m* / shoe thread

Schuleh *m* s. Kashgar

Schüler·kleidung *f* / student's uniform, school uniform || ≈**mütze** *f* / school cap

Schulter *f* (Mode) / shoulder *n* || ≈**band** *n* / shoulder strap || ~**frei** *adj* / strapless *adj* || ~**freies Kleid** (Mode) / sun dress, strapless dress || ≈**kissen** *n* / shoulder pad || ≈**kragen** *m* / shoulder collar || ≈-**Merinowolle** *f* / prime wool || ≈**passe** *f* / yoke *n* || ≈**polster** *n* / pad *n*, shoulder pad || ≈**stück** *n* **auf Uniformen** / epaulet[te] *n* || ≈**tasche** *f* / shoulder-bag *n* || ≈**tasche** (Mode) / musette bag (suspended by a strap and worn over the shoulder) || ≈**tasche** (Wandern) / haversack *n* || ≈**tuch** *n* / scarf *n*, neck scarf, muffler (GB), comforter *n*, ascot (US), cachenez (Fr) *n*

Schuluniform *f* / school uniform

Schuppe *f* (Wolle) / scale *n* || ≈ (Lieferform) / flake *n* (supply form) || ≈**n tierischer Fasern** *f pl* / barb *n* (scales)

Schuppen·bildung *f* / scaling *n* || ≈**epithel** *n* **des Wollhaares** / scale layer (of wool) || ≈**kleid** *n* / disc dress || ≈**muster** *n* / fish scale pattern

schuppig *adj* / scaly *adj*

Schur *f* (Wolle) / clip *n*, shearing *n*, fleece *n* || ≈**fehler** *m* (Tuch) / uneven shearing || ≈**höheneinstellung** *f* (Tepp) / setting the shearing height

schurig *adj* / stapled *adj* (wool)

Schur·plüsch *m* / knitted velveteen (US), sheared plush || ≈**schere** *f* / clippers *pl* || ≈**wolle** *f* / clip wool, virgin wool, shorn wool, shear wool, new wool, fleece wool, clipped wool || **100%** ≈**wolle** *f* / pure wool

Schürze *f* / apron *n*

schürzen·artiger Einsatz / tablier *n* || ≈**band** *n* / apron ribbon, apron string || ≈**kleid** *n* (Mode) / apron dress || ≈**stoff** *m* / apron cloth, apron fabric

Schuß *m*, Teilung *f* in Schußrichtung (Tepp) / pitch *n* || ≈ (Web) / pick *n* (one traverse of the shuttle thro' the warp shed), weft insertion, weft (threads across width of fabric) *n*, shoot *n*, shot *n*, filling *n* (US), woof *n* (GB), abb *n* (GB) || ≈ (im Gewebe) (Fehler) / passée *n* (in woven goods) (defect) || ≈ **für das Grundgewebe**, Grundschuß *m* / ground pick || ≈ **um Schuß abwechselnd von gegenüberliegenden Seiten eintragen** (Web) / insert pick and pick alternately from opposite sides || ≈ **um Schuß eintragen** (Web) / insert pick and pick || ≈**abschneidemaschine** *f* / weft [loop] cutting machine || ≈**abtaster** *m* (Web) / filling feeler, weft feeler || ≈**anschlag** *m* (Web) / beat-up *n*, beating up || ≈**anschlaglinie** *f* (Web) / cloth fell || ≈**anschlagscheibe** *f* / weft beating up disc || ≈**apparat** *m* (Web) / laying-in attachment || ≈**atlas** *m* (Gewebe in Atlasbindung, bei dem die Oberseite vom Schuß gebildet wird) / sateen *n*, weft satin, filling satin || ≈**atlas aus Baumwolle** / filling sateen || ≈**atlas aus Seide** / filling satin || ≈**ausrichtung** *f* / weft alignment || ≈**band** *n*, Schußbande *f* (Fehler) (Web) / weft bar, filling band, filling weaving fault || ~**bandig** *adj* / weft barred || ≈**bandigkeit** *f* / rawkiness *n*, weft bars *pl* || ≈**bruch** *m* (Web) / breaking *n* (of the filling o. weft), weft break[age], filling break[age] || ≈**dichte** *f* (Web) / filling setting, weft density, beat-up *n*, weft spacing, set of the weft, pickage *n* || ≈**drehung** *f* (Web) / filling twist, weft twist || ≈**dubliermaschine** *f* / filling doubling winder (US), weft doubling winder (GB) || ≈**effekt** *m* (Web) / filling effect (US), weft effect (GB) || ≈**effektköper** *m* / filling effect twill || ≈**einsatz** *m* (Tepp) / picking weft || ≈**einschlag** *m* / lashing-in *n* (defect) || ≈**einschlepper** *m* (Web) / drag-in *n*, lash-in *n* || ≈**eintrag** *m* (Web) / weft insertion *n*, weft *n* (threads across width of fabric), pick *n* (one traverse of the shuttle thro' the warp shed), filling *n* (US), shoot *n*, shot *n*, woof *n* (GB) || ≈**eintragvorrichtung** *f* / picking motion || ≈**einwebung** *f* / take-up of filling threads || ~**elastisch** *adj* / stretchable in the weft

Schußfaden *m* (Web) / pick *n* (one traverse of the shuttle thro' the warp shed), filling yarn, weft yarn, weft thread, shoot *n*, shot *n* || **Schußfäden** *m pl* **je Zoll** / picks per inch, p.p.i., ppi || **von mehr als einer Spule stammende Schußfäden** / mixed weft || ≈**abstand** *m* / pick spacing || ≈**bruch** *m* / breakage of weft, filling breakage || ≈**dichte** *f* **eines Gewebes** / pick count, weft count || ≈**drehung** *f* (Web) / weft twist, filling twist || ≈**eintragszange** *f* / weft tongs *pl* || ≈**folge** *f* (Web) / filling pattern, weft sequence, order of the weft yarn || ≈**fühler** *m* (Web) / filling feeler, weft feeler || ≈**fühlervorrichtung** *f* / weft feeler motion || ≈**führer** *m* / weft thread guide || ≈**geraderichter** *m* / filling thread straightener, weft thread straightener || ≈**geraderichtmaschine** *f* / weft straightener || ≈**geraderichtmaschine vor dem Spannrahmen** / weft straightener before the stenter || ≈**mischwechsler** *m* / weft mixer ||

≗richtanlage *f* / weft straightening equipment || **≗richter** *m* / weft straightener || **≗richtung** *f* / direction of weft || **≗spannung** *f* / filling tension, weft thread tension, weft tension, filling thread tension || **≗spannvorrichtung** *f* / tension device for filling thread (US), tension device for weft thread (GB) || **≗speichergerät** *n* (Web) / weft storage system || **≗stärke** *f* / count of the weft yarn, diameter of the weft yarn || **≗suchen** *n* / pick finding || **≗wächter** *m*, Schußfadenwächter-Einrichtung *f* / weft break stop motion, weft stop motion, filling thread stop motion || **≗wächtergabel** *f* (DIN 64500) (Web) / weft fork, filling fork || **≗wechsel** *m* (Web) / weft change, filling change || **≗wechseleinrichtung** *f* / weft thread changing device || **≗wechseln** *n* / weft changing || **≗wechsler** *m* **mit Abtaster** / feeler filling changing device || **≗zahl** *f* / number of filling threads || **≗zähler** *m* / pick counter, pick glass, pick clock (attached to loom), filling counter

Schuß·fangnadel *f* / weft catch pin || **≗farbenwechsel** *m* / change of colour in the filling (US), change of colour in the weft (GB) || **≗fehler** *m* (Web) / misspick *n*, filling fault, crack *n*, mispick *n*, missed pick || **≗filet** *n* (Strick/Wirk) / inlaid net || **≗florgewebe** *n* / weft pile fabric, filling pile fabric, filling pick fabric || **≗florteppich** *m* / filling pile carpet (US), weft pile carpet (GB) || **≗flottierung** *f*, Schußflottung *f* (Web) / filling float (US), weft float (GB) || **≗folge** *f* / pick sequence, filling pattern, weft pattern || **≗fühler** *m* (Web) / weft feeler (GB), filling feeler (US) || **≗fühlervorrichtung** *f* / weft feeler motion || **≗gabel** *f* (Web) / weft fork (GB), filling fork (US) || **≗gabelrechen** *m* / weft fork grate || **≗gabel-Spulenauswechselvorrichtung** *f* (Web) / filling fork filling change action

Schußgarn *n* / filling yarn, weft yarn, weft thread, woof yarn || **≗kötzer** *m* (Web) / weft cop, filling cop, pin cop || **≗kringel** *m* / kinking filling || **≗rolle** *f* / filling pirn, weft pirn || **≗spule** *f* / bobbin of filling yarn (US), bobbin of weft yarn (GB), pirn *n* || **≗spulmaschine** *f* / filling winder, weft winder, filling winding machine, pirn winding machine, weft winding machine || **≗verzug** *m* (Web) / bowed effect

schuß·gemusterte Ware / cloth with weft effects || **≗hülse** *f* / filling pirn, weft tube, weft pirn || **≗hülse für Seiden- und Kunstseidenweberei** (DIN 64625) / silk and rayon weft pirn || **≗hülse für Webautomaten** (DIN 64610) / weft pirn for automatic loom || **≗hülsenreinigungsmaschine** *f* / pirn stripping device || **≗kammgarn** *n* / worsted weft, worsted woof || **≗kassette** *f* / filling pirn, weft pirn || **≗kasten** *m* / weft box || **≗kop** *m*, Schußkötzer *m* (Web) / weft cop, filling cop, pin cop || **≗köper** *m* / filling twill, weft twill || **≗kötzer** *m* / weft cop, filling cop, weft pirn || **≗länge** *f* **von zwei Schußfäden** / two-pick length of filling, two-pick length of weft || **~lanzierter Stoff** / filling figured fabric || **≗lanzierung** *f* (Web) / filling figuring || **≗leistung** *f* / picking efficiency, picking rate, picks per minute, p.p.m. || **~loses Kordgewebe** / web cord (tyre) || **≗magazineinheit** *f* **für schützenlose Webmaschine** / weft magazine unit for shuttleless loom || **≗maschine** *f* / weft pirn winder || **≗material** *n* / weft material, filling material || **≗muster** *n* / filling pattern, weft pattern || **≗musterung** *f* (Web) / filling face effect, patterning formed by weft, pattern formed by the filling || **≗rapport** *m*, Schußfadenwiederholung *f* (Web) / pick repeat, repeat of weft threads, repeat of filling threads || **≗richtung** *f* / direction of the filling, direction of the weft || **in ≗richtung** / weftwise *adj* || **≗ring** *m* (Web) / filling noose (US), weft noose (GB) || **≗ringspinner** *m* / ring spinning frame for pin cops || **≗rips** *m* / filling rep, weft rep, weft rib fabric || **≗ripsbindung** *f* / filling rib weave || **≗rohseide** *f* / tram *n*, weft silk, silk weft, filling silk || **≗samt** *m* / filling pick fabric, weft pile fabric, cotton velvet, weft velvet, velveteen (cut weft-pile fabric) *n*, filling velvet, filling pile fabric || **[unechter] ≗samt** / velvet with weft face || **≗satin** *m* / filling satin, sateen *n*, weft satin || **≗schlag** *m* (Web) / picking *n*, shuttle pick, shuttle shot, shuttle stroke, shuttle throw, picker motion || **≗schlinge** *f* (Strick/Wirk) / centre loop || **≗schrumpfung** *f* / filling shrinkage, weft shrinkage || **≗seide** *f* / tram *n*, tram silk, weft silk, silk weft, filling silk || **≗selbstspinner** *m* / weft mule || **≗soleil** *m* (feingeripptes, glänzendes Kammgarngewebe) / filling soleil (US), weft soleil (GB) || **≗spanner** *m* (Fehler) / tight pick || **≗spulaggregat** *n* **an der Webmaschine** / loom winder || **≗spulautomat** *m* (DIN 62510) / autocopser *n*, automatic weft winder, automatic filling winder, automatic quiller (US), automatic pirn winder, filling winding machine, pirn winding machine, weft winding machine || **≗spule** *f* (DIN 61800), Einschußspule *f*, Eintragspule *f* / weft bobbin (GB), filling bobbin (US), pirn *n*, quill *n*

schußspulen *v* / quill *v* || **≗** *n* (Web) / quilling *n*, weft winding, filling winding || **≗abstreifer** *m* / quill stripper || **≗auswechseln** *n* / pirn change || **≗behälter** *m* (DIN 62510) / pirn box, pirn container || **≗bewicklung** *f* / winding on to weft pirns || **≗dichte** *f* / pirn density || **≗entnahme** *f* (DIN 62510) / doffing *n* (of pirns) || **≗kasten** *m* / quill box (US), weft bobbin box || **≗wechsel** *m* / quill changing || **≗zubringer** *m* (Web) / filling bobbin feeder, filling bobbin feed gear

Schuß·spulerei *f* / pirn winding department, filling winding department || **≗spulmagazin** *n* (DIN 62510) / pirn magazine || **≗spulmaschine** *f* (DIN 62510) (Spinn, Web) / pirn winder, quiller *n* (US), filling winder, weft winder, pirn cop winder, pirn winding machine || **≗spulmaschine für Kreuzwicklung** / weft winder for cross winding || **≗spulmaschine für Parallelwicklung** / weft winder for parallel winding || **≗spulputzaggregat** *n* / pirn stripping device || **≗streifen** *m*, Schußstreifigkeit *f* (Web, Defekt) / filling bar, weft bar, filling band, filling weaving fault || **≗-Stretchware** *f* / filling stretch fabric || **≗sucheinrichtung** *f*, Schußsuchvorrichtung *f* (Web) / broken weft finder, broken filling finder, pick finding device, weft fork, filling fork || **≗suchen** *n* / pick finding || **~verzogenes Gewebe** / bowed fabric || **≗verzug** *m* / filling distortion || **≗vorratgeber** *m* / weft accumulator

Schußwächter *m* (Web) / filling stop motion, weft stop motion, shoot guard || **≗exzenter** *m* / eccentric of filling stop motion (US), eccentric of weft stop motion (GB) || **≗gabel** *f* (Web) / weft fork, filling fork || **≗gabel für leichten Webstuhl** (DIN 64500) / weft fork for light pattern loom || **≗gitter** *n* / weft grid, filling grid || **≗gitter für Festblattstuhl** / weft grid for fixed blade loom || **≗hammer** *m* / weft hammer (GB), filling hammer (US) || **≗hebel**

m / filling fork lever (US), weft fork lever (GB)
Schuß·waren *f pl* / weft knit fabrics || **~wechsel** *m* (Web) / pick change, weft change, filling change || **~wechselkarte** *f* / pick change card || **~wechseln** *n* / weft changing (GB), filling changing (US) || **~wechselvorrichtung** *f*(Web) / filling change motion (US), weft change motion (GB) || **~werk** *n* / picking mechanism || **~wirkstoff** *m* / weft knit || **~wirkung** *f*(Web) / filling effect (US), weft effect (GB) || **~zahl** *f*(Web) / number of picks, gauge *n* (of cloth), sett of the cloth, density of the cloth (picks per inch) || **Verminderung der ~zahl** [je Inch] / reducing the number of picks per inch || **~zahl** *f* **je Minute** (Web) / number of picks per minute || **~zähler** *m*(Web) / pick counter, weft counter, shoot counter, pick glass, pick clock (attached to loom), filling counter || **~zahnrad** *n* / pickwheel *n* || **~zettel** *m*(Web) / filling plan, filling particulars *pl*, weft particulars *pl* || **~zuführung** *f*(Web) / filling supply, weft supply || **~zuführung von ortsfester Spule** / outside filling supply, outside weft supply
Schüttdichte *f* / bulk density || **~ von Pulver** / powder density
Schüttelmaschine *f* / shaker *n* (for fibre blending)
schütteln *v* / shake *v* || **~** *n* / agitation *n*
Schüttel·nadel *f* / shaking pin || **~probe** *f* / shaking test || **~sieb** *n* / shaking sieve, vibrating screen || **~stab** *m* / shaker pin || **~trichter** *m* / separating funnel || **~trommel** *f* / shaking drum || **~vorrichtung** *f* / shaker *n* (for fibre blending) || **~vorrichtung** (Web) / shaker motion, shaking device
schütteres Gewebe / loosely constructed fabric
Schütt·gewicht *n* / bulk density, apparent density || **~gewicht-Volumen** *n* / normal bulking volume || **~gut** *n* / bulk goods *pl*
Schutz *m* **gegen Beschädigung durch Pelz- und Teppichkäferlarven** / protection against damage by carpet beetle larvae || **~ gegen biologischen Angriff** / protection against biological attack || **~ärmel** / sleeve protector, oversleeve *n* || **~ausrüstung** *f* / protective finish || **~ausrüstung gegen Abgase** / antifume finish || **~beizdruck** *m* / resist [print], reserve [print] || **~beizdruckverfahren** *n* / resist printing || **~beize** *f* (Textdr) / resist paste, resist[ing] agent, reserving agent || **~bekleidung** *f* s. Schutzkleidung || **~bekleidung gegen schlechtes Wetter** / foul weather gear, foul weather garments (used e.g. on North Sea oil rigs)
Schützborte *f* / fraying braid
Schutz·brille *f* / goggles *pl* || **~deckchen** *n* / tidy *n* || **~drehung** *f*, Schutzdrall *m* / producer twist, protective twist || **~druck** *m* / resist [print], reserve [print] || **~druckverfahren** *n* / resist printing
Schützen *m*(Web) / shuttle *n* || **~ für Deckenwebmaschine** / blanket shuttle || **~ mit Einfädelvorrichtung** / self-threading shuttle || **den ~ abschießen** / drive the shuttle || **den ~ durch das Fach treiben**, den Schützen durch das Fach stoßen / drive the shuttle through the shed || **~antrieb** *m*(Web) / projectile *n*, shuttle drive || **~auffangvorrichtung** *f* / shuttle buffer, shuttle-checking device || **~auge** *n* / shuttle eye || **~auswechselvorrichtung** *f* / shuttle change motion || **~auswechslung** *f* / shuttle change || **~bahn** *f*(Web) / lay race, shuttle race, shuttle path, shuttle course, race plate, race [board], loom race || **~behälter** *m* / shuttle magazine || **~blockieren** *n* / shuttle checking || **~blockierung** *f*, Schützenblockiervorrichtung *f*(Web) / shuttle-checking device || **~boden** *m* / shuttle bottom || **~breite** *f* / shuttle width || **~bremsung** *f* / shuttle braking || **~deckel** *m* (DIN 64685) / shuttle cover || **~durchgang** *m*(Web) / passage of the shuttle || **~ebene** *f*(Web) / race level || **~einstellung** *f* / shuttle adjustment || **~fach** *n*(Web) / shed for the shuttle, shuttle shed || **~fänger** *m*(Web) / shuttle catcher, shuttle guard, shuttle deflector || **~feder** *f* / shuttle spring || **~flug** *m* / flight of shuttle || **~fluggeschwindigkeit** *f* / velocity of the shuttle || **~format** *n* / shuttle size || **~fühler** *m* / shuttle feeler || **~führung** *f* / shuttle guide
Schützenkasten *m* / shuttle box || **~bewegung** *f* / shuttle box motion || **~boden** *m* / shuttle box bottom || **~ende** *n* / shuttle box end || **~hub** *m* / lift of the shuttle box || **~klappe** *f*(Web) / swell of the shuttle box || **~rückwand** *f* / shuttle box back || **~seite** *f* / shuttle box end || **~spindel** *f* / picking spindle || **~vorderwand** *f* / shuttle box front || **~wächter** *m*(Web) / boxing stop motion, shuttle box guard || **~wechsel** *m* / shuttle box change || **~zunge** *f*(Web) / shuttle binder, swell of the shuttle box
Schützen·körper *m* / shuttle body || **~länge** *f* / shuttle length || **~lauf** *m*(Web) / shuttle flight, shuttle playing, shuttle race, shuttle course || **~los** *adj* / shuttleless *adj*
schützenlos·es Weben / shuttleless weaving || **~e Webmaschine** / shuttleless loom
Schützen·magazin *n* / shuttle magazine || **~rückprall** *m*(Web) / rebound of the shuttle || **~schlag** *m*(Web) / pick *n* (passage of the shuttle), shuttle pick, shuttle stroke, picking *n*, shuttle shot, shuttle throw, picker motion || **~schlag**, Gewebebruch *m*(Web, Defekt) / shuttle smash, smash *n* || **~schlagsteuerung** *f*(Web) / picking motion control || **~schlagwächter** *m* / shuttle smash protection || **~spindel** *f* / shuttle spindle, shuttle peg, shuttle cock || **~spitze** *f*(Web) / shuttle tip, tip of shuttle || **~spule** *f*(Web) / cop *n*, filling bobbin, pirn *n*, weft cop, weft bobbin || **~streifen** *m* / shuttle mark[ing] (defect) || **~tour** *f* / pick *n* (passage of the shuttle) || **~treiber** *m* / shuttle driver || **~überwachung** *f* / shuttle checking (control) || **~vorderwand** *f*(Web) / front wall of shuttle || **~wächter** *m* / warp protector, shuttle guard, boxing stop motion || **~weben** *n* / shuttle weaving || **~webmaschine** *f* / flyshot loom, shuttle weaving machine
Schützenwechsel *m* / shuttle change, shuttle changing || **~automat** *m* (Webautomat) / automatic reshuttling loom || **~automat** (Zusatzvorrichtung) / automatic shuttle changer || **~karte** *f* / card for shuttle changing || **~mechanismus** *m* / shuttle changing mechanism || **~rapport** *m* / shuttle changing repeat || **~steuerung** *f* / shuttle change control || **~stuhl** *m* / pick-and-pick loom || **~vollautomat** *m* / shuttle-changing automatic loom || **~vorrichtung** *f* / shuttle-changing mechanism || **~webautomat** *m* / automatic shuttle changing loom
Schützen·wechsler *m* / shuttle changer || **~weg** *m* / shuttle course, shuttle race || **~welle** *f* / picking shaft || **~wurf** *m* (Web, Defekt) / shuttle shot, shuttle smash || **~wurf** (Web) / shuttle stroke, shuttle throw || **~zelle** *f* / shuttle compartment || **~zubehör** *n* / shuttle accessory || **~zug** *m* / shuttle rally

Schutz·fäustling *m* / protective mitten || **≈film** *m* / protective film || **≈gasatmosphäre** *f* / inert atmosphere || **≈gewebe** *n* **für Rundfunk- und Fernsehzentrierungen** / protective absorbent and attenuating fabric for radio and TV loudspeakers || **≈handschuh** *m* / protective work glove || **≈handschuh** (Fäustling) / protective mitten || **≈imprägnierung** *f* / protective finish || **≈kittel** *m* / protective apron || **≈kleidung** *f* / [worker's] protective clothing, protective apparel, safety clothing, protective garment || **≈kleidung für Sportler** / guards *pl* (athletic clothing) || **≈kolloid** *n* / protective colloid || **~kolloidale Wirkung** / protective colloid action || **~kolloide Eigenschaften einer Verdickung** *f pl* / colloid-protective properties of a thickener || **≈maschenreihe** *f* (Strumpf) / locking course || **≈masse** *f* (Textdr) / resist[ing] agent, reserving agent || **≈mittel** *n* / preventive agent, protective agent || **≈mittel für Gewebe** / fabric preservative || **≈reihe** *f* (Strick/Wirk) / binding course, roving course, starting-up course, ravel[ling] course || **≈schicht** *f* / protective layer || **≈schiene** *f* **für Pikotnadeln** (Strick/Wirk) / point guard || **≈überzug** *m* / slipover *n*, loose cover, protective cover || **≈verband** *m* / protective dressing || **≈vorrichtung** *f* / safety device || **≈wirkung** *f* / protective action, protective effect

Schwabbel·scheibe *f* / cloth buff || **≈stoffe** *m pl* / buffing fabrics

schwach alkalisch, schwach basisch / weakly alkaline, weakly basic || **~ essigsaures Bad** (Färb) / weak acetic acid bath || **~er Farbausfall**, schwacher Farbton (Färb) / weak shade || **~ formend** / lightly shaping || **~es Garn** (infolge eines Fadenbruchs) / singles *pl* || **~ gedeckter Druck** / lightly printed pattern || **~ gedreht** / loosely twisted, soft-twisted *adj* || **~ gedrehtes Garn** / lightly twisted yarn || **~ gekräuselt** / low-crimp *adj* || **~ getrocknet** / soft-dried *adj* || **~ löslich** / barely soluble || **~ sauer** / weakly acid || **~behaartes Schaffell** / open wool

schwächen *v* / tender *v*, weaken *v* || **die Faser ~** / attack the fibre, weaken the fibre

schwach·gelb *adj* / pale-yellow *adj* || **~sauer** *adj* / mildly acid, weakly acid || **≈stelle** *f* **im Faden** / yarn wear zone

Schwächung *f* (der Faser) / tendering *n*, weakening (of the fibre) || **≈ in der Schrägrichtung** (Gew) / bias weakness

„Schwalbenschwanz" *m* (Frack mit Rockschoß) (Mode) / tailcoat *n*, tails *pl*

Schwamm *m* / sponge *n*

schwammig *adj* / spongy *adj* || **~er Griff** / spongy handle || **≈keit** *f* / sponginess *n*

Schwanenhaut *f* / peau de cygne (silk or rayon cloth with lustrous finish) (Fr)

Schwankungen *f pl* **in der Faserkristallinität** / fluctuations in fibre crystallinity

Schwanz·haar *n* / tail hair || **≈wolle** *f* / tail wool *pl*, britch wool, tail locks *pl*, brown matchings *pl*, brown wool, breech wool

schwarz *adj* / black *adj*, sable *adj* || **~e Watte** / black batting || **≈** *n* / black *n*, sable *n* || **≈ auf Rot aufsetzen** (Färb) / put a black colour on red || **≈base** *f* / black base || **≈beize** *f* / black liquor, iron mordant, iron liquor, black mordant || **~blau** *adj* (RAL 5004) / black blue *adj* || **~braun** *adj* (RAL 8022) / black brown *adj* || **≈brühe** *f* (Eisenacetatlösung) / black liquor, black mordant || **≈färben** *n* / black dyeing || **≈farbstoff** *m* / black dyestuff || **~gefärbter Mohairplüsch** / mohair coney seal || **~grau** *adj* / clerical grey *adj* || **~grau** *adj* (RAL 7021) / black grey *adj* || **~grün** *adj* (RAL 6012) / black green *adj* || **≈klotz** *m*, Schwarzklotzflotte *f* / black padding liquor || **≈marken** *f pl* (Färb) / black brands || **≈öl** *n* / black rape oil || **~oliv** *adj* (RAL 6015) / black olive *adj* || **~rot** *adj* (RAL 3007) / black red *adj* || **~spitzige Merinowolle** / black-topped wool

schwarzweiß karierter Wollstoff / shepherd's plaid || **~e Würfelmusterung** / shepherd's check

Schwebe·bandtrockner *m* / floating web drier || **≈düsentrockner** *m* / tensionless nozzle-type drier, suspended jet drier, suspension jet drier || **≈stoffe** *m pl* / suspended matter || **≈teilchen** *n* / suspended particle || **≈trockner** *m* (DIN 64990) / float-on-air dryer, float drier, lay-on-air dryer, floating web drier

Schwebstoffe *m pl* / suspended matter

schwedischrot *adj* / Swedish red *adj*

Schwefel *m* / sulphur *n* || **≈blau** *n*, Schwefelblaufarbstoff *m* / sulphur blue [dyestuff] || **≈bleiche** *f* / sulphur bleach, stove-bleaching *n*, stoving *n* || **≈dioxid** *n* / sulphur dioxide || **~echt** *adj* / fast to stoving, fast to sulphurous acid || **≈echtheit** *f* (Färb) / fastness to stoving, fastness to sulphurous acid || **≈farbe** *f*, Schwefelfarbstoff *m* / sulphide dyestuff, sulphur dyestuff || **~gelb** *adj* / brimstone-yellow *adj*, sulphur-coloured *adj* || **~gelb** *adj* (RAL 1016) / sulphur yellow || **≈indigoblau** *n* / sulphur indigo blue || **≈kammer** *f* / stoving chamber, sulphur stove || **≈kammerbleiche** *f* / stove-bleaching *n*, sulphur bleach, stoving *n* || **≈kasten** *m* / stoving chamber, sulphur stove || **≈kohlenstoff** *m* / carbon disulphide || **≈küpenfarbstoff** *m* / sulphur vat dyestuff || **≈kupfer** *n* / copper sulphide || **≈kupferschwarz** *n* / copper sulphide black || **≈kupferteig** *m* / copper sulphide paste || **≈milch** *f* / milk of sulphur

schwefeln *n* (Bleich) / stove *v*, sulphur *v*, sulphurize *v* || **≈** *n* (Bleich) / treatment with sulphur, stove-bleaching *n*, stoving *n*, sulphur bleach

Schwefel·reserve *f* / sulphur resist || **≈säure** *f* / sulphuric acid || **≈säureanhydrid** *n* / sulphuric anhydride || **≈säurebad** *n* / sulphuric acid bath || **~saures Kupfer** / copper sulphate || **≈säurewaschprobe** *f* / sulphuric acid test || **≈schwarz** *n*, Schwefelschwarzfarbstoff *m* / sulphide black, sulphur black || **≈trioxid** *n* / sulphuric anhydride || **≈verbindung** *f* / sulphur compound || **≈wasserstoff** *m* / hydrogen sulphide, sulphuretted hydrogen

schweflige Säure / sulphurous acid

Schweif·gatter *n*, Schweifgestell *n* / warp[ing] creel || **≈haar** *n* / tail hair || **≈kamm** *m* / warp comb

Schweinfurter Grün *n* / Schweinfurth green *n*, Paris green, king's green, moss-green *n*, Imperial green, kaiser green

Schweiß *m* / sweat *n*, perspiration *n* || **≈backe** *f* (Kasch) / welding clamp || **≈band** *n* (Hutm) / hat sweatband || **≈beständigkeit** *f* / perspiration resistance || **≈bildung** *f* / sweat formation || **≈blatt** *n* / [dress] shield, dress preserver || **~echt** *adj* / fast to perspiration || **≈echtheit** *f* (DIN 54020) / fastness to perspiration, sweat resistance, perspiration resistance || **≈echtheitsprüfgerät** *n* / perspiration fastness tester, perspirometer *n* ||

~**empfindlich** *adj* / sensitive to perspiration
schweißen *v*(Beschicht) / weld *v* || ~ (dünnes Material) / seal *v* || ≈ *n* **mit Kleblöser** / solvent sealing
Schweiß·festigkeitsprüfer *m* / perspiration fastness tester, perspirometer *n* || ≈**filz** *m* / greasy felt (wool) || ≈**fleck** *m* / perspiration stain || ≈**gehalt** *m* (Wolle) / grease content, yolk content, proportion of suint || ≈**geruch** *m* / perspiration odour || ≈**leder** *n*(Hutm) / sweatband *n* || ≈**naht** *f*(Vliesst) / fused joint || ≈**rand** *m* / perspiration stain || ≈**stelle** *f* (Vliesst) / fused joint || ≈**transport** *m* / vapour permeability (clothing, perspiration), moisture transport || ≈**wachs** *n*(Wolle) / wax from suint, yolk wax || ≈**wäsche** *f*(Wolle) / suint scouring || ≈**wasser** *n*(Spinn) / suds *pl* || ≈**wasser** (Wolle) / suint water || ≈**wolle** *f* / grease wool, wool in the suint, wool in the yolk, wool in the grease, unwashed wool, raw wool, yolk wool, wool [raw] stock
Schweizer Stickerei *f* / Swiss embroidery
Schweizers Reagens *n* / Schweizer's reagent (wool testing)
schwelbeständig ausrüsten / make smoulderproof
Schwellengrenzwert *m* / Threshold Limit Value (TLV)
Schwelpunkt *m* (Brandverhalten) / smouldering point
Schwemmwäsche *f* / river washing
schwenkecht *adj*(Hutm) / fast to alkali clearing, fast to alkaline rinsing
Schwenken *n*(Hutm) / removal of excess finish
Schwenk·walze *f*(Web) / rocking roller || ≈**wickler** *m* (DIN 64990) / swivel winder
schwer *adj* / heavy *adj* (of cloth) || ~**e Beanspruchung**, schwere Behandlung / severe treatment || ~**e Bettlakenstoffe** *m pl* / laundry trade sheeting (US) || ~ **durchfärbbar** / difficult to penetrate || ~ **egalisierbar** (Färb) / difficult to equalize, difficult to dye level || ~ **entflammbar** / flame-retardant || ~**es Gewebe** / heavy-weight fabric || ~**er Glanzbaumwollstoff** / enamelled cloth || ~ **löslich** / of low solubility || ~**er Schweiß** (Wolle) / solid yolk || ~**es Tuch** / strong cloth || ~**er Überzieher** / greatcoat *n* (GB) || ~**e Walke** / severe milling (GB), severe fulling (US) || ~**e Walkware** / heavily milled goods || ~**e Waschartikel** *m pl* / goods withstanding severe washing || ~**e Wollstoffe** *m pl* / flushings *pl* || ≈**benzin** *n* / heavy naphtha, white spirit || ≈**beschichtung** *f*(Tepp) / heavy-duty backing || ≈**brennbarkeit** *f* / flame retardant properties || ~**entflammbar** *adj* / flame-retardant *adj* || ≈**flanell** *m* / calmuc *n* (in German usage usually denotes a cotton double-weave fabric), kalmuck *n*, frieze *n* (heavy woollen overcoating) || ~**flüssiges Spindelöl** / heavy spindle oil || ≈**gewebe** *n* / heavy cloth, heavy-weight fabric, heavy fabric || ≈**imprägnierung** *f* / heavy impregnation || ≈**imprägnierungsmittel** *n* / heavy impregnant
Schwerkraft·mischer *m* / gravity mixer || ≈**zuführung** *f* / gravity feed
schwer·löslich *adj* / of low solubility || ≈**löslichkeit** *f* / low solubility, poor solubility || ≈**metall** *n* / heavy metal || ≈**metallsalz** *n* / heavy metal salt || ≈**metallseife** *f* / heavy metal soap || ≈**schwarz** *n* / weighted black (silk) || ≈**spat** *m* / barite, heavy spar, barytes
schwerster Möbelcord / constitution cord, constitutional *n*
Schwerttrommelwäscher *m* / paddle mill type revolving scrubber
Schwerweberei *f* / heavy cloth weaving, weaving of industrial fabrics
Schwesternuniform *f* / nurses' uniform
Schwiele *f* / streak *n*
Schwielenbildung *f*(Färb) / formation of streaks (defect)
Schwimmen *n* **der Fasern** / fibre shuffling || ≈ **des Färbegutes** (Färb) / floating of the goods
schwimmend·e Faser / floating fibre || ~**e Walze** / swimming roller, floating roller
Schwimmerregler *m* (DIN 64990) (Web) / float regulator
Schwimm·gestell *n*(Färb) / pier scaffolding || ≈**gut** *n* (Färb) / floats *pl*
Schwinden *n* / shrinkage *n*
Schwindmaß *n* / difference between calculated and actual length
Schwing·abfall *m* / scutcher waste || ≈**arm** *m*(Web) / rocker arm || ≈**baum** *m*(Web) / rocking beam, whip roll (GB), swinging beam, swing-rail *n* || ≈**baum** (Spinn) / oscillating back rest || ≈**brett** *n* / scutching board (flax)
Schwinge *f* / jack *n* (Cotton machine) || ≈ (Web) / sword *n*
schwingen *v*(Flachs) / scutch *v*, beat *v*, swingle || ≈ *n* **des Flachses** / flax scutching || ≈**barre** *f*(Strick/Wirk) / jack bar || ≈**bett** *n*(Strick/Wirk) / jack bed
schwingend·er Fadenführer / oscillating yarn guide || ~**er Greifer** / oscillating looper || ~**er Streichbaum** (Spinn) / oscillating back rest || ~**er Warenabzug** (Web) / intertwining floating take-up
Schwingen·feder *f*(Strick/Wirk) / jack spring || ≈**führung** *f*(Strick/Wirk) / jack guiding, jack wall (Cotton machine) || ≈**kopf** *m*(Strick/Wirk) / jack head, jack bed, jack bar || ≈**presse** *f*(Strick/Wirk) / jack lifting bar || ≈**rute** *f*(Strick/Wirk) / jack wire || ≈**träger** *m*(Strick/Wirk) / jack bar
Schwing·flachs *m* / scutched flax, swingled flax || ≈**hanf** *m* / scutched hemp || ≈**hebelabzug** *m*(Strick/Wirk) / balanced take-up || ≈**hebel-Bürstmaschine** *f* / swinging lever brushing machine || ≈**maschine** *f*(Flachs) / scutch *n*, scutcher *n* || ≈**messer** *n*(Flachs) / scutch *n*, scutching blade, scutch blade || ≈**mühle** *f*(Pigm) / vibrating ball-mill || ≈**rechen** *m*(Flachs) / scutcher rake, swing-rake *n* || ≈**rute** *f*(Strick/Wirk) / rod *n* || ≈**scheiben-Rheometer** *n* / oscillating-disc rheometer || ≈**schiff** *m*(Näh) / vibrating shuttle || ≈**sieb** *n* / vibrating screen || ≈**stange** *f*(Spinn) / oscillating back rest || ≈**trommel** *f* / scutching cylinder, swing roller || ≈**- und Brechmaschine** *f* / scutching and breaking machine (flax) || ≈**walkeinrichtung** *f* / whip roller || ≈**werg** *n* / scutch *n* (by-product of scutching), swingle tow, tow *n*, scutching tow
Schwitze *f*(Wolle) / sweating shed
Schwitz·verfahren *n*(Wolle) / sweating *n* || ≈**wolle** *f* / grease wool, wool in the suint, wool in the yolk
Schwöde *f* / fellmongering by sweating
Schwödwolle *f* / lime wool, limed wool
Schwung·bewegung *f* / lapping motion || ≈**rad** *n* / balance wheel (of sewing machine) || ≈**werg** *n* / flax pluckings *pl*, flax tow
Scroll-Maschine *f*(Tepp) / Scroll machine (Singer Cobble Rolls)
S-Draht *m* / S-twist *n*, left-hand twist, crossband

twist *n*, S-turn *n*, warp twist || ≈-**Garn** *n* / S-twist yarn
S-Drehung *f* (DIN 60900) (Linksdrehung von Zwirn) (Spinn) / reverse twist, S-twist *n*, left twist
„Sea Island Cotton" *n*, Sea-Island-Baumwolle *f* (Gossypium vitifolium var. vitifolium) / Sea Island Cotton (finest cotton in the world)
Seal-Imitation *f* / sealette *n* (rabbit or nutria made to look like seal)
Sebazinsäure *f*, Sebazylsäure *f* / sebacic acid
sechsbindiger Köper / six-leaf twill
Sechseckhaspel *f* / six-armed reel
Sediment *n* / deposit *n*, sediment *n*, lees *n*, deposition *n*, precipitate *n*
Sedimentation *f* / sedimentation *n*
Sedimentationsgeschwindigkeit *f* / sedimentation velocity, sedimentation rate
Sedimentbecken *n* / sediment basin
see·blau *adj* / lake blue || ~**grün** *adj* / sea-green *adj*, celadon [green] *adj*, ocean-green *adj*
Seehundfellimitation *f* **aus Mohairstoff** / sealskin cloth, sealskin fabric
Seele *f* (eines Garns) / [yarn] core
Seelen·faden *m* / core thread, foundation thread || ≈**garn** *n* / core spun yarn, core spun thread, core twisted yarn, core twisted thread, covered yarn, core yarn || ≈**garn-Filament** *n* / filament core yarn
Seersucker *m* (leichtes kreppartiges Leinen) / seersucker *n*
See·seide *f* / byssus silk, shell silk, mussel silk, sea silk || ≈**tang** *m* (für die Herstellung von Alginaten) / seaweed *n* || ≈**wasser** *n* / salt water || ~**wasserbeständig** *adj* / salt-water resistant || ~**wasserecht** *adj* / fast to salt water, fast to seawater || ≈**wasserechtheit** *f* (DIN 54007) / sea-water fastness, fastness to seawater, fastness to salt water || ≈**wasserfleck** *m* / salt-water stain || ≈**wolle** *f* / alginate fibre
Segel *n* / boat sail, sail *n* || ≈**duck** *m* / sail duck || ≈**garn** *n* / bolt yarn, sail twine || ≈**leinen** *n*, Segelleinwand *f* / sailcloth *n* (canvas for sails), canvas *n*, awning *n* || ≈**saum** *m* / bolt rope || ≈**tuch** *n* / heavy canvas, canvas *n*, sail duck, duckcloth *n*, awning *n*, sailcloth *n*
Seide *f* / silk *n* || ≈ **mit hellen Fehlerstellen** / lousy silk || **auf breitem Webstuhl gewebte** ≈ / broad silk
Seidelbast *m* / spurge laurel
seiden *adj*, Seiden... / silk *adj* || ~**er Damast** / silk damask || ~**es Drehergewebe** / lino *n* (GB) || ≈**abfall** *m* / silk waste || **beim Spulen auftretender** ≈**abfall** / frisonette silk || ≈**abfälle** *m pl* / waste silk, silk waste || ~**ähnlich** *adj*, seidenartig *adj* / silk-like *adj*, silky *adj* || ~**artige Polyesterfaser** / silk-like polyester fibre || ~**artiger Glanz** / silky lustre || ~**artiges Aussehen** / silky appearance || ≈**atlas** *m* **mit Längsstreifenmusterung** / rayé imprimé || ≈**automat** *m* / automatic silk loom || ≈**bad** *n* / silk bath || ≈**band** *n* / silk ribbon || ≈**bandware** *f* / narrow silk fabric || ≈**bandweberei** *f* / weaving of silk ribbon || ≈**bast** *m* / silk gum, sericin *n* || ≈**batist** *m* / silk batiste || ≈**bau** *m* / sericulture *n* || ≈**baumwoll...** / silk-and-cotton covered || ≈**beize** *f* / silk mordant || ~**besponnen** *adj* / silk-covered *adj* || ≈**biber** *m* / silk beaver (imitation beaver fur) || ≈**borte** *f* / silk braid || ≈**chiffon** *m* / silk chiffon || ≈**chinédruck** *m* / silk chiné printing || ≈**ciré** *m* (wachsüberzogene Seide) / ciré silk || ≈**croisé** *n* / croisé silk || ≈**damast** *m* / silk damask || ≈**erschwerung** *f* / silk weighting || ≈**fabrik** *f* / silk [spinning] mill || ≈**faden** *m* / silk filament, silk yarn, silk thread || ≈**faille** *f* / faille silk, faille de chine (all-silk faille) || ≈**färben** *n*, Seidenfärberei *f* / silk dyeing || ≈**farbstoff** *m* / silk dyestuff || ≈**faser** *f* / silk fibre || ≈**fibroin** *n* / silk fibroin || ≈**finish** *n* / silk finish, Schreiner finish || ≈**finishkalander** *m* / silk finish calender, Schreiner calender || ≈**flor** *m* / silk gauze || ≈**garn** *n* (DIN 60550 und 60600) / silk yarn, silk thread || **nur wenig entbastetes** ≈**garn** / raw silk yarn, ecru silk yarn || ≈**garn** *n* **für Lahn** / pel[o] silk || ≈**gaze** *f* / silk gauze || ≈**gazeschablone** *f* / fine bolting screen || ≈**georgette** *f m* / crepe georgette (transparent blouse and dress fabric) || ≈**gewebe** *n* / silk fabric || ≈**gewebe für Stickereiarbeit** / silk canvas || ≈**gewebe mit Ripseffekt** / poult *n*
Seidenglanz *m* / eggshell finish, silky lustre || **einen** ≈ **verleihen** / satinize *v* || ≈**kalander** *m* / silk lustring calender
Seidengriff *m* / silky handle, scroopy handle || **beständig gegen** ≈**ausrüstung** / fast to scrooping
Seiden·haspel *f* / silk reel, reel *n* (silk), swift *n* (silk) || ≈**haspelungsanlage** *f* / filature *n* || ≈**haut** *f* / peau de soie (Fr) || ≈**jersey** *m* / silk jersey || ≈**kalander** *m* / calender for silk finish || ≈**kamelott** *m* / silk camlet (all-silk dress fabric) || ≈**kaschmir** *m* / cachemire de soie (Fr) || ≈**kettfaden** *m* / silk warp || ≈**krach** *m* / scroop *n* || ≈**krause** *f* / crisped crape || ≈**kreppgewebe** *n* / ciselé velvet || ≈**leim** *m* / sericin *n*, silk gum || ≈**leimlösung** *f* / boiled-off liquor || ≈**milanese** *m* / Milanese silk || ≈**mischung** *f* / silk blend || ≈**moiré** *m* / watered silk, moiré silk || ≈**musselin** *m* / silk muslin || ≈**noppen** *f pl* / silk nops, silk knops || ≈**numerierung** *f* / silk yarn counts *pl* || ≈**nummer** *f* / silk titre || ≈**pflanzenfaser** *f* / silkweed fibre, asclepias cotton, asclepias fibre || ≈**plüsch** *m* / silk plush || ≈**pongé** *m* / shantung pongee (fabric much used for summer apparel) || ≈**popeline** *f* / silk poplin || ≈**raster** *m* / silk screen || ≈**rasterdruck** *m* / silk-screen printing || ≈**raupe** *f* / silkworm *n* || ≈**raupenzucht** *f* / sericulture *n*, silkworm breeding || ≈**rinde** *f* (vom Seifenrindenbaum – Pithecolobium bigeminum) / soapbark, soap-bark (GB), quillai[a] bark, quillia bark, panama bark (Quillaja saponaria Mol.) || ≈**ripsband** *n* / petersham belting || ≈**romain** *m* / romain *n* (lining fabric in warp satin weave) (Fr) || ≈**samt** *m* / silk velvet || ≈**samt auf Atlasgrund** / velvet satin || ≈**schablone** *f* / screen stencil, silk screen || ≈**schäranlage** *f* / silk system warping || ≈**schnur** *f* / silk lace || ≈**schrei** *m* / scroop *n* || ≈**serge** *f* / silk serge || ≈**shoddy** *n* / silk shoddy || ≈**siebtuch** *n* / silk bolting cloth, silk gauze || ≈**spinner** *m* (Zoologie) (Fam. Bombycidae, bes. Bombyx mori) / silk [worm] moth, bombyx mori || ≈**spinner** (Arbeiter) / throwster *n* || ≈**spinnerei** *f* / silk spinning, silk [spinning] mill || ≈**spinnverfahren** *n* / silk system processing || ≈**stoff** *m* / silk fabric || **mit Flitterplättchen benähter** ≈**stoff** / paillette de soie || ≈**stoff mit Vielfarbeneffekt** / marble silk || ≈**strähne** *f* / silk hank, silk skein || ≈**strähnen, die gerissene Fäden enthalten** / endy silk skeins || ≈**strang** *m* / silk hank, silk skein || ≈**strickgarn** *n* / silk knitting yarn || ≈**strumpf** *m* / silk hose, silk stocking || ≈**taft** *m* / silk taffeta, Sarcenet *n* || ≈**titer** *m* / silk titre, filament titre || ≈**trikot** *m* / glove silk || ≈**tuch** *n* / cravat *n* || ≈**twist** *m* / silk twist || ~**umsponnen** *adj* / silk-covered *adj* || ≈**- und Textilienhändler** *m* /

mercer *n* (GB) || **²veredlung** *f* / silk finishing || **²waren** *f pl* / mercery *n* || **²waren für Schuhoberteile** / shoe-top silk || **²weberei** *f* / silk weaving || **²webmaschine** *f*, Seidenwebstuhl *m* / silk weaving loom, silk weaving machine, silk loom || **~weich** *adj* / silky *adj* || **²werg** *n* / silk noil || **²winde** *f* / whisk *n* || **²wollbaum** *m* / bombax *n* || **²zucht** *f* / silk culture || **²zwirn** *m* / silk twine, silk twist, thrown silk, sewing silk, twist silk, stratofilato silk, mouliné twist, net[ting] silk, retorse silk, twisted silk || **starker ²zwirn für Stickereizwecke** / purse silk || **²zwirnen** *n* / silk throwing || **²zwirner** *m* / throwster *n* || **²zwirnerei** *f* / silk throwing mill || **²zwirnmaschine** *f* / machine for twisting silk, silk throwing machine

seidig *adj* / silky *adj*, silk-like *adj*

Seidigkeit *f* / silkiness *n*

Seif·bottich *m* / soap trough, soap vat || **²dämpfer** *m* / soap steamer

Seife *f* / soap *n* || **² für hartes Wasser** / hard water soap || **helle ²** / pale soap chips, soap flakes

seif·echt *adj* / fast to soap[ing] || **²echtheit** *f* / fastness to soap[ing]

seifen *v* / soap *v*, wash *v* || **²** *n* / soaping *n*, washing *n* || **² bei Kochtemperatur** / soaping at the boil || **²ansatz** *m* / soap stock || **²avivage** *f* / brightening with soap || **²bad** *n* / soap bath, soap liquor || **²behandlung** *f* / soap treatment || **²brühe** *f* / soap-suds *pl*, suds *pl* || **²dämpfer** *m* / soaping steamer || **~echt** *adj* / fast to soap[ing] || **²echtheit** *f* / fastness to soap[ing] || **²ersatz** *m* / soap substitute || **²fleck** *m* / soap speck || **²flocken** *f pl* / soap-flakes *pl* || **²flotte** *f* / soap liquor, soap bath || **~frei** *adj* / non-soapy *adj* || **²gehalt** *m* / soap content || **~kochecht** *adj* / fast to boiling soap-suds || **²kochechtheit** *f* / fastness to boiling soap-solution || **²kraut** *n* (Saponaria officinalis) / fuller's herb || **²kreide** *f* / soap chalk || **²lauge** *f* / soap bath, suds *pl*, soap-suds *pl*, soap liquor

seifenlos *adj* / non-soapy *adj*

Seifen·lösung *f* / soap solution || **~mattiert** *adj* / soap-delustred *adj* || **²mattierung** *f* / soap delustring || **²nachbehandlung** *f* / soap aftertreatment, aftertreatment with soap || **²pulver** *n* / soap-powder *n* || **²rinde** *f* (vom Seifenrindenbaum - Pithecolobium bigeminum) / soapbark *n*, soap-bark *n* (GB), panama bark (Quillaja saponaria Mol.), quillai[a] bark, quillia bark || **²rückstände** *m pl* / soap residues || **²schaum** *m* / soap lather || **²stück** *n* / cake of soap || **²trichter** *m* / soap feeder || **²walke** *f* / soap-fulling *n*, soap milling || **²wäsche** *f* / soap laundering, soap wash || **²-Wäsche** *f* **und Walke** [von Kammgarnstoffen] / soap-shrunk finish || **²wasser** *n* / soap water, suds *pl*, soap-suds *pl*

Seife-Soda-Wäsche *f* / soap-soda scouring, soap-soda washing

seifiger Griff / soapy handle

Seif·kufe *f* / soap trough, soap vat || **²lappen** *m*, Seiftuch *n* / [face] flannel (GB), face cloth, wash-cloth (US) *n*, wash-rag *n* (US) || **²maschine** *f* / soaper *n*

Seignettesalz *n* / potassium sodium tartrate, Seignette salt

Seihtuch *n* / filter cloth *n*, filter press cloth, filtration fabric, sieve cloth, sieving cloth, straining cloth, bolting cloth

Seil *n* / cable *n*, rope *n*, hawser *n* || **²ausfüllgarn** *n* / worming thread || **²drehen** *n* / cabling *n* || **²dreher** *m* / twister *n* (rope), rope twister || **²drehmaschine** *f* / rope laying machine, rope braiding machine

seilen *v* / twist a rope

Seilende *n* / rope end

Seiler *m* / ropemaker *n*

Seilerei *f* / rope making || **²maschine** *f* / cordage machine

Seiler·rad *n*, Seilerspinnrad *n* / ropemaker's wheel || **²waren** *f pl* / cordage *n* || **²winde** *f* / ropemaker's reel

Seil·flechtmaschine *f* / plaiting machine (rope), rope laying machine, rope braiding machine || **²garn** *n* / rope yarn, cable yarn, cabled yarn || **²garnnumerierung** *f* / rope yarn numbering || **²garnspinnerei** *f* / rope yarn spinning || **²litze** *f* / rope strand || **²schlagen** *n* / rope laying || **²schläger** *m* / rope twister || **²schlagmaschine** *f* / rope laying machine, rope braiding machine || **²seele** *f* / rope core, rope heart

Seite-an-Seite-Bikomponentenfaser *f* / side-by-side (S/S) conjugated fibre

Seiten·ablauf *m* (Färb) / side-to-centre shading || **²blech** *n* / side plate (on dyeing beam) || **²falte** *f* (Mode) / side pleat || **~gleich** *adj* / reversible *adj*, double-faced || **~gleich** *adj* (Färb) / without two-sidedness || **~gleiche Färbung** / even shades on both sides of a fabric || **²kette** *f* (Chem) / side chain || **²rapport** *m* (Textdr) / horizontal adjustment || **²saum** *m* / edge seam || **²schlitz** *m* (Mode) / side walking slit, walking slit || **mit Langetten bestickter ²schlitz** / scalloped walking slit || **²stern** *m* / side star (on dyeing beam) || **²tasche** *f* (Mode) / side pocket || **²teil** *n* **am Handschuhfinger** (Strick/Wirk) / forchette *n* || **²veränderung** *f* **durch Schwertführung** (Web) / changing of sides || **²wand** *f* **des Schiebers** (Reißv) / slider wall || **²wand des Zungennadelschlitzes** / cheek of latch needle || **²wechselhaspelmaschine** *f* / side-change reeling machine

seitlich·er Hakenverschluß / side hook closure, hookside *n* || **~e Mindereinrichtung** (Strick/Wirk) / end narrowing attachment || **~es Schloßdreieck** / side cam || **~er Zuführkopf** / side delivery head (extrusion)

Sektional·kettbaum *m* (Web) / sectional beam, section [warp] beam, sectional warp[ing] beam || **²schärmaschine** *f* / sectional warp[ing] machine, warping machine for sectional beams

Sektionskessel *m*, Sektionskochkessel *m* / sectional kier

Sektoraldraht *m* (Spinn) / triangular section wire || **²beschlag** *m* (Spinn) / triangular section wire clothing || **²kratze** *f* (Spinn) / triangular section wire card clothing

Sektor·arm *m* (Spinn) / quadrant arm || **²daumen** *m* (Spinn) / nosing motion finger || **²drehzapfen** *m* (Spinn) / quadrant pivot || **²kette** *f* (Spinn) / quadrant chain || **²kranz** *m* (Spinn) / quadrant toothing || **²rad** *n* (Spinn) / quadrant *n* || **²schraubenspindel** *f* (Spinn) / quadrant screw spindle || **²spindel** *f* (Spinn) / quadrant spindle || **²waage** *f* / quadrant scales *pl* || **²zapfen** *m* (Spinn) / quadrant centre shaft

Sekundagarn *n* / second quality yarn

Sekundär·acetat *n* / secondary acetate continuous filament || **²farbe** *f* / secondary colour, secondary shade || **²spinnen** *n* / secondary spinning || **²zelluloseacetat** *n* / cellulose diacetate

seladongrün *adj* / celadon [green] *adj*, sea-green

adj, ocean-green *adj*
Selbend[e] *n*, Salband *n*, Salkante *f* (Web) / list *n*, listing *n*, selvedge *n*, selvage *n* (US)
Selbst·aufleger *m* (Web) / automatic feeder || **∸bindemittel** *n* / self-reacting binder || **∸diffusionskoeffizient** *m* (Färb) / self-diffusion coefficient || **~egalisierend** *adj* (Färb) / self-levelling, readily levelling || **~einfädelnd** *adj* / self-threading *adj* || **∸einfädelung** *f* / self-threading *n* || **∸einfädler** *m* (DIN 64685) / self-threading device, automatic threader || **∸einfärbung** *f* / producer colouring, processor colouring (of fibres) || **~emulgierende Form eines Weichmachers** / self-emulsifying form of a plasticizer || **~emulgierende Formierung** (Färb) / self-emulsifying formulation || **~emulgierendes Öl** / self-emulsifying oil || **~entflammbar** *adj* / self-inflammable *adj* || **∸entflammbarkeit** *f* / self-inflammability *n* || **~entzündlich** *adj* / spontaneously inflammable, self-igniting *adj* || **∸entzündung** *f* / self-ignition *n*, spontaneous ignition || **∸entzündungstemperatur** *f* / spontaneous-ignition temperature || **∸farbe** *f* / self colour || **∸farbstoff** *m* / single dyestuff, self shade, self colour || **~glättend** *adj* / self-smoothing *adj*, non-iron *adj* || **~glättendes Gewebe** / self-smoothing fabric || **∸glättungseffekt** *m* (Gew) / self-smoothing effect || **~härtend** *adj* (Beschicht) / self-hardening *adj*, self-setting *adj* || **∸katalyse** *f* / autocatalysis *n* || **∸klebefolie** *f* / self-adhesive film || **~klebend** *adj* / self-adherent *adj*, self-adhering *adj*, self-adhesive *adj* || **~klebende Fliese** (Tepp) / self-adhesive tile || **∸kleber** *m* / self-adhesive *n* || **~kräuselndes Garn** / self-crimping yarn || **~liegende Teppichfliese**, SL-Teppichfliese *f* / loose-lay carpet tile, self-adhesive sectional carpet || **∸löschbarkeit** *f* (Fil) / self-extinguishability *n* || **~löschend** *adj* (Fil) / self-extinguishing *adj* || **~löschende Faser** / self-extinguishing fibre (SEF) || **∸löschung** *f* (Fil) / self-extinguishability *n* || **∸oxydation** *f* / self-oxidation *n*, autoxidation *n* || **~reinigende Kufe** / self-cleaning bowl || **~schmierendes Harz** / self-lubricating resin || **∸spinner** *m* (Spinn) / mule [spinning machine], self-acting mule, selfactor *n*
selbsttätig·er Füller / automatic feeder, autofeed *n* || **~er Kastenspeiser** / automatic hopper-feeder || **~e Krempelreinigung** / continuous card stripping || **~e Speisevorrichtung** / automatic feeder, autofeed *n* || **~e Spulenauswechslung** / automatic cop changing || **~er Strangableger** (Tuchh) / automatic rope piler || **~e Streckenausrückvorrichtung bei vollgelaufener Kanne** / automatic full can stop motion || **~es Waschmittel** / self-acting detergent
selbst·verbindende Faser / self-bonding fibre || **~verbindender Textilverbundstoff** / self-bonded nonwoven || **∸verbrennung** *f* / spontaneous combustion || **∸vernetzen** *n* / self-crosslinking *n*, self-reticulating *n* || **~vernetzend** *adj* / self-crosslinking *adj*, bathotonic *adj* || **∸vernetzer** *m* / self-crosslinking agent || **∸weber** *m* / automatic loom || **∸zündung** *f* / spontaneous ignition
selektiver Schrumpf / differential shrinkage
Selfaktor *m* (Spinn) / mule [spinning machine], spinning mule, self-acting mule, selfactor *n*, intermittent spinner || **∸ für die Streichgarnspinnerei** (DIN 64015) / mule for woollen spinning || **∸auszug** (Spinn) / mule draw || **∸garn** *n* / mule yarn, mule twist, mule-spun yarn, self-acting mule yarn || **∸kettgarn** *n* / mule warp thread || **∸kettgarnkötzer** *m* / mule warp cop || **∸kops** *m* (DIN 61800), Selfaktorkötzer *m* (Spinn) / mule cop || **∸-Quadrant** *m* (Spinn) / mule quadrant || **∸seil** *n* (Spinn) / mule band || **∸spindel** *f* (DIN 64040) (Spinn) / selfactor spindle, mule spindle || **∸spindel mit Rollenlager** (DIN 64040) (Spinn) / selfactor spindle with roller bearing || **∸spinnen** *n* / mule spinning || **∸wagen** *m* (Web) / carriage *n* || **∸wagen** (Spinn) / mule carriage
Self-Twist-Garn *n* / self-twist yarn || **∸-Spinnmaschine** *f* / self-twist spinning machine || **∸-Spinnverfahren** *n* / self-twist spinning [process]
semikristallines Polymer / semi-crystalline polymer
Semnan *m* / Senna *n* (Persian handmade carpet)
Sendal *m* / sendal *n* (silk fabric of the 13th century, of Chinese origin. This kind of cloth is now called Sarcenet)
Senegalgummi *n m* / Senegal gum
senf·braun *adj* / mustard brown || **~farben** *adj* / mustard coloured || **~gelb** *adj* / mustard yellow, mustard coloured || **∸ton** *m* / mustard shade
Sengbereich *m* / singeing zone
Senge *f* / singeing machine
Sengeffekt *m* / singeing effect
sengen *v* / scorch *v* || ~ (zur Erzielung eines glatten Fadens bzw. Gewebes) (Spinn, Web, Ausrüst) / singe *v*, gas *v*, gas-singe *v*, genappe *v* || **∸** *n* / singeing *n*, scorching *n*, gassing *n*, gas singeing, genapping *n*, jenappe *n* || **∸ mit Gas** / gas singeing
Seng·maschine *f* / singeing machine || **∸maschine für Bänder und Litzen** / singeing machine for ribbons and braids || **∸platte** *f* / singeing plate || **∸prozeß** *m* / singeing process || **∸prüfgerät** *n* / scorch tester || **∸prüfung** *f* / scorch testing (US test procedure to determine damage by heat of resin finished cotton fabrics in the presence of retained chlorine; AATCC Specification, Method 92) || **∸schaden** *m* / singeing damage || **∸staub** *m* / singeing dust || **∸stelle** *f* / scorching mark || **∸streifen** *m* / singeing stripe || **∸zone** *f* / singeing zone
Senker *m* (Strick/Wirk) / lower cam, stitch cam, draw cam, wing cam || **∸einstellschraube** *f* / stitch cam setting screw
senkrecht·e Kantenbeschneideeinrichtung (Näh) / vertical edge trimmer || **~er Mittelsteg** / vertical centre bar || **∸öffner** *m* (Wolle) / vertical opener
Senkwaage *f* / areometer *n*, hydrometer *n*
Sennaknoten *m* (persischer Teppichknoten), Sennelknoten *m* / senna knot, Senneh knot, Persian knot
sensibilisieren *v* / sensitize *v*
sensibilisierender Farbstoff, Sensibilisierungsfarbstoff *m* / sensitizing dyestuff
Sensibilisierungsverfahren *n* / sensitizing process
Separator *m*, Fadentrenner *m* / separator *n* || **∸**, Trennschleuder *f* / centrifugal separator
sepia·braun *adj* (RAL 8014) / sepia [brown] *adj*
sequestrieren *v* / sequester *v*, sequestrate *v*
Sequestriermittel *n* / sequestering agent, chelating agent
Sequestrierung *f* / sequestration *n*, sequestering *n*
Sequestriervermögen *n* / sequestering power
Serabend *m* / Serabend *n* (Persian handmade carpet)

Serge *f* (dreibindiger Schußköper) / serge *n* || ≈ **aus ungefärbter Wolle** / beige serge || ≈**bindung** / serge weave

Sergette *f* (leichte Kleiderserge) / sergette *n* (Fr)

Serie *f* **in dem Musterrad** (Strick/Wirk) / cycle of the pattern wheel

Seriplanprüfung *f* / seriplane test (to determine grade of raw silk)

Serizin *n* / sericin *n*, silk gum || ≈**gehalt** *m* / sericin content

Sersche *f* (dreibindiger Schußköper) / serge *n*

Serviette *f* / napkin *n*, table napkin, serviette *n*

Sessel *m* / easy chair || ≈**schoner** *m* / antimacassar *n*, protective cover

Set *n m* / set *n* || ≈**garn** *n* / set false twist yarn, set yarn (obtained by reheating the highly elastic yarn in stretched condition)

Setz·art *f* (Spinn) / method of setting || ≈**block** *m* / building block (carding) || ≈**rapport** *m* (Web) / nogg *n*

Seydelzug *m* (Spinnband-[Converter-] Verfahren) (Spinn) / Seydel tow (tow-to-top process)

SFAM-Matte *f* / SFAM (synthetic fibrous anisotropic material) mat

S-Faser *f* / S fibre, shrinkage fibre

S-Finish *n* (Verseifung in starken, heißen Natronlaugebädern) / S-finishing *n*, saponification finishing

S-Grat-Köper *m* / S-twill *n*, left-hand twill

Shag *m* / shag *n*

S-Haken *m* / S-hook *n*

Shaker *m* / shaker *n* (for fibre blending) || ≈**trommel** *f* / dust shaker, rag shaking cylinder, rag shaker

Shampoo *n* / shampoo *n* || ≈**-Test** *m* (Tepp) / shampoo test

Shantunggewebe *n* (Gew) / shantung *n*

Shape-Memory *n* (spezielle Ausrüstungsstufe innerhalb der Durable-Press-Ausrüstung; „Erinnerungsvermögen" des Gewebes an den geformten Zustand) / shape memory

Shaw-Streck-Verfahren *n* / Shaw system

Shetland *m* (Streichgarnstoff) / Shetland *n* || ≈**schal** *m* / Shetland shawl || ≈**wolle** *f* / Shetland *n*, Shetland wool

Shirting *m* (stark appretiertes leinwandbindiges Gewebe) / shirting *n*, shirting fabric

Shirt-Zweiteiler *m* (Mode) / shirt dress

Shoddy *n* / shoddy wool, softs *pl* || ≈**garn** *n* / shoddy yarn || ≈**seide** *f* / silk shoddy || ≈**wolle** *f* / shoddy wool, softs *pl*

Shorehärte *f* (Beschicht) / Shore hardness

Shorts *pl* / shorts *pl*

Shorty *n* / shorty nightgown

Shreinereffekt *m* s. Schreiner-Effekt

shrinken *v* s. schrinken

Shropshire-Wolle *f* / Shropshire wool

Siamosen *f pl* (leinwandbindige, kettfarbig gestreifte oder karierte Baumwollwaren) / siamose fabrics (coloured woven apron cloths, striped or checked, e.g. gingham)

Sicherheits·fadenführer *m* (Strick/Wirk) / safety carrier, safety yarn guide || ≈**fadenzähler** *m* / safety thread counter || ≈**gurt** *m* (DIN 7470) / safety belt, seat-belt *n*, safety harness (US) || ≈**naht** *f* (Näh) / safety-stitch seam || ≈**schloßteil** *n* (Strick/Wirk) / guard cam, guide cam || ≈**ventil** *n* (Masch) / safety valve || ≈**vorrichtung** *f* / safety device || ≈**vorrichtung für Rattenzahnrechen** / lockstitch bar safety device

Sicherung *f* **der Maschen** (Strick/Wirk) / securing the stitches || ≈ **der Wicklungsschicht** / layer locking || ≈ **für Maschenfesteinrichtung** / non-run safety device

sichtbar·er Reißverschluß / surface slide fastener || ≈**machung** *f* (Chrom) / visualization *n*

sichten *v* / class *v*, classify *v* || ~ / sift *v*, screen *v*

Sichter *m* / classifier *n*

Sicht·maschine *f* / picking machine || ≈**seite** *f* / face *n* (of fabric)

Sichtung *f* / sifting *n*, screening *n*, classing *n*

Sicilienne *f* / Sicilian *n* (plain cloth from fine cotton warp and coarse mohair weft, or silk (or rayon) warp and woollen weft)

Sidafaser *f* / sida fibre (fibre obtained from the sida plant, Sida rhombifolia, grown in India. Fibre also known as Sufet Bariata)

Sieb *n* / screen *n*, strainer *n*, sieve *n* || ≈**banddämpfer** *m* (Färb) / perforated belt steamer, screen drum steamer || ≈**bandtrockner** *m* / brattice drier || ≈**bandtrockner** (Vliesst) / screen belt drier || ≈**bandwaschmaschine** *f* / travelling screen washing machine || ≈**boden** *m* (Färb) / perforated bottom || ≈**druck** *m*, Seidenrasterdruck *m*, Filmdruck *m* / silk-screen printing, screen printing, film screen printing || ~**drucken** *v* / screen-print *v* || ≈**druckfarbe** *f* / silk-screen printing ink || ≈**druckmaschine** *f* / screen-printing machine || ≈**druckschablone** *f* / printing screen for silk screen printing || ≈**druckverfahren** *n* / silk-screen process, screen printing process

sieben *v* / filter *v*, strain *v*, sieve *v*, sift *v*, screen *v* || ≈ *n* / screening *n*, sifting *n*, filtering *n*

Siebenzylinder-Kettschlichtmaschine *f* / seven-can slasher (US)

Sieb·feinheit *f* / mesh size || ≈**filter** *m n* / sieving filter || ≈**filz** *m* (Vliesst) / screen felt || ≈**geflecht** *n*, Siebgewebe *n* / screen netting || ≈**gewebe** *n* (Vliesst) / screen fabric || ≈**größe** *f* / mesh size || ≈**kasten** *m* / sieve box || ≈**masche** *f*, Sieböffnung *f* / mesh [of sieve] *n* || ≈**rückstand** *m* / sieve residue || ≈**schablone** *f* / film screen, stencil *n* || ≈**schleuder** *f* / centrifugal filter, centrifugal extractor

Siebtrommel *f* (Vliesst) / suction drum || ≈ (Färb) / perforated drum, perforated cage || ≈ (Textdr) / screening drum || ≈, **siebenkästig** / screening drum with seven compartments || ≈**aggregat** *n*, Siebtrommelanlage *f* / perforated drum unit || ≈**filter** *m n* / dust cage filter || ≈**filter** (Färb) / perforated cage filter || ≈**fixiermaschine** *f* / perforated drum unit for heat setting || ≈**trockner** *m* (Färb) / cylindrical sieve drier, screen drum drier || ≈**trockner** (Vliesst) / suction drum drier || ≈**trockner** (DIN 64990) (Ausrüst) / perforated cylinder drier, perforated drum drier || ≈**waschmaschine** *f* / perforated drum washing machine

Sieb·tuch *n* / sieve cloth || ≈**tuch** (für Flüssigkeiten) / straining cloth, tammy cloth, strainer *n* || ≈**tuch** (für Pulver) / bolting cloth *n*, bolter *n* || ≈**walzentrockner** *m* / perforated cylinder drier || ≈**wand** *f* / baffle board, baffle plate (winch vat) || ≈**waschmaschine** *f* / washing machine with wire screen drum, washing machine with wire screen || ≈**weite** *f* / screen size, mesh size

Siede·beginn *m* / initial boiling point || ≈**bereich** *m* (Färb) / boiling range

sieden *v* / boil *v*, simmer *v* || ≈ *n* / boiling *n*, simmering *n*, ebullition *n* || **am ≈ (Kochen) halten** /

keep at the boil || **nahe am ≃ halten** / keep near the boil
siedend *adj* / boiling *adj*
Siedepunkt *m* / boiling point
Siederei *f* (Seifenherst) / pan room
Siede·steinchen *n pl* / boiling stones || **≃temperatur** *f* / boiling temperature
Siegeleinlage *f* (Näh) / fusible interlining
SI-Einheiten *f pl* (Système International) / SI units
signal·gelb *adj* / signal yellow *adj* || **~grün** *adj* / signal green *adj* || **~rot** *adj* / signal red *adj*
signieren *v* / label *v*, mark *v* || **die Ballen ~** / mark the bales
Signier·farbe *f* / fugitive dye for tinting, staining colour, marking ink, marking colour || **≃farbstoff** *m* / sighting dyestuff, fugitive tint || **≃färbung** *f* / marking *n*, fugitive staining || **≃färbung** (Textdr) / sightening *n* || **≃tinte** *f* / marking ink
Signierung *f* / marking *n*
Signierungsfarbstoff *m* s. Signierfarbstoff
Sikkativ *n* / drier *n*, drying agent, siccative *n*, drying oil
Silber *n* / silver *n* || **≃borte** *f* / silver braid || **≃brokat** *m* / silver brocade || **mit ≃fäden durchzogenes Gewebe** / silver tissue || **~farben** *adj* / silver-coloured *adj*, silver *adj* || **~farbig** *adj* / argentine *adj*, silver-coloured *adj*, silver *adj*, silvery *adj* || **≃gespinst** *n* / silver thread || **≃glanz** *m* / silver[y] lustre || **~glänzend** *adj* / argentine *adj* || **~grau** *adj* (RAL 7001) / silver-grey *adj* || **≃lamé faden** *m* / silver thread || **≃lamégarn** *n* / silver yarn
silbern *adj* / silver *adj*, argentine *adj*
Silber·salz *n* / silver salt || **≃stoff** *m* (Stoff aus Seiden- und Metallfäden) / silver cloth || **~weiß** *adj* / silver-white *adj*
silbrig *adj* / silvery *adj* || **~er Effekt** (auf Stoffoberflächen) / silvertone effect || **~er Glanz** / silver[y] lustre
Silika-Gel *n* / silica gel
Silikatfaser *f* / silicate fibre
Silikon *n* / silicone *n* || **mit ≃en behandeln** / siliconize *v* || **≃ausrüstung** *f* / silicone finish || **~beschichteter Trennträger** / silicone-coated release material || **≃finish** *n* / silicone finish || **≃fleck** *m* / silicone spot || **~haltiges Mittel zur Wasserabweisendimprägnierung** / silicone-type water repellent || **≃harz** *n* / silicone resin || **≃imprägnierungsmittel** *n* / silicone-based impregnating agent
silikonisieren *v* / siliconize *v*
silikonisierte Ware / siliconized fabric
Silikontrennmittel *n* / silicone release agent
Silizium *n* / silicon *n* || **≃karbidfaser** *f* / silicon carbide fibre
Siloxan *n* / siloxane *n*
Silvalingarn *n* / silvalin yarn (yarn made from cellulose matter)
Silzina-Schußsamt *m* / silcina *n*
Simarie *f* (Obergewand des Bischofs), Simarre *f* / chimere *n*
Simili·kalander *m* (DIN 64990), Simili-Merzerisage-Kalander *m* / simili mercerizing calender || **≃-Merzerisation** *f*, Similisieren *n* / simili mercerizing
Simplex·stoff *m* / simplex *n* (double-faced fabric usually made on two needle-bars of a bearded needle warp-knitting machine) || **≃stuhl** *m* / simplex machine || **≃wirkmaschine** *f* / simplex knitting machine
Simultan-Strecktexturieren *n*, Simultan-Texturierung *f* / simultaneous draw texturing
Sinähknoten *m* / senna knot, Senneh knot, Persian knot
Single·-Garn *n* / single yarn *n* || **≃-Jersey** *m* / single knits *pl*, single jersey
Sinustrockner *m* / sinus drier
Siriusseide *f* / Sirius silk (multifil rayon fibres as artificial horse hair)
Sisal *m* (meistens Agave sisalana) / sisal *n* || **≃faser** *f* / sisal fibre || **≃hanf** *m* / sisal hemp, sisalana *n* || **≃kordel** *f* / sisal hemp cord || **≃matte** *f* / sisal matting
Sister-Print *n* / sister print (same pattern motif repeated in different sizes)
Sitz *m* **des Farbstoffs** / infiltration and penetration of the dyestuff
Sitz *m* **eines Kleidungsstückes** / fit of a garment
Sitz·bezug *m* / seat-cover *n*, carriage cloth || **≃bezugstoff** *m* / seat-cover fabric, seating *n* (fabric) (GB) || **≃filz** *m* / seat felt || **≃kissen** *n* / seat cushion, pouffe *n* || **≃polster** *n* / upholstered seat, pouffe *n* || **≃spiegelbildung** *f* (Hosensitzfläche) / formation of shiny areas [from sitting]
Sivalspitzenmaschine *f* / Sival machine
Sivas *m*, Siwas *m* / Sivas *n* (Turkish handmade carpet)
Skala *f* **für Deckpatentspindel** (Strick/Wirk) / scale *n* (for the narrowing spindle)
Skapulier *n* / scapulary *n* (previously monastic woollen garment with hood or cowl attached, now popular in fashion)
Skelett·gatter *n* / skeletonized reel || **≃schaft** *m* (Web) / skeleton shaft || **≃trommel** *f* / skeleton cylinder
Ski·anzug *m* / ski suit || **≃-Elastikstoff** *m* / elastic ski-wear fabric || **≃-Fausthandschuhe** *m pl*, Ski-Fäustlinge *m pl* / ski mitts *pl* || **≃hose** *f* / ski pants *pl*, bogners *pl* (US) || **≃jacke** *f* / ski jacket || **≃kleidung** *f* / ski clothing
skimmen *v* / apply a skim-coat
Skinverpackung *f* / skin-package *n*
Skitrikot *m* / ski knits *pl*, Norwegian jersey cloth
skulpturartig gemusterter Teppich / carved rug, sculptured carpet
Slack-Merzerisieren *n* (zur Erzielung eines Stretch-Effekts bei Baumwollgeweben) / slack mercerization
Slat-Muster-Vorrichtung *f* / slat pattern attachment
Slip *m* / briefs *pl*, panty *n* (US), panties *pl* (GB) || **≃** *n* (1800 yards = 1645,905 m) / slip *n* (yarn measure) || **≃over** *m* (Mode) / slipover *n*, slip-over *n*
Slipper *m pl* / slippers *pl*, scuffs *pl*, slip-ons *pl*
Slop-Hose *f* / flared trousers *pl*
SL-Teppichfliese *f*, selbstliegende Teppichfliese / self-adhesive sectional carpet
smaragd·farben *adj*, smaragdgrün *adj* (RAL 6001) / emerald[-green] *adj* || **≃grün** *n* / emerald [green], chrome green || **≃ton** *m* / emerald shade
Smokarbeit *f* (Schmuckfalten - Näherei) / smocking *n*
Smoking *m* / dinner jacket (GB), tuxedo *n* (US)
Smyrna·knoten *m* / Turkish knot || **≃teppich** *m* / Smyrna carpet (reversible), Smyrna rug (reversible)
Snag *m* (Fadenzieher) (bes. Strumpf) / snag *n*
Snagging *n* (Fehler) / snagging *n*
Socke *f* / sock *n*, half-hose *n* || **≃n** *f pl* **mit Rhombenmusterung** / Argyle socks

Sockelnähmaschine *f* / base-mounted sewing machine
Socken·aufmachung *f* / making-up of socks || **≗automat** *m* / automatic sock knitting machine || **≗fußmaschine** *f* / footer machine, machine for feet of socks || **≗halter** *m* / men's garter (US), garters *pl* (US), sock suspender (GB) *pl* || **≗länge** *f* / sock panel || **≗längemaschine** *f* / machine for sock panels || **≗maschine** *f* / half-hose machine, machine for socks || **≗rand** *m* / half-hose top
Soda *f* (Natriumkarbonat) / washing-soda *n*, sodium carbonate, soda *n* || **≗ kalz.** / soda ash || **~alkalisch** *adj* / soda alkaline || **≗bad** *n* / soda bath || **≗-Druckpaste** *f* / soda print paste || **~echt** *adj*, sodafest *adj* / soda-proof *adj* || **≗kochchlor** *n* / soda-boiling chlorine || **~kochecht** *adj* / fast to boiling soda || **≗kochechtheit** *f* / fastness to boiling soda, kier-boiling fastness, boiling soda fastness || **≗küpe** *f* (Färb) / soda vat, potash vat, German vat || **≗-Natronlauge-Vorschrift** *f* (Färb) / soda-sodium hydroxide solution prescription || **≗/Säure-Bleiche** *f* / soda/acid bleach || **≗seife** *f* / soda soap, sodium soap || **≗spülbad** *n* / soda rinse || **≗-Vorschrift** *f* / soda prescription
Sofa *n* / sofa *n*, daybed *n*, settee *n* || **≗schoner** *m* / antimacassar *n*
Sofortentwicklung *f* (z.B. eines Weißtöners) / rapid development (of white)
sofortige Erholung / instant recovery
Soft *m* / soft-twist yarn (16–20 twists per inch) || **≗-line** *f* (Modelinie mit weich fallenden Stoffen, romantischen Dessins und femininen Schnitten) / soft line || **≗-Stream-Verfahren** *n* / Soft-Stream process, HT piece-dyeing process
Sohle *f* / sole *n* || **≗ aus Baumwolle** / cotton sole
Sohlen·deckung *f* (Strumpf) / narrowing of the gusset, gusset narrowing || **≗fadenführer** *m* / sole thread carrier || **≗filz** *m* / sole felt || **≗muster** *n* (Strumpf) / cradle feature || **≗naht** *f* (Strumpf) / seaming at the underside of the foot || **≗- und Spitzenverstärkungseinrichtung** *f* (Strick/Wirk) / half-round splicing || **≗- und Spitzenverstärkungseinrichtung** *f* (Strumpf) / tackle for soles and toes || **≗verstärkung** *f* (Strumpf) / reinforcement of the sole, sole splicing || **≗zwischendeckung** *f* (Strumpf) / narrowing of the gusset, gusset narrowing
Soil-Release *n* / soil release (SR) || **≗-Ausrüstung** *f* / soil-release finish (special treatment for improved release of dirt particles in domestic washing) || **≗-Effekt** *m* / soil-release effect (SR effect) || **≗-Produkt** *n* / soil-release product
Soja·bohne *f* / soybean *n*, soya bean || **≗bohnenöl** *n* / soybean oil || **≗faser** *f* / soybean fibre || **≗mehl** *n* / soybean oil meal || **≗öl** *n* / soybean oil
Sol *n* (Chem) / sol *n*
Sole *f* / brine *n*, salt brine
Soleil *m* (Web) / soleil *n* (satin-faced fabric of silk or rayon with fine line or stripe effect in the warp direction) || **≗bindung** *f* (abgeleitete Ripsbindung) / soleil weave
Solid·blau-Verfahren *n* / bleu reduit (Fr) || **~gelb** *adj* / fast yellow || **≗grün JJO** (Färb) / solid green
Soll-Länge *f* / nominal length
solubilisieren *v* / solubilize *v*
Solubilisiervermögen *n* / solvent power, solubilizing power
Soluble Blue *n* (Färb) / soluble blue, water blue
Solutionssalz *n* / dissolving salt, sodium benzylsulphanilate
Solutizer *m* / solubilizer *n*, solubilizing agent, solutizer *n*, solubilisant *n*
Sombrero *m* / sombrero *n* (broad-rimmed hat)
Sommer-Eskimo *m* / castor *n* (heavily fulled, smooth-finish broadcloth) || **≗jacke** *f* (Mode) / summer jacket || **≗kleid** *n* (Mode) / summer dress || **≗kleidung** *f* (Mode) / summerwear *n* || **≗mantel** *m* (Mode) / summer coat || **≗sakko** *m n* (Mode) / summer jacket || **≗schur** *f* (Wolle) / summer clip || **≗wolle** *f* / autumn wool
Sonnen·badeanzug *m* (Mode) / sun suit || **≗belichtung** *f* / exposure to sunlight, insolation *n* || **~beständig** *adj* / sunfast *adj*, sunproof *adj* || **direkte ≗bestrahlung** / exposure to direct sunlight || **der ≗bestrahlung aussetzen** / expose to insolation || **≗bleiche** *f* / sun-bleach *n* || **≗bleichen** *n* / sun bleaching || **~blumengelb** *adj* / sunflower yellow *adj* || **≗blumenöl** *n* / sunflower oil || **≗breithalter** *m* (Web) / horizontal ring temple, solar ring temple, solar ring stretcher || **≗dach** *n* / awning *n*, sunshade *n*, sun-blind *n* || **~echt** *adj*, sonnenfest *adj* / sunfast *adj*, sunproof *adj* || **≗einwirkung** *f* / exposure to sunlight || **~gelb** *adj* / sun yellow *adj* || **~getrocknet** *adj* / sun-dried *adj* || **≗höschen** *n* / sun suit (for children) || **≗hut** *m* (Mode) / sun-bonnet *n* || **≗licht** *n* / sunlight *n* || **≗lichtbeständigkeit** *f* / resistance to sunlight, sunlight stability, sunlight resistance || **≗lichtechtheit** *f* / fastness to sunlight, resistance to sunlight || **≗lichteinwirkung** *f* / effect of sunlight || **~scheingelb** *adj* / sunshine yellow *adj* || **≗schirm** *m* / parasol *n*, sunshade *n* || **≗schutzlamellen** *f pl* / vertical-slate blinds, vertical louvre blinds || **≗schutzveredlung** *f* / sun-protective finish || **≗segel** *n* / awning *n* || **≗spitze** *f* / Paraguay lace || **≗spule** *f* (DIN 61800) / narrow wound cheese, short traverse cheese, flat conical cheese || **≗strecke** *f* / disc-plate circular drawing machine, ring-guide [circular] drawing frame || **≗strecke** (für Kammgarn) / circular gill box
Sorbens *n* (Chem) / sorbent *n*
Sorbinsäure *f* / sorbic acid
Sorbitanester *m* / sorbitan ester
Sorbitol *n* / sorbitol *n*
Sorption *f* / sorption *n*
Sorptions·gleichgewicht *n* / sorption equilibrium || **≗mittel** *n* (Chem) / sorbent *n* || **≗vermögen** *n* / sorptivity *n*
Sorte *f* / grade *n*
sortieren *v* / sort *v* || **[nach Qualität]** ~ / grade *v* || **nach Stapel** ~ / staple *v* || **≗** *n* / sorting *n*
Sortier·maschine *f* / sorting machine || **≗raum** *m* / sorting room || **≗sieb** *n* / grading sieve
sortierte Wollen gleicher Qualität *f pl* / sorts *pl*
Sortiertisch *m* / sorting table
Sortierung *f* **von Baumwolle nach Stapellänge** / stapling *n*
Sortier·waage *f* / quadrant *n* || **≗weife** *f* (Spinn) / wrapping reel, wrapping wheel
Souple *m*, Soupleseide *f* / souple silk
souplieren *v* (Seide) / make pliable, half-boil *v*, souple *v* || **≗** *n* (Halbentbasten von Seide) / assouplissage *n*, partial boiling
Soupliermittel *n* / soupling agent (silk)
souplierte Seide / half-boiled silk, souple silk
Soutache *f*, Soutache-Litze *f* / soutache braid (narrow flat ornamental braid)
Soutane *f* (langer, enger Leibrock der kath.

Geistlichen) / soutane *n* (cassock of Roman Catholic priests)
Southdown-Wolle *f* (ursprünglich von Schafen in Sussex) / southdown *n*
Soxhlet *m*, Soxhletapparat *m* / Soxhlet [extractor] (cylindrical extraction tube) *n*
Space-Dyeing *n* / space dyeing || **≗-Verfahren** *n*, Space-Dye-Verfahren *n* / space dye[ing] process || **nach dem ≗-Verfahren gefärbtes Teppichbauschgarn** / space-dyed bulked carpet yarn
Space-Printing *n* (Tepp) / space printing || **nach der ≗-Methode bedruckter Teppich** / space-printed carpet
Spachtel *m* / spatula *n* || **≗spitze** *f* / spachtel lace (curtains)
Spagat *m* (Bindfaden) AU / cord *n*, twine *n*
Spaghettiträger *m* (Mode) / shoe-string strap
Spagnolett *m*, Spagnell *m* (Schwerflanellart) / light flannel raised on both sides, espagnolette *n*
Spalt *m* / split *n* || **≗anlage** *f* / depolymerization plant
spaltbarer Abfall / depolymerizable waste
Spalte *f* / split *n*
Spalteffekt *m* (Kasch) / delamination effect
spalten *v* / split *v*
Spalt·faser *f* / split fibre, fibrillated fibre || **≗fasergarn** *n* / fibrillated yarn, split yarn || **≗festigkeit** *f* (Kasch) / interlaminar strength || **≗lactam** *n* / lactam obtained by depolymerisation || **≗produkt** *n* / cleavage product || **≗reaktion** *f* / cleavage reaction || **≗reaktor** *m* / depolymerisation reactor
Spaltung *f* (Chem) / dissociation *n*
Spaltungs·energie *f* / bond dissociation energy || **≗produkt** *n* / cleavage product || **≗reaktion** *f* / cleavage reaction
Spandex·faser *f* (ersetzt durch Elastomerfaser) / spandex fibre (synthetic elastic fibre with at least 85% segmented polyurethane) || **≗garn** *n* / spandex yarn
Spange *f* / clasp *n*
spanisch·es Moos / black moss || **≗er Ginster** / Spanish broom || **~grün** *adj* / green of Greece *adj*, Spanish green
Spanish Stripes *pl* / Spanish stripes (plain-weave cotton cloth with black stripe at each selvedge)
Spann *m* (Strumpf, Strick/Wirk) / instep *n*
Spannaht *f* / heel seam
Spann·arm *m* / tension arm || **≗backe** *f* / gripping jaw (mech) || **≗bettuch** *n* / fitted sheet || **≗breite** *f* / stentering width (GB), tentering width (US) || **≗brett** *n* / stretch board || **≗bügel** *m* / tension bracket
spannen *v* (allg) / extend *v*, stretch *vt*, stress *v* || **~** / stenter *v* (GB), tenter *v* (US) || **≗** *n* **auf Nagelleisten** (Tepp) / tackless installation || **≗ der Gaze** (Siebdr) / fixing the gauze
Spann·faden *m* (Web, Defekt) / tight thread || **≗faden** / tension thread || **≗faden in Kettrichtung** (Web, Defekt) / tight end, tight warp || **≗faden in Schußrichtung** (Web, Defekt) / tight pick, tight weft || **≗feld** *n* (Web) / stentering limit (GB), tentering limit (US) || **≗fixierung** *f* (Färb) / stenter fixation (GB), tenter fixation (US) || **≗haken** *m* / stenter hook, stenterhook *n* (GB), tenter hook (US), tenterhook *n* || **≗kette** *f* (Web, Defekt) / tight warp, tight end || **≗kette** (Masch) / stretching chain || **≗kette** (DIN 64990) / stentering chain, tentering chain (US) || **≗kluppe** *f* / stenter clip (GB), tenter clip (US) || **≗kraft** *f* / restraining power (fibre), elasticity *n*, resilience *n* || **≗kraft** / expanding power || **≗kreuz** *n* (Web) / lease *n* || **≗länge** *f* (Baumwollprüfung) / test length || **≗leiste** *f* / tight selvedge || **≗maschine** *f* / stenter frame (GB), tenter frame (US) || **≗rad** *n* / stretching pulley
Spannrahmen *m* / frame *n* (stenter), stretcher *n*, stenter frame (GB), tenter frame (US) || **≗ mit Kluppen** / clamp stenter (GB), clamp tenter (US) || **≗ mit Voreilung** / stenter frame with overfeed (GB), tenter frame with overfeed (US) || **≗auslauf** / stenter delivery end (GB), tenter delivery end (US) || **≗durchgang** *m*, Spannrahmendurchlauf *m* / stenter passage (GB), stentering *n* (GB), tenter passage (US), tentering (US) *n* || **≗einführapparat** *m* / stenter feeder (GB), tenter feeder (US) || **≗einlauf** *m* / stenter feed end (GB), tenter feed end (US) || **≗fixierung** *f* / stenter setting (GB), tenter setting (US), setting on a stenter (GB), setting on a tenter (US) || **≗kette** *f* / stentering chain (GB), tentering chain (US) || **≗leiste** *f* / stenter bar (GB), tenter bar (US) || **≗nadel** *f* / stentering gill (GB), tentering gill (US) || **≗passage** *f* / stenter passage (GB), stentering *n* (GB), tenter passage (US), tentering (US) *n* || **≗stift** *m* / stenter pin (GB), tenter pin (US) || **≗trockenmaschine** *f* **mit Nadeln** / pin stenter (GB), pin tenter (US) || **≗trockner** *m* / stenter drier (GB), hot air stenter, tenter drier (US), hot air tenter || **≗trocknung** *f* / stenter drying (GB), tenter drying (US), stentering (GB) *n*, tentering *n* (US)
Spann·rolle *f* / expander roller, stretching pulley, tension roll[er] || **≗rute** *f* (Web) / temple *n* || **≗scheibe** *f* / stretching pulley || **≗schiene** *f* (Web) / slackener *n*, easer *n* || **≗schuß** *m* (Web, Defekt) / tight weft, tight pick || **≗schüsse** *m pl*, Schußbandigkeit *f* (Weben) / rawkiness *n* || **≗stab** *m*, Spannstange *f* (Web) / temple *n*, stretcher bar *n*, tensioning bar, tension rod stenter bar (GB), tenter bar (US) || **≗stelle** *f* / hitch-back *n* (defect) || **≗stock** *m* (Web) / temple *n* || **≗teppich** *m* / wall hangings *pl* || **≗teppich mit angenähter Borde** (Tepp) / body and border || **≗-, Trocken- und Fixiermaschine** *f* / stentering, drying and setting machine || **≗- und Trockenmaschine** *f*, Spanntrockenmaschine *f* / stentering and drying machine (GB), tentering and drying machine (US)
Spann- und Trockenrahmen *m* / drying stenter (GB), drying tenter (US)
Spann- und Trockenrahmen *m* / stenter frame (GB), tenter frame (US)
Spannung *f* / tension *n*, stress *n*, strain *n*, stretch *n* || **≗ bei bestimmter Dehnung** / tensile stress at given elongation || **≗ beim Erspinnen** / extrusion spinning tension || **≗ des Abzugsgewichts** / delivery tension || **≗ des Bandes** / band tension
spannungs·arme Kontinue-Breitwaschanlage / low-tension continuous open soaper || **~armes Trocknen** / low-tension drying || **≗ausgleicher** *m* / tension compensator || **≗ausgleichregelung** *f* **der Garnschar** / tension compensation regulation of the warp sheet || **≗beanspruchung** *f*, dielektrische Beanspruchung / dielectric stress || **≗-Dehnungsdiagramm** *n* / stress-strain diagram || **≗-Dehnungskurve** *f* / stress-strain curve || **~frei** *adj* / relaxed *adj*, strain-free *adj*, tensionless *adj* || **~freie Warenführung** / tension-free fabric feed || **~freie Warenschaumaschine** / tensionless inspection machine || **~freie Zuführung** /

tensionless feeding || ≗**fühler** *m* / tension feeler || ≗**konzentration** *f* / stress concentration
spannungslos *adj* / tensionless *adj* || ~**es Abziehen über Verkühlwalzen** / tensionless offtake over cooling rollers || ~ **arbeitende Walzenwaschmaschine** / tensionless roller washing machine || ~ **arbeitende Waschmaschine** / tension-free operating washing machine || ~**e Behandlung** / tensionless treatment || ~**es, kontaktfreies Zwischentrocknen** / tensionless and contact-free intermediate drying || ~**es kontinuierliches Waschen von Wirk- und Strickwaren** / tension-free continuous washing of knitted goods || ~**es Krumpfen** (Gew) / relaxation shrinkage || ~**e Merzerisation**, spannungsloses Merzerisieren, spannungslose Merzerisierung / slack mercerization, mercerizing without tension || ~**es Trocknen** / relaxed drying
Spannungslöseeinrichtung *f* / tension release mechanism
Spannungslos-Trockner *m* / tensionless drier
Spannungs·meßgerät *n* / strain gauge || ≗**regler** *m* (allg) / tension regulator, tension device || ≗**regler**, Fadenspannungsregler *m* / thread tension regulator, thread tension device, thread tension compensating regulator, yarn tension equalizer, thread tensioner || ≗**regulierung** *f*(Näh) / tension regulation || ≗**relaxation** *f* / stress relaxation || ≗**ring** *m* **für Zierfäden bei Aufplattiermaschinen** / tension ring for ornamental threads on plating machines || ≗**verformungskurve** *f* / stress-strain curve || ≗**verminderer** *m*(Web) / easer *n* || ≗**verminderung** *f*(Strick/Wirk) / reduction of tension || ≗**verteilung** *f* / stress distribution || ≗**wächter** *m* s. Spannungsregler;m.
Spann·vorrichtung *f*(allg) / gripping device || ≗**walze** *f* / stretch roller, tension roll[er], drop roller, expander roller, clamp roller
Spanpresse *f*(DIN 64990) / cloth finishing press, boarding press, hydraulic press with fibre-board layers
Spar·glied *n*(Strick/Wirk) / bluff link || ≗**kette** *f*(Strick/Wirk) / reducing chain || ≗**rad** *n*(Strick/Wirk) / bluff wheel, reduction wheel || ≗**scheibe** *f*(Strick/Wirk) / economizer disc
Spatel *m* / spatula *n*
Spätlein *m* / late flax
Speckglanz *m* / greasy lustre (of worn fabric), shine *n*
speichelecht *adj* / fast to saliva
Speicherfournisseur *m* / yarn storage feeder
Speise·flotte *f*(Färb) / feed liquor, replenishing liquor, feeding liquor || ≗**gefäß** *n* / feed tank || ≗**hebel** *m*(Spinn) / feed lever || ≗**kasten** *m*(Spinn) / feed hopper, hopper *n* || ≗**klinke** *f*(Spinn) / feed pawl || ≗**lattentuch** *n* / feed lattice, feed table || ≗**lösung** *f* / feed solution || ≗**mulde** *f*(Spinn) / feeding trough
speisen *v* / feed *v* || ≗ *n* / feeding *n*
Speise·regler *m* / feed regulator || ≗**rost** *m* / feed grid || ≗**trog** *m*(Spinn) / feeding trough || ≗**tuch** *n* (endloses Zuführtuch) / feed lattice, feed apron, feed table || ≗**vorrichtung** *f* / feeding device || ≗**walze** *f*(Spinn) / feed roller || ≗**walze** (Färb) / colour furnisher, colour furnishing roll[er] || ≗**walze** (Textdr) / furnishing roll[er] || ≗**walze** (Beschicht) / feed roller || ≗**walzenreiniger** *m* / feed-roller clearer || ≗**wasserreinigungsanlage** *f* / feed water purifying plant || ≗**wickel** *m* / feeding lap, sliver lap || ≗**zange** *f* / feeding nippers *pl* || ≗**zone** *f* / feed zone
Speisung *f* / feed *n*
Speisungs·art *f*(Spinn) / feeding method || ≗**regler** *m* / feed regulator
spektral·e Extinktionskurve / spectral density curve || ~**er Farbanteil** (Sättigung p_e) / excitation purity || ~**e Hellempfindlichkeitskurve des Auges** / relative luminosity curve of the eye || ~**er Remissionsgrad** (Kol) / spectral reflectance || ≗**analyse** *f* / spectral analyis || ~**blau** *adj* / spectrum blue || ≗**energieverteilung** *f* / spectral power distribution || ≗**farbe** *f* / spectral colour || ≗**farbenzug** *m* / spectrum locus (line connecting the points representing the chromaticities of the spectrum colours) || ≗**filter** *m n* / narrow band filter || ≗**photometer** *n* / spectrophotometer *n* || ≗**photometer mit Glanzausschuß** / spectrophotometer with light trap for zero adjustment || ≗**photometrie** *f* / spectrophotometry *n* || ~**reine Farbe** / dyestuff with ideal spectral absorption curves || ≗**wertfunktion** *f* / tristimulus function
Spektroskopie *f* / spectroscopy *n*
Spencer *m*(Mode) s. Spenzer
Spender *m*(Chem, Färb) / donor *n*
Spenzer *m*(Mode) / spencer *n*(short close-fitting jacket; thin jumper worn under dress etc.) || ≗ **mit halbem Ärmel** / short-sleeve vest || ≗ **mit langen Ärmeln** / long-sleeve vest
Sperr·gewebe *n* / diagonally laminated fabric || ≗**hebel** *m*(Strick/Wirk) / catch lever
Sperriegel *m*(Strick/Wirk) / catch rod
Sperr·kegel *m* / card carrier || ≗**klinke** *f* / pawl *n* || ≗**schicht** *f*(Beschicht) / blocking coat
Spezial·ausrüstung *f*(Textil) / special finish, functional finish || ≗**farbstoff** *m* / special dyestuff || ~-**gekrumpft** *adj* / fully shrunk || ≗**geschirr** *n*, Spezialharnisch *m*(Web) / harness special || ≗-**Langarmnähmaschine** *f* / swan-neck sewing machine
spezifisch·e Diffusion / diffusivity *n* || ~**e Festigkeit** / specific strength || ~**e Feuchtigkeit** / specific humidity || ~**es Gewicht** / specific weight, specific gravity || ~**es Gewicht** (Gewicht je Volumeneinheit) / density *n* || ~ **leicht** / of low specific weight || ~**e Lichtdurchlässigkeit** / transmissivity *n* || ~**e Oberfläche** / specific surface || ~ **schwer** / of high specific weight || ~**es Volumen** / specific volume || ~**e Wärme** / specific heat
spicken *v*(Spinn) / lubricate *v* || ~ (Wolle) / oil *v* || ≗ *n* (Spinn) / lubricating *n* || ≗ (Wolle) / oiling *n*, greasing
Spick·mittel *n* / lubricant *n* || ≗**öl** *n* / lubricant *n*, wool lubricant, lubricating oil, wool-oil *n*
Spiegel·moiré *n* / mirror moiré || ≗**muster** *n* / reflex pattern
spiegeln *v* / mirror *v*, shimmer *v*
Spiegel·rad *n* / pattern wheel || ≗**samt** *m*(feiner, weicher Samt, dessen Flor flachgelegt wird) / mirror velvet, panne [velvet]
Spiel·anzug *m*(für Kleinkinder) / playsuit *n*, rompers *pl*, romper suit, creeper *n* || ≗**höschen** *n* / sun suit (for children), playsuit *n* || ≗**warenplüsch** *m* / plush for toys || ≗**zeug** *n* **aus Textilien** / soft toy
spinatgrün *adj* / spinach green *adj*
Spindel *f* / spindle *n* || ≗ (im Weberschiffchen) / soul *n*(of the shuttle) || ≗ **für Wagenspinnmaschine**

(DIN 64019) / spindle for carded yarn mule || ² **mit Wirtel** / spindle with wharve || ²**abstand** *m* / spindle gauge, spindle pitch, spindle distance || ²**achse** *f* / spindle axis || ²**anordnung** *f* / spindle arrangement || ²**antrieb** *m* / spindle drive || ²**antriebsrad** *n* / spindle driving wheel || ²**antriebstrommel** *f* / spindle drive cylinder || ²**aufsatz** *m* / spindle top || ²**balken** *m* / spindle rail || ²**band** *n* / spindle band, spindle cord || ²**bandantrieb** *m* / spindle tape drive || ²**bandstrecke** *f* / spindle band stretching machine

Spindelbank *f* / spindle bearing plate || ², Flügelvorspinnmaschine *f* / spindle roving frame || ² **mit Preßflügeln** (Spinn) / presser [fly] frame || ²**bewegung** / builder motion

Spindel·bremse *f* / spindle brake || ²**buchse** *f* / spindle step || ²**dorn** *m* / spindle blade || ²**drehung** *f* / speed of the spindle || ²**drehzahl** *f* / number of spindle revolutions, spindle speed || ²**exzentrizität** *f* / spindle eccentricity || ²**feder** *f* / spindle spring || ²**flügel** *m* / spindle flyer || ²**führung** *f* / spindle guide || ²**garn** *n* / hand-spun yarn || ²**geschwindigkeit** *f* / speed of the spindle, spindle speed || ²**gestell** *n* / spindle cradle, spindle frame || ~**gestreckt** *adj* / spindle-drawn *adj* || ²**hals** *m* / spindle bolster || ²**halslager** *n* (Spinn) / spindle collar || ²**halter** *m* / spindle holder || ²**kasten** *m* / spindle box || ²**kopf** *m* (Spinn) / spindle head || ²**kopf** (DIN 64685) (Web) / head of tongue || ²**krone** *f*, Aufsteckkopf *m* (Spinn) / spindle crown, spindle cap, spindle point || ²**lager** *n*, Spindellagerung *f* / spindle bearing || ²**leistung** *f* / output per spindle

spindellos *adj* / spindleless *adj*

spindeln, ein Bad ~ (Färb) / twaddle *v*

Spindel·neigung *f* / spindle inclination || ²**oberteil** *n* / spindle top || ²**öl** *n* / spindle oil || ²**presse** *f* / spindle press, screw press || ²**rad** *n* / spindle wheel || ²**rahmen** *m* / spindle cradle, spindle frame || ²**reihe** *f* (Spinn) / row of spindles || ²**schiene** *f* / spindle rail || ²**schlupf** *m* / spindle slip || ²**schmierung** *f* / spindle lubrication || ²**schnur** *f* / spindle band, spindle cord || ²**schützen** *m* (DIN 64685) / spindle shuttle || ²**schwingung** *f* / spindle vibration || ²**seele** *f* / spindle core || ²**spitze** *f*, Spindelstock *m* / spindle head, spindle top, spindle crown, spindle point, spindle cap || ²**teilung** *f* / spindle gauge, spindle pitch || ²**teller** *m* / skewer plate || ²**tourenzahl** *f* / spindle speed || ²**träger** *m* / spindle support || ²**trommel** *f* (Spinn) / tin roller || ²**umlauf** *m* (Spinn) / turn of the spindle || ²**umlaufzähler** *m*, Spindeltourenzähler *m* / spindle speed indicator || ²**- und Spulschienen** *f pl* / spindle and bobbin rails || ²**verzug** *m* / spindle drafting || ²**waage** *f* (Spinn) / spindle bevel gauge || ²**wagen** *m* (Selfaktor) / carriage of a mule frame || ²**wirbel** *m*, Spindelwirtel *m* / spindle wharve, spindle whorl || ²**zapfen** *m* / spindle pivot || ²**zentrifuge** *f* **für Wickel** / spindle-centrifuge for packages || ²**zwirnverfahren** *n* / spindle yarn process

Spinn·abfall *m* / waste in spinning, spinning waste || ²**abgangsstrecke** *f* / waste drawing frame || ²**ansatz** *m* / spinning bath || ~**aufgehellt** *adj* / dope-brightened *adj*, spun-brightened *adj* || ~**aufhellen** *v* / dope-brighten *v* || ²**aufhellung** *f* / dope brightening, spun-brightening *n* || ²**avivage** *f* / dope brightening || ²**bad** *n* / spinning bath || **mäßigsaures** ²**bad** / split rinse || ²**badleitung** *f* / spinning bath duct || ²**badzusatzmittel** *n* / spinning bath additive || ²**ballon** *m* / spinning balloon || ²**band** *n* / sliver *n*, card sliver, carded sliver, fibre band, slubbing *n* || ²**band mit Endschlinge** / loop band || ²**bandkonverter** *m*, Spinnbandreißmaschine / tow-to-top converter, tow-to-top machine || ²**bandverfahren** *n* / tow-to-top method

spinnbar *adj* / spinnable *adj*

Spinnbarkeit *f* / spinnability *n*, spinning performance, spinning capacity

Spinn·brause *f* (Spinn) / multiple [spinning] nozzle || ²**drehung** *f* / single yarn twist, spinning twist || ²**düse** *f* / spinneret *n*, nozzle *n*, spinning nozzle, spinning jet || ²**düsenöffnung** *f* / aperture of spinning nozzle || ²**eigenschaften** *f pl* / spinning characteristics, spinning properties || ²**eimer** *m* / spinning pot, spinning can

spinnen *v* / spin *v* || ~ (aus der Schmelze) / extrude *v* (manmade fibres) || ² *n* / spinning *n*, filature *n* (silk) || ² **aus der Schmelze** / [melt] extrusion, melt spinning || ² **aus Lösungen** / solvent spinning, solution spinning || ² **ohne Fadenballon** / collapsed balloon spinning || ² **von doppeltem Vorgarn** / double roving spinning

Spinnenden *n pl* (Spinn) / yarn waste

Spinnenseide *f* / spider silk

Spinner *m* / spinner *n* || ²**bock** *m* (Spinn) / lapping head

Spinnerei *f* (Betrieb) / spinning mill || ² (Tätigkeit) / [art of] spinning || ²**abfall** *m* / spinning waste, trash *n* (US) || ²**flug** *m* / spinning fly, spinning room fly || ²**kehricht** *m* / spinning room sweepings *pl* || ²**nadel** *f* / pin for spinning processes, spinning needle || ²**reste** *m pl* / mill ends || ²**- und Webereiabfälle** *m pl* / mill wastes || ²**vorbereitung** *f* / spinning preparation

Spinn·extruder *m* / spinning extruder || ²**faden** *m* / strand *n*, filament *n* || ~**fähig** *adj* / fit for spinning, spinnable *adj* || ²**fähigkeit** *f* / spinning capacity, spinning performance, spinnability *n* || ²**färbeapparat** *f* / dope dyeing equipment || ~**färben** *v* / dope-dye *v*, spin-dye *v* || ²**färben** *n*, Spinnfärbung *f* / dope dyeing, spin dyeing || ~**farbig** *adj* / spun-dyed *adj*, dope-dyed *adj* || ²**farbstoff** *m* / dope dyestuff || ²**faser** *f* / staple fibre, fibre staple, textile fibre || **nach dem Reißprozeß hergestellte** ²**faser** / stretch-broken fibre || ²**faser** *f* **mit einheitlicher Schnittlänge** / square cut staple fibre || ²**faser mit unregelmäßiger oder schräger Schnittlänge** / variable length staple fibre || ²**fasergarn** *n* / spun yarn, staple fibre yarn || ²**fehler** *m* / spinning defect || ~**fertig** *adj* / ready for spinning || ²**filter** *m n* / spinning filter || ²**flügel** *m* / spinning flyer, flyer *n* (inverted U-shaped revolving device on spindle top) || ²**flüssigkeit** *f* / spinning dope || ~**gebunden** *adj* (Vliesst) / spunbonded *adj*, spun-bonded *adj* || ~**gefärbt** *adj* / dope-dyed *adj*, spun-dyed *adj*, dyed in the spinning solution, solution-dyed *adj* || ~**gefärbter Fasertyp** / spun-dyed fibre type || ~**gemischte Halbwollgarne** / manipulated yarns || ²**geschwindigkeit** *f* / spinning rate, spinning speed || ²**gut** *n* / spinning material || ²**hülse** *f* / spinning tube

Spinnkabel *n* (Spinn) / tow *n* || **im** ² **gefärbt** / tow dyed || ²**färben** *n* / tow dyeing || ²**kräuselung** *f* / tow crimping || ²**verarbeitung** *f* / tow conversion

Spinn·kanne *f* / spinning pot, sliver can, spinning can

|| **runde ≗kanne** (DIN 64120) / cylindrical sliver can || **≗kapsel** *f* / spinning cap, twisting cap || **≗kehricht** *m* / spinning room sweepings *pl* || **≗kerze** *f* / filtering candle || **≗kode** *m* / spinning code || **≗kollodium** *n* / collodion for spinning || **≗kopf** *m* / spinning head || **≗kops** *m*, Spinnkötzer *m* / spinning cop, bobbin *n* (full) || **≗krempel** *f* / finisher card

Spinnkuchen *m* (DIN 61800) / [spinning] cake *n* || **≗färbeapparat** *m* / cake dyeing apparatus || **≗färbemaschine** *f* / cake dyeing machine || **≗färben** *n* / cake dyeing || **≗schlichten** *n* / cake sizing || **≗trockenmaschine** *f* / cake drying apparatus || **≗waschmaschine** *f* / cakewash machine

Spinnleistung *f* / spinning efficiency

Spinnlösung *f* / dope *n*, spinning dope, spinning solution, spinning liquid || **in der ≗ färben** / dope-dye *v* || **in der ≗ gefärbt** / dope-dyed *adj*, solution-dyed *adj*

Spinn·lösung-Filtration *f* / filtration of the spinning solution || **≗lösungszusatz** *m* / spin-bath additive || **≗maschine** *f* / spinning frame, spinner *n*, spinning machine || **≗maschine für drehungsloses Garn** / twistless spinning machine || **≗masse** *f* / spinning mass, spinning paste || **~massegefärbt** *adj* / dope-dyed *adj*, spun-dyed *adj* || **~mattieren** *v* / delustre in spinning || **~mattiert** *adj* / dull-spun *adj*, delustred in spinning || **~mattierte Seide** / silk delustred in spinning || **~mattiertes Viskosefilament** / rayon delustred in spinning || **~mattierte Viskoseseide** / delustred viscose rayon || **≗mattierung** *f* / dope delustring, dope matting, matting during spinning || **≗-Nummer** *f* / spinning count (high bulk) || **≗öffnung** *f* / spinning orifice, aperture of spinning nozzle || **≗öl** *n* / lubricating oil, spinning oil, spinning lubricant || **≗papier** *n* / spinning paper || **≗präparation** *f* / lubrication *n*, spin finish, spinning oil, spinning lubricant || **≗pumpe** *f* / extrusion pump, viscose pump, spinning pump || **≗rad** *n* / spinning wheel || **≗rendement** *n* / spinning output, spinning yield || **≗ring** *m* / spinning ring || **≗ringläufer** *m* / spinning traveller || **≗ringpoliermaschine** *f* / polishing machine for spinning rings || **≗rocken** *m* / distaff *n* || **≗-Roving** *n* / spun roving || **≗schacht** *m* / spinning cabinet, spinning tube, spinning chamber (melt spinning) || **≗schmälze** *f* / spinning oil, spinning lubricant || **≗schmälze** (Wolle) / greasing agent || **≗schmelze** *f* / spinning melt || **≗spindel** *f* / spinning spindle || **≗spule** *f* / spinning bobbin

Spinnstoff *m* / [woven] textile fabrics *pl* || **~artig** *adj* / fibrous *adj*, filamentous *adj* || **≗-Aufbereitungsmaschine** *f* / fibre preparing machine || **≗mischung** *f* / fibre blend, fibre mixture, fibres blend || **≗rückgewinnung** *f* / recovery of textile fibres || **≗schmälze** *f* (Spinn) / fibre lubricant

Spinn·strecken *n* / spinning/stretching process, stretch-spinning *n* || **≗-Streck-Texturiermaschine** *f* / spinning/stretching/ texturizing machine || **≗texturieren** *n* / spin[ning] texturing || **~texturiert** *adj* / spun-textured *adj* || **≗texturierung** *f* / spin texturing || **≗tisch** *m* / spinning table || **≗topf** *m* / spinning pot, spinning can || **≗topfverfahren** *n* / pot spinning method || **≗trichter** *m* / spinning funnel, trumpet *n* || **≗- und Zwirnhülse** *f* / tube for spinning and doubling || **≗- und Zwirndrehung in derselben Richtung** / twist of spinning and doubling in the same direction || **≗- und Zwirndrehung in entgegengesetzter Richtung** / twist of spinning and doubling in opposite direction || **≗verfahren** *n* / spinning method, spinning process

Spinnvlies *n* (Vliesst) / spunbonded *n*, spunbonded material, spunbonded nonwoven, spunbonded fabric || **≗matte** *f* (Vliesst) / spunbonded web || **≗-Polypropylen** *n* / spunbonded polypropylene [sheeting] || **≗stoff** *m* (Vliesst) / spunbonded *n*, spunbonded material, spunbonded nonwoven, spunbonded fabric || **≗träger** *m* (Tepp) / spunbonded backing

Spinn·vorgang *m* / spinning process || **~weißgetönt** *adj* / dope-brightened *adj* || **~weißtönen** *v* / dope-brighten *v* || **≗weißtöner** *m* / fluorescent whitening agent for spinning || **≗weißtönung** *f* / dope brightening || **≗wirtel** *m* (Spinn) / wharve *n*, whorl *n* || **≗zentrifuge** *f* / centrifugal box, spinning centrifuge, centrifugal pot || **≗zusatz** *m* / spin finish || **≗zwirnmaschine** *f* / spinning/twisting machine || **≗zylinderschleif- und Aufziehmaschine** *f* / drafting roller grinding and covering machine

spiral *adj*, spiralförmig *adj* / spiral *adj* || **≗bandtrockner** *m* / spiral-belt drier || **≗brechmaschine** *f* (Ausrüst) / spiral breaking machine, scroll breaker || **≗dämpfer** *m* / spiral ager (US), spiral steamer (GB)

Spirale *f* / spiral *n*

Spiral·faserstruktur *f* / spiral fibre structure || **≗flechtmaschine** *f* (Näh) / spiral braiding machine || **~förmiger Metallfaden** / pirl thread || **~förmiges Band** / scroll banding || **≗garn** *n* / spiral yarn, spirals novelty yarn || **~gewundener Gold- oder Silberdraht**, spiralgewundenes Gold- oder Silbergarn / purl thread || **≗kannenablage** *f* (Faserproduktion) / can coiling || **≗karde** *f* (Spinn) / spiral card || **≗klopfwolf** *m* / spiral beating willow || **≗kräuselung** *f* / helical crimp || **≗kufe** *f* / spiral dye-beck || **≗messer** *n* / spiral shearing knife || **≗rakel** *f* / helical-type blade, spiral-type blade || **≗reißverschluß** *m* / helical coil type slide fastener || **≗schnelldämpfer** *m* / spiral high-speed ager || **≗strecke** *f* / spiral drawing frame, pressure drawing frame || **≗trockner** *m* / spiral drier || **≗umkehrung** *f* / helix reversal || **≗walze** *f* / scroll roller || **≗wattenmaschine** *f* (Web) / helicoid spreader || **≗zwirn** *m* / frill yarn

Spiritus *m* / methylated spirit, spirit *n* || **≗beize** *f* / spirit mordant, spirit stain

spitzer Ausschnitt (Mode) / V-neck *n*

Spitze[1] *f* (Gew) / lace *n* || **≗** (Wolle) / tip *n* || **≗n** (eines Kleidungsstücks) *f pl* / picot edgings || **≗ aus Pflanzenfasern** / fibre lace || **≗ in Zickzacklinie** / zigzag lace || **≗, deren Rand aus dicken Fäden gemacht ist** (Web) / trolley lace || **genähte ≗** / tape lace, points *pl* || **mit ≗n besetzen** / lace *vt* || **mit Metallfäden durchgezogene ≗** / metal lace

Spitze[2] *f* (Strumpfspitze) (Strumpf) / toe *n* || **≗ der Stricknadel** (Strick/Wirk) / tip of beard || **≗ des Nadelhakens** / point of needle hook || **≗ mit einem Minderungskeil**, Spitze mit einer Decklinie (Strumpf) / single line toe narrowing || **an der ≗ stärker angefärbte Wolle** / tippy wool || **andersfarbige ≗** (Strumpf) / coloured toe

Spitzeinzug *m* (Web) / diamond pass

Spitzen·abschluß *m* **am Schlüpferbein** / lace elastic at leg opening of panty || **≗annähfuß** *m* / lace sewing foot || **≗besatz** *m* / lace trimming || **mit**

Perlen verzierter ≗besatz / beaded lace || **≗bordüre** *f* / edging *n* (of lace), lace trim || **≗deckchen** *n* / lace doily || **≗decke** *f* / lace cover || **≗decken** *n* (Strumpf) / toe narrowing || **ungleiche ≗effekte** *m pl* (Wolle) / tippiness *n*, tippy dyeing || **≗effekte** *m pl* **im verstärkten Übergang zum Längen** (Strumpf) / lace after-welt, fancy garter, pattern after-welt || **≗einsatz** *m* / lace inset, lace panel || **≗einsatz** (im Kleid) / chemisette *n* (ladies'), tucker *n* || **≗faden** *m* (Strumpf) / toe splicing thread || **≗fadenführer** *m* (Strumpf) / toe splicing thread guide || **≗gardine** *f* / lace curtain || **≗garn** *n* / lace yarn || **≗gewebe** *n* / lace fabric, lace *n* || **≗grund** *m* / fond *n*, tulle *n* (very fine net fabric made from silk yarns, plain weave), bobbinet *n*, lace ground, lace fond || **≗grundtüll** *m* / entoilage *n* (Fr) || **≗häkelmaschine** *f* / lace crocheting machine || **≗hartwinden** *n* (Spinn) / tight winding of cop noses || **≗herstellung** *f* / lace manufacture, lace weaving || **≗höhe** *f* / height of tip (knitting needle) || **≗kante** *f* / lace edging || **≗kante nach dem Doppelrand** (Strumpf) / figured openwork effect, fancy garter, pattern after-welt, lace after-welt || **≗klöppelei** *f* / lace making || **≗körbchen** *n* / lace cup (bra) || **≗maschine** *f* / lace machine || **≗medaillon** *n* / medallion *n*

Spitzenminderung *f* (Strumpf) / toe narrowing || **≗ auf dem Fußblatt** (Strumpf) / instep toe narrowing || **≗ auf der Sohle** (Strumpf) / sole toe narrowing

Spitzen·motiv *n* / pot effect (lace work) || **≗muster** *n* / lace design, lace pattern, lace motif

Spitzennadel *f* (Strick/Wirk) / spring needle, bearded needle, spring beard[ed] needle, beard needle || **≗** (DIN 62152) / hook[-type] needle || **≗ für Rundwirkmaschinen** (DIN 62151) / spring beard[ed] needle for circular weft knitting machine || **≗maschine** (Strick/Wirk) / bearded needle machine, spring beard[ed] needle machine

Spitzen·paspel *f* / lace piping || **≗raschel** *f* / warp knitted lace machine || **≗reserve** *f* **bei der Schußspule** / pirn tip reserve || **≗rüsche** *f* (an Hemden, usw.) / jabot *n* || **≗saum** *m* / lace hem || **≗schaft** *m* (Web) / shank of tip (shuttle) || **≗seide** *f* / blonde silk || **≗stoff** *m* / lace cloth || **≗stoff für Gardinen** / curtain lace || **≗teil** *n* **des Fußblatts** (Strumpf) / toe section of instep || **≗tüll** *m* / lace tulle || **≗tüll** (für Miederware) / tec-net *n* (for foundation garments) || **≗übergabe** *f* (Web) / point transfer

Spitzen- und Sohlenverstärkung *f* (Strumpf) / toe and sole splicing

Spitzen·volant *m* / flouncing lace || **≗webmaschine** *f* / lace machine || **≗winden** *n* / winding of cop noses || **≗zähler** *m* (Strick/Wirk) / point counter

Spitz·faden *m* (Strumpf) / toe splicing thread || **≗fadenführer** *m* (Strumpf) / toe splicing thread guide || **≗hede** *f* / tow of head ends || **≗hochferse** *f* (Strumpf) / high-spliced heel, pointed heel, point splicing

spitzig *adj* / tippy *adj* || **≗färben** *n* (stärkere Anfärbung der Wolle an der Spitze), Spitzigfärbung *f*, Spitzigkeit *f* (Wolle) / tippiness *n*, tippy dyeing, tendency to give skittery dyeings

Spitz·keil *m* (Strumpf) / diamond point toe || **≗keilmesser** *n* / toe knife (fully-fashioned knitting machine) || **≗köper** *m* / pointed twill, zigzag twill, serpentine twill || **≗rapport** *m* / repeat in a diamond design

Spleißbändchen *n* / fibrillated split fibre, split tape

spleißen *v* (Tau) / splice *v*, split *v*

Spleiß·faser *f* (DIN 60001) / fibrillated split fibre || **≗fasergarn** *n* / network yarn, split fibre yarn || **≗neigung** *f* / fibrillation tendency || **≗stelle** *f* / splice *n* (rope)

Spleißung *f* / splicing *n* (rope)

Split *m* (Web, Strick/Wirk) / split *n* || **≗** *f* (Strick/Wirk) / open seam || **≗einrichtung** (Strick/Wirk) / splicing attachment || **≗faser** *f* / split fibre, fibrillated fibre || **andersfarbige ≗ferse** (Strumpf) / split coloured heel || **≗-Knitting-Verfahren** *n* / split-knitting *n* (as split weaving, except that monoaxially drafted tape can be used for both warp and weft) || **≗leiste** *f* / split selvedge || **≗masche** *f* (Strick/Wirk) / split stitch || **≗naht** *f* (Strick/Wirk) / open seam || **≗platine** *f* (Strick/Wirk) / split sinker || **≗sohle** *f* (Strumpf) / split foot, split sole || **≗sohleneinrichtung** *f* (Strick/Wirk) / split foot attachment || **≗-Weaving-Verfahren** *n* / split weaving (special method of weaving thermoplastic tape, weft bobbin being specially prepared)

Splush *n* (eine Art Teppichbodenvelours) / splush *n*

Spool-Axminster *m* (Tepp) / spool Axminster

Spornwalze *f* (Textdr) / raised pattern cylinder

Sportanzug, [lockerer] ≗ / casual suit, slack suit (US)

Sport·bekleidung *f* / athletic clothing, sportswear *n* || **≗denim** *m* / sports denim || **≗flanell** *m* / gypsy cloth || **≗hemd** *n* / sports shirt, T-shirt *n* || **≗jacke** *f* / sports jacket, sports coat || **≗jacke** (kragen- oder reverslos) / cardigan *n* || **≗kleid** *n* / sports dress || **≗kleiderstoffe** *m pl* / sports dress goods || **≗kleidung** *f* / sportswear *n*

sportliche Maschenware (Mode) / casual knits *pl*

Sport·schutzbekleidung *f*, Sportschutzkleidung *f* / protective athletic clothing || **≗strumpf** *m* / sport[s] stocking || **≗strümpfe** *m pl* / sports hose

Spray *m n* / spray *n* || **≗-Test** *m* / spray test (AATCC 22-1971) || **≗-Test-Gerät** *n* / spray test apparatus (AATCC 22-1971) || **≗trocknung** *f* / spray drying

Spreitdecke *f* / coverlet *n*, coverlid *n*

spreiten *vi* / spread *vi* (surfactant) || **≗** *n*, Spreitung *f* / spreading *n* (surfactant)

Spreitungs·koeffizient *m* / spreading coefficient (surfactant) || **≗spannung** *f* / spreading tension (surfactant) || **≗vermögen** *n* / spreading ability (surfactant)

Spreizer *m* (Strick/Wirk) / pelerine jack || **≗** (Umhängenadel) (Strick/Wirk) / spreader *n* (loop spreader), transfer [point]

Spreizplatine *f* (Strick/Wirk) / pelerine jack

Sprengfaden *m* / separating thread, separating yarn

Sprenkelgarn *n*, gemischtfarbiges, meliertes Garn / mixture yarn

sprenkeln *v* / fleck *v*, speckle *v*, speck *v*, mottle *v* || ~ (mit Flüssigkeit) / sprinkle *v* || **≗** *n* / spotting *n*

sprenkliges Aussehen / blotchiness *n*

spricklig·er Druck / specky print || **~e Färbung** / specky dyeing

springend·er Einzug (Web) / skip draft, intermittent draft || **~er Rieteinzug** / skip dent

Spring·faden *m* (Web) / dropped end || **≗fähigkeit** *f* (der Flocken) (Vliesst) / ability to change polarity and oscillatory properties || **≗lade** *f* (Web) / swing box, skip box || **≗schuß** *m*, Überspringer *m* (Web, Defekt) / missed filling thread, skipped filling thread || **≗vermögen** *n* **der Flocken** (Vliesst) / oscillatory properties (ability of the flocks to change polarity and oscillate freely between the

electrodes)
Sprinkler *m* / sprinkler *n*
Sprit *m* / spirit *n* || **~beize** *f* / spirit mordant, spirit stain || **~blau** *n* / aniline blue, azuline *n* || **~drucken** *n* / spirit printing || **~echt** *adj* (Färb) / fast to spirits, non-bleeding in alcohol || **~löslich** *adj* / soluble in alcohol || **~lösung** *f* / industrial methylated spirit || **~schwarz** *n* / spirit black
Spritz·appretur *f* / spray finish || **~auftrag** *m* / spray coat, spray-on coating
Spritzbarkeit *f* (Färb) / sprayability *n*
Spritz·beschichten *n* / extrusion coating, extrusion laminating, extrusion lamination || **~breitenregulierung** *f* / spraying-width regulation || **~druck** *m* / injection pressure || **~druck** (Textdr) / spray printing, spray print, jet printing || **~druckflotte** *f* / jet printing liquor, spray printing liquor || **~druckschablone** *f* / screen for spray printing || **~düse** *f* / injection nozzle, spray nozzle
Spritze *f* / spray *n*
Spritzeinrichtung *f* / spraying machine (extrusion)
spritzen *v* / spray *v* || ~ / extrude *v* || **~** *n* / spraying *n* || **~** / extrusion *n*
Spritz·farbe *f* / spray colour || **~färbemaschine** *f* / spray dyeing machine || **~färbung** *f* / spray dyeing || **~fertig** *adj* / of spraying consistency || **~fertiger Ansatz** (Beschicht) / formulation ready for spraying || **~fertiger Appreturansatz** (Beschicht) / finish mix ready for spraying || **~form** *f* / mould *n* (plastic etc) || **~geschwindigkeit** *f* / speed of extrusion || **~gießen** *n*, Spritzgießverfahren *n*, Spritzguß *m* / injection moulding || **~gußteil** *n* / injection moulding || **~kappe** *f* (Beschicht) / spray cap, spray head || **~kopf** *m* / die-head *n*, extrusion head || **~lack** *m* / spray lacquer
Spritzling *m* / injection moulding
Spritz·pistole *f* (Beschicht) / spray-gun *n* || **~pistolenautomat** *m* (Beschicht) / air gun rotary spraying unit || **~pressen** *n* / transfer moulding (for thermosetting plastics) || **~probe** *f* (Färb) / blow test || **~probe** (Beschicht) / spraying test || **~rückstand** *m* (Beschicht) / spraying residue || **~verlauf** *m* (Beschicht) / spray flow || **~vorgang** *m* / injection *n*
spröd·e *adj* / coarse *adj*, rough *adj* || **~e** *adj* (Beschicht) / brittle *adj* || **~er Griff** / brittle handle, hard handle, boardy handle || **~e Wolle** / cowtail wool, low wool || **~bruchunempfindlich** *adj* (Beschicht) / non-sensitive to brittle fracture
Sprödigkeit *f* (Beschicht) / brittleness *n*
Sprossenrolle *f* / birdcage bobbin
Sprüh·anfeuchtemaschine *f* / spray damper || **~apparat** *m* / sprayer *n*, spray damper, atomizer *n* || **~beschichtung** *f* / spray coat, spray-on coating || **~düse** *f* / spray nozzle || **~einrichtung** *f* / spraying machine
sprühen *v* / spray *v* (with water etc) || **~** *n* / spraying *n* (with water etc) || **~ zur Verfestigung von Faservliesen** (Vliesst) / spraying of webs
Sprüher *m* / atomizer *n*
Sprüh·mittel *n* / spray *n* || **~öl** *n* / spray oil || **~prüfung** *f* / spray testing || **~regen** *m* / spray *n* || **~trockner** *m* / spray drier || **~trocknung** *f* / spray drying || **~verfahren** *n* (Beschicht) / spray method || **~verfestigung** *f* / spray bonding || **~verteiler** *m* (Beschicht) / fountain *n* || **~wäsche** *f* / spray application of the washing medium || **~waschmaschine** *f* / spray-washing machine || **~watte** *f* / spray wadding

Sprung *m* (Riß) / crack *n*, fissure *n* || **~** (Fach) (Web) / cross frame, shed *n* || **~** (Schrank) (Web) / lease *n* || **~blatt** *n* (Web) / gauze shaft || **~einzug** *m* / skip draft || **~elastisch** *adj* (Vliesst) / resilient *adj* || **~elastische Ausrüstung** / elastic finish || **~elastizität** *f* (Vliesst) / resilience *n*, wrinkle recovery || **~fähigkeit** *f* (Vliesst) / ability to change polarity and oscillatory properties || **~federmatratze** *f* / box spring mattress, coil spring mattress, spring interior mattress || **~höhe** *f*, Passage *f* (Web) / pass *n* || **~tuch** *n* / jumping sheet, safety blanket || **~weiser Einzug** / skip draft, skip draw
Spülabteil *n* / rinsing compartment
Spulapparat *m* (Spinn) / pirn winder, quiller *n* (US)
Spülapparat *m* / scourer *n*, scouring apparatus, rinsing apparatus
Spul·arbeit *f* / bobbin work || **~auszug** *m* (Färb) / exhaustion of the washed-off liquor || **~automat** *m* (Spinn) / automatic bobbin winder, automatic winder, automatic spooler, quiller (US) *n* || **~automat für Schußspulen** / filling winder, filling winding machine || **~-Axminster** *m* (Tepp) / spool Axminster
Spülbad *n* / rinsing bath
Spulbarkeit *f* / reeling performance (yarn)
Spül·bleichmittel *n* / rinsing bleaching agent || **~bottich** *m* / rinsing tank, rinsing vat, rinsing tub
Spuldorn *m* (Spinn) / winding mandrel
Spule *f* (Spinn) / bobbin *n* (full), package *n*, spool *n* || **~** (DIN 61800) / pirn *n* || **~n auf das Gatter aufstecken** / creel the bobbins || **die ~n aufstecken** / creel the bobbins || **~** *f* **mit Federhülse** / package with spring tube || **~ mit Kreuzwicklung** (Spinn) / wound package (US), cone *n*, cone tube, cross-wound bobbin, cross-wound package, cross-wound spool || **~ mit Parallelwicklung** / parallel wound bobbin || **in der ~ gefärbt** / cop-dyed || **mit ~n versehen**, bespulen *v* / load the loom || **zylindrische ~** / cheese *n*, cylindrical spool, cylindrical bobbin, straight bobbin
Spuleinheit *f* / winding head
spulen *v* / spool *v*, reel *v*, quill *v*, wind *v* || **über Kreuz ~** / cross reel *v* || **~** *n* (Spinn) / spooling *n*, winding *n*, reeling *n* || **~ auf konische Hülsen** / coning *n* || **~ der Kette** / warp winding || **~ im Uhrzeigersinn** / desmodromic winding
spülen *v* / rinse *v* || ~ (Pigmente) (Färb) / flush *v* || **~** *n* / rinse *n*, rinsing process || **~ unter Überlauf** / overflow rinse
Spulen·ablauf *m* / ending of unwinding || **~abnahme** *f* (Spinn) / doffing *n* || **~abnehmer** *m* / ring doffer || **~abstreifmaschine** *f* / pirn stripper, tube cleaner, tube stripper || **~abtaster** *m* / bobbin feeler || **~abzug** *m* (Spinn) / doffing *n* || **~ansatz** *m* / cop base, cop bottom, cop bit, quill base, pirn base || **~antrieb** *m* (DIN 65211) / bobbin drive || **~aufbau** *m* / cop building || **~aufstecken** *n* (DIN 62500) / bobbin creeling (warping) || **~aufstecker** *m* / bobbin creeler, bobbin setter, bobbin feeder || **~aufwickeleinrichtung** *f*, Spulenaufwindeeinrichtung *f* / winding motion || **~auswechseln** *n*, Spulenauswechs[e]lung *f* / pirn change, bobbin changing || **~auswerfer** *m* / bobbin ejector || **~-Axminster** *m* (Tepp) / spool Axminster || **~bank** *f* / bobbin rail (on roving frame), bolster rail || **~befeuchter** *m* / bobbin damper, bobbin sprinkler || **~beförderung** *f* / bobbin transport, pirn

transfer || ≈**beförderungstuch** *n* / travelling apron for bobbins || ≈**behälter** *m* (Web) / magazine *n* (for bobbins), pirn box, pirn container || ≈**berieselung** *f* / spraying of bobbins || ≈**bett** *n* / bobbin cage, bobbin shelf || ≈**bewicklung** *f* / bobbin winding || ≈**bremse** *f* / bobbin brake || ≈**brett** *n* / bobbin board, creel board, spiked bobbin board || ≈**deckel** *m* / bobbin cover || ≈**dichte** *f* / winding density, winding compactness || ≈**durchmesser** *m* / bobbin diameter, package diameter || ≈**durchnässer** *m* / bobbin soaker || ≈**faden** *m* / bobbin thread || ≈**fadeneinzug** *m* / spool threading || ≈**fänger** *m* / bobbin catch || ≈**färbeapparat** *m* / package dyeing apparatus, package dyeing machine || ≈**färbemaschine** *f* / bobbin dyeing machine, package dyeing apparatus, package dyeing machine || ≈**färben** *n*, Spulenfärbung *f* / bobbin dyeing, package dyeing || ≈**feld** *n* (DIN 62500) (Zett) / bobbin bay, bobbin frame || ≈**flansch** *m* / bobbin flange, spool flange, spool head || ≈**form** *f* / shape of package || ≈**fühler** *m* / pirn feeler, bobbin feeler || ≈**fuß** *m* / bobbin base, spool butt, pirn head, bobbin butt || ≈**gabel** *f*, Spulenträgerarm *m* / bobbin carrier frame, bobbin holder || ≈**garn** *n* / bobbin yarn, yarn on the bobbin || ≈**gatter** *n* (DIN 62500) / warp[ing] creel, bobbin creel, spool rack || ≈**gatterstift** *m* / creel peg || ~**gefärbt** *adj* / dyed in the package || ≈**geschwindigkeit** *f* / quilling speed || ≈**gestell** *n* / bobbin frame, [bank] creel, bobbin creel, yarn stand, frame for spools || ≈**gewicht** *n* (Spinn) / reelage *n*, weight of bobbin || ≈**-Greifer-Axminster** *m* (Tepp) / spool-gripper Axminster || ≈**haken** *m* (DIN 64685) (Web, Schützen) / pot-hook spring || ≈**halter** *m* (für Kreuzspulen) / package holder, bobbin holder, bobbin holding device, bobbin cage || ≈**halter** (für Schußspulen) / pirn holder, pirn holding device || ≈**halter der Nähmaschine** / bobbin hook || ≈**halterachse** *f* / bobbin support axle || ≈**haltestift** *m* / bobbin peg || ≈**hammer** *m* / pirn hammer, transfer hammer (automatic pirn change motion) || ≈**härte** *f* / hardness of the bobbin, compactness of cops || ≈**hülse** *f* / bobbin case, pirn tube, package tube, bobbin tube

Spulenkapsel *f* (Nähm) / bobbin case || ≈**anhalter** *m* / bobbin case retainer || ≈**spannungsfeder** *f* / bobbin case tension spring || ≈**unterteil** *n* / lower part of bobbin case

Spulen·karren *m* / box truck || ≈**kasten** *m* / bobbin box, quill box, yarn package container || ≈**kegel** *m* / conical end of bobbin, taper *n* || ≈**kern** *m* / core of bobbin || ≈**klemme** *f* / pirn clamp || ≈**klemme** (DIN 64685) / jaw *n* (shuttle for automatic loom) || ≈**kopf** *m* / bobbin head, spool butt, pirn head, bobbin butt || ≈**kopfführung** *f* / pirn head guide || ≈**korb** *m* / bobbin skip, bobbin box || ≈**körper** *m* (Spinn) / wound package (US), cone *n*, cone tube, bobbin, spool || ≈**kranz** *m* / bobbin circle || ≈**kuchen** *m* / flat cheese || ≈**länge** *f* / bobbin length, pirn length, length of tube || ≈**magazin** *n* (allg) / battery *n* (on loom) || ≈**magazin für Kreuzspulen** / bobbin magazine, bobbin storage box || ≈**magazin für Schußspulen** / pirn magazine *n*, pirn storage box || ≈**mantel** *m* / face of yarn package || ≈**maschine** *f* / bobbin machine || ≈**nachfüllen** *n* (Web) / shuttling *n* || ≈**rad** *n* / bobbin gear || ≈**rahmen** *m*, Spulengatter *n* / [bank] creel || ≈**rand** *m* / flange of the bobbin, bobbin flange, spool flange

Spulenraum *m* **des Webschützens** (DIN 64685) / cut-out of shuttle || ≈**ausstattung** *f* (DIN 64685) (Web) / lining of cut-out of shuttle || ≈**breite** *f* **des Webschützen** (DIN 64685) (Web) / width of cut-out of shuttle || ≈**länge** *f* **des Webschützen** (DIN 64685) (Web) / length of cut-out of shuttle || ≈**tiefe** *f* **des Webschützen** (DIN 64685) (Web, Schützen) / depth of cut-out of shuttle

Spulen·register *n* / [bank] creel || ≈**reiniger** *m* **für Kreuzspulen** / bobbin cleaner, bobbin stripping machine, bobbin stripper, bobbin stripping device, bobbin cleaning device || ≈**reiniger für Schußspulen** / pirn cleaner, pirn stripper, pirn cleaning device, pirn stripping device, pirn stripping machine || ≈**rest** *m* / thread waste left on pirn || ≈**rollwagen** *m* / doffer truck || ≈**rundmagazin** *n* / circular pirn battery || ≈**säule** *f* / goods carrier consisting of bobbins, piled spools *pl* || ≈**scheibe** *f* / bobbin flange, spool flange || ≈**schiffchen** *n* / bobbin case (sewing machine) || ≈**setzen** *n* (Tepp) / spool setting || ≈**spannung** *f* / bobbin tension, pirn tension || ≈**spindel** *f* / winding spindle || ≈**spinnmaschine** *f* / bobbin spinning machine || ≈**spinnverfahren** *n* / bobbin spinning || ≈**spitze** *f* / point of pirn, cop nose || ≈**spitzenführung** *f* / pirn tip guide || ≈**ständer** *m* / spool rack || ≈**ständerstift** *m* / creel peg || ≈**steckgatter** *n* / [bank] creel || ≈**stift** *m* / creel spindle, skewer *n*, bobbin peg || ≈**stock** *m* / bobbin bank, [bank] creel || ≈**teller** *m* / cone plate, bobbin board || ≈**teller mit Haltestift** / cone support || ≈**tisch** *m* / bobbin rail (on roving frame) || ≈**tisch** (Stetigspinner) / creel table || ≈**träger** *m* (Spinn) / bobbin carrier, bobbin holder, spool carrier, spool holder || ≈**trägerarm** *m* / bobbin shaft || ≈**trägerkappe** *f* / bobbin holder cap || ≈**tragplatte** *f* / bobbin plate || ≈**trockner** *m* / bobbin drier || ≈**vorlauf** *m* / bobbin advance, bobbin lead, overrunning of the spool || ≈**wächter** *m* / pirn feeler || ≈**wagen** *m* / balling carriage, bobbin rail (on roving frame), box truck, bobbin truck, bobbin trolley || ≈**walze** *f* (Web) / bobbin cylinder || ≈**wäsche** *f* / package scouring, package washing || ≈**wechsel** *m* / change of bobbins, pirn change || ≈**wechselautomat** *m* / automatic bobbin changer, cop changing loom, cop changer || ≈**wechselvollautomat** *m* / bobbin changing automatic loom || ≈**wechsler** *m* / bobbin changer, pirn changer || ≈**wickeleinrichtung** *f* / winding motion || ≈**zahl** *f* / number of bobbins || ≈**zentrifuge** *f* / bobbin centrifuge || ≈**zuführung** *f* (Vorgang) / bobbin loading, pirn feed || ≈**zuführung** (Vorrichtung) / bobbin loader, pirn feeder

Spuler *m*, Spulerin *f* / bobbin operator || ≈ (Nähm) / spooling frame, bobbin winder, spooler *n*

Spulerei *f* / winding department || ≈**abfall** *m* / winding waste

Spuler·gelenk *n* / winder joint || ≈**spindel** *f* / winder spindle

Spul·fähigkeit *f* / reeling performance (yarn) || ≈**feld** *n* (Spinn) / wind *n*

spül·fest *adj* / rinse-resistant *adj* || ≈**flotte** *f* / rinsing liquor, rinsing solution || ≈**flüssigkeit** *f* / scouring liquor

Spul·geschwindigkeit *f* / winding speed, reeling speed || ≈**gut** *n* / material to be wound

Spül·gut *n* / goods for rinsing, rinsing stock, goods to be rinsed || ≈**jigger** *m* / rinsing jig || ≈**kasten** *m* / flush box, rinsing box

Spul·kopf *m* / winding head || **²kranz** *m* / uncollapsed cake (package), cake *n*
Spülkufe *f* / rinsing tub, rinsing vat
Spulmaschine *f*(Spinn) / bobbin winding machine, spooling frame, spooler *n*, quiller *n* || ² (Web) / winding frame, winding machine, winder *n* || ² **mit Changiervorrichtung** / winder equipped with a to-and-fro device
Spülmaschine *f* / rinsing machine
Spul·öl *n*(Spinn) / coning oil, spooling oil || **²öl** (Web) / winding oil || **²präparation** *f* / cone preparation || **²prozeß** *m* **für Kreuzspulen** / bobbin winding process || **²prozeß für Schußspulen** / pirn winding process || **²rad** *n* / bobbin wheel, spooling wheel, spooling reel || **²rahmen** *m* / bobbin frame || **²rille** *f* / bobbin groove || **²röhrchen** *n*(weav) / quill *n* || **²spindel** *f* / spool pin, spool spindle || **²stelle** *f* (Kreuzspulen) / winding head || **²stelle für Kreuzspulen** / bobbin winding head, cross bobbin winding head || **²stelle für Schußspulen** / pirning head
Spül·teller *m* / rinsing plate || **²trog** *m* / rinsing trough || **²trommel** *f* / rinsing drum || **²tuch** *n* / dishcloth *n*, wash-cloth *n*(GB) || **²verfahren** *n* / rinsing process
Spulvorgang *m* / winding process
Spül·vorgang *m* / rinsing process || **²wasser** *n* / rinsing water || **²zone** *f* / rinsing zone
spunbonded *adj*(Vliesst) / spunbonded *adj*, spun-bonded *adj*
Spunlaced-Vliesstoff *m* / spunlaced nonwoven
SR-Ausrüstung *f* / soil-release finish (special treatment for improved release of dirt particles in domestic washing)
Srinagar *m* / Srinagar *n*, Sringar *n* (Indian handmade carpet)
S/S (Seite-an-Seite)-Bikomponentenfaser *f* / S/S (side-by-side) conjugated fibre
S-Säure *f*(Färb) / S-acid *n*
ST s. Standardfarbtiefe
Stäbchen, auf ² gearbeitet / boned *adj* || **²zahl** *f* / number of wales
Stabilisator *m* / stabilizer *n*
Stabilisierabteil *n* / stabilizing compartment
stabilisieren *v* / stabilize *v*
stabilisierende Wirkung / stabilizing effect
Stabilisierung *f* / stabilization *n* || ² **der hohen Drehung von Wollgarnen** / stabilizing the high degree of twist of woollen yarns
Stabilisierungsmittel *n* / stabilizer *n*
Stabilität *f* / stability *n*
Stabilitäts·grad *m* / degree of stability || **²probe** *f* / stability test
Stab·kardenrauhmaschine *f*(Web) / rod teaseling machine, teasel raising machine, [roller] teasling machine || **²tuch** *n* / lattice *n*(fabric)
Stachel·kettenbreithalter *m* / spiked chain temple || **²rohrkettbaum** *m* / spiked warp beam || **²scheibenbreithalter** *m* / ring[ed] temple || **²speisewalze** *f* / spiked feed roller || **²walze** *f* (Spinn) / porcupine *n*, spiked roller, toothed roller || **²walze** (Web) / temple roll[er] || **²walze** (Tuchh) / friezing cylinder || **²walze** (Krempeln) (Bw-Spinn) / carding roller, squirrel *n*, urchin *n*(US) || **²-Zuführwalze** *f* / spiked feed roller
Staffage *f* / trimming *n*, facing *n*
staffieren *v* (einen Stoff auf einen anderen aufnähen) (Näh) / fell *v* || ~ (schmücken, putzen), ausstaffieren *v* / trim *v*

Staffiermaschine *f* / trimming machine
stahl·blau *adj*(RAL 5011) / steel-blue *adj* || **²blau** *n* / Berlin blue, Prussian blue, Paris blue, blue prussiate, ferric ferrocyanide || **²drahtkratzenbeschlag** *m* / steel wire card clothing || **²drahtlitze** *f*(Web) / steel wire heald || **²faser** *f* / steel fibre || **~grau** *adj* / steel-grey *adj* || **²karde** *f* / wire card || **²kardenrauhmaschine** *f* / wire-card raising machine || **²kratze** *f* / steel wire card || **²nadel** *f* / steel needle || **²rakel** *f* / steel doctor || **²rakelsystem** *n*(Beschicht) / steel squeegee system || **²ringläufer** *m* / steel traveller || **²rute** *f*(Tepp) / wire *n*
Stamm *m*(Färb) / stock *n*, mixture *n*, batch *n* || **²ansatz** *m*(Färb) / stock liquor, stock mixture, full concentration liquor, stock formulation, masterbatch *n*, first setting || **²ätze** *f* / standard discharge, stock discharge paste, stock discharge || **²emulsion** *f* / stock emulsion || **²farbe** *f* / stock colour mixture, stock dye solution, stock dye || **²farbenrezeptur** *f* / stock dye recipe || **²farblösung** *f* / stock dye solution || **²farbstoff** *m* / parent dyestuff || **²flotte** *f* / stock liquor
Stammküpe *f* / stock vat, parent vat
Stammküpen·ansatz *m* / preparation of the stock vat || **²ausziehverfahren** *n* / stock-vat exhaust process || **²färbeverfahren** *n* / stock-vat dyeing process || **²farbstoff** *m* / parent vat dyestuff || **²rezept** *n* / stock vat recipe
Stamm·lösung *f* / stock solution || **²reserve** *f* / stock resist || **²verdickung** *f* / stock thickening (for deep shades), stock paste
Stampfappretur *f* / beetle finish, beetled finish, beetling *n*
stampfen *v*(Ausrüst) / beetle *v*
Stampf·gewicht *n* / bulk density after tamping || **²kalander** *m* (DIN 64990) / beetle calender, chasing calender, chaising calender, calender for beetle finish, beetler calender, beetling calender || **²maschine** *f*(Ausrüst) / pounding machine || **²volumen** *n* / bulk volume, tamping volume (dyestuff in powder form) || **²walke** *f* (Vorgang) / hammer fulling (US), hammer milling (GB) || **²walke** (Einrichtung) / hammer fulling mill || **²waschmaschine** *f* / posser washing machine
Stand *m*(Gew) / firmness *n* || ² (Vliesst) / stiffness *n* || ² (Textdr) / outline *n*(print) || ² (der Küpe) / condition *n* || ² **des Pols** (Tepp) / pile resilience
Standard·abweichung *f* / standard deviation || **²ausrüstung** *f* / standard finish || **²bad** *n* / standard bath || **²ballen** *m* / standard pressed bale || **²farbe** *f* / standard colour || **²färbezeit** *f*(t50 oder S50) / S50, T50 (standard dyeing time, time in which 50% of the dye has been exhausted) || **²farbtiefe (ST)** *f*, Richttyptiefe *f* / standard depth of shade || **²farbton** *m* / standard shade || **²fleck** *m* / standard stain
standardisierter Schmutz / standard soil
Standardisierungskessel *m*(Färb) / standardization tank, standardization vessel
Standard·lösung *f* / standard solution || **²nadel** *f* (Strick/Wirk) / standard needle || **²potential** *n* **des Redoxsystems** / standard redox potential || **²probe** *f* / standard sample || **²redoxpotential** *n* / standard redox potential || **²rezeptur** *f*(Färb) / standard recipe || **²strumpf** *m* / seamless hose, circular knit stocking, seamless stocking, standard stocking || **²temperatur** *f* / reference temperature (TR) || **²tiefe** *f* / standard depth [of shade] || ²-

Wollgewebe *n*(Matpr) / standard wool fabric || **≗zwirnmuster** *n* / standard thread sample
Standbadfärberei *f* / dyeing in a standing bath
Stander *m* / pennant *n*
Ständer *m* / frame *n*
Standfast-Färbemaschine *f* / Standfast dyeing machine || **≗-Metal-Prozeß** *m*(Färb) / Standfast [molten-metal] process
stand·festes Kettveloursgewebe / resilient brushed warp-knitted fabric || **≗festigkeit** *f*(Teppichpol) / resilience *n*
ständiges Nachfüllen / continuous replenishing
Standigkeit *f* / stand *n*(pile)
Stand·kamm *m*(Spinn) / fixed comb, top comb || **≗muster** *n* / reference sample, batch sample || **≗öl** *n* / bodied linseed oil || **≗spule** *f* / fixed bobbin || **≗temperatur** *f* / temperature constantly maintained in the treatment chamber || **≗vermögen** *n*(Teppichpol) / resilience *n* || **≗zeit** *f* (Färb) / pot life
Stange, von der ≗ / off the peg, ready-made *adj*, ready-to-wear *adj*
Stangen *f pl* / cylinder stands || **≗greiferwebmaschine** *f* / rigid rapier loom
Stannooxid *n* / stannous oxide
Stanze *f* / punching die, awl cutting drill
Stanzmaschine *f* **für den Zuschnitt** (Näh) / clickers *pl*
Stapel *m*, durchschnittliche Stapellänge / staple *n* || **≗ der Baumwollfaser** / cotton staple || **Elementarfäden auf ≗ schneiden o. reißen** / staple *v* || **≗artikel** *m* / staple article, staple goods *pl* || **≗diagramm** *n* / staple diagram (drawing showing frequency of different staple lengths in a fibre specimen), fibre diagram
Stapelfaser *f* / staple fibre, fibre staple || **≗band** *n* / staple sliver || **≗garn** *n* / staple fibre yarn || **≗prüfgerät** *n* / fibre tester || **≗schneiden** *n* / fibre cutting
Stapel·glasfaser *f*(DIN 61850) / glass staple fibre || **≗glasseide** *f* / chopped strands || **≗klebrigkeit** *f* / tackiness on batching || **≗länge** *f* / staple length || **≗schneidemaschine** *f*(Spinn) / staple cutter, staple cutting machine || **≗sortierapparat** *m* / staple analyser || **≗verzug** *m* / staple draft, stretch of the staple || **≗ware** *f* / staple goods *pl* || **≗zellwolle** *f* / staple rayon || **≗ziehapparat** *m* / fibre length analyzer, staple analyser || **≗zugmaschine** *f* / reel for long wool
stark alkalisch / strongly basic || **~e Anfärbung** / pronounced staining || **~ basisch** / strongly basic, strongly alkaline || **~ formende Miederwaren** *f pl* / high-support foundation garments || **~ gedeckter Druck** / heavily printed pattern || **~ gedreht** / firmly twisted, tightly twisted || **~ gedrehtes Kreppgarn** / flat crepe yarn || **~ gedrehter Seidenzwirn** / crochet twist silk || **~ gefärbt** / strongly coloured || **~ gekräuselt** / high-crimp *adj* || **~ geschlichtete Ware** / back-filled fabric || **~ gezwirnt** / hard-twisted *adj*, highly twisted || **~ polares Lösemittel** / highly polar solvent || **~ rauhen** / raise thoroughly || **~ sauer** / strongly acid || **~ tailliert** / tight-fitting *adj*(garment) || **~es Tuch** / strong cloth || **~ verzweigt** (chem) / highly branched || **~e Walke** / severe milling || **~e Zwirnung** / hard twist
Stärke[1] *f* / amylum *n*, starch *n*
Stärke[2] *f*(des Garns) / count *n*
Stärke·abbau *m* / starch degradation || **≗appretur** *f* / starch finish || **~artig** *adj* / starchy *adj* || **≗äther** *m* / starch ether || **≗aufschluß** *m* / starch degradation || **~freie Ausrüstung** / starchless finish || **≗gallert** *n* / starch jelly || **≗gehalt** *m* / starch content || **≗glanz** *m* / starching clay (cotton) || **≗granulose** *f* / amylopectin *n* || **≗gummi** *n m* / dextrin *n*, starch gum || **~haltig** *adj* / amylaceous *adj*, starchy *adj*, amyloid *adj* || **~haltige Appretur** / starchy finish || **≗kalander** *m* / starch mangle || **≗kocher** *m* / starch boiler, starch cooker || **≗lösung** *f* / starch solution || **≗maschine** *f*(DIN 64990) / starching machine, starch machine, stiffness machine || **≗mehl** *n* / farina *n*, potato flour, amylum *n* || **≗milch** *f* / thin starch paste
stärken *v*, verstärken / strengthen *v* || ~ (Wäsche) / starch *v* || **≗** *n* / starching *n*
Stärke·schlichte *f* / starch size || **~schlichten** *v* / starch-size *v* || **~spaltendes Ferment** / amylolytic enzyme || **≗tragantverdickung** *f* / starch tragacanth thickening || **≗- und Trockenmaschine** *f* / starching and drying machine || **≗verdickung** *f* / starch thickening, starch thickener
starr *adj* / inflexible *adj*, stiff *adj* || **≗leinen** *n* / stiffening [cloth] *n*
Starter *m* / polymerization initiator
Statik *f* / statics *pl*
statisch *adj* / static *adj* || **~e Absorption** / static absorption || **~e Aufladung** / static *n*, static electricity, static charge || **~er Druck** / static pressure || **~e Reibung** / static friction
Stativ-Schnellrührer *m* / pedestal-type impeller
Staub *m* / dust *n* || **≗absauganlage** *f*, Staubabsaugungsanlage *f* / dust extracting plant, dust collecting and extraction plant || **≗abscheider** *m* / dust separator || **~armer Küpenfarbstoff** / dustless vat dyestuff || **≗behälter** *m* / dust box || **≗bindemittel** *n* / dust-bonding agent, dust fixing agent || **~dicht** *adj* / dust-proof *adj*, dust-resistant *adj*, dust-tight *adj*
stäuben *v*(mit einem Stäubemittel) / dust *v*
Staubentwicklung *f* / development of dust
Stäubeverfahren *n* / dusting[-on] method
Staub·fänger *m* / dust catcher || **~fest** *adj* / dust-resistant *adj* || **≗filter** *m n* / fabric dust collector, dust filter || **≗fließtechnik** *f* / fluidized bed technique || **~frei** *adj* / dust-free *adj*, non-dusting *adj*, free from dust, dustless *adj* || **~freie rieselfähige Granulatform** / non-dusting pourable granulate finish || **≗gehalt** *m* / dust content || **~grau** *adj*(RAL 7037) / dusty grey *adj*
staubig *adj*(z.B. Baumwolle) / dusty *adj*
Staub·kammer *f* / dust chamber || **≗lappen** *m* / dust-cloth *n*(US), duster *n*(GB) || **≗leiste** *f*(Strick/Wirk) / brush holder plate || **≗mantel** *m* / dust-coat *n*, duster *n* || **≗maske** *f* / dust mask || **≗rost** *m* / dust bars || **≗sammler** *m* / dust collector || **≗sauger** *m* / vacuum cleaner || **≗schutz** *m* / dust guard || **≗schutzmaske** *f* / dust mask || **~trocken** *adj* (Beschicht) / dust-dry *adj* || **≗trommel** *f* / dust cage || **≗tuch** *n* / dust-cloth *n*(US), duster *n*(GB) || **≗wolf** *m* / dust willow
Stauch·aggregat *n* / overfeeding arrangement (yarn processing) || **≗biegung** *f* / compressive buckling
stauchen *v*(Vliesst) / stuff *v* || **≗** *n* / knocking *n*(yarn)
Stauch·falten *f pl* / milling creases || **≗festigkeit** *f* / resistance to crushing (milling) || **≗garn** *n* / stuffer-crimped yarn || **≗härte** *f* / compression/deflection hardness (foam), compressive strength (foam)

Stauchkammer *f* / stuffer box (crimping device), stuffing tube || **~gekräuselt** *adj* / stuffer-crimped *adj* || **≗-Kräuselgarn** *n* / stuffer box crimped yarn || **≗-Texturieren** *n* / stuffer box crimping, stuffing box texturing || **≗verfahren** *n* / stuffer box method, stuffer box process

Stauch·kanal *m* / compressing channel || **≗kanal** (Walken) / stuffing channel (milling mach), well *n* (milling) || **≗klappe** *f* / compressing trap || **≗klappe** (Walken) / stuffing valve (milling mach) || **≗kraft** *f* / compression force || **≗kräuselgarn** *n* / stuff-crimped yarn || **≗kräuselung** *f* / stuff-crimping *n* || **≗krumpfung** *f* / compression shrinkage || **≗paket** *n* (Stauchkräuselung) / compressed yarn wad || **≗vorrichtung** *f* / stuffing device || **≗walze** *f* / stuffing roller || **≗wand** *f* / stuffing wall || **≗waschmaschine** *f* / suction drum bowl with overfeeding arrangement

Stau·kanal *m* / trough *n* (milling machine) || **≗kasten** *m* / floating web drier || **≗klappe** *f* / spout *n* (milling) || **≗rohr** *n* / dwelling tube (high bulk process), steaming device (bulking machine)

Stearin *n* / stearin *n* || **≗säure** *f* / stearic acid || **≗seife** *f* / stearin soap

Stearyl·alkohol *m* / stearyl alcohol || **≗amin** *n* / stearyl amine

stechen, Webblatt ~ (Web) / pass through the reed

stechend *adj* (Geruch) / pungent *adj*

Stecher *m* (Web) / knock-off dagger, warp protector || **≗auslös[e]hebel** *m* (Web) / release lever for stop rod || **≗lappen** *m* (Web) / repulser tongue || **≗puffer** *m* / bumper *n* (for stop rod) || **≗vorrichtung** *f* (Web) / knock-off device

Stech·kamm *m* **der Raschelmaschine** (Web) / trace comb || **≗rohr** *n* (Färb) / steam pipe || **≗stock** *m* / prodding stick

Steckbrett *n* (DIN 62510) / pirn board

stecken *v* (Näh) / pin *v*

Stecker *m* **eines teilbaren Reißverschlusses** (Reißv) / pin of open-end slide fastener, tube of open-end slide fastener, open-end slide fastener pin

Stecknadel *f* / pin *n* || **≗n herausnehmen** (Näh) / unpin *v*

Stecktafel *f* / peg board

Steg *m* / reed stay || **~artige Verbindung** (in der Faser) / fillet-like link (fibre) || **≗haltering** *m* (Strick/Wirk) / insert retaining ring || **≗hose** *f* / anchored pants (US)

Stehbündchenkragen *m* (Mode) / stand-up collar

stehend·es Bad (Färb) / standing bath, old bath || **~er Kettbaumfärbeapparat** / vertical warp beam dyeing apparatus || **~e Platine** (Web) / fixed wire

Stehenlassen *n* **an der Luft** / exposure to air, exposure to the open air

Steh·fach *n* (Web) / dwell shed, open shed || **≗faden** *m* (Web) / standing end, stationary thread, stationary end || **≗kette** *f* / stationary warp || **≗kragen** *m* (Mode) / high collar, stand-up collar, stiff collar || **≗lade** *f* (Web) / underswung sley || **≗platine** *f* (Strick/Wirk) / sinker jack, knocking-over sinker || **≗platinenfeder** *f* (Strick/Wirk) / upright sinker spring || **≗platinenring** *m* / verge ring || **≗schaft** *m* (Web) / stationary shaft || **≗umlegekragen** *m* / stiff double collar || **≗velours** *m* / upright pile velvet || **≗vermögen** *n* (Tepp) / capacity of remaining upright

steif *adj* / stiff *adj* || **~e Einlage** / stiffener *n* || **~er Einlagemusselin** / crinoline muslin || **~er Einlagestoff** *m* / stiffening [cloth] *n*, stiffness cloth, stiff interlining fabric || **~er Grobtüll** / foundation net || **~es Hemd** / boiled shirt (US) || **~er Hut** / proofed hat, stiff hat || **~e Seidengaze** / silk tiffany || **~er Stehkragen** („Vatermörder") (Mode) / choker *n* || **~er Umlegekragen** / Eton collar || **≗appretur** *f*, Steifausrüstung *f* / stiff finish, stiffened finish, stiffening finish

Steife *f* (Hutm) / size *n*, stiffening *n*, stiffener *n* || **≗** (Zustand) / stiffness *n*

steifen *v* (Hutm) / proof *v*, stiffen *vt*, size *v* || **≗** *n* (Hutm) / sizing *n*

Steif·gaze *f* / stiffening [cloth] *n* || **≗gewebe** *n* / stiffened fabric || **≗griff** *m* / stiff handle

Steifheit *f* / stiffness *n*

Steifheitsprüfgerät *n* / stiffness testing apparatus

Steifigkeit *f* / stiffness *n*

Steifigkeits·modul *m*, Steifigkeitskoeffizient *m* (Vliesst) / stiffness modulus || **≗probe** *f* / stiffness test

Steif·leinen *n* / interlining canvas, stiffening *n* [cloth], stiffness cloth, stiff interlining fabric || **≗mittel** *n* / finishing starch, stiffening agent || **≗musselin** *m* / foundation muslin

Steifungsmittel *n* / stiffening agent

Steig·dockenwickler *m* (DIN 64990) (Ausrüst) / ascending batch winder, rising roll batcher || **≗gitter** *n* (Spinn) / inclined lattice || **≗höhenmethode** *f* (Färb) / capillary rise method || **≗kasten** *m* / drop box || **≗kastenstuhl** *m* / drop-box loom || **≗kastenwebmaschine** *f* / box loom || **≗kastenwechsel** *m* (Web) / drop-box motion || **≗ladenwechsel** *m* / drop box changing motion, rising box change motion || **≗lattentuch** *n* (Spinn) / upright lattice, inclined lattice, elevator lattice || **≗nadellattentuch** *n* / upright spiked lattice

steigungs·freies Muster (Strick/Wirk) / rise-free design || **≗grad** *m* **der Köperlinie** (Näh) / inclination of twill line || **≗winkel** *m* / helix angle (extrusion) || **≗zahl** *f* / counter *n* (in satin weave)

Steig·wechsel *m* (Web) / drop box change || **≗wickler** *m* (DIN 64990) / surface batcher

steil·er Köper, Steilgratköper *m*, Steilköper *m* / upright twill, steep twill || **≗köperbindung** *f* / whipcord weave

Stein·bockwolle *f* / ibex wool || **~grau** *adj* (RAL 7030) / stone-grey *adj* || **≗klette** *f* / hard burr, hard head (in wool), bean *n* || **≗wolle** *f* / rock wool

Steißwolle *f* / rump wool, britch wool, curry wool, brown wool

Stelle *f* **ohne Farbe** / tailing *n* (in pattern)

Stelleisen *n* **an der Karde** / card bracket

stellenweises Trocknen / partial drying

Stell·farbstoff *m* / shading dyestuff || **≗mittel** *n* (Chem) / adulterant *n*, diluent *n*, adulterating agent, extender *n*

Stellung *f* (coloristic) / design *n*

Stellzahn *m* (Reißv) / locking prong || **≗schieber** *m* (Reißv) / prong locking slider

Stempelfarbe *f* / pad ink

Stengelfaser *f* / stalk fibre, stem fibre

Stepp·blindstich *m* / blind lockstitch, lockstitch blindstitch || **≗decke** *f* / bed quilt, [quilted] counterpane, quilt *n*, comforter *n* (US)

Steppdecken·bezug *m* / quilt cover || **≗füllung** *f* / quilt filling || **Maschine zur ≗herstellung** / quilting machine || **≗stoff** *m* / quilt fabric || **≗watte** *f* / quilt wadding, quilting cotton

steppen *v* / quilt *v*, stitch *v*

Stepper *m* / quilter *n* (sewing machine attachment) || **≗**, Näherin *f*, Stepperin *f* / feller *n*

Stepperei *f* / quilting *n*
Stepp·fuß *m*(Näh) / sewing foot, press foot, presser foot, pressure foot || **≗kette** *f* / stitching warp, binding warp || **≗maschine** *f*(Näh) / stitching machine || **≗matte** *f* / quilted mat || **≗muster** *n*, Steppmusterung *f* / quilt design, quilt pattern, quilting pattern, quilting design || **≗nadel** *f* / quilting needle || **≗naht** *f* / closing seam, quilted seam, saddle stitch seam, quilting seam || **≗rock** *m* / quilted skirt || **≗stich** *m*(Näh) / backstitch *n*, lockstitch *n*, felling stitch || **≗stichnähmaschine** *f* (Strick/Wirk) / lockstitch machine || **≗stichnaht** *f* / saddle stitch seam || **≗stichstickerei** *f* / backstitch embroidery || **≗vorrichtung** *f* / quilter *n* (sewing machine attachment) || **≗watte** *f*, Steppwatteline *f* / quilted fibre fleece, quilt wadding, quilted wadding, quilting material || **≗wirken** *n* / lock knitting
Sterblingswolle *f*(von kranken oder toten Schafen) / fallen wool, dead wool, mortling (GB) *n*, diseased wool
Sterculiagummi *n m*, Sterkuliagummi *n m* / gum karaya, karaya gum
sterilisierte Gaze / sterilized gauze
Stern *m*(Färb) / star dyeing machine, star frame || **≗abnehmer** *m*(Ausrüst) / rotating extractor || **≗dämpfer** *m* / star ager (US), star frame ager (US), star steamer (GB), star frame steamer (GB) || **≗färbeanlage** *f* / star dyeing machine || **≗färbeapparat** *m* / star dyeing apparatus || **≗färbemaschine** *f* / star dyeing machine || **~färben** *v* / star-dye *v* || **≗färben** *n*, Sternfärberei *f*, Sternfärbung *f* / star [frame] dyeing || **~förmig** *adj* / star-shaped *adj* || **≗haspel** *f*(Färb) / star reel || **≗kopf** *m* / star spinning head || **≗muster** *n* / star pattern || **≗rahmen** *m* / star frame || **≗reifen** *m* (Färb) / star frame, dipping frame || **≗träger** *m*(Färb) / carrier of star frame, star reel || **≗weife** *f*(DIN 53830) / star reel (yarn count)
Steuer·exzenter *m*(Strick/Wirk) / control cam || **≗schablone** *f* / sewing template || **≗schalter** *m* **der Exzenterwelle** / camshaft controller || **≗welle** *f* / camshaft *n* || **≗wellenantrieb** *m* / camshaft drive
ST-Garn *n* / self-twist yarn
Stich *m*(Web) / pitch *n* || **≗** (Näh) / stitch *n* || **≗** (Färb) / shade *n*, hue *n*, tint *n*, cast *n*, tone *n*, nuance *n* || **ein ≗ ins Braune** (Färb) / a tinge of brown || **≗art** *f* / stitch type || **≗auslassen** *n*(Näh) / stitch missing, stitch skipping || **≗ausreißfestigkeit** *f* / stitch tear resistance, stitch tear strength || **≗bild** *n* / stitch diagram || **≗bildung** *f*(Näh) / stitch formation, stitch-forming action || **≗breite** *f*(Näh) / stitch width || **≗breiteneinstellung** *f*(Näh) / stitch-width regulation || **≗dichte** *f*(Näh) / stitch density, stitch spacing
Stichel *m* / engraving tool
Stichelastizität *f* / stitch elasticity
Stichel·effekt *m*(Mode) / bristle effect || **≗haar** *n* / dog hair, kemp *n* || **≗haare** *n pl* / short bristly fibres, kemp *n*, stubby hairs || **~haarig** *adj* / short-haired *adj*, stubby-haired *adj* || **~haarig** *adj*(Wolle) / kempy *adj*
Stich·folge *f*(Näh) / stitch sequence || **≗hebel** *m*(Näh) / stitch lever || **≗lage** *f*(Näh) / needle position || **≗länge** *f*(Näh) / length of stitch, stitch size, stitch length || **≗längeneinstellhebel** *m*(Näh) / stitch length regulating lever || **≗längeneinstellung** *f* (Näh) / stitch length control, stitch length regulation || **≗loch** *n*(Näh) / needle hole || **≗lockerungsfinger** *m*(Näh) / thread drawing finger || **≗massierung** *f*(Näh) / bunching *n* || **≗muster** *n*(Näh) / stitch design, stitch pattern || **≗periode** *f*(Näh) / needle cycle || **≗platte** *f*(Näh) / needle plate || **≗platte** (Strick/Wirk) / throat plate || **≗qualität** *f* / stitch quality || **≗regulierschraube** *f* (Näh) / stitch adjusting screw || **≗spannung** *f* / stitch tension || **≗steller** *m*(Näh) / stitch regulator || **≗verdichtung** *f*(Näh) / stitch condensation || **≗wechsel** *m*(Näh) / stitch change || **≗zahl** *f* / number of stitches
Stickautomat *m* / automatic embroiderer
sticken *v* / embroider *v* || **am Stickrahmen ~** / tambour *v* || **≗** *n* / embroidering *n*
Stickerei *f* / embroidery *n*, fancy needlework || **≗ausschneidemaschine** *f* / embroidery cutting machine || **≗grundstoffe** *m pl* / embroidery cloths || **≗kanevas** *m* / embroidery canvas, Berlin canvas, flat canvas || **≗kanevas in Schachbrettmusterung** / chessboard canvas || **≗motiv** *n* / embroidery pattern || **≗randverzierung** *f* / purfle *n*, purfling *n* || **≗schermaschine** *f* / embroidery trimming machine || **≗seidenstoff** *m* / mail cloth || **≗spitze** *f* / Swiss embroidery, eyelet embroidery || **sehr kleiner ≗stich** / petit point stitch || **≗stoff** *m* / embroidery fabric || **≗-Trame** *f* / oval silk || **≗vorzeichnung** *f* / pattern for embroidering
Stick·garn *n* / embroidery cotton, embroidery yarn, embroidery thread || **≗garnspule** *f* / embroidery spool || **≗gaze** *f* / embroidering gauze, embroidery muslin || **≗kanevas** *m* / embroidery canvas || **≗kettfaden** *m* / lappet thread || **≗lade** *f* / lappet loom sley || **≗leinen** *n* / art linen, embroidery linen || **≗maschine** *f* / embroidery machine || **≗maschinennadel** *f* / embroidery machine needle || **≗maschinenschiffchen** *n* / embroidery shuttle, embroidery bobbin || **≗maschinenspitze** *f* / bobbin fining || **≗muster** *n* / embroidery design, embroidery pattern || **≗nadel** *f* / embroidering needle, lace needle, embroidery needle || **≗oxidechtheit** *f*(DIN 54025) / fastness to gas fume fading, gas fume fastness || **≗pfriemen** *m* / embroidery punch || **≗rahmen** *m* / embroidery frame, tambour frame || **≗ring** *m* / embroidery hoop || **≗seide** *f* / embroidery silk, slack silk
Stickstoff *m* / nitrogen *n* || **≗gehalt** *m* / nitrogen content (e.g. of wool) || **~haltig** *adj* / nitrogenous *adj* || **≗oxid** *n* / nitrogen oxide || **≗(V)-oxid** *n* / nitric anhydride || **≗oxidechtheit** *f*(DIN 54025) / fastness to [gas] fume fading, gas fume fastness, resistance to fume fading || **≗pentoxid** *n* / nitric anhydride || **≗probe** *f* / nitrogen test
Stick·trommel *f* / tambour frame || **≗tuch** *n* / sampler *n* (needlework) || **≗vorrichtung** *f* / embroidering device || **≗ware** *f* / embroidery *n*
Stiefel *m*, Bleichstiefel *m* / J-box *n*, J-tube *n* || **≗bleiche** *f* / J-box bleaching || **≗futterstoff** *m* / boot lining || **≗-Kontinue-Strangbleiche** *f* / J-box continuous rope bleaching plant
Stiel·faser *f* / stalk fibre, stem fibre || **≗stich** *m*(Näh) / rope stitch || **≗umwickeln** *n*(Näh) / button shanking
Stift·e und Muffen *pl*(Tepp) / pins and sockets || **≗barre** *f*(Strick/Wirk) / peg bar, peg fontur
Stiften·karte *f*(Strick/Wirk) / lags and pegs || **≗loch** *n* / peg hole (jacquard)
Stift·gatter *n* / pin type creel || **≗nadelbarre** *f*(Strick/Wirk) / plush needle pin bar || **≗rad** *n* / peg wheel ||

≃schärmaschine *f* / warping machine with band separating pins || **≃scheibe** *f* / pin disc || **≃trommel** *f*(Strick/Wirk) / peg drum, pattern drum, pin drum || **≃trommelauswahl** *f*(Strick/Wirk) / pattern drum assortment, peg drum assortment || **≃trommelnadelauswahl** *f*(Strick/Wirk) / peg drum needle selection || **≃trommelpatrone** *f*(Strick/Wirk) / pattern drum layout, peg drum pattern plan || **≃zettelmaschine** *f* / warping machine with band separating pins

Stilben *n* / stilbene *n* || **≃derivat** *n* / stilbene derivative || **≃disulfonsäure** *f* / stilbene disulphonic acid || **≃farbstoff** *m* / stilbene dyestuff

stille Saison (Mode) / off-season *n*

Still-Büstenhalter *m* / maternity bra

Stillsetzvorrichtung *f*(Näh) / stop motion

Stippe *f*(Färb) / speck *n*, speckle *n*, mote *n*(cloth) || **≃n** *f pl*(Beschicht) / pinholes *pl*(defect) || **≃n** *f pl* (Färb) / pricks *pl*(defect)

Stippen·bildung *f*(Farbstoff in Pulverform) (Färb, Fehler) / formation of clusters || **≃bildung** (Fehler) (Textdr) / formation of spots || **≃bildung** (Fehler) (Beschicht) / formation of pinholes, pinholing *n* || **≃bildung** (Fehler) (Färb) / formation of spots, formation of specks || **~frei** *adj*(Färb) / free from motes, free from specks || **~freier Druck** / speck-free print, spot-free print || **~freie Färbung** / speck-free dyeing

Stirn·band *n*(Mode) / fillet *n*, bandeau *n* || **≃fläche** *f* / end surface

STK-Verfahren *n*(Schock-Trocken-Kondensationsverfahren) (Ausrüst) / shock-drying-cure method (drying and curing of the reactant finish are carried out in a single operation), flash curing process

stöchiometrisch *adj* / stoichiometric *adj* || **~es Verhältnis** / stoichiometric ratio

Stock·fleck *m* / mildew spot, mould spot, mildew stain, mould stain || **~fleckig** *adj*, stockig *adj* / mouldy *adj*(GB), foxed *adj*, moldy *adj*(US), mildewy *adj*

Stockpunkt *m* / setting point

Stoddard-Lösungsmittel *n*(Schwerbenzin nach dem Commercial Standard CS3-41), Stoddard-Solvent *n* / Stoddard solvent (dry cleaning) (US)

Stoff *m* / cloth *n*(gen), fabric *n*, material *n* || **≃** (Chem) / medium *n* || **≃e** *m pl* / drapery *n* || **≃** *m*(bes. Wollstoff) / stuff *n* || **≃e** *m pl* **aus gesprenkelten Garnen** / mottles *pl* || **≃e** *m pl* **aus Kurzwolle**, Stoffe *m pl* aus Reißwolle / low-end woollens (US) || **≃e** *m pl* **aus stark gedrehten Garnen** / twists *pl* || **≃ doubliert legen** / lay a fabric on the double || **≃e** *m pl* **für kirchliche Zwecke** / paraments *pl* || **≃ in Buchform legen** / fold cloth in bookform || **≃e** *m pl* **mit Baumwollkette und Kammgarnschuß** / cotton warp worsteds || **≃** *m* **mit Deckkaro** (Gew) / overcheck *n* || **≃ mit der gleichen Anzahl von Kett- und Schußfäden je Zoll** / square cloth || **≃ mit Flockenbeschwerung** / flocked fabric || **≃ mit glatter Oberfläche** / smooth-faced fabric || **≃ mit Kaninchenhaarzusatz** / rabbit-hair cloth || **≃ mit Kettfädenoberfläche** / warp faced fabric || **≃ mit leichtgezwirntem Schußfaden** / soft-filled fabric || **≃ mit lockerem Aufbau** / loose-weave fabric, loosely constructed fabric || **≃e** *m pl* **mit Orientmusterung** / Persian prints || **≃e** *m pl* **mit verschiedenartigen Rückseiten** / fancy backs || **≃** *m* **mit verschiedenfarbiger Kette und Schuß** / filling reversible || **≃ mit weißen Kanten** / saved list fabric (GB) (dyed fabric with white selvedge) || **≃ mit wollener Abseite** / wool-backed cloth || **den ≃ rauhen** / raise the nap || **≃abfall** *m* / fabric cuttings, cloth waste || **≃abgang** *m* / clippings *pl* || **≃abschnitt** *m* / fent *n*, remnant *n*, off-cut *n*, cutting *n* || **≃absuchen** *n* / picking of cloth || **≃aufroller** *m*, Stoffaufrollvorrichtung *f* / cloth roll-up (device), fabric rolling-up device, fabric winding machine || **sich hebende ≃aufrollwalze** / elevating cloth roller || **≃-auf-Stoff-Preßbahn** *f*, Stoff-auf-Stoff-Schichtstoff *m* / fabric-to-fabric laminate || **≃ausbreiten** *n* / bundling *n* (making up) || **≃ausbreiter** *m* / fabric expander [roll], cloth expander [roll], cloth spreader || **≃auslegen** *n* / cloth spreading || **≃ausrüstung** *f* / fabric finish[ing] || **≃bahn** *f* / cloth width, cloth run, web of fabric, length of cloth || **≃bahn** (Näh) / fabric panel, panel *n* || **≃bahnenschneidemaschine** *f* / cloth slitter || **≃bahnführer** *m* / cloth guide, guider *n*, fabric guide, cloth guider || **≃ballen** *m* / fabric roll, fabric bolt || **≃baum** *m* / cloth beam || **≃beschauer** *m* / looker-over *n*(GB), examiner *n* || **≃beschauvorrichtung** *f*(Web) / scanner *n* || **≃beschwerung** *f* **mit Flocken** / flocking *n* || **≃bespannung** *f* / fabric covering, fabric lining || **≃breite** *f* / fabric width, breadth of cloth || **≃breite von 9 Inch** / quarter *n* || **≃breithaltearm** *m* / cloth spreader arm || **≃breithalter** *m* / fabric expander [roll], cloth expander [roll], fabric spreader, cloth spreader || **≃bügelmaschine** *f* / cloth press || **≃dichte** *f* / density of the fabric, compactness of the fabric || **≃druck** *m*, Stoffdruckerei *f* / fabric printing, textile printing, cloth print[ing], printing of fabrics || **≃drucker** *m* / cloth printer || **≃drückerfuß** *m*(Näh) / sewing foot, press foot, presser foot, pressure foot || **≃drückerhub** *m*(Näh) / pressure bar rise || **≃drückerstange** *f*(Näh) / presser bar || **≃drückerstangenhebestück** *n* / presser bar lifting collar || **≃druckmaschine** *f* / cloth printing machine, fabric printing machine || **≃druckmotiv** *n*, Stoffdruckmuster *n* / print pattern || **≃durchgang** *m*(Näh) / fabric clearance || **≃einsatz** *m*(Mode) / godet *n*(insert-piece in clothing) || **≃einsatz** / inset *n* || **≃etikett** *n* / fabric label || **≃gamaschen** *f pl* / cloth gaiters || **~gefüttert** *adj* / fabric-lined *adj* || **≃gewicht** *n* / fabric weight || **≃handschuh** *m* / fabric glove

Stoffilter *m n* / fabric filter, cloth filter

Stoff·kante *f* / selvedge *n*, selvage *n* || **dem Blatt nächstliegende ≃kante** / fell of the cloth || **≃kette** *f*(Tepp) / stuffer warp || **≃klammer** *f*(Näh) / cloth clamp || **≃knopfmaschine** *f* / machine for covering buttons with fabric || **≃konstruktion** *f* / fabric structure || **≃krumpfung** *f* / fabric shrinkage, cloth shrinkage || **≃lage** *f* / ply of fabric || **≃lagenverschiebung** *f*(Näh) / inter-ply shifting, layer slippage || **≃länge** *f* / piece *n*(of fabric), length of fabric || **≃legemaschine** *f* / cloth folder, cloth folding machine, fabric doubling machine, cloth laying machine || **≃leger** *m*(Tuchh) / rigger *n* || **≃litze** *f* / cloth braid || **≃muster** *n*, Stoffmusterung *f* / design *n* || **≃muster**, Stoffprobe *f* / fabric sample, fabric cutting, swatch *n*, cloth sample || **≃noppen** *n* / cloth burling || **≃oberfläche** *f* / surface of the fabric, fabric surface || **≃oberfläche** (Stoffüberzug) / cover of fabric || **≃oberfläche mit stark sichtbarem Schuß** / filling face || **≃oberseite** *f* / fabric face, cloth face || **≃presse** *f* / cloth press ||

≈presser *m* (Näh) / sewing foot, press foot, presser foot, pressure foot || **≈preßmaschine** *f* / cloth pressing machine || **≈probe** *f* / fabric sample, fabric cutting, swatch *n* || **≈prüfapparat** *m* / cloth tester, fabric testing machine || **≈rauher** *m* (Tuchh) / raiser *n* || **≈rest** *m* / end of fabric, fent *n*, remnant *n* || **≈rolle** *f* / cloth roll, roll of fabric || **≈schauer** *m* / cloth examiner, patroller *n* (US), looker-over *n* (GB), examiner *n* || **≈scheren** *n* / cropping *n*, shearing *n* || **≈scheren auf der Kehrseite** / back shearing || **≈schieber** *m* (Näh) / feed *n*, feed dog, cloth feeder device || **≈schlaufe** *f* / fabric loop || **≈schneidemaschine** *f* / fabric cutting machine, cloth cutting machine, cloth cutter || **≈schnitzel** *m n* / shred of cloth, clippings *pl*, macerated fabric, fabric clippings, fabric chips || **≈schnitzel-Füllmaterial** *n* / macerated fabric for fillings || **≈schrumpfung** *f* / fabric shrinkage, cloth shrinkage || **≈spannung** *f* / cloth tension || **≈spitze** *f* (Näh) / cloth point || **≈stange** *f* (Näh) / presser bar || **≈streifen** *m* / strip of fabric, shred of cloth || **≈tapete** *f* / textile wall covering, wall-covering fabric || **≈transport** *m* / feed *n* || **~überzogen** *adj* / cloth-covered *adj* || **~überzogener Knopf** / fabric-covered button || **≈unterseite** *f* / fabric back, cloth back

Stoffuß *m* (Näh) / sewing foot, press foot, presser foot, pressure foot

Stoff·verzerrung *f* (Defekt) / fabric distortion, [fabric] bowing || **≈vorschub** *m* (Vorgang) (Näh) / feed *n* || **≈vorschub** (Vorrichtung) (Näh) / work advancing motion || **≈zerfaserung** *f* / reaving *n* (unweaving of threads of textile fabric) || **≈zuführung** *f* / fabric feeding, fabric entry || **≈zuschneidemaschine** *f* / cloth cutter, cloth cutting machine

Stola *f* / stole *n* (long, loose garment similar to toga; long wide scarf or similar worn by women across shoulders; an ecclesiastical vestment)

Stopfapparat *m* / darning attachment, darning device

stopfen *v* / darn *v*, mend *v* || **≈** *n* / mending *n*, darning *n*

Stopfen *m* / stopper *n* || **≈** (Jet-Stauchkräuseln) / plug *n*

Stopferei *f* / darning *n*

Stopf·fuß *m* (Näh) / darning foot || **≈garn** *n* / darning cotton, mending thread, mending cotton, darning yarn, darning thread || **≈maschine** *f* / darner *n* || **≈nadel** *f* / darning needle || **≈naht** *f* / darn *n* || **≈spitze** *f* / darned lace || **≈stelle** *f* / darn *n* || **≈stich** *m* / darning stitch || **≈werg** *n* / oakum *n* || **≈wolle** *f* / darning wool, mending wool || **≈zwirn** *m* / darning cotton

Stopper *m* (Strick/Wirk) / jack selector, auxiliary needle

Stöpsel *m* / stopper *n*

Störanzeige *f* (DIN 64990) / fault indicator

Store *m* / net curtain

Störeinrichtung *f* **gegen Bildwirkung** / pattern repeat eliminating device, anti-patterning device (winding), ribbon formation eliminator, ribbon breaker

störender Geruch / odour nuisance, offensive odour

Storengewebe *n* / net curtain fabric

Störwicklung *f* / stray winding || **≈** (zur Bildvermeidung) / random winding (desired)

Stoß *m* / impact *n*, shock *n* || **≈appretur** *f* / friction glazing, friction finish || **≈band** *n* / trouser shoe guard || **≈bandannähmaschine** *f* / liner band sewing machine || **≈drücker** *m* (Näh) / presser flyer

Stößel *m* / needle *n* (jacquard)

Stoßelastizität *f* / shock elasticity

Stößer *m* (Strick/Wirk) / jack selector, auxiliary needle || **≈schloßteil** *n* (Strick/Wirk) / clavette cam

stoß·fest *adj* / impact-resistant *adj* || **≈festigkeit** *f* (Beschicht) / impact resistance || **≈fühler** *m* (Web) / push finger || **≈kante** *f* / hem *n* || **≈messer** *n* / trevette *n*, trivet *n* || **≈messermaschine** *f* / straight-knife cloth cutter || **≈nadel** *f* / front needle || **≈naht** *f* (Näh) / butted seam, rentering seam || **durch eine ≈naht verbinden** (Näh) / renter *v* || **≈platine** *f* / front needle

Strahl·apparat *m* / ejector *n* || **≈dämpfer** *m* / jet ager (US), jet steamer (GB)

Strahlen·spülmaschine *f* (DIN 64990) / injection rinsing machine, jet rinser || **≈streuungsdiagramm** *n* / diffraction pattern || **~vernetzt** *adj* / cross-linked by radiation

Strahl·mischer *m* / jet agitator || **≈mühle** *f* / jet mill || **≈spülmaschine** *f* / jet rinser

Strahlungs·beheizung *f* / radiant heating || **≈sengmaschine** *f* (DIN 64990) / contact singeing machine || **≈temperaturmesser** *m*, Strahlungsthermometer *n* / pyrometer *n* || **≈trockner** *m* / radiation drier, radiant heat drier || **≈trocknung** *f* / drying by radiation || **≈verteilung des mittleren Tageslichts** *f* (Kol) / energy distribution of average daylight

Strähn *m* / hank *n*, skein *n* || **≈**, Strähne (allg) / strand *n*

Strähne *f* / hank *n*, skein *n*, sleave *n* || **Garn zu ≈n haspeln** (Spinn) / spool off

strähnen *v* / skein *v*, wind into skeins, tie (with tie bands) *v* || **≈** *n* / skeining *n* || **≈hanf** *m* / skein hemp || **≈merzerisiermaschine** *f* / hank-mercerizing machine || **≈packmaschine** *f* / hank packing machine || **≈trockenmaschine** *f* / hank drying machine

Strähngebinde *n* / bundled hanks

Stramin *m* / canvas *n* (duck), linen canvas, shoe canvas

strammer Warenausfall / tough handle

Strampel·anzug *m* / playset *n* || **≈höschen** *n*, Strampelhose *f*, Strampler *m* / romper suit, rompers *pl*

Strand·anzug *m* / beach suit || **≈bekleidung** *f* / beachwear *n*, seaside wear || **≈jacke** *f* / beach jacket || **≈kleid** *n* (Mode) / sun dress || **≈kleidung** *f* / beachwear *n* || **≈pullover** *m*, Strandsweater *m* (Mode) / beach sweater || **≈tasche** *f* / beach bag

Strang *m* (Garn) / hank *n*, skein *n*, strand *n* (yarn) || **≈** (Ware in Schlauchform) (Gew) / rope *n* || **im ≈ gefärbt** (Garn) / hank-dyed *adj*, skein-dyed *adj* || **im ≈ gefärbt** (Stück) / dyed in rope form || **≈ableger** *m* (Tuchh) / rope piler, rope piling device || **≈abquetschmaschine** *f* (Gew) / rope squeezer, rope squeezing machine, rope mangle || **≈ausbreiter** *m*, Strangausbreitmaschine *f* / expander for cloth in rope form, scutcher *n* (cloth), rope opener || **≈ausbreiter** (Vliesst) / lapper *n* || **≈ausbreitmaschine** *f* (Garn) / hank spreading machine || **≈ausquetschmaschine** *f* (Gew) / rope squeezer, rope squeezing machine, rope mangle || **≈behandlung** *f* (im Stück) / treatment in rope form || **≈bleiche** *f* (im Stück) / bleaching in rope form, rope bleaching || **≈bleichmaschine** *f* (im Stück) / machine for bleaching in rope form

Strängchen *n* / skein *n*

Strang·druck *m* / hank printing || **˜druckmaschine** *f* / hank printing machine || **˜einlegeapparat** *m* (Tuchh) / rope piler, rope piling device

strängen *v* / skein *v*, tie *v* (with tie bands) || **˜** *n* / skeining *n*

Strang·falte *f* (Tuchh) / rope crease || **˜färbeanlage** *f*, Strangfärbeapparat *m*, Strangfärbemaschine *f* (im Stück) / rope dyeing machine || **˜färbeanlage** (im Garn), Strangfärbeapparat *m*, Strangfärbemaschine *f* / skein dyeing plant, hank dyeing machine, hank dyeing apparatus, skein dyeing machine || **˜färbefehler** *m* / rope marking (defect)

strangfärben *v* (Garn) / hank-dye *v* || ~ (Stück) / rope-dye *v* || **˜** *n*, Strangfärberei *n* (Garn) / hank dyeing, skein dyeing || **˜**, Strangfärbereii *f* (Stück) / rope dyeing || **˜ unter Druck** / pressure hank dyeing

Strangfärberei *f* (Anlage, Garn) / skein dyeing plant, hank dyeing plant

Strangfärberei *f* (Anlage, Stück) / rope-dyeing plant

Strang·form *f* (im Stück) / rope form || **˜form** (im Garn) / hank form, skein form || **˜führungsöse** *f* / pot eye for guiding hanks || **˜führungsrechen** *m* / peg rail (piece dye)

Stranggarn *n* / hank yarn, yarn in hanks || **˜ausbreitmaschine** *f* / hank spreading machine || **˜druckmaschine** *f* / hank yarn printing machine, machine for printing hanks || **˜färbemaschine** *f* / hank dyeing machine || **˜färben** *n*, Stranggarnfärberei *f* / hank dyeing, skein dyeing || **˜-Kaskaden-Färbemaschine** *f* / cascade hank dyeing machine (spray dyeing machine) || **˜merzerisiermaschine** *f* / hank-mercerizing machine || **˜merzerisierung** *f* / hank mercerizing || **˜neutralisiermaschine** *f* / hank yarn neutralizing machine || **˜schlagmaschine** *f* / hank beating machine || **˜schlichtmaschine** *f* / hank sizing machine, hank yarn sizing machine || **˜spulmaschine** *f* / hank winder, hank winding machine, hank yarn spooling machine || **˜spülmaschine** *f* / hank rinsing machine || **˜trockenmaschine** *f* / hank drying machine || **˜trocknung** *f* / hank drying || **˜waschmaschine** *f* (DIN 64990) / hank washer, hank washing machine, hank scouring machine || **˜wringmaschine** *f* / hank wringing machine

Strang·gebundenheit *f* (Glasfasern) / roving integrity || ~**gefärbt** *adj* (Gew) / dyed in rope form || ~**gefärbt** *adj* (Garn) / skein-dyed *adj*, hank-dyed *adj* || ~**gepreßter Faden** / extruded thread || ~**gepreßte Folie** / extruded film, extruded sheet[ing] || **˜gewicht** *n* / hank weight || **˜haspel** *f* / hank reel || **˜imprägniermaschine** *f* (DIN 64950) (Gew) / impregnating machine for goods in rope form, rope padding mangle || **˜kanaltrockner** *m* (Garn) / tunnel drier for hanks || **˜kanne** *f* / hank can || **˜knitterfalte** *f* (Tuchh) / rope crease || **˜länge** *f* (Garn) / length of hank || **˜merzerisiermaschine** *f* / hank-mercerizing machine || **˜meßapparat** *m* (Garn) / device for measuring hanks || **˜neutralisiermaschine** *f* (DIN 64990) (Gew) / machine for neutralizing in rope-form || **˜nummer** *f* (Garn) / hank number || **˜öffner** *m* (DIN 64990) / machine for expanding cloth in rope form, machine for opening fabrics from rope form, scutcher (cloth) *n*, rope opener, rope untwisting roller || **˜presse** *f* (bes. für die Seifenherstellung), Peloteuse *f*, Pelotoneuse *f* / plodder *n* || ~**pressen** *v* / extrude *v* || **˜pressen** *n* / extrusion *n* || **˜preßmaschine** *f* / extruder *n* || **˜preßmischung** *f* / extrusion compound || **˜quetsche** *f* (Gew) / rope squeezer, rope squeezing machine, rope mangle || **˜reißfestigkeit** *f* / lea breaking strain || **˜säuermaschine** *f* (DIN 64990) / acidifier for fabrics in rope form || **˜säureeinrichtung** *f* / hank souring device, hank yarn acid machine || **˜schlagmaschine** *f* / hank beating machine || **˜schlichte** *f* / hank sizing agent, skein size || **˜schlichten** *n* (Garn) / hank sizing, skein sizing, rope sizing || **˜schlichten** (Stück) / rope sizing || **˜schlichtmaschine** *f* (Garn) / ball sizing machine, hank sizing machine || **˜schlichtmaschine** (Stück) / rope sizing machine || **˜seide** *f* / hank silk, skein silk || **˜sortierrahmen** *m* / sorting stand for hanks || **˜spulmaschine** *f* / hank winder, hank winding machine || **˜spülmaschine** *f* (DIN 64990) / hank rinsing machine || **˜spülmaschine** (Stück) / rope rinsing machine || **˜stab** *m* / hank pole || **˜stock** *m* (Färb) / hank rod || **˜streifen** *m* (Gew) / rope marking (defect) || **˜träger** *m* / hank holder || **˜trockenmaschine** *f* / hank drying machine || **˜trocknung** *f* / hank drying || **˜verweileinrichtung** *f* (DIN 64950) (Gew) / machine for storage and reaction in rope form || **˜walze** *f* / hank cylinder || **˜ware** *f* (Gew) / goods in rope form *pl* || **˜waschanlage** *f* (Gew) / rope washing range || **˜wäsche** *f*, Strangwaschen *n* (Gew) / washing in rope form, rope scouring, scouring in rope form || **˜wäsche**, Strangwaschen *n* (Garn) / hank washing, skein washing || **˜waschmaschine** *f* (Gew) / rope washer, ropescouring machine, rinsing machine for goods in rope form || **˜waschmaschine** (DIN 64950) (Garn) / skein washer, hank washing machine, hank scouring machine, hank washer || **˜wickler** *m* / hank winder, hank winding machine || **˜wringmaschine** *f* / hank wringing machine || **˜zähler** *m* / hank clock, hank counter || **˜zerreißfestigkeit** *f* / lea breaking strain || **˜ziehverfahren** *n* (Glasfasern) / pultrusion process

strapazier·fähig *adj* / hard-wearing *adj*, wear-resistant *adj*, durable *adj*, long wearing || ~**fähige Strümpfe** *m pl* / service-weight hosiery, service-weight stockings || **˜fähigkeit** *f* / hard-wearing properties *pl*, wear resistance, durability *n* || **˜qualität** *f* / hard-wearing quality

Straps *m* / stocking suspender (GB)

Straßen·anzug *m* / business suit, lounge suit || **˜bekleidung** *f* / outdoor wear

Straußenfeder *f* (Mode) / ostrich-feather *n*, ostrich-plume *n*

Strazza *f* / broken silk, strussa *n* (silk)

Streck·aufspulmaschine *f* / draw-winding machine, draw-winder *n* || **˜band** *n* / draw sliver, drawing sliver, drawing-frame sliver || **˜bandlunte** *f* / condensed sliver

streckbar *adj* / extensible *adj*, ductile *adj*, stretchable *adj*

Streckbarkeit *f* / extensibility *n*, ductility *n*, stretchability *n* || **˜** (Spinn) / drawing ability

Streck·barren *m* (Bleich) / flattener *n* || **˜berg** *m* / drafting zone

Strecke *f* (Spinn) / draw[ing] frame || **˜ für das Baumwollspinnverfahren** (DIN 64082) / drafting frame for cotton spinning

strecken *v*(allg) / strain *v*, extend *v*, stretch *vt* || ~ (Chem) / adulterate *v*, extend *v*, dilute *v* || ~ (Spinn) / draft *v*, draw *vt* || **zu stark** ~ / overdraw *v* || ≈ *n* (Spinn) / drafting *n*, drawing *n* || ≈ (allg) / stretch[ing] *n* || ≈ **auf der Nadelstabstrecke** / gilling *n* || ≈ **auf der Nadelwalzenstrecke** (Spinn) / porcupine drawing || ≈ **und Doppeln** (Spinn) / drawing and doubling || ≈**abgang** *m* / drawing waste || ≈**anzeigegerät** *n* / cloth stretch indicator || ≈**band** *n* / drafter sliver, drawing-frame sliver, drawing sliver || ≈**bandverzug** *m* / draft of the drawing frame, drawing frame draft

streckender Differentialtransport / stretching differential feed

Strecken·durchgang *m*(Spinn) / drawing passage || ≈**färbung** *f* / space dyeing, random dyeing || ≈**passage** *f*(Spinn) / drawing passage, drafting passage || ≈**wärter** *m*(Spinn) / drawing frame tenter || ≈**zylinder** *m* / drawing frame cylinder

Streck·feld *n* / draft zone, drawing rollers, faller drawing zone, set of fallers || ≈**feldweite** *f*(Spinn) / roller setting || ≈**festigkeit** *f* / drafting resistance, resistance to stretching || ≈**film** *m* / split film || ≈**formen** *n* / stretch forming || ~**gesponnen** *adj* / stretch-spun *adj* || ≈**grenze** *f* / yield point || ≈**haspel** *f* / expanding winch, draw winch || ≈**kamm** *m* / expansion comb || ≈**kopf** *m* / drawing head, head of the drawing frame || ≈**mittel** *n*(Chem) / adulterant *n*, thinner *n*, diluent *n*, filler *n*, extender *n* || ≈**passage** *f*(Spinn) / drafting pass || ≈**rahmen** *m* / stenter frame (GB), tenter frame (US), expander frame || ≈**rahmen** (Strick/Wirk) / rack *n* || ≈**spannung** *f* / tensile strength at yield, drawing tension (thread) || ≈**spinnen** *n* (wobei das Spinnen und Verstrecken der Filamente zusammengefaßt wird), Streckspinnverfahren *n* / spinning/ stretching process, stretch-spinning *n*, draw spinning, draft spinning || ≈**system** *n* / drafting system || ≈**texturieren** *n* / draw texturing, stretch texturizing || ≈**texturiermaschine** *f* / draw texturing machine || ~**texturiert** *adj* / draft-texturized *adj*, draw-textured *adj* || ~**texturiertes Garn** / stretch-textured yarn, draw-textured yarn || ≈**texturierung** *f* / draw texturing, stretch texturizing || ≈**texturierverfahren** *n* / draw texturing process || ≈**- und Plättmaschine** *f* / stretching and mangling machine

Streckung *f* / strain *n* (elongation per unit length), stretch[ing] *n*, extension in length, extension *n*, elongation *n* || ≈ **der Kette** (Web) / tension of the warp

Streckungsverhältnis *n*(Spinn) / draft ratio, ratio of drafting

Streck·verband *m* / extending bandage, stretch bandage || ≈**verhalten** *n* / drawing property || ≈**verhältnis** *n* / draw ratio || ≈**vorrichtung** *f*(Spinn) / drafting motion || ≈**vorrichtung** / stretching device || ≈**walze** *f* / drafting roller, stretch roller, drawing roller || ≈**walzenpaar** *n* / pair of drawing rollers || ≈**weite** *f*(Spinn) / ratch *n* (distance between feed rollers and drawing rollers)

Streckwerk *n*(Fil) / drafting device || ≈ (DIN 64050) (Spinn) / drafting roller, drafting arrangement, draw[ing] frame, drafting system || ≈ **an der Ringspinnmaschine** / ring frame drafting system || ≈ **für Spinnmaschinen** (DIN 64050) / drafting arrangement for spinning machines

Streckwerks·belastung *f*(DIN 64050) (Spinn) / loading of drafting arrangement || ≈**käfig** *m* / cradle *n* (drawing system), top apron cradle || ≈**walze** *f*(DIN 64050) / drafting roller || ≈**wickel** *m* (Spinn) / roller lap

Streckwerk·walze *f*(Spinn) / drafting cylinder, drafting roller || ≈**walzen** *f pl* **von Flyern für Baumwollspinnverfahren** (DIN 64059) / drafting rollers of flyer spinning frames for cotton || ≈**walzen von Ringspinnmaschinen für Baumwollspinnverfahren** (DIN 64057) / drafting rollers of ring spinning frames for cotton

Streck·zone *f* / drawing zone || ≈**zusatz** *m* / commercial filler || ~**zwirnen** *v* / draw-twist *v*, draft-twist *v*, stretch-twist *v* || ≈**zwirnen** *n* / draw-twisting *n*, draft-twisting *n*, stretch-twisting *n* || ≈**zwirnhülse** *f* / drawing twister bobbin || ≈**zwirnhülse für Chemiefasergarne** (DIN 64 628) / drawing twister bobbin for manmade fibre yarns || ≈**zwirnkops** *m* (DIN 61800) / [cop-wound] draw twist[ing] package || ≈**zwirnmaschine** *f* / draw-twister *n*, draw-twisting machine || ≈**zwirnspule** *f*(DIN 61800) / cross-wound draw twisting package, draw-twist bobbin || ≈**zwirnspulenüberzug** *m* / draw-twist bobbin slip sleeve || ≈**zwirnung** *f* / draw-twisting *n* || ≈**zylinder** *m*(Spinn) / fluted roll[er] (drawing frame)

Streich·anlage *f* / coating unit, coating plant || ≈**appretur** *f* / spreading finish, doctor finish || ≈**baum** *m*(Web) / back rail, back bearer, yarn rest, slip roll, loom back rest, back rest || ≈**baum** (Kard) / whip roll (US) || ≈**baumbewegung** *f* / oscillation of back rest || ≈**brett** *n*(Web) / smoothing board

streichen *v*, kardieren *v* / card *v* || ~, verstreichen (Beschicht, Färb) / spread *vt* || ≈ *n*, Kardieren *n* / carding *n* || ≈, Verstreichen *n*(Beschicht, Färb) / coating *n* || ≈ **mit der Rakel** / knife coating

streich·fähig *adj*(Beschicht) / brushable *adj* || ≈**fähigkeit** *f* / brushing properties *pl* || ~**fertig** *adj* / ready for coating

Streichgarn *n* / carded wool yarn, carded yarn || ~**artig versponnen** / woollen-spun *adj* || ≈**gewebe** *n* / carded woollen goods, carded yarn fabrics, carded yarn cloth, carded yarn fabric || ≈**gewebeveredlung** *f*(DIN 64990) / finishing of carded [wool] yarn fabrics || ≈**industrie** *f* / carded yarn industry || ≈**krempel** *f* / wool card, woollen card || ≈**krempeln** *n* / wool carding || ≈**krempelsatz** *m* / set of worsted cards || ≈**maschine** *f* / woollen spinning frame || **auf der** ≈**maschine versponnen** / woollen-spun *adj* || ≈**numerierung** *f* / woollen count || ≈**polkette** *f* / woollen pile warp || ≈**ringspinnmaschine** *f* / ring spinning frame for woollen yarns || ≈**spinnen** *n* s. Streichgarnspinnerei || ≈**spinnerei** *f*(DIN 60412) / carded wool spinning, card spinning || ≈**spinnerei** (Anlage) / carded yarn spinning mill || ≈**spinnereivorbereitung** *f* / woollen preparing || ≈**spinnmaschine** *f* / woollen spinning frame || ≈**spinnverfahren** *n* / carded wool spinning system || ≈**stoff** *m*, Streichgarntuch *n* / carded yarn cloth, carded yarn fabric, carded wool cloth || ≈**verfahren** *n*, Baumwollstreichgarnverfahren *n* / condenser system, carded wool system || ≈**verzug** *m* / woollen drafting || ≈**vorkrempeln** *n* / condenser yarn manufacturing || ≈**wagenspinner** *m* / self-acting mule for carded yarns, woollen spinning mule || ≈**waren** *f pl* / carded yarn fabrics || ≈**weberei** *f* / carded yarn weaving mill || ≈**wolferei** *f* / woollen opening, wool opening || ≈**wolle** *f* / wool for carded spinning, carding wool ||

~wollgewebe *n* / woollen fabric || **~zwirn** *m* / twist carded yarn

Streich·höhe *f*(Spinn) / carding height || **~kalander** *m* (Beschicht) / spreading calender || **~kopf** *m* (Beschicht) / coating head || **~maschine** *f*(Beschicht) / adhesive coating machine, coater *n* || **~maschine** (Tepp) / backcoating machine || **~maschine** / card machine || **~masse** *f* / coating compound, coating resin, coating substance || **~massebehälter** *m*, Streichmassekasten *m* / coating pan || **~messer** *n* (Beschicht) / doctor *n*, knife *n*, film applicator || **~paste** *f* / coating mixture in paste form || **~rakel** *f* (Siebdr) / normal squeegee with mechanical pressure || **~rakel** (Beschicht) / doctor *n*, film applicator || **~rauhen** *n* / raising in the same direction || **~riegel** *m*(Web) / rocking beam || **~trommel** *f*(Spinn) / fillet *n*, doffing cylinder || **~verfahren** *n* / spread coating || **~viskosität** *f* / coating viscosity || **~wolf** *m*(Wolle) / oiling opener, oiling willow, opener with oil || **~wolle** *f* / carding wool, carded wool, short wool, short-staple wool, carded wool yarn || **~wollkrempel** *f* / wool card, woollen card || **~wollkrempeln** *n* / wool carding

streifen *v* / stripe *v* || **~** *m* / streak *n*, stripe *n*, strip *n* || **~** *m pl* **durch dicke Schußfäden** / coarse filling bars, coarse pick bars || **~ durch dünne Schußfäden** / light filling streaks, light filling bars || **~ in Schußrichtung** / cross stripes, barré *n*, filling stripes, weftwise stripes || **mit ~ versehen** / stripe *v* || **~bildung** *f*(Fehler) (Färb) / streakiness *n*, striation *n*, stripiness *n*, formation of stripes, formation of streaks, barré *n*, barry *n* || **~damast** *m* / striped damask || **~druckwalze** *f* / stripe printing roller || **~fehler** *m* **durch Garnvoreilung** / slack feeder barré || **~frei** *adj*(Färb) / non-barry *adj*, streak-free *adj* || **~freie Färbung** / dyeing without streaks, non-barry dyeing || **~markierung** *f* / rope marking (defect) || **~muster** *n*, Streifenmusterung *f* / stripe pattern, striping *n* || **~muster** (Gewebeart) / rayé fabric *n* || **~probe** *f*(für die Zugfestigkeitsprüfung) / strip [of fabric], test strip || **~satin** *m* / satin stripes *pl* || **~schneidemaschine** *f* / strip cutting machine, strip cutting device || **~schneider** *m*(für Bändchen) / slitter *n*, tape cutter || **~ware** *f* / striped fabric, rayé fabric || **~zugprüfung** *f*(DIN 53857) / tensile test on strips of textile fabrics

streifig *adj*(Fehler) (Färb) / barry *adj*, streaky *adj*, barré *adj* || ~ (Mode) / striped *adj*, stripy *adj* || **~e Färbung** (Fehler) / streaky dyeing, barry dyeing || **~es Muster** (Mode) / rayé fabric *n*, stripe pattern || **~es Stück** / barry piece || **~färbender Farbstoff** / unlevel dyeing dyestuff || **~gemustert** *adj* / striped *adj*, stripy *adj*

Streifigkeit *f*(Defekt) / streakiness *n*, barriness *n*, barréness *n*, barry marks *pl*, stripiness *n*, streaky dyeing, rope marking || **~** (Mode) / barré [effect] || **durch Webfehler verursachte ~** / section marks, reed marks, warp streakiness, warp streaks (defect)

streng geschnitten (Mode) / tailored *adj*

Stretch *m*(Strumpf) / stretch *n* || **~borte** *f* / stretch welt || **~cord** *m* / stretch cord || **~faktor** *m* / stretch factor || **~garn** *n* / stretch yarn || **~gewebe** *n* / stretch fabric, stretch goods *pl* || **~hose** *f* / stretch pants *pl*(esp. skiing) || **~maschenware** *f* / stretch-knitted fabric || **~stoff** *m* / stretch fabric || **~strumpf** *m* / crimp nylon stocking, stretch stocking, stretch hose || **~strumpfware** *f* / stretch hosiery || **~träger** *m*(an Büstenhalter) / stretch [shoulder] strap (of bra) || **~ware** *f* / stretch fabrics *pl*, stretch goods *pl* || **~-Woven-Gewebe** *n* / stretch-woven fabric

Streubaumwolle *f* / lint *n*

streuen *v* / diffuse *v*, scatter *v*

Streulicht *n* / scattered light

Streuung *f* / diffusion *n*, scattering *n*

Strich *m*, Fadenrichtung *f* / grain of fabric || **~**, Flordecke *f* / nap *n*, run *n*, pile *n*, fibre web, fibrous web || **~** (Chrom) / streak *n* || **~ beibringen** / give a nap || **~ des Gewebes** / nap *n*(of a fabric), run *n* || **gegen den ~** / against the hair, against the nap || **mit dem ~** / with the hair, with the nap || **~appretur** *f* / nap finish, raised brushed finish || **~bildung** *f*(unerwünschte) (Flock) / nap *n* (unwanted) || **~decke** *f*(Web) / laid pile || **~effekt** *m* / nap effect || **~lage** *f*(Ausrüst) / nap coat || **~loden** *m* / napped loden || **~rauhen** *n* / pile napping, pile raising || **~rauhmaschine** *f* / raising gig, raising machine || **~richtung** *f* / pile direction || **~- und Gegenstrichwalzen** *f pl* / cylinder for pile and counterpile raising || **~velours** *m* / nap velours || **~walze** *f* / cylinder in the direction of the nap, cylinder for the nap, pile roller || **~waren** *f pl* / faced goods *pl*, napped goods

Strick, dicker ~ *m* / rope *n* || **dünner ~** *m* / cord *n*, line *n* || **~art** *f* / knitting construction || **~artikel** *m* / knit article, knitted article || **~artikel** *m pl* / knitted goods || **~automat** *m* / automatic knitting machine || **~automat für glatte Ware** (Strick/Wirk) / automatic plain knitting machine

Strickbarkeit *f* / knittability *n*

Strick·baumwolle *f* / knitting cotton || **~element** *n* / knitting element

stricken *v* / knit *v* || **~** *n* / knitting *n* || **~ (der Ferse und Spitze) im Pendelgang** (Strumpf) / oscillatory knitting || **~ mit Kammzugbandzufuhr** / sliver knitting || **~ mit Musterrad** / pattern wheel knitting

Strickerei *f* / knitting *n*

Strick-Fixier-Texturierung *f* / knit-deknit process, knit crimping || **~fuß** *m* / knitted butt, butt *n*(of needle) || **~fußreihe** *f* / knitted butt row || **~garn** *n* / knitting yarn, knit yarn, stocking yarn, smallware yarn || **~geschwindigkeit** *f* / knitting speed || **~grund** *m* / knitted ground || **~handschuh** *m* / knitted glove || **~heber** *m* / knit cam, clearing cam, raising cam || **~höhe** *f* / knitting level, clearing position, knitting position || **~jacke** *f* / cardigan *n* || **~kammgarn** *n* / worsted knitting yarn || **~kleid** *n* / knitted dress || **~kopf** *m*(Strick/Wirk) / machine head, knitting head || **~leistung** *f* / knitting performance, knitting output

Strickmaschine *f*(Spinn) / drafting machine, draw[ing] frame, drawer *n* || **~** / knitting machine || **~** / stenter frame (GB), tenter frame (US) || **~ auf zwei Bänder** / circular open drawing frame || **~ für abgepaßte Längen** / sweater-strip knitting machine || **~ für Stückware** / piece-goods knitting machine || **~ mit Bandwickler** / drawing frame and lap machine combined || **~ mit hohem Bügel** / high-bridge knitting machine || **~ mit rotierendem Schloß** / rotating cam box knitting machine || **~ mit zwei Platinenreihen** / double-jack knitting machine

Strickmaschinen·nadel *f* / knitting machine needle || **~schloß** *n* / cam box (of knitting machine), cam system || **~warentrommel** *f* **aus Kunststoff** (Strick/

Wirk) / plastic work drum || ≈**zylinder** *m* / knitting machine cylinder

Strick·mode *f* / knit fashion, knitwear *n*, knits *pl*, knitted goods *pl* || ≈**muster** *n* **mit verschiedenen Ebenen** (Strick/Wirk) / panel design || ≈**nadel** *f* / knitting needle || ≈**nadel mit Stahleinlage** / steel-lined knitting needle || ≈**nadelspitze** *f* (Strick/Wirk) / tip of beard || ≈**-Oberbekleidung** *f* / knitted outerwear || ≈**plüsch** *m* / plush knitted fabric || ≈**rand** *m* / knitted welt || ≈**raum** *m* / knitting room || ≈**richtung** *f* / direction of carriage travel || ≈**schloß** *n* (Strick/Wirk) / cam assembly, cam box, knitting system, knitting lock, knitting cam, cam box system || **Anordnung** *f* **der** ≈**schlösser** (Strick/Wirk) / camming [arrangement] || ≈**seide** *f* / knitting silk || ≈**spannung** *f* / knitting tension || ≈**spitze** *f* / knitted lace || ≈**stelle** *f*, Strickpunkt *m* (Strick/Wirk) / feeder *n*, knitting point || ≈**stellung** *f* / knit position, knitting position, latch clearing position || ≈**stellung eines Strickhebers** (Strick/Wirk) / all-clear position of clearing cam || ≈**strumpf** *m* / knitted stocking || ≈**system** *n* / knitting feed system || ≈**- und Wirkwarenhändler** *m* / hosier *n* (GB) || ≈**vorschrift** *f* / knitting directions *pl* || ≈**ware** *f*, Strickwaren *f pl* / knits *pl*, knitwear *n*, knitted goods, knit goods || ≈**ware aus texturierten Polyesterfäden** / knitwear made from textured polyester continuous filament yarn || ≈**ware mit Aranmuster** / Aran *n* (patterned knitwear) || ≈**warenherstellung** *f*, Strickwarenfabrikation *f* / knitwear manufacture, hosiery manufacture, tricot manufacture || ≈**-, Wirk- und Häkelwaren** *f pl* / knitted fabrics || ≈**wolle** *f* / knitting wool

Stringer *m* (Reißv) / filament stringer

Strips *m pl* (Wolle) / card strippings *pl*, card strips *pl*

stroh·ähnlich *adj* / straw-like *adj* || ≈**bindung** *f* / basket weave || ~**farben** *adj* / straw-coloured *adj* || ≈**faser** *f* / straw fibre || ≈**flachs** *m* / straw flax || ~**gelb** *adj* / straw yellow *adj*, straw-coloured *adj* || ~**griff** *m*, strohiger Griff / straw-like handle

strömen *vi* / flow *vi*, pass *vi*

Strömungs·geschwindigkeit *f* / flow rate || ≈**potentialmessung** *f* / flow potential measurement (fibre test) || ≈**spinnen** *n* / fluid spinning

Struck *n* (Gew) / cord *n*, corduroy *n*, rib velvet, cord velvet

Struktur *f* **von Textilverbundstoffen** / nonwoven-fabric structure

strukturell·er Aufbau eines Stoffes / structure of a fabric || ~**e Wareneigenschaft** / structural fabric property

Struktur·formel *f* / chemical formula || ≈**gardine** *f* / textured curtain || ≈**gewebe** *n* / structural fabric, fancy weave fabric, structured fabric || ≈**isomerie** *f* / structural isomerism

strukturlos *adj* / structureless *adj*

Struktur·muster *n* (Strick/Wirk) / structured pattern || ≈**stoff** *m* / fancy weave fabric, structured fabric || ≈**teppich** *m* / textured carpet || ≈**viskosität** *f* (Beschicht) / intrinsic viscosity, structural viscosity, pseudoplastic behaviour

Strumpf *m* / hose *n*, stocking *n* || ≈ **aus Kräuselnylon** / crimp nylon stocking || ≈ **mit Doppelferse und Doppelspitze** / double hose || ≈ **mit englischem Fuß** / English foot hose || ≈ **mit französischem Fuß** / French foot hose || ≈ **mit verstärkter Sohle** / double-sole hose || ≈ **mit viereckiger Ferse** / square heel hose || ≈ **ohne Hochfersenverstärkung** / bare-leg[ged] stocking, nude heel stocking, sheer heel stocking || ≈ **ohne Verstärkung an Ferse und Spitze** (Strumpf) / all-sheer sandal foot, sandal-foot type of hose || **auf dem Milanesestuhl hergestellter** ≈ / warp knitted stocking, tricot stocking (US) || **auf einer Rundstrickmaschine hergestellte geschnittene Strümpfe** (Strumpf) / cut goods *pl* || **auf Kombimaschinen hergestellter** ≈ (Strumpf) / heelless leg blank || **mit Wachs reservierter** ≈ / extracted hose || **nach Anfertigung gefärbter** ≈ / dipped hose || **nach dem Einheitsverfahren hergestellter** ≈ / stocking made on complet machine || **ohne Pendelgang hergestellter [fersenloser]** ≈ / stocking knitted entirely by rotation || ≈**appreturmaschine** *f*, Strumpfausrüstungsmaschine *f* / hose finishing machine, hosiery finishing machine || ≈**automat** *m* / automatic stocking knitter, circular hosiery machine, stocking machine, hosiery [knitting] machine || ≈**band** *n* / garter *n* (US), stocking suspender (GB) || ≈**bandrand** *m* (Strumpf) / afterwelt *n* (heavier knitted portion between the leg and welt of women's stockings), antiladder band || ≈**bein** *n* (Strumpf) / boot *n*, panel *n*, leg *n* || ≈**brett** *n* / stocking stretcher || ≈**färbemaschine** *f* (DIN 64990), Strumpffärbeapparat *m* / hose dyeing machine, hosiery dyeing machine || ≈**färben** *n*, Strumpffärberei *f* / hosiery dyeing, hose dyeing || ≈**farbstoff** *m* / hosiery dyestuff || ≈**feinseide** *f* / fine hosiery yarn || ≈**ferse** *f* / hosiery heel, stocking heel || ≈**fixiermaschine** *f* / stocking boarding machine, stocking setting machine || ≈**flachwirkmaschine** *f* (Cottonmaschine) / flat knitting machine for stockings || ≈**form** *f* (Strumpf) / finishing board, stocking stretcher, stocking former, stocking board, shape *n*, hosiery shape || ≈**formen** *n* (Strumpf) / setting of stockings, boarding *n* || ≈**formmaschine** *f* (DIN 64990) / hosiery forming machine, hosiery boarder, stocking setting machine, stocking boarding machine || ≈**formofen** *m* / finishing oven for hosiery || ≈**form- und Appretiermaschine** *f* (Strumpf) / preboarding and finishing machine, presetting and finishing machine || ≈**fuß** *m* / foot *n* (of stocking), stocking foot || ≈**fuß mit Sohlennaht** (Strumpf) / French foot, French foot hose || ≈**fußwirkmaschine** *f* (Strumpf) / footer *n* || ≈**garn** *n* / hosiery yarn, fingering [yarn] || ≈**halter** *m* / garter belt (US), stocking suspender (GB), suspenders (GB) *pl* || ≈**haltergürtel** *m* / garter girdle, suspender belt || ≈**herstellung** *f* / hosiery manufacture || ≈**hose** *f* / tights *pl*, pantyhose *n*, panty hose, pantee hose (GB) || **die Figur korrigierende** ≈**hose mit Reißverschluß** / controlling zipper panty || ≈**industrie** *f* / hosiery industry || ≈**länge** *f* (Strumpf) / panel *n*, length of stocking || ≈**längenmaschine** *f* (Strumpf) / legger *n* || ≈**manschette** *f* / welt of a stocking || ≈**maschine** *f* / hosiery [knitting] machine, stocking machine || **nahtlose** ≈**maschine** / circular hosiery machine || ≈**mittelstück** *n* (Strumpf) / calf *n* || ≈**nähmaschine** *f* / hosiery sewing machine, stocking sewing machine || ≈**naht** *f* / seam of stocking, stocking seam || ≈**nahtnähmaschine** *f* / hosiery seamer, hosiery seaming machine || ≈**oberrand** *m* / welt of a stocking || ≈**paar** *n* / pairing *n* || ≈**plattenpresse** *f* / hose trimming press || ≈**prüfgerät** *n* / stocking inspection apparatus || ≈**prüfmaschine** *f* / hose examining machine || ≈**rand** *m* (Strumpf) / garter top, hose top, garter welt || ≈**rändermaschine** *f*, Strumpfränderstuhl *m* (Strumpf) / rib top frame, rib top machine || ≈**rohling** *m* / flat stocking blank || ≈**rundstrickautomat** *m* / automatic circular stocking knitter || ≈**rundstrickmaschine** *f* / circular hose knitting machine || ≈**sengmaschine** *f* / hosiery singeing machine || **nicht verstärkte** ≈**sohle** (Strumpf) / plane between heel and toe || ≈**spitze** *f* (Strumpf) / toe *n* || ≈**spitze mit einem Minderungskeil** (Strumpf) / toe narrowing || ≈**strickautomat** *m* / automatic hose knitter, automatic hosiery knitting machine || ≈**teil** *n* (Strumpfhose) / panel *n* || ≈**- und Trikotwaren** *f pl* / knit fabrics || ≈**vordernaht** *f* (Strumpf) / seam in front of the leg || ≈**vorform-, Strumpffärbe-, Strumpfnachform- und Strumpfappretiermaschine** *f* / hosiery pre-boarding, dyeing, post-boarding and finishing machine

Strumpfware·n *f pl* / stockings *pl*, hosiery *n* || ≈**n** *f pl* **für Damen** / women's hosiery || ≈ *f* **mit verstärkter Ferse und Spitze** / reinforced hosiery (knitted at the toe and heel with a thicker or additional reinforcing thread)

Strumpfwaren·appretur *f* / hose finishing, hosiery finishing || ≈**-Appreturanlage** *f* / hose finishing plant, finishing plant for stockings || ≈**dampfpresse** *f* / hose steam press, hosiery steam press || ≈**-Denier** *m* / hosiery denier || ≈**fabrik** *f* / hosiery factory || ≈**fabrikation** *f* / hosiery manufacture || ≈**händler** *m* / hosier *n* (US) || ≈**prüfapparat** *m* / hosiery testing machine || ≈**scheuerprüfgerät** *n* / hosiery abrasion tester

Strumpf·wirkerei *f* (Prozeß) / hosiery knitting || ≈**wirkerei** (Anlage) / hosiery mill || ≈**wirkmaschine** *f* / circular stocking knitting machine, hosiery [knitting] machine, fully fashioned knitting machine, stocking machine, hose flat knitting machine

Strupfen *m pl* **aus Leinen- oder Hanfzwirn für Jacquardmaschinen** (DIN 64858) / collets of linen or hemp twist for jacquard machines

Strusen *f pl* / floss *n* (silk fibres not suitable for reeling)

Stück *n* / piece *n* || ≈ **in voller Warenbreite** (Gew) / wide-open piece || ≈**abschluß-Markierfäden** *m pl* (Web) / felling marks || ≈**baumfärbeapparat** *m* / beam-dyeing machine for piece-dyeing || ≈**beschauen** *n* / cloth inspecting || ≈**bleiche** *f* / piece bleaching || ≈**färbebaum** *m* (Färb) / piece dyeing beam || ≈**färbekufe** *f* / piece dyeing vat || ≈**färbemaschine** *f* / piece dyeing machine || ≈**färben** *n*, Stückfärberei *f* / piece dyeing, dyeing in the piece, dyeing of piece goods || ≈**färberei** *f* **im breiten Zustand** / dyeing of open-width piece goods || ~**farbig** *adj* / piece-dyed *adj* || ≈**färbung** *f* / piece dyeing || ~**gebleicht** *adj* / piece-bleached *adj* || ~**gefärbt** *adj* / dyed in the piece, piece-dyed *adj* || ≈**gewicht** *n* / weight per piece || ≈**kontrolle** *f* / cloth inspecting || ≈**länge** *f* (Gew) / bolt *n*, piece length, cut *n*, cloth bolt || ~**mattieren** *v* / delustre in the piece || ≈**mercerisation** *f*, Stückmerzerisation *f*, Stückmerzerisierung *f* / piece mercerization, piece mercerizing || ≈**merzerisiermaschine** *f* / piece mercerizing machine || ≈**ware** *f* / piece goods *pl* || ≈**ware aus Halbwolle** / union piecegoods *pl* || ≈**ware in breitem Zustand** / open-width piece goods *pl* || ≈**wäsche** *f* / piece scouring || ≈**waschmaschine** *f* / piece scouring machine || ≈**wolle** *f* / skin-digested wool || ≈**zählvorrichtung** *f* (DIN 62500) / cut counter (warping) || ≈**zeichen** *n* (DIN 62500) (Tuchh) / cut mark || ≈**zeichenapparat** *m* (DIN 62500) / cut marker (warping)

Stufen·... (in Zssg) / stepwise *adj*, step-by-step *adj* || ≈**druckverfahren** *n* (Textdr) / step-printing process || ~**förmige Sohlenverstärkung** (Strumpf) / cradle foot || ≈**köper** *m* / elongated twill, stepped twill || ≈**reiniger** *m* (DIN 64100) (Spinn) / ultracleaner *n*, superior cleaner || ≈**rock** *m* (Mode) / tiered skirt || ≈**scheibe** *f* / step pulley || ≈**schnitt** *m* (Stapeldiagramm) / staple blend || ≈**trockner** *m* / gradual drying apparatus, gradual drier || ≈**trocknung** *f* / temperature gradient drying || ~**weise** *adj* / stepwise *adj*, step-by-step *adj* || ≈**zwirnmaschine** *f* / two-stage twisting machine

Stuhl für Schmalgewebe *m* / loom for narrow fabrics || ≈**beintest** *m* (Tepp) / chair leg test (static loading test) || ≈**bezug** *m* / chair covering || ≈**breite** *f* / loom width || ≈**bremse** *f* / loom brake || ≈**drehzahl** *f* / loom speed || ~**fertig** *adj* / loomstate *adj* || ≈**flug** *m* / loom fly || ≈**gewebe** *n* / loomstate fabric, grey cloth, grey fabric || ≈**leinwand** *f* / loom-finished linen || ≈**nadel** *f* (Strick/Wirk) / frame needle, stocking needle, hand frame needle || ≈**nadelbarre** *f* (Strick/Wirk) / frame needle bar || ≈**putzer** *m* / loom cleaner || ~**roh** *adj*, in stuhlrohem Zustand (Gew) / in the loom state || ~**rohe Leinenwaren** *f pl* / rough browns || ~**rohe Ware** / loomstate fabric, goods from the loom, grey fabric || ≈**rollenversuch** *m* (DIN 54324) (Matpr) / castor chair test || ≈**rollenversuchsgerät** *n* (nach DIN 54324) / castor chair tester || ≈**sitz** *m* / chair seat || ≈**stillstand** *m* / loom smash (US), loom stop || ≈**tourenzahl** *f* / loom speed || ≈**tuch** *n* / loomstate fabric, loom-finished cloth, grey cloth, grey fabric || ≈**ware** *f* / greige goods *pl*, loom-finished cloth, grey goods *pl* || **keiner weiteren Behandlung unterworfene** ≈**ware** / run-of-the-loom fabric || ≈**zettel** *m* (Web) / pegging plan, lifting plan, tie-up (directions for weaving) *n*

Stulpe *f* / cuff *n* (gloves) || ≈ (am Ärmel etc) / wrist *n*

Stulpenärmel *m* (Mode) / deep-cuffed sleeve

Stumpen *m* (Hutm) / cone *n*, body *n* || ≈**färbeapparat** *m* (Hutm) / dyeing machine for hat bodies || ≈**filzmaschine** *f* (Hutm) / felting machine for hat bodies

stumpf *adj* (Färb) / dead *adj*, flat *adj*, dull *adj*, lacklustre *adj*, matt *adj*, mat *adj* (US) || ~**er Farbton** / flat shade, dull shade || ~**e Spitze** / stub point (needle) || ≈**form** *f* / flat leg form of the butt type (shapeless form for panty-hose as opposed to form with calf and foot shaping) || ~**gold** *adj* / matt gold *adj*

Stumpfheit *f* / dull appearance, matt appearance

Sturmriemen *m* / chinstrap *n*

stutzen *v* / clip *v*

Stutzen *m* / footless hose

Stützen *f pl* **für Textilmaschinen** / sampsons *pl*

Stütz·faser *f* / scaffolding fibre, carrier fibre || ≈**gewebe** *n* / backing fabric || ≈**gewebe** (Tepp) / back cloth || ≈**kegel** *m* **für Raketenspulen** (DIN 61805) / initial cone for rocket bobbins || ≈**leiste** *f* (Web) / facing bar, work bar || ≈**rolle** *f* / supporting roller || ≈**strumpf** *m* / support stocking, surgical stocking || ≈**strümpfe** *m pl* / support hosiery || ≈**strumpfhose** *f* / support tights || ≈**verband** *m* /

support bandage || ²walze *f* / supporting roller
S-Typ *m* (Faser) / S-type of the fibre (shrinking type)
Styrol *n* / styrene *n* || ²**faser** *f* / styrene fibre || ²**harz** *n* / styrene resin
Suberinsäure *f* / suberic acid
Sublimat *n* / sublimate *n*
Sublimation *f* / sublimation *n*
Sublimations·druck *m* (Textdr) / transfer printing, transfer process || ²**druckanlage** *f* (Transdr) / transfer printing unit, thermoprint equipment || ²**eigenschaft** *f* / sublimation property || ²**geschwindigkeit** *f* / sublimation rate || ²**verhalten** *n* / sublimation performance
sublimierbar·er Dispersionsfarbstoff / sublimable disperse dyestuff || **~er Farbstoff** / sublimable dyestuff
Sublimier·druck *m* / sublimation pressure || **~echt** *adj* / fast to sublimation || ²**echtheit** *f* / fastness to sublimation
sublimieren *v* / sublimate *v*, sublime *v* || ² *n* / sublimation *n*
Sublimier·färben *n* / sublimation dyeing || ²**gefäß** *n* / sublimation vessel || ²**gruppe** *f* (Färb) / sublimation group || ²**topf** *m* / aludel *n*
Sublimierung *f* / sublimation *n*
Sublimierungsprobe *f* / sublimation test
substantiv *adj* (Färb) / substantive *adj*, direct *adj* || **~er Farbstoff** / direct dyestuff, substantive dyestuff || **~e Färbung** / dyeing with substantive dyes || **~es partieweises Färbeverfahren** / substantive batchwise dyeing technique || ²**farbstoff** *m* / substantive dyestuff, direct dyestuff
Substantivität *f* (Färb) / affinity *n* (of dyestuffs to fibre), substantivity *n*, strike *n* (US)
Substantivitätseffekt *m* / substantivity effect
Substanz·erhaltung *f* **der Wolle** / conservation of the wool substance || ²**probe** *f* / sample (of dyestuff, auxiliary product, etc.)
substituierbare Gruppe / displaceable group (reactive dyes)
Substitutionsgrad *m* **der Zellulose** / degree of substitution of cellulose
Substrat *n* / substrate *n* || ²**-Farbstoff-Verbindung** *f* / bond between substrate and dyestuff
subtiler Farbton / refined shade
subtraktiv·e Farbmischung / subtractive colour mixture || **~e Grundfarbe** / subtractive primary colour
Sud *m* / decoction *n*
südamerikanische Merinowolle / South American merino wool
Sudan III (G) *n* (Färb) / oil red, oil scarlet || ² **IV** / scarlet red *n*, Sudan IV
Suedingmaschine *f* / sueding machine
Suffolk-Wolle *f* / Suffolk Down wool (GB)
Sulfaminsäure *f* / sulphamic acid
Sulfan *n* / sulphuretted hydrogen
Sulfanilsäure *f* / sulphanilic acid
Sulfat *n* / sulphate *n*
Sulfatieren *n* / sulphation *n*
sulfatiert·es Öl / sulphated oil, sulphonated oil || **~es Rizinusöl** / sulphated castor oil
Sulfatierung *f* / sulphation *n*
Sulfat-Tensid *n* / sulphate surfactant || ²**zellulose** *f* / sulphate cellulose
Sulfid *n* / sulphide *n*
Sulfidieren *n* / sulphidizing *n*
Sulfidiertrommel *f* / xanthating churn, baratte *n*
Sulfidierung *f* / sulphidizing *n*
Sulfit *n* / sulphite *n* || ²**ätze** *f* / sulphite discharge || ²**reserve** *f* / sulphite reserve, sulphite resist
Sulfo·fettsäureester *m* / sulpho fatty acid ester || ²**gruppe** *f* / sulpho group || **~gruppenhaltiger Reaktivfarbstoff** / reactive dyestuff containing sulpho groups
sulfonieren *v* / sulphonate *v* || ² *n*, Sulfonierung *f* / sulphonation *n*
Sulfonsäure *f* / sulphonic acid
Sulfo·salz *n* / sulpho salt || ²**säure** *f* / sulphonic acid
Sulfoxyl·ätze *f* / sulphoxylate discharge || ²**säure** *f* / sulphoxylic acid
sulfurieren *v* / sulphonate *v* || ² *n*, Sulfurierung *f* / sulphonation *n*
sulpho... *adj* s. sulfo...
Sultanabad-Teppich *m* / Sultanabad rug (a Persian carpet)
Sultanseide *f* / sultan silk
Sulzerflecken *m pl* (Ausrüst) / stains from high-speed weaving machines
Sumach *m* (Färb) / sumac *n*, dyeing sumac || ²**extrakt** *m* (Färb) / sumac extract
Sumpffärbeverfahren *n* / sump dyeing process
Sunn·faser *f* / sunn fibre || ²**hanf** *m* / Bengal hemp, false hemp, Bombay hemp, brown hemp
Super·brightener *m* (gute Chlorbeständigkeit in der Waschflotte und hohe Chlor- und Lichtechtheiten) / super-brightener *n* || **~fein** *adj* / super-fine *adj* || ²**kontraktion** *f* / supercontraction *n* || ²**kops** *m* (DIN 61800), Superkötzer *m* (Spinn) / supercop *n*
superoxid·beständig *adj* / fast to peroxide, resistant to peroxide bleaching || ²**bleiche** *f* / peroxide bleach || ²**bleichmittel** *n* / peroxide bleaching agent || **~echt** *adj* / fast to peroxide, resistant to peroxide bleaching || ²**echtheit** *f* / fastness to peroxide bleaching, fastness to peroxide treatment, resistance to peroxide bleaching
Super·pelliceum *n* (ein weitärmeliger Chorrock) / surplice *n* || ²**polyamid** *n* / superpolyamide *n* || ²**posé** *n* s. Surposé || ²**-Streckmethode** *f* (Spinn) / super-draw method
Surah *m*, Surahseide *f* / surah *n* || ²**seide** *f* **in Fischgrätenmusterung** / surah chevron
Surposé *n* (Art der Applikations-Stickerei) / superposé *n*
Surtout *m*, Überzieher *m* / surtout *n* (Fr)
suspendieren *v* (Chem) / suspend *v*
Suspendiervermögen *n* / suspending power (surfactant)
Suspension *f* (Chem) / suspension *n* || **in** ² **halten** / keep in suspension
Suspensions·polymer *n* / suspension polymer || ²**polymerisation** *f* / suspension polymerisation
süßes Bad / sweet dyebath
Swan·boy *n* (moltonähnliches Baumwollgewebe) (Gew) / swanboy *n* || ²**down** *m* (weicher dicker Wollstoff) (Gew) / swansdown *n* || ²**skin** *m* (feiner, geköperter Flanell) (Gew) / swanskin *n*
Sweater *m* (Mode) / sweater *n* || ²**kleid** *n* (Mode) / sweater dress
Sweetchrombeize *f* / sweet chrome mordant
swissen *v* / swiss *v* || ² *n* / swissing *n*
Syndet *n* / synthetic detergent, syndet
Syndiazoverbindung *f* (Färb) / syndiazo compound
syndiotaktisches Polymer / syndiotactic polymer
Synergismus *m*, synergistische Wirkung / synergism *n* (surfactant)

synergistisch·er Effekt / synergistic effect || **~er Verdickungseffekt** / synergistic thickening effect
Synthese *f* / synthesis *n*
Synthesefaser·n *f pl* / synthetics *pl* || **˜** *f* / synthetic fibre, artificial textile fibre (obsolescent) || **˜färben** *n* / synthetic dyeing || **˜filz** *m* / synthetic felt || **˜garn** *n* / synthetic spun yarn || **˜industrie** *f* / synthetic fibre industry || **˜mischung** *f* / synthetic fibres blend || **˜stoff** *m* / synthetic fibre
Synthese·garn *n* / synthetic yarn || **˜gummi** *n m* / synthetic rubber || **˜gummifaden** *m* / synthetic rubber fibre, synthetic rubber yarn || **˜latex** *m* / synthetic latex
Synthetic-Pol *m* / synthetic pile
Synthetics *pl* / synthetics *pl*
synthetisch *adj* / synthetic *adj*, manmade *adj* || **~es Bindemittel** / synthetic binding agent || **~es Detergens** / synthetic detergent, syndet || **~es Elastomer** / synthetic elastomer || **~er Farbstoff** / synthetic colouring matter, synthetic dyestuff || **~e Faser** / synthetic fibre || **~er Faserstoff** / synthetic fibre material || **~es Filament** / synthetic filament || **~es Filamentgarn** / synthetic filament yarn || **~es Garn** / synthetic yarn || **~es Glanzpigment** / synthetic lustre pigment || **~es Hilfsmittel** / synthetic auxiliary || **~er Kautschuk** / synthetic rubber || **~er Kernzwirn** / synthetic-core thread || **~er Latex** / synthetic latex || **~er Nähfaden** / synthetic sewing thread || **~es Polsterfüllmaterial** / manmade fibre filling || **~es Polymer** / synthetic polymer || **~es Reinigungsmittel** / non-soapy detergent, synthetic detergent, syndet *n* || **~e Schlichte** / synthetic size || **~e Spinnfaser** / synthetic staple fibre || **~e Sprühavivage** / synthetic spray finish || **~es Waschmittel** / synthetic detergent, syndet *n*
synthetisieren *v*, synthetisch (durch Synthese) herstellen / synthesize *v*, synthetize *v*
systematisches Changieren (Färb) / controlled build-up
SZ (Säurezahl) / acid number, acid value

T

T (Titer) (Gewichtsnumerierung von Garnen) / titer *n*(US), titre *n*(GB)
tabakbraun *adj* / tobacco-brown *adj*
Taber-Abraser-Gerät *n*, Taber-Scheuerprüfgerät *n*(Matpr) / Taber Abraser || **~-Scheuerprüfung** *f* / Taber abrasion testing
Tablettentest, amerikanischer ~ (Entflammbarkeitsversuch) / pill test
Täbris *m*, Täbris-Teppich *m* / Tabriz rug
Tafel *f*(Tepp) / panel *n* || **~damast** *m* / table damask || **~druck** *m* / hand printing || **~druckfarbe** *f*(Färb) / surface colour, topical colour || **~farbe** *f*(Färb) / topical colour
täfeln *v*(Tuchh) / plait down, cuttle *v*
Tafelungslänge *f* / length of lay
Taffet *m* / taffeta *n* (various cloths in plain weave)
Taffetaline *f* / taffetaline *n* (fabric made from schappe waste silk, principally used as a lining for dress skirts, plain weave)
Taffet-Alpaka *m* / taffeta alpaca (half-silk plain fabric with cotton weft usually in black and white) || **~band** *n* / taffeta ribbon || **~bindung** *f* (Leinwandbindung bei Seiden- und Chemiefasergeweben) / taffeta weave, tabby weave || **~-Broché** *m* / taffeta broché (all-silk plain taffeta with bright coloured embroidery decoration) || **~-Ciré** *m* / ciré taffeta || **~futterstoff** *m* / taffeta lining (expensive fabric used almost solely for lining ladies' dresses)
Taffetine *f* / taffetine *n* (plain weave cloth used for cheap linings for dresses and coats. Made from silk warp and cotton o. linen weft)
Taft *m* / taffeta *n* (various cloths in plain weave) || **~ mit Satinoberseite** / satin taffeta || **~band** *n* / taffeta ribbon || **~bindung** *f*(Leinwandbindung bei Seiden- und Chemiefasergeweben) / taffeta weave, tabby weave || **~-Rayé** *m* / striped taffeta
Tagalfaserimitat *n* / artificial tagal fibre
Tages-belichtung *f* **hinter Glas** (DIN 53388) / exposure to daylight behind glass || **~decke** *f* / bedspread *n*, coverlid *n*, coverlet *n*, overlay *n* (for bed), bed cover || **~decke aus Gewebe mit chenilleähnlichem Charakter** / candlewick bedspread || **~deckengewebe** *n* / bedspread fabric || **~farbe** *f* / daylight colour || **~kleidung** *f* / daywear *n*, daytime clothes || **~leuchtfarbe** *f* / daylight fluorescent colour
Tageslicht *n* / daylight *n* || **dem ~ aussetzen** / expose to daylight || **~belichtung** *f* / exposure to daylight, daylight exposure || **~echtheit** *f* / fastness to daylight
Taille *f* / waist *n* || **~ am Kleid** / bodice *n*(US)
Taillen-abnäher *m pl* / waist darts || **~band** *n* / waistline *n* (foundations), waist ribbon || **~formende Miederwaren** / figure-firming fashion (foundation garments) || **~lose Jacke** / boxy jacket, Eton jacket (as worn at Eton colleges) || **~mieder** *n* / waistline panty || **~weite** *f* / waist measurement
tailliert *adj*(Mode) / slim-fit *adj*, fitted *adj* || **~er Anzug** / fitted suit (men's) || **~es Kostüm** / fitted suit (ladies')
Talar *m* / toga *n*
Talg *m* / tallow *n* || **~seife** *f* / household soap, curd soap || **~sulfonat** *n* / sulphonated tallow
Talk *m* / French chalk, talc *n* || **~stein** *m* (Magnesiumdihydrogentetrasilikat) / French chalk
Talkum *n* / French chalk, talc *n*
talkumiert *adj* / talc[k]ed *adj*
Tallit *m*(jüdischer Gebetsmantel) / tallith *n*
Tallöl *n* / tall oil
Tamarindenkernmehl *n* / Indian tamarind kernel flour
Tambour *m* / cylinder *n*, drum *n* || **~** (Vliesst) / main drum || **~** (Kard) / swift *n* (large, wire-covered roller on flat card) || **~mulde** *f* / cylinder bed || **~mulde** (der Karde) / cylinder undercasing || **~putzwalze** *f* / clearer roller for carding engine || **~walze** *f* / carding cylinder
Tambur *m* / tambour frame
Tamburierarbeit *f* / tambour work, tambour *n*
tamburieren *v* / tambour *v*
Tamburier-nadel *f* / tambour needle || **~stich** *m* / tambour stitch || **~stickerei** *f* / tambour work
Tambur-rahmen *m* / tambour frame || **~spitze** *f*(auf Tüll gestickte Spitze) / tambour lace || **~stickerei** *f* / tambour work, tambour embroidery
Tampiko-faser *f* / Tampico fibre || **~hanf** *m* / Tampico hemp (obtained from the Agave leteracantha plant)
Tampon *m* (Gazestreifen oder Wattebausch zum Einlegen oder Ausstopfen von Wundkanälen oder Wundhöhlen) / tampon *n*, cotton wool wad, cotton wool pad
Tandem-fuß *m*(Näh) / tandem foot || **~maschine** *f* (Beschicht) / tandem machine || **~walke** *f* / tandem milling (GB), tandem fulling (US)
Tanga *m* (Mini-Bikini) / tanga *n*
tangential-er Fadenzug / tangential yarn tension || **~e Fasereinspeisung** / tangential fibre feed || **~riemen** *m* (Textilmaschinen) / tangential belt
Tannat *n* / tannate *n*
tannengrün *adj* / spruce green, pine needle green || ~ (RAL 6009) / fir green *adj*
tannieren *v* / mordant with tannic acid, tan *v* || **~** *n* / mordanting with tannic acid, treatment with tannic acid, tanning *n*
Tannin *n* / tannin *n* || **~-Antimonbeize** *f* / tannin antimony mordant || **~-Antimon-Lack** *m* / tannin antimony lake || **~ätzartikel** *m* / tannin discharge style || **~ätzdruck** *m* / tannin discharge print || **~bad** *n* / tannic acid solution || **~beize** *f* / tannin acid mordant, tannin mordant || **~-Brechweinstein-Beize** *f* / tannin tartar emetic mordant || **~-Brechweinstein-Lösung** *f* / tannic acid-tartar emetic solution || **~buntätzdruck** *m* / coloured tannin discharge printing || **~druck** *m* / tannin print || **~druckfarbe** *f* / tannic acid printing dye || **~entferner** *m* / tannin remover || **~ersatz** *m* / tannin substitute || **~farbstoff** *m* / tannin dyestuff || **~gebeizt** *adj* / tannin mordanted || **~lack** *m* / tannin dye lake || **~-Nachbehandlung** *f* / after-tanning *n*, back-tanning *n* || **~reserve** *f* / tannic acid resist
Tänzerwalze *f*(Web) / faller roll[er] || **~** (DIN 64990) (allg) / dancing roll[er], floating roll[er]
Tapa *f* / tapa *n* (cloth or matting made from any of the fibres or barks peculiar to the Pacific Islands as Tapa [Marquesas] or Kapa, Hawaiian) || **~faser** *f* (aus dem Papiermaulbeerbaum) / mulberry tree fibre, kadzu fibre
Tapestry-Mottled-Teppich *m* / tapestry-mottled carpet
Tapetengewebe *n* / tapestry *n*

Tapezierzwirn *m* / bonnet cotton
Tapisserie *f* / tapestry [wall covering] || **~-Druckteppich** *m* / tapestry carpet || **~garn** *n* / tapestry yarn, carded-worsted yarn || **~gewebe** *n*, Tapisseriestoff *m* / tapestry fabric
Tappert *m* (hist) / tabard *n*
Tappi-Weißgrad *m* (Weißtöner) / Tappi degree of whiteness
Tarbusch *m* / tarbush *n* (caplike truncated cone, of red felt, without a tassel)
Tarlatan *m* (leicht durchsichtig gewebtes leinwandbindiges Baumwollgewebe, meist zu Faschingskostümen verwendet) / tarlatan *n*
Tarn·artikel *m* / camouflage article || **~ausrüstung** *f* / camouflage finish || **~druck** *m* / camouflage printing || **~farbe** *f* / camouflage colour || **~farbstoff** *m* / camouflage dyestuff || **~färbung** *f* / camouflage colouring || **~jacke** *f* / camouflage jacket || **~netz** *n* / camouflage net[ting]
Tarnung *f* / camouflage *n*
Tarpauling *m* / tarpaulin fabric
Tartan *m* / tartan *n* (coloured checks which are the distinctive dress of the Scottish Highlanders) || **~** (dicke, wollene, farbig gemusterte Reisedecke) / Scotch plaid || **~muster** *n* / tartan [plaid] pattern
tartarisieren *v* / tartarize *v*
Tartarsäure *f* / tartaric acid
Tartramid *n* / tartramide *n* || **~säure** *f* / tartramidic acid
Tartranilsäure *f* / tartranilic acid
Tartrat *n* / tartrate *n*
Tartratokomplex *m* / tartrate complex
Tartrazin *n* / tartrazine *n*
Tasche *f*, Hosentasche *f*, Rocktasche f. / pocket *n* || **~**, Beutel *m* / pouch *n*
Taschen·aufnähautomat *m* (Näh) / automatic pocket setter || **~aufschlag** *m* / flap || **~besatz** *m* / pocket trimming || **~deckel** *m* / pocket flap || **~drell** *m* / pocket drill || **~futter** *n*, Taschenfutterstoff *m* / pocketing *n*, pocket lining || **~klappe** *f* / pocket flap, flap || **~nähautomat** *m* / automatic pocket sewer || **~schirm** *m* / folding umbrella || **~tuch** *n* / handkerchief *n* || **~tuchleinen** *n* / handkerchief linen
Tassenunterlage *f* / doily *n*
Tastenringelapparat *m* (Strick/Wirk) / finger striper
Taster *m* (Web) / feeler *n* || **~kluppe** *f* (DIN 64990) / feeler clip || **~kluppenkette** *f* / pawl clip chain
Tast·nadel *f* / feeler needle || **~rolle** *f* / feeler roll || **~vorrichtung** *f* / feeler motion || **~walze** *f* / feeler roller
tatsächlicher Verzug / actual draft
Tattersall *m* (farbige Deckkaromusterung) / tattersall check
Tau *n* / hawser *n*, rope *n*, cable *n*
tauben·blau *adj* (RAL 5014) / pigeon blue *adj* || **~grau** *adj* / dove-shade *adj*
Tauch·anlage *f* / steeping plant || **~-Anschleuder-Rollierverfahren** *n* / dip tumble process with brief hydro-extraction cycle || **~appretur** *f* / dip finishing, immersion finishing, steeping finish || **~artikel** *m pl* / dipped goods || **~bad** *n* / steeping bath || **~behälter** *m* / dip tank, dipping tank || **~beize** *f* / disinfection by immersion || **~beschichtung** *f* / dip coating, dip coat
tauchen *v* / dip *v* || **~** *n* / dipping *n*, immersion *n* || **~ mit Koagulationsmitteln** / coagulant dipping process
Tauch·farbe *f* / dipping colour || **~färbemaschine** *f* / dip dyeing machine || **~färben** *v* / dip dye || **~färben** *n* (stufenweises Eintauchen des Garnstranges in das Färbebad), Tauchfärbung *f* / dip dyeing || **~gang** *m* / dip passage, steeping passage, immersion passage || **~gestell** *n* / dipping rack || **~kasten** *m* / immersion tank || **~koagulierung** *f* (Beschicht) / dip coagulation || **~küpe** *f* / dipping vat || **~lauge** *f* / dipping lye, dipping liquor, steeping liquid || **~maschine** *f* (Beschicht) / bed coater, dipping machine || **~-Netzvermögen** *n* **eines Netzmittels** (DIN 63901) / impregnating power of a wetting agent || **~periode** *f* / immersion period || **~presse** *f* / immersion press || **~probe** *f*, Tauchprüfung *f* / immersion test || **~rahmen** *m* (Färb) / dipping frame || **~-Rollierverfahren** *n* (Ausrüst) / dip tumble process || **~-Schleuder-Rollierverfahren** *n* (Ausrüst) / dip-extract-tumble process || **~schmelz-Spinnverfahren** *n* / dip-melt spinning || **~spule** *f* / immersion bobbin || **~test** *m* / immersion test || **~-Thermosol-Verfahren** *n* (Färb) / dip thermosol method, dip thermosol process || **~trommel** *f* / dipping drum, immersion roll[er], dipping roller || **~verbinden** *n* / dip bonding || **~verfahren** *n* / dip dyeing process, dipping process, steeping method, tub-dip process, immersion process, immersion method, dipping method || **~wachs** *n* / dip-coating wax || **~walze** *f* / dipping roller, immersion roll[er] || **~weg** *m* (Färb) / length of immersion || **~zeit** *f* / dipping time, immersion period
Tauende *n* / rope end
Taufkleid *n* / christening dress, bearing robe, baptismal dress
Tau·flachsröste *f* / flax dew retting || **~garn** *n* / rope yarn || **~litze** *f* / rope strand
Taumel·mischer *m* / eccentric tumbling mixer, offset tumbling mixer || **~trockner** *m* (ein Wäschetrockner) / tumble drier
Tau·punkt *m* / dew point || **~röste** *f* / dew retting || **~röste-Flachs** *m* / dew-retted flax || **~röste-Werg** *n* / dew-retted tow || **~rotte** *f* / dew retting
Tausendpunktwalze *f*, Tausendpunktdruckwalze *f* / stippling roller, blotch roller, finely engraved roller
Tauwerk *n* / cordage *n*
Td (Dezimal-Titer) / decimal titre, Td
TDI (Toluoldiisocyanat) / toluene diisocyanate
teakholzfarbig *adj* / teak *adj*
technisch·er Alkohol / industrial alcohol || **~es Benzol** / commercial benzene || **~er Filz** (Vliesst) / industrial felt || **~e Gewebe** *n pl* / technical fabrics, industrial fabrics || **~es Gewebe für Scheidewände** / brattice cloth || **~es Harz** / industrial resin || **~e Länge** / technical length || **~es Lösungsmittel** / technical-grade solvent || **~e Platte** / industrial laminate, industrial sheet || **~es Textil** / industrial fabric || **~e Textilien** / industrial textiles || **~er Wollfilz** / technical wool felt, industrial wool felt
technologische Werte *m pl* / performance data
Tee·fleck *m* / tea stain || **~haube** *f* / tea cosy (GB), tea cozy (US)
Teer·farbstoff *m* / coal tar dyestuff || **~filz** *m* / tarred felt || **~fleck** *m* / tar stain, tar mark || **~werg** *n* / tarred oakum || **~zwirn** *m* / tarred jute thread
Teewärmer *m* / cosy *n* (GB), cozy *n* (US), tea cozy (US), tea cosy (GB)
Teig *m* / paste *n* || **~ anrühren** *v* / paste up || **~farbstoff** *m* / paste dyestuff || **~formierter**

Farbstoff / finished dyestuff in paste form || **~förmig** *adj* / pasty *adj* || **≈herstellung** *f*(Färb) / preparation of the paste, pasting *n*
teigig *adj* / doughy *adj*, pasty *adj*
teilbar *adj*(Kleidungsstück) / zipper *adj*(US) || **~er Reißverschluß** (Reißv) / open-end slide fastener, separable zipper
Teilbaum *m*(Web) / sectional beam, section [warp] beam, sectional warp[ing] beam, small beam || **≈schärerei** *f* / section beam warping || **≈schärmaschine** *f* / warping machine for sectional beams
Teilchengröße *f* / particle size
Teilen *n* **der Kette** (Strick/Wirk) / dividing the warp
Teil-Färbungsverfahren *n*. / space dyeing || **in ≈fäserchen (Fibrillen) aufspalten** / fibrillate *v* || **≈feld** *n*(Web) / splitting section || **≈flügel** *m* / separating heald frame || **≈kamm** *m*(Web) / dividing comb, raddle *n*, separating comb, splitting comb || **≈kettbaum** *m*, TKB *m*(Web) / sectional beam, section [warp] beam, sectional warp[ing] beam || **≈kettbaum-Schärmaschine** *f* (DIN 62500) / sectional beaming machine, sectional warping machine || **~konfektioniert** *adj* / partly made up, partly fashioned || **~konfektionierte Stücke** / partly fashioned piecegoods || **~orientiertes Garn** / partially oriented yarn, POY || **≈rute** *f*(Strick/Wirk) / leasing rod, splitting rod || **≈rute** (Web) / lease rod || **≈schären** *n* / section[al] warping || **≈schärmaschine** *f* / sectional warp[ing] machine || **≈schiene** *f*(Web) / leasing rod || **≈schnur** *f*(Web) / marking band, lease cord, lease band, leasing band || **≈stab** *m*(Web) / crossing rod, lease rod || **≈stange** *f* **im Trockenfeld** / split rod (sizing) || **≈strähne** *f* / lea *n*
Teilung *f*(Spinn) / gauge *n* || **≈** (Strick/Wirk) / gauge *n* (of knitt machine), number of needles || **≈** (Web) / pitch *n* || **≈** (z.B. 12er Teilung)(Strick/Wirk) / feed *n* (12-feed) || **≈ der Färbeplatte** (Färb) / division of package carrier || **≈ der Maschine** / needles per inch (n.p.i.) || **≈ in Schußrichtung** (Tepp) / pitch *n*
Teilungswalze *f* / divider *n* (card roll)
teil·verstrecktes Filamentgarn / partially oriented filament yarn || **~verstrecktes Garn** / partially oriented yarn, POY || **≈verzug** *m*(Spinn) / partial draft
teilweise·s Austrocknen / partial drying || **~ azetylierte Baumwolle** / PA cotton, partially acetylated cotton || **~ cyanäthylisierte Baumwolle** / partially cyanoethylated cotton
Teleskop·greifer *m*(Web) / telescopic weft inserting hook || **≈hülse** *f* / collapsible tube || **≈spule** *f* / collapsible spool || **≈vorgarnspule** *f* / collapsible roving bobbin
Teller·deckchen *n* / place mat || **≈düse** *f* / spinning disc || **≈messer** *n* / circular knife || **≈mütze** *f* / tam-o'-shanter *n* || **≈spinnmaschine** *f* / disc spinning machine, plate spinning machine || **≈spule** *f*(Spinn) / flange bobbin, straight bobbin || **≈transport** *m* (Näh) / cup feed || **≈untersatz** *m* / table mat
Tempel *m*(Web) / temple *n*
Temperatur·anstieg *m* / temperature increase || **≈beständigkeit** *f* / temperature resistance, thermostability *n*, thermal stability || **≈einfluß** *m* / influence of temperature || **≈führung** *f* / temperature profile || **≈kante** *f*(Färb) / temperature gradient (becomes discernible during dyeing as a consequence of the heat test) || **≈regler** *m* / heat regulator, temperature regulator || **≈schwankung** *f* / variation in temperature || **≈steigerung** *f* / temperature increase || **≈stufenverfahren** *n*(Färb) / graduated temperature process, temperature gradient method || **≈- und Feuchtigkeitsregelung** *f* / temperature and humidity control || **~unempfindlich** *adj* / unaffected by changes in temperature || **≈unempfindlichkeit** *f* / insensitivity to temperature || **≈verlauf** *m* / temperature profile, temperature pattern
tempern *v* / anneal *v*
temporär·e Härte (von Wasser) / temporary hardness || **≈-Retarder** *m*(Färb) / temporary retarder
Teneriffa-Spitze *f* / Teneriffe lace (native-made lace in the Canary Islands, the pattern consists of wheels)
Tennessee-Baumwolle *f* / Tennessee cotton
Tennis·dreß *m* / tennis dress || **≈flanell** *m* / tennis flannel || **≈kleid** *n* / tennis dress || **≈kleidung** *f* / tennis wear, tennis dress || **≈stoff** *m* / tennis cloth
Tensid *n* / surface-active agent, surface-active derivative, surface-active compound, surfactant *n* (contraction of "surface-active agent")
Teppich *m* / carpet *n*, rug *n*(US) || **≈ aus Stoffstreifen** / patchwork carpet, rag carpet || **≈ aus Textilverbundstoff** / nonwoven carpet || **≈ aus texturiertem Garn** / textured carpet || **≈ aus vor dem Weben gefärbter Wolle** / ingrain carpet || **≈ für den Objektbereich**, Teppich für den Objektsektor *m* / commercial carpet (US), contract carpet, carpeting for institutional use || **≈ für den Wohnbereich** / residential carpet, domestic carpet || **≈ in Streifenmusterung** / striped carpet || **≈ mit aufgeklebtem Flor** / bonded rug || **≈ mit hochpoligem geschnittenem Flor** / shag *n*, shaggy pile carpet, shag carpet || **≈ mit Kammgarnkette und Streifenmuster** / Venetian carpet || **≈ mit Korkbezug** / cork rug || **≈ mit Oberflächenstruktur** / textured carpet || **≈ mit sich wiederholendem Muster** / matching carpet || **„echter" ≈** (d.h. handgeknüpfter Teppich orientalischer Herkunft) / true carpet (i.e. handknotted Oriental) || **≈appretur** *f* / carpet finishing || **≈appreturmaschine** *f* / carpet finishing machine || **≈aufrollmaschine** *f* / carpet rolling machine || **≈ausbessern** *n* / carpet mending || **≈auslegeware** *f* / fitted carpet[ing], wall-to-wall carpet || **≈ausrüstung** *f* / carpet finishing || **≈bändchen** *n* / carpet ribbon || **≈bauschgarn** *n* / bulked carpet yarn || **≈beflockung** *f* / flocking of carpets || **≈beflockungseinrichtung** *f* / carpet flocking equipment || **≈beflockungsmaschine** *f* / carpet flocker || **≈boden** *m* / carpeting *n*, carpet floor covering, fitted carpet[ing], wall-to-wall carpet || **≈borte** *f* / carpet binding || **≈bürstmaschine** *f* / brushing machine (for carpets) || **≈cord** *m* / matting cord || **≈dämpfanlage** *f* / carpet steaming plant || **≈deckfaden** *m* / carpet face yarn || **≈druck** *m* / carpet printing || **≈druckanlage** *f* / carpet printing machine || **≈druckmaschine** *f* **für volle Breite** / broadloom carpet printing machine || **≈einfaßband** *n* / carpet binding, carpet binding border || **≈fabrik** *f* / carpet mill || **≈färbemaschine** *f* / carpet dyeing machine || **≈färberei** *f* / carpet dyeing || **≈fliese** *f* / carpet tile, tile *n*, sectional carpet || **≈flor** *m* / carpet pile, nap *n* (of a carpet) || **≈florgarn** *n* / carpet pile yarn ||

~**füllfaden** *m* / carpet stuffer yarn || ~**garn** *n* / carpet yarn || ~**garnspinnerei** *f* / carpet yarn spinning || ~**garnwäsche** *f* / carpet yarn scouring || ~**gestrick** *n* **aus texturierten Teppich-Kabelbändchen** / knitted carpet material made from bulked carpet filaments || ~**grund** *m* (Tepp) / backing *n*, primary backing, support *n*, substrate *n* || ~**grundgewebe** *n* / backing for carpets, carpet backing fabric || ~**-Haspelkufenfärberei** *f* / winch beck dyeing of carpets || ~**herstellung** *f* / carpet manufacture || ~**herstellungsmaschinen** *f pl* / carpet manufacturing machinery || ~**kabel** *n* / bulked continuous filament, bulked carpet filament, BCF, coarse continuous filament yarn for carpets
Teppichkäfer *m* (Anthrenus scrophulariae) / carpet beetle, carpet bug, buffalo carpet beetle || ~**larve** *f* / carpet moth
Teppich·kantenschutz *m* (Tepp) / stair nosing || ~**kehrmaschine** *f* / carpet sweeper || ~**kettfaden** *m* / chain *n* || ~**kettflor** *m* / carpet warp pile || ~**kettgarn** *n* / carpet warp || ~**klopfmaschine** *f* / carpet beating machine || ~**läufer** *m* / strip of carpeting || ~**leimmaschine** *f* / sizing machine for carpets || ~**motte** *f* / carpet moth || ~**nadel** *f* / carpet needle || ~**nagel** *m* / carpet tack || ~**noppenzahl** *f* (Tepp) / loops per unit area || ~**polgarn** *n* / carpet pile yarn || ~**-Raschel** *f*, Teppich-Raschelmaschine *f* (Strick/Wirk) / carpet Raschel || ~**reinigungsanstalt** *f*, Teppichreinigungsbetrieb *m* / carpet cleaning enterprise
Teppichrücken *m* **mit Beschichtung** (Tepp) / coated backing || ~**appretur** *f* / carpet back finish[ing] || ~**beschichtung** *f* / carpet backing || ~**rauhmaschine** *f* / carpet back scraping machine
Teppich·rückseite *f* / carpet back || ~**schermaschine** *f* / carpet shearing machine || ~**schußfaden** *m* / carpet pick || ~**schußflor** *m* / carpet weft pile || ~**schußgarn** *n* / carpet weft yarn || ~**shampooniermaschine** *f*, Teppichshampuniermaschine *f* / carpet shampooing machine || ~**-Spezial-Haspelkufe** *f* / special winch beck for carpet dyeing || ~**spülmaschine** *f* / carpet rinsing machine || ~**stoffe** *m pl* / carpet fabrics || ~**stopfen** *n* / carpet mending || ~**stuhl** *m* / carpet loom || ~**tapete** *f* / wallscaping *n* (US) || ~**trocknungsmaschine** *f* / carpet drying machine || ~**tuftingmaschine** *f* / tufting machine, carpet tufting machine || ~**- und Polware** *f* / carpet and pile fabrics || ~**unterlage** *f* / underlay felt, underlay *n*, undercarpet *n*, padding *n* (US), underfelt *n*, [carpet] pad (US) || ~**veredlung** *f* / carpet finishing || ~**verlegen** *n* / carpet laying || ~**verwendung** *f* **im Objektbereich** / contract use || ~**vorlage** *f*, Teppichvorleger *m* / scatter rug || ~**waren** *f pl* (DIN 61151) / carpet goods || ~**wäsche** *f* / carpet washing || ~**wäsche amerikanisch** / carpet wash American || ~**wäsche türkisch** / carpet wash Turkish || ~**waschmaschine** *f* / carpet washing machine || ~**weber** *m* / carpet weaver || ~**weberei** *f* (Anlage) / carpet mill || ~**weberei** (Vorgang) / carpet weaving || ~**webmaschine** *f*, Teppichwebstuhl *m* / carpet weaving machine || ~**wolle** *f* / carpet wool || ~**zwirn** *m* / carpet thread || ~**zwischenschicht** *f* / carpet lining
terminale Gruppe / terminal group
Termitenschutzausrüstung *f*, Termitenschutz-Imprägnierung *f* / termite resistant finish
ternär·e Farben *f pl* / ternary colours || ~**e Fasern** *f pl* / ternary fibres || ~**es System** / tertiary system, ternary system
Terpentin *n m* / turpentine *n* || ~**ersatz** *m* / white spirit[s] || ~**öl** *n* / oil of turpentine
Terpolymer *n* / ter-polymer *n*
terrakotta *adj*, terrakottafarben *adj* / terra-cotta *adj*, tile red
tertiär·es Amin / tertiary amine || ~**es Butanol** / tertiary butanol
Test·anschmutzung *f* / test soiling || ~**benzin** *n* / white spirit[s] || ~**benzin-Emulsion** *f* / white spirit emulsion || ~**benzin-Emulsionsverdickung** *f* / white spirit emulsion thickening || ~**färbung** *f* / test dyeing || ~**gewebe** *n* / test fabric (specially made for fastness testing) || ~**gewirk** *n* / knitted test swatch
Tetra·bromkohlenstoff *m* / carbon tetrabromide || ~**chloräthen** *n*, Tetrachloräthylen *n* / tetrachloroethylene *n*, perchloroethylene *n* || ~**chloräthylenechtheit** *f* / fastness to tetrachloroethylene, fastness to perchloroethylene || ~**chlorkohlenstoff** *m* / carbon tetrachloride || ~**fluoräthen** *n*, Tetrafluoräthylen *n* / tetrafluoroethylene *n* || ~**hydrofuran** *n* / tetrahydrofuran *n* || ~**hydropyrrol** *n*, Tetramethylenimin *n* / pyrrolidine *n* || ~**methylenoxid** *n* / tetrahydrofuran *n* || ~**natriumphosphat** *n* / tetrasodium phosphate || ~**natriumpyrophosphat** *n* / tetrasodium pyrophosphate || ~**phosphorsäure** *f* / tetraphosphoric acid || ~**substitutionsprodukt** *n*, tetrasubstituiertes Produkt / tetrasubstitution product
Tetrazo·farbstoff *m* / tetrazo dyestuff || ~**verbindung** *f* / tetrazo compound
Tex *n*, tex *n* / tex *n* || ~**-Numerierung** *f*, tex-System (zur Feinheitsbezeichnung von textilen Fasern, Zwischenprodukten, Garnen, Zwirnen und verwandten Erzeugnissen (DIN 60900 und 60905) / tex system of yarn counts, tex system (for numbering textile fibres, intermediate products, yarns, threads and related products)
textil·e Ausrüstung / textile finishing || ~**er Bodenbelag** / textile floor covering || ~**er Faserstoff** / textile fibre material || ~**es Flächengebilde** (DIN 53855) / area-measured textile material, textile fabric || ~**er Rohstoff** / textile raw material || ~**e Schlichte** / textile size || ~**e Strukturbindung** / texture weave of textile fabric || ~**ähnliche Erzeugnisse für eine zeitlich begrenzte Lebensdauer** / disposable soft goods || ~**artikel** *m pl* / textile goods || ~**aufmachungsmaschine** *f* / textile folding, rolling and measuring machine || ~**ausrüster** *m* / [chemical] finisher *n*, textile finisher || ~**ausrüstung** *f* / textile finishing || ~**ausrüstungshilfsmittel** *n* / textile finishing agent || ~**ausrüstungsmaschine** *f* / textile finishing machine || ~**band** *n* / fabric tape (for electrical use) || ~**beschichtung** *f* / textile coating || ~**beschichtung nach dem Transferverfahren**, Textilbeschichtung nach dem Umkehrverfahren / textile transfer coating || ~**bindemittel** *n pl* / bonding chemicals for textiles || ~**druck** *m* / textile printing, cloth print[ing], calico print[ing] || ~**druckfarbe** *f* / textile printing ink || ~**druckmaschine** *f* / textile printing machine || ~**erzeugnisse** *n pl* / textiles *pl* || ~**faser** *f* / textile

fibre || ~fasereigenschaften *f pl* / textile fibre properties || ~faserstoff *m* / textile fibre material || ~finishwalze *f* / finishing bowl || ~fliese *f* / textile tile || ~flocken *f pl* / flocks *pl* || ~forschungsinstitut *n* / Textile Research Institute, TRI || ~gewebe *n* für Autositzpolster / textile car-seat upholstery fabric || ~gewebe für Sitzpolster / textile seat upholstery fabric

Textilglas *n* (DIN 61800 und 61850) / textile glass || ~-Effektgarn *n* (DIN 61850) / fancy glass yarn || ~faser *f* (DIN 61850) / textile glass fibre || ~-Filamentgewebe *n* (DIN 61850) / woven glass filament fabric || ~-Flechtschlauch *m* (DIN 61850) / braided glass tube || ~garn *n* (DIN 61850) / textile glass yarn || ~gelege *n* (DIN 61850) / glass yarn layer || ~gestrick *n* (DIN 61850) / knitted glass fabric || ~gewebe *n* (DIN 61850) / woven glass fabric || ~gewirk *n* / knitted glass fabric || ~kordel *f* (DIN 61850) / [textile] glass cord || ~kunststoff *m* / glass-reinforced plastics || ~-Kurzfaser *f* / milled glass fibre || ~matte *f* (DIN 61850) / textile glass mat || ~-Mischgewebe *n* (DIN 61850) / woven glass filament/staple fibre fabric

„Textilglas-Prepreg" (DIN 61850) / textile glass prepreg

Textilglas·roving *n* (DIN 61850) / glass roving || ~-Rovinggewebe *n* (DIN 61850) / woven glass roving fabric || ~schlauch *m* (DIN 61850) / textile glass tube || ~schnur *f* / [textile] glass cord || ~-Spinnroving *n* / glass spun roving || ~-Stapelfasergewebe *n* (DIN 61850) / woven glass staple fibre fabric || ~-Vliesstoff *m* (DIN 61850) / surface mat || ~-Webschlauch *m* (DIN 61850) / woven glass tube || ~-Wirkschlauch *m* (DIN 61850) / knitted glass tube

Textil·gürtelreifen *m* / textile radial-ply tyre || ~hilfsmittel *n*, THM *n*, Textilhilfsstoff *f* / textile auxiliary, textile assistant

Textilien *pl* / textiles *pl*, dry goods (GB), soft goods (US), drapery *n* || ~ aus Chemiefasern / manmade textiles || ~ aus Naturfasern / natural textiles || ~ für den Einsatz im Freien / outdoor furnishings *pl* || ~ mit großer Elastizität / power stretch fabrics || ~ mit Vinylbeschichtung / vinyl-coated fabrics

textiliertes Garn / textured yarn

Textil·industrie *f* / textile industry || ~kalander *m* / textile calender || ~kaschierung *f* / fabric backing || ~kennzeichnungsgesetz *n* (am 1.9.72 in Kraft getretenes Bundesgesetz), TKG / German textile labelling act || ~kleber *m* / textile adhesive agent || ~laminat *n* / textile laminate || ~lupe *f* / textile magnifier || ~öl *n* / textile oil, textile lubricant, batching oil, tearing oil

Textilosegarn *n* / textilose [yarn] *n*

textil·physikalische Faserwerte / physical data (of textile fibres) || ~prägekalander *m* / textile embossing calender || ~reinigungsmittel *n* / textile cleanser || ~rohstoff *m* / textile raw material || ~rückenbeschichtung *f* / fabric backing || ~schädling *m* / textile pest || ~schichtstoff *m* / textile laminate || ~schlichte *f* / textile size || ~schmälze *f*, Textilschmälzmittel *n* / textile lubricant || ~schneidemaschine *f* / textile cutting machine || ~seife *f* / textile soap || ~spulenüberzug *m* / slip sleeve || ~tapete *f* / textile wall covering, wall-covering fabric || ~tapeten-Kaschieranlage *f* / textile wall-coverings coating system || ~technisches Institut / Institute of Textile Technology || ~/Textil-Kaschierung *f* / fabric-to-fabric laminating || ~träger *m* (Beschicht) / textile base || ~trennträger *m* (Beschicht) / textile release carrier, textile strip carrier || ~verarbeitung *f* / textile processing || ~verbundstoff *m* / nonwoven [fabric], nonwoven fleece, bonded fibre fabric, adhesive-bonded fabric, fibre fleece, fibrous web, fibre sheet, formed fabric || ~verbundstoffeigenschaft *f* / nonwoven fabric property || ~veredler *m* / textile finisher, textile processor || ~veredlung (TV) *f* / textile finishing || ~veredlungsindustrie *f* / textile finishing industry, textile processing industry || ~veredlungsmaschine *f* / textile finishing machine || ~veredlungsmittel *n*, Textilveredlungshilfsmittel *n* / textile auxiliary, textile finishing agent, textile processing agent || ~wachs *n* / textile wax || ~waren *f pl* / textile goods, soft goods (US), dry goods (GB) || ~waschmittel *n* / textile washing agent, textile detergent || ~zellstoff *m* / rayon pulp

Texturé *n* (Gewebe aus texturierten Garnen) / textured yarn fabric || ~-Artikel *m pl* / texturized goods

Texturgarn *n* / textured yarn, texturized yarn || ~ durch Aufscheuern / abraded yarn (textured)

texturieren *v* / texture *v*, bulk *v* || ~ durch Aufscheuern / abrade *v* (texturing) || ~ *n* durch Falschdraht / false twist[ing] texturing || ~ durch Nitscheln / belt crimping

Texturier·garn *n* / feeder yarn, feed yarn || ~maschine *f* / texturing machine || ~öl *n* / texturing fluid

texturiert *adj* / textured *adj*, texturized *adj* || ~es Filamentgarn / filament textured yarn, textured filament yarn || ~es Garn / textured yarn, texturized yarn || ~es Glasfilamentgarn (DIN 61850) / textured glass filament yarn || ~es Polyamid / textured polyamide || ~es Polyester / textured polyester || ~er Polyester-Endlosfaden / textured polyester continuous filament yarn || ~es Polyester-Setgarn / textured polyester set yarn || ~e Polyester-Strickware, texturierte Polyester-Wirkware / textured polyester knitwear || ~es Teppichkabelbändchen (Tepp) / bulked carpet filament (BCF)

Texturierung *f* / texturing *n*, texturizing *n*

Texturier·unterschiede *m pl* / texturizing differences || ~verfahren *n* / texturizing process, bulking process

tex-Zahl *f* (Gewicht von 1000 m in p) / tex number

Theaterschneider *m* / costumier *n*

Thénards Blau (Kobaltaluminat) / king's blue

thermisch·e Alterung / heat ageing || ~e Ausdehnung / thermal expansion || ~e Beständigkeit, thermische Stabilität / thermal stability, heat resistance, thermostability *n* || ~e Eigenschaft / thermal property || ~es Verschweißen (Beschicht) / hot welding || ~e Zersetzung / thermal decomposition

Thermo·-Ablageverfahren *n* / thermodepositing method (bleaching) || ~chromie *f* / thermochromism *n* || ~chrose *f*, Wärmefärbung *f* / thermochrosy *n* || ~druck *m* (Transdr) / heat-transfer printing || ~druckanlage *f* (Transdr) / transfer printing unit, thermoprint equipment || ~druckverfahren *n* (Transdr) / heat transfer printing || ~elastizität *f* / thermoelasticity *n*

Thermofixier·apparat *m* / heat-setting plant || **~echtheit** *f*(Färb) / fastness to sublimation || **~echtheit** (Fasern und Stoffe) / fastness to heat setting
thermofixieren *v*(Färb) / thermofix *v* || ~ (zur Erzielung einer Dimensionsstabilität usw) / heat-set *v*, thermoset *v* || ~ *n*(Färb) / thermofixing *n*, thermofixation *n* || ~ (Fasern und Stoffe) / heat-setting *n* || ~ **der Drehung** / heat-setting of the twist || ~ **der Färbung** / dye thermofixing
Thermofixierer *m* / heatsetter *n*
Thermofixier·maschine *f*(Färb) / thermofixation machine, thermofixing machine || **~maschine** (Fasern und Stoffe) / heat-setting machine || **~rahmen** *m*(Färb) / thermofixation frame || **~spannrahmen** *m*(Gewebe) / heat-setting stenter
thermofixiert·e Ausrüstung / heat-set finish || **~e Färbung** / cured dyeing (fast to sublimation) || **~e Faser** / heat-set fibre || **~es Material** / heat-set goods
Thermo·fixiertemperatur *f*(Färb) / curing temperature, thermofixation temperature || **~fixierung** *f*(Färb) / thermofixation *n* || **~fixierung** (Dispersionsfarbstoffe) / sublimation *n* || **~fixierung** (Fasern und Stoffe) / heat-setting process, thermosetting *n* || **~fixierung des Farbstoffs durch Kondensieren** / curing of dyestuff || **~fixier[ungs]verfahren** *n*(Färb) / thermofixation process || **~fixier[ungs]verfahren** *n*(zur Stabilisation von Geweben) / heat-setting process, thermosetting process || **~gravimetrie** *f* / thermogravimetry *n* || **~gravimetrische Analyse** / thermogravimetric analysis || **~haspelwalzentrockner** *m*, Thermohotflue *f* / thermohotflue *n* || **~migrationshemmer** *m*, Thermomigrationsinhibitor *m* / thermomigration inhibitor || **~migrierecht** *adj* / thermomigration-resistant *adj* || **~plaste** *m pl*(wärmebildsame Kunststoffe) / thermoplastics *pl* || **~plastische Faser** (Vliesst) / thermoplastic fibre || **~plastisches Verkleben** / bonding *n* || **~plastizität** *f* / thermal plasticity || **~plastkleber** *m* / thermoplastic bonding agent || **~schrumpf** *m* / thermoshrinkage *n*, heat shrinkage, shrinkage in dry heat
Thermosolfixierung *f*(Färb) / thermosol fixation
thermosolieren *v*(Färb) / thermosol *v*
Thermosol·-Klotz-Dämpfverfahren *n*, Thermosol-Pad-Steam-Verfahren *n* / thermosol pad-steam process || **~/Thermofixierverfahren (TT-Färbeverfahren)** *n* / TT dyeing process (thermosol/thermofixation dyeing process) || **~verfahren** *n* / thermosol method, thermosol dyeing method
thermo·stabilisiert *adj* / heat-stabilized *adj* || **~stabilisierung** *f* / heat stabilizing || **~stabilität** *f* / thermostability *n*, thermal stability || **~testgerät** *n* / sublimation test apparatus || **~tropische Eigenschaft** (Färb) / thermotropic property || **~-Umdruck** *m*(Textdr) / heat-transfer printing || **~verweilsystem** *n* / heat zone dwelling system
Thiazinfarbstoff *m* / thiazine dyestuff
Thiazol·farbstoff *m* / thiazole dyestuff || **~gelb** *n* / thiazole yellow
Thio·alkohol *m* / mercaptan *n* || **~cyanidverfahren** *n* / sulphocyanide process || **~harnstoffharz** *n* / polythiourea *n* || **~indigorot** *n* / thioindigo red || **~serin** *n* / cysteine *n* || **~sulfat** *n* / hyposulphite $M_2^IS_2O_3$ *n*
thixo·trop *adj* / thixotropic *adj* || **~troper Stoff** / thixotropic agent || **~tropie** *f* / thixotropy *n* || **~tropiermittel** *n*, Thixotropierungsmittel *n* / thixotropic agent
Thronhimmel *m* / cloth of state
Throstle-Garn *n*(Watergarn mit fester Drehung für Kettgarne) / throstle yarn
Thybet-Reißwolle *f*(aus neuen Stoffen, insbes. Abfällen der Kleiderfabrikation) / Thibet wool, Thybet wool (best class of shoddy)
Ti, Titan *n* / titanium *n*
Tibet *m* / Tibet cloth (originally a fabric made of goats' hair, but more recently a fine woollen cloth made in imitation of camlet) || **~halbwolle** *f* / Tibetan union || **~-Teppich** *m* / Tibetan [carpet] || **~-Wolle** *f*(Reißwolle aus neuen Stoffen, insbes. Abfällen der Kleiderfabrikation) / Thibet wool, Tibetan wool, Thybet wool (best class of shoddy)
tief *adj*(Farbe)(Kol) / deep *adj*, full *adj*, heavy *adj* || **~ ausgeschnitten** / decolleté *adj*(Fr) || **~er Ausschnitt** / low-cut neckline, decolleté *n* || **~ färben** (Färb) / grain *v*, dye in a deep shade || **~er Farbton**, tiefe Nuance / deep shade, full shade || **~druck** *m*, Rakeltiefdruck / rotogravure printing, roller printing, gravure printing, plate printing
Tiefe *f*(Kol) / depth *n*, fullness *n*(of colours)
Tieffach *n*(Web) / bottom shed, lower shed || **~maschine** *f*(Web) / bottom shedding dobby, bottom shedding machine || **~platine** *f*(Web) / lowering hook || **~webmaschine** *f* / underpick loom
Tieffärben *n* / engrained dyeing, deep dyeing
Tieffuß *m*(Strick/Wirk) / low butt, short butt || **~nadel** *f*(Strick/Wirk) / low butt needle, short-shanked needle, short-heel needle, short butt needle || **~platine** *f* / low butt wire || **~-Stößer** *m*(Strick/Wirk) / low butt jack || **~-Umhängenadel** *f* / low butt transfer needle
tief·gefärbte Nuance / deep-dyed shade || **~grau** *adj* / deep grey, clerical grey || **~matt** *adj*(Faser) / extra dull || **~schaft** *m*(Web) / lowering shaft || **~schwarz** *adj*(RAL 9005) / jet-black *adj*, coal-black *adj* || **~schwarz** *n* / jet black || **~siedend** *adj* / low boiling || **~ziehteppich** *m*(Auto) / mouldable needle punched carpet
Tier·faser *f* / animal fibre (e.g. wool and silk) || **~fett** *n* / animal fat || **~haar** *n* / animal hair
tierisch·e Eiweißfaser / natural protein fibre || **~e Faser** / animal fibre (e.g. wool and silk) || **~es Fett** / animal fat || **~er Fettstoff** / animal fatty substance || **~e Haarfaser** / hair fibre || **~er Leim** / animal glue, animal size || **~es Öl** / animal oil || **~e Proteinfaser** / natural protein fibre
Tierleim *m* / animal glue, animal size
Tiffany *m*(gazeähnlicher Musselin) / tiffany *n*
Tigerplüsch *m* / tiger skin plush
Tillandsiafaser *f* / tillandsia fibre
Tinte *f* / ink *n* || **unauslöschliche ~** / indelible ink
tinten·blau *adj* / ink-blue *adj* || **~farbstoff** *m* / ink dyestuff || **~fleck** *m* / ink stain || **~nuß** *f* / cashew nut || **~probe** *f* / ink test || **~spritzverfahren** *n*(Färb) / ink injection coloration system
Tintometer *n* **nach Lovibond** / Lovibond tintometer (GB)
Tippy-Färbung *f* / tippy dyeing
Tip-Shearing *n*(Anscheren der hohen Noppen bei hochtief-gemusterter Schlingenware)(Tepp) / tip-shearing *n*
Tirolerhut *m* / alpine hat

Tirtyloden *m* (Gew) / tirty *n*, tirtey *n*
Tisch·auflage *f* (Spinn) / lattice charge, lattice load || **~belag** *m* / table covering || **~belagstoff** *m* / table covering cloth || **~bewegung** *f* (Spinn) / lattice motion || **~bezug** *m* / table covering || **~bezugstoff** *m* / table covering cloth || **~damast** *m* / table damask || **~decke** *f* / tablecloth *n*, table cover || **~decken- und Futterstoff** *m* / baize *n*, bay *n*, bayetas *n*, billiard cloth, billiard felt, boi *n*, boy *n* (flannel) || **~deckenunterlage** *f* / table padding || **~druck** *m* / hand screen printing || **~läufer** *m* / table runner || **~leinen** *n* / table linen || **~matte** *f* / table mat || **~rauhmaschine** *f* (Ausrüst) / table raising machine || **~tuch** *n* / tablecloth *n*, table cover || **~tuch, mit durchsichtigem Kunststoff bezogen** / "gravy-proof" cloth (treated tablecloth material, resistant to stains) || **~wäsche** *f* / table linen || **~webapparat** *m* / table weaving apparatus || **~zeug** *n* / table linen
Titan *n* / titanium *n* || **~chelat** *n* / titanium chelate || **~chlorid** *n* / titanium chloride || **~dichlorid** *n* / titanium dichloride || **~dioxid** *n* (Titanweiß) / titanium dioxide || **~gelb** *n* / thiazole yellow || **~kaliumoxalat** *n* / titanium potassium oxalate || **~salzreserve** *f* / titanium salt resist || **~säure** *f* / titanic acid || **~tetrachlorid** *n* / titanic chloride || **~weiß** *n* (Titandioxid) / titanium white
Titer (T) (Gewichtsnumerierung von Garnen) *m* / titer *n* (US), titre *n* (GB), T || **~abweichung** *f* / deviation of the titre || **~fehlerstelle** *f* / filament necking || **~schreiber** *m* / denier recorder, titre recorder || **~schwankung** *f* / variation in titre || **~substanz** *f*, Titrans *n* / titrant *n*
Titrations·apparat *m* / titrating apparatus || **~prüfung** *f* / titration test
Titrier·analyse *f* / titrimetric analysis, titrimetry *n* || **~apparat** *m* / titrating apparatus
titrierbar *adj* / titrable *adj*, titratable *adj*
titrieren *v* / titrate *v*
Titrierhaspel *f* / test reel (silk)
Titrierung *f* (Seide) / numbering *n* || **~** (Chem) / titration *n*
Titrimetrie *f* / titrimetric analysis, titrimetry *n*
tizianrot *adj* / Titian red *adj*
TKB *m*, Teilkettbaum *m* (Web) / sectional beam, section [warp] beam, sectional warp[ing] beam
TKG *n* / German textile labelling act
Toga *f* (Mode) / toga *n*
Toile *m* / toile *n* (lightweight blouse and underwear fabric)
Toilettenmatte *f* / contour mat, pedestal mat (GB), toilet mat
Toilettentischdeckchen *n* / toilet seat cover
Toleranz *f* / allowance *n*, tolerance *n*
Toluol *n* / toluene *n* || **~diisocyanat (TDI)** *n* / toluene diisocyanate
Toluylen·diamin *n*, Tolylendiamin *n* / toluenediamine *n*, toluylenediamine *n* || **~rot** *n* / toluylene red
tomatenrot *adj* (RAL 3013) / tomato red *adj*
Ton *m*, Farbton *m* / shade *n*, hue *n*, tint *n*, cast *n*, tone *n*, nuance *n* || **den ~ treffen** / match the shade || **~abstufung** *f* / grading of shades || **~abweichende Färbung**, Tonabweichung *f* / off-shade dyeing || **~beize** *f* / alum mordant
tönen *v* (Färb) / tint *v*, shade *v*, tinge *v*, tone *v* || **~** *n* / tinting *n*, shading *n*
Tonerde *f* / alumina *n* || **~beize** *f* / alumina mordant, alum mordant || **~farbe** *f* / alumina pigment || **~gel** *n* / alumina gel || **~lack** *m* / alumina lake || **~salz** *n* / aluminium salt
Ton·fixierung *f* / shade fixation || **~gleich** *adj* / tone-in-tone *adj*, on-tone *adj* || **~gleiche Färbung** / tone-in-tone dyeing
Ton-in-Ton-... (in Zssg.) / tone-in-tone *adj*, on-tone *adj* || **~-Artikel** *m* / tone-in-tone style || **~-Effekt** *m* / tone-in-tone effect || **~-Färbung** *f* / tone-in-tone dyeing
Tonkabohnenkampfer *m* / coumarin *n*
Tönnchenspule *f* (DIN 61800) / barrel-shaped package
Tonnen·rock *m* (Mode) / hoop skirt || **~spule** *f* / barrel-shaped bobbin
Tonseife *f* / aluminous soap
Tönung *f* / shade *n*, tint *n*, tinge *n* || **~** (Vorgang) (Färb) / shading *n*, tinting *n*
Tonverschiebung *f* / deviation in shade
topasgelb *adj* / topaz *adj*
Topf *m* / pot *n* || **~ablage** *f* / can coiler || **~anfasser** *m* / pot holder || **~dekatiermaschine** *f* (DIN 64990) / pot decatizing machine || **~dekatur** *f* (Ausrüst) / pot decatizing, blown finish, blowing (a type of crabbing) *n* || **~einlauf** *m* / can feed || **~einlaufgestell** *n* / can feed creel || **~haltbarkeit** *f* (Färb) / pot life || **~handschuh** *m* / oven glove (GB), oven mitt (US) || **~lappen** *m* / oven cloth, pot holder || **~spinnen** *n* / can spinning, pot spinning || **~spinnmaschine** *f* / centrifugal pot spinning machine, can spinning frame, pot spinning frame, centrifugal spinning machine || **~spinnverfahren** *n* / can spinning system, pot spinning system || **~strecke** *f* / can box, can gill box || **~träger** *m* (Spinn) / can boy, can carrier || **~zeit** *f* (Färb) / pot life || **~zentrifugenspinnverfahren** *n* / pot spinning method
Topham·sche Vorrichtung zum Verspinnen von Viskose / Topham's apparatus for spinning viscose || **~-Topfspinnverfahren** *n*, Topham-Zentrifugenspinnverfahren *n* / Topham box process (centrifugal rayon spinning box) (wet spinning)
topische Farbe (Färb) / topical colour
Toque *f* (randloser Damenhut) (Mode) / toque *n*
Torbespannung *f* / goal net
Torchonspitze *f* / torchon [lace] (fine lace, for edges and trimmings, both hand-made and machine-made)
tordiertes Garn / torque yarn (modified false-twist yarn)
Torf·faser *f* / peat fibre, turf fibre || **~fasergarn** *n*, Torfgarn *n* / peat yarn
Tornetz *n* / goal net
Torque-Garn *n* / torque yarn (modified false-twist yarn)
Torsiometer *n* / turns-per-inch counter for yarn
Torsions·bestimmung *f* / twist testing || **~bruchverfahren** *n* / twist break method || **~festigkeit** *f* (Fil) / torsional strength || **~kraft** *f* / torsional force, twisting force || **~kräuselung** *f* / torsion crimping || **~messer** *m* / twist counter, twist meter, twist tester || **~probe** *f* / twist test || **~prüfapparat** *m* / torsion tester || **~schwingversuch** *m* / torsional vibration test || **~texturierung** *f* / torsion texturizing
tot·e Baumwolle / dead cotton || **~e Drehung** / set twist, dead twist || **~e Haare** *n pl* / kemp *n* || **~er Pol** (Tepp) / dead pile || **~e Saison** (Mode) / off-season *n*
Totenhemd *n* / cerement *n*

totmahlen *v* / overgrind *v*
Tour *f*(Strick/Wirk) / course *n* || ≗ (Färb) / passage *n*, run *n*, turn *n*, end *n*
Tourenschwankung *f* / twist fluctuation
Tournaiteppich *m* s. Tournay-Teppich
Tournantöl *n* (Olivenöl, das durch lange Lagerung einen hohen Gehalt an freien Fettsäuren erhalten hat - zur Herstellung von Türkischrot-Ölen verwendet) / tournant oil, rancid olive oil
Tournay-Teppich *m* (nach der Brüsseler Technik - mit eingelegten Ruten) / Tournay carpet || ≗-**Veloursteppich** *m* / Tournay cut-pile carpet, Tournay velvet carpet
Tournüre *f*(Mode) / bustle *n*
Tow·garn *n* / tow yarn (flax or hemp yarn) || ≗-**to-Top-Konverter** *m* / tow-to-top converter, tow-to-top machine || ≗-**to-Top-Verfahren** *n* / tow-to-top conversion
Tracht *f* / costume *n* (style of dress), traditional costume, national costume, official dress, uniform *n*
Trachten·jacke *f* / costume jacket || ≗**kleidung** *f*, Trachtenkostüm *n* / regional costume || ≗**rock** *m* / costume skirt || ≗**stoff** *m* / costume fabric
Tragant[h] *m* (ein in verschiedenen Astragalus-Arten vorkommendes Gummiharz) / tragacanth *n* || ≗**gummi** *n m* / gum tragacanth || ≗**verdickung** *f* / gum tragacanth thickening, tragacanth thickening
Trag·arm *m* / carrier bracket || ≗**band** *n* / carrying strap, carrying tape
träge *adj*(Färb) / slow-reacting *adj* || ~ / inert *adj*
Trage·beständigkeit *f* / wearability *n*, wear behaviour || ≗**dauer** *f* / wear life || ~**echt** *adj* / wear-resistant *adj*, fast to wearing || ≗**echtheit** *f* / wear resistance || ≗**eigenschaft** *f*, Trageechtheitseigenschaft *f* / wearability *n*, wear behaviour, wear properties || ~**garantiert** (eingetr. Warenzeichen - Monsanto - für Fertigkleidung und Heimtextilien; für einjähriges „normales" Tragen) / wear dated || ≗**gurt** *m* / carrying strap || ≗**komfort** *m* / wear comfort, wearability *n*, wear behaviour
tragen *v* / wear *v* (clothes)
Träger *m*(Tepp, Kasch) / support *n* || ≗ (Vliesst) / stabilizing fabric || ≗ (Tepp) / back *n*, primary backing, back cloth, backing *n* || ≗ (Färb) / carrier *n* (swelling agent for dyeing synthetic fibres) || ≗ (Chem) / medium *n* || ≗ (Beschicht) / substrate *n*, base material || ≗ (Kasch) / supporting material || ≗ (am Kleid usw) (Mode) / shoulder strap || ≗ **für zylindrische oder konische Spulen** (Färb) / carrier for cylindrical or conical packages || ≗**bahn** *f*(Kasch) / supporting web || ≗**band** *n* / shoulder strap || ≗**bespulung** *f* / carrier loading || ≗**faden** *m* / carrier thread || ≗**gewebe** *n*(Tepp, Kasch) / support *n*, support fabric || ≗**gewebe** (Beschicht) / substrate *n* || ≗**gewebe** (Tepp) / backing fabric || ≗**gewebe** (lockeres Gewebe) (Vliesst) / reinforcement fabric, scrim *n* || ≗**hülse** *f* / carrier tube
Tragering *m* **für Garnbremsen** / yarn tension ring || ≗ **für Strickelemente** (Strick/Wirk) / head plate, bed plate
trägerlos *adj* / strapless *adj* || ~**er Büstenhalter** / strapless brassiere || ~**es Kleidoberteil** / strapless brassiere
Träger·material *n*(Tepp) || ≗**rock** *m*(Mode) / pinafore dress, tunic *n*, skirt with straps || ≗**schmalgewebe** *n* / brace web || ≗**schürze** *f* / pinafore *n* || ≗**substanz** *f*(Beschicht) / carrier substance || ~**substanzlos** *adj* (z.B. Benzinemulsion) / solid-free *adj* || ≗**system** *n* (Färb) / carrier system || ≗**vlies** *n*(Tepp) / nonwoven backing
Trage·säule *f*(der Fadenführung) (Strick/Wirk) / support shaft, yarn rack post, rack rod || ≗**stange** *f* **des Spulentellers** / cone plate bar || ≗**stange für den Stoffbreithalter** / cloth spreader support shaft || ≗**tasche** *f* / carrier bag, shopping bag || ≗**test** *m* / wear test || ≗**verhalten** *n* / wearability *n*, wear comfort, wear behaviour || ≗**verschleißstelle** *f* / wear spot || ≗**versuch** *m* / wear test || ≗**welle** *f* **des Stoffbreithalters** / cloth spreader shaft
Trag·fähigkeit *f* / wearability *n*, wear behaviour || ≗**fähigkeitsversuch** *m* / wear test || ≗**kordel** *f* / carrying cord || ≗**lufthalle** *f* / inflatable tent, airdome *n*
Tragongummi *n m* / gum tragon
Trag·ring *m* (Fadenführer) / feeder ring, carrier ring || ≗**ring für die Spulenträger** / yarn rack || ≗**rolle** *f* / supporting roller || ≗**welle** *f* **des Breithalters** / spreader shaft || ≗**welle des Spulengestells** / bobbin support shaft
Trainingsanzug *m* / track suit, work-out suit, sweat-suit *n*, sports overall
Trame *f*, Trameseide *f*, Schußseide *f* / tram *n*, weft silk, silk weft, filling silk || ≗**seidengarn** *n* **für Strümpfe** / tramette *n* (GB) || ≗**spulen** *n* / filling silk winding
Trametteseide *f* / coarse tram
Tränk·bad *n* / impregnating bath, impregnation bath || ≗**einrichtung** *f*(Ausrüst, Imprägnierung) / saturator *n*
tränken *v* / saturate *v*, steep *v*, soak *v*, impregnate *v* || **mit Wasser** ~ / water-soak *v* || ≗ *n* / impregnation *n*, saturation *n*, steeping *n*, steep *n*, soaking *n*
Tränk·flotte *f* / impregnating liquor || ≗**flüssigkeit** *f* / saturating liquid || ≗**harz** *n* / impregnating resin || ≗**lack** *m* / impregnating varnish
Transfer·beschichtung *f* / transfer coating || ≗**beschichtungsmaschine** *f* / transfer coating machine, kiss coating machine || ≗**beschichtungsverfahren** *n* / transfer coating process, kiss coating process || ≗**druck** *m* / transfer printing || ≗**druckanlage** *f*(Transdr) / transfer printing unit, thermoprint equipment || ≗**feder** *f* / transfer expander || ≗**kalander** *m* / transfer calender || ≗**masche** *f* / transfer stitch || ≗**muster** *n* (Strick/Wirk) / transfer pattern, transfer design || ≗**muster** (Mode) / transfer stitch pattern || ≗**nadel** *f* (Strick/Wirk) / transfer needle || ≗**pressen** *n* / transfer moulding (for thermosetting plastics) || ≗**stickerei** *f* / transfer embroidery || ≗**verfahren** *n* (Textdr) / transfer process, transfer coating process
Transmission *f*(Kol) / transmittance *n*
Transmissions·kurve *f*(Kol) / transmittance curve || ≗**messung** *f*(Kol) / transmittance measuring
transparent *adj* / transparent *adj* || ~ (Faser) / clear *adj* || ~**er Ansatz** (Beschicht) / clear coat || ~**e Beschichtung** / transparent coating || ~**e Schicht** (Beschicht) / clear coat || ≗-**Ausrüstung** *f* / organdy finish || ≗-**Finish** *n* / transparent finish || ≗**folie** *f* / transparent film || ≗**gardine** *f* / semi-sheer curtain || ≗**samt** *m* / transparent velvet
Transparenz *f* / transparency *n* || **[unvollständige]** ≗ / translucence *n*, translucency *n*
Transportband *n* / endless belt, conveyor belt ||

≈trockner *m* / conveyor drying machine
Transporteur *m*(Näh) / feed dog, feed *n* || ≈**exzenter** *m*(Näh) / feed dog eccentric || ≈**haltekurbel** *f*(Näh) / feed dog carrier crank || ≈**halter** *m*(Näh) / feed dog carrier || ≈**rahmenachse** *f*(Näh) / feed dog frame axle || ≈**träger** *m*(Näh) / feed dog carrier
Transport·filz *m* / conveying felt || ≈**kette** *f*(DIN 64990) / conveyor chain || ≈**kräuseln** *n*(Näh) / feed pucking || ≈**lattentuch** *n* / conveyor lattice || ≈**lattentuch** (DIN 64100)(Spinn) / transport lattice || ≈**rahmen** *m*(Näh) / feed frame || ≈**walze** *f* / carrier roller || ≈**welle** *f*(Näh) / feeding shaft
Trapez·ausschnitt *m*(Mode) / trapezium neckline || ≈**reißfestigkeit** *f*, Trapezreißkraft *f* / trapezoid tear strength || ≈**reißfestigkeitsprüfung** *f*, Trapezreißkraftprüfung *f* / trapezoid tear testing
Trauer·binde *f* / [black] crepe band, mourning band || ≈**fahne** *f* / banderole *n* || ≈**flor** *m*(Web) / crape *n* || ≈**flor** (im Knopfloch, an einer Fahne usw.) / crepe band, weeds *pl* || ≈**flor** (am Hut)(hist) / weepers *pl* || **mit einem** ≈**flor versehen** / crape *v* || ≈**gewand** *n* / mourning dress || ≈**kleidung** *f* / mourning wear, weeds *pl* || **schwarzer Seidenstoff für** ≈**kleidung** / widow's silk || ≈**krepp** *m* / mourning crepe || ≈**schleier** *m* / mourning veil
träufeln *v* / drip *v*
Traufenwaschmaschine *f* / spray-washing machine
Travelcoat *m* / travel coat
Traverse *f* **der Ringspinnmaschine** / ring bar
Treff·stelle *f*, Verbindungsstelle *f*(Web) / joinings *pl*, place of junction, meetings *pl* || ≈**stift** *m*(Färb) / gauge pin || ≈**stift** (Transdr) / guide pin, guide stud
Treibel *n* / American broadtail
treiben *v* / drive *v* || **auf die Faser** ~ (Färb) / force upon the fibre
Treiber *m*, Schneller (Web) / [loom] driver, [loom] picker || ≈ (Bandweberei) / whip *n*, shuttle driver || ≈**schoner** / picker shield
Treib·mittel *n* / blowing agent, expanding agent (foaming), foaming agent || ≈**riemen** *m* / drive belt, transmission belt, driving belt || ≈**riemenstoff** *m* / driving belt fabric, belting *n* || ≈**schaum** *m* (Beschicht) / chemical foam || ≈**schnur** *f*(Spinn) / band *n*, spindle cord, spindle band
Trenchcoat *m* / trenchcoat || ≈**stoff** *m* / raincoating *n*, raincoat fabric, trenchcoat fabric
Trennbrett *n* / separating board (card)
trennen *v*(allg) / separate *v*, detach *v* || ~ (Kasch) / delaminate *v* || ~ (das Gewebe), zerfasern *v* / disaggregate *v*(the fabric) || **die Gewebeenden** ~ / separate the ends of the fabric *n* || ≈ *n* / separation *n*
Trenn·faden *m*(Strick/Wirk) / draw thread || ≈**faden** / separating yarn, separating thread || ≈**gewebe** *n*, Trennläufer *m*(Transdr) / release cloth || ≈**kraft** *f* / separation force || ≈**last** *f*(Gummi/Textil-Bindung) / minimum adhesion (kgf/cm width) || ≈**mittel** *n* / anti-tack agent || ≈**mittel** (Transdr) / release agent || ≈**mittel** (für Formen) / mould release agent || ≈**mittel abgeben** / exudate the release agent || ≈**papier** *n*(Transdr) / release paper || ≈**papier mit Siliconbeschichtung** (Transdr) / plastic release paper coated with silicone || ≈**platte** *f*(Masch) / separator blade || ≈**reihe** *f*(Strick/Wirk) / separating course, draw course || ≈**reihe** (Trennfaden) / ravel course (draw thread) || ≈**reihenarbeit** *f* / knitting of the draw thread || ≈**reiheneinrichtung** *f*(Strick/Wirk) / draw thread installation, separating course device, ravel course device || ≈**stab** *m*, Trennschiene *f*(Web) / lease bar, leasing rod, lease rod || ≈**stelle** *f* / pick-out mark (defect) || ≈**träger** *m*(Transdr) / release carrier, release material || ≈**trichter** *m* / separating funnel
Trennung *f* / separation *n* || ≈ **von Maschenware** / separation of knitted garments
Trenn·vermögen *n*(Transferdruck) / release *n* || ≈**vermögen der Flocken** / separation of flocks || ≈**versuch** *m*(Beschicht) / parting test || ≈**zwirn-Garn** *n* / duo-twist yarn || ≈**zwirntexturieren** *n* / twist/untwist texturing || ≈**zwirnverfahren** *n* / duo-twist method, separated yarn process (texturing)
Trensgarn *n* / worming thread
Treppen·belag *m* / stair carpeting || ≈**kante** *f*(Tepp) / nosing *n*, stair nosing || ≈**läufer** *m* / stair carpet, carpet runner, Venetian carpet, stair carpeting, carpet traveller, carpet strip || ≈**stange** *f*(Tepp) / stair rod
Tresse *f*, Litze / braid *n*, lace *n*(on uniform), braiding *n* || ≈, Borte *f* / galloon *n*, trimming *n*, trimming ribbon, welt *n*, edging *n*
Tret·rad *n*(Spinn) / treadle wheel || ≈**radversuch** *m* / pedal wheel test || ≈**schemel** *m*(Web) / treadle *n* || ≈**spinnrad** *n* / treadle spinning wheel || ≈**vorrichtung** *f*(Web) / treadle motion
Triacetat (CT) *n* / triacetate *n* || ≈**faser** *f*(bei dem mindestens 92 v.H. der Hydroxylgruppen acetyliert sind) / triacetate fibre, cellulose triacetate fibre || ≈**faserfärben** *n* / triacetate dyeing || ≈**faserstoff** *m* / [cellulose] triacetate fibre || ≈**filament** *n* / triacetate filament || ≈**filamentgarn** *n* / triacetate filament yarn || ≈**garn** *n* / triacetate yarn || ≈**gewebe** *n* / triacetate fabric || ≈**spinnfaser** *f* / triacetate staple fibre || ≈**spinnfasergarn** *n* / triacetate spun yarn || ≈**viskosefilament** *n* / triacetate rayon
Trialkylmelamin *n*(Schaumregulator, von Wasserhärte unabhängig) / trialkylmelamine *n*
Triaminchelat *n* / triamine chelate
Triangel-BH *m*, Triangel-Büstenhalter *m* / triangular bra (swimwear)
Triarylmethanfarbstoff *m* / triarylmethane dyestuff
Triäthanolamin *n*, Triätholamin *n* / triethanolamine *n* || ≈**seife** *f* / triethanolamine soap
triaxial·es Gewebe (Web) / triaxial fabric || ~**es Weben** / triaxial weaving || ~**e Webmaschine** / triaxial weaving machine, triaxial weaving loom
Triazin *n* / triazine *n*
Triazofarbstoff *m* / triazo dyestuff
Triazol *n* / triazole *n*
Triazon *n* / triazone *n*
Trichlor·äthan *n* / trichloroethane *n* || ≈**äthen** *n*, Trichloräthylen *n* / trichloroethylene *n* || ≈**äthylenechtheit** *f* / fastness to trichloroethylene
trichromatisch *adj*, dreifarbig *adj* / trichromatic *adj* || ~**es Druckverfahren**, Trichromie-Druckverfahren *n* / trichromatic printing technique || ~**er Farbkoeffizient** / trichromatic coefficient || ~**es System** / trichromatic system
Trichromie *f* / trichromaticity *n* || ≈**farbstoff** *m* / trichromatic dyestuff || ≈**färbung** *f* / trichromatic dyeing
Trichter·schlauchspulmaschine *f*(Spinn) / winding machine for solid cops || ≈**spinnen** *n* / funnel spinning, hopper spinning || ≈**spinnverfahren** *n* / hopper spinning method, funnel spinning method || ≈**spulmaschine** *f* / cup winding frame, cup

spooling machine
Tricoline *f*(Markenbezeichnung für einen besonders feinfädigen merzerisierten Baumwoll-Popelin für Oberhemden und Blusen, Kette und Schuß gezwirnt) (Gew) / tricoline *n*
Triebwerkgestell *n* **der Mulemaschine**, Triebkopf *m* / headstock *n*
Trifluormethyl-Gruppe *f* / trifluoromethyl group
Trihexylsulfocarballylat *n* / trihexyl sulphocarballylate
Trihydroxy·benzoesäure *f* / trioxybenzoic acid || **˜benzol** *n* / phloroglucin *n*
Trijama *m* (Kombination von Schlafanzug und Morgenmantel) / trijama *n*
Trikot *m n*, Trikotstoff *m* / tricot *n*, stockinet *n*, tricot fabric, stockinette *n* || ˜ *n*, Turnhemd *n* / vest *n*, T-shirt *n*, singlet *n* || ˜ (bei Fußball, Radrennen usw) / shirt *n*, jersey *n* || ˜ (der Akrobaten, Tänzer) / leotard *n*
Trikotagegarn *n* / knitting yarn, hosiery yarn
Trikotagen *f pl* / knitted goods, knitwear, jersey goods *pl* || **˜fabrikation** *f* / knitwear manufacture, tricot manufacture || **˜konfektion** *f* / ready-made knitted garments *pl* || **˜rauhmaschine** *f* / raising machine for knitted goods
Trikot·bindung *f*(Web, Kettwirk) / tricot *n*, tricot weave || **˜bleiche** *f* / knitted goods bleaching || **˜-Charmeuse** *f*(Strick/Wirk) / charmeuse *n* || **˜druck** *m* / tricot printing || **˜garn** *n* / tricot yarn || **˜gewebe** *n* / tricot fabric || **˜hemd** *n* / vest *n*, T-shirt *n*, singlet *n*
Trikotine *m* (trikotartiger gewebter Wollstoff) / tricotine *n* (dress fabric made from fine botany worsted yarn, featuring whipcord effect)
Trikot·kalander *m* / calender for knitted fabrics || **˜legung** *f* / one-and-one lapping, tricot stitch
Trikotschlauchware, glatte, völlig ungemusterte ˜ (Web) / webbing *n*
Trikot·stoff *m* / knitted fabric, knit fabric || **˜strickerei** *f* / tricot knitting || **˜stückware** *f* / jersey piece goods *pl* || **˜trommeltrockner** *m* / tricot drum drier || **˜unterhemd** *n* / vest *n*, T-shirt *n*, singlet *n* || **˜unterwäsche** *f* / tricot underwear, knitted underwear || **˜ware** *f* / jerseywear *n*, knitted goods || **˜wäsche** *f* / tricot underwear, knitted underwear || **˜wirkerei** *f* / tricot knitting
trilobal *adj* / trilobal *adj*, trilobate *adj*, trilobated *adj*, trilobed *adj* || **~e Faser** / trilobal fibre, trilobed fibre || **~es Filamentgarn** / trilobal filament yarn (textured yarn with trefoil cross-section) || **~es Garn** / trilobal yarn || **~er Querschnitt** / trilobed cross section || ˜ *n* / trilobal *n* (manmade fibre with trilobal cross-section)
Trimethoxymethylmelamin (TMM) *n* / trimethoxymethyl melamine (TMM)
Trinatrium·hydrogendikarbonat *n* / sodium sesquicarbonate || **˜orthophosphat** *n*, Trinatriumphosphat *n* / trisodium orthophosphate, trisodium phosphate || **˜salz** *n* / trisodium salt
Tringlesvorrichtung *f* / tie-up with lifting rods, tie-up with twilling bars
Trinitro·toluol *n* / trinitrotoluene *n* || **˜zellulose** *f* / trinitrocellulose *n*
Trioxosilikat *n* / metasilicate *n*
Trioxyanthrachinon *n* / trioxyanthraquinone *n*
Tripalmitin *n* / palmitin *n*
Triphenyl·methan *n* / triphenyl methane || **˜methanfarbstoff** *m* / triphenylmethane dyestuff || **˜phosphat** *n* / triphenyl phosphate
Trisazofarbstoff *m* / trisazo dyestuff
Tristimuluswert *m* / tristimulus value
Tritik-Färbeverfahren *n* / tritik *n* (type of resist dyeing)
Trittelieren *n* (Web) / staggering of heald frames, treadling *n*
tritt·fest *adj*(Tepp) / crush-resistant *adj*, hard-wearing *adj* || **~fester Flor** (Tepp) / crushproof pile || **~festes Kettveloursgewebe** / resilient brushed warp-knitted fabric || **~fester Teppich** / non-crush carpet || **˜festigkeit** *f*(Tepp) / crush resistance || **˜festigkeit** (Teppichpol) / resilience *n* || **˜folge** *f*(Web) / order of treadling || **˜prüfung** *f* (Tepp) / traffic resistance test, walking test || **˜rolle** *f*(Web) / treadle bowl || **˜schalldämpfung** *f* / foot fall sound attenuation || **˜schemel** *m*(Web) / treadle *n* || **~sichere Oberfläche** (Tepp) / firm tread || **˜-Test** *m*(Tepp) / traffic resistance test || **˜vorrichtung** *f*(Web) / treadle motion, treadling device || **˜webstuhl** *m* / treadle loom || **˜wechsel** *m* (Web) / change of treadling || **˜welle** *f*(Nähm) / treadle rod || **˜zahl** *f* / number of treadles
Tritylfarbstoff *m* / triarylmethane dyestuff, triphenylmethane dyestuff
trocken·er Dampf / dry steam || **~ dekatieren** / decatize with dry steam || **~e Destillation** / dry distillation || **~es Erhitzen** / dry heating, baking *n* || **~ gereinigt** / dry-cleaned *adj* || **~er Griff** / dry feel, dry handle, lean handle || **~e Hitze** / dry heat || **~e Karbonisation** / dry carbonizing || **~es Rauhen** / dry raising || **~ reinigen** / dry-clean *v* || **vollkommen ~** / bone-dry *adj* || **˜abteil** *n* / drying compartment || **˜aggregat** *n* / drying plant || **˜analyse** *f* / dry analysis || **˜änderung** *f* **des Farbtons** / shade change on drying (ironing) || **˜anlage** *f* / drying plant || **˜anlage für Faser- und Stoffabfälle** / flock and rag drying plant || **˜anschmutzung** *f* / soiling in dry state || **˜apparat** *m* / drying apparatus || **˜appretur** *f* / dry finish[ing], dry proofing || **˜appreturmaschine** *f* / dry-finishing machine || **˜auswringen** *n* / dry wringing || **˜behandlung** *f* / dry process || **˜belichtungsprüfung** *f*(Textil) / fastness to light (dry) test || **˜berstfestigkeit** *f* / dry bursting strength || **~beständig** *adj* / resistant to drying *adj* || **˜biegefestigkeit** *f* / dry bending strength || **˜biegefestigkeit** (Beschicht) / dry flex strength || **˜bindefestigkeit** *f* / dry bonding strength || **˜bleiche** *f* / dry bleaching || **˜boden** *m* / hanging room || **˜bügeln** *n* / dry pressing, dry ironing || **˜bürsten** *n* / dry brushing || **˜chloren** *n* / dry chemicking || **˜dampf** *m* / dry steam || **˜dämpfen** *n* / dry steaming, dry blowing || **˜dekatieren** *n* / dry blowing, dry steaming, steam decatizing (GB), steam decating (US) || **˜dekatiermaschine** *f* / dry decatizing machine, dry decating machine || **˜dekatiermaschine** (DIN 64990) / decatizer with steam || **˜dekatur** *f* / dry decatizing (GB), dry decating (US), dry-system decating (US), dry steaming, dry-steam decatizing (GB) || **˜detachiermittel** *n* / dry stain removing agent || **˜detachur** *f* / dry stain removal || **˜d[o]ublieren** *n* (Spinn) / dry doubling || **˜elastizität** *f* / dry elasticity || **˜erholung** *f* / dry recovery || **˜erspinnen** *n* / dry extrusion spinning || **˜farbe** *f* / dry colour || **˜färbemethode** *f* / dry dyeing process || **˜färben** *n* / brush-staining *n*, dry dyeing || **˜färbung** *f* / dry dyeing || **˜feld** *n* / drying zone || **˜festigkeit** *f* / dry

resistance, drying resistance, dry tenacity, dry strength || ≈**filz** *m* (Vliesst) / drier felt, drying felt || ≈**fixierapparat** *m* (Färb) / dry fixation apparatus || ≈**flachsspinnerei** *f* / dry flax spinning || ≈**gehalt** *m* / dry content, solid content || ≈**gehaltsprüfer(Garn)** *m* / conditioning apparatus || ≈**gehaltsprüfung** *f* (Garn) / conditioning *n* (of yarn) || ≈**geschwindigkeit** *f* / drying rate || ≈**gespinst** *n* / dry-spun yarn || ≈**gestell** *n* / clothes-horse *n*, clothes-maiden *n* || ≈**gewicht** *n* / dry weight, moisture-free weight, oven-dry mass || ~**gezwirnt** *adj* / dry-doubled *adj* || ≈**glatt-Ausrüstung** *f* / smooth-drying finish || ≈**glatt-Effekt** *m* / smooth-drying effect || ≈**hänge** *f* / hanging room, hot-air drying loft || ≈**haspel** *f* / drying reel

Trockenheit *f* / dryness *n*

Trockenhilfsmittel *n* / drying agent, drying auxiliary

Trockenhitze *f* / dry heat || ≈**behandlung** *f* / dry heating || ≈**beständigkeit** *f* / fastness to dry heat || ≈**fixierechtheit** *f* (Färb) / fastness to curing, fastness to sublimation, fastness to dry heat treatment, fastness to dry heat fixation || ≈**fixierechtheit** (Fasern und Textilien) / fastness to setting in dry heat || ≈**fixierung** *f* (Färb) / dry heat fixation, curing of dyestuff || ≈**fixierung** (Fasern und Textilien), Trockenheißfixierung *f* / dry heat setting || ≈**plissier- und Trockenhitzefixierechtheit** (DIN 54060) *f* / fastness to pleating and setting in dry heat || ≈**plissierechtheit** *f* / dry heat pleating stability || ≈**-Transferverfahren** *n* / heat transfer printing

Trocken·horde *f* / drying tray || ≈**hydrophobieren** *n*, Trockenimprägnieren *n* / waterproofing with solvent-soluble impregnating agents || ≈**-in-Naß-Verfahren** *n* / dry-on-wet method (anti-slip finish) || ≈**kämmen** *n* / dry combing || ≈**kammer** *f* (Textdr) / drying chamber, hot air chamber || ≈**kanal** *m* / drying tunnel || ≈**kapazität** *f* / drying capacity || ≈**kaschierung** *f* / dry laminating || ≈**klebeverfahren** *n* / dry adhesive arrangement || ≈**klebrigkeit** *f* / dry tack || ≈**knitterechtheit** *f* / dry wrinkle fastness || ≈**knittererholung** *f* / dry crease recovery || ≈**knittererholungswinkel** *m* (TKW) / dry crease recovery angle || ≈**lichtechtheit** *f* / fastness to light in dry state || ≈**luft** *f* / drying air || ≈**mansarde** *f* / drying loft, back drier, cottage drier || ≈**maschine** *f* / drying machine, drying apparatus, drier *n* || ≈**maschinenfilz** *m* / drier felt || ≈**masse** *f* / oven-dry mass, dry weight || ≈**merzerisation** *f* / dry mercerizing || ≈**mittel** *n* / drying agent, drier *n*, dehumidifier *n*, siccative *n* || ≈**-Nachbehandlung** *f* / dry aftertreatment || ≈**ofen** *m* / drying stove, drying oven, drying channel || ≈**ofen** (Beschicht) / baking oven, curing oven, baking stove || ≈**pistole** *f* / drying pistol || ≈**platte** *f* / drying plate || ≈**quellung** *f* / dry swelling || ≈**rahmen** *m* / stenter drier (GB), stenter frame (GB), tenter drier (US), tenter frame (US) || ≈**rahmen mit Voreilung** / advanced drying stenter || ≈**rakel** *f* / drying doctor || ≈**reibechtheit** *f* / fastness to dry rubbing, dry rub-fastness

Trockenreinigung *f*, chemische Reinigung / dry cleaning, French cleaning

Trockenreinigungs·anlage *f* / dry cleaning plant || ~**beständig** *adj* / unaffected by dry cleaning, dry-cleanable *adj* || ≈**beständigkeit** *f* / dry cleaning fastness, fastness to dry cleaning, dry-cleanability *n* || ~**echt** *adj* / unaffected by dry cleaning, fast to dry cleaning || ≈**echtheit** *f* (DIN 54024) / fastness to dry cleaning || ≈**echtheit der Appretur** / finish dry cleaning fastness || ≈**echtheit der Farbe** / colour dry cleaning fastness || ≈**maschine** *f* / dry cleaning machine || ≈**mittel** *n* / dry cleaning agent, dry cleaning solvent || ≈**verstärker** *m* / dry cleaning intensifier, dry cleaning detergent

Trocken·relaxation *f* / dry relaxation || ≈**rückstand** *m* / drying residue || ≈**schleuder** *f* / spin-drier *n*, whizzer (US), hydroextractor *n*, centrifugal drier || ≈**schleudergang** *m* / tumble cycle (washing machine), tumble dry cycle, spin-dry cycle || ~**schleudern** *v* / spin-dry *v*, whizz *v* (US) || ≈**schleudern** *n* / spin-drying *n*, whizzing *n* (in the hydroextractor or centrifuge) (US) || ≈**schlichte** *f* / dry sizing || ≈**schlichtmaschine** *f* / drying and sizing machine || ≈**schliff** *m* / dry grinding || ≈**schmutzabweisung** *f* / dry soiling repellent effect || ≈**schrank** *m* / hot-air cabinet, drying oven, drying cabinet || ≈**schrank mit Einsätzen oder herausnehmbaren Trockenblechen** / tray drier || ≈**schwindung** *f*, Trockenschwund *m* / shrinkage on drying || ≈**spannrahmen** *m* / drying stenter (GB), hot-air stenter (GB), drying tenter (US), hot-air tenter (US) || ≈**spinnen** *n* / dry spinning || ≈**spinnmaschine** *f* / dry spinning frame || ≈**spinnverfahren** *n* / dry spinning method, dry spinning process || ≈**spritzdekatur** *f* / dry spraying stain cleaning || ≈**sprühreinigung** *f* / spray dry cleaning || ≈**stoff** *m* / desiccant *n*, drying agent, drier *n*, siccative *n* || ≈**substanz** *f* / solids *pl* || ≈**teilfeld** *n* (Schlichten) / dry dividing zone || ≈**temperatur** *f* / drying temperature || ≈**thermofixierung** *f* / dry heat setting || ≈**thermometertemperatur** *f* / dry bulb temperature || ≈**transferdruck** *m* / heat transfer printing, heat printing || ≈**trommel** *f* / cylinder drier, rotary drier || ≈**trommelentwicklungsverfahren** *n* / drying cylinder developing process || ≈**turm** *m* / drying tower, hot-air drying tower, drying vault || ≈**verfahren** *n* / dry process || ≈**vernetzung** *f* (Beschicht) / dry crosslinking || ≈**vernetzungsverfahren** *n* (Ausrüst) / dry-curing process || ~**versponnen** *adj* / dry-spun *adj* || ~**versponnene Faser** / dry-spun fibre || ≈**vorgang** *m* / drying process || ≈**walkmaschine** *f* (DIN 64990) / dry milling machine || ≈**walze** *f* / drying roller || ≈**wärme** *f* / dry heat || ≈**wäsche** *f* / solvent scouring || ≈**wickelverfahren** *n* (mit Prepregs) / dry winding || ≈**zeit** *f* / drying time || ≈**zelle** *f* / drying compartment || ≈**zentrifuge** *f* / centrifugal drier, whizzer *n* (US), spin-drier *n* || ≈**zone** *f* / drying zone || ~**-zu-trocken** *adj* (Färb) / dry-to-dry *adj*

Trockenzylinder *m* (Färb, Textdr) / drying cylinder, cylinder drier, drying roller, can drier, steam chest || ≈ **mit Mantel** / jacketed drying cylinder || **auf dem** ≈ **trocknen** / can-dry *v*, dry on the cans || ≈**entwicklung** *f* / dry cylinder developing

trocknen *v* / dry *v*, desiccate *v*, dry out, dehumidify *v* || **an der Luft** ~ / dry in the open air || **auf dem Zylinder** ~, auf der Zylindermaschine trocknen / dry on the cans, can-dry *v* || **im Trockner** ~ / tumble-dry *v* || **im Vakuum** ~ / dry in vacuo || ≈ *n* / drying *n* || ≈ (der Wäsche) **auf der Wäscheleine** / line drying || ≈ **an der Luft** / open-air drying, air drying, drying in the open air || ≈ **auf dem**

Zylinder, Trocknen *n* auf der Zylindermaschine / drying on the cans, cylinder drying || ≗ **im Raum**, Trocknen *n* in Zimmerluft / drying in room air || ≗ **im Trockner** / tumble drying || ≗ **unter Druck** / pressure drying
trocknendes Öl / drying oil
Trockner *m* / drier *n* || ≗, Wäschetrockner *m* / tumble-drier *n* || ≗ **für Kreuzspulen** / cheese drier || ≗ **mit regelbarer Spannung** / adjustable-tension drier || ≗ **mit Strahlungsbeheizung** / radiant drier
Trocknung *f* / drying *n*, desiccation *n*, dehydration *n*, dehumidification *n* || ≗ **durch Verhängen** / suspension drying
Trocknungs·beschleuniger *m* / drying accelerator || ≗**düse** *f* / drying nozzle || ≗**einrichtung** *f* / drying equipment || ≗**feld** *n* / drying zone || ≗**hilfsmittel** *n* / drying assistant || ≗**maschine** *f* / drier *n*, dryer *n* || ≗**maschine** (DIN 64990) / carbonizer *n* || ≗**mittel** *n* / drier *n*, desiccant *n* || ≗**strecke** *f* / drying compartment || ≗**- und Garnkonditionierungsapparat** *m* / drying and yarn conditioning apparatus || ≗**- und Spannmaschine** *f* / drying and stentering machine || ≗**verhältnis** *n* / drying ratio || ≗**vorrichtung** *f* / drying device || ≗**zeit** *f* / drying time
Troddel *f* / tassel *n*, tuft *n*, pompon *n*
Trog *m* (Färb) / trough *n*, tub *n*, back *n* (US), beck *n* (GB), vat *n* || ≗**walze** *f* (Beschicht) / trough roller
Trois-pièces *n* (dreiteilige Kleidungsgarnitur, z.B. Jumperkleid mit Jacke oder Kostüm mit Mantel) / three-piece *n*
Trommel *f* / drum *n*, cylinder *n* || ≗**abfall** *m* / cleanings *pl* of the drum, drum waste (cotton) || ≗**antrieb** *m* / drum drive || ≗**auflage** *f* (Spinn) / cylinder clothing || ≗**ausputz** *m* / cylinder strip, cleanings *pl* of the drum, cylinder waste || ≗**beschlag** *m* (Spinn) / cylinder cover[ing], cylinder clothing, cylinder fillet || ≗**dämpfer** *m* / cylinder steamer, drum steamer || ≗**druck** *m* / drum printing || ≗**färbeapparat** *m*, Trommelfärbemaschine *f* / drum dyeing machine, cylinder dyeing machine, rotary dyeing machine || ≗**färben** *n* / drum dyeing || ≗**hülse** *f* / winding head || ≗**ladevorrichtung** *f* / pin drum setter || ≗**magazin** *m* (Web) / drum magazine, circular battery || ≗**mischer** *m* / barrel mixer, cylinder mixer || ≗**öffner** *m* (Spinn) / cylinder opener || ≗**polieren** *n* / drum polishing || ≗**putzwalze** *f* (Spinn) / fancy stripping roller || ≗**putzwalze** (Kard) / card fancy || ≗**rauhmaschine** *f* / cylinder teaseling machine || ≗**rost** *m* / cylinder grid || ≗**roststab** *m* / cylinder grid bar || ≗**schlagstab** *m* / cylinder beater bar || ≗**schlichtmaschine** *f* / cylinder sizing machine, slasher *n*, slashing machine, tape frame (GB), warp dressing and sizing machine, warp sizing machine || ≗**spulmaschine** *f* / drum winder || ≗**stuhl** *m* (Web) / cylinder loom, barrel loom || ≗**trockenmaschine** *f*, Trommeltrockner *m* / drum drier, drum type drier, cylinder drying machine || ≗**verkleidung** *f* / cylinder jacket || ≗**waschmaschine** *f* (für Vorwäsche) / drum scouring machine || ≗**waschmaschine** (DIN 64990) / drum type washer, cylinder washing machine, rotary washing machine || ≗**wolle** *f* / cleanings *pl* of the drum
Tropäolin *n* **O oder R** (Färb) / resorcinol yellow, tropaeolin O, chrysoine *n*
Tropen·anzug *m* / tropical suit || ≗**anzugstoff** *m* / tropical suiting, tropical cloth, sun cloth || ≗**bekleidung** *f* / tropical clothing, tropical wear || ≗**beständigkeit** *f* / resistance to tropical conditions || ~**fest** *adj*, tropengeschützt *adj* / tropics-proof *adj*, tropicalized *adj* || ≗**festigkeit** *f* / resistance to tropical conditions || ≗**helm** *m* / sun helmet || ≗**kleidung** *f* / tropical clothing, tropical wear || ≗**test** *m* / tropical test
Tropfbrett *n* / drip[ping] board
Tröpfchen *n* / droplet *n*, blob *n*
tropfecht *adj* / drop-proof *adj*, spotproof *adj* || ≗**ausrüstung** *f* / drop-repellent finish
tröpfeln *v* / drip *v*, drop *v* || ≗ *n* / drip *n*
tropfen *v* / drop *v*, drip *v* || ≗ *m* / drop *n*, drip *n* || ≗**bildung** *f* / drop formation || ≗**fänger** *m* / antidripping device || ≗**färben** *n* / drop dyeing || ~**frei** *adj* / drop-free *adj* || ≗**probe** *f* / drop test, spot[ting] test || ≗**prüfung** *f* / drop penetration test || ~**weise** *adv* / drop by drop
Tropf·fleck *m* / drip stain, water spot, water-borne stain || ≗**flecke auf den Waren** *m pl* (Färb) / spotting of the goods || ~**frei** *adj* / drip-proof *adj* || ~**naß** *adj* / dripping wet || ≗**probe** *f* / drop test || ≗**- und Aufsprühverfahren** *n* / drop and spray-on process (space dye) || ≗**verfahren** *n* / drop method || ≗**versuch** *m* / drop penetration test
Tropical *m* (Gewebeart) / tropical cloth || ≗**anzug** *m* (Mode) / tropical suit
Trosse *f* / tow rope, hawser *n*
Trossel·garn *n* / throstle yarn, water yarn (hard-twisted cotton warp yarn), warp yarn || ≗**kop** *m* / warp cop
Trossenschlag, im ≗ **geschlagen** / laid hawser fashion (rope)
Trousseau *m* (eine aus mehreren genau zusammenpassenden Einzelteilen bestehende komplette Garderobe) / trousseau *n*, coordinated look
trüb[e] *adj* / dull *adj*, lacklustre *adj*, cloudy *adj*, hazy *adj*, blurred *adj* || ~ **machen** / cloud *vt* || ~ **werden** / become dull *v* (colour), become turbid, tarnish *v*
trüben *v* / cloud *vt*, flatten *v*, dull *v*, matt *v*, deaden *v* || ~ (sich) / cloud *vi*, become turbid, dim *v*
Trubenisieren *n* (Spezialverfahren zur Herstellung versteifter Gewebe, z.B. für Kragen- und Manschettenstoffe für Oberhemden) / trubenizing *n* (welding of two or more cloths together)
Trübung *f*, Trübheit *f* (Chem) / cloudiness *n*, milkiness *n*, turbidity *n* || ≗ (Beschicht) / haze *n* || ≗ (Färb) / dulling *n*, flattening *n*, matting *n*, delustring *n*
Trübungs·messung *f*, Trübungsanalyse *f*, Nephelometrie *f* / turbidity measurement, turbidimetric analysis, nephelometric analysis || ≗**punkt** *m*, Entmischungspunkt *m* (nichtionogene Tenside) (DIN 53917) / cloud point, turbidity point || ≗**temperatur** *f* / cloud temperature || ≗**titrationszahl** *f* / turbidity titration number || ≗**zahl** *f* / turbidity index
trübweiß *adj* / off-white *adj*
Trumm *n* (am Ende der Kette) (Web) / thrum *n*
Trypanblau *n* / benzamine blue
tscherkessischer Teppich / Circassian rug, Tscherkess rug
Tschetsche-Teppich *m* (aus dem Kaukasus), Ts[c]hitschi-Teppich *m* / Tzitzi rug
Tsharhad *m* (kleiner handgeknüpfter persischer Teppich) / Tcharhad rug
T-Shirt *n* / T-shirt *n*
T-Stichmaschine *f* / T-stitching machine

TT-Färbeverfahren (Thermosol/ Thermofixierverfahren) *n* / TT dyeing process (thermosol/thermofixation dyeing process)
Tuch *n* / cloth *n*, fabric || **~e** *n pl*(allg) / drapery *n* || ~ *n* (Halstuch, Kopftuch) / scarf *n* || ~ (Staubtuch) / duster *n* || ~ (Wischtuch) / cloth *n*, rag *n* || ~ **zum Abtrocknen** / towel *n* || ~ **zurückweben** (Web) / unravel *v* || **~abfälle** *m pl*(Web) / cuttings *pl* || **~abschnitt** *m*(Web) / length *n* || **~arbeiter** *m* / cloth worker || **~ausrüstung** *f* / cloth finishing || **~bahn** *f* / breadth of cloth, width of cloth || **~ballen** *m* / bale of cloth || **~baum** *m*(Web) / cloth beam, front roll[er], cloth roller || **~belesen** *n* / burling *n* || **~bindung** *f* s. Leinwandbindung || **~breite** *f* / breadth of cloth || **~echtblau** *n* / cloth fast blue || **~elle** *f* (lineare Tuchlänge von 37 Zoll ohne Rücksicht auf die Gewebebreite) / cloth yard (a unit of 37 inches, equal to the Scotch ell)
Tücherdruck *m* / shawl and handkerchief print || **~maschine** *f* / scarf and handkerchief printing machine
Tuch·fabrikant *m* / cloth manufacturer || **~fabrikation** *f* / cloth manufacture || **~falte** *f* (Knitterfalte) / wrinkle *n*, crease *n* || **~falte** (Rockfalte) / pleat *n* || **~färbebetrieb** *m* / cloth dyeing plant || **~färberei** *f* / cloth dyeing, cloth dyeing plant || **~filter** *m n* / fabric filter, cloth filter || **~filz** *m* / felt[ed] fabric, felt cloth, felted material, hardening cloth || **~gewebe** *n* / pile fabric || **~händler** *m* / cloth merchant || **~hersteller** *m* / cloth manufacturer || **~herstellung** *f* / cloth manufacture || **~karbonisation** *f* / cloth carbonization || **~karde** *f*, Tuchkratze *f* / raising card, teasel *n* || **~macher** *m* / cloth maker || **~macherknoten** *m* / weaver's knot || **~noppen** *n* / cloth burling || **~polierscheibe** *f* / cloth buff || **~presse** *f* / cloth press || **~qualität** *f* / grade of cloth || **~quetsche** *f* / cloth press || **~rauhen** *n*(Tuch) / raising *n*, napping *n*, raising the nap, tease (cloth) *n*, brushing *n* || **~rolle** *f* / cloth roll || **~rot** *n* / cloth red || **~samt** *m*, Pelzsamt *m* / woollen velvet, worsted long pile, worsted velvet || **~scheibe** *f* / fabric buff, cloth buff || **~schere** *f* / cloth shears *pl* || **~scheren** *n* / cropping *n*, shearing *n* || **~scherer** *m* / cloth shearer, cropper *n* || **~schermaschine** *f* / cloth shearing machine, cloth shearing motion, cropping machine, cutting machine || **~schneidemaschine** *f* / cloth cutter, cloth cutting machine || **~senger** *m* / cloth singer || **~strang** *m* / cloth rope || **~streifen** *m* / bar of cloth || **~walke** *f* (Vorgang) / cloth milling (GB), cloth fulling (US) || **~walke** (Vorrichtung) / milling rotary mill (GB), fulling rotary mill (US) || **~ware** *f* / drapery *n* || **~webstuhl** *m* / cloth weaving loom || **~wolle** *f* / wool for heavy woollens and worsteds || **~zuschneidemaschine** *f* / cloth cutter, cloth cutting machine
Tucumapalmenfaser *f* / tecun fibre (very strong leaf fibres from a palm in Brazil and Peru)
Tufted·-Chenille-Ware *f* / tufted chenille fabric || **~-Teppich** *m*, Nadelflor-Teppich *m* / tufted carpet || **~-Teppich-Maschine** *f* / carpet tufting machine || **~-Teppich-Veloursware** *f* / tufted cut-pile carpet material || **~-Ware** *f* / tufted fabrics, tufted goods, tufteds *pl*
tuften *v*(Tepp) / tuft *v* || ~ *n* / tufting process
Tufting·garn *n* / tufting yarn || **~gewebeausrüstungsmaschine** *f* / finishing machine for tufted fabrics || **~maschine** *f*, Nadelflormaschine *f* / tufting machine || **~nadel** *f* / tufting needle || **~schlingenware** *f*(Tepp) / tufted loop piles || **~technik** *f* / tufting technique || **~-Teppich** *m* / tufted carpet || **~-Teppich-Veloursware** *f* / tufted cut-pile carpet material || **~verfahren** *n* / tufting process || **~-Ware** *f* / tufted fabrics *pl*, tufted goods *pl*, tufteds *pl*
Tuftschlingen·former *m* / tuft former || **~haftfestigkeit** *f* / tuft lock resistance
Tüll *m* / bobbinet *n*, net *n*, tulle *n* (very fine net fabric made from silk yarns, plain weave) || ~ **aus Baumwolle** / bobbinet *n* || **~bindung** *f* / leno weave, tulle weave, rotary weave || **~deckchen** *n* / net doily || **~gardine** *f* / tulle curtain, net curtain || **~grund** *m* / net ground || **~herstellung** *f* / tulle making || **~maschine** *f* / tulle machine, tulle [lace] machine || **~maschine für Baumwolle** / bobbinet machine, bobbinet frame, transverse machine, rotatory machine, roller locker, rolling locker || **~spitze** *f* / bobbinette lace, net lace || **~stickerei** *f* / embroidered tull[e] || **~weberei** *f* / bobbinet weaving || **~webmaschine** *f* / tulle [lace] machine, tulle machine
tumbeln *v* / tumble [dry] *v* || ~ *n* / tumbling *n*
Tumbler *m* / tumble drier
Tumblern *n* / tumbling *n*
Tumbler-Schnelltrockner *m* / tumble drier
Tunika *f*(Mode) / tunic *n*
Tunnel·dämpfer *m* / tunnel steamer (GB), tunnel ager (US) || **~durchzug** *m*(Mode) / drawstring waist || **~finisher** *m* / finishing cabinet || **~gürtel** *m* (Mode) / drawstring waist || **~trockner** *m* / tunnel drier
Tupfballen *m* / dabber *n*
Tüpfchen *n*, Tüpfel *m n* / spot *n*, dot *n*
Tüpfel·maschine *f*(Web) / pricking machine || **~muster** *n* / specking *n*, polka dot pattern
tüpfeln *v* / dot *v*, stipple *v*, speckle *v*, speck *v*, dab *v*, spot *vt* || ~ *n* / spotting *n*
Tüpfelprobe *f* / spot[ting] test
tupfen *v* / mark with spots, dot *v*
Tupfen annehmen / spot *vi* || **mit ~ versehen** / fleck *v* || **~bildender Faden** / spotting thread || **~mull** *m*, Tupfenmusselin *m* / dotted muslin, dotted mull, polka gauze || **~tüll** *m* / dotted net
Tupfer *m*(med) / swab *n*
Tupf·farbstoff *m* / pointing dyestuff || **~probe** *f* / drop test, spot[ting] test || **~reaktion** *f* / spot reaction
Turban *m* / turban *n*
Türbelik *m* / Turbehlik rug
Turbinen·spinnverfahren *n* / open-end spinning, OE spinning || **~trockner** *m* / turbo-drier *n*
turbo·-dynamisches Färbeverfahren / turbo-dynamic dyeing method || **~garn** *n* / yarn spun from turbo tops || **~-Kabel** *n*(Spinn) / turbo tow || **~-Kammzug** *m*(Spinn) / turbo top || **~mischer** *m* / turbo-mixer *n* || **~-Spinnkabel** *n*(Spinn) / turbo tow || **~stapler** *m* / Turbo stapler (tow-to-top process) || **~trockner** *m* / turbo-drier *n* || **~verfahren** *n* / turbo-process *n* || **~zug** *m*(Spinn) / turbo top
turbulente Strömung (Fil) / turbulent flow
Turkafaser *f* / kendir fibre (wild bast fibre growing in the area of the Adriatic Sea)
türkis *adj* / turquoise *adj* || **~blau** *adj* / turquoise blue *adj*
türkisch·er Teppich (ein Orientteppich) / Turkey carpet || **~blau** *n* / Turkey blue
türkischrot *adj* / adrianopel red *adj* || ~ *n* / Turkey

red || ≗artikel *m* / Turkey-red style || ≗ätze *f* / discharge on turkey red || ≗bleiche *f* / Turkey red bleach || ≗buntätzartikel *m* / coloured Turkey-red discharge style || ≗färberei *f* / Turkey red dyeing || ≗öl *n* / Turkey-red oil, sulphated castor oil || ≗ölseife *f* / Turkey-red oil soap

türkis·farben *adj*, türkisfarbig / turquoise *adj* || ~**grün** *adj* (RAL 6016) / turquoise green *adj* || ≗**grün** *n* / turquoise green

Turkmenenteppich *m* / Turkoman carpet

Turmdämpfer *m* / tower ager, tower steamer

Turn·anzug *m* / gym suit || ≗**hose** *f* / gym shorts *pl*, trunks *pl*, sports shorts *pl* || ≗**kleidung** *f* / gym clothes *pl* || ≗**schuh** *m* / sneaker *n*, gym shoe

Turnüre *f* (gebauschter Teil an Damenkleidern) / pouf *n*, bustle *n*

Tururibaumfaser *f* / couratari fibre (South American bast fibre), tururi fibre, tataja fibre (light, flexible, cloth-like bast of the Couratari tree)

Tür·vorhang *m* / portière *n* || ≗**vorhangstoff** *m* / portière drapery fabric || ≗**vorleger** *m* / doormat *n*

Tusche *f* / Indian ink

Tussah·schappegarn *n* / tussah schappe || ≗**seide** *f* (vom indischen, chinesischen und japanischen Eichenspinner stammende Wildseide) / tussah-silk *n* || ≗**spinner** *m* / tussah-silk worm

TV *f* (Textilveredlung) / textile finishing, textile processing

Tweed *m* / tweed *n* || **auf der Insel Man hergestellter** ≗ / Manx tweed || **weicher wollener** ≗ / jersey tweed || ≗**-Garn** *n* / tweed yarn || ≗**-Jacke** *f* / tweed jacket || ≗**-Mantel** *m* / tweed coat || ≗**-Sakko** *m* / tweed jacket || ≗**-Stoff** *m* / tweed fabric

Twill *m*, Feinköper *m* / twill *n*, twill cloth, twilled cloth || ≗**cord** *m* (Kammgarnstoff mit markanten Köpergratlinien) / twill cord

Twilo-Prozeß *m* (Spinn) / Twilo process

Twin·-Print *m* (gleiches Dessin auf verschiedenem Material) (Mode) / twin print || ≗**set** *m n* (gestrickte oder gewirkte Oberbekleidungsgarnitur für Damen, bestehend aus Jacke - meist geknöpft und langem Arm - und Pullover mit kurzem Arm, aus dem gleichen Material und in der gleichen Farbe) / twin set

Twist *m* / twisted yarn || ≗**bindung** *f* / double-weft weave

Typ N Faser *f* / non-dyeing fibre type, type N, non-basic fibre type || **auf** ≗ **bringen** / bring to standard strength || ≗**ausfärbung** *f* / self-shade *n* || ≗**-Farbstoff** *m* / standard dyestuff || ≗**färbung** *f*, Typenfärbung *f* / standard colour, standard shade, standard [depth] dyeing (SDD) || ≗**ware** *f* (Färb) / standard commercial quality, standard concentration

Tyrischer Purpur / Tyrian purple, Phoenician purple

U

über·additiv *adj* / super-additive *adj* || **~bäumen** *n* / winding from beam to beam || **~bekleidung** *f* / overclothes *pl* || **~belichtung** *f* / overexposure [to light] || **~beschwert** *adj* (Seide) / dynamited *adj* (US) || **~bleiche** *f* / overbleaching *n* || **~bleichen** *v* / overbleach *v* || **~bleichen** *n* / overbleaching *n* || **~chlorsäure** *f* / perchloric acid || **~chlorsaures Salz** / perchlorate *n* || **~chromsäure** *f* / perchromic acid || **~dachung** *f* / canopy *n* || **~decken** *v* / overlap *v*, tilt *v* || **~decknaht** *f* (Näh) / cover-stitch seam || **~deckstich** *m* (Näh) / interlock stitch (making up), cover seaming stitch, seaming stitch || **~deckter Saum** (Näh) / lap seam || **~deckung** *f* / overlapping *n* || **~deckungsmittel** *n* (Färb) / covering agent || **~deckungsplatte** *f* / needle champ, needle cover bar || **~deckungsprodukt** *n* (Färb) / covering agent || **~dehnen** *v* / overstretch *v*

„über-den-Kopf"-Fadenabzug *m* / overhead drawing off of the thread

Über·dosierung *f* (allg) / overdosage *n* || **~dosierung** (Spinn, Web) / overfeed *n* (excess feed) || **~drehen** *v* / overtwist *v* || **~drehen** *n* / overtwisting *n* || **~drehtes Garn** (Mode) / crepe yarn || **~drehtes Garn** (Fehler) (Spinn) / overspun yarn, overtwisted yarn, twit *n*, twitty yarn || **~drehung** *f* / overtwisting *n*

Überdruck *m* (allg) / excess pressure, overpressure *n* || **~** (Überlappen) (Textdr) / fall-on *n* || **~** (Deckdruck) (Textdr) / overprint *n*, ad hock (band block printing in colours over a Jacquard design), cover print || **~artikel** / fall-on style, cover print style || **~buntreserve** *f* / coloured overprint resist || **~echt** / fast to overprinting || **~echtheit** *f* / fastness to overprinting || **~effekt** *m* / cover printing effect, fall-on style, overprint effect, overlapping print

überdrucken *v* / cover print, overprint *v*, cross-print *v* || **~** *n* / fall-on printing, top printing, overprinting *n*, cross-printing *n*, cover printing

Überdruck·farbe *f* / overprint colour || **~farbe**, Überdruckpaste *f* / overprint paste || **~farbstoff** *m* / cover print dyestuff, cross-print dyestuff || **~fläche** *f* / cover printed area, overprinted area || **~muster** *n* / overprint design || **~reservierungsmittel** *n* / overprint resist agent

überdruckte Farbe / overprinted colour

übereinanderfallen *v* (Textdr) / lap over, overlap *v* (print pattern)

Übereinstimmung, das Muster in ~ bringen / match the pattern *v*

Überfall *m* (Textdr) / overlapping *n*, overlap *n*, fall-on *n*, overlapping design || **im ~ gedruckt** (Textdr) / printed in overlapping designs

überfallende Farbe (Textdr) / overlapping colour

Überfall·hose *f* (Mode) / harem pants || **~muster** *n* (Textdr) / overlapping design || **~stelle** *f* / overlapping part

Überfangnaht *f* / sandwich seam

Überfärbe·artikel *m* / cross-dyed product, cross-dyed style || **~echt** *adj* / fast to cross-dyeing || **~echtheit** *f* / fastness to cross-dyeing, overdye fastness, fastness to topping

überfärben *v* / cross-dye *v*, top *v*, fill up, top-dye *v*, overdye *v*, cover *v* || **~** *n* (Färb) / cross-dyeing *n*, overdyeing *n*, topping *n* || **~** *n* **von anorganischen Pigmenten** / reinforcing of inorganic pigments (with organic pigments to produce more brilliant shades)

überfärbt *adj* / top-dyed *adj*, double-dyed *adj*

Überfärbung *f* / double dyeing, cross-dyeing *n*, overdyeing *n*, topping *n*

über·fettete Seife / superfatted soap || **~fettungsmittel** *n* (SuW) / superfatting agent

Überführungslattentuch *n* / lap lattice

Übergabe·fuß *m* **am Nadelschieber** (Strick/Wirk) / transfer butt || **~maschine** *f* (Strick/Wirk) / transfer machine || **~nadel** *f* (Strick/Wirk) / transfer needle || **~platine** *f* (Strick/Wirk) / transfer point || **~stellung** *f* (Strick/Wirk) / transfer position, transfer point || **~system** *n* / transfer system

Übergangs·farbe *f* / transition colour, transition shade || **~kleidung** *f* (Mode) / between-season wear || **~mantel** *m* / between-season coat, light overcoat || **~nuance** *f* / transition colour, transition shade || **~temperatur** *f* / transition temperature || **~temperatur-Energieabsorptionskriterium** *n* / transition temperature energy absorption criterion

Über·gardine *f* / top curtain || **~gefärbter Stoff** / cross-dyed cloth || **~gefärbte Wirkware** / cross-dyed knit fabric || **~gehen in** (Farbton) / shade off *vi* || **~gehstellung** *f* (Strick/Wirk) / miss position || **~gewand** *n* (Mode) / throw-over dress || **~gewicht** *n* / overweight *n* || **~gießen** *v* (Beschicht) / pour over || **~größe** *f* / outsize *n*, oversize *n* || **~hängen** *v* / overhang *v* || **~hängen** *n* (Strick/Wirk) / transferring *n* || **~hängenadel** *f* (Strick/Wirk) / loop expanding needle, transfer needle || **~hängmasche** *f* / spread loop || **~hängte Nadelmasche**, überhängte Zylindermasche / transferred [cylinder] needle loop, transferred cylinder needle stitch, transferred sinker loop, transferred stitch || **~heizen** *v* (zu viel), überhitzen *v* / overheat *v* || **~heizen** *v* (von oben), überhitzen *v* / superheat *v* || **~heizen** *n*, Überhitzen *n* (von oben) / superheating *n* || **~heizen**, Überhitzen *n* (zu viel) / overheating *n* || **~hitzen** *v* (Textdr) / bake *v* || **~hitzer** *m* / overheater *n* || **~hitzter Dampf** / superheated steam || **~hitzter Druck** / baked print || **~hitzung** *f* s. Überheizen || **~hitzungsstelle** *f* / hot spot || **~jodsäure** *f* / periodic acid || **~kleid** *n* (Mode) / tunic *n* || **~kleider** *n pl* / overclothes *pl* || **~klotzen** *v* (Färb) / slop-pad *v*, overpad *v* || **~klotzen** *n* (Färb) / subsequent padding, slop padding || **~kochrohr** *n* / overflow pipe || **~kochversuch** *m* (Färb) / migration test || **~kohlensäure** *f* / per[oxy]carbonic acid

Überkopf·ablauf *m* / overend take-off || **~abzug** *m* (Web) / overend unwinding, overend withdrawal, overhead unwinding, overhead loading (of loom) || **~abzug** / overhead drawing off of the thread || **~mischer** *m* / overhead mixer || **~paddel** *n* (Färb) / overhead paddle || **~verarbeitung** *f* s. Überkopfablauf || **~zurückspulen** *n* / overend rewinding

Über·korn *n* / oversize[d] particle || **~kreuzlegeverfahren** *n* / cross laying method || **~kreuz-Wiederholungsplan** *m* (Textdr) / cross-over design || **~lagern** *v* / superimpose *v*, overlay *v*, overlap *v* || **~lagerung** *f* / overlapping *n* || **~lange Wolle** / overgrown wool || **~längenfaser** *f* / over-length fibre || **~lappen** *v* / overlap *v* || **~lappen** *n* / overlapping *n* || **~lappnaht** *f* (Näh) / superposed seam, overlapping seam || **~lappung** *f* / overlap *n*, overlapping *n*

Überlauf *m* / overflow *n* || **im ~ spülen** (Färb) / rinse

with overflow
überlaufen *v* / overflow *v*
überlaufende Flotte / overflow *n*
Überlauf·gefäß *n* / overflow container || **˜rohr** *n* / overflow pipe || **˜ventil** *n* / overflow valve || **˜verhalten** *n* (von Garn) / behaviour of the yarn on transferring from one bobbin to another || **˜vorrichtung** *f* / overflow device
Über·legung *f* / overlap *n* || **˜leitungsgerüst** *n* (DIN 64990) / connection support || **~mahlen** *v* / overgrind *v* || **˜mangansäure** *f* / permanganic acid || **~mangansaures Kali** / potassium permanganate
übermäßig breite Ware / overwidth fabric || **~ fein** / overfine *adj* || **~es Trocknen** / overdrying *n* || **~e Zwirnung** / excessive twist
Übernahmespiel *n* (Web) / transfer clearance
Über·oxydation *f* / overoxidation *n* || **~oxydieren** *v* / overoxidate *v*, overoxidize *v* || **˜pari-Beschweren** *n* / weighting above par || **˜reduktion** *f* / overreduction *n*, overreduction *n* || **˜rock** *m* / overcoat *n*, topcoat *n* || **˜röste** *f* / excess retting, overretting *n* || **~rösteter Flachs** / water-slain flax, blashed flax || **˜sättigen** *n*, Übersättigung *f* / oversaturation *n*, supersaturation *n* || **~säuern** *v* / overtreat with acid || **˜säuerung** *f* / overacidification *n* || **˜säure** *f* / peracid *n* || **~schärfte Küpe** / vat with excess of alkali, sharp vat || **~schichtecht** *adj* (Beschicht) / fast to the subsequent coat
überschlagen *v* (sich) / ride over (of yarn)
überschlagen *adj* / lukewarm *adj* || **~e Manschette** / turned-back cuff
Über·schlupfkleidung *f* / slip-on clothing || **~schneiden** *v* / overlap *v* || **˜schuß** *m* / excess *n* || **˜schuß**, überschüssiges Garn (Web) / thread rising above the warp || **˜schußchlor** *n* / excess chlorine || **~schüssiges Garn** (Web) / thread rising above the warp || **~schüssige Luft** / excess air || **˜schwefelsäure** *f* / persulphuric acid
Überseewolle *f* / overseas wool
übersetzen *v*, überfärben *v* (Färb) / top *v*, cover *v* || **˜** *n* **indigogrundierter Stücke** / topping of indigo bottom-dyed goods || **˜ von Farbstoffen** / antifrosting process
Übersichtbeobachtung *f* (Wollfärb) / observation method with grazing incident light
über·spannen *v* / overstretch *v* || **˜spannung** *f* / over-tension *n* || **~spinnen** *v* (Spinn) / cover [by spinning] *v* || **˜spinnen** *n* / overspinning *n* (covering fancy threads for trimming) || **mit Gold ~sponnener Kernfaden** / spun gold yarn || **~sponnener Knopf** / covered button || **einen Faden ~springen** (Web) / miss a thread || **~springender Einzug** / skip draft || **~springende Köperbindung** / skip twill weave
Überspringer *m* (Web, Defekt) / missed o. skipped [filling] thread || **˜kasten** *m* (Web) / skip box || **˜revolver** *m* (Web) / circular skip box || **˜wechsel** *m* (Web) / skip box motion
Über·spritzechtheit *f* (Beschicht) / fastness to overspraying || **~sprungener Stich** (Näh) / missed stitch || **~sprungene Masche** (Strick/Wirk) / missed stitch || **˜steppnaht** *f* (Näh) / run-stitching seam, topstitch seam, run-stitching seam || **˜stich** *m* / needle throw || **~strecken** *v* / overdraw *v*, overstretch *v*, overextend *v* || **˜streckung** *f* / overextension *n*, overstretching *n* || **˜strich** *m* / overbrushing *n*
Übertragehöhe *f* **der Nadel** (Strick/Wirk) / clearing position of needle, transfer position of needle
übertragen *v* (Web) / transport *v* || **ein Muster ~** (Färb) / transfer a design || **übertragene Nadelmasche**, übertragene Platinenmaschine, übertragene Zylindermaschine / transferred cylinder needle loop, transferred cylinder needle stitch, transferred needle loop, transferred sinker loop, transferred stitch || **˜** *n* (Strick/Wirk) / transferring *n* || **˜ oder Aufstoßen gerippter Ränder auf die Fonturen einer Cottonmaschine** / rib transfer (cotton loom)
Übertragenadel *f* (Strick/Wirk) / expanding needle, transfer needle, loop expanding needle
Überträgerwalze *f* (Färb) / carrier roller, dyestuff carrying roller (space dye)
Übertrage·stellung *f* (Strick/Wirk) / transfer position, clearing position || **˜stellung der Nadel** (Strick/Wirk) / transfer position of needle, clearing position of the needle || **˜system** *n* / transfer system
Übertragungs·rechen *m* (für Rippräder) (Stricken) / transfer bar || **˜walze** *f* (Textdr) / transfer roller || **˜walze zum Beschichten** (Beschicht) / kiss roll[er]
über·trocknen *v* / overdry *v* || **˜trocknen** *n* / overdrying *n* || **~trocknete Drucke** *m pl* / overdried prints || **˜trocknung** *f* / excess drying, overdrying *n*
überwendlich *adj* / overlock *adj*, overcast *adj* || **~ genähter Saum** / overcast edge || **~ nähen** (Näh) / overcast *v*, whip *v*, overedge *v*, whip-stitch *v*, serge *v*, oversew *v* || **~es Nähen** (Näh) / overcasting *n*, overlocking *n*, oversewing *n*, serging *n*, whipping *n* || **~e Naht** (Näh) / overlock seam *n*, lapping stitch seam, serged seam, overcast [seam], whipped seam || **~er Stich** (Näh) / whip-stitch *n*, overcasting stitch, overlock stitch, overseam stitch, winding stitch || **˜maschine** *f* s. Überwendlichnähmaschine || **˜nähen** *n* (Näh) s. überwendliches Nähen || **˜nähmaschine** *f* / overlock seaming machine, overlock sewing machine, overlock machine, overseaming machine, overcasting machine || **˜nähmaschine mit Küvetten** / cup seaming machine || **˜nähstich** *m* s. überwendlicher Stich || **˜naht** *f* (Näh) s. überwendliche Naht || **˜stich** *m* (Näh) s. überwendlicher Stich
Überwendlings·maschine *f*, Überwendlingsnähmaschine *f* s. Überwendlichnähmaschine || **˜naht** *f* (Näh) s. überwendliche Naht || **˜stich** *m* (Näh) s. überwendlicher Stich
Überwurf *m* (Mode) / slipover *n*, slip-over *n*, cape *n*, sack *n*, wrap *n* || **˜** (allg) / tabard *n* || **˜kleid** *n* (Mode) / throw-over dress
Überziehärmel *m* / oversleeve *n*
überziehen *v* (Ätzdruck) / face *v* (discharge print) || **~** (zu stark ziehen) / overdraw *v* || **~** *v* (überdecken) / cover *v* || **˜** *n* / facing *n* (discharge print) || **˜**, Verschmutzen *n* (der Druckwalzen) / scumming (of the rollers) || **˜** (zu starkes Ziehen) / overdrawing *n*, excess drawing
Überzieher *m* / overcoat *n*, topcoat *n*
Überzieh·hemd *n* (Mode) / overshirt *n* || **˜kleidung** *f* / protective outerwear
überzogen *adj* / coated *adj*, covered *adj* || **~es Garn** / core yarn, plated yarn, covered yarn || **~er Knopf** / covered button
Überzug *m* (allg) / cover *n*, covering *n* || **˜**, Belag *m*, Beschichtung *f* / coating *n* || **˜** (für Kissen usw.) / cover *n*, case *n*, slip *n* || **˜ für Textilspule** / [slip]

sleeve
Überzugs·harz *n* / coating resin || **≗kalander** *m* / calender coater || **≗masse** *f*, Überzugsmischung *f* / coating compound, coating substance || **≗schicht** *f* / coating surface
überzwirnen *v* / overtwist *v* || **≗zwirnung** *f* (Fehler) (Spinn) / snarl *n*
U-Boot-Ausschnitt *m* (Mode) / boat neck
Ulster·mantel *m* / Ulster coat (heavy overcoat) || **≗stoff** *m* / Ulster cloth
ultra·blau *adj* / harbour blue || **≗deep-dyeing-Fasertype** *f* (Fasertyp U) (mit sehr starken färberischen Eigenschaften) **für das Differential-Dyeing-Färbeverfahren** / ultradeep dyeing fibre type (type U) (differential dyeing) || **≗filtration** *f* / ultrafiltration *n* (size recovery) || **≗filtrationsanlage** *f* / ultrafiltration plant || **~grobe Strickmaschine** / ultra-coarse knitting machine || **~marinblau** *adj* (RAL 5002) / ultramarine blue *adj* || **~maringrün** *adj* / ultramarine green *adj* || **~marinviolett** *adj* / ultramarine violet *adj* || **~matt** *adj* / deep-dull *adj* || **≗rapiddämpfer** *m* / ultra-rapid ager (US), ultra-rapid steamer (GB) || **≗rapidentwickler** *m* / ultra-rapid developer || **≗violett...** s. UV-... || **≗zentrifuge** *f* / ultracentrifuge *n*
umbäumen *v* / rewind *v*, winding [the warp] from beam to beam, transfer to another beam, run from one beam to the other || **≗** *n* / rewinding *n*, winding from beam to beam, transferring to another beam
Umbäumvorrichtung *f* / rewinding device, rebeaming device
Umber *m*, Umbra *f* / umber *n*
umbragrau *adj* (RAL 7022) / umber grey *adj*
umbügeln, ein Muster ~ / transfer a print by ironing
Umdeck·-Kreuzmuster *n* / raised crossover rib || **≗nadel** *f* (Strick/Wirk) / transfer needle
Umdockbleiche *f* / rebatching bleach
umdocken *v* / rebatch *v*
Umdock·kammer *f* (Bleich) / rebatching chamber || **≗system** *n* / rebatch system
Umdrehungsanzeiger *m* / speed indicator
Umdruck *m* / reprint *n* || **≗** (Textdr) / transfer printing
umdrucken *v* / reprint *v*, transfer-print *v*
Umdruck·farbe *f* / reprinting colour, transfer printing ink || **≗verfahren** *n* (Textdr) / transfer process
Umfangswickler *m* / surface-driven winder
umfärben *v* / redye *v*, dye to a different shade
Umfärbeverfahren *n*, Umfärbung *f* / redyeing process
umflechten *v* / gimp *v*, braid *v*
Umflechtmaschine *f* (Strick/Wirk) / gimp machine, gimping machine, braiding machine
Umgebungstemperatur *f* / ambient temperature
umgehängt·e Masche / transfer stitch || **~e Nadelmasche**, umgehängte Platinenmasche, umgehängte Zylindermasche / transferred cylinder needle loop, transferred cylinder needle stitch, transferred needle loop, transferred sinker loop, transferred stitch
umgekehrter Doppelrand, umgekehrter regulärer Anfang (Strick/Wirk) / reverse welt
umgelegte Kante / folded edge
umgeschlagener Doppelrand (Strumpf) / stocking welt, turning welt
umgestelltes Produkt / reformulated product
umhacken *v* (Wolle) / turn in the bath
Umhang *m* (Mode) / cloak *n*, cape *n*, wrap *n*, sack *n* || **[ärmelloser] ≗** (Regenumhang) / cape *n*, pelerine *n*
Umhänge·flachstrickmaschine *f* / transfer flat knitting machine || **≗fuß** *m* **an der Nadel** (Strick/Wirk) / transfer butt || **≗maschine** *f* (Strick/Wirk) / transfer machine || **≗muster** *n* (Strick/Wirk) / loop transfer stitch, transfer stitch pattern, transfer pattern, stitch transfer design, transfer design
umhängen, eine Masche ~ (Strick/Wirk) / transfer a stitch || **≗** *n* (Strick/Wirk) / transferring *n* || **≗ des Doppelrandes** (Strick/Wirk) / turning of the welt || **≗ mit der Hand** (Strick/Wirk) / hand welt turning || **≗ von Gewirken auf die Nadeln einer anderen Maschine** (Strick/Wirk) / barring-on *n* || **≗ von Maschen** (Strick/Wirk) / transfer of stitches
Umhänge·nadel *f* (Strick/Wirk) / loop expanding needle, transfer needle || **≗platine** *f* (Strick/Wirk) / transfer point || **≗scheibe** *f* (Strick/Wirk) / transfer disc || **≗schloß** *m* (Strick/Wirk) / transfer cam || **≗stellung** *f* (Strick/Wirk) / transfer position, transfer point || **≗system** *n* / transfer system || **≗tasche** *f* / shoulder bag || **≗tuch** *n* / wrap *n* || **≗versatz** *m* (Strick/Wirk) / racking for transfer, shogging for transfer || **≗vorrichtung** *f* (Strick/Wirk) / transfer device, welt bar, welt turning device
Umhaspelmaschine *f* / re-reeling machine
umhaspeln *v* / re-reel *v*, rewind *v* || **≗** *n* / re-reeling *n*, rewinding *n*
umhüllen *v* / envelop *v*, cover *v*
Umhüllung *f* / wrapping *n*, covering *n*, cladding *n* || **mit gewickelter ≗** (Kabel) / taped *adj* (cable)
Umhüllungs·faser *f* / sheath *n*, enveloping fibre (fibre enveloping the core) || **≗garn** *n* / sheath *n* (of bicomponent fibre) || **≗gestrick** *n* **für Damenbinden** / sanitary towel casing (GB)
Umkehraufrollmaschine *f* / reverse reeling machine, reversible reeling machine, reverse winder
umkehrbar *adj* / reversible *adj* || **~er Satin** / satin reversible (Fr)
Umkehr·beschichtung *f* / transfer coating || **≗beschichtungsschicht** *f* / transfer coat || **≗beschichtungsverfahren** *n* / transfer coating process
umkehren, den Lauf ~ (Färb) / reverse the flow
Umkehr·mantel *m* (Mode) / double-face coat || **≗punkte** *m pl* **der Pendelfersenmaschen** (Strumpf) / lace holes in the heel || **≗reihe** *f* (Strick/Wirk) / return course || **≗schußeintragsvorrichtung** *f* / return weft device || **≗stelle** *f* (Strick/Wirk) / point of return, point of reversing || **≗verfahren** *n* (Textdr) / transfer process
Umketteln *n* / seaming *n*
umlaufen lassen (Flotte) / circulate *v*
umlaufend·e Bürste / rotary brush || **~e Flotte** / circulating bath, circulating liquor || **~er Kettenstichgreifer** (Strick/Wirk) / rotary looper || **~er Schloßmantel** (Strick/Wirk) / rotating cam box || **~e Spinnkanne** / rotating can || **~e Wicklung** / rotating winding
Umlauf·fadenführer *m* / rotary yarn guide, rotating thread guide || **≗geschwindigkeit** *f* / speed of circulation || **≗greifer** *m* / rotary sewing hook || **~trocknen** *v* / dry in circulating air || **≗trocknung** *f* / drying in circulating air
Umlegekragen *m* (Mode) / double collar, turn-down collar, wing-collar *n*
Umlegen *n* (von Textilfäden) / transfer *n*
Umleger *m* / folder *n* (of sewing machine)

Umlenk·rolle *f* / guide pulley, guide roll[er] || **²stift** *m* (DIN 64685) (Web) / guide pin || **²stift für den Webschützen** / weft guide pin for shuttle || **²walze** *f* / deflecting roller, guide roll[er] || **²winkel** *m* / angular deflection

Umluft *f* / circulating air

Umlüfter *m* (DIN 64990) / circulation fan

Umluft·trockenschrank *m* / circulating drier cabinet, circulation type drying chamber || **²trockner** *m* / circulating air drier || **²verfahren** *n* / circulating air method

ummanteln *v* (von Garnen) / sheath *v*, wrap around, cover *v*

Ummantelung *f* / sheath *n* || **²** (von Garnen) / covering *n*

umnähen *v* (Näh) / whip *v* || **²** *n* (Näh) / whipping *n* || **² im Überwendlichstich** / overlocking *n*

Umpolavivage *f* (Ausrüst) / polar-change brightening

Umrandung *f* / border strip, fringe *n* || **²** (Tepp) / surrounds *pl*

Umrechnen *n* **der Garnnummern** / conversion of counts

Umriß *m* (Textdr) / contour *n*, outline *n*

Umrollmaschine *f* / re-rolling machine

umrühren *v* / stir *v* || **~** (Flotte) / rake up (liquor), agitate *v*, stir *v*

Umrührstab *m* / rake *n*

Umschlag *m* (Näh) / tuck *n* || **²** (am Ärmel) / cuff *n* || **²** (am Hosenbein) / turn-up *n* || **²** (am Kleid) / hem *n*

umschlagen *v* (Färb) / turn *v* || **~** (Farbe, Reaktion) / change *vi*

Umschlag·rand *m* (Strumpf) / roll welt || **²rand bei Söckchen** (Strumpf) / turn-over top || **²strümpfe** *m pl* (Strumpf) / cuff-top socks || **²tuch** *n* / shawl *n*, wrap *n*

umschlingen *v* / twist *v*, loop *v*, enlace *v*, wind round *v* || **~** (Faden) (Strick/Wirk) / cast over || **²** *n* (Näh) / overcasting *n*

Umschlingungswinkel *m* / angle of wrap, looping angle

Umsetzungs·geschwindigkeit *f* / reaction rate || **²produkt** *n* / reaction product

umspannendes Bettuch / fitted sheet

umspinnen *v* / cover by spinning, spin over

Umspinn·maschine *f* / covering machine by spinning || **²maschine** (Strick/Wirk) / gimp machine, gimping machine, braiding machine

Umspinnung *f* / covering with thread

Umspinnungs·garn *n* / core spun yarn, core spun thread, core twisted yarn, core twisted thread || **²spindel** *f* / covering spindle || **²zwirn** *m* / spinning covering twist, twist for covering by spinning, covering twist

umsponnen·er Faden / covered thread || **~es Garn** / core spun yarn, core spun thread, core twisted yarn, core twisted thread, covered yarn || **~er Gummifaden** / covered rubber yarn, rubber core yarn || **~es Kabel** / wrapped cable

umspulen *v* / respool *v*, rewind *v*, re-reel *v*, backwind *v* || **²** *n* (Spinn) / packaging *n* || **²** / respooling *n*, re-reeling *n*, rewinding *n*, backwinding *n* || **² auf Kopse oder Kanetten** / copping *n* || **² auf Trommelspulmaschinen** / drum winding || **² von Seidenfäden auf Kopse** (Spinn) / quilling *n*

Umspul·maschine *f* / back-winder *n*, re-reeling machine, rewinding machine || **²vorrichtung** *f* / rewinding device

Umstands·bluse *f* / maternity top, smock *n* (GB) || **²kleid** *n* / maternity dress || **²kleidung** *f* / maternity wear, stork fashion || **²korsett** *n* / maternity corset || **²-Miederhose** *f* / maternity panty girdle || **²-Miederhose mit Bein** / long-leg maternity panty girdle || **²-Strumpfhose** *f* / maternity pantyhose

Umstechaggregat *n* (Näh) / serging unit

umstechen *v* (Näh) / overcast *v* || **²** *n* (Näh) / overcasting *n*

Umstech·naht *f* (Näh) / overcast *n*, overlock seam, overcast seam, whipped seam || **²stich** *m* (Näh) / overcasting stitch, overlock stitch, overseam stitch, winding stitch

umstecken *v* (Spulen) / recreel *v* (yarn packages)

umwälzen *v* / circulate *v*

Umwandlung *f* / conversion *n*, transformation *n*, change *n*

Umwandlungspunkt zweiter Ordnung / glass transition point (of a manmade fibre)

Umwelt·belastung *f* / environmental pollution, environmental load || **~freundlich** *adj* / environmentally acceptable, non-polluting *adj*, ecologically harmless || **²freundlichkeit** *f* / environmental acceptability || **²schutz** *m* / environmental protection, pollution control

Umwickelmaschine *f* / covering machine

umwickeln *v* / cover *v* || **~** (Knopfstiel) (Näh) / shank *v*

umwickeltes Kabel / wrapped cable

Umwicklung *f* / wrapping *n*

umwinden *v* / respool *v*

Umwindungen *f pl* **pro Meter** / turns per metre (covered yarn)

Umwindungs·faden *m* / cover yarn || **²garn** *n*, umwundenes Garn / covered yarn

umwundener Kettenstich / whipped chain stitch

umziehen, im Bad ~ (Färb) / turn in the bath, move in the bath

umzwirntes Garn / core twisted yarn, covered yarn

Umzwirnungs·filz *m* / core spun yarn felt || **²maschine** *f* / covering machine

unabhängige Rakelbewegung / independent doctor motion

unansehnliche Wolle / dingy wool

unauffällig *adj* / subdued *adj* (shade) || **~e Kleidung** / plain clothes *pl*

unausgeschrumpfte Faser / S-type of the fibre (shrinking type)

unauslöschliche Tinte / indelible ink

unbedingt gleich, spektralgleich (Färbung mit gleichen Remissionskurven) / non-metameric *adj*

unbedruckt·e Fondstelle (Textdr) / unprinted ground || **~e Partie** / unprinted portion

unbegrenzt haltbar sein / keep for an indefinite period || **~e Haltbarkeit** / unlimited durability || **~es Musterfeld** / unlimited pattern area

unbehaarter Stoff / bare cloth

unbehandelt *adj* / untreated *adj* || **~e Baumwolle** / natural cotton || **~e Fasern** *f pl* / raw stock || **~e Wolle** / natural wool

unbeschnitten *adj* / untrimmed *adj* (making up)

unbeschwert *adj* (Ausrüst) / unloaded *adj*, unweighted *adj*, unfilled *adj* || **~e Seide** / unweighted silk

unbeständig *adj* / unstable *adj*, instable *adj* || **~er Farbstoff** / fugitive dyestuff, dyestuff with poor fastness properties

Unbeständigkeit *f*(Färb) / fugitivity *n* || ≗ / instability *n*
unbiegsam *adj* / inflexible *adj*
unbrennbar *adj* / non-combustible *adj*, fireproof *adj*, incombustible *adj*, non-burning *adj*
Unbrennbarkeit *f* / incombustibility *n*
Unbrennbarmachen *n* / fireproofing *n*
unbunt (Kol) / achromatic *adj* || ≗**punkt** *m* (Kol) / neutral point, achromatic point
undeutlich *adj* (z.B. Musterung) / blotchy *adj*, indistinct *adj*, blurred *adj*
undicht·es Gewebe / loosely woven fabric || ~**er Stoff** / loose fabric
undurchdringlich *adj* / impenetrable *adj*, impermeable *adj*, impervious
Undurchdringlichkeit *f* / impenetrability *n*, impermeability *n*
undurchlässig *adj* / impermeable *adj*, impenetrable *adj*, impervious *adj* || ~ **machen** / render impermeable, make impervious
Undurchlässigkeit *f* / impermeability *n*, impenetrability *n*
undurchsichtig *adj* / non-transparent *adj*, opaque *adj*
Undurchsichtigkeit *f* / opacity *n*
Unebenheiten *f pl* **im Tuchscheren** / shear marks
unecht *adj* (Färb) / non-fast *adj*, unstable *adj* || ~**er Damast** / half damast (silk or rayon warp and cotton or woollen weft) (GB) || ~**e Farbe** (Färb) / false colour, fading colour || ~**er Farbstoff** / fugitive dyestuff, dyestuff with poor fastness properties || ~**er Schußsamt** / velvet with weft face || ~**e Signierfärbung** / fugitive staining || ~**e Vigogne[wolle]** / spurious Viguna wool
Unechtheit *f*(Färb) / fugitivity *n*, lack of fastness
unegal *adj* (Färb) / lacking levelness, uneven *adj*, unlevel *adj* || ~**e Anfärbung an den Salleisten** (Färb) / listing *n* (defect) || ~**es Aufziehen des Farbstoffes** / unlevel dye pick-up || ~**e Färbung** / unlevel dyeing, uneven dyeing
Unegalität *f*(Färb) / unlevelness *n*, unevenness *n*, lack of uniformity
uneinheitlich *adj* / non-uniform *adj*, unlevel *adj*, uneven *adj*
unelastisch *adj* / inelastic *adj*, non-elastic
Unempfänglichkeit *f* **gegen Schimmelbildung** / fungus inertness
unempfindlich *adj* (Chem) / insensitive *adj*, non-sensitive *adj*
Unempfindlichkeit *f* **gegenüber Anschmutzung** / resistance to soiling || ≗ **gegenüber Schmutz und Flecken** / resistance to soil and stains
unentbastet·e Rohseide / hard silk || ~**e Seide** / raw silk, ecru silk, unboiled silk, unscoured silk || ~**e Seidenabfälle** *m pl* / gum wastes *pl*
unentflammbar *adj* / flameproof *adj*, fireproof *adj*, non-flammable *adj*
Unentflammbarkeit *f* / flameproofness *n*, non-flammability *n*
Unentflammbarmachen *n* / flameproofing *n*
unentschweißt gefärbt (Wolle) / dyed in the grease
unentwirrbar verwickelte Fäden *m pl* / ravellings *pl*
unerschwert *adj* (Ausrüst) / unfilled *adj* || ~ (Seide) / unweighted *adj*
unfilzbar machen / chlorinate to avoid felting
unfixierte Wirkware / non-heatset knitted fabric
unformiert·er Dispersionsfarbstoff (Textdr) / unformulated disperse dyestuff, uncut disperse dyestuff || ~**es Produkt** (Pigm) / uncut product
ungebeizt *adj* / unmordanted *adj*
ungebleicht *adj* / grey *adj*, ecru *adj*, unbleached *adj* || ~**es Bettuchleinen** / green sheeting || ~**er Drell** / grey drill || ~**e Haushaltsgewebe** *n pl* / domestics *pl* (GB) || ~**es Leinen** / green linen, brown linen || ~**es Leinengarn** / green linen yarn, brown linen yarn || ~**er Musselin** / raw muslin || ~**es Schlesischleinen** / brown silesia || ~**er Sommerkleiderstoff** / matt shirting || ~**e Spitze** / brown lace || ~**e Ware** / greige goods *pl*, grey goods *pl*
ungechlorte Wolle / unchlorinated wool
ungedreht *adj* / twist-free *adj*, zero twist *adj*, non-twisted *adj*, twistless *adj* || ~**es Garn** / non-torque yarn, untwisted yarn
ungefärbt *adj* / undyed *adj* || ~**er, nicht aufgehellter Baumwollnessel** / undyed grey calico
ungeformt *adj* (Strumpf) / unset *adj*, unboarded *adj* || ~**e Masche** (Strick/Wirk) / unlocked stitch || ~**er Strumpf** / non-formed hose || ~**e Strumpfhose** / unboarded pantyhose
ungefüllte Wulstbiese (Näh) / air cording
ungefüttert *adj* / unlined *adj*
ungekämmt *adj* / uncombed *adj* || ~**es Fasergut** / uncombed fibrous material
ungekocht *adj* / non-degummed (silk) || ~**e Seide** / crude silk, raw silk, ecru silk, unboiled silk, unscoured silk
ungekräuselt *adj* / non-crimped *adj*
ungelöschter Kalk / unslaked lime, quicklime *n*
ungelöst *adj* / undissolved *adj*
ungemischt *adj* / unblended *adj*
ungemustert *adj* / plain *adj* || ~**es Mischgewebe** / plain blended fabric || ~**e Socke** / plain sock, plain half-hose || ~**er Tüll** / plain net fabric
ungenadeltes Filztuch (DIN 61205) / non-needled woven felt
ungenoppt *adj* / napless *adj*
ungenügendes Schlichten / undersizing *n*
ungeöffneter Plüsch / uncut plush
ungeölt gekämmt / dry-combed *adj* || ~**er Kammzug** / dry-combed tops *pl*
ungeprägter Schaum (Tepp) / level foam
ungerauht *adj* / unnapped *adj*, unraised *adj*
ungereinigt *adj* / uncleaned *adj*, unscoured || ~**e Baumwolle** / cotton in the seed || ~**er Schwefelfarbstoff** / raw sulphur dyestuff
ungerissener Samt / uncut velvet
ungesättigt *adj* (Chem) / unsaturated *adj* || ~**er Dampf** / unsaturated steam || ~**er Kohlenwasserstoff** / unsaturated hydrocarbon || ~**es Polyesterharz** / unsaturated polyester resin
ungesäumt·e Kante (Näh) / raw edge || ~**e Stoffkanten** *f pl* (Näh) / bluffed edges
ungeschlagen *adj* / unpunched *adj* (jacquard card)
ungeschlichtet *adj* / unsized *adj* || ~**e Kettfäden** *m pl* / undressed warps
ungeschnitten *adj* / uncut *adj*, terry *adj* (velvet) || ~**er Plüsch** / uncut plush, terry velvet (uncut pile) || ~**er Samt** / terry velvet (uncut pile), uncut velvet
ungespannt *adj* / unstretched *adj*
ungestellte Ware / [unfinished] production quality, non-formulated product quality, [unstandardized] production quality
ungestreifter Oxford / plain Oxford
ungeteert·es Seil / white rope || ~**e Seilerwaren** *f pl* / white cordage || ~**es Werg** / white oakum
ungewalkt *adj* / unmilled *adj* (GB), unfulled *adj* (US),

raw, adj. || ~ **färben** / dye before milling || ~**er Hutstumpen** / unplanked hat-body || ~**er Stoff** / rough cloth || ~**es Tuch** / unmilled cloth || ~**er Wollstoff**, Loden *m* / unmilled woollen cloth (GB), unfulled woollen cloth (US), loden *n*
ungewaschen *adj* / unscoured, unwashed *adj* || ~ **färben** (Wolle) / dye in the grease || ~ **färben** (Bw) / dye as grey cloth || ~**es Wollgarn** / factory yarn
ungewebt *adj* / nonwoven *adj*, non-woven *adj*
ungezwirnt *adj* / non-twisted *adj*, twistless *adj*, twist-free *adj* || ~**es Garn** / condenser yarn, untwisted yarn, condensed yarn || ~**e Seide** / ravelled silk || ~**e Seidenfäden** *m pl* / floss *n* || ~**es Seidengarn** / untwisted silk yarn
ungiftig *adj* / non-poisonous *adj*, non-toxic *adj*
ungleich *adj* (Färb) / uneven *adj*, unlevel *adj* || ~**er Ausfall** (Färb) / uneven result || ~**e Drahtverteilung** / irregular distribution of twist || ~**e Einstelldichte** (ungleiche Anzahl von Kett- und Schußfäden) / off-square sett (of cloth) || ~**e Schußdichte** (Web, Defekt) / uneven filling || ~**e Spitzeneffekte** (Wolle) / tippiness *n*
ungleichmäßig *adj* / uneven *adj*, unlevel *adj*, non-uniform *adj* || ~**er Druck** / uneven print || ~**e Durchfärbung** (Färb) / unequal penetration, uneven penetration || ~**e Färbung** / unlevel dyeing, uneven dyeing || ~**es Garn** / uneven yarn, uneven thread || ~**es Stranggarn** / ended hank || ~ **versponnen** / irregularly spun || ~**e Wolle** / uneven wool
Ungleichmäßigkeit *f* (Färb) / unlevelness *n*, unevenness *n*
Ungleichmäßigkeits·prüfer *m* / irregularity tester || ²**prüfung** *f* / irregularity test || ²**regulierung** *f* / irregularity control
uni *adj* (Färb) / solid *adj*, single-colour[ed] *adj*, plain *adj*, one-colour *adj* || ²**-Anzug** *m* / solid-shade suit || ²**artikel** *m* / solid style, self-coloured article || ²**beflockung** *f* / plain all-over flocking || ²**-Bodenbelag** *m* / solid-shade floorcovering
Uniconer *m* (moderner Kreuzspulapparat) / uniconer *n*
Uni·farbe *f* / plain colour, solid shade, solid colour, single shade || ²**färberei** *f* / plain dyeing, solid dyeing, solid-shade dyeing || ~**farbig** *adj* (Färb) / solid *adj*, single-colour[ed] *adj*, plain *adj*, one-colour *adj* || ²**farbstoffe** *m pl* / non-distributing dyestuffs || ²**färbung** *f* / plain dyeing, self-shade [dyeing], solid-shade dyeing, solid effect, solid dyeing || ²**filz** *m* / unicoloured felt || ²**fläche** *f* (Färb) / blotch *n*
Uniform *f* / uniform *n* || ~**ähnliche Berufskleidung** / career apparel (euphemism for: work uniform) || ²**aufschlag** *m* / facing [on uniform] *n* || ²**rock** *m* (Mil) / tunic *n* (GB) || ²**tuch** *n* / uniform cloth, military cloth, army cloth (US), contract fabric
Uni·garn *n* / plain yarn, single-colour[ed] yarn || ²**gewebe** *n* / solid-colour fabric, plain fabric
unimprägniertes Gewebe / undipped fabric
uni·schwarz *adj* / plain-black *adj* || ²**stückware** *f* / solid-shade piecegoods *pl* || ²**-Teppich** *m* / plain carpet || ²**-Ton** *m* / plain shade, solid shade, solid colour
Universal·beize *f* / general mordant, universal mordant || ²**binder** *m* / general-purpose binder || ²**dämpfer** *m* (DIN 64990) / universal steamer (GB), universal ager (US) || ²**echtheit** *f* / all-round fastness || ²**fadenzähler** *m* / universal thread counter || ²**farbstoff** *m* / universal dyestuff, workhorse dyestuff || ²**kalander** *m* / universal calender || ²**-Kontinue-Dekatiermaschine** *f* / universal decatizing machine || ²**nähmaschine** *f* / universal sewing machine || ²**raschel** *f* / all-purpose raschel || ²**reiniger** *m* / all-purpose detergent, all-purpose washing agent || ²**-Schleifmaschine** *f* / universal suede finishing machine
universell einsetzbarer Farbstoff / workhorse dyestuff
Uniware *f* / plain goods *pl*, solids *pl*, unicoloured fabrics pl
unklar *adj* (Farbe) / indefinite *adj* (shade)
unlöslich *adj* / insoluble *adj* || ~**e Kalkseife** / solid lime soap scum || ~ **machen** / insolubilize *v* || **in Wasser** ~ / water-insoluble *adj*
Unlöslichkeit *f* / insulubility *n*
Unlöslichmachen *n* / insolubilization *n*
unmattiert *adj* (Faser) / undulled *adj*
unmischbar *adj* / immiscible *adj*
Unmischbarkeit *f* / immiscibility *n*
unmodern *adj* / unfashionable *adj*, old-fashioned *adj*, out-of-fashion *adj*
unregelmäßig *adj* (Bindungen) / grainy *adj* (weaves) || ~**es Aussehen** / irregular appearance || ~**es Einziehen** (Web) / fancy draft || ~**es Garn** / irregular yarn (defect) || ~**e Garnfärbung** / random dyeing || ~**er Querschnitt** / irregular cross-section || ~**e Reckung** / space drawing (textured fil) || ~**er Schuß** / irregular filling, irregular weft || ~**e Streifenbildung** / discontinued barriness || ~ **verteilt** (z.B. Fehler) / irregularly distributed || ~ **verteilte Garnknötchen** *n pl* / random slubs || ~**er Wickel** / uneven lap || ~**es Würfelmuster** / broken checks
Unregelmäßigkeit·en *f pl* **im Garn** / slugs *pl* || ² *f* **im Seidenfaden** / bad cast
Unregelmäßigkeits·index *m* (Tepp) / irregularity index || ²**prüfung** *f* / irregularity test[ing]
unreif *adj* / green *adj*, immature *adj* || ~**e Baumwolle** / green cotton, immature cotton || ~**e Faser** / immature fibre
unrein·es Fach (Web) / unbalanced shed, uneven shed || ~**es Weiß** / off-white *n*
Unreinheit *f* / impurity *n*
unruhig·es Aussehen / unsteady appearance (of dyed goods) || ~**e Färbung** / uneven dyeing || ~**e Gewebeoberfläche** / unsettled or unlevel appearance (of a fabric) || ~**e Oberfläche** / unlevel surface || ~**es Warenbild** / unsettled o. unlevel appearance (of a fabric)
unscharf *adj* / unsharp *adj* (pattern), blurry *adj*, blurred *adj* || ~ (Umrisse) / indistinct *adj* (outlines)
unstetig *adj* / batchwise *adj*
unstrukturiert *adj* / structureless *adj*
unter·es Endstück (Reißv) / bottom stop (of slide fastener) || ~**e Klotzwalze** / bottom padding roller || ~**es Reißverschlußendstück** (Reißv) / end-stop *n*, bottom stop (of slide fastener) || ~**es Reißverschlußendstück in Steckerausführung** (Reißv) / pin type end stop || ²**ärmel** *m* / foresleeve *n* || ²**band** *n*, Teilsträhne *f* / skein *n*, lea *n* || ²**bekleidung** *f* / underwear *n*, underclothes *pl*
unterbrochen·e Atlasbindung / broken face || ~**es Muster** (Web, Defekt) / broken pattern || ~**es Spinnverfahren** / intermittent spinning process
Unter·bruststütze *f* (Büstenhalter) / moulded pad || ~**bundener Strang** / lease banded hank || ~**chlorige Säure** / hypochlorous acid || ²**dampf** *m*

/ steam admitted from below || **~druckdämpfer** *m* / vacuum steamer || **~fach** *n* (Web) / lower shed, bottom *n* (of the warp)

Unterfaden *m* (Web) / underthread *n*, bottom thread || **~schlaufe** *f* / bobbin loop || **~spannung** *f* / bobbin thread tension || **~spule** *f* / underthread spool || **~-Spulengehäuse** *n* / bobbin case

Unterfilz *m* / bottom felt || **~** (Tepp) / underlay felt, underfelt *n*

Unterflotten-Breitspeicher *m* / under-liquor full-width storage system || **~jigger** *m* / underwater jig, immersion jig || **~speicher** *m* / accumulator for immersed dwelling of textiles || **~speicher in U-Form** / U-shaped full-width accumulator for immersed dwelling of textiles || **~speicher in V-Form mit Transportbändern** / V-shaped accumulator for immersed dwelling of textiles with transport belts

Unterfuß *m* (Strick/Wirk) / lower foot || **~gewebe** *n* / back cloth || **~greifer** *m* (Überwendlung) (Näh) / primary looper

Untergrund *m* (Textdr) / bottom print, first print || **~** (Färb) / back *n*, ground *n* || **~** (Tepp) / substrate *n* || **~** (Tepp, Kasch) / support *n* || **~** (Fondfarbton) / bottom shade

Unterhaar *n* (Wolle) / bottom hair, undergrowth *n* || **~hemd** *n* / undershirt *n*, undervest *n*, vest *n* (GB) || **~hemd ohne Ärmel** / singlet *n* || **~hose** *f* (für Herren) / underpants *pl*, pants *pl* (GB), pair of pants (GB), drawers *pl*, briefs *pl* || **~hose** (für Damen) / briefs *pl*, knickers *pl*, panties *pl* || **~kante** *f* / hemline *n* || **~kette** *f* (Web) / ground warp, main warp, back warp || **~kleid** *n* / petticoat *n*, slip *n*, underskirt *n* || **mit Spitze besetztes ~kleid** / lace trimmed slip || **~kleid** *n* **mit Büstenteil** / bra-slip *n* || **~kleidung** *f* / underwear *n*, underclothes *pl* || **~kleidung aus Maschenware** / knitted underwear || **~kühlen** *v* / overcool *v*

Unterlage *f* (allg) / base *n*, backing *n* || **~** (Tepp) / underlay *n*

Unterlagenfilz *m* (Tepp) / carpet felt, underlay felt, padding (US) *n*, [carpet] pad (US), underfelt *n* || **~walze** *f* / backing roll

Unterlängen *m* (Strick/Wirk) / lower leg || **~lauge** *f* (SuW) / lye *n*

Unterlegehenkel *m* (Strick/Wirk) / tuck float, tuck loop, tuck stitch, tucked loop, welt float

Unterlegfilz *m* / lining felt || **~platte** *f* / matrix *n*

unterlegte Farbware / knit and welt cloth, knit-welt design, knit float work || **~e Ware mit eingebundenen Henkeln** / accordion fabric

Unterlegung *f* (Strick/Wirk) / tuck float, tuck loop, tuck stitch, tucked loop, welt float || **~** (Strick/Wirk) / underlap *n* || **~ mit geschlossener Masche** (Strick/Wirk) / closed lap || **~ mit offener Masche** / silk lap

Unterleibchen *n* / underwaist *n* (US) || **~litze** *f* (Web) / hanger *n*, lower loop of the heald || **~messer** *n* / lower blade || **~messer** (DIN 64990) / bottom knife || **~mieder** *n* / underwaist *n* (US) || **~nähfaden** *m* (Näh) / bobbin thread, lower loop thread, hook thread || **~rahmen** *m* / floor frame || **~rand** *m* (allg) / lower edge || **~rand** (Strumpf) / afterwelt *n* (heavier knitted portion between the leg and welt of women's stockings), spliced top, welt *n*, double welt, shadow welt antiladder band, garter band, ladder resistant band, stop-ladder section

Unterriemchen *n* (DIN 64050) (Spinn) / bottom apron || **~brücke** *f* (DIN 64050) / guide bridge || **~führung** *f* (DIN 64050) (Spinn) / bottom apron guidance || **~streckwerk** *n* (DIN 64050) (Spinn) / bottom apron drafting element

Unterrock *m* / slip *n*, petticoat *n*, underskirt *n* || **~ mit eingearbeitetem Büstenhalter** / bra-slip *n* || **~ mit eingearbeitetem Büstenhalter aus Spitze** / stretch-lace bra slip || **~ mit gekräuseltem Saum** / frilled hem slip || **~krause** *f* / dust ruffle (on the inside lower edge of women's skirt)

Untersatteldecke *f* / horse blanket, saddlecloth *n*, horse cloth || **~satz** *m* / table mat || **~schenkelteil** *n* (Strumpf) / calf *n*

Unterschied zwischen Taillen- und Hüftumfang / hip spring (difference between waist and hip measurements) || **~** *m* **zwischen Vorder- und Rückseite** (Färb) / face-to-back variation

unterschiedliche Krumpfung / differential shrinkage

Unterschiedsschwelle *f* **des Auges** / threshold of visual perceptibility

Unterschlag *m* (Web) / underpick *n* || **~picker** *m* (Web) / underpick picker || **~puffer** *m* (Web) / underpick buffer || **~revolverstuhl** *m*, Unterschlagrevolverwebmaschine *f* / underpick circular box loom || **~stuhl** *m* / underpick loom || **~vorrichtung** *f* (Web) / underpick device || **~webmaschine** *f* / underpick power loom || **~webstuhl** *m* / underpick loom

Unterschlinge *f* (Web) / bottom loop, underloop *n*, lower loop || **~schlingen** *v* / make the lower loop || **~schuß** *m* (Web) / backing weft, back weft, back filling (US), back pick, ground pick, ground weft, undershot *n* || **den ~schuß anheften** / stitch the backing weft || **durch ~schuß beschwert** / filling-backed *adj* || **~schwefligsaures Natron** / dithionic sodium || **~seite** *f* (Gew) / reverse side, back *n* (of fabric), wrong side, reverse (of a fabric) *n*, cloth back || **~seite** (Tepp) / underside *n* || **~seitige Appretur** / back-filled finish, back-filling finish || **~seitig beschwert** / back-filled *adj* || **~seitig beschwerte Ware** / back-filled fabric || **~sinkmethode** *f* / sinking time test (wetting test) || **~strich** *m* (Beschicht) / bottom coat, lower layer || **~tafler** *m* (Masch) / bottom folder, cuttling device [from underneath] || **~taille** *f* / underwaist *n* (US) || **~teiltes Fadenkreuz** / section lease || **~teilte Tasche** (Mode) / divided pocket, pocket with sections || **~tuch** *n* / finishing blanket, back cloth || **~tuchrolle** *f*, Untertuchwalze *f* / back-grey roller || **~walze** *f* / bottom roller, bottom roll || **~walze des Streckwerks** (DIN 64050) / bottom roller of drafting arrangement || **~ware** *f* / bottom cloth, back cloth || **~ware** (Textdr) / backing cloth

Unterwäsche *f* / underwear *n*, underclothes *pl* || **~stoff** *m* / underwear fabric

Unterwasserjigger *m* / immersion jig, underwater jig || **~windeeinrichtung** *f* (Spinn) / underwinding motion || **~winden** *n*, Unterwindung *f* (Spinn) / underwinding *n* || **~zange** *f* (Spinn) / cushion plate, nipper plate || **~zeug** *n* / underwear *n*, underclothes *pl* || **~ziehärmel** *m* / undersleeve *n* || **~zwirnrad** *n* / bottom twist-wheel || **~zylinder** *m* (Spinn) / bottom roller, fluted roll[er] (drawing frame)

ununterbrochener Flottenumlauf / continuous circulation (of liquor)

unverbrennbar *adj* / non-combustible *adj*, incombustible *adj*, non-burning *adj*

unverdünnt *adj* / undiluted *adj*

unverfestigter Artikel / unbonded article

unverfilzt *adj* / unfelted *adj*
unverküpt *adj* (Färb) / unvatted *adj* || **~er Farbstoff** / unvatted dyestuff || **~er Küpenfarbstoff** / unreduced vat dyestuff
unverschnitten *adj* (Färb) / uncut *adj*
unverseifbar *adj* / non-saponifiable *adj*, unsaponifiable *adj* || **~e Substanz** / non-detergent fatty matter
unverstärkt *adj* / unreinforced *adj*
unverstreckt *adj* (Spinn) / undrawn *adj* || **~er Faden** / undrawn filament
unverträglich *adj* / incompatible *adj*
Unverträglichkeit *f* / incompatibility *n*
unvollendet gerecktes Filament / partially drawn filament || **~ gerecktes Filament und Strecktexturgarn** / pre-oriented yarn, POY
unvollständig entleimte Seide / mi-cuit silk || **~e Röste** / underretting *n*
unwirksam werden (Bad) (Färb) / hold off (the bath), no longer be effective
unzerreißbar *adj* / untearable *adj* || **~er Taft** / bulldog taffeta
Upland-Baumwolle *f* / American upland cotton
urblau *adj* / primary blue *adj*
Urenafaser *f* / urena fibre (yields fibre similar to jute)
Urethan *n* / urethane *n* || **≗schaumstoff** *m* / urethane foam
Urfarbe *f* (Färb) / matrix *n* || **~gelb** *adj* / primary yellow *adj* || **~grün** *adj* / primary green *adj*
Urin·küpe *f* (Wolle) / urine vat || **≗wäsche** *f* (Wolle) / urine wash
urrot *adj* / primary red *adj*
U-Rührer *m* / anchor stirrer, anchor mixer
US-Gesetz über flammhemmende Eigenschaften von Textil-Bekleidung und Heimtextilien / Flammable Fabrics Act (covering textile apparel and home furnishing products) (US)
U-Shirt *n* (ärmelloses Shirt) / U-shirt *n*
Uster-Gerät *n* / Uster apparatus || **≗wert** *m* / Uster value (for staple fibres)
Usual *n* (Baumwollgarn mit mittlerer Drehung) / usual twist (cotton yarn of medium twist)
UV-Absorber *m* / ultraviolet absorber || **≗-Bereich** *m* / ultraviolet region || **≗-Beständigkeit** *f* / ultraviolet resistance || **≗-Bestrahlung** *f* / ultraviolet irradiation || **≗-gehärtete Druckfarbe** / ultraviolet-cured printing ink || **≗-Lampe** *f* / ultraviolet lamp || **≗-Licht** *n* / ultraviolet light || **≗-Sperrfilter** *m* / ultraviolet cut-off filter || **≗-Stabilisator** *m* / ultraviolet stabilizer || **≗-Strahlen** *m pl* / ultraviolet rays || **≗-Strahlenschutz** *m* / ultraviolet light inhibitor || **≗-Strahlung** *f* / ultraviolet radiation

V

Vakufilter *m n* (Beschicht) / vacuum filter
Vakuum *n* / vacuum *n* || **im ≗ abdunsten** / concentrate in vacuo || **im ≗ trocknen** / dry in vacuo || **≗-Band-Trockner** *m* / vacuum band drier || **≗-Befeuchtungsvorrichtung** *f* **mit Kühleinrichtung** / vacuum humidifying device with cooling apparatus || **≗beschichten** *n* / vacuum coating || **≗bleichkessel** *m* / vacuum bleaching kier || **≗dämpfanlage** *f* / vacuum steaming plant || **≗dämpfer** *m* / vacuum ager (US), vacuum steamer (GB) || **≗-Dämpftisch** *m* (Strick/Wirk) / vacuum-type steaming table || **≗-Dämpfvorrichtung** *f* **mit Kühleinrichtung** / vacuum steaming device with cooling apparatus || **≗dekatierapparat** *m* / vacuum decatizing apparatus || **≗färbeapparat** *m* / vacuum dyeing apparatus || **≗färbung** *f* / vacuum dyeing || **≗kaschieren** *n* / vacuum laminating || **≗kratzenreiniger** *m* (Spinn) / vacuum stripper || **≗rührfilter** *m n* / vacuum mixing filter || **≗schlitz** *m* (Textdr) / suction slot || **≗trockner** *m* / vacuum drier || **≗verdampfer** *m* / vacuum evaporator || **≗waschbottich** *m* / vacuum washing vat
Valenciennes-Spitze *f* / Valenciennes *n* (lace)
Vanadanilinschwarz *n* / vanadium black
Vanadat *n* (Färb) / vanadate *n*
Vanadin·beize *f* / vanadium mordant || **≗säure** *f* / vanadic acid
Vanadium·anilinschwarz *n* / vanadium black || **≗beize** *f* / vanadium mordant || **≗chlorid** *n* / vanadium chloride || **≗oxid** *n* (Färb) / vanadium oxide
Van-Dyck·-Braun *n* / Vandyke brown || **≗-Kragen** *m* / Vandyke collar, Vandyke cape || **≗-Rot** *n* / Vandyke red
variable Kulierung / variable draw knitting
Varianz *f* / variance *n*
Variationskoeffizient *m*, Variationsziffer *f* / coefficient of variation
Variator *m* / variator *n* (for modifying handle of fabric)
Vaselinöl *n* / vaseline oil
Vasendessin *n* (Tepp) / vase design
Vatermörder *m* (hoher, steifer Kragen) (Mode) / turn-down collar, wing-collar *n*
V-Ausschnitt *m* (Mode) / V-neck *n*
vegetabilisch·e Erschwerung / vegetable weighting || **~es Wachs** / vegetable wax
veilchen·blau *adj* / violet *adj* || **~farbig** *adj* / pansy-coloured *adj*
Velour *n* s. Velours
velourieren *v* / suede *v*, suede-finish *v*, emerize *v*, raise *v*, nap *v*, tease *v*, brush *v* || ~ (beflocken) / flock coat || ≗ *n* / raising *n*, sueding *n*, suede finish, napping *n* || ≗ (Beflocken) / flock coating || **≗ in umgekehrter Richtung** / napping in the reverse direction
velourige Oberfläche / suede-like surface
Velourisieren *n* (Tuch) / raising *n*, napping *n*, raising the nap, tease *n*, brushing *n* || ≗ / velveting *n*
velourisiert·es Gewebe / emerized fabric || **~e Gewirke** *n pl* / brushed knitted fabrics
Velours *m* (Gewebe mit gerauhter, weicher Oberfläche) / velour[s] (heavy-pile fabric with pile laid in one direction; generally, woven or knitted fabric with napped surface) *n*, raised fabric, pile fabric, warp velvet || **≗ de laine** / velours de laine (raised and sheared woollen dress fabric) || **≗appretur** *f*, Veloursausrüstung / velours finish, velvet finish, suede finish || **≗ausrüstungsmaschine** *f* / velours finishing machine, sueding machine || **≗-Ciselé** *m* / ciselé velvet || **≗-Dévorant** *m* / burnt-out velvet || **≗dichte** *f* / pile density || **≗färbemaschine** *f* / velours dyeing machine || **≗griff** *m* / suede handle || **≗hebemaschine** *f* (DIN 64990), Velourshebeapparat *m* (Ausrüst) / sueding machine, pile raising machine, nap lifting apparatus || **≗höhe** *f* / depth of pile || **≗hut** *m* / velours hat || **≗-Kalander** *m* / calender for beating velours, calender for beating velvets || **≗ledertuch** *n* / suede leather cloth || **≗oberbekleidung** *f* / napped outer garment || **≗prägekalander** *m* (DIN 64990) / calender for beating velours (velvets), velours beating calender || **≗rauhen** *n* / velours raising || **≗rauhmaschine** *f* / velours raising machine || **≗schermaschine** *f* / velours shearing machine || **≗schneidemaschine** *f* (DIN 64990) / shearing machine for velours (velvets), velours shearing machine || **≗stoff** *m* / velour[s] (heavy-pile fabric with pile laid in one direction; generally, woven or knitted fabric with napped surface) *n*, warp velvet, pile fabric || **≗teppich** *m* (Plüschteppich mit offenem Flor) / cut-pile carpet, velvet [pile] carpet || **≗-Teppichmaterial** *n* / cut-pile carpet material || **≗veredlung** *f* / velours processing, velours finishing || **≗wachsmaschine** *f* / velours waxing machine || **≗ware** *f* / brushed goods, raised goods *pl*, raised fabric || **≗zurichtung** *f* / suede finish, velvet finish || **≗zurichtung** (Beflockung) / flock coating
Veloutine *m* (eolienne-ähnlicher Kleiderstoff) / veloutine *n* (wool/silk blend)
Velpel *m* / velpel *n* (silk plush used for men's hats)
Velveret *m* / velveret *n*
Velvet *m n*, [unechter] Schußsamt / velvet with weft face, cotton velvet
Velveteen *m*, Velvetine *f* / velveteen *n* (cut weft-pile fabric)
Velvetin *m* (Gew) / tripe *n*
Velveton *m* / suedette *n*, velveton *n*
Velvet-Schneidemaschine *f* (DIN 64990) / velvet cutting machine
venezianerrosa *adj* / Venetian pink
venezianisch·e Reliefspitze, venezianische Spitze / Venetian lace || **≗rot** *n* / Venetian red
Ventilation *f* / ventilation *n*
Ventilator *m* / exhaust fan
veränderlicher Obertransport (Näh) / variable top feed
verankern *v* / anchor *v*
Verarbeitbarkeit *f* / processability *n* || **≗ eines Gewebes** / fabric tailorability (US)
Verarbeiter *m* **der Stuhlware zu Fertigware** / converter *n*, cutting converter
Verarbeitung *f* / processing *n*
Verarbeitungs·echtheit *f* / fastness to processing || **≗temperatur** *f* / processing temperature || **≗verlust** *m* (Wolle) / sinkage *n* || **≗verlust** (Gew) / shrinkage *n* || **≗weichmacher** *m* / processing softener
veraschen *v* / incinerate *v*
Veraschung *f* / incineration *n*
Veraschungs·ofen *m* / incinerator *n* || **≗probe** *f* / ashing test, incineration test

verärthern *v* / etherify *v* || ≈ *n*, Verätherung *f* / etherification *n*
Verband *m* (med) / [surgical] bandage, dressing *n* || ≈ (von Einzelfilamenten) / bundle *n*
Verband *m* **der amerikanischen Baumwollverschiffer** / ACSA (American Cotton Shippers Association)
Verband[s]material *n*, Verband[s]stoff *m* / bandaging material, surgical bandage, antiseptic dressing, surgical cloth, bandage cloth || **≈mull** *m* (med) / absorbent gauze, asceptic gauze, mull *n* || **≈stoffausrüstungsmaschine** *f* / finishing machine for surgical dressings and bandages || **≈watte** *f* / absorbent cotton, surgical [cotton] wool, medicated cotton wool || **≈zeug** *n* / bandaging material
verbaumwollen *v* / cottonize *v* (flax)
verbessern *v* / improve *v*
verbinden *v* (allg) / join *v*, connect *v*, bond *v* || ~ (Chem) / combine *v*, unite *v* || ~ (Zett) / join *v* || ≈ *n* / bonding *n* || ≈ (DIN 62500) / joining *n* (warping) || ≈ **durch Hitze** / heat bonding || ≈ **ohne Nähfaden** / stitchless joining || ≈ **textiler Flächengebilde** / fabric-to-fabric bonding || ≈ **textiler Flächengebilde mit Kunststoffolien** / lamination of textiles to polymer foam sheets
Verbindung *f* (Chem) / compound *n* || ≈ **durch Schaumstoff** / foam bonding
Verbindungs·faden *m* / binding thread || **≈fäden** *m pl* **der Spitzen** / lace ties || **≈naht** *f* / seaming *n* || **untere ≈stange** (Näh) / bottom spacer shaft (in sewing machine) || **≈stelle** *f* (Web) / place of junction || **≈stich** *m* (Näh) / cross-over stitch
Verblasen *n* (beim Trocknen) (Färb) / unsettled fabric appearance through surface migration || ≈ **von Endlosfäden** (Rotoset) / Rotoset process
verblassen *v* / fade *v*, pale *v* || ≈ *n* / fading *n*
verblaßt *adj* / faded *adj*
verbleichen *v* / fade *v*, pale *v*, decolorize *v*
Verblinden *n* (Kol) / blinding *n*
Verbrämung *f* / trimming *n*, facing *n*
verbrauchte Flotte / exhausted liquor, spent bath
verbrennen *v* / burn *v*, incinerate *v*
Verbrennung *f* / burn[ing] *n*, incineration *n*, combustion *n*
Verbrennungs·ofen *m* / incinerator *n* || **≈probe** *f* / ignition test, burning test
verbügelte Stelle (Fehler) / shine *n* (on fabric)
Verbund·apparat *m* / compound apparatus || **≈bleiche** *f* / combined bleach[ing] || **≈bleiche „Natronlauge-Hypochlorit-Peroxid"** / combined caustic soda/hypochlorite/peroxide bleach[ing]
verbundene Stoffe *m pl* / fused fabrics
Verbund·garnummantelung *f* / composite yarn sheath || **≈gewebe** *n* / composite fabric || **≈reißer** *m* (Spinn) / compound breaker || **≈schichtstoff** *m* / sandwich laminate || **≈schmälze** *f* / combined oiling || **≈stich** *m* (Näh) / reinforced stitch || **≈stoff** *m* / composite [material], nonwoven *n* || **≈stoff** (Kasch) / sandwiching material || **≈stoff auf nassem Wege** / wet-laid nonwoven || **≈stoff auf trockenem Wege** / dry-laid nonwoven || **≈stoff-Herstellmaschine** *f* / nonwoven fabric machinery || **≈streckwerk** *n* / combined drawing system || **≈textil** *n* / composite *n*
Verdampfapparat *m* / vaporizer *n*, evaporator *n*, evaporating apparatus
verdampfbar *adj* / vaporable *adj*, vaporizable *adj*
verdampfen [lassen] *v* / evaporate *v*, vaporize *v* || ~ *vi* / evaporate *vi*, volatilize *vi* || ≈ *n* / evaporation *n*
Verdämpfen *n* / reduction during steaming
Verdampfer *m* / evaporator *n*, evaporating apparatus
Verdampfung *f* / evaporation *n*, vaporization *n*
Verdampfungs·apparat *m* / evaporating apparatus, evaporator *n* || **~empfindlich** *adj* / sensitive to evaporation || **≈geschwindigkeit** *f* / evaporation rate || **≈rückstand** *m* / evaporation residue || **≈verlust** *m* / evaporation loss
Verdeck *m* / tilt *n* || **mit einem ≈ versehen** / tilt *v* || **≈stoff** *m*, Abdeckstoff *m* (allg) / cover cloth || **≈stoff** (Auto) / hood fabric
verdeckt·er Knopfverschluß / concealed buttoning || **~e Naht** (Näh) / covered seam, concealed seam || **~er und dichter Kunststoffreißverschluß** / concealed and sealed plastic slide fastener || **~es Zusammenheften** / back tacking
Verdehnbarkeit *f*, Verdehnungsfähigkeit *f* / elongation potential
verderben *v* / decay *v*
verdichten *v* / concentrate *v*, condense *v*
Verdichterfeld *n* **des Streckwerks** (DIN 64050) / drafting zone of drafting arrangement
Verdichtungs·verhältnis *n* / compression ratio || **≈walze** *f* / calender roll (cotton manufacture), compression roller, condenser roller
verdicken *v*, konzentrieren *v* (chem) / thicken [by boiling] *v*, boil down
Verdicker *m* / thickener *n*, thickening agent
Verdickung *f* (Färb) / inspissation *n* || ≈, Verdickungsmittel *n* / thickener *n*, thickening agent, thickening *n* || ≈ (Streckband) / slubbing *n* (sliver) || ≈ **im Seidenfaden** / bouchon *n* (Fr)
Verdickungskocher *m* (DIN 64990) / cooker for thickeners
Verdickungsmittel *n* / thickener *n*, thickening agent || ≈ **auf Galaktomannanbasis** / thickening agent based on galactomannans || ≈ **mit Reaktionskomponente** / thickener with reaction compound || **≈film** *m* / thickener agent film || **≈verband** *m* / thickening [agent] compound
Verdickungszusatz *m* / thickener *n*, thickening agent
Verdol·maschine *f* / Verdol jacquard || **≈schlagmaschine** *f* / Verdol stamping machine || **≈stich** *m* / Verdol pitch
verdoppeln *v* (Strumpf) / splice *v*
Verdrallung *f*, Verdrillung *f* / twisting *n*
verdrängen *v* (Chem) / displace *v*
Verdrängung *f* (Chem) / displacement *n*
Verdrängungskörper *m*, Flottenverdränger *m* / divider insert
verdrehen *v* / twist *v*
Verdrehung *f* **bei Maschenware** / knit fabric twisting
Verdrehungs·festigkeit *f* (Fil) / warping strength, torsional strength || **~frei texturiert** / non-torque textured || **~freies Garn** / balanced yarn
verdunkeln *v* / dim *v* (colour shade)
Verdunklungsstoff *m* / black-out fabric, black-out cloth, black-out material
verdünnbar *adj* / dilutable *adj* || **mit Lösemitteln ~** / solvent-reducible *adj*
verdünnen *v* (Spinn) / attenuate *v* || ~ (Chem) / dilute *v*
Verdünner *m* / thinner *n*, diluent *n*, reducing agent || **≈gemisch** *n* / diluent mixture
verdünnt *adj* / dilute *adj* || **~es Garn** / lean yarn

Verdünnung *f* / dilution *n*
Verdünnungs·kurve *f* / dilution curve || ≗**mittel** *n* / diluent *n*, thinner *n*, reducing agent || ≗**verhältnis** *n* / dilution ratio, ratio of dilution, ratio of reduction || ≗**verhältnis 1:1** / equal parts ratio
verdunsten *v* / evaporate *vi* || ≗ *n*, Verdunstung *f* / evaporation *n*
Verdunstungs·geschwindigkeit *f* / evaporation rate || ≗**verlust** *m* / evaporation loss || ≗**wärme** *f* / heat of evaporation || ≗**zahl** *f* / evaporation number, evaporation rate
veredeln *v* / finish *v*, process *v*, dress *v* || ~ (Gew) / improve *v*
veredelt·er Stoff / finished fabric || **~e Ware** / converted fabrics *pl*
Veredelungsmittel *n* / finishing agent, finishing auxiliary, chemical finishing agent
Veredler *m* / processor *n*, [chemical] finisher *n*
Veredlung *f* / processing *n* (bleaching, dyeing, finishing, etc.) || ≗ **durch Merzerisation** / mercerized finish || ≗ **in der Dampfphase** / vapour-phase finishing
Veredlungs·flotte *f* / finishing liquor || ≗**industrie** *f* / finishing industry || ≗**maschine** *f* / finishing machine || ≗**mittelgemisch** *n* / finishing mix || ≗**verfahren** *n* / finishing method, finishing process || ≗**vorgang** *m* / finishing operation
Vereinigung der Farbstoffhersteller für Fragen des Umweltschutzes und der Toxikologie - Sitz Basel / ETAD (Ecological and Toxicological Association of the Dyestuffs Manufacturing Industry)
Vereinigungsstrecke *f* (Spinn) / melange mixing gill
Vereinsabzeichen *n* / badge *n*
verestern *v* / esterify *v* || ≗ *n*, Veresterung *f* / esterification *n*
Veresterungsgrad *m* / degree of esterification
Verfahrenstechnik *f* / process engineering
verfärben *v* / discolour *vt* || ~ (sich) / discolour *vi* || ≗ *n* **an der Luft** / atmospheric fading || ≗ **durch Abgas**, Verfärben *n* durch Dämpfe / [gas] fume fading || ≗ **durch Lichteinwirkung** / fading *n* || ≗ **durch Ozoneinwirkung** / ozone fading, o-fading *n* || ≗ **durch Sauerstoff** / oxygen fading || ≗ **durch Säuredämpfe** / acid fading || ≗ **durch Stickstoff** / nitrogen fading || ≗ **in Abgasatmosphäre** / gas fume fading, gas fading
verfärbend *adj* / discolo[u]ring *adj*
verfärbte Wolle / stained wool
Verfärbung *f* (Zustand) / off-colour *n* || ≗ (Vorgang) / fading *n*, discolo[u]ration *n*
Verfärbungsgrad *m* / degree of discoloration
verfeinern *v* (Spinn) / attenuate *v*
Verfeinerung *f* **des Faserbandes** / attenuation of the sliver
verfestigen *v* (Vliesst) / bond *v*
Verfestigung *f* (Vliesst) / bonding *n* || ≗ **durch Nadeln** (Vliesst) / needle punching || ≗ **durch Nähwirken** / stitch-bonding *n*, stitch-knitting *n* || ≗ **nach dem Nadelprinzip** (Vliesst) / interlocking by needling || ≗ **von Nadelfilzen** (Vliesst) / strengthening of needleloom felts
Verfestigungs·mittel *n* / sealer *n* || ≗**strich** *m* / anchor coat
Verfilzbarkeit *f* / felting power, felting propensity, felting property, matting power
verfilzen *v* / mat *v*, felt *v* || ~ (sich) (Vliesst) / mat together || ~ *v* (sich) (Fasern) / tangle *vi* || ≗ *n* (Wolle) / matting *n* (of wool) || ≗ (allg) / felting [process], interfelting *n*
Verfilzfestigkeit *f* / felting resistance
verfilzt *adj* / felted *adj* || ~ (Wolle) / matted *adj* || ~ (filzartig) / felt-like *adj*, felty *adj* || **~e Baumwollfasern** *f pl* / cotton lumps || **~er Flor** / felted pile || **~er Stoff** / matted material || **~e Wolle** (DIN 60004), verfilztes Schaffell / cotts *pl*, cotty wool, cotted wool, milled wool, felted wool
Verfilzung *f* (Fil) / convolution *n* || ≗ (Vliesst) / felting *n* || ≗ (Hutm) / plaiting *n*
Verfilzungs·fähigkeit *f* / felting power, felting propensity, felting property, matting power || ≗**grad** *m* / rate of felting
Verflachen *n*, Verflachung *f* (Färb) / flattening *n*
verflechten *v* / interlace *vt*, interweave *v*, enlace *v*, plait *v*, braid *v* || ~ (unerwünscht) / tangle *v* || **mit Fäden ~** / interlace *vt* || ≗ *n*, Verflechtung *f* / interlacing *n*, intertwining *n*, (unerwünscht) tangling *n*
verflochten *adj* / braided *adj*
verflüchtigen *v* / volatilize *v*
verformbar *adj* / mouldable *adj*, formable *adj*
verformen *v* / deform *v*, distort *v*
Verformung *f* (Defekt) / distortion *n*, deformation *n*
Verformungs·art *f* / mode of deformation || ≗**energie** *f* / strain energy, deformation energy || ≗**rest** *m* / permanent set (fibres) || ≗**verhalten** *n* / deformational behaviour || ≗**widerstand** *m* / resistance to deformation
vergällen *v* / denature *v*, denaturate *v*
vergällter Alkohol, vergällter Spiritus / denaturated alcohol, methylated spirit
Vergällungsmittel *n* / denaturant *n*
vergießbar *adj* (Beschicht) / pourable *adj*
Vergießbarkeit *f* (Beschicht) / pourability *n*
vergilben *v* (Färb) / turn yellow, yellow *v* || ≗ *n* / yellowing *n* || ≗ **nach Hitzeeinwirkung** / yellowing due to heat
vergilbt *adj* / yellowed *adj* || **~e Wolle** / damp wool
Vergilbung *f* / yellowing *n*
Vergilbungs·echtheit *f* / yellowing resistance, fastness to yellowing || ≗**empfindlichkeit** *f* / sensitivity to yellowing || ≗**gefahr** *f* / risk of yellowing || ≗**maximum** *n* / yellow maximum || ≗**neigung** *f* / tendency to yellowing
Vergleichs·abspinnung *f* / comparative spinning sample || ≗**ausfärbung** *f*, Vergleichsfärbung *f* / comparative dyeing || ≗**lösung** *f* / standard solution || ≗**probe** *f*, Vergleichsmuster *n* / standard sample || ≗**prüfung** *f* (Färb) / test by comparison, comparative test
vergrauen *v* (Färb) / turn grey || ≗ *n*, Vergrauung *f* / greying *n*
Vergrauungs·grenze *f* / greying limit || ≗**inhibitor** *m* / anti-redeposition agent
vergrünen *v* (Färb) / green *vi*, turn green || **~ lassen** / green off (vat dye), allow to green
verhaken *v* / hook *v*
verhakte Faser / hooked fibre
Verhakung *f* (von Polymerketten) / entanglement *n* (of polymer chains)
Verhalten *n* **bei Dehnungsbeanspruchung** / elongation behaviour || ≗ **beim Gebrauch** / wearability *n*, wear behaviour || ≗ **in wäßriger Lösung** / reaction in aqueous solution
Verhältnis *n* **Flotte zu Ware** / liquor-to-goods ratio, proportion of liquor to goods || ≗ **von Garnnummer und Teilung** *n* / cut to count relation || ≗ **Wasser zu Lösungsmittel** / water

solvent ratio, water to solvent ratio
verhängen, an der Luft ~ / air *vt*, expose to air, expose to the open air, give an airing || **eine Masche** ~ (Strick/Wirk) / transfer a stitch || ≗ *n* **an der Luft** / air hanging || ≗ **von Maschen** (Strick/Wirk) / transfer of stitches
verhängte Masche / transfer stitch
Verhärtung *f* / induration *n* (of fabrics), hardening *n*
verharzbar *adj* / resinifiable *adj*
verharzen *v* / resinify *v*, turn to resin
Verharzung *f* / resinification *n*
verheddern *v* (sich) / tangle *vi*
Verhinderung *f* **von Laufmaschen** / prevention of laddering || ≗ **von Naßstarre** / prevention of wet stiffness
Verhornung *f* / crust formation (size)
Verhütungsmittel *n* / preventive agent, protective agent
verkalken *vi* / calcinate *vi*
verkalkter Kokon / calcined cocoon
verkappen *v* (Chem, i.e.S.) / mask *v*
Verkaufs·breite *f* / commercial width || ≗**ware** *f* (Färb) / commercial product, finished product, final product
Verkehrsschutzkleidung *f* / signal clothing (luminescent apparel for the protection of schoolchildren, roadworkers, airfield personnel etc.)
verkehrt·e Charmeuse / reverse locknit || ~**e Seite** (Web) / wrong side (of fabric), back (of fabric), reverse *n*, cloth back
Verketteln *n* (Web) / linking *n*
verklebbarer Deckstrich (Beschicht) / bondable top coat
verkleben *v* / bond *v*, glue *v* || ≗ *n* (Vliesst) / bonding *n* || ≗ **von Textilien** / textile bonding
verklebt *adj* / agglutinated *adj*, stuck together || ~**er Kragen** / fused collar
Verklebung *f* / bond *n* || ≗ **von Fasern** (Spinn) / conglutination of fibres, "bamboo" *n*
Verklebungserscheinungen *f pl* (Beschicht) / tackiness *n*
verkleinerte Y-Ferse (Strumpf) / seamless round heel without holes
Verklemmen *n* **des Ringläufers** / wedging of runner
Verklotzung *f* / pad ground
verknäuelt *adj* / coiled *adj*, twisted *adj*, convolute *adj* || ~**e Kettensegmente** *n pl* / snarled chain segments
verknittert *adj* / creased *adj*, crumpled *adj*
verknoten *v* / knot *v*
Verknotung *f* / knot *n*, knotting *n*
Verknüpfung *f* (Färb) / chemical linkage (with reactive dyestuffs between dye and fibre)
verkochen *v* / deteriorate *v* (of dyes on boiling), overboil *v* || ≗ *n* / decomposition *n* (of dye by boiling), reduction through overboiling, deterioration *n*
Verkochung *f* (Färb) / hydrolysis through long boiling
verkochungs·beständig *adj* / fast to boiling, boil-resistant *adj*, boilfast *adj*, boilproof *adj* || ≗**beständigkeit** *f* / fastness to boiling, resistance to boiling, stability to boiling || ~**empfindlich** *adj* / sensitive to decomposition through long boiling || ≗**schutz** *m* / protection against decomposition by long boiling || ≗**schutzmittel** *n* / preventive agent against decomposition by long boiling, boiling deterioration inhibitor
verkohlen *v* / carbonate *v*, carbonize *v*
Verkohlung *f* / carbonization *n*
Verkohlungsprobe *f* (Matpr) / charring test
verkreuzter Harnisch / London tie (jacquard)
Verkrümmen *n* **des Gewebes** (Defekt) / fabric distortion, [fabric] bowing
verkrusten *v* / crust *v* (printing thickener)
Verkühlwalze *f* / cooling roll[er]
verküpbar *adj* / vattable *adj*
Verküpbarkeit *f* / vatting behaviour
verküpen *v* (Färb) / vat *v*, vat-dye *v* || ≗ *n*, Verküpung *f* / vatting *n*
verkupfern *v* / copper *v*, copperize *v*
Verküpungs·art *f* / vatting method || ≗**dauer** *f* / time of vatting, vatting time, time to effect complete reduction || ≗**prozeß** *m* / vatting process || ≗**temperatur** *f* / vatting temperature || ≗**zeit** *f* / vatting time
verkürzen *v* / shorten *v*
verkürzte Baumwollspinnerei / shortened system of cotton spinning
Verkürzung *f* / contraction in length, shortening *n*
verlagern *v* (Chem) / displace *v*
Verlagerung *f* (Chem) / displacement *n*
verlängert·er Schulterärmel (Mode) / dropped shoulder sleeve || ~**es Spülen** / prolonged rinsing
Verlängerung *f* / extension in length, elongation *n* || ≗ **des Fadens** / elongation of thread
Verlängerungsschnur *f* / extension cord
verlangsamen *v* / retard *v*
verlangsamtes Färben / protracted dyeing
Verlaufeigenschaften *f pl* (Beschicht) / flow characteristics, flowability *n*, flow properties
verlaufen *v* (Färb, Druck) / bleed *v*
Verlauf·mittel *n* (Beschicht) / flow [and spreading] agent, flow promoting agent, flow control agent || ≗**störung** *f* (Beschicht) / flow problem
verlegen *v* / displace *v* || ~ (Tepp) / lay [a carpet], fit [a carpet]
Verlegeverfahren *n* **für Fußbodenbelag** / laying method for floor-coverings
verlegter textiler Bodenbelag / fitted textile floor covering
Verleimung *f* (Seifenherst) / pasting *n*
verlorener Schuß (Web, Defekt) / misspick *n*, mispick *n*, missed pick, hidden filling
Vermahlen *n* / grinding *n*, milling *n*
Vermattung *f* (Kol) / blinding *n*
vermengen *v* / mix *v*, blend *v* || ≗ *n* / mixing *n*, blending *n*
Verminderung *f* **der Haftreibung** / reducing the blocking effect
vermischen *v* / mix *v*, blend *v* || ≗ *n* / mixing *n*, blending *n*
Vermischung *f* / mixture *n*
vermottet *adj* / moth-infested *adj*, moth-eaten *adj* || ~**e Ware** / moth-infested goods *pl*, moth-eaten goods *pl*
vernadeln *v* (Vliesst) / needle *v*, needle-punch *v*
Vernadelung *f* (Vliesst) / needle punch, needling *n*, needle punching
Vernadelungstechnik *f* / needling technique (needleloom felt)
Vernähbarkeit *f* / sewability *n*, sewing property (of textiles)
Vernähen *n* **von Fadenlücken** (Tuchh) / fine draw
vernebeln *v* / atomize *v*
Vernetzbarkeit *f* / crosslinking capacity
vernetzen *v* / crosslink *v*

Vernetzer *m*(Beschicht) / crosslinking agent || ≗ / netting agent || ≗**kombination** *f* / crosslinking combination || ≗**system** *n* / crosslinking system
Vernetzung *f*(Beschicht) / crosslinking *n*
Vernetzungs·dichte *f* / crosslink density || ≗**enthalpie** *f* / enthalpy of cross-linking || ≗**mittel** *n* / crosslinking agent || ≗**stelle** *f* / crosslink *n* || ≗**system** *n* / crosslinking system || ≗**vorgang** *m* (Tepp) / crosslinking process || ≗**zeit** *f*(Beschicht) / crosslinking time, period required for crosslinking
verpacken, in Ballen ~ / bale *vt* || ≗ *n* **der Baumwolle in Ballen** / cotton baling *n*, compressing of cotton
Verpackungs·einheit *f* / container *n* || ≗**gewebe** *n* / pack cloth || ≗**gewebe aus Jute** / pack duck, packing duck
verpasten *v* / paste up, prepare *v*(paste)
Verpastung *f*(Färb) / pasting *n*, preparation of the paste
Verpressen *n* **von Gewebeschnitzelpreßstoff** / macerated fabric moulding
Verquallen *n* / jellying *n*
verquetschempfindlich *adj*(Pigm) / sensitive to crushing
Verquetschen *n* **des Musters** (verrutschen) (Textdr) / haloing of the design || ≗ **des Musters** (verzerren) (Textdr) / distortion of the pattern
verreiben *v* / grind fine || ≗ *n* / grinding *n*, milling *n*
Verreibungs- und Mischmaschine *f* / grinding and mixing machine
Verriegelungsstich *m*(Näh) / tying stitch
verrotten *v* / decay *v*
Verrottungs·beständigkeit *f* / rot resistance || ~**echt** *adj* / fast to rotting || ≗**festappretur** *f*, Verrottungsfestausrüstung *f* / rot-resistant finish || ≗**festigkeit** *f* / resistance to rot, rot resistance || ~**hemmendes Ausrüstungsmittel** / antimildew agent || ≗**schutzmittel** *n* / conservation agent, antimildew agent, preserving agent || ≗**test** *m* / rot-resistant test
verrücken *v*(Strick/Wirk) / shog *v* || ≗ *n*(Strick/Wirk) / shogging *n*
Verrutschen *n* / slippage *n*
Versatz *m*(Strick/Wirk) / rack *n*, racking *n* || ≗ **der Lochnadelbarre** (Strick/Wirk) / shogging *n* || ≗ **über drei Nadeln** (Strick/Wirk) / racking over three needles || ≗**apparat** (Strick/Wirk) / racking device, racking motion || ≗**bewegung** *f* **der Legeschiene** (Strick/Wirk) / racking movement, lapping motion of the guide bar || ≗**kette** *f*(Strick/Wirk) / racking chain || ≗**muster** *n*(Strick/Wirk) / racked pattern, racking pattern, shog pattern || ≗**rad** *n*(Strick/Wirk) / racking wheel || ≗**stellung** *f*(Strick/Wirk) / racking position
versäubern *v*(Näh) / trim *v* || ≗ *n*(Näh) / trimming *n*, neating *n*
Versäuberungsapparat *m*(Näh) / trimmer *n*
verschärfen, das Bad ~ (Färb) / prime the bath || **die Flotte** ~ (Färb) / prime the liquor
verschiebbarer Rapportreiter / movable repeat rider (print)
verschieben *v* / displace *v*, shift *v* || ~ (sich) (Transdr) / misalign *v*(of pattern)
Verschiebung *f*(Transdr) / misalignment *n* || ≗ **von Stoffbahnen auf der Warenrolle** / layer slippage
verschiedenfarbig *adj* / varicoloured *adj*, multicoloured *adj* || ~**e minderwertige Wolle** / variegated wool
verschießen *v*(Färb) / fade *v*, lose colour, discolour *vi* || ~, vergrauen *v*(Färb) / turn grey || ≗ *n* / fading *n*, discolo[u]ration *n*
Verschlaggestell *n* / board frame
verschleiern, den Farbton ~, die Nuance verschleiern / mask the shade
Verschleiß *m* / wear *n*
verschleißen *vi* / wear out *vi*(clothes)
verschleiß·fest *adj* / wear-resistant *adj* || ≗**festigkeit** *f* / fastness to normal use, wear resistance, fastness to wear [and tear], resistance to wear [and tear] || ≗**prüfung** *f* / wear testing
verschlingen *v* / entangle *v*, intertwine *vt*, interlace *vt*, interweave *v* || ~ (Näh) / interlock *v* || ~ (sich) / intertwine *vi*, become tangled, interlace *vi* || ≗ *n*, Verschlingung *f* / entanglement *n*, interlacing *n*, intertwining *n*, tangling *n* || ≗ (der Fasern) / entangling *n*(of the fibres)
Verschlingung, Bilden von ≗**en** (Fehler) / kinking *n*, formation of kinks, formation of snarls
verschlossenes Seil / close-laid rope
verschlungen·e Fäden *m pl* / interlaced threads || ~**e Kette** (Strick/Wirk) / chain warp || ~**er Schußfaden** / looped filling
Verschluß *m* / sealing *n* || ≗**glied** *n*(Reißv) / tooth *n* || ≗**naht** *f*(Näh) / fastening seam || ≗**schiene** *f*(Strick/Wirk) / lock bar || ≗**stück** *n*(Strick/Wirk) / lock block
Verschmelzen *n*, Verschmelzung *f* / fusion *n*
Verschmelzungsprodukt *n*(Beschicht) / reaction product
Verschmieren *n* **des Musters** (Textdr) / haloing of the design
verschmutzen *v*(allg) / cause objectionable stains, soil *v* || ~ (Masch) / tarnish *v*(rollers) || ≗ *n* / soiling *n* || ≗ **der Druckwalzen** (Textdr) / tarnishing of the rollers
Verschmutzung *f* / soiling *n* || ≗ **durch Schmutz aus der Luft** / fog-marking *n*(soiling)
Verschmutzungs·grad *m* / degree of soiling || ≗**neigung** *f* / dirt retention
verschneiden *v*(Chem) / reduce *v*(print paste), mix *v*, adulterate *v*, blend *v*
Verschnitt *m*(Chem) / cut *n*, blend *n* || ≗ (Druckpasten) / reduction *n*(of print pastes), reduced print || ≗ (Abfall beim Zuschneiden) / clippings *pl* || ≗**ansatz** / reduction paste
verschnittene Farbe / blended colour
verschnitt·fähig *adj* / capable of reduction || ≗**fähigkeit** *f* / dilution capacity || ≗**lösemittel** *n* (Chem) / cut *n* || ≗**lösung** *f* / reduction clearing || ≗**mittel** *n*(Chem) / diluent *n*, adulterating agent, cut *n*, adulterant *n*, reducing agent, extender *n* || ≗**stamm** *m* / reduction stock || ≗**verdickung** *f* (Chem) / cut *n*, reduction thickening || ≗**zusatz** *m* / reduction paste
Verschnürmaschine *f* / tying apparatus, tying-in machine
Verschnürung *f*, Schnurverschluß *m*(Mode) / frog *n*
verschobene Ware (Strick/Wirk) / racked work
verschossen *adj* / faded *adj*
verschränken *v* / interlock *v*(fibres), cross *v*
verschränkter Kettenstich / twisted chain stitch
Verschränkung *f* **der Fasern** / interlocking of fibres
Verschweißbarkeit *f* / heat-sealing property
verschweißen *v*(Kasch) / heat-seal *v* || ~ (Beschicht) / weld *v* || **[thermisches]** ≗ / heat sealing, hot sealing
verschwimmen *v*(Färb) / run *v*
verschwommen *adj* / blurred *adj*, blurry *adj*, unsharp *adj*(pattern), blotchy *adj* || ~ (Farbe) / indefinite *adj*(shade) || ~**er Druck** / nacre print,

flow print || ~e **Konturen** *f pl*(Textdr) / unsharp images
Verschwommenheit *f* / blur *n*
verseifbar *adj* / saponifiable *adj*
Verseifbarkeit *f* / saponifiability *n*
verseifen *v* / saponify *v*
verseifter Acetatelementarfaden, verseifte Acetatseide / saponified acetate filament
Verseifung *f* / saponification *n* || ≗ **mit Schwefelsäure** / sulphuric saponification
Verseifungs·bad *n* / saponifying bath || ≗**färbeverfahren** *n* / saponification dyeing || ≗**grad** *m* / degree of saponification || ≗**mittel** *n* / saponification agent, saponifying agent || ≗**probe** *f* / saponification test || ≗**verfahren** *n* / saponification method || ≗**vorgang** *m* / saponification process || ≗**zahl** *f*(VZ) / saponification number, S.V. (saponification value)
Verseilmaschine *f* / rope laying machine, closing machine (rope making), twister (rope) *n*, rope manufacturing machine, rope braiding machine
verseilt *adj* / twisted *adj*
versengen *v* / scorch *v*
versetzen *v*(Chem) / mix *v* || ~ (Strick/Wirk) / rack *v*, shog *v* || ~ (sich) (Transdr) / misalign *v*(of pattern) || **das Färbebad ~ mit** / add to the bath, make up the bath || **das Nadelbett ~**, das Nadelbett seitlich verrücken (Strick/Wirk) / rack the needle bed || ≗ *n* (Chem) / mixing *n* || ≗ (Strick/Wirk) / shogging *n* || ≗ (Tepp) / planting *n*
versetzt angeordnet / staggered *adj* || ~**er Einzug** / skip draft || ~**e Fangware** / full cardigan racked fabric || ~**er Köper** / irregular twill, transposed twill, offset twill weave || ~**e Masche** (Strick/Wirk) / rack stitch, shogged stitch, racked stitch || ~**e Rapporte** *m pl*(Textdr) / staggered repeats || ~**e Tupfen** *m pl* / staggered dots || ~**e Ware** (Strick/Wirk) / racked work
versiegeln *v* / seal *v*
verspannt *adj*(Tepp) / stretch-laid *adj*
verspinnbar *adj* / fit for spinning, spinnable *adj*
Verspinnbarkeit *f* / spinnability *n*, spinning capacity, spinning performance
verspinnen *v* / spin *v* || ≗ *n* / spinning *n*
Verspleißen *n* / splicing *n*(rope)
versponnen·e Spinnabfälle *m pl* / hard wastes || **auf der Kammgarnmaschine ~**, kammgarnartig versponnen / worsted-spun *adj* || **auf der Streichgarnmaschine ~** / woollen-spun *adj* || **mit der Hand ~** / hand-spun *adj*
Versprödung *f*(Färb) / embrittlement *n*
versprühen *v* / atomize *v*
Versprüher *m* / atomizer *n*
Versprühung *f* / atomizing *n*
Verstärkegarn *n* / reinforcing thread
verstärken *v*(allg) / strengthen *v*, reinforce *v* || ~ (Strumpf) / splice *v* || **an der Rückseite ~** (Beschicht) / back *vt*
Verstärker *m*(SuW) / booster *n* || ≗ (Färb) / intensifier *n* || ≗**faden** / reinforcing thread
verstärkt·e Ferse (Strumpf) / spliced heel || ~**e Fingerspitze** / double-knitted fingertip || ~**es Gewebe** / reinforced cloth, wadded cloth || ~**e Hochferse** (Strumpf) / high-spliced heel, high splicing || ~**e Maschenware** / reinforced knitted fabric || ~**er Rand** (Strumpf) / double top, shadow welt, spliced top, welt *n*, double welt || ~**e Schlauchware** / reinforced hose || ~**er Schritt** (Strumpf) / double gusset, reinforced gusset || ~**er Schuß** / back filling (US) || ~**e Sohle** (Strumpf) / half sole, spliced sole, double sole || ~**e Spitze**, verstärkte Strumpfspitze (Verstärkung in der Mitte der Strumpfspitze, um den Strumpf über den Zehen zu verstärken) || ~**er Träger aus Spitze** / reinforced lace shoulder strap (foundation garments) || ~**er Übergang zum Längen** (Strumpf) / shadow welt, spliced top, welt *n*, double welt || ~**e Ware** / spliced goods *pl* || ~**er Zwickel** (Strumpf) / reinforced gusset, doubles-fabric crotch, reinforced clock || **an der Rückseite ~**, an der Rückseite beschichtet / backed *adj* || **mit Nylon ~** / nylon-spliced *adj*
Verstärkung *f*(allg) / strengthening *n*, reinforcing *n* || ≗ (Tepp, Gew, Schäumen) / backing *n* || ≗ (Strumpf) / reinforcement *n*, splicing *n*, splice *n*, plating *n* || ≗ **der Strumpfspitze** (Strumpf) / toe guard || ≗ **durch Fadengerippe** / secondary backing || **dreieckige ≗ zwischen Sohle und Spitze** (Strumpf) / stepped sole
Verstärkungs·bremse *f* / plating friction box || ≗**einrichtung** *f* / splicing device || ≗**faden** *m*(Strick/Wirk) / reinforcing thread || ≗**faden** (Strumpf) / splicing yarn, splicing thread || ≗**fadenführer** *m* (Strick/Wirk) / reinforcing thread guide || ≗**fadenführer** (Strumpf) / splicing guide, splicing thread guide, reinforcing carrier || ≗**faktor** *m* (Klotzfärberei) / concentration increase factor || ≗**garn** *n* / reinforcing yarn, splicing yarn, padding thread, splicing thread || ≗**garnzuführer** *m* / splicing feeder || ≗**gewebe** *n* / interlining fabric, interlining material, reinforcing fabric || ≗**kette** *f* (Tepp) / stuffer warp || ≗**masche** *f* / splicing stitch || ≗**muster** *n* / splicing design || ≗**patent** *n*(Strumpf) / spliced selvedge head, reinforced selvedge attachment || ≗**patent** (Strick/Wirk) / reinforced selvedge head || ≗**patentspindel** *f*(Strumpf) / splicing selvedge spindle || ≗**patentspindel** (Strick/Wirk) / reinforced selvedge spindle || ≗**stelle** *f* (Strumpf) / spliced part || ≗**stelle** (Strick/Wirk) / reinforced part || ≗**stich** *m* / staying stitch || ≗**vorrichtung** *f* / splicing tackle
verstäuben *v* / atomize *v*
versteifen *v* / strengthen *v*, stiffen *v* || ≗ *n* / stiffening *n*, strengthening *n*
versteift·es Garn / plated yarn || ~**es Gewebe** / filled fabric || ~**er Krepp** / hard crepe
Versteifung *f* / stiffening *n*, strengthening *n* || ≗ **von Hemdenkragen** / stiffening of shirt collars
Versteifungs·appretur *f* / stiffness treatment || ≗**gewebe** *n*(techn) / skeleton braid || ≗**mittel** *n* / stiffening agent || ≗**stoff** *m* / stiffening [cloth]
verstellbar·er Kammreiniger / adjustable comb yarn clearer || ~**er Säumer** / adjustable hemmer
verstreckbar *adj* / stretchable *adj*, drawable *adj*
Verstreckbarkeit *f* / stretchability *n*, ductility *n*, stretching properties *pl* || ≗ (Spinn) / drawability *n*, drawing ability
verstrecken *v* / stretch *v* || ~ (Spinn) / draft *v*, draw *vt* || ≗ *n* / stretch[ing] *n* || ≗ (Spinn) / drafting *n*, drawing *n* || ≗ **von Kammgarnen** / worsted drawing
verstreckter Faden / stretched filament
Verstreckung *f* / stretching *n* || ≗ (Spinn) / draft *n*, drafting *n*, drawing *n*
Verstreckungs·grad *m* / degree of drawing, rate of stretching || ≗**grenze** *f* **der Faser** (Spinn) / drawing margin (of fibre) || ≗**hals** *m*(Fasern) / necking *n* || ≗**unterschiede** *m pl* **der Faser** / physical

differences in the fibre when stretching || ≗verhältnis *n* / draw ratio
Verstreckwiderstand *m* / stretch resistance
Verstreich·maschine *f* / wet brushing machine (for pile) || **≗rakel** *f* (Beschicht) / levelling doctor, spreading doctor || **≗rauhmaschine** *f* (Web) / laying down gig, raising gig
verstürzen *v* (Näh) / turn over
Versuch *m* / trial *n* || **≗ im Betriebsmaßstab** / factory trial, factory test || **≗ im Labormaßstab** / laboratory trial, laboratory test
Versuchs·anlage *f* / pilot plant || **≗anordnung** *f* / experimental procedure, experimental apparatus || **≗druckmaschine** *f* / experimental printing machine, laboratory textile printing machine || **≗färberei** *f* / experimental dyehouse, pilot dyehouse || **≗färbung** *f* / trial dyeing, test dyeing || **≗kalander** *m* / laboratory calender || **≗laboratorium** *n* / experimental laboratory || **≗maßstab** *m* / experimental scale || **≗methode** *f* / experimental method
vertafeln *v* / cuttle down
Verteigen *n* (Färb) / pasting *n*
verteilen *v* / distribute *v*, disperse *v* || ~ (sich) / spread *vi*
Verteilerrohr *n* (Färb) / perforated pipe
Verteil·platine *f* (Strick/Wirk) / divider *n*, sinker divider, dividing sinker || **≗randplatine** *f*, Verteilschlitz *m* / selvedge divider platine || **≗schiene** *f* (Strick/Wirk) / dividing bus bar
Verteilung *f* **der relativen Molekülmassen** / molecular weight distribution
Verteilungs·funktion *f* / distribution function || **≗gitter** *n* (Spinn) / distributing lattice || **≗gleichgewicht** *n* **der Farbstoffe** / distribution balance of the dyestuffs || **≗schiene** *f* (Strick/Wirk) / catch bar || **≗schloßteil** *n* (Rundstr) / dividing cam || **≗sieb** *n* (Flock) / distribution sieve
Verteilwalze *f* (Kasch) / casting roll[er]
vertiefen *v* (Kol) / increase the depth, intensify *v* (colour)
Vertiefung *f* / indentation *n*
Vertikal-–Abquetschfoulard *m* / vertical squeezing mangle || **≗-Flammtest** *m* / vertical flammability test || **≗foulard** *m* / vertical padder || **≗greifer** *m* (Näh) / vertical hook, vertical sewing hook || **≗kettbaumfärbeapparat** *m* / vertical warp beam dyeing apparatus || **≗messerschneidemaschine** *f* / reciprocating cutting machine || **≗öffner** *m* (DIN 64077, 64100) / vertical opener || **≗trockner** *m* / vertical drier || **≗zylindertrockenmaschine** *f* / vertical cylinder drying machine || **≗zylindertrockenmaschine mit vier Zylindern** / 4-cylinder vertical drying machine
Verträglichkeit *f* / compatibility *n*
Vertrauens·bereich *m* (früher: praktische Fehlergrenze) / confidence interval (formerly: practical limit of error) || **≗grenze** *f* / confidence limit
vertrocknet *adj* / inspissated *adj*
Verunreinigung *f* / impurity *n*, contamination *n* || **pflanzliche ≗en** *f pl* (Wolle) / moits *pl*, motes *pl*
Verwandlung *f* / change *n*
verwaschen *adj* / washed out, faded *adj*, washy *adj* || **~er Jeansstoff** / faded denim, sports denim
Verwebbarkeit *f* / weavability *n*, weaving behaviour
verweben *v* / interlace *vt*, weave *v*, intertwine *vt*, interweave *v* || ≗ *n* (Web) / interlacing *n*
verwechselter Schuß / mixed filling
Verweil·abteil *n* / soaking section (scouring) || **≗dauer** *f* s. Verweilzeit || **≗einrichtung** *f* (DIN 64950) / retention installation, storage and reaction machine || **≗färbemethode** *f* / batch dyeing method || **≗gerät** *n* (Bleich) / pad roll unit || **≗gerät** (Färb) / batching apparatus, dwelling compartment, dwelling chamber || **≗kammer** *f* (Färb) / dwelling chamber, dwelling compartment || **≗methode** *f* (Färb) / batch [dyeing] method || **≗prozeß** *m* (Färb) / continuous dwelling process, dwelling process || **≗temperatur** *f* (Färb) / reaction temperature || **≗trog** *m* (Färb) / dwell trough || **≗trog** / soaking box || **≗verfahren** *n* (Färb) / batch process || **≗zeit** *f* (Färb) / contact time, residence time (in flow system), storage time, reaction time, dwell time, batching time (cold pad batch process) || **≗zeit** (Kasch) / exposure time
Verwendungs·gebiet *n* / field of application || **≗zweck** *m* / final use, application *n*
verwickeln *v* / entangle *v*, snarl *v*, intertwine *vt* || ~ (sich) / intertwine *vi*, become tangled, interlace *vi*
verwickelt *adj* / convolute *adj*
Verwicklung *f* / convolution *n*, entanglement *n*
verwirbeln *vt* (Texturieren) / intermingle *vt* || ≗ *n* **von Endlosfäden** (Rotoset) / Rotoset process
Verwirbelungseffekt *m* / swirled effect (short-cut piles)
verwirren *v* / snarl *v*, entangle *v* || ≗ *n*, Verwirrung *f* / entanglement *n*
verwischen *v* (Färb) / blur *v* || ~ (Färb, Textdr) / blot out
verwischt *adj* / blurred *adj*, blurry *adj*
Verwitterungsprobe *f* / weathering test
verwollen *v* / make woolly
verzerren *v* / distort *v*
verzerrtes Muster / distorted pattern
Verzerrung *f* (Defekt) / distortion *n* || **≗ des Gewebes** (Defekt) / fabric distortion, [fabric] bowing || **≗ des Musters** / distortion of the pattern
verziehen *v* (sich) (Web) / draw *vi* (defect) || ~ (sich) / lose shape, become distorted || ≗ *n* (Web) / drawing *n* (defect) || **≗ der Naht** (Näh) / seam slippage || **≗ des Gewebes** (Defekt) / fabric distortion, [fabric] bowing
Verziehung *f* (Web) / buckling *n*
verziert·e Knopflochkante / ornamented buttonhole edge || **~er Rand** / fancy edge
Verzierung *f* / ornament *n* || **≗ mit Flitter** (Mode) / écaille work
verzogen·e Masche (Strick/Wirk) / distorted loop || **~e Schußfäden** *m pl* / split picks
Verzögerer *m* / retardant *n*, inhibitor *n*, retarder *n*
verzögern *v* / retard *v*
verzögerndes Egalisiermittel (Färb) / retarding and levelling agent
verzögert·e Erholung / creep *n*, delayed recovery || **~e Fixierung** (Färb) / deferred cure method || **~e Polymerisation** / delayed cure
Verzögerung *f* / retarding action
Verzögerungs·faktor *m* (Chrom) / Rf value (retention factor) || **≗mittel** *n* / retardant *n*, retarder *n*, retarding agent
verzüchtete glänzende Wolle (DIN 60004) / doggy wool
Verzug *m* (Defekt) / distortion *n* || ≗ (Web) / drawing *n* (defect) || ≗ (Spinn) / draft *n*, drafting *n* || **≗ beim Umspinnen** / covering draft
Verzugs·drehung *f* / drafting twist || **≗dynamik** *f* / drafting dynamics || **≗feld** *n* / draft zone ||

≗feldebene *f* des Streckwerks (DIN 64050) / drafting zone plane of drafting arrangement || ≗grad *m* / degree of draft || ≗konstante *f* / draft constant || ≗kraft *f* / drafting force || ≗kraftmeßgerät *n* / drafting force tester || ≗matte *f* / mat for lagging supports || ≗regelung *f* / draft control || ≗unterbrechung *f* / draft cut || ≗vergleichmäßigung *f* / drafting equalizing || ≗verhältnis *n* / draft ratio || ≗vorgang *m* / drafting process || ≗walze *f* / distorting roller || ≗wechselwelle *f* / draft change mechanism || ≗welle *f* / drafting wave || ≗zone *f* / draft zone

verzweigt·er aliphatischer Kohlenwasserstoff / branched aliphatic hydrocarbon || **~er aromatischer Kohlenwasserstoff** / branched aromatic hydrocarbon || **~e Faser** / branched fibre || **~es Polymer[es]** / branched polymer

verzwirnt *adj* / twisted *adj* || **~es Kammgarn** / worsted twist

Vesuvin *n* / vesuvine brown, Manchester brown

Vibrations·mühle *f* (Pigm) / vibrating ball-mill || **≗strecke** *f* / vibrating section (filaments) || **≗trommel** *f* / vibration drum

Vibrieren *n* **des Stoffes** / fabric flutter

Vibroskop *n* / vibroscope *n*

Vichy *m* / Vichy *n* (woven fabric for dresses and aprons, often small black and white checks)

Vidalschwarz *n* / vidal black

Viehfarmwolle *f* / range wool (US)

Vielfarben·druck *m* / multicolour print[ing], polychromy *n*, polychrome printing || **≗effekt** *m* / multicolour[ed] effect || **≗muster** *n* / multicolour[ed] pattern

viel·farbig *adj* / multicoloured *adj*, varicoloured *adj*, polychromatic *adj* || **≗farbigkeit** *f* / polychromy *n* || **~fonturig** *adj* (Strumpf) / multisection *adj* || **~gelappter Querschnitt** (Fil) / multilobal cross-section || **≗riemchenflorteiler** *m* (Spinn) / multiple tape condenser, multiple tape divider || **~spindelige Spulmaschine** / multiple-spindle winder || **≗stoffgemisch** *n* / multicomponent mixture

vielsystemig·e Maschine / multifeed[er] machine || **~e Rundstrickmaschine** / multifeed[er] circular [knitting] machine || **~e Wirkmaschine** / multifeed[er] knitting machine

vierbindig *adj* / four-harness weave, four-shaft weave *adj* || **~e Atlasbindung** / four-end satin weave || **~es Atlasgewebe** / four-shaft satin weave || **~er Köper** / four-end twill, four-shaft twill, four-leaf twill, four-harness twill

vier- bis zwölfsträhniges Seil / seizing stuff

Viereck *n* / square *n* || **≗grund** *m* / diamond ground

viereckig *adj* / square *adj* || **~er Ausschnitt** (Mode) / square neckline || **~e Verstärkung zwischen Sohle und Spitze** (Strumpf) / block in sole

Vierecktuch *n* / square *n* (neck-scarf)

vierfacher Zwirn (DIN 60900) / fourfold yarn

Vierfarben·druck *m* / four-colour print || **≗ringel-Interlockmaschine** *f* / four-colour interlock striping machine

Vier·federspindel *f* (DIN 64685) (Web, Schützen) / four-spring tongue || **≗gestell-Teppich** *m* / four-frame carpet || **≗krempelsatz** *m* (Spinn) / four-cylinder card set

Vierlingsfadenführer *m* (Strick/Wirk) / four-finger yarn carrier (yarn changer), quadruple thread guide

Viernadel·deckstich *m* / four-needle cover stitch || **≗flachnaht** *f* / four-needle flat stitch || **≗nähmaschine** *f* / four needles sewing machine || **≗randnaht** *f* (Strick/Wirk) / four-needle flat seam

vierschäftig·er Köper / four-shaft twill || **~es Tau**, vierschäftiger Strick / four-stranded rope || **~es Tau mit Kern** / shroud-laid rope

Vierschaufelrührer *m* / four-arm paddle mixer

vierschienig·er Kettenwirkstuhl / four-bar warp knitting loom || **~e Kettstuhlware** / four-bar warp-knitted fabric || **~e Polwirkware** / four-bar warp-knitted pile fabric

Vier·spindelgurtantrieb *m* / four-spindle endless tape drive || **~strähniges Garn** / four-ply yarn || **~teilige Breitwaschmaschine** / four-compartment open-width washing machine

Viertel, ein ≗ gefüttert, viertelgefüttert *adj* / quarter-lined *adj*

Vierwalzen·-Folienkalander *m* (Kasch) / four-roll[er] sheeting calender || **≗foulard** *m* / four-roll[er] padding mangle, four-roll[er] mangle || **≗kalander** *m* / four-roll[er] calender || **≗-Simili-Mercerisage-Kalander** *m* / four-bowl simili-mercerizing calender || **≗-Universalkalander** *m* / four-bowl universal calender || **≗verzugsstreckwerk** *n* / four-roll[er] drawing system

Vierzylinderfoulard *m* / four-roll[er] mangle, four-roll[er] padding mangle

Vigogne·garn *n* / mixed shoddy yarn, angora [wool] yarn, vigogne yarn (formerly blended yarn of reclaimed wool and cotton or viscose staple, now generally coarse yarns produced on two-cylinder machines), vicuña *n* || **≗spinnerei** *f* / mixed shoddy spinning

Vigoureux *m* / vigoureux *n*, vigoreux *n* (GB), goureux *n* (US) || **≗dämpfer** *m* / vigoureux steamer || **≗druck** *m* / vigoureux printing, slubbing print, melange print, top printing, printing of top || **≗druckmaschine** *f* / vigoureux printing machine, top printing machine, melange printing machine || **≗garn** *n* / vigoureux yarn

Viktoria·-Baumwoll-Linon *m* / Victoria lawn || **≗blau** *n* / Victoria blue || **≗echtviolett** *n* (Färb) / Victoria fast violet || **≗grün** *n* / malachite green *n*, benzal green

vikunja·ähnliche Kammgarnstoffausrüstung / vicuña finish || **≗wolle** *f* / vicuña wool *n* (exceptionally fine wool from the vicuña, native to Peru) || **≗wolle geringster Qualität** / pelotage wool

Vinyl *n* / vinyl *n* || **≗acetat** *n* / vinyl acetate

Vinylalfaser *f* (aus linearen Makromolekülen, deren Kette aus Polyvinylalkohol mit variablem Acetalisierungsgrad aufgebaut wird), Vinylalfaserstoff *m* / polyvinyl alcohol fibre, vinylal fibre (generic term for PVA + in France)

vinyl·behandelte Baumwolle / vinylated cotton || **≗chlorid** *n* / vinyl chloride || **≗faser** *f* / vinyl fibre || **≗fasermischung** *f* / vinyl fibres blend || **≗formiat** *n* / vinyl formate || **≗harz** *n* / vinyl resin || **≗harzfaser** *f* / vinyl resin fibre

Vinylidenchlorid *n* / vinylidene chloride

Vinylieren *n* / vinylation *n*

vinylierter Farbstoff / vinylated dyestuff

Vinyl·karbazol *n* / vinyl carbazol || **≗kunststoff** *m* / vinyl plastic || **≗polymerisat** *n* / vinyl polymer || **≗pyrrolidon** *n* / vinyl pyrrolidone || **≗schaumstoff** *m* / vinyl foam || **≗sulfonfarbstoff** *m* (ein Reaktiv-Farbstoff) / vinyl sulphone dyestuff || **≗trichlorid** *n*

/ trichloroethane *n*
Vinyonfaser *f* / vinyon fibre
violett *adj* / violet *adj*, amethyst-coloured *adj* || **~blau** *adj* (RAL 5000) / violet blue *adj*
Viridian *n* / veridian *n*
Viskoelastizität *f* / viscoelasticity *n*
viskos *adj*, selten: viskös *adj* / viscous *adj* || **~e Quellkörperdispersion** / viscous thickener dispersion || **~er Spinnbadzusatz** (Textilhilfsmittel) / viscose spin bath additive || **~e, festkörperarme Verdickung** / viscous thickening with low solids content
Viskose *f*, Zelluloseverbindung *f* / viscose *n* (solution from which rayon fibres are spun) || **≗**, Viskosespinnfaser *f* / viscose staple, staple rayon, viscose staple fibre || **≗faser**, Viskosefaserstoff *m* / viscose fibre
Viskosefilament *n* / filament rayon, viscose filament, spun rayon, rayon (manmade textile fibres and filaments of regenerated cellulose) *n*, rayon filament || **≗abfall** *m*, Viskosefilamentabgang *m* / rayon waste || **≗band** *n* / rayon ribbon || **≗bleiche** *f* / viscose filament bleaching, rayon bleaching || **≗-Charmeuse** *f* / rayon locknit || **≗-Cord** *m* / rayon cord || **≗faden** *m* / rayon thread || **≗färben** *n* / viscose filament dyeing, rayon dyeing || **≗faser** *f* / rayon fibre, rayon *n* (manmade textile fibres and filaments of regenerated cellulose) || **≗futterstoff** *m*, Viskosereyonfutterstoff *m* (veraltet) / viscose rayon lining material, rayon lining material || **≗garn** *n* / viscose filament yarn, viscose rayon yarn, rayon yarn, continuous filament yarn || **≗gaze** *f* / rayon gauze || **≗gewebe** *n* / rayon fabric || **≗hemd** *n* / rayon shirt || **≗kabel** *n* / rayon tow || **≗kammzug** *m* (Spinn) / rayon staple top || **≗kette** *f* / rayon warp || **≗krepp** *m* / rayon crêpe || **≗kurzfaser** *f* / rayon staple || **≗-Mooskrepp** *m* / mainliner *n* || **≗-Moulinézwirn** *m* / thrown rayon yarn || **≗plüsch** *m* / rayon pile fabric, rayon plush || **≗satin** *m* / viscose filament satin, rayon satin || **≗schleiergewebe** *n* / rayon veiling || **≗schuß** *m* / rayon weft || **≗serge** *f* / rayon serge || **≗spinnbad** *n* / rayon spinbath || **≗spinnfaser** *f* / rayon staple fibre || **≗spinngarn** *n* / viscose staple yarn || **≗spinnkabel** *n* / rayon tow || **≗spinnkuchen** *m* / rayon cake || **≗strümpfe** *m pl* / rayon hosiery || **≗taft** *m* / rayon taffeta || **≗trikot** *m* / rayon jersey || **≗tüll** *m* / rayon net, rayon tulle || **≗- und Wollalpaka** *m* / rayon and wool blend alpaca || **≗weberei** *f* / rayon weaving || **≗zwirn** *m* / rayon twist
Viskose·folie *f* / viscose film || **≗futterstoff** *m* / viscose lining fabric || **≗kunstseide** *f* / viscose rayon, viscose rayon filament || **≗lösung** *f*, Viskosespinnlösung *f* / viscose solution, viscose spinning solution || **≗-Luftseide** *f* / aerated viscose yarn || **≗plüsch** *m* / viscose plush || **≗reifen** *n* / viscose ageing || **≗reifengarn** *n* / viscose high-tenacity rayon (for tyres) || **≗reyon** *m n* (veraltet) / viscose rayon || **≗reyonfutterstoff** *m* (veraltet) / viscose rayon lining material, rayon lining material || **≗seide** *f* / viscose silk || **≗spinnfaser** *f*, CV / staple rayon, viscose staple, viscose staple fibre || **≗spinnfasergarn** *n* / viscose spun yarn || **≗spinnkabel** *n* / viscose rayon tow || **≗spinnlösung** *f* / viscose dope, viscose solution, viscose spinning solution || **≗spinnverfahren** *n* / viscose spinning method || **≗stapelfasergarn** *n* / viscose spun yarn || **~umwundener Gummifaden** / viscose-covered rubber thread || **≗verfahren** *n* / viscose process
Viskosimeter *n* / viscometer *n*, viscosimeter *n*
Viskosität *f* / viscosity *n*
Viskositäts·koeffizient *m* / coefficient of viscosity || **≗messung** *f* / measurement of viscosity
visuell·e Beurteilung / visual assessment || **~e Farbprüfung** / visual colour grading || **~e Farbtonbewertung** / visual colour evaluation || **~e Kolorimetrie** / visual colorimetry
Vitriolküpe *f* / ferrous sulphate vat, blue vat, sulphuric acid vat, cuprous vat, copperas vat
Vlies *n*, Vlies aus Faserschichten (DIN 61210) *n* / nonwoven [fabric], nonwoven fleece, bonded fibre fabric, adhesive-bonded fabric, fibre sheet, formed fabric (US) || **≗**, Faserflor *m* / fibrous web, fibre fleece || **≗** (DIN 60004) (Wolle) / [wool shearing] fleece *n*, shear wool || **≗** (Kard) / web *n*, card web || **≗ mit paralleler Faserlage** / parallel laid nonwoven fabric || **≗abriß** *m* (DIN 60004) (Wolle) / skirting *n* (wool) || **≗bahn** *f* / nonwoven mat || **≗beschichtung** *f* / coating of nonwovens || **≗bildemaschine** *f* / webber *n* || **≗bildung** *f* **auf nassem Wege** / wet-laid nonwoven || **≗bildung auf trockenem Wege** / dry-laid nonwoven || **≗binder** *m* (Vliesst) / bonding agent || **≗folie** *f* / nonwoven [fabric], nonwoven fleece, bonded fibre fabric, adhesive-bonded fabric, fibrous web, fibre sheet, formed fabric(US) || **≗krempel** *f* (Spinn) / intermediate card, second breaker [card] || **≗leder** *n* / nonwoven leather || **≗leger** *m* (Vliesst) / web laying apparatus || **≗maschine** *f* (Vliesst) / sheet machine || **≗maschine** (Spinn) / fleecing machine, lap machine, lapper *n*, sliver lap machine || **≗nadelfilztuch** *n* / batt-on-base woven felt || **≗stoff** *m* (Vliesst) / bonded fibre fabric, nonwoven [fabric], formed fabric (US), nonwoven fleece, adhesive-bonded fabric, fibre sheet || **≗stoff-Herstellungsmaschine** *f* / nonwoven fabric machinery || **≗substrat** *n* / nonwoven substrate || **≗täfler** *m*, Vliestafler *m* / lap layer || **≗trockner** *m* (Wolle) / fleece drier || **≗trockner** (DIN 64 990) (Vliesst) / drier for nonwovens || **≗trommel** *f* (Spinn) / fleece roller || **≗übertragung** *f* (Spinn) / feed in lap form || **≗verfestiger** *m* (Vliesst) / bonding agent || **~verfestigt** *adj* (Vliesst) / spunbonded *adj*, spun-bonded *adj* || **≗verfestigung** *f* / strengthening of nonwovens, reinforcement of nonwovens || **≗verteiler** *m* (Spinn) / web divider || **≗waren** *f pl* / nonwovens *pl* || **≗wäsche** *f* / fleece washing || **≗wickler** *m* / web winder || **≗wolle** *f* (DIN 60004) / fleeces *pl*
Vλ-Kurve *f* / relative luminosity curve of the eye
Vogelauge *n* (Gew) / bird's eye
Vogelaugen·bindung *f* / bird's eye weave || **≗leinen** *n* / bird's eye linen || **≗muster** *n* / bird's eye pattern || **≗musterung** *f* / tick effect, tick-tack effect || **≗pikee** *m* / bird's eye pique
Voile *m* / voile *n* || **≗-Gabardine** *m f* / sheer gabardine || **≗garn** *n* / voile yarn || **≗-Marquisette** *f* / voile marquisette
Vol% / percentage by volume
Volant *m* (Spinn, Web) / fancy roll[er] (wire-covered roller of a card) || **≗** (Mode) / flounce *n*, flouncing *n* || **≗** (auf einem Bett) / valance *n* (on a bed) || **≗ der Krempel** / card fancy || **≗blatt** *n* (Spinn) / fancy sheet || **≗garnitur** *f* (Spinn) / flounce clothing || **≗kratze** *f* (Spinn) / fancy fillet || **≗leiste** *f* (Spinn) / flounce board || **≗nagel** *m* (Spinn) / fancy sheet nail

voll *adj* / full *adj* (shade) || **~er Druck** / deep print, heavy print, full print || ~ **eingelaufen** / fully shrunk || **~er Einzug** (Web) / full set || **~er Farbton** / full shade, deep shade || ~ **gemindert** (Strick/Wirk) / fully fashioned, full fashioned || **~e Nadelreihe** (Strick/Wirk) / full gauge needle line || **~e Nuance** / full shade || **~e Spule** / full package || **~e Warenbreite** / full fabric width || **≗achsel-Damenhemd** *n* / wide-shoulder vest || **≗achselhemd** *n*, Vollachsel-Spenzer *m* / sleeveless vest || **≗appretur** *f* / full finish, full impregnation

vollautomatisch·er Druckapparat / fully automatic printing machine || **~es Färben mittels Lochkartensteuerung** / punch-card controlled fully automatic dyeing || **~er Laborfärbeapparat nach dem Jiggersystem** / fully automatic laboratory-scale jig-dyeing unit || **~es Spinnen** / fully automated spinning || **~es Weben** / fully automatic weaving || **~e Webmaschine** / fully automatic power loom || **~er Webstuhl** / fully automatic loom

Vollbad *n* (Färb) / full bath || **≗appretur** *f* / ordinary-bath finishing || **≗imprägnierung** *f* / full bath impregnation

Voll·bleiche *f* / full bleach, complete bleach, entire bleach || **≗druck** *m* (Textdr) / full area print, full shade print, full print, full strength print

vollelastisch *adj* / fully-elasticized *adj* || **~es Hosenkorselett mit langem Bein** / panty all-in-one || **~e Miederhose** / panty girdle with stretch body

Voll·entsalzung *f* / total demineralization (by ion exchanger) || **≗entwicklung der Färbung** *f* / full development of the dyeing || **≗färbung** *f* / full dyeing, deep dyeing || **~fassoniert** *adj* / fully fashioned || **≗fläche** *f* / full surface || **~geminderte Oberbekleidung** / fully fashioned outerwear || **~geminderter Strumpf** / fully fashioned stocking (F/F stocking), fully fashioned hose || **~gewichtige Spule** / full-weight bobbin || **≗griffeffekt** *m* / full hand[le] effect || **~haltige Flotte** (Färb) / full concentration liquor

völlig·es Entbasten / complete degumming || ~ **entschälte Seide** / fully degummed silk || ~ **gebleicht** / fully bleached || ~ **gekrumpft** / fully shrunk

Vollimprägnierung *f* / full impregnation

vollkommen acetylierte Baumwolle / FA cotton (fully acetylated cotton) || ~ **entbastete Seide** / bright silk || ~ **gefärbt** / completely dyed || ~ **trocken** / bone-dry *adj* || **~er Weißboden**, vollkommener Weißfond / pure white ground

voll·konfektionierte Stücke *n pl* / fully fashioned piecegoods || **≗kontinue-Verfahren** *n* (Färb) / fully continuous process || **~kontinuierliche Produktionslinie** / completely continuous production line || **≗merzerisierung** *f* / full mercerizing || **≗passage** *f* (Textdr) / complete run || **≗plattierung** *f* / plaiting of the entire stocking || **~regulär gearbeitete Wirkwaren** *f pl* / full-regular knit goods || **~regulärer Strumpf** / fully fashioned stocking (F/F stocking), fully fashioned hose || **≗schablone** *f* (Textdr) / all-open screen, overall blotch print || **~schienig eingezogen** (Web) / fully threaded

vollständig ausgezogenes Bad, vollständig erschöpftes Bad (Färb) / fully exhausted bath, quantitatively exhausted bath

Voll·stich *m* (Spinn) / full set, open set (card) || **~stretch** *adj* / fully-elasticized *adj* || **~synthetisch** *adj* / fully synthetic, entirely synthetic || **≗ton** *m* / full shade || **≗tondruck** *m* / full shade print, full strength print || **≗trocknung** *f* / complete drying || **≗waschmittel** *n* / heavy-duty detergent, industrial detergent || **≗weißbleiche** *f* / kier-boiling peroxide bleach

Volumen *n* (Fassungsvermögen) / capacity *n*, loading capacity || ≗ (eines Stoffes) / volume *n* (of fabric), bulk *n* || ≗ (z.B. Pulverfarbstoff) / bulk *n* || **≗anteil** *m* / part[s] by volume, p.b.v. || **≗dosiervorrichtung** *f* / volumetric measuring device || **≗prozent** *n* / percentage by volume || **≗quellung** *f* / increase in volume through swelling, volume swelling || **≗reibung** *f* / volume friction || **≗rückstellkraft** (von bauschigen Garnen) / volume stability || **≗stabilität** *f* (einer Faser) / bulk stability || **≗teil** *m* / part[s] by volume, p.b.v. || **≗vergrößerung** *f* / increase in volume

volumetrische Analyse / titrimetric analysis, titrimetry *n*

voluminös *adj* / voluminous *adj* (of fabric) || ~, bauschig *adj* / bulky *adj* (of yarn), bulked *adj* || ~, hochbauschig *adj* / high-bulking *adj* || **~es Garn** / bulk yarn, loft yarn || **~er Griff** / lofty handle, voluminous handle

Volumprozent *n* / percentage by volume

Vorabschlag *m* (Textdr) / pre-trial *n*, tentative print

Vorappretur *f* / preliminary finish, preparatory finish

Vorausmuster *n* (Mode) / advance sample (for the coming season)

Vorausrüstung *f* / preliminary finish

Vorbaum *m* / back beam

Vorbehandlung *f* / preparatory treatment, pretreatment *n* || ≗ **durch Beuchen** / pretreatment by kier boiling || ≗ **im Säurebad** / brown sour

Vorbehandlungs·bad *n* / pretreatment bath || **≗verfahren** *n* / preparatory treatment

Vorbeize *f* / bottom mordant, preliminary mordant, weak mordant

vorbeizen *v* (Färb) / bottom *v*, premordant *v*, mordant in advance || ≗ *n* / bottoming *n* (mordant), preliminary mordanting || **≗-Färbeverfahren** / premordanting dyeing method

vorbereitendes Säuern / preliminary souring, preliminary acidifying

vorbereitete Kettfäden *m pl* / dressed warps

Vorbereitungs·appret *n* / preparing finishing agent || **≗strecke** *f* (Spinn) / breaker drawing frame, preparatory box

Vorbeugungsmittel *n* / preventive agent, protective agent

Vorbleiche *f* / prebleach *n*, preliminary bleach

vorbleichen *v* / half-bleach *v*, prebleach *v*

Vorbringplättchen *n* (Strick/Wirk) / feeding plate

Vorbügeln *n* / first pressing

vordämpfen *v* / preset *v*, presteam *v* || ~ (Strumpf) / preboard *v* || ≗ *n* / presteaming *n*, presetting *n*

Vordämpfer *m* / preliminary steamer

Vordämpfzeit *f* / presteaming time

vordecken *v* (Textdr) / bottom *v*, ground *v* || ~ (Färb) / predye *v*

Vordehnung *f* (auf einer Streckanlage eingebrachte Dehnung) / elongation *n*

vorder·e Dreherlitze / front crossing heddle || **~e Lochnadelbarre** (Kettenwirkerei) / front guide bar (FGB) (warp knitt) || **~e Nadelbarre** (Strick/

Wirk) / front needle bar || ~es **Nadelbett** (Strick/Wirk) / front needle bed || ~e **Rocklänge** / frontal skirt length || ~es **Strickschloß** (Strick/Wirk) / front cam || ≗**baum** *m* (Web) / breast beam || ≗**bock** *m* (Spinn) / winding stock || ≗**einlage** *f* (Hemd) / front interlining || ≗**fach** *n* (Web) / front shed || ≗**geschirr** *n* / pressure harness (jacquard) || ≗**geschirr** (Web) / front harness, front heald frames *pl* || ≗**kamm** *m* / front comb || ≗**kante** *f* / leading edge || ≗**naht** *f* (Strumpf) / seam in front of the leg || ≗**schaft** *m* (Web) / front shaft, front heald frame || ≗**schluß-BH** *m*, Vorderschluß-Büstenhalter *m* / front-hook bra || ≗**seite** *f* (eines Stoffs) / right side *pl*, fabric face, cloth face, upper side, face (of fabric) *n* || ≗**- und Rückenteile von Kleidungsstücken** *m pl* / body portions (of garment) || ≗**walze** *f* / front roll[er]

vordippen *v* / predip *v*

vordispergieren *v* / predisperse *v*

Vordraht *m* / preliminary twist (yarn)

Vordrehflügel *m* (Spinn) / creel flyer, supply flyer, pretwist flyer

Vordrehung *f* (Garn) / fore-twist *n*, false twist, preliminary twist

Vordruck *m* (Textdr) / bottom print, first print || ≗**buntreserve** *f* / coloured first-printed resist, coloured pre-printed resist

vordrucken *v* / preprint *v*

Vordruckreserve *f* (Färb) / preprinted resist || ≗ **unter Klotzfärbungen** / resist under padding

Voreil·apparat *m* / overfeeding device || ≗**aufnadelgerät** *n* (DIN 64990) / overfeed pinning equipment || ≗**aufnadelung** *f* / overfeed pinning || ≗**einrichtung** *f* / overfeeding device

Voreilen *n* **der Spule** / bobbin lead

voreilend·e Spule / leading bobbin || ~es **System** (Strick/Wirk) / leading feed || ~e **Windung** (DIN 61801) / head-wind *n*

Voreilung *f* (Masch) / lead *n*, advance *n*, overfeed *n*, overspeed *n*

Voreilungseinrichtung *f* / overfeed attachment

Voreinzugsstellung *f* (Strick/Wirk) / preliminary take-down position

vorfachen *v* / predouble *v* (yarn), wind two ends by doubling on cheeses || ≗ *n* (Spinn) / two-end cheese winding

vorfärben *v* / predye *v* || ~ (Beschicht) / base coat *v*, ground coat *v*, ground *v* || ~ (Textdr) / bottom *v*, ground *v* || ≗ *n* (Textdr) / bottoming *n*, grounding *n* || ≗ / preliminary dyeing || ≗ (vor dem Überfärben) (Beschicht) / base coat[ing] *n*, bottoming *n*, ground coat, grounding *n*

Vorfärbeverfahren *n* / predyeing method

Vorfärbung *f* / preliminary dyeing || ≗ (Textdr) / bottoming *n*, grounding *n* || ≗ (Beschicht) / base coat[ing] *n*, bottoming *n*, ground coat, grounding *n*

Vorfeinfrotteur *m*, Vorfeinnitschler *m* / third bobbin drawing box

Vorfeld *n* (Spinn) / predrafting zone

vorfilzen *v* / prefelt *v*

Vorfixierapparat *m* (DIN 64990) / apparatus for pre-setting || ≗ **für Strumpfwaren** / hosiery pre-setting unit

vorfixieren *v* / preset *v* || ~ (Strumpf) / preboard *v* || ≗ *n* / presetting *n* || ≗ (von Damenstrümpfen vor dem Färben) (Strumpf) / preboarding *n*

Vorfixier·kammer *f* (Strumpf) / preboarding cabinet || ≗**maschine** *f* (Strumpf) / preboarding machine

Vorfixierung *f* (Färb) / prefixation *n* || ≗ (Gewebe) / presetting *n*

Vorflyer *m* (Spinn) / slubbing flyer *n*, slubbing frame, slubbing machine, billy *n*, slubber *n*, coarse roving frame

Vorformbüste *f* / preformer *n*

vorformen *v* (Strumpf) / preboard *v* || ≗ *n* **von Strümpfen** / hosiery pre-boarding

Vorform·maschine *f* (DIN 64990) (Strumpf) / preboarding machine || ≗**verfahren** *n* / preform process

Vorgarn *n* (Spinn) / roving yarn, roving *n*, rove *n*, fine roving || ≗ **der Vorspinnkrempel** / condenser roving || ≗**abfall** *m* / roving waste || ≗**absauganlage** *f* / roving exhauster || ≗**drehung** *f* / roving twist (card) || ≗**enden** *n pl* / roving waste || ≗**führer** *m* / roving guide || ≗**gespinstspule** *f* (Spinn) / roving bobbin, condenser bobbin || ≗**gewicht** *n* / roving weight || ≗**hülse** *f* (DIN 61805) (Spinn) / roving bobbin, condenser bobbin || ≗**hülse für die Streichgarnspinnerei** (DIN 64068) / condenser bobbin for woollen spinning || ≗**kanne** *f* (Spinn) / coiler can, coiling can, roving can || ≗**keller** *m* / roving cellar || ≗**krempel** *f* / condenser card || ≗**nummer** *f* / roving count || ≗**öffner** *m* / roving opener || ≗**spinnmaschine** *f* / flyer *n*, flier *n*, fly frame, flyer spinning frame, speed frame || ≗**spule** *f* (Spinn) / roving bobbin, condenser bobbin || ≗**strecke** *f* / dandy roving || ≗**trommel** *f* / condenser drum || ≗**wickel** *m* (Spinn) / roving bobbin, condenser bobbin || ≗**wickeltrommel** *f* / condenser bobbin roller || ≗**zähler** *m* / roving indicator || ≗**zufuhr** *f*, Vorgarnzuführung *f* / roving feed

vorgebleicht *adj* / half-bleached *adj*

vorgefachte Spule / assembled cheese

vorgekrumpft *adj* / preshrunk *adj*

vorgeliert *adj* (PVC) / pre-gelled *adj*

Vorgemisch *n* / premix *n*

vorgerauht *adj* / preraised *adj*

vorgereinigter Wickelkörper / prescoured package

Vorgeschirr *n* (Web) / common harness, front leaves *pl*, front heald frames *pl*, front harness

vorgeschrumpft *adj* / preshrunk *adj*

Vorgespinst *n* / rove *n*, roving *n*

vorgetränktes Gewebe / preloaded fabric

vorgrundieren *v* / predye *v*

Vorgrundierung *f* / preliminary coating

Vorhang *m* / curtain *n*, window blind, drapes *pl*, window curtain, window shade || ≗**beschichter** *m* / curtain coater || ≗**gleiträllchen** *n* / curtain rail glider || ≗**haken** *m* / curtain hook || ≗**rips** *m* **schwerer Qualität** / casement rep || ≗**schnur** *f* / curtain cord || ≗**stoff** *m* / curtain fabric, drapes *pl*, drapery *n* (US), curtain material, curtaining [fabric] || ≗**stoffwebmaschine** *f* (Web) / curtain machine || ≗**- und Dekorationsstoffe** *m pl* / curtain and furnishing fabrics

vorhecheln *v* / prehackle *v* || ≗ *n* / prehackling *n*, roughing *n*

vorheizen *v* / preheat *v*

Vorheiz·feld *n* (Textdr) / preheating zone || ≗**kammer** *f* / preheating chamber

Vorhemd *n* / dickey *n*, tucker *n*, chemisette *n* (men's), loose shirt front

vorherig·es Aufrahmen, vorheriges Aufspannen / preframing *n* || ~e **Zurichtung** (vor dem Schlichten) / presizing *n*

vorherrschender Farbton / dominant shade

vorimprägniert·es Gewebe / preloaded fabric || ~**es Textilglas** / textile glass prepreg
Vorkamm *m* / sley comb
Vorkarde *f* (Spinn) / breaker card
Vorkasten *m* **zum Ausnetzen** / wetting-out box
Vorkoch-Methode *f* (Färb) / preboiling method
Vor·kondensat *n* / precondensate *n* || **²kondensation** *f* / precuring *n* || **²kondensationsprodukt** *n* / precondensate *n* || **²kondensator** *m* / precondensing agent || **²kondensieren** *n* (Permanentausrüstung) / precure *n*
Vorkrempel *f* (Spinn) / first breaker, scribbler card, breaker card, scribbler *n*
vorkrempeln *v* (Wolle) / scribble *v* || **²** *n* / scribbling *n*
Vorkrumpfbehandlung *f* / shrunk finish
Vorkrumpfen *n*, Vorkrumpfung *f* / preshrinking *n*
vorküpen *v* / bottom with vat dyes
Vorlackierung *f* / undercoat *n*
Vorlage *f* / feed *n* || **²nummer** *f* (Spinn) / count of the feed sliver || **²spule** *f* / take-off spool, supply bobbin, supply package, supply spool || **²wickel** *m* (Spinn) / feeding lap, comber lap
Vorlaßeinrichtung *f* **für das vordere Nadelbett** (Strick/Wirk) / opening arrangement for the front needle bed
Vorlauf *m* (Färb) / prerun *n*, blank bath
vorlaufen, das Färbegut vor dem Farbstoffzusatz ~ lassen / run the material in the bath before adding the dye || **²** *n* **der Ware** (Färb) / preliminary running of the goods
vorlaufend·e Kante / leading edge || ~**e Stößerweiche** (Strick/Wirk) / leading jack switch || ~**es System** (Strick/Wirk) / leading feed
Vorläufer *m* (Färb) / end cloth, forerunner
Vorleger *m* / throw rug, rug *n* (GB), mat *n*
Vormercerisieren *n*, Vormerzerisieren *n* / premercerizing *n*
vormetallisieren *v* / premetallize *v*
vormischen *v* / premix *v*
Vormischung *f* (Färb) / masterbatch *n*, premix *n*
Vornadel *f* / vertical needle || **²brett** *n* / needle board || **²halter** *m* / needle grid
vornähen *v* / runstitch *v*
vornehmer Ton / discreet shade
Vor·netzbad *n* / wetting-out bath || ~**netzen** *v* / wet out || **²netzen** *n* / prewetting *n* || **²netzflotte** *f* / wetting-out liquor || **²netzung** *f* / wetting-out *n* || **²netzungstrog** *m* / wetting-out box || **²netzzahl** *f* / wetting-out figure
Voröffner *m* (Spinn) / preliminary opener, porcupine opener
vororientiertes Garn / pre-oriented yarn, POY
Vororientierung *f* (Fasern) / prestretch orientation
Vorpolymer *n*, Vorpolymeres *n*, Vorpolymerisat *n* (Beschicht) / prepolymer *n*
Vorpolymerisationsverfahren *n* / precuring *n*
Vorpreßwalze *f* / dandy roller
Vorprodukt *n* (für Fasern) / precursor *n*
Vorprüfung *f* / pre-trial *n*
Vorrat *m* / stock *n* (store)
Vorrats·behälter *m* (Spinn) / feed hopper || **²spule** *f* (Spinn) / supply coil
Vorrauhapparat *m* (Web) / preraising device
vorrauhen *v* / preraise *v*
Vorreduktions·ansatz *m* (Textdr) / prereduction paste || **²methode** *f*, Vorreduktionsverfahren *n* / prereduction method
vorreduzieren *v* / prereduce *v*
Vorreifekasten *m* / ageing hopper
vor·reinigen *v* / prescour *v*, preclean *v* || **²reiniger** *m* / precleaner *n* || **²reinigung** *f*, Vorreinigen *n* / preliminary scouring, precleansing *n*, prescouring *n* (prior to bleaching), precleaning *n* || **²reinigungsmittel** *n* / pretreating auxiliary
Vorreißeinrichtung *f* / licker-in device
Vorreißer *m* (Spinn) / licker-in *n*, taker-in *n* || **²haube** *f* / licker-in cover || **²rost** *m* / licker-in grid || **²trommel** *f* (Spinn) / breast drum, taker-in drum, licker-in drum || **²walze** *f*, Vorreißwalze *f* (Spinn) / licker-in *n*, taker-in *n* || **²zahn** *m* (Spinn) / licker-in tooth, taker-in tooth
Vorrichtung *f* **zum Eintragen des Schusses** / pick gear || **²** **zur Verhinderung unbeabsichtigten Aufwickelns einer Gewebebahn** / anti-wrap device
Vorsäuern *n* / preliminary souring, preliminary acidifying
vorschärfen *v* / presharpen *v* (dyebath)
Vorschärfmethode *f* (Färb) / pre-acidifying method, presharpening method
vorscheren *v* / precrop *v*
Vorschlag·maschine *f*, Vorschläger *m* (Spinn) / breaker scutcher, first scutching machine, first beater || **²schüsse** *m pl* (Web) / group of picks to be beaten home
Vorschlichte *f* (Web) / first dressing, first sizing
Vorschrift *f* (Färb) / recipe *n* || **²en** *f pl* **über Flammfest-Ausrüstung** (von Textilien) / flame retardant regulations
Vorschrumpfen *n*, Vorschrumpfung *f* / preshrinking *n*
Vorschub *m* (Näh) / work advancing motion || **²** / feed *n*
Vorspannung *f*, Vorspannkraft *f* / preliminary tension, pretension *n*
Vorspeisen *n* (Färb) / prefeed *n*
Vorspinnabfall *m* / soft waste
Vorspinnen *n* / first spinning, slubbing *n*, prespinning *n*, preparatory spinning
Vorspinner *m* (Spinn) / preparer *n*
Vorspinnerei *f* / prespinning department
Vorspinn·karde *f* / carding machine for slubbing || **²krempel** *f* / condenser card, finisher card || **²maschine** *f* / speed frame, flyer *n*, fly frame, slubbing frame, slubbing machine || **²selfaktor** *m* / self-acting stretcher || **²spule** *f* (Spinn) / roving bobbin, condenser bobbin
Vorspitzen *n* / roughing *n*
vorstabilisieren *v* / preset *v* || **²** *n*, Vorstabilisierung *f* / presetting *n*
Vorstechkamm *m* (Spinn) / punching comb, top comb
Vorstoß *m* (Näh) / facing *n*, piping *n* || **²** (Strumpf) / shadow welt, spliced top, welt *n*, double welt || **²material** *n* / facing cloth
Vorstrecke *f* (Spinn) / first drafting, first drawing frame, preparer gill box, preparatory drawing frame, preliminary drawing frame, preliminary drawing
vorstrecken *v* (Spinn) / predraft *v* || **²** *n* (Spinn) / prestretching *n*, preliminary drawing
Vorstreckfeld *n* (Spinn) / predrafting zone
Vorstrich *m* (Beschicht) / first coat, primary coating, preliminary coat, precoat *n* || **²beschichtung** *f* (Beschicht) / precoating *n*
Vortambour *m* / first swift
Vortex-Spinnen *n* / air vortex spinning
Vortrocken·maschine *f* / predrying machine ||

~zylinder *m* / predrying cylinder
vortrocknen *v* / predry *v* || ~ *n*, Vortrocknung *f* / predrying *n*, preliminary drying
Vortrog *m* / first trough
Vortrommel *f* (Spinn) / breast *n*, breast cylinder || ~ (Kammgarnkarde) / breast roller of a worsted card
vorübergehende Drehung (Fil) / temporary twist
vorverdichtet *adj* / precompressed *adj*
vorveredeltes Zwischenprodukt / modified intermediate
vorverlängerter Polyester / partially cross-linked polyester
Vorvernadelungsmaschine *f* / preneedle loom
vorvernetzte Epoxidverbindung / prereacted epoxide compound
vorverziehen *v* (Spinn) / predraw *v*
Vorverzug *m* / break draft, preliminary draft
Vorwalke *f* / preliminary milling (GB), preliminary fulling (US)
vorwalken *v* / plank *v* || ~ *n* / planking *n*
Vorwalze *f* (Spinn) / breast cylinder, taker-in *n*, licker-in *n*, first swift, breast roller
vor·wärmen *v* / preheat *v* || **~wärmer** *m* / preheating chamber || **~wärmeschrank** *m* / preheating cabinet || **~wärmfeld** *n* (Textdr) / preheating zone || **~wärmkammer** *f*, Vorwärmungskammer *f* / preheating chamber
vorwärtsgerichtetes Faserhäkchen / leading hook
Vorwäsche *f* (vor der Hauptwäsche) / prewashing *n*, presoaking *n*, precleaning *n* || ~ (Bleich) / bottoming *n*, prescouring *n* (prior to bleaching), preliminary scouring
vorwaschen *v* (allg) / pre-wash *v*, pre-soak *v* || ~ (Bleich) / bottom *v*, prescour *v* || ~ *n* s. Vorwäsche
Vorwasch·maschine *f* / scouring machine || **~mittel** *n* / presoaking agent, prewashing detergent
vorzeitiges Abfallen der Baumwollkapseln / shedding of bolls
Vorzwirn *m* / initial twist
Vorzylinder *m* / first swift
V-Trog *m* (Färb) / V-shaped trough
Vulkanfiber *f* / vulcanized fibre
Vulkanisation *f* / vulcanization *n*, vulcanizing *n*, curing *n*
Vulkanisier·artikel *m pl* / vulcanized goods (fabrics rubberized after bleaching o. dyeing) || **~echtheit** *f* / fastness to vulcanizing, vulcanization resistance, fastness to vulcanization
vulkanisieren *v* / vulcanize *v*, cure *v* || ~ *n* / vulcanizing *n*, vulcanization *n*, curing *n*
VZ, Verseifungszahl *f* / saponification value, SV, saponification number

W

Waage *f*(Web) / spring shaft
waagerecht·e Faltenkante / horizontal fold || ~**e Kantenbeschneideeinrichtung** (Näh) / horizontal edge trimmer || ~**e Rockfalte** (Mode) / horizontal pleat, nun tuck
Wabenstruktur *f* / honeycomb structure
Wacholderharz *n* / juniper gum
Wachs *n*(allg) / wax *n* || **mit** ≃ **einreiben** / wax *v* || ≃**appretur** *f* / wax finishing || ~**artige Substanz** / waxy substance || ~**artiger Griff** (Beschicht) / wax-like handle || ≃**aufstrich** *m* / wax layer || ≃**ausrüstung** *f* / wax finishing || ≃**emulsion** *f* / wax emulsion
wachsen *v* / wax *v* || ≃ *n* / waxing *n*
Wachs·gehalt *m* **der Faser** / wax content of the fibre || ~**gelb** *adj* / wax-yellow *adj* || ≃**griff** *m*(Beschicht) / wax-like handle || ~**haltiges Füll- und Verlaufmittel** (Beschicht) / wax-containing filler and levelling agent || ≃**leinwand** *f* / cerecloth *n* || ≃**maschine** *f* / waxing machine || ≃**reserve** *f*(Färb) / wax coats *pl*, wax resist || ≃**reservedruck** *m* / wax resist print, wax print || ≃**strich** *m* / wax coating || ≃**taft** *m* / waxed silk || ≃**tuch** *n* / wax cloth *n*, oilcloth *n*, cerecloth *n*, patent cloth, oil baize, American cloth || ≃**tuchdruckmaschine** *f* / printing machine for wax cloth || ≃**überzug** *m* / wax layer
Wächter *m*(Web) / feeler *n* || ≃**geschirr** *n*(Web) / harness warp stop motion || ≃**nadel** *f* / stop motion feeler || ≃**schiene** *f*(Web) / feeler warp stop motion rail, serrated stop motion
Wade *f*, Wadenetz *n*, Schleppnetz *n* / seine *n* || ≃ (Mittelstück des Strumpfes) (Strumpf) / calf *n*
Waden·decke *f*(Strumpf) / fashioning marks in the leg portion, calf narrowing, calf fashioning || ≃**länge** *f* / calf-length || ≃**minderung** *f*(Strumpf) / calf narrowing
Waffel·arbeit *f* / smocking *n* || ≃**bindung** *f* / honeycomb weave, waffle weave || ≃**drell** *m* / honeycomb huckaback || ~**förmig gemusterter Handtuchstoff** / honeycomb towelling || ≃**gewebe** *n* / honeycomb fabric, waffle cloth || ≃**handtuch** *n* / honeycomb-weave towel || ≃**muster** *n* / honeycomb *n*, honeycomb pattern || ≃**piqué** *m* / honeycomb piqué || ≃**rücken** *m*(Tepp) / waffle backing || ≃**schichtstoff** *m* / honeycomb laminate || ≃**tüll** *m* / English net
Waffenrock *m*(Mil) / tunic *n*(GB)
Wagen *m*(Web) / carriage *n* || ≃**anprall** *m*, Wagenanschlag *m*(Spinn) / buffing *n*(of the carriage) || ≃**antrieb** *m*(Spinn) / carriage drive || ≃**ausfahrt** *f*, Wagenauszug *m*(Spinn) / outward run of carriage, run-out of carriage || ≃**bahn** *f*(Spinn) / carriage rail || ≃**borten** *f pl* / carriage trimmings || ≃**bremse** *f*(Spinn) / checking motion || ≃**decke** *f* / car travelling rug || ≃**einfahrt** *f*(Spinn) / inward run of carriage, run-in of carriage || ≃**einfahrt[glocken]kupplung** *f*(Spinn) / taking-in friction || ≃**einfahrtsseil** *n*(Spinn) / carriage taking-in rope || ≃**einzug** *m*(Spinn) / run-in of carriage, taking-in of carriage || ≃**einzugsschnecke** *f* / carriage drawing-up worm || ≃**einzugstrommel** *f* (Spinn) / carriage drawing-up scroll || ≃**falle** *f* (Spinn) / front holding out catch for carriage, holding-out catch || ≃**haupt** *n* / carriage rest || ≃**lauf** *m*(Spinn) / carriage rail || ≃**mittelstück** *n* / carriage square || ≃**nachzug** *m* / jacking *n* || ≃**nachzugvorrichtung** *f*(Spinn) / jacking motion || ≃**rückgang** *m* / carriage receding motion || ≃**schiene** *f*(Spinn) / carriage rail || ≃**spinnen** *n* / mule spinning || ≃**spinnmaschine** *f*, Wagenspinner *m* / spinning mule, mule [spinning machine], carded yarn mule, self-acting mule, selfactor *n* || ≃**spinnmaschine für die Streichgarnspinnerei** / mule for woollen spinning || ≃**straße** *f*(Spinn) / carriage rail || ≃**tuch** *n* / tarpaulin *n*, paulin *n*(US), tilt *n*(for lorries) || ≃**verzug** *m*(Spinn) / carriage draft, carriage drag, carriage gain || ≃**zwischenstück** *n* / carriage bracket
Waid *m*(Färberpflanze) / woad *n* || ≃**blau** *n* / woaded blue || ≃**küpe** *f* / woad vat || ≃**küpenschwarz** *n* / woaded logwood black
Waldron-Sättigungsapparat *m* / Waldron saturator
Waldwolle *f* / forest wool, pine needle wool
Walk·ausrüstung *f* / milled finish (GB), fulled finish (US) || ≃**baum** *m*(Web) / whip roll, rocking beam || ≃**bewegung** *f*(Web) / rocking movement || ≃**brüche** *m pl* / milling cracks (GB), fulling cracks (US) || ≃**brühe** *f* / milling liquor (GB), milling solution (GB), fulling liquor (US), fulling solution (US)
Walke *f*, Walkprozeß *m* / milling process (GB), fulling process (US)
walk·echt *adj* / fast to milling (GB), fast to fulling (US) || ≃**echtfarbstoff** *m* / milling dyestuff (GB), fulling dyestuff (US) || ≃**echtheit** *f* / milling fastness (GB), fulling fastness (US) || ≃**echtheitsprüfgerät** *n* / milling fastness tester (GB), fulling fastness tester (US) || ≃**effekt** *m* / milling effect (GB), fulling effect (US) || ≃**einsprung** *m* / shrinkage on milling (GB), shrinkage on fulling (US)
walken *v*(Ausrüst) / mill *v*(GB), full *v*(US) || ≃ *n* (Hutm) / bump *n*, bumping *n* || ≃ / milling *n*(GB), fulling *n*(US) || ≃ **im Schmutz** / milling in the grease || ≃ **mit dem Walkholz** (Hutm) / roller hardening || ≃ **von Geweben und Gestricken in warmer Seifenlauge** / wet milling (GB), wet fulling (US) || ≃ **von Stückfilzen** (Hutm) / milling of felt pieces
Walker *m*(Hutm) / felter *n*
Walkerde *f*, Walkererde *f* / bleaching earth, fuller's earth
Walkerei *f* / fullery *n*(US)
Walk·fähigkeit *f* / millability *n*, fulling capacity || ≃**falte** *f* / crease caused by milling, milling crease (GB), mill wrinkle fulling crease, fulling fold (US) || ≃**farbstoff** *m* / dyestuff fast to milling (GB), dyestuff fast to fulling (US), milling dyestuff (GB), fulling dyestuff (US) || ≃**fehler** *m* / milling defect, milling fault (GB), fulling defect, fulling fault (US) || ~**fest** *adj* / fast to milling (GB), fast fo fulling (US) || ≃**festigkeit** *f* / milling fastness, fulling fastness || ≃**fett** *n* / milling fat || ≃**filz** *m* / felt fabric, fulling felt (US), milling felt (GB) || ≃**filz** (Woll- und Haarfilz) (DIN 61205) / pressed felt || ≃**flocken** *f pl* / milling flocks (GB), fulling flocks (US) || ≃**flotte** *f*, Walkflüssigkeit *f* / milling liquor (GB), milling solution (GB), fulling liquor (US) || ≃**flottenverlust** *m* / loss by milling flocks || ≃**gelb** *n* / milling yellow || ≃**gut** *n* / goods to be milled (GB), material to be milled (GB), goods to be fulled (US), material to be fulled (US) || ≃**haare** *n pl* / milling hairs, fulling hairs
Walkhammer *m* / milling hammer (GB), fulling

hammer (US) || ≈ (Tuchh) / beater *n* || ≈ (Hutm) / bumping machine

Walk·hilfsmittel *n* / felting agent, milling auxiliary (GB), fulling auxiliary (US) || **≈holz** *n* (Hutm) / felting roll || **≈länge** *f* / milling time (GB), fulling time (US) || **≈maschine** *f* / fuller *n* (US), milling machine (GB), planking machine, fulling mill, fulling machine (US) || **≈maschine** (Hutm) / bumping machine || **≈mittel** *n* / milling agent (GB), fulling agent (US) || **≈probe** *f* / milling test (GB), fulling test (US) || **≈prozeß** *m* / milling process (GB), fulling process (US) || **≈schwielen** *f pl* / mill marks (GB), fulling marks (US), millrows (GB) *pl* || **≈seife** *f* / milling soap (GB), fulling soap (US) || **≈stock** *m* / fulling stocks *pl* (felts) || **≈streifen** *m pl* / fulling stripes || **≈verfahren** *n* / milling process (GB), fulling process (US) || **≈verfahren für Maschenware** / knitted cloth milling (GB), knitted cloth fulling (US) || **≈verlust** *m* / milling loss (GB), fulling loss (US) || **≈vermögen** *n* / milling property (GB), fulling capacity (US) || **≈versuch** *m* / milling experiment || **≈vorgang** *m* / milling process (GB), fulling process (US) || **≈walze** *f* / milling roll[er], milling cylinder, fulling roll[er], fulling cylinder || **≈ware** *f* / milled goods *pl*, fulled goods (US) || **≈waschmaschine** *f* (Färb) / milling and scouring machine || **≈welle** *f* (Web) / rocking beam || **≈zeit** *f* / milling time (GB), fulling time (US) || **≈zylinder** *m* / milling roll[er], milling cylinder (GB), fulling roll[er], fulling cylinder (US)

Wallen *n* / effervescence *n*

Walnußschalenmehl *n* / walnut shell flour

Walze *f* / cylinder *n*, roller *n* || **eine ≈ beziehen** / cover a roller || **mit Flanell belegte ≈** / flannel-wound roll[er] || **1000-Punkte-≈** *f* / stippling roller

Walzen·abfall *m* / roller waste || **≈abstand** *m* (Beschicht) / roll nip clearance || **≈abstand** / throat setting (milling) || **≈apparat** *m* (Färb) / rolling frame || **≈auflage** *f* / cylinder blanket, cylinder cover[ing] || **≈aufspindelmaschine** *f* / mandrel press || **≈auftrag** *m* (Färb) / feeding by rolls || **≈auftrag** (Beschicht) / roll coating || **≈auftragmaschine** *f* / roll coater, roll doctor || **≈auftragsverfahren** *n* (Beschicht) / roll coating || **≈ausputz** *m* / roller waste || **≈belag** *m* (unerwünscht) / build-up *n* (on roller print) || **≈belag** (Walzenbezug) / roller coat[ing], roller covering || **≈beschichter** *m* / roll coater, roll doctor || **≈beschichter mit Tauchwalze** / roll kiss coater || **≈beschichtung** *f* / roller coat[ing], roller covering || **≈beschlag** *m* / roller filetting || **≈beschlag-Wickelmaschine** *f* / fillet winding machine || **≈bestreichmaschine** *f* / roll coater, roll doctor || **≈bezug** *m* / roll covering, roller covering, roller coat[ing], blaquet *n* || **≈brecher** *m* / breaking calender || **≈breithalter** *m* / roller fabric spreader || **≈breithalter** (Web) / roller temple || **≈bürste** *f* / roller brush, circular brush || **≈dekatiermaschine** *f* / roller decatizing machine || **≈dekatur** *f* / cylinder finish

Walzendruck *m* (allg) / roll pressure || ≈ (Textdr) / roller printing, machine printing, rotary printing, cylinder printing || **mit ≈ gedrucktes Muster** / roller print || **≈farbe** *f* / roller printing dye || **≈maschine** *f* / roller printing machine, cylinder printing machine || **≈verfahren** *n* / roller printing method

Walzen·egreniermaschine *f* (Spinn) / roller gin, Congreve's granulation machine || **≈einstellung** *f* / cylinder setting, roller setting, roll setting, roller adjustment, throat setting || **≈einzug** *m* / roller feed || **≈entkörner** *m* (Spinn) / roller gin, Congreve's granulation machine || **≈entkörnung** *f* / roller ginning || **≈farbmühle** *f* (Pigm) / roller mill || **≈fixiermaschine** *f* / cylinder setting machine || **≈fixiermaschine mit Mitläufer** / cylinder setting machine with blanket || **≈flug** *m* (Spinn) / comber fly, roller fly, roller flocks *pl*, fluff *n* || **~förmiger Abstreifer** / roller stripper || **≈foulard** *m* (Färb) / roll padder || **≈garnitur** *f* / roller filetting || **≈gestell** *n* (Färb) / rolling frame || **~getrocknet** *adj* (Färb) / drum-dried *adj* || **≈kalander** *m* / roll calender || **≈kamm** *m* / combing cylinder || **≈karde** *f* / roller [and clearer] card || **≈klemmstelle** *f* / roller nip || **≈kratzenrauhmaschine** *f* / card wire raising machine || **≈krempel** *f* (Spinn) / roller top card, roller [and clearer] card, worker and stripper card || **≈krempel** (DIN 64118) (Baumwollspinnen) / carding roller || **≈krempel für Streichgarnspinnerei** (DIN 64118) / carded yarn spinning machine || **≈lederbezug** *m* / roller leather (smooth-finished sheepskins used for covering rollers of cotton spinning machinery) || **≈lieferung** *f* (Spinn) / roller delivery || **≈mangel** *f* / roller mangle || **≈mantel** *m* / cylinder jacket || **≈mitläufer** *m* / cylinder blanket || **≈paar** *n* / pair of rollers || **≈plüsch** *m* / panne [velvet] || **≈presse** *f* / roller press, cylinder press, rotary [cloth] press || **≈putzvorrichtung** *f* / roller clearing device || **≈quetsche** *f* / web squeezer, web compressor || **≈quetsche** (Färb) / roller nip || **≈rakel** *f* / roller supported doctor, knife-over-roll *n* || **≈rakelmaschine** *f* / knife-over-roll coater || **≈rakel-Messerabstand** *m* / doctor blade clearance || **≈rauhmaschine** *f* / roller gig, cylinder teaseling machine || **≈reiniger** *m* (Textdr) / colour ductor || **≈reinigungsrakel** *f*, Walzenschaber *m* / cleaning doctor || **≈schleifmaschine** *f* / bowl grinding machine || **≈senge** *f* / revolving singer, roller singeing machine || **≈spalt** *m* (Beschicht) / roll nip, throat *n* (space betweeen the rollers) || **≈spuler** *m* / roll winder || **≈ständer** *m* / cylinder creel || **≈strecke** *f* (Spinn) / roller drawing frame || **≈strecken** *n* / roller drafting || **≈streckwerk** *n* (Spinn) / drawing rollers, roller drafting zone || **≈streichen** *n* (Beschicht) / roll coating || **≈streichmaschine** *f* / knife-over-roll coater, roll doctor, roll coater || **≈streichverfahren** *n* (Beschicht) / roll coating || **≈tempel** *m* (Web) / roller temple || **≈trockenmaschine** *f* / cylinder drying machine || **≈trommel** *f* / combing drum || **≈tuch** *n* / roller cloth || **≈überzug** *m* / cylinder jacket, roller covering, roller coat[ing], cylinder cover[ing], cylinder blanket || **≈überzug aus Synthesegummi** / synthetic roller covering || **≈walke** *f* / cylinder mill[ing machine] (GB), cylinder fulling machine (US), cylinder fulling mill (US) || **≈wascheinrichtung** *f* / roller cleaning device || **≈waschmaschine** *f* / roller washing machine || **≈wickeln** *n* / roller licking (card, defect)

Walz·fell *n* / rolled sheet || **≈fellschnitzel** *n m pl* / chopped sheets || **≈- und Wickelmaschine** *f* (Ausrüst) / rolling and lapping machine

Wammenwolle *f* / dewlap wool

Wand·behang *m* / wall hangings *pl*, tapestry [wall covering] || **≈bekleidung** *f* / wall covering || **≈bekleidungsfilz** *m* / wall covering felt || **≈bespannstoffe** *m pl* / wall cloths || **≈bespannung** *f* / wall covering

Wanderdeckel *m* (Spinn) / revolving flat || **≗karde** *f*, Wanderdeckelkrempel *f* (Spinn) / revolving flat card, travelling flat card
wandern *v* / migrate *v*
wandernder Blattstecher (Web) / walking reed hook
Wandertasche *f* / haversack *n*
Wanderung *f* / migration *n*
wanderungs·beständig *adj* (Färb) / non-migrating *adj* || **≗eigenschaften** *f pl* / migration properties || **≗erscheinung** *f* (Färb) / migration effect || **~hemmend** *adj* / migration-inhibiting *adj* || **~hemmende Wirkung** / migration-inhibiting action || **≗prüfung** *f* (Färb) / migration test || **≗schutzmittel** *n* / migration inhibitor || **≗zeit** *f* / migration time
Wandervermögen *n* / migrating power, migration ability, migration properties
Wand·konsolrührer *m* **mit Wechselbehälter**, Wandkonsolrührer *m* mit ausfahrbarem Trog / post-type change can mixer || **≗stoffe** *m pl* / wall cloths || **≗teppich** *m* / tapestry carpet, wall rug, tapestry [wall covering] || **≗teppich mit Blatt- und Baummusterung** / verdure *n*
Wanne *f* (Färb) / trough *n*, open vat, tub *n*, open beck, vat *n*
Wannen·färben *n* / beck dyeing || **≗färberei** *f* / dyeing in the open vat || **≗rakel** *f* (Beschicht) / trough-shaped doctor || **≗wäsche** *f* / beck scouring
Wappenrock *m* (hist) / tabard *n*
Ware *f* / goods *pl*, fabric *n* || **≗ aus Baumwollkammgarn** / combed yarn goods, combed yarn cotton goods || **≗ mit farbigen Kanten** / coloured lists *pl* || **≗ mit fehlerhaften Kanten** / listed fabric || **≗n** *f pl* **mit gerauhter Abseite** / raised backs || **≗** *f* **mit Rechts-Rechts-Muster** (Strick/Wirk) / rib fabric, rib stitch goods, plain rib goods, rib knit || **≗ zweiter Wahl** / seconds *pl* || **im Schlauch gestrickte ≗** (Meterware zum Konfektionieren von Unterwäsche und Oberbekleidung) (Strick/Wirk) / tubular fabric, tubular goods || **mit einem Strich versehene ≗** / faced goods *pl* || **nur für schönes Wetter geeignete ≗** / fair-weather article || **rundgeschlossen gearbeitete ≗** (Strick/Wirk) / tubular fabric, tubular goods
Waren·ablage *f* / cloth recipient || **≗abwickelvorrichtung** *f* / cloth unwinder || **≗abwicklung** *f* / fabric unwinding || **≗abzug** *m* (Strick/Wirk) / fabric take-off, take-down [device], draw-off mechanism, fabric guide, fabric take-down || **≗abzug an der Webmaschine** / loom take up
Warenabzugs·baum *m* (Web) / cloth draw-off roller, cloth beam || **≗belastung** *f* (Strick/Wirk) / take-up weighting || **≗einrichtung** *f* / fabric take-off device || **≗getriebe** *n* / take-up gear || **≗kraft** *f* / take-off force || **≗walze** *f* (Tuchh) / draw-off roller, cloth beam, take-off roll[er], take-down roll[er] || **≗winkel** *m* / take-down angle
Waren·aufrollvorrichtung *f* / cloth roll-up (device), fabric rolling-up device, fabric winding machine || **≗aufwickelbaum** *m* / cloth take-up beam, cloth beam, cloth take-up roll || **≗aufwickelvorrichtung** *f* / take-up motion, cloth take-up motion, cloth roll-up (device) || **≗aufwicklung** *f* / fabric winding, cloth take-up || **≗aufwindung** *f* (Tuchh) / taking-up *n* || **≗ausfall** *m* / final look (of fabric), final appearance, final quality || **≗auslauf** *m* (Färb) / delivery end, fabric delivery || **≗bahn** *f* / cloth length, cloth width, run of cloth, cloth line || **≗bahn** / web *n* (endless fabric) || **≗bahnführer** *m* / fabric guide, cloth guider, cloth guide || **≗ballen** *m* / fabric batch, cloth batch || **≗baum** *m* (Web) / fabric roller, cloth beam, cloth roller || **≗baum** (Strumpf) / work beam || **≗baumregler** *m*, Warenbaumregulator *m* / cloth beam regulator, take-up motion || **≗beschauapparat** *m* / machine for cloth inspection || **≗beschauer** *m* / cloth examiner, looker-over *n* (GB), patroller *n* (US) || **≗beschaumaschine** *f* / fabric inspecting machine || **≗beschau- und Meßapparat** *m* / fabric inspecting and measuring machine || **≗bild** *n* / appearance of the goods, surface of the fabric, fabric appearance || **≗breite** *f* / width of fabric || **≗charakter** *m* / character of the goods || **≗decke** *f*, Warenoberfläche *f* / surface of the fabric || **≗dichte** *f* / gauge *n* (of cloth), set of the fabric, sett of the cloth, density of the fabric, compactness of the fabric || **≗docke** *f* / batch *n* (of cloth) || **≗doppler** *m* (Web) / piece doubler || **≗d[o]ubliermaschine** *f* / doubling folding machine || **≗durchgang** *m* / passage of the goods, passage of the cloth || **≗durchseher** *m* / patroller *n* (US), cloth examiner, looker-over (GB) *n* || **≗einlaßgerät** *n* (Spinn) / feeding creel || **≗einlauf** *m* (Färb) / fabric infeed, fabric supply, fabric feeding, fabric entry || **≗einlauf** (Tuchh) / feed[ing] end || **≗einlaufspannung** *f* / feeding-in tension of goods || **≗einsprengmaschine** *f* / cloth sprinkling machine || **≗einzug** *m* / drawing-in of the fabric || **≗fall** *m* / drape *n* (of a fabric), draping *n* || **≗fläche** *f* / surface of the fabric || **≗führer** *m*, Warenführung *f* / cloth guide, fabric guide || **≗führ- und Spanneinrichtung** *f* / guiding and stretching mechanism || **≗führungseinrichtung** *f* (DIN 64990) / cloth guiding device || **≗führungselement** *n* (DIN 64990) / cloth guiding element || **≗geschwindigkeit** *f* / fabric speed, speed of passage, speed of the goods, cloth speed, cloth advance speed || **≗geschwindigkeitsregelung** *f* (DIN 64990) / cloth speed control || **≗gewicht** *n* / fabric weight || **≗griff** *m* / feel of the goods, hand *n* (of fabric) (US), touch of the goods, handle (of fabric) (GB) *n* || **≗güte** *f* / grade of cloth, fabric quality || **≗kante** *f* / selvedge *n* || **≗kaule** *f* / batch *n* (of cloth), roll of fabric || **≗kompensator** *m* / feed compensation storage device || **≗kontrolle** *f* / cloth inspection || **≗korb** *m* (Strick/Wirk) / work tin || **≗lauf** *m* / cloth passage, passage of the cloth || **≗lauflänge** *f* / fabric length || **≗leiteinrichtung** *f* (DIN 64990) / cloth guiding device || **≗muster** *n* / sample *n* (esp of fabric) || **≗oberseite** *f* / fabric face, cloth face || **≗öffner** *m* / untwisting device || **≗präparation** *f* / goods preparation || **≗rand** *m* (Web) / fell *n* || **≗rolle** *f* / fabric roll (cloth) || **≗schau** *f* / cloth examining, cloth inspection || **≗schau-Doublier-Rollmaschine** *f* / control-folding-rolling machine || **≗schaumaschine** *f* (DIN 64990) / fabric examining machine, cloth inspection machine, fabric inspecting machine, perch *n* || **≗schautisch** *m* / cloth inspection table || **≗schluß** *m* (Web) / fell *n* || **≗schrumpf** *m* / fabric shrinkage, cloth shrinkage || **≗spannung** *f* / cloth tension || **≗speicher** *m* / J-box *n*, J-tube *n* || **≗speicher** (zwischen Maschinen) / cloth scray || **≗speicherung** *f* (DIN 64990) / cloth storing ||

~speichervorrichtung *f* / feed compensation storage device || ~**strang** *m* (Gew) / goods in rope form *pl*, rope *n* || ~**streichriegel** *m* / cloth guide rod || ~**struktur** *f* / fabric structure || ~**transport** *m* / cloth handling, cloth transport || ~**verzug** *m* (Matpr) / distortion of the goods || ~**vorkontrolle** *f* / perching *n* || ~**wechsel** *m* / double-faced fabric || ~**wickel** *m* / wound goods *pl*, cloth batch, fabric batch || ~**wickelgestell** *n* / cloth roll stand || ~**wickler** *m* / cloth mandrel

warm·e Unterwäsche / thermals *pl* || ~**abbindend** *adj* (Beschicht) / hot-setting *adj* || ~**abbindender Kleber** (Beschicht) / warm setting adhesive || ~**ansäuerung** *f* / buck scouring (of linen) || ~**behandlung** *f* / hot treatment

Wärme *f* / heat *n* || ~ **abgebend** / exothermic *adj* || ~**ableitungszahl** / thermal severity number || ~**aufnahmefähigkeit** *f* / heat capacity || ~**ausdehnung** *f* / thermal expansion || ~**ausdehnungskoeffizient** *m*, Wärmeausdehnungsziffer *f* / thermal expansion coefficient, coefficient of thermal expansion || ~**austausch** *m* / exchange of heat, heat exchange || ~**austauscher** *m* / heat exchanger || ~**behandlung** *f* / heat treatment || ~**behandlung**, Einbrennverfahren *n* / baking process || ~**beständig** *adj* / heat-resistant *adj*, heat-proof *adj* || ~**beständigkeit** *f* / heat resistance, fastness to heat, heat stability, resistance to heat, stability to heat || ~**beständigkeitsklasse** *f* / heat stability class || ~**blockierung** *f* / heat-saving *n* || ~**dehnung** *f* / elongation under heat, thermal expansion || ~**dehnzahl** *f* / coefficient of thermal expansion || ~**druck** *m* (Transdr) / heat-transfer printing || ~**durchlässigkeit** *f* / heat-carrying capacity || ~**effekt** *m* / heat effect || ~**elastizität** *f* / thermoelasticity *n* || ~**empfindlich** *adj* / heat-sensitive *adj*, sensitive to heat || ~**empfindlichkeit** *f* / thermosensitivity *n* || ~**entwicklung** *f* / development of heat, heat build-up || ~**entwicklungsgeschwindigkeit** *f* (Brandverhalten) / heat evolution velocity || ~**entziehung** *f* / abstraction of heat || ~**erzeugung** *f* / heat generation || ~**färbung** *f*, Thermochrose *f* (Warmfärbung durch infrarote Strahlen) / thermochrosy *n*, thermochrosis *n* || ~**geschützt** *adj* / heat-insulated *adj* || ~**haltevermögen** *n* / heat conservation || ~**haltigkeit** *f* / heat behaviour || ~**härtbar** *adj* / thermosetting *adj* || ~**härtbarer Kunstharzkleber** / thermosetting adhesive (based on a thermosetting synthetic resin) || ~**haushalt** *m* / heat economy || ~**impulssiegeln** *n* (Beschicht) / thermal impulse heat sealing || ~**inhalt** *m* / heat content || ~**isolation** *f* / thermal insulation || ~**isolierend** *adj* / heat-insulating *adj* || ~**isolierende Waffelwirkware** / thermal knit fabric (US) || ~**isolierstoff** *m* / thermal lagging || ~**isoliert** *adj* / heat-insulated *adj* || ~**isolierung** *f* / heat insulation, thermal insulation || ~**kammer** *f* / heated chamber, heating chamber || ~**kanal** *m* / heating channel || ~**kapazität** *f* / heat capacity || ~**leitend** *adj* / heat-conducting *adj* || ~**leiter** *m* / heat conductor || ~**leitfähigkeit** *f*, Wärmeleitvermögen *n* / thermal conductivity, heat conductivity || ~**leitung** *f* / heat conduction || ~**leitzahl** *f* / coefficient of thermal conductivity || ~**presse** *f* / heating press || ~**regler** *m* / heat regulator || ~**rückgewinnung** *f* / heat recovery, heat reclamation || ~**rückhaltevermögen** *n* / heat retentivity, warmth retention property, thermal retention, temperature insulation properties *pl* || ~**rückhaltung** *f* / temperature insulation (clothing) || ~**schutz** *m* / thermal insulation || ~**sensibilisieren** *v* / heat-sensitize *v* || ~**sensibilität** *f* / thermosensitivity *n* || ~**speicherung** *f* / heat retention, heat storage || ~**stabilisator** *m* / heat stabilizer || ~**stabilisierung** *f* / heat stabilizing || ~**standfestigkeit** *f* / thermal stability, thermostability *n* || ~**stau** *m*, Wärmestauung *f* / heat build-up || ~**strahlung** *f* / heat radiation || ~**transport** *m* / heat transport (wearing properties) || ~**übergang** *m* / heat transfer, heat transmission || ~**übergangszahl** *f* / heat transfer coefficient || ~**übertragung** *f* / heat transfer, heat transmission || ~**übertragungsmittel** *n* / heat transfer medium (pad-steam process) || ~**umdruck** *m* (Transdr) / heat-transfer printing || ~**umdruckanlage** *f* (Transdr) / transfer printing unit, thermoprint equipment || ~**- und Abnutzungsbeständigkeit** *f* / wear and heat resistance || ~**verbrauchend** *adj* / endothermic *adj* || ~**verhalten** *n* / thermal property || ~**verlust** *m* / heat dissipation, loss of heat, heat loss || ~**verteilung** *f* / heat distribution || ~**wert** *m* / calorific value || ~**wirkung** *f* / effect of heat, thermal action, heat effect || ~**zahl** *f* / coefficient of heat loss || ~**zurückhaltung** *f* / heat retention

warm·färbendes Ausziehverfahren / hot-dyeing exhaust process || ~**färber** *m* / warm dyeing dyestuff || ~**färbeverfahren** *n* / warm dyeing method || ~**färbung** *f*, Thermochrose *f* (durch infrarote Strahlen) / thermochrosy *n*, thermochrosis *n* || ~**haltevermögen** *n* (z.B. einer Decke) / warmth [retention properties] *n* || ~**härtend** *adj* (Beschicht) / hot-setting *adj* || ~**kleben** *n* / solvent sealing || ~**kleben** (mit Band über Naht) / heat-solvent tape sealing || ~**kleber** *m* / hot-setting adhesive

Warmluft *f* / hot air || ~**gebläse** *n* / hot-air blower || ~**mansarde** *f* / hot-air drying loft || ~**trockenschrank** *m* / hot-air drying chamber || ~**trocknung** *f* / hot-air drying

Warm·naßspinnerei *f* / spinning with hot water || ~**schweißen** *n* / heat sealing, hot sealing || ~**ton** *m* / warm colour || ~**verfahren** *n* **bei der Nachisolierung von Schweißverbindungen** (Beschicht) / flame applied insulation of welded seams || ~**verweilverfahren** *n* (Färb) / hot dwell process || ~**walken** *n* / warm fulling (US), warm milling (GB) || ~**ziehen** *n* / hot drawing

Warn·[be]kleidung *f* / high-visibility clothing, signal clothing (luminescent apparel for the protection of schoolchildren, roadworkers, airfield personnel etc.) || ~**etikett** *n* / caution label

Warpkop *m* / warp cop

Warze *f* / peg *n* (jacquard)

Warzenloch *n* / peg hole (jacquard)

WAS (waschaktive Substanz) / active detergent

Wasch·abbau *m* / laundry degradation || ~**abteil** *n* (Färb) / compartment of the soaper, wash box || ~**aggregat** *n* / washing range, washing plant || ~**aktiv** *adj* / detergent *adj*, washing-active *adj* || ~**aktive Eigenschaften** / detergency properties || ~**aktive Substanz (WAS)** / active detergent || ~**anlage** *f* / washing range, washing plant, scouring train || ~**anleitung** *f* / laundering instructions *pl* || ~**anstalt** *f* / laundry *n* || ~**apparat** *m* / washing machine *n* || ~**artikel** *m* / washables *pl*, washable garment (garment that will be restored to wearability by laundering according to an accepted procedure in the absence of irreparable damage) || ≈**ausbeute** *f* / scouring yield || ≈**automat** *m* / automatic washer, automatic washing machine || ≈**bad** *n* / wash bath, scouring bath

waschbar *adj* / washable *adj* || ~**es Kleidungsstück** / washable garment (garment that will be restored to wearability by laundering according to an accepted procedure in the absence of irreparable damage) || **in der Waschmaschine** ~ / machine-washable *adj*

Waschbarkeit *f* / launderability *n*, washability *n*

Waschbarkeits·etikettierung *f* / machine washability labelling || ≈**prüfgerät** *n* / launderability tester || ≈**prüfung** *f* / launderability testing

Wasch·batterie *f* / continuous washing range, washing range || ≈**-, Befeuchtungs- und Entfettungsmaschine** *f* / washing, wetting and scouring machine || ≈**behandlung** *f* / washing treatment || ≈**benzin** *n* (Beschicht) / mineral spirit, light petrol || ≈**benzol** *n* / commercial benzene

waschbeständig *adj* / washfast *adj*, washable *adj*, washproof *adj*, wash-resistant *adj*, fast to scouring, launderproof *adj*, laundry-proof *adj* || ~**e Ausrüstung** / wash resistant finish || ~**e Formhaltigkeit** / wash resistant dimensional stability || ~**es Versteifen**, waschbeständige Versteifung (Ausrüst) / washfast stiffening effect, wash resistant stiffening effect

Waschbeständigkeit *f* (Vliesst) / launderability *n* || ≈ / laundering fastness, wash resistance, washfastness *n*

Waschbeständigkeits·prüfgerät *n* / washfastness tester || ≈**prüfung** *f* / washfastness test, washfastness testing

Wasch·blau *n* (Blaufarbstoff) / permanent blue, washing blue, laundry blue, blueing material || ≈**bottich** *m* / washing back (US), washing beck (GB), wash tub || ≈**bütte** *f* / wash tub || ≈**dauer** *f* / duration of the washing process, washing time

Wäsche *f* / laundry *n*, washing *n* || ≈, Waschen *n* / wash[ing] *n*, scour[ing] *n* || ≈ (Bett-, Tischwäsche) / linen *n* || ≈ (Unterwäsche) / underwear *n*, underclothes *pl* || ≈ **im Wickelkörper** / package scouring, package washing || ≈ **von Hand** / hand laundering || ≈ **waschen** / launder *v* || ≈**artikel** *m* / underwear *n* || ≈**band** *n* / linen border, linen tape, lingerie ribbon || ≈**bund** *m* / waistband for underwear

waschecht *adj* / washfast *adj*, washable *adj*, washproof *adj*, wash-resistant *adj*, fast to scouring, launderproof *adj*, laundry-proof *adj* || ~ (kochecht) / boilfast *adj* || ~**e Art** / fast-to-washing type || ~ **bei Siedetemperatur** / fast to washing at the boil || ~**es Blau** / true blue || ~**e Bügelfrei-Ausrüstung** / washable no-iron finish || ~**e und der chemischen Reinigung widerstehende Appretur** / durable finish

Waschechtheit *f* (DIN 54010-54014) / washfastness *n*, laundering fastness, washability *n*, wash resistance || ≈ **der Appretur** / washfastness of the finish

Waschechtheits·meßgerät *n* / launderometer *n* || ≈**prüfgerät** *n* / washfastness tester || ≈**prüfung** *f*, Waschechtheitstest *m* / washfastness testing, wash test, washfastness test

Waschechtprägung *f* / washfast embossing

Wascheffekt *m* / washing effect, cleaning effect, detergent action

Wäschegarnitur *f* / matching vest and panties *pl*

Wasch·eigenschaft *f* / detergent property || ≈**einrichtung** *f* / washing range, washing plant

Wäsche·klammer *f* / clothes pin, clothes peg || ≈**knopf** *m* / linen button || ≈**knopfloch** *n* / straight buttonhole || ≈**konfektion** *f* / lingerie making up || ≈**korb** *m* / clothes basket, linen basket || ≈**leine** *f* / clothes-line *n* || ≈**mangel** *f* / calander *n* (US), laundry press, calender (GB) *n*, calander machine, calandering (US), calender machine, calendering machine (GB)

waschen *v* / wash *v*, launder *v*, scour *v* || ≈ *n* / washing *n*, laundering *n* (removal of soils and stains from washable fabric items) || ≈, Vorwäsche *f* / scouring *n* || ≈ **auf dem Jigger** / jig scouring || ≈ **bei erhöhter Temperatur** / high-temperature laundering, high-temperature washing || ≈ **bei niedriger Temperatur** / low-temperature laundering, low-temperature washing || ≈ **der Wäsche** / laundering *n* (removal of soils and stains from washable fabric items) || ≈ **im offenem Gefäß bei Kochtemperatur** / open-boil washing || ≈ **im Stück** / piece scouring || ≈ **im Wasser** / aqueous scouring || ≈ **in breitem** (faltenlosem) **Zustand** / full-width washing || ≈ **in Natronlauge** / caustic scouring || ≈ **in Strangform** / scouring in rope form || ≈ **unter Druck** / pressure washing || ≈ **von Hand** / hand washing || ≈ **von Schlauchware** / washing of tubular knitted fabrics

Wäsche·netz *n* / laundry net || ≈**presse** *f* / laundry press, mangle *n*

Wäscher *m* / washing machine *n*

Wäscherei *f* / laundry *n*, wash-house *n* || ≈**schädigung** *f* / laundry damage

Wäsche·rolle *f* / cloth mangle, mangle *n* || ≈**sack** *m* / laundry bag || ≈**schleuder** *f* / spin-drier *n* || ≈**schongang** *m* / mild wash cycle, gentle cycle || ≈**schonprogramm** *n* / mild washing programme, gentle washing programme || ≈**schrank** *m* / clothespress *n* (US), wardrobe *n* || ≈**spinne** *f* / portable rotary clothes line || ≈**stempelfarbe** *f* / laundry stamping ink, marking ink || ≈**stoff** *m* / linen fabric, linen material || ≈**tinte** *f* / ink for marking linen || ≈**trockenständer** *m* / clothes-horse *n*, clothes-maiden *n* || ≈**trockner** *m* (Trockenautomat) / tumble drier || ≈**trocknungsanlage** *f* / laundry drying plant || ≈**veloursartikel** *m pl* / napped underwear and nightgowns || ≈**waschen** *n* / laundering *n* (removal of soils and stains from washable fabric items) || ≈**weichspülmittel** *n* / softener *n* (washing), fabric softener || ≈**zeichentinte** *f* / indelible ink, marking ink, laundry marking ink, ink for marking linen || ≈**zusatz** *m* / washing agent, washing assistant, washing auxiliary detergent

Wasch·falte *f* / crease or wrinkle from washing || ≈**farbe** *f* / chemical colour || ≈**faß** *n* / wash-tub, dolly tub

waschfest *adj* / washable *adj*, washfast *adj*, washproof *adj*, wash-resistant *adj*, fast to scouring, launderproof *adj*, laundry-proof *adj* || ~**e Appretur** / washable finish, permanent press, permanent finish || ~**e Bügelfrei-Ausrüstung** / washable no-iron finish || ~**e Fixierung des Farbstoffs** / washfast fixation of dyestuff || ~**e Gewebeprägung** / washfast embossing || ~**e**

Mattierung / fast delustering
Wasch·festigkeit *f* / washability *n*, wash resistance, washfastness *n* || **~flotte** *f* / washing liquor, detergent solution, washing bath, scouring liquor, scouring bath || **~flüssigkeit** *f* / scouring solution, washing liquor, wash water, washing water, washing liquid || **~gang** *m* / wash cycle (washing machine), laundering cycle (washing machine) || **~gänge** *m pl* / washes *pl* || **~gangkontrolle** *f*, Waschgangprüfung *f* / washing process test || **~handschuh** *m* / glove face-cloth || **~hilfsmittel** *n* / scouring auxiliary, washing agent, washing assistant, washing auxiliary || **~kasten** *m* / washing tank, operating trough (neutralizing) || **~kessel** *m* / wash-boiler *n* || **~kleid** *n* / washable dress || **~knitter** *m* / crease or wrinkle from washing || **~kraft** *f* / washing power (detergent), detergent efficiency, detergency *n*, washing efficiency, scouring penetration || **~küche** *f* / wash-house *n* || **~kufe** *f* / scouring beck || **~lactam** *n* / lactam obtained through chip extraction || **~lappen** *m* / [face] flannel (GB), face cloth, wash-cloth (US) *n*, wash-rag *n* (US) || **~lauge** *f* / detergent liquor, washing liquor, detergent solution, washing liquid, scouring liquor || **~leistung** *f* / detergent efficiency, cleaning efficiency, scouring efficiency
Waschmaschine *f* / washing machine *n*, washer *n* || **~** (für Vorwäsche) / scouring machine, scouring apparatus || **~** (Einseifmaschine) / soaper *n* || **~ mit Schwingrechen** (Wolle) / swing-rake [scouring] machine || **~ mit zwei Abteilen** / two-compartment washing machine
wasch·maschinenfest *adj* / machine-washable *adj* || **~maß** *n* / washed measurement (measurement taken after washing), W.M.
Waschmittel *n* / detergent *n*, washing agent, washing compound, scouring agent || **~ für Wäschereien** / laundry detergent || **~ in Pulverform** / washing-powder *n* || **~ansatz** *m*, Waschmittelbrei *m* / slurry *n* (detergent) || **~grundstoff** *m* / detergent basic material || **~lösung** *f* / washing solution || **~rohstoff** *m* / detergent basic material || **~verstärker** *m*, Waschmittelzusatz *m* / detergent booster, builder *n* || **~-Weißtöner** *m* / detergent FWA
Wasch·probe *f* / wash test || **~programm** *n* / washing programme (washing-machine) || **~prozeß** *m* / washing *n* || **~prüfung** *f* / wash test || **~pulver** *n* / detergent powder, washing-powder *n* || **~rad** *n*, Waschstock *m* (Färb) / dash wheel || **~rohstoff** *m* / washing agent, washing assistant, washing auxiliary detergent || **~samt** *m* / washable velvet, Genoa cord[uroy] || **~schrumpf** *m* / washing shrinkage, wash shrinkage || **~seide** *f* / tub silk, washing silk, washable silk, tubbable silk || **~sieb** *n* / colander *n* || **~soda** *f* (Natriumkarbonat) / washing-soda *n* || **~stoff** *m* / washable material || **~straße** *f* / washing range || **~tank** *m* / washing tank || **~trog** *m* / washing trough, scouring box, scouring bowl || **~trommel** *f* / washing drum, washing cylinder || **~- und Pflegeanleitung** *f* / instructions for washing and care || **~-und-Trage-Erzeugnis** *n* / wash-and-wear product || **~vergrauung** *f* / soil redeposition (SRD) || **~verlust** *m* / scouring waste, scouring loss || **~vermögen** *n* / washing power (detergent), detergent property, cleaning efficiency || **~versuch** *m* / laundering test || **~vorgang** *m* / laundering operation, washing operation || **~walzenabgänge** *m pl*, Waschwalzenband *n* / roller lapping waste || **~walzenzug** *m* / roller lapping top || **~wasser** *n* / washings *pl*, wash water, washing water || **~wirkung** *f* / cleansing action, washing effect, detergent efficiency, cleaning effect, scouring action, deterging efficiency, detergent action || **~wolle** *f* / scoured wool || **~zeit** *f* / washing time || **~zentrifuge** *f* / centrifugal washer, centrifugal washing machine || **~zug** *m* (Spinn) / leviathan washer || **~zusatzmittel** *n* / scouring addition || **~zylinder** *m* / washing drum, washing cylinder
wash and wear *adj* / wash-and-wear *adj*
Wash-and-wear-Ausrüstung *f* / wash-and-wear finish || **~-Behandlung** *f* / wash-and-wear treatment || **~-Bewertung** *f* / wash-and-wear rating || **~-Effekt** *m* / wash-and-wear effect || **~-Eigenschaft** *f* / wash-and-wear property || **~-Erzeugnis** *n* / wash-and-wear product || **~-Oberhemd** *n* / wash-and-wear shirt
Wash'n-Wear-Ausrüstung *f* / wash'n wear finish
Wasser *n* / water *n* || **~abgabe** *f* / elimination of water || **~abperleffekt** *m* / water-repellent effect
wasserabstoßend *adj* / hydrophobic *adj*, water-repellent *adj*, showerproof *adj*, rainproof *adj* || **~e Appretur**, wasserabstoßende Ausrüstung / water-repellent finish || **~e Eigenschaft** / water repellency || **~es Gewebe** / water-repellent fabric || **~ imprägnieren** / showerproof *v* || **~ machen** / make hydrophobic, make water-repellent || **~es Mittel** / water-repellent *n* || **~e Phase** / water-repellent phase
Wasserabstoßung *f* / water repellency
wasserabweisend *adj* / water-repellent *adj*, hydrophobic *adj* || **~e Appretur**, wasserabweisende Ausrüstung / water-repellent finish || **~er Charakter**, wasserabweisende Eigenschaft / water repellency || **~es Gewebe** / water-repellent fabric || **~e Imprägnierung** / water-repellent finish || **~es Mittel** / water-repellent *n* || **~es Verhalten**, Wasserabweisung *f*, Wasserabweisungsvermögen *n* / water repellency
wasser·anziehend *adj* / hydrophilic *adj*, hygroscopic *adj* || **~anziehungsvermögen** *n* / hygroscopic property, hygroscopicity *n* || **~appretur** *f* / water dressing, glossing *n*, glazing *n* || **~aufnahme** *f* / absorption of water, water absorption || **~aufnahmeeigenschaften** *f pl* / water absorbing properties || **~aufnahmeprüfung** *f* (DIN 53923) / water absorption test || **~aufnahmevermögen** *n* / water absorption capacity, hygroscopicity *n*
Wasserbaumatte *f* / mat for reinforcing walls of canals, dykes etc.
wasser·beständig *adj* / fast to water, water-resistant *adj* || **~beständigkeit** *f* (DIN 54006) / fastness to water, water resistance || **~beständigmachen** *n* / waterproofing *n* || **~blau** *n* (Färb) / soluble blue, water blue
Wasserdampf *m* / steam *n*, water vapour || **~dichtigkeit** *f* / barrier properties against water vapour || **~dichtigkeitszahl** *f* / moisture vapour transmission [rate] (MVT[R]) || **~durchlässigkeit** *f* (DIN 53122), Wddu / water vapour permeability, water vapour transmission, WVT, moisture vapour transmission (MVT) || **~durchlässigkeitsprüfung** *f* / water vapour transmission testing
Wasser-Dampf-Kreislauf *m* (Färb) / water steam circuit

Wasserdampfundurchlässigkeit *f* / water vapour resistance
Wasserdeckeinrichtung *f* / spray injection apparatus
wasserdicht *adj* / impermeable to water, waterproof *adj*, showerproof *adj*, rainproof *adj*, watertight *adj* || ~ **ausrüsten**, wasserdicht imprägnieren / make waterproof, proof *v*, waterproof *v* || ~ **imprägnierter Stoff** / waterproof fabric || ~**e Imprägnierung** / waterproof impregnation || ~**e Kleidung** / waterproof garments *pl* || ~**er Melton** / box cloth || ~**er Regenmantelstoff** / waterproof raincoat fabric || ~**er Rippencord** / tropical whipcord || ~**er Stoff** / waterproof fabric || ≗**ausrüstung** *f*, wasserdichte Appretur / waterproof finish
Wasserdichtheit *f* / impermeability to water, water impermeability || **Prüfung der** ≗ (DIN 53886) (Schopper-Schmerber-Test) / water pressure test
Wasserdichtigkeit *f* / waterproof property, water impermeability, impermeability to water, water tightness
Wasserdicht·machen *n*, Wasserdichtimprägnierung *f* / waterproofing *n*, rainproofing *n* || ~**machendes Mittel**, Wasserdichtmacher *m*, Wasserdichtmachungsmittel *n* / impregnating agent, waterproofing agent, saturant *n*
Wasser·druckversuch *m* / water pressure test || ~**durchlässig** *adj* / water-transmitting *adj* || ≗**durchlässigkeit** *f* / permeability to water, water permeability || ≗**durchlässigkeitsprüfung** *f* / water permeability test || ≗**durchschlag** *m* (Matpr) / water penetration || ≗**düsenschußeintrag** *m* (Web) / water jet pick system || ≗**düsenweben** *n* / water jet weaving || ≗**düsenwebmaschine** *f* / water jet loom || ~**echt** *adj* / fast to water || ≗**echtheit** *f* (DIN 54005/6) / water fastness || ~**empfindlich** *adj* / sensitive to water || ≗**emulsion** *f* / aqueous emulsion || ≗**enteisenung** *f* / extraction of iron from water || ~**enthärtend** *adj* / water-softening *adj* || ≗**enthärter** *m* / water softener || ≗**enthärtung** *f* / water softening || ≗**enthärtungsanlage** *f* / water softener plant, water softening plant || ≗**enthärtungsmittel** *n* / water softener || ≗**enthärtungsverfahren** *n* / water softening process || ≗**entsalzung** *f* / salt removal from water || ≗**entziehung** *f* / dehydration *n*
wasserfest *adj* / water-resistant, impermeable to water, waterproof *adj* || ~**es Gewebe** / rainproof fabric || ~ **machen** / make waterproof || ~**er Stoff** / rainproof material, showerproof fabric, showerproof cloth
Wasserfestigkeit *f* / water resistance, impermeability to water, fastness to water || ≗ **des Fadens** / impermeability of the filament
Wasser·festmachen *n* / waterproofing *n* || ≗**flachs** *m* / water retted flax || ≗**fleck** *m* / water spot, water-borne stain || ~**frei** *adj* / non-aqueous *adj*, anhydrous *adj*, anhydric *adj* || ~**freie Soda** / anhydrous soda, soda ash || ~**freundlich** *adj* / hydrophilic *adj* || ≗**gehalt** *m* / water content || ≗**glanz** *m* (Beschicht) / wave *n* || ≗**glanz** (Färb) / moiré *n*, watering *n* || ≗**glas** *n* / water glass, sodium silicate || ~**grün** *adj* / water-green *adj* || ~**haltig** *adj* / aqueous *adj* || ≗**härte** *f* / hardness of water, water hardness || ~**härteempfindlich** *adj* / sensitive to hard water, sensitive to salts causing hardness of water || ~**hell** *adj* / water white

wässerig *adj* / aqueous *adj*
Wasser·-in-Öl-Emulsion *f* / water-in-oil emulsion, W/O emulsion || ≗**kalander** *m* / water calender, water mangle || ≗**korrekturmittel** *n* / sequestering agent used in water treatment
wasserlöslich *adj* / soluble in water, water-soluble *adj* || ~**es Garn** (Vliesst) / water-soluble yarn || ~**es Gesamtoxid** / total water-soluble oxide
Wasser·löslichkeit *f* / solubility in water, water solubility || ≗**mangel** *f* / water calender, water mangle
wässern *v* / moisten *v*, wet *v*, water *v*, soak *v* || **auf Moiré-Art** ~ (Web) / water *v* || ≗ *n* / watering *n*
Wasser·/Perchloräthylen-Emulsion *f* / water/perchloroethylene emulsion || ≗**permeation** *f* / water permeation || ≗**reinhaltung** *f* / water pollution control || ≗**retention** *f* / water retention value, WRV || ≗**röste** *f*, Wasserrotte *f* / water retting || ≗**rückhaltevermögen** *n* (DIN 53814) / water retention value, WRV, hygroscopic property || ≗**schloß** *n* (am Ende des Dämpfers) / water lock || ≗**spülbad** *n* / water rinse bath || ≗**spülung** *f* / water rinse || ≗**stein** *m* / scale *n* (incrustation) || ≗**steinansatz** *m* / deposit of scale
Wasserstoff *m* / hydrogen *n* || **von** ≗ **befreien** / dehydrogenate *v* || ≗**brücke** *f* / hydrogen bond || ≗**exponent** *m* / pH, pH number, pH value || ≗**gas** *n* / hydrogen gas || ≗**ion** *n* / hydrogen ion || ≗**ionenexponent** *m* / pH number, pH value || ≗**ionenkonzentration** *f* / hydrogen ion concentration, pH, pH number, pH value || ≗**peroxid** *n* / hydrogen peroxide, hydrogen dioxide || ≗**peroxidbleiche** *f* / hydrogen peroxide bleach || ~**superoxidecht** *adj* / fast to hydrogen peroxide
Wasser·strahl-Düsenwebmaschine *f* / water jet loom || ≗**transport** (einer Faser) (Trageverhalten) / water transport, moisture transport || ≗**tropfenechtheit** *f* (DIN 54008) / fastness to water drops, water spotting fastness, resistance to water spotting, fastness to water spotting || ≗**überschuß** *m* / excess water || ≗**umwälzverfahren** *n* / water turbulence method || ≗**undichtigkeit** *f* / permeability to water || ≗**undurchdringlichkeit** *f* / water impermeability || ~**undurchlässig** *adj* / waterproof *adj*, watertight *adj*, impermeable to water || ≗**undurchlässigkeit** *f* / impermeability to water, water tightness, waterproof property || ≗**undurchlässigkeitsprüfgerät** *n* / waterproof tester || ~**unlöslich** *adj* / insoluble in water, water-insoluble *adj* || ≗**verträglichkeit** *f* / compatibility with water || ≗**verunreinigung** *f* / water pollution || ≗**walke** *f* / water milling || ≗**walze** *f* (Textdr) / water roller, rinsing roller, gum roller || ≗**webmaschine** *f* / water jet loom
wäßrig / aqueous *adj* || ~**e Ammoniaklösung** / aqueous ammonia || ~**e Anschlämmung** / aqueous suspension || ~**es Bad** / aqueous bath || ~**e Emulsion** / aqueous emulsion || ~**e Phase** / aqueous phase
Water *n* / water twist, water yarn (hard-twisted cotton warp yarn) || ≗**drehung** *f* / warp twist || ≗**finish** *n* (gebleichter, stark appretierter Baumwollnessel) / waterfinish *n* || ≗**garn** *n* / water yarn (hard-twisted cotton warp yarn), ring-spun yarn || ≗**garn** (als Kettgarn) / warp yarn || ≗**maschine** *f* / water [spinning] frame || ≗**zwirn** *m* / water twist || ≗**zwirnmaschine** *f* / continuous

doubler, continuous doubling frame, continuous doubling machine
Watte *f* / absorbent cotton (US), cotton wool (GB) || ≈ (Wickelwatte) (Spinn) / lap *n* || ≈ (leicht verfilzte [Baum]wolle) / batting *n* (layers of raw cotton o. wool) || ≈ (zum Auspolstern) / wadding *n*, padding *n* || **mit ≈ auskleiden** / wad *v* || **≈bausch** *m* / cotton pad, cotton swab, cotton [wool] plug, cotton wool pad || **≈belag** *m* / cotton wool layer || **≈bildung** *f* / lap formation || **≈bogen** *m* / sheet wadding || **≈fabrikation** *f* / manufacture of cotton wool || **≈glättemaschine** *f* / lap calendering machine || **≈legeapparat** *m* / lap roll[er] || **≈legemaschine** *f* / cotton wool laying machine || **≈leimmaschine** *f* / cotton wool glueing machine
Watteline *f* (Strick/Wirk) / wadding *n*
Wattenmaschine *f* (Spinn) / set frame, lap[ing] machine, ribbon lap machine, ribbon lapper
Watte·schlichtmaschine *f* / wadding sizing machine || **≈schneidemaschine** *f* / cotton wool cutting machine || **≈tafel** *f* / sheet wadding || **≈tupfer** *m* (med) / swab *n* || **≈verpackungsmaschine** *f* / cotton wool packing machine || **≈verzug** *m* / draft of lap || **≈wickel** *m* / lap roll[er], scutcher lap || **≈wickel vom Baumwollausbreiter** / picker lap || **≈wickelmaschine** *f* / lap winder
wattieren *v*, auspolstern *v* / wad *v* || **~ und steppen** / pad and stitch
Wattier·leinen *n* (Web) / linen interlining || **≈stepperei** *f* / quilting *n* || **≈steppereimaschine** *f* / quilting machine
wattiert *adj*, ausgepolstert *adj* / padded *adj*, wadded *adj* || ~, abgesteppt *adj* / quilted *adj* || **~e Steppdecke** / quilted blanket
Wattierung *f* / wadding *n*, padding *n*, batting *n* (layers of raw cotton o. wool) || ≈ (in Damenkleidern) (hist) / tabby *n*
Watt·rahmen *m* / wadding machine || **≈seide** *f* / watt silk (refuse and debris gathered from raising silkworms; of little value)
Web·art *f* / mode of weaving, weave *n*, texture *n* || **≈artikel** *m pl* / woven goods *pl* || **≈automat** *m* / automatic loom, automatic weaving machine || **einfacher ≈automat** / plain loom
Webbaum *m* / beam *n*, loom beam, warp beam, warping beam, weaver's beam, yarn beam, yarn roller || **≈auflage** *f*, Webbaumhülle *f* / beam wrapper || **≈ständer** *m* / beam stand
Webblatt *n* / [weaver's] reed *n*, [weaver's] comb, weaving reed, caam *n* || **≈ mit Stahlstäben** / reed with steel dents || **das ≈ stechen** (Web) / reed *v*, pass through the reed || **≈höhe** *f* / depth of reed || **≈nut** *f* / reed lay groove
Web·breite *f* / loom width, cloth width, cloth breadth || **≈dichteeinstellung** *f* / setting of the weave, warp end spacing, reeding *n*, reed fill, reed drawing-in
Webeblatt *n* / [weaver's] reed *n*, [weaver's] comb, weaving reed || **≈bims- und -bürstmaschine** *f* / reed cleaning and brushing machine || **≈bindemaschine** *f* / reed binding machine, reed making machine || **≈einziehmaschine** *f* / reed drawing-in machine || **≈höhe** *f* / reed height || **≈putzmaschine** *f*, Webeblattputz- und -poliermaschine *f* / reed cleaning and polishing machine || **≈setzer** *m* / reed maker, reeder *n*
Web·effekt *m* / weave effect || **≈einstellung** *f* / warp end spacing, setting of the weave, reeding *n*, reed fill, reed drawing-in
Web[e]litze *f* (Web) / harness *n*
weben *v* / weave *v* || ≈ *n* / weaving *n* || **≈ verzierter Waren** / fancy weaving, figure weaving, figured weaving, picture weaving, fancy jacquard weave || **im ≈ gemustert** / loom-figured
Webende *n* / selvedge *n*, selvage *n*, warp end
Weber *m* / weaver *n*, loom tender || **≈abgang** *m* / weaver's waste
Weberei *f*, Weben *n* / weaving *n* || ≈ (der Betrieb) / mill *n* || **≈abfall** *m* / weaving waste || **≈patrone** *f* / weave design, weave pattern, weaving design, weaving pattern || **≈vorbereitungsmaschine** *f* (DIN 62500) / weaving preparation machine || **≈zubehör** *n* / weaving accessories *pl*
Weber·glas *m* / pick glass, pick counter, counting glass, weaver's glass, filling counter || **≈karde** *f*, Rauhkarde *f*, Tuchkarde *f*, Kratze *f* / teasel *n* || **≈karde** (Dipsacus fullonum), Kardendistel *f* / fuller's teasel, fuller's thistle || **≈knoten** *m* / weaver's knot || **≈nadel** *f* / weaver's needle || **≈schiff** *n* (Web) / shuttle *n* || **≈schiffchenspule** *f* / spool of shuttle || **≈schlichte** *f* / weaver's starch || **≈vogel** *m* (Web) / picker *n* || **≈zange** *f* / weaver's tweezers *pl*, weaver's nippers *pl*
Webeschaft *m* / warp staff
Web·etikett *n* / woven label || **≈fach** *n* / weaving shed, shed *n*
Webfehler *m* / weaving fault, weave fault || ≈ (Doppelfaden) (Web) / flat *n* || **≈ durch Litzeneinzug** / swollen heddle || **≈ durch Rieteinzug** / swollen dent || **≈ in fünfbindigen Atlasgeweben** (Web) / fiving *n* (defect) || **≈ in vierbindigen Atlasgeweben** / fouring *n* (defect)
Web·filz *m* (DIN 61205) / felt[ed] fabric, woven textile felt, woven felt, felt cloth, felted material, hardening cloth || **≈folge** *f* / weaving sequence || **≈garn** *n* **auf Kreuzspulen** / weaving yarn on cheeses || **≈geschirr** *n* / loom harness, heald frame (GB), harness *n*, mounting *n*, heald shaft (GB) || **≈gut** *n* / woven goods *pl* || **≈kante** *f*, Salband *n* / selvedge *n*, selvage *n*, list *n*, listing *n* || **≈kette** *f* (Web) / warp *n*
Webketten·anknüpfmaschine *f* / warp tying machine || **≈ende** *n* / end of the warp, warp end || **≈knüpfmaschine** *f* / warp tying machine || **≈schlichtmaschine** *f* / slasher *n*, slashing machine, tape frame (GB), warp dressing and sizing machine, warp sizing machine || **≈spannung** *f* / warp tension || **≈walke** *f* / warp milling machine
Web·kops *m* (Spinn) / tubular cop, hollow cop || **≈kreuz** *n* / weaving lease || **≈lade** *f* / loom sley, sley *n* || **≈ladenblockierung** *f* / banging off || **≈leistung** *f* / weaving efficiency || **≈litze** *f* (Web) / heald *n* (GB), heddle || **≈litze** s. auch Webelitze || **≈litze für Drehergewebe** / doup *n* (leno weaving) || **≈litzen mit losen Schlingen** *f pl* (Web) / necked healds || **≈litzenherstellungsmaschine** *f* / heald-making machine
Webmaschine *f* / loom *n*, weaving machine, shuttle loom, power loom || **≈ mit Außentritt** (Web) / outside treading loom || **≈ mit beidseitigen Greifern** / bilateral rapier loom || **≈ mit biegsamem Greifer** / flexible rapier loom || **≈ mit einseitigem Greifer** / unilateral rapier loom || **≈ mit flüssigem Schußträger** / water jet loom || **≈ mit glatter Lade** / plain loom || **≈ mit Greiferstange** / rigid rapier loom || **≈ mit Innentritt** / central treading loom || **≈ mit selbsttätigem Spulen-, Schlauchkops- oder Schützenwechsel** / loom with automatic bobbin,

pirn, cop or shuttle changing || ≗ **mit selbsttätiger Schützenauswechslung** / automatic shuttle changing loom

Webmaschinen·antrieb *m* / loom drive || ≗**breite** *f* / loom width || ≗**drehzahl** *f* / loom speed || ≗**einstellung** *f* / loom setting || ≗**eintragsnadel** *f* (Web) / weft needle || ≗**fleck** *m* / loom stain || ≗**garnitur** *f* / loom accessories *pl* || ≗**gestell** *n* (Web) / loom framing || ≗**-Hauptwelle** *f* / loom control bar || ≗**leistung** *f* / loom efficiency || ≗**saal** *m* / loomery *n* || ≗**stillstand** *m* / loom stop, loom smash (US) || ≗**zubehör** *n* (DIN 63001) / weaving loom accessories *pl*

Webmeister *m* / foreman weaver, loom master

Webmuster *n* / woven design, weave design, weave pattern, weaving design, weaving pattern || ≗ **ohne Fadenflottierung auf der Rückseite** (Web) / floatless pattern fabric || **mit** ≗ **ausgestattetes Gewebe** / fabric with woven design || **sich wiederholendes** ≗ / gait-over *n*

Web·nest *n* (Defekt) / skip *n*, tangle *n* || ≗**nestbildung** *f* (Web, Defekt) / tangle-formation *n* || ≗**pelz** *m* / woven fur, woven imitation fur, deep-pile fabric || ≗**plüsch** *m* / woven pile || ≗**plüschteppich** *m* / woven pile carpet || ≗**rand** *m* (Web) / list *n*, listing *n* || ≗**riet** *n* / loom reed || ≗**schaft** *m* / heald frame (GB), heald shaft (GB) || ≗**schlingenware** (Tepp) / woven loop piles || ≗**schraube** *f* (DIN 63301) / reinforced head square neck bolt (for looms)

Webschützen *m* / weaving shuttle, shuttle *n* || ≗ **abschießen** / pick the shuttle || ≗ **für automatischen Spulenwechsel** (DIN 64685) / shuttle for automatic pirn changing || ≗**abrichtmaschine** *f* / shuttle rectifying machine || ≗**spindel** *f* (DIN 64685) / shuttle spindle || ≗**spitze** (DIN 64685) (Web) / tip of shuttle || ≗**zubringer** *m* / shuttle loader

Web·spitze *f* / woven lace || ≗**stoff** *m* / woven textile [fabric], woven cloth, woven fabric || ≗**stoffe** *m pl* / wovens *pl* || ≗**stoffscheibe** *f* / cloth buff

Webstuhl *m* / loom *n*, weaver's loom, weaving loom || ≗ **für schmale Gewebestreifen** / needle-loom *n* || ≗ **mit lotrechter Kette** / vertical loom || ≗**abfall** / loom waste || ≗**antrieb** *m* / loom drive || ≗**breite** *f* / loom width || ≗**breithalter** *m* / temple for weaving loom || ≗**drehzahl** *f* / speed of the loom, loom speed || ≗**einsteller** *m* / loom fixer, loom tackler (GB) || ≗**einstellung** *f* / loom adjustment, loom setting || ≗**fleck** *m* / loom stain || ≗**garnitur** *f* / loom accessories *pl* || ≗**gestell** *n* (Web) / loom framing || ≗**gruppe** *f* / group of looms, set of looms || ≗**leistung** *f* / loom efficiency || ≗**meister** *m* / loom master || ≗**öl** *n* / loom oil || ≗**putzer** *m* / loom cleaner || ≗**saal** *m* / loomery *n* || ≗**walkeinrichtung** *f* / whip roller || ≗**zubehör** *n* / loom accessories *pl*

Web·teppich *m* / woven carpet || ≗**- und Maschenwaren** *f pl*, Web- und Wirkwaren *f pl* / woven and knitted fabrics || ≗**velours** *m* / woven velours || ≗**vogel** *m* / picker *n*, [loom] driver, loom picker

Webware *f* / woven textile [fabric], wovens *pl* || ≗**n** *f pl* **auf spannungsarmer Kontinue-Breitwaschanlage** / woven fabrics on tension-free continuous open-width washer || ≗**n** *f pl* **im Strang** / woven fabrics in rope form, woven goods in rope form, woven goods in hanks

Webwaren·geometrie *f* / woven fabric geometry || ≗**stückanfang** *m* / head end (beginning of a new piece of fabric in the loom)

Webzettel *m* (Web) / pegging plan

Wechsel *m* / change *n* || ≗**beanspruchung** *f* / alternating stress || ≗**bremse** *f* (Strumpf, Strick/Wirk) / changeable friction || ≗**dehnung** *f* (Matpr) / exercising *n*, cyclic stretching and relaxing || ≗**faden** *m* (Web) / change end, change thread || ≗**faden-Abschneidemaschine** *f* / weft [loop] cutting machine, selvedge trimming machine || ≗**farbe** *f* / figure colour || ≗**finger** *m* (Strick/Wirk) / changing finger || ≗**hammer** *m* / transfer hammer (automatic pirn change motion) || ≗**intervall** *n* **für Ringläufer** / traveller change interval || ≗**karte** *f* (Strick/Wirk) / change card, change pattern || ≗**kasten** *m* (Web) / change box, reversing box || ≗**kette** *f* / change chain || ≗**lade** *f* (Web) / change box sley, multiple box lathe, drop-box sley, drop-box lay

wechselnde Flottenrichtung / alternating liquor circulation

Wechsel·patrone *f* (Strick/Wirk) / change pattern || ≗**platine** *f* / change hook || ≗**rapport** *m* / box change repeat || ≗**schaftmaschine** *f* (Web) / cross border dobby || ≗**spannung** *f* / alternating stress || ≗**spule** *f* / change bobbin, change pirn || ≗**steuerkette** *f* / change chain || ≗**stuhl** *m* (Web) / box loom, check loom || ≗**vorrichtung** *f* (Web) / change motion || ≗**vorrichtung** (Strick/Wirk) / changer *n* || ≗**webmaschine** *f*, Wechselwebstuhl *m* (Web) / multiple-box loom || ~**weise Maschenübertragung** / double-loop transfer || ~**weiser Schußeintrag** (Web) / alternate pick

Wedgwood-Blau *n* / Wedgwood blue shade

Weftgarn *n* / filling yarn, weft yarn, weft thread

Wegwerf·artikel *m pl* / disposables *pl*, disposable goods || ≗**-Filz** *m* (Vliesst) / disposable felt || ≗**handtuch** *n* **von der Rolle** (Vliesst) / roll towel || ≗**höschen** *n pl* / disposable knickers, throwaway panties *pl*, disposable panties || ≗**-Textilien** *pl* / one-way textile articles || ≗**-Unterwäsche** *f* / disposable underwear || ≗**wäsche** *f* / disposables *pl* (underclothes)

weich *adj* / soft *adj*, flossy *adj*, cottony *adj* || ~ (Ku) / non-rigid *adj*, flexible *adj* || ~ **arbeitende Quetschwalzen** *f pl* / soft bowls || ~**e Drehung** / soft twist (any twist below number needed per inch in yarn) || ~ **eingestelltes Bindemittel** / soft binder || ~**es Garn** / soft yarn || ~ **gedrehtes Garn** / lightly twisted yarn, soft-twisted yarn || ~ **gewickelt** / soft-wound *adj* || ~**er Griff** / soft handle (GB), soft hand (US), soft feel, downy handle || ~**e Linie** / soft line || ~ **machen** / soften *vt*, mollify *v*, mellow *v* || ~**er Schaumstoff** / flexible foam || ~**e Seife** / soft soap, yellow soap || ~**e Seite** / nap *n* || ~**e Stelle im Seidenfaden** / soft end (defect) || ~**e und haarige Seite** / pile *n*, pile warp, poil (Fr) *n* || ~**es Wasser** / soft water || ~**er Wickel** / loose package, soft-wound package, soft package || ~**e Wicklung** / soft winding || ≗**appretur** *f* / soft finish || ≗**beize** *f* / mordanting for softening || ≗**bespulung** *f* / soft winding || ≗**bottich** *m* / steeping tub, steeping vat, steeping bowl || ~**-elastischer Schaumstoff** / flexible foam || ≗**faser** *f* / soft fibre || ≗**folie** *f* / soft sheeting || ≗**garn** *n*, weichgedrehtes Garn / soft-twist yarn (16-20 twists per inch)

weichgedreht·es Schußgarn / soft-twist weft || ~**er Stickfaden** / embroidery floss

Weichharz *n* / soft resin

Weichheit *f* / softness *n*

Weichküpe *f* / blue vat
weichmachen *v*(text) / soften *v* || ~ (Beschicht) / plasticize *v*, flexibilize *v* || ≗ *n* / softening *n* || ≗ **der Seide** / smoothing of silk
weichmachende Ausrüstung / finish with softening agent, softening finish
Weichmacher *m*(Textil) / softener *n*, softening agent || ≗ (Beschicht) / plasticizer *n*, flexibilizer *n* || ≗ **auf Silikonbasis** / silicone softener || ≗**wanderung** *f* (Beschicht) / migration of plasticizer || ≗**wanderung** (Textil) / migration of softener
Weichmachungs·mittel *n*(Textil) / softener *n* || ≗**verfahren** *n* / softening treatment
Weich·schaum *m* / flexible foam || ≗**spinnen** *n* / soft spinning || ≗**wasser** *n* (weiches Wasser) / soft water || ≗**wasser** (Einweichwasser) / steeping water, steeping liquid, steep *n* || ≗**wickel** *m* / soft package, muff *n*
Weiden·bastfaser *f* / willow fibre || ~**grün** *adj* / willow green
Weife *f*, Garnwinde *f*(Spinn) / reel *n*, yarn reel, yarn spool || ≗ (Spinn) / reeling machine
weifen *v* / reel *v*, spool, wind || ≗ *n*(Spinn) / reeling *n*, winding *n* || ≗**länge** *f* / length of hank
Weif·maschine *f* / reeling machine || ≗**verfahren** *n* / reel method
weinrot *adj* / claret red *adj*, bordeaux *adj* || ~ (RAL 3005) / wine red || ~**er Farbton** / claret shade
Weinsäure *f* / tartaric acid || ≗**diamid** *n* / tartramide *n* || ≗**monoamid** *n* / tartramidic acid || ≗**monoanilid** *n* / tartranilic acid
Weinstein, roher ≗ / argol *n*, argal *n* || ≗**ersatz** *m* / acid sodium sulphate || ≗**säure** *f* / tartaric acid
weiß ätzbar / dischargeable to white || ~**e Baumwollfransen** / German fringe || ~**es Begleitmuster** / white piece pattern || ~**e Chinaseide** / white China silk || ~**er Druckfond** / white printing ground || ~**er Grund** / white ground || ~**e Japanseide** / white Japan silk || ~**e Nuance** / white shade, shade of white || ~ **reservieren** / resist in white || ~**e Röste** / river retting, stream retting || ~**er Seidenstoff mit bräunlichen Fehlerstellen im Schuß** / rusty silk || ~**er Spiegel** (Textdr) / white ground || ~**e Sportwollwaren** *f pl* / cricketing *n* (GB) || ~**e Wäsche** / whites *pl*(washing machine) || ≗**abmischung** *f*(Färb) / reduction with white || ~**aluminium** *adj*(RAL 9006) / white aluminium *adj*(shade) || ≗**anlaufen** *n*(Beschicht) / air blush (in lacquer films) || ≗**ansatz** *m*(Färb) / white formulation || ≗**anteil** *m* / white content || ≗**ätzartikel** *m* / white discharge style || ≗**ätzbarkeit** *f* / dischargeability to white, white dischargeability || ≗**ätzdruck** *m* / white discharge print || ≗**ätze** *f*(Textdr) / white discharge || ≗**ätzeffekt** *m* / white discharge effect || ~**ätzen** *v* (Textdr) / white discharge || ≗**ätzen** *n* / white discharging || ≗**ätzmattdruck** *m* / white discharge delustre print || ≗**bad** *n* / whitening bath || ≗**beständigkeit** *f* / whiteness retention || ~**blau** *adj* / whitish blue || ≗**bleichen** *n* / full bleach finish || ≗**boden** *m*(Textdr) / white ground || ≗**bruch** *m* (Beschicht) / white crackling
Weiße *f* / whiteness *n*
Weißeffekt *m* / white effect
weißen *v* / whiten *v*, brighten *v*
weiß·erzeugende Komplementärfarbe / minus colour || ≗**farbe** *f* / white pigment || ~**färben** *v* / whiten *v* || ≗**färben** *n* / whitening *n* || ≗**färber** *m* / bleacher *n* || ≗**fitz** *m* / white label || ≗**fond** *m*(Textdr) / white ground || ~**gebleicht** *adj* / fully bleached || ≗**gehalt** *m* / white content, whiteness *n* || ~**gelb** *adj* / light-yellow *adj* || ~**getönt** *adj* / whitened *adj* || ~**getöntes Gewebe** / whitened fabric, optically brightened fabric || ≗**glühen** *n* / incandescence *n* || ~**glühend** *adj* / incandescent *adj*
Weißgrad *m* / degree of whiteness, whiteness *n* || ≗**messung** *f* **nach Berger** / whiteness [measuring] according to Berger, WB || ≗**messung nach Stensby** / whiteness [measuring] according to Stensby, Ws
weiß·grau *adj* / whitish grey, pale-grey *adj* || ~**grün** *adj*(RAL 6019) / pastel green *adj* || ≗**grund** *m* (Textdr) / white ground || ≗**klasse** *f*(Kol) / whiteness *n* || ≗**kochen** *n* / second boiling-off (silk)
Weißlassen *n* **von Effekten** (Färb) / leaving effects unstained
Weiß·lauge *f* / white liquor || ≗**laugensättiger** *m* / white-sour saturator
weißlich *adj* / whitish *adj*, off-white *adj*
Weiß·maximum *n*(Färb, Textdr) / whiteness maximum || ≗**nuancierung** *f* / white shade, shade of white || ≗**papp** *m* / white resist || ≗**pigment** *n* / white pigment || ≗**punkt** *m* / achromatic point, neutral point, white point, CIE illuminant || ≗**reserve** *f* / white resist || ≗**ton** *m* / white shade, shade of white || ~**tönen** *v* / whiten *v*, brighten *v*, treat with fluorescent whitener || ≗**tönen** *n* / fluorescent whitening, optical brightening, optical bleaching || ≗**töner** *m* / fluorescent whitening agent (FWA), fluorescent whitener, optical brightening agent (OBA), optical brightener, whitener *n*, brightening agent, brightener *n* || ≗**tönerbad** *n* / fluorescent whitening bath || ≗**tönung** *f* / white shade, shade of white || ≗**tönung von Wickelkörpern** / fluorescent whitening of packages || ≗**verschnitt** *m*(Färb) / reduction with white || ≗**waren** *f pl* / linen goods, household linen, white goods, white cotton fabrics, bleached goods *pl* || ≗**warenhändler** *m* / linen draper (GB) || ≗**wäsche** *f* / linen *n*, linen goods, laundry *n*, household linen || ≗**waschen** *n* / laundering *n* (removal of soils and stains from washable fabric items) || ≗**wäscherei** *f* / laundry *n* || ≗**waschmittel** *n* / laundry detergent || ≗**zeug** *n* / linen goods
weit *adj*(Mode) / loose-fitting *adj* || ~**e Hose** (Mode) / bags *pl*
weiten *v* / increase the width
Weiterbehandlung *f* / subsequent treatment
weitern *v*(Strumpf) / widen *v* || ≗ *n*(Strumpf) / widening *n*
Weiterreißen *n* / crack propagation
Weiterreiß·festigkeit *f*(DIN 53507) (Beschicht) / tear propagation resistance, resistance to further tearing, tear growth resistance, slit tear resistance || ≗**versuch** *m* / tear growth test || ≗**widerstand** *m* (Beschicht) / resistance to further tearing
Weiter·verarbeiter *m* **von Polyester-Strickwaren** / polyester knit goods processor || ≗**verarbeitung** *f* / subsequent processing
weitmaschig *adj*(Strick/Wirk) / wide-meshed *adj* || ~**es Gewebe** / fishing net fabric, fishnet fabric || ~**e Leinwand** / linen mesh
weitschwingender Damenrock (Mode) / flared skirt
weizen·gelb *adj*(Kol) / golden-wheat *adj*, wheat coloured || ≗**stärke** *f* / wheat [flour] starch || ≗**stärketragant** *m* / wheat starch tragacanth || ≗**stärkeverdickung** *f* / wheat starch gum
welkgrün *adj* / withered leaf (shade)

Welle *f*(Masch) / shaft *n*

Wellen·bildung *f*(Näh) / gathering *n* || **≈fach** *n* / multiphase shed || **≈fachwebmaschine** *f* / multiphase loom

wellenförmig·es Aufrauhen (Ausrust) / waved raising, wavy raising || **~es Kalandrieren** / tabbying *n* || **~e Ränder mit Schrägbandeinfassung** *m pl*(Näh) / bound curves

Wellen·köper *m* / curved twill, waved twill, undulating twill || **≈köperbindung** *f* / undulating twill weave || **≈muster** *n* / wavy pattern || **≈rute** *f* (Tepp) / profile wire || **≈webmaschine** *f* / wave weaver

wellig·er Crêpe / crepe ondulé || **~e Faser** / wavy fibre || **~es Gewebe** / undulated fabric, wavy fabric || **~e Leiste** (Web) / slack selvedge (defect) || **~er Streifen** / cockled bar

Welliné *m* (Flausch, meist Wolle, mit aufgerauhter, in Wellenform gelegter Faserdecke) / ripple cloth

Wende·bekleidung *f* / reversible garment || **≈mantel** *m* (Mode) / reversible coat, double-face coat || **≈maschine** *f* **für Maschenware** / knits turning machine || **≈platine** *f*(Strick/Wirk) / cross-plating sinker, reversing sinker, reverse plating sinker || **≈plattieren** *n*(Strick/Wirk) / cross-plating *n*, reverse plating || **≈plattiernadel** *f*(Strick/Wirk) / cross-plating needle, plate needle with straight hook || **≈plattierung** *f*(Strick/Wirk) / cross-plating *n*, reverse plating

Wender *m*(Kard) / worker roller, stripper *n*, clearer roller, clearer *n*, stripping machine, dirt roller

Wende·rad *n*(Spinn) / reversing bevel || **≈riemen** *m* (Spinn) / clearer belt

Wender·scheibe *f*(Spinn) / stripper pulley || **≈walze** *f* (Kard) / clearer roller, clearer *n*

Wende·schiene *f* / reversing rail || **≈schnur** *f*(Spinn) / cord to operate the catches || **≈stock** *m*(Färb) / handling pole, turning pole || **≈teppich** *m* / reversible carpet || **≈- und Arbeitswalze** *f* / stripper and worker || **≈walze** *f*(Kard) / clearer *n*, stripper *n*, clearer roller, stripping machine || **≈zeug** *n* / reversing motion

Wendungswechsel *m*(Spinn) / winding ratchet wheel

Werftgarn *n* / cheviot warp yarn

Werg *n* / tow *n* || **≈abfall** *m* / tow waste || **≈garn** *n* / tow *n*, tow yarn (flax or hemp yarn) || **≈hechel** *f* / tow hackle || **≈krempel** *f* / tow card || **≈leinen** *n* / tow linen || **≈schüttelmaschine** *f* / tow shaker || **≈spinnerei** *f* / tow spinning || **≈spinnkabel** *n* / bast tow || **≈spinnmaschine** *f* / tow spinning machine || **≈teppich** *m* / tow carpet || **≈tuch** *n* / tow *n* || **≈veredlung** *f* / tow finishing || **≈wolf** *m* / tow opener

Werksbekleidung *f* / industrial clothing, working clothes *pl*, working wear, workwear *n*

Werktisch *m*(Näh) / shop-board *n*

Werkzeug *n* / mould *n*(plastic etc)

Weste *f* / waistcoat *n*, short jacket, vest (US) *n*

Westenstoffe *m pl* / vesting *n*(US), waistcoating *n*

Wetter·artikel *m*(Mode) / all-weather article || **~beständig** *adj* / weatherproof *adj*, windproof *adj* || **≈beständigkeit** *f* / weatherability *n*, weather resistance, weather stability, exterior durability || **~echt** *adj*, wetterfest *adj* / weatherproof *adj*, fast to atmospheric influence, windproof *adj* || **≈echtheit** *f*(DIN 54071), Wetterfestigkeit *f* / fastness to weathering, weather stability, weather resistance, weatherability *n* || **≈mantel** *m* / raincoat *n*, waterproof *n*(GB), trench coat || **≈schutzbekleidung** *f* / weatherproof clothing

Wevenit *n* / double jersey

Whipcord *m* (Woll-, Halbwoll- oder Baumwollgewebe in Mehrgratsteilköper mit schnurartiger Schrägrippenwirkung, verwendet für Sportkleidung, modische Anzüge, Mäntel und Reithosen) / whip-cord *n*, artillery twill || **≈tweed** *m* **für Uniformen** / livery tweed

White Spirit *m* / white spirit[s]

Wickel *m*(Spinn) / lap *n*, roll lap, wound lap || **≈**, Garnknäuel / ball of yarn || **≈** (Spinn) / bat *n*, batting *n*(lap of cotton for carding machine) || **≈** (DIN 61800) / muff *n* || **≈abfall** / lap waste || **≈aufmachung** *f*(Spinn) / packaging method || **≈aufrollen** *n* / lap winding || **≈auswurf** *m* / lap discharge || **≈auswurfvorrichtung** *f* / lap doffing installation || **≈band** *n*, Wickelbandage *f* / swathing band || **≈bildung** *f*(Spinn) / lapping *n*, lap formation, roller lap-up, wrap formation, licking *n*, roller licking || **≈bluse** *f*(Mode) / wrap-over blouse || **≈dichte** *f* / compactness of bobbin || **≈dorn** *m* / wind-up core || **≈dorn** (Spinn) / winding mandrel || **≈durchmesser** *m* (einer vollen Spule) / overall diameter (of core) with yarn || **≈einrichtung** *f* / bobbin carriage || **≈faden-Einlegetechnik** *f* (Strick/Wirk) / method of inserting warp threads || **≈fähigkeit** *f* / winding properties *pl* || **≈färberei** *f* **mit schnellem Flottenrichtungswechsel** / rapid reversal package dyeing technique || **≈färbung** *f* / package dyeing || **≈festigkeit** *f* / compactness of cops || **≈fläche** *f* / winding surface || **≈form** *f* / package form || **≈führer** *m* / lap guide || **≈gamasche** *f* / patti *n*, puttee *n* || **≈gewicht** *n* / lap weight, package weight || **≈gewichtskontrolle** *f* / lap weight control || **≈größe** *f* / size of the package || **≈halter** *m* / lap holder || **≈härte** *f* / package hardness || **≈hülse** *f*(Spinn) / winding tube, winding sleeve || **≈kanne** *f* / coiling can || **≈kehrstrecke** *f* (Spinn) / ribbon lap machine, ribbon lapper || **≈klaue** *f* / winding jaw || **≈kommodenzierdecke** *f* / swathing table spread || **≈kopf** *m*(Spinn) / coiler head, winding head, reeling head || **≈körper** *m* (Spinn) / package *n*, wound package, yarn package || **≈körper** (Glasfasern) / wound structure || **≈körper aus Polyestergarn** / polyester yarn package || **≈körperfärbeverfahren** *n* / wound package dyeing method || **≈lage** *f* / winding layer || **≈manschette** *f* / webbing insert

Wickelmaschine *f* / coiling machine, coiler, reeler, lap[ping] machine, folding and rolling machine, balling machine || **≈**, Knäuelmaschine *f* / ball winding machine, balling machine || **≈**, Spulmaschine *f*(Spinn) / rolling machine, winding frame, swift engine, spooling frame, spooler *n* || **≈** (Web) / winder *n*, winding frame, winding machine || **≈ mit fliegendem Wickeldorn** / floating needle coiler

Wickel·mast *m*(Web) / yarn support || **≈mulde** *f* / lap cradle

wickeln *v* / reel *v*, spool *v*, wind *v*, lap *v* || **in Strähnen ~** / skein *v*, tie *v*(with tie bands) || **≈ *n* der Walze** / licking of the roller

Wickel·nummer *f* / lap count || **≈prüfgerät** *n* / lap tester || **≈rock** *m*(Mode) / wrap-around skirt, wrapped skirt, wrap-over skirt, cross-over skirt || **≈rolle** *f* / lap bowl, lap roll[er] || **≈scheibe** *f* / lap roller flange, lap roll[er] || **≈schicht** *f* / winding layer || **≈schritt** *m* / winding pace || **≈spannung** *f* /

winding tension || ²speicher *m* / lap storing device || ²spindel *f* / winding spindle || ²spule *f* / lap rod (worsted), winding bobbin || ²stab *m*, Wickelstange *f*(Spinn) / lap rod || ²stirnseite *f* / winding face || ²stock *m*(Spinn) / lap rod || ²strecke *f*(Spinn) / lap drawing frame, ribbon lapper, ribbon lap machine, lapper *n* || ²tragkörper *m*(DIN 64990) / box roller || ²transport *m* / lap handling || ²transportwagen *m* (DIN 64990) / batch wagon || ²trommel *f* / winding drum || ²- und Meßvorrichtung *f* / winding and measuring device || ²vorgang *m* / winding process || ²vorrichtung *f* / lap former, winding mechanism, lap winder || ²waage *f* / lap balance, picker lap scale, lap scales *pl* || ²wächter *m* / lap guard || ²wagen *m* / lap carrier, lap truck || ²walze *f* / lap arbour, lap roll[er], lap bowl, take-up roll[er] || ²watte *f*(Spinn) / lap *n*, breaker lap (cotton) || ²winkel *m* / helix angle (filament winding), winding angle || ²zentrifuge *f* / spindle-centrifuge for packages || ²zylinder *m* / cylindrical tube for winding, tube for winding

Wickler, 16fach-² *m* / 16-pad lapper

Wicklung, zylindrische ² / cylindrical winding

Wicklungs·aufbau *m* / winding *n* || ²**dichte** *f* / winding compactness, winding density || ²**kegel** *m*, Wicklungskonus *m* / winding cone || ²**steuerung** *f* / winding control

Widder·vlies *n* / buck fleece, bucks *pl* || ²**wolle** *f* / buck's wool, ram's wool

Widerhaken *m*(Nadeln) / barb *n*

Widerstand *m* / resistance *n* || ² **gegen Aufreißen** (Beschicht) / snag resistance || ² **gegen chemischen Angriff** / resistance to chemicals, stability to chemicals || ² **gegen Flachdrücken** (Tepp) / crush resistance || ² **gegen Kantenausfransen** (Tepp) / edge fray resistance || ² **gegen UV-Strahlen** / resistance to UV-rays, stability to UV-rays || ² **gegen Verformung** (Vliesst) / flexural rigidity || ² **gegen Wasseraufnahme** / resistance to water absorption || ² **gegenüber Schmutz und Flecken** / resistance to soil and stains

Widerstands·fähigkeit *f*(Tepp) / power of resistance || ²**festigkeit** *f*, Widerstandsvermögen *n* / resistance *n*

wieder auflösen / redissolve *v* || ~ **aufwickeln** / backwind *v* || ~ **homogenisieren** / rehomogenize *v* || ~ **in Lösung bringen** / redissolve *v* || ~ **kondensieren** / recondense *v* || ²**anschmutzen** *n* / soil redeposition (SRD) || ²**aufnahme** *f*(eines verlegten Teppichbodens) (Tepp) / take-up *n* || ²**aufrichtungsvermögen** *n*(Vliesst) / deformation value (deformation of carpet areas exposed to a perpendicularly acting pressure) || ²**aufrichtvermögen** *n* **des Pols** (Tepp) / pile resistance, pile recovery || ~**aufsteigen** *v*(Strick/Wirk) / bunch-up *v* || ²**aufziehen** *n* **von Schmutz** / soil redeposition (SRD) || ²**aufziehen von Schmutz beim Waschen** / reabsorption of dirt during washing || ²**aufziehvermögen** *n* / renewed dyeability (fibre) || ²**befeuchtung** *f* / remoistening *n* || ²**benetzbarkeit** *f* / rewettability *n* || ²**erholungskraft** *f*(Tepp) / resilience *n* || ²**gewinnung** *f* **von Lösemittel** / recovery of solvent || ²**gewinnungsanlage** *f* / recovery plant

wiedergewonnen·e Fasern *f pl* / garnetted stock || ~**er Seidenkämmling** / exhaust noil || ~**e Wolle** / regenerated wool

Wiederholbarkeit *f* **des Musters** (Textdr) / repeatability of pattern

Wiederholung *f* **des Musters** (Textdr) / repeat of pattern

Wiederkehr *f*(Web) / extremity *n*, return *n* || ² **des Schützenschlages** (Web) / back shot, back pick

Wieder·verwendung *f* **des Färbebades** / re-use of the dye bath || ²**verwertung** *f* / recycling *n*

Wiegensohle *f*(Strumpf) / cradle sole, basket weave

Wiegespeiser *m* / automatic hopper-feeder

Wiener Blau *n* / cobalt blue || ² **Feinstich** *m* / Vienna fine pitch || ² **Grobstich** / Vienna coarse pitch || ² **Jersey** / single knits *pl*, single jersey || ² **Teilung** *f* / Vienna pitch

wild·e Ananasfaser / pita fibre, wild pineapple || ~**er Coloradohanf** / Colorado River hemp, wild hemp || ~**e Kreuzwicklung** (DIN 61801) / constant angle cross winding, random cross winding || ~**e Seide** / wild silk

wildleder·artig ausrüsten / suede-finish *v* || ~**artige Ausrüstung** (Zustand) / suede finish, flock coating || ~**artiges Ausrüsten** (Vorgang) / sueding *n* || ²**gewebe** *n* / suede fabric || ²**imitat** *n* / artificial suede || ²**imitation** *f* / suedette *n*, suede fabric

Wildman-Plüsch *m* / Wildman (synthetic) plush (e.g. for anorak linings)

Wildseide *f*(z.B. Tussahseide, Eriaseide, Yamamaiseide) / wild silk

Williams-Einheit *f*(für Textilveredlung) / Williams unit (versatile machine for textile processing)

Wilton·-Teppich *m* / Wilton carpet || ²-**Webmaschine** *f* / Wilton loom

Wimpel *m* / pennant *n*

Winceyetteflanell *m* / winceyette *n*

Wind·bluse *f* / wind-cheater *n*(GB), windbreaker *n* (US), anorak *n*, windjacket *n*, mountaineering jacket || ²**blusenstoff** *m* / windbreaker cloth

Windefähigkeit *f* / winding properties *pl*

Windel *f* / baby's napkin *n*, baby's nappy (GB), diaper (US) *n* || ²**n** *f pl* / swaddling clothes || **vor Wundwerden schützende** ² / non-irritating diaper (US) || ²**höschen** *n* / baby pants

Windemaschine *f* / flanged bobbin winder, skein winder

winden *v* / reel *v*, spool, wind

Winder·draht *m* / winder wire || ²**hebel** *m* / faller shaft lever

Windestelle *f* / winding position

Wind·jacke *f* / anorak *n*, wind-cheater *n*(GB), windbreaker *n*(US), windjacket *n*, mountaineering jacket || ²**jackenstoff** *m* / windbreaker cloth || ²**schutz** *m* / windbreak *n* (used esp. on beaches) || ²**stoß-Stil** *m*, Windstoß-Look *m*(Mode) / tent-shaped style || ~**trocken** *adj* / air-dry *adj*, air-dried *adj* || ~**trocknen** *v* / dry in the open air || ~- **und regenfeste Ausrüstung** / wind and rainproof finish, wind and showerproof finish || ~**undurchlässig** *adj* / windproof *adj*

Windungs·dichte *f* / closeness of winding, winding density, winding compactness, density of the winding || ²**kegel** *m*, Windungskonus *m* / winding cone || ²**lage** *f* / winding layer || ²**regler** *m*(Spinn) / governor motion, strapping motion || ²**richtung** *f* / direction of winding || ²**schicht** *f* / winding layer || ²**steuerung** *f* / winding control || ²**zahl** *f* / number of turns

Winkel *m* / angle *n* (in lace manufacture, the angles of the warp threads with regard to the horizontal perforated steel bars; in spinning, the angle of the yarn from the tip of the spindle to the front of the

roller nip) || ≃**einfasser** *m*, Winkeleinfaßhülse *f*, Winkelhülse *f*(Näh) / angular binder || ≃**geschwindigkeit** *f* / angular velocity || ≃**naht** *f* (Näh) / angular seam
winklige Fleckenkrankheit (der Baumwollpflanze) / angular leaf spot
Winsey *m* (glatt gewebter Flanell) / winsey *n* (plain weave cotton flannelette)
Winter·kleidung *f* / winterwear *n* || ≃**mantel** *m* / winter coat, topcoat *n* || ≃**schur** *f*(Wolle) / winter clip || ≃**serge** *f* / woollen serge || ≃**sportkleidung** *f* / winter sports wear || ≃**stoff** *m* / winter cloth || **warme** ≃**unterwäsche** / winter thermals *pl*
Wippchen *n* / swivel shuttle || ≃**lade** *f* / sley with pins for guiding the shuttles
Wippe *f*(Web) / jack *n*
Wippwalze *f*(Web) / whip roll(er)
Wirbel·plüsch *m* / plush with whirl effect || ≃**schichttechnik** *f* / fluidized bed technique || ≃**schicht-Trockner** *m* / fluid bed drying machine || ≃**strömung** *f*(Fil) / turbulent flow
Wirk·art *f* / knitting construction || ≃**artikel** *m* / knitted article, knitted goods, knitgoods *pl* || ≃**automat** *m* / automatic knitting machine || ≃**band** *n* / working band (silk loom) || ≃**element** *n* / knitting element
wirken *v* / knit *v*, machine-knit *v* || ~ (Chem) / act *v* || ≃ *n*, Wirkerei *f* / machine knitting, knitting *n*, mechanical knitting
Wirkerei *f*, Wirkwarenfabrik *f* / hosiery factory, hosiery mill || ≃**abteilung** *f* / knitting section
Wirk·flor *m* / warp-knitted pile fabric || ≃**frottierware** *f* / knitted terry goods *pl* || ≃**futter** *n* **mit plüschartigem Aussehen** (Strick/Wirk) / plush lining || ≃**garn** *n* / knitting yarn (for machine knitted goods) || ≃**hemdenstoff** *m* / knit shirt fabric || ≃**kopf** *m* / knitting head || ≃**legung** *f*(Strick/Wirk) / lapping *n* || ≃**linie** *f* / knitting line || ≃**maschine** *f* / knitting frame, knitting loom, knitting machine, self-acting knitting machine, hosiery [knitting] machine || ≃**maschine zur Herstellung der Längen** (Strumpf) / legger *n* || ≃**maschine zur Herstellung des Fußes** (Strumpf) / footer *n* || ≃**maschinennadel** *f* / hosiery machine needle || **flacher gestreckter Schaft einer** ≃**maschinennadel** (DIN 62151) / flat groove shank of needle for knitting machine || ≃**musterware** *f* / fancy jersey fabric || ≃**nadel** *f* / knitting needle || ≃**netz** *n* / knitted net, net knit fabric || ≃**pelz** *m* / knitted fur || ≃**plissee** *n* / knitted plissé || ≃**plüsch** *m* / knitted pile || ≃**raum** *m* / knitting room
wirksam *adj* / active *adj* || ~**er Bestandteil** / active component || ~**es Chlor** / available chlorine, active chlorine || ~**e Substanz** / active ingredient, active substance
Wirk·samt *m* / knitted velvet || ≃**stoff** *m* / active ingredient, active substance || ≃**stoffgehalt** *m* / active content || ≃**stuhl** *m* / knitting frame || ≃**substanz** *f* / active ingredient, active substance || ≃**teppich** *m* / knitted carpet || ≃**tüll** *m* / knitted tulle || ≃**- und Strickmaschine** *f* / knitting and hosiery machine
Wirkungsweise *f* / mode of action
Wirkvelours *m* / raised warp knitted fabric, warp knitted pile fabric
Wirkware *f* / knitwear *n*, knitted article, knits *pl*, knitted goods *pl*, knit goods, hosiery *n* || ≃ **aus Makobaumwolle** / maco *n*, maco goods *pl*
Wirkwaren·appretur *f* / knit fabric finishing || ≃**fabrik** *f* / knitwear factory, hosiery factory || ≃**fabrikation** *f*, Wirkwarenherstellung *f* / knitwear manufacture, hosiery manufacture, manufacture of knit goods || ≃**färberei** *f* / knitwear dyeing || ≃**hersteller** *m* / knitwear manufacturer, knitter *n* || ≃**konfektion** *f* / manufacture of ready-made knitwear, ready-made knitted garments *pl* || ≃**nähmaschine** *f* / sewing machine for knitgoods, hosiery sewing machine
wirr *adj* / tangled *adj*, matted *adj* || ~ (Wolle) (Wolle) / frowsy *adj* || ~**er Knäuel** / tangle *n* || ≃**faser** *f* / random fibre || ≃**faservlies** *n* (Vliesst) / random laid nonwoven fabric, non-oriented web, random web || ≃**garn** *n*(Färb) / foggy yarn (defect), tangle yarn || ≃**lage** *f*(Vliesst) / random laid layer || ≃**lage der Fasern** (Vliesst) / random orientation of fibres || ≃**seide** *f* / refuse silk, strussa *n*
Wirtel *m*(Spinn) / wharve *n*, whorl *n* || ≃**haken** *m* / wharve hook || ≃**klappe** *f* / wharve flap
Wisch·brett *n* / cloth-coated pad || ≃**tuch** *n* / wiping cloth
Wismut *n* / bismuth *n* || ≃**bromid** *n* / bismuth bromide || ≃**salz** *n* / bismuth salt
witterungs·beständig *adj* / weatherproof *adj*, windproof *adj* || ≃**beständigkeit** *f* / weather stability, weather resistance, weatherability *n* || ≃**einfluß** *m*, Witterungswirkung *f* / atmospheric influence, effect of weather
Witwen·kleidung *f* / weeds *pl* || ≃**schleier** *m* / weepers *pl*
Wohnungstextilien *pl* / furnishing fabrics
Woilach *m* / saddle blanket
Wölbversuch *m*(Web) / vaulting test
Wolf *m*(Spinn) / opener *n*, wool-opener || ≃**bestiftung** *f* / willow pinning
wolfen *v*(Spinn) / devil *v*(rags), willow *v*, willey *v* || ≃ *n* / willeying *n*, willowing process, willowing *n*
Wolferei *f* / wool opening
Wolf·prozeß *m* / willowing process || ≃**stift** *m*(Spinn) / willow pin || ≃**vorgang** *m* / willowing passage
Wolke *n* / cloud *n*
Wolken·band *n*(Tepp) / cloud band || ≃**bildung** *f* (Färb) / cloud formation, clouding *n* || ≃**druck** *m* (Mode) / cloudy print
wolkig *adj*(Färb) / cloudy *adj*(defect) || ~**e Färbung** (Defekt) / cloudy dyeing, cloudiness *n* || ~**e Stellen** *f pl*(Färb) / cloudy patches
Woll·... (in Zssg.) / woollen *adj* || ≃**abfall** *m* / wool waste || **auf dem Wolf gelockerter** ≃**abfall** / willowed waste, willeyed waste || ≃**abgang** *m* / wool waste || ~**ähnlich** *adj* / wool-like *adj* || ≃**anteil** *m* / wool component || ≃**art** *f* / wool type || ~**artig** *adj* / wool-like *adj*, woolly *adj* || ~**artiges Aussehen** / woolly appearance || ~**artiger Griff** / woolly handle || ≃**atlas** *m* / woollen satin || ≃**ätze** *f* / discharge for wool, discharging of wool, discharge on wool || ≃**aufbereitungsmaschine** *f* / wool dressing machine || ≃**aufkommen** *n* **pro Schur** / wool clip || ≃**aufleger** *m* / wool supplier (carding) || ≃**aufleger** (DIN 64100) / feeder *n*(for wool) || ≃**auswurf** *m* / wool outlet (carding) || ≃**ballen** *m* / wool bale, bale of wool || ≃**batist** *m* / wool batiste || ≃**baum** *m* / bombax *n* || ≃**baumfaser** *f* / bombax fibre || ≃**baumwolle** *f* / kapok *n* || ≃**beize** *f* / wool mordant || **dicke, gestrickte** ≃**bekleidung für den Winter** / woollies *pl* || ≃**bestandteil** *m* / wool component || ≃**bett** *n* / flock bed || ≃**bleiche** *f* / wool bleaching || ≃**brecher** *m* / [wool] deviller,

opener *n*

Wollbüschel *n* / lock *n* || **Verunreinigungen enthaltende** ≈ *n pl* / pickings of wool

Woll·chlorierung *f* / chlorination of wool, wool chlorination || ≈**decke** *f* / wool blanket, woollen blanket || ≈**druck** *m* / printing of wool, wool printing || ≈**druckfarbteig** *m* / paste for printing on wool

Wolle *f* / wool *n* || ≈, **die Pflanzenreste enthält** / shivy wool || ≈ **bester Qualität** / fine *n* (US) || ≈ **mit hohem Krumpfungsgrad** / heavy wool || ≈ **mit Stichelhaaren** / kempy wool || ≈ **mit ungleichmäßigem Durchmesser** / untrue wool fibre || ≈ **tragend** / laniferous *adj*, lanigerous *adj* || ≈ **von Kopf und Hals des Schafes** / bonnet wool || ≈ **von schlechtgenährten Schafen** / hungry wool, hungry *n* || ≈ **von toten Schafen** / felt wool || **aus** ≈ / woollen *adj* || **durch Fremdkörper verunreinigte** ≈ / moity wool || **filzige** ≈ / felted wool, cotty wool || **Kurzfasern enthaltende** ≈ / noily wool || **vom Kopf des Schafes geschorene** ≈ / top knot

Wollecht·färberei *f* / fast wool dyeing || ≈**farbstoff** *m* / wool fast dyestuff || ≈**rot** *n* / fast wool red

wollen *adj* / woollen *adj* || ~**e Bekleidung** / woollen clothing, wool clothing || ~**er Griff** / woolly handle || ~**e Teppicheinfassung** (Tepp) / quality binding (strong wide tape used for carpet binding)

Woll·entfettung *f* / wool degreasing, degreasing *n* || ≈**entfettungsbad** *n* / wool degreasing bath || ≈**entkletten** *n* / picking of wool || ≈**entschweißmaschine** *f* / wool scouring machine || ≈**entschweißmittel** *n* / wool scouring agent || ≈**entschweißung** *f* / grease extraction, wool scouring, wool degreasing, degreasing *n*, scouring of wool, wool washing || ≈**entschweißung durch Lösungsmittel** (Wolle) / solvent scouring || ≈**entschweißungsanlage** *f* (Wolle) / grease extraction plant

Wolle-Nylon-Mischgewebe *n* / wool nylon union

Woll·ersatzstoff *m* / wool substitute || ≈**erzeugung** *f* / wool clip

Wolle-Seide-Mischgewebe *n* / wool and silk union

Woll·faden *m* / wool[len] thread || ≈**färberei** *f* / dyeing of woollen goods, wool dyeing || ~**farbig** *adj* / wool-dyed *adj* || ≈**farbstoff** *m* / wool dyestuff || ≈**färbung** *f* / wool dyeing || ≈**faser** *f* / wool fibre, wool hair || ≈**faser mit gleichmäßigem Durchmesser** / true wool fibre || ≈**faserspitze** *f* / wool tip || ≈**fett** *n* / fat *n* (of wool), [wool] yolk, suint *n*, [wool] grease, wool fat, lanolin[e] *n* || ≈**fettalkohol** *m* / wool alcohol || ≈**fettsäure** *f* / wool grease acid || ≈**filz** *m* / wool felt || ≈**flocke** *f* / wool flock || ≈**flocken** *f pl* **für erhabene Muster** (Flock) / raising flocks || ≈**florteppich** *m* / wool pile carpet || ≈**futter** *n* / woollen lining || ≈**garn** *n* / spun wool, wool[len] yarn, wool[len] thread || ≈**garnabfälle** *m pl* / hard wool wastes || ≈**garnmaß** *n* (320 yards) / snap *n* (GB) || ≈**georgette** *f m* / wool georgette || ≈**gestrick** *n* / knitted woollen fabric, woollen knit || ≈**gewebe** *n* / woollen fabric, woollen cloth, wool cloth || ≈**gras** *n* / cotton grass, cotton top || ≈**grasfaser** *f* / cotton grass fibre || ≈**griff** *m* / woolly handle || ≈**haar** *n* / wool fibre, wool hair || ≈**haarbüschel** *n pl* / tufts of wool || **mit** ≈**haaren** / woolly *adj* || ≈**handschuh** *m* / woollen glove || ≈**hemd** *n* / woollen shirt

wollig *adj* / fleecy *adj*, fluffy *adj*, woolly *adj* || ~ (Wolle tragend) / laniferous *adj*, lanigerous *adj* || ~ **abgefüttert** / fleecy backed, fleecy lined || ~ **abgefütterte Ware** (Strick/Wirk) / fleeced goods *pl* || ~ **abgefüttertes PVC** / fleecy backed polyvinylchloride || ~**er Griff** / woolly handle

Wolligkeit *f* / woolliness *n*

Woll·jacke *f* / woollen jacket, cardigan || ≈**kabel** *n* / wool tow || ≈**kamm** *m* / wool comb || ≈**kämmaschine** *f* / wool combing machine, peigneuse *n* || ≈**kämmerei** *f* / wool combing works || ≈**kammgarn** *n* / worsted spun yarn || ≈**kammgarnspinnen** *n* / worsted spinning || ≈**kämmling** *m* / wool noil, wool combings *pl*, worsted noil || ≈**kammzug** *m*, Wollkammzugband *n* / combed top, wool top || ≈**karde** *f* / [wool] card || ≈**kardenabfälle** *m pl* / fuddies *pl* || ≈**kehricht** *m n* / tags *pl*, sweepings *pl* || ≈**klassierung** *f* / wool classification, wool classing, wool grading || ≈**kleid** *n* / woollen dress || ≈**kleidung** *f* / wool clothing, woollen clothing || ≈**klunker** *m* (Wolle) / taglock *n* || ≈**knäuel** *m n* / ball of wool || ≈**köper** *m* **für Decken** / blanket twill || ≈**kotze** *f* / rough woollen blanket || ≈**kratze** *f* / wool card, woollen card || ≈**kräuselteppich** *m* / woollen bouclé carpet || ≈**kräuselung** *f* / crimp of the wool || ≈**krempel** *f* / wool card, finishing wool card, woollen card || ≈-**Krempelband** *n* (DIN 60004) / carded sliver (wool) || ≈**krepon** *m*, Wollkrepp *m* / wool crepe || ≈**kreuzspule** *f* / wool yarn on cheeses || ≈**küpenfarbstoff** *m* / wool vat dyestuff || ≈**matratze** *f* / flock mattress || ≈**melange** *f* / wool blend, wool mixture || ≈**mischgespinst** *n* / wool-mix thread, wool blend, wool mixture || ≈**mischkammgarn** *n* / woolblend-worsted *n* || ≈**mischung** *f* / wool blend, blended wool, wool mixture || ≈**molton** *m* / molleton *n* || ≈**musselin** *m* / wool muslin, muslin de laine || ≈**muster** *n* / wool sample || ≈**noppe** *f* / wool knop || ≈**öffner** *m* (Spinn) / wool opener || ≈**plaidfutter** *n* / woollen tartan lining || ≈**plüsch** *m* / wool plush || ≈**popeline** *f* / worsted poplin || ≈**programm** *n* (Waschmaschine) / wool cycle (wool washing programme) || ≈**qualität** *f* / blood *n* (of wool), breed *n* (of wool) || ≈**qualitäten** *f pl* **von Feinheitsklassen 28 bis 100** / quality wools || ≈**reinigung** *f* / wool scouring, wool washing || ≈**reißer** *m* / [wool] deviller || ≈**reißkrempel** *f* / wool scribbler || ≈**reserve** *f* (Färb) / wool resist, wool resist effect || ≈**reservierungsmittel** *n* (Färb) / wool resist agent || ≈**rips** *m* / russel cord || ≈**rock** *m* / wool skirt || ≈**samt** *m* / woollen velvet, worsted velvet || ≈**satin** *m* (Web) / [cotton] lasting, prunella *n*, prunello *n* || ≈**schädlinge** *m pl* / wool pests, wool vermin || ≈**schal** *m* / woollen scarf || ≈**schere** *f* / sheep clippers, sheep shears || ≈**schmälzmittel** *n* / wool lubricant, wool-oil *n* || ≈**schmiere** *f* / [wool] yolk, greasy suint || ≈**schuppe** *f* / wool fibre scale || ≈**schuppenmaskierung** *f* / wool scale masking || ≈**schuppenschicht** *f* / wool scales *pl* || ≈**schur** *f* / wool clip, sheep-shearing *n*, wool shearing || ≈**schur im Schweiß** / wool clip in the grease || ≈**schuraufkommen** *n* / wool clip || ≈**schutzmittel** *n* / protective agent for wool, wool protecting agent || ≈**schweiß** *m* / suint *n*, [wool] yolk, [wool] grease, wool fat || ≈**schweißküpe** *f* (Wolle) / suint vat || ≈-**Sealskin** *m* / sealskin cloth, sealskin fabric || **starker** ≈/**Seidenfaden** / grège yarn || ≈**serge** *f* / serge cloth, woollen serge || ≈**sichtung** *f* / wool sorting, wool picking, wool breaking

Wollsiegel *n* / Woolmark *n* || ≈-**Artikel** *m* / Woolmark-quality article || ~**echt** *adj* (Färb) /

dyestuffs which comply with the Woolmark requirements || ≗**-Qualität** *f* / Woolmark quality || ≗**-Verband** *m* / Woolmark Association

Woll·sorte *f* / wool type || ≗**sortierung** *f* / wool sorting, wool picking, wool breaking || ≗**spicköl** *n* / wool lubricant, wool-oil *n* || ≗**spinnerei** *f* / wool spinning [mill] || ≗**spinngarn** *n* / woollen spun yarn, wool-spun yarn || ≗**spülmaschine** *f* / wool rinser || ≗**staub** *m* / wool powder || ≗**stickerei** *f* (auf Leinwand) / wool work (embroidery with wools on canvas)

Wollstoff *m* / wool cloth, woollen fabric, woollen cloth || ≗**e** *m pl* / woollens *pl* || ≗ *m* **mit dünnen Stellen** / hungry cloth || ≗ **mit eingearbeiteten Federn** / feather cloth || ≗ **mit hellfarbiger Beimischung** / illuminated mixture || ≗ **mit weißen Knötchen** / snowflake *n* || ≗**-Schrumpfprobe** *f* (Matpr) / hot test

Woll·strecker *m* / wool frame stenter (GB), wool frame tenter (US) || ≗**streichgarn** *n* / wool-spun yarn, woollen thread, woollen spun yarn || ≗**strickgarn** *n* / woollen knitting yarn || ≗**strumpf** *m* / woollen stocking || ≗**stückfärberei** *f* / woollen piece dyeing || ≗**stückware** *f* / woollen piece goods *pl*, wool piece goods *pl* || ≗**stumpen** *m* (Hutm) / wool body || ≗**teppichgarn** *n* / wool carpet yarn, woollen carpet yarn || ≗**trockenfilz** *m* / woollen dry felt || ≗**tuch** *n* / woollen cloth, woollen fabric, wool cloth || ≗**twill** *m* / twilled woollen fabric || ≗**typ** *m* / wool type

Wollumpen *m pl* / woollen rags

Woll·- und Seidenfärberei *f* / wool and silk dyeing || ≗**veredlung** *f* / wool finishing, wool processing || ≗**vlies** *n* / wool fleece || ≗**voile** *m* / woollen voile || ≗**vorgarn** *n* / wool slubbing || ≗**vorkrempel** *f* / wool scribbler || ≗**vorleger** *m* / woollen rug || ≗**wachs** *n* / wool wax || ≗**waren** *f pl* / woollen goods, woollens *pl* || ≗**waschanlage** *f* / wool scouring plant, wool washing plant || ≗**waschbatterie** *f* (Spinn) / leviathan washer || ≗**wäsche** *f* / wool scouring, scouring of wool, wool washing || ≗**wäscherei** *f* / wool scouring plant, wool washing plant || ≗**waschgang** *m* / wool washing cycle (washing machine) || ≗**waschmaschine** *f* (Spinn) / leviathan washer || ≗**waschmaschine** (DIN 64100) / scourer *n* (machine), wool scouring machine || ≗**waschmittel** *n* / wool detergent || ≗**waschprogramm** *n* (Waschmaschine) / wool cycle, wool washing programme || ≗**waschverfahren** *n* / wool scouring process || ≗**wattierung** *f* / wool batting || ≗**webcharakter** *m* / wool weave || ≗**weberei** *f* / wool weaving || ~**weicher Griff** / woolly handle || ≗**whipcord** *m* / bliss tweed || ≗**wuchs** *m* / growth of wool || ≗**zwirn** *m* / wool twist || ≗**zwischenfutter** *n* / woollen interlining

Worstedgarn *n* / worsted yarn

wringen *v* (allg) / wring [out]

Wringer *m* / wringer *n*, wringing machine

Wring·fleck *m* / wringing stain || ≗**holz** *n* / wringing pin || ≗**maschine** *f* / wringer *n*, wringing machine || ≗**pfahl** *m* / wringing pole, wringing post || ≗**stock** *m* / wringing stick

WRV, Wasserrückhaltevermögen *n* (DIN 53814) / water retention value, WRV

W-Typ *m* (Chemiefaser) / wool-like *adj* (manmade fibre)

Wulst *m* (Reißv) / bead *n*

Wund·faden *m* / surgical thread || ≗**naht** *f* / suture *n* || ≗**textil** *n* (med) / surgical cloth, bandage cloth || ≗**textilien** *pl* / surgical textiles || ≗**verband** *m* / field dressing || ≗**watte** *f* / surgical [cotton] wool

Würfel·bindung *f* / basket weave, mat weave, hopsack weave, Celtic weave || ≗**leinwand** *f* / panama [fabric] || ≗**muster** *n* / check *n*, dice pattern, dice checks *pl*, check design, check pattern, checker work

Wurfnetz *n* / casting net

Würgel·apparat *m* (Spinn) / rubber condenser, rubber gear, rotafrotteur *n* || ≗**hub** *m* (Spinn) / traverse of the rubbing leathers || ≗**leder** *n* (Spinn) / rubbing apron leather || ≗**maschine** *f* (Spinn) / rubber condenser, rubber gear, rotafrotteur *n*

würgeln *v* (Spinn) / rub *v* || ≗ *n* (Spinn) / rubbing *n*

Würgel·strecke *f* (Spinn) / rubbing frame, rubber drawing, bobbin drawing || ≗**verfahren** *n* / rubber drawing system || ≗**walze** *f* (Spinn) / rubbing roller, top roller, traversing condenser roller, upper roller || ≗**werk** *n* (Spinn) / rubber condenser, rubber gear, rotafrotteur *n* || ≗**werk** (DIN 64119), Würgelzeug *n* (DIN 64119) (Spinn) / rubbing section, rubbing leathers *pl*

Würmchendessin *n* (Mode) / wavy design

Wurzel·fäule *f* **der Baumwolle** (verursacht durch Phymatotrichum omnivorum) / cotton root rot || ≗**hede** *f* / tow of root ends || ≗**stich** *m* (Knopf) (Näh) / doublestay stitch

X

Xanthat *n* / xanthate *n*, xanthogenate *n* || **≈kneter** *m* / xanthating churn, baratte *n*
Xanthenfarbstoff *m* / xanthene dyestuff
Xantho·genat *n* / xanthate *n*, xanthogenate *n* || **≈genierung** *f* / xanthating *n*, xanthation *n* || **≈gensäure** *f* / xanthic acid, xanthogenic acid || **≈proteinreaktion** *f* / xanthoprotein reaction
Xenobelichtung *f* / Xenolight exposure
Xenon·bogenlampe *f* / xenon arc lamp || **≈-Hochdrucklampe** *f* / xenon high-pressure lamp, pulsed xenon arc lamp || **≈lampe** *f* / xenon lamp
Xenotest *m* (Matpr) / Xenotest *n*
X-Spule *f* (Web) / cheese *n*, cheese cone, cheese package
Xylenol *n* / xylenol *n*
Xylidin *n* / xylidene *n* || **≈blau** *n* / xylidene blue || **≈rot** *n* / xylidene red
Xylol *n* / xylene *n* || **≈-Heißextraktionsverfahren** *n* / xylene hot extraction process (fibre analysis) || **≈moschus** *m* / xylene musk
X,Y,Z-Farbmeßfilter *m n* / X,Y,Z tristimulus filter

Y

Yamamaiseide *f* (wilde Seide, die von den Raupen des Yamamaispinners stammt und der Maulbeerseide sehr ähnlich ist; Erzeugerland Japan) / yamamai silk
Yaquillafaser *f* / yaquilla fibre
Yard *n* (angelsächsisches Längenmaß, 91,4398 cm) / yard *n* || **~rolle** *f* / wrapping block
Yarkand *m* (chines. Sotcho) / Yarkand *n* (Chinese handmade carpet)
Y-Ferse *f* (Strumpf) / Y-heel *n*
Yomuten-Teppich *m* / Yomut *n* (Turkestan handmade carpet)
Ypresspitze *f* / Ypres *n* (very fine grade of Belgian lace)
Yucca *f* / American aloe, yucca *n* || **~ baccata** / banana yucca (from Yucca baccata; coarse and stiff fibres) || **~faser** / Adam's needle, yucca fibre || **~gras** *n* / Samoa grass (used for baskets, mats etc)
Yürück *m* (aus dem Kurdengebiet des östl. Kleinasiens stammender blau- oder rotgrundiger Teppich), Yürük *m* / Yuruk rug

Z

Zäckchen *n* (Strick/Wirk) / loop *n*, picot *n*, purl loop, purl *n* || **mit ~borte einfassen** (Strick/Wirk) / pearl *v*, purl *v* || **~kante** *f* (Strick/Wirk) / picot edge || **~kante** (Strumpf) / scalloped welt edge, saw-tooth-like fabric edge

Zacke *f* / serration *n* || **einzelne ~** / vandyke *n* (lace, embroidery)

zacken *v* / pink out || **~ausschneidemaschine** *f* / pinking machine || **~kante** *f* / pinked edge || **~litze** *f* / rickrack braid || **~muster** *n* / vandyke *n* (lace, embroidery) || **~musterschneidemaschine** *f* (DIN 64990) / zigzag cutting machine, serrated edge pattern cutting machine || **~naht** *f* / pinked seam || **~schere** *f* / pinking scissors *pl*, pinking shears *pl* || **~schneidemaschine** *f* / pinking machine || **~walze** *f* / serrated feed roller

zäh *adj* (bes. physikalisch) / viscid *adj*, viscous *adj* || **~** / tough *adj*, stiff *adj* || **~e Baumwolle** / curly cotton, tailed cotton || **~e Faser** / tough fibre || **~elastisch** *adj* (Vliesst) / high-tenacity ratio || **~festigkeit** *f* / toughness *n* || **~flüssig** *adj* / viscous *adj* || **~flüssigkeit** *f* / viscosity *n*

Zähigkeit *f* / tenacity *n*, breaking length

Zähl·kette *f* (Strick/Wirk) / counter chain, measuring chain || **~nummer** *f* / count *n*, count of yarn, count number || **~vorrichtung** *f* / counting device || **~weife** *f* / counting reel

Zahn *m* (Tepp) / dent *n* || **~** (Reißv) / scoop *n* (US), tooth *n* || **~balken** (Tepp) / indented built beam || **~dichte** *f* (Web) / pitch of reed || **~eingriff** *m* (Reißv) / chain meshing || **~kette** *f* (Reißv) / chain *n* || **~kolloidmühle** *f* / edge runner mill

Zahnrad·kräuselgarn *n* / gear crimped yarn || **~kräuseln** *n* / gear crimping || **~kräuselverfahren** *n* (Fil) / toothed gear crimping process || **~-Texturierung** *f* (Fil) / gear crimping

Zahn·riemen *m* / toothed type belt || **~schenkel** *m* **der Kratze** (Spinn) / point of card wire || **~sektor** *m* (Spinn) / quadrant rack || **~trommel** *f* (Spinn) / porcupine cylinder, porcupine roll[er]

Zampelstuhl *m* / simple loom

Zanella *m* (fünfbindiger Schußatlas) (Web) / Italian cloth, zanella *n* (lining fabric also used for umbrellas)

Zange *f* / nippers *pl* || **~ der Kämmaschine** / nipper jaw

Zangenbacke, untere ~ (Spinn) / undernipper *n*

Zangen·platte *f* (Spinn) / cushion plate || **~stellung** *f* / position of nippers || **~transport** *m* (Näh) / top-grip feed

Zapfenscheibe *f* / pin disc

zart gelblich / cream *adj* || **~es Gewebe** / sheer fabric

Zasche *f* **der Hakennadel** / groove of spring beard needle

Zaschennadel *f* (Strick) / grooved needle

Z-Draht-Garn *n* / Z-twisted yarn

Z-Drehung *f* (DIN 60900) (Rechtsdrehung von Zwirn) (Spinn) / regular twist, Z-twist *n* (if the spirals of a yarn conform in slope to the central portion of the letter "Z", the twist is known as Z-twist. Formerly known as right-hand or counter-clockwise twist), anticlockwise twist

ZE, Zeinfaser *f* / zein fibre

zebra·artig gestreifte Hochfersenverstärkung (nahtloser Strumpf) / zebra splicing || **~streifen** *m pl* / zebra stripes

Zehenverstärkung *f* (Strumpf) / toe guard

zehn·bindig *adj* (Web) / ten-shaft... || **~pointsmaschine** *f* / bobbinet frame with ten needles per inch || **~-Walzen-Laborkalander** *m* / ten-bowl laboratory calender

Zeichen *n* (Strumpf) / fancy lace welt design || **~deckerei** *f* (Strick/Wirk) / lace clock attachment || **~deckerei** (Strumpf) / marking attachment || **~decknadel** *f* (Strumpf) / lace narrowing point, clocking point || **~farbe** *f* / marking colour, staining colour || **~garn** *n* / marking thread || **~haltige Wolle** / painted wool || **~tinte** *f* / marking ink

zeichnen *v* / design *v* || **~** *n* / designing *n*

Zeichner *m* / fabric designer, sketcher *n*

Zein *n* (Maiskleber aus dem Eiweiß des Maiskornes) / zein *n*, zeine *n* (used in print inks and fibres) || **~faser** *f*, ZE / maize protein fibre, zein fibre

Zeit·schwingfestigkeit *f* / fatigue strength || **~/Spannungslinie** *f* / stress/time curve at a given strain || **~standfestigkeit** *f* / creep strength || **~standzugfestigkeit** *f* / tensile creep strength || **~stufen-Egalisiertest** *m* (Matpr) / levelling test based on time intervals, step-by-step exhaust levelling test || **~/Temperatur-Verlauf** *m* (Färb) / time/temperature curve

Zellstoff *m* / cellulose *n*, viscose staple fibre || **~ für die Chemiefaserindustrie** / rayon pulp || **~kocher** / cellulose digester || **~lösung** *f* / cellulose solution || **~ware** *f* / cellulose fabric || **~watte** *f* / cellucotton *n*, cellulose wadding

Zellulose *f* / cellulose *n* || **~abbauprodukt** *n* / cellulose degradation product || **~abkömmling** *m* / cellulose derivative

Zelluloseacetat *n* / cellulose acetate, acetyl cellulose, acetylated cellulose || **~faser** *f*, Zelluloseacetatfaserstoff *m* / cellulose acetate fibre || **~flocken** *f pl* / cellulose acetate flakes || **~preßmasse** *f* / cellulose acetate moulding material || **~seide** *f* / cellulose acetate rayon || **~spinnlösung** *f* / cellulose acetate dope

Zellulose·acetobutyrat *n* / cellulose acetobutyrate || **~acetopropionat** *n* / cellulose acetate propionate || **~ameisensäureester** *m* / cellulose formic ester || **~äther** *m* / cellulose ether || **~ätherfilament** *n* / ether-cellulose filament || **~ätherseide** *f* / cellulose ether silk || **~basis** *f* / cellulose base || **~derivat** *n* / cellulose derivative || **~diacetat** *n* / cellulose diacetate || **~-Entwässerungsfilz** *m* (Vliesst) / cellulose water extraction felt || **~-Erzeugnisse** *n pl* / cellulosics *pl* || **~essigsäureester** *m* / cellulose acetic ester || **~ester** *m* / cellulose ester || **~esterfaser** *f* / cellulose ester fibre || **~esterfasermischung** *f* / cellulose ester fibres blend || **~esterfilament** *n* / ether-cellulose filament || **~farbstoff** *m* / cellulose dyestuff || **~faser** *f* / cellulosic fibre || **~faseranteil** *m* / cellulose component || **~faserfärberei** *f* / cellulose dyeing || **~fasergarn** *n* / cellulosic yarn || **~fasern** *f pl* / cellulosics *pl* || **~faserstoff** *m* / cellulosic fibre || **~fibrille** *f* / cellulose fibril || **~flocken** *f pl* / flake cellulose || **~formiat** *n* / cellulose formate || **~-Kunstfaser** *f* / cellulosic fibre || **~-Mischgewebe** *n* / cellulose blended fabric || **~nitrat** *n* / cellulose nitrate, pyrocellulose *n* || **~nitratfaden** *m* / cellulose nitrate thread || **~propionat** *n* / cellulose propionate || **~reaktant** *m*, Zellulosereaktant-Kunstharz *n* / cellulose reactant [resin] ||

≗regeneratfaser *f*, Zelluloseregeneratfaserstoff *m* / regenerated cellulose fibre || **≗sulfitablauge** *f* / cellulose sulphite waste liquor || **≗triacetat** *n* / cellulose triacetate || **≗verbindung** *f* / cellulose compound || **≗weißtöner** *m* / fluorescent whitener for cellulosic fibres || **≗xanthat** *n*, Zellulosexanthogenat / cellulose xanthate, cellulose xanthogenate
zellulosisch·es Endlosgarn / artificial silk, cellulosic continuous yarn || **~e Faser** / cellulosic fibre || **~es Filament** / cellulosic filament || **~e Spinnfaser**, zellulosische Stapelfaser / cellulosic staple fibre
Zellwoll·abgang *m* / rayon staple waste || **≗begleitgewebe** *n* / adjacent viscose staple fabric || **≗beimischung** *f* / blend of rayon staple, rayon staple blend || **≗druckstoff** *m* / staple fibre printing fabric
Zellwolle *f*, ZW, Cellulose-Spinnfasergarn *n* (früher: Stapelfaser) / viscose staple [fibre], viscose rayon, spun rayon, rayon spun yarn, rayon staple [fibre], viscose rayon staple
Zellwoll·faden *m* / spun rayon fibre || **≗garn** *n* / viscose staple yarn, rayon staple thread, rayon spun yarn, spun rayon yarn, rayon staple yarn || **≗garnstrang** *m* / viscose staple hank || **≗gewebe** *n* / viscose staple fabric, rayon staple fabric, spun rayon fabric || **~haltig** *adj* / containing rayon staple || **≗kammgarn** *n* / spun rayon tops *pl* || **≗kammzug** *m* (Spinn) / rayon staple top || **≗-Melangegarn** *n* / spun rayon mixture yarn || **≗-Mischgewebe** *n* / viscose-staple blended fabric || **≗mischung** *f* / blend of rayon staple fibre || **≗musselin** *m* / rayon staple muslin || **≗popeline** *f*, Zellwollpoplin *m* / rayon staple poplin || **≗rohgewebe** *n* / staple fibre raw material || **≗schlichte** *f* / rayon staple size || **≗spinnen** *n*, Zellwollspinnerei *f* / viscose staple spinning, rayon staple spinning || **≗spinnerei** *f* (DIN 60305) / cellulose spinning || **≗spinnfaser** *f* / viscose staple spinning fibre || **≗stoff** *m* / spun rayon fabric || **≗strang** *m* / viscose staple hank || **≗zwirn** *m* / viscose staple twisted yarn, staple fibre twist
Zelt·bahn *f* / awning *n* || **≗bahnstoff** *m* / tent cloth, tent fabric || **~grau** *adj* (RAL 7010) / tarpaulin grey *adj* || **≗leinwand** *f* / tent canvas || **≗plane** *f* / awning *n* || **≗seitenwandgewebe** *n* / tent side wall fabric || **≗stoff** *m* / tent cloth, tent fabric, canvas *n*, duckcloth *n*, camping fabric, awning cloth || **≗vordach** *n* / tent awning
Zement·echtheit *f* / fastness to cement || **~grau** *adj* (RAL 7033) / cement grey *adj*
Zendel *m* / sendal *n* (silk fabric of the 13th century, of Chinese origin. This kind of cloth is now called Sarcenet)
zentral *adj* (Verfahrensablaufsteuerung) / centralized *adj* (process control) || **~e Fachbildung** (Web) / centre shedding || **~er Gabelschußwächter** (Web) / centre filling fork || **~er Zwickelapparat** (Strick/Wirk) / centre lace attachment || **≗fach** *n* (Web) / centre shed || **≗rakel** *f* (Beschicht) / front doctor || **≗schußwächter** *m* (Web) / centre weft stop motion || **≗spulung** *f* / central bobbin action
Zentrifugal·abscheider *m* / centrifugal separator || **≗spinnen** *n* / centrifugal spinning, can spinning, pot spinning || **≗spinnmaschine** *f* / pot spinning frame, centrifugal spinning machine || **≗trockenmaschine** *f* / whizzer *n* (US), spin-drier *n*, centrifuge drier
Zentrifuge *f* (Chem) / extractor *n* || ≗, Wäscheschleuder *f* / whizzer *n* (US), spin-drier *n*, hydroextractor *n* || ≗ (DIN 64990) (Ausrüst) / centrifugal machine
Zentrifugen·entwässerer *m* / centrifugal drier, whizzer *n* (US) || **≗faden** *m* / pot spun filament || **≗garn** *n* / boxspun yarn || **≗kuchen** *m* / pot spinning cake || **≗spinnen** *n* / pot spinning, centrifugal spinning, can spinning || **≗spinnverfahren** *n* / pot spinning method || **≗waschmaschine** *f* / centrifugal washing machine
zentrifugieren *v* (Wäsche) / hydroextract *v*, centrifuge *v*, whiz *v* (US) || ≗ *n* / whizzing *n* (in the hydro-extractor or centrifuge) (US), hydroextraction *n*
Zentrumswickler *m* (DIN 64990) / centre wind
Zephir *m* (hochwertiges Baumwollgewebe, feinfädig, weich, oft merzerisiert, ein- oder mehrfarbig gestreift), Zephyr *m* / zephyr *n* (fine cloth of plain weave used for dresses, blouses and shirtings) || **≗flanell** *m* / zephyr flannel || **≗garn** *n* (weiches Kammgarn mit geringer Drehung) / zephyr yarn || **≗wolle** *f* / zephyr wool, zephyr worsted || **[hartgedrehte] ≗wolle** / Berlin wool
Zephyr *m* s. Zephir
zerdrücken *v* / crease *vt*, crumple *v*, rumple *v*, wrinkle *v*
zerdrückt *adj* / crumpled *adj*
Zerfall *m* (Chem) / degradation *n*, disintegration *n*, decomposition *n*
Zerfallsprodukt *n* / dissociation product
Zerfaserer *m* / machine for separating fibres || ≗, Zerkleinerer *m* / shredder *n*, disintegrator *n*, disintegrating machine
zerfasern *v*, ausfasern (allg) / fray out, fuzz *v* || ~ / disaggregate *v* (the fabric), tear into fibres, shred *v*, separate into fibres
zerfließend *adj* / deliquescent *adj*
zerfransen *v* / fray *v*, frazzle *v*
zerfranst *adj* / frayed *adj*
zerfressen, von Motten ~e Ware / moth-infested goods *pl*, moth-eaten goods *pl*
Zerkleinerer *m* / disintegrator *n*, disintegrating machine
zerkleinern *v* / disintegrate *v*, grind *v*
Zerkleinerung *f* / comminution *n*, grinding *n*, milling *n*, disintegration *n*
zerknittern *v* / crease *vt*, crumple *v*, rumple *v*, wrinkle *v*
zerknittert *adj* / wrinkly *adj*, crumpled *adj*
zerknüllt *adj* / crumpled *adj*
zerlaufene Stelle (Textdr, Defekt) / tailing *n*
zerlegen *v* (Chem) / decompose *v*, disintegrate *v*
Zerlegung *f* (Chem) / degradation *n*, disintegration *n*, decomposition *n*
Zermalmung *f* / bruising *n* (of the flax)
Zero-Twist-Verfahren *n* / zero twist spinning
zerpulvert *adj* / finely powdered
zerreiben *v* / grind *v*, grind fine || ≗ *n*, Zerreibung *f* / grinding *n*, milling *n*, comminution *n*
Zerreißbarkeit *f* / tearability *n*
Zerreiß·energie *f* / energy of rupture || **≗festigkeit** *f* / tear strength, tensile strength, tear resistance || **≗geschwindigkeit** *f* / tearing rate || **≗maschine** *f* / devil *n*, devilling machine || **≗maschine** (Matpr) / tensile strength tester, tension tester || **≗prüfung** *f* / tensile strength test, tension test
zersetzen *v* (Chem) / decompose *v*, disintegrate *v*
Zersetzung *f* (Chem) / decomposition *n*, degradation

n, disintegration *n* || ≈ **durch Licht** / photodegradation *n*, photodecomposition *n*
Zersetzungs·bottich *m* / decomposition tank || ≈**geschwindigkeit** *f* / rate of decomposition || ≈**mittel** *n* / decomposing agent || ≈**produkt** *n* / decomposition product || ≈**wärme** *f* / heat of decomposition
zersprühen *v* / atomize *v*
Zersprühung *f* / atomizing *n*
zerstäuben *v* / atomize *v*, spray *v* (liquids)
Zerstäuber *m* / atomizer *n*, sprayer *n* || ≈**druck** *m* / atomizing pressure || ≈**düse** *f* / atomizing nozzle, spray nozzle
Zerstäubung *v* / atomizing *n*
Zerstäubungs·anlage *f* / atomizing plant || ≈**apparat** *m* / atomizer *n* || ≈**trocknen** *n* / spray drying || ≈**trockner** *m* / atomization drier, spray drier
zerstreut *adj* / diffuse *adj* || ~**er Einzug** / skip draft || ~**es Licht** / diffused light
Zettel *m* (Web) / single warp, warp *n* || ≈**anlage** *f* / warping machine and creel
Zettelbaum *m* (DIN 62500) / warper's beam *n*, loom beam, warp beam, warping beam, weaver's beam, yarn beam, yarn roller, back beam || ≈ (DIN 64510), Teilbaum *m* (Web) / sectional beam, section [warp] beam, sectional warp[ing] beam || ≈ **für Baumwoll- und Chemie-Spinnfasergarn** (DIN 64510) / sectional warp[ing] beam for cotton yarn and manmade staple fibre || ≈ **für Chemiefaser-Endlosgarn** (DIN 64511) / sectional warp[ing] beam for manmade fibre endless yarn || ≈**gestell** *n* (DIN 62500) / beam creel || ≈**gestell** (DIN 63401) / warper's beam creel
Zettel·breite *f* / warping width, warp width || ≈**garn** *n* / warp thread, warp yarn, warp thread end || ≈**gatter** *n* / warp[ing] creel, [bank] creel || ≈**geschwindigkeit** *f* (DIN 62500) / warping speed || ≈**gewicht** *n* / warping weight || ≈**herz** *n* / warp cam || ≈**kötzer** *m* / twist cop, warp cop || ≈**länge** *f* / warp length, warping length || ≈**maschine** *f* (DIN 62500) / [beam] warping machine, warper *n*, warping frame, beamer (US) *n* || ≈**maschine** (für lange Ketten) / warping mill, warping reel
zetteln *v* (Web) / warp *v* || ≈ *n* (DIN 62500) / section[al] warping, warping *n*, beaming *n* (US), beam warping || ≈ **von Warenkantenfäden** / selvedge warping, selvage warping
Zettelspule *f* / warp bobbin
Zetylsäure *f* / palmitic acid
Zeug *n* (Gew) / cloth *n* || ≈**baum** *m* (Strumpf) / work beam || ≈**baum** (Web) / cloth roller, cloth beam, piece beam, taking-up beam, front roll[er] || ≈**druck** *m* / cloth print[ing], textile printing, fabric printing || ≈**druck mit löslichen Farbstoffen** / dyestuff apparel printing || ≈**druck mit Pigmentfarbstoffen** / pigment apparel printing || ≈**drucker** *m* / calico printer, cloth printer || ≈**druckmaschine** *f* / fabric printing machine, cloth printing machine || ≈**spanner** *m* / stenter frame (GB), tenter frame (US)
Z-gesponnenes Garn / Z-spun yarn
Z-Grat-Köper *m* / Z-twill *n*
Zibeline *f* (Wollgewebe mit in Strich gelegten weißen Haarspitzen) / zibeline *n* (dress fabric) || ≈**garn** *n* (Wollgarn mit abstehenden Faserenden) / zibeline yarn
Zickzack·band *n*, Zickzackborte *f* / zigzag ribbon, rickrack braid || ≈**fuß** *m* (Strumpf) / zigzag sewing foot || ≈**-Heftstich** *m* (Näh) / padding stitch || ≈**köper** *m* / zigzag twill, waved twill, serpentine twill, herringbone twill, arrowhead twill, feather twill, fish twill, low twill, twill checkboard || ≈**lochung** *f* / alternating perforation || ≈**mechanismus** *m* (Näh) / zigzag device, needle vibrating mechanism || ≈**muster** *n* / zigzag pattern || ≈**nähen** *n* / zigzag sewing, angular seaming || ≈**nähmaschine** *f* (Näh) / zigzag machine, zigzag sewing machine || ≈**naht** *f* / zigzag seam || ≈**-Plattstickerei** *f* / diagonal couching, diamond couching || ≈**plissierung** *f* / zigzag pleating || ≈**rips** *m* / zigzag rep || ≈**rüsche** *f* / rickrack braid || ≈**steuerung** *f* (Näh) / zigzag control || ≈**stich** *m* / zigzag stitch
Ziegel·farbe *f* / brick-colour *n* || ~**rot** *adj* / brick-red *adj*, terra-cotta *adj*, Pompeian red *adj*, tile red
Ziegenhaar *n*, Ziegenwolle *f* / goat hair
Zieheisen *n* (Web) / hook spanner (of card)
ziehen [auf die Faser] *v* (Färb) / go on to the fibre || ~ (sich) / stretch *vi* || **auf sich** ~ / attract *v* || ≈ *n* (Fil) / forming *n*
ziehend, langsam ~**er Farbstoff** / dyestuff with slow pick-up, dyestuff with slow uptake || **schnell** ~**er Farbstoff** / dyestuff with rapid pick-up, dyestuff with rapid uptake
Zieher *m* (Web) / pull *n* || ≈ (Strumpf, Web) / snag *n* || ≈ (Reißv) / pull *n* || ~**anfällig** *adj* / prone to snagging || ≈**anfälligkeit** *f* (Fehler) / susceptibility to snagging *n*, snagging *n* || ≈**anfälligkeitsprüfer** *m* / snag tester || ≈**anfälligkeitsprüfung** *f* / snag testing || ~**beständig** *adj* / snag-resistant *adj* || ~**beständige Ausrüstung** / snag-free finish || ≈**beständigkeit** *f* / snag resistance || ≈**beständigkeitsmesser** *m* / snag tester || ≈**beständigkeitsprüfung** *f* / snag testing || ≈**bildung** *f* / snag formation
Zieherei *f* / drawing mill
Zieherunempfindlichkeit *f* / snag resistance
Zieh·faden *m* (Strumpf, Web) / snag *n* || ≈**grenze** *f* / affinity limit || ≈**reihe** *f* (Strick/Wirk) / draw course || ≈**schnur** *f* / simple cord || ≈**schußfaden** *m* / hang pick || ≈**vermögen** *n* (des Farbstoffs) / affinity *n* (of dyestuffs to fibre) || ≈**vermögen** (der Faser) / absorbing power (of fibre)
Zier·art *f* / trimming *n*, facing *n* || ≈**band** *n* / riband *n* || ≈**borte** *f* / fancy braid || ≈**deckchen** *n* (auf Sofas usw.) / tidy *n* || ≈**decke** *f* / counterpane *n*, coverlid *n*, coverlet *n* || ≈**decke für Kopfkissen** / pillow sham || ≈**faden** *m* / ornamental thread, wrap thread, fancy thread || ≈**feder** *f* / fancy feather || ≈**ferse** *f* (Strumpf) / shadow heel, fancy heel || ≈**fersenvorrichtung** *f* (Strumpf) / shadow heel attachment, fancy heel attachment || ≈**franse** *f* / fringed narrow fabric || ≈**garn** *n* / fancy yarn || ≈**kante** *f* / fancy edge || ≈**kissen** *n* / fancy pillow || ≈**knopf** *m* / fancy button || ≈**leiste** *f* / fancy edge || ≈**naht** *f* / ornamental seam, fancy stitch, fancy seam || ≈**rand** *m* / fancy edge || ≈**schürze** *f* / fancy apron || ≈**stich** *m* / fancy stitch, festoon stitch, ornamental stitch, decorative stitch || ≈**stichvorrichtung** *f* (Strick/Wirk) / fancy stitch attachment || ≈**stickerei** *f* / festoon work || ≈**taschentuch** *n*, Ziertuch *n*, Kavaliertuch *n* / (neatly folded) breast pocket handkerchief
Zigarettenhose *f* (Mode) / cigarette pants *pl*
Zimmertemperatur *f* / room temperature
zimt·braun *adj* / cinnamon-brown *adj* || ~**braune Farbe** / cinnamon shade || ~**farben** *adj*, zimtfarbig *adj* / cinnamon-coloured *adj* || ≈**säure** *f* / cinnamic acid

Zindal *m,* Zindel *m,* Zindeltaft *m* / sendal *n* (silk fabric of the 13th century, of Chinese origin. This kind of cloth is now called Sarcenet)
Zink *n* / zinc *n* || **≈acetat** *n* / zinc acetate || **≈beize** *f* / zinc mordant || **≈blechschablone** *f* / zinc plate screen || **≈borat** *n* / zinc borate || **≈chlorid** *n* / zinc chloride || **≈chloridbad** *n* / zinc chloride bath || **≈chloridreserve** *f* / zinc chloride resist || **≈enolat** *n* / enolate of zinc || **≈formaldehydsulfoxylat** *n* / zinc formaldehyde sulphoxylate || **≈formiat** *n* / zinc formate || **~frei** *adj* / zinc-free *adj* || **~gelb** *adj* (RAL 1018) / zinc yellow *adj* || **≈hexafluorosilikat** *n* / zinc fluorosilicate || **≈hydrosulfit** *n* / zinc hydrosulphite || **≈hydrosulfitätze** *f* / zinc hydrosulphite discharge || **≈-Kalk-Küpe** *f* / zinc-lime vat || **≈karbonat** *n* / zinc carbonate || **≈naphthenat** *n* / zinc naphthenate || **≈nitrat** *n* / zinc nitrate || **≈oxid** *n* (Zinkweiß) / zinc oxide || **≈pulver** *n* / zinc powder || **≈salzreserve** *f* / zinc salt resist || **≈seife** *f* / zinc soap || **≈silikofluorid** *n* / zinc fluorosilicate
Zinkstaub *m* / zinc dust, zinc powder || **≈ätze** *f* / zinc dust discharge, zinc powder discharge || **≈bisulfitätze** *f* / zinc dust bisulphite discharge || **≈bisulfitküpe** *f* / zinc dust bisulphite vat || **≈-Kalk-Küpe** *f* / zinc-lime vat
Zink·stearat *n* / zinc stearate || **≈sulfat** *n* / zinc sulphate || **≈sulfid** *n* / zinc sulphide || **≈thiocyanat** *n* / zinc thiocyanate || **≈vitriol** *n* (Zinksulfat) / white vitriol, zinc sulphate || **≈weiß** *n* (Zinkoxid) / zinc white || **≈weißpaste** *f* / zinc white paste
Zinn·acetat *n* / tin acetate || **≈ätzfarbteig** *m* / tin discharge paste || **≈beize** *f* / tin mordant || **≈beizendruck** *m* / spirit printing, tin mordant print || **~beschwert** *adj* / tin weighted || **≈beschwerung** *f* / tin loading || **≈charge** *f* / tin weighting || **~chargiert** *adj* / tin weighted || **≈(IV)-chlorid** *n* / stannic chloride || **≈dichlorid** *n* / stannous chloride || **≈dioxid** *n* / stannic oxide || **~grau** *adj* / pewter [grey] || **≈grundierung** *f* / bottoming with tin, grounding with tin || **≈komposition** *f* (Färb) / tin composition || **≈laktat** *n* / tin lactate || **≈monoxid** *n* / stannous oxide
Zinnober *m* / cinnabar *n* || **~rot** *adj* / cinnabar red, vermilion *adj,* tango *adj* (shade)
Zinn·oxalat *n* / tin oxalate || **≈(II)-oxalat** *n* / stannous oxalate || **≈(II)-oxid** *n* / stannous oxide || **≈(IV)-oxid** *n* / stannic oxide || **≈oxychlorid** *n* / tin oxychloride || **≈oxydulküpe** *f* / stannous oxide vat || **≈oxydulreserve** *f* / stannous oxide resist || **≈phosphatbeschwerung** *f,* Zinnphosphaterschwerung *f* / tin phosphate weighting, weighting with tin phosphate || **≈phosphatsilikatbeschwerung** *f* / tin phosphate silicate weighting
Zinnsalz *n* / tin salt || **≈ätze** *f* / tin crystal discharge, tin salt discharge, tin crystal salt discharge || **≈ätzen** *n* / discharging with tin crystals || **≈beschwerung** *f* / tin weighting || **≈reserve** *f* / tin crystal resist
Zinn·säure *f* / stannic acid || **≈soda** *f* / sodium stannate || **≈solution** *f* (Färb) / tin composition || **≈tetrachlorid** *n* / tin tetrachloride, stannic chloride
Zintz *m* (Gew) / chintz *n* (glazed cotton fabric)
Zipfel·kante *f* (Web) / wavy selvedge, wavy selvage || **≈mütze** *f* (Mode) / stocking cap
Zipfeln *n* / puckering *n*
Zipper-Look *m* (Mode) / zipper look
Zirkas *m* (Gew) / Batavia twill, circassian *n* (dress goods fabric)
Zirkoniumchlorid *n* / zirconium chloride
Zirkularkrempel *f* / full circle downstriker card
Zirkulations·apparat *m* (Färb) / circulation apparatus || **≈apparat mit ruhendem Material** (Färb) / circulation apparatus with stationary material || **≈färbeapparat** *m* / circulation dyeing apparatus, circulation dyeing machine, circulation liquor machine || **≈gefäß** *n* / circulating vessel || **≈kufe** *f,* Zirkulationsküpe *f* / circulating vat, circulation vat || **≈schnellfärbeapparat** *m* / circulation rapid dyeing machine || **≈trocknung** *f* / drying in circulating air
ziselierte Walze / chased roller
Zitrat·ätze *f* / citrate discharge || **≈reserve** *f* / citrate resist
Zitrazinsäure *f* / citrazinic acid
Zitronen·farbe *f* / lemon shade || **~farben** *adj,* zitronenfarbig *adj* / lemon-coloured *adj,* lemon *adj* || **~gelb** *adj* (RAL 1012) / lemon yellow *adj,* citron yellow *adj* || **≈gelb** *n* / citrine *n* || **≈säure** *f* / citric acid || **≈säureätze** *f* / citric acid discharge || **≈säurereserve** *f* / citric acid resist
zitrongelb *adj* / lemon yellow *adj*
Zitterspule *f* / vibrating bobbin
Zivilkleidung *f* / plain clothes *pl* || **≈** (besonders wenn von Soldaten usw. getragen) / mufti *n*
Z-Kräuselung *f* / Z-crimp *n*
Zobel *m* / sable *n*
Zopf *m* / plait *n* || **≈muster** *n* (Strick/Wirk) / plait pattern, cable stitch design, plaited pattern, cable stitch effect || **≈mustermaschenware** *f* (Strick/Wirk) / cable stitch knit goods || **≈musterstricken** *n* / cable stitch knitting || **≈stich** *m* / braid stitch || **≈strickmaschine** *f* / cable stitch knitting machine
Zottelwolle *f* / shaggy wool
zottig *adj* / shaggy *adj* || **~es Schaffell** / cotted fleece
Zuber *m* (Färb) / tub *n,* vat *n,* tun *n*
zubereiten *v* / formulate *v* || **~** (Färbebad) / prepare *v,* set *v,* make up, charge *v,* formulate *v*
Zubereitung *f* / formulation *n* || **≈ des Bades** (Färb) / preparation of the bath
Zucker·küpe *f* / glucose vat || **≈rohrfaser** *f* / sugar cane fibre
Zudecke *f* / top blanket (bedding)
zudrehendes Zwirnen / doubling in the same direction as the twist
Zufluß *m* / inflow *n,* influx *n* || **≈behälter** *m* / feed tank || **≈rohr** *n* / supply pipe
zuführen *v* / feed *v*
Zuführer *m* / feeding device, feeding attachment
Zuführ·geschwindigkeit *f* / feed rate || **≈kasten** *m* **der Kammaschine** / comber feed box || **≈lattentuch** *n* (Spinn) / lattice feed cloth || **≈lattenwerk** *n* / feed lattice, feed table || **≈mulde** *f* / lap feeding trough
Zufuhrrinne *f* / feeder chute
Zuführ·rolle *f* / feed roller || **≈tisch** *m* / feed lattice, feed table || **≈tisch** (endloses Zuführtuch) / feed apron || **≈tischbacke** *f* / feed table cheek || **≈tuch** *n* / travelling apron
Zuführung *f* / feed *n* || **≈ der Streichmasse von oben** / fountain feed
Zuführungs·art *f* (Spinn) / feeding method || **≈geschwindigkeit** *f* / feed rate || **≈kopf** *m* / delivery head (extrusion) || **≈mulde** *f* / shell feed plate || **≈vorrichtung** *f* / feeding attachment || **≈walze** *f* / feed roller || **≈wanne** *f* (Beschicht) /

fountain *n*
Zuführ·walze *f*(Spinn) / [toothed] feed roller || **∻zylinder** *m* / back roller
Zug *m*(Färb) / passage *n*, turn *n*, end *n* || ∻ (Spinn) / top *n* || ∻ (Wolle) / ply *n*, stretch *n*, stretching *n*
Zugabe *f*(Strick/Wirk) / widening *n* || ∻ (Färb) / addition *n*
Zug·abrisse *m pl*(Wolle) / top waste || **∻band** *n*, eingewebte Gummischnur / shirr *n* || **∻band** (an Schuhen) / pullstrap *n*(on boots) || **∻baum** *m* / feed roller || **∻beanspruchung** *f* / tensile load || **∻bruch** *m* / tensile failure || **∻dauer** *f*(Färb) / duration of the dip || **∻dehnung** *f* / tensile elongation || **∻dehnungseigenschaften** *f pl* / tensile [stress/strain] properties || **∻dehnungskurve** *f* / stress-strain curve || **∻dehnungsprüfgerät** *n* / tensile strength tester, tension tester || **∻dehnungsverhalten** *n* / tensile [stress/strain] properties
zugeben *v*(Maschen) (Strick/Wirk) / widen *v*
Zugelastizität *f*(DIN 53835) / elasticity of [ex]tension, elasticity of elongation
zugerichtet, sehr weich ~ / kid-finished *adj*
zugeschnitten *adj* / tailor-made *adj*, made-to-measure *adj* || **~er Strumpf** (Strumpf) / cut stocking
zugespitzter Kokon / cocoon pointu
Zugfaser *f* / stretched fibre
Zugfestigkeit *f*(DIN 53404) / tensile strength, ultimate tensile strength || **∻ in ofentrockenem Zustand** / oven-dry tensile strength
Zugfestigkeits·meßgerät *n* / tensiometer *n* || **∻prüfgerät** *n* / tensile strength tester, tension tester || **∻prüfgerät für Seidenfäden** / serimeter *n* (silk) || **∻prüfung** *f* / tensile test || **∻verlust** *m* / tensile strength loss
Zug·geschirr *n* / lowering harness || **∻haspel** *f* / draw winch, draw-off roller, take-off roll[er], take-down roll[er]
Zügigkeit *f*(Beschicht) / flexibility *n*
Zügigkeitsprüfmaschine *f* / flexing machine
Zugjalousie *f* / Venetian blind
Zugkraft *f* / tensile force, load *n* || **∻-Längenänderungskurve** *f* / stress-strain curve, tensile strength extension
Zug·nachgiebigkeit *f*(Beschicht) / elongational compliance || **∻nadel** *f* / velvet pile wire || **∻prüfmaschine** *f*(Matpr) / tensile tester || **∻rollo** *n* / window blind || **∻rute** *f*(Web) / round wire || **∻schlaufe** *f* / pullstrap *n*(on boots) || **∻spannung** *f* / tensile stress, tension *n* || **∻spannungsmeßgerät** *n* / tensiometer *n* || **∻spule** *f* / ball bobbin || **∻stabstrecke** *f* / pull bar drawing frame || **∻stange** *f* / tension bar, stretching bar || **∻stück** *n*(Reißv) / pull *n* || **∻stücke** *n pl*, Zuschneideabfall *m* (Aufmachung) / cabbage *n*(GB) || **∻stuhl** *m* / draw loom || **∻tisch** *m* / suction table (print) || **∻trennfaden** *m* **für die Daumenöffnung bei Handschuhlängen** / thumb draw thread || **∻verformungseigenschaften** *f pl* / tensile [stress/strain] properties || **∻verformungsrest** *m* / permanent set after elongation || **∻versuch** *m* / tensile strength test, ultimate tensile test, tension test || **∻walze** *f*(Spinn) / sliver calender || **∻walze** (DIN 64990) / drawing roller, draught roller || **∻webstuhl** *m* / draw loom || **∻zwirn** *m* / jaspé yarn
Zuketteln *n* **der Strumpfspitze** (Strumpf) / toe linking
zulässig·e Bügeltemperatur / safe ironing temperature || **~er Feuchtigkeitsgehalt** / admissible moisture content
Zulauf *m* / feed *n*, influx *n*, inflow *n* || ∻ (Masch) / inlet *n* || **∻flotte** *f* / feeding liquor || **∻leitung** *f* / influx pipe || **∻preßdruck** *m* (bei Herstellung der Schaumpaste) (Beschicht) / pressure of air input || **∻rohr** *n* / supply pipe, influx pipe || **∻spannung** *f* / feed tension (cloth)
zumessen *v* / meter *v*
Zunahme *f*(Strick/Wirk) / widening *n* || **∻apparat** *m*, Zunahmeeinrichtung *f*(Strick/Wirk) / widening attachment, widening machine, widening device || **∻finger** *m*(Strick/Wirk) / back picker, widening picker, widening finger, filler point (US), double picker (US) || **∻flachstrickmaschine** *f* / widening flat knitting machine || **∻maschine** *f*(Strick/Wirk) / widening machine || **∻reihe** *f*(Strick/Wirk) / widening row || **∻schiene** *f* / widening bar || **∻spannung** *f*(Strick/Wirk) / widening tension
Zündtemperatur *f*, Zündungstemperatur *f* / ignition temperature
Zündung *f* / ignition *n*
Zündzeit *f* / ignition time
zunehmen *v*(Strick/Wirk) / widen *v* || ~ (Maschen) / increase the meshes || ∻ *n* **bei Maschenware** / knit widening
Zungen·anschlag *m*(Strick/Wirk) / latch stop || **∻barre** *f*(Strick/Wirk) / tongue bar || **∻blei** *n*(Strick/Wirk) / tongue lead || **∻feder** *f*(Strick/Wirk) / spring swell || **∻löffel** *m*(Strick/Wirk) / spoon of the latch
zungenlose Nadel / needle without latch
Zungennadel *f*(Strick/Wirk) / latch needle || **∻ aus Draht** (Kard, Strick/Wirk) / wire latch needle, wire needle || **∻ für Wirk- und Strickmaschinen** (DIN 62153) / latch type needle for knitting machines || **∻ in Drahtausführung** / latch wire needle || **∻ mit einem kleinen Haken für Unterwäsche** (Strick/Wirk) / underwear needle || **∻ mit grobem Haken für Oberbekleidung** (Strick/Wirk) / outerwear needle || **∻-Flachstrickmaschine** / flat latch needle knitting machine || **∻maschine** *f* / latch needle knitting machine
Zungen·öffner *m*(Strick/Wirk) / latch knife, latch opener || **∻ring** *m*(Strick/Wirk) / latch guard ring, latch ring || **∻schaft** *m*(Strick/Wirk) / latch blade, needle shank || **∻schlitz** *m*(Strick/Wirk) / saw slit (of needle), tongue slot || **∻schutz** *m*(Strick/Wirk) / latch guard || **∻wächter** *m* **mit zwei übereinanderliegenden Einlauföffnungen** (Loch und Schlitz für Grund- und Plattierfaden) / plating latchguard feeder || **∻-Weiterreißversuch** *m* / tongue tear test, tongue tear growth test
Zupfabsteller *m*(Strick/Wirk) / yarn drag stop motion
zupfen *v* / pluck *v*
Zupfer *m*(Reißv) / pull *n* || ∻ (Strumpf, Web) / snag *n*
Zupfmaschine *f* / plucking machine
zureichen, den Faden ~ / reach the thread
Zureicher *m*(Web) / reacher-in *n*
Zurichtanlage *f* / dressing plant
zurichten *v* / finish *v*, dress *v* || ∻ *n* / dressing *n*, trimming *n*
Zurichter *m*(Tuchh) / dresser *n*, finisher *n*
zuricht·fähig *adj* / capable of taking a finish || **∻maschine** *f* / [chemical] finishing machine, dressing machine
Zurichtung *f* **auf dem Spannrahmen** / stenter finish (GB), tenter finish (US)
Zurück·bleiben *n* **der Spule** / drag *n* || **∻drehen** *n* / downtwisting *n* (of yarn) || **∻holen** *n* **der Musterkette** (Web) / lagging-back *n* || **∻kriechen** *n*

/ creep *n* || ~**schären** *v*(Web) / rebeam *v* || ²**schären** *n*(Web) / rebeaming *n* || ²**springen** *n*(Tepp) / elastic recovery || ~**weben** *v* / undo *v*, unweave *v*
zurühren *v* / mix in
Zusammen·bäumen *n* / assembly beaming || ²**bruch** *m* **des Schaums** / lather collapse || ~**drehen** *v* (Spinn) / twine *v*, twist *v*
Zusammendrückbarkeit *f* / compressibility *n*
Zusammen·fahren *n* **der Seifenmasse** / middle soap formation (undesirable clot formation) || ~**flocken** *v*(sich) / flocculate *v* || ~**fügen** *v* / join *v* || ~**geballt** *adj* / agglutinated *adj* || ~**gerollt** *adj* / convolute *adj*
zusammengesetzt·e Bindungen *f pl*(Web) / combined weaves || ~**er Faden** / composite thread || ~**e Farbe** / combination colour || ~**e Köper** *m pl* / combined twills
zusammengezogen *adj* / cockled *adj*, crimped *adj*, gauffered *adj*, gauffré *adj*, puckered *adj* || ~**er Schuß** (Web) / jerked-in filling, dragged-in weft (GB), dragged-in filling (US)
zusammen·haftende Wollhaare *n pl* / veiled wool || ²**heften** *n*(Näh) / tacking *n* || ~**kleben** *v* / stick together, bond *v* || ~**laufen** *v* / curl *v*
zusammennähen *v* / seam *v*, sew together || ² *n* (Näh) / gathering *n* || ² **im Winkel** (Näh) / mitering *n* || ² **Kante an Kante** (Strick/Wirk) / flat seaming || ² **zweier Teppichbahnen** (Tepp) / cross joining
zusammen·passen *vi*(Kleidungsstücke) / fit *vi* || ²**schlagen** *n* **der Fäden** (Web) / clashing of the threads || ~**schrumpfen** *vi* / shrink *vi* || ²**sinken** *n* **des Schaums** / lather collapse || ²**stoßen** *n* (Kleidung) (Näh) / mating point || ~**walken** *v* / plank *v* || ²**weben** *n* / binding *n*, contexture *n*
zusammenziehen *v*(Näh) / gather *v* || ~ (sich) (von elastischem Material usw.) / contract *v* || ~ *v*(sich) (Fehler), faltig werden *v* / cockle *v*, pucker *v* || ~ *v* (sich) (schrumpfen) / shrink *v* || ² *n*(Näh) / gathered effect || ² **der Maschen** (Fehler, Strick) / slurgalling *n* || **[in Falten]** ² (Näh) / gathering *n*
Zusammenziehung *f* **von Seide** (beim Zwirnen) / clearance *n*
zusammenzwirnen *v* / twist together
Zusatz *m*(Färb) / addition *n*, additive *n* || ²**beize** *f* / auxiliary mordant || ²**breitenverstellung** *f*(DIN 64990) / additional width adjustment || ²**kleber** *m* / auxiliary adhesive
zusätzlich·es Grundgewebe / extra backing || ~**er Kettfaden** (Tepp) / float warp || ~**es Rietblatt** / false reed || ~**e Sohlenverstärkung** (Strumpf) / sole-in-sole [splicing] (additional reinforcement in the sole section)
Zusatz·mittel *n* / additive *n*, auxiliary [agent], addition *n* || ²**mittel zu Spinnlösungen** / spinning solution additive || ²**mittel zu Spinnlösungen und -schmelzen zur Modifizierung der Eigenschaften eines Spinnerzeugnisses** / spinning modifier *n* || ²**stoff** *m* s. Zusatzmittel || ²**stoff** (SuW) / ancillary *n* (surfactants) || ²**tasche** *f* (Färb) / secondary chamber || ²**wasser** *n* / make-up water
Zuschlag[stoff] *m* / aggregate *n*, additive *n*
Zuschneide·abfälle *m pl* / tailor's clippings, cabbage *n*(GB) || ²**maschine** *f* / cut-out machine, trimming machine
zuschneiden *v* / cut *v* || ² *n* / cut-out *n* || ² **mit Laser** / laser cutting || ² **und Konfektionieren** (Tepp) / cutting and making-up || ² **und Verpassen** (Tepp) / fitting *n*
Zuschneider *m* / cutter *n*
Zuschneide·raum *m*, Zuschneiderei *f* / cutting room || ²**schablone** *f*(Näh) / template *n* || ²**tisch** *m*(Näh) / cutting board, shop-board *n*, cutting table
Zuschnitt *m*(allg) / cutting *n*, swatch *n*, sample *n*, specimen *n* || ² (Näh) / making-up cutting, blank *n* || ²**ablage** *f*(Näh) / blanks rack || ²**länge** *f*(Näh) / dress length
zuschnüren *v* / lace *v*
Zutat *f* / ingredient *n* (e.g. of recipe) || ²**en** *f pl* **für die Konfektion** (Näh) / findings *pl* (buttons, snaps, eyes and ornaments)
ZW, Zellwolle *f* / viscose staple, rayon staple
Zwanzigreihenzähler *m*(Strick/Wirk) / twenty-counter *n*
Zweck·bekleidung *f* / work clothing || ²**bekleidungsstoff** *m* / work clothing fabric, workwear fabric
Zwei·abnehmersystem *n*(Spinn) / double doffer system || ~**achsiger Rührer** / double-motion agitator
zweibadige Verwendung, zweibadiger Einsatz (Färb) / two-bath application
Zweibad·-Kaltverweilverfahren *n*(Färb) / two-bath cold pad-batch process || ²**-Klotz-Aufdockverfahren** *n* / two-bath vat-winding-up method || ²**-Klotzdämpfverfahren** *n*(Färb) / two-bath pad-steam process || ²**verfahren** *n*(Färb) / two-bath method, double bath method
zwei·barrige Universalraschelmaschine / universal raschel machine with two needle bars || ~**basige Säure**, zweibasische Säure / dibasic acid
zweibettig·e Flachstrickmaschine / rib flat knitting machine || ~**es Jacquard-Gestrick** / jacquard knit rib
zweidrähtig·es Garn / two-ply yarn, twofold yarn, two-threads *n* || ~**es Garn für Jutesäcke** / porter yarn || ~**e Stickseide** / filo silk || ~**er Zwirn** / double thread, two-threads *n*, two-cord *n* || ~**er, geschleifter Zwirn** / double mule-twist
Zweietagen-Zwirnmaschine *f* / double-deck twisting machine, double-deck twister, double-tier [up] twister
zweifach gezwirnt / double-twisted *adj* || ~**es Kämmen** / double combing, recombing *n* || ~ **kardiert** / double-carded *adj* || ²**garn** *n* / two-ply yarn, twofold yarn, two-threads *n* || ²**gewebe** *n* / double cloth, double weft || ²**kardieren** *n* / double carding || ²**-Seidengarn** *n* **mit S-Drehung** / felling silk || ²**zwirn** *m* / lisle thread, two ply twisted thread
Zweifadenüberwendlichnaht *f* / double thread overcasting seam (making up)
zweifädig·er Brokat / double-thread brocade || ~**es Garn** / twofold yarn || ~**e Garnumwindung** / double covering (of yarn) || ~**e Nähmaschine** / two-thread sewing machine || ~**e Overlockmaschine** (Strick/Wirk) / two-thread overlock machine || ~**er Zwirn** / double thread || ~**er, geschleifter Zwirn** / double mule-twist
Zweifarben·druck *m* / two-colour printing || ²**effekt** *m* / two-colour effect, bicolour effect, two-tone effect || ²**-Jacquard** *m* (zwei Farben in einer Strickreihe) / two-colour jacquard || ²**-Ringeleinrichtung** *f*(Strick/Wirk) / two-colour striping attachment, two-feeder striper || ²**verhältnis** *n* / dichroic ratio
zweifarbig *adj* / bicoloured *adj*, two-tone *adj*, dichromatic *adj* || ~**er, gestreifter Rand** / candy border || ~**er Scheinzwirn** / mock twist yarn,

printed grandrelle yarn
Zwei·farbigkeit *f* / dichroism *n* || **≗fasermischung** *f* / binary fibre mixture, blend of two fibres || **≗federspindel** *f* (DIN 64685) / double-spring tongue (spindle shuttle)
zweiflächig·es Jacquard-Gestrick / jacquard knit rib || **~e Jerseyware**, zweiflächige Ware (Strick/Wirk) / double knit fabrics (made by interlocking the loops from two strands of yarn with a double stitch), double-knit goods, double knits, rib fabrics, plain rib knits || **~e Rundstrickware** / double knit fabrics (knitted on circular knitting machine)
zwei·floriger Samt / double pile velvet || **≗flottenwäsche** *f* / two-bath scour
zweifonturig·e Maschine (Strick/Wirk) / two-section machine || **~e Raschel**, zweifonturige Raschelmaschine / double needle bar raschel machine || **~e Rundstrickmaschine** / circular double knit machine || **~e Strickmaschine** / double-knit knitting machine
Zwei·fußnadel *f* / two-butt needle || **≗kammersystem** *n* (Färb) / two-chamber system
Zweikomponenten·faser *f* / bicomponent fibre, conjugate[d] fibre || **≗garn** *n* / conjugate[d] yarn, bicomponent yarn || **≗-Polyurethantyp** *m* / two-component polyurethane, two-pack polyurethane || **≗-Produkt** *n* / two-pack product, two-component product
zweiköpfig·e Schlitten *m pl* (Strick/Wirk) / carriages mounted in tandem || **~e Strickmaschine** / two-head knitting machine, twin-feed knitting machine, twin knitter
Zwei·krempelsatz *m* (Spinn) / carding machine with two pairs of workers and rollers, two-card set || **≗lagengewebe** *n* / lined cloth || **~lagig abputzen**, zweilagig verputzen / render-set *v* || **≗lochknopf** *m* / two-hole button
zweimal gefärbt / double-dyed *adj* || **≗spinnen** *n* / double spinning
Zwei-Messer-Schneideeinheit *f* (Fil) / twin blade slitting equipment
zweinadel·barrige Kettenwirkmaschine / two-bar warp knitting machine || **≗bettstrickmaschine** *f* (Strick/Wirk) / rib knitting machine, rib machine (having two sets of needles), rib frame, ribbing machine
zweinadeliger Decker (Strick/Wirk) / two-needle narrower
Zweinadel·masche *f* (Strick/Wirk) / two-needle stitch || **≗nähmaschine** *f* / double-needle sewing machine, twin-needle sewing machine, two-needle sewing machine
Zweipeigneurkrempel *f* (Spinn) / card with two doffers, double doffer card
Zweiphasen·behandlung *f* / two-phase treatment || **≗-Blitzdämpfverfahren** *n* / two-phase flash ageing process || **≗druckverfahren** *n* / two-phase printing method, double phase printing method || **≗-Reaktivdruckverfahren** *n* / flash ageing process for reactive dyestuffs, two-phase reactive printing process
zweiphasige Polymerisation / double cure method
Zwei·prismenmaschine *f* / double cylinder machine (jacquard) || **≗reiher** *m* / double-breasted suit || **~reihig** *adj* / double-breasted *adj* || **≗roulettenwalke** *f* (Ausrüst) / two-roll fulling mill || **~schäftiger Bindfaden** / two-strand twine || **≗schaufelmischer** *m*, Zweischaufelrührer *m* / two-arm paddle mixer || **≗schurwolle** *f* / double-clip wool || **≗schußbindung** *f* (Web) / double-weft binding || **~schüssiger Plüsch** / double-weft plush || **~schützig** *adj* (Web) / two-shuttle *adj* || **~schützig gewebt** / woven with two shuttles
zweiseitig *adj* / face and back *adj*, reversible *adj* || **~e Appretur** / double sizing, finish on face and back || **~ bedruckte Ware** / double prints, duplex prints || **~er Druck** / duplex print[ing] || **~e Flottenzirkulation** (Färb) / double circulation || **~es Gewebe** / double-face[d] fabric || **~er Plüsch**, doppelfloriger Plüsch / double-sided plush || **~er Schützenwechsel** / shuttle change from both sides
Zwei·seitigkeit *f* (Färb) / two-sided effect, two-sidedness *n* || **≗stock-Färbesystem** *n* / two-stick dyeing system || **~stöckiger Schloßmantel** / two-tier cambox || **~stöckiger Webstuhl** / double-decker loom || **~strähniges Garn** / two-ply yarn || **≗stufengalette** *f*, Zweistufenschaltscheibe *f* (Strick/Wirk) / two-step godet || **≗stufenverfahren** *n* (Färb) / two-stage process, two step process || **~stufig** *adj* / in two steps, two-step *adj*
zweisystemig·er Flachstrick-Buntmuster-Umhängeautomat / fully automatic double system multi-colour transfer flat knitting machine || **~er Flachstrick-Buntmuster-Umhängeautomat mit Jacquardeinrichtung vorne und hinten** / fully automatic double system multi-colour transfer flat knitting machine with jacquard equipment front and rear || **~e Flachstrickmaschine** / double system flat knitting machine || **~er Flachstrickvollautomat** / fully automatic double system flat knitting machine || **~e Strickmaschine** / double-lock knitting machine, double-locker machine, two-head knitting machine, twin-feed knitting machine, twin knitter || **~er Zunahme-Flachstrickvollautomat** / fully automatic double system widening flat knitting machine
zweites Seifbad / second soap bath
zweiteilig·er Badeanzug / two-piece swimsuit, bikini *n* || **~es Ensemble** (Mode) / separates *pl*, two-piece *n* || **~e Röhrennadel** (bei Kettenstühlen für hohe Wirkgeschwindigkeiten) (Strick/Wirk) / two-piece tube needle
Zweitfixierung *f* / second setting (textured yarn)
Zweiton·druck *m* / two-tone printing || **≗färben** *n* / two-tone dyeing
Zweitrücken *m* (Tepp) / secondary backing
Zwei-und-Zwei·-Gestrick *n* **mit Aufdeckmaschen** (Strick/Wirk) / two-and-two rib with eyelet stitches || **≗-Twill** *m* / Harvard twill, two-and-two twill, sheeting twill
Zweiwalzen·-Eingangsquetschwerk *n* / two-nippers feeding device || **≗foulard** *m* / two-bowl padder, two-bowl padding mangle, two-roll padding mangle || **≗foulard mit Gummiwalzen** / two-bowl padding mangle equipped with rubber rollers || **≗kalander** *m* / two-bowl calender || **≗kalibrierkalander** *m* / two-roll calibrating calender || **≗quetsche** *f* / two-bowl squeezer || **≗reiniger** *m* (DIN 64100) (Spinn) / two-cylinder opener || **≗schaftstuhl** *m* / double cylinder dobby loom || **≗streckwerk** *n* (Spinn) / two-roll drawing frame
zwei·wertig *adj* / bivalent *adj*, divalent *adj* || **≗wertigkeit** *f* / divalency *n* || **≗zackenfadenführer** *m* / two-pronged thread guide ||

≗zonenstreckwerk *n*(Spinn) / two-zone drafting arrangement || **≗zügigkeit** *f* / two-way stretch || **≗zugware** *f* / two-way stretch fabrics, double-stretch articles

Zweizylinder·garn *n* / woollen-spun yarn, condenser yarn, condensed yarn || **≗-Schermaschine** *f* / two-cylinder shearing machine || **≗spinnen** *n*, Zweizylinderspinnerei *f* / double condenser spinning, cotton condenser spinning || **≗spinnerei** *f* / double condenser spinning mill || **≗walke** *f* / two-cylinder milling machine

Zwerg·palme *f* / palmetto palm || **≗palmenfaser** *f* (von den Bermudas) / palmetto fibre (Chamaerops humilis)

Zwickel *m*(Strumpf) / gusset *n*, crotch *n*(US) || ≗ (Näh) / gusset *n*, let-in piece, insert, godet || ≗ (Handschuh) / gore *n* || ≗ (im Zwickelfoulard) / nip *n* (in horizontal padder) || **mit ≗ versehen** *adj* / gussetted *adj* || **≗apparat** *m*(Strick/Wirk) / lace clock attachment, clock attachment || **≗apparat** (Näh) / gusset attachment, godet attachment || **≗apparat für Fußmaschine** (Strumpf) / stem attachment || **≗auslauf** *m*(Strumpf) / tail of a clock || **≗decknadel** *f*, Zwickeldecker *m*(Strumpf) / clocking point, lace narrowing point || **≗einrichtung** *f*(Strick/Wirk) / clock attachment || **≗finger** *m*(Strick/Wirk) / lace finger || **≗fingerdecker** *m*(Strick/Wirk) / lace finger point || **≗foulard** *m*(Färb) / horizontal padder, nip padder || **≗kette** *f*(Strick/Wirk) / lace chain || **≗kontrolle** *f* (Strick/Wirk) / lace control || **≗maschine** *f*(Strick/Wirk) / clock machine || **≗muster** *n*(Strick/Wirk) / clock pattern, lace pattern, lace design, lace clock || **≗musterkette** *f*(Strick/Wirk) / lace chain || **≗mustervorrichtung** *f*(Strick/Wirk) / lace clock attachment || **≗naht** *f*(Strumpf) / clock seam, gusset seam || **≗petinet** *n*(Strick/Wirk) / lace clock || **≗schiene** *f*(Strick/Wirk, Strumpf) / lockstitch bar || **≗spitze** *f*(Strumpf) / double narrowing toe, gusset-type toe, gusset toe || **≗strumpf** *m* / clocked stocking

Zwillich *m* / twilled linen, drill *n*, tick[ing] *n* || **≗band** *n* / ribbon of floss silk

Zwillings·haspelkufe *f* / double winch vat || **≗nähmaschine** *f* / tandem sewing unit || **≗trommelmischer** *m* / twin cylinder mixer

Zwirn *m* / twist *n*(yarn), twisted thread, ply-yarn *n* || **≗ mit linker Schußdrehung** / left-hand thread || **≗ mit wenig Drehungen** / slack twist || **einstufiger ≗** (DIN 60900) / folded yarn, double yarn, plied yarn || **≗aufdrehvorrichtung** *f* / untwister *n* || **≗avivage** *f* / twist finishing agent || **≗band** *n*(Web) / tape *n* || **≗drehung** *f* / ply torque, ply twist, twist torsion, twist of double yarn || **Anzahl** *f* **der ≗drehungen auf die Längeneinheit** / number of turns per unit length (of double yarn) || **≗dreieck** *n* / twist triangle || **≗dynamik** *f* / twisting dynamics

zwirnen *v*(Seide) / throw *v*(silk) || ~ (Spinn) / twine *v*, twist *v*, ply *v* || ≗ *n*(Spinn) / twining *n*, twisting *n* || ≗ (Web, Spinn) / doubling *n*, twisting *v* || ≗ (Seide) / throwing *n*(silk) || **≗ der Garne** / doubling of yarns || **≗ und Fachen** / twisting and plying || **≗ von abrollender Scheibenspule** / downtwisting from rolling flanged bobbin || **≗ von Seidengarnen** / moulinage *n*(Fr)

Zwirner *m*(Seide) / throwster *n* || ≗ (Spinn) / twist frame, twister *n*, twisting frame, twisting machine

Zwirnerei *f* / doubling mill || **≗abgang** *m* / twisted yarn waste

Zwirn·fixieren *n* / twist setting || **~fixiertes Garn** / twist-set yarn || **≗fixierung** *f* / twist setting || **≗flügel** *m*, Zwirnflyer *m* / twisting flyer || **≗glätter** *m*(Spinn) / thread finisher || **≗handschuh** *m* / cotton glove || **≗haspel** *f* / silk reel || **≗haspelmaschine** *f* / twisting-reeling machine || **≗hülse** *f* / twist tube, twister tube || **≗jenny** *f*(Spinn) / twining jenny || **≗kette** *f* / ply warp, twist warp, double warp || **≗koeffizient** *m* / coefficient of twist, twist value, twist multiplier, twist factor || **≗konstante** *f* / twist constant factor, twist constant of yarn, torsion constant factor || **≗kops** *m* / twist cop || **≗läufer** *m* / doubling traveller || **≗litze** *f* / cord heddle, twine heddle, twine heald || **≗maschine** *f* / doubling frame, doubler twister, twist frame, twiner *n*, twine machine, twister *n*, twisting frame, twisting machine || **≗rad** *n* / twist wheel || **≗ring** *m* / twister ring || **≗ring für ohrförmigen Läufer ohne Schmiernuten** (DIN 64001) / ring for ear shaped traveller without oil grooves || **≗ringläufer** *m* / doubling traveller || **≗rolle** *f* / cotton reel || **≗rückdrehung** *f* / twist run back || **≗selfaktor** *m*(Spinn) / mule doubler, twiner mule || **≗spannung** *f* / twisting tension || **≗spindel** *f* / doubling spindle, twisting spindle, twister spindle || **≗spitze** *f* / twister finger || **≗spule** *f* / twister bobbin, twisting bobbin || **≗umspinnung** *f* / yarn covering

Zwirnung *f*(Web, Spinn) / twisting effect, doubling *n*

Zwirnungs·grad *m* / degree of twist || **≗probe** *f* / twist test

Zwirn·verfahren *n* / twisting method || **≗wickel** *m* / twist package

Zwischen·anstrich *m* / undercoat *n* || **≗bad** *n* / intermediate bath || **≗behandlung** *f* / intermediate treatment || **~bügeln** *v*(Näh) / underpress *v* || **≗bügeln** *n*(Beschicht) / intermediate plating || **≗dämpfen** *n* / intermediate steaming || **≗fach** *n* (Web) / intermediary compound shed, intermediate weaving shed, intermediate box || **≗fachschaftmaschine** *f* / central shed dobby || **≗farbe** *f* / intermediate colour, transition shade, transition colour, intermediate shade || **≗faser** *f* / carrier fibre || **≗fersenteil** *n*(Strumpf) / inner panel || **≗film** *m* / interlaminar film || **≗flächenpolymerisation** *f* / interfacial polymerization (IFP) (fixing and masking of wool scales) || **≗frotteur** *m* / secondary bobbin drawing box || **≗futter** *n* / interlining *n*, interlining fabric, interlining material || **~geschaltete Vorstrecke** / intergilling *n* || **≗gewebe** *n* / intercalated fabric, interlining cloth || **≗größen** *f pl* / half sizes || **≗krempel** *f* / second breaker [card] || **~lagern** *v* (Chem) / intercalate *v* || **≗läufer** *m* / print back cloth, rubber blanket, undercloth, backing cloth, printer's blanket, printing blanket || **≗läufer aus Rohware** / print back grey, bump *n*(print) || **≗laufpapier** *n* / paper interlayer

zwischenmolekular *adj* / intermolecular *adj* || **~e Kraft** / molecular force, molecular interaction || **~e Wechselwirkung** / molecular interaction

Zwischen·musterung *f* / intermediate sampling || **≗nuance** *f* / intermediate shade || **≗prägen** *n* (Beschicht) / intermediate embossing || **≗produkt** *n* / intermediate *n*, intermediate product || **≗raum** *m* / interstice *n*(of fibres of yarn) || **≗räume** *m pl* **im Gewebe** / fabric interstices || **≗reaktion** *f* / intermediate reaction || **≗reduktion** *f* /

intermediate reduction || ≗reinigen *n* (Färb) / intermediate clearing || ≗**schauen** *n* / intermediate checking || ≗**scheibe** *f* (Web) / spacing washer (shuttle) || ≗**schicht** *f* (Kasch) / interlayer *n*, intermediate layer || ≗**schild** *m* (Web) / centre frame || ≗**speisung** *f* / intermediate feed || ≗**spülung** *f* / intermediate rinsing || ≗**strecke** *f* / intermediate draw[ing] frame || ≗**strich** *m* / intermediate coat[ing] || ≗**stufe** *f* / intermediate stage || ≗**teller** *m* (Färb) / spacer *n* || ≗**teller der Kreuzspule** (Färb) / metal plate dividing the cones || ≗**ton** *m* / intermediate shade || ≗**träger** *m* (Transdr) / transfer sheet || ≗**trockner** *m* / intermediate drier || ≗**trocknung** *f* / intermediate drying || ≗**verzug** *m* (Spinn) / intermediate draft || ≗**walze** *f* / intermediate cylinder, intermediate roll[er] || ≗**waschen** *n* / intermediate washing || ≗**zellraum** *m* (Chem) / intercellular space

Zyankali *n* / potassium cyanide

zyklisch·e Be- und Entlastungsvorgänge *m pl*, zyklische Beanspruchung, zyklische Belastung (Matpr) / cyclic stretching and relaxing, cyclic stress, exercising *n* || ~**e Verbindung** / cyclic compound

zyklisierende Polymerisation / cyclic polymerization

zyklo·aliphatisch *adj* / cycloaliphatic *n*, alicyclic *adj* || ≗**pentan** *n* / pentamethylene *n*

Zylinder *m* (Strick/Wirk) / cylinder *n* || ≗ (Mode) / top hat, high hat || ≗**ausrichtgerät** *n* / cot buffing attachment || ≗**belastung** *f*, Zylinderbelastungssystem *n* / roller weighting system (card) || ≗**bügelmaschine** *f* / rotary ironer || ≗**dämpfer** *m* (DIN 64990) / cylinder steamer (GB), cylinder ager (US) || ≗**druck** *m* / roller printing, rotary printing, cylinder printing || ≗**druckmaschine** *f* / roller printing machine, cylinder printing machine || ≗**druckverfahren** *n* / roller printing method || ≗**filz** *m* / cylinder felt || ≗**glättmaschine** *f* / rotary ironer || ≗**hut** *m* / top hat, high hat || **mit Seidenplüsch bezogener** ≗**hut** / silk hat || ≗**kamm** *m* / verge of the cylinder || ≗**karde** *f* / cylinder card || ≗**mangel** *f* / roller mangle || ≗**nadel** *f* / cylinder needle || ≗**plättmaschine** *f* / rotary ironer || ≗**plüsch** *m* / panne [velvet] || ≗**presse** *f* / lustring press, roller press, cylinder press, rotary [cloth] press || ≗**putzwalze** *f* (Spinn) / cylinder clearer roller || ≗**schermaschine** *f* / cylinder shearing machine || ≗**schlicht[e]maschine** *f* / cylinder sizing machine || ≗**schloß** *n* (Strick/Wirk) / cylinder cam race || ≗**senge** *f* / cylinder singeing machine || ≗**sengen** *n* / singeing by cylinders || ≗**sengmaschine** *f* / singeing machine by rollers || ≗**trockenmaschine** *f* / cylinder drying machine, can drier, drying machine with cylinders || ≗**trockenschlicht[e]maschine** *f* / cylinder sizing machine || ≗**trocknen** *n* / can drying, cylinder drying || ≗**trockner** *m* (DIN 64990) / drum drier, drum drying machine, cylinder drier, cylinder drying machine || ≗**trocknung** *f* / cylinder drying, can drying || ≗**-Trocknungsmaschine** *f* (DIN 64990) / cylinder drying machine || ≗**trommeltrockner** *m* / cylinder drum drier || ≗**tuch** *n* / cylinder felt || ≗**walke** *f* (Vorrichtung) / cylinder milling machine (GB), milling machine with rollers (GB), cylinder fulling machine (US), rolling mill, rotary milling machine (GB) || ≗**walke im Schlauch** / cylindrical milling in tubular form || ≗**walkmaschine** *f* / cylinder fulling machine (US), cylinder fulling mill (US), cylinder milling machine (GB)

zylindrisch·e Einscheibenspule mit Stützrand (DIN 61800) / single-flanged package with brim || ~**e Einscheibenspule ohne Stützrand** (DIN 61800) / single-flanged package without brim || ~**e Färbehülse** (DIN 64402) / parallel tube for dyeing || ~**es Fournisseurrad** / parallel feed wheel || ~**e Hülse** / cylindrical tube, cylindrical package || ~**e Hülse für die Färberei** (DIN 61805) / cylindrical perforated tube for dyeing purposes || ~**e Hülse für Folienbändchen** (DIN (DIN 61805) / cylindrical tube for tapes || ~**e Hülse für Garne** (DIN 61805) / cylindrical tube for yarns || ~**e Hülse für Nähgarne** (DIN 61805) / cylindrical tube for sewing yarns || ~**e Hülse für verstreckte Chemiefaser-Endlosgarne** (DIN 61805) / cylindrical tube for drawn manmade filament yarns || ~**e Kreuzspule** (DIN 61800) (Web) / cylindrical cheese *n*, parallel cheese, cylindrical package, cylindrical tube || ~**e Kreuzspule mit kurzem Hub**, Sonnenspule *f* (DIN 61800) / short traverse cheese, narrow wound cheese || ~**e Kreuzspule mit schrägen Stirnflächen asymmetrisch** (DIN 64800) / cylindrical pineapple with asymmetrical-taper ends || ~**e Kreuzspulhülse für Chemiefasergarn** (DIN 64615) / parallel tube for cheeses of synthetic yarn || ~**e Kreuzspulhülse für Jutegarn** (DIN 64621) / parallel tube for cheeses of jute yarn || ~**e Kreuzspulhülse für Webgarn der Seiden- und Kunstseiden-Industrien** (DIN 64635) / parallel tube for cross winding silk and nylon yarn for the processing industries || ~**er Rohbaumwollballen** / bessonette bale || ~**e Scheibenspule mit gleichbleibendem Hub** (DIN 61800) / double flanged package with constant traverse || ~**e Scheibenspule mit verkürztem Hub** (DIN 61800) / double flanged package with traverse shortening || ~**e Spule** / cheese *n*, cylindrical spool, cylindrical bobbin, straight bobbin || ~**e Streckzwirnhülse** (DIN 61805) / cylindrical tube for draw-twisters || ~**e Wicklung** / cylindrical winding